考 古 学 专 刊
甲种第二十九号

中国考古学
夏商卷

中国社会科学院考古研究所　编著

中国社会科学出版社
2003

图书在版编目(CIP)数据

中国考古学·夏商卷／杨锡璋，高炜主编；中国社会科学院考古研究所编著．—北京：中国社会科学出版社，2003.12（2021.4重印）

中国考古学（九卷本）

ISBN 978-7-5004-4288-2

Ⅰ.①中… Ⅱ.①杨…②高…③中… Ⅲ.①考古—研究—中国—夏代②考古—研究—中国—商代 Ⅳ.K87

中国版本图书馆 CIP 数据核字（2003）第 116910 号

出 版 人	赵剑英
责任编辑	郭　鹏
特约编辑	张　静
责任校对	尹　力
责任印制	李寡寡

出　　版	中国社会科学出版社
社　　址	北京鼓楼西大街甲 158 号
邮　　编	100720
网　　址	http://www.csspw.cn
发 行 部	010-84083685
门 市 部	010-84029450
经　　销	新华书店及其他书店

印刷装订	北京君升印刷有限公司
版　　次	2003 年 12 月第 1 版
印　　次	2021 年 4 月第 5 次印刷

开　　本	787×1092　1/16
印　　张	43.5
插　　页	16
字　　数	996 千字
定　　价	380.00 元

凡购买中国社会科学出版社图书，如有质量问题请与本社营销中心联系调换
电话：010-84083683
版权所有　侵权必究

ARCHAEOLOGICAL MONOGRAPH SERIES
TYPE A   NO. 29

CHINESE ARCHAEOLOGY

Xia and Shang

Edited by

The Institute of Archaeology
Chinese Academy of Social Sciences

China Social Sciences Press
Beijing
2003

《中国考古学》（九卷本）为

国家"九五"社会科学基金资助重点项目

中国社会科学院重点研究课题

"十五"国家重点图书规划项目

内容简介

约公元前21世纪初，中原出现的夏王朝揭开了中国历史的新篇章，继之而起的是商王朝，夏商承替延续千年之久。中国古代文明由早期形成阶段至夏商时期趋于成熟并走向繁盛，创造出独具特征的绚丽灿烂的青铜文化，在中国文明发展史上占有重要地位，并对其后数千年间中国社会的基本走向产生了深刻影响。

近、现代考古学提供的丰富材料，极大地拓展了认识夏、商文明的视野。以田野工作为基础的考古学研究，成为重建夏、商信史的主要途径。《中国考古学·夏商卷》系统介绍了20世纪夏商考古的发现和研究成果，及其为探索夏、商历史，重现夏、商文明所做出的贡献。

本书重点介绍了1928年以来的殷墟发掘与研究，二里冈商文化与郑州商城的发现与研究，二里头遗址的发现及夏文化的探索，偃师商城、安阳洹北商城以及商代其他城址、重要遗址和墓葬的发现与研究，夏商时期周边考古学文化的发现与研究。书中以"偃师商城之始建为夏、商王朝交替界标"说为基点，论证了夏、商文化关系和难解的夏、商文化界定问题；进而追溯了二里头文化之前的早期夏文化和先夏文化；还讨论了夏、商文化与周边地区文化的关系及其历史意义。作为系统论述夏商时期考古学的著作，本书阐述了关于夏商考古研究的任务、特点与方法以及相关的思考，展望了夏商考古学发展的前景。

本书适合研究历史、考古、文博和美术史的专业人员及爱好者阅读。

《中国考古学》编辑委员会（按姓氏笔画排名）
王　巍　王立邦　王仲殊　乌　恩　卢兆荫　白云翔　任式楠
刘庆柱　齐肇业　安志敏　张长寿　张显清　杨　泓

《中国考古学》编辑出版工作组
组　　长　白云翔
副组长　李健民　张　静　李　淼
组　　员　张孝光　韩慧君　刘　方　张　蕾　季连琪

《中国考古学·夏商卷》主编
杨锡璋　高　炜

《中国考古学·夏商卷》撰写者（按姓氏笔画排名）
王　巍　王学荣　牛世山　刘一曼　杜金鹏　何毓灵　张立东
高　炜　唐际根　韩康信　傅宪国　谢端琚

《中国考古学》总序

20世纪是考古学传入、诞生于中国的时代，是中国考古学的形成、发展和继续发展的时代。20世纪90年代中期，中国社会科学院考古研究所的领导和学者们，曾经就20世纪中国考古学的发现、研究及其在21世纪的进一步发展，进行过多次讨论，大家认为：中国社会科学院考古研究所及其前身——中国科学院考古研究所，是中国考古学学科历史发展的主要参与者、见证者。在世纪之交，中国社会科学院考古研究所作为当今中国国家级惟一的考古科研机构，将百年来考古学在中国的发展历史作一回顾、总结和研究，并对新世纪的中国考古学作一瞻望，是我们义不容辞的学术责任。基于上述考虑，1996年我们考古研究所审时度势，提出编著《中国考古学》计划，通过充分论证，这一计划先后被批准为国家社会科学基金项目和中国社会科学院重点课题项目，以及"十五"国家重点图书规划项目。

《中国考古学》各卷分别对不同时代中国考古学发展历程，进行了回顾、研究。从总体来看，20世纪以来的中国考古学发展，大致划分为近代考古学传入时期和中国考古学诞生时期、形成时期、发展时期与继续发展时期等几个阶段。

1. 近代考古学传入时期（19世纪后半叶至20世纪20年代）

19世纪后半叶至20世纪初，随着外国殖民者对中国的政治、经济侵略，文化渗透也接踵而来。这种文化渗透的表现之一，就是外国人到中国的"寻宝"活动。他们采取的形式大多是以探险队、考察队名义进行活动，其中欧美国家的探险队或考察队多在我国新疆、甘肃、内蒙古等西北地区活动，日本的探险队、考察队多在我国东北地区和台湾等地活动。上述活动，一方面使大量中国古代珍贵历史文物被劫掠到国外，另一方面考古学作为一门科学也随之传入中国。

这一时期近代考古学传入中国和"殷墟甲骨"、"汉晋简牍"、"敦煌文书"的重大发现，成为中国学术史从传统学术向近代学术转变、从传统史学向现代史学转变的重要契机；使从"层累地造成的中国史"走出的"疑古"学者们，看到了"释古"（历史文献与考古资料结合的"二重证据法"）、"考古"的科学曙光。考古学成为学术界备加关注的新科学。

2. 中国考古学诞生时期（20世纪20年代至30年代）

从学术发展史来看，近代考古学传入中国促使中国传统的"金石学"发展为"古器物学"，继之"古器物学"又发展为考古学。

考古学在中国的诞生有着深层次的历史原因。辛亥革命推翻了清王朝，埋葬了两千多年的封建专制统治，1919年的五四运动又给中国带来了科学与民主的思想，这为此前传入中国的考古学的诞生奠定了重要的思想基础。

从科学史来看，考古学是在近代科学发展的基础之上诞生的，更具体地说考古学的出现是近代地质学、生物学等自然科学发展的产物。在当时"科学救国"思想影响下，近代中国科学，尤以地质学、古生物学成就最为突出。由于地质学、古生物学与考古学学科之间的密切关系，当时已有一批在国外学有所成，在国内业绩卓著的中国地质学家、古生物学家，成为了最早涉足中国考古学的科学家；还有一批中国学者，虽然其学术背景不尽相同，但他们都积极投身中外合作考古活动或中国人独立主持的考古发掘。这些都为考古学在中国诞生创造了人才条件。同时，一些受聘于中国科研机构或政府管理部门的国外著名地质学家、古生物学家、考古学家等，通过与中国学者合作开展的田野考古工作，把西方考古学的方法和理论介绍、传播到中国，从而为考古学在中国的诞生创造了科学条件。

这一时期的考古发现众多，如旧石器时代北京周口店遗址的发掘和北京猿人头盖骨的发现，山西西阴村、河南渑池仰韶村、山东历城龙山镇等史前遗址的发掘，河南安阳殷墟遗址的大规模勘探与发掘等。1928年由中国国家学术机构负责、中国学者独立主持的河南安阳殷墟遗址的考古发掘，成为中国考古学诞生的标志。通过大量田野考古工作的开展，西方考古学中的地层学、类型学在中国考古学中得到运用和发展，一些自然科学技术在考古发掘和研究中得以应用。由于当时中国境内的不少考古工作采取了国际合作的方式，使刚刚在中国诞生的考古学获得了"跨越式"发展。

3. 中国考古学形成时期（20世纪30年代至40年代）

20世纪20年代考古学在中国诞生之后不久，中国学者就成为了本国考古学的主力军。这一时期开展的北京周口店遗址、河南安阳后岗遗址（小屯文化、龙山文化、仰韶文化三叠层遗址）、安阳殷墟宫庙基址和王陵区的大规模考古发掘，获得重大学术成果，为建立黄河中下游史前文化和早期国家的考古学文化框架奠定了基础。从学术的时空两方面来说，它们为中国考古学向早晚两方面的拓展和由中原向周边地区的发展，寻找到科学的支撑点。中国考古学家在安阳殷墟的长时期、大规模的成功的考古发掘，为东亚和东北亚地区古代都城遗址、大型建筑遗址的考古发掘，探索出一条成功经验。

中国考古学在其幼年时期取得的成果，成为中国马克思主义史学诞生的科学基础。马克思主义历史学家郭沫若，正是利用安阳殷墟考古资料和两周金文资料，完成了中国第一部马克思主义历史学著作《中国古代社会研究》。

4. 中国考古学的发展时期（20世纪50年代至70年代）

1949年新中国的成立，使中国考古学的发展面临极好的机遇。在以历史唯物主义和辩证唯物主义为基石的马克思主义指导下，中国考古学坚持以田野考古为基础，使学科得到健康发展。中央政府设立了专门的文物考古行政管理机构，成立了国家考古科研学术机构——中国科学院考古研究所（1977年更名为中国社会科学院考古研究所），在北京大学设立了考古专业。中国科学院考古研究所、文化部文物局与北京大学应全国考古工作急需，联合举办了四届全国考古工作人员训练班，为新中国考古事业的发展提供人才保证。作为中国考古学学术园地的"三大杂志"——《考古》、《文物》开始创办，《考古学报》更名复刊，它们为中国考古学的发展提供了重要的学术平台。

全国各地的考古工作者主动配合国家大规模的基本建设，积极开展文物保护、考古勘探与发掘，积累了极为丰富的考古资料，为此后中国考古学学科时空框架的建立，考古学方法、理论的发展，奠定了坚实的科学基础。

这一时期旧石器时代的云南元谋人和陕西蓝田人等考古发现，使古代人类在中华大地上的活动历史上溯了百万年，活动地域大大扩展。新石器时代半坡遗址、姜寨遗址的发掘，丰富了仰韶文化内容，成为中国考古学史上史前聚落考古方法、理论的最早的成功探索；山东大汶口文化的发现，找到龙山文化源头；冀南、豫北的磁山—裴李岗文化，河南的庙底沟二期文化，山东的北辛文化、岳石文化的发现，使黄河中下游的新石器时代文化向早晚两方面延伸。长江下游河姆渡遗址、良渚遗址的发掘，引发了中国考古学文化多元理论认识上的飞跃。河南偃师二里头遗址、郑州二里冈遗址等中国早期国家都城遗址的考古勘察与发掘，使以殷墟遗址为代表的晚商文化以前的早商文化和夏文化，得以确认。春秋战国时代和秦汉至元明时代的都城、王陵的考古调查与发掘，连同先秦及新石器时代考古发现，再现了绵延数千年的中国古代文明，构建起了中国考古学学科的基本框架。

夏鼐领导的中国科学院考古研究所，率先积极、主动地将科学技术应用于考古学，其中尤以碳十四实验室的建立和年代学的成果最为突出，在体质人类学、古动物学等方面也取得了令人瞩目的成就。与此同时，考古学家与冶金、陶瓷、古植物学等方面的科学家合作，在古代遗存的物质结构分析、古代作物的研究等诸多方面多有收获。

十年"文化大革命"，使朝气蓬勃发展的新中国考古学受到严重挫折。但是，人类发展的历史往往是在遭到巨大的破坏之后，人们对过去认识得更深刻，对未来审视得更清晰，人类社会将出现更大、更快的进步。20世纪70年代后半叶的中国考古学，在学科建设、考古学方法和理论发展等诸多方面，为中国考古学其后的"起飞"准备了条件。

5. 中国考古学的继续发展时期（20世纪80年代至今）

20世纪70年代末80年代初，中国的改革开放带来了中国科学技术发展的春天，同样也吹响了中国考古学继续发展的号角。尊重科学，尊重人才，科学工作者的聪明、智慧和创造性得到空前的发挥，国家对科学的经济支持力度大大增强，国际科学文化合作与交流的良好环境已经出现。这一切为中国科学的发展，自然也包括为中国考古学的发展，提供了前所未有的历史机遇。

这一时期的重要考古发现主要有：在安徽、重庆、河北等地，早期旧石器时代文化发现了更多的石器出土地点，个别地点还出土了人骨化石。这使中国境内的旧石器时代可望上推到距今200万年左右。广西、湖南、江西、河北、北京等地的距今1万年左右的早期新石器时代文化的发现，使中国境内的早期新石器时代推进至距今10000~12000年。内蒙古敖汉旗兴隆洼、河南舞阳贾湖等新石器时代中期一些大型史前聚落遗址的发现或发掘，极大地丰富了对这一时期考古学文化的认识。辽宁、浙江、湖北、四川、安徽、河南、山西、湖南等地的新石器时代晚期聚落遗址、祭祀遗址或城址的考古勘察和发掘，对探索中华民族的多元考古学文化和中国古代文明形成有着重要意义。早期夏文化的探索，偃师商城遗址的发掘，四川三星堆遗址的发现，夏商周断代工程的开展等，使20世纪80年代、90年代的"三代考古"学术成果异彩纷呈。秦汉至元明时期的考古发现，如帝王陵墓及陵寝建筑遗址、历代都城遗址、石窟寺与佛教寺院遗址、古代瓷窑遗址等勘察与发掘，使秦汉至元明时代的考古学内容更为充实，学科框架更为完整。这一时期中国境内周边地区广泛进行的考古勘察、发掘，使不少地方的考古学文化序列得以初步建立。一些周边省区已经建立了较完整的考古学文化谱系，学科框架得以基本构建。

20世纪80年代以来，中国考古学家们在总结了半个多世纪考古工作的基础之上，在中国考古学学科框架、谱系基本建立起来的情况下，以考古学的地层学、类型学为基本方法，吸收国际考古学界的先进方法、理论，大规模地开展了聚落考古、城址考古、祭祀遗址群考古以及与经济活动密切相关的手工业遗址考古和古代大型建设工程遗址考古等。与此同时，考古学广泛利用现代自然科学技术，如多种测年手段的使用，DNA遗传技术的应用，食性分析的探索，环境考古学的引进与创立，计算机技术在考古学研究中的普及等，这些又使田野考古发掘和研究更加"微化"、更加"细化"、更加"量化"、更加"深化"，也就是考古学的更加科学化、现代化。考古发掘与研究向"大"和"小"、"广"和"深"两极的发展，使考古学从宏观和微观两个方面，在科学研究的学术舞台上充分地确立了中国考古学的重要地位。

通过《中国考古学》对20世纪中国考古学发展的回顾、研究，使我们看到考古学百年来在中国的发生、发展，看到考古学在中国所取得的辉煌学术成就，看到年轻的中国考古学的发展为世界所备加关注的现实。中国考古学已成为我国人文社会科学领域中最具影响力的学科之一。但是我们还应该看到，新世纪的中国考古学任重道远。本书进一步指出，中国考古学在21世纪要取得更大发展、进步，我们还必须全面、准确、科学地把握21世纪中国考古学的发展方向，必须明确新世纪我们的学术使命。

中国是世界上惟一的具有数千年延续不断的古代文明国家，中国有着丰富的历史文化遗产，已有的考古发现只是我国历史文化遗产中的很小的一部分，还有更多、更重要的考古工作等待着我们去开展。已经进行的考古工作在各地区的发展也不平衡，不同时代的考古学学科进展也不一样。至于自然科学技术在考古学中的应用方面，我们与世界发达国家的考古学相比，还有一定的差距。多年来，由于考古工作者把主要精力投入到配合国家大规模基本建设的考古发掘工作，相应的考古学理论、方法的研究也有待进一步加强。

加强中国考古学学科理论建设是目前及今后中国考古学学科继续发展的重要条件。学科的发生、发展是与学科理论建设密切相关的，学科成熟的前提是其理论的完备与彻底。学科在发展，学科理论也在发展，因而学科的成熟、理论的完备与彻底也都是相对而言的。学科的存在和发展，决定了学科理论的存在与不断发展。理论是对学科科学规律的探索，对学科过去而言是学科的科学总结，对学科未来而言是学科的科学假设。学科理论涉及学科的诸多方面问题，如人类起源的一元与多元问题，人类起源一元说与基于传统的地层学、类型学研究所形成的考古学文化的科学整合问题，古代文明形成、国家出现模式问题，早期国家功能问题，人类社会发展与环境关系问题，社会生产分工问题，考古学文化与血缘集团（血缘社会单位）、民族、国家关系问题等。

学科的发展离不开方法论的创新，所谓"工欲善其事，必先利其器"。考古学要不断发展，就要不断创新其学科"方法论"。地层学、类型学是近代考古学将当时的地质学、生物学学科基本方法"移植"过来的，一百年多年来，它们对于考古学的发展功不可没。但是，正如现代地质学、生物学的发展是伴随着碳十四、热释光、古地磁和DNA等现代科学技术的应用而获得进步一样，地质学、生物学的科学研究，如果至今仍然仅仅停留于使用地层学、类型学方法上，现代意义上的地质学、生物学则无从谈起。既然考古学的地层学、类型学是源于地质学、生物学的，那么借鉴现代地质学、生物学的发展经验，对于当今考古学的发展，学科方法的现代化、科学化、多样化同样是至为重要的。

21世纪，现代科学技术在考古学中的更加广泛应用，将使基于"考古学文化"提出的"相对"时空框架、谱系，加速向"绝对"的时空框架、谱系发展。诸如碳十四断代及AMS、古代树木年轮、古地磁法（PM）等断代技术，生物遗存分析和物理、化学对古代遗物的物种、物质成分的分析技术等，都使考古学资料的时空研究提高到更高的科学层次，其中不少是传统考古学方法所无法解决的。我们应看到各种自然科学技术在考古学中的应用所带来的考古学研究的革命性变化。考古学作为一门交叉学科、边缘学科，其进一步深入发展还必须加强与其他相关人文社会科学的结合。对于21世纪中国考古学而言，多学科结合、多种方法应用是新世纪中国考古学学科发展的基础和方向。

考古学文化主要以"特定类型的器物"——陶器与相关物质遗存所构成的"特定关系组合遗存"，体现人们的生产活动、物质生活。自然环境和地理是考古学文化形成、发展的主要条件和背景。马克思曾针对这种由于自然环境、条件的不同而导致的差异指出："不同的共同体，是在各自的自然环境内，发现不同的生产资料和不同的生活资料的。所以，它们的生产方式、生活方式和生成物是不同的。"（《资本论》第一卷，人民出版社，1957年版）我国国土广大，各地自然环境、地理条件不同，有的差别很大。在这种背景下形成了各地不同的考古学文化。从这个角度来看，自然地理环境的多样性决定了考古学文化的多元性。因此，对于21世纪中国考古学而言，在考古学研究方法上必须更加关注环境与人的关系以及"人地关系"。

20世纪以后的中国考古学发展，还涉及许多考古学理论、方法问题，都是极具时代挑战性的，有的已在本书中进行了探讨。至于以田野考古为基础的中国考古学学科的自身发展，要做的工作就更多了，如学科在时空两方面都存在着一定的发展不平衡性问题，即不同地区的考古工作开展的不同，不同时代考古学研究的情况不同，等等，在本书的相关部分也会谈到，此处不再赘述。

《中国考古学》共设九卷，包括《绪论卷》、《旧石器时代卷》、《新石器时代卷》、《夏商卷》、《两周卷》、《秦汉卷》、《魏晋南北朝卷》、《隋唐卷》和《宋辽金元明卷》，各卷分之可独立成书，合之为一有机整体。参加撰写的学者多达五十多位，其中大多为中国社会科学院考古研究所的科研人员，同时我们还聘请一些所外专家，参与了本书的部分撰写工作。作为一项集体性项目，本书涉及全国的考古发现与研究，因此我们要求作者在现有的考古资料和研究成果基础之上，在撰写中要突出科学性、全面性、客观性，同时更要有创新性。鉴于考古学著作编写出版的复杂性和难度，我们专门设立了编辑出版工作组，协助编委会负责有关技术性和事务性工作，以求把本书编写出版为精品。尽管如此，对于这样一部几十人参与撰写，又涉及时代如此之长、地域如此之广、内容如此之泛、问题如此之复杂的庞大著作，其中的不足或错误是在所难免的，我们诚挚地希望得到大家的批评、指正。

《中国考古学》的编写出版，是在本书编委会的直接领导下进行的。在编写出版过程中，我所的老领导、老专家自始至终给予了我们亲切的关怀、热情的鼓励和悉心的指导，全国各地的考古、文博单位以及中国社会科学出版社给予了我们无私的帮助、大力的支持。在《中国考古学》付梓之际，我们向所有在本书编写出版期间，关心、支持、帮助过我们的同志们，向全国各相关兄弟单位的朋友们表示衷心感谢！

刘庆柱

2003 年 10 月 8 日

目 录

《中国考古学》总序 ·· 刘庆柱（1）

绪论 ···（1）
 一　夏商考古的发现与研究 ···（1）
 二　关于夏文化与商文化 ··（8）
 三　关于夏、商文化与周边地区文化的关系 ························（13）
 四　启示与思考 ··（16）

第一章　夏文化探索 ···（21）
 第一节　中国历史上的夏王朝 ···（21）
 第二节　夏文化的探索历程 ···（23）
  一　诸说的纷争 ··（24）
  二　田野调查与发掘 ··（30）
  三　夏文化探索的总结评述 ··（33）
 第三节　夏、商文化的界定 ···（38）
  一　夏、商文化界定的理论与方法 ······································（38）
  二　偃师商城之始建是夏、商王朝交替的界标 ··················（39）
  三　夏、商文化的界定 ··（42）
 第四节　夏代早期及先夏时期的夏文化 ···································（45）
  一　王湾三期文化的分布、分期和年代 ······························（46）
  二　二里头文化的渊源和王湾三期文化的族属 ··················（51）
  三　豫西、晋南地区与先夏、夏代早期文化相关的其他考古学文化遗存 ···（57）

第二章　二里头文化 ···（61）
 第一节　二里头遗址与二里头文化 ···（61）
  一　二里头遗址的地理位置与历史沿革 ······························（61）
  二　二里头遗址的勘查与发掘 ··（63）
  三　二里头遗址各期文化遗存的发现概况 ··························（64）
  四　二里头遗址的布局与主要发现 ······································（65）
  五　二里头文化的发现与定名 ··（66）
  六　二里头文化的特征 ··（68）

第二节 二里头文化的分期与年代 (69)
  一 分期 (69)
  二 年代 (80)
第三节 二里头文化的分布与类型 (82)
  一 分布 (82)
  二 类型 (89)
第四节 二里头文化的聚落形态和埋葬制度 (97)
  一 聚落形态 (97)
  二 埋葬制度 (98)
第五节 二里头文化的经济与技术 (107)
  一 农业 (107)
  二 家畜饲养与渔猎 (108)
  三 手工业 (109)
  四 交通 (122)
第六节 二里头文化的精神生活 (123)
  一 关于二里头文化的刻划符号与文字问题 (123)
  二 有关二里头文化宗教观念的遗存 (127)
第七节 二里头文化与周边诸文化的关系 (132)
  一 文化交流的例证 (132)
  二 文化交流的特点 (137)

第三章 先商文化探索及相关问题 (140)
第一节 先商文化的探索历程 (140)
  一 豫东、鲁西南地区 (141)
  二 豫北、冀南地区 (142)
第二节 下七垣文化 (146)
  一 特征与渊源 (146)
  二 分期与年代 (147)
  三 分布与类型 (152)
第三节 关于"潞王坟—宋窑类遗存" (157)
  一 发掘、研究与命名 (157)
  二 分期与年代 (158)
  三 文化特征与文化因素分析 (160)
  四 分布与族属推测 (162)
第四节 关于郑州南关外中、下层及相关遗存的讨论 (164)
  一 关于南关外中层 (165)
  二 关于南关外下层 (165)
  三 电校 H6、化工三厂 H1 等相关遗存 (167)

第四章　商代早期的商文化 (170)

第一节　早商文化的分期与年代 (170)
　　一　郑州商城的文化分期 (170)
　　二　偃师商城的文化分期 (174)
　　三　其他遗址的文化分期 (184)
　　四　早商文化的综合分期 (187)

第二节　早商文化的分布与类型 (188)
　　一　二里冈类型 (188)
　　二　琉璃阁类型 (191)
　　三　台西类型 (192)
　　四　东下冯类型 (196)
　　五　北村类型 (197)
　　六　盘龙城类型 (198)
　　七　大城墩类型 (200)
　　八　大辛庄类型 (201)

第三节　偃师商城 (203)
　　一　地理位置和环境变迁 (203)
　　二　发现与发掘 (203)
　　三　布局变迁及其兴衰 (205)
　　四　城墙、城门、城壕和道路 (205)
　　五　宫城和宫殿建筑群 (210)
　　六　第Ⅱ号建筑群遗址 (213)
　　七　其他大、中型夯土基址 (215)
　　八　民居与手工业作坊 (215)
　　九　墓葬 (216)
　　十　性质与年代 (217)

第四节　郑州商城 (218)
　　一　发现与发掘 (218)
　　二　城墙与"外郭城" (220)
　　三　宫殿区 (222)
　　四　民居与手工业作坊 (224)
　　五　给排水系统 (225)
　　六　墓葬 (227)
　　七　年代与性质 (227)

第五节　早商时期其他城址 (231)
　　一　盘龙城商城 (231)
　　二　垣曲商城 (234)

三　东下冯商城 …………………………………………………………（235）
　　　四　府城商城 …………………………………………………………（236）
　　　五　关于早商城址的若干特征 ………………………………………（236）
　第六节　早商时期的墓葬与埋葬制度 …………………………………（237）
　　　一　墓葬分布 …………………………………………………………（237）
　　　二　埋葬习俗 …………………………………………………………（240）
　　　三　中、小型墓葬分类与墓主社会地位 ……………………………（242）

第五章　商代中期的商文化 ………………………………………………（249）
　第一节　中商文化的分期与年代 ………………………………………（250）
　　　一　中商文化一期 ……………………………………………………（252）
　　　二　中商文化二期 ……………………………………………………（252）
　　　三　中商文化三期 ……………………………………………………（253）
　第二节　中商文化的分布与类型 ………………………………………（253）
　　　一　白家庄类型 ………………………………………………………（255）
　　　二　曹演庄类型 ………………………………………………………（255）
　　　三　台西类型 …………………………………………………………（262）
　　　四　大辛庄类型 ………………………………………………………（263）
　　　五　潘庙类型 …………………………………………………………（264）
　　　六　大城墩类型 ………………………………………………………（266）
　　　七　盘龙城类型 ………………………………………………………（266）
　　　八　北村类型 …………………………………………………………（269）
　　　九　小神类型 …………………………………………………………（270）
　第三节　中商时期的重要遗址 …………………………………………（271）
　　　一　郑州商城中商时期遗存 …………………………………………（271）
　　　二　小双桥遗址 ………………………………………………………（274）
　　　三　洹北商城 …………………………………………………………（276）
　　　四　关于邢台地区的中商遗址群 ……………………………………（278）
　第四节　中商时期的墓葬与埋葬制度 …………………………………（279）
　　　一　埋葬习俗 …………………………………………………………（279）
　　　二　中、小型墓葬分类与墓主社会地位 ……………………………（280）

第六章　商代晚期的商文化 ………………………………………………（284）
　第一节　安阳殷墟及晚商文化编年 ……………………………………（284）
　　　一　殷墟的发现与发掘 ………………………………………………（284）
　　　二　殷墟周围的自然环境与聚落分布特点 …………………………（286）
　　　三　殷墟晚商文化的分期与年代 ……………………………………（289）
　　　四　殷墟的范围 ………………………………………………………（295）
　　　五　殷墟的布局 ………………………………………………………（296）

第二节 晚商文化的分布与类型·················(304)
    一 晚商文化的分布范围·················(304)
    二 晚商文化的类型·················(305)
    三 其他地区的晚商文化遗存·················(320)
第三节 晚商时期的建筑遗存·················(325)
    一 建筑布局·················(325)
    二 建筑的类别与等级·················(327)
    三 建筑技术与特点·················(330)
第四节 晚商时期的墓葬与埋葬制度·················(331)
    一 墓葬概况·················(333)
    二 晚商墓葬的族墓地特征·················(336)
    三 晚商墓葬的类型、规模与墓主人生前的社会地位·················(338)
第五节 晚商时期的占卜与祭祀遗存·················(351)
    一 占卜·················(351)
    二 祭祀遗存·················(352)
第六节 殷墟人骨的种系及相关问题·················(360)
    一 殷墟人骨的种系研究·················(360)
    二 殷墟中小墓和祭祀坑人骨的性别年龄鉴定·················(363)
    三 关于殷墟族墓地中葬式与性别年龄关系·················(365)
    四 祭祀坑头骨上的砍痕·················(366)
    五 头骨上穿孔现象·················(366)
    六 口腔病理的观察·················(367)
    七 商人拔牙风俗之疑·················(368)

第七章 商代的经济、技术、文字和艺术·················(370)
第一节 农业、畜牧业和渔猎业·················(370)
    一 农业·················(370)
    二 畜牧业·················(372)
    三 渔猎业·················(373)
第二节 青铜铸造业·················(373)
    一 铸铜遗址的发现与研究·················(373)
    二 商代青铜器的种类与分布·················(379)
    三 商代青铜容器分期·················(387)
    四 商代青铜兵器·················(395)
    五 其他商代青铜器·················(404)
第三节 其他手工业·················(404)
    一 制陶业·················(404)
    二 玉石器制造业·················(408)

    三 制车业 (411)
    四 其他手工业 (416)
  第四节 商品交换与货币 (421)
  第五节 文字 (423)
    一 早、中商时期的文字 (424)
    二 殷墟甲骨文 (425)
    三 商代晚期铜、陶和玉石器上的文字 (432)
  第六节 艺术 (433)
第八章 夏、商王朝周边地区的考古学文化 (440)
  第一节 黄淮下游 (440)
    一 岳石文化 (440)
    二 斗鸡台文化 (457)
    三 珍珠门文化 (461)
  第二节 长江下游 (463)
    一 马桥文化 (463)
    二 点将台下层文化和湖熟文化 (467)
  第三节 长江中游 (472)
    一 长江中游地区的夏代考古学文化 (472)
    二 长江中游地区的商代考古学文化 (473)
  第四节 四川盆地、汉中及峡江地区 (491)
    一 三星堆文化 (491)
    二 峡江地区 (508)
    三 汉中地区 (516)
  第五节 关中地区 (524)
    一 碾子坡类遗存 (525)
    二 刘家类遗存 (528)
    三 郑家坡类遗存 (530)
    四 沣镐遗址发现的商代末年先周遗存 (533)
  第六节 甘青地区 (535)
    一 齐家文化 (535)
    二 四坝文化 (558)
    三 卡约文化 (562)
  第七节 晋中、内蒙古中南部及晋陕高原 (566)
    一 晋中地区 (566)
    二 内蒙古中南部 (575)
    三 晋陕高原 (584)
  第八节 燕山南北地区 (593)

一　夏家店下层文化 …………………………………………………………………… (593)
　　二　大坨头文化 ……………………………………………………………………… (605)
　　三　围坊三期文化 …………………………………………………………………… (608)
　　四　魏营子文化 ……………………………………………………………………… (613)
第九节　辽中及辽东半岛地区 …………………………………………………………… (620)
　　一　高台山文化 ……………………………………………………………………… (620)
　　二　庙后山文化 ……………………………………………………………………… (627)
　　三　双砣子各期文化遗存 …………………………………………………………… (632)
第十节　闽、粤、桂地区 ………………………………………………………………… (635)
　　一　闽东沿海 ………………………………………………………………………… (635)
　　二　闽西北 …………………………………………………………………………… (641)
　　三　珠江三角洲 ……………………………………………………………………… (643)
　　四　粤北 ……………………………………………………………………………… (651)
　　五　粤东闽南 ………………………………………………………………………… (653)
　　六　广西 ……………………………………………………………………………… (658)

附录　《夏商周断代工程》有关夏商年代的测定数据 ………………………………… (659)
　　表1　河南登封王城岗龙山文化遗存 AMS 测年数据 …………………………… (659)
　　表2　二里头遗址常规碳十四测年数据 …………………………………………… (659)
　　表3　偃师商城常规碳十四测年数据 ……………………………………………… (660)
　　表4　偃师商城 AMS 测年数据 …………………………………………………… (661)
　　表5　郑州商城常规碳十四测年数据 ……………………………………………… (662)
　　表6　郑州商城 AMS 测年数据 …………………………………………………… (662)
　　表7　小双桥、洹北花园庄和东先贤遗址 AMS 测年数据 ……………………… (663)
　　表8　洹北花园庄遗存常规碳十四测年数据 ……………………………………… (664)
　　表9　殷墟文化分期及常规碳十四测年数据 ……………………………………… (664)
　　表10　甲骨系列样品分期及 AMS 测年数据 ……………………………………… (665)

后记 ……………………………………………………………………………………… (667)

插 图 目 录

第一章 夏文化探索
  图1-1 二里头遗址四期晚段与偃师商城一期陶器对比图 …………………… (43)
  图1-2 二里头遗址ⅢH23出土陶器 …………………………………………… (44)
  图1-3 新砦期遗存陶器 …………………………………………………………… (50)
  图1-4 王湾三期文化晚期、新砦期、二里头文化一期陶器演变图 ………… (54)

第二章 二里头文化
  图2-1 二里头遗址位置示意图 …………………………………………………… (61)
  图2-2 二里头遗址主要遗迹分布图 …………………………………………… (62)
  图2-3 二里头遗址一号宫殿基址平面图 ……………………………………… (66)
  图2-4 二里头遗址二号宫殿基址平面图 ……………………………………… (67)
  图2-5 二里头遗址陶器分期图 …………………………………………………… (72)
  图2-6 二里头文化分布示意图 …………………………………………………… (87)
  图2-7 二里头文化地方类型陶器 ……………………………………………… (92)
  图2-8 二里头遗址Ⅳ区M17、M18及随葬陶器 …………………………… (102)
  图2-9 二里头遗址出土玉礼器 …………………………………………………… (104)
  图2-10 二里头遗址出土青铜容器 ……………………………………………… (105)
  图2-11 二里头遗址出土青铜牌饰 ……………………………………………… (106)
  图2-12 二里头遗址出土青铜武器 ……………………………………………… (106)
  图2-13 二里头遗址陶器上的农作物图像 …………………………………… (107)
  图2-14 商代甲骨文、金文中古器物象形字 ………………………………… (125)
  图2-15 二里头遗址陶器上的"刻划符号" …………………………………… (126)
  图2-16 二里头遗址Ⅵ区祭祀遗迹 ……………………………………………… (130)
  图2-17 二里头文化乐器 ………………………………………………………… (131)
  图2-18 周边地区文化中与二里头文化有关的遗物 ………………………… (133)
  图2-19 二里头遗址出土与邻近文化有关的遗物 …………………………… (136)

第三章 先商文化探索及相关问题
  图3-1 下七垣文化与同时期其他考古学文化分布示意图 ………………… (145)
  图3-2 后冈二期文化与下七垣文化陶器对比图 ……………………………… (148)
  图3-3 下七垣文化陶器分期图 …………………………………………………… (150)

图3-4	下七垣文化诸类型陶器	(153)
图3-5	潞王坟—宋窑类遗存陶器分期图	(158)
图3-6	潞王坟—宋窑类遗存陶器中几种主要文化因素	(163)
图3-7	郑州南关外中、下层出土陶器	(167)

第四章 商代早期的商文化

图4-1	郑州商城陶器分期图	(172)
图4-2	偃师商城陶器分期图	(176)
图4-3	早商文化分布示意图	(189)
图4-4	早商文化地方类型陶器	(193)
图4-5	偃师商城平面图	(206)
图4-6	偃师商城四号宫殿基址发掘平面图	(212)
图4-7	偃师商城第Ⅱ号建筑群F2004中层建筑基址平面图	(214)
图4-8	郑州商城平面图	(220)
图4-9	郑州商城C8G15基址平面及复原示意图	(224)
图4-10	黄陂盘龙城商城位置图	(232)
图4-11	黄陂盘龙城F1、F2基址平面图	(233)
图4-12	垣曲商城平面图	(234)
图4-13	夏县东下冯商城平面图	(235)
图4-14	盘龙城李家嘴M2平面图	(243)
图4-15	盘龙城李家嘴M2出土青铜器	(244)
图4-16	垣曲商城M16、偃师商城83ⅢM1及随葬品	(246)
图4-17	偃师商城96ⅡM21及随葬陶器	(247)

第五章 商代中期的商文化

图5-1	中商文化陶器分期图	(250)
图5-2	中商文化分布示意图	(254)
图5-3	中商文化地方类型陶器	(256)
图5-4	郑州南顺城街窖藏坑平、剖面图及出土铜器	(272)
图5-5	黄州下窑嘴中商墓葬出土青铜器	(281)
图5-6	夏县东下冯M519及随葬品	(282)

第六章 商代晚期的商文化

图6-1	安阳殷墟与洹北商城位置图	(285)
图6-2	殷墟的地理环境	(287)
图6-3	殷墟遗址陶器分期图	(291)
图6-4	殷墟墓葬陶器分期图	(293)
图6-5	殷墟小屯宗庙宫殿区甲、乙、丙三组基址位置图	(297)
图6-6	殷墟西北冈王陵区大墓及祭祀坑	(301)
图6-7	殷墟西区墓地三区东部墓葬分组示意图	(304)

图 6-8　晚商文化分布示意图 (306)
图 6-9　晚商文化地方类型陶器 (307)
图 6-10　殷墟宫殿区甲十二基址平面图 (328)
图 6-11　殷墟小屯西地 GF201 基址平面图 (329)
图 6-12　殷墟后冈墓地 I~IV 组墓葬分布示意图 (337)
图 6-13　殷墟西区男女合葬墓 M2686 (338)
图 6-14　殷墟西北冈 M1500 大墓平面图 (340)
图 6-15　殷墟西北冈武官村大墓平、剖面图 (342)
图 6-16　殷墟西北冈 M260 平、剖面图 (344)
图 6-17　殷墟郭家庄 M160 墓葬结构及椁室内随葬器物分布图 (346)
图 6-18　殷墟戚家庄东 M269 平面图 (348)
图 6-19　殷墟小屯宗庙宫殿区乙七基址与有关祭祀坑 (354)

第七章　商代的经济、技术、文字和艺术

图 7-1　早商青铜器分期图 (387)
图 7-2　中商青铜器分期图 (389)
图 7-3　殷墟晚商青铜器分期图 (392)
图 7-4　商代铜戈、戣 (396)
图 7-5　商代铜矛、戟和镞 (398)
图 7-6　商代铜钺、卷头刀、镰和銎斧 (400)
图 7-7　商代铜胄、弓形器和带戈盾牌 (402)
图 7-8　商代早、中期印纹硬陶与原始瓷器 (406)
图 7-9　殷墟出土白陶、印纹硬陶与原始瓷器 (407)
图 7-10　殷墟郭家庄车马坑 M52 (413)
图 7-11　郑州商城与藁城台西遗址出土的文字与符号 (424)
图 7-12　殷墟小屯南地出土刻辞卜骨（H23:66） (426)
图 7-13　殷墟花园庄东地出土刻辞卜甲（H3:333） (427)
图 7-14　殷墟妇好墓出土铜器 (434)
图 7-15　殷墟出土骨笄 (435)
图 7-16　殷墟出土乐器 (436)
图 7-17　殷墟出土的玉石雕像 (438)

第八章　夏、商王朝周边地区的考古学文化

图 8-1　尹家城遗址岳石文化陶器分期图 (444)
图 8-2　岳石文化其他类型陶器 (450)
图 8-3　斗鸡台文化陶器分期图 (458)
图 8-4　珍珠门文化陶器 (462)
图 8-5　马桥遗址出土陶器 (465)
图 8-6　湖熟文化出土陶器 (469)

图 8-7	荆南寺遗址出土陶器	(475)
图 8-8	周梁玉桥遗址出土遗物	(476)
图 8-9	湘江下游晚商遗址出土陶器	(479)
图 8-10	澧水流域商代陶器分期图	(481)
图 8-11	吴城遗址陶器分期图	(485)
图 8-12	新干大洋洲商代大墓出土铜礼器	(488)
图 8-13	新干大洋洲商代大墓出土铜兵器和工具	(489)
图 8-14	鹰潭角山遗址出土陶器	(490)
图 8-15	三星堆遗址平面图	(494)
图 8-16	三星堆遗址出土青铜器和玉器	(499)
图 8-17	三星堆文化陶器分期图	(502)
图 8-18	三星堆文化朝天嘴类型陶器分期图	(510)
图 8-19	路家河文化陶器	(515)
图 8-20	汉中城固出土青铜器	(518)
图 8-21	白马石类遗存陶器	(522)
图 8-22	碾子坡墓葬与随葬品	(526)
图 8-23	碾子坡遗址出土遗物	(527)
图 8-24	刘家墓葬与随葬品	(529)
图 8-25	郑家坡、岸底遗址出土遗物	(532)
图 8-26	沣镐遗址先周遗存陶器	(534)
图 8-27	齐家文化陶器	(542)
图 8-28	柳湾遗址马厂类型晚期与齐家文化陶器分期图	(544)
图 8-29	师赵村遗址出土齐家文化玉器	(549)
图 8-30	齐家文化铜器	(550)
图 8-31	秦魏家北部墓地平面图	(554)
图 8-32	民乐东灰山四坝文化墓葬随葬品	(560)
图 8-33	卡约文化墓葬随葬品	(565)
图 8-34	忻州游邀遗址晚期陶器	(569)
图 8-35	太谷白燕遗址第四期陶器	(571)
图 8-36	太谷白燕遗址第五期陶器	(572)
图 8-37	汾阳杏花村遗址出土陶器	(574)
图 8-38	朱开沟文化铜器及铸铜石范	(578)
图 8-39	朱开沟遗址陶器分期图	(580)
图 8-40	晋陕高原出土商式青铜器	(586)
图 8-41	晋陕高原出土北方系青铜器及金器	(588)
图 8-42	清涧李家崖城址出土陶器	(590)
图 8-43	柳林高红 H1 出土陶器	(591)

图8-44	英金河、阴河流域石城址分布图	(595)
图8-45	大甸子墓地M612陶器组合	(598)
图8-46	大甸子墓地M726陶器组合	(599)
图8-47	夏家店下层文化陶器分期图	(601)
图8-48	大厂大坨头遗址出土陶器	(607)
图8-49	围坊三期文化陶器	(610)
图8-50	魏营子文化陶器	(616)
图8-51	高台山文化遗址陶器分期图	(623)
图8-52	高台山文化墓葬陶器分期图	(624)
图8-53	庙后山文化陶器分期图	(629)
图8-54	双砣子一、二、三期文化陶器	(633)
图8-55	岳石文化照格庄类型与双砣子二期文化陶器对比图	(634)
图8-56	黄瓜山文化遗物	(637)
图8-57	黄土仑文化陶器	(639)
图8-58	马岭墓葬出土陶器	(642)
图8-59	白主段墓葬出土陶器	(643)
图8-60	东澳湾类沙丘遗址出土遗物	(644)
图8-61	村头类贝丘遗址出土遗物	(649)
图8-62	曲江石峡遗址中层出土陶器	(652)
图8-63	后山遗址出土遗物	(654)
图8-64	浮滨文化遗物	(657)

图 版 目 录

1 偃师二里头遗址一、二号宫殿主体殿堂基址
2 偃师二里头遗址二号宫殿东庑、南庑及南大门基址
3 郑州商城东垣与南顺城街铜器窖藏坑
4 安阳殷墟发掘景象
5 安阳武官村大墓与王陵区祭祀坑的发掘
6 安阳侯家庄 1002 号大墓发掘现场
7 黄陂盘龙城一号宫殿基址发掘现场
8 广汉三星堆二号祭祀坑器物埋藏情况
9 偃师二里头遗址出土青铜器
10 偃师二里头遗址出土青铜器
11 偃师二里头遗址出土青铜牌饰
12 偃师二里头遗址出土玉器
13 偃师二里头遗址出土石器
14 敖汉大甸子 M612 随葬彩绘陶鬲
15 偃师商城地貌鸟瞰
16 偃师商城城垣发掘情形
17 偃师商城四号宫殿基址
18 偃师商城二、三号宫殿主体殿堂局部及西庑基址
19 郑州张寨南街窖藏坑出土铜方鼎
20 郑州南顺城街窖藏坑上层青铜器组合
21 黄陂盘龙城商城与垣曲商城局部城垣保存状况
22 安阳洹北商城 1 号宫殿基址
23 安阳小屯晚商宗庙宫殿区鸟瞰
24 安阳郭家庄车马坑 M52
25 安阳妇好墓出土青铜器
26 安阳郭家庄 M160 出土青铜器
27 安阳殷墟出土刻辞卜骨和卜甲
28 安阳妇好墓出土嵌绿松石象牙杯
29 安阳妇好墓出土玉凤和玉人像

30　广汉三星堆二号祭祀坑出土青铜头像和面具
31　广汉三星堆二号祭祀坑出土玉器
32　新干大洋洲出土青铜双面神人头像

1-1 一号宫殿主体殿堂基址（由西向东摄）

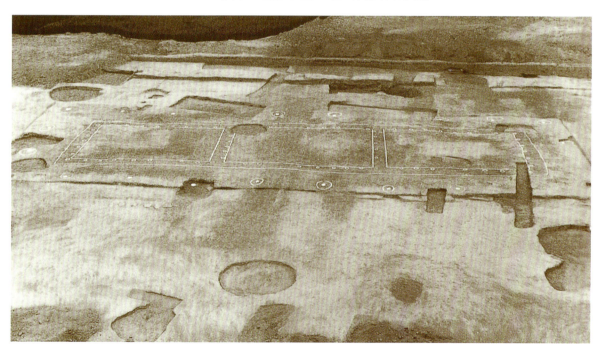

1-2 二号宫殿主体殿堂基址（由南向北摄）

1 偃师二里头遗址一、二号宫殿主体殿堂基址

2-1　东庑基址（由西南向东北摄）

2-2　南庑及南大门基址（由东向西摄）

2　偃师二里头遗址二号宫殿东庑、南庑及南大门基址

3-1　郑州商城东垣北段遗迹（由东北向西南摄）

3-2　郑州南顺城街铜器窖藏坑（H1）发掘现场

3　郑州商城东垣与南顺城街铜器窖藏坑

4-1 20世纪30年代殷墟发掘情形

4-2 1985年秋小屯西北地发掘情形

4 安阳殷墟发掘景象

5-1 武官村大墓(模型)

5-2 1976年春王陵区祭祀坑发掘现场

5 安阳武官村大墓与王陵区祭祀坑的发掘

6 安阳侯家庄1002号大墓发掘现场

7 黄陂盘龙城一号宫殿基址发掘现场（由西向东摄）

8　广汉三星堆二号祭祀坑器物埋藏情况

9-1　鼎（87ⅤM1：1）

9-2　盉（86ⅡM1：1）

9　偃师二里头遗址出土青铜器

10-1 爵（84ⅥM11:1）

10-2 斝（87ⅤM1:2）

10 偃师二里头遗址出土青铜器

11-1 正面

11-2 背面

11 偃师二里头遗址出土青铜牌饰（87VIM57∶4）

12-1 戈（87VIM57:21）

12-2 刀（87VIM57:9）

12 偃师二里头遗址出土玉器

13-1　钺（81ⅤM6∶1）

13-2　璋（80ⅤM3∶4）

13　二里头遗址出土石器

14-1　M612∶14

14-2　M612∶26

14　敖汉大甸子M612随葬彩绘陶鬲

15 偃师商城地貌鸟瞰

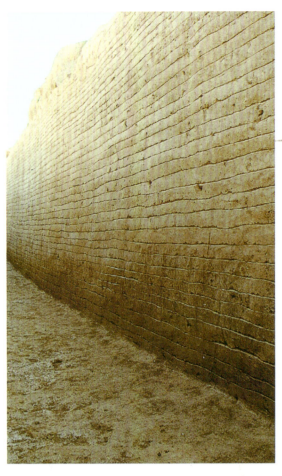

16-1　大城东北隅城垣剖面（由北向南摄）

16-2　小城北垣发掘现场（T53，由北向南摄）

16　偃师商城城垣发掘情形

17-1　夏鼐一行在发掘现场考察

17-2　1984年春季发掘现场（由西南向东北摄）

17　偃师商城四号宫殿基址

18　偃师商城二、三号宫殿主体殿堂局部及西庑基址

19　郑州张寨南街窖藏坑出土铜方鼎（杜岭一号）

20　郑州南顺城街窖藏坑上层青铜器组合

21-1　盘龙城商城东垣北段（由东南向西北摄）

21-2　垣曲商城北垣东段（由东南向西北摄）

21　黄陂盘龙城商城与垣曲商城局部城垣保存状况

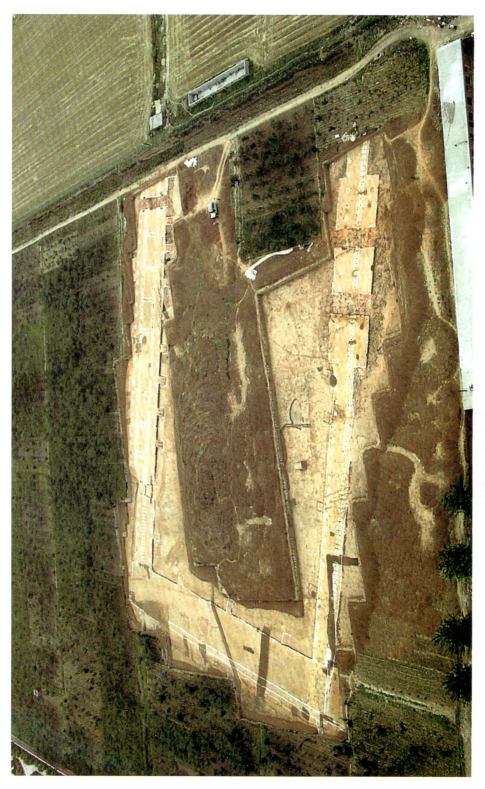

22　安阳洹北商城1号宫殿基址（局部）

23 安阳小屯晚商宗庙宫殿区鸟瞰（今"殷墟博物苑"及其周围）

24 安阳郭家庄车马坑（M52）

25-1 偶方彝（M5∶791）

25-2 方斝（M5∶752）

25 安阳妇好墓出土青铜器

26-2 卣（M160∶172）

26-1 方尊（M160∶128）

26 安阳郭家庄M160出土青铜器

27-1 小屯南地出土刻辞卜骨（H23:66）　　27-2 花园庄东地出土刻辞龟板（H3:52）

27 安阳殷墟出土刻辞卜骨和卜甲

28 安阳妇好墓出土嵌绿松石象牙杯（M5∶100）

29-1 凤（M5∶350）

29-2 人像（M5∶371）

29　安阳妇好墓出土玉凤和玉人像

30-1 金面罩青铜头像（K2②：45）

30-2 青铜面具（K2②：114）

30 广汉三星堆二号祭祀坑出土青铜头像和面具

31-1　璋（K2③∶167）

31-2　戈（K2③∶314∶6）

31　广汉三星堆二号祭祀坑出土玉器

32　新干大洋洲出土青铜双面神人头像（XDM：67）

绪　　论

中华文明是在欧亚大陆东部产生的一支原生文明。公元前3500年仰韶时代后期原始氏族制度进入解体过程，迈开走向文明的步伐。公元前3000年至前2000年的龙山时代，黄河、长江流域及其周围若干文化发达地区先后出现国家，进入早期文明社会，并形成方国林立的局面。

龙山时代末期，约公元前21世纪初，作为社会发展和方国间激烈兼并的产物，在中原出现了第一个广域王权国家——在"万国"之上具有共主地位的夏王朝，掀开中国历史的新篇章。"殷革夏命"，继之而起的是商王朝。夏、商二代承替延续千年之久。中国古代文明由早期形成阶段至夏商时期趋于成熟并走向繁盛，创造出独具特征的绚丽灿烂的青铜文化，在中国文明发展史上占有重要地位，并对其后数千年间中国社会的基本走向产生了深刻影响。

对夏、商二代的历史，先秦文献只留下若干片断记录；司马迁在《史记·夏本纪》和《殷本纪》中也仅梳理出简略的历史框架，有世无年。近、现代考古学提供的丰富材料，极大地开阔了认识夏、商文明的视野。以田野工作为基础的考古学研究，成为重建夏、商信史的主要途径。

《中国考古学·夏商卷》系统介绍了夏商时期考古学迄今的发现和研究成果，及其为探索夏、商历史，重现夏、商文明所做出的阶段性贡献。

一　夏商考古的发现与研究

近代中国考古学是西学东渐的产物，"五四"运动则起到催生的作用。"五四"新文化运动高举科学、民主大旗，提倡白话文，反对尊孔读经。这场空前的思想解放和科学启蒙运动，对中国社会产生巨大影响的同时，也促成一些全新理念和研究方法的学科在中国扎根。考古学便是其中一种。

当年，知识界兴起的一股疑古思潮，打破了人们对以儒家经典为主导建立起来的传统古史体系的迷信。现在看来，"古史辨"派在整理、辨别文献史料年代，突破千古一系、民族出于一元、地域向来一统等传统史观方面做出重要贡献，也为史学和考古学以后的发展扫除了若干障碍。但"层累地造成的古史"说又把大段中国上古、远古史几乎抹杀成一片真空，迫切需要无争议的科学史料去填充。为此，一些具有先进学术思想的学者相继发出呼吁，如认为"古史问题的惟一解决方法""就是考古学"。并提出"要努力向发掘方向走"[1]。在重建中国古代信史，重建中国古史科学体系的渴望中，以田野发掘为特点的中国考古学应运而生了。

---

[1] 李玄伯：《古史问题的惟一解决方法》，《现代评论》第1卷第3期，1924年。

(一) 甲骨文的发现与殷墟发掘

1899 年，埋没三千多年的甲骨文被发现。后来又调查、核实了它的出土地点是安阳洹南殷墟。1917 年，王国维在《殷卜辞中所见先公先王考》和《续考》两篇著名论文中，通过安阳小屯出土甲骨卜辞同文献勘对，证明《史记·殷本纪》中记载的商王世系基本可信[1]。王氏并进而提倡地下材料[2]同史籍相结合研究古史的"二重证据法"[3]。这些成了以殷墟发掘为开端、开展商代考古的直接诱因。

1928 年，中央研究院历史语言研究所甫告成立，便派后来成为甲骨学一代宗师的董作宾到小屯进行调查、试掘。随后，又聘请在美国受过人类学训练并有西阴村考古经历的李济任考古组组长，统筹殷墟发掘事宜。1931～1935 年，考古学家梁思永先后主持了后冈和西北冈王陵的发掘。田野考古学家的主导作用，保证殷墟发掘跳出传统金石学的窠臼，走上正确之路。20 世纪 30 年代，以李济、梁思永为代表的中国考古学开拓者们，通过安阳殷墟以及河南、山东、陕西境内其他遗址的发掘，不断摸索将由西方移植来的田野考古学中国化的道路和方法，其治学精神与业绩，为后学树立了楷模。

通过 1928～1937 年的 15 次发掘，取得举世瞩目的成果。历次的重要发现不胜枚举，简要概括说有以下诸项：其一，是甲骨文的科学发掘。在小屯东北地和侯家庄南地发掘甲骨卜辞 24900 多片，都有明确出土地点，有较清楚的层位关系和共存关系，使甲骨文的时代和资料价值得到确证，为甲骨学研究打下坚实基础。其二，是宗庙宫殿区的发现。在小屯东北地发掘甲、乙、丙三组 53 座夯土基址，还在乙七基址前发现密集的车马坑和祭祀坑。其三，是王陵区的发掘。在侯家庄西北冈东、西两区发掘 4 条墓道大墓 8 座、未完成废墓 1 座、2 条墓道大墓 2 座，并在东区大墓附近发掘竖穴中、小墓和祭祀坑 1200 多座。其四，是在后冈发现殷商文化、龙山文化（今称"后冈二期文化"）、仰韶文化（今称"后冈一期文化"）自上而下的地层叠压关系，从而建立起中原地区新石器时代晚期——铜石并用时代——青铜时代考古文化序列的基本框架。还出土大量青铜器、陶器（包括白陶、硬陶、原始瓷）、玉石器、漆器标本，以及人类骨骸和来自远方的海贝、鲸骨等自然遗物。如此丰富的地下材料（已不仅是文字材料）使安阳殷墟这处商代晚期都城遗址得到确认，把斑斓多彩的商代青铜文明展现于世。后冈三叠层和鼎、鬲等商器祖型在史前文化中的发现，又为追溯殷商文化的渊源提供了线索。梁思永不仅预见到"龙山文化"是"中国文明的史前期之一"，而且指出殷商文化同"后冈二期文化"之间存在的承袭关系[4]。

因日本发动全面侵华战争被迫中断的殷墟发掘，至 1950 年得到恢复。在中国科学院

---

[1] 王国维：《殷卜辞中所见先公先王考》、《殷卜辞中所见先公先王续考》，《观堂集林》卷九，中华书局，1959 年。

[2] 当时主要是指甲骨卜辞和金文等地下出土文字。

[3] 王国维 1925 年在清华学校研究院讲授"古史新证"课程时，提出了对学术界产生深远影响的"二重证据法"（见王国维：《古史新证》第 2～3、52～53 页，清华大学出版社，1994 年）。

[4] 编者按：本文中涉及的考古材料和诸家观点，凡以下各章节中有详尽注释者，于此不再一一作注。下同。

考古研究所（1977年后隶属中国社会科学院）主持下，其后的五十余年间，取得一批又一批重要成果。主要有：勘定殷墟范围（30平方公里）并划出保护区，在宗庙、宫殿区内发掘一座大型夯土基址和一些中、小型基址、王室作坊遗址，小屯南地、西地、花园庄东地甲骨坑的发现，苗圃北地和孝民屯等处铸铜作坊的发掘，妇好墓和一批王室、贵族重要墓葬的发掘，大司空村、后冈和殷墟西区（包括10个墓区）等多处贵族、平民墓地的发掘（累积发掘墓数在六七千座以上）及商代"族墓地"、"家族墓地"概念的提出，等等。发掘采用探方法，有的根据需要作大面积连片揭露，田野操作更加规范、严密。田野工作人员逐步熟练掌握层位学和类型学方法，在此基础上建立起殷墟陶器编年序列，从而为各地晚商文化年代、分期树立了标尺。晚商铜器和甲骨文分期也在大量新资料基础上得到解决，或提出大同小异的解决方案。近十几年来，安阳市文物部门在殷墟外围地区也取得一些重要发现。在专题研究和综合研究基础上，1994年出版的《殷墟的发现与研究》对1928～1988年间的成果做了全面、扼要的介绍，是了解殷墟考古的必读书和入门书。

世纪之交，在已知殷墟保护区东北外缘新发现的"洹北商城"，则是殷墟考古70年后取得的又一项重大突破。

（二）二里冈商文化与郑州商城的发现

早在20世纪30年代，考古工作者便提出寻找商代早期文化的课题，并到商丘一带做过调查和试掘。

20世纪50年代初，在河南郑州二里冈发现的商代遗存，具有明显特色，当即引起考古学家的注意。确切的地层关系证明它比安阳殷墟要早；而从陶器中的鬲、豆、簋以及铜鼎、铜爵、铜斝等同安阳殷墟同类器的比较中，又可明显看到二者间一脉相承的演变关系。《郑州二里冈》报告中，初步分为"二里冈下层"和"二里冈上层"二期。后经进一步研究，又分为连续发展的四期（即二里冈下层一期、二期，二里冈上层一期、二期）。

在50年代发现、70年代初得到确认的郑州商城遗址，虽已压在现代城市之下，经几十年不懈追踪，先后发现规模宏大的城垣，局部还有外城，在城内东北部有大片夯土建筑群，城外有铸铜作坊2处、以及制陶、制骨作坊，多处墓地，沿城墙外侧还发现3处埋藏王室重器的青铜器窖藏，并发现过2件刻字卜骨。这是一处得到公认的相当二里冈时期的商代都城遗址。

二里冈商文化和郑州商城的发现，扩展了人们对商文化的认识，将商代可信历史上推300年。这样，从时间上大大缩短了同夏代的距离，用考古学方法探索夏文化被提到日程上来。

（三）考古学方法探索夏文化的提出

中国历史上，商代之前有一个夏代，在许多先秦文献中有着明确记载。尤其值得重视的是，《尚书》中的《甘誓》和《汤誓》分别记载了夏启伐有扈氏和商汤伐夏桀时的誓辞，是夏人与商人世代相传的祖训；《召诰》、《多士》、《多方》、《立政》诸篇西周早期的王室文献，屡屡提到周公、召公从治国安邦角度强调以"有夏"、"有殷"覆亡的历史为鉴。周初距夏亡不过四五百年，上述篇章虽在流传过程中有的经过后人加工，然其基本史实是可信的。春秋时期的铜器叔夷钟铭文也有成汤"尃受天命，翦伐夏祀"的记载，佐证先秦文献有关材料之不虚。既然商代历史和《史记·殷本纪》中的商王世系已为安阳殷墟发掘和甲骨文所证实，人们就有理由相信《史记·夏本纪》中夏代世系也非虚构。事实上，这已成为王国维以来熟谙中国历史、文化的国学研究者的共同信念。

自上世纪30年代始，不断有学者根据新兴考古学初期的一些发掘资料，比附文献，对夏文化的归属做出种种蠡测。直至50年代末，有学者推测处于龙山文化与二里冈商文化之间的"洛达庙期"遗存可能是夏代的，或指为探索夏文化值得注意的线索，逐渐接近正确切入点。

古史学家徐旭生对有关夏代历史的传说资料全面梳理，缜密考证，从100多条材料中挑选出重要的30多条，指出有两个与夏人活动密切相关的地区值得特别重视：一是河南西部的洛阳平原及其附近颍水上游登封、禹县一带；一是晋西南的汾水下游地区。1959年夏，徐老以古稀之年亲自率队到豫西做调查，成为正式启动考古学方法"探索夏文化"的标志。其直接的重要成绩，便是偃师二里头遗址作为夏商之际"一大都会"重要地位的认定。紧接着，便开展了对二里头遗址的发掘，并在豫西和晋南两地围绕探索夏文化展开大范围调查。

（四）二里头遗址的发掘和研究

自1959年秋季的试掘开始，二里头遗址的发掘已逾四十多个年头。现已弄清遗址现存范围（北部有相当一部分或已因洛河改道被冲毁），勘探到夯土基址30多处，其中一号和二号宫殿（宗庙）基址得到全面揭露，发掘中、小型房址和大量窖穴、水井、灰坑，规模很大的铸铜作坊，地上和半地穴式祭祀遗存多处，墓葬300多座，出土陶器仅完整或已复原者达数千件，一批精美庄重的玉器以及我国最早的青铜礼器（爵、斝、盉、鼎），还有铜铃和镶嵌绿松石的兽面纹铜牌饰。

根据典型单位的地层关系和陶器演变序列，二里头遗址的主体堆积被划分为前后连续发展的四期，第二、三期最为繁盛，文化面貌最丰富多彩，一、二号宫殿建于第三期，其下还叠压着属于二期的大型夯土建筑。第一期陶器与密县新砦期遗存衔接，鼎、盆、罐等的形制、纹饰尚遗留有"龙山"作风，第四期陶器器类、器形同二里冈下层一期商文化有交叉。

同类遗存在河南中、西部和山西南部有广泛分布，以二里头遗址规格最高，文化面貌最具典型性。夏鼐提出"二里头文化"的命名，得到一致赞同。

在中原地区考古文化序列上，二里头文化的发现，填补了龙山时代晚期同商代二里冈文化之间的空白。发掘材料充分证明：这是一支饶具特征的早期青铜文明遗存。第二、三期的宗庙、宫殿建筑则成为二里头曾作为一代王都的有力证据。依其年代、地望和文化发展水平，二里头遗址和二里头文化遂成为探索夏文化的重要研究对象。二里头遗址的文化性质与族属成为考古学和史学界讨论的热点。

（五）偃师商城的发现

1983年春季发现的偃师商城，经过近20年的工作，对城址布局、沿革有了基本了解；

并建立起较细密的陶器编年序列（三期七段）。其第一期大致相当郑州以C1H9为代表的二里冈下层一期，第二期相当郑州以C1H17为代表的二里冈下层二期，第三期早段具有二里冈下层向上层一期过渡特征，中段相当二里冈上层一期，晚段相当二里冈上层二期（白家庄期）。以上述两座城址考古分期的对应关系为基础，并参照其他商代城址分期成果，可得出如下认识：郑州二里冈下层一、二期和上层一期，偃师商城一期、二期和三期早、中段可分别归入早商文化一、二、三期；二里冈上层二期及偃师商城三期晚段应属中商文化一期[1]。

据已知材料，偃师商城一期时，先后修筑了最初的几座宫殿、宫城、小城城垣和偏于小城西南隅的府库类排房建筑群（下层），小城东北曾设置铸铜作坊；第二期时在小城基础上扩建成大城，城外挖壕，宫殿有增建和扩、改建，宫城范围随之扩展；第三期早段时，在宫殿区南部原有6号、7号殿址上新建第5号、3号宫殿，并再次扩大了宫殿区范围。在宫城北部发现祭祀性遗迹和池苑。城址废弃于第三期中、晚段之际。

学者一般都承认偃师商城是一座商代早期重要城址。只是关于它的性质、地位及它同郑州商城的关系看法不同。

在20世纪50~70年代，学术界曾普遍认为以一、二号宫殿为代表的二里头遗址后期是商汤建的"西亳"，郑州商城是中商时期仲丁所迁隞都。70年代末，始有学者另辟蹊径提出郑州商城为商汤始居亳都，进而推定二里头一至四期为夏文化，形成具有重要影响的学说。至偃师商城发现后，根据其年代、地望和文化面貌，原持二里头"西亳"说者多数转而指认偃师商城为"西亳"，二里头为夏代晚期都城（斟鄩）；惟主张"郑亳说"的学者，认为偃城是"郑亳"之外而稍晚的桐宫、桐邑，或说是商王朝为镇抚夏人所建军事重镇、陪都。若从商人西进灭夏路线看，不排除郑州商城始建于先商末期的可能，惟尚需得到考古材料的证明。从现有考古材料出发，我们同意偃、郑二城同为商代早期国都之"两京说"，在主要使用时间上有交错。两都并存现象，在中国历史上是很常见的，偃、郑二城则是考古学已知的最早实例[2]。

二里头遗址旁发现的这座商代早期都城，为重新审视夏商文化关系，研究夏商文化界定提供了契机。

（六）安阳洹北商城的发现

1999年末发现的洹北商城，位于安阳市洹河北岸，同殷墟保护区毗邻。城址平面近方形，面积在4平方公里以上。城的中部偏南发现大范围的夯土建筑群，排列密集有序。目前正在发掘的1号殿址，其规模超过迄今所知夏商时期任何一座单体建筑，可以肯定是宗庙、宫殿类建筑遗存。

这座城址的发现是殷墟考古70年后又一具里程碑意义的重大突破，也是长期考古探索与实践的结果。由于以小屯为中心的"殷墟"主体遗存属商王武丁至帝辛时期，相当盘庚、小辛、小乙阶段的遗存很少，且规格与王都不相匹配；在小屯发现的甲骨文也是武丁

---

[1] 详见第四章第一节。
[2] 详见第四章第三、四节。

以来的，遂产生了殷墟是盘庚所迁还是武丁始都的争议，成为商代考古又一悬案。20世纪30年代和60年代初，就在城址一带进行过调查，随后在城址西部三家庄、董王度一带先后两次发现铜器，又发掘到一批墓葬，出土的铜器和陶器组合、器形都表现出早于大司空村一期（即武丁时期）的特点。1997年在洹北花园庄的发掘获得可靠地层关系，其早期堆积略晚于郑州白家庄阶段，晚期堆积可与藁城台西晚期居址、墓葬及早年发掘的小屯东北地M232、M333相比照，大致分别相当中商文化二期和三期。自1998年春季起，以探寻早于洹南殷墟的大型都邑遗址为学术目标，在这一带不断扩大钻探范围，经过几年持续工作，终于发现了城址和宗庙、宫殿建筑群基址。

此前，商代考古一般概括为以郑州二里冈为代表的前期和以安阳殷墟为代表的后期两大阶段，二者之间的遗存往往笼统称为"二里冈上层偏晚"，但实际上应包括仲丁以后百多年的历史。洹北商城的发现和发掘，将使商代中期内一段历史面貌得以揭示和充实，商文明的发展进程更加清晰地得以展现，无疑具有十分重要的学术意义。至于这处城址是盘庚始迁地点，还是河亶甲所居的"相"，虽我们认为可能属前者，但尚待发掘资料所揭示的城址始建年代来确定。它同以小屯为中心的"殷墟"及西北冈王陵区的关系，也有待今后的发掘和深入研究来破解。

（七）商代其他城址和重要遗址的发现

首先需要提到的是位于郑州西北郊的小双桥遗址。这处遗址范围不小，主要堆积属中商一期（二里冈上层二期，或称白家庄期），有大型夯土基址、祭祀坑和铸铜遗迹，曾出土青铜建筑构件、石磬、朱书文字。关于遗址的性质，有学者指认为仲丁的隞都，也有认为是郑州商城的附属设施，有待进一步验证。

早商时期，在偃师、郑州两座都城外，还有夏县东下冯、黄陂盘龙城、垣曲古城南关、焦作府城和辉县孟庄等几座城址，其中有的延用到中商时期。这几座城址都有夯土城垣，城址及城内主体建筑的方向与偃师、郑州都城一致，大致在南偏西数度到20度之间。其中，东下冯和盘龙城分别是早商文化东下冯类型与盘龙城类型的中心，属王都下的二级城邑，又是商王朝向西北和南方挺进的根据地。府城和孟庄城址同属商文化琉璃阁类型，其中的一座可能同东下冯、盘龙城性质相近。垣曲古城南关城址依地理位置和城墙结构看，可能属于早商都城通往晋南交通要道上的军事重镇。

殷墟以外各地尚未发现明确的晚商城址，但青州苏埠屯、滕州前掌大、罗山天湖和西安老牛坡等处墓地，都有高规格（有1条、2条甚至4条墓道的大墓）或较高规格的墓葬，表明附近当有城邑，应分别是晚商文化不同类型的中心。或考证为商代晚期某方国遗存。

上举一系列地方性的城址或中心遗址，它们的发掘资料展现出同王畿地区一致、又在不同程度上各具特色的文化面貌，丰富了商文化的内涵，成为商文化不可或缺的研究对象。

（八）夏商时期周边考古学文化的发现

夏商时期周边地区考古学文化的发现，以黄河上游的齐家文化和下游的岳石文化为最早，可以追溯到20世纪20年代至30年代初。但关于齐家文化相对年代和绝对年代的推定，经过一段相当长的过程；岳石文化也是很久以后才从龙山文化中区分出来。

经半个多世纪考古工作，已在黄河流域、长江流域、东南沿海和北方草原广大地区发现许多相当中原夏商时期的文化遗存，如繁花似锦烘托着夏、商文明。

在黄河下游山东境内及苏、鲁、豫、皖交界地区有属于东夷族群的岳石文化，安徽境内江淮地区有斗鸡台文化，同中原二里头文化和早商文化相毗邻。早商三期商文化始向东和东南发展，结合当地土著因素形成商文化大辛庄类型和大城墩类型。山东半岛东端及沿海岛屿，直至商代晚期仍由同岳石文化有延续关系的珍珠门文化所占据。

长江下游，在原良渚文化分布的太湖地区，马桥文化的年代大致与二里头文化至早商时期相当；在宁镇地区，与二里头文化年代相当的是点将台下层文化，其后是与之有承续关系的湖熟文化。

长江中游有以盘龙城为中心的商文化南进基地。受商文化强烈影响的地方文化则以分布在赣江中、下游及鄱阳湖地区的吴城文化最著名，新干大洋洲铜器群和瑞昌铜岭采矿遗址的发现，更凸现出这支青铜文化的特点和重要地位。江汉地区有相当早、中商时期的荆南寺文化和相当晚商的周梁玉桥文化，二者地域相近，但文化面貌不同。湖南境内，湘、资、沅、澧流域（尤其是中、下游），都相继发现含有商文化因素而又各具特色的当地文化遗存。宁乡、岳阳一带曾出土许多商代晚期青铜器。

长江上游，成都平原的三星堆文化发展水平高，屡有重大发现，被认为是商代古蜀国遗存。在川东峡区及汉中城固一带，与三星堆文化有明显联系、又具自身特点的青铜文化遗存，则被推测与巴人有关。

关中地区，商文化进入关中始自早商三期，至中商时期沿渭河发展到扶风、岐山，晚商时又退回西安一线。商代晚期，关中西部并存几种非商文化：在彬县、长武、岐山、扶风一带泾、渭沿岸有碾子坡类遗存，少数地点有刘家类遗存，与稍东以武功为中心的郑家坡类遗存，呈交错分布。交错中又互有吸收、融合，属于先周文化探索对象。商代末年，沣镐地区出现以马王村H18为代表的文王迁丰以后的遗存。

在山西境内，自龙山时代起，中原系统古文化与北方古文化大致以霍山为界。在晋中地区，存在着以忻州游邀、太谷白燕四、五期、汾阳杏花村和峪道河为代表的夏、商时期遗存。1999年发表的《晋中考古》报告对有关调查、发掘材料做了较深入研究，理出头绪。与之有密切关系的是分布在内蒙古中南部的朱开沟文化（相当夏代到商代中期）和黄河两岸晋陕高原的李家崖文化（相当商代晚期）。吕梁山区曾出土多批晚商时期的青铜器，地域同李家崖文化重合，曾被推测为土方或𢀖方遗存。

华北平原北缘燕山地带，同中原二里头文化、早商文化相对应，分布着两支有亲缘关系的青铜文化遗存，燕山北麓是夏家店下层文化，有著名的敖汉旗大甸子遗址，沿英金河还有一串石城址；南麓是大坨头文化。其后，燕山北麓的魏营子文化、南麓的围坊三期文化，从商代晚期延续至商周之际。喀左北洞等地还出土商末周初的窖藏铜器。

医巫闾山以东，辽河下游有高台山文化，千山山地太子河上游有庙后山文化。辽东半岛南端则发现岳石文化和双砣子三期文化。

在西北甘青地区广大地域内分布着齐家文化。过去一般将其归入龙山时代范畴，但碳十四测定结果显示,齐家的年代大体同中原夏代相当。从出土铜器鉴定结果看,齐家文化晚期已进入青铜时代。同齐家文化年代交错,在河西走廊分布着四坝文化。火烧沟遗址以出土大量铜武器、工具著称,年代下限可能进入商代。在青海东部黄河及其支流湟水流域,是卡约文化的分布区,其早期遗存的年代约相当商代。古代羌族曾长期活动于甘青地区,故齐家文化各类型以及四坝文化、卡约文化大约是羌族不同支系的遗存。

关于华南和东南沿海地区相当夏、商时期的考古学遗存,过去所知甚少,或将有的发现归入新石器时代,除20世纪70年代发现的粤北石峡中层遗存有较高知名度,只是到80年代后期始有突破性进展。在珠江三角洲包括香港地区发掘到出土石戈、牙璋的沙丘和贝丘遗址,在闽西北和闽江下游发现了分别同浙江南部肩头弄——马桥类遗存、赣东北万年肖家山类遗存、甚至吴城文化有联系的几种考古学文化,粤闽交界地区也发现后山类遗存和浮滨文化等。上述各类考古遗存的特征已初露端倪,为我们了解夏、商时期华南地区的古文化面貌提供了重要线索。

上述夏、商王朝统辖区以外的一系列考古发现,是夏商时期考古学的重要内容。随着各地考古工作开展,有关的知识将不断得到扩展和深化。

二　关于夏文化与商文化

夏商考古学的主体是关于夏文化的探索和商文化的研究。这是两个互有关联的重大考古课题。为此开展的田野工作最多,研究最为深入。

(一) 考古学上的夏文化与商文化

对考古学上夏文化的涵义,曾有不同理解。我们认为:"夏文化"是指夏代在其王朝统辖地域内夏族(或以夏族为主体的人群)创造的物质文化和精神文化遗存,核心内容是关于夏王朝(国家)的史迹。因此,它限定在一定时间、地域和族属范围内,既不包括夏代各地其他族的遗存,也不是指夏族从始至终的遗存。

"商文化"的概念亦应作相应的解释。

需要说明的是,夏文化、商文化同后来的宗周文化、秦文化、楚文化一样,是历史时期考古学文化的名称。它们同以典型遗址或最初发现的遗址地名命名的诸史前文化或二里头文化、二里冈文化、小屯文化的命名原则不同,属于考古学与历史学整合层面上提出的命名。

夏、商族属不同,有不同的文化渊源和发祥地。夏族和商族在建立王朝以前,都有一段形成和逐步发展、壮大的历史,并在一段时间内建立了早期国家实体。对夏、商先公时期的遗存,可分别称为"先夏文化"和"先商文化";而当王朝灭亡后一段时间内,仍有夏族或商族遗民在特定地域、特定条件下继续本族传统并留下他们生活的痕迹。对这后一种遗存尚无恰当命名,或可径称为"夏遗民文化"或"商遗民文化"。为正确区分出什么是"夏文化"和"商文化"并概括其特征与发展演变,自然要涉及对其渊源与身后孑遗的了解。

龙山时代中原地区的各支考古学文化,大都分布在相对独立的小地理单元内。而作为空前强大的广域王朝存在的反映,夏代后期,自二里头文化二期已超越上述自然地理局限,原王湾三期、三里桥、陶寺文化的全部范围;王油坊、客省庄二期、石家河文化的局部范围及周围某些地区，尽为二里头文化所覆盖。商文化的分布态势前后有些变化，但总的看其分布又大大超出二里头文化的范围。夏、商王畿地区及其附近，是夏文化或商文化的中心区，文化面貌具典型性，特征明确，发展阶段清楚。在中心区外围，分布着夏文化或商文化的一些地方类型。它们的文化面貌同中心区有较大一致性，又一定程度上存在差异。具体地说，是在夏文化或商文化占主导地位的同时，或多或少地融合进当地土著文化（或加周围其他文化）的因素。诸地方类型出现的时间，有的与中心区同时，大多晚于中心区，表明它们是夏或商王朝政治势力扩展到当地的结果。从商文化一些地方类型的兴衰交替中，可看出商王朝早、中、晚期统治态势的变化。学者曾根据古史地望和出土铜器铭文的研究，将有的商文化地方类型推测为商代某方国遗存，但有的也存在不同解释。

(二) 探索夏文化的基本方法

探索夏文化是一个考古学课题，又是一个从历史文献中提出的课题。用考古学方法探索夏文化，目的是以科学发掘的实物史料为基础，印证文献记载，证明夏王朝的历史存在，复原夏代社会面貌。

由于迄今未发现记录当年史实的夏代文字资料，考古学家只能将那些同文献记载所勾画出的夏王朝时空范围大致相符的考古学遗存列为研究对象。至20世纪70年代，已将探索对象限定在河南西部伊、洛流域和嵩山以南的颍水上游，以及晋西南汾、浍、涑水流域两大片地区龙山时代晚期文化和二里头文化范围内。

商文化完整序列的构建，尤其是确定最早的商文化乃循从已知求未知的途径去探索夏文化的基本前提。但历史上夏王朝和商王朝统治中心都在中原，早商文化又覆盖了二里头文化分布区，两种文化一前一后，二里头文化末尾同早商文化开头有交错，二者文化内涵上亦不乏相通之处，并非泾渭分明、毫无牵连。在二里头文化后期出现了鬲、甗，流行大口尊等早商文化常见器物。在偃师商城初期文化遗存中，又包含圜底深腹罐、圆腹罐、捏口罐、卷沿深腹盆、器盖、擂钵等习见于二里头文化晚期的典型器。二里头文化同早商文化的陶器群之间，呈现出具"连续性"的复杂面貌。如何做出文化因素的正确分辨，并对形成上述文化面貌的历史机缘做出解释，实际涉及对二里头文化三、四期文化属性的判断。学者们在这方面做了许多探索，并形成不同的认识。

在探索实践中，学者们还经常使用的一种方法，便是参照文献记载，首先对商代最早的都城（即商汤灭夏后的都城"亳"）做出推定，并以此划定商文化上限，然后再向前推导，把处于夏人主要活动地域、早于商文化、与商文化特征不同、又有交替关系的考古学文化指认为夏文化。

概言之，"时间、空间与相关考古学文化对证法"、"文化因素分析法"和"都城推定法"都有其科学性和可行性，每种方法又有局限或不确定性，可互为补充，相辅相成，是多年来探索夏文化最常用的主要方法。

(三) 难解的夏商文化界定问题

若从1959年算起，有目的、有计划地运用考古学方法探索夏文化，已逾40多年；基于田野工作成果对这一课题的讨论，自1977年登封会议以来，也有二十余载。在中国考古学史上，这是参与学者及发表论著数量最多，争论最激烈的热点。已发表的多种不同观点，不胜罗列。归纳起来，对夏文化的上限主要是两种意见：一种认为夏文化始于王湾三期文化中晚期或介于王湾三期与二里头文化之间的"新砦期"；一种认为二里头文化一期才是最早的夏文化。关于夏文化的下限，即夏文化同早商文化的分界，则有五种不同主张：在二里头文化一、二期之间；在二里头文化二、三期之间；在二里头文化三、四期之间；在二里头文化四期与郑州二里冈下层文化一期之间；在二里头文化四期与二里冈下层文化二期之间（指认C1H9为代表的二里冈下层一期为先商遗存）。此外，也曾提出将晋南陶寺文化中晚期列为夏文化研究对象的意见。

涉及有关的都城，学者间的不同认识，可归纳为"郑亳说"与"西亳说"两派意见。后者又分成"二里头西亳说"和"偃师商城西亳说"两种主张。事实上，"郑亳说"与"西亳说"两大阵营在考古新发现面前也都在不断调整、修正各自看法，并呈现出靠拢的趋势。惟至今尚未得出经过考古学实践检验、为学术界公认的结论。

夏文化及与之相关早商文化的确定这两个课题所面临的困难，我们在1998年发表的《偃师商城与夏商文化分界》一文中曾做分析，于此毋庸赘述。大家都清楚：夏文化同早商文化的界定是进一步朝前追寻夏文化的基点。从这个意义上说，确定最早的商文化至关重要。若早商文化尚不确定，那么如何确定哪种遗存是夏文化，哪种遗存是曾与夏文化并存过的先商文化，就缺乏必要的前提。但界定夏、商文化又谈何容易？它涉及古史观的分歧、夏商年代的不确定性、客观上考古学文化面貌的复杂性及研究者对此的不同理解等等，以至对相关考古遗存的族属及同夏王朝或商王朝（早期）历史的对应关系，存在诸多疑惑。有些是目前学科理论尚无法解答的问题。夏商文化界定遂成为久讼不已、困扰学术界多年的公案。

（四）偃师商城之始建为夏、商王朝交替界标说

偃师商城发现之初，许多学者已意识到这座城址对辨别夏、商文化的意义。有主张夏、商同源的学者提出据此可以解决夏、商断限问题；有学者在"郑亳"说前提下说它的发现为区分夏、商文化提供了"又一个"新的界标。各有不同理论体系，又缺乏必要的论证，当时并未引起学界重视。从材料角度看，偃师商城发现之初，尚不具备对此进行深入讨论的条件。

经十多年的发掘和研究，偃师商城的年代、布局、内涵逐步得到揭示。除个别学者曾指该城（或其晚期）为盘庚所迁之"亳殷"外，对于这是一座商代早期城址，学界一般并无异议。规模庞大又不断扩建和改建的宗庙、宫殿建筑群、宫城后部的祭祀遗迹和池苑、府库类建筑群、多处贵族居住址以及铸铜作坊等重要遗迹，毫无疑问地证明：它绝非一般军事据点，而是具有政治中心性质的都城遗址。现已究明，偃师商城一期之初修筑的宫城和4号等几座宫殿，是该城始建年代的标志性建筑物。经类型学研究，可判明偃师商城第一期的年代，大致同郑州以C1H9为代表的二里冈下层一期相当，又同二里头遗址Ⅴ区H53和Ⅲ区H23为代表的二里头四期（晚段）相当。这也就是这座都城出现于洛阳平原接近实际的年代。

前文提到，在二里头遗址晚期同偃师商城初期，互见对方一些陶器。然而从陶器群整体面貌观察，二里头一至四期有一脉相承的文化特征；而偃师商城陶器群中占主导地位的因素，来源于下七垣文化，同郑州商城属同一系统。其中又以炊器组合的差异最明显：二里头的炊器以鼎、夹砂圜底深腹罐、圆腹罐为主，鬲的数量很少；偃师商城则以特征鲜明、造型规整、发展演变序列清晰的"商式鬲"为普遍。同出盆、罐等平底器，也是从下七垣文化延续下来的。

同时，二里头遗址重要建筑朝向为南偏东；偃师商城城址及城内重要建筑的朝向为南偏西。后者同郑州商城、洹北商城、盘龙城、安阳殷墟惊人地一致。考古和建筑史学家先后提出，上述现象应是建筑物主人观念或文化属性不同的反映。

无论从日用陶器群所标识的物质文化面貌，还是从建筑物朝向反映出的观念，都表明二里头遗址与偃师商城不是同一文化共同体早晚相承的两个阶段，而应把它们看作两个不同族的文化遗迹。后者既与郑州商城同属商文化系统，那么，将早于偃师商城并繁盛多年的二里头二、三期遗址推定为夏代晚期至夏末的都址，应是合乎历史与逻辑的结论。

偃师商城同二里头遗址仅距6公里，中间并无险阻相隔。这座商代早期都城出现在原夏王朝畿内的事实本身，实际上成为发生于夏商之际的一次重大历史事变，即中国历史上第一次王朝更迭——夏王朝灭亡、商王朝确立的标志。据偃师商城始建年代，可推知至迟在二里头文化四期晚段已完成了夏商王朝的交替。

这里，不妨重复说明的是：偃师商城是一座商代早期都址，且其最初建筑便是宫殿、宫城，而非军事城堡。它距离夏都二里头几近鸡犬相闻，两方都城不可能并存或对峙于平原地区如此小的空间内，其间只能是一种取代关系。加上该城始建年代明确，综合这几种条件才能说偃师商城的始建具备夏、商交替界标的地位。而"界标"的涵义，是指这座新出现的都址是夏、商王朝更替后产生的、最接近该历史事件的遗存。至于上述考古遗存同相关历史事件之间的时间差，以目前的考古手段尚难准确判断。

夏、商王朝交替考古学年代坐标的建立，使偃师商城第一期（郑州二里冈下层一期与之相当）为代表的最早的商文化得以认定，并由此可推定二里头文化主体是夏文化，惟其第四期（至迟晚段）已进入商代早期，它的特征以继承二里头一至三期传统为主流，又吸收了部分商文化及少量岳石文化因素，应视为商代初年的夏遗民遗存。

我们在二里头遗址和偃师商城多年发掘、研究基础上，提出的"偃师商城之始建为夏、商王朝交替界标"说，并以此作基点区分夏文化与商文化、早商文化与先商文化的方案，是"时空对证"、"文化因素分析"与"都城推定"三种方法相结合在新条件下的应用，具有说服力，得到许多学者重视与赞同。诚然，仍有待考古实践的进一步检验和充实。

（五）考古学所见夏、商文化关系

1917年王国维发表《殷周制度论》[1]以来，"三代文化异同"成为学者们关注的话题。按照我们对夏文化、商文化的理解，拟从已知考古材料出发，对夏、商文化关系做简

---

[1] 王国维：《殷周制度论》，《观堂集林》卷十，中华书局，1959年。

要讨论。

历史上夏人的主要活动地域伊、洛、嵩山地区，铜石并用时代的王湾三期文化经由新砦期遗存发展为青铜时代的二里头文化。其间文化面貌虽有阶段性变化，然承续关系清楚。二里头文化一至三期（或迟到四期早段）为夏文化，依古本《竹书纪年》关于夏代积年的说法，新砦期遗存乃至王湾三期文化晚期，亦应属夏文化范畴。从文化系上溯，王湾三期文化早、中期应该是先夏文化。

循商式鬲等占主导地位的日用陶器谱系，早商文化的直接前驱是夏代分布在豫北、冀南间漳河流域的下七垣文化（夏代晚期发展到豫东杞县一带）。从下七垣文化早期的陶器看，其祖源可追溯到后冈二期文化，其间似乎还有缺环。后冈二期文化与王湾三期文化是地域邻近的两支龙山时代遗存，文化特点有差别，如后冈二期炊器以绳纹夹砂罐和甗为主，王湾三期则以方格纹或篮纹的夹砂罐和鼎为主。下七垣文化形成过程中，还曾受到太行山西侧相当夏代的文化、东面的岳石文化和西南方二里头文化的影响。下七垣文化陶器远不及二里头文化丰富，主要是平底深腹罐、甗、鬲（晚期明显增多）、盆、瓮等炊器、盛器，未见爵、盉类酒器；有小件铜器，未见铜容器。迄今亦尚未找到大型中心聚邑[1]。这些都反映作为先商方国遗存的下七垣文化，其文明发展水平较二里头文化滞后。

据偃师商城一期遗存看，商人入主洛阳平原之初，除薄胎细绳纹卷沿鬲、橄榄形平底深腹罐等几种源自下七垣文化的典型器及少数包含单纯商式器的单位之外，日用陶器中大量吸收了陶色较深、绳纹呈麦粒状、具二里头文化特征且与二里头四期形态近似的陶器；还有少量褐色素面的岳石文化器物，呈现出一种混合状态。从器物种类和数量看，又以当地原有的二里头因素占优势。至第二期有了明显变化，陶色以浅灰为主，细绳纹比例上升，原具二里头特征的陶色和纹样已罕见，商式鬲、簋、粗圈足豆等明显多起来。研究者得出的印象是：此时的陶器群已从二里头、下七垣、岳石诸系统混合状态中脱胎出来，在融合基础上内涵丰富的早商文化已经定型。因此可以说，早商文化并不是下七垣文化的自然延续。在完成"殷革夏命"取得共主地位之后，商人并未排斥而是吸收、融合二里头文化，不仅文化构成发生重大变化，器类比先商文化空前丰富，而且分布面不断扩大，至早商三期已覆盖原下七垣文化、二里头文化分布区乃至更广大地域，形成一支特征鲜明、系统性强，在商王朝统辖区占统治地位的文化。

从青铜器和随葬礼器组合看，在龙山时代前铜礼器基础上，二里头文化率先铸造出一批青铜礼器（爵、斝、盉、鼎和铜钺）。因属青铜文化早期阶段，常用陶盉、漆觚与铜爵配伍。早商全盘继承了二里头青铜文化传统，并有长足发展，表现为青铜容器达到十种以上，出土铜器地点和数量大增。从已发掘的中型墓葬材料知，早商使用频率最高的仍是铜爵，其次是斝，有爵、斝或爵、斝、盉、鼎组合，早商三期又新出青铜簋、甗、罍、盘等。中商铜器中爵、斝仍占重要地位，铜盉趋于消失，铜觚在早商时较罕见，而此时常见的组合是觚、爵、斝，或加鼎、尊等。中商二期后觚、爵地位更加凸现。至晚商，成套觚、爵成为青铜礼器组合中最基本元素。各类青铜重器以及造型复杂、以三层花纹装饰的

---

[1] 详见第三章第二节。

珍品，标志着青铜工艺达到空前高峰。

从墓葬形制看，龙山时代以来，通行土坑竖穴墓，有棺椁，铺硃砂，葬式以仰身直肢为主。只是商代盛行腰坑，内殉人或狗；仰身与俯身葬并行。

就最高层次的礼仪性建筑看，偃师商城4号、5号殿，其布局、结构，同二里头一、二号殿几无二致；其他几座殿址似乎表现为具"前朝后寝"性质的多进殿堂与庭院。后一种在二里头遗址中也已找到重要线索。

从文化渊源说，夏、商本是中原文化区内两支不同系统的文化。就宏观角度看，其经济生活（种植业、家畜业和制陶、制石、制骨手工业）、民居建筑、凿井技术、食物结构、埋葬和占卜习俗等，可说是大同小异。若从出土数量巨大、与日常生活密切相关、阶段性变化敏感、受当地环境和制作工艺传统影响而地域特征突出、成为划分考古学文化主要依据的日用陶器作类型学研究，下七垣文化同二里头文化确应认为是两支考古学文化。商代初年，"征服者被被征服者的先进文化所征服"，商王朝统治者以包容、开放的文化心态，在坚持、发扬本族原有文化传统（如炊器中广泛使用陶鬲）的同时，充分吸收二里头文化进步成果，重组新的商文化，最终铸就有商一代光辉历史篇章。通过几十年考古材料的积累，使我们对"殷因于夏礼"有所损益而形成"殷礼"[1]的历史文化过程，有了较实在的认识。

三 关于夏、商文化与周边地区文化的关系

中国史前文化本是多元的。在黄河上、中、下游，长江上、中、下游，北方长城、燕山地带以及华南诸文化区内，有许多支不同系统的原始文化，它们有各自的渊源、特征，地理环境及经济类型不同，经历了不同的发展道路，发达程度也不一致。是不同系统文化长期碰撞、交汇的结果。公元前5000年仰韶时代以来，逐渐形成一个呈交织状的多元一体结构。公元前3000年至前2000年间的龙山时代，在黄河中、下游和长江流域的一些文化发达地区，纷纷出现早期国家。《史记·五帝本纪》说黄帝时有"万国"，《尚书·尧典》说尧"协和万邦"，《左传·哀公七年》云"禹会诸侯于塗山，执玉帛者万国"。龙山时代后叶，许多以独立地理单元为范围的考古学文化或文化类型，正是上述方国林立现象的反映。

由陶寺古城的发掘得知，公元前2500年前后，大致相当传说中尧、舜时期，出现一个新的历史趋势，广泛吸纳各地高层次文化成果，以突出王权和礼制为特征，标志着中原地区社会发展已处于领先地位。

公元前2000年至前1000年间，拥有共主地位的夏王朝、商王朝相继建都中原。在夏、商都城及辅畿地区社会经济、政治的发展都达到同时期最高水平。这时，在黄河、长江流域及周围各大文化区中，中原地区崛起为光芒四射的文明中心。中华文明从此迈入了新的发展阶段。

在夏代和商代，中原同周边地区的文化交流，呈现如下特点。

一方面，夏、商文化积极吸收周边文化的精华。这种传统至少可以追溯到龙山时代。

---

[1]《论语·为政》记载孔子说："殷因于夏礼，所损益可知也；周因于殷礼，所损益可知也。"

就王湾三期文化来说，是从当地仰韶文化发展而来。同时，学者们也注意到，在仰韶晚期至龙山时代早期，嵩山南北都曾受到大汶口文化中、晚期西进的强烈影响，也曾受到屈家岭文化北进的影响。因而，"王湾三期"又是经上述不同系统文化的碰撞、融会后形成的一种考古学文化。在该文化陶器群中，可看到不少东方因素或受东方影响下的产物，如浅腹平底盆、瓦足盘、侧装三足的鼎、盉、鬶、折盘镂孔圈足豆、筒形杯、觚等。至"新砦期"的器物群中，出现不少设子母口（原有器盖）的瓮和鼎，还有侧装高足鼎增多等情形，显示出新一轮东方因素的涌入。二里头文化中觚、爵、盉、鬶等酒器，玉璋和大部分玉钺，明显是源于海岱地区的文化因素。多孔玉刀和大孔玉戚的形制，接近江淮史前玉器；贯耳壶和以棱角为轴线刻划神人面的柄形饰，明显具有良渚文化作风；鸭形壶则与马桥文化同类器相似，如此等等又显现出东南方因素或影响。二里头文化礼器中的上述外来因素，有的是作为王湾三期文化和新砦期遗存的组成部分传承下来的；有的是二里头文化新引进的，尚需作具体分析。

早商文化形成过程中吸收、融合二里头文化的情形，已如前述。商代几座都城址中发现的硬陶、原始青瓷；商代晚期青铜兵器中矛、三角援戈、卷头刀和兽首短刀，其原型分别出自江南、汉中、晋陕高原至北方草原，或属在殷墟等地仿造。尤其家马和马车的突然出现，探究其来源和传入途径，可望揭示更广阔地域间的文化交流，成为中外学者关注的课题，等等。可以说，正是由于积极吸纳周围文化的营养，使二里头文化和商文化内涵不断充实、丰富，文化发展水平相继达到空前高度。

另一方面，随夏、商王朝政治实力的强盛，青铜文化的迅速发展，礼乐制度日趋成熟，在夏代后期和商代，中原同周边各地的文化交流，更主要表现为中原先进文化向周围的传播和辐射，而且影响范围不断扩大。一个十分重要的考古学现象，便是中原系统的礼器、尤其是商文化青铜礼器向周边文化的扩散。最终，如有学者所概括，形成一个范围广大的商代青铜礼器文化圈。

夏商时期的一系列周边文化，来源于不同系统的史前文化。它们的日用陶器，虽多少不同地融合进与之呈交错分布的邻近文化的成分，大多保持着本地固有传统，同夏文化或商文化有本质的区别。有的包含某些夏、商文化器物，也只能说是受到夏、商文化影响。

同样的情形，还表现在各地出土的石、骨、角、蚌器，其种类、形制皆因地制宜，各具特色。

至迟在商代，许多周边文化已进入青铜时代。从出土铸范、熔炉残片看，一些主要地点有自己的青铜工业。一个醒目的事实是，周边各支文化拥有的青铜兵器、工具、铜或金质的日用饰物，也呈现出同中原截然有别的特征。例如，内蒙古中南部朱开沟和晋陕间黄土高原、新干大洋洲以及汉中城固、洋县一带出土的青铜兵器、工具数量颇多，器类复杂，形式多样，都具有独特的地方风格。三星堆、汉中、大洋洲等地出土作人面或兽面而又形态各异的铜面具，尤饶具特征。铜臂钏、金耳饰则是北方系统诸文化长时间流行的饰物。

周边各不同文化系统之间以及周边各支文化同中原夏、商文化之间，在日用陶器和青铜兵器、工具等方面的差异，表现出各文化的个性和风格。造成这种差异的原因，当与自然环境、生产方式和生活习惯、文化传统的不同密切相关。

周边各系统文化中已发现的容器类青铜礼器，却在总体上表现出同中原一致的面貌。不仅器物种类、形制、纹饰同中原青铜礼器大同小异；而且，这类铜器往往埋藏在特殊地点或大、中型墓葬中，具有特定的象征意义，并同器主的等级身份相对应，从而表现出与中原相仿的礼制观念。

我们知道，龙山时代以玉器、漆木器和各种特殊陶器构成的前铜礼器，依地域和文化的不同，器物种类不一，组合尚缺乏严格规范。已形成初步规范的中原系统礼器，只见于陶寺等个别地点。至夏代，具规范性的礼器大致集中于二里头文化分布区，层位和时代明确的几种青铜礼器，尚仅见于二里头遗址（夏县东下冯和淅川下王岗出有个别残器）。但这时已出现向外传播的事例。如敖汉旗大甸子夏家店下层文化墓地，在等级较高的墓中出现磨光黑陶鬶、爵、盉，形制同二里头接近，当是两支文化交流的产物，也反映中原礼制对夏家店下层文化的影响。二里头式样的铜斝曾见于安徽肥西；陶盉、铜牌饰、玉璋，稍晚还出现在川西平原。从中看到二里头文化影响的范围已经不小。商代早期，青铜礼器仍主要分布在郑州商城、偃师商城和其他几座城址及附近商文化区。商代中期以降，商式青铜器种类、数量和出土地点急剧增加，并扩展到商文化区以外。就已知材料，商代中、晚期青铜礼器发现范围，东方到泰沂山脉迤东至山东半岛（海阳），西到陕甘交界的长武、淳化，北到鄂尔多斯高原，东北达内蒙古克什克腾旗至辽宁朝阳一线，西南至四川广汉，最南的地点是广西武鸣。除青铜器，还有中原先后流行过的圭、璋、钺、璧、柄形饰等玉礼器。特别要提到玉璋，这种龙山时代起源于海岱地区、流行于二里头文化和早商文化（如郑州杨庄）的重要玉器，在神木石峁的朱开沟文化遗址曾多有发现，又出现在汉中洋县（铜璋）、广汉三星堆、闽南漳浦、珠江三角洲和香港地区相当商代的遗址中，甚至远播至越南境内。

晋陕高原、汉中、新干大洋洲等地青铜器群，其构成大致包括三部分：一是典型商器；一是纯粹土著式器物，包括大部分武器、工具和少量容器；一是具商文化和本地文化融合特点的器物，其中有的是新创器形，有的是对商器局部形制、纹饰或附件做具有地域特点的加工、改造。兵器、工具中，都是土著式占最大比例，另二种不多见。至于容器类礼器，各地情况不一，如晋陕高原以典型商器为主，融合型居其次，罕见纯土著式容器。据《新干商代大墓》报告披露，大洋洲出土容器中，典型商器不足三分之一，融合型占三分之二，土著式只区区几件。宁乡、岳阳一带出土的人面方鼎、"虎食人"卣、四羊方尊、大型铜铙的造型，也在一定程度上表现出地方特点，如常见塑造人和动物形象，以及高浮雕技法的运用等方面。

三星堆礼器群呈现受中原影响、但又不尽同于中原的特点。其一，属于二里头文化因素，有出于三星堆文化早期的陶盉、陶盃，出土该文化中晚期（相当商代晚期）的铜牌饰和大量玉石璋，后二种在商代已不见或罕见于中原；其二，青铜容器以尊、罍、盘为主，不见中原盛行的鼎、甗、爵、斝、簋类；其三，象征祖神的铜人像、凸目铜面具、神坛、神树等代表该文化突出特征，不见于中原。还应提到，三星堆文化的玉琮，明显是良渚文化影响下的产物。

商代周边地区诸青铜文化，同中原相同的因素大都是礼器。礼器的传播是商王朝同周邻其他族或方国社会上层之间进行的一种政治性活动,并不是作为商品进行交换的结果。其中一部分可能是通过赏赐、朝聘、通婚等方式直接传入的商器;那些融合型或在细部表现出地域特点的礼器,显然是在商文化影响下就地铸造的。"器以藏礼"[1],礼器的传播实际上表明礼乐制度影响的扩大。其他文化引进中原礼器,表明各族对中原礼乐制度的认同;就地生产礼器,表明礼乐观念已融入当地文化。商代青铜礼器文化圈的出现,标志着在史前多元一体格局基础上,趋同的文化心理、思想观念、价值取向和政治制度在进一步形成中,以华夏为核心的民族认同心理和亲和力在形成中。

甘青地区相当夏代纪年的齐家文化晚期已进入青铜时代,四坝文化则多有青铜器出土,二者所出基本上是小件工具,未见容器,同中原青铜文化系统不同。至相当商代的卡约文化,偶见具早、中商风格的铜鬲。可见商文化对陇山以西的影响是短暂而微弱的。

四　启示与思考

经几代人七十余年探索,夏商考古取得有目共睹的辉煌成绩。回顾以往漫长历程,我们得到什么启示?目前,又面临着哪些困难和问题呢?

(一) 关于夏商考古研究的目的、特点与方法

鉴于中国是一个几千年历史文化传统绵延不断的文明古国,自1928年殷墟发掘以来,考古工作一直围绕着一个目的,就是研究历史。2500年前孔子曾叹道:"夏礼吾能言之,杞不足征也;殷礼吾能言之,宋不足征也。文献不足故也,足则吾能征之矣。"[2]七十多年来的考古工作,使二里头、偃师商城、郑州商城、安阳洹北商城和殷墟等夏、商都城及各地不同等级的夏、商聚邑遗址在湮没三四千年后得以重新面世,以真实的地下材料,为重构夏商时期信史,一再作出令人信服的重要成果。正是七十多年的考古工作,才有今天关于夏代和商代的许多历史知识,或从不知到知,或由朦胧而渐清晰,为夏商史的深入研究,奠定了科学基础。

考古学以发掘出土的实物史料为主要研究对象,这就决定了田野工作是考古学的基础。如傅斯年最初筹划殷墟发掘时的形象说法:"上穷碧落下黄泉,动手动脚找东西。"[3]考古不是靠坐在书斋里能做的学问,这正是它区别于文献史学的基本特点。本卷各章内容反映了一个道理,这就是:实践证明,构建夏商考古学体系的工作每前进一步,都与调查、发掘的收获分不开。田野考古每一项具有突破意义的重大发现,都为实现既定学术目标起到巨大推动作用。

作为历史时期考古学,夏、商考古必须参照文献记载,并倚重于地下出土的当时文字记录,以期对相关遗存做出符合历史实际的科学解释。

---

[1] 《左传·成公二年》。
[2] 《论语·八佾》。
[3] 中央研究院历史语言研究所筹备处:《历史语言研究所工作之旨趣》,《中央研究院历史语言研究所集刊》第一本第一分册,1928年。

惟夏代和商代处于中国历史时期的早期阶段，并未流传下系统文献史料。从先秦文献和《史记·夏本纪》、《殷本纪》对夏商历史的记述中，可知夏、商王朝及商先公时期的世系、大略活动地域和某些史影，却无法概括出它们各自物质文化和精神文化详细、具体特征同考古学遗存相对证。因而，使用文献要谨慎。注意甄别文献的形成年代和文献材料本身价值的等次性，避免拿考古材料与文献记载作简单比附，是应当认真对待的两条原则。

殷墟甲骨文对研究商代历史、了解商代社会生活方方面面的巨大价值，已为人所共知。商代晚期铜器铭文（包括族徽），同样是判定相关遗存年代与文化归属的重要证据。鉴于甲骨文已是一种有严密规律的成熟文字系统，而在龙山时代晚期已发现同甲骨文形体、结构相当一致的单个陶文。《尚书·多士》云："惟殷先人有册有典。"夏代和商代早期已有一套成熟文字，当无疑问。只是，我们迄今尚未发现比武丁时甲骨文更早的地下文书。究其原因，当时能认识、运用文字的人极少，王室典籍又埋藏在特定地点，很难找到；也可能同文字载体的材质不易保存下来有很大关系。

对夏商时期考古来说，在缺乏文献可征，尤其是夏代和商代早、中期尚未找到地下共存文字证据情况下，考古学的基本方法——层位学和类型学方法，对推定遗存年代、文化性质、构建时空框架、探讨各文化纵向和横向间相互关系的作用更加凸显。由殷墟进而认识二里冈，再找出二者之间的中间环节，以至二里头文化性质的推定、王湾三期文化经由新砦期发展为二里头文化脉络的梳理，还有各文化细密编年序列的建立，莫不是依赖层位学与类型学方法。就此而言，同史前考古方法相近。类型学方法不仅用于研究同一文化或同一系统诸考古学文化的兴衰历程和演变轨迹；还用于研究不同系统诸文化的差别和交往关系，以便较客观、缜密地把握某一遗存的文化特征、辨别其文化性质，不致将原本复杂的历史文化现象简单化。后者，便是20世纪三四十年代已经应用、近20年来称为"文化因素分析"的方法。即便青铜器学、甲骨学等分支学科，层位学（包括青铜器、甲骨与陶器的共存关系）和类型学仍是基本研究手段。

对考古出土材料作体质人类学、动物学、植物学、地质矿物学鉴定，自殷墟发掘以来，已行之有年；碳十四测年和铜矿开采、冶炼、铸造工艺的复原研究，也已积累下一批成果和经验。近年开始注意到古代环境与人地关系的研究，还有数理统计方法和新兴的基因技术等多学科的介入，使考古研究方法和技术手段不断丰富，为多角度地揭示夏商社会生活，破译古代人群与文化变迁机制，提供了前景。当然，方法的多样化，并不意味着可以忽略层位学与类型学的作用。相反，我们认为，任何一种科技手段提供的信息或结论，都要经过考古层位学、类型学方法的互证与检验。

在研究夏商时期考古学文化分布态势时，我们注意到：甲骨文中虽提到"商"和"东土"、"南土"、"西土"、"北土"[1]，但当时并没有关于疆域的明确概念，也不存在四至明确的疆界。夏、商文化的聚邑分布大致有三种情形：都城及其附近较大范围聚落密集，我们称之为夏文化或商文化的"中心分布区"，文化面貌最具典型性；都城以下二、三级城

---

[1]《合集》36975，见郭沫若主编、中国社会科学院历史研究所编著：《甲骨文合集》第12册，中华书局，1983年。

址或中心遗址附近,一般也有一片聚落群;离中心区较远地方,往往是在一定时段内呈点、线状同其他文化作交叉分布,其存在并不稳定。如豫东杞县就发现二里头文化、岳石文化同下七垣文化遗址交错。湘江下游的岳阳铜鼓山等处早、中商遗址,关中西部的扶风壹家堡、岐山京当和王家嘴等遗址的中商文化层,就更明显地表现出商文化一度南进或西进的据点性质。第二、三种的文化面貌往往具有地域特点,同中心区有一定差异。根据这种情形,我们对二里头文化和商文化仍采用史前考古按文化面貌差异划分为若干地方类型的办法。待将来材料更丰富、条件成熟时或可考虑分区。

(二)夏商考古学面临的困难和问题

夏商时期考古学已取得的成果,只是我们朝着认识夏代和商代历史前进了一程,而科学探索是无止境的。我们面前还有许多问题并未解决。限于篇幅,本文只能举出其中主要几项。

1. 关于夏文化和先商文化探索,本卷的说法同学者们提出的其他方案一样,在得到确证之前,都属于科学假说性质。目前任何一种学说,都未能圆满解决涉及夏文化和先商文化的所有问题。我们的说法也不例外。

首先,夏文化的上限,是参照文献所说夏代积年,从夏商分界往前推,或推到王湾三期文化晚期,但未能从考古学上得出区分夏文化与先夏文化的根据。

夏王朝的都城,目前仅知属于夏代晚期的二里头遗址。尚需根据登封王城岗、禹州瓦店等遗址提供的线索,找到可确认的夏代早期都址。

晋西南的"夏墟"、"大夏",先秦文献有明确记载,但从二里头文化东下冯类型的遗址数量和规模看,同"大夏"并不相称。应作如何解释?

从陶鬲为代表的商式典型器的演化谱系,指认下七垣文化为先商文化,从类型学角度看没有疑问。但只有在该文化分布区找到商先公时期的方国都址、代表政治权力的宗庙、宫殿类建筑和礼器,才会有更强说服力。

有学者主张商文化北来说,有学者认岳石文化为先商遗存,若分别从殷墟商贵族体质特征和"玄鸟生商"的传说看,并非全无根据。以上二说,仍留有研究余地。西周初年封微子于宋以奉殷祀,商丘宋国城址的发现,也促使我们去思考:苏、鲁、豫、皖交界地区同商族起源究竟有怎样的关系?

2. 考古学文化同古代族的对应关系是一个相当复杂的问题。对此,尚缺乏在个案研究基础上作为一个理论性课题,做出较系统、有深度的专门研究,还找不到一种符合中国历史实际、清晰并得到广泛认同的理论解说。以至在研究中时感困惑。

例如,学者们曾结合年代、地望的考定,并从日用陶器所反映的物质文化特征、礼器组合、建筑朝向与埋葬制度所反映的精神文化特征,寻求判定夏族、商族或其他族文化。但夏族与商族的概念同现代民族定义是否等同?古代夏族与商族的形成是单源还是多源[1]?单源或多源在考古学上的反映是什么?

---

[1] "多源"指原本祖源不同,经联姻、联盟或不断征伐和融合,成为夏族或商族的组成部分。

商代晚期，在关中西部存在几类同探索先周文化有关的遗存[1]，可看到各类遗存都不单纯，文化因素有交叉，并不同程度上受到商文化影响，有的还含有北方系统的蛇纹鬲。1997年在沣西发掘到相当商末（文王迁丰后）的H18中，包含郑家坡、碾子坡、刘家多种文化因素，反映先周文化兼收并蓄的特点和多源性。周人迅速崛起正是接受商人青铜文化并广纳各种文化的结果。关于先周文化构成和宗周文化形成的研究，对理解夏、商文化有借鉴意义。避免那种非此即彼的单线思维模式，可能是十分重要的。

又，以遗址地名命名的考古学文化，其命名有随机性。古代同一族不同发展阶段产生的遗存，能否表现为时间早晚衔接并存在传承关系的、现已命名的两个（或两个以上）考古学文化？具体如王湾三期文化晚期、新砦期同二里头文化，能否同是夏代夏族遗存？而现已命名的某一考古学文化不同发展阶段，可否有不同族属？具体如二里头文化的前、后期，可否分别是夏代晚期夏人及商代早期商人的遗存？对前一问题，我们持肯定态度[2]；而对后一问题持否定态度。然而，就此的争议，有待继续讨论。于此，也不妨设想：待夏文化的上限得到解决后，可将夏文化中前后有承续关系的二三种考古学遗存，统称为夏文化并按发展阶段分期。

依靠考古遗存去探讨夏代和商代国家形态，同样存在许多困难，有很大局限性。如：

据《尚书·酒诰》中周公的说法，商代实行内、外服制度。内服是指商王朝直辖区的国家管理机构，外服是指四周远近大小不等的诸侯。据记载，汤时有诸侯三千[3]，至武王伐纣"不期而会孟津者八百诸侯"[4]。从甲骨文中看到，商代有侯、伯、子、男等诸侯称谓，其中有受封的王室子弟（子姓）、勋戚；有的是时叛时服的属国，但它们各自是一个政治实体，是一个具体而微的方国。据出土铜器铭文和地望，对商文化中某些地方类型的国别、某些周边文化的族属或国别做过推测，但多数尚难确指。包括盘龙城、东下冯等重要城址的性质、地位也难说清。迄今，关于夏代、商代国家结构、血缘宗族体系等仍主要依靠甲骨文和文献的记载，考古资料能说明的问题很有限。

概括地说，就是前文曾提到的，涉及考古学遗存族属及考古学文化同夏王朝、商王朝历史的对应关系，仍存在一系列不确定因素。这是很大的难题，有待今后的新发现和深入的理论研究去逐步解决。

3. 在编写本卷过程中，我们感觉到夏商考古田野工作在取得巨大成绩的同时，尚存在一些值得重视的问题，兹提出讨论，供考古界同仁参考。

已知的夏商时期遗存中，除几座城址，大多数是墓葬，而中小型聚落居住址材料不多，已报道的居住遗址又大多属调查材料，经过发掘的为数更少。居住址与墓葬的发掘存在严重失衡现象。许多地点墓葬的发掘属于抢救性质，又偏重于商代铜器墓的抢救，操作

---

[1] 详见第八章第五节。
[2] 如商文化中就包括以往曾命名的"二里冈文化"、"小屯文化"或"殷墟文化"等称谓，并为学者所公认。
[3] 《吕氏春秋·用民》："当禹之时，天下万国，至于汤而三千余国。"
[4] 《史记·周本纪》。

偏于粗放，葬具结构、人骨等许多资料未能详细记录和收集。这就为认识相关考古学文化的面貌、研究当时当地的社会结构和经济生活带来局限。上述现象的形成，有客观原因，同考古工作主持者、领导者的认识、观念也不无关系。

城市是国家权力中心，又是荟集当时物质文明和精神文明成果的文化中心。在20世纪相当长一段时间，对夏商时期的几座城址着重于解决年代、分期，对重要的墓葬、窖藏和铜器、玉器、甲骨、车制以及殷墟墓地的分区、分组等分别有深入研究，关于二里头、郑州商城、偃师商城的性质与相互关系更成为讨论热点。这完全是必要的。但关于城址布局的研究成了薄弱环节。探查城市布局是一项耗时、费力、又不会产生轰动效应的工程，受人力、经费和现代城乡建设等多方面制约，困难多多。但从学术角度说，只有逐步弄清布局，才有助于全面了解城市内涵，正确判定城市性质与功能，并对不同时期城址形态、结构的演变做出研究。

中国古代文明一个重要特征，便是血缘关系依然十分牢固，并未被地缘关系取代。根据族墓地资料、甲骨文和先秦文献记载，在夏代和商代，聚族而居、聚族而葬、聚族立国的传统未变。以宗族—宗法体系为架构形成的王朝都城、二级城邑（或方国都邑）及其下中、小聚落的关系，犹如大树的干、枝、叶，是一种按等级秩序统治与依附、权利与义务的特殊矛盾统一体。因此，城市不是孤立存在的。城市与周围聚落间以及各级聚落之间，有等级地位差别，但又被宗族纽带连接维系着，城乡之间并不是一种简单"对立"关系。若通过城址周围聚落群的勘察并有选择地做重点发掘，掌握其分布范围和聚落群内的等级构成，对于揭示夏代和商代国家结构特质，有十分重要意义。20世纪90年代中期以来，对夏商城址布局和周围聚落群的研究（包括生态研究）有所加强，并在几处地点取得初步进展。我们认为，这是今后夏商考古应倍加重视的两个有关联的课题。

以往的发掘，虽大家都从层位上注意遗迹间的早晚关系，但多限于对遗存保留现状做静态的观察与记录，往往忽略了各种遗迹形成、使用及毁弃的整个过程及其动因、各种遗存间的以及人类活动与生态环境之间的互动关系做全面研究。又多未能从埋藏学原理对文化堆积做出解释。为了能尽可能多的收集地下遗留的历史信息，国外田野发掘已在多学科参与下创造了一些新方法，值得我们借鉴。当然，引进任何好办法都要经过试验、消化，使之中国化。我国幅员广大，南北各地埋藏环境殊多差异，如何因地制宜地提高田野工作水平，期待着考古学家们在实践中继续探索。

第一章　夏文化探索

第一节　中国历史上的夏王朝

　　夏代是中国进入历史时期的第一个王朝。

　　在先秦古籍中，有许多关于夏王朝、夏王和商革夏命的记载。譬如：

　　《尚书·甘誓》载：夏启与有扈氏"大战于甘，乃召六卿。王曰：'嗟！六事之人，予誓告汝：有扈氏威侮五行，怠弃三正，天用剿绝其命，今予惟恭行天之罚。……用命赏于祖，不用命戮于社，予则孥戮汝。'"

　　《尚书·汤誓》是商汤伐夏桀时的誓辞，其中说道："格尔众庶，悉听朕言。非台小子，敢行称乱！有夏多罪，天命殛之。今尔有众，汝曰：'我后不恤我众，舍我穑事，而割正夏。'予惟闻汝众言，夏氏有罪，予畏上帝，不敢不正。"

　　《尚书·召诰》载召公的话说："我不可不监于有夏，亦不可不监于有殷。"

　　《尚书·多士》载周公告诫殷遗民时曾说：当初夏桀荒淫无度，触犯天怒，上帝"乃命尔先祖成汤革夏，俊民甸四方。""惟尔知，惟殷先人有册有典，殷革夏命。"

　　《尚书·多方》载周公称王命诏告诸侯，曾说道：夏桀昏庸残暴，"天惟时求民主，乃大降显休命于成汤，刑殄有夏……乃惟成汤，克以尔多方，简代夏作民主。"

　　《尚书·立政》记录有周公对夏朝和商朝用人与理政方面经验、教训所作的总结。

　　《诗·大雅·荡》曰："殷鉴不远，在夏后之世。"[1]

　　关于大禹和夏王朝的人物、史迹，在先秦文献中还有其他一些记载。譬如：

　　关于夷夏关系、夏商关系、夏王朝世系和年代，见于《左传·宣公三年》、《国语·周语（上）》、《论语·为政》、《孟子·公孙丑（上）》、古本《竹书纪年》[2]。

　　关于夏代都邑和夏人居地见于《逸周书·度邑解》、《左传·昭公元年》和《左传·定公四年》、《战国策·魏策》、《世本》[3]、古本《竹书纪年》[4]等。

---

[1]《左传·昭公二十六年》引《诗》则曰："我无所监，夏后及商，用乱之故，民卒流亡。"
[2]《史记·夏本纪》集解引《汲冢纪年》，《后汉书·东夷传》注、《文选·六代论》注、《太平御览》卷82引《竹书纪年》。
[3]《汉书·地理志》颍川郡阳翟条注引臣瓒曰："《世本》'禹都阳城'，《汲郡古文》亦云居之。"
[4]《水经注·巨洋水》转引薛瓒《汉书集注》，《汉书·地理志》注、《史记·夏本纪》正义转引自臣瓒，《史记·周本纪》正义、《太平御览》卷82引。

关于"大禹治水"和"禹别九州"见于《尚书·禹贡》、《尚书·吕刑》、《左传·襄公四年》和《昭公元年》、《诗·商颂·长发》、《孟子》的《滕文公（上）》和《告子（下）》等。

关于夏启的故事见于《逸周书·史记解》、《左传·昭公四年》、古本《竹书纪年》[1]。

关于"后羿代夏"和"少康中兴"见于《左传·襄公四年》和《哀公元年》、屈原的《离骚》、《天问》等篇。

关于商汤伐夏桀、夏桀亡国还见于《左传·昭公四年》和《昭公十一年》、《国语·晋语（一）》、《诗·商颂·长发》、古本《竹书纪年》[2]、《墨子·非攻（下）》等。

上述先秦古籍，成书时间最晚是东周时期，其中，《尚书》的《甘誓》、《汤誓》、《召诰》、《多士》、《多方》、《立政》和《诗经·大雅·荡》等，分别是夏代、商代和西周早期流传、记录下来的王室文献，虽然在流传过程中有的经过了后人的加工润色，但是其基本史实应该是可信的[3]。传宋代宣和年间临淄出土的一组春秋时期青铜器叔夷钟（作器者叔夷乃宋穆公后裔，齐灵公时任齐国正卿）有铭文追述宋人祖业说："虩虩成唐，又严在帝所，尃受天命，翦伐夏祀。……咸有九州，处禹之堵。"[4] 这段铭文同西周以来文献中关于夏和殷（商）是前后承替的两个王朝、"殷革夏命"的说法完全一致，成为两周史籍有关夏王朝记载的有力佐证。

在《史记·殷本纪》中，司马迁写下了商王朝的世系表（包括建立王朝前的十四代），这个世系表是否可靠，从前无可验证，1917年王国维根据安阳殷墟出土的商代甲骨文的记载，证明这个商王世系表是基本可靠的[5]。因此，王国维说："由此观之，则《史记》所述商一代世系，以卜辞证之，虽不免小有舛驳，而大致不误，可知《史记》所据之《世本》全是实录"，并认为"由殷周世系之确实，因之推想夏后氏世系之确实，此又当然之事也。"[6] 王氏之说卓有见地，得到了绝大多数国学研究者的赞同。殷墟卜辞所记商汤以

---

[1] 《晋书·束晳传》引《纪年》。

[2] 《史记·司马相如传》集解、《艺文类聚》卷83、《文选·东京赋》注及《太平御览》卷82、135、880引。

[3] A. 经学者研究认为，《甘誓》确系夏人相传之祖训（见顾颉刚、刘起釪：《〈尚书·甘誓〉校释译论》，《中国史研究》1979年第1期）。

  B. 《大戴礼记》中有《夏小正》，相传是夏代的历书，《史记·夏本纪》云："孔子正夏时，学者多传《夏小正》。"《礼记·礼运》载，孔子在杞"得夏时焉"，郑玄注曰"得夏四时之书也，其书存者有《夏小正》"。日本学者能田忠亮曾发现《夏小正》中的大部分天象是属于公元前2000年前后的（见能田忠亮：《夏小正星象論》，《東方學報》第13册之二，第130页，1942年）。我国学者潘鼐用现代天文学方法测算《夏小正》星象的大部分记事的年代与夏王朝纪年范围相合，因而认为：《夏小正》的成书虽然在东周时期，然而其中记录的天象资料却是夏代的（见潘鼐：《中国恒星观测史》第6~8页，学林出版社，1989年）。

[4] A. 王黼等：《博古图》第22卷，明嘉靖七年（1528年）蒋旸翻刻元至大重修本。

  B. 郭沫若：《两周金文辞大系图录考释》图232~235，录文244~249，考释203~209页，科学出版社，1957年。

[5] 王国维：《殷卜辞中所见先公先王考》、《殷卜辞中所见先公先王续考》，《观堂集林》卷九，中华书局，1959年。

[6] 王国维：《古史新证》第52页，清华大学出版社，1994年。

前之先王及其辅臣中，有的就是夏代的人物，譬如伊尹，春秋铜器叔夷钟铭文、《国语·晋语》、《孟子·万章（上）》、《墨子·尚贤下》、《楚辞·天问》、《吕氏春秋·本味篇》及《吕氏春秋·慎大览》等说他是有莘氏女之媵臣，协助商汤灭夏，立了大功。而据殷墟卜辞记载，后世商王室不断地隆重祭祀伊尹。由传世古籍与出土卜辞的相合，更可证夏代的存在乃不争之史实。

正因如此，我们有必要从考古学上去探讨夏族和夏王朝的文化遗存，其最终目的，是以考古学材料为主要根据，并结合文献记载，恢复夏代历史的本来面貌。

第二节 夏文化的探索历程

中国历史上有个夏族，有个由夏族建立的夏王朝，以前只是见于古代文献中。那么，夏族、夏王朝的遗迹、遗物是什么样子呢？自田野考古学在中国兴起，学者们就在注意和考虑这个问题，从把已有的考古发现与夏史做比附，进而根据古代文献的线索，展开有目的、有计划的田野调查和发掘，再到根据考古新发现进行综合性的讨论研究，至今已用去了约70年的时间。在此期间，考古学家的双脚走遍了黄河中游的沟沟坎坎，考古学家的两手掘开了数百个古代遗址厚厚的土层，获取了大量的科学资料，为夏文化的探索铺垫了坚实的基础。据初步统计，目前已调查到与夏文化探索有关系的古代遗址约200多处（包括王湾三期文化晚期遗址和二里头文化遗址），其中已发掘的遗址中较重要的有偃师二里头、巩县（今巩义市）稍柴、登封王城岗、临汝煤山、禹县（今禹州市）瓦店、密县（今新密市）新砦、夏县东下冯等。根据一系列的考古发现，学者们做了深入地研究，先后发表了数以百计的论文，有关夏文化研究的著作有《夏商周考古学论文集》、《夏商周考古学论文集（续集）》、《夏商史稿》、《夏史初探》等。另外，还编辑出版了《华夏文明》第一集、《夏文化论文选集》、《夏史夏文化研究书目》等与夏文化探索相关的文献。专门的夏文化学术讨论会已召开了六次：（1）1977年，登封王城岗遗址考古发掘现场讨论会，考古学界首次就夏文化的探索问题进行学术讨论[1]。（2）1982年，香港中文大学召开"夏文化讨论会"，这是首次在中国内地以外举行夏文化学术会议。（3）1983年，中国考古学会第四次年会在郑州举行，会议的主题是"商文化的研究与夏文化的探索"，有关论文收入《中国考古学会第四次年会论文集》。（4）1990年，美国洛杉矶加州大学（UCLA）举办"夏文化国际研讨会"，有30多位学者出席了会议。（5）1991年，"夏商文化国际研讨会"在河南省洛阳市举行，国内外共150人到会，会后出版了《夏商文明研究》。（6）1994年，在洛阳又召开了"全国夏文化学术研讨会"，有80多人与会，提交论文60余篇，编辑出版了《夏文化研究论集》。

最近几年，由于"夏商周断代工程"的推动，夏文化探索再度成为学术热点。多学

---

[1] 1978～1979年，《河南文博通讯》季刊连续8期辟有"探索夏文化"专栏，刊登讨论会上的发言及相关论文。

科、多层面的综合研究，使夏文化探索工作在不少重要课题上有重大进展。

经过长时间的努力，夏文化探索已取得了巨大的成绩，许多学者的认识渐趋一致，大大缩短了通向最终目标的距离。

一 诸说的纷争

（一）关于夏文化的概念

什么是夏文化？学者间有不同的理解和认识。

徐旭生最早就此探讨说："想解决夏文化的问题还需要指明这个词可能包括两个不同的涵义。上面所说的夏文化全是从时间来看，所指的夏代的文化。可是从前的人相信我国自炎黄以来就是统一的，我们却不敢附和，我们相信在夏代，氏族社会虽已到了末期，而氏族却还有很大的势力，中国远不是统一的，所以夏文化一词很可能指夏氏族或部落的文化。"[1]归纳起来，即夏文化是夏代夏氏族或部落的文化。

夏鼐指出："'夏文化'应该是指夏王朝时期夏民族的文化。有人以为仰韶文化也是夏民族的文化。纵使能证明仰韶文化是夏王朝的祖先的文化，那只能算是'先夏文化'，不能算是'夏文化'。夏王朝时代的其他民族的文化，也不能称为'夏文化'。不仅内蒙、新疆等边区的夏王朝时代的少数民族的文化不能称为'夏文化'，如果商、周民族在夏王朝时代与夏民族不是一个民族，那只能称为'先商文化'、'先周文化'，而不能称为夏文化。"[2]

有学者的表述与此不同。如认为："考古学上的夏文化则应包括它的发生、发展和变化的全过程。""目前探索的夏代文化，它的范围比夏文化要窄一些，涉及的时空观念都比较具体，它是指夏禹至桀这一特定时期的，包括文献所记的十四世十七王，约四百余年的文化遗存。就地域来说，主要是在传说夏王朝的活动范围之内。考古学文化与王朝是两个不同的概念。夏王朝建立之时，夏文化就已存在；但夏王朝覆灭之日，人们创造的物质文化并非立即中断或一起毁灭。相反，夏代的遗民还在使用和创造他们的文化，使之延续一定的时间。"[3]也有学者"不同意说夏文化就是夏民族的文化"，认为"中原龙山文化、夏文化与商文化三者是一脉相承"，"有发展阶段的差别，而不是不同的民族文化"[4]。

我们的看法是：考古学上的"'夏文化'是指夏代在其王朝统辖地域内以夏族为主体创造的物质文化和精神文化遗存，核心内容是关于夏王朝（国家）的史迹。因此，它限定在一定时间、地域和族属范围内，既不包括夏代各地其他族的文化遗存，也不是指夏族从始至终的文化遗存"。即夏文化是指夏王朝时期、夏王朝统辖区域内的夏族（或以夏人为主体的族群）所遗留下来的考古学文化遗存。至于夏族在王朝建立前和夏王朝灭亡后的考

---

[1] 徐旭生：《1959年夏豫西调查"夏墟"的初步报告》，《考古》1959年第11期。
[2] 夏鼐：《谈谈探讨夏文化的几个问题——在〈登封告成遗址发掘现场会〉闭幕式上的讲话》，《河南文博通讯》1978年第1期。
[3] 殷玮璋：《关于夏代文化的探索》，《新中国的考古发现和研究》第215页，文物出版社，1984年。
[4] 田昌五：《夏文化探索》，《文物》1981年第5期；《谈偃师商城的一些问题》，《全国商史学术讨论会论文集》，殷都学刊编辑部，1985年。

古学文化遗存，可分别称之为先夏文化、后夏文化（或夏遗民文化）[1]。

夏文化研究，是考古学范畴内的课题，它与以文献为主要依据的夏史研究既有联系，又有区别。

（二）哪些考古学文化遗存是夏文化

20世纪20年代，考古学传入中国，通过田野发掘，为中国古代社会研究提供了全新的材料，也为复原夏代历史开辟了新领域。考古学界和历史学界对于夏文化探索，倾注了极大的热情，先后产生了种种的学说，呈现出百家争鸣的盛况。

早在20世纪30年代初，古史学家徐中舒首先提出仰韶文化为"虞夏民族的遗迹"[2]。仰韶文化为夏文化说，曾得到丁山[3]、翦伯赞[4]的支持。

40年代至50年代初，范文澜曾假设以城子崖遗址为代表的龙山文化是夏朝遗迹。但同时还说"龙山文化分布的地域很广，东起山东，西至陕西，北起辽东南部，南至浙江"，"日后可能有更多的发现，特别是夏朝作为根据地的西部地区"[5]。显然包括了今天已分辨出的许多不同系统的龙山时代遗存，其中也包括着当今学者列为夏文化主要研究对象的王湾三期文化等遗存在内。50年代中期，有学者呼应说："夏文化是新石器时代末期的黑陶文化"[6]，当时也发表有不同看法[7]。

50年代末，学者开始将探索夏文化的目光投向介于龙山文化与二里冈商文化之间的"洛达庙类型"（当时对二里头文化的一种称呼），提出"洛达庙期"文化遗存"最可能是夏代的"[8]，或认为"洛达庙层"是探索夏文化值得注意的线索或对象[9]。60年代前期就此有过讨论[10]。

70年代以后，考古材料不断丰富，随着二里头遗址和二里头文化的面貌得到清晰揭示，年代、分期、分布与类型诸问题的初步解决，二里头文化遂成为公认的探索夏文化最重要的研究对象。在关于夏文化的讨论热潮中，因研究者对夏商文化理解不同，着眼点与

---

[1] 高炜、杨锡璋、王巍、杜金鹏：《偃师商城与夏商文化分界》，《考古》1998年第10期。
[2] 徐中舒：《再论小屯与仰韶》，《安阳发掘报告》第三期，中央研究院历史语言研究所，1931年。
  按：依据考古学新成果，徐中舒后来肯定夏文化的中心地带"就是分布在河南的龙山文化和二里头文化"，并称"夏文化已见曙光"（见徐中舒：《夏史初曙》，《中国史研究》，1979年第3期）。
[3] 丁山：《由三代都邑论其民族文化》，《国立中央研究院历史语言研究所集刊》第五本第一分册，1935年。
[4] 翦伯赞：《诸夏的分布与鼎鬲文化》，《中国史论集》，文凤书局，1947年。
[5] 范文澜：《中国通史简编（修订本）》第一编，第105~106页，人民出版社，1955年。
[6] 吴恩裕：《中国国家起源的问题》，《新建设》1956年第7期。
[7] 赵光贤：《论黑陶文化非夏代文化》，《光明日报》1957年1月17日。
[8] 李学勤：《近年考古发现与中国古代社会》，《新建设》1958年第8期。
[9] A. 安志敏：《试论黄河流域新石器时代文化》，《考古》1959年第10期。
  B. 石兴邦：《黄河流域原始社会考古研究上的若干问题》，《考古》1959年第10期。
[10] A. 许顺湛：《夏代文化探索》，《史学月刊》1964年第7期。
  B. 贾峨：《对〈夏代文化探索〉一文的商榷》，《史学月刊》1965年第5期。

研究方法不同，对于二里头文化的性质与族属，曾提出多种不同见解。

具代表性的一种意见，从论证郑州商城为商汤所营亳都、二里冈 H17 一类遗存为商代初年的早商文化出发，推定"南关外型"、"辉卫型"、"漳河型"文化遗存为先商文化，进而论证"二里头文化就是夏文化"，主张并强调"二里头文化第一、二、三、四期都是夏文化"[1]。从分布地域、年代、文化特征、社会性质四个条件综合分析，否定了仰韶文化、龙山文化是夏文化的可能性；承认"伊洛地区的河南龙山文化应该是夏文化的来源"，但认为不是严格意义上的夏文化[2]。此说得到许多学者赞同[3]。

同样主张二里头一至四期全属夏文化，但有些学者认为尚不足涵盖全部夏文化，主张到王湾三期文化晚期[4]或王湾三期文化到二里头文化间的过渡期去寻找早期夏文化[5]。

曾经相信二里头遗址是商代早期都城"西亳"的学者，一般都认为二里头文化包括了夏代晚期夏族和商代早期商族两种性质不同的遗存——即夏文化晚期和早商文化两种遗存。惟主张夏、商同源的学者则认为，夏文化同商文化只有时间先后和朝代更替的意义，并无文化性质上的本质区别。在二里头文化中如何划分夏、商文化的界限，上述学者间有三种不同的意见。

第一种，以一期陶器尚遗留较多龙山作风，二、三期才表现出二里头文化典型特征并有大型夯土基址等同王都相称的高层次文化内涵为依据，主张夏商分界在一、二期之间[6]。

第二种，基于二里头遗址三期有规模很大的宫殿建筑和手工业作坊，被认为是商汤建都的遗迹；并认为三期陶器中出现了商文化因素，从而主张二、三期之间分界[7]。在很

---

[1] 邹衡：《试论夏文化》，《夏商周考古学论文集》，文物出版社，1980 年。

[2] 邹衡：《试论夏文化》，《夏商周考古学论文集》，文物出版社，1980 年；《关于探讨夏文化的条件问题》，《华夏文明》第一集，北京大学出版社，1987 年。

[3] A. 佟柱臣：《夏代和夏文化问题》，《河南文博通讯》1979 年第 2 期。
B. 郑杰祥：《二里头文化商榷》，《河南文博通讯》1978 年第 4 期。
C. 陈旭：《关于夏文化问题的一点认识》，《郑州大学学报（哲学社会科学版）》1980 年第 3 期。

[4] A. 吴汝祚：《关于夏文化及其来源的初步探索》，《文物》1978 年第 9 期。按：文中所云河南龙山文化"煤山类型"即指王湾三期文化，认为是先夏时期至夏代的文化。
B. 许顺湛：《夏代文化的再探索》，《河南文博通讯》1979 年第 3 期。按：文中认为夏文化上限应为煤山一期。

[5] 李伯谦认为二里头文化一至四期是"后羿代夏"至夏桀时的遗存；"以临汝煤山二期为代表的由王湾三期文化到二里头文化的过渡类型遗存，论时间当已跨入夏代，很可能是夏代初期的文化"（见李伯谦：《二里头类型的文化性质与族属问题》，《文物》1986 年第 6 期）。

[6] 郑光：《试论二里头商代早期文化》，《中国考古学会第四次年会论文集》，文物出版社，1985 年；《二里头陶器文化论略》，《二里头陶器集粹》，中国社会科学出版社，1995 年。

[7] A. 中国科学院考古研究所二里头工作队：《河南偃师二里头早商宫殿遗址发掘简报》，《考古》1974 年第 4 期。
B. 殷玮璋：《二里头文化探讨》，《考古》1978 年第 1 期。

长一段时间内，这种方案曾是考古界比较流行的看法[1]。

第三种，推测二里头遗址可能是夏代晚期都邑之一，认为一号宫殿被废弃可能与商汤灭夏有关，并且第四期中商文化因素已成主流，从而主张"把二里头前三期归入夏文化，第四期归入早商文化"[2]。

随偃师商城的发现（1983年）和发掘、研究的深入，主张二里头遗址应是夏代晚期都城、偃师商城应是成汤灭夏后所建"西亳"的学者日渐增多。一些原持二、三期之间分界说的学者转而支持三、四期间分界说[3]。

还有一些学者从其他角度论证、支持三、四期之间分界说[4]。

以上凡主张二里头文化包含夏文化和早商文化两种遗存的学者，大都认为夏文化的上限应早于二里头文化，大多推定王湾三期文化（或更明确指王湾三期文化晚期）是早期夏文化，只是论者所用文化称谓和具体期属划分有所不同[5]。

---

[1] A. 方酉生：《论汤都西亳——兼论探索夏文化的问题》，《河南文博通讯》1979年第1期。
　　B. 安金槐：《豫西夏代文化初探》，《中国历史博物馆馆刊》1979年第1期；《试论豫西地区龙山文化类型中晚期与夏代文化早期的关系》，《夏文化研究论集》，中华书局，1996年。
　　C. 李仰松：《从河南龙山文化的几个类型谈夏文化的若干问题》，《中国考古学会第一次年会论文集》，文物出版社，1980年。
　　D. 孟凡人：《试谈夏文化及其与商文化的关系问题》，《郑州大学学报（哲学社会科版）》1979年第1期。
　　E. 孙飞：《论南亳与西亳》，《文物》1980年第8期。
　　F. 杨育彬：《谈谈夏代文化的问题——兼对〈郑州商城即汤都亳说〉一文商榷》，《河南文博通讯》1980年第4期；《关于夏文化的几个问题》，《夏文化研究论集》，中华书局，1996年。
　　G. 杜金鹏：《夏商文化断代新探》，《中原文物》1993年第1期。
　　H. 李先登：《再论关于探索夏文化的若干问题》，《夏文化研究论集》，中华书局，1996年。
[2] 孙华：《关于二里头文化》，《考古》1980年第6期。
[3] A. 赵芝荃、刘忠伏：《试谈偃师商城的始建年代并兼论夏文化的上限》，《华夏文明》第一集，北京大学出版社，1987年。
　　B. 方酉生：《偃师二里头遗址第三期遗存与桀都斟鄩》，《考古》1995年第2期。
　　C. 赵芝荃：《论夏文化起、止年代的问题》，《夏文化研究论集》，中华书局，1996年。
　　D. 方孝廉：《夏代及其文化》，《夏文化研究论集》，中华书局，1996年。
[4] A. 田昌五：《夏文化探索》，《文物》1981年第5期。
　　B. 方辉：《"南关外期"先商文化的来龙去脉及其对夏、商文化断限的启示》，《华夏文明》第三集，北京大学出版社，1992年。
　　C. 张立东：《夏都与夏文化》，《夏文化研究论集》，中华书局，1996年。
　　D. 袁广阔：《试论夏商文化的分界》，《考古》1998年第10期。
　　E. 林永珍著、李云铎和顾铭学译的《韩国的中国考古学研究动向》（《华夏考古》1996年第1期）摘要介绍了沈载勋的《二里头、二里冈、郑州商城与夏、商的关系》（《东洋史学研究》第29号，1989年）和《中国古代国家形成的普遍性和特殊性》（《史学志》第22号，1989年）。
[5] A. 赵芝荃、刘忠伏：《试谈偃师商城的始建年代并兼论夏文化的上限》，《华夏文明》第一集，北京大学出版社，1987年。

因偃师二里头遗址以及二里头文化的主体（二里头类型）分布区是在河南省中、西部，故多年来关于夏文化的讨论较集中地针对河南境内的发现，关于晋西南"夏墟"的研究相对薄弱。20 世纪 80 年代，一些学者从文献角度或从先商、先周文化的类比研究中，重申夏族发祥地在晋西南[1]。陶寺遗址的发掘者通过对该遗址年代、古史地望、生产力水平和社会形态以及蟠龙纹陶盘所透露的族属信息等方面分析，提出"在探索夏文化的课题中，陶寺遗址和陶寺类型龙山文化应列为重要研究对象之一"[2]。在二里头一期文化为夏文化晚期遗存、夏文化主体应在龙山文化阶段的认识前提下，进一步推测陶寺中、晚期应是夏文化遗存，其早期则可能是"先夏文化"[3]。陶寺文化为夏人遗存说得到一些学者支持[4]。有的进一步论证陶寺文化是太康以前的夏族遗存，夏代中、后期统治中心才移至伊洛、嵩山地区[5]，或径指陶寺遗址是夏代最早的都邑[6]。

此外，还有学者申述海岱地区龙山文化为夏文化，或论证其为早期夏文化[7]。由于

B. 赵芝荃：《论夏文化起、止年代的问题》，《夏文化研究论集》，中华书局，1996 年。

C. 安金槐：《豫西夏代文化初探》，《中国历史博物馆馆刊》1979 年第 1 期；《试论豫西地区龙山文化类型中晚期与夏代文化早期的关系》，《夏文化研究论集》，中华书局，1996 年。

D. 方酉生：《论汤都西亳——兼论探索夏文化的问题》，《河南文博通讯》1979 年第 1 期；《偃师二里头遗址第三期遗存与桀都斟鄩》，《考古》1995 年第 2 期。

E. 王克林：《从龙山文化的建筑技术探索夏文化》，《山西大学学报（哲学社会科学版）》1980 年第 3 期。

F. 田昌五：《夏文化探索》，《文物》1981 年第 5 期。

G. 杨育彬：《关于夏文化的几个问题》，《夏文化研究论集》，中华书局，1996 年。

H. 李先登：《再论关于探索夏文化的若干问题》，《夏文化研究论集》，中华书局，1996 年。

I. 孟凡人：《试谈夏文化及其与商文化的关系问题》，《郑州大学学报（哲学社会科学版）》1979 年第 1 期。

J. 方孝廉：《夏代及其文化》，《夏文化研究论集》，中华书局，1996 年。

[1] A. 张光直：《夏商周三代都制与三代文化异同》，《中国青铜时代》，三联书店，1999 年。原载《历史语言研究所集刊》五十五本第一分册，1984 年。

B. 刘起釪：《由夏族原居地纵论夏文化始于晋南》，《华夏文明》第一集，北京大学出版社，1987 年。

C. 黄石林：《再论夏文化问题——关于陶寺龙山文化的探讨》，《华夏文明》第一集，北京大学出版社，1987 年。

[2] A. 高炜、张岱海、高天麟：《陶寺遗址的发掘与夏文化的探索》，《中国考古学会第四次年会论文集》，文物出版社，1985 年。

B. 高炜、高天麟、张岱海：《关于陶寺墓地的几个问题》，《考古》1983 年第 6 期。

[3] 高炜：《试论陶寺遗址和陶寺类型龙山文化》，《华夏文明》第一集，北京大学出版社，1987 年。

[4] A. 张长寿：《陶寺遗址的发现和夏文化的探索》，《文物与考古论集》，文物出版社，1987 年。

B. 王克林：《龙图腾与夏族的起源》，《文物》1986 年第 6 期。

C. 梁星彭：《夏文化的探索》，《黄河文化》第三编第一章，华艺出版社，1994 年。

[5] 黄石林：《再论夏文化问题——关于陶寺龙山文化的探讨》，《华夏文明》第一集，北京大学出版社，1987 年。

[6] 张之恒：《夏代都城的变迁》，《夏文化研究论集》，中华书局，1996 年。

[7] A. 程德祺：《略说典型龙山文化即是夏朝文化》，《苏州大学学报（哲学社会科学版）》1982 年第 1 期。

海岱地区龙山文化一般被认为属东夷文化系统，此说在考古界无大反响。

综观以上种种观点，我们可以看出，大家在研究方法上主要是从年代、地域、都城、文化特征、社会生产力水平等几个方面，对相关的考古学文化遗存进行分析后做出自己的结论。

随着考古新资料的发现和研究工作的深入，许多学者在反复思考、认真探讨的基础上，对自己原有的学术观点进行了斟酌、修正。这里我们可举人们在夏商文化分界和陶寺文化是否为夏文化等问题上的认识转变为代表。

二里头遗址的发掘者，以往大多主张夏商文化分界于二里头文化二、三期之间说，根据偃师商城的考古新成果，其中一些人修改了原先的观点。例如有学者以二里头遗址一号宫殿的废弃与偃师商城的兴建之"一兴一废"，作为夏、商王朝更替的标志，将夏商文化重新界定在二里头文化三、四期之间[1]。另有学者在"偃师商城之始建为夏商王朝交替界标"学说前提下，根据偃师商城最新考古收获，将商文化的上限推定在偃师商城一期初始，即相当二里头文化第四期（至迟其晚段）[2]。

主张"郑州商城为汤都亳"说的学者，也有认为郑州商城"开创的年代，在考古学文化上当在南关外期，而在历史年代上则应是商汤灭夏以后兴建的。""南关外期大体相当二里头文化四期"[3]，将商文化的上限前推至相当二里头文化第四期时。

最早提出陶寺文化可能是夏文化说的学者，后来也修正了自己的看法[4]。

目前，学术界关于夏文化的看法，主要分为两家。一种学说是：二里头文化一至四期就是彻头彻尾的夏文化，包括新砦期文化在内的早于二里头文化的文化遗存和晚于二里头文化的文化遗存，都不是夏文化。一种学说是：二里头文化的主体是夏文化，但夏文化的上限应前推至二里头文化一期之前，早期夏文化应包括新砦期文化、甚至包括王湾三期文化晚期遗存。二里头文化第四期（或至少是其偏晚阶段）属于商代早期的"后夏文化"。除以上两种学说，有学者仍坚持二里头文化主体或后期是商文化的观点。可见，分歧仍旧存在，但多数学者的认识渐趋接近。

  B. 杜在忠：《山东二斟氏考略》，《华夏文明》第一集，北京大学出版社，1987年；《关于夏代早期活动的初步探析》，《夏史论丛》，齐鲁书社，1985年。

[1] A. 方酉生：《偃师二里头遗址第三期遗存与桀都斟鄩》，《考古》1995年第2期。

  B. 赵芝荃：《论夏文化起、止年代的问题》，《夏文化研究论集》，中华书局，1996年。

[2] A. 杜金鹏、王学荣：《偃师商城考古新成果与夏商年代学研究》，《光明日报》1998年5月15日。

  B. 高炜、杨锡璋、王巍、杜金鹏：《偃师商城与夏商文化分界》，《考古》1998年第10期。

[3] 陈旭：《郑州商文化的发现与研究》，《中原文物》1983年第3期；《郑州商城宫殿基址的年代及其相关问题》，《中原文物》1985年第2期。

[4] 原提出陶寺遗址和陶寺文化（曾称"中原龙山文化陶寺类型"）应列为夏文化重要研究对象的学者中，高炜在20世纪90年代观点有了明显变化（见张立东、任飞：《手铲释天书——与夏文化探索者的对话》第331～340页，大象出版社，2001年）；高天麟则"仍然认为晋南的陶寺类型龙山文化中晚期""应在夏文化之列"（见前引书第317页）。

二 田野调查与发掘

夏文化探索，是以田野调查与发掘为基础的一项考古学研究，与以古文献为史料的夏史研究，既有密切联系，又有较大区别。

在田野考古调查中，结合古文献中有关史料去探寻夏代遗迹，最早大约是李济、袁复礼于 1926 年在山西夏县对"夏后氏陵"的调查[1]，但明确以探索夏文化为学术目标的田野工作，始于著名前辈学者、中国科学院考古研究所（即今中国社会科学院考古研究所，下同）研究员徐旭生的豫西考古调查。徐旭生根据对先秦和汉代文献中关于夏族活动地域记载的研究，认为探索夏文化有两个地区特别值得注意，一是河南中部的洛阳平原及其附近地区，尤其是颍水上游的登封、禹县一带；二是山西西南部的汾水下游地区。1959 年的 4、5 月份，他会同中国科学院考古研究所洛阳发掘队的同事，在登封、偃师做田野踏查，于登封石羊关遗址采集到二里头文化的陶片。为验证古籍中关于商汤都城"西亳"在偃师县城西南，专程到翟镇二里头村一带实地调查，发现二里头遗址范围巨大、遗物丰富，"在当时确为一大都会，为商汤都城的可能性很不小"。徐旭生等人于 5 月末进入山西，因正值麦收无法做田野工作而返回北京[2]。同年秋天，中国科学院考古研究所即对二里头遗址进行试掘。到目前为止，共在二里头遗址的 11 个发掘区进行了 40 多个季度的发掘，取得了一系列重大考古发现。根据该遗址的发掘，确立了二里头文化。二里头遗址和二里头文化成为公认的探索夏文化最有意义的关键性研究对象。

继徐老踏查"夏墟"，中国科学院考古研究所派出洛阳工作队、山西工作队，赴豫西、晋南展开大规模的田野考古工作。共发现数以百计相当龙山文化时期和二里头文化的遗址，其中经发掘的重要遗址还有临汝煤山、密县（今新密市）新砦、夏县东下冯、襄汾陶寺等，这些工作在夏文化的探索方面，皆有十分重要的意义。

1959 年在豫西六县调查，发现了洛宁坡头、宜阳庄家门、嵩县瑶店、伊川白元、南砦等二里头文化遗址[3]。1975 年又在豫西地区复查或新发现属王湾三期文化晚期至二里头文化早期的登封石羊关和北庄、临汝柏树圪垯、禹县崔庄等遗址[4]。后来对临汝煤山[5]、密县新砦[6]等遗址的发掘，究明豫西地区的二里头文化是由当地的王湾三期文化晚期经由"新砦期"发展而来，从而把探索夏文化的范围，明确推至王湾三期文化晚期。

1959～1963 年以及 1973～1982 年间，在晋西南地区做了多次考古调查、复查与试掘，共发现古文化遗址 300 多处，其中有襄汾陶寺、夏县东下冯、翼城与曲沃交界处的方城—南石等相当龙山文化时期遗址近百处，夏县东下冯、永济东马铺头、翼城感军等二里头文

---

[1] 李济：《山西南部汾河流域考古调查》，《考古》1983 年第 8 期；原载美国《史密森研究院各科论文集刊》第 78 卷第 7 期，1927 年。
[2] 徐旭生：《1959 年夏豫西调查"夏墟"的初步报告》，《考古》1959 年第 11 期。
[3] 中国科学院考古研究所洛阳发掘队：《1959 年豫西六县调查简报》，《考古》1961 年第 1 期。
[4] 中国科学院考古研究所洛阳工作队：《1975 年豫西考古调查》，《考古》1978 年第 1 期。
[5] 中国社会科学院考古研究所河南二队：《河南临汝煤山遗址发掘报告》，《考古学报》1982 年第 4 期。
[6] 中国社会科学院考古研究所河南二队：《河南密县新砦遗址的试掘》，《考古》1981 年第 5 期。

化遗址35处[1]。1974~1979年，与中国历史博物馆考古部、山西省考古研究所联合对东下冯遗址的发掘，确立了二里头文化的一个地方类型——东下冯类型[2]。随着工作深入，山西工作队把探索夏文化的目标，扩展到了晋南地区相当龙山文化时期遗存上，其中襄汾陶寺遗址规模很大，1978~1985年在这里的一系列考古发掘取得了令人瞩目的成就，从而确立了陶寺文化[3]。

此外，河南、山西两省的考古工作者，为了探索夏文化，也分别在豫西、晋南地区做了许多工作，其中尤以河南方面的工作卓有成效，在传为夏王朝统治中心的伊、洛、颍、汝流域进行了反复的田野调查，发现了一些与夏文化探索相关的古遗址，发掘了巩县稍柴[4]、临汝煤山[5]、洛阳矬李[6]、登封王城岗[7]、禹县瓦店[8]、渑池郑窑[9]、伊川南寨[10]等重要遗址。稍柴遗址地望与某些古文献记载中夏桀都城斟鄩有关，稍柴遗址的发掘，不仅发现了丰富的二里头文化遗存，还发现了商代早期的文化遗存，对于夏文化内涵和夏商文化关系的研究，皆相当重要。在登封王城岗遗址，发现了王湾三期文化晚期的城址和新砦期文化及二里头文化遗存。鉴于王城岗遗址与传说中的禹都阳城地望相合，王城岗古城的年代可能与夏禹的时代相近，因而成为探索夏文化工作中备受关注的对象。瓦店遗址的发掘，出土了成组非常精美的陶器和玉器，如有盖的封顶盉、爵形器、觚形器、蛋壳陶杯等。说明瓦店遗址应该属于较高层次的遗址，即一方的中心聚落。同古文献记载中夏代早期都邑之一的阳翟地望相联系，瓦店遗址的发现，深得学者重视。王城岗和瓦店遗址的工作，为探索早期夏文化和夏代早期都邑提供了重要线索。

---

[1] A. 中国科学院考古研究所山西工作队：《晋西南地区新石器时代和商代遗址的调查与发掘》，《考古》1962年第9期。
    B. 中国社会科学院考古研究所山西工作队：《晋南二里头文化遗址的调查与试掘》，《考古》1980年第3期；《晋南考古调查报告》，《考古学集刊》第6集，中国社会科学出版社，1989年。
[2] 中国社会科学院考古研究所、中国历史博物馆、山西省考古研究所：《夏县东下冯》，文物出版社，1988年。
[3] 曾称作"中原龙山文化陶寺类型"，见中国社会科学院考古研究所山西工作队、山西省临汾地区文化局：《山西襄汾县陶寺遗址发掘简报》，《考古》1980年第1期；《1978~1980年山西襄汾陶寺墓地发掘简报》，《考古》1983年第1期；《山西襄汾陶寺遗址首次发现铜器》，《考古》1984年第12期；《陶寺遗址1983~1984年Ⅲ区居住址发掘的主要收获》，《考古》1986年第9期；《襄汾陶寺》，待刊。
[4] 河南省文物研究所：《河南巩县稍柴遗址发掘报告》，《华夏考古》1993年第2期。
[5] A. 洛阳博物馆：《河南临汝煤山遗址调查与试掘》，《考古》1975年第5期。
    B. 河南省文物研究所：《临汝煤山遗址1987~1988年发掘报告》，《华夏考古》1991年第3期。
[6] 洛阳博物馆：《洛阳矬李遗址试掘简报》，《考古》1978年第1期。
[7] 河南省文物研究所、中国历史博物馆考古部：《登封王城岗与阳城》第22~150页，文物出版社，1992年。
[8] 河南省文物研究所、郑州大学历史系考古专业：《禹县瓦店遗址发掘简报》，《文物》1983年第3期。
[9] 河南省文物研究所、渑池县文化馆：《渑池县郑窑遗址发掘报告》，《华夏考古》1987年第2期。
[10] 河南省文物考古研究所：《河南伊川县南寨二里头文化墓葬发掘简报》，《考古》1996年第12期。

北京大学、河南省文物研究所、陕西省考古研究所等对河南驻马店杨庄[1]、方城八里桥[2]、邓州陈营[3]和陕西商州东龙山[4]等二里头文化遗址的考古发掘，为研究二里头文化的分布和类型提供了科学材料。

与夏文化探索相关联的先商文化探索，也做了大量的田野考古工作。早在20世纪30年代，中央研究院历史语言研究所，即根据古文献对商汤南亳地望的记述，前往河南的商丘一带进行实地调查和试掘[5]。70年代，中国科学院考古研究所洛阳工作队（后改称河南二队）到商丘地区展开考古调查与发掘，其目的是了解当地龙山文化的面貌，追踪二里头文化的分布范围，寻求先商文化遗存[6]。80年代以来，北京大学、郑州大学等单位又连续在鲁西南及豫东地区进行考古工作，对二里头文化、下七垣文化和岳石文化的分布及其交错有所了解[7]。90年代，中国社会科学院考古研究所与美国哈佛大学合作，再到豫东地区寻求先商文化遗址[8]。在传为商人起源地的豫北冀南地区，北京大学等有关方面也做了相应的考古工作，其中在豫北的考古调查以及在淇县宋窑遗址的发掘[9]，对究明二里头文化、下七垣文化及辉卫地区的潞王坟—宋窑类遗存的分布及相互关系提供了可贵的资料。

---

[1] 北京大学考古学系、驻马店市文物保护管理所：《驻马店杨庄》第92~204页，科学出版社，1998年。

[2] 北京大学考古学系、南阳市文物研究所、方城县博物馆：《河南省方城县八里桥遗址1994年春发掘简报》，《考古》1999年第12期。

[3] 袁广阔：《邓州市陈营二里头文化遗址》，《中国考古学年鉴（1990）》，文物出版社，1991年。

[4] A. 杨亚长、王昌富：《商州东龙山遗址考古获重要成果》，《中国文物报》1998年11月25日。
B. 杨亚长：《东龙山遗址的年代与文化性质》，《中国文物报》2000年8月9日。

[5] 李景聃：《豫东商邱永城调查及造律台黑孤堆曹桥三处小发掘》，《中国考古学报》第二册，1947年。

[6] A. 中国社会科学院考古研究所河南二队、商丘地区文物管理委员会：《1977年豫东考古纪要》，《考古》1981年第5期。
B. 商丘地区文物管理委员会、中国社会科学院考古研究所洛阳工作队：《1977年河南永城王油坊遗址发掘概况》，《考古》1978年第1期。
C. 中国社会科学院考古研究所河南二队、河南商丘地区文物管理委员会：《河南永城王油坊遗址发掘报告》，《考古学集刊》第5集，中国社会科学出版社，1994年。

[7] A. 北京大学考古系商周组、山东省菏泽地区文展馆、山东省菏泽市文化馆：《菏泽安邱堌堆遗址发掘简报》，《文物》1987年第11期。
B. 郑州大学文博学院、开封市文物工作队：《豫东杞县发掘报告》，科学出版社，2000年。
C. 郑州大学考古专业、开封市博物馆、杞县文物保管所：《河南杞县朱岗遗址试掘报告》，《华夏考古》1992年第1期。
D. 郑州大学历史系考古专业、开封市博物馆考古部、杞县文物保管所：《河南杞县牛角岗遗址试掘报告》，《华夏考古》1994年第2期。

[8] 张长寿、张光直：《河南商丘地区殷商文明调查发掘初步报告》，《考古》1997年第4期。

[9] A. 北京大学考古专业商周组、山西省考古研究所、河南省安阳、新乡地区文化局、湖北省孝感地区博物馆：《晋豫鄂三省考古调查简报》，《文物》1982年第7期。
B. 北京大学考古系商周组：《河南淇县宋窑遗址发掘报告》，《考古学集刊》第10集，地质出版社，1996年。

除此之外，在安徽[1]、湖北[2]等地所作有关夏代遗址的考古调查与发掘，对区分夏文化与非夏文化、研究夏文化的迁播等方面，均具较高学术价值。

以徐旭生夏墟调查为起点的、围绕夏文化探索而展开的田野考古调查与发掘，40年来成就斐然。这些田野工作的主要成果是：

第一，基本搞清楚了二里头文化及相关龙山文化时期遗存的类型、分布与年代问题。在传说为夏人主要活动地区的河南中、西部和山西西南部，建立起了龙山时代文化、二里头文化、早商文化的考古编年序列，并为解决二里头文化的源流问题进行了有益探讨。

第二，大体弄清了二里头文化与周邻同时期文化地域分布与相互关系的基本格局。

第三，发现了龙山时代和二里头文化的城址与聚落群，并对登封王城岗、偃师二里头等多处重要遗址进行了大规模的发掘，二里头遗址作为夏商间一处都城遗址得到确认。

第四，大量出土的实物资料，极大地方便了关于夏文化内涵的研究。为我们认识与区分夏文化、先商文化、早商文化、东夷文化，研究相关考古学文化的族属、社会形态、经济状况、文化源流等，提供了丰富的科学资料，从而为夏文化的探索奠定了坚实的基础。

三 夏文化探索的总结评述

（一）夏文化探索的几个阶段

夏文化探索，是个艰苦的学术探讨过程，回顾这个过程，可以给我们一些有益的启示。

夏文化探索，大致可以分做四个阶段。

第一阶段，20世纪20年代至40年代，为夏文化探索的滥觞期。一些史学界前辈把仰韶文化、龙山文化与夏文化相联系，提出了仰韶文化或龙山文化是夏文化的联想与推测，当时虽然也注意到了时间、空间和文化特征等条件，但皆因考古发现的极其有限、文化序列尚未建立，以及研究方法与手段尚在初级阶段，故而得出的结论与历史实际相距较远，不久就被否认了。但这毕竟是企图从考古学上探索夏文化迈出的第一步，给后来工作提出许多启示。

---

[1] A. 杨德标、杨立新：《安徽江淮地区的商周文化》，《中国考古学会第四次年会论文集》，文物出版社，1985年。

B. 安徽省文物考古研究所、含山县文物管理所：《安徽含山大城墩遗址第四次发掘报告》，《考古》1989年第2期。

C. 胡悦谦：《试谈夏文化的起源》，《华夏文明》第一集，北京大学出版社，1987年。

D. 王迅：《试论夏商时期东方地区的考古学文化》，《北京大学学报（哲学社会科学版）》1989年第2期。

[2] A. 林春：《宜昌地区长江沿岸夏商时期的一支新文化类型》，《江汉考古》1984年第2期。

B. 湖北宜昌地区博物馆、四川大学历史系考古专业：《湖北宜昌白庙遗址试掘简报》，《考古》1983年第5期。

C. 湖北省宜昌地区博物馆、四川大学历史系：《宜昌中堡岛新石器时代遗址》，《考古学报》1987年第1期。

D. 国家文物局三峡考古队：《湖北秭归朝天嘴遗址发掘简报》，《文物》1989年第2期。

第二阶段，20世纪50年代至80年代初期，是夏文化探索的全面展开的阶段。以1959年夏季徐旭生调查豫西"夏墟"为标志，中国考古界从此进入了有目的、有计划地通过大规模的田野考古调查与发掘为基本手段探索夏文化的新时期。把探索夏文化的研究范围集中到河南中、西部与山西西南部的龙山文化晚期有关遗存和二里头文化上，是这一时期的一个重要特点。本阶段的重要事件和主要进展是：（1）郑州二里冈遗址和郑州商城的发现、发掘与研究，确认二里冈文化是早于殷墟文化的商文化、郑州商城是早于殷墟的一处商代都城。（2）郑州洛达庙、偃师二里头等遗址的发掘与二里头文化的研究，确认二里头文化早于二里冈商文化，二者年代上大体前后相接或略有交错，文化面貌上各具特征又有一定联系；偃师二里头是早于郑州商城的一处夏商时期重要都址。（3）在豫西晋南地区调查发现了一大批与夏文化探索有关的遗址。（4）临汝煤山、密县新砦、登封王城岗等遗址的发掘和研究，把二里头文化与伊洛、嵩山地区王湾三期文化紧密地联系了起来，为追溯二里头文化的渊源创造了条件。（5）夏县东下冯、襄汾陶寺等遗址的发掘和研究，把夏文化探索的范围扩展到了晋南地区，确定了二里头文化东下冯类型。（6）1977年召开的登封王城岗现场讨论会，就夏文化和夏文化研究的理论与方法问题，展开了热烈讨论，会后相继发表了一批论文，掀起了夏文化探索的热潮。（7）对二里头遗址和郑州商城两大都址的性质进行探讨，提出了不同的解说。（8）使用碳十四年代测定等自然科学方法做辅助研究手段。

这一阶段的特色是，注重于大规模的考古调查与发掘，田野工作收获甚大；在理论方法上逐步健全成熟；20世纪70年代末、80年代初，围绕哪种考古学文化是夏文化、如何界定夏商文化等问题的讨论，出现了百家争鸣的局面。争论的焦点，是关于二里头文化性质的认识，形成了二里头文化一至四期为夏文化和"龙山文化"晚期与二里头文化前期（一期或一、二期）为夏文化、二里头文化后期（三、四期或四期）为早商文化多派观点的对峙。

第三阶段，20世纪80年代中叶至90年代前叶，是夏文化探索逐步深入的阶段，研究工作有盘旋上升之势。这一阶段的工作以田野发掘与综合研究并重。夏商文化研究方面的一项重大考古成果——偃师商城的发现与发掘，把夏文化探索和早商文化研究从过去主要围绕二里头、郑州商城的年代与性质展开讨论，扩展到对二里头、郑州商城、偃师商城三处都址的年代与性质的讨论。面对大量的考古材料和多种学术观点，展开了多层面、多角度的讨论，相继在香港（1982年）、郑州（1983年）、洛杉矶（1990年）、洛阳（1991、1994年）召开夏文化研讨会，出版了一批学术著作。各种学说都在进行着自我检讨、扬弃、修正、加强。关于夏商文化的关系和界限，逐渐形成一些新的见解。

第四阶段，20世纪90年代后半叶以来，进入夏文化探索一个新的重要时期。1995年在偃师召开的"中国商文化国际学术讨论会"上，发掘者公布了对偃师商城遗址文化分期的初步研究结果，认为偃师商城始建于二里冈下层文化一期。会前会后许多学者对偃师商城、郑州商城同为商代早期都城说表示认可或支持，"两京说"声势日增。基于偃师商城是随商汤灭夏而在原夏王朝腹心地区建立的早商都城的认识，为解决夏商文化界定这一关键问题，奠定了基础。

此后，国家"九五"重点攻关项目《夏商周断代工程》、中国社会科学院考古研究所和北京大学考古系分别撰著《中国考古学》相继立项，前者更是个多学科综合研究的系统工程，不同观点的学者携手攻关，对夏文化的探索和研究起到重要推动作用。在上述课题的拟题、论证过程中，我们主张以偃师商城的始建作为夏、商王朝更替的界标，并以此为出发点对夏文化与早商文化、早商文化与先商文化做出界定[1]，这一观点遂成为学术界的主流意见。1996~1997 年对偃师商城东北隅的考古发掘，不但确定了北城墙的建造年代，而且发现了早商铸铜作坊遗迹和一批墓葬，表明偃师商城大城城墙修筑于该城考古编年的第二期早段[2]。而偃师商城小城的发现和宫城的发掘[3]，发现了小城早于大城、偃师商城的建造是从宫城开始的确凿证据，对宫城西部宫殿基址和北部"大灰沟"的发掘[4]，发现成组的宫殿在偃师商城商文化第一期已在使用中，第二期时宫殿建筑群进行了大规模的改建、扩建。宫城北部的一条"大灰沟"底层堆积属于偃师商城第一期 1 段。考古类型学研究证明偃师商城始建年代约当二里头文化第四期（至迟其偏晚阶段）。这就从田野考古方面为判定夏、商王朝交替年代以及解决夏、商文化界定问题提供了契机。似可认为，夏文化的探索，已进入一个日趋明朗化的新时期。

（二）关于探索夏文化的理论与方法

在历史唯物主义观点指导下，以田野调查和发掘为基础，结合古代文献的有关记载进行考古学研究，是解决夏文化问题的惟一可行途径。这已成为学术界的共识。至于如何具体辨别、确认夏文化，学者们采用的方法主要有三种。

第一，对证法。即把有关的考古学文化遗存（包括相关的科学测年数据），与文献记载中夏王朝的历史相对照，若有诸多相符之处，便将这类考古学文化遗存推定为夏文化或探索夏文化的研究对象。学者开列的对证项目主要是：（1）相关考古学文化的分布区域与史传夏人主要活动区域相合；（2）相关考古学文化与夏王朝在时间上（包括相对年代和绝对年代范围）相合；（3）相关考古学文化内涵所反映的社会状况（包括经济发展水平、社会结构、观念形态）与文献记载中夏王朝的社会状况相合；（4）相关考古学文化的某些特征与古文献记载的夏族、夏王朝的物质文化特征相合；（5）相关考古学文化遗迹、遗物的重大变迁所反映的社会变革，与夏王朝的重大历史事件（如夏王朝的建立、后羿代夏以及商汤伐夏桀和夏、商王朝的更替等）相合。这种方法在 20 世纪 30 年代以来的讨论中一直在应用，使用者最多[5]。

---

[1] 高炜、杨锡璋、王巍、杜金鹏：《偃师商城与夏商文化分界》，《考古》1998 年第 10 期。
[2] A. 中国社会科学院考古研究所河南第二工作队：《河南偃师商城东北隅发掘简报》，《考古》1998 年第 6 期。
　　B. 杜金鹏、王学荣、张良仁、谷飞：《试论偃师商城东北隅考古新收获》，《考古》1998 年第 6 期。
[3] 中国社会科学院考古研究所河南第二工作队：《河南偃师商城小城发掘简报》，《考古》1999 年第 2 期。
[4] A.《偃师商城考古再获新突破》，《中国文物报》1998 年 1 月 11 日。
　　B. 中国社会科学院考古研究所河南二队：《河南偃师商城宫城北部"大灰沟"发掘简报》，《考古》2000 年第 7 期。
[5] "对证法"的概念，是张光直在 1978 年首先提出的。他说探索夏文化时，"将考古学上文化与历史

第二，都城界定法。即先认定商汤亳都之所在，亦即从推定哪个遗址（主要是二里头、郑州商城、偃师商城）是商代第一个都城，依此划定商文化的上限，然后由此向前推导，把处于夏人活动区域内、早于商文化且与商文化有交替关系但又与先商文化的特征不同的考古学文化推定为夏文化[1]。

第三，文化因素分析法。主要是在认定二里冈文化是商文化的前提下，通过商文化因素在二里头文化中的出现，把商文化的上限推定在二里头文化某一期，然后把早于早商文化、分布在夏王朝疆域内、处于夏王朝纪年范围内的古文化遗存推定为夏文化[2]。

以上三种方法，都有其科学性和可行性，可互为补充，相辅相成。学者在研究过程中，也往往将之结合起来使用。除此之外，还有学者尝试通过其他途径来区分夏商文化，但大体不脱离上述方法的范畴。

（三）症结所在

应该承认，在探索夏文化的过程中，人们所采用的基础理论方法、所面对的考古与文献材料，基本上是一致的，可是，为什么得出的结论却争讼纷纭、莫衷一是呢？分析起来，原因是多方面的。

传说中的文化相印证，最好的证据是文字上的，如殷墟甲骨文中王名、世系与人名和《史记·殷本纪》中材料的印证。如果没有文字本身的证据，我们便只好使用时间和空间上的对证"（见张光直：《从夏商周三代考古论三代关系与中国古代国家的形成》，《中国青铜器时代》第35页，三联书店，1983年）。高炜补充阐述为"时间、空间与考古学文化三者相互对证的方法"（见高炜：《试论陶寺遗址和陶寺类型龙山文化》，《华夏文明》第一集，北京大学出版社，1987年）。实际上，1977年的登封现场讨论会上，夏鼐、邹衡等学者已经提出了从地域、年代、文化特征、社会性质或加文化来源等四个或五个方面探讨夏文化的方法（见夏鼐：《谈谈探讨夏文化的几个问题》，《河南文博通讯》1978年第1期；邹衡：《关于探索夏文化的途径》，《河南文博通讯》1978年第1期），这其中就包括了时、空与考古学文化对证研究的方法在内。后来，邹衡的《关于探讨夏文化的条件问题》（《华夏文明》第一集，北京大学出版社，1987年）、黄石林的《再论夏文化》（《华夏文明》第一集，北京大学出版社，1987年）等论文都明确提出了夏文化探索必须顾及地域、年代、文化特征、社会性质等"四要素"。上述"四要素"都是对证法的范畴。邹衡把二里头文化的贯耳陶壶与"昆吾圜器"相联系，将二里头文化的封顶盉与"夏后氏灌尊鸡彝"相联系，论证二里头文化就是夏文化的方法（见邹衡：《试论夏文化》，《夏商周考古学论文集》，文物出版社，1980年），是文化特征对证法的代表作。

[1] 邹衡首先从方法论角度提出都城界定法（见邹衡：《试论夏文化》，《夏商周考古学论文集》第105页，文物出版社，1980年）。实际上，1959年徐旭生推定二里头遗址为汤都"西亳"，随后对这处遗址展开大规模勘探、发掘，已具有以此为基点向前追溯夏文化的用意。只是关于夏文化及其与早商文化关系等概念，直到20世纪70年代末以降才逐渐得到清晰的阐释。

[2] 殷玮璋力主此法（见殷玮璋：《二里头文化探讨》，《考古》1978年第1期；《二里头文化再探讨》，《考古》1984年第4期；《有关夏文化探索的几个问题》，《文物》1984年第2期）。同样使用文化因素分析法，因各学者视角不同，掌握的尺度、标准不同，常常得出不同结论。如孙华《关于二里头文化》（《考古》1980年第6期）一文便提出二里头文化三、四期之间分界说。另一位力倡文化因素分析法的李伯谦在"郑亳"说前提下，则提出二里头文化为"后羿代夏以后的夏代文化"之说（见李伯谦：《二里头类型的文化性质与族属问题》，《文物》1986年第6期）。

其一，在若干具体的理论方法上，人们还有分歧。譬如：

（1）考古学文化与古代的族的对应关系是怎样的？一个族（或族群）的物质文化遗存能否表现为两种考古学文化，如王湾三期文化晚期和二里头文化能否同属夏族文化遗存？同一考古学文化能否属于不同的族建立的不同王朝，如二里头文化能否分属于夏代夏人文化遗存与商代早期商人文化遗存？

（2）考古学文化的变迁与政治变革、王朝更替之间的对应关系是怎样的？

（3）关于夏、商之族属与文化，有学者持夏商同源、同族论，认为其文化是一脉相承的，夏王朝与商王朝只是政治上的改朝换代，夏文化与商文化只有时间上的先后，而无性质上的区别，故而不承认先商文化的存在；多数学者则相信夏族、商族应分属两个群体，其渊源和发祥地域不同，相应的文化遗存属于不同的考古学文化，在文化内涵上既有共性，又各具特征。因此认为应该存在着与夏文化并存而又有别于夏文化的先商文化。

（4）由于对古代的氏族、部落、部族与民族迄今缺乏定性与定量的具体界定，概念上比较模糊，从而在与考古学文化遗存相联系时，增加了解释上难度。如在不断征伐与融合中，一个族可否形成不同支系，并在考古学文化遗存上表现出不同的面貌？

（5）用什么标准与尺度，从质与量的把握上去认识和判断考古学文化性质的异同？这涉及对考古学文化与类型定义的理解以及某些遗存的文化归属问题。

其二，在一些具体的学术问题上，人们的看法不同。譬如：

（1）关于"西亳说"与"郑亳说"的文献根据，哪种说法可靠，还是都有道理？

（2）商汤灭夏后，曾否建都于原夏人统治中心？二里头遗址与偃师商城的年代、性质及其相互关系如何认识？

（3）郑州商城始建于何时？它与偃师商城的始建年代孰早孰晚？以及二者的性质、地位和相互关系应如何判断？等等。

其三，古文献记载的不足和缺陷带来的困难。譬如：

关于夏王朝的起讫年代，是夏文化探索中带有前提性的关键问题。由于西周共和元年（公元前841年）以前，并无确切编年，武王伐纣的年代至今尚难精确认定，对夏、商二朝的积年，先秦文献的记载又颇多出入，因而就有个选择的问题，信从不同的记载并用来对证有关考古学文化，就会得出不同的结论。

从古代文献中我们只能大致知道夏、商二族在建立王朝前后的主要活动区域和某些史影，却很难准确概括出它们各自的物质文化和精神文化的具体特征，并以之与考古学文化遗存相验证。

其四，考古资料还不够充分。

20世纪70年代，人们探索夏文化、研究早商文化的注意力主要集中在二里头、郑州商城两个遗址。到了80年代，偃师商城的发现，使解决夏、商文化界定问题向前大大推进了一步。每一个夏商时期重要的考古新发现，都会从不同角度、在不同程度上开阔人们的视野，推动学术探究。然而，就夏、商文化的界定而言，在二里头遗址和偃师商城、郑州商城遗址，都还缺乏内证性、关键性的考古发现。譬如，至今尚未发现记载着当年史实的类似甲骨文、铜器铭文的确证材料。

其五，物理方法测年及其使用所存在的问题。

碳十四测年数据本身是有误差的，在校正方法等方面也存在差异。有的遗址测定的年代数据比较多，而有的遗址则很少。因此，如何使用这些数据，应有科学的方法。遗憾的是，以往碳十四年代数据的精度和可靠性，尚不尽如人意，而考古学家往往对放射性碳素测年原理缺乏了解，在使用测定数据方法上不尽一致，甚至出现偏差。

由于存在上述种种不确定的因素，探索夏文化就成为当今中国考古学难度最大的课题之一。在长期的讨论研究中，不同学术观点逐渐形成各自的体系、流派，但在得到确证之前，都带有科学假说性质，都需要随着考古新资料的不断涌现而随时进行检验。

（四）解决问题的希望

首先，寄希望于田野工作有新的重大突破。为此应该加大田野考古的力度，在与夏文化探索相关的关键性遗址上，进行学术目的更加明确的、有针对性的大规模考古钻探、发掘与研究。

同时，应加强理论方法问题的研究和讨论。认识来源于实践。我们相信，学者们面对考古现实，不断补充、调整、修正各自的学术观点，会逐渐减少歧见，趋于共识，共同为夏文化问题的解决做出贡献。

当然，必须看到，夏文化探索是个复杂的系统工程，不是少数人也不是短期内可以完成的。有组织、多学科的联合攻关才能较快地取得一些阶段性成果。1996年开展的"夏商周断代工程"，为探索夏文化开辟了一个全新的科研模式，仿照这样模式并不断完善，将加速探索的进程。

第三节 夏、商文化的界定

一 夏、商文化界定的理论与方法

关于夏、商文化界定的理论与方法问题，学者间曾有过长期的讨论。随着研究工作的深入，尤其是一些重要考古发现的问世，大家在有关的理论、方法上渐趋一致。

我们认为，正确区分夏、商文化的理论前提是：夏、商二族是两个不同的人群集团，它们有着不同的渊源，曾经毗邻而居，相互间多有联系与沟通，因而它们遗留至今的考古学文化遗存，既有各自的鲜明特点，又不乏相通之处；商灭夏，随着王朝的更替、族群的迁徙与融合，原先夏王朝统辖区内的社会状况必将发生相应的变化，反映在考古学上首先是夏、商文化的碰撞、交流，既而是商文化对夏文化的融合、取代。

在区分夏、商文化时，以往大家经常使用的方法是"文化因素分析法"和"都城界定法"。"文化因素分析法"认为同一个人群集团不同时期的文化遗存之间，存在着具有特征性的内在联系；不同人群集团政治力量的消长，以至于王朝的更替，必然在考古学文化上有所反映。在郑州二里冈文化遗存已经被确认为商文化的前提下，继续向前推溯，通过对某类文化遗存所含文化因素的定性和定量分析，推定其文化性质属于夏或商，抑或属于其他族的遗存。使用这种方法的前提，是夏文化虽然属于未知数，但是商文化已可确定无疑地从殷墟晚商文化前推到二里冈下层文化。"都城界定法"则是首先认定哪个遗址是商汤亳都，从而确定何为早商文化，然后推定何为先商文化、何为夏文化。运用这种方法的背景是，夏文化是什么样子，商文化是什么样子，在古文献中没有详尽、具体的记载；二里头文化与二里冈文化分布地域大体重合，在时间上一前一后、有所交错，文化内涵上也有诸多的联系，对从文化因素分析角度判断二里头文化的性质与族属带来困难。但古文献中却有关于夏桀、商汤都城地望的记述。将两种方法结合起来，并结合其他方面的对证，是一种可行的科学方法。

二　偃师商城之始建是夏、商王朝交替的界标

关于夏、商文化的分界，诸说分歧颇大。可是，那样长期的对峙下去也总不是办法，于是，大家都在寻求新的出路。经过长时间的酝酿和讨论，许多学者逐步形成一种共识，即从偃师商城的始建年代入手，来探讨夏、商文化的分界。

偃师商城发现不久，即有学者指出："偃师商城的重要历史价值之一，是据此可以解决夏、商之间的断限问题"[1]，所说很有见地，只是未就此作出充分的论证，且又主张夏、商文化一脉相承，因而没能引起学术界的重视。另有学者说：偃师商城"是商代最早的城邑之一"，"它的发现提供了又一个明确区分夏、商文化的新的界标"[2]。并主张"早商文化应从尸乡沟商城始建时"为起始[3]，可谓卓有见地。遗憾的是，作者当年未及对此展开有足够说服力的专题论证，以致这一重要见解在很长时间内被忽视，未能用来指导考古实践。

关于偃师商城的性质，曾有过热烈的讨论，先后提出了夏桀都邑[4]，商汤西亳[5]，太甲桐宫[6]，商初重镇或别都、陪都[7]，商初"两京"之一[8]，太戊新都[9]，盘庚亳

---

[1] 田昌五：《论偃师商城的一些问题》，《全国商史学术讨论会论文集》，殷都学刊编辑部，1985年。
[2] 李伯谦：《二里头类型的文化性质与族属问题》，《文物》1986年第6期。
[3] 李伯谦：《先商文化探索》，《庆祝苏秉琦考古五十五年论文集》，文物出版社，1989年。
[4] 张锴生：《"偃师商城"为夏桀都邑说》，《夏文化研究论集》，中华书局，1996年。
[5] A. 黄石林、赵芝荃：《偃师商城的发现及其意义》，《光明日报》1984年4月4日。
　　B. 赵芝荃、徐殿魁：《偃师尸乡沟商代早期城址》，《中国考古学会第五次年会论文集》，文物出版社，1988年；《河南偃师商城西亳说》，《全国商史学术讨论会论文集》，殷都学刊编辑部，1985年。
　　C. 方酉生：《论偃师尸乡沟商城为商都西亳》，《中国商文化国际学术讨论会论文集》，中国大百科全书出版社，1998年。
[6] 邹衡：《偃师商城即太甲桐宫说》，《北京大学学报（哲学社会科学版）》1984年第4期；《西亳与桐宫考辨》，《纪念北京大学考古专业三十周年论文集》，文物出版社，1990年。
[7] A. 郑杰祥：《关于偃师商城的年代和性质问题》，《中原文物》1984年第4期；《关于偃师商城的几个问题》，《中原文物》1995年第3期。
　　B. 陈旭：《关于偃师商城与郑州商城的年代问题》，《郑州大学学报（哲学社会科学版）》1985年第4期。
　　C. 李伯谦：《二里头类型的文化性质与族属问题》，《文物》1986年第6期。
[8] 许顺湛：《中国最早的"两京制"——郑亳与西亳》，《中原文物》1996年第2期。
[9] 杜金鹏：《偃师商城始建年代与性质的初步推断》，《华夏文明》第三集，北京大学出版社，1992年。

殷[1]等诸说，绝大多数学者认定偃师商城为商代早期城址。根据偃师商城具有在小城基础上扩建成的大城和宫城等完善的城防设施，宫城内宗庙、宫殿群宏伟壮观，排列密集有序，并经不止一次扩建、改建，还有大型府库和池苑水系以及青铜冶铸作坊等重要遗迹，无论从规模与内涵来说，都可毫无疑义地确认偃师商城是一座商代早期的都城遗址。

偃师商城与二里头遗址同处于古洛河之阳，偃师商城的南缘与二里头遗址的北缘大体在一条东西直线上，二者相去只有6公里。可以肯定，如果它们之间的文化内涵有所不同的话，只能是时间尤其是文化性质有所不同的原因，而不会是地域差别的缘故。

二里头遗址作为一代王都，已为学人所公认。如果二里头遗址和偃师商城这两个毗邻的都城属于同族、同朝所建的话，其文化内涵应该是一脉相传，而无本质上的变化与区别。若文化性质有所不同的话，就只能从二者分别属于不同族的遗迹去解释。自1959年以来，我们已经在二里头遗址进行了数十次发掘，二里头文化的面貌基本上是清楚的。偃师商城的考古发掘也经历了10多个年头，其文化内涵业已被人们所认识。因此，有可能就二者的文化面貌与文化属性进行比较并做出相应的合理判断。

二里头文化的主要特征是：从陶器群来说，炊器等食品加工器具主要包括深腹罐、圆腹罐、鼎、甑、刻槽盆等，还有少量的鬲、甗。饮食器具主要包括爵、角、鬶、盉、觚、杯、豆、三足皿，此外有较少量的盘、簋等。盛储器主要有大口尊、矮领尊、折沿盆、卷沿盆、平底盆、瓮、缸、捏口罐、壶等。其中，折沿盆、角、鬶、圈足盘等主要流行于早期（一、二期），而大口尊、卷沿盆、鬲、簋则流行于晚期（三、四期），但鬲在炊器中所占比例很小。陶器造型与纹饰特征是：早期（一、二期）流行折沿、平底、花边口沿、篮纹和细绳纹，晚期流行卷沿、圜底（或凹圜底）、绳纹。建筑物的主要特征是：宫殿建筑以四面廊庑环绕主殿，形成封闭的独院建筑。建筑物的朝向皆为南偏东。墓葬流行长方形竖穴单人葬，一般有随葬品。随葬陶器主要是饮食器具，青铜器以酒器为主，玉器主要是礼器和装饰品，漆器也多属酒器（漆觚）。少见石质农具工具等。窖穴以长方形、方形、圆形为主，水井为长方形、竖壁[2]。

偃师商城文化遗存的主要特征是：陶器群中，炊具等食品加工器具主要是鬲、深腹罐、甑、甗、刻槽盆等，鬲占有突出地位，而鼎很少见。盛储器主要有大口尊、卷沿盆、折肩盆、瓮、捏口罐等。饮食器具主要包括爵、斝（分袋足和平底）、簋等。陶器的形制与纹饰特征是：早期的鬲卷沿、长颈、腹足深肥、足尖细高、薄胎、细绳纹。深腹罐多尖唇方沿、瘦腹平底、薄胎、细绳纹。一期2段以后陶器组合及形制演化与郑州二里冈文化大体相同。建筑物中，宫殿主要分为封闭式单体建筑和多进殿堂建筑两类。前者主殿居中，三面有廊庑环绕，与二里头一、二号宫殿平面结构相似；后者以前后排列有序的多座

---

[1] A. 郑光：《试论偃师商城即盘庚之亳殷》，台北《故宫学术季刊》第8卷第4期，1992年。
B. 另有学者认为偃师商城晚期遗存是盘庚时都城（见彭金章、晓田：《试论河南偃师商城》，《全国商史学术讨论会论文集》，殷都学刊编辑部，1985年；蔡运章、洛夫：《商都西亳略论》，《华夏考古》1988年第4期）。
[2] 详见第二章第一、二节。

殿堂为主体，辅之以配殿或廊庑。房屋建筑的朝向皆为南偏西。墓葬流行长方形竖穴土坑单人葬，多数有随葬品，其中主要是日用陶鬲、簋、盆等，或有青铜爵和斝。窖穴主要是圆形、方形和长方形。水井为长方形口竖壁[1]。

可见，二里头文化与偃师商城商文化之间，既有若干共同之处，又有显著的区别。其共同处表现在陶器方面主要是二者间具有不少相同的器类，如深腹罐、大口尊、甑、刻槽盆、卷沿盆、缸、爵、捏口罐等等。遗迹方面的相同或相近之处也不少。但是，二者的区别更为醒目，如在陶器方面，二里头文化以深腹罐、圆腹罐、甑和鼎为主要炊具，而偃师商城以鬲、深腹罐、甑、甗为主要炊具。二里头文化常见的典型器物圆腹罐、三足皿、高柄豆、盉、觚、矮领尊等不见或罕见于偃师商城商文化中，而后者所具有的典型器物折肩盆、斝、橄榄形深腹罐等罕见或不见于前者中。值得注意的还有，前者的宫殿、墓葬的朝向均为南偏东，而后者无论城垣或宫殿的朝向均为南偏西[2]。

通过对陶器群面貌和建筑朝向的比较，都可证明偃师商城和郑州商城属同一文化系统，其具特征性的文化因素，如以鬲、深腹罐、甑、甗为主要炊具，与分布在史传为商人先公先王中心活动区的下七垣文化相同，且偃师商城一期的薄胎细绳纹卷沿垂腹鬲、橄榄形平底深腹罐和束颈折肩盆等形制、特征，也与下七垣文化同类器十分相似。可见，偃师商城第一期陶器中占主导地位的因素明显表现出承袭下七垣先商文化晚期的迹象。换句话说，出现在偃师商城第一期中并成为早商文化主要特征的一组文化因素，应该来源于我们推定为先商文化的下七垣文化[3]。偃师商城商文化与二里头文化之间存在的差别，使我们很难把它们看作同一文化共同体的不同发展阶段，而有理由将其归属于两个不同的族的文化遗存。

鉴于二里头文化主要分布在史传夏人活动中心的豫西、晋南地区，碳十四测定的年代大体包括在古文献记载的夏王朝的年代范围内，将二里头文化的创造者推断为以夏人为主体的人群，并在此前提下，将繁盛多年、具有都城规模与内涵的二里头遗址二、三期遗存，推定为夏代晚期的都址，都应该是可信的。

而在二里头夏都遗址附近崛起的偃师商城，又是一座商代早期的都址。那么，这座商代早期都城出现于原夏王朝辅畿之内的事实本身，只能是发生于夏商之际的一次重大历史事变——夏、商王朝更替的标志，即偃师商城是商汤灭夏以后所建都城，这座商城的出

---

[1] 详见第四章第一、三节。
[2] A. 杨锡璋在《殷人尊东北方位》（《庆祝苏秉琦考古五十五年论文集》，文物出版社，1989年）一文中，已注意到安阳殷墟王陵和高级贵族墓葬的方向大多不是正南北，而是偏东北—西南向，并认为这是商人尊东北方位观念的反映。
  B. 1995年，杨鸿勋指出二里头的宫殿和当时新发现的建筑基址都朝向东南；而偃师、郑州两座商城和安阳小屯宫殿基址多朝向西南，认为建筑朝向的不同也许可以作为鉴别夏文化与商文化的又一重要参考因素（见本刊特约记者：《中国商文化国际学术讨论会述要》，《考古》1995年第9期）。
  C. 高炜、杨锡璋、王巍、杜金鹏在《偃师商城与夏商文化分界》（《考古》1998年第10期）一文中，又联系湖北盘龙城、山西夏县东下冯商城材料，做了较详细的比较，得出了相同的认识。
[3] 关于先商文化，详见第三章。

现，成为商王朝取代夏王朝的历史坐标。以此为出发点，进一步去解决早商文化与夏文化、早商文化与先商文化的界定问题[1]。

三　夏、商文化的界定

偃师商城的始建年代，目前已经基本明了。

根据一系列考古发掘资料[2]可以断定，当商族统治集团在伊洛地区立足不久，即偃师商城第一期时，就已经建成经过周密规划的宫城和小城，宫城内多座宫殿已在使用，青铜冶铸作坊已投入生产。

宫城北部"大灰沟"内，自下而上依次填埋着宫殿使用时期形成的、层次分明的系列堆积，包括了偃师商城考古编年序列中的第一期（1、2段）和第二期（3、4段）的遗存。其底层堆积位列第一期第1段，应是最早一批宫殿使用时形成，也是偃师商城内已知最早的商文化遗存。从出土陶器观察，第一期1段的内涵包含有大量二里头文化因素，同时又含有一组具鲜明下七垣文化特征的商文化遗物，其年代约与二里头文化四期晚段相当（图1-1）。偃师商城最初一批宫殿建筑应不晚于上述年代。并由之可推定"大灰沟"底层堆积所代表的第一期1段，应是偃师商城出现于洛阳平原接近实际的年代（下限）。

推定早商文化上限相当二里头文化的第四期晚段，或说二里头文化的第四期已进入到商代纪年之内，我们还可从二里头遗址找到有力证据。这就是在二里头遗址第四期出现了成组的具有典型商族文化特征的陶器。例如：

1981年在Ⅲ区发掘的一座属于四期偏晚阶段的灰坑H23[3]，出土的陶器很明显地可分为两组。一组为典型的二里头文化遗物，其中，深腹罐为盘状口，突肩，尖圜底，粗绳纹；圆腹罐，夹砂灰陶，一件为尖唇方沿，颈高直，突肩浅腹，凹底，绳纹；另一件为方折沿，无肩，平底，绳纹；大口尊，夹砂灰陶，圆唇侈口，口径略小于肩径，底微凹，肩有一周索状附加堆纹，腹施绳纹。盆，卷沿，束颈，深腹，平底，下腹绳纹，上腹及口沿磨光。

另一组具有鲜明的商文化特征，其中，鬲为卷沿，薄胎，细绳纹较规则，袋足肥硕垂鼓，足尖光素或施绳纹。深腹罐，卷沿方唇，沿面微见凹槽，腹瘦深呈橄榄形，小平底，绳纹细直（图1-2）。

从前组陶器来看，H23的年代约属于二里头文化的第四期偏晚阶段，而后组陶器的年代则大体与偃师商城以96YST28第9层、第10层为代表的商文化第一期1段相若。

---

[1] 高炜、杨锡璋、王巍、杜金鹏：《偃师商城与夏商文化分界》，《考古》1998年第10期。

[2] A. 中国社会科学院考古研究所河南二队：《河南偃师商城东北隅发掘简报》，《考古》1998年第6期；《河南偃师商城小城发掘简报》，《考古》1999年第2期；《河南偃师商城Ⅳ区1996年发掘简报》，《考古》1999年第2期；《河南偃师商城宫城北部"大灰沟"发掘简报》，《考古》2000年第7期。

B. 《偃师商城考古再获新突破》，《中国文物报》1998年1月11日。

[3] 中国社会科学院考古研究所二里头工作队：《偃师二里头遗址1980~1981年Ⅲ区发掘简报》，《考古》1984年第7期。

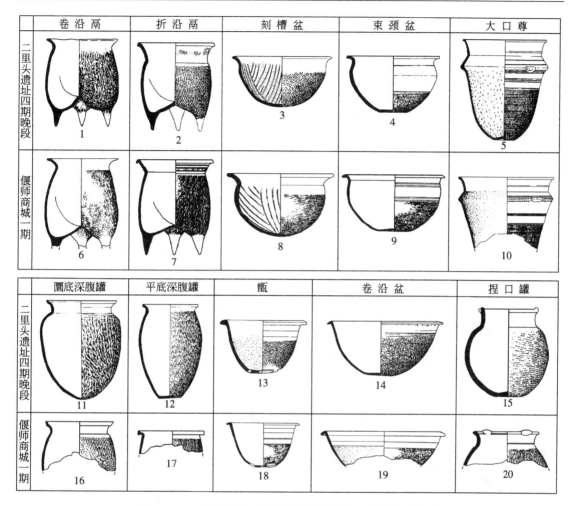

图 1-1 二里头遗址四期晚段与偃师商城一期陶器对比图

1. 卷沿鬲（ⅢH23:8） 2. 折沿鬲（ⅤH53:22） 3. 刻槽盆（ⅤH83:38） 4. 束颈盆（ⅢH23:10） 5. 大口尊（ⅤH101:25） 6. 卷沿鬲（ⅦT20⑧:10） 7. 折沿鬲（ⅦH17:2） 8. 刻槽盆（ⅦT23⑨B:11） 9. 束颈盆（ⅦT23⑨B:32） 10. 大口尊（ⅦH44:5） 11. 圜底深腹罐（ⅢH23:2） 12. 平底深腹罐（ⅢH23:3） 13. 甑（ⅤH101:18） 14. 卷沿盆（ⅤH57:20） 15. 捏口罐（ⅤH101:20） 16. 圜底深腹罐（ⅦH6②:11） 17. 平底深腹罐（ⅦT28⑩:24） 18. 甑（ⅦT28⑩:1） 19. 卷沿盆（ⅦT28⑩:28） 20. 捏口罐（ⅦT28⑨:10）

二里头遗址一号宫殿基址旁的灰坑 H53，除典型的二里头文化遗物之外，也包含了商系统和岳石文化因素的陶器[1]。

属于典型二里头文化之器物有：圆腹罐 H53:10，夹砂灰陶，尖唇，浅盘口，束颈，凸肩，凹底，粗绳纹。捏口罐 H53:20，泥质灰陶，圆唇，高领，凸肩，绳纹。

---

[1] 中国社会科学院考古研究所：《偃师二里头》图 202:8、9、11，图 203:7，图 207:5、7，图 211:13，中国大百科全书出版社，1999 年。

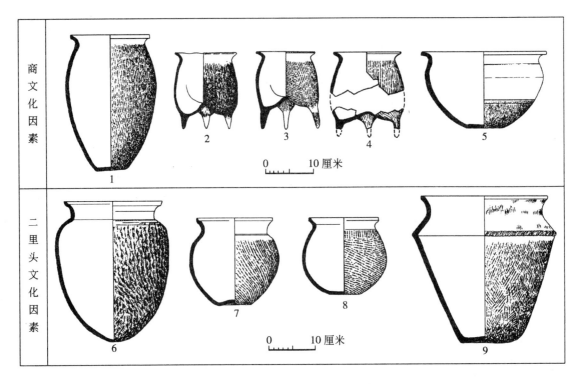

图 1-2 二里头遗址ⅢH23 出土陶器
1. 深腹罐（ⅢH23:3） 2. 鬲（ⅢH23:8） 3. 鬲（ⅢH23） 4. 鬲（ⅢH23） 5. 盆（ⅢH23:10） 6. 深腹罐（ⅢH23:2） 7. 圆腹罐（ⅢH23:5） 8. 圆腹罐（ⅢH23） 9. 大口尊（ⅢH23:9）

具有鲜明商文化特征的陶器是：橄榄形深腹罐 H53:11、23，夹砂灰陶，圆唇，侈口，腹瘦深，小平底，细绳纹。

具有岳石文化特征的陶器是篦纹罐 H53:12，大侈口，束颈，瘦深腹，小平底，通体篦状刮痕。

此外，该坑出土的甗 H53:14，圆唇侈沿，深腹，圜底，直绳纹，与二里头文化同时期的陶甗不尽相同。鬲 H53:13、22，尖唇，侈口，绳纹直长，沿背和颈部有模模糊糊、抹而未尽的绳纹。它们既有商文化的某些特征，又具二里头文化的一些作风。

根据二里头遗址以上两个灰坑的材料（还有其他一些类似的层位、单位），联系到在二里头文化第四期的时候出现了其他一些具有浓厚商文化特征的陶器，如数量较多的束颈盆等[1]，我们推断最迟在二里头文化第四期偏晚阶段，二里头文化已经发生明显变异，这就是在其主流继续二、三期文化传统的同时，出现成组的商文化系统陶器、或是兼容二里头文化与早商文化两种特征的器物，同二里头文化典型器共存的现象；同时还出现一些

---

[1] 中国社会科学院考古研究所：《二里头陶器集粹》图版 296、297、346，中国社会科学出版社，1995 年。

岳石文化因素，如夹砂褐陶的鬲、罐[1]和半月形双孔石刀[2]等。而上述变异发生的时间恰恰是在二里头一号宫殿被毁弃以后，又与偃师商城第一期大致同时，亦即偃师商城出现之后。对上述变异惟一合理的解释是，二里头遗址第四期（至迟其晚段）夏亡后，受到商文化和商人同盟军东夷族文化"侵入"的结果。从它的主要特征看，仍属于夏族文化范畴，并且变化缓慢，直到早商文化第三期（二里冈上层一期）时才被商文化完全取代。这一现象似可表明，夏朝灭亡后一段时间，二里头遗址范围内仍有夏族人在那里居住。故此，我们认为二里头四期至迟其晚段应是商代初年夏遗民的遗存，或称"后夏文化"。由此上溯，二里头文化的主体（一至三期）是相当夏代中、晚期的夏文化。

前已论及二里头文化与早商文化性质不同。二者的关系是后者取代前者。但在取代过程中并非排斥一切，而是采取了吸收、利用前代文化成果的开放性办法。偃师商城的材料同时证明，早商文化并不是下七垣先商文化的简单延续，它是在商族取得统治地位之初，在以商式鬲为代表的商文化传统因素占主导地位情况下，大量吸纳二里头文化因素，经过融合、改造，在偃师商城第一期后迅速发展为一支内涵丰富、具有独立特征的新的考古学文化。

至此，我们已可将以洛阳地区为中心的二里头文化同早商文化的交错关系理出头绪，夏、商文化的分界就应该推定在二里头文化第四期早段同偃师商城第一期1段之间。

按照我们关于夏文化和商文化定义的理解，二者都是有时间限制、分别同夏王朝或商王朝相联系的。因而，夏、商文化分界是以夏、商王朝更替为前提的。应予说明的是，夏、商文化分界同上述王朝更替又不是绝对同步的。王朝更替同其所引发的考古学文化变迁之间存在着时间差，后者当有其滞后性。

第四节　夏代早期及先夏时期的夏文化

当代学术界一般认为，夏王朝纪年范围是在公元前21世纪至公元前16世纪，"夏商周断代工程"将夏代基本年代框架估定为公元前2070年至前1600年[3]。据研究，二里头文化的年代范围为公元前19世纪中叶到前16世纪中叶[4]，其第四期（至迟晚段）已进入商代早期，故二里头文化的主体可能只是夏代中晚期的夏文化。许多学者认为早期夏文化应该到龙山时代晚期中去寻找。多年的考古发现与研究证明，二里头文化的核心类型是在豫西地区龙山时代王湾三期文化的基础上经由新砦期发展而来。因此，我们认为分布在夏王朝中心统辖区内、处于夏代纪年范围、与二里头文化有清楚传承关系的王湾三期文化和

---

[1] 中国社会科学院考古研究所：《二里头陶器集粹》图版304、305、351，中国社会科学出版社，1995年；《偃师二里头》图202：10、11，中国大百科全书出版社，1999年。
[2] 中国社会科学院考古研究所：《偃师二里头》图184：11、14、15，中国大百科全书出版社，1999年。
[3] 夏商周断代工程专家组：《夏商周断代工程1996~2000年阶段成果报告（简本）》第81~82页，世界图书出版公司，2000年。
[4] 详见第二章第二节。

"新砦期"遗存,应当就是夏人建立夏王朝前后的文化遗存。至于建立王朝前的"先夏文化"与夏代早期的夏文化如何准确划分,尚待相关的考古发现与研究予以解决。

一 王湾三期文化的分布、分期和年代

(一) 中原地区龙山时代诸文化遗存

中原地区龙山时代可以分为前、后两大阶段,前一阶段相当庙底沟二期文化时期(约公元前3000年至前2600年),后一阶段即通常所称"中原龙山文化"时期(约公元前2600年至前2000年或稍晚)。后一阶段的文化遗存大体有两类情况:第一类是具有鲜明独立特征的考古学文化,如关中地区的客省庄二期文化、晋南临汾盆地的陶寺文化、郑洛及嵩山地区的王湾三期文化、豫北冀南和鲁西地区的后冈二期文化。在上述文化中,多数又包含具有不同特点的地方类型,如客省庄二期文化可分为关中东部的客省庄(康家)类型、关中西部的双庵类型;王湾三期文化可分为郑洛地区的王湾类型和嵩山以南地区的煤山类型等。第二类是处于二、三种考古学文化的交汇地区、文化面貌具有较多周围文化融合性质的考古学文化遗存,如地处晋陕豫三省交界地带的三里桥类型,即具有来自客省庄二期文化、陶寺文化和王湾三期文化的许多文化因素;分布在豫东、皖北地区的王油坊类型,除具有王湾三期文化、后冈二期文化的文化因素外,还具有山东龙山文化的一些特征。上述考古学文化,凡是材料充分、研究透彻者,多可在当地年代更早的文化遗存中找到源头。

中原地区龙山时代考古学文化,是我国龙山时代中原居民所创造的文化,是夏商青铜文明赖以植根的土壤和生长、发育的源泉。

(二) 王湾三期文化

王湾三期文化是因洛阳王湾遗址而得名。

王湾三期文化的分布,是以洛阳平原和嵩山地区为中心,现已发掘的主要遗址有洛阳王湾[1]、矬李[2],孟津小潘沟[3],临汝煤山[4],登封王城岗[5],禹州瓦店[6],新密古城寨[7],郾城郝家台[8]等。

王湾三期文化发现的城址已有3座,其中登封王城岗和新密古城寨坐落在该文化分布的

---

[1] 北京大学考古实习队:《洛阳王湾遗址发掘简报》,《考古》1961年第4期。
[2] 洛阳博物馆:《洛阳矬李遗址试掘简报》,《考古》1978年第1期。
[3] 洛阳博物馆:《孟津小潘沟遗址试掘简报》,《考古》1978年第4期。
[4] A. 洛阳博物馆:《河南临汝煤山遗址调查与试掘》,《考古》1975年第5期。
　　B. 中国社会科学院考古研究所河南二队:《河南临汝煤山遗址发掘报告》,《考古学报》1982年第4期。
　　C. 河南省文物研究所:《临汝煤山遗址1987~1988年发掘报告》,《华夏考古》1991年第3期。
[5] 河南省文物研究所、中国历史博物馆考古部:《登封王城岗与阳城》第22~110页,文物出版社,1992年。
[6] 河南省文物研究所、郑州大学历史系考古专业:《禹县瓦店遗址发掘简报》,《文物》1983年第3期。
[7] 蔡全法、马俊才、郭木森:《河南省新密市发现龙山时代重要城址》,《中原文物》2000年第5期。
[8] 河南省文物研究所、郾城县许慎纪念馆:《郾城郝家台遗址的发掘》,《华夏考古》1992年第3期。

中心区，尤值重视。

王城岗城址，有并列的东、西二城，东城已被五渡河冲毁，所存甚少；西城的南墙长 82.4 米，西墙长 92 米。城内发现有以人、兽为牺牲的夯土建筑奠基坑，出土有青铜器残块。根据"夏商周断代工程"采用 AMS 法碳十四年代测定数据推定，该城址年代（王城岗二、三期）相当公元前 2132 年至前 2030 年间（附录表 1）。

古城寨城址，位于溱水东岸，是 1997 年后经发掘确认的。城址平面近方形，面积 17.65 万平方米。南、北、东三面尚保留着高出地面数米至十数米的夯土城垣，有南、北对应的两个缺口，城外有宽 30～40 米的护城河，城内发现带廊庑的夯土建筑遗存。这是迄今所知保存最好的一处龙山时代城址，城址周围分布着 16 处大小不等的同时期聚落遗址。

郝家台城址，平面呈长方形，南北长 222 米，东西宽 148 米，现存城墙宽 5 米，存高 0.8 米。城内有排房建筑，其中 F18 可分为八个单间，每间均有门和灶。

王湾三期文化的房基有地面建筑与半地穴式建筑两种。前者为方形或长方形，单间或双间，有的则是排房。木骨泥墙或草泥墙，房内有灶坑，居住面上抹白灰面。后者以圆形为主，也有方形的，常见白灰地面。灰坑多为圆形袋状坑，其余是不规则形和椭圆形、长方形。水井为圆形。墓葬以竖穴土坑墓为多，流行单人仰身直肢葬，只有少数墓中随葬陶器。还有一些死者埋葬在灰坑中，有的骨架虽完整，但葬式很特殊；有的则尸骨零乱，或肢骨不全、身首分离。

生产工具主要是石铲、刀、镰、斧、锛、凿、杵、镞和骨铲、镞、锥、针、钩以及蚌镰、刀、镞、钩等。

陶器以泥质和夹砂灰陶为主，其次是泥质磨光黑陶。纹饰以方格纹、篮纹为主，较少绳纹。器类主要包括折沿圜底罐形鼎、折沿小平底深腹罐、折沿深腹甗、双腹盆、小口鼓腹瓮、高柄豆、高领折腹斝、封顶盉、平口鬻、刻槽盆、觚形器、爵形器（盉?）等，还有鬲、平底盆、空圈足盘、甑等。

王湾三期文化在不同地区所呈现的文化面貌不尽一致，学者已注意到了这一点[1]。我

---

[1] 王湾三期文化曾被称为"河南龙山文化王湾类型"、"中原龙山文化王湾类型"或"王湾文化"，关于它的命名、内涵和类型划分，学者间存在不同看法：

A. 认为三里桥遗存和煤山遗存都属于河南龙山文化王湾类型（见李仰松：《从河南龙山文化的几个类型谈夏文化的若干问题》，《中国考古学会第一次年会论文集》，文物出版社，1980 年）；或视三里桥类型为王湾文化的一个地方类型（见郭引强、宋云涛：《略论王湾文化》，《河南文物考古论集》，河南人民出版社，1996 年）。

B. 将其划分为中原龙山文化的两个地方类型，主张分为"郑州型"与"汝洛型"（见王震中：《略论"中原龙山文化"的统一性与多样性》，《中国原始文化论集》，文物出版社，1989 年）。

C. 称王湾三期文化，主张按地域划分为"王湾类型"和"王城岗类型"（见董琦：《虞夏时期的中原》第 22～27 页，科学出版社，2000 年）。

D. 称王湾三期文化，主张划分为三个类型，即郑洛地区的王湾类型、汝颍地区早期的郝家台类型和晚期的煤山类型（见韩建业、杨新改：《王湾三期文化研究》，《考古学报》1997 年第 1 期）。

E. 还有将王湾类型的分布区域划定在东到巩义、西至渑池、北起济源、南抵栾川的范围内，而将嵩

们认为，王湾三期文化在郑、洛地区和嵩山以南地区，面貌有所区别，或可分做两个地方类型——王湾类型与煤山类型。

王湾类型以洛阳盆地为中心，东起郑州，西到渑池，南至栾川，北抵济源。该类型以王湾遗址为代表，重要遗址还有洛阳矬李、孟津小潘沟、济源庙街等。房屋有方形地面建筑和半地穴式建筑两种，灰坑流行圆形袋状。陶器流行折沿深腹夹砂罐、深腹罐形甗、高领折腹罋、双腹盆、小口直领瓮等，炊具中罐多而鼎、鬲少，直领瓮多有双耳，纹饰主要是篮纹、方格纹，也有绳纹，磨光黑陶占相当大比例。王湾类型遗址在洛阳盆地分布相当密集，似可视作一个庞大的遗址群，虽然至今尚未发现城址，但是将来发现城址的可能性是很大的。

煤山类型主要分布在嵩山以南的颍河、汝河流域。以汝州煤山遗址为代表，重要遗址还有登封王城岗、禹州瓦店、郾城郝家台等。其房屋现知多为长方形地面建筑，灰坑多做圆形锅底状，袋状坑相对较少。陶器中有制作精美的觚形器和封顶盉，尤以一种折沿罐形鼎（薄胎、腹圆鼓下垂、圜底、矮实足或乳丁状足）出土量多且最具特色，刻槽盆较多，双腹盆和高领瓮多不见双耳，还有平底盆、斝、甗、甑、罐等。纹饰以篮纹和方格纹为主，绳纹很少。煤山类型在其中心地区颍河上游和北汝河上游有密集分布，在登封王城岗城址内分布着一些夯土建筑基址和有人牲的祭祀坑。

关于王湾三期文化的分期，学者相继做过研究[1]。根据相关的地层叠压关系和陶器发

E. 山以南颍河、沙河流域的同期考古学遗存归入同属河南龙山文化中晚期的"煤山类型"（见杨育彬、袁广阔主编：《20世纪河南考古发现与研究》第237页，中州古籍出版社，1998年）；或将后者命名为"郝家台类型"（见曹桂岑：《河南龙山文化的类型与分期》，《河南考古四十年》，河南人民出版社，1994年）。

[1] A. 针对王湾三期文化整体所做分期：
   a. 安金槐提出三期说（见安金槐：《试论河南"龙山文化"与夏商文化的关系》，《中国考古学会第二次年会论文集》，文物出版社，1982年）。
   b. 高天麟等对三期分法做出具体分析，认为：第一期以王湾遗址第三期文化遗存为代表，同类遗存有郑州旭凹王、二里冈、洛阳涧滨、西涧沟的龙山文化遗存以及洛阳矬李第二期、孟津小潘沟H60和H21等单位；第二期以临汝煤山第一期为代表，洛阳矬李H22等之；第三期以郑州牛寨遗址龙山文化遗存为代表（见高天麟、孟凡人：《试论河南龙山文化"王湾类型"》，《中原文物》1983年第2期）。
   c. 郭引强等则做如下划分：早期以王湾三期文化的第一段为代表，矬李二期属之；中期以王湾三期二段、矬李三期、煤山一期、小潘沟二期为代表；晚期以小潘沟三期、煤山二期为代表（见郭引强、宋云涛：《略论王湾文化》，《河南文物考古论集》，河南人民出版社，1996年）。
   d. 董琦分为两期（见董琦：《虞夏时期的中原》第18～22页，科学出版社，2000年）。
B. 按不同类型分别做出分期研究的，有以下几种意见：
   a. 将"王湾类型"分为两期；并以郝家台遗址分期为依据，将"郝家台类型"分为五期（见曹桂岑：《河南龙山文化的类型与分期》，《河南考古四十年》，河南人民出版社，1994年）。
   b. 将"王湾类型"和"煤山类型"各分早、中、晚三期（见杨育彬、袁广阔主编：《20世纪河南考古发现与研究》第237～252页，中州古籍出版社，1998年）。
   c. 将郑洛地区分为二期五段，将颍汝地区分为二期（前期称"郝家台类型"，后期称"煤山类型"）六段（见韩建业、杨新改：《王湾三期文化研究》，《考古学报》1997年第1期）。

展序列，我们主张把王湾三期文化分做早、中、晚三期，早期以王湾遗址第三期遗存、矬李二期、小潘沟 H60 和 H21 为代表；中期以煤山一期、矬李三期为代表；晚期以煤山二期、小潘沟三期、王城岗二期和三期、密县新砦 H8 等为代表。王城岗城址属于晚期遗存。

以往发表的关于王湾三期文化的碳十四年代数据[1]不太多，但已能看出其大概框架。

依据"夏商周断代工程"AMS 法测定王城岗二、三期的年代范围为公元前 2132 年至前 2030 年（附录表 1），则王湾三期文化的年代下限约当公元前 21 世纪，据此我们推测至少其晚期应该处在夏代纪年之内。

（三）新砦期遗存

新砦期遗存得名于新密市（原密县）新砦遗址。主要以新密新砦遗址 H3、H7、H5[2]和临汝煤山遗址 H30、H70[3]等为代表。同类遗存"在临汝柏树圪垯、洛阳东干沟、登封王城岗、北庄、禹县瓦店等地亦有发现，分布相当广泛"[4]。

根据临汝煤山、新密新砦两遗址的发掘资料，新砦期的灰坑打破或叠压王湾三期文化灰坑或文化层的地层关系已发现多例，从而证明新砦期遗存晚于王湾三期文化。在煤山遗址还发现了新砦期遗存早于二里头一期文化的地层证据。1987～1988 年的发掘报告说"煤山遗址的二里头一期文化包含的龙山文化因素较多，从器物形体上看，它要略早于偃师二里头一期文化"，即指新砦期遗存；同一报告中以 H8 为代表的"二里头二期文化"应属于二里头文化第一期遗存[5]。再联系到新砦期遗存兼有王湾三期文化和二里头一期文化的特征，可以断定新砦期遗存之年代处于王湾三期文化与二里头文化之间。

新砦期遗存的灰坑多为口大底小的圆形坑，其次是竖壁平底圆形坑，另外还有圆形袋状坑和椭圆形、长方形坑等。

陶器以泥质灰陶为主，夹砂灰陶次之，另外还有少量黑陶、棕褐陶等。纹饰以篮纹为主，方格纹次之，少量绳纹。主要器类有折沿圜底罐形鼎、折沿平底深腹罐、折沿深腹盆、盆形甑、钵状刻槽盆、直领小口平底瓮、高领罐、折肩器盖、侈口平底盆、三足皿、鬶、素面钵、高柄豆、高领尊等（图 1-3）。

新砦期遗存早在 20 世纪 50 年代后期发掘洛阳东干沟遗址时即已发现，1975 年发掘临汝煤山遗址时发现了 6 例新砦期灰坑打破王湾三期文化灰坑的地层关系。发掘者当时把煤山的这类遗存归之为二里头文化一期，认为"其时代晚于煤山二期，与一般二里头文化一

---

[1] 涉及洛阳王湾（三期）、登封王城岗、临汝煤山的有关数据，见中国社会科学院考古研究所：《中国考古学中碳十四年代数据集（1965～1991）》第 150、159～161 页，文物出版社，1991 年。
[2] 中国社会科学院考古研究所河南二队：《河南密县新砦遗址的试掘》，《考古》1981 年第 5 期。
[3] 中国社会科学院考古研究所河南二队：《河南临汝煤山遗址发掘报告》，《考古学报》1982 年第 4 期。按：该报告将此类遗存归入"二里头一期文化"，但在结语中指出其时代"与一般二里头一期文化相同或略早"。
[4] 赵芝荃：《略论新砦期二里头文化》，《中国考古学会第四次年会论文集》，文物出版社，1985 年。
[5] 河南省文物研究所：《临汝煤山遗址 1987～1988 发掘报告》，《华夏考古》1991 年第 3 期。

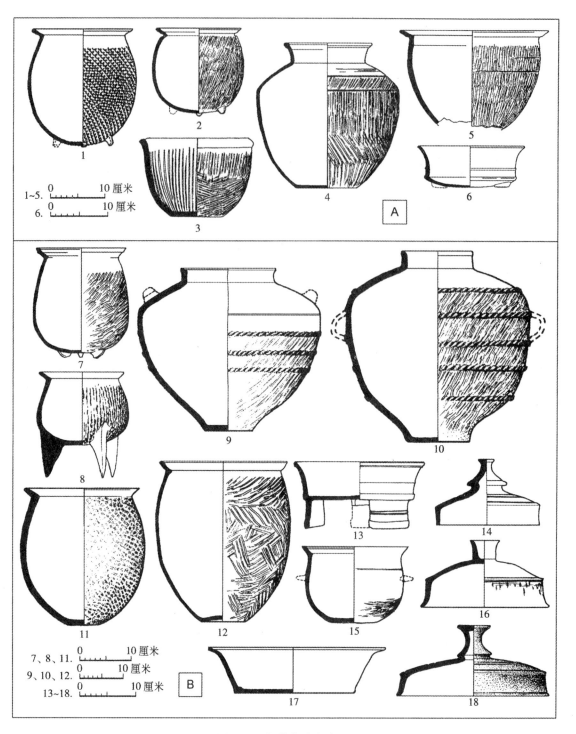

图 1-3 新砦期遗存陶器

A. 临汝煤山 1. 鼎（H30:3） 2. 鼎（H30:4） 3. 刻槽盆（T22②:1） 4. 高领尊（H70:1） 5. 折沿盆（H30:9）
6. 三足皿（H9:12）

B. 密县新砦 7. 鼎（H7:4） 8. 鼎（H7:3） 9. 瓮（H2:4） 10. 瓮（H7:2） 11. 深腹罐（H5:2） 12. 深腹罐
（M1:1） 13. 三足皿（采:2） 14. 器盖（H11:13） 15. 深腹盆（H3:13） 16. 器盖（H3:11） 17. 盆（H3:7）
18. 器盖（H5:3）

期文化相同或略早"[1]。1979年，中国社会科学院考古研究所河南二队试掘新砦遗址，发现该遗址的文化内涵偏早者属于以往常见的龙山文化晚期遗存，约与煤山二期文化遗存相当，属王湾三期文化范畴；偏晚者兼具龙山文化和二里头文化因素，呈现二者的过渡形态。主持发掘的学者曾将其命名为"新砦期二里头文化"，认为"新砦期文化是介于河南龙山文化晚期和二里头文化一期之间的文化遗存，它虽然包含有相当数量的河南龙山文化因素，如果从整体观察，似乎更接近于二里头文化一期"。因而"称之为新砦期二里头文化"。又说："它属于龙山文化发展成为二里头文化的过渡形态，它有如一座坚实的桥梁把龙山文化和二里头文化联结了起来。"[2] 后来，经过进一步研究，同一学者认为新砦这类遗存"下限应早于二里头早期文化"，提出应把它从二里头早期中区别出来，称为"新砦期文化"[3]。对此，有学者表示赞同，肯定新砦期是"王湾三期文化向二里头类型转变过程中的过渡性文化遗存"[4]。另有人则将之"归入龙山末期"，称其为"郑洛区龙山时代最晚的遗存"[5]。

这些看法各有其立论的根据，相互之间并无大的分歧。就已发表的材料来看，在新砦期遗存中，以煤山H30为代表的偏早遗存，更多地具有王湾三期文化特征，而以新砦H3、H7、H11为代表的偏晚遗存，则更多地表现出二里头文化特征。王湾三期文化晚期经由新砦期过渡到二里头文化的观点，经1999年对新砦遗址的再试掘又一次得到证实[6]。我们相信，随着新资料的更多发现，对这类遗存的面貌和文化属性，将会有更清晰、完整的认识。至于它是否可以独立为一支考古学文化，有待研究。

二 二里头文化的渊源和王湾三期文化的族属

（一）二里头文化的渊源

首先，应当对二里头文化的概念做一个明确的界定。

1959年试掘二里头遗址[7]，发现了早、中、晚三期文化遗存。发掘者指出，早期属于河南龙山文化，晚期属于洛达庙类型商文化，中期虽带有龙山文化因素，但基本上可归属商代文化范畴内。1965年发表的发掘简报[8]，使用了"二里头类型"的命名，并推测说其早期可能早于成汤建都西亳的时候。后来，在一号宫殿基址的发掘中，发现了晚于原

---

[1] 中国社会科学院考古研究所河南二队：《河南临汝煤山遗址发掘报告》，《考古学报》1982年第4期。
[2] A. 赵芝荃：《略论新砦期二里头文化》，《中国考古学会第四次年会论文集》，文物出版社，1985年。
    B. 中国社会科学院考古研究所：《洛阳发掘报告》结语，北京燕山出版社，1989年。
[3] 赵芝荃：《试论二里头文化的源流》，《考古学报》1986年第1期。
[4] 隋裕仁：《二里头类型早期遗存的性质及来源》，《中原文物》1987年第1期。
[5] 韩建业、杨新改：《王湾三期文化研究》，《考古学报》1997年第1期。
[6] 北京大学考古文博院、郑州市文物研究所：《1999年河南新密市新砦遗址考古新收获》，北京大学《古代文明通讯》第4期，2000年3月；《河南新密市新砦遗址发掘简报》，《中原文物》2000年第4期。
[7] 中国科学院考古研究所洛阳发掘队：《1959年河南偃师二里头试掘简报》，《考古》1961年第2期。
[8] 中国科学院考古研究所洛阳发掘队：《河南偃师二里头遗址发掘简报》，《考古》1965年第5期。

"晚期"的遗存[1],于是,发掘者认识到:连同原来的早、中、晚期在内,二里头遗址有连续发展的一、二、三、四期文化遗存。经夏鼐先生命名并在二十多年来为考古界所共识的"二里头文化",就是指上述二里头遗址一至四期所代表的这一类文化遗存。至于有学者后来提出的"新砦期二里头文化"、"二里头第五期",均不应包括在二里头文化范畴之内。

众所周知,二里头文化的主体是二里头类型,其他的几个类型无论从遗址的数量和规模上,还是从文化内涵的丰富度和级别上,都不能作为二里头文化的代表。由于其他类型出现的时间均晚于二里头类型,在当地又找不到各自的明确主源,所以,我们在这里要讨论的二里头文化的渊源问题,实际上就是二里头类型的来源问题。

二里头类型的分布范围,主要是河南的伊洛、嵩山地区,与王湾三期文化、三里桥类型的分布区域基本重合。由于考古工作的欠缺,现在还难以讨论二里头文化与三里桥类型的关系问题,但是,考古发现已经证明,伊洛嵩山地区的二里头文化是王湾三期文化经由"新砦期"发展演变而来的。

二里头文化晚于王湾三期文化和新砦期遗存、新砦期遗存晚于王湾三期文化的地层关系,在临汝煤山[2]、洛阳矬李[3]、新密新砦[4]、登封王城岗[5]、荥阳竖河[6]等遗址均有发现。可见,三者之间的时代序列是确定无疑的。而在文化内涵上,三者间也是一脉相承的。

在遗迹方面,王湾三期文化流行圆形袋状坑,二里头文化流行直壁或口大底小的圆形、方形、长方形坑,新砦期则兼有圆形袋状坑和非袋状的圆形、方形坑。在遗物方面,王湾三期文化、新砦期遗存和二里头文化陶器都以泥质和夹砂灰陶为主,而黑陶则依次递减。纹饰均流行篮纹、方格纹、绳纹,但绳纹依次递增。三者共同的器物群是:扁三角足鼎、深腹罐、刻槽盆、带鋬深腹盆、直领小平底瓮、盉、鬶、豆、钵、爵或爵形器、觚、杯、折肩器盖、圈足盘等。其中,深腹罐与鼎的比例持续表现为罐多鼎少。乳丁足鼎则基本不见于二里头一期。王湾三期流行罐形甑向二里头流行盆形甑转变。敛口钵大多只见于王湾三期和新砦期,三足皿、圆腹罐则只见于新砦期和二里头文化。同类器物的形态变化也是从早到晚脉络清晰。例如:三者的深腹罐均折沿、平底,但是王湾三期的中腹肥鼓、

---

[1] 中国科学院考古研究所二里头工作队:《河南偃师二里头早商宫殿遗址发掘简报》,《考古》1974年第4期。
[2] A. 洛阳博物馆:《河南临汝煤山遗址调查与试掘》,《考古》1975年第5期。
B. 中国社会科学院考古研究所河南二队:《河南临汝煤山遗址发掘报告》,《考古学报》1982年第4期。
C. 河南省文物研究所:《临汝煤山遗址1987~1988年发掘报告》,《华夏考古》1991年第3期。
[3] 洛阳博物馆:《洛阳矬李遗址试掘简报》,《考古》1978年第1期。
[4] A. 中国社会科学院考古研究所河南二队:《河南密县新砦遗址的试掘》,《考古》1981年第5期。
B. 北京大学考古文博院、郑州市文物研究所:《1999年河南新密市新砦遗址考古新收获》,北京大学《古代文明通讯》第4期,2000年3月;《河南新密市新砦遗址发掘简报》,《中原文物》2000年第4期。
[5] 河南省文物研究所、中国历史博物馆考古部:《登封王城岗与阳城》第9~11页,文物出版社,1992年。
[6] 河南省文物研究所:《河南荥阳竖河遗址发掘报告》,《考古学集刊》第10集,地质出版社,1996年。

沿陡，流行方格纹，新砦期和二里头文化一期的罐腹不像前者那样肥硕，折沿平缓，流行篮纹；王湾三期的鼎斜折沿、腹垂鼓、大圜底，以方格纹为主，篮纹次之，新砦期和二里头一期鼎仍为圆鼓腹但不及前者肥硕，仍多为圜底但较前者弧度小，也有平底，以篮纹为主，方格纹次之，出现绳纹，等等（图1-4）。

综上所述，有比较充分的证据表明，二里头文化是直接从新砦期遗存发展而来的，而新砦期则是王湾三期文化的直接后继者。当然，在王湾三期文化向新砦期、新砦期向二里头文化的转化过程中，产生了某些变异，吸收了其他文化的一些因素，但三者间的文化传承关系是可以认定的。

（二）王湾三期文化和新砦期遗存的族属

1. 夏王朝年代上限的推测

关于夏王朝的年代问题，是长期困扰学术界的一个难题。众所周知，我国的历史纪年，在西周共和元年（公元前841年）之前没有准确的编年，夏、商、周三代之积年又众说纷纭，所以，关于夏王朝的纪年便很难认定。此前，在学术界存在两类意见，一类意见认为，夏王朝的积年约为四百多年，其历年大约起自公元前21世纪，迄于公元前16世纪；另一类意见认为，夏王朝的积年应为五百多年到六百年间，其起讫时间约为公元前2300年至前1700年。

前已述及，根据在偃师商城的考古新发现，证明商文化的年代上限同二里头文化第四期（至迟其晚段）大致相当。以往，学者根据原有的碳十四测年数据，一般将二里头文化第四期的年代推定为公元前1600年至前1500年。最近，中国社会科学院考古研究所等单位为配合"夏商周断代工程"，对二里头遗址和偃师商城系列含碳标本采用常规法重新测定，给出二里头遗址第四期的年代范围是公元前1560年至前1521年，偃师商城第一期1段的年代范围是公元前1600年至前1560年（附录表2、3）。上述测定结果与本章第三节论证偃师商城之始建年代应最接近夏商王朝更替之年，二里头四期（至迟其晚段）是已进入商代早期的夏遗民文化遗存的观点虽不完全契合，但并无冲突。据之可初步估定商始年（亦即夏商更替之年）为公元前1600年。

在此基础上，再来讨论夏王朝的年代上限。

关于夏代上限的推定，目前是个比较棘手的问题。大家采用的办法是从夏商交替之年往前推。这就首先需要确定夏代积年。

夏王朝的积年，自古说法不一，大体有四百多年[1]、五百多年[2]和六百年[3]诸

---

[1] A. 432年说。《汉书·律历志（下）》引《世经》：夏后氏"继世十七王，四百三十二岁。"《初学记》卷9引《帝王世纪》云："自禹至桀，并数有穷，凡十九王，合四百三十二年。"

B. 471年说。《史记·夏本纪》集解引《汲冢纪年》：夏代"有王与无王，用岁四百七十一年。"《太平御览》卷82引《纪年》云："自禹至桀十七世，有王与无王，用岁四百七十一年。"《路史·后记》卷13注引《汲冢纪年》作"并寒、浞四百七十二年。"

[2] 《孟子·尽心（下）》："由尧舜至于汤，五百有余岁。"

[3] 现代学者根据《六韬》说夏为三十一世，比他书所记十七世多出了十四世，而《晋书·束皙传》

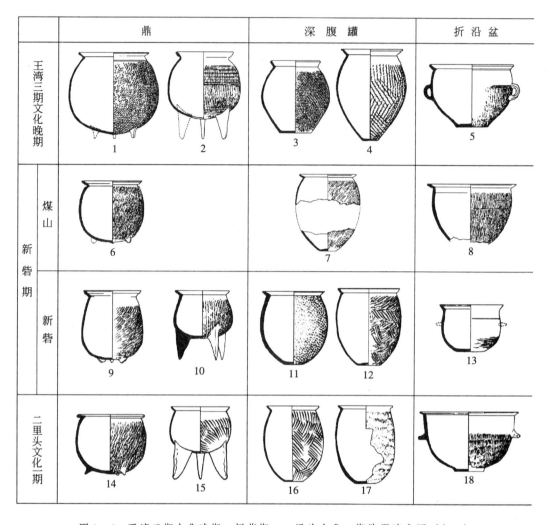

图 1-4　王湾三期文化晚期、新砦期、二里头文化一期陶器演变图（之一）
1. 鼎（煤山 H57:1）　2. 鼎（煤山 T13③:13）　3. 深腹罐（煤山 T10③:5）　4. 深腹罐（灰咀 H17:6）　5. 折沿盆（王城岗 H536:17）　6. 鼎（煤山 H30:4）　7. 深腹罐（煤山 H30:6）　8. 折沿盆（煤山 H30:9）　9. 鼎（新砦 H7:4）　10. 鼎（新砦 H7:3）　11. 深腹罐（新砦 H5:2）　12. 深腹罐（新砦 M1:1）　13. 折沿盆（新砦 H3:13）　14. 鼎（煤山 H3:12）　15. 鼎（稍柴 H20:46）　16. 深腹罐（稍柴 H20:73）　17. 深腹罐（二里头 V H103:11）　18. 折沿盆（二里头 V T104⑥:47）

说。我们取古本《竹书纪年》关于夏代"自禹至桀十七世，有王与无王，用岁四百七十一年"的说法，粗略推定夏王朝历时约五百年，那么，推算下来夏王朝开始创建的年代约在公元前 2100 年。《夏商周断代工程 1996～2000 年阶段成果报告（简本）》以公元前 1600 年上

说"夏年多殷"，从而有此推定（见中国社会科学院考古研究所、中国历史博物馆、山西省考古研究所：《山西夏县东下冯遗址和传说中的"夏墟"与夏年》，《夏县东下冯》附录二，文物出版社，1987 年；黄石林：《再论夏文化问题》，《华夏文明》第一集，北京大学出版社，1987 年）。

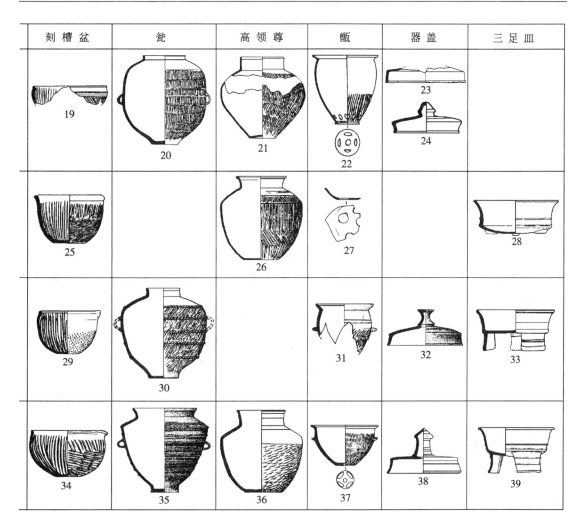

图 1-4 王湾三期文化晚期、新砦期、二里头文化一期陶器演变图（之二）
19. 刻槽盆（煤山 H87:1） 20. 瓮（煤山 H60:4） 21. 高领尊（煤山 H59:4） 22. 甑（灰咀 H17:14） 23. 器盖（煤山 H90:3） 24. 器盖（新砦 HA:1） 25. 刻槽盆（煤山 T22②:1） 26. 高领尊（煤山 H70:1） 27. 甑（煤山 H1:10） 28. 三足皿（煤山 H9:12） 29. 刻槽盆（新砦 H2:5） 30. 瓮（新砦 H7:2） 31. 甑（新砦 H2:7） 32. 器盖（新砦 H5:3） 33. 三足皿（新砦采:2） 34. 刻槽盆（稍柴 H20:51） 35. 瓮（东干沟 T524③:1） 36. 高领尊（二里头Ⅷ T19⑥:11） 37. 甑（煤山 H3:19） 38. 器盖（二里头ⅤH130:11） 39. 三足皿（二里头ⅤM57:1）

推 471 年，将夏始年估定为公元前 2070 年。并认为夏代上限"基本落在河南龙山文化晚期第二段（公元前 2132 年至前 2030 年）范围内"[1]。

古文献中有"禹居阳城"或"禹都阳城"以及禹、启居阳翟的记载。河南登封王城岗

---

[1] 夏商周断代工程专家组：《夏商周断代工程 1996~2000 年阶段成果报告（简本）》第 81~82 页，世界图书出版公司，2000 年。

和禹州瓦店遗址的发现，为探索早期夏文化和夏代早期都邑提供了重要线索。据 AMS 法测定，王城岗城址年代为公元前 2132 年至前 2030 年，按考古文化分期序列属王城岗遗址二、三期，即本节前文所述王湾三期文化的晚期。

据上所述，王湾三期文化晚期和新砦期遗存应该跨入了夏王朝的纪年范围。

2. 早期夏人的中心活动区域

根据古代文献的记载，虞夏之际和夏代早期，夏人主要活动在嵩山南北地区。

譬如，《世本》和《竹书纪年》等先秦古籍有"禹都阳城"或"禹居阳城"的说法[1]：《孟子·万章上》曰："禹避舜之子于阳城。"《史记·夏本纪》亦云："……帝舜崩，三年之丧毕，禹辞辟舜之子商均于阳城。"《集解》引刘熙曰："今颍川阳城是也。"

上引东周以来文献所说的阳城，应即汉代颍川郡阳城（今河南登封境）。据《史记·郑世家》和《韩世家》记载，韩文侯二年（公元前 385 年），"韩伐郑，取阳城"，知郑国有阳城；在传为阳城故地的河南登封告成镇发现一座战国至汉代的古城，出土的陶器上有"阳城"戳记[2]；另外在告成镇还发现北魏石刻"魏故河□荥阳阳城□柱"。凡此皆说明登封告成从东周到北魏时，都叫做阳城。

《汉书·地理志》颍川郡阳翟条下自注"夏禹国"。《续汉书·郡国志》颍川郡阳翟条云"禹所都"。《帝王世纪》说："禹受封为夏伯，在豫州外方之南，今河南阳翟是也。"[3]《水经注·颍水》："颍水……迳阳翟故城北，夏禹始封于此为夏伯。"

古本《竹书纪年》说："太康居斟鄩，羿亦居之，桀又居之。"[4] 臣瓒说"斟鄩在河南"[5]，指今河南洛阳。《逸周书·度邑解》："自洛汭延于伊汭，居易无固，其有夏之居。"《史记·周本纪》同此。《书序》曰："太康失邦，昆弟五人须于洛汭"。[6]《战国策·魏策》："夏桀之国，左天门之阴，而右天溪之阳。庐、睪在其北，伊、洛出其南。"《史记·孙子吴起列传》载吴起的说法："夏桀之居，左河济，右太华，伊阙在其南，羊肠在其北。"《集解》引臣瓒曰："今河南城为值之。"以上记载都将斟鄩地望界定在洛阳平原。

可见，古文献所记载的夏人早期活动中心，正在王湾三期文化和新砦期遗存的分布范围之内。

3. 王湾三期文化和新砦期遗存是夏王朝建立前后夏族的文化遗存

王湾三期文化和新砦期遗存在分布地域上处于夏王朝的中心统治区内，在年代上大约自王湾三期文化晚期已进入夏代纪年范围之内（在上述地域和时间范围内，不存在另外的

---

[1] A.《史记·封禅书》正义引《世本》云："夏禹都阳城，避商均也。"
B.《汉书·地理志》颍川郡阳翟条下注引臣瓒曰："《世本》'禹都阳城'，《汲郡古文》亦云居之。"
C.《续汉书·郡国志》颍川郡下注引《汲冢书》言："禹都阳城。"
[2] 河南省文物研究所、中国历史博物馆考古部：《登封王城岗与阳城》第 247～255 页，文物出版社，1992 年。
[3] 《史记·夏本纪》正义引。
[4] 《史记·夏本纪》正义据臣瓒引《汲冢古文》。
[5] 《史记·夏本纪》正义引。
[6] 《史记·夏本纪》正义引《尚书》。

考古学文化），而且经过新砦期的联结，王湾三期文化与二里头文化间有非常清楚的传承关系，所以我们认为王湾三期文化和新砦期遗存应该就是夏族文化。概言之，就目前的研究成果而言，新砦期遗存和王湾三期文化晚期是夏代前期夏文化，而王湾三期文化的早、中期则为前王朝时期夏人的文化遗存，亦即所谓先夏文化。

将龙山时代晚期的一支文化遗存和二里头文化的主体合成为夏文化，在理论上能讲得通吗？即同是夏族遗存，为什么先是表现为王湾三期、新砦期文化，尔后又表现为二里头文化？我们认为讲得通。实际上，这一地区自王湾三期文化至二里头文化是一脉相承的，是同一个文化体系的不同发展阶段。就陶器而言，二里头文化的第一期，与当地龙山时代文化遗存面貌很相近：二里头文化一期陶器流行宽折沿，沿面陡斜，纹饰主要是篮纹、方格纹和绳纹，与新砦期、王湾三期文化陶器的面貌极其相似。到二里头二期时候，才真正摆脱了龙山时代文化的形态，形成了一个新的文化发展面貌。考古学文化的变异，有着多方面的动因，考古学文化与古代族的对应关系，也相当复杂，需要进一步研究。以朝代加族群命名的考古学文化（譬如夏文化），与以遗址命名的考古学文化（如二里头文化），毕竟是运用了两种不同的命名规则；而王湾三期文化与二里头文化，也只是考古学家在考古发掘与研究的过程中，随机命名的。到目前为止，中国的考古学文化命名，绝大多数是科学、正确的；但科学是发展的、不断进步的，考古学文化名称作为人类主观意识对客观事物的一种反映，也会随学科的发展不断变化。在我国的考古学史上，曾经有过"小屯文化"、"殷墟文化"、"二里冈文化"等命名，这些在以典型遗址命名原则下产生的考古学文化名称，原本是可行的。因为它们的陶器之间确实存在着差异（陶器是划分不同考古学文化的重要依据）。但是后来又用"殷墟期商文化"、"二里冈期商文化"分别指代"殷墟文化"、"二里冈文化"，或用"殷商文化"、"商文化"概括之[1]。对此，大家都认为是可取的，未见有人以商文化不能分属于曾经命名过的两个或几个考古学文化而提出异议。说王湾三期文化晚期、新砦期与二里头文化属于夏文化不同发展阶段，道理是一样的。

三 豫西、晋南地区与先夏、夏代早期文化相关的其他考古学文化遗存

（一）三里桥类型

三里桥类型是指以陕县三里桥遗址为代表的一类龙山时代文化遗存，主要分布于以渑池为东界的豫西地区、晋西南涑水流域和中条山南麓黄河沿岸以及关中东部潼关至华山一带，发掘过的主要遗址有河南陕县三里桥[2]，山西夏县东下冯[3]、芮城南礼教[4]，陕

---

[1] 关于"殷墟文化"、"二里冈文化"等考古学文化的命名过程，以及它们与"殷商文化"、"商文化"的关系，邹衡在《漫谈商文化与商都》（《夏商周考古学论文集续集》第221页，科学出版社，1998年）一文中曾有很透彻的说明。
[2] 中国科学院考古研究所：《庙底沟与三里桥》，科学出版社，1959年。
[3] 中国社会科学院考古研究所、中国历史博物馆、山西省文物工作委员会东下冯考古队：《山西夏县东下冯龙山文化遗址》，《考古学报》1983年第1期。
[4] 中国科学院考古研究所山西工作队：《山西芮城南礼教村遗址发掘简报》，《考古》1964年第6期。

西华阴横阵村[1]等。

三里桥类型的陶器以夹砂灰陶、泥质灰陶为主，有少量夹砂红陶、泥质黑陶。绳纹为主，其次是篮纹、方格纹等。常见器类有单把鬲、双鋬鬲、敛口斝、甗、侈口绳纹夹砂罐、双耳瓮、小口高领折肩罐、单耳罐、双腹盆、单把杯、爵形器、罐形甗、碗形器盖、圈足盘等。

三里桥类型的年代，大体相当于陶寺文化晚期和王湾三期文化的中晚期。其年代下限应与当地的二里头文化相衔接。

由于三里桥类型地处豫、陕、晋三省交界地区，受到了来自王湾三期文化、客省庄二期文化和陶寺文化的共同影响，因而具有比较复杂的文化内涵。而且随分布地域不同，遗址间文化面貌也有一些差异，如偏西者客省庄二期文化因素多一些，偏东者则王湾三期文化因素比重大一些。它的罐形甗、双耳瓮、爵形器、双腹盆、带耳杯等，都是王湾三期文化中常见的器类。但是，它与王湾类型的区别也是明显的，主要特征是具有一些不见于王湾类型的器物，如以鬲、斝为主要炊具以及盛储器中的小口折肩深腹罐等，显然是受晋、陕地区龙山时代晚期文化的影响而出现的。夹砂罐以侈沿为主，少见折沿；陶器纹饰以绳纹为主，其次是篮纹和方格纹，与王湾三期文化以篮纹、方格纹为主也有所不同。因此，我们主张仍然将其作为一个单独的文化类型来看待。

因受资料的局限，三里桥类型的源流问题尚未完全解决。但可以肯定的是，在豫、陕、晋交界地区，继三里桥类型而起的是二里头文化。

正因为三里桥类型与王湾三期文化在地域上相接，文化面貌上相近，有着十分密切的亲缘关系，所以，推断二者属于同一个大的居民集团，应在情理之中。王湾三期文化最终发展为二里头文化，已有大量而可靠的科学资料为证。三里桥类型直接为二里头文化所取代，也是考古事实。这一地域正处于古文献记载的夏人两大聚居中心的连结处，传说中的夏后皋之陵墓也在此地[2]。尽管三里桥类型显然不能算是早期夏人文化的主体，但是我们却很难将其与夏人早期的文化完全割裂开来。

（二）陶寺文化

陶寺文化以山西襄汾陶寺遗址命名（曾称"中原龙山文化陶寺类型"）。主要分布在山西汾水流域的临汾地区，现已在洪洞、临汾、襄汾、侯马、新绛、稷山、河津、曲沃、翼城、浮山等县、市，发现同类遗址80多处，其中陶寺遗址经过了较大规模的考古发掘，收获颇丰[3]。发掘者认为，陶寺文化，从总的方面来看，仍属中原地区龙山文化范畴，

---

[1] A. 黄河水库考古工作队陕西分队：《陕西华阴横阵发掘简报》，《考古》1960年第9期。
　　B. 中国社会科学院考古研究所陕西工作队：《陕西华阴横阵遗址发掘报告》，《考古学集刊》第4集，中国社会科学出版社，1984年。
[2] 《左传·僖公三十二年》："崤有二陵焉。其南陵，夏后皋之墓也。"
[3] A. 中国社会科学院考古研究所山西工作队、临汾地区文化局：《山西襄汾县陶寺遗址发掘简报》，《考古》1980年第1期；《1978～1980年山西襄汾陶寺墓地发掘简报》，《考古》1983年第1期。
　　B. 中国社会科学院考古研究所山西队、临汾地区文化局：《山西襄汾陶寺遗址首次发现铜器》，

但同时又有自身的特点。

发掘者把陶寺文化分为早、中、晚三期，并认为早期是从庙底沟二期文化直接发展而来。陶寺文化的年代，经碳十四测定，大约在公元前 2500 年至前 1990 年之间[1]，或说为公元前 2600 年至前 2000 年[2]。可见，陶寺文化的晚期已进入夏代纪年之内。

陶寺文化以釜灶、斝、多种型式的鬲、夹砂陶缸、折腹盆、圈足罐、扁壶、折肩罐等一组陶器及随葬陶器习施彩绘为特征。在炊具中，早期主要是釜灶和斝，中期釜灶与鬲、斝并存，晚期以鬲为主，釜灶被淘汰。

陶寺文化发现以来，有不少学者撰文，从地望、年代、文化内涵、社会发展阶段等方面，论述这种文化遗存是探索夏文化的重要对象，甚或直言是夏人的文化遗存[3]，综合起来，他们的论据和观点是：

第一，陶寺文化集中分布的地方，正是古文献记载中大夏、夏墟的中心区。据《左传·定公四年》记载，西周分封时，唐叔"命以唐诰而封于夏墟，启以夏政，疆以戎索。"关于夏墟和唐的地望，历代多有记述与考证，从考古学研究来说，晋西南说已成定论，由天马—曲村西周遗址尤其是晋侯墓的发现得到确证。在故唐地即传为夏墟的地方，陶寺文化遗址分布十分密集，且有不少大型遗址。

第二，关于夏代纪年虽无定论，但诸说大体总在公元前 2300 年至前 1700 年或公元前 2100 年至前 1600 年之间。陶寺文化的年代，大约是在公元前 2500 年至前 1900 年间，则陶寺文化的晚期、甚至包括中期，已进入夏的纪年范围。

第三，在陶寺遗址出土的彩绘蟠龙纹陶盘，显然是礼器，认为龙是陶寺人崇拜的对象、部族的标志，并与夏人对龙的崇拜相联系。

《考古》1984 年第 12 期。
    C. 中国社会科学院考古研究所山西工作队、山西省临汾地区文化局：《陶寺遗址 1983～1984 年 Ⅲ 区居住址发掘的主要收获》，《考古》1986 年第 9 期。
    D. 中国社会科学院考古研究所、临汾地区文化局：《襄汾陶寺》，待刊。
[1] 仇士华、蔡莲珍、冼自强、薄官成：《有关所谓"夏文化"的碳十四年代测定的初步报告》，《考古》1983 年第 10 期。
[2] 高炜：《晋西南与中国古代文明的形成》，《汾河湾——丁村文化与晋文化考古学术研讨会文集》，山西高校联合出版社，1996 年。
[3] A. 高炜、高天麟、张岱海：《关于陶寺墓地的几个问题》，《考古》1983 年第 6 期。
    B. 高炜、张岱海、高天麟：《陶寺遗址的发掘与夏文化的探索》，《中国考古学会第四次年会论文集》，文物出版社，1985 年。
    C. 张长寿：《陶寺遗址的发现和夏文化的探索》，《文物与考古论集》，文物出版社，1987 年。
    D. 高炜：《试论陶寺遗址和陶寺类型龙山文化》，《华夏文明》第一集，北京大学出版社，1987 年。
    E. 黄石林：《再论夏文化问题——关于陶寺龙山文化的探讨》，《华夏文明》第一集，北京大学出版社，1987 年。
    F. 王克林：《龙图腾与夏族的起源》，《文物》1986 年第 6 期。
    G. 张之恒：《夏代都城的变迁》，《夏文化研究论集》，中华书局，1996 年。
    H. 梁星彭：《夏文化的探索》，《黄河文化》第三编第一章，华艺出版社，1994 年。

第四，从出土文物可以看出，陶寺文化的农业、畜牧业、手工业等已发展到相当高的水平。陶寺遗址规模巨大，绝非一般的氏族聚落。而陶寺墓地的发掘，表明当时已进入了阶级社会，国家或国家的雏形已经产生，这与夏代建国前后的社会状况是相合的。

因此，不少学者曾认为陶寺文化应当列为探索夏文化的重要研究对象之一，有学者则说陶寺文化就是夏族文化。但他们都认为陶寺文化的早期肯定超出了夏代纪年范围。

也有学者提出不同的看法，这就是陶寺文化是陶唐氏文化说[1]和陶寺文化为有虞氏文化遗存论[2]。根据目前的材料和学者的研究，陶寺文化是夏族文化说的成立，确实存在障碍。

从考古学上看，在豫西地区，王湾三期文化晚期经由新砦期发展成为二里头文化，就是说，这里处于夏王朝纪年范围内的考古学文化，是同一个文化体系，其文化遗存虽可分做不同的发展阶段，然其族属在主体上应无区别。在晋南地区，情况就不同了。陶寺文化之后是二里头文化东下冯类型，可是二者在文化内涵特征上至今还看不出有明确、直接的传承关系。而且，晋南的陶寺文化与豫西的王湾三期文化及其后继者——二里头文化二里头类型，在文化特征上有较大区别。因此，在豫西地区的龙山时代晚期文化和二里头文化是夏文化的前提下，很难认定陶寺文化是夏文化[3]。但是，陶寺文化的发现，确系考古学上的重大收获，它在中国文明起源史上具有极其珍贵的科学价值，对于甄别、研究、论定夏文化，也有着十分重要的意义。

---

[1] A. 王文清：《陶寺遗存可能是陶唐氏文化遗存》，《华夏文明》第一集，北京大学出版社，1987年。

  B. 邹衡：《关于探讨夏文化的条件问题》，《华夏文明》第一集，北京大学出版社，1987年。

  C. 李民：《尧舜时代与陶寺遗址》，《史前研究》1985年第4期。

  D. 田昌五：《先夏文化探索》，《文物与考古论集》，文物出版社，1987年。

[2] 许宏、安也致：《陶寺类型为有虞氏遗存论》，《考古与文物》1991年第6期。

[3] A. 主持陶寺遗址发掘的学者20世纪80年代发表的论文中，在推测"中原龙山文化陶寺类型"可能是夏人文化遗存、主张将其列为探索夏文化的重要研究对象的同时，还曾提出过陶寺遗存可能属于上古陶唐氏、豢龙氏或名号为"龙"的部落等几种可能性（见高天麟：《陶寺遗址发掘的主要收获》，《侯马晋文化研究座谈会纪要》，山西省考古研究所编印，1986年；高炜、高天麟、张岱海：《关于陶寺墓地的几个问题》，《考古》1983年第6期）。

  B. 为解决陶寺文化的去向及其与二里头文化的关系，中国社会科学院考古研究所山西工作队的同仁们曾经做过一系列探索（1986年对襄汾县大柴遗址的发掘便是为此而进行的；1982年以后对垣曲地区的调查、发掘也与此有关），结果证明陶寺文化同晋南当地二里头文化东下冯类型并不存在直接传承关系，更不可能是豫西地区二里头文化直接或主要来源。随着偃师商城的发现，许多学者原持二里头遗址"西亳说"、二里头文化后期为早商文化的观点被动摇，转而主张二里头遗址是夏代晚期都城、二里头文化主体（一至三期）为夏文化。在上述背景下，有关学者对陶寺文化的性质与族属问题重新予以审视。高炜1993年执笔的《襄汾陶寺》结语部分（初稿），将原"中原龙山文化陶寺类型"的命名正式改称"陶寺文化"；关于陶寺文化的族属则转而同意可能是陶唐氏遗存的意见。他在1994年提交晋文化学术讨论会的论文，也对上述观点有同样表述（见高炜：《晋西南与中国古代文明的形成》，《汾河湾——丁村文化与晋文化考古学术研讨会文集》，山西高校联合出版社，1996年）。

第二章 二里头文化

第一节 二里头遗址与二里头文化

一 二里头遗址的地理位置与历史沿革

洛阳平原是中原大地上一颗璀璨的明珠,山河拱戴,土地肥沃,气候温暖,物产丰茂,四方辐辏,自古被认为是"天下之中",历来是兵家必争之地,帝王建都之所。《史记·封禅书》曰:"三代之居皆在河洛之间"。其后,东汉、魏、晋、北魏、隋、唐等朝均曾建都于此。二里头遗址位于洛阳平原东部,西距汉魏洛阳故城遗址约5公里,距隋唐洛阳城约17公里,其东北6公里处是偃师商城(图2-1)。北依邙山,南望中岳,东有成皋辕辕之险,西有崤谷崤函之固,前临伊洛,后据黄河,依山傍水,水足土厚,具有理想的建都环境。在遗址范围内,曾有过仰韶文化晚期和龙山早期的文化遗存。

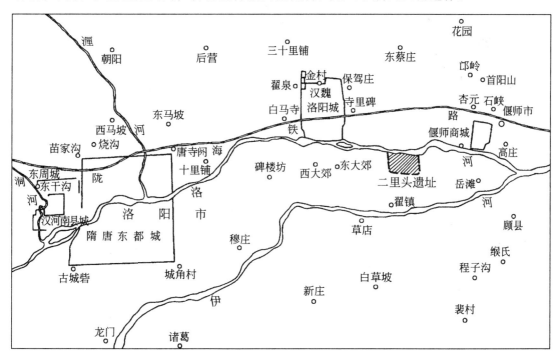

图2-1 二里头遗址位置示意图

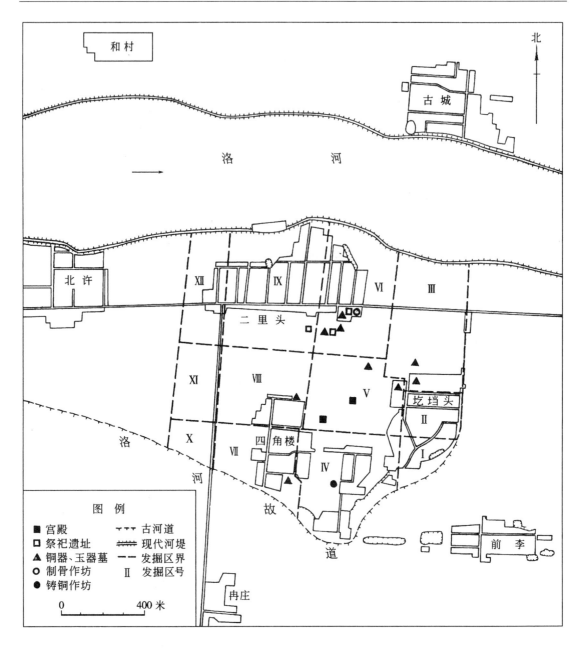

图 2-2 二里头遗址主要遗迹分布图

二里头遗址得名于河南省偃师市翟镇乡二里头村，遗址的中心在该村村南（图2-2）。根据历年的发掘与钻探资料，二里头遗址重要文化遗存的分布范围主要是：南起四角楼村（包括四角楼、凤岭寨、西喂羊庄、下王庄、新庄等自然村落）前的古洛河北岸，往北至少到二里头村后今洛河河道，东过圪垱头村，西到北许村，大约南北长2~2.5公里，东西宽2.5公里，面积5~6平方公里[1]。分为12个发掘区。因工作的局限，上述范围未必是二里头遗址的全部。作为一代都城遗墟，其周围或当有附属于二里头遗址的卫星聚落。

二里头遗址的地势，其东南和南面有断崖，崖下即是洛河故道，东、北两面呈缓坡状，高度逐步减小，西面连接高地。遗址的海拔高度一般为100米稍多。遗址范围内分布着四片高地，其中遗址中心部位的高地是宫殿所在地，高出周围约0.5~1米，面积约12000平方米。其他三块高地分别在二里头村的东南、圪垱头村的西北和新庄以南，面积10000~20000平方米不等，高出周围0.5~1.5米之间。

偃师，有悠久的历史，相传周武王克商，得胜回师，在此偃旗息鼓，休养民生，因而有偃师之名。春秋时为东周畿地，有大邑尸氏。战国为韩地，秦属三川郡。汉设偃师县，隶属河南郡。三国时属魏。西晋省偃师，其地并入缑氏县，北魏复置偃师。此后迭置迭废，北宋以后常设偃师县。1995年撤县建市，称偃师市。

二　二里头遗址的勘查与发掘

二里头遗址是1957年冬季发现的[2]。1959年，徐旭生一行踏察夏墟，在此地采集到陶器和石、骨器，认为"与郑州洛达庙、洛阳东干沟的遗物性质相类似，大约属于商代早期"，并指出该遗址"为商汤都城的可能性很不小"[3]，旋即引起了学术界的极大关注。同年秋，中国科学院考古研究所洛阳发掘队和河南省文物局文物工作队分别对二里头遗址进行了试掘[4]。自1960年开始，中国科学院考古研究所洛阳发掘队[5]承担了对二里头遗址的考古工作。

据初步统计，1959~1990年，中国社会科学院考古研究所在22个年份中对二里头遗址进行了41次（以春夏、秋冬各为一个发掘季度）发掘[6]，总计发掘面积约3万平方米，较完整地揭露出宫殿、宗庙建筑2座，中小型各类房屋建筑50余座，祭祀性建筑物不少

---

[1] 一说二里头遗址"现知面积为9平方公里"或其范围为"东西南北各约3公里"（见郑光：《二里头陶文化论略》，《二里头陶器集粹》，中国社会科学出版社，1995年；《二里头遗址的发掘与研究》，《中国社会科学院考古研究所考古博物馆洛阳分馆》第23页，文化艺术出版社，1998年）。
[2] 中国科学院考古研究所洛阳发掘队：《河南偃师二里头遗址发掘简报》，《考古》1965年第5期。
[3] 徐旭生：《1959年夏豫西调查"夏墟"的初步报告》，《考古》1959年第11期。
[4] 中国科学院考古研究所洛阳发掘队：《1959年河南偃师二里头试掘简报》，《考古》1961年第2期。
[5] 今称中国社会科学院考古研究所二里头工作队。
[6] A. 1959年至1978年资料，见中国社会科学院考古研究所：《偃师二里头》第一章第三节，中国大百科全书出版社，1999年。
B. 1980年至1990年资料已经发表者，分别见中国社会科学院考古研究所二里头工作队：《1980年秋河南偃师二里头遗址发掘简报》，《考古》1983年第3期；《1981年河南偃师二里头墓葬简报》，《考古》1984年第1期；《偃师二里头遗址1980~1981年Ⅲ区发掘简报》，《考古》1984年第7期；《1982年秋偃师二里头遗址九区发掘简报》，《考古》1985年第12期；《1984年秋河南偃师二里头遗址发现的几座墓葬》，《考古》1986年第4期；《1987年偃师二里头遗址墓葬发掘简报》，《考古》1992年第4期。
C. 其余为二里头工作队未发表资料。

于 5 座，青铜冶铸作坊 1 处，墓葬 310 多座，水井、窖穴和灰坑 850 多个，陶窑十来座，与制骨有关的遗迹多处，出土大量陶器以及一批珍贵的铜器、玉器标本；并勘探出规模不等的夯土基址 30 余处。1991 年以来，一项主要任务是对 20 世纪 80 年代田野工作成果进行整理、研究；同时，做了许多配合基建的抢救性发掘工作，其间也有一些较重要的收获。如1991～1992 年间在Ⅵ区和Ⅸ区[1]曾发现属于二里头二期的建筑基址。1994 年在二里头村北洛河河滩[2]发掘到较丰富的二里头二、三期遗存。20 世纪 90 年代的主动发掘项目有：1994～1995 年在Ⅸ区发掘 1000 平方米[3]，发现形制特殊的圆形地面和长方形半地穴式祭祀遗迹以及与之有关的墓葬 30 余座，对于究明上述遗迹的性质、结构以及二里头遗址布局有重要价值。1996 年起为配合"夏商周断代工程"在Ⅴ区的发掘，找到二里头文化各期遗存较理想的地层叠压关系并采集到系列测年碳素标本。

三　二里头遗址各期文化遗存的发现概况

关于二里头遗址各期文化遗存的发现情况，我们有两个统计，分述如下。

统计一[4]：

1959 年至 1979 年期间，在二里头遗址的第Ⅲ～Ⅴ、Ⅷ、Ⅸ区都发现有二里头文化第一期遗存，有的地方尚存留文化层，一般距目前地表深 2 米以上，厚几十厘米到 1.5 米不等；有的地方只残留灰坑。这期间发现一期灰坑 36 个，墓葬 6 座，未见房基。由于一期的文化遗存埋藏较深，有时已在潜水面之下，往往无法发掘，加之二期以来的不断破坏，可以推想一期文化遗存当比目前所知的丰富一些。

二期文化遗存几乎遍布所有的发掘地点，即在第Ⅱ～Ⅵ、Ⅷ、Ⅸ区都有发现，除文化层之外，还发现夯土基址 1 处，普通房基 7 处，陶窑 1 座，灰坑 75 个，墓葬 18 座。

三期文化遗存在已经发掘的地方都有，文化层一般距地表深 0.5～1 米，厚 0.3～1.5 米。遗迹现象包括宫殿基址 2 座，普通房基 12 座，陶窑 5 座，灰坑 138 个，墓葬 45 座。

四期文化遗存在遗址中部较密集，在周边分布稍稀。具体说，Ⅴ区内所有的探方里都见四期地层，Ⅳ、Ⅷ区约三分之二探方内有四期遗存，而Ⅱ区只有一部分探方见到四期遗存。遗迹包括房基 1 座，陶窑 1 座，灰坑 129 个，墓葬 36 座。

统计二[5]：

1980 年至 1990 年的发掘中，据不完全统计，发现文化堆积单位（包括文化层、墓葬、房基、水井、窖穴、灰坑等）共 1541 个，其中一期单位 22 个，占总数的 1.4%；二期单位 310 个，占 20.1%；三期单位 565 个，占 36.7%；四期单位 519 个，占 33.7%。此外，还包括早商或中商文化单位 125 个。

---

[1] 杜金鹏：《偃师县二里头遗址》，《中国考古学年鉴（1993）》，文物出版社，1995 年。
[2] 岳洪彬：《偃师二里头遗址》，《中国考古学年鉴（1995）》，文物出版社，1997 年。
[3] 郑光：《偃师二里头遗址》，《中国考古学年鉴（1996）》，文物出版社，1998 年。
[4] 据中国社会科学院考古研究所：《偃师二里头》第二章第二节，中国大百科全书出版社，1999 年。
[5] 据中国社会科学院考古研究所二里头工作队 1980 年后发表的简报和部分未发表的资料。

因为各区发掘面积有所不同，所以，以上所举各区的单位数目并不精确代表各区文化遗存的丰厚或稀薄。但是，上述统计数字，或可从一个侧面表示二里头遗址不同时期里文化的兴衰状况。当然，考虑二里头遗址的兴衰，除定量统计外，还必须着眼于各期遗存的内涵，尤其是宫殿一类重要遗迹、遗物的状况。

从各期文化遗存的发现情况看，二里头遗址在其第一期时，已是一个有较大规模的聚落，已知一期文化遗存分布在遗址的Ⅲ～Ⅵ、Ⅷ、Ⅸ、Ⅺ区内，范围约在1平方公里以上。从1980年以来，二期文化遗存发现的比重有明显增大，在已经发掘的各区都有发现，这时二里头遗址进入迅速发展时期。三期文化遗存遍布各区，且内涵丰富，是二里头遗址的鼎盛期。四期文化遗存的分布也很普遍，表明仍有较多人口居住，但丰富程度比不上三期，在其偏晚阶段显现出衰败迹象。早商文化遗存仅局限于遗址中心部分。

四　二里头遗址的布局与主要发现

二里头遗址范围较大，历年的发掘虽有相当大的规模，但与遗址的总面积相比，依然是微不足道的。因此，关于二里头遗址的布局情况，目前我们只能言其大概而已。

从目前的考古工作来看，二里头遗址有无城池还难以论定，但至少是眼下还没有发现城墙。至于壕沟，以前虽有发现，但材料零碎，很难据以推断为一个闭合的防护系统。

二里头遗址的宫殿建筑主要分布在第Ⅴ区和Ⅴ区与Ⅲ、Ⅵ区的邻接地带。而在与Ⅴ区相邻的Ⅲ、Ⅵ、Ⅸ区，也有大、中型的建筑，包括内置大础石之柱坑的有一定规模的夯土建筑基址。目前已经发掘出两座较完整的宫殿（宗庙）基址，即一号、二号宫殿基址（图2-3、图2-4；图版1、2），规模宏大，结构严谨，开创了三代都城宫殿（宗庙）建筑的一种重要模式。从已经掌握的材料看，二期以来的夯土基址基本上都集中在一个区域，有的三期宫殿甚至就叠压在二期的夯土基址之上[1]。

中型建筑基址主要发现于Ⅲ、Ⅵ、Ⅸ区。小型建筑则主要分散在宫殿区以外的地方。

在宫殿区的北面至西北一带（Ⅵ、Ⅸ区），集中分布着一些可能与祭祀有关的建筑遗迹。主要包括圆形的地面建筑和长方形的半地穴建筑及其附属墓葬。长方形半地穴建筑与圆形地面建筑往往相伴。

铸铜作坊遗址位于遗址东南部（Ⅳ区），发现与青铜冶铸有关的遗迹和陶范、熔炉残片等物。另外，在遗址中部的Ⅴ区、北部的Ⅵ区和东北部的Ⅲ区，也曾发现与青铜冶铸有关的熔炉残片等遗物。

陶窑在遗址上布列比较分散，尚未见成片的窑址。

制作骨器遗留下来的废骨料，在Ⅲ区和Ⅵ区的两个地点有集中而大量的出土。尤其是Ⅵ区的一个"骨料坑"，规模甚大，出土许多废骨料和骨器半成品以及制骨使用的砺石，估计附近应该是制骨作坊之所在。

墓葬分散在遗址的各个角落，尚未发现一个长期固定而集中的墓地，但遗址中的墓显然也可以分区，而非毫无规则。出土铜器、玉器的中型墓葬，主要集中在宫殿区的周围，

---

[1]　中国社会科学院考古研究所：《偃师二里头》第158页，中国大百科全书出版社，1999年。

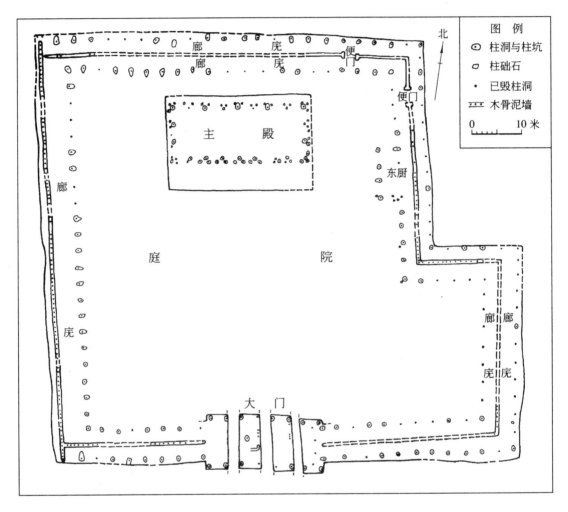

图 2-3 二里头遗址一号宫殿基址平面图

即Ⅱ、Ⅲ、Ⅵ、Ⅶ区（参见图 2-2）。

在二里头遗址虽然发现过道路，但是整个遗址的道路网络则至今不明。因此关于街衢和建筑分区情况，难以言及。究明二里头遗址的布局，将是今后田野工作重要任务。

五 二里头文化的发现与定名

二里头文化遗存，是 1953 年首先在河南省登封县玉村[1]发现的，当时已经注意到其陶器形态不仅与安阳殷墟出土的商代遗物不同，与郑州二里冈文化遗存也"似属两个文化系统"，只是对其文化性质还不能确定。

---

[1] 韩维周、丁伯泉、张永杰、孙宝德：《河南省登封县玉村古文化遗址概况》，《文物参考资料》1954 年第 6 期。

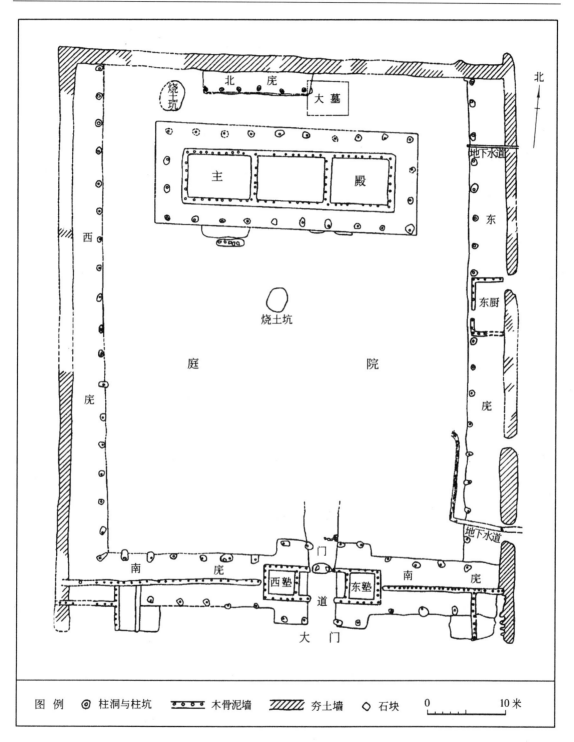

图 2-4 二里头遗址二号宫殿基址平面图

1954年，在洛阳东干沟村发现二里头文化遗存；1956年，在东干沟发现二里头文化墓葬[1]。同年，在郑州西郊洛达庙村也发现了类似的古文化遗存[2]，内涵很丰富，大致可分为早、中、晚三期，根据当时的认识，将其年代归属于商代。由于洛达庙遗址在当时已知同类遗址中具有一定代表性，因而人们一度曾将这类遗存称为"洛达庙类型"[3]或"洛达庙类型商文化"[4]。1959年秋，中国科学院考古研究所洛阳发掘队和河南省文物局文物工作队分别对二里头遗址进行试掘。鉴于二里头遗址比洛达庙遗址规模更大，文化内涵更丰富，在同类文化遗址中更具有代表性和典型性，所以，自1962年起，学者将这类古文化遗存更名为"二里头类型"[5]。随着同类遗存的不断发现，对其认识不断深入，至20世纪70年代，遂将这类遗存正式命名为"二里头文化"[6]。"二里头文化"的概念涵盖了20世纪80年代之前所发现的二里头遗址一至四期为代表的一类考古学文化遗存，其内涵已超越了原"洛达庙类型"的范畴。

从中原地区考古学文化编年序列的角度说，二里头文化的主体处于龙山时代晚期与早商文化之间，遂成为探索夏文化的重要研究对象。二里头文化第一期至第四期之间有着十分清晰的发展传承脉络，但是第一期与第四期之间文化面貌有很大差异，也是有目共睹的事实。关于二里头文化性质与族属问题，是多年来夏商考古学研究的热点，学者见仁见智，曾提出多种不同的见解。

六　二里头文化的特征

二里头文化以中原腹地为其中心分布区。

以二里头遗址为代表，可概括出二里头文化陶器群的特征是：流行夹砂灰陶和泥质灰陶，其中一、二期陶色偏深，有部分夹砂或泥质黑陶；三、四期陶色偏浅，浅灰色陶较多，少见黑陶。纹饰以绳纹为主，其中一、二期时绳纹和篮纹并重，有部分方格纹；三、四期基本不见篮纹、方格纹。器物组合，炊具以深腹罐、圆腹罐、甑、鼎为主；三、四期有陶鬲，但在炊具中始终不占主导地位。酒器以斝、爵、盉为主，二期还有鬶。食器以豆、三足皿为主，一、二期时还有圈足盘，四期常见簋。盛储器主要有大口尊、小口尊、

---

[1] A. 考古研究所洛阳发掘队：《1958年洛阳东干沟遗址发掘简报》，《考古》1959年第10期。
    B. 中国科学院考古研究所：《洛阳中州路（西工段）》第9、18~23页，科学出版社，1959年。
    C. 中国社会科学院考古研究所：《洛阳发掘报告》第50页，北京燕山出版社，1989年。
[2] 河南省文化局文物工作一队：《郑州洛达庙商代遗址试掘简报》，《文物参考资料》1957年第10期。
[3] 中国科学院考古研究所：《新中国的考古收获》第43~44页，文物出版社，1961年。
[4] 中国科学院考古研究所洛阳发掘队：《1959年河南偃师二里头试掘简报》，《考古》1961年第2期。
[5] A. 夏鼐：《新中国的考古学》，《考古》1962年第9期。
    B. 中国科学院考古研究所洛阳发掘队：《河南偃师二里头遗址发掘简报》，《考古》1965年第5期。
    C. 也曾一度有过"二里头类型商文化"或"二里头类型文化"的称谓（见邹衡：《夏商周考古学论文集》第104页，文物出版社，1980年）。
[6] A. 夏鼐：《碳14测定年代和中国史前考古学》，《考古》1977年第4期。
    B. 北京大学历史系考古教研室商周组：《商周考古》第14~15页，文物出版社，1979年。

敛口尊、高领尊、矮领尊、瓮、缸、折沿盆、卷沿盆等。一、二期流行折沿、平底器，三、四期流行卷沿、圜底或凹圜底器。以夏县东下冯、淅川下王冈、驻马店杨庄、杞县牛角岗等遗址为代表的二里头文化诸类型，其文化面貌同豫西二里头文化中心区大同小异。

二里头文化创制出我国最早的成组青铜容器，器类已有鼎、盉、斝、爵等。另外，还有铜牌饰以及戈、刀、镞、凿、锥等铜兵器和工具。已经发明铜、锡合金甚至铜、锡、铅三元合金。规模巨大的铸铜作坊遗址和成组青铜容器的出土，无可置疑地证明已经进入青铜时代。

玉礼器具有与青铜礼器相同的地位，二里头遗址出土大型的刀、璋、圭、戚、钺等，被视为王权和礼制的象征物。

二里头遗址以其巨大的规模，壮观的宫殿、庙堂建筑基址群，神秘莫测的坛、"墠"类祭祀遗存，铸铜作坊和大量随葬成组铜器、玉器的墓葬等十分丰富的内涵，被学界一致确认为都城遗址。

诸多的考古学现象表明，二里头文化已经进入了文明社会，存在着国家。

二里头文化曾经对周围文化产生过强烈的影响[1]，有力地推动了中国青铜文明的发展。

第二节 二里头文化的分期与年代

一 分期

二里头文化的分期，是以文化堆积的层位关系为依据，结合陶器群演化序列的研究得出的。关于建筑遗迹、墓葬和其他遗物的分期，则据层位关系并结合共存陶器等期别特征明确的遗物做出判断。

参加二里头遗址发掘的学者们对该遗址所作的分期研究，是二里头文化分期的基础。早在1959年秋，二里头遗址的发掘者即将所发现的文化遗存[2]分为前后相连的早、中、晚三期。到20世纪70年代前期发掘二里头遗址第一号宫殿基址时，新发现较以前所知三期更晚的遗存，是为第四期遗存，而以前的早、中、晚期则改称第一、二、三期[3]，二里头文化分为四期之基本格局由此形成。此后，二里头遗址发掘简报、报告和有关论文，基本上都同意二里头文化分为四期。只是，大家虽然皆持四分法，但在具体的划分上还有所不同，这是学者间在把握分期的方法、标准以及对有关材料的认识、使用上存在差异（甚至还牵扯到各自的学术体系之不同）而造成的。发掘二里头遗址二号宫殿基址时，发现了比较丰富的"略晚于四期的堆积"[4]，有学者据以分出"二里头五期"，认为其文化

---

[1] 详见本章第七节及第八章。
[2] 中国科学院考古研究所洛阳发掘队：《1959年河南偃师二里头试掘简报》，《考古》1961年第2期。
[3] 中国科学院考古研究所二里头工作队：《河南偃师二里头早商宫殿遗址发掘简报》，《考古》1974年第4期。
[4] 中国社会科学院考古研究所二里头队：《河南偃师二里头二号宫殿遗址》，《考古》1983年第3期。

内涵相当二里冈上层，五期晚段已接近殷墟文化早期[1]，事实上已超出二里头文化的范畴。最近出版的《偃师二里头》第一阶段发掘报告，就把二里头文化四期之后的商文化遗存，分别概括为"二里冈下层"和"二里冈上层"商文化的两期[2]。我们认为，根据二里头文化同早商至中商文化具有不同的渊源和特征，二里头文化的概念应限于20世纪70年代所分二里头遗址一至四期遗存的范畴。当然，目前二里头遗址考古发掘材料已相当丰富，有可能对二里头文化分期做更细致、更系统的研究。为了既要体现二里头文化发展演变的详细情况，以利于对二里头文化的深入研究，又避免陷入繁琐，我们将二里头文化分做四期，每期可各分为早段、晚段。

（一）地层依据

一处遗址、一种文化的分期，必须建立在明确、可靠的地层关系基础上。我们从1959年至1995年二里头遗址的考古资料中，选择如下成系列的文化层叠压关系作为分期的地层依据[3]：

1960年在Ⅷ区T16发现三期、二期、一期的文化层，自上而下依次叠压；

1963年在Ⅳ区T24发现四期、三期、二期、一期的文化层，自上而下依次叠压；

1981年在Ⅴ区T15中发现四期、三期、二期、一期的文化层，自上而下依次叠压；

1981年在Ⅴ区T20中发现四期、三期、二期的文化层，自上而下依次叠压；

直接叠压在二号宫殿基址之下的是第二期的夯土建筑基址。二号宫殿基址及其使用时期的路土为第三期文化遗存。叠压在二号宫殿基址之上的地层单位属于第四期遗存以及上文所述的"晚于四期的堆积"。

相邻两期文化层直接叠压的地层关系还有许多，不一一列举。

（二）各期陶器特征及其演变

1. 陶质陶色

二里头文化陶器以夹砂灰陶为主，泥质灰陶次之，有部分黑陶、白陶和少量褐陶、红陶。一期陶器陶色多深重，夹砂灰陶的色调多变，或泛蓝，或泛黑，或泛褐，砂粒粗大，往往凸现于器表。常见泥质黑陶或黑皮陶。二期陶色仍较深重，夹砂陶往往泛蓝色，砂粒粗大且凸显于器表，黑皮陶、白陶均较常见。三期陶器陶色较二期浅而纯正，一般均表里一色。夹砂灰陶所占比例较前增大，砂粒多较细小，白陶、黑皮陶已不多见。四期陶器的陶色浅淡明快，泥质灰陶比重增加，夹砂陶的砂粒细小，有少数红褐陶，罕见白陶、黑陶

---

[1] 郑光：《试论二里头商代早期文化》，《中国考古学会第四次年会论文集》，文物出版社，1985年；《二里头陶器分期初论》，《中国商文化国际学术讨论会论文集》，中国大百科全书出版社，1998年。

[2] 中国社会科学院考古研究所：《偃师二里头》第347~385页，中国大百科全书出版社，1999年。

[3] A. 1980年以前资料，见中国社会科学院考古研究所：《偃师二里头》第23、24、26、27页，中国大百科全书出版社，1999年。

　　B. 其余为二里头工作队资料。

和黑皮陶。

2. 纹饰

一期陶器夹砂陶以篮纹为主，绳纹次之，方格纹再次之。篮纹深而清晰，或竖或斜；绳纹很细，直而整齐；方格纹多呈菱形，少数是正方形或长方形。泥质陶多磨光，纹饰有篮纹、弦纹。

二期时绳纹上升为主要纹饰，篮纹逐渐减少，且主要见于早段，方格纹很少见。绳纹一般较细，竖直，规整清晰。篮纹浅而不甚清晰。

三期陶器以绳纹为主，早段流行细绳纹和偏细的中绳纹，偶尔可见篮纹，少数器物的内壁上出现小麻点。晚段流行中绳纹，篮纹、方格纹基本消失，内壁常见中型麻点。

四期时几乎都是绳纹，绳纹的种类较多，其中细绳纹只见于原属商文化系统的薄胎卷沿鬲和橄榄形深腹罐等个别器类，粗绳纹及特粗绳纹饰于薄胎盘口深腹罐上，中绳纹则见于大口尊、卷沿盆、缸等器物上。器物内壁常见大麻点。夹砂褐陶的罐、鬲等少量岳石系统陶器表面常见篦状刮痕。

3. 器类

一期陶器以深腹罐最多见，其他常见器类主要有圆腹罐、鼎、甗、刻槽盆、捏口罐、壶、觚、鬹、盉、爵、豆、三足皿、圈足盘、折沿盆、平底盆、小口尊、矮领尊、缸、器盖等。

二期时圆腹罐陡增，达到与深腹罐并驾齐驱的地步。其他常见器类与一期大致相同，本期晚段新出现有卷沿盆、大口尊，偶见花边口沿的单耳陶鬲。

三期卷沿盆取代折沿盆成为盆类的主流，盉取代鬹成为流行的酒器，浅盘口深腹罐大量出现，典型大口尊开始流行。深腹罐和圆腹罐最常见，其次是大口尊和卷沿盆。鬲和甑仍属罕见，但却为本期一重要特点。

四期最常见的是盘口的深腹罐和圆腹罐，其次是大口尊和卷沿盆，新出现的器物有橄榄形深腹罐、薄胎细绳纹鬲、束颈盆等。豆的数量骤减，而簋的数量大增，簋取代豆成为主要食器，三足皿也比较少见了。

4. 器形演变

二里头文化陶器种类丰富，每类器物都随着时间的推移而有所变化。这里选取9种器物作为代表，阐述其发展演变的基本轨迹。为便于读者掌握，下文以阐明各类器物期别特征为主，有的兼及早、晚段的差别（图2-5）。

（1）深腹罐：夹砂灰陶或呈灰黑、灰褐色，也有夹砂黑皮陶。折沿或卷沿，深腹，平底或圜底。腹饰绳纹或篮纹、方格纹。

一期为斜折沿，肥腹，平底。纹饰以篮纹为主，其次是方格纹，绳纹最少。偏早者下腹多垂鼓。以圆唇斜折沿薄胎者为多，沿面陡斜，以篮纹为主，也有绳纹。少数胎厚，沿面相对平缓，方格纹。偏晚者腹部稍瘦，以圆唇折沿居多，方唇折沿居少。此外还有一部分圆唇卷沿者，沿外似呈束颈状。

二期为腹部较前稍瘦，流行尖圜底，少数平底。纹饰以细绳纹为主，篮纹次之。早段以折沿者为常见。一种口沿窄、薄、平，另一种口沿较宽、厚、陡，其中有的近方唇，有

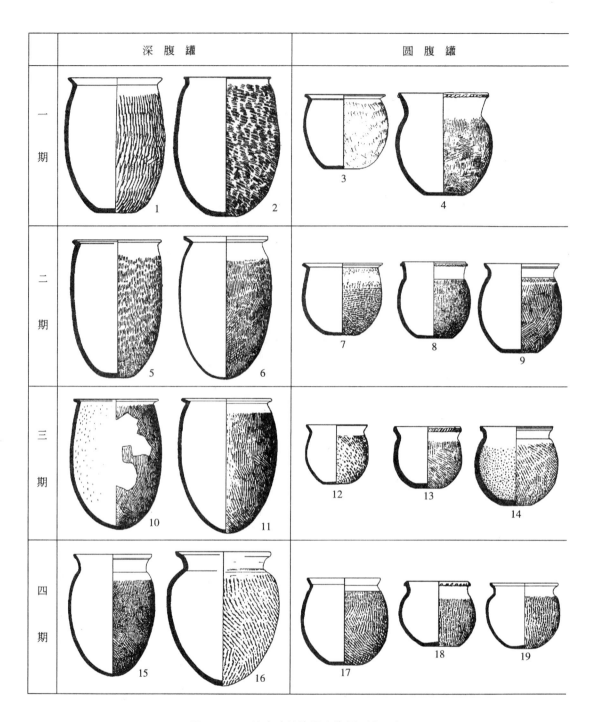

图 2-5 二里头遗址陶器分期图（之一）

1. 深腹罐（ⅤH103:11） 2. 深腹罐（82ⅤT15⑨D:1） 3. 圆腹罐（ⅤH72:22） 4. 圆腹罐（ⅡT104⑤:18） 5. 深腹罐（86ⅥH8:1） 6. 深腹罐（ⅤH110:10） 7. 圆腹罐（东干沟H552:2） 8. 圆腹罐（82ⅨM10:1） 9. 圆腹罐（ⅤD2H12:1） 10. 深腹罐（ⅣH43:16） 11. 深腹罐（ⅣT24④D:14） 12. 圆腹罐（ⅧT13⑥:11） 13. 圆腹罐（87ⅥM20:1） 14. 圆腹罐（83ⅣH59:1） 15. 深腹罐（ⅤH87:15） 16. 深腹罐（ⅢH23:2） 17. 圆腹罐（ⅢH234:13） 18. 圆腹罐（87ⅥM57:16） 19. 圆腹罐（ⅤH53:10）

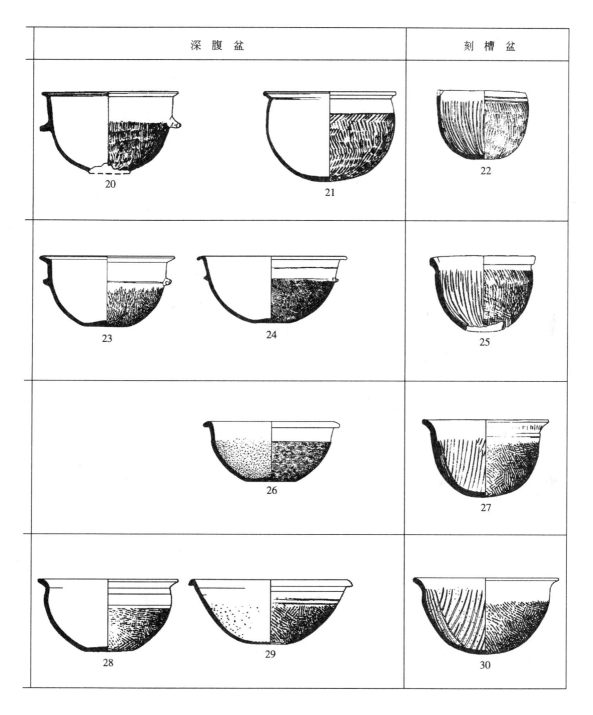

图 2-5 二里头遗址陶器分期图（之二）
20. 深腹盆（ⅡT104⑥:47） 21. 深腹盆（ⅡT104⑥:46） 22. 刻槽盆（Ⅱ·ⅤH130:13） 23. 深腹盆（82ⅨM20:13） 24. 深腹盆（ⅥM8:4） 25. 刻槽盆（ⅤT113④:12） 26. 深腹盆（87ⅥM20:3） 27. 刻槽盆（ⅣH30:11） 28. 深腹盆（ⅤH101:19） 29. 深腹盆（ⅢH234:10） 30. 刻槽盆（ⅤH83:38）

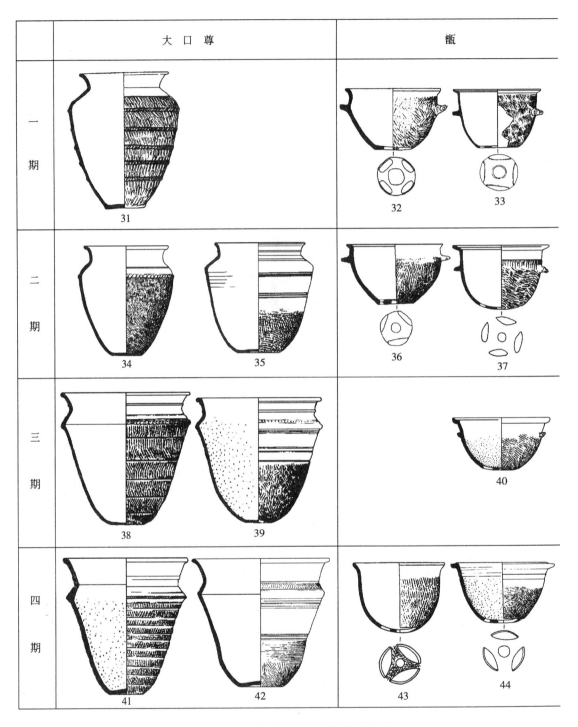

图 2-5 二里头遗址陶器分期图（之三）

31. 大口尊（ⅡH216:17） 32. 甑（ⅤH130:18） 33. 甑（ⅧH93:11） 34. 大口尊（82ⅨM15:2） 35. 大口尊（ⅤH132:30） 36. 甑（ⅤH157:2） 37. 甑（ⅤH63:30） 38. 大口尊（ⅡT203G:11） 39. 大口尊（ⅣH76:78） 40. 甑（87ⅥH84:4） 41. 大口尊（ⅤH101:17） 42. 大口尊（84ⅥM9:13） 43. 甑（ⅤH53:14） 44. 甑（81ⅢH10:4）

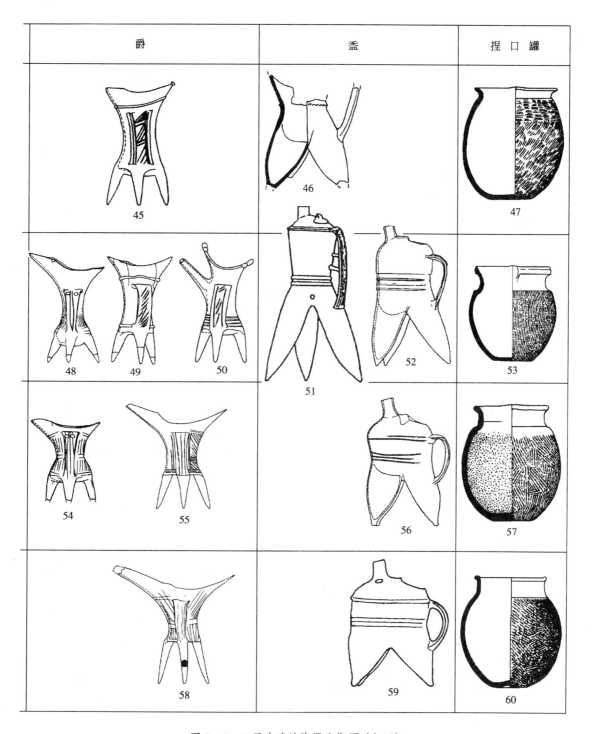

图 2-5 二里头遗址陶器分期图（之四）

45. 爵（ⅡM54:7） 46. 盉（ⅤT130⑤:2） 47. 捏口罐（82ⅤT15⑨D:2） 48. 爵（ⅥM8:2） 49. 爵（87ⅥM43:3）
50. 爵（87ⅥM49:3） 51. 盉（ⅣM18:7） 52. 盉（ⅥM8:1） 53. 捏口罐（86ⅥH39:9） 54. 爵（ⅤM22:1）
55. 爵（82ⅨM8:4） 56. 盉（87ⅥM28:5） 57. 捏口罐（86ⅥH3:2） 58. 爵（84ⅥM11:20） 59. 盉（80ⅥM6:1）
60. 捏口罐（ⅤH133:12）

的唇下缘圆抹，而沿面微凹。新出现一种翻沿深腹罐，砂粗胎厚，因其口沿是附加的，故肩部凸出且很厚。晚段口沿和唇部更多样化，其中方唇者，沿面外缘起棱；圆唇者，沿面平直，沿内侧折棱明显；抹缘者，系将方唇的下缘抹圆而变来，沿面微微弧凹；尖唇者胎厚，窄沿外翻。

三期多平折沿，沿面微凹，圜底。一般饰中绳纹。偏早者主要是方唇折沿，少数略显浅盘。腹部上瘦下肥，圜底稍缓。偏晚者主要是抹缘式口沿（即将口沿下缘抹圆），圆唇上凸，沿面微凹。腹部上肥下瘦，圜底稍尖。

四期的代表性造型为盘状口，尖唇，有的口沿外压有花边，束颈，鼓肩，圜底。薄胎。器表饰粗绳纹，内壁有麻点。还常见两种，一种折沿，沿面下凹，无颈，圜底，绳纹；一种尖唇斜侈沿，高颈，腹肥鼓，圜底。

概括说，深腹罐口沿式样繁多，尚难找到能涵盖所有器物的清晰发展轨迹。就大体而言，一至三期沿面从斜直到微凹，圆唇、方唇并存；至第四期，出现浅盘状口和尖唇。大多数无肩、颈，到第四期出现高颈、凸肩，腹径与器高之比相对加大。底部的趋势是从平底演变为圜底。纹饰从篮纹、方格纹到细绳纹，再到中等粗细绳纹，最后流行粗绳纹。

（2）圆腹罐：夹砂灰陶或呈黑色、灰褐色，鼓腹，平底或凹圜底。腹饰绳纹或篮纹。

一期一般是夹砂灰黑陶或灰褐陶，形体不大，有侈沿、折沿两种，以折沿为常见。饰篮纹或细绳纹，少数饰方格纹。侈沿者尖唇，口沿外往往有花边，高领，束颈，平底。

二期为夹砂灰陶或灰黑陶，多高领，束颈，腹部较深。折沿而不出器领的圆腹罐较少见。纹饰主要是细绳纹，篮纹很少。偏早时陶色多呈灰黑色，尖唇，直口或侈口，沿外饰花边，肩不凸显，平底；偏晚时较多夹砂灰陶，口沿外侧加厚隆凸，颈部变短，腹变肥。

三期流行夹砂灰陶，尖唇或圆唇，颈短而弧曲，圆鼓腹，平底或凹圜底，中绳纹。偏早者，领稍宽直，口沿外侧下缘出凸棱。仍有少数花边口沿圆腹罐，作平底，与二期晚段圆腹罐的区别不明显。偏晚者口微侈，矮颈内束，外沿面有一道凹槽，腹圆鼓，腹高与腹径相若。

四期仍为夹砂灰陶，绳纹，常见形制为浅盘口，束颈，凸肩，平底或凹圜底。偏早时有两种口沿，一种口沿翻侈，圆唇；一种为尖唇浅盘口，有的口沿外侧有凹槽。晚段口沿多呈盘状，尖唇，浅腹。另有少量厚胎，圆唇，口沿外侧有凸棱。

圆腹罐的口沿仍很复杂，器身由无肩、溜肩，到圆肩、凸肩。底部从平底演变为平底与凹圜底并行。纹饰从流行篮纹、方格纹，到流行绳纹，绳纹由细到粗。

（3）甑：泥质灰陶或黑皮陶，侈口盆状，平底或圜底，底部有镂孔。饰篮纹或绳纹。

一期是泥质灰陶或黑皮陶，以折沿甑为常见，也有少数翻沿甑。折沿一般较宽，腹深，平底，底有五六孔。施篮纹，设鸡冠鋬。早段者折沿斜陡，沿面凹下，腹瘦，下腹收为小平底，状若假圈足，六孔。晚段者折沿趋平，腹肥，平底，一般五孔。圆唇翻沿甑，上腹外鼓，下腹瘦削。饰篮纹或绳纹。

二期为泥质灰陶或灰黑陶，以折沿甑为主，少量翻沿甑。深腹，四孔或五孔，鸡冠状鋬较高，多数施绳纹，少数为篮纹，个别方格纹。折沿者腹肥，圜底；翻沿者腹瘦，平底。早段者有灰黑陶，斜折沿较宽，多饰篮纹或方格纹；晚段者多灰陶，沿面出浅槽，一般为四孔，腹饰绳纹。

三期只见泥质灰陶，圆唇或方唇抹缘，斜折沿为主，也有少数卷沿，沿面多有弧凹，鸡冠状錾稍高，底有四孔。上部磨光，下部饰绳纹。偏早者折沿斜陡，腹偏肥；偏晚者折沿近平，腹偏瘦。

四期仍为泥质灰陶，口沿外折或外卷（少数翻沿），深腹，鸡冠状錾矮小甚或消失，圜底。底有一中心圆孔，三或四个半月形孔。上腹抹光，常出棱，下腹饰绳纹。早段口沿沿面大体持平，沿面微下凹；晚段唇沿多下垂，口沿的外缘往往低于内缘。

甑的变化趋势为：口沿从斜折到平折，再到折垂，即其口沿外缘从高于内缘逐步演变为低于内缘。腹壁由斜收而弧收。从平底、平底与圜底并行到只见圜底，从多于四孔到只有四孔。从篮纹、细绳纹到普遍施中绳纹，鸡冠錾从普遍到消失。

（4）深腹盆：分折沿、卷沿、侈沿三种。多为泥质灰陶，少数为泥质黑陶或黑皮陶，平底或圜底，以绳纹为主，少量篮纹。

一期流行泥质灰陶或灰黑陶折沿盆，薄胎，斜折沿，沿面微凹，有的盆腹近浑圆，平底或圜底；有的底部收为小平底，状若假圈足。饰篮纹或方格纹，个别饰绳纹。附鸡冠錾或带双横耳。

二期流行折沿盆，泥质灰陶为主，还有小部分黑皮陶和姜黄色陶，腹缓收，平底或凹圜底。口沿及上腹磨光，下腹饰篮纹或细绳纹。多装鸡冠錾。早段腹深，常见篮纹；晚段腹稍浅，绳纹为主。

偏晚时出现卷沿深腹盆，泥质灰陶，薄胎尖唇或圆唇外卷，深腹，凹底。腹饰细绳纹。

三期流行泥质灰陶卷沿盆，圆唇，深腹，凹圜底。上腹及口沿磨光。偏早者有少数黑皮陶，多饰细绳纹或偏细的中绳纹；偏晚者均泥质灰陶，一般饰中绳纹。

四期主要流行泥质灰陶卷沿盆，胎厚实，陶色浅而纯正。口沿窄小，盆腹相对变浅，凹圜底或圜底。上腹抹光，常见有抹棱，下腹横施（少数竖施）中绳纹或粗绳纹，内壁多见大麻点。偏早时，腹稍深，凹圜底；晚段时，腹变浅，出现部分圜底。

深腹盆的演变表现为：先是流行折沿盆，继而流行卷沿盆。折沿盆的口沿从斜陡到平缓，腹部由陡深变斜浅，底部从圜底、小平底、平底微凹到凹圜底。纹饰从篮纹、细绳纹到中绳纹，口沿和上腹从流行磨光到抹光而后见旋棱。陶色从泛黑色到浅灰色。内壁麻点由小而大。

（5）大口尊：泥质灰陶，有少量黑皮陶，侈口，圆唇，束颈，折肩，深腹，平底或凹圜底。多饰绳纹、弦纹和附加堆纹。典型的大口尊出现于二期。

一期偶见一种器形介于高领尊与大口尊之间的器物，口径明显小于肩径，弧肩，腹微鼓，平底。腹施篮纹和多周附加堆纹。或可视为大口尊的雏形。

二期时口径小于肩径，肩仍稍宽而微显弧度，腹斜收或微鼓，平底或凹圜底。有的颈部有一周凸棱，或在肩腹交界施一周索状附加堆纹，腹饰篮纹或绳纹，往往有多周弦纹，有的还兼施索状附加堆纹。

三期时口径略小于肩径，斜肩，肩、腹间出凸棱，腹斜收，平底或圜底微内凹。口、颈磨光多呈黑色，肩上往往有弦纹、绳纹。腹部饰中绳纹或绳纹间弦纹，有的上腹磨光、有多周弦纹。早段者口部外侈度小；晚段者口沿外侈度大，肩窄，上、中腹往往呈现内凹曲线，多凹圜底。

四期时口径等于或稍大于肩径，斜高领，窄肩，腹部变瘦且腹壁常见内曲，凹圜底。肩缘多施一周索状附加堆纹，腹饰绳纹间弦纹（有的上腹磨光），内壁常见大麻点。

大口尊突出的变化是：从口径小于肩径到等于或略大于肩径，从较宽的弧肩到窄斜肩，腹部从微鼓到微内曲，从小平底到凹圜底。

(6) 爵：泥质灰陶为主，有部分夹砂褐陶、泥质白陶。口部前流、后尾，单鋬，束腰，平底或圜底，圆锥状三足。有的腹部、鋬部刻划几何纹，流根、尾尖或鋬首饰泥丁。

一期为夹砂灰褐陶或红褐陶，胎较厚，流与尾皆短小，底部垂凸。腹部往往饰泥条，鋬上有简单的刻划纹。

二期除槽状流之外，新出现有管状流。早段流行夹砂灰褐或红褐陶，多为管流，体瘦，底垂凸。晚段流行泥质灰陶，管流爵为细管流，马鞍状口，腹部刻划有纹饰。槽状流爵流尾皆短，底部微垂凸，腹部多刻划有几何纹饰。本期有少数泥质白陶爵。

三期流行泥质浅灰陶槽状流爵，流、尾均较长，流一般高于尾，腹部刻划分区平行线，平底。有腰、腹呈弧线圆滑相接和瘦腰鼓腹两种。管状流爵基本消失。

四期依然流行泥质浅灰陶。体形瘦削，流、尾窄长，一般流高于尾，腰腹横截面均呈扁圆形，平底，三锥足细高。分区刻划纹饰。此外，本期还有一种夹砂红褐陶爵，流尾均短，器壁经刮削，较少见。

爵的变化趋势为：二期管状流与槽状流并行，其后只流行槽状流。腹部截面从近于圆形变为椭圆形，且越晚越扁。底部由垂凸到平底。纹饰由凸弦纹与阴线刻划纹并存到只见阴线刻划纹。槽状流爵的流、尾由短而长。

(7) 盉：泥质灰陶或白陶。薄胎。顶部一流一口，流作短管状。单鋬，袋状三足。通体磨光，常见凸、凹弦纹，个别刻划几何纹。

一期是暗灰色细泥质陶。顶盖高隆，颈有弦纹，盖缘压有花边。有的在腰部饰索状附加堆纹。

二期为泥质白陶或浅灰陶。一种为瘦首，形体较矮，顶盖瘦小，口上往往有盖，短流，顶盖和腰部各饰一组凹弦纹。一种为肥首，体高，顶盖隆凸，腰部多有凸弦纹。

三期仅见泥质浅灰陶。硕首，束腰，形体肥瘦呈中等，流行于腰部饰凹、凸弦纹。

四期仍为泥质浅灰陶。形体肥矮，管流竖立，器体上宽下窄，腰部饰二三道凹弦纹，有的饰一周刻划平行线。

盉的演变趋势是从白陶与灰陶并举到流行浅灰陶，形体从瘦高到肥矮，纹饰从流行凸弦纹到流行凹弦纹。

(8) 刻槽盆：泥质灰陶，平底或圜底。一般饰绳纹，少数篮纹，个别方格纹。

一期为厚胎，直口（有的口微侈，有的口微敛），深腹，平底。多施篮纹，少数施方格纹或绳纹。内壁刻槽皆从盆底中心引出，似呈辐射状。

二期仍为厚胎，深腹，平底或圜底。内壁刻槽一般是用一槽将刻槽区先等分为二，然后沿分区刻槽，槽深而粗，器表饰篮纹或绳纹。早段直口（有的口沿外出凸边）者多，少数微侈口，以篮纹为多；晚段侈口者渐多，外沿有凸出的宽边，颈微束，多饰绳纹。

三期为侈沿或翻沿，圆唇，束颈，平底或圜底。饰中绳纹。偏早者腹偏深，多平底，刻槽一般是从一个中心引出；偏晚者盆口偏大，腹偏浅，多圜底，刻槽往往分四区，而非均从一个中心引出。

四期是圆唇，侈口，微束颈，浅腹，圜底。刻槽一般较细浅，分做四个槽区。腹壁外施中绳纹，内壁往往有大麻点。

刻槽盆的演变趋势为：从厚胎、直口或微敛口、无颈、深腹、小平底，外施篮纹或细绳纹，内壁刻槽粗而深；逐渐变为薄胎、侈沿或翻沿、束颈、浅腹、圜底，饰中绳纹，内壁刻槽细而浅。

(9) 捏口罐：泥质灰陶或灰黑陶。小口，束颈，鼓腹，平底或凹圜底。腹饰绳纹或篮纹，个别方格纹。

一期为泥质黑皮陶或灰陶，质坚。平底。往往通腹饰篮纹或方格纹。偏早时有两种，一为圆唇卷沿，短颈，略显凸肩；一为折沿，无颈，溜肩。晚段只见泥质灰陶。圆唇直领，口微侈，腹瘦，饰篮纹。

二期仅见泥质灰陶。腹深，平底。早段圆唇直口、无肩、瘦腹，多篮纹、方格纹，少见绳纹。晚段则绳纹多，篮纹或方格纹少见，一种为尖唇，口沿下缘外凸，高颈内束；一种为圆唇，口沿外侧出厚边，短颈。

三期还是泥质灰陶。形如圆腹罐，圆唇，微侈口，高颈，多出肩，鼓腹，凹圜底。腹外施绳纹，有的内壁见麻点。

四期仍然是泥质灰陶。圆唇外卷，直领，圆鼓腹，凹圜底。施绳纹。

捏口罐的形制演变趋势为：从尖唇、束颈到圆唇、高领，从溜肩到凸肩，从平底到凹圜底；从流行篮纹、方格纹到流行绳纹（绳纹从细绳纹变为中绳纹）。

综合二里头遗址的考古资料，可看出二里头文化一至四期陶器的演变轨迹。

陶系方面：泥质陶中细泥陶的比例由多变少，夹砂陶的比例由少变多；陶色由深沉向浅明发展，黑陶、黑皮陶由多而少，灰陶逐渐增多，最后多见浅灰陶。

器类组合方面：炊具由罐、鼎、甗的组合，到罐、鼎、甗与少量的鬲共存；甑始终存在，但是一直处于从属地位。食器中豆始终为主体，三足皿亦常见，圈足盘只在一期流行，而簋则主要见于三、四期，尤以四期为多。酒器中饮器以爵、斝为主，从流行夹砂陶爵，多见管流爵；演变为流行泥质陶爵，只见槽流爵。斟灌器从鬶、盉并存到只见陶盉。盛储器以盆、尊、瓮为主，折沿盆逐渐为卷沿盆取代，二期以后盛行大口尊。

器形方面：从流行折沿、平底器，少见空三足器；到流行翻沿、卷沿、圜底、凹圜底器，空三足器渐多。

纹饰方面：从流行篮纹、方格纹，到流行绳纹。从细绳纹发展到中绳纹、粗绳纹。从较多的凸棱，演变为多见阴线弦纹。

纵观二里头文化陶器的发展演变，我们认为大体上又可以划分为前期和后期两个大的发展时期，即以一、二期为前期，三、四期为后期。前期泥质陶较多见，陶色深沉，黑陶和黑皮陶较多。流行折沿、平底器，少见三足器。炊具主要是深腹罐、圆腹罐、甑；食器主要是豆、三足皿，常见圈足盘；酒器以爵、斝、鬶为主，也用盉；盛储器流行折沿盆、小口尊。后期夹砂陶为主，泥质陶较少。陶色浅淡明快，较多浅灰陶。流行翻沿或卷沿、圜底器，常见三足器。炊具除仍以深腹罐、圆腹罐、甑为主外，还有鬲；食器除豆、三足皿外，常见簋；酒器仍以爵、斝为主，流行盉而罕见鬶；盛储器流行卷沿盆、大口尊等。在后期末尾即第四期晚段，炊器中出现薄胎、垂腹、袋足分裆明显的鬲和橄榄形平底深腹罐，盛器中出现束颈平底盆等明显属于商文化系统的器物。

二　年代

关于二里头文化的年代，可从考古学文化相对年代和碳十四年代两个方面进行讨论。

（一）相对年代

经过数十年的发掘和研究，二里头文化在中原地区考古编年序列中的位置已经明确。20世纪50年代，首先在洛阳东干沟遗址[1]发现二里头文化灰坑打破龙山文化晚期灰坑。以后，在临汝煤山[2]、洛阳矬李遗址[3]发现二里头一期遗存叠压或打破王湾三期文化堆积的地层关系。考古界公认二里头文化晚于豫西地区龙山文化，但从文化传承关系和当时公布的碳十四测年数据看，二者间尚存在缺环。1979年对密县（今新密市）新砦遗址的试掘[4]，发现"新砦期"灰坑打破王湾三期文化晚期灰坑。后来又在临汝煤山[5]找到"新砦期"早于二里头文化一期的地层证据。而且，"新砦期"陶器群明显表现出上承王湾三期文化、下启二里头文化一期的过渡形态[6]，证实二里头文化是在王湾三期文化晚期基础上经"新砦期"发展而来。1999年北京大学对新砦遗址的发掘[7]，使上述结论得到印证。

---

[1] 中国社会科学院考古研究所：《洛阳发掘报告》第52页，北京燕山出版社，1989年。
[2] A. 洛阳博物馆：《河南临汝煤山遗址调查与试掘》，《考古》1975年第5期。
　　B. 河南省文物研究所：《临汝煤山遗址1987～1989年发掘报告》，《华夏考古》1991年第3期。按：该报告所称"二里头一期文化"应属"新砦期"遗存，"二里头二期文化"应属二里头一期，详见第一章第四节。
[3] 洛阳博物馆：《洛阳矬李遗址试掘简报》，《考古》1978年第1期。
[4] 中国社会科学院考古研究所河南二队：《河南密县新砦遗址的试掘》，《考古》1981年第5期。
[5] 河南省文物研究所：《临汝煤山遗址1987～1989年发掘报告》，《华夏考古》1991年第3期。按：该报告所称"二里头一期文化"应属"新砦期"遗存，"二里头二期文化"应属二里头一期，详见第一章第四节。
[6] 赵芝荃：《试论新砦期二里头文化》，《中国考古学会第四次年会论文集》，文物出版社，1985年；《试论二里头文化的源流》，《考古学报》1986年第1期。
[7] 北京大学考古文博院、郑州市文物研究所：《1999年河南新密市新砦遗址的考古新收获》，北京大学《古代文明研究通讯》第4期，2000年3月；《河南新密市新砦遗址发掘简报》，《中原文物》2000年第4期。

在偃师二里头[1]、夏县东下冯[2]和垣曲商城[3]等多处遗址都发现早商文化叠压或打破二里头文化晚期遗存，但迄今尚无一例相反的层位证据。偃师商城第一期遗存[4]中含有大量二里头文化器物。偃师商城考古分期序列的建立，以及对偃师商城、郑州商城与二里头遗址相关遗存的比较研究，使我们知道：以偃师商城第一期和郑州二里冈下层一期为主要代表的早商文化一期，同二里头四期晚段时间相当。即是说二里头文化末尾同早商文化开头有交错，二里头文化的主体（一至三期）无疑早于早商文化，其第四期（至迟其晚段）已经进入商代[5]。

（二）碳十四年代测定

以往曾公布二里头遗址一至四期碳十四测定数据 40 个[6]。学者曾就其进行过专题讨论，提出二里头文化的年代范围应是公元前 1900 年至前 1500 年[7]，此说曾被学术界广泛采用。

《夏商周断代工程 1996 ~ 2000 年阶段成果报告（简本）》公布了采用常规法及 AMS（加速器质谱仪）方法新测定的年代数据（包括拟合后的日历年代范围）。关于二里头文化的年代，有二里头遗址常规法测定数据（见本书附录表 2），还有郑州"洛达庙类型"晚期常规法和 AMS 测定数据[8]。

参照已公布的碳十四年代数值，并与考古学文化编年序列相勘照，我们暂推定二里头文化的年代范围是公元前 19 世纪中叶至前 16 世纪中叶，约 300 多年。如前所述，据考古学方法已判明二里头四期（晚段）同偃师商城早商文化一期在时间上有交错，把二里头文化下限推定在公元前 16 世纪中叶，同附录表 3、表 4 所载偃师商城一期早段测定为公元前 16 世纪前半叶是吻合的。至于二里头文化日历年代的上限，还需依赖更多数据以及对"新砦期"较可靠的年代测定，做进一步整合，方可得出比较具体的认识。

---

[1] 中国社会科学院考古研究所：《偃师二里头》第 19 ~ 27 页，中国大百科全书出版社，1999 年。
[2] 中国社会科学院考古研究所、中国历史博物馆、山西省考古研究所：《夏县东下冯》第 12 ~ 17 页，文物出版社，1987 年。
[3] 中国历史博物馆考古部、山西省考古研究所、垣曲县博物馆：《垣曲商城》第 42 ~ 49 页，科学出版社，1996 年。
[4] 中国社会科学院考古研究所河南二队：《河南偃师商城宫城北部"大灰沟"发掘简报》，《考古》2000 年第 7 期。
[5] 高炜、杨锡璋、王巍、杜金鹏：《偃师商城与夏商文化分界》，《考古》1998 年第 10 期。
[6] 中国社会科学院考古研究所：《中国考古学中碳十四年代数据集（1965 ~ 1991）》第 151 ~ 157 页，文物出版社，1991 年。
[7] 仇士华、蔡莲珍、冼自强、薄官成：《有关所谓"夏文化"的碳十四年代测定的初步报告》，《考古》1983 年第 10 期。
[8] 夏商周断代工程专家组：《夏商周代断工程 1996 ~ 2000 年阶段成果报告（简本）》第 63 ~ 64 页，世界图书出版公司，2000 年。

第三节　二里头文化的分布与类型

一　分布

首先，我们需明确二里头文化分布范围的划定方法。第一，需确认二里头文化的内涵与外延，区别二里头文化与受二里头文化影响的其他文化；第二，确认相关地点确有二里头文化遗存，辨明有关遗物是二里头文化的典型器物（其出土地点又有原产地与迁移地之分），抑或是二里头文化器物的变体。这个问题说起来简单，做起来却相当复杂。有鉴于此，如在某个地方发现少数具有二里头文化器物特征的遗物，就断言这里是二里头文化的分布区，恐怕是欠妥的。所以，我们划定二里头文化分布区所使用的材料，是以科学发掘资料为主，辅以田野调查材料。

根据目前的资料判断，二里头文化的分布中心是河南省中、西部的郑州、洛阳地区和山西省西南部的运城、临汾地区。向西突入了陕西关中东部、丹江上游的商州地区，南及豫鄂交界地带，往东至少分布到豫东开封地区，北抵沁河岸旁[1]。

河南境内经过正式发掘的二里头文化遗址主要有：郑州洛达庙[2]、上街[3]、大河村[4]、岔河[5]，荥阳西史村[6]、阎河[7]、竖河[8]，偃师二里头、灰嘴[9]，巩义稍柴[10]，登封王城岗[11]、程窑[12]，临汝煤山[13]，伊川南寨[14]，新密新砦[15]、黄寨[16]、曲

---

[1] 豫北地区大体以沁河为界，二里头文化主要分布于沁河西南（见北京大学考古专业商周组、山西省考古研究所、河南省安阳、新乡地区文化局、湖北省孝感地区博物馆：《晋豫鄂三省考古调查简报》，《文物》1982年第7期；刘绪：《论卫怀地区的夏商文化》，《纪念北京大学考古专业三十周年论文集》，文物出版社，1990年）。

[2] A. 河南省文化局文物工作队第一队：《郑州洛达庙商代遗址试掘简报》，《文物参考资料》1957年第10期。
B. 河南省文物研究所：《郑州洛达庙遗址发掘报告》，《华夏考古》1989年第4期。

[3] 河南省文化局文物工作队：《郑州上街商代遗址的发掘》，《考古》1960年第6期；《河南郑州上街商代遗址发掘报告》，《考古》1966年第1期。

[4] 郑州市文物工作队、郑州市大河村遗址博物馆：《郑州大河村遗址1983、1987年发掘报告》，《考古学报》1996年第1期。

[5] 北京大学考古系于1988年发掘，见李维明：《试论曲梁、岔河夏商文化遗址的分期》，《华夏考古》1991年第2期。

[6] 郑州市博物馆：《河南荥阳县西史村遗址试掘简报》，《文物资料丛刊》5，文物出版社，1981年。

[7] 郑州市文物工作队：《河南荥阳县阎河遗址的调查与试掘》，《中原文物》1992年第1期。

[8] 河南省文物研究所：《河南荥阳竖河遗址发掘报告》，《考古学集刊》第10集，地质出版社，1996年。

[9] 河南省文化局文物工作队：《河南偃师灰嘴遗址发掘简报》，《文物》1959年第12期。

[10] 河南省文物研究所：《河南巩县稍柴遗址发掘报告》，《华夏考古》1993年第2期。

[11] 河南省文物研究所、中国历史博物馆考古部：《登封王城岗与阳城》第112~150页，文物出版社，1992年。

梁[17]，洛阳东干沟[18]、矬李[19]、东马沟[20]、吉利东杨村[21]，新安太涧[22]、盐东，济源留庄、交兑、白沟[23]，渑池鹿寺[24]、郑窑[25]，陕县七里铺[26]、西崖村[27]，杞县朱岗[28]、牛角岗[29]、段岗[30]，郾城郝家台[31]，沈丘乳香台[32]，驻马店党楼[33]、杨庄[34]，方城八里桥[35]，邓州陈营[36]、穰东[37]，淅川下王岗[38]。

[12] 赵全军、曾晓敏：《河南登封程窑遗址试掘简报》，《中原文物》1982年第2期。
[13] A. 洛阳博物馆：《河南临汝煤山遗址调查与试掘》，《考古》1975年第5期。
　　B. 中国社会科学院考古研究所河南二队：《河南临汝煤山遗址发掘报告》，《考古学报》1982年第4期。
　　C. 河南省文物研究所：《临汝煤山遗址1987～1988年发掘报告》，《华夏考古》1991年第3期。
[14] 河南省文物研究所：《河南伊川县南寨二里头文化墓葬发掘简报》，《考古》1996年第12期。
[15] 中国社会科学院考古研究所河南二队：《河南密县新砦遗址的试掘》，《考古》1981年第5期。
[16] 河南省文物研究所：《河南密县黄寨遗址的发掘》，《华夏考古》1993年第3期。
[17] 北京大学考古系于1988年发掘，见李维明：《试论曲梁、岔河夏商文化遗址的分期》，《华夏考古》1991年第2期。
[18] A. 中国科学院考古研究所：《洛阳中州路（西工段）》第9、18～23页，科学出版社，1959年。
　　B. 中国科学院考古研究所洛阳发掘队：《1958年洛阳东干沟遗址发掘简报》，《考古》1959年第10期。
　　C. 中国社会科学院考古研究所：《洛阳发掘报告》第55～82页，北京燕山出版社，1989年。
[19] 洛阳博物馆：《洛阳矬李遗址试掘简报》，《考古》1978年第1期。
[20] 洛阳博物馆：《洛阳东马沟二里头类型墓葬》，《考古》1978年第1期。
[21] 洛阳市文物工作队：《河南洛阳吉利东杨村遗址》，《考古》1983年第2期。
[22] 洛阳市文物工作队、新安县文物保护管理所：《河南新安县太涧遗址发掘简报》，《考古与文物》1998年第1期。
[23] 河南省文物管理局、水利部小浪底水利枢纽、建设管理局移民局：《黄河小浪底水库文物考古报告集》第15～16、32～38页，黄河水利出版社，1998年。
[24] 河南省文化局文物工作队：《河南渑池鹿寺遗址试掘简报》，《考古》1964年第9期。
[25] 河南省文物研究所、渑池县文化馆：《渑池县郑窑遗址发掘报告》，《华夏考古》1987年第2期。
[26] 黄河水库考古工作队河南分队：《河南陕县七里铺商代遗址的发掘》，《考古学报》1960年第1期。
[27] 河南省文物研究所：《陕县西崖村遗址的发掘》，《华夏考古》1989年第1期。
[28] 郑州大学考古专业、开封市博物馆、杞县文物保管所：《河南杞县朱岗遗址试掘报告》，《华夏考古》1992年第1期。
[29] 郑州大学历史系考古专业、开封市博物馆考古部、杞县文物保管所：《河南杞县牛角岗遗址试掘报告》，《华夏考古》1994年第2期。
[30] 郑州大学文博学院、开封市文物工作队：《豫东杞县发掘报告》第191～230页，科学出版社，2000年。
[31] 河南省文物研究所、郾城县许慎纪念馆：《郾城郝家台遗址的发掘》，《华夏考古》1992年第3期。
[32] 河南省文物研究所、周口地区文化局：《河南乳香台遗址的发掘》，《华夏考古》1990年第4期。
[33] 北京大学考古系、驻马店市文物保护管理所：《河南驻马店市党楼遗址的发掘》，《考古》1996年第5期。
[34] A. 北京大学考古系、驻马店市文物保护管理所：《河南驻马店市杨庄遗址发掘简报》，《考古》1995年第10期。
　　B. 北京大学考古学系、驻马店市文物保护管理所：《驻马店杨庄》，科学出版社，1998年。
[35] 北京大学考古学系、南阳市文物研究所、方城县博物馆：《河南方城县八里桥遗址1994年春发掘简报》，《考古》1999年第12期。
[36] 袁广阔：《邓州市陈营二里头文化遗址》，《中国考古学年鉴（1990）》，文物出版社，1991年。

河南省境内的二里头文化遗址还有：巩义小芝田[39]、花地嘴、石灰务、康沟[40]，登封玉村[41]、石羊关[42]、安庙、南高马、十字沟、王村、小李湾[43]、北庄[44]，禹州崔庄[45]、董庄、龙池、下毋、连楼、冀寨、枣王、余王、王山[46]、吴湾[47]、阎寨[48]，偃师高崖、夏后寺、沙沟、程氏沟、孙家湾、西岗、砦湾、景阳岗[49]、灰嘴、崔河、酒流沟、罗圪垯、水牛沟、将江村、东岗、寺沟，孟津台阳、台阴、挂沟、平乐、霍村、东立射、廛沟口、大阳河、水泉、寺河南、菠萝窑、后李、南徐、小潘沟、李窑、潘庄，新安阎湾南、阎湾北、安乐、南岗、孝水，洛阳市郊半个店、黑王、夏庄[50]、西高崖[51]、皂角树[52]、柳行、聂湾[53]、孙旗屯[54]，汝州李楼[55]，温县上苑，沁阳西苟庄、

---

[37] 河南省文物研究所：《河南稷东遗址的发掘》，《华夏考古》1999年第2期。

[38] 河南省文物研究所、长江流域规划办公室考古队河南分队：《淅川下王岗》第264～306页，文物出版社，1989年。

[39] 或认为小芝田是稍柴遗址的一部分（见杨育彬：《河南考古》第503页，中州古籍出版社，1985年）。

[40] 河南省社科院河洛文化研究所、河南省巩义市文物保护管理所：《洛汭地带河南龙山与二里头文化遗存调查》，《中原文物》1994年第1期；《河南巩义市洛涄地带古代遗址调查》，《考古学集刊》第9集，科学出版社，1995年。

[41] 韩维周、丁伯泉、张永杰、孙宝德：《河南登封玉村古文化遗址概况》，《文物参考资料》1954年第6期。

[42] A. 徐旭生：《1959年夏豫西调查"夏墟"的初步报告》，《考古》1959年第11期。
B. 中国社会科学院考古研究所洛阳工作队：《1975年豫西考古调查》，《考古》1978年第1期。

[43] 安金槐：《豫西颍河上游在探索夏文化遗存中的重要地位》，《考古与文物》1997年第3期。

[44] 中国社会科学院考古研究所洛阳工作队：《1975年豫西考古调查》，《考古》1978年第1期。

[45] A. 中国社会科学院考古研究所洛阳工作队：《1975年豫西考古调查》，《考古》1978年第1期。
B. 河南省文物研究所、禹县文管会：《河南禹县颍河两岸考古调查与试掘》，《考古》1991年第2期。

[46] 河南省文物研究所、禹县文管会：《河南禹县颍河两岸考古调查与试掘》，《考古》1991年第2期。

[47] 河南省文物考古研究所、禹县文管会：《禹县吴湾遗址试掘简报》，《中原文物》1988年第4期。

[48] A. 中国社会科学院考古研究所洛阳工作队：《1975年豫西考古调查》，《考古》1978年第1期。
B. 中国河南省文物考古研究所、美国密苏里州立大学人类学系：《河南颍河上游考古调查中运用GPS与GIS的初步报告》，《华夏考古》1998年第1期。

[49] A. 中国科学院考古研究所洛阳发掘队：《河南偃师商代和西周遗址调查简报》，《考古》1963年第12期。
B. 北京大学历史系洛阳考古实习队：《河南偃师伊河南岸考古调查试掘报告》，《考古》1964年第11期。
C. 中国科学院考古研究所洛阳发掘队：《河南偃师二里头遗址发掘简报》，《考古》1965年第5期。

[50] A. 洛阳市博物馆：《一九七五年洛阳考古调查》，《河南文博通讯》1980年第4期。
B. 方孝廉：《洛阳市一九八四年古文化遗址调查简报》，《中原文物》1987年第3期。

[51] 洛阳博物馆：《洛阳西高崖遗址试掘简报》，《文物》1981年第7期。

[52] 叶万松、方孝廉：《洛阳市皂角树二里头文化遗址》，《考古学年鉴（1994）》，文物出版社，1997年。

[53] 方孝廉：《洛阳市一九八四年古文化遗址调查简报》，《中原文物》1987年第3期。

[54] 河南文物工作队第二队孙旗屯清理小组：《洛阳涧西孙旗屯古遗址》，《文物参考资料》1955年第9期。

[55] 吴耀利、陈星灿：《禹州李楼龙山文化遗址》，《中国考古学年鉴（1992）》，文物出版社，1994年。

花地冈[1]，宜阳庄家门，嵩县瑶店，伊川白元[2]、半坡[3]、南村、白湾，临汝夏店[4]、柏树圪垱[5]、新郑望京楼[6]、商水朱集、良台寺（阎庄）、王田寺，太康方城，项城高寺砦、骨头冢、骆驼岭，淮阳范丹寺、双冢，西华陆城、后于王庄、泥土店、后段庄、商高宗冢、陆城，扶沟林砦，沈丘东冢[7]，济源庙街[8]、河头、西关汽车站[9]，武陟大司马[10]、赵庄，温县北平皋[11]、西梁所，孟县禹寺[12]，长葛石固[13]。

山西省境内经过发掘的二里头文化遗址主要是夏县东下冯[14]、垣曲古城南关（垣曲商城）[15]。此外还有永济东马铺头、翼城感军[16]、襄汾大柴[17]、垣曲小赵等[18]。

山西境内的二里头文化遗址还有：垣曲丰村[19]、龙王崖[20]、后湾、口头、南堡头、河西、北河、前山、刘村、北羊堡、万家窑等[21]，运城阎家村，夏县小王村，闻喜大泽村，河津庄头村、燕掌村，稷山西社村，新绛祁郭村、泽掌村，绛县赵村，襄汾上毛村、吉柴、北张、陈果、刘村、柴村、南村、下梁村、清储镇、单家庄、上鲁村、陈郭村，侯

---

[1] 刘绪：《论卫怀地区的夏商文化》，《纪念北京大学考古专业三十周年论文集》，文物出版社，1990年。
[2] A. 中国科学院考古研究所洛阳发掘队：《1959年豫西六县调查简报》，《考古》1961年第1期。
B. 洛阳地区文物处：《伊川白元遗址发掘简报》，《中原文物》1982年第3期。
[3] 河南省文物考古研究所：《河南省登封矿区铁路登封伊川段古遗址调查发掘报告》，《华夏考古》1998年第2期。
[4] 中国科学院考古研究所洛阳发掘队：《河南偃师二里头遗址发掘简报》，《考古》1965年第5期。
[5] 中国社会科学院考古研究所洛阳工作队：《1975年豫西考古调查》，《考古》1978年第1期。
[6] 新郑县文化馆：《河南新郑县望京楼出土的铜器和玉器》，《考古》1981年第6期。
[7] 中国社会科学院考古研究所河南二队、河南省周口地区文物管理委员会：《河南周口地区考古调查简报》，《考古学集刊》第4集，中国社会科学出版社，1984年。
[8] 新乡地区博物馆：《新乡地区文物普查的主要收获》，《河南文博通讯》1979年第3期。
[9] 杨贵金：《沁水下游的夏文化与先商文化》，《中原文物》1997年第2期。
[10] 杨贵金、张立东、毋建庄：《河南武陟大司马遗址调查简报》，《考古》1994年第4期。
[11] 北京大学考古专业商周组、山西省考古研究所、河南省安阳、新乡地区文化局、湖北省孝感地区博物馆：《晋豫鄂三省考古调查简报》，《文物》1982年第7期。
[12] 杨贵金：《沁水下游的夏文化与先商文化》，《中原文物》1997年第2期。
[13] 中国社会科学院考古研究所：《偃师二里头》第2页，中国大百科全书出版社，1999年。
[14] 中国社会科学院考古研究所、中国历史博物馆、山西省考古研究所：《夏县东下冯》第18~148页，文物出版社，1988年。
[15] 中国历史博物馆考古部、山西省考古研究所、垣曲县博物馆：《垣曲商城》第89~155页，科学出版社，1996年。
[16] 中国社会科学院考古研究所山西工作队：《晋南二里头文化遗址的调查与试掘》，《考古》1980年第3期。
[17] 中国社会科学院考古研究所山西工作队：《山西襄汾县大柴遗址发掘简报》，《考古》1987年第7期。
[18] 中国社会科学院考古研究所山西工作队：《山西垣曲古文化遗址的调查》，《考古》1985年第10期。
[19] 中国社会科学院考古研究所山西工作队：《山西垣曲丰村新石器时代遗址的发掘》，《考古学集刊》第5集，中国社会科学出版社，1987年。
[20] 中国社会科学院考古研究所山西工作队：《山西垣曲龙王崖遗址的两次发掘》，《考古》1986年第2期。
[21] 中国社会科学院考古研究所山西工作队：《山西垣曲古文化遗址的调查》，《考古》1985年第10期。

马乔山底、东阳呈、西阳呈、小韩、驿桥、东山底、乔村、西高、临汾大苏村、小苏村，曲沃安吉村、卫村、里村东沟、曲村、东白冢、西白集东、东容裕、南柴、西明德、安泉、东下环、东堡，翼城天马、苇沟、南石、张桥村、西王村、北木坂、马册、凤家坡、东石桥、西石桥、郭家坡、牛家坡、清流西堡、北梁比、西王、西沟、开化、东午寄南、东午寄北、南丁、古署、南橄、贯上堡[1]。

在陕西发现的二里头文化遗址主要有华县南沙村[2]、商州东龙山[3]。

以上遗址的分布范围，大体即是二里头文化的主要分布区。在上述范围内，属于二里头文化的遗址总数约250处，经过正式发掘者约50处（图2-6）[4]。

在二里头文化的主要分布区以外，经田野调查或发掘获得少数二里头文化遗物（或类似二里头文化遗物），或其文化面貌与二里头文化有相同、相似处，因而曾被认为是二里头文化遗址的主要有：豫北沁水以北，包括焦作、辉县地区的焦作府城[5]、小尚[6]，辉县孟庄[7]；豫南，信阳三里店[8]、朱庄[9]、南山嘴[10]、息县范庄[11]；豫东，商丘坞

---

[1] A. 中国社会科学院考古研究所山西工作队：《晋南二里头文化遗址的调查与试掘》，《考古》1980年第3期。
B. 中国社会科学院考古研究所山西工作队：《晋南考古调查报告》，《考古学集刊》第6集，中国社会科学出版社，1989年。
C. 北京大学考古专业商周组、山西省考古研究所、河南省安阳、新乡地区文化局、湖北省孝感地区博物馆：《晋豫鄂三省考古调查简报》，《文物》1982年第7期。
D. 北京大学历史系考古专业山西实习组、山西省文物工作委员会：《翼城曲沃考古勘察记》，《考古学研究（一）》，文物出版社，1992年。
E. 张文君、高青山：《晋西南三县市古文化遗址的调查》，《考古与文物》1987年第4期。
F. 侯马市博物馆：《山西侯马市古文化遗址调查报告》，《文物季刊》1992年第1期。
G. 山西省考古研究所：《翼城四遗址调查报告》，《文物季刊》1992年第2期；《山西考古四十年》第119、125页，山西人民出版社，1994年。
H. 山西省考古研究所侯马工作站：《山西侯马乔山底遗址1989年Ⅱ区发掘报告》，《文物季刊》1996年第2期。

[2] 北京大学考古教研室华县报告编写组：《华县、渭南古代遗址调查与试掘》，《考古学报》1980年第3期。

[3] A. 杨亚长、王昌富：《商州东龙山遗址考古获重要成果》，《中国文物报》1998年11月25日。
B. 杨亚长：《东龙山遗址的年代与文化性质》，《中国文物报》2000年8月9日。

[4] 除上述地点之外，据一些出版物中记载，河南、山西境内还有二里头文化遗址约三四十处。因受资料限制，笔者目前难以一一确认，待研究。

[5] 袁广阔、泰小丽、杨贵金：《河南省焦作市府城遗址发掘简报》，《华夏考古》2000年第2期。

[6] 中国社会科学院考古研究所河南一队、焦作市文物工作队：《河南焦作地区的考古调查》，《考古》1996年第11期。

[7] 袁广阔：《辉县孟庄龙山文化城址》，《考古学年鉴（1993）》，文物出版社，1995年。

[8] 河南省文化局文物工作队：《河南信阳三里店遗址发掘报告》，《考古学报》1959年第1期。

[9] 苏秉琦：《七十年代初信阳地区考古勘察回忆录——追记一篇下落不明的考古调查记》，《中原文物》1981年第4期。

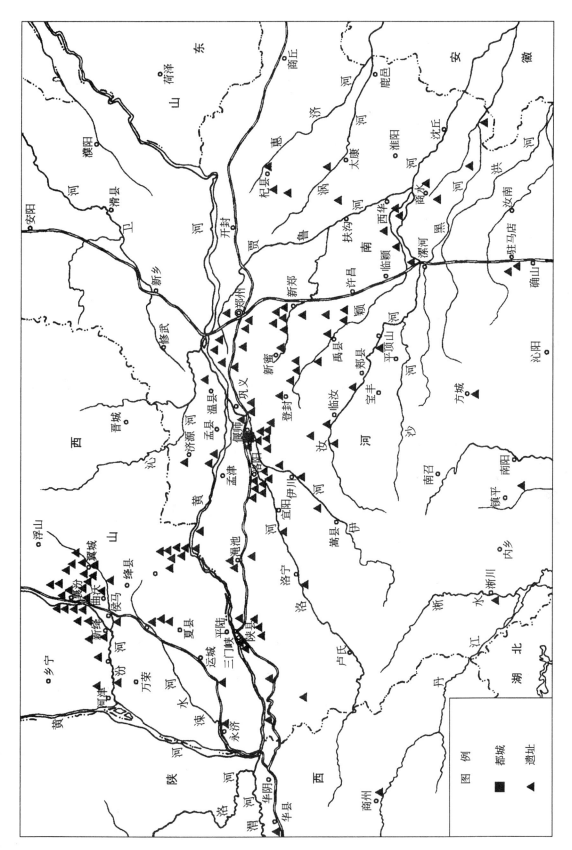

图 2-6 二里头文化遗址分布示意图

墙[12]。陕西华阴横阵[13]，蓝田泄湖遗址[14]等。

沁水北岸及其附近地区所见二里头文化时期诸遗存，具有较多二里头文化因素，但是，如果将其径归之为二里头文化，尚嫌勉强。这里与二里头文化邻壤，受二里头文化影响较大；甚至二里头文化一度漫入上述地区某些地点也是可能的，即不排除沁水以北有个别二里头文化遗址的可能性。但整体而言，沁水至淇河间太行山山前地带同时期考古遗存应归属潞王坟—宋窑类遗存[15]。

信阳三里店等遗址的资料较零碎，文化面貌与二里头文化虽然多有相同处，但是整体面貌又确与典型二里头文化存在较大差别，据此确认为那里是二里头文化分布区，还有进一步研究之余地[16]。

至于湖北黄陂盘龙城遗址群中，王家嘴下层和南城垣东段下叠压的"二里头文化层"一类遗存中，有的盆形鼎、花边口沿罐、深腹盆、陶爵、铜斝和卷沿、束颈、圆腹、分裆不明显的高实足根陶鬲，以及个别大口尊，分别同二里头遗址二至四期同类器相似。但缺乏或不见二里头文化典型的深腹罐、圆腹罐、卷沿盆、三足器、捏口罐等。大口尊数量甚多，有的形态发生变异，且口径普遍大于肩径。大量平裆或弧裆高实足根鬲也显出与二里头遗址迥然不同的特点[17]。究竟属于二里头文化南下至长江沿岸形成的一个地方类型，还是吸收二里头文化因素的一支当地土著文化，有待今后进一步讨论。

出土类似二里头文化陶器的华阴横阵遗址M9和蓝田泄湖遗址M3，发掘报告均定为龙山文化遗存，墓中随葬的磨光弦纹陶罐不见于二里头文化中，但是其中的绳纹单耳圆腹罐与二里头文化早期同类陶器非常相似，或许是受到了二里头文化的影响。

商丘坞墙遗址出土的二里头文化遗物不多，据此说那里是二里头文化分布区，说服力似不强。但结合现藏天津博物馆的一件相传来自商丘的二里头文化铜爵，以及二里头文化与岳石文化在豫东地区犬牙交错、往来割据等情况看，现在还不能排除二里头文化一度分布到了商丘地区的可能性。

---

[10] 中国社会科学院考古研究所河南一队：《河南信阳南山嘴新石器时代遗址试掘简报》，《考古》1990年第5期。

[11] 苏秉琦：《七十年代初信阳地区考古勘察回忆录——追记一篇下落不明的考古调查记》，《中原文物》1981年第4期。

[12] 商丘地区文物管理委员会、中国社会科学院考古研究所河南二队：《河南商丘县坞墙遗址试掘简报》，《考古》1983年第2期。

[13] 中国社会科学院考古研究所陕西工作队：《陕西华阴横阵遗址发掘报告》，《考古学集刊》第4集，中国社会科学出版社，1984年。

[14] 中国社会科学院考古研究所陕西六队：《陕西蓝田泄湖遗址》，《考古学报》1991年第4期。

[15] 详见第三章。

[16] 宋豫秦、雷兴山也认为信阳一带的"所谓二里头文化遗存与典型二里头文化的陶器特点相去较大"，"文化性质或应另当别论"（见北京大学考古系、驻马店市文物保护管理所：《驻马店杨庄》第206页，科学出版社，1998年）。

[17] A. 陈贤一：《江汉地区的商文化》，《中国考古学会第二次年会论文集》，文物出版社，1982年。
B. 湖北省文物考古研究所：《盘龙城（上）》第22~26、80~113、398~405页，文物出版社，2001年。

下七垣文化与潞王坟—宋窑类遗存，二者虽然与二里头文化有诸多相同和相似之处，但是从整体而言，与二里头文化仍属于性质不同的文化遗存，其诸多相似和相同文化因素的存在，只是相互之间文化交流与影响的结果。这些文化交流与影响，笼统地说，先是二里头文化处于主动地位，尔后则是潞王坟—宋窑类遗存，尤其是下七垣文化处于主动地位[1]。

　　晋东南以长治小神遗址[2]为代表的二里头文化时期的一类古文化遗存，虽然与二里头文化有某些相似之处，但是更多的是不同于二里头文化。其袋足斝、高领鬲、直腹盆等不见于二里头文化，流行的各式蛋形瓮也罕见于二里头文化；而二里头文化的典型器物深腹罐、圆腹罐、甑、大口尊、卷沿盆、三足皿、刻槽盆、捏口罐等，则不见于小神遗存中。因此，小神遗址相当二里头文化时期的一类古文化遗存，不属于二里头文化，可能只是与之有过文化交流而已。

　　晋中地区在太原光社[3]、狄村、东太堡[4]发现的包含有类似于二里头文化陶器的古文化遗存，虽然接受了二里头文化的一些文化因素，但也不属于二里头文化范畴。

　　至于在安徽江淮地区以及内蒙、四川、上海等地有关遗址发现的包含有二里头文化因素的古代遗存，也都不能归入二里头文化范畴，只能说明上述地方与二里头文化有过文化交往。

二　类型

　　关于二里头文化的类型，学者曾做过讨论。有学者大而划之，分为二里头、东下冯两个类型[5]。有学者则分做二里头、东下冯、下王冈、下七垣四个类型，并认为豫东地区可再划分为一个类型[6]。

　　根据现有考古资料，我们将二里头文化分做二里头、东下冯、牛角岗、杨庄、下王冈五个类型[7]。

（一）二里头类型

　　二里头类型是二里头文化的主体，分布面积最大，文化内涵最丰富。

---

[1]　详见第三、四章。
[2]　山西省考古研究所晋东南工作站：《山西长治小神村遗址》，《考古》1988年第7期；《长治小常乡小神遗址》，《考古学报》1996年第1期。
[3]　解希恭：《光社遗址调查试掘简报》，《文物》1962年第4、5期。
[4]　A. 山西省考古研究所：《太原狄村、东太堡出土的陶器》，《考古与文物》1989年第3期。
　　B. 郭淑英：《太原东太堡出土的陶器和石器》，《文物季刊》1994年第1期。
[5]　A. 邹衡：《试论夏文化》，《夏商周考古学论文集》，文物出版社，1980年。
　　B. 殷玮璋：《关于夏代文化的探索》，《新中国的考古发现和研究》，文物出版社，1984年。
[6]　赵芝荃：《关于二里头文化类型与分期的问题》，《中国考古学研究（二）》，科学出版社，1986年。
　　按：该文所云"下七垣类型"，实指本书第三章中介绍的下七垣文化及潞王坟—宋窑类遗存。
[7]　东龙山遗址发现后，关于陕西商洛地区的二里头文化可否另立一类型的问题，尚待资料发表后进行讨论。

二里头类型的分布，以洛阳盆地为中心，东面包括郑州地区[1]，北面到达沁水沿岸[2]，西北部包括晋南黄河北岸一带[3]，西抵三门峡地区（陕县七里铺、西崖村），南到南阳地区（方城八里桥），约东西200多公里，南北300多公里。

偃师二里头遗址拥有宗庙宫殿基址，随葬珍贵铜器、玉器和漆器的大、中型墓葬，大量精美陶礼器，若干用于祭祀活动的特殊场所，大型青铜冶铸作坊，显示了与众不同的文化档次。二里头遗址是二里头文化中现知规模最大、级别最高、内涵最丰富的惟一具有都城性质的中心遗址。其他重要遗址还有巩义稍柴、密县新砦、郑州洛达庙、登封王城岗、临汝煤山、洛阳东干沟、渑池郑窑等。

二里头类型陶器群的主要特征是：炊具以深腹罐和圆腹罐为主，此外有鼎、甑，一、二期基本不见鬲，三、四期有鬲，但鬲在整个陶器群中始终不占主导地位；酒器占相当大的比重，品类有爵、斝、盉、鬶、尊（大口尊、小口尊、矮领尊）等；食器有豆、三足皿、平底盆、簋；水器有杯、壶、捏口罐；盛储器有折沿盆、卷沿盆、缸等。其他器类有刻槽盆、透底器等。一期时以篮纹为主，方格纹、细绳纹次之；二期时纹饰从以篮纹为主转为以细绳纹为主，三、四期流行绳纹，罕见篮纹和方格纹。

在二里头遗址经发掘的一、二号宫殿基址，连同二里头遗址其他勘探到的大型夯土建筑基址，是现知二里头文化宫殿宗庙建筑遗存的全部。二里头类型的其他建筑遗存有：地面起建的中型房屋，呈长方形，多开间；地面起建的小型房屋，一般为方形，单间或双开间；还有半地穴式建筑，均方形、单间。另有一些特殊的建筑遗存，如与祭祀有关的坛、"墠"等。

在二里头遗址二号宫殿基址主殿后面发现的"大墓"和在宫殿区附近发现的一批随葬铜器、玉器的中型墓葬，是目前二里头文化仅有的大、中型墓葬。最常见的是小型墓，长方形竖穴，单人，以仰身直肢为主，也有少数侧身或俯身直肢者，罕见屈肢葬。成年人一般均有陶器等随葬品，未成年人无随葬品。幼儿墓往往见于建筑物的墙根部。

二里头类型的陶窑，一般为圆形竖穴式，火膛掏挖在地下，窑箅下有承箅墙。

二里头类型的水井，平面多呈长方形。窖穴、灰坑有长方形、方形、圆形多种。

---

[1] 郑州地区的二里头文化遗存文化特征与洛阳地区不尽一致，但其区别又不足以划分地方类型，故而归入二里头类型之中。

[2] 河、沁之间以北平皋、赵庄为代表的二里头文化遗存，因地理位置的特殊性，文化面貌与伊、洛地区二里头文化稍有区别，体现出某些潞王坟—宋窑类遗存的因素，甚至包含东下冯类型的因子。然其整体面貌与伊洛地区二里头类型大同小异，故归入二里头类型中。刘绪就此有过专门的分析（见刘绪：《论卫怀地区的夏商文化》，《纪念北京大学考古专业三十周年论文集》，文物出版社，1990年），可从。

[3] 主要指永济东马铺头等遗址。至于以垣曲古城南关遗址为代表的一类二里头文化遗存，其文化面貌介于二里头类型和东下冯类型之间，主持发掘的学者将之归入二里头类型（见中国历史博物馆考古部、山西省考古研究所、垣曲县博物馆：《垣曲商城》第278～283页，科学出版社，1996年）；垣曲古城南关遗址发掘者中，也有人主张将该遗址二里头文化遗存归入东下冯类型（见王睿：《垣曲商城的年代及其相关问题》，《考古》1988年第8期）。笔者暂将其归入东下冯类型。

二里头遗址出土的一组青铜器，包括鼎、爵、斝、盉等礼器，戈、刀等兵器以及嵌绿松石铜牌等，为其他类型所不见。二里头类型还有镞、凿、锥、小刀等小件铜器。

二里头遗址出土的玉璋、多孔刀、圭、钺、戚、琮和柄形器等，亦为其他类型所未见。

二里头类型的卜骨，以牛胛骨为主，羊、猪胛骨次之，均不经整治，只灼而不钻不凿。此外还有大量的石、骨、蚌、角质的生产工具和生活用具。

二里头类型是从当地龙山时代王湾三期文化经由新砦期发展起来的，经过从第一期到第四期连续不断的发展演变，它的许多文化成果为早商文化所吸收、继承。二里头类型是二里头文化中出现最早、延续时间最长、连续性最强的一个类型，充分展现了二里头文化的独特面貌和发展水平。

二里头类型是二里头文化的主体，最具典型性，它接受其他类型的文化因素很少，而对其他类型的影响则很大。有的地方类型甚至就是二里头类型的分支吸收融合当地原有文化而形成的。

（二）东下冯类型

东下冯类型以山西夏县东下冯遗址为代表，主要分布于晋南汾水下游及其支流浍水流域的临汾盆地和涑水流域的运城盆地，主要遗址有翼城感军、夏县东下冯、襄汾大柴、垣曲古城南关等。由于垣曲古城南关遗址南临二里头类型分布区，因而是东下冯类型中较多体现二里头类型特征的一个遗址。但是，其深腹罐、圆腹罐、甗、深腹盆等流行圆唇或尖唇侈沿，少见或罕见鼎、捏口罐、四系壶、高柄豆、三足皿、卷沿盆、矮领尊等，显然有别于二里头类型的同期遗存；鉴于其文化面貌上的"双重性"，显然又不是东下冯类型的典型遗存。

东下冯遗址的二里头文化遗存被分为四期，其第一期约相当二里头类型第二期，其第四期大体相当于二里头类型第四期，或有一部分稍晚于二里头类型第四期。

东下冯类型陶器群，总体上说以夹砂灰陶和泥质灰陶为主，陶色不纯正的深、浅褐陶占有相当的比例（第一期时褐陶占陶器总数一半以上，从二期开始灰陶数量上升，褐陶日渐减少），黑皮陶的数量一直低于褐陶，三、四期见有极少红陶，未见白陶。纹饰自始至终以绳纹为主，此外还有弦纹、附加堆纹、拍印几何纹，罕见篮纹和方格纹。炊具有鬲、甗、斝、深腹罐、圆腹罐、鼎、甑；盛储器有高领折沿罐、大口尊、敛口瓮、蛋形瓮（分空足、平底、圈足三种）、缸、侈口深腹盆、卷沿敛口深腹盆；食器有浅腹平底盆、钵、豆，水器有双耳（或四耳）壶、捏口罐；酒器有爵、盉。其他有方杯、器盖、器座等。其与二里头类型的差别主要表现在以下方面：就陶质陶色来说，夹砂和泥质褐陶比例较大，黑皮陶数量较少；就器类来说，炊具中鬲、甗多而鼎少，酒器中未见觚、鬶，始终存在蛋形瓮，但不见三足皿，罕见刻槽盆；就器形来说，圆腹罐多设单耳、双耳或双錾，深腹罐、圆腹罐、盆类器一般多是底心内凹，平底或圜底的深腹罐极少，盆的口沿多翻侈而不见折沿。发掘者指出该类遗存文化面貌与二里头类型大同小异，据以提出"二里头文化东下冯类型"的命名，为考古学界所普遍接受（图2-7）。

东下冯类型的敛口折肩斝、敛口瓮，一期和二期的单耳瘦腹罐、单耳杯等，与当地龙山

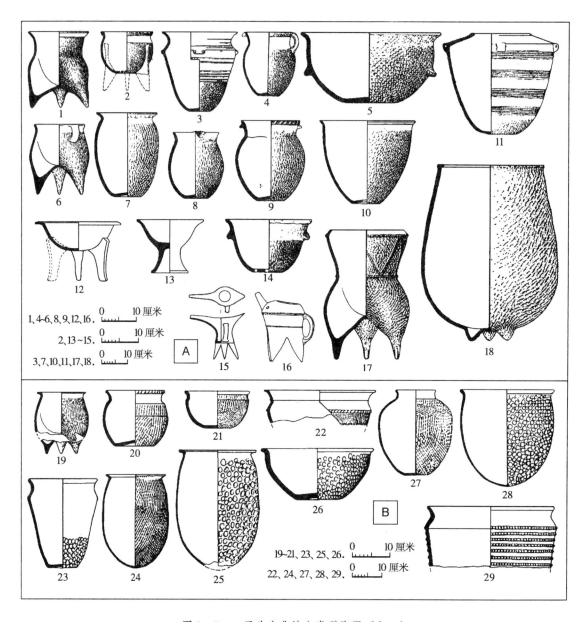

图 2-7 二里头文化地方类型陶器（之一）

A. 东下冯类型　1. 鬲（H61:2）　2. 鼎（H1:10）　3. 大口尊（H418:34）　4. 圆腹罐（H402:23）　5. 侈沿盆（T5514④b:24）　6. 鬲（H41:40）　7. 深腹罐（T5532④:8）　8. 捏口罐（F591:1）　9. 圆腹罐（H402:1）　10. 深腹盆（H528:8）　11. 敛口瓮（H42:3）　12. 鼎（M5:1）　13. 豆（M515:1）　14. 甗（H402:2）　15. 爵（M401:2）　16. 盉（M401:3）　17. 斝（H535:15）　18. 蛋形瓮（H23:2）

B. 牛角岗类型　19. 鬲（T1②:8）　20. 圆腹罐（H17:1）　21. 束颈盆（H11:15）　22. 大口尊（采:1）　23. 大口尊（T1⑤:35）　24. 深腹罐（H6:1）　25. 深腹罐（H11:15）　26. 侈沿盆（T1⑤:1）　27. 瓮（H17:2）　28. 大口缸（H13:2）　29. 大口尊（T1⑥:1）

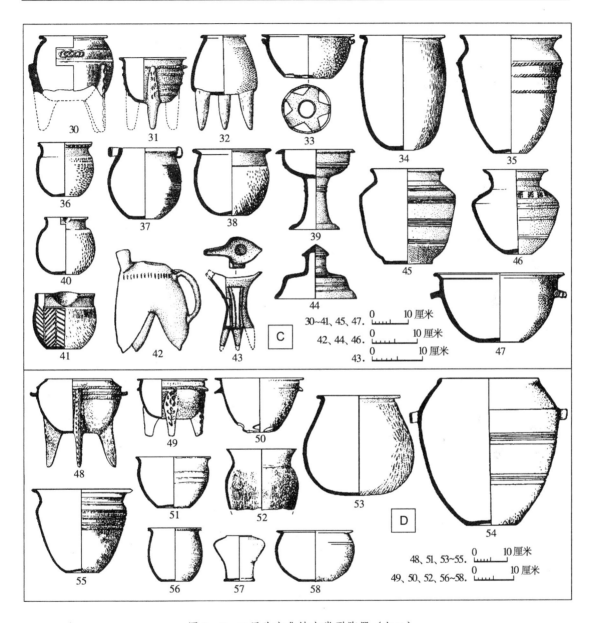

图 2-7 二里头文化地方类型陶器（之二）

C. 杨庄类型 30.鼎（T3④:1） 31.鼎（T22②:16） 32.鼎（H25:16） 33.甑（H25:9） 34.深腹罐（T19②:52） 35.大口尊（T19④:19） 36.圆腹罐（T18⑥:1） 37.圆腹罐（T7④:14） 38.圆腹罐（J2:1） 39.豆（H8:3） 40.捏口罐（J2:3） 41.刻槽盆（JZ1:15） 42.盉（T22②b:20） 43.爵（T21⑥:17） 44.器盖（JZ1:1） 45.高领尊（T18⑧:2） 46.尊（T11④:5） 47.深腹盆（J1:1）

D. 下王冈类型 48.鼎（H244:8） 49.鼎（T7②:17） 50.甑（H249:9） 51.侈沿盆（H290:1） 52.刻槽罐（T18②a:307） 53.鼓腹罐（T18②:58） 54.敛口瓮（H16:12） 55.大口尊（T19②a:9） 56.圆腹罐（H250:1） 57.壶（T23②a:17） 58.敛口盆（T20②a:16）

文化同类陶器似有联系，此外尚无其他的可靠证据说明它同陶寺文化或龙山文化三里桥类型之间存有传承关系。东下冯类型的陶鬲形态复杂，一时难以寻觅出演化脉络，其中器腹作筒形的鬲，应与蛋形瓮一样是受北方文化影响之产物，仅第四期时出现部分商式陶鬲。

在东下冯遗址发现有回字形里、外两重壕沟，里圈壕沟深 2~2.9 米，宽 4.9~5.6 米，周长约 542 米；外圈壕沟深 2~3 米，宽 2.9~3.9 米，周长约 668 米。在壕沟的两侧崖壁上，掏挖有若干窑洞。

房屋分窑洞式、半地穴式和地面建筑三种，其中窑洞是本类型最有特色的建筑物，系在沟壁的生土断崖上掏挖而成，由门道和居室组成。居室分圆形、半圆形、椭圆形、长方形等多种，有壁龛和灶，有的还有烟囱。半地穴式建筑为单间，有门道、灶、壁龛。地面建筑属于小型房子，长方形，夯土墙，单间。

灰坑主要是圆形和不规则圆形，另外有椭圆形、长方形、不规则形等，有的有台阶或坡道，有的有土埂隔墙，还有的有圆土墩，应该是窖穴，其中有的窖穴中尚残留有炭化的粟米。具有土埂隔墙和土墩的窖穴，为其他类型所不见。水井为长方形口，竖直壁，相距较近的两壁上有脚窝。

墓葬均小型墓，长方形竖穴，以单人仰身直肢葬为主，一例双人合葬，有的墓中有壁龛，往往有随葬品。也有乱葬，即在灰坑里埋葬死者，除一怀抱婴儿的女性随葬一件陶钵外，余皆无随葬品。最有特色的墓葬是窑洞式墓，系利用废弃的窑洞埋葬死者，将死者放置于窑洞中，封堵窑洞门，死者无固定葬式，或单人葬，或二、三人合葬，有的仅见头骨。一部分墓中随葬有陶器，或放有猪、羊、牛、狗的肢骨。

陶窑的窑室和火膛均为圆形，窑箅悬空无承箅墙，火门前有操作坑。有的陶窑连有地洞式储藏室。

在东下冯遗址出土有铜镞、刀、凿和铜容器的残块、铜渣以及石范等，证明东下冯类型不仅使用铜器，而且有自己的青铜冶铸工业。

东下冯类型的石器以斧、铲、镞、刀、镰为常见物，形制与二里头类型同类器物无大区别。骨器有镞、匕、刀、锥、针等。蚌器很少，主要是镞与珠、片之类，而不见刀、镰、铲等蚌质工具。

卜骨以猪胛骨为主，少数用牛、羊、鹿胛骨，均有灼而无钻、凿，其中牛骨经过整治。

(三) 牛角岗类型

曾有学者指出，豫东地区的二里头文化遗存独具特色，可单列为一个地方类型[1]。只是以前的考古发掘工作开展得不够，未予命名。而今，豫东地区的考古工作已大有进展，在杞县朱岗、牛角岗、段岗等遗址都发掘出了二里头文化遗存，其中，牛角岗遗址有独立而丰厚的二里头文化堆积层，其文化面貌又显然与豫西地区二里头文化有所区别，故此，我们同意将其命名为牛角岗类型。牛角岗类型，是否可代表豫东地区所有的二里头文化遗存，尚不甚清楚，但牛角岗类型主要分布在豫东开封地区，则当可信。牛角岗类型的

---

[1] 赵芝荃:《关于二里头文化类型与分期的问题》,《中国考古学研究 (二)》, 科学出版社, 1996 年。

年代，约相当于豫西二里头文化二期末至四期。

其陶器以夹砂灰陶为主，泥质灰陶次之，罕见其他陶系。纹饰中绳纹最多，方格纹（包括所谓"坑窝纹"）比例大且延续时间长（主要见于牛角岗遗址）。器类主要是：深腹罐，一类为瘦长腹，折沿或翻沿，圜底，绳纹或方格纹；一类腹外鼓，卷沿，口沿上往往有绳切纹。圆腹罐，一类有颈，花边口沿，鼓腹稍深，绳纹；一类无颈，折沿或翻沿，饰绳纹或方格纹。鬲，一类为卷沿，束颈，细绳纹延及足尖；一类为折沿，唇缘微凸，无颈，细绳纹。此外还有大口尊、小口尊、捏口罐、卷沿盆、束颈盆、豆、刻槽盆、三足皿、鼎、簋、甑、器盖、粗砂罐等（图2-7）。

牛角岗类型陶器的主要器类同于二里头类型，若干陶器的形制也与二里头类型同类器物基本相同，如折沿或翻沿深腹罐、圆腹罐、卷沿盆、大口尊、豆、小口尊、瓮、缸等。同时又具有自己的特征，即陶器中少见鼎，基本不见爵、盉、鬶等酒器，方格纹（包括坑窝纹）较多见，而其卷沿深腹罐不见于二里头类型中。最引人注目的是，它含有特征鲜明的岳石文化和下七垣文化因素，如朱岗遗址出土的粗砂罐、折腹豆、细绳纹鬲，牛角岗遗址出土的褐陶盂、鬲、橄榄形罐、弦纹束颈盆等，分别与岳石文化、下七垣文化陶器特征相同。

牛角岗类型的文化遗迹，现见有房基、灰坑和墓葬。房基发现两座，其一为半地穴式，略呈长方形，单间，有灶坑和小龛。灶坑旁放置有深腹罐和圆腹罐等炊具。其二为小型地面建筑，已毁坏。灰坑为圆形、椭圆形或不规则形，坑壁或直或斜，坑底或平或为锅底状。

其他文化遗物还有石斧、蚌镰、镞等。

据调查，豫东商丘地区和周口地区均有二里头文化遗存[1]，年代约与二里头类型的一至四期相当，器类主要是深腹罐、圆腹罐、大口尊、盆、豆、鼎、甑等，纹饰从以篮纹为主发展到以绳纹为主，早期还有方格纹。因未经正式发掘，不易全面而准确地归纳其文化内涵，暂以牛角岗类型统之。

（四）杨庄类型

杨庄类型以河南省驻马店杨庄遗址为代表，其分布范围尚不清楚，然其北界与二里头类型接壤则大体可定，下王冈类型在其西方，牛角冈类型在其东北方。

陶器以夹砂陶为主，约占陶器总数的60%，泥质陶次之，约占40%。其中大部分是灰陶，黑陶、褐陶次之。夹砂陶多灰色或褐色，泥质陶多灰色和黑色。酒器流行白陶（泛红或泛黄）。纹饰以绳纹为主，篮纹次之。就器类来说，杨庄类型以深腹罐、圆腹罐、鼎、

---

[1] A. 中国社会科学院考古研究所河南二队、商丘地区文物管理委员会：《1977年豫东考古纪要》，《考古》1981年第5期。
B. 中国社会科学院考古研究所河南二队、河南省周口地区文物管理委员会：《河南周口地区考古调查简报》，《考古学集刊》第4集，中国社会科学出版社，1984年。
C. 赵芝荃：《关于二里头文化类型与分期的问题》，《中国考古学研究（二）》，科学出版社，1986年。

甑为主要炊具，缺乏甗，未见鬲；食器主要是豆，还有数量不多的三足皿、圈足盘；以爵、盉、觚、鬶为主要酒器；以捏口罐、双耳壶为主要水具；食品加工器流行刻槽盆；盛储器主要包括大口尊、矮领尊、敛口尊、高领尊、深腹盆、瓮、缸等。鼎有盆形、罐形、瓮形之分，均侧装扁三角形足。圆腹罐分花边口沿和折沿两种。深腹盆往往有鸡冠鋬。甑底一般是四、五个边孔围绕一个中心孔。豆有深盘、有浅盘。爵只见槽状流者不见管流者，鬶多见侈口无流者而罕见直口带流者。流行蘑菇钮折肩器盖。其中贯耳圆腹罐、无流鬶、敛口垂鼓腹大圈底的鼎等均不见于二里头类型和其他类型中。大口尊形体粗矮，捏口罐为球状腹，缺乏槽流鬶、管流爵、三足皿，均表现出这一类型的独有文化特点（图2－7）。不少文化因素显然是秉承了淮河中、上游地区的龙山文化。

杨庄类型发现有环绕聚落周围的人工壕沟，形成防御工事。

发现有人工营造的祭祀场地和相应的祭祀遗物。

墓葬只发现婴儿瓮棺葬。

灰坑依口部形制可分为不规则形、椭圆形、圆形、长方形等多种，水井有方形和长方形口两种，井内出土较多汲水陶罐。

生产工具主要有陶纺轮、半月形或梯形单孔石刀、石斧、石凿、石铲、石镰等，缺乏骨器和蚌器。发现了一件红铜凿形器。

兵器有石钺、矛、镞。

农作物有水稻。

杨庄遗址二里头文化遗存的年代，大致与伊洛地区二里头文化二期相当，其下限或延入三期。就目前资料而言，杨庄类型的年代，上限没早过二里头文化第二期，下限不晚于二里头文化第三期。

（五）下王冈类型

下王冈类型是指在河南淅川下王冈遗址[1]所发现的一类二里头文化遗存。以往学者通常将在该遗址发现的年代有别的两类文化遗存统称为"下王冈类型"，其早段大约相当于中原地区二里头文化第一期，晚段则大体相当于中原二里头文化第三期。因其早段的二里头文化特征比较淡薄，晚段的二里头文化特征则较浓厚，故而这里所说的二里头文化"下王冈类型"，仅指其晚段文化遗存。本类型的分布范围，目前尚不十分清楚，但由二里头类型遗址分布点的限制，可推知其分布地域大体在伏牛山以南的豫西南地区，即汉水支流的范围内。同属汉水流域的邓州陈营遗址的考古资料尚未发表，类型归属还不清楚。

陶器以夹砂灰陶为多，泥质灰陶次之，少量泥质黑陶和棕色陶。纹饰以绳纹为主，另有附加堆纹、弦纹、指窝纹、锯齿纹等。圆腹罐、深腹罐、大口尊、高领尊、敛口尊、敛口盆、束颈盆、壶、豆、甑等，多与中原二里头文化第三期陶器相同或相似，少数陶器与中原二里头文化第二期晚段同类陶器相仿，而其垂腹罐、刻槽罐则独具特色（图2－7）。

---

[1] 河南省文物研究所、长江流域规划办公室考古队河南分队：《淅川下王冈》第264～306页，文物出版社，1989年。

下王冈类型的文化遗迹包括房基、墓葬、灰坑等。

房基均为半地穴式圆形建筑，有坡状门道，在居住面周边分布着数目不等的柱洞，其中一座房子里有窖穴，穴底抹白灰面。灰坑有圆形、椭圆形、长方形和不规则形四种，其中主要是直筒状坑，也有袋状坑。墓葬分瓮棺墓和竖穴土坑墓两种，瓮棺墓以罐、瓮、鼎做葬具，死者多为小孩和婴儿，也有成年人。土坑墓以仰身直肢为主，还见有蹲坐屈肢葬。墓葬中很少有随葬品，少数墓用牛头随葬或祭奠。

石器计有斧、钺、镰、锛、凿、刀、镞、网坠、矛、球、钻等，斧多为弧首弧刃，少数直首弧刃。钺平首弧刃，有的有孔。刀或为长方形，或为半月形，单面刃，有一二个圆孔。镰为牛舌状，微曲，单刃。骨器有镞、针、锥、凿、鱼钩等。

此外，还有玉戈、铜钩和不知名铜器的残件。

卜骨为猪、羊、鹿胛骨，有灼痕。

在以上五个类型中，资料丰富者只有二里头类型和东下冯类型，其余三个类型的材料均较贫乏。除了二里头类型的源流比较清楚、东下冯类型的去向也基本清楚以外，其他三个类型的文化来源与去向都不甚明了。从现有线索来说，这几个类型皆非当地龙山文化的自然或直接的延续，其年代上限也均未超过二里头文化第二期。因此，推测它们的产生很可能主要与二里头类型的扩展有关，同时也接受了当地土著文化的某些因素。二里头类型和东下冯类型最终被早商文化所取代和融合，其他类型在当地消失后，代之而起的多系早商文化，只是其年代与当地二里头文化存有缺环而不能紧密衔接。

二里头文化的核心类型——二里头类型，是以夏族为主体的夏王国的文化遗存，当无疑问。东下冯、杨庄、下王冈和牛角岗类型，文化面貌上同二里头类型大同小异，起始年代均不早于二里头文化第二期，且在当地找不到文化主源，只能认为是二里头类型的派生物。因此，我们推定二里头文化诸类型是文化和政治的共同体，即同属夏王国。但是地方类型与核心类型的政治关系，到底紧密到何种程度，我们无从探究，不能排除其中包含了夏王国的某些小附庸国。

二里头文化在其鼎盛时期，强烈地影响着周边地区，王国文明之光，辐射到了很远的地方，北起塞外，南过长江，东至海滨，西抵河湟，都有二里头文化的影子[1]。在黄河与长江流域及其周围广大地区，由史前文化和早期文明的多中心，最终形成以发展水平最高的二里头都址和二里头文化为代表的光辉灿烂的华夏文明中心。

第四节 二里头文化的聚落形态和埋葬制度

一 聚落形态

与人口繁衍、生产力发展和社会结构变化相适应，在大约相当仰韶文化晚期的时候，

---

[1] 详见本章第七节。

各地的居民聚落即出现由分散向集中，由规模相差不大向大、中、小层次分明发展的趋势。至龙山时代，更形成由一群中、小遗址拱卫一个大型中心遗址的大规模遗址群，一些地区还出现了有夯土围墙和壕沟的城址或城址群，有的城址规模甚大。

二里头文化时期的聚落形态，在龙山时代的基础上又有所发展，最突出的特点是产生了凌驾于区域性中心聚落之上的中央王朝的都城。

二里头文化时期的居民聚落，大致可分为三个层次。

最低一层，是众多的普通遗址，面积在一二万平方米上下。遗址中的主要遗迹是地面或半地穴式的小型房基，小型墓葬，窖穴和灰坑等。出土文物一般是日用陶器和主要用做生产工具的石器、骨器、蚌器等。器物的种类少，制作较粗糙。墓葬中有随葬品者相对少些，主要是陶器或石器。

中间一层，是区域性的中心聚落，如山西夏县东下冯遗址，面积约近20万平方米，在遗址的中部偏南发现有内外两圈壕沟，平面大体呈方形，其中内壕边长120~150米，外壕边长约150~200米。其建筑多是窑洞式和半地穴式房子，也见有地面起建的小型房子。发现有青铜器和铜渣、石范等与青铜冶铸有关的遗物。出土了石磬等重要礼乐器。到商代早期，这里发展成为一处城址。

最高一层，是统领四方的王都，目前发现的仅有河南偃师二里头遗址。遗址规模较大，其主要文化遗存的分布面积约有五六百万平方米。据考古资料可知，这里当年有各种层次的建筑物，从阴暗的半地穴式小窝棚，到地面起建的单间或多间的房屋，再到巍峨壮观的宫殿（庙堂），还有用于祭祀的特殊建筑。手工业作坊种类全，规模大，主要有青铜冶铸、制骨和制陶等。墓葬（正常的成年人墓葬）至少分为甲、乙、丙、丁四个等级，小型（丙、丁型）墓葬一般随葬少量陶器，中型（乙型）墓均有木质葬具，并铺撒朱砂，一般有小件玉器、漆器和比较精美的陶器，有的还随葬青铜礼器、大件玉器。大型（甲型）墓葬墓穴面积达到20多平方米，深达6米。在二里头遗址的出土遗物中，日用陶器种类丰富，做工讲究；有若干在中、低层聚落所难以见到的青铜礼器、玉礼器和漆器、象牙器等，可以说集中了当时文明的精华，充分体现了二里头遗址作为王朝政治、文化中心的地位。

以二里头遗址为中心的洛阳盆地，是二里头文化遗址的密集区，在这里发现的二里头文化遗址已达50多处，很显然，这是以二里头遗址为中心的一个庞大的遗址群。随考古工作的深入，将会对聚落的分层结构有更清晰的认识。

二 埋葬制度

（一）墓葬种类与等级

二里头文化墓葬主要发现于洛阳地区，数量最多的是二里头遗址，其余发现于河南伊川南寨，洛阳东马沟、东干沟、东杨村，渑池郑窑，荥阳西史村，陕县七里铺，巩义稍柴，登封王城岗，郑州洛达庙；山西夏县东下冯，垣曲古城南关等地。据已报道的资料，共400多座，其中二里头遗址有300多座[1]，实际发掘数当不止于此。

---

[1] 郑若葵：《论二里头文化类型墓葬》，《华夏考古》1994年第4期。

由于迄今尚未在二里头遗址或其附近发现王陵区和大规模的墓葬群，因而目前所发现的墓葬材料，并不能代表二里头文化墓葬的全貌。现已发现的二里头文化的墓葬，可以分为三类。

A类为竖穴土圹墓，绝大多数墓葬属于此类。一般是单人葬，罕见合葬，多数尸骨完整。依墓穴规模、葬具和随葬品可划分为四型5级。

甲型墓的墓穴面积在20平方米以上。在二里头遗址二号宫殿主体殿堂基址后面发现竖穴土坑1座，打破庭院内夯土，又被庭院内的路土所叠压，口部长约5.3米，宽约4.3米，穴深6.1米。有生土二层台。填土经层层夯打。只在填土中发现残漆匣和狗骨架1具，内涵难以究明，发掘者认为是被盗扰一空的大墓[1]。

乙型墓的墓穴面积在2平方米左右，墓中铺撒有较厚的朱砂，随葬青铜礼器和玉礼器，往往还有漆器和比较精致的陶礼器。一般均发现有板灰，推知应有木质葬具。因朱砂侵蚀，人骨多腐朽无存（表2-1）。

表2-1　　　　　　　　　　二里头遗址乙型墓葬统计表

墓号	墓圹与葬具	随葬品	期别	资料出处
81ⅤM4	墓圹：2.5×1.16米 漆棺，墓底朱砂厚8厘米	铜器：牌饰1、铃1 玉器：铃舌1、柄形饰1 陶器：盉1、圆陶片2 漆器：钵2、鼓1、觚1 其他：绿松石串珠2	二期	《考古》1984年第1期
72ⅢKM1	农民建砖瓦窑时发现，已被扰乱，有大量朱砂	玉器：圭1、戈1、刀1、镯1、板1、残器3 其他：圆陶片5、蚌珠、绿松石片若干	三期	《考古》1975年第5期； 《偃师二里头》第241页
73ⅢKM2	墓圹：2.9×2.07-0.96米 已被盗扰，墓底朱砂厚5厘米	玉器：柄形饰1 陶器：盉1、圆陶片5 其他：蚌镞1、绿松石片26	三期	《考古》1975年第5期； 《偃师二里头》第240页
75ⅥKM3	墓圹：2.3×1.26-0.36米 腰坑：1.7×0.74-0.18米 木棺，朱砂厚6厘米	铜器：钺1、爵1、戈1、嵌绿松石圆形铜器2、泡形铜器1 玉器：戈1、戚1、圭1、柄形饰1 陶器：盉1、圆陶片6 其他：绿松石串珠2、绿松石片若干、贝3、石磬1、骨串珠1	三期	《考古》1976年第4期； 《偃师二里头》第241页 （图3-9）
75ⅤKM4	农民取土时发现	铜器：嵌绿松石圆形铜器1 玉器：柄形玉器1	三期	《偃师二里头》第241页
75ⅧKM5	农民取土时发现，有朱砂	玉器：戚1 其他：绿松石饰2	三期	《偃师二里头》第243页

---

[1] A. 中国社会科学院考古研究所二里头队：《河南偃师二里头二号宫殿遗址》，《考古》1983年第3期。
　　B. 中国社会科学院考古研究所：《偃师二里头》第157~158页，中国大百科全书出版社，1999年。

续表 2-1

墓号	墓圹与葬具	随葬品	期别	资料出处
75ⅤKM11	墓圹：2×0.92－1.7 米 已被盗扰	铜器：铜块 2 其他：绿松石片 172、绿松石珠 484，	三期	《偃师二里头》第 241 页
76ⅢKM6	墓圹：2.3×1.38－0.55 米 已被盗扰，有席子、朱砂	铜器：爵 1 玉器：璋 1 陶器：盉 1、圆陶片 6 漆器：漆痕 5 处，不辨器形	三期	《偃师二里头》第 241 页
76ⅢKM10	墓圹：2.26×1.46－1 米 漆棺，席痕，朱砂厚 5~6 厘米	陶器：圆陶片 3 漆器：痕迹多处 其他：绿松石串珠 2、绿松石管 2	三期	《偃师二里头》第 241 页
80ⅢM2	墓圹：2.55×1.2－0.85 米 漆棺，朱砂厚 6 厘米，有腰坑	铜器：爵 2、刀 2 玉器：圭 1、钺 1 陶器：爵 1、盉 1、平底盆 1、圆陶片 4 漆器：盒、豆、筒形器（觚） 其他：绿松石管和绿松石片 200 余件	三期	《考古》1983 年第 3 期
80ⅢM4	墓圹：2.15×1.3－0.64 米 漆棺，有朱砂，已被盗扰	铜器：嵌绿松石片尖状器 1 陶器：罐、圆陶片 1、爵、盉残件 其他：绿松石串珠 2	三期	《考古》1983 年第 3 期
80ⅤM3	墓圹：2.15×1.3－1.3 米 有二层台，漆棺	玉器：钺 1、璋 2、坠饰 1 陶器：爵 1、盉 1、单耳罐 1、瓮 1、卷沿盆 1、圆陶片 1 其他：绿松石串珠 2	三期	《考古》1983 年第 3 期
78ⅤKM8	农民平整土地时发现，有很厚的朱砂	铜器：爵 1 陶器：圆陶片 1	三期	《偃师二里头》第 243 页
75ⅦM1	已扰乱，情况不明	铜器：爵 1 玉器：七孔刀 1、璋 1、钺 1、柄形饰 1 陶器：圆陶片 1 其他：绿松石装饰品若干	四期	《考古》1978 年第 4 期
84ⅥM6	墓圹：1.5×0.85－0.6 米 墓底有朱砂	铜器：爵 1 玉器：柄形饰 1 陶器：圆陶片 1、盉 1 其他：绿松石串珠 150	四期	《考古》1986 年第 4 期
84ⅥM9	墓圹：2.4×0.9－0.9 米	铜器：斝、爵 1 玉器：柄形饰 1 陶器：盉 1、簋、大口尊 2、圆腹罐 1、器盖 1、圆陶片 3 漆器：觚 1 其他：海贝 70、鹿角 1	四期	《考古》1986 年第 4 期

续表 2 – 1

墓号	墓圹与葬具	随葬品	期别	资料出处
84ⅥM11	墓圹：2×0.95–0.6 米	铜器：爵 1、铃 1、牌饰 1 玉器：戚 1、圭 1、刀 1、管 1、柄形饰 3 陶器：盉 2、爵 1、圆陶片 4 漆器：盒 其他：绿松石管 2	四期	《考古》1986 年第 4 期
87ⅥM57	墓圹：2×1.05–0.35 米 有木质葬具，朱砂很多	铜器：爵 1、刀 1、铃 1、牌饰 1 玉器：戈 1、刀 1、柄形饰 2、半月形饰 1、铃舌 1、小型玉饰多枚 漆器：觚（?）1 陶器：圆腹罐 1、卷沿盆 1、盉 1、簋 1、圆陶片 5 其他：绿松石串珠 2、绿松石片若干，贝 5，石铲 1	四期	《考古》1992 年第 4 期

注：未正式发表资料者未计在内。简报与正式报告有差异者，以报告为准。

丙型 a 级墓的墓穴面积在 1 平方米以上（个别 1 平方米左右），有朱砂，有的随葬铜铃或漆器与成组陶质酒器等，有的有小件玉器。经常发现木质葬具的痕迹。

丙型 b 级墓的墓穴长 1.8 米，宽 0.5 米左右，即墓穴面积不足 1 平方米，部分墓中有朱砂，随葬陶质酒器等。基本不见木质葬具的痕迹（图 2 – 8）。

丁型墓的墓穴面积在 0.8 平方米以下，无葬具。随葬少量陶器，基本上是酒器以外的生活用品；有的没有随葬品。

通常，我们把甲型墓叫做大型墓，将乙型墓称为中型墓，丙型、丁型墓均归入小型墓。

B 类为窑洞墓，即葬死者于废弃窑洞中，仅见于东下冯遗址。

C 类是乱葬墓，即将死者的尸骨弃置在灰土坑中，这些土坑或是专意挖成的圆形浅穴，或为废弃的窖穴，或是一般的灰坑、灰沟。有的是单人葬，有的是多人丛葬；有的尸骨完整，有的则凌乱不全或身首异处。

至于在灰坑中偶见一具头颅或几块骨骼，则不计入墓葬之列。

根据初步的统计，二里头遗址的正常墓葬（A 类）中，甲型墓只见 1 座，乙型墓不过 20 余座（包括未发表者），大量的是丙型、丁型墓。乱葬墓（C 类）约十几座。而其他遗址发现的二里头文化墓葬大都均属于 A 类丙型、丁型墓，也有乱葬墓。

（二）埋葬制度

二里头文化的墓葬区，一般与居住区无严格的区分。此时的墓区，或即彼时的居住区。反之，此时的居住区，或是彼时的墓葬区。独立于居住区，建立在一片荒野上的墓地，目前还没有发现。

二里头文化的墓葬虽然有零散分布的例子，但多数墓葬是分区分片的，在二里头遗址尤其如此。每个墓区里的墓葬没有定数，少则二三座，多则十几座不等。一般是东西排列成行，墓穴为南北向。死者的头向或者一致，或者相邻的两排墓葬内的死者的头向是相反

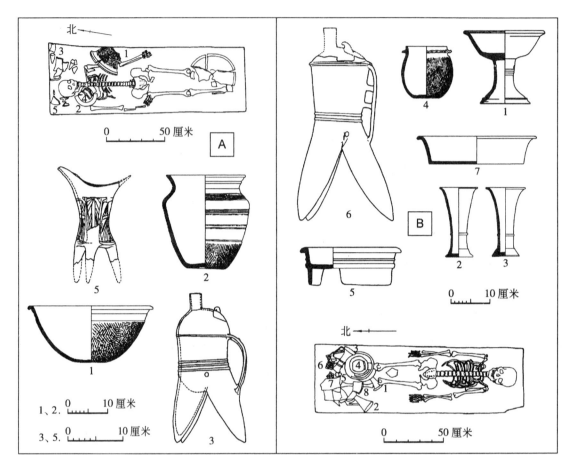

图 2-8 二里头遗址Ⅳ区 M17、M18 及随葬陶器
A. M17 1. 卷沿盆 2. 大口尊 3. 盉 4. 圆腹罐 5. 爵
B. M18 1. 豆 2. 觚 3. 觚 4. 圆腹罐 5. 三足皿 6. 盉 7. 平底盆 8. 平底盆

的，但是同一排墓葬内死者的头向是一致的。在同一排墓葬中，相邻墓葬的间距一般只有几十厘米。

1987 年，在二里头遗址Ⅵ区发掘了 50 多座墓葬[1]，多数集中在长宽各约二三十米的范围内，大体分为两个南、北墓区，南北对应，相距约 10 米。两区墓葬均南北向墓穴，或二三座、或四五座有序地成排布列。其中 M49～M52、M55 东西一字排开，M49 和 M55 墓主为成年人，分居两端，其余三座墓死者是儿童，夹在中间。另外，M20 与 M23，东西并列；M28 与 M44 并列，相距只有 25 厘米。在伊川南寨遗址 1000 多平方米的范围内，发现了 25 座二里头文化墓葬[2]，它们的分布规律是：东西成排，死者头向一致，多在 160°

---

[1] 中国社会科学院考古研究所二里头工作队：《1987 年偃师二里头遗址墓葬发掘简报》，《考古》1992 年第 4 期。
[2] 河南省文物考古研究所：《河南伊川县南寨二里头文化墓葬发掘简报》，《考古》1996 年第 12 期。

至180°之间。

在二里头遗址，有一种比较独特的墓址，即在青铜冶铸作坊内埋葬成年人，在作坊的周边埋葬婴、幼儿，且埋入死人后继续在此进行青铜冶铸。例如：在遗址Ⅳ区铸铜作坊的一座基址上，我们曾经发掘出一批墓葬[1]，它们的埋葬时间虽有先后，但是其排列有序，均为南北向墓穴，相互之间基本没有打破现象。

在二里头遗址还有一种奇特的墓址，是在有多层路土的半地穴式的祭祀场地（墠?）内埋葬死人。且埋人之后，墓上践踏如常，形成墓坑打破下面路土层，墓口又被上面路土覆盖、叠压的现象。例如：1986年在二里头遗址Ⅵ区发掘的一座半地穴式祭祀场所内，于活动面之间发现了一字排开的5座墓葬[2]，其中居于两端的为成人墓，一男一女，各有一组陶器。夹在中间的3座墓是儿童墓，皆无随葬品。1994~1995年在Ⅸ区同样性质的两处半地穴式场所内，也发现了类似的遗迹[3]。其中的一处排列着多座墓葬，它们的墓口叠压在不同层次的路土下。有的墓中随葬铜铃，有的墓中随葬用绿松石镶嵌的兽面纹牌饰和小件玉器，有的则有漆器和精致的陶质酒器。另一处的墓葬则出土了铜铃、小件玉器和漆器等。

如上述，二里头文化墓葬的布局，也反映出聚族而葬的特点。三五座的小墓可能是父系家庭，两两并列者或应为夫妻并穴合葬。但在宗庙、宫殿区附近及埋在祭祀场所内的墓葬（尤其是那些随葬青铜礼器和玉礼器的乙型墓）的性质，还待进一步研究。

甲型大墓因盗扰严重，有无葬具不明。从龙山文化大型墓葬和二里头文化中型墓的资料看，应该是有棺椁的，而且极可能有双重或多重葬具。中型墓葬因朱砂的腐蚀，尸骨皆朽尽，葬具亦多无存。但在一些墓中可以见到灰白色的板灰，应是木棺的痕迹；另外，墓底朱砂的范围往往不及墓壁，而是有一定间距，其平面形状规整，显然是木棺的范围——大约朱砂是铺撒在棺底的，故朱砂的范围就是木棺的平面形状。部分丙型墓葬中，有时也能见到灰白色木棺的板灰。最低等级的墓葬中就很难见到木棺的痕迹了，通常可见的葬具是席子痕迹。

二里头文化墓葬的葬式，凡是正常的埋葬（指A类墓葬），主要是单人仰身直肢葬，少数俯身葬，屈肢葬很少，基本不见合葬。个别幼儿墓是瓮棺葬。而非正常的埋葬（C类墓），葬式无规则，随意性很大。

二里头文化的B类、C类墓葬中，一般皆无随葬品，而A类墓则多数有随葬品。随葬品中以陶器最多，其次是玉器和铜器，另外有漆器、石器和骨、角、蚌、象牙器，以及贝、龟甲、鼋甲等。

在随葬陶器中，以酒器为最多，核心是爵，基本的组合是爵、鬶或爵、盉，有时加配觚，有的墓中还有壶、杯、尊等。在乙型墓中，常见青铜爵与陶盉相配套，有的还配以漆觚。食器主要是豆、三足皿、盘，炊具则有鼎、圆腹罐等。盛储器主要有折沿盆、卷沿

---

[1] 中国社会科学院考古研究所二里头工作队资料。
[2] 中国社会科学院考古研究所二里头工作队资料。
[3] 中国社会科学院考古研究所二里头工作队资料。

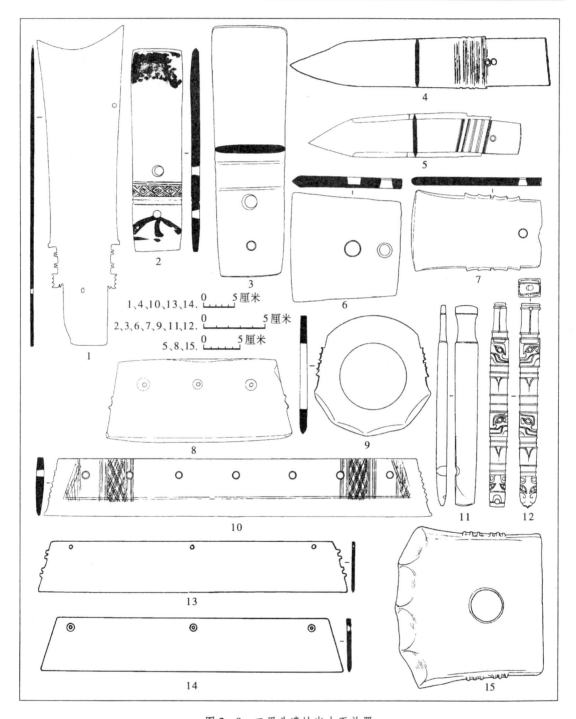

图 2-9 二里头遗址出土玉礼器

1.璋（80ⅤM3:4） 2.圭（80ⅢM2:5） 3.圭（67ⅢKM1:3） 4.戈（87ⅥM57:21） 5.戈（75ⅥK3:11） 6.钺（80ⅤM3:3） 7.钺（75ⅦKM7:2） 8.多孔刀（82ⅨM5:1） 9.戚（75ⅥK5:1） 10.多孔刀（75ⅦKM7:3） 11.柄形饰（ⅥKM3:3） 12.柄形饰（ⅤKM4:1） 13.多孔刀（87ⅥM57:9） 14.多孔刀（67ⅢKM1:1） 15.钺（81ⅤM6:1）

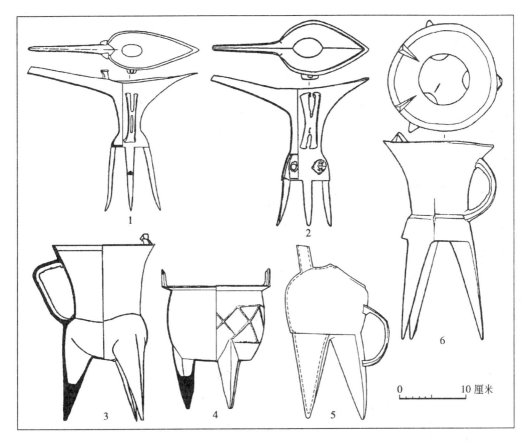

图 2-10　二里头遗址出土青铜容器
1. 爵（75Ⅶ M1:1）　2. 爵（80Ⅲ M2:2）　3. 斝（87Ⅴ M1:2）　4. 鼎（87Ⅴ M1:1）
5. 盉（86Ⅱ M1:1）　6. 斝（84Ⅵ M9:1）

盆、敛口盆、簋等。日常生活中用量很大的陶器如深腹罐、甑等，很少用于随葬。晚期的炊具——鬲，也极少见于墓葬中。陶器中的鬶、圈足盘、折沿盆、角（管流爵）等主要见于一、二期墓，卷沿盆、簋等主要见于三、四期墓，其余的从早到晚都在使用，只是其所占比重和器物形态有所不同而已。

随葬玉器中最常见的是所谓柄形饰[1]，此外是各种礼仪用器，如圭、璋、钺、戚、戈、刀等主要见于乙型墓，制作精美，其共同特征是刃部并无明显使用痕迹，有的如璋和多孔刀器形硕大，似乎是在祭祀或其他典礼场合使用的仪仗（图 2-9）。绿松石制品在墓葬中也比较常见，一般是用于项链上的珠形坠饰。目前出土的二里头文化玉礼器大多属于三、四期。

墓葬中出土的铜器，以酒器最多，主要是爵，另外有斝、盉和个别铜鼎（图 2-10）。

---

[1] 出土于多数乙型墓和部分丙型 a 级墓中，乙型墓中出土的质料好，制作精；丙型 a 级墓中出土的质料差，制作粗糙。

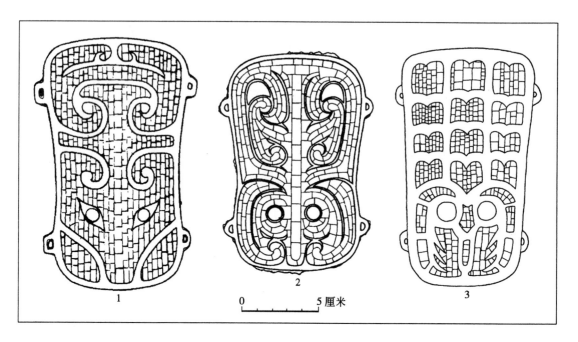

图 2-11 二里头遗址出土青铜牌饰
1. 84 VI M11:7   2. 81 V M4:5   3. 87 VI M57:4

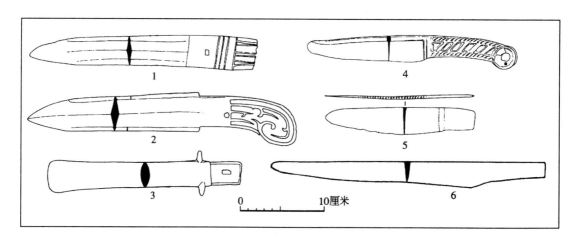

图 2-12 二里头遗址出土青铜武器
1. 戈（采集） 2. 戈（IV KM3:2） 3. 钺（IV KM3:1） 4. 刀（III M2:3） 5. 刀（III M2:4） 6. 刀（VI M57:2）

除此之外，有铜铃、镶嵌绿松石的牌饰（图 2-11），以及铜钺、刀、戈、镞（图 2-12）等物。随葬品中的铜器基本上都是三、四期的。

墓葬中随葬的漆器，以觚为最多，另外有盒、钵、鼓等。

石器主要是铲、钺、刀等。

很显然，二里头文化的随葬品，主要是礼器和生活用品，而极少用生产工具随葬。在礼器和生活用具中，又以酒器、玉柄形饰和仪仗性玉器为主，食器次之，少见炊具。

在二里头文化的随葬器物群中，最引人注目的是青铜礼器的出现。创制青铜礼器，是二里头文化对中国古代青铜文明的重大贡献。由于当时处在我国青铜文明的早期阶段，青铜礼器的使用尚不普遍，因此，礼器（主要指容器类）的组合，往往是青铜器与陶器、漆器相配伍，青铜器单独配置成套的情形，并不多见。铜礼器与其他质料礼器搭配成组，主要是铜爵（或加铜斝）与陶盉、漆觚的组合，铜爵与陶爵、陶盉组合也常见。青铜器与漆器、陶器共同组成礼器群，构成二里头文化礼器制度的重要特征。

第五节 二里头文化的经济与技术

一 农业

（一）农作物

根据已有资料分析，二里头文化的栽培作物主要是水稻和谷子，还发现小麦、高粱等作物的线索。

据对二里头遗址Ⅸ区 M14 出土陶器里的土样所做硅酸体观测分析[1]，当地在二里头文化二期或此前曾种植水稻。曾运用浮选法在二里头遗址Ⅵ区属于二里头文化第三期的灰坑填土中，淘选出已炭化的大米粒[2]；在二里头遗址二期地层中出土过炭化谷子[3]。1981 年，在二里头遗址Ⅲ区采集到的一件二里头文化二期的陶尊腹部，刻划着一穗水稻，计有六个带芒的稻粒，两片叶子，形象逼真；1990 年在二里头遗址Ⅺ区出土的一件二里头文化三期的陶尊上，刻划着一个极似麦穗的图案，籽粒饱满紧凑，芒较长（图 2 - 13）。

在洛阳市关林镇皂角树遗址[4]，发现了二里头文化时期的农作物果实，据报道，有水稻、小麦、大豆、高粱和谷子等。

在驻马店杨庄遗址[5]，发现了二里头文化时期的大量

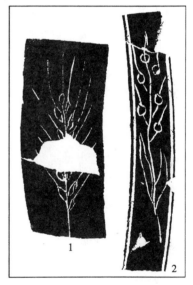

图 2 - 13 二里头遗址陶器上的农作物图像
1.81Ⅲ区采集 2.90Ⅺ区 T6⑤出土

---

[1] 中国社会科学院考古研究所考古科技实验中心检测结果，未发表。
[2] 本节引用二里头遗址考古资料凡未注明出处者，均系中国社会科学院考古研究所二里头工作队未发表资料，以下不再一一注明。
[3] 仇士华、蔡莲珍、冼自强、薄官成：《有关所谓"夏文化"的碳十四年代测定的初步报告》，《考古》1983 年第 10 期。
[4] 叶万松、周昆叔、方孝廉、赵春青、谢虎军：《皂角树遗址古环境与古文化初步研究》，《环境考古研究》第二辑，科学出版社，2000 年。
[5] 北京大学考古学系、驻马店市文物保护管理所：《驻马店杨庄》第 204 页，科学出版社，1998 年。

水稻植硅体和炭化稻粒,说明当时的"农作物以水稻为主,并有相当大的规模"。

在夏县东下冯遗址[1]发现大量炭化粟粒。

(二) 粮食储藏

二里头文化遗址中常见形制规整的窖穴,应是储藏物品的地方,其中有的应该就是粮仓。

夏县东下冯遗址[2] H417,是一个平面呈鞋底状的竖穴,长7.7米,最宽处3.1米,深3.3米,平底,中部有两个圆形的生土墩。坑壁下部经火烧成红色。坑的两端各有一道高1.3米、宽0.17米、并被烧成红色的竖槽。坑内有厚40~73厘米已炭化的粟。这是一个专门储藏粮食的窖藏,用火烧烤坑壁可以防潮,坑壁上的凹槽,可通风透气,坑底的土墩应是用来支撑铺垫物的设施,或是放置通气设施的地方。H525,是一个圆形竖穴坑,圜底,内有厚约10厘米的粟粒,已炭化。

(三) 农具

二里头文化出土的农具,包括器身琢制、刃部磨制的石斧,长方形扁平磨光石铲或带肩石铲、骨铲、蚌铲,平面呈梯形的穿孔石刀、陶刀,背部呈弧形的石镰、蚌镰,另在坑壁和墓壁常见木耒的痕迹,分别用于砍伐、起土、中耕松土、除草和收割诸农事。

从所用的农具来看,二里头文化时期的农业生产还有比较浓厚的原始性,未见可确认为农具的青铜器,也未见与犁耕有关的农具。

二 家畜饲养与渔猎

作为农业之外的辅助经济,畜牧、渔猎都是二里头文化时期生活资料的重要来源。

(一) 与家畜饲养和狩猎相关的遗存

二里头遗址出土了大量的兽骨,其中以牛最多,其次有猪、羊、鹿等,完整的狗、猪、羊的骨架屡见不鲜。还发现过象牙器,呈笄状,球状端饰。

这些动物骨骼尚未经专家鉴定,哪些是家畜,哪些是野生动物尚不能确认,但其中的大部分是家畜,当可信。在同一遗址出土有陶塑的牛、猪、羊、狗、象的全形或其首部、肢体,可为旁证。

在陕县七里铺[3]、夏县东下冯、荥阳竖河[4]和驻马店杨庄[5]等二里头文化遗址中出土了牛、羊、猪、犬骨,有的已被鉴定为家畜。另外发现有斑鹿及轴鹿的角、骨、牙齿等。

---

[1] 中国社会科学院考古研究所、中国历史博物馆、山西省考古研究所:《夏县东下冯》第100、106~107页,文物出版社,1988年。

[2] 中国社会科学院考古研究所、中国历史博物馆、山西省考古研究所:《夏县东下冯》第106~107页,第225页附表一二,文物出版社,1988年。

[3] 黄河水库考古工作队河南分队:《河南陕县七里铺商代遗址的发掘》,《考古学报》1960年第1期。

[4] 河南省文物研究所:《河南荥阳竖河遗址发掘报告》,《考古学集刊》第10集,地质出版社,1996年。

[5] 北京大学考古学系、驻马店市文物保护管理所:《驻马店杨庄》第194页,科学出版社,1998年。

在陕县七里铺、临汝煤山[1]、驻马店杨庄[2]等遗址,也出土狗、羊、猪的陶塑残件。

二里头文化曾发现不少铜镞和骨镞,形式多种多样。它们既可能是兵器,也可用于狩猎。

(二) 与渔业相关的遗存

二里头遗址出土的渔具有多种。

骨鱼钩系用兽骨磨成,相当精致,长约2厘米,形制、大小与现今鱼钩相仿。

蚌鱼钩用蚌壳制成,较骨鱼钩稍粗壮。

骨鱼镖的一端有锐尖,并带倒钩。

骨网坠用兽骨制成,圆柱状,两端有系绳的凹槽。

陶网坠有方体的,形体大,两端和两侧面均有穿、系网绳的凹槽;也有圆体的,形体小,仅两端有系绳的凹槽。

铜鱼钩,钩尖锐利,钩首有一凹槽,可系钓线。钩长约1.2厘米。

在二里头遗址出土的陶器和骨片上,屡屡发现有刻划的鱼的形象。如20世纪60年代在一号宫殿发现3件平底盆的内壁上[3]、1980年发现的一片骨片上[4]、1995年在Ⅲ区H1中出土的陶大口尊上、Ⅸ区H26出土的陶刻槽盆上都见到刻划的鱼纹。

这表明,二里头文化的人们通过多种渔具捕鱼,对于鱼的形象和习性均较了解。

三 手工业

(一) 青铜器与青铜冶铸业

我国在仰韶文化时期即已出现了铜器。到了龙山时代,考古发现的铜器或冶铜、铸铜遗物更多,但主要限于小件工具、饰品。到龙山时代晚期才出现复合范铸造的铜铃、銎斧等。

到了二里头文化时期,青铜冶铸业得到迅速发展,我们不仅发现了若干前所未见的青铜器,还发掘出了大规模的青铜冶铸作坊和大量与青铜冶铸有关的遗物。

1. 二里头文化青铜器的发现

二里头遗址现已发现的青铜器包括有容器、兵器、乐器、装饰品、工具、渔具等,已公布资料的合计有铜爵13件,斝3件,盉1件,鼎1件,铃5件,兽面纹牌饰3件,圆形牌饰3件,钺1件,戈2件,刀36件,镞16枚,鱼钩3件,锥5件,凿7件,锛2件,锯1件,纺轮1件,泡1件(图版9~11)。共18个品类104件(表2-2)。

在其他遗址也发现少量二里头文化青铜器,主要是工具、兵器等20余件。有的遗址发现的青铜容器如爵、斝以及铜铃具有二里头文化铜器风格,可能是二里头文化晚期或稍晚时候的产品(表2-3)。

---

[1] 河南省文物研究所:《临汝煤山遗址1987~1988年发掘报告》,《华夏考古》1991年第3期。

[2] 北京大学考古学系、驻马店市文物保护管理所:《驻马店杨庄》第173、174页,科学出版社,1998年。

[3] 中国科学院考古研究所洛阳发掘队:《河南偃师二里头遗址发掘简报》,《考古》1965年第5期。

[4] 中国社会科学院考古研究所二里头队:《1980年秋河南偃师二里头遗址发掘简报》,《考古》1983年第3期。

表 2-2　　　　　　　　　　二里头遗址出土青铜器一览表

出土地点	品类与数量	期别	资料出处
Ⅳ区 T24	刀 2	一期	《偃师二里头》第 40~41 页
Ⅳ、Ⅴ区	铃 1、刀 3、锥 1	二期	《偃师二里头》第 80~81、137 页
Ⅲ~Ⅶ区	爵 3、戈 2、锛 2、圆形牌饰 3、泡 1、钺 1、凿 2、刀 13、镞 7、锥 1、锯 1、鱼钩 2、纺轮 1	三期	《偃师二里头》第 168~171、239 页
Ⅳ、Ⅴ、Ⅶ区	爵 2、斝 1、凿 5、刀 14、镞 8、锥 3、鱼钩 1	四期	《偃师二里头》第 268~270、299、343 页
Ⅲ区 M2	爵 2、刀 2	三期	《考古》1983 年第 3 期，第 202 页
81Ⅴ区 M4	牌饰 1、铃 1	二期	《考古》1984 年第 1 期，第 37 页
81Ⅸ区	刀 1、铃 1	二、三期	《考古》1985 年第 12 期，第 1088、1093 页
84Ⅵ区	爵 3、斝 1、镶嵌绿松石牌饰 1、铃 1、镞 1	四期	《考古》1986 年第 4 期，第 319~320 页
87Ⅴ区	鼎 1、斝 1	四期	《考古》1991 年第 12 期，第 1138~1139 页
84Ⅱ区	盉 1	四期	《考古精华》图版 93
87Ⅵ区 M57	爵 1、铃 1、牌饰 1、刀 1	四期	《考古》1992 年第 4 期，第 295 页
87Ⅵ区 M58	爵 2	四期	《考古》1992 年第 4 期，第 295 页

表 2-3　　　　　　　　　　各地出土二里头文化青铜器统计表

出土地点	品类与数量	资料出处	备注
山西夏县东下冯	镞 8、凿 2、刀 1、残器 3（似为爵、刀残件）。	《夏县东下冯》第 74、78、121、122 页	三期、四期
河南洛阳东干沟	刀 2、钻 1、凿（？）1	《洛阳发掘报告》图版二九：1~4	
河南登封王城岗	钻 1、刀（残）2、残片 1	《登封王城岗与阳城》第 122、143 页，图版四一：13、14，图版四六：29	二期、三期
河南淅川下王冈	钩、残器	《淅川下王冈》第 285、298 页，图 285：2，图版 100：4，图版 110：20	
河南驻马店杨庄	凿、铜片	《驻马店杨庄》第 183~186 页	
河南荥阳西史村 M2	爵 1	《河南荥阳西史村遗址试掘简报》图 15：14、1，《文物资料丛刊》5	M2 属于二里头文化第四期晚段或稍晚；采集的 1 件铜斝也具有二里头文化铜器风格
河南荥阳高村寺	斝 1	《荥阳县高村寺商代遗址调查简报》，《华夏考古》1991 年第 3 期	年代约当二里头四期或稍晚

续表 2-3

出土地点	品类与数量	资料出处	备注
河南新郑望京楼	爵等	《河南新郑望京楼出土的铜器和玉器》图版肆：5，《考古》1981 年第 6 期；《河南新郑新发现的商代铜器和玉器》图二：2，《中原文物》1992 年第 1 期	年代约当二里头四期或稍晚
陕西洛宁	管流爵 1	《中国青铜器全集》第 1 卷，图版 11	
安徽肥西	斝 1	《中国文物精华大辞典·青铜卷》0006	同书 0179 安徽六安征集品，误用肥西出土品照片
安徽肥西	铃 1	《文物》1978 年第 8 期	

此外，在河南商丘、开封等地征集的部分铜器和上海博物馆等单位收藏的部分铜器[1]，具有二里头文化铜器风格。流散国外的青铜器中也有二里头文化遗物[2]。

2. 二里头文化青铜铸造手工业遗迹遗物

二里头文化的铸铜遗存在二里头遗址和东下冯遗址均有发现。

（1）与青铜铸造相关的遗物

在东下冯遗址出土了 30 多块铜渣和 7 块石范[3]，石范中能分辨出器形的为斧、凿范。可以肯定，东下冯遗址有二里头文化的青铜冶铸作坊存在。

在二里头遗址的Ⅳ～Ⅵ区等不同地点发现若干包括铜渣、熔炉（原称"坩埚"）碎块、陶范[4]在内的遗物。二里头遗址出土过一件"原为半圆形"的铜块[5]，有可能是当时铜锭的残块。

（2）青铜冶铸作坊

经过正式发掘的二里头遗址青铜冶铸作坊，位于遗址的东南部（Ⅳ区），据初步钻探和发掘资料，估计作坊区的面积大约近万平方米。1960 年、1963 年、1980 年、1981 年、

---

[1] A.《中国青铜器全集》编辑委员会：《中国青铜器全集》第 1 卷，图版 9、10、12、16～18 等，文物出版社，1996 年。
B. 上海博物馆：《上海博物馆藏青铜器》图版二六，上海人民美术出版社，1964 年。
[2] A. 李学勤：《良渚文化玉器与饕餮纹的演变》，《东南文化》1991 年第 5 期；《论二里头文化的饕餮纹铜饰》，《中国文物报》1991 年 10 月 20 日。
B. 朱仁星：《遗珍掠影——檀香山艺术学院收藏中国文物选介》，台北《故宫学术月刊》第十卷第五期，1992 年。
[3] 中国社会科学院考古研究所、中国历史博物馆、山西省考古研究所：《夏县东下冯》第 75、100、121、122、147 页，文物出版社，1988 年。
[4] A. 1980 年以前的资料，见中国社会科学院考古研究所：《偃师二里头》第 81、171、270 页，中国大百科全书出版社，1999 年。
B. 1980 年以来相关资料尚未发表。
[5] 中国社会科学院考古研究所：《偃师二里头》第 239 页，中国大百科全书出版社，1999 年。

1982~1984年，先后进行多次发掘，获得了若干与青铜冶铸有关的遗迹遗物[1]，其中尤以 1982~1984 年的发掘规模最大，收获也最丰富。

这处冶铸作坊遗址，以几座东西向、长方形，大致南北排列的浇铸场为主体。现象比较清楚的有 3 座。

F9，是一座建于二里头二期的半地穴式场地，东部已遭破坏，现存部分长 11 米，宽 6 米，深 0.8 米，西南部有一缓坡状门道。场内地面平整。该场地在二期时经先后二次整修、改建，三期时又经第三次改建，每次都垫土形成新的工作面，第二次改建时沿顺向两侧穴壁挖槽建木骨泥墙，第三次改建时又废墙，改在场内埋设木柱。由墙或柱的设置可推测原有非封闭性的顶棚。在三次改建后的工作面上都发现红烧土硬面和铜液泼撒形成的铜渣层，有的还有熔炉碎片，可确凿证明这是经长期使用的铸铜场地，至二里头四期才废弃。

令人费解的是场地上分层埋葬的墓。初始时沿场地北缘埋小孩墓 5 座，工作面上有成人墓 1 座。第一次整修后工作面中部埋成人墓 3 座。第二、三次整修后工作面上各埋 2 座。上述不同层的墓方向一致，排列有序，均属正常埋葬。初建时的儿童墓或许同奠基仪式有关，那么，其他成人墓死者的身份以及这些墓的性质（是正常死亡铸铜工匠的墓葬，抑或铸造青铜器过程中举行某种仪式的牺牲）很耐人寻味。

在 F9 之南，另有两座青铜器浇铸场，分别编号为 Z1、Z2。

Z1 是一座长条状的浅穴式建筑，东西长 18 米有余，宽约 3.7 米，在其活动面上（主要在四周）发现有柱洞和红烧土面；Z2 叠压在 Z1 的西半部，东西长约 9.5 米，南北宽约 5 米，亦属于浅穴式建筑，在其东北部有门道和台阶，场内是层层叠压的路土，路土面上分布着许多红烧土面、溅泼铜液凝固面等遗迹，出土有熔炉残片、铜渣、小铜块等遗物。场内也发现一些柱洞。其北边缘分布着几座小孩墓葬，场内路土层间排列着几座成人墓葬。

显而易见，Z1 和 Z2 应与前述 F9 的性质相同，即为浇铸青铜器的"工场"或"工棚"。

在 F9 的北侧，有一座编号为 F2 的建筑物，属于二里头文化第二期。这是一座坐北朝南、面阔两间的地面起建的房子，每间房子均有一个向南的门。房内地面分成多层，每层都有火塘，有的火塘下凹成浅坑，深几厘米到三四十厘米不等，呈青灰色乃至黑色；有的则与地面持平，为红色，其中东房内东南部的火塘长 90 厘米，宽 75 厘米，塘中竖立有几个土柱，显然是起支撑作用的。根据它与铸铜"工场"相邻，房内有火塘，以及火塘内还有用于支撑的土柱等现象，可知与普通用于居住的房子有所不同，上述房址内火塘底部无一般灶坑内所常见的草木灰而有烧土柱，大约正是上置陶范，下置炭火的证据。因而，发掘者有推测说：这或许是用来烘烤、预热陶范的地方。在二里头铸铜作坊遗址内，还发现一座窑（83ⅣY1），是否为专门用于烧制陶范的窑或烘范窑，值得研究。

与青铜冶铸相关的文化遗物，包括陶范、石范、熔炉碎片、铜渣、铜矿石（孔雀石）、木炭和小件铜器，在这处作坊遗址的灰坑、窖穴、地层和建筑物内，曾有大量的发现。

---

[1] A. 1980 年以前的资料，见中国社会科学院考古研究所：《偃师二里头》第 81、171、270 页，中国大百科全书出版社，1999 年。

B. 1980 年以来相关资料尚未发表。

陶范，数量很多，大都是铜器铸毕而废弃的破碎外范，而内范在铜器铸成后或被包留在铜器里，或被掏挖成土末，因此在出土的陶范中很难找到内范。所有的陶范，均系细泥制成，经过焙烤。范上常可见到榫卯以及不同的符号。其内表光洁，被铜液烧成灰褐色，有的还有花纹。从残范的内壁看，所铸铜器绝大多数是圆形的，直径大者可达30厘米以上，也有方形的。

石范很少见，只发现1件。

铜器，多属器形不明的小件废品；有的是成品，如戈、镞等。

3. 二里头文化青铜冶铸业的成就与特点

第一，大型专业青铜作坊与青铜器工业中心出现。二里头遗址的青铜作坊规模相当大，延续时间长。迄今的发现，主要限于与铸造有关的设施和遗物。上述用于浇铸的工场、可能用于烘烤陶范的陶窑、预热陶范的房子，展现出铸铜工艺设施的专门化。该遗址尚未全部发掘，将来整个作坊遗址被揭露出来，其结构应该还会更完善些。

虽然龙山时代的铜器在许多地方已经出土，但就总体而言，仍是零零星星，看不出哪里是铜器铸造业的中心。而至夏代晚期，大型铸铜作坊表明作为政治文化中心的二里头遗址也是当时青铜工业中心。

还需指出，目前所见二里头文化青铜器，主要出于二里头遗址中型墓葬中，未必代表了当时青铜冶铸的最高水平。不难设想，将来如果发现未经盗扰的二里头文化的大型墓葬乃至王陵，其青铜器的数量、种类和品质，恐非现存铜器所能比拟。

第二，铸铜技术水平提高与青铜礼器的初创。龙山时代铜器主要是一些小件的工具、兵器和饰品，陶寺文化晚期的铜铃和齐家文化有銎铜斧，属于内外复合范制品，是当时工艺较复杂的铜器。而二里头文化铜容器则往往需要多块陶范拼合起来才能浇铸，如铜爵一般需要5块陶范，而一件铜盉需要7块以上范，一件铜斝至少需要12块外范；为了合范严密而牢固，一些陶范上特制有榫卯。出土陶范上往往有刻划符号，就是为了方便合范而留的记号。铜器的器壁很薄，往往只有1~3毫米厚，因此内范与外范的制作与拼合，便十分不易。

二里头文化由多块内、外范拼合而铸造的青铜器的大量出现，在中国古代金属铸造工艺史上是个飞跃，为商周灿烂的青铜文明的形成奠定了物质技术基础。

二里头文化青铜礼器的出现，改变了以往以玉器和特殊陶器为主要礼器的局面，开始形成以青铜器为中心的礼器群，这一规则为商、周礼仪制度所继承并加以发展，青铜礼器遂成为中国青铜文明的核心和重要特征。

如果说铜、锡合金技术在龙山时代尚未普及，二里头文化则在此基础上有了很大的进步，所制造的铜器大部分为青铜器，主要是铜、锡合金（铅占微量），也有铜、铅合金（锡占微量）以及铜、锡、铅三元合金（表2-4）。在二里头遗址出土过锡块[1]和铅块[2]，应该是铸造青铜器的原料。这是我国古代冶金术上的一个重大进展。

---

[1] 中国社会科学院考古研究所：《偃师二里头》第240页，中国大百科全书出版社，1999年。
[2] 李敏生：《先秦用铅的历史概况》，《文物》1984年第10期。

表 2-4　　　　　　　　　　　　　　二里头文化铜器成分测定数据表

器名与器号	出土地点	含铜量(%)	含铅量(%)	含锡量(%)	资料出处
铜条 ⅣT11③:4	二里头	82.7	0.57	17.04	《文物》1984年第10期第85页
锛 ⅢT212F2:10	二里头	98		1	《考古》1975年第5期304页
锛同上	二里头	91.66	1.23	7.03	《文物》1984年第10期第85页
爵 ⅧT22③:6	二里头	92		7	《考古》1975年第5期304页
斝	二里头	89.04		7.05	《中国冶金史论集》,文物出版社,1986年
爵	二里头	91.89	2.34	2.62	《文物》1984年第10期第85页
刀 ⅣT24④B:135	二里头	88.04	4.83	4.32	《文物》1984年第10期第85页
小刀 ⅣT24⑥B:9	二里头	83.29	16.28	0.43	《偃师二里头》附录2
铜渣 ⅤT33D⑩:7	二里头	98.38	0.23	1.38	《偃师二里头》附录2
小刀 ⅣT21⑤:6	二里头	94.94	0.85	4.20	《偃师二里头》附录2
小刀? ⅣT203⑤:12	二里头	93.67	2.92	3.42	《偃师二里头》附录2
三棱器 ⅣH76:23	二里头	57.85	41.46	0.69	《偃师二里头》附录2
刀? ⅣH57:45	二里头	90.00	0.08	9.92	《偃师二里头》附录2
小刀 ⅣT31③:8	二里头	88.54	8.96	2.50	《偃师二里头》附录2
锛 ⅣH57:27	二里头	97.00	2.31	0.69	《偃师二里头》附录2
小刀 ⅣT6⑤:9	二里头	85.38	4.96	9.66	《偃师二里头》附录2
小刀 ⅣT7④:11	二里头	81.79	14.80	3.41	《偃师二里头》附录2
纺轮 ⅣH58:1	二里头	97.89	1.71	0.40	《偃师二里头》附录2
镞 ⅤT122③:1	二里头	91.02	6.42	2.57	《偃师二里头》附录2
镞 ⅣT6⑤:54	二里头	99.72	0.03	0.25	《偃师二里头》附录2
鱼钩 ⅤH82:9	二里头	58.68	18.23	23.09	《偃师二里头》附录2
镞 ⅤH101:6	二里头	82.75	16.88	0.38	《偃师二里头》附录2
镞 ⅤT17B⑤:2	二里头	86.83	2.76	10.41	《偃师二里头》附录2
镞 ⅤH108:1	二里头	62.17	35.94	1.90	《偃师二里头》附录2
镞 ⅤH20:1	二里头	96.78	1.18	2.04	《偃师二里头》附录2
镞 ⅤT24B④:1	二里头	94.42	0.57	5.01	《偃师二里头》附录2
镞 ⅣT214③A:14	二里头	61.12	36.75	2.14	《偃师二里头》附录2
凿 ⅣT24④:116	二里头	97.50	2.46	0.04	《偃师二里头》附录2

续表 2-4

器名与器号	出土地点	含铜量(%)	含铅量(%)	含锡量(%)	资料出处
小刀ⅤT26B⑤:13	二里头	98.21	0.86	0.92	《偃师二里头》附录2
刻刀ⅤT26A⑥:7	二里头	94.43	1.16	4.41	《偃师二里头》附录2
钻头?ⅤT119③:6	二里头	80.09	16.05	3.86	《偃师二里头》附录2
凿ⅤF3:11	二里头	74.05	11.80	14.15	《偃师二里头》附录2
镞ⅤT12B③:1	二里头	89.60	7.89	2.51	《偃师二里头》附录2
小刀H51:2Ⅴ	二里头	95.18	0.05	4.77	《偃师二里头》附录2
小刀ⅤT211③B:1	二里头	35.46	60.77	3.76	《偃师二里头》附录2
凿ⅣT23④:47	二里头	89.31	8.19	2.50	《偃师二里头》附录2
小刀ⅣT13②:33	二里头	81.31	18.34	0.35	《偃师二里头》附录2
锥ⅣT24④B:59	二里头	68.66	30.55	0.99	《偃师二里头》附录2
锥ⅤH103:3	二里头	95.90	2.18	1.92	《偃师二里头》附录2
凿H9:17	东下冯（Ⅲ期）	纯铜			《夏县东下冯》附录一
镞75SW26H20:9	东下冯（Ⅳ期）	85.57	2	9.14	《夏县东下冯》第208页
镞Y1022:4:12	东下冯（Ⅳ期）	78.59	4.46	14.13	《夏县东下冯》第208页

第三，二里头文化青铜冶铸技术在龙山时代铸铜技术的基础上有了很大的发展，达到了空前的高水平。但是，与商代青铜冶铸技术相比，还有其原始性。

二里头文化青铜容器一般比较轻薄，有的铜爵的器壁厚度只有二三毫米；铜器铸成往往不经仔细的打磨，故范缝形成的扉棱常清晰可见；许多内范在器成后往往不被完全掏挖干净，如鼎、斝等器物的空足和斝、盉、爵鋬的内范，也常常遗留下来；虽有迹象表明，二里头文化青铜器上有的已经装饰了稍微复杂的花纹，但是通常所见的铜器上，往往没有花纹，即使有花纹也只是简单的几何花纹，如乳丁纹、圆圈纹、方格纹等。

根据目前已知的数据分析，我们还找不出二里头文化不同器类和不同期别之间的青铜器在锡、铅的含量方面所具有的明显的差别与规律。《考工记》中"六齐"之青铜配料技术，在二里头文化时期显然还没有形成。

（二）玉石器与玉石手工业

在史前良渚文化、红山文化和海岱系龙山文化中，都有大量精美的玉器，而商代晚期的制玉业亦很发达，妇好墓中出土的玉器即品类繁多，琳琅满目。二里头文化制玉业承上启下，并表现出很强烈的自身特点。

二里头文化玉器，主要出土于二里头遗址。其品类主要包括：刀、璋、钺、戚、圭、戈、柄形饰等（图2-9；图版12、13），其他还有铃舌、镞、铲、凿、环、镯、纺轮、坠饰等。此外，绿松石制品中的坠饰、串珠和镶嵌物等，也属于制玉手工业产品（表2-5）。

表 2-5 二里头遗址出土玉器、绿松石制品统计表

出土时间	出土地点	品类与数量	期别	资料出处
	Ⅳ区	绿松石坠饰 2	一期	《偃师二里头》第 74 页
	Ⅳ、Ⅴ、Ⅷ区	玉柄形饰 1、镞 1、铲 1、凿 1，绿松石坠饰 2、片饰 5	二期	《偃师二里头》第 81、137 页
1967、1975 年	Ⅱ~Ⅵ、Ⅷ区	玉圭 2、刀 1、璋 1、戈 2、戚 4、铲 3、钺 1、镞 1、纺轮 1、镯 1、板 1、柄形饰 6，绿松石坠饰 4、眼形饰 2、管 2、串珠数百	三期	《偃师二里头》第 171、249~251、256~259 页，《考古》1975 年第 5 期，《考古》1976 年第 4 期
1975 年等	Ⅳ、Ⅴ、Ⅶ、Ⅷ区	玉刀 1、璋 1、钺 1、铲 1、凿 1、纺轮 2、管 1、环 1、塞形器 1、条形器 1、方柱形器 1	四期	《偃师二里头》第 270、328、341 页《考古》1978 年第 4 期
1980 年	Ⅲ区 M2、Ⅴ区 M3	玉圭 1、钺 1、璋 2、坠 1，绿松石坠 2	三期	《考古》1983 年第 3 期
1981 年	Ⅴ区 M4、M6	玉铃舌 1、柄形饰 1、钺 1，绿松石坠 2、串珠 87 枚	二期、四期	《考古》1984 年第 1 期
1982 年	Ⅸ区 M4、M5、M8、M10、M20	玉铃舌 1、圭形器 1、柄形饰 1、刀 1、钺 1，绿松石坠 1、绿松石饰 5	二期、三期	《考古》1985 年第 12 期
1984 年	Ⅵ区 M6、M11	玉刀 1、戚 1、圭 1、柄形饰 4、铃舌 1，绿松石串珠 150 余	四期	《考古》1986 年第 4 期
1987 年	Ⅵ区 M57	玉刀 1、戈 1、柄形饰 2、铃舌 1、半月形器 1，绿松石坠 2	四期	《考古》1992 年第 4 期

在登封王城岗[1]、淅川下王冈[2]等遗址也发现过少量二里头文化玉器。

二里头文化制玉工艺的特点，主要体现在三方面。

第一，善于制造大型的礼器。二里头文化中不乏巨作宏制之器，譬如 1975 年出于二里头遗址Ⅱ区的玉刀，长达 65 厘米，有扉齿和规整的几何花纹，同时出土的一件玉璋，高达 48 厘米；1980 年在二里头遗址Ⅴ区出土的玉璋，一件高 54 厘米，一件高 48.1 厘米，皆有扉齿。1987 年在二里头遗址Ⅵ区出土的玉刀宽 5.5 厘米，长 53.5 厘米；玉戈长 43 厘米。上述大型玉器，刃部大都不见使用痕迹，有的原本并未开刃，推测是特定礼仪场合使用的仪仗，气势非凡。剖割巨大的玉料并使如此大型的玉器规整、光洁，都需要相当高的技术。

第二，运用先进的工艺技术，为玉器雕刻精美的花纹。我们知道，红山文化的玉器以形表意，一般不施加花纹；良渚文化的玉器有非常复杂的花纹，那是用刀具反复刻划而形成的；山东龙山文化的玉器有花纹，也是用刀具刻划出来的。二里头文化玉器上的花纹，则往往是运用可旋转的"砣子"来加工的。我们看到二里头文化玉刀、璋、戈上的几何

---

[1] 河南省文物研究所、中国历史博物馆考古部：《登封王城岗与阳城》第 143 页，文物出版社，1992 年。
[2] 河南省文物研究所、长江流域规划办公室考古队河南分队：《淅川下王岗》图二八五：1，文物出版社，1989 年。

纹，都是笔直的，线条的粗细与深浅始终如一，非常规整；1975年在二里头遗址出土的柄形饰，长17.1厘米，上面雕刻着三组饕餮纹，有专家认为是用能够高速旋转的"砣子"制作的。

第三，具有高超的镶嵌技术。往骨器、象牙器上镶嵌绿松石，在大汶口文化中即见到过，往玉器上镶嵌绿松石，则见于山东龙山文化和陶寺文化。二里头文化不仅有镶嵌绿松石的玉器，更有镶嵌绿松石的铜器，且工艺精美绝伦。1975年，在二里头遗址出土了4件圆牌状铜器，均镶嵌着绿松石，其中编号为K4:2的一件，正面周缘镶嵌着61块长方形绿松石片，形似钟表刻度。中间用绿松石片镶嵌成两周共26个十字形图案。1981年在二里头遗址Ⅴ区M4中出土的一件铜牌饰，用300多片形状各异的绿松石镶拼成一个动物头面的图案。1984年，在二里头遗址Ⅵ区M11中出土的铜牌饰，用200多片绿松石镶嵌出一个兽面图案（图2-11）。上述两件铜牌饰，向人们展示了二里头文化时期高超的玉石工艺技术，那些小小的绿松石，被切割成长方形、三角形、圆形、不规则形等各种形状，长宽只有几毫米，厚只有1~2毫米左右，且抛磨光洁，实在是极其不容易。而1987年在二里头遗址Ⅵ区M57中出土的那件铜牌饰，只有一个铜铸的兽形框架，出土时，那些碎小的绿松石片尚原样未动地悬空排列在铜牌上，这些大大小小的绿松石片在没有依托的情况下（可能原本有皮革类有机质料的背托，但现已腐朽无存），能牢固地保持原来的图案，可见其镶嵌技术非同一般。

（三）漆器与髹漆手工业

漆器在我国发明甚早，河姆渡文化的漆器距今已有七千多年的历史。到了龙山时代，南方的良渚文化、北方的陶寺文化等，均有漆器出土。

二里头文化时期的漆器主要出在二里头遗址的墓葬中。到目前为止已发现数十件之多，其中器形明确者以觚最多，有10多件，在墓中漆觚常与铜爵、陶盉配组。另外有匣、豆、盒、钵、匕、勺、瓢状器等，还有漆鼓和漆棺（表2-6）。

二里头文化的漆器，已经有了精美的花纹。1980年，在Ⅲ区M2中出土的漆觚上的饕餮纹清晰可见。1987年，在Ⅵ区M58中发现多件漆器，其中一件漆觚，口径约20厘米，高约30厘米，其上的饕餮纹保存相当完好，朱红地赭色花纹，线条圆润流畅，图案繁复美丽。

1995年，在二里头遗址Ⅸ区一座建筑基址上，发现一个直径约11厘米的带漆的类似"柱洞"的遗迹现象，"柱洞"内周圈有朱、黑两色漆，黑漆厚约1毫米，在外；朱漆薄，在内。不知是建筑上的漆柱，还是埋入地下的漆器，为保持建筑基址的完好，未作解剖。值得注意的是，这里是一片与祭祀有关的建筑遗存。

在驻马店杨庄遗址[1]，发现过一件木胎漆觚残件，髹红、白色漆。

可见，二里头文化的漆木器比较常见，除了容器之外，还有乐器、葬具等。漆器上髹红、黑、褐、白四色漆，有的还绘有饕餮纹。可望随着田野工作中起取、保护和研究水平的提高，将会对二里头文化漆器和髹漆工艺发展水平有更清楚的了解。

---

[1] 北京大学考古学系、驻马店市文物保护管理所：《驻马店杨庄》第187页，科学出版社，1998年。

表 2-6　　　　　　　　　　　　二里头遗址出土漆器统计表

出土时间	出土地点	器类和数量	说明	资料出处
	Ⅳ区 M8	器形不明，1件	报告称"朱砂皮"	《偃师二里头》第124页
1977~1978年	二号宫殿后"大墓"	匣	内盛一狗	《偃师二里头》第157页
1976年	Ⅲ区 KM6、M10	器形、数量不明		《偃师二里头》第241页
1980年	Ⅲ区 M2	觚、盒、豆、筒形器等，数量不详；漆木棺	觚上有饕餮纹图案	《考古》1983年第3期
1980年	Ⅲ区 M4、Ⅴ区 M3	漆棺		《考古》1983年第3期
1981年	Ⅴ区 M3	漆棺		《考古》1984年第1期
1981年	Ⅴ区 M4	漆器的数量较多，能辨别器形的有：钵2、鼓1、觚1；漆棺	钵：口径约20厘米，高9厘米，朱红漆；鼓：束腰长筒状，通长54厘米，朱红漆	《考古》1984年第1期
1981年	Ⅴ区 M5	觚1；漆棺	觚：高25.5厘米，口径约12厘米，朱红漆	《考古》1984年第1期
1982年	Ⅸ区 M13	器形不明，1件		《考古》1985年第12期
1984年	Ⅶ M9	觚1	高25厘米	《考古》1986年第4期
1984年	Ⅶ M11	盒1	呈扁圆球形，直径约16~20厘米，红漆	《考古》1986年第4期
1987年	Ⅶ M28、M44、M49、M57	觚4，每墓各1件		《考古》1992年第4期
1983年	Ⅳ区 M24	勺1	长约16厘米	二里头队资料
1984年	Ⅳ区 M64、M72	器形、数量不明	有花纹	二里头队资料
1984年	Ⅶ区 M11	瓢状器1	长达30多厘米	二里头队资料
1994年	Ⅸ区 M1	钵1		二里头队资料
1985年	Ⅶ区 M8	觚1	高约10厘米上下，口径6~7厘米	二里头队资料
1985年	Ⅶ区 M7	匕、觚、盒共6件	漆盒中最大者长36厘米，宽18厘米	二里头队资料
1987年	Ⅶ区 M58	觚等，至少9件		二里头队资料
1995年	Ⅸ区 M4	器形、数量不明		二里头队资料

（四）制陶业

二里头文化陶器种类繁多，做工讲究。以灰陶为主，也有白陶、黑陶（包括黑皮陶）、红陶、褐陶等。陶坯的成型工艺，兼采手制、模制、轮制三种方法。盆、盘、豆、簋、觚等多用快轮成型；空三足器的足部为模制；瓮、缸等大型器物多为泥条盘筑；耳、鋬、流等附件为捏制，器物口沿一般都经过轮修。陶器装饰，运用了磨光、滚压、拍印、刻划、堆塑等手法。除常见陶器纹饰外，还有植物、动物、天象、几何图案等特殊纹样。

二里头文化制陶技术水平，可从其精美灵巧的酒器上窥见一斑。

二里头文化陶鬶，流行白陶，有的色微泛红或泛黄，器壁厚薄均匀，造型规整优雅；陶盉结构复杂，白陶者色调雅致，灰陶者通体磨光。顶部利用流、口结合泥丁，做成兽面的样子，颇具艺术性。有的陶盉形体高大，富有王气；陶爵一般胎薄体轻，器壁经反复刮削。尤其是泥质灰陶爵，流、尾修长，腹部刻划纹饰，造型十分漂亮；还有些尊、壶类器物，做工精致，造型优美。

在二里头遗址发现过印纹硬陶，陶胎呈紫褐色，坚硬致密，器表拍印几何花纹。在有的陶片上，表面挂有薄薄的透明釉，应是釉陶或原始瓷器。从造型看，确属二里头文化器物，而非由南方传入。

二里头遗址发现较多的陶水管，直径达三四十厘米，长在半米以上。

在二里头遗址出土过一块陶片855Q（6B），泥质灰陶，筒片状，在其一个侧面有陶胎未干时切割的痕迹，表面是绳纹，内壁有大麻点。从其形状和切割的情况看，有可能是瓦的残件。从技术上讲，将二里头文化陶水管一剖为二，即可得瓦，所以二里头文化中出现瓦是有可能的。只是尚未发现瓦类用于屋盖的证据。

二里头遗址尚未发现比较集中的陶窑群。目前发现的陶窑散见于二里头遗址的多个地点，一般由窑室、窑柱、窑箅和火膛等组成。窑室以圆形为常见，也有方形者。窑柱则是支撑窑箅和窑室顶部的窄墙，它将窑室和火膛一分为二。86ⅥY1，窑室大体呈圆形，直径约120厘米，内壁涂抹的草拌泥被烧烤成浅灰色，窑柱厚约30厘米，窑箅厚10厘米，呈灰褐色。火膛大小与窑室相仿。属于二期晚。在废弃后的一号宫殿庭院中有一座属四期的陶窑ⅤY1[1]，圆形窑室，外径150厘米，窑箅厚约30厘米，其上有21个火孔。纵向墙状承箅柱宽30~40厘米，火门前是操作坑。

在东下冯遗址发现5座陶窑[2]，大体均呈圆形，由窑室、窑箅、火膛组成，有的火膛前还有操作坑。窑的直径为120~190厘米，窑室隆顶呈馒头状，周壁烧成青灰色，其中Y502的窑室尚保存有1.1米高。窑箅上分布着十几个到三十几个不等的火眼（一般是圆形，也有的呈长条状），火眼上往往堵着土块，窑箅、火眼和土块均被烧成青灰色。火膛与窑室基本上下对应，平底或圜底，内有草木灰等物。

郑州洛达庙遗址发现二里头文化的陶窑6座[3]，它们的分布比较集中，又属于同一个层位，应该是当时一处制陶作坊的遗存。这些陶窑的共同特点是，窑室在地面上，穹隆顶，状似馒头；而火膛挖在地面以下，用草拌泥筑成窑柱和窑箅，窑箅上满布小火眼。

从目前的考古发现看，二里头文化时期应该有专业的制陶手工业作坊，有专业的陶工。

（五）纺织品与纺织业

我国纺织业的起源很早，到了二里头文化时期已能生产多种纺织品。

---

[1] 中国社会科学院考古研究所：《偃师二里头》第260~262页，中国大百科全书出版社，1999年。
[2] 中国社会科学院考古研究所、中国历史博物馆、山西省考古研究所：《夏县东下冯》第62~66页，文物出版社，1988年。
[3] 河南省文物研究所：《郑州洛达庙遗址发掘报告》，《华夏考古》1989年第4期。

在二里头遗址已屡屡发现纺织品的实物或其痕迹，主要见于铜器和玉器上，即铜器和玉器作为随葬品入葬时，有用纺织品将其包裹起来的习惯，因此，墓葬中出土的铜器和玉器上往往都有纺织品或纺织品脱落后遗留的痕迹（表2-7）。

表2-7　　　　　　　　　　　二里头遗址发现的纺织品统计表

出土时间	出土地点	纺织品附着物	纺织品情况	资料出处
1960年		铜铃	麻布的印痕	《河南偃师二里头遗址发掘简报》，《考古》1965年第5期
1975年	Ⅵ区KM4	铜牌	至少6层粗细不同的纺织品	《偃师二里头遗址新发现的铜器和玉器》，《考古》1976年第4期
1980年	Ⅲ区M2	玉圭	麻布	《1980年秋河南偃师二里头遗址发掘简报》，《考古》1983年第3期
1967年	Ⅲ区KM1	玉戈	印有两种布纹	《偃师二里头》第251页
1981年	Ⅴ区M4	铜牌、铜铃	麻布	《1981年河南偃师二里头墓葬发掘简报》，《考古》1984年第1期
1982年	Ⅸ区M4	铜铃	麻布	《1982年秋偃师二里头遗址九区发掘简报》，《考古》1985年第12期
1984年	M11	铜铃	包裹有纺织品	《1984年秋河南偃师二里头遗址发现的几座墓葬》，《考古》1986年第4期
1987年	Ⅵ区M57	铜铃、玉刀	铜铃上至少包裹2层纺织品；玉刀上有纺织品（包括组带）痕迹	《1987年偃师二里头遗址墓葬发掘简报》，《考古》1992年第4期
1994年	Ⅸ区M1	铜铃	丝织品（？）	二里头队资料
1995年	Ⅸ区	铜铃	包裹着至少5层纺织品，厚达3毫米	二里头队资料

在这些纺织品中，组织纤维较粗的可能为麻布，如：

1960年在一件铜铃上发现的纺织品[1]，平纹，每平方厘米经纬线10×10根，据认为是麻布。1975年在一件铜牌上发现至少6层粗细不同的纺织品[2]，最粗的布每平方厘米经纬线8×8根，应是麻布。1980年发现的一件玉圭上，1981年发现的一件铜牌和一件铜铃上，1982年在Ⅸ区M4中出土铜铃上也都发现麻布。

此外，有些纺织品的组织纤维较细，如：

1975年出土的那一件铜牌上发现的纺织品中，最细的为每平方厘米经纬线52×14根；1984年在一件铜铃上发现纺织品残片[3]，平纹，每厘米纬线42根；1994年在Ⅸ区M1出

---

[1] 中国科学院考古研究所洛阳发掘队：《河南偃师二里头遗址发掘简报》，《考古》1965年第5期。
[2] 中国社会科学院考古研究所二里头工作队：《偃师二里头遗址新发现的铜器和玉器》，《考古》1976年第4期。
[3] 中国社会科学院考古研究所二里头工作队：《1984年秋河南偃师二里头遗址发现的几座墓葬》，《考古》1986年第4期。

土的铜铃上发现的纺织品，厚达 3 毫米，裹在外层的被墓中的朱砂染成了红色，包在内层的被铜锈侵蚀为翠绿色。皆属于平纹组织，其中有一种布的经纬线紧密，每平方厘米经纬线各约 32～36 根，另一种达 50×50 根。上述织物当中，有的应是丝织品。

经有关专家对二里头遗址出土部分纺织品实物的观察，认为绝大部分是平纹织物，质料有麻有丝。个别织物是斜纹，似是"绞经"织法[1]。

二里头文化平纹丝织品（绢）和斜纹织物的发现，证明古代关于夏人以丝织品为衣饰的传说[2]，当为不虚。

在安阳殷墟曾发现不少丝、麻织品[3]，其中丝织品的纺织技术已相当先进。三十多年前，夏鼐说："根据这些考古材料所反映的殷代丝织技术的成熟程度而言，在它以前应该有一段发展过程，可惜我们对于这段历史还没有找到任何物证。"[4] 今天有了二里头文化丝织品的出土，对于追溯殷商丝织技术的基础与来源，就有了更加直接的证据。

二里头文化中有不少纺轮，以陶纺轮为多，此外有蚌纺轮、铜纺轮和玉纺轮。而质料珍贵的铜、玉纺轮的存在，似暗示着所纺纤维非同一般。

（六）骨器与制骨业

骨器非常普遍地发现于二里头文化的各个遗址中，是当时生产活动和日常生活最常见的器具，其中农具有铲；工具有锥、凿、锛、刀；渔具有钩、镖；兵器有镞；生活用具有匕、叉、簪、针等。铲一般是用大型动物的肩胛骨或下颌骨制成的，而匕则多是用动物的肋骨制成的。其他的器具，是用动物的肢骨制造的。

到目前为止，我们尚未发现二里头文化的制骨作坊，但是，在二里头遗址，已经多次发现制造骨器时遗弃的废骨料。譬如，1985～1986 年，在二里头遗址第 VI 区发掘时，曾发现一个长约 12 米、宽近 9 米、深约 4 米的大型灰坑（H5），坑的上层非常集中地堆积着一大批废骨料，以大型动物肢骨两端的关节骨为最多，上面遗留着锯割的痕迹。同时还出土许多半成品和成品骨器（笄、镞、锥、铲、匕、针等共 100 多件）以及制造骨器时使用的一些砺石。在其南侧，曾同时出土过约 20 枚骨签。而 1985 年，在该"骨料坑"东面的文化层和灰坑中也出土若干废骨料，据此推定，附近有一处骨器制造作坊。

从废骨料上遗留的锯割痕迹看，当时截取骨料，是先把无用的关节部分锯掉，然后，根据需要再用锯作横向或纵向截剖。我们发现，骨料上的"锯路"一般只有 2 毫米宽，即锯身的厚度显然不足 2 毫米。另外，在一些二三十厘米长的骨料的纵向解剖面上，锯痕显现锯子几乎是与骨料平行着拉动的，这表明锯子应有一定的长度。由此分析，截割骨料使

---

[1] 中国科学院科学技术史研究所赵承泽、朱冰目验实物所得初步结论。
[2] 《管子·轻重篇》说："昔者桀之时，女乐三万人……无不服文绣衣裳者。"《太平御览》卷 82 引《帝王世纪》说："末喜好闻裂缯之声，桀为发裂缯，以顺适其意。"缯属于丝织品；文绣衣裳，当为带花纹的丝织品。
[3] 中国社会科学院考古研究所：《殷墟的发现与研究》第 414～415 页，科学出版社，1984 年。
[4] 夏鼐：《我国古代蚕、桑、丝绸的历史》，《考古》1972 年第 2 期。

用了青铜锯。二里头遗址出土铜器中确有铜锯[1]。

骨料备好后,要进行粗加工,大约是用刀刮、削出器物的大体形状,二里头遗址出土许多铜刀,可用来加工骨器。然后是精加工,即用砺石磨,砺石是用细砂岩制造的,我们发现这些砺石上往往有磨砺骨器而留下的平面或凹槽。从已发现的骨器看,器表还经过抛光。

有的骨器上雕刻着花纹。如1980年在二里头遗址Ⅵ区H4中出土的一件骨匕上,即刻着鱼的图像[2];还有一件残骨器上,更雕刻有饕餮纹。上述情况表明当时的骨器制造者是具有一定文化艺术修养的专业工匠。

在二里头遗址Ⅳ区、Ⅸ区先后发现象牙器,均为大型象牙簪。

(七) 酒器与造酒业

古代文献中有许多夏代酿酒的记载[3]。目前尚未发现二里头文化的酿酒作坊,但是,二里头文化酒具却在各地多有发现。墓葬随葬品中最常见的就是酒具。酒具的种类繁多,如饮酒的爵、觚、杯,温酒、斟酒的盉、鬹、斝,盛酒的各种尊、罍等。在二里头遗址Ⅳ区曾出土一件泥质灰陶的酒勺,形如瘦长的葫芦,开有椭圆形的口,其容量小,适做酒器。酒具中除了大量的陶器外,还有铜器和漆器,包括铜爵、盉、斝及漆觚等,有的漆觚上装饰着华美的饕餮纹。

在殷墟甲骨文中,酒字写作酉[4],一望即知是酒具大口尊的象形字。而这种大口尊,在殷墟时期已基本绝迹,即便有其孑遗,也已成直壁状,无肩。而甲骨文中酒字所象形的酒尊,形与二里头文化的大口尊十分相似。可见二里头文化中非常多见的陶大口尊,应该是盛酒之器。此外,二里头文化还有一些小口尊,泥质陶,陶质细腻坚致,打磨光亮,十分精美,且往往有拍印的花纹,也是用来储藏酒的。

二里头遗址出土的两件泥质灰陶尊上,分别刻(烧制前胚胎半干时所刻)有麦穗和稻穗,当非随意所为,或可能是用以表示尊中所盛为用麦子或稻谷所酿造的酒。若如此,则与汉代陶酒缸上写着的酒名有黍酒、稻酒[5]为同类意思。

四 交通

(一) 从车辙看双轮车的出现

1994年,在二里头遗址Ⅻ区北部(今洛河滩内)发现了一段二里头文化三期的双轮车

---

[1] 中国社会科学院考古研究所:《偃师二里头》第171页,中国大百科全书出版社,1999年。

[2] 中国社会科学院考古研究所二里头队:《1980年秋河南偃师二里头遗址发掘简报》,《考古》1983年第3期。

[3] 《初学记》卷26引《世本》:"仪狄始作酒醪,辨五味。"《北堂书钞·酒食部》引《世本》:"少康作秫酒。"《说文》则谓:"古者仪狄作酒,杜康作秫酒。"《战国策·魏策二》云:"昔者,帝女令仪狄作酒而美,进之禹,禹饮而甘之,遂疏仪狄,绝旨酒,曰:'后世必有以酒亡其国者'。"

[4] 参见高明:《古文字类编》第467页,中华书局,1980年。

[5] 河北满城汉墓出土陶酒缸上写着"黍酒十一石"、"稻酒十一石"(见中国社会科学院考古研究所、河北省文物管理处:《满城汉墓发掘报告》第288页,文物出版社,1980年)。

的辙印，辙印上口宽约 40 厘米，深约 15 厘米，轨距（以两辙中线之间距计）约 1.2 米，辙沟内的灰褐色土极为坚硬。

车辙的发现，证明二里头文化时期确实已经有了双轮车，其轨距与 1996 年在偃师商城东北隅发现的商代早期车辙[1]大致相当。可见，夏代与早商时期的双轮车之间，有着不可割裂的传承关系。

在安阳殷墟已经发现许多商代晚期的马车实物，结构相当完善，证明当时的造车技术已比较成熟。关于其技术渊源，学术界曾有种种说法，二里头文化车辙的发现，为商代晚期双轮车制造技术找到一个合理的源头。

（二）贝的发现及其意义

在二里头遗址[2]多次发现海贝、骨贝、石贝、蚌贝。

在陕县七里铺遗址二里头文化灰坑[3]中出土一件骨贝。

在渑池郑窑[4]、巩县稍柴[5]、洛阳矬李[6]和荥阳西史村[7]等二里头文化遗址皆出土有蚌贝。

贝在当时仅仅作为装饰品，抑或已具有一般等价物的社会功能，尚待研究。惟海贝在二里头等遗址的出土，意味着中原地区与遥远的沿海居民存在着某种交往和联系，则是肯定无疑的。

第六节　二里头文化的精神生活

一　关于二里头文化的刻划符号与文字问题

二里头文化或夏代有没有文字？这是学术界探讨已久的问题。早在 20 世纪 30 年代，古文字学家唐兰即认为我国在夏代初年就有了文字[8]。后来，郭沫若更认为仰韶文化和

---

[1] 中国社会科学院考古研究所河南第二工作队：《河南偃师商城东北隅发掘简报》，《考古》1998 年第 10 期。

[2] A. 中国社会科学院考古研究所：《偃师二里头》第 68、122、240、259、333 页，中国大百科全书出版社，1999 年。
B. 中国科学院考古研究所洛阳发掘队：《1959 年河南偃师二里头试掘简报》，《考古》1961 年第 2 期。
C. 中国社会科学院考古研究所二里头工作队：《1981 年河南偃师二里头墓葬发掘简报》，《考古》1984 年第 1 期；《1987 年偃师二里头遗址墓葬发掘简报》，《考古》1992 年第 4 期。

[3] 黄河水库考古工作队河南分队：《河南陕县七里铺商代遗址的发掘》，《考古学报》1960 年第 1 期。

[4] 河南省文物研究所、渑池县文化馆：《渑池县郑窑遗址发掘报告》图 25：14，《华夏考古》1987 年第 2 期。

[5] 河南省文物研究所：《河南巩县稍柴遗址发掘报告》图 23：18，《华夏考古》1993 年第 2 期。

[6] 洛阳博物馆：《洛阳矬李遗址试掘简报》，《考古》1978 年第 1 期。

[7] 郑州市博物馆：《河南荥阳西史村遗址试掘简报》，《文物资料丛刊》5，图版 7：3，文物出版社，1981 年。

[8] 唐兰：《古文字学导论》，北京大学讲义石印本，1931 年；齐鲁书社影印本，1981 年。

龙山文化"彩陶和黑陶上的刻划应该就是汉字的原始阶段"[1]。而另有学者则至今对夏代有文字持怀疑态度[2]。或以二里头文化中至今尚未发现如殷墟甲骨文那样的"六书"具备的成熟文字,"作为夏代没有文字的默证",认为当时记事的方法"除结绳、刻木外,还流行图像符号"[3]。

根据目前的资料,我们认为二里头文化已经有了一批表意的语言符号,可称为文字。

从历史的角度来说,二里头文化已经具备了使用文字的条件。河南舞阳贾湖遗址出土的裴李岗文化龟甲上,发现有锲刻的"符号"[4],仰韶文化陶器上有多种"符号"[5],它们都可看做是文字起源的兆头。大汶口文化陶尊上的多种"符号"[6],有人说是"族徽",有人说是"神徽",也有人认为即是文字[7];在邹平丁公遗址出土的山东龙山文化的陶片上,发现了排列有序的11个文字[8];在山西陶寺遗址出土的一件陶寺文化晚期陶扁壶上,有一个毛笔朱书的"文"字[9],从字体结构上看与甲骨文几无差别;在登封王城岗遗址H473出土的龙山文化晚期陶片上,发现一个刻上去的字[10],有学者释读为"共",并说这是"夏代初期的文字,它是我国在夏代已有了文字并已经进入文明时代的有力证据"。在江苏高邮龙虬庄也发现了龙山时代的陶文[11]。凡此说明,至迟在龙山时代,文字已在较大的范围内出现。因此,二里头文化中有文字,必为当然之事。

从殷墟甲骨文上,我们也可以推论出二里头文化应有文字的存在。

陈梦家指出,"卜辞中的殷代文字,是流传下来最古的文字。在它以前的文字是有的,

---

[1] 郭沫若:《古代文字之辩证的发展》,《考古》1972年第3期。
[2] 王玉哲:《夏文化研究中的几个问题》,《夏史论丛》,齐鲁书社,1985年。
[3] 徐中舒、唐嘉弘:《关于夏代文字的问题》,《夏史论丛》,齐鲁书社,1985年。
[4] 河南省文物考古研究所:《舞阳贾湖》第458页,科学出版社,1999年。
[5] A. 中国科学院考古研究所、陕西省西安半坡博物馆:《西安半坡》第197页,文物出版社,1963年。
    B. 半坡博物馆、陕西省考古研究所、临潼县博物馆:《姜寨》第141、262、314页,文物出版社,1988年。
[6] A. 山东省文物管理处、济南市博物馆:《大汶口》第117~118页,图九四,文物出版社,1974年。
    B. 王树明:《谈陵阳河与大朱村出土的陶尊"文字"》,《山东史前文化论文集》,齐鲁书社,1986年。
[7] A. 唐兰:《从大汶口文化的陶器文字看我国最早文化的年代》,《光明日报》1977年7月14日;《再论大汶口文化的社会性质和大汶口文化陶器文字》,《光明日报》1978年2月23日。两文又载《大汶口文化讨论文集》,齐鲁书社,1979年。
    B. 邵望平:《远古文明的火花——陶尊上的文字》,《文物》1978年第9期。
[8] A. 山东大学历史系考古专业:《山东邹平丁公遗址第四、五次发掘简报》,《考古》1993年第4期。
    B. 卞仁:《关于丁公陶文的讨论》,《考古》1994年第9期。
[9] A.《中国文明起源座谈纪要》载高炜发言,《考古》1989年第12期。
    B. 李健民:《陶寺遗址出土的朱书"文"字扁壶》,《中国社会科学院古代文明研究中心通讯》第1期,2001年。
[10] 李先登:《试论中国文字的起源》,《天津师大学报(哲学社会科学版)》1985年第4期;《关于中国古代文明起源的若干问题》,《天津师大学报(哲学社会科学版)》1988年第4期。
[11] 龙虬庄遗址考古队:《龙虬庄》第204页,图三二三:1,图三二四,彩版九,科学出版社,1999年。

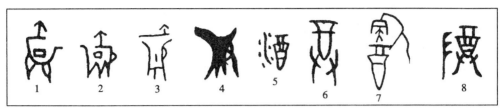

图 2-14　商代甲骨文、金文中古器物象形字
1. 甲骨文"爵"字　2. 甲骨文"爵"字　3. 甲骨文"爵"字　4. 金文"爵"字　5. 甲骨文"酒"字
6. 甲骨文"尊"字　7. 甲骨文"歓"字　8. 金文"噂"字

但还没有发现像卜辞那样完善的。武丁卜辞中的文字代表了定型了的汉字的初期,并不是中国(严格的应该说汉族)最古的文字,在它以前,应该至少还有500年发展的历史,也就是说大约在纪元前20世纪已经开始或已经有了文字"[1],这种估计,是大体可信的。《尚书·多士》云:"惟殷先人有册有典;殷革夏命。"这段记载说明,先商或商代早期王室已经"有典有册",即达到了用文字记录典章和人物事件的文明程度,自然不能设想夏王朝却还未曾使用文字。

商代甲骨文和金文中有一些古器物的象形字(图 2-14)[2],其中有的显然是当时流行器物的象形字,有的则在当时找不到相应的器物,譬如图 2-14-4"爵"字,所摹爵之形状为长流上翘,无柱,束腰,平底。这种形制的爵显然应是二里头文化或至迟是早商文化的爵,在商代晚期已不可见。也就是说,这个"爵"字很可能是在二里头文化时期就创造出来了,一直延续到了商代晚期。商代甲骨文和金文中还有其他古器物的象形字,如苏秉琦所说:"象形字的创造者只能是模仿他们亲眼看到、生活中实际使用的器物形态。因此,甲骨文实物虽出自晚期商代人之手,它们却为我们留下中国文字初创时期的物征。"[3] 如图 2-14-5~8,其"酉"字部分似应是大口尊的象形,然而大口尊只是流行于二里头文化和早商至中商文化时期的陶器,在殷墟等商代晚期遗址中已十分罕见。若认为酉字模仿了仰韶文化小口尖底瓶最晚的形态(喇叭口、高颈、圜底)[4],则这个象形字的历史就更久远了。

在二里头遗址出土的陶器上,我们发现过许多的"刻划符号"(图 2-15),这些"符号",一般只见于大口尊和卷沿盆的口沿上,系陶器烧成后在使用的时候,用锐器刻成的,在许多器物上,反复刻划的刀痕非常清楚[5]。因此,说它们是装饰性的"符号",显然不

---

[1] 陈梦家:《殷虚卜辞综述》第644页,中华书局,1956年。
[2] 参见高明:《古文字类编》第70、184、457、467页等,中华书局,1980年。
[3] 苏秉琦:《华人·龙的传人·中国人——考古寻根记》第89页,辽宁大学出版社,1994年。
[4] 苏秉琦:《华人·龙的传人·中国人——考古寻根记》第19、88、89页,辽宁大学出版社,1994年。
[5] A. 中国社会科学院考古研究所:《偃师二里头》图22:15、128、201,中国大百科全书出版社,1999年。
　　B. 中国科学院考古研究所洛阳发掘队:《河南偃师二里头遗址发掘简报》,《考古》1965年第5期。
　　C. 中国社会科学院考古研究所二里头工作队发掘资料。

图 2-15 二里头遗址陶器上的"刻划符号"

1. 二里头队资料 2. ⅣT8③:7 3. ⅧT22③:4 4. ⅧT14④C:1 5. 采:20 6. 采:28 7. 二里头队资料 8. ⅡH202:14
9. Ⅱ·ⅤT103采:19 10. ⅧH72:32 11. 采:27 12. ⅤH52:4 13. ⅧT13⑥:20 14. Ⅱ·ⅤT104③:31 15. ⅤT201③:2
16. ⅤT201③:20 17. ⅣH60:45 18. 二里头队资料

妥。考虑到这些"符号"所在的器物种类与位置，我们推测其中有的"符号"是用来做标记。大概这些陶器常常在公共场合使用，做了标记可相互区分。但是，这些"符号"中有的确实应该就是早期文字，分别表述数字、植物、器具以及自然景象。例如图2-15-13~18所示，应是一（或十）、二、三、六、七、八等数字，图2-15-1、4~6、8、11、12可分别隶定为木、禾、矢、蒺、井、埔（或亚?），图2-15-7、9、10则可能是山、射、竹（或冉）等，在商代的甲骨文中均可找到相同或相似的字[1]。

在陕西商县紫荆遗址出土的二里头文化时期的陶器上也发现了陶文[2]，说明当时的文字曾在较大的范围内通行。

二里头文化至今尚未发现可以确认的成篇文字，揣测其缘由，一是当时能认识、掌握文字的人很少，王室典册又埋藏在特定地点，很难发现；二是受文字载体质料及埋藏环境

---

[1] 参见高明：《古文字类编》第1、4、5、211、214、361、260、271、277、311、360、372、374、406页，中华书局，1980年。

[2] 王宜涛：《商县紫荆遗址发现二里头文化陶文》，《考古与文物》1983年第4期。

的限制，若当年的成篇文字写在竹、木、帛类有机质材料上，便很难保存下来。正如有学者所指出："我们知道商代是有竹木简的，但简的实物迄今未能发现。夏代的情形也许正是这样，尽管有文字，却没有多少能传留至今。"[1]

二　有关二里头文化宗教观念的遗存

（一）同宗教观念有关的遗物

《左传·哀公十八年》引《夏书》曰："官占，惟能蔽志，昆命于元龟。"龙山时代已经流行占卜，夏代承袭了这种文化传统。

二里头文化占卜用品，目前只发现兽胛，而未发现可确认的卜甲。在陕县七里铺、渑池郑窑、渑池鹿寺、巩县稍柴、淅川下王岗、偃师灰嘴、荥阳西史村等遗址均发现二里头文化的卜骨，有牛、羊、猪、鹿的肩胛骨。其中有的牛骨经过加工，如陕县七里铺的牛胛骨被削去了骨臼和背面的脊条，两侧亦经刮削；渑池郑窑出土的牛胛骨有锯痕，荥阳西史村的正背面均加工过。而羊、猪、鹿骨则均未经整治。所有的卜骨，一般都只有灼痕而无钻、凿痕迹。

曾在二里头遗址第Ⅳ区一座墓葬中发现一枚大型龟甲[2]，在二里头遗址Ⅵ区 M28 中发现两块鼋甲，涂有朱砂[3]。它们虽然并非卜甲，但应该都是与宗教信仰有关的遗物。

陕县七里铺出土一件龟版，似经过整治[4]，不知是否为卜甲。

陶质蟾蜍在二里头遗址出土多件[5]，扁体肥腹，背部装饰有泥丁或圆圈，形象逼真。这些陶蟾蜍有一个共同特点，是腹部纵贯一孔，大概是用于穿棍。它们并非是陶器上的附属物，亦不可能是用于观赏的艺术品，而很可能是神灵崇拜的对象，也许就是建筑物上的附件。蟾蜍为水生动物，有冬眠习性，体有毒素，人们把陶塑蟾蜍放置到建筑物上，或为某种宗教观念的反映。

二里头文化中发现有陶龟。例如，二里头遗址出土的一件陶盆里，装饰着一只小陶龟[6]，一件器钮的顶部装饰有一只陶龟（85ⅤT9A:2b:1）[7]，单独雕塑的陶龟已发现多件[8]。陕县七里铺遗址出土器盖钮上也有陶龟。该遗址还出土一件单独的陶龟，从头至

---

[1] 李学勤：《夏文化研究论集》序，中华书局，1996 年。
[2] 中国社会科学院考古研究所二里头工作队资料。
[3] 中国社会科学院考古研究所二里头工作队：《1987 年偃师二里头遗址墓葬发掘简报》，《考古》1992 年第 4 期。
[4] 黄河水库考古工作队河南分队：《河南陕县七里铺商代遗址的发掘》，《考古学报》1960 年第 1 期。
[5] A. 中国科学院考古研究所洛阳发掘队：《河南偃师二里头遗址发掘简报》，《考古》1965 年第 5 期。
　　B. 中国社会科学院考古研究所：《偃师二里头》图 151：3，中国大百科全书出版社，1999 年。
[6] 中国社会科学院考古研究所：《二里头陶器集粹》图版 49，中国社会科学出版社，1995 年。
[7] 中国社会科学院考古研究所：《二里头陶器集粹》图版 415，中国社会科学出版社，1995 年。
[8] A. 中国科学院考古研究所洛阳发掘队：《河南偃师二里头遗址发掘简报》，《考古》1965 年第 5 期，图版五：1。
　　B. 中国社会科学院考古研究所：《偃师二里头》图 151：1，中国大百科全书出版社，1999 年。

尾有一圆孔贯通。联系到史前时期舞阳贾湖遗址和大汶口文化中流行用龟甲（内盛石子）随葬的习俗[1]，以及殷墟出土大量卜甲，我们推测二里头文化墓葬中随葬龟甲和遗址中出土不少的陶龟，当体现着当时人们的某种宗教信仰。

在二里头遗址，还发现一件陶鸮的残件（95ⅨH13）[2]，从其残存的眼部尺寸看，这件鸮形体颇大。在商代晚期青铜器上，鸮是一种神物，与龙、虎同为主要的装饰主题，在著名的"妇好墓"中出土过两件鸮形铜尊[3]，在一件尾部又雕有鸮纹，作双目圆睁状。以此推测，二里头遗址出土的陶鸮，或许与神灵崇拜有关。

二里头文化先民最崇拜的动物是龙。龙的形象在二里头文化中多有发现：

陶塑龙为Ⅸ区出土的一件陶龙头（94ⅨG2）[4]，面目似人，额部有一菱形花纹。在二里头遗址Ⅱ区的一个灰坑中（92ⅡH1）出土两件陶器，其肩腹部均雕塑有小龙[5]，体形如蛇，而其双目似人眼。杨庄遗址出土陶器上雕塑有龙头。

二里头出土陶器上装饰有饕餮纹，如Ⅱ区H1中出土的大口尊上即与商代二里冈期青铜器上饕餮纹相同的纹饰[6]，属于图案化的龙纹。刻划在陶器上的龙图像[7]则有多种。

二里头遗址出土一种很特殊的铜器，即用绿松石镶嵌成饕餮纹的铜牌，经科学发掘出土的有3件[8]，流失到欧美、日本的还有多件。上面的所谓"饕餮纹"实际上就是龙或虎的艺术形象。

渑池郑窑遗址H71出土的一件二里头文化陶罐上，刻着二虎（龙？）争食一人的简化图像[9]，与在郑州商城发现的早商文化陶片上的"虎食人图"[10]相仿。二里头遗址也出土过类似的陶器[11]。联系到商代晚期青铜器上有关"虎食人"的内容[12]，我们认为二里头文化陶器上人与虎相关的图像，当与宗教信仰有关。

从上述的资料分析，当时似乎存在着万物有灵的观念，而当时人们对于龙、蛇、虎、

---

[1] A. 河南省文物考古研究所：《舞阳贾湖》第455~461页，科学出版社，1999年。
　　B. 高广仁、邵望平：《中国史前时代的龟灵与犬牲》，《中国考古学研究》，文物出版社，1986年。
[2] 中国社会科学院考古研究所二里头工作队资料。
[3] 中国社会科学院考古研究所：《殷虚妇好墓》图三六、图二三：5，文物出版社，1980年。
[4] 中国社会科学院考古研究所二里头工作队资料。
[5] 中国社会科学院考古研究所：《二里头陶器集粹》图版170、171，中国社会科学出版社，1995年。
[6] 中国社会科学院考古研究所：《二里头陶器集粹》图版447，中国社会科学出版社，1995年。
[7] 中国社会科学院考古研究所：《偃师二里头》图125、199、200，中国大百科全书出版社，1999年。
[8] 中国社会科学院考古研究所二里头工作队：《1981年河南偃师二里头墓葬发掘简报》，《考古》1984年第1期；《1984年秋河南偃师二里头遗址发现的几座墓葬》，《考古》1986年第4期；《1987年偃师二里头遗址墓葬发掘简报》，《考古》1992年第4期。
[9] 河南省文物考古研究所、渑池县文化馆：《渑池县郑窑遗址发掘报告》图一〇：1，图二一：1，《华夏考古》1987年第2期。
[10] 杨育彬、袁广阔主编：《20世纪河南考古发现与研究》第331页，图98，中州古籍出版社，1997年。
[11] 中国社会科学院考古研究所：《二里头陶器集粹》图版242，中国社会科学出版社，1995年。
[12] 如传出湖南的"虎食人铜卣"、安徽阜南和四川三星堆出土的"龙虎铜尊"、安阳殷墟妇好墓出土的"虎食人纹铜钺"等。

龟、蟾蜍、鸱鸮等动物崇拜所包含的具体宗教观念，现在还难以一一说清楚。

祖先崇拜是中国古代的文化传统之一。在我国的新石器时代文化中，经常发现有陶祖和石祖，论者以其为当时的人们有"生殖崇拜"或"祖先崇拜"之观念的根据。在二里头遗址第Ⅳ区，我们也发现了制作精良的石祖[1]，形象逼真。

（二）宗庙与祭祀遗迹

二里头文化的人们相信人死有灵并崇拜死去的祖先，最有力的证据是建有规模宏大的宗庙。二里头遗址的二号宫殿，既有大殿、廊庑，又有一座大墓。大墓位于主殿的背后，居于整个宫殿建筑群的中轴线上。一般认为，二号宫殿是当时最高统治者祭祀先王的场所，即宗庙。我们注意到，大殿后面的大墓，其开口长约5.3米，宽约4.3米，而其底部却只有1.85米长、1.3米宽。从墓室底部的规模来看，它很难盛放得下一具多重的棺椁，因为在二里头遗址，即便是中型墓葬，其长度也在2米以上，宽一般超过1米。作为帝王陵墓，该墓墓室只有1.85米长，显然是不正常的。我们推测，若确为墓葬，则可能是迁骨葬，或只是一座"衣冠冢"，墓中所葬是当时统治者的始祖或高祖（遗骸或其象征物）。这似乎正好说明二号宫殿是祭祀祖先的庙堂。

二里头遗址发现多处与祭祀有关的建筑基址[2]，或即坛、墠类建筑。此类建筑遗存主要分布在宗庙、宫殿区的北面即二里头遗址的Ⅵ、Ⅸ区，呈东西方向排成一线，目前已经掌握的范围约东西连绵二三百米。所谓"坛"，主要是平面大致呈圆形、凸出于地表之上的土坛，坛径一般在5米以内。坛上布列着一圈或二圈圆形"土墩"（在坛体上挖出大小相若的圆坑，坑中填不同于坛体的土形成土墩）。坛面和坛下有路土，坛的周围是平整干净的场地。以87ⅥF8为例：坛径约8.5~9米，坛面正中有一土墩，其周围是内外两圈土墩，内圈6个，外圈12个（现存11个，正北方缺一个），墩径一般为0.8~1米。在其西侧约1米处有一座随葬2件铜爵和包括漆器、陶礼器的中型墓葬（图2-16）。所谓"墠"，是一种平面呈长方形的半地穴式建筑物，系在浅穴内铺垫层层净土，几乎每层垫土上都有因人们活动践踏而形成的路土面，往往还有成片的烧土面。一般不见柱子洞，似应是没有屋顶的"场地"。在多数"墠"类建筑的活动面上，还发现有排列比较整齐的墓葬，其中常见随葬铜器、玉器、漆器和精美陶器的"朱砂墓"。"墠"的规模大小不一，较小者长、宽各数米，较大的长达二三十米。

坛和墠是我国古代都邑中常见的祭祀场所。《礼记·祭法》云："天下有王，分地建国，置都立邑，设庙、祧、坛、墠而祭之，乃为亲疏多少之数，是故王立七庙，一坛一墠。"郑玄注："封土曰坛，除地曰墠。"孔疏："一坛一墠者，七庙之外又立坛、墠各一。起土为坛，除地曰墠。"《诗·郑风·东门之墠》："东门之墠"。孔疏曰："《礼记》、《尚书》言坛、墠者，皆封土者谓之坛，除地者谓之墠。"所谓"封土曰坛"，是说人工建造的高出地表的土台叫做坛；"除地曰墠"，是说人工建造的低于地表的浅穴式场地叫做墠。

---

[1] 中国社会科学院考古研究所二里头工作队资料。
[2] 中国社会科学院考古研究所二里头工作队资料。

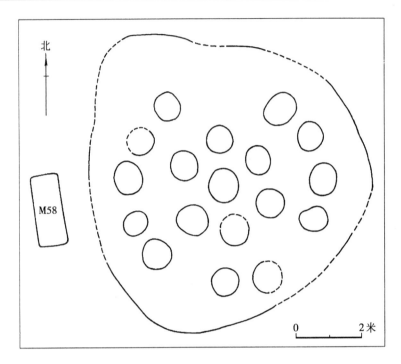

图 2-16 二里头遗址Ⅵ区祭祀遗迹

二里头遗址发现的高于地表的圆形建筑物和长方形半地穴式建筑物，其形制正具备坛、墠的特征。联系到这些建筑均在宗庙、宫殿附近，且往往与"朱砂墓"相关联，却绝少堆积着日常生活废弃物的同时期灰坑，故此很可能就是当时用于祭祀的坛、墠[1]类建筑遗存。

在举行祭祀或其他礼仪活动时，往往使用乐器。目前发现的二里头文化乐器有陶鼓模型、漆鼓、陶铃、铜铃、陶埙和石磬等（图2-17）。

1991年，在二里头遗址Ⅵ区出土一件陶壶（91ⅥH9∶7）[2]，形制呈鼓状，扁圆体，其周缘有三周象征鼓钉的小泥饼。鼓体的下面有二足，上面是细颈圆形壶口，与殷墟甲骨文中的"鼓"字颇为形似；驻马店杨庄遗址也出土一件[3]，圆口细颈，扁腹，圈足，腹面

---

[1] 按历代注家说法，墠是为举行祭礼在郊外除草、整治的平地。《诗·郑风》："东门之墠。"郑氏笺："墠，除地町町者。"朱骏声《说文通训定声》释町："假借为坪，或曰平地为町。"《左传·昭公元年》："请墠听命。"杜预注："欲于城外除地为墠，行昏礼。"《说文》："墠，野土也。"段玉裁注："野者，郊外也；野土者，于野外治地除草也。"
二里头遗址发现的长方形半地穴式非封闭性建筑，形制、结构相当特殊，可肯定不是用于居住，推定为祭祀性场所似无疑问。惟位置在都城内，又是半地穴式，同汉代以来注家关于墠的解释不完全一致。今将其推定为"墠"，暂备一说，以待今后考订、研究。

[2] 中国社会科学院考古研究所：《二里头陶器集粹》图版142，中国社会科学出版社，1995年。

[3] 北京大学考古学系、驻马店市文物保护管理所：《驻马店杨庄》第170页，图一一二：4，彩版四：4，科学出版社，1998年。

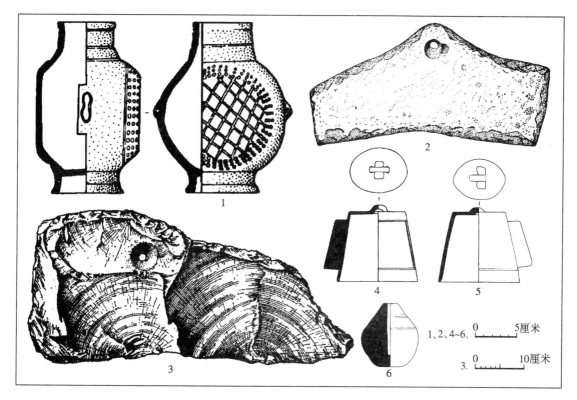

图 2-17 二里头文化乐器
1. 陶鼓形扁壶（杨庄 T6⑥:1） 2. 石磬（二里头 ⅥKM3:21） 3. 石磬（东下冯 H15:10） 4. 铜铃（二里头 87ⅥM57:3） 5. 铜铃（二里头 82ⅨM4:1） 6. 陶埙（二里头 ⅤT113③:34）

周圈饰三周联珠纹，象征鼓钉，中央饰斜方格纹，以象征蒙鼓的皮革（鳄鱼皮？），器高约 19.3 厘米。在二里头遗址还发现过漆鼓[1]，束腰长筒状，通长 54 厘米，朱红漆。

二里头遗址出土有铜铃[2]、陶铃[3]，驻马店杨庄也出土两件陶铃[4]。铜铃皆单扉，

---

[1] 中国社会科学院考古研究所二里头工作队：《1981 年河南偃师二里头墓葬发掘简报》，《考古》1984 年第 1 期。

[2] 二里头遗址出土铜铃都是随葬品，见诸报道的有 5 件：
   A. 中国社会科学院考古研究所：《偃师二里头》图 83，图版 62：11，中国大百科全书出版社，1999 年。按：与《河南偃师二里头遗址发掘简报》（《考古》1965 年第 5 期）中报道的为同一件。
   B. 中国社会科学院考古研究所二里头工作队：《1981 年河南偃师二里头墓葬发掘简报》，《考古》1984 年第 1 期；《1982 年秋偃师二里头遗址Ⅸ区发掘简报》，《考古》1985 年第 12 期；《1984 年秋河南偃师二里头遗址发现的几座墓葬》，《考古》1986 年第 4 期；《1987 偃师二里头遗址墓葬发掘简报》，《考古》1992 年第 4 期。

[3] 中国科学院考古研究所洛阳发掘队：《河南偃师二里头遗址发掘简报》，《考古》1965 年第 5 期，图版伍：4。

[4] 北京大学考古学系、驻马店市文物保护管理所：《驻马店杨庄》图一一二：15、16，科学出版社，1998 年。

配有玉铃舌，铃舌呈圆柱状，上粗下细，凹腰。1995年在二里头遗址Ⅸ区M1出土的铜铃[1]上，遗留有系挂铃舌的麻绳。

1975年在二里头遗址出土一件石磬[2]，磬体略呈折曲状，尖顶，底部微内曲，近顶部有一悬孔。东下冯遗址出土的二里头文化石磬[3]，细质砂岩，打制，近于折顶，近顶部钻一孔。器长68厘米，宽27厘米，厚9.5厘米。上述乐器，在中国乐器发展史上也占有重要地位。

第七节　二里头文化与周边诸文化的关系

一　文化交流的例证

公元前2000纪前半叶，在二里头文化的周围，分布着若干各具特色的考古学文化，它们与二里头文化之间，存在着不同程度的交流和联系。因此，在周围甚至边远地区的一些考古学文化中，常可见到二里头文化的因素，在二里头遗址中也曾发现具有周边文化因素的遗物。

（一）周边地区文化中包含的二里头文化因素

在安徽江淮地区，现已发现若干具有二里头文化特征的遗物（图2-18A），譬如，潜山薛家岗遗址H25中出土的圆腹罐、浅盘豆、陶爵、陶鬶[4]，肥东吴大墩遗址出土的圆腹罐、瓠[5]，含山大城墩遗址出土的高领瓮[6]，寿县斗鸡台遗址出土的圆腹罐、深腹盆[7]，霍丘小塄堆遗址出土的瓮形鼎[8]等，与中原地区二里头文化的同类陶器近似。另外，江淮地区还发现过雷同于二里头文化的铜器，如肥西出土的铜铃[9]和铜斝[10]。

在江汉和峡江地区发现的二里头文化因素，可举如下例证：湖北宜昌白庙遗址出土的

---

[1] 中国社会科学院考古研究所二里头工作队资料。
[2] A. 中国科学院考古研究所二里头工作队：《偃师二里头遗址新发现的铜器和玉器》，《考古》1976年第4期。
　　B. 中国社会科学院考古研究所：《偃师二里头》图168：9，中国大百科全书出版社，1999年。
[3] 中国社会科学院考古研究所、中国历史博物馆、山西省考古研究所：《夏县东下冯》图九二：4，图版三九：1，文物出版社，1988年。
[4] 杨德标、杨立新：《安徽江淮地区的商周文化》，《中国考古学会第四次年会论文集》第66页，文物出版社，1985年。
[5] 张敬国、贾庆元：《肥东县古城吴大墩遗址试掘简报》，《文物研究》第一期，1985年。
[6] 王迅：《试论夏商时期东方地区的考古学文化》，《北京大学学报（哲学社会科学版）》1989年第2期。
[7] 王迅：《试论夏商时期东方地区的考古学文化》，《北京大学学报（哲学社会科学版）》1989年第2期。
[8] 王迅：《试论夏商时期东方地区的考古学文化》，《北京大学学报（哲学社会科学版）》1989年第2期。
[9] 安徽省博物馆：《遵照毛主席的指示，做好文物博物馆工作》图二，《文物》1978年第8期。
[10] 国家文物局主编：《中国文物精华大辞典·青铜器》图版0006，上海辞书出版社、香港商务印书馆，1995年。

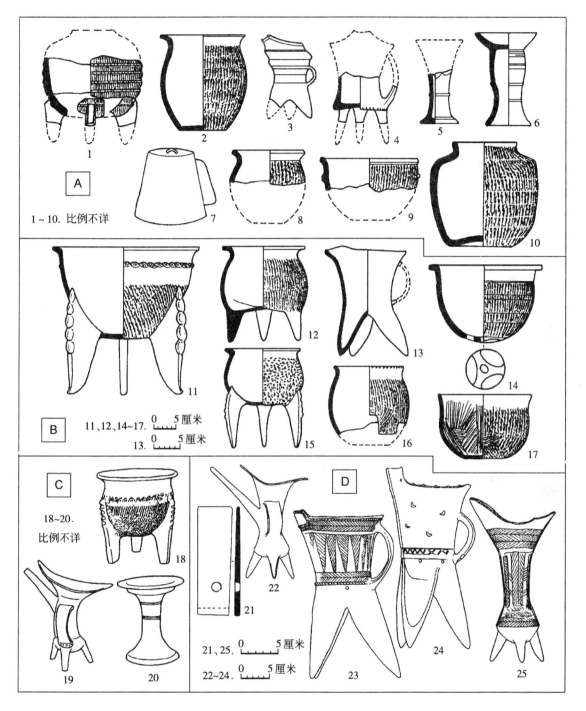

图 2-18 周边地区文化中与二里头文化有关的遗物

A. 江淮地区 1. 瓮形鼎(霍丘小堌堆) 2. 圆腹罐(潜山薛家岗 H25:96) 3. 鬶(潜山薛家岗 H25:97) 4. 爵(潜山薛家岗 H25:100) 5. 觚(肥东吴大墩) 6. 豆(潜山薛家岗 H25:93) 7. 铜铃(肥西大墩孜) 8. 圆腹罐(寿县斗鸡台 T1⑤:57) 9. 深腹盆(寿县斗鸡台 T1⑤:74) 10. 瓮(含山大城墩 T5⑧:15)

B. 江陵荆南寺 11. 鼎(H23:1) 12. 鬲(H17:3) 13. 鬶(H4:3) 14. 甑(T17④D:74) 15. 鼎(H4:1) 16. 圆腹罐(H23:2) 17. 刻槽盆(H13:24)

C. 太原狄村 18. 鼎 19. 爵 20. 豆

D. 敖汉旗大甸子 21. 玉圭(M672:17) 22. 爵(M905:10) 23. 鬶(M666:7) 24. 鬶(M905:9) 25. 爵(M666:8)

圆腹罐、盉[1]，宜昌中堡岛出土的圆腹罐、深腹罐[2]，宜都红花套[3]、毛溪套、向家沱[4]出土的陶盉，秭归朝天嘴[5]出土的陶盉、鬶、盆、圆腹罐、器盖，江陵荆南寺[6]出土的圆腹罐、刻槽盆、甗、鼎、鬶、鬲等（图2-18B）。另，本章第三节中已叙述过，在黄陂盘龙城遗址群中，曾出土较多同二里头文化相似的器物，其文化归属尚待进一步研究。

在东南沿海地区的上海、浙江一带，如上海马桥遗址第4层出土的盆、盉、三足皿、管流鬶、器盖等[7]，被认为是来自二里头文化的因素。浙江江山县肩头弄遗址出土的浅盘豆、三足皿、管流鬶[8]，长兴县上莘桥遗址出土的盉等[9]，也都可以在二里头文化中找到很相似的陶器。

在成都平原，三星堆遗址出土的陶盉[10]和玉璋、玉圭、玉戈[11]，其文化源头都能追寻到二里头文化中去。三星堆还出土两件铜牌[12]，其中一件镶嵌着绿松石，其造型、风格、图案等都与二里头遗址出土的青铜牌饰十分相像。

在山西太原狄村、东太堡[13]出土陶器中的爵、鼎、豆、盆等（图2-18C），与二里头文化同类陶器无明显区别。

在燕山以北地带，如内蒙古敖汉旗大甸子遗址的夏家店下层文化墓葬中，出土了陶爵、陶鬶24件[14]，分别具有敞流与管流两种（图2-18D）。其形态与在偃师二里头遗址、洛阳

---

[1] 湖北宜昌地区博物馆、四川大学历史系考古专业：《湖北宜昌白庙遗址试掘简报》图四：11、21，《考古》1983年第5期。

[2] 湖北省宜昌地区博物馆、四川大学历史系：《宜昌中堡岛新石器时代遗址》图三二：1～3，《考古学报》1987年第1期。

[3] 俞伟超：《先楚与三苗文化的考古学推测》图西四：右，《文物》1980年第10期。

[4] 林春：《宜昌地区长江沿岸夏商时期的一支新文化类型》，《江汉考古》1984年第2期。

[5] 国家文物局三峡考古队：《湖北秭归朝天嘴遗址发掘简报》图一二：5、9、10、13，图一一：3、9、10，《文物》1989年第2期。

[6] 荆州地区博物馆、北京大学考古系：《湖北江陵荆南寺遗址第一、二次发掘简报》图八：9，图一一：1、6、7、11、12、18，《考古》1989年第8期。

[7] 上海市文物管理委员会：《上海马桥遗址第一、二次发掘》图二一：1，图二二：6、13、15、17、18，《考古学报》1978年第1期。

[8] 牟永抗、毛兆廷：《江山县南区古遗址墓葬调查试掘》图10，《浙江省文物考古研究所学刊》，科学出版社，1991年。

[9] 夏星南：《浙江长兴县发现上海马桥四层文化型陶器》图二：2，《考古与文物》1989年第2期。

[10] 四川省文物管理委员会、四川省博物馆、广汉县文化馆：《广汉三星堆遗址》图一三：21，图一四：1，《考古学报》1987年第2期。

[11] A. 冯汉骥、童恩正：《记广汉出土的玉石器》图七、八，《文物》1979年第2期。
B. 四川省文物考古研究所：《三星堆祭祀坑》图三六，图二一〇:2，图四五，文物出版社，1999年。

[12] 中国青铜器全集编辑委员会：《中国青铜器全集》第13卷，图版63、64，文物出版社，1994年。

[13] A. 山西省考古研究所：《太原狄村、东太堡出土的陶器》，《考古与文物》1989年第3期。
B. 郭淑英：《太原东太堡出土的陶器和石器》，《文物季刊》1994年第1期。

[14] 中国社会科学院考古研究所：《大甸子》图四一、四二，科学出版社，1996年。

东马沟遗址出土的二里头文化二、三期同类器基本相同或近似。大甸子出土的玉圭等[1]，也与二里头遗址出土同类玉器相似。另外，大甸子遗址中造型富有土著文化特征的彩绘陶器上的饕餮纹（图版14）[2]，则与二里头文化陶器、青铜牌饰及漆器上的饕餮纹[3]十分相像。

在甘青高原的齐家文化中，也可见到一些二里头文化因素：如甘肃天水出土的象鼻陶盉[4]，甘肃临夏出土的陶盉[5]等，都与二里头文化的同类器物近似。

（二）二里头文化中出现的周边地区的文化因素

二里头文化第一期墓葬中出土的鸭形壶，在江浙地区有较多发现，曾出于马桥第4层和浙江长兴上莘桥等遗址，这类造型的陶器很可能源于江南水网地区。另外，二里头文化的"象鼻盉"[6]，在浙江、福建也有发现，未明两地间谁是最初发源地。

二里头文化中少量的印纹硬陶，酱色，陶胎坚硬，拍印几何纹[7]。这类器物有的应该是来自东南地区的产物；有的从器形看属二里头文化系统，应是本地受东南地区文化的影响所生产的器物。

二里头遗址出土的陶器中，有的具有鲜明的岳石文化特征，如第四期中器表具篦状刮痕的夹砂褐陶侈口深腹罐、鬲、圆腹罐和一种凸棱平底盆，半月形双孔石刀，均与二里头文化传统器物风格迥异，而同岳石文化同类遗物相似，应是受到岳石文化影响的产物[8]（图2－19B）。

二里头文化中，还有不少来自豫北、冀南地区的文化因子（图2－19A）。例如二里头遗

---

[1] 中国社会科学院考古研究所：《大甸子》图七七：1、4，科学出版社，1996年。
[2] 中国社会科学院考古研究所：《大甸子》图五四：1、3、5、6，图五五：1、3、4、9，科学出版社，1996年。
[3] A. 中国科学院考古研究所洛阳发掘队：《河南偃师二里头遗址发掘简报》，《考古》1965年第5期，图版叁：10。
  B. 中国社会科学院考古研究所二里头工作队：《1984年秋河南偃师二里头遗址发现的几座墓葬》图六：上，《考古》1986年第4期。
  C. 中国社会科学院考古研究所二里头工作队：《1980年秋河南偃师二里头遗址发掘简报》图九：9，《考古》1983年第3期。
[4] 甘肃省博物馆编：《丝绸之路·甘肃文物精华》图29，文物出版社，1987年。
[5] 转引自邹衡：《论菏泽（曹州）地区的岳石文化》注[26]，《文物与考古论集》，文物出版社，1987年。
[6] 中国社会科学院考古研究所：《二里头陶器集粹》彩色图版10，中国社会科学出版社，1995年。
[7] 中国社会科学院考古研究所二里头工作队资料。
[8] A. 中国社会科学院考古研究所：《偃师二里头》图184：11、14、15，图202：10、11，图209：9，中国大百科全书出版社，1999年。
  B. 中国社会科学院考古研究所：《二里头陶器集粹》图版304、305、351，中国社会科学出版社，1995年。
  C. 山东大学历史系考古教研室：《泗水尹家城》图一四三：1、2，图一四七：5，图一二七，文物出版社，1990年。

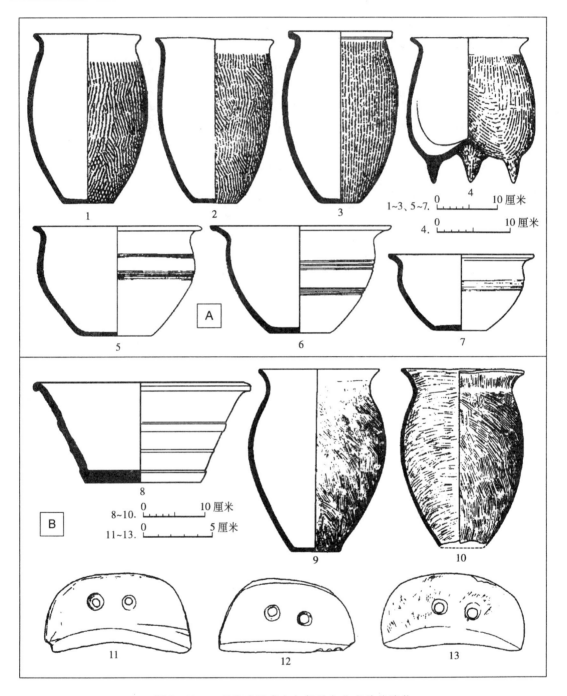

图 2-19 二里头遗址出土与邻近文化有关的遗物

A. 下七垣文化因素　1. 陶深腹罐（ⅤH53:11）　2. 陶深腹罐（ⅤH53:23）　3. 陶深腹罐（ⅢH23:3）　4. 陶鬲（ⅤH101:11）　5. 陶平底盆（ⅤH87:11）　6. 陶平底盆（ⅥH10:2）　7. 陶平底盆（ⅢH235:1）

B. 岳石文化因素　8. 陶斜壁平底盆（ⅤH87:20）　9. 陶深腹罐（ⅤH83:26）　10. 陶深腹罐（ⅤH53:12）　11. 石刀（ⅤT113G:6）　12. 石刀（ⅤT34D④B:3）　13. 石刀（ⅤT112③:3）

址四期出土的弦纹或绳纹的束颈盆，橄榄形细绳纹深腹罐、薄胎卷沿细绳纹鬲[1]，与邢台葛家庄遗址出土的下七垣文化同类陶器[2]基本相同。二里头文化第四期出土的云雷纹束颈盆，圆唇侈口，束颈鼓肩，通体磨光，饰一周拍印的云雷纹[3]，与新乡潞王坟出土的同类陶器[4]几无区别；还需提到的是，有一种卷沿（或侈沿）、高颈、腹近圆鼓、分裆不明显的高实足根鬲，常呈棕褐色，胎较厚，绳纹或施至足根，互见于二里头遗址三、四期[5]和"潞王坟—宋窑类遗存"[6]中。孰为源，孰为流，尚难论定。不过从二里头遗址一、二期并无流行陶鬲的传统看，很难说伊洛地区是它的原产地。

另外，二里头文化的许多玉器，诸如戈、戚、多孔刀、璋等，目前在当地没有找到明确的源头，但是与海岱、江淮、江浙地区龙山时代同类玉器之间，显然存有某种亲缘关系。

二　文化交流的特点

从上面的叙述中我们可以看出，二里头文化与各地的联系是密切的。

大体上说，二里头文化与周边地区的文化交流，就传播的广度和所占比重看，是以二里头文化对周边文化的影响为主，而周边文化对二里头文化的影响居次；就时间来看，二里头文化主要在二、三期时对周边地区有较大影响，而接受周边地区下七垣、岳石等文化的影响，则主要是在第四期。

中原地区的二里头文化与豫北、冀南的下七垣文化、辉卫地区的"潞王坟—宋窑类遗存"关系密切，先是以二里头文化向下七垣文化、"潞王坟—宋窑类遗存"施加影响为主，后来则以二里头吸收后二者文化因素为主。对于东方的岳石文化，二里头文化主要是吸收和接纳；对于江淮、江汉、巴蜀、晋中盆地、甘青高原以及北方草原地区，二里头文化是

---

[1] A. 中国社会科学院考古研究所：《偃师二里头》图209：1、2，图202：8、9，中国大百科全书出版社，1999年。

B. 中国社会科学院考古研究所：《二里头陶器集粹》图版296、297，中国社会科学出版社，1995年。

C. 中国社会科学院考古研究所二里头工作队：《偃师二里头遗址1980～1981年Ⅲ区发掘简报》图七：2、4、6、13，《考古》1984年第7期。

[2] A. 任亚珊、郭瑞海、贾金标：《1993～1997年邢台葛家庄先商遗址、两周贵族墓地考古工作的主要收获》图五：1、8、12、14，《三代文明研究（一）》，科学出版社，1999年。

B. 郭瑞海、任亚珊、贾金标：《邢台葛家庄先商文化遗存分析》图三：3、4、10、12、16、18，《三代文明研究（一）》，科学出版社，1999年。

[3] 中国社会科学院考古研究所二里头工作队资料。

[4] 河南省文化局文物工作队：《河南新乡潞王坟商代遗址发掘报告》图五：4、10，《考古学报》1960年第1期。

[5] 中国社会科学院考古研究所：《偃师二里头》图133：4、5，图206：9，图207：1，中国大百科全书出版社，1999年。

[6] A. 河南省文化局文物工作队：《河南新乡潞王坟商代遗址发掘报告》图五：16，《考古学报》1960年第1期。

B. 北京大学考古系商周组：《河南淇县宋窑遗址发掘报告》图二六：2、7、9，《考古学集刊》第10集，地质出版社，1996年。

以文化输出为主；而与马桥文化之间，吸收和输出似乎是平行的和对等的。上述根据现有考古资料所得出的认识和归纳，有待进一步丰富和深化。

上面的讨论，主要是针对二里头文化的主体（二里头类型）而言，而二里头文化另外几个地方类型因其分布地域的关系，往往同当地原居土著文化及周边邻近文化有更直接的交流甚至融合，如东下冯类型中筒腹鬲和蛋形瓮明显是来自北方系统的因素。牛角岗类型因在豫东杞县一带同岳石文化、下七垣文化交错分布，故文化内涵中便不乏岳石文化和下七垣文化因素。其他如下王冈、杨庄两类型有关情形，详见本章第三节。

二里头文化向周边地区的文化扩展，体现在器物上，主要是陶质酒礼器（如爵、鬶、盉、斝等）和玉质礼器（如圭、璋等），而少见日用普通器具。这就是说，二里头文化对周边地区的文化输出，主要是向对方传播属于上层建筑领域的礼制及其载体（礼器）。而二里头文化吸纳周边地区文化因素时，主要表现为引进陶质的炊具、盛器（如鬲、罐、盆、瓮等），二里头文化玉器中若干具有良渚文化、海岱系龙山文化特征者，虽然在当地还无直接的源头可寻，但也只能说它们是吸收了良渚文化或海岱系龙山文化的某些因素而已。

通过对二里头文化与各地之间的文化关系的分析，人们不难认识到，当时的二里头文化确实是一支高于周边诸文化、具有核心地位的先进文化，它对于中原以外地区早期青铜文明的发展，做出了突出的贡献。

在敖汉旗大甸子遗址夏家店下层文化墓葬中出土的陶器，大体可以分为风格迥异的两群，一群以筒腹鬲和彩绘陶器为代表，主要体现了当地土著文化之风格，另一群即是陶爵、鬶，属于外来文化因素。这两群陶器的出土情况，颇值得我们注意。在大甸子800多座墓葬中，陶爵、鬶只见于13座规模较大、礼遇较高的贵族墓中，墓主多为男性。它们相对集中于墓地北部的四个家族茔域内。在大甸子墓地出土的彩绘陶礼器中，以饕餮纹器最珍贵，共见于16座墓中，其中15座是大型的一等墓葬。而这些高等级的墓葬，有一半与随葬陶爵、鬶的墓葬分布在同一家族茔域内，这一茔域恰巧就是大甸子墓地最富贵的家族茔域，出土的货贝最多。由此可见，陶爵、鬶和饕餮纹陶礼器，属于只有当地某些既贵且富的上层人物才能拥有的特殊礼器。上述情形，具体反映出二里头文化同边远地区文化交流的特点。

目前各地所见二里头文化因素在面貌和年代方面存在复杂性，有的可能与二里头文化同时，有的晚到商代甚或商代晚期。我们可以广汉三星堆为例。根据研究，三星堆文化的年代跨度较大，约从夏代晚期到商周之际，初步可分六期[1]与二里头相似的陶盉，最早出现于该文化一期，延续到第五期，但形态有变异。一号和二号祭祀坑分别属该文化的第三期（相当晚商前期）和第五期（相当晚商后期）[2]而一号坑出土的青铜礼器，按器物形制与中原同类器对比，分别相当早商三期至中商三期。又如，三星堆遗址出土的玉璋在形制上存在较大的差异，从标型学角度来说，它们之间应该有着年代的差别。譬如，早年出土的两件玉璋，与在二里头遗址出土的玉璋几乎一模一样，而在一、二号祭祀坑中出土

---

[1] 参见第八章第四节。
[2] 四川省文物考古研究所：《三星堆祭祀坑》，文物出版社，1999年。

的玉璋，可分成风格不同的两类，一类宽厚、庄重，一类瘦削、简约，前者具有较浓厚的二里头文化风格，后者则代表着当地当时新形成的风格。出土在三星堆的两件铜牌也存在类似情况，一件与二里头文化铜牌区别不大，另一件则显然有了很大的变异。这些复杂现象的形成，其原因可能是多种多样的。如：有的器物（譬如铜器、玉器）具有很强的可传世性，发现在当地的具有二里头文化风格的器物，未必都是当时制作的，即有的可能是流传下来的早年制品；有的器物传入既久，随时间的推移而在形制方面有所变化；因为传播距离的遥远，发现在中原地区与边远地区的风格相同或相似的同种器物，其年代未必完全一样。

二里头文化与周边地区的文化交流，作为一种考古学现象，必然有其历史背景。学者们曾结合古史传说，做过一些推测，尚待以考古学方法为基础做更深入地探究。

第三章 先商文化探索及相关问题

先商文化是指成汤灭夏以前商族（或以商族为主体的人群）创造的考古学文化。它是商文化的前身。根据文献记载，商始祖契活动于尧、舜、禹时期，大抵相当考古学上龙山时代后期；由契至汤十四世，其主要时段相当夏王朝时期，亦即考古学上龙山时代末期至二里头文化一至三期。《史记·殷本纪》记载的商先公，大多见于殷墟卜辞，从而证明是基本可信的。

探索先商文化的基本方法，是从文化因素分析的角度，以商代早期的商文化（以下简称"早商文化"）为基点往前推，从已知求未知。探索的目标则集中于史传商先公活动地域（即冀南、豫北、豫东以及鲁西南一带）范围内，相当龙山时代晚期或二里头时期，在文化内涵及特征上与早商文化有明显联系甚至传承关系的有关文化（类型）。先商文化同夏文化属于同一时间内、在邻近地域并行的两支各自独立的考古学文化。探索先商文化与探索夏文化这两个课题又有极为密切的关系，其中某课题的解决必对另一课题的研究创造有利条件。从方法论来说，二者也有相似的一面，即同样是时间、空间与相关考古学文化相互对证的方法；不同点在于，考古学界对商文化已有相当深入的研究，所要探寻的是商文化的渊源以及该文化在建立商王朝前的面貌和发展历程。因此，这项课题比探索夏文化有更好的基础，相对来说，应当更为容易一些。

探索先商文化的关键在于确定早商文化，实际上是对早商文化同夏文化做出科学的界定与区分，并在具体分析的基础上，对早商文化的内涵和特征得出确切的认识。根据迄今为止的研究成果，本书以偃师商城为汤灭夏之初在原夏王朝晚期京畿腹地建立的一座都城，将始建时的偃师商城作为夏商王朝交替的标志[1]，也是先商文化同早商文化的分界线，将偃师商城、郑州商城两座商都遗址（后者指二里冈下层至上层一期遗存），作为商代早期商文化的代表，并以此作为探索先商文化的出发点。

第一节 先商文化的探索历程

20世纪30年代，通过发掘殷墟遗址，辉煌灿烂的商代晚期文化呈现在人们的眼前。学者们在惊叹之余便产生了寻找其前身的愿望。梁思永在发现安阳后冈的三叠层后，即对龙山文化与"殷代文化"进行了比较，找出两个文化的很多相似点，认为"后冈二层不但

---

[1] 详见第一章第三节。

是较早的，而且也是豫北殷文化的直接前驱"[1]。1936年中央研究院历史语言研究所李景聃等在豫东的调查和发掘[2]，揭开了先商文化探索的序幕。此次考古工作主要依据文献记载的汤都所在，去寻找早于殷墟的商文化，还没有将先商文化作为一个独立的课题提出来。

20世纪50年代，随着郑州二里冈、洛达庙、邯郸涧沟[3]等遗址的发现，先商文化问题被正式提了出来。北京大学历史系考古专业1960年编成的《中国考古学》第三编《商周——青铜时代》中，首次使用了"先商文化"一词。并界定"先商文化"的概念，是指成汤以前的先公时代商"部落"创造的文化，具体所指为分布于黄河两岸的晚于龙山文化、早于郑州二里冈的文化遗存。1961年出版的《新中国的考古收获》在论及"洛达庙类型"遗存时，也提到有学者认为属于"商代先公先王时代的商文化"或"商代早期以前的商文化"[4]。

迄今，根据传说中商先公先王活动区域及都城地望开展的先商文化探索，集中于豫东、鲁西南和豫北、冀南地区。

一 豫东、鲁西南地区

1976~1977年，中国社会科学院考古研究所与商丘地区文管会在豫东进行了一系列调查和试掘。此项工作是在二里头遗址多年发掘的基础上进行的，"目的是探讨商代文化的渊源问题，帮助研究二里头遗址的性质问题"[5]。由于是以二里头遗址为汤都西亳的看法作基础，此举便有了与1936年的豫东调查大不相同的背景。在调查和试掘过程中，发现了不少龙山文化和商代文化遗址，而仅在商丘"坞墙遗址发现少量二里头文化遗存"[6]。

1984年春季和秋季，北京大学考古系在山东省的济宁、菏泽、聊城三个地区复查了一批遗址，并组织了菏泽安邱堌堆的第二次发掘[7]，从而确定这些地区都是岳石文化的分布区。通过1987年鹿邑栾台遗址的发掘[8]，1988年夏邑清凉山遗址的发掘[9]，证明豫东东部地区也是岳石文化的分布区。

从1994年到1996年，中国社会科学院考古研究所与美国哈佛大学皮保德博物馆组成

---

[1] 梁思永：《龙山文化——中国文明的史前期之一》，《考古学报》第七册，1954年。
[2] 李景聃：《豫东商丘永城调查及造律台黑孤堆曹桥三处小发掘》，《中国考古学报》第二册，1947年。
[3] 北京大学、河北省文化局邯郸考古发掘队：《1957年邯郸发掘简报》，《考古》1959年第10期。
[4] 中国科学院考古研究所：《新中国的考古收获》第44页，文物出版社，1961年。
[5] 赵芝荃：《二里头考古队探索夏文化的回顾与展望》，《河南文博通讯》1978年第3期。
[6] 中国社会科学院考古研究所河南二队、商丘地区文物管理委员会：《1977年豫东考古纪要》，《考古》1981年第5期。
[7] A. 北京大学考古系商周组、山东省菏泽地区文展馆、山东省菏泽市文化馆：《菏泽安邱堌堆遗址发掘简报》，《文物》1987年第11期。
    B. 邹衡：《论菏泽（曹州）地区的岳石文化》，《文物与考古论集》，文物出版社，1986年。
[8] 河南省文物研究所：《河南鹿邑栾台遗址发掘简报》，《华夏考古》1989年第1期。
[9] 北京大学考古学系、商丘地区文管会：《河南夏邑县清凉山遗址1988年发掘简报》，《考古》1997年第11期。

的联合考古队，为寻找先商遗迹先后发掘了商丘潘庙、虞城马庄和柘城山台寺三个遗址[1]，发现了"龙山文化"和岳石文化地层。

由以上工作成果形成两种看法。有学者认为鲁西南、豫东地区遍布岳石文化，表明这些地区没有先商文化，更无契、相土和成汤之都[2]。有学者则认为郑州地区年代最早的南关外期商文化的主要文化内涵来源于鲁豫皖一带的岳石文化，这支岳石文化的创造者就是先商时期的居民[3]。更有学者明确指出："岳石文化一般相信就是历史上东夷的文化，而商出于夷是中国古代史上的常识，所以先商文化也许就是岳石文化的一支。""商丘地区的龙山文化和岳石文化……可能就是早商和先商，也可能是早商和先商的近祖。"[4]

二　豫北、冀南地区

50年代以来，考古工作者先后发掘河北石家庄市庄，内丘南三歧[5]，武安赵窑[6]，邯郸涧沟、龟台寺，磁县下七垣[7]、界段营[8]，安阳梅园庄、孝民屯[9]、大寒南岗[10]等遗址，出土了一批与二里头文化年代相当的文化遗存。发掘者称之为"早商文化"、"先殷文化"，或一度将其中有的遗存归入二里头文化。

1979年学者提出以郑州二里冈H17为代表的一类遗存为最早的早商文化。早于它的二里冈H9和南关外中、下层为先商文化"南关外类型"，是自汤始居亳至汤灭夏之前的先商文化；豫北地区以新乡潞王坟下层和辉县琉璃阁H1为代表的一类遗存为先商文化"辉卫类型"；豫北、冀南地区以邯郸涧沟和磁县下七垣为代表的一类遗存为先商文化"漳河类型"。南关外类型是从辉卫类型而来，辉卫类型又是从漳河类型而来，亦即商文化来自古黄河西侧的冀州之域，是沿着太行山东麓逐步南下的[11]。

为了验证此说，北京大学考古专业会同有关单位在豫北、鲁西南、豫东和冀中等地组织了一系列田野工作。1981年，在濮阳马庄、修武李固、武陟赵庄和温县北平皋遗址进行

---

[1]　张长寿、张光直：《河南商丘地区殷商文明调查发掘初步报告》，《考古》1997年第4期。
[2]　A. 邹衡：《论菏泽（曹州）地区的岳石文化》，《文物与考古论集》，文物出版社，1986年。
　　B. 宋豫秦：《现今南亳说与北亳说的考古学观察》，《中原文物》1991年第1期。
[3]　栾丰实：《试论岳石文化与郑州地区早期商文化的关系——兼论商族起源问题》，《华夏考古》1994年第4期。
[4]　A. 张长寿、张光直：《河南商丘地区殷商文明调查发掘初步报告》，《考古》1997年第4期。
　　B. 吕琪昌：《从史前陶鬶与商代铜斝的关系探讨夏、商文化的分际》，《华夏考古》1999年第1期。
[5]　唐云明：《河北境内几处商代文化遗存记略》，《考古学集刊》第2集，中国社会科学出版社，1982年。
[6]　河北省文物研究所、河北文化学院：《武安赵窑遗址发掘报告》，《考古学报》1992年第3期。
[7]　河北省文物管理处：《磁县下七垣遗址发掘报告》，《考古学报》1979年第2期。
[8]　河北省文物管理处：《磁县界段营发掘简报》，《考古》1974年第6期。
[9]　中国社会科学院考古研究所：《殷墟发掘报告》第60~69、105~109、121~128页，文物出版社，1987年。
[10]　中国社会科学院考古研究所安阳队：《安阳大寒村南岗遗址》，《考古学报》1990年第1期。
[11]　邹衡：《关于探讨夏文化的几个问题》，《文物》1979年第3期；《试论夏文化》，《夏商周考古学论文集》，文物出版社，1980年。

了小规模发掘。马庄的发现表明那里也是"漳河型"的分布范围。沁河两岸的发掘,则表明在沁河西南是二里头文化的分布区,而在沁河东北则是辉卫类型的分布范围,从而得出沁河一带是二里头文化与先商文化交接之处的结论[1]。

1986年秋至1987年春,在河北省的徐水、安新、容城、涞水、定兴等县进行的一系列调查和试掘,确认那里也是先商文化的分布区,只是这里的先商文化与已知的漳河类型等有一定区别,因此,研究者将其命名为"先商文化保北型"[2]。

1988年春秋两季,北京大学考古实习队发掘了淇县宋窑遗址,出土遗物与新乡潞王坟下层的文化面貌比较一致,而该遗址的丰富资料表明辉卫类型同漳河类型及郑州二里冈文化有着明显的区别,因此难以纳入先商文化的范畴之内[3]。同时,鉴于"辉卫类型"作为一支有别于先商文化、二里头文化二里头类型、东下冯类型的考古学文化遗存,为强调其相对独立的文化属性,发掘者称之为"辉卫文化"[4]。假如此说成立,那么漳河类型的南下途径也就成了悬案。正当遇此困惑之时,郑州大学考古专业在杞县鹿台岗发现的与漳河类型先商文化极为相似的文化遗存[5],为解开这个谜团提供了线索。使人们认识到漳河类型很可能是经豫东地区辗转南下的。

对豫北、冀南地区诸文化类型的性质,学者们也有一些不同看法。有的学者先是推测豫北冀南地区相当二里头时期的文化遗存"可能与商文化有关",并将该类遗存称作"二里头文化下七垣类型"[6],后来则直谓"可以视为先商文化的代表"[7]。有的学者认为"东下冯文化、辉卫型、南关外类型"为先商文化的几个连续发展阶段[8]。有学者首次提

---

[1] A. 北京大学考古专业商周组、山西省考古研究所、河南省安阳、新乡地区文化局、湖北省孝感地区博物馆:《晋豫鄂三省考古调查简报》,《文物》1982年第7期。
B. 刘绪:《论卫怀地区的夏商文化》,《纪念北京大学考古专业三十周年论文集》,文物出版社,1990年。

[2] 沈勇:《论保北地区的先商文化》,北京大学考古系硕士学位论文,1988年;《保北地区夏代两种青铜文化之探讨》,《华夏考古》1991年第3期。

[3] A. 北京大学考古系商周组:《河南淇县宋窑遗址发掘报告》,《考古学集刊》第10集,地质出版社,1996年。
B. 张立东:《论辉卫文化》,《考古学集刊》第10集,地质出版社,1996年。

[4] 按:即本书所称"潞王坟—宋窑类遗存"。

[5] A. 郑州大学考古专业、开封市文物工作队、杞县文物管理所:《河南杞县鹿台岗遗址发掘简报》,《考古》1994年第8期。
B. 宋豫秦:《夷夏商三种考古学文化交汇地域浅谈》,《中原文物》1992年第1期;《夷夏商三种文化交汇地域研究》,北京大学考古系博士论文,1993年。
C. 魏兴涛:《试论下七垣文化鹿台岗类型》,《考古》1999年第5期。
D. 郑州大学文博学院、开封市文物工作队:《豫东杞县发掘报告》第88~116、254~259,科学出版社,2000年。

[6] 赵芝荃:《关于二里头文化类型与分期的问题》,《中国考古学研究(二)》,科学出版社,1986年。

[7] 赵芝荃:《二里头文化与二里岗期文化》,《庆祝苏秉琦考古五十五年论文集》,文物出版社,1989年。

[8] 郑杰祥:《夏史初探》第263页,中州古籍出版社,1988年。

出"下七垣文化"的命名,用以概括先前所说先商文化漳河型和辉卫型,并认为其分布区域同后冈类型龙山文化基本重合,"后冈类型龙山文化无疑是先商文化的重要来源",除此之外,"还大量吸收了晋中地区龙山文化的因素","先商文化似乎就是后冈类型龙山文化和晋中地区龙山文化相结合的产物"[1]。有的在详尽分析下七垣文化的来源后,推断冀南地区的"涧沟型龙山遗存"应是比下七垣文化更早的先商文化[2]。有的则认为以郑州C1H9为代表的二里冈文化第一组、下七垣文化(仅指漳河型)前三段和后冈二期文化的较晚阶段,应该是先商文化自后而前的三个阶段[3]。

厘清什么是最初的商代早期文化,即解决先商文化与早商文化的分界,对先商文化探索至关重要。最近,根据偃师商城的发掘资料,许多学者逐渐对"偃师商城之始建为夏商王朝交替界标说"达成趋同认识。这就为以偃师商城第一期和郑州二里冈下层一期为代表的早商文化一期为基点向前追寻先商文化创造了良好的条件[4]。

概括说来,经过20多年来的田野工作和研究讨论,多数学者承认先商文化的存在[5],但在选择具体探索对象方面仍存在分歧。一种意见将探索目标集中于豫北、冀南地区的下七垣文化并由之上溯;另一种意见倾向于豫东及鲁豫皖交界地区的岳石文化、龙山文化遗存。本书持前一种主张,我们从商文化最简单、也是最基本的元素——陶鬲的谱系往前追寻,认为以"漳河类型"为中心的下七垣文化的主体(即该文化的第一至三期遗存)就是先商文化。我们所称的下七垣文化,是以"漳河类型"为主体的,分布于北自涞水、南到杞县的一支考古学文化(图3-1)。同时,我们认为,探索下七垣文化渊源即对早期先商文化的研究,将进一步完善人们对先商文化的认识。通过这些最新的研究成果,许多研究

---

[1] A. 李伯谦:《先商文化探索》,《庆祝苏秉琦考古五十五年论文集》,文物出版社,1989年;《夏文化与先商文化关系探讨》,《中原文物》1991年第1期。

B. 郑彤:《下七垣文化来源探索》,北京大学《青年考古学家》第9期,1997年。

C. 魏峻:《下七垣文化新探》,北京大学《青年考古学家》第9期,1997年。

[2] 王立新、朱永刚:《下七垣文化探源》,《华夏考古》1995年第4期。

[3] 张立东:《先商文化浅议》,《中国商文化国际学术讨论会论文集》,中国大百科全书出版社,1998年。

[4] 高炜、杨锡璋、王巍、杜金鹏:《偃师商城与夏商文化分界》,《考古》1998年第10期。

[5] A. 有学者立足于东周以来的传统史学观点,认为从中原龙山、二里头、二里冈直到小屯,都是同一个文化系统,即古华夏族文化。夏、商同民族、同文化,它们之间只发生过政权更迭关系,并无所谓文化更迭或突变的情况,因而也就不存在先商文化。此说与主张夏、商、周族属不同、文化特征和渊源不同的诸family有着完全不同的理论基础。郑光在20世纪80年代以来的多篇著作中坚持如是学说(有关代表作见郑光:《二里头遗址与夏文化》,《华夏文明》第一集,北京大学出版社,1987年;《二里头遗址与中国古代史》,《北京社会科学》1987年第1期;《二里头遗址的性质和年代》,《考古与文物》1988年第1期;《中国新石器时代与中国古代文明》,《华夏考古》1988年第2期;《关于中国古史的年代学问题》,《夏文化研究论集》,中华书局,1996年)。

B. 田昌五也曾认为"中原龙山文化、夏文化与商文化三者是一脉相承","有发展阶段的差别,而不是不同的民族文化"(见田昌五:《谈偃师商城的一些问题》,《全国商史学术讨论会论文集》,殷都学刊编辑部,1985年)。

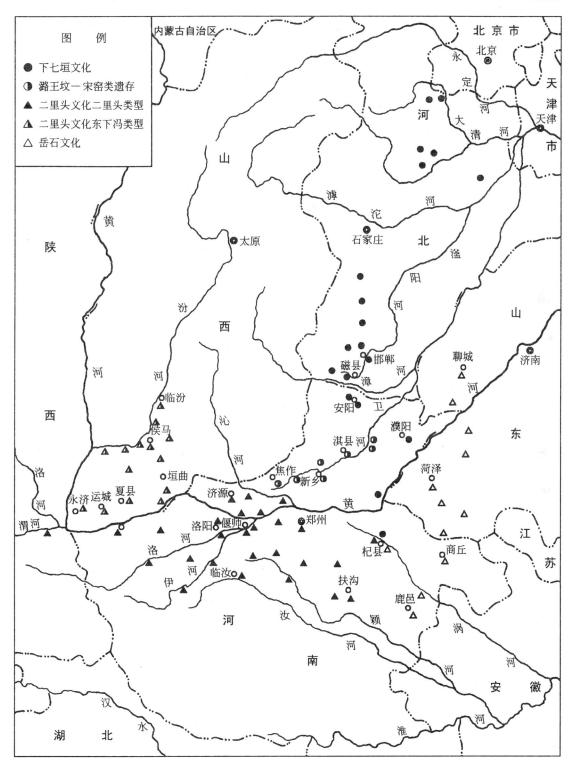

图 3-1　下七垣文化与同时期其他考古学文化分布示意图

者认识到先商文化有其主干但并不单纯,它在转变为早商文化的过程中有一段与其他周邻文化交错、碰撞、吸收、融合的相当曲折、复杂的发展历程,尤其在商王朝建立之初有一个突变过程。或者说,早商文化并非先商文化的简单延续。这些认识的获得无疑朝着最终解决先商文化课题又迈出了重要一步。

根据我们对先商文化的认识,本章第二节将对下七垣文化作重点介绍和讨论。鉴于此前有学者主张将辉卫型(即本书所称"潞王坟—宋窑类遗存")及郑州南关外中、下层遗存纳入先商文化范畴并得到广泛支持;对南关外中、下层遗存又出现过多种不同的解释,本章将分别在第三、四节对上述两类遗存的内涵、年代、文化性质做相应的讨论。

第二节 下七垣文化

一 特征与渊源

下七垣文化作为一支独立的考古学文化,以其鲜明的特征,与周邻的考古学文化有所区别。这主要表现在陶器方面。

绝大多数下七垣文化遗址出土的陶器都是夹砂陶多于泥质陶,只在保定以北的京广铁路东侧是泥质陶多于夹砂陶,后者似乎是受大坨头文化影响的结果。以灰陶为主,褐陶亦占有一定的比例。这与大坨头文化和岳石文化的褐陶数量最多大相径庭,亦与潞王坟—宋窑类遗存的黑陶多于褐陶有别。以绳纹为主要装饰纹样。早期绳纹较乱,晚期较刚直,从早到晚似有由粗变细的趋势。其楔形点纹颇具特色,在其他文化中极少见。有一组仅饰旋纹或楔形点纹的器物,主要包括深腹盆、浅腹盆、小口瓮等。

下七垣文化流行平底器,如深腹罐、盆类器及各种瓮类器大都是平底。这种风格是由后冈二期文化传续下来的,并被二里冈期商(早商)文化所继承。

下七垣文化以深腹罐、鬲、甗等为主要炊器。在漳河南北一带,早期时,深腹罐多于鬲,甗的数量也较多;至晚期鬲的数量增多,在有的遗址已经超过深腹罐,成为最主要的炊器。深腹罐始终存在粗矮与细高两型,这种区别是由后冈二期文化延续下来的,并直接影响到郑州地区的早商文化。而粗矮与细高两型的区别,在同时期的二里头文化、潞王坟—宋窑类遗存等以深腹罐为炊器的文化类型中都没有见到。下七垣文化陶鬲风格独具,与周邻各文化的陶鬲都很不相同,尤其是晚期的薄胎、卷沿、细绳纹鬲与二里冈期商文化陶鬲有明显传承关系。陶鼎的数量不是太多,但自成一系。绝大多数鼎的器身为平底,仅早期个别为圜底,从早到晚由小口而大口,由深腹而浅腹,由圆肩而折肩,由罐形而盆形。与潞王坟—宋窑类遗存陶鼎的形态和演化序列有某些相似之处。但潞王坟—宋窑类遗存的陶鼎腹壁由斜直而外曲、底由凹平而平而圜,直至腹、底构成较规整的球面。下七垣文化者则是腹壁由外曲而斜直,始终以平底为主。

盛器中盆类器可以分为深腹、中腹、浅腹三种。仅饰旋纹或楔形点纹的深腹盆,以及大敞口的浅腹平底盆等都很有特点。

瓮类器主要有小口瓮、平口瓮和蛋形瓮三种。这种组合与潞王坟—宋窑类遗存和二里头文化东下冯类型相类。二里头文化二里头类型、大坨头文化和岳石文化中罕见蛋形瓮；晋中地区相当二里头时期的遗存、大坨头文化和岳石文化不见或少见平口瓮。其腹部浑圆的小口瓮、鼓腹的平口瓮、平底的蛋形瓮，都表现出下七垣文化的特色。

下七垣文化的收割工具以石镰为主，石镰远多于石刀，这与潞王坟—宋窑类遗存的石镰稍多于石刀、二里头文化二里头类型的石镰与石刀数量相当、二里头文化东下冯类型和岳石文化的石刀多于石镰均有差异。

下七垣文化的骨器中，匕的数量最多，在这一点上只有潞王坟—宋窑类遗存与之相同。

关于下七垣文化的渊源，尽管学者间具体结论有所不同，但多认为后冈二期文化和晋中地区龙山至二里头时期的文化是两个最主要的来源[1]。

后冈二期文化与下七垣文化，年代上一前一后，分布地域大致相同，而且从文化面貌上看，前后二者均以灰陶为主；器表纹饰以绳纹为主，兼具楔形点纹、索状附加堆纹，唇部常见压按花边；流行平底器，炊器组合以深腹罐（又分细高与矮粗二型）为主，鬲次之，鼎、甗较少，后冈二期文化和下七垣文化的早期鬲均不多；又如罐、鼎、甗、盆的形制以及三足器的存在等共同特点表明，后冈二期文化同下七垣文化（早期）之间存在着传承关系，可以说是下七垣文化的主要来源（图3-2）。但前者与后者之间尚有缺环，其间经过变异和文化重组。下七垣文化早期的高领鬲和蛋形瓮，应是来自晋中地区龙山至二里头阶段的文化因素；小口瓮和爵则当是受二里头文化影响的产物；少量器表带刮痕的素面褐陶豆、尊形器、小口瓮等，应是来自岳石文化或受岳石文化影响的器物；至于偶见圜底深腹罐，其原产地应是伊、洛地区的二里头文化，或经由"潞王坟—宋窑类遗存"传布过来的。易水及以北地区鬲、甗等则呈现出明显的夏家店下层文化或大坨头文化的因素。

二 分期与年代

学者最早提出漳河类型的分期时，将其分为两组，并指出下七垣第4层的年代稍早于漳河型第Ⅰ组，实际上是把漳河型先商文化划分为三个阶段[2]，后来又进一步归纳为两大期[3]。20世纪80年代中期以后，不少学者相继做过分期研究[4]。由于资料较少，各

---

[1] A. 邹衡：《试论夏文化》，《夏商周考古学论文集》，文物出版社，1980年。
  B. 李伯谦：《先商文化探索》，《庆祝苏秉琦考古五十五年论文集》，文物出版社，1989年；《夏文化与先商文化关系探讨》，《中原文物》1991年第1期。
  C. 王立新、朱永刚：《下七垣文化探源》，《华夏考古》1995年第4期。
  D. 郑彤：《下七垣文化来源探索》，北京大学《青年考古学家》第9期，1997年。
  E. 魏峻：《下七垣文化新探》，北京大学《青年考古学家》第9期，1997年。
[2] 邹衡：《试论夏文化》，《夏商周考古学论文集》，文物出版社，1980年。
[3] 邹衡：《论菏泽（曹州）地区的岳石文化》，《文物与考古论集》，文物出版社，1986年。
[4] A. 唐云明：《河北商文化综述》，《华夏考古》1988年第3期。
  B. 沈勇：《论保北地区的先商文化》，北京大学考古系硕士学位论文，1988年；《商源浅析》，

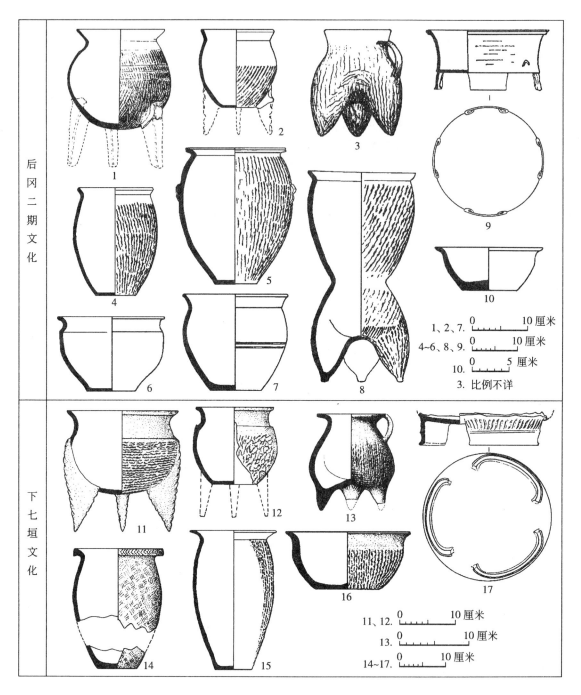

图 3-2 后冈二期文化与下七垣文化陶器对比图

1. 鼎（后冈 H2:7） 2. 鼎（大寒 H16:5） 3. 鬲（后冈） 4. 深腹罐（后冈 H47:3） 5. 深腹罐（后冈 M26:2） 6. 深腹盆（后冈 T1⑥:56） 7. 深腹盆（下潘汪 F1:77） 8. 甗（后冈 H50:8） 9. 四足盘（后冈 H45:8） 10. 中腹盆（下潘汪 F1:24） 11. 鼎（下七垣 H16:782） 12. 鼎（下七垣 T7④:1334） 13. 鬲（南三歧 T9③:1） 14. 深腹罐（下七垣 M61:787） 15. 深腹罐（界段营 H8:6） 16. 中腹盆（下七垣 H12:848） 17. 三足盘（大寒 T4②:4）

家的结论有不少出入。近年，河北永年何庄[1]、任丘哑叭庄[2]和河南杞县鹿台岗等遗址的材料相继公布，为研究下七垣文化的分期增添了比较多的资料。惟目前尚无法像二里头文化那样，以一个典型遗址的系列层位证据建立起该文化的分期编年标尺。

综合各遗址的材料，参考各家的分期成果，可将下七垣文化分为四期（图 3-3）。

第一期以下七垣遗址④层为代表，包括原报告归入④层的 H61 等。徐水巩固庄[3]、任丘哑叭庄等遗址亦有该期文化遗存。

本期虽以绳纹为主，但亦有少量篮纹。据发掘报告称，下七垣④层有鼎无鬲，如果考虑到有可能把鬲足当作甗足，以及稍晚的第二期有鬲，那么最大的可能是当时鬲的数量很少。在滹沱河以北的徐水巩固庄和任丘哑叭庄发现有鬲，领部很高，鼓腹，分裆，高实足根。本期长型深腹罐为高领。罐形鼎腹较深，鼓腹，平底，并有少量圜底鼎。中腹盆高领，腹外曲。

下七垣陶鼎 H61:782，卷沿，有领，鼓腹，圜底，三扁足外侧压印花边，与二里头文化陕县西崖 H4[4]所出鼎及二里头遗址陶鼎 IX M15:1[5]和 III H21:17[6]和非常近似，由此可以推定该期的时代约与二里头文化二期偏早阶段相当。

第二期以磁县界段营 H8、易县下岳各庄 H23[7]为代表，安阳大寒 H8、内丘南三歧遗址亦属此期。

以绳纹为主，在南三歧遗址尚有篮纹。界段营 H8、下岳各庄 H23 陶鬲的领部均矮于第一期者，而且外卷。长型深腹罐领部变矮。仅见平底罐形鼎，鼎腹稍浅，三扁足外侧圆弧且饰有花边，由鼓腹向鼓肩转化。如南三歧鼎 T10①:28 仍为鼓腹，大寒鼎 H8:3 腹径最大处已经上移，界段营鼎 H8:8 已为鼓肩。中腹盆为矮领。蛋形瓮始见。

大寒鼎 H8:3 的足部外侧圆弧而且自上至下遍饰花边，与潞王坟—宋窑类遗存第一期

  《文物春秋》1990 年第 3 期；《保北地区夏代两种青铜文化之探讨》，《华夏考古》1991 年第 3 期。
  C. 李伯谦：《先商文化探索》，《庆祝苏秉琦考古五十五年论文集》，文物出版社，1989 年。
  D. 李维明：《安阳商文化陶器编年连缀》，《中原文物》1992 年第 1 期；《关于先商文化诸类型的相应年代》，《中州学刊》1990 年第 6 期。
  E. 杨宝成：《商文化渊源探索》，《华夏文明》第一集，北京大学出版社，1987 年。
  F. 张立东：《论辉卫文化》，《考古学集刊》第 10 集，地质出版社，1996 年。
[1] 邯郸地区文物保管所、永年县文物保管所：《河北省永年县何庄遗址发掘报告》，《华夏考古》1992 年第 4 期。
[2] 河北省文物研究所、沧州地区文物管理所：《河北省任邱市哑叭庄遗址发掘报告》，《文物春秋》1992 年增刊。
[3] 见沈勇：《保北地区夏代两种青铜文化之探讨》，《华夏考古》1991 年第 3 期。
[4] 河南省文物研究所：《陕县西崖村遗址的发掘》，《华夏考古》1989 年第 1 期。
[5] 中国社会科学院考古研究所二里头队：《1982 年秋偃师二里头遗址九区发掘简报》，《考古》1985 年第 12 期。
[6] 中国社会科学院考古研究所二里头工作队：《偃师二里头遗址 1980~1981 年 III 区发掘简报》，《考古》1984 年第 7 期。
[7] 拒马河考古队：《河北易县涞水古遗址试掘报告》，《考古学报》1988 年第 4 期。

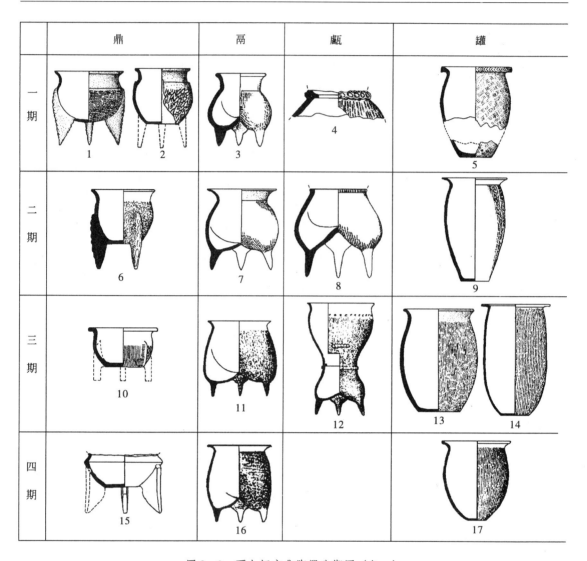

图 3-3 下七垣文化陶器分期图（之一）

1. 鼎（下七垣 H61:782） 2. 鼎（下七垣 T7④:1334） 3. 鬲（巩固庄:01） 4. 甗（下七垣 T14④:1418） 5. 罐（下七垣 H61:787） 6. 鼎（大寒 H8:3） 7. 鬲（界段营 H8:35） 8. 甗（界段营 H8:31） 9. 罐（界段营 H8:6） 10. 鼎（下潘汪 H121:1） 11. 鬲（涧沟 T3③a:226） 12. 甗（涧沟 T10②:14） 13. 罐（下七垣 T7③:954） 14. 罐（鹿台岗 H9:3） 15. 鼎（孝民屯 T301③:5） 16. 鬲（何庄 H6:1） 17. 罐（孝民屯 T301③:20）

的宋窑鼎足 T301④:90 颇似，其时代亦应相当，宋窑第一期相当于二里头二期偏晚。鉴于界段营 H8 和下岳各庄 H23 略晚于大寒 H8，因此下七垣文化第二期的年代约与二里头文化二期偏晚至三期偏早相当。

第三期以下七垣③层、杞县鹿台岗 H9 为代表，邯郸涧沟 H4、H8、T18③b，永年何庄 H1，易县下岳各庄 H4、H5，武安赵窑 H5 等均属此期。

本期篮纹已经绝迹。鬲在各遗址均已成为主要的炊器，多为矮领，卷沿，圆唇，薄

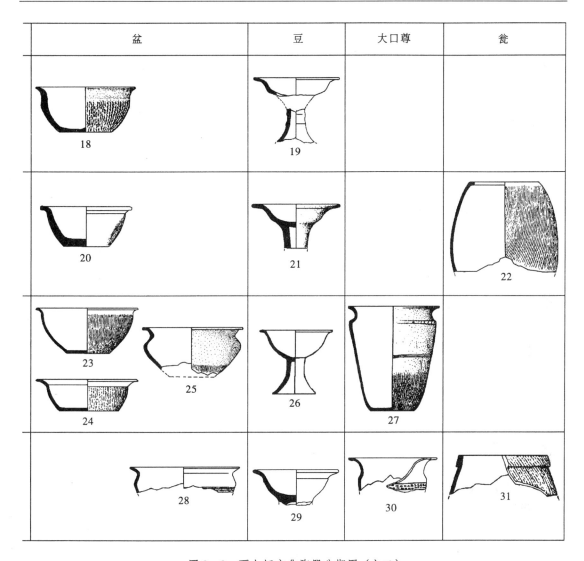

图 3-3 下七垣文化陶器分期图（之二）

18. 盆（下七垣 H12:848） 19. 豆（下七垣 T25④:1412、1411） 20. 盆（界段营 H8:6） 21. 豆（南三歧 T9①:2） 22. 瓮（下岳各庄 H23:19） 23. 盆（下岳各庄 H4:9） 24. 盆（何庄 H1:7） 25. 盆（下七垣 T11③:1404） 26. 豆（涧沟 T18③B:1） 27. 大口尊（鹿台岗 H9:9） 28. 盆（孝民屯 H301:7） 29. 豆（孝民屯 T301④:6） 30. 大口尊（梅园庄 T4⑥B:23） 31. 瓮（梅园庄 T3⑥B:24）

胎，饰细绳纹，腹径最大处下移。长型深腹罐亦为矮领外卷。鼎腹变浅，口变大，器身呈平底盆形，开始出现折肩者。始见束领深腹盆、高领斝、大型抹光器盖、大口尊等。

本期偏晚单位的大口尊口径与肩径相等，平底。涧沟饰绳纹的浅腹盆与潞王坟—宋窑类遗存第二期偏晚者恰似同出一模。潞王坟—宋窑类遗存第二期约与二里头文化三期相当。因此，下七垣文化第三期的年代，约与二里头文化三期偏晚至四期偏早阶段相当。

第四期以安阳孝民屯遗址、梅园庄 T4⑥b 为代表，永年何庄 H6、H3，梅园庄 H4 等均属此期。

本期陶鬲总体形态接近第三期，只是沿外缘微起突棱，颈、腹交界处亦微显出棱。深腹罐的形态、种类、数量等受到很大的冲击，长型深腹罐的形态接受了二里头文化的影响，数量似乎有所减少，短型深腹罐的总体形态与二里头文化、潞王坟—宋窑类遗存乃至二里头文化东下冯类型者[1]出现了趋同现象，腹部外鼓，圜底，只是口部由卷沿而折沿。鼎肩折明显，作束颈平底盆形。斝口部外折，小耳。蛋形瓮口外侧附突起泥片一周。大口尊口径已大于肩径。

该期鬲、斝的形态与郑州、偃师早商文化一期（晚段）一致。短型深腹罐的形态同于二里头文化四期偏晚、潞王坟—宋窑类遗存第三期偏晚、二里头文化东下冯类型的最晚者。大口尊的口径与肩径之比接近二里头文化四期偏晚及郑州早商文化第二期偏早者。蛋形瓮口部形态与潞王坟—宋窑类遗存第三期者近同。凡此，均表明本期的年代应相当于早商文化一期晚段或至二期早段。

根据我们对夏商文化分界的认识，下七垣文化第四期已经进入商代。尽管从文化面貌看是第三期的延续与发展，仍可归入下七垣文化，但已不属先商文化范畴。早商文化台西类型同下七垣文化分布范围大致相当，很可能是在下七垣文化基础上，受到早商文化二里冈类型影响而形成的，惟迄今所见台西类型的材料仅限早商三期，同下七垣文化第四期间尚有明显缺环。

三 分布与类型

各地的下七垣文化虽有较强的共性，但也存在明显的个性。已有研究者对其进行类型划分[2]。现根据各遗址的文化内涵，将下七垣文化分为三个类型（图3-4）。

（一）漳河类型

漳河类型主要分布在唐河以南、洹河以北的太行山麓，而以漳河、滏阳河一带的邯郸、磁县为中心。

经过正式发掘的遗址有：河北省磁县下七垣、界段营、下潘汪[3]，邯郸涧沟、龟台寺，永年何庄，武安赵窑，邢台葛庄，内丘南三歧，河南省安阳梅园庄、孝民屯、大寒遗

---

[1] 北京大学历史系考古专业山西实习组、山西省文物工作委员会：《翼城曲沃考古勘察记》图二〇：12、13，《考古学研究（一）》，文物出版社，1992年。

[2] A. 沈勇将保定地区北部的下七垣文化称为"先商文化保北型"（见沈勇：《保北地区夏代两种青铜文化之探讨》，《华夏考古》1991年第3期）。

B. 李素婷、张国硕、魏兴涛等将鹿台岗遗址的下七垣文化遗存称为"先商文化"或"下七垣文化"的"鹿台岗类型"（见李素婷：《试论郑州南关外型商文化》，郑州大学硕士学位论文，1991年；郑州大学考古专业、开封市文物工作队、杞县文物管理所：《河南杞县鹿台岗遗址发掘简报》，《考古》1994年第8期；魏兴涛：《试论豫东西部地区龙山时代文化遗存》，《华夏考古》1995年第1期；魏兴涛：《试论下七垣文化鹿台岗类型》，《考古》1999年第5期）。

[3] 河北省文物管理处：《磁县下潘汪遗址发掘报告》，《考古学报》1975年第1期。

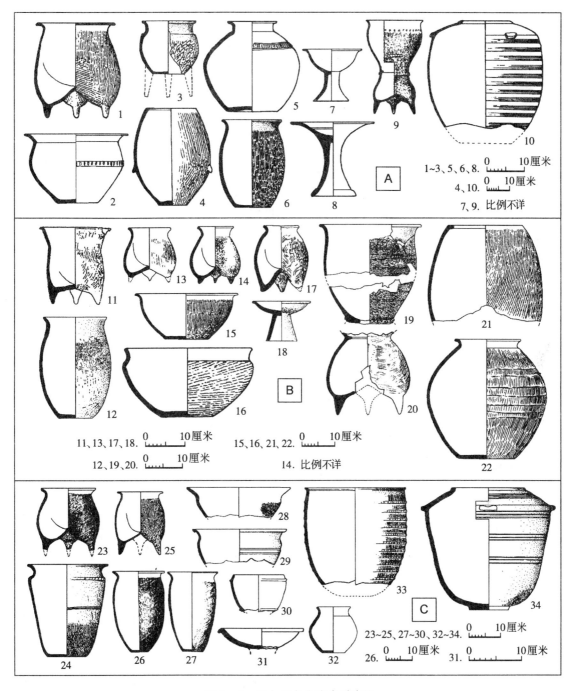

图 3-4 下七垣文化诸类型陶器

A. 漳河类型 1. 鬲（何庄 H1:1） 2. 盆（何庄 T11②:1） 3. 鼎（下七垣 T7④:1334） 4. 蛋形瓮（何庄 T12②:1） 5. 小口瓮（何庄 T1:3） 6. 深腹罐（下七垣 T7③:954） 7. 豆（涧沟 T18③B:1） 8. 豆（何庄 T9②:2） 9. 甗（涧沟 T10②:14） 10. 平口瓮（何庄 T9②:11）

B. 岳各庄类型 11. 鬲（下岳各庄 H7:7） 12. 深腹罐（午方 J1:247） 13. 鬲（下岳各庄 H20:2） 14. 鬲（老姆台:01） 15. 深腹盆（下岳各庄 H4:9） 16. 深腹盆（哑叭庄 T67②B:3） 17. 鬲（下岳各庄 H19:1） 18. 豆（午方 J1:844） 19. 甗（午方 J1:447） 20. 甗（下岳各庄 H7:6） 21. 蛋形瓮（下岳各庄 H23:19） 22. 小口瓮（下岳各庄 H18:1）

C. 鹿台岗类型 23. 鬲（鹿台岗 H39:6） 24. 大口尊（鹿台岗 H9:9） 25. 鬲（鹿台岗 H9:14） 26. 深腹罐（鹿台岗 H9:6） 27. 深腹罐（鹿台岗 H39:5） 28. 盆（鹿台岗 H9:16） 29. 盆（鹿台岗 H39:23） 30. 尊形器（鹿台岗 H9:37） 31. 豆（鹿台岗 H39:35） 32. 圆腹罐（鹿台岗 H9:1） 33. 缸（鹿台岗 H9:20） 34. 瓮（鹿台岗 H9:19）

址。据不完全统计，已经公布的经过调查或试掘的遗址还有 38 处[1]。

1. 文化遗迹

灰坑有圆形、椭圆形、长方形和不规则形几种，亦有深窖穴。

陶窑为圆形，由窑膛、窑箅、火膛几部分组成。窑箅的孔型分两种，一为密集的小圆孔；一为数个大孔。在下七垣两座陶窑的西北，有一不规则形的大坑，坑内除少数罐片外，其余都是鬲片，这些鬲片颜色青灰，没有烟熏的痕迹，也没有水锈，其中有不少口歪、腹扁、足斜、烧裂的鬲片。根据这些出窑时剔出的残片，可知两窑烧制的陶器以鬲为主。

房址有窑洞式和半地穴式两种。

2. 文化遗物

青铜器仅发现刀、镞两种。刀略呈三角形，无柄、刃之分。镞有双翼，圆铤。

石器有铲、镰、刀、镞、凿、锛、斧、弹丸、纺轮、石臼等。其中石铲数量最多，其次为石镰。石刀多穿单孔，长方形，数量较少。镞身扁平，总体略呈三角形，尾端稍内收。

骨器有匕、镞、锥、针、笄、铲、鱼钩等。其中以骨匕数量最多。镞身断面为三角形，铤断面为圆形。

卜骨多用牛、猪的肩胛骨。直接灼，或先掏挖出一不规则圆形浅臼（钻的雏形？）而后灼。

陶器中夹砂陶稍多于泥质陶。以灰陶为主，早期有部分红褐陶，晚期渐少。以绳纹为主，早期绳纹较粗而且散乱，以后渐趋变细而且规整。晚期的细绳纹为其典型特征之一。早期有少量篮纹，晚期不见。其他纹饰还有楔形点纹、附加堆纹、旋纹、弦纹、花边等。其中以楔形点纹和花边最富特征。在器物造型中，口部多有领，底部多数很平，当是做坯时切割而成的。三足器也比较流行，有鬲、鼎、甗、斝等种类。早期以深腹罐为主要炊器，鼎的数量也较多，晚期鬲的数量超过深腹罐，成为主要炊器。盆类器物有深腹、中腹、浅腹之别。中腹盆早晚都有，腹饰绳纹。深腹盆和浅腹盆很少饰绳纹，多数仅饰旋纹或楔形点纹。瓮类器物中主要有小口瓮、平口瓮、蛋形瓮三类。小口瓮多鼓腹、平底、饰绳纹，另有一类仅在腹部饰旋纹和点形戳印纹。平口瓮为敛口、折肩、腹斜直、通体磨光饰旋纹，上配覆钵形器盖。蛋形瓮口部内折、平底，少数为三实足，饰绳纹。其他器类还

---

[1] A. 邹衡：《试论夏文化》，《夏商周考古学论文集》第 118 页，文物出版社，1980 年。
B. 中国科学院考古研究所安阳发掘队：《安阳洹河流域几个遗址的试掘》，《考古》1965 年第 7 期。
C. 中国社会科学院考古研究所安阳队：《河南安阳洹河流域的考古调查》，《考古学集刊》第 3 集，中国社会科学出版社，1983 年。
D. 河北省文物研究所：《河北平山县考古调查简报》，《文物春秋》1990 年第 3 期；《泜河流域考古调查简报》，《文物春秋》1992 年第 1 期。
E. 邯郸市文物管理处：《邯郸县商周遗址的调查》，《文物春秋》1992 年第 2 期。
F. 滹沱河考古队：《河北滹沱河流域考古调查与试掘》，《考古》1993 年第 4 期。
G. 唐云明：《试论河北的商代文化及其相关问题》，《华夏文明》第三集，北京大学出版社，1992 年。
H. 任亚珊、郭瑞海、贾金标：《1993～1997 年邢台葛家庄先商遗址、两周贵族墓地考古工作的主要收获》，《三代文明研究（一）》，科学出版社，1999 年。

有豆、大口尊、杯等。

(二) 岳各庄类型

主要分布在唐河以北、拒马河以南的太行山麓，在白洋淀附近的平原地带亦发现有该类型的遗址。与以往所称"先商文化保北型"覆盖范围大体相同。遵照考古学命名原则，我们认为称其为岳各庄类型较为合适。经过发掘的遗址有河北省易县下岳各庄，涞水周家庄，定兴辛木，徐水大赤鲁、文村，容城上坡、午方[1]、白龙[2]，安新辛庄克、申明亭、漾堤口[3]，任丘哑叭庄等。经过调查的遗址有易县老姆台，涞水富位，徐水遂城、巩固庄、韩家营等[4]。

1. 文化遗迹

灰坑有圆形、椭圆形、长方形和不规则形几种。

在午方遗址发现的一眼水井，为圆角长方形，长 2.36 米，宽 1.54 米，深 5.3 米，最下部有四面用圆木搭成的井盘高约 1 米。

2. 文化遗物

青铜器发现有刀、镞、耳环、笄等。刀仅存柄部，环首，空心，外饰成排乳钉纹和凸起长方格纹。镞有双翼，短铤，铤为空心。耳环总体弯成椭圆形，一端宽扁。笄身断面为六棱形。其中的刀、镞、耳环均属早期北方系青铜器[5]。

石器有铲、镰、刀、斧、锛、镞、纺轮，并有一定数量的细石器。铲数量最多，其次为石镰。石刀的数量稍少于石镰，多近长方形，穿单孔。镞身断面略呈菱形，圆铤。

骨器有铲、凿、锥、镞、匕、笄、镖等。镞大多断面略呈圆形，圆铤；少数形近铜镞，有双翼。

蚌器有镰、刀、匕等。

陶器可分夹砂、泥质两类。在京广铁路以西沿太行山麓各遗址，夹砂陶多于泥质陶；而在京广铁路以东平原区的遗址中，夹砂陶少于泥质陶。灰陶数量最多，红褐陶次之，黑陶较少。绳纹是最主要的纹饰，中等粗细的绳纹较多，从早到晚无明显的粗细变化。其他纹饰有旋纹、弦纹、划纹等。

器物口部多有领，以平底居多，少数底部稍上凹。三足器数量较多。鬲、甗为主要炊

---

[1] 河北省文物研究所：《河北容城县午方新石器时代遗址试掘》，《考古学集刊》第 5 集，中国社会科学出版社，1987 年。

[2] 保北考古队：《河北容城白龙遗址试掘简报》，《文物春秋》1989 年第 3 期。

[3] 保北考古队：《河北安新县考古调查简报》，《文物春秋》1990 年第 1 期。

[4] 岳各庄类型未注明的遗址，均见沈勇：《保北地区夏代两种青铜文化之探讨》，《华夏考古》1991 年第 3 期。

[5] 林沄在《早期北方系青铜器的几个年代问题》（《内蒙古文物考古文集》，中国大百科全书出版社，1994 年）中，指出二里头环首刀 80Ⅲ M2:3 应归入北方系青铜器之列。哑叭庄的铜刀与二里头 80Ⅲ M2:3 非常相像，亦应属北方系青铜器。下岳各庄出土的耳环是夏家店下层文化的典型器物，同出的铜镞铤部中空，颇具特色，亦当为北方系青铜器。

器,深腹罐颇少。鬲有三种形态:高领束颈垂腹鬲、束颈鼓腹无实足根的高袋足鬲和筒腹平裆鬲,后两种鬲以及袋足肥鼓的甗,显然是具燕山南、北同时期文化特征的器物。鼎从早到晚都很少。盆类器物亦有深腹、中腹、浅腹之分,其中浅腹盆为素面,数量很少。深腹盆、中腹盆大都饰绳纹。瓮类器物主要有小口瓮、蛋形瓮两类。小口瓮的形态与漳河型相近,蛋形瓮口部内折,圈足或三瓦足。另有钵、壶、豆等。

(三) 鹿台岗类型
目前得到确认的仅杞县鹿台岗一处[1]。

1. 文化遗迹
发现有灰坑和房基。灰坑有长方形、圆形、椭圆形和不规则形几种。房基已残,似为圆形,为地面泥墙建筑。

2. 文化遗物
石器有铲、镰、斧、砺石等。

蚌器有镰、刀和镞。

角器有锄。

卜骨有直接灼和钻而后灼两种。

陶器以夹砂陶为主,泥质陶较少。以灰陶为主,黑陶、红褐陶较少。绳纹是最主要的装饰纹样。大多数绳纹挺直刚劲,纹理清晰,纹道偏细,最细者可以称作线纹。也有少量带麻刺状印痕的直行绳纹,以及与细绳纹较接近的条状绳纹。另外还有旋纹、堆纹、绳切纹等。器物多有领,底部很平,与漳河型者颇似。在各类器物中,深腹罐所占比例最大,卷沿,小方唇,腹部瘦高,小平底。鬲的数量仅次于深腹罐,口部与深腹罐风格雷同,腹部稍外鼓,裆部较高,实足根瘦高,颈下至足根遍饰细绳纹。这是两种最主要的炊器。深腹盆大多束领,其中既有素面仅饰旋纹者,也有领下饰绳纹者。瓮类器物有小口瓮、平口瓮和大深腹罐三种。平口瓮为假圈足,上配覆钵形器盖,很有特色,一类腹部内收,仅下腹饰绳纹,其上仅饰数组弦纹;一类腹部外鼓,肩下饰绳纹。大深腹罐鼓肩,肩下饰旋断绳纹。其他器类有甗、甑、大口尊、豆、刻槽盆、箍状堆纹缸、钵、尊形器等。其中,素面的碗形豆、素面小口瓮和尊形器等,应属于岳石文化因素。

在下七垣文化的三个类型中,漳河类型处于中心位置,文化特征颇为鲜明,文化因素较为单纯。岳各庄类型在渊源上较漳河类型复杂,在发展过程中二者的关系渐趋密切,共性逐渐增多。鹿台岗类型则是由漳河类型发展而来的,是下七垣文化向东南方向发展的结果。三个类型在发展过程中,各自与周邻的考古学文化存在着相互交流,从而也造成了文化内涵上的差别。其中最典型的是炊器组合的不同,北面的岳各庄类型始终以鬲为主要炊器,南面的鹿台岗类型以深腹罐和鬲为主要的炊器,中间的漳河类型则是早期以深腹罐为主要炊器,晚期鬲的数量超过深腹罐,跃为主要炊器。这种格局与当时大的文化环境是相符的。

---

[1] 郑州大学文博学院、开封市文物工作队:《豫东杞县发掘报告》第88~116、254~259页,科学出版社,2000年。

第三节 关于"潞王坟—宋窑类遗存"

一 发掘、研究与命名

此类文化遗存最早发现于新乡潞王坟遗址[1]。20世纪70年代末,学者将其命名为"先商文化辉卫类型"(或简称辉卫型)[2]。此后,又被称作先商文化李固—潞王坟类型[3]、辉卫型文化[4]、辉卫文化[5]等。

最初,学者曾根据邻近地区夏商文化遗址分布的情况,推断"北自淇河,南至黄河,包括沁河下游、卫河上游一带,大约都是辉卫型的分布范围"[6]。1981年对修武李固及沁河以西诸遗址的发掘[7],不仅丰富了潞王坟—宋窑类遗存的资料,而且大致划定了该遗存在西南方面的界限。

研究者曾根据潞王坟、琉璃阁和李固的材料将这类遗存分为两个阶段[8]。1986年,对潞王坟遗址进行了第二次发掘[9]。1988年春、秋,又在淇县宋窑遗址先后进行了两次发掘[10]。宋窑遗址具有明确地层关系的系统材料,使对该类遗存进行比较全面、深入的研究成为可能。

学者们对这类遗存的性质进行过热烈讨论。除将其与漳河类型等一并视为先商文化的观点之外,还有学者把它归入二里头文化下七垣类型[11]。也有学者主张它"是东下冯文化向东发展的一个分支",认为"东下冯文化、辉卫型、南关外类型和二里冈文化实应属于同一个连续发展的文化系统"[12]。

鉴于分布在豫北太行山东麓、淇河至沁河间的这支考古学文化遗存,它的西南面和西

---

[1] 河南省文化局文物工作队:《河南新乡潞王坟商代遗址发掘报告》,《考古学报》1960年第1期。
[2] 邹衡:《关于探讨夏文化的几个问题》,《文物》1979年第3期;《试论夏文化》,《夏商周考古学论文集》,文物出版社,1980年。
[3] 刘绪:《论卫怀地区的夏商文化》,《纪念北京大学考古专业三十周年论文集》,文物出版社,1990年。
[4] 郑杰祥:《夏史初探》第254~265页,中州古籍出版社,1988年。
[5] 张立东:《论辉卫文化》,《考古学集刊》第10集,地质出版社,1996年。
[6] 邹衡:《关于探讨夏文化的几个问题》,《文物》1979年第3期;《试论夏文化》,《夏商周考古学论文集》,文物出版社,1980年。
[7] 北京大学考古专业商周组、山西省考古研究所、河南省安阳、新乡地区文化局、湖北省孝感地区博物馆:《晋豫鄂三省考古调查简报》,《文物》1982年第7期。
[8] A. 沈勇:《商源浅析》,《文物春秋》1990年第3期。
B. 李维明:《关于先商文化诸类型的相应年代》,《中州学刊》1990年第6期。
[9] 见邹衡:《新乡地区夏商时期的考古工作在学术上的意义》,《牧野论坛》1989年第1期。
[10] 北京大学考古系商周组:《河南淇县宋窑遗址发掘报告》,《考古学集刊》第10集,地质出版社,1996年。
[11] 赵芝荃:《关于二里头文化类型与分期的问题》,《中国考古学研究(二)》,科学出版社,1986年。
[12] 郑杰祥:《夏史初探》第263页,中州古籍出版社,1988年。

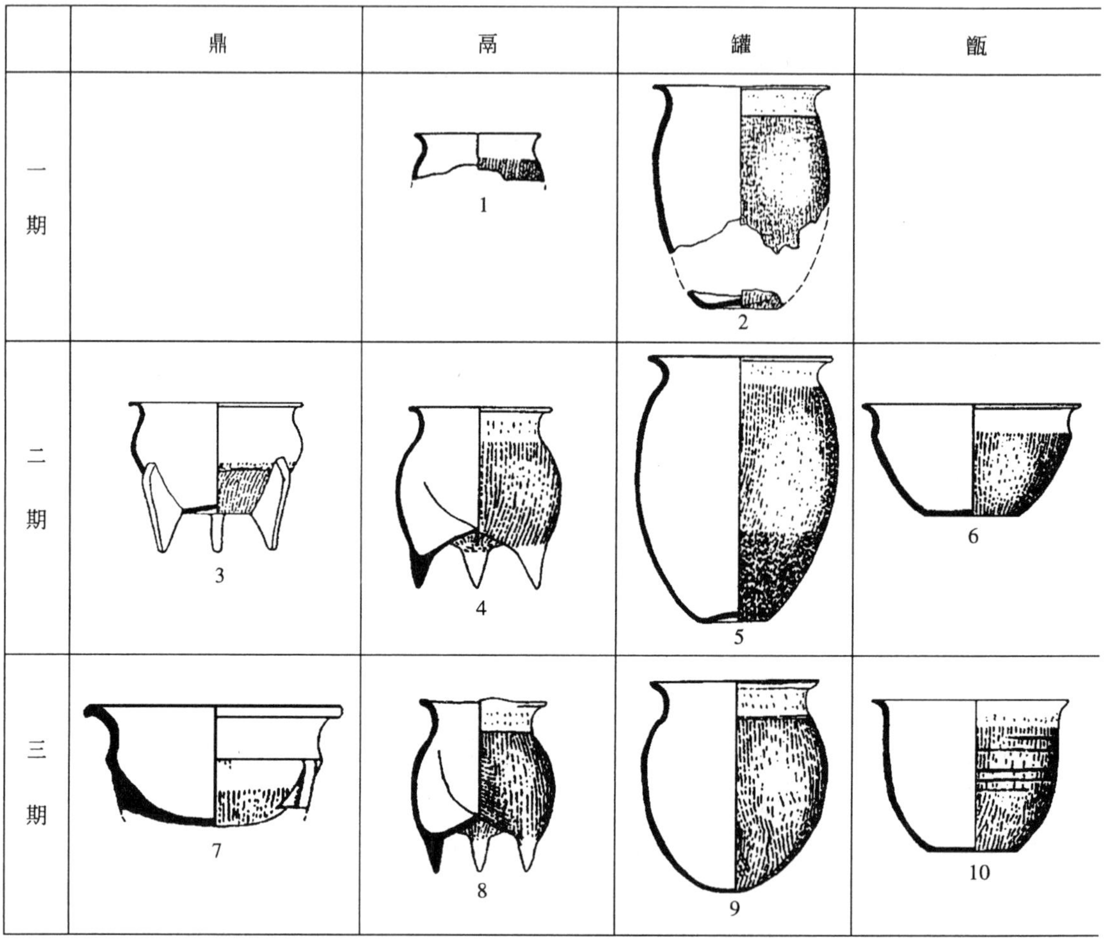

	鼎	鬲	罐	甑
一期		1	2	
二期	3	4	5	6
三期	7	8	9	10

图 3-5 潞王坟—宋窑类遗存陶器分期图（之一）

1. 鬲（宋窑 T301④:67） 2. 罐（宋窑 T301④:73、54） 3. 鼎（宋窑 T301③:141） 4. 鬲（宋窑 T302⑩:141） 5. 罐（宋窑 T302⑪:209） 6. 甑（宋窑 T302⑧:170） 7. 鼎（宋窑 H50:8） 8. 鬲（宋窑 T12④:196） 9. 罐（宋窑 H43:26） 10. 甑（宋窑 H42:1）

面分别与二里头文化二里头类型、东下冯类型，北面与下七垣文化漳河类型，东面与岳石文化为邻，在文化面貌上含有大量周邻文化因素；但在整体上它又是同周邻任何一支文化（类型）相区别，并具有相对独立特征的考古学文化遗存。为强调它的上述文化属性，我们认为以其最初发现地点——潞王坟和另一个材料丰富、研究较深入的遗址——宋窑命名为"潞王坟—宋窑类遗存"较为合适。

二 分期与年代

以宋窑遗址的分期为基础，结合潞王坟、李固遗址的有关资料，可将潞王坟—宋窑类遗存划分为三期（图 3-5）。

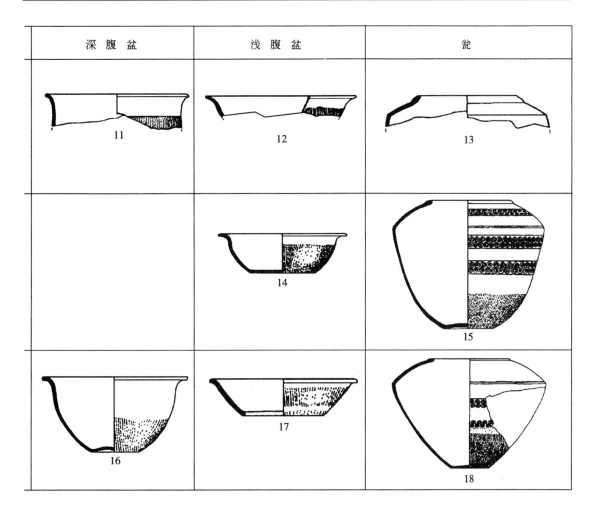

图 3-5 潞王坟—宋窑类遗存陶器分期图（之二）

11. 深腹盆（宋窑 T301④:85） 12. 浅腹盆（宋窑 T301④:86） 13. 瓮（宋窑 T301④:78） 14. 浅腹盆（宋窑 T302⑩:150） 15. 瓮（宋窑 T302⑪:219） 16. 深腹盆（宋窑 T21⑤:58） 17. 浅腹盆（宋窑 T21⑤C:56） 18. 瓮（宋窑 T12⑤:72）

第一期仅宋窑 T301④层一个单位。陶器口沿以圆唇为主，方唇居次要地位。绳纹较细，有少量线纹。深腹罐领较高，微显鼓腹。鬲领窄而高，高足。甗箅架较宽，腰外均有一周附加堆纹。深腹盆高领，上腹较直。

该期深腹罐多卷沿微鼓腹，与渑池郑窑 H39:11、H71:18[1]相似。平口瓮领稍敛，亦与郑窑 H71 同类器近似。宋窑大口尊 T301④:80 宽肩且肩径较大，与二里头 87ⅥM20:4[2]

---

[1] 河南省文物研究所、渑池县文化馆:《渑池县郑窑遗址发掘报告》,《华夏考古》1987 年第 2 期。
[2] 中国社会科学院考古研究所二里头工作队:《1987 年偃师二里头遗址墓葬发掘简报》,《考古》1992 年第 4 期。

相同。郑窑 H39、二里头 87ⅥM20 属二里头文化二期的典型单位，故推知宋窑第一期的年代应与之相当。

第二期以宋窑 T301③层、T302④~⑫层为代表，李固诸单位亦属此期。陶器口沿中，圆唇占绝对优势，唇内侧榫痕微起者渐趋增多，并新出少量有显著的榫痕突起者。绳纹较一期略粗，线纹罕见。深腹罐较瘦高，腹鼓稍显，底较大。鬲最大腹径处靠上，足稍变矮。鼎束颈，圆肩，平底内凹。甗箅架略变窄。束颈折肩深腹盆、捏缘罐开始出现。

该期宋窑鬲 T302⑩:141，卷沿，圆唇，领较高，鼓腹，与温县北平皋鬲 H1:49[1] 和荥阳岔河鬲 H15:3、4[2] 相近，又从北平皋 H1 和岔河 H15 出土大口尊与二里头遗址同类器的比较，推知本期年代约略与二里头文化三期相当。

第三期以宋窑 T12④层、T302③层为代表。陶器口沿以方唇为主，且以唇面凹、唇内侧有明显榫痕突起者为最多。新出尖方唇。绳纹较粗。深腹罐高领，鼓腹，小底或圜底。鬲高领，最大腹径处稍下移，实足根有的较矮。鼎内束高领、折肩，腹壁外曲渐成球腹、圜底。甑腹变深，上腹近直。甗箅架最窄，腰外侧附加堆纹或有或无。蛋形瓮多假圈足。捏缘罐卷领，鼓腹，数量稍多。大口尊口径稍大于肩径。新出现花边深腹大罐、上半部抹光小口瓮、斝、红陶缸等新器形及多种新型式的鬲、深腹盆、浅腹盆等。

该期大口尊几乎都是口径稍大于肩径，其中绝大多数与郑州南关外中层 T87:46[3]、二里头 80ⅥH6:7[4] 等相似。宋窑深腹罐 H43:26 与二里头深腹罐ⅢH23:2[5] 相似，均较粗矮，作高领、圜底。由此推知第三期的年代与二里头文化四期晚段和郑州二里冈下层一期相当。

根据我们对夏商年代分界的认识，潞王坟—宋窑类遗存一、二期应属夏代，三期已进入商代。

三　文化特征与文化因素分析

潞王坟—宋窑类遗存的器物群，含有多种文化因素，面貌比较复杂。它与周邻诸遗存如二里头文化的二里头类型、东下冯类型和下七垣文化的漳河类型虽然有一定的联系，与上述诸文化类型又都存在区别。

石器以铲、镰、刀为主，斧、锛、凿次之，其他种类数量很少。铲作长方或长条形，个别柄端近似出肩状。收割工具中镰多于刀，表现出同二里头文化、下七垣文化的差别[6]。

---

[1] 见刘绪：《论卫怀地区的夏商文化》，《纪念北京大学考古专业三十周年论文集》，文物出版社，1990年。
[2] 见李维明：《试论曲梁、岔河夏商文化遗址的分期》，《华夏考古》1991年第2期。
[3] 河南省博物馆：《郑州南关外商代遗址的发掘》，《考古学报》1973年第1期。
[4] 中国社会科学院考古研究所二里头队：《1980年秋河南偃师二里头遗址发掘简报》，《考古》1983年第3期。
[5] 中国社会科学院考古研究所二里头工作队：《偃师二里头遗址1980~1981年Ⅲ区发掘简报》，《考古》1984年第7期。
[6] 详见本章第二节。

骨器以匕、锥、针、笄、镞为主要器类。匕最常见，均扁平长条形。匕在下七垣文化漳河类型中数量也多，而在二里头类型和东下冯类型却很少。骨针多残断，完整者尾端或有孔、或无孔，二者的用途应有所区别。

铜器仅发现一件三角形铜刀，形制与二里头类型、东下冯类型和漳河类型者形态相近。

陶器中夹细砂陶占绝大多数，夹粗砂和泥质者均很少。以灰陶为主，黑陶次之，褐陶最少。

纹饰以绳纹为主，弦纹、附加堆纹、压印纹、划纹、楔形点纹等均很少。绳纹从早到晚由细变粗。凡通体饰绳纹的器物，均将颈部绳纹抹去，因而仅存遗痕。压印纹大多为涡形，另有少量为同心圆形和圆圈形，多施于平口瓮肩折上下，有时也饰于有肩深腹盆的肩部。弦纹仅见于豆、壶、簋等少量器物。楔形点纹多见于花边口沿罐和大口尊的肩、腹部分。花边口沿早期已经出现，但至晚期才流行，主要饰于罐类，鬲、甗、甑等亦偶见花边。内壁有麻点的陶器仅在第三期有很少的发现。

器物多有领；器底的形态有多种，以凹圜底器数量最多，凹平底次之，平底、圜底器又次之，还有圈足和假圈足器。几乎所有的器类均由早期的以圆唇为主变为晚期的以方唇为主。从器物领部和底部形态，亦明显反映出辉卫地区的这类遗存与同时期周邻文化的同异。如二里头类型器物多无领、折沿，圜底器最多；东下冯类型的陶器多有领、多凹圜底；漳河类型的陶器也多有领，但以平底器最多。后三者的唇部变化不甚明显。

已发现的器类有深腹罐、鬲、鼎、甗、甑、斝、圆腹罐、深腹盆、浅腹盆、豆、簋、盘、爵、盉、小口瓮、平口瓮、蛋形瓮、敛口瓮、大口尊、花边罐、捏缘罐、刻槽盆等。

潞王坟—宋窑类遗存以深腹罐为主要炊器，鬲居第二位。

深腹罐多卷沿，有领，鼓腹，领下通饰绳纹。领由宽高而矮再变高。腹由瘦长而粗矮。底由大凹圜底逐渐变小，最后演化为圜底。

鬲从早到晚渐渐增多，是居第二位的炊器。胎较厚，器表多呈黑灰色，卷沿，高领，鼓腹，三实足根。腹与袋足遍饰绳纹，实足根多仅上部残留少量抹剩的绳纹。领部变化同深腹罐。最大腹径处由高而低，实足根由高渐矮。这种鬲同下七垣文化晚期灰陶薄胎细绳纹卷沿垂腹鬲有明显区别。二里头遗址三期以后出现的同型陶鬲，是否原属辉卫地区因素，很值得研究。

鼎均为盆形，量少但演化序列清楚。有肩，三侧装扁足。下腹与底饰绳纹。腹由深而浅，口径与肩径之比逐渐增大，领由矮而高，肩由圆而折，腹底由平直而渐外鼓。

盆类器主要有深腹、浅腹两种。深腹盆种类颇多。有领者，卷沿，领腹无明显分界。早期所占比例较大。类似的器形在漳河类型、东下冯类型中均比较流行。有肩者，卷沿，束领，圆肩或折肩，多仅在下腹与底部饰绳纹。二期开始出现，三期数量大增。类似器形在二里头类型、东下冯类型、漳河类型、岳石文化中都比较常见。至于二里头类型最盛行的卷沿、无领深腹盆，在潞王坟—宋窑类遗存中仅有少量发现。

浅腹盆形态多样，而以有领敞腹者为主，作卷沿，腹壁外曲。腹底饰绳纹。领部由高渐低而接近消失，腹壁由外曲而近斜直。漳河类型也有少量此类浅腹盆。

瓮类器主要有小口瓮、平口瓮和蛋形瓮三种。平口瓮敛口，折肩，多横耳。蛋形瓮，早期以平底或凹平底为主，晚期则以假圈足为主（漳河类型则兼有平底、圈足和三实足，而不见假圈足；东下冯类型者腹径最大处多在下腹，底部以乳状空足最多）。

按照文化因素分析方法，可将该类遗存（主要是陶器）分为以下7组（图3-6）。

A组包括有领凹圜底（或圜底）的深腹罐、鼓腹鬲、有肩盆形鼎、甗、有领敞腹深腹盆、束领曲腹深腹盆、有肩束领深腹盆及与以上三种相仿的小盆、平口瓮、花边罐、圜底爵、高领圆腹绳纹小口瓮等。该组是潞王坟—宋窑类遗存特有的因素，数量较多，构成该类遗存主要特征。

B组包括斜直腹深腹罐、圆腹罐、上腹素面的深腹盆、素面（或抹光）平底浅腹盆、喇叭形粗矮柄豆、矮领平口瓮、折腹器盖、大口尊、捏缘罐、盉、刻槽盆等器物及鸡冠耳、内壁有麻点的作风等，是二里头文化因素。该组种类较多，但数量少。

C组包括平底深腹罐、素面有肩深腹盆、素面无领深腹盆、抹光小盆、抹光小口瓮、宽沿外卷的豆以及器表纹饰中的楔形点纹等。该组数量较少，是源于下七垣文化漳河类型的因素。

D组包括圈足或假圈足蛋形瓮、外侧内曲的鼎足、甗形斝、叠唇斜直壁浅腹盆、盘及花边口沿罐等。该组数量更少，是来自二里头文化东下冯类型的因素。

E组包括折沿豆、高领鬲等，似应属晋中地区的因素。

F组包括内壁有凸棱的浅盘豆、双腹且有折棱的碗形豆、圆锥形鼎足、耸肩深腹罐、半月形石刀等，应属岳石文化因素，数量也不多。

G组包括鬲式斝、带镂孔的筒状粗把豆、红陶缸、平底且底与下腹为素面的深腹罐、簋、厚胎圜底钵等。这是出现在第三期、受早商文化影响的因素，数量亦有限。

综上述，可以看出，潞王坟—宋窑类遗存虽与二里头文化二里头类型、东下冯类型和下七垣文化漳河类型均有接近或相似之处，但又都有不同，它有自身的特征，与另三者的亲疏程度是相差不多的，目前尚难以将其归入二里头文化或下七垣文化。

四 分布与族属推测

已知的潞王坟—宋窑类遗存主要分布在淇河与沁河之间的太行山山前地带（图3-1）。

1981年沁河两侧的调查和试掘，说明沁河一带为潞王坟—宋窑类遗存与二里头文化的交接之处。此后在沁河西南侧的武陟大司马[1]、济源汽车站[2]，发现有典型的二里头文化遗存；而在焦作西南郊的府城遗址[3]，则发现有潞王坟—宋窑类遗存，从而进一步证明了上述论断。

淇县境内的杨庄、高村、古城、农科所、七里堡等遗址均属潞王坟—宋窑类遗存，这说明该遗存北抵淇河是不成问题的。安阳境内的梅园庄、孝民屯、寨子、大定龙、袁小屯和大

---

[1] 杨贵金、张立东、毋建庄：《河南武陟大司马遗址调查简报》，《考古》1994年第4期。
[2] 杨贵金：《沁水下游的夏文化与先商文化》，《中原文物》1997年第2期。
[3] 杨贵金、张立东：《焦作市府城古城遗址调查报告》，《华夏考古》1994年第1期。

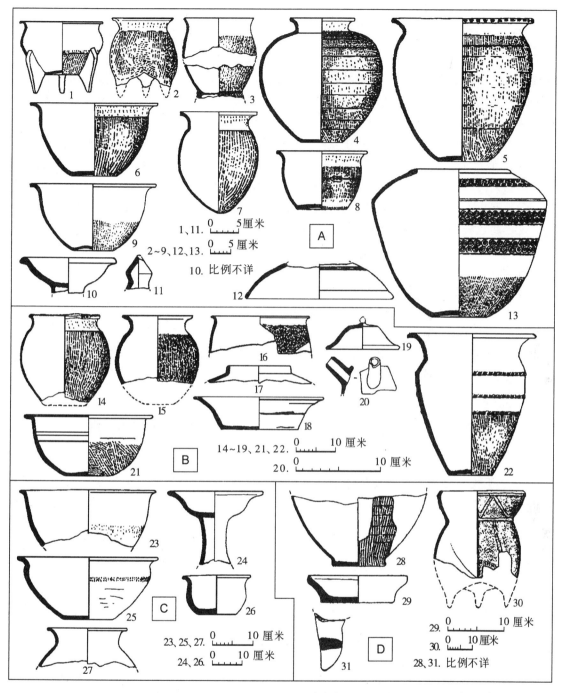

图 3-6 潞王坟—宋窑类遗存陶器中几种主要文化因素

A. 本地文化因素　1. 鼎（宋窑 T301③:141）　2. 鬲（宋窑 T23④:93）　3. 甗（李固 H15:13）　4. 小口瓮（宋窑 T302⑨:158）　5. 花边罐（宋窑 T12⑤:300）　6. 深腹盆（宋窑 T302⑧:157）　7. 深腹罐（宋窑 H50:14）　8. 甑（宋窑 T11⑥:104）　9. 深腹盆（宋窑 T21⑤:58）　10. 豆（宋窑 T23⑤:101）　11. 盖钮（宋窑 T12⑥:62）　12. 器盖（宋窑 T12④:79）　13. 平口瓮（宋窑 T302⑪:219）

B. 二里头文化二里头类型因素　14. 捏缘罐（宋窑 T23⑤:122）　15. 圆腹罐（宋窑 T302⑦:92）　16. 深腹罐（宋窑 T302⑤:119）　17. 平口瓮（宋窑 T301④:79）　18. 浅腹盆（宋窑 T13④:66）　19. 器盖（宋窑 T301④:92）　20. 盉（宋窑 T22④:140）　21. 深腹盆（宋窑 H50:12）　22. 大口尊（宋窑 T11⑥:131）

C. 下七垣文化漳河类型因素　23. 深腹盆（宋窑 T302⑥:131）　24. 豆（宋窑 T302④B:176）　25. 深腹盆（宋窑 T302⑧:172）　26. 小盆（宋窑 T13⑥:99）　27. 小口瓮（宋窑 T23⑤:152）

D. 二里头文化东下冯类型因素　28. 瓮（宋窑 T11⑤:156）　29. 盘（宋窑 T23④:115）　30. 斝（宋窑 T12④:340）　31. 鼎足（宋窑 T22②:232）

寒南岗等处[1],均发现有下七垣文化遗存。洹河一带这些遗址虽或多或少地包含有潞王坟—宋窑类遗存因素,但均处于次要地位。由此我们可以大体推测潞王坟—宋窑类遗存与下七垣文化的交接之处当在淇、洹之间的某一地段。如果考虑到淇县的诸遗址较少下七垣文化因素,而安阳附近的诸遗址较多潞王坟—宋窑类遗存因素,二者的分界可能更靠近洹河[2]。

1965年,北京大学历史系考古专业实习队曾在淇县大李庄、浚县亮马台发现有压印涡纹的陶器残片,并在浚县草店采集到一件高领、方唇、饰绳纹的典型潞王坟—宋窑类遗存晚期深腹罐,在滑县妹村北的"翟义冢"遗址,亦拣到该类遗存的陶片[3]。故此它在东南可能已越过古黄河而逼近今黄河。

目前尚无材料直接说明潞王坟—宋窑类遗存是否已达太行山区。地处太行山西北的长治小神遗址[4],已非潞王坟—宋窑类遗存。鉴于此,我们可以初步估计潞王坟—宋窑类遗存在西北方是以太行山为界。

潞王坟—宋窑类遗存邻近夏代和早商时期的政治、文化中心,但其与二里头文化二里头类型、东下冯类型和下七垣文化漳河类型均有明显的差别,显然不属于夏文化和先商文化。有学者曾结合文献记载推测其为夏、商间以韦族为主体的先民所创造的文化遗存[5],可备一说。

第四节 关于郑州南关外中、下层及相关遗存的讨论

1955年秋季发掘郑州南关外遗址时,曾将那里的"商代层"划分为三层。由于发掘者认为最下层出土的遗物与二里冈下层者有"显著区别",因此在发掘《简报》里将该类遗存命名为"郑州商代南关外层"[6],认为其时代早于二里冈下层,在1973年发表的《郑州南关外商代遗址的发掘》(以下简称《报告》)一文中又改称为"郑州商代南关外期"[7]。

关于此类遗存的来源与性质,学者间有着不同认识。或以为"郑州商代南关外期"

---

[1] A. 中国社会科学院考古研究所:《殷墟发掘报告》第64~65、105~109、121~127页,文物出版社,1987年。
B. 中国社会科学院考古研究所安阳队:《河南安阳洹河流域的考古调查》,《考古学集刊》第3集,中国社会科学出版社,1983年。
[2] 北京大学考古学系、濮阳市文物保管所《豫东北考古调查与试掘》(《考古》1995年第12期)一文中报道了在浚县大赉店遗址采集的陶器,并认为具有"漳河型先商文化的典型特点"。据我们观察,其中的平底深腹罐、折沿小口瓮确属下七垣文化漳河型因素,但宽方唇的深腹罐、鬲和假圈足的蛋形瓮则为典型的潞王坟—宋窑类因素。鉴于此,该处遗址的文化性质有待于进一步的认定。
[3] 见张立东:《论辉卫文化》,《考古学集刊》第10集,地质出版社,1996年。
[4] 山西省考古研究所晋东南工作站:《山西长治小神村遗址》,《考古》1988年第7期;《长治小常乡小神遗址》,《考古学报》1996年第1期。
[5] 张立东:《论辉卫文化》,《考古学集刊》第10集,地质出版社,1996年。
[6] 赵霞光:《郑州南关外商代遗址发掘简报》,《考古通讯》1958年第2期。
[7] 河南省博物馆:《郑州南关外商代遗址的发掘》,《考古学报》1973年第1期。

"是在商代洛达庙期的晚期时,从外地迁到郑州南关外一带居住的人们遗留下来的文化遗存……可能是从淮河中游一带而来的"[1]。或以为南关外遗址的中、下层是一条壕沟中的两层堆积,"如同发掘中常见的灰坑内的堆积一样,虽可分为若干层,但一般很少有分期意义",二者应该合并为一层,其年代与二里冈H9等单位同时。并将郑州地区这一阶段的文化称为"先商文化南关外类型",认为是商人初到郑州时留下的遗存[2]。除上述两种代表性意见外,学者们围绕此类遗存的内涵、来源及性质等问题进行了热烈讨论[3]。

一 关于南关外中层

根据《简报》与《报告》对C5T95地层关系的介绍,可知尽管中、下两层的土质土色比较接近,但二者仍是可以区分的。壕沟宽2.5~4米,深2.15~3.15米,已挖部分长34米,填满这么大的壕沟,需要一段较长的时间。

由于两层土比较接近,发掘时曾将一些属于下层的器物归入中层。鉴于此,我们在考察中层的文化面貌时尽量从比较单纯的H62中选取。H62出土有鬲4、斝1、深腹盆2、中腹盆1、器盖1、大口尊1、簋1。这些器物中,除了鬲H62:19和斝H62:21与下层的同类器接近,器盖和簋为素面,余皆为典型的二里冈早商文化灰色绳纹陶器。该层无疑应属早商文化。

两件鬲H62:16、18的唇部均有凹槽,而前者更为清楚,折沿。大口尊H62:12口径虽然只是稍大于肩径,但口部(肩以上部分)上段较高,下段较矮。斝T95:117的口径小于斝H9:362,而且唇部起棱。根据我们对郑州早商文化陶鬲、陶斝的排比,南关外中层鬲、斝的这些特点,表明其年代约当郑州早商文化二期偏早阶段。

二 关于南关外下层

学者指出原归入中层的鬲T87:58、鬲T86:53、斝T86:52、豆T95:99、豆T87:99都是

---

[1] 安金槐:《对于郑州商代南关外期遗存的再认识》,《华夏考古》1989年第1期。
[2] 邹衡:《试论夏文化》,《夏商周考古学论文集》,文物出版社,1980年。
[3] A.罗彬柯:《小议郑州南关外期商文化——兼评"南关外型"先商文化说》,《中原文物》1982年第2期。
B.李经汉:《郑州二里冈期商文化来源及相关问题的讨论》,《中原文物》1983年第3期。
C.仇祯:《关于郑州商代南关外期及其他》,《考古》1984年第2期。
D.王辉:《论郑州南关外期——有关夏商文化的几个问题》,《西北史地》1988年第4期。
E.杜金鹏:《郑州南关外下层文化渊源及其相关问题》,《考古》1990年第2期。
F.方辉:《"南关外期"先商文化的来龙去脉及其对夏、商文化断限的启示》,《华夏文明》第三集,北京大学出版社,1992年。
G.李素婷:《试论郑州南关外型商文化》,郑州大学硕士学位论文,1991年。
H.李维明:《郑州二里冈下层与南关外中、下层文化遗存分析》,《中原文物》1993年第3期。
I.栾丰实:《试论岳石文化与郑州地区早期商文化的关系——兼论商族起源问题》,《华夏考古》1994年第4期。

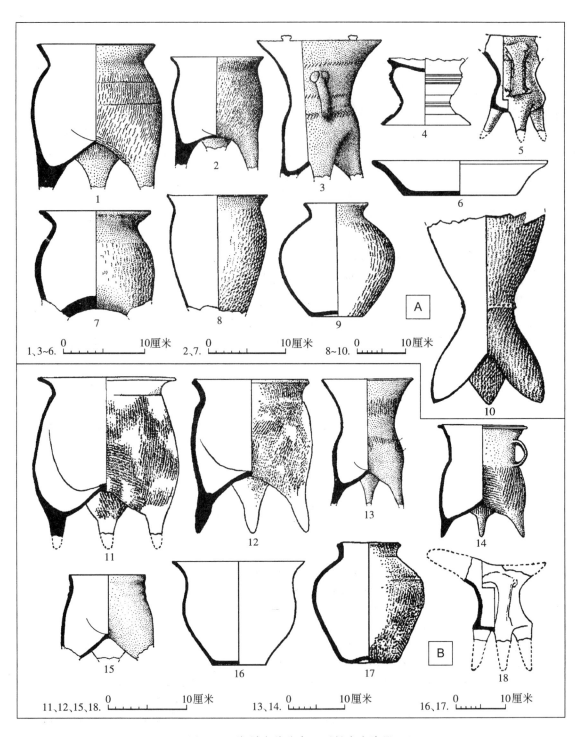

图 3-7 郑州南关外中、下层出土陶器

A. 下层 1. 鬲（T87:58） 2. 鬲（T86:53） 3. 斝（T86:52） 4. 豆（T87:99） 5. 爵（T87:119） 6. 盆（T95:155） 7. 鬲（T87:132） 8. 深腹罐（T87:148） 9. 罐（T95:116） 10. 甗（T95:108）

B. 中层 11. 鬲（H62:18） 12. 鬲（H62:19） 13. 斝（H62:21） 14. 斝（T95:117） 15. 鬲（T95:69） 16. 盆（H62:15） 17. 罐（T94:92） 18. 爵（T86:49）

下层的典型器物[1]，其中鬲 T86∶53、斝 T86∶52 在《简报》里曾作为下层的典型器物介绍，后来《报告》归入中层。

下层出土的遗物与 H62 的同类器均有一定区别。下层有三件陶鬲。T87∶132，夹砂褐陶，厚胎，圆唇，领中部内收，领腹间器表有明显的折棱，腹部圆鼓，裆呈圆弧形，绳纹较粗；T87∶58，夹砂"棕黑"陶，厚胎，方唇，领内束，鼓腹，裆部较尖，饰细绳纹；T86∶53，夹砂"棕灰"陶，厚胎，卷沿，领部内束，领腹间无明显分界，腹部较瘦，弧裆，饰细绳纹。以上三件鬲，同中层的 H62∶18 显然不属同一系统；同中层的 H62∶19 大体接近。鬲 H62∶19，领部最细处位于领腹交接处，领腹间有折棱，腹部较瘦，分裆。其形态同下层的三件鬲比较，接近中又有差别。下层的陶斝 T86∶52 细砂褐陶，大口，高领，领腹间分界稍明显，溜腹，三足外撇。斝 T87∶137 的残存部分与此颇似。而前述中层陶斝 H62∶21 口径明显变小，领腹间过渡平缓，鼓腹，与下层的两件也是类同中又有差异。下层的两件小口瓮，卷沿，圆唇，腹部较粗矮而显得浑圆，腹径最大处位于中部略靠上，凹圜底，而中层的 T87∶46 则是方唇，有肩，腹部较瘦高（图 3-7）。上述差别表明中、下层虽有早晚之别，但二者仅仅是稍有早晚。下层陶鬲 T86∶53 的卷沿，领部最细处均位于领腹交接处，领腹间无明显分界，腹部较瘦等特点，与中层陶鬲 H62∶19 颇似，这就说明二者时代比较接近。下层深腹罐、小口瓮的卷沿作风也都与郑州早商文化一期者接近，其年代亦应相当。

《简报》称："鬲为这层中最常见的器物"，并透露下层还"出有第三层所出的绳纹卷沿灰陶鬲"。而以鬲为主要炊器是早商文化的典型特征。以三袋足、单把为主要特征的鬲式斝，是早商文化在以往单把鬲的基础上新创的，南关外下层的斝亦属此类，只是外表没有绳纹。南关外下层的褐陶数量很多，约占总数的 80% 以上。这是下层与典型早商文化的最大区别，同时也将其与岳石文化联系起来。甗 T95∶108 袋足直接着地的做法亦为岳石文化作风。素面、无沿的浅腹盆是二里头文化的典型器物。《简报》报道的一件深腹罐，口径 18 厘米，残高 23.6 厘米，"棕色夹砂，厚胎大口，通体饰有绳纹，底残"。深腹罐 T87∶148（原称"甗"），卷沿，腹微鼓，腹径最大处靠上，二者均与潞王坟—宋窑类遗存的相似。总观之，南关外下层的陶器群中，在浓重的岳石文化色彩下，早商文化因素已占较重要地位。同时，还吸收有二里头文化和潞王坟—宋窑类遗存的因素。由之可推定：南关外下层的年代约当早商文化一期。

三　电校 H6、化工三厂 H1 等相关遗存

南关外下层出土的颇具特色的红褐陶器并非孤例。早年发掘二里冈遗址时，即发现有类似器物。《郑州二里冈》的 II 式陶鬲 T16∶33[2]，"唇外卷而较直，折颈，腹较鼓，胎厚，呈棕色。器表绳纹较零乱，与所有鬲表绳纹不同。类似的棕色厚胎鬲，在郑州南关外商代遗址，曾发现不少"。这类器物在郑州商城时有发现，而以近年在电力学校和化工三厂的发现最为集中。

---

[1]　安金槐：《对于郑州商代南关外期遗存的再认识》，《华夏考古》1989 年第 1 期。
[2]　河南省文化局文物工作队：《郑州二里冈》第 19 页，科学出版社，1959 年。

发掘者将郑州电力学校的商文化分为四个阶段[1]。其中以 H6 为代表的第 1 段年代属郑州早商文化一期。出土陶器的类别、纹饰和形制多与郑州地区一般早商文化单位相近，只是红褐陶的比例偏大，约占总数的 42.84%。这一发现对我们认识南关外下层的性质颇有启发，我们不能机械地理解红褐陶比例之高，而应该充分注意总体文化面貌。

1990 年又在郑州化工三厂进行了发掘[2]，《简报》将那里的二里冈文化分为两段。其中以 T2④和 H1 为代表的第 1 段，年代与南关外下层相当。H1 出土的陶器内涵复杂，明显分为两组。A 组：红褐陶。约占 60%。以素面为主，外表大多留有箆状刮痕。主要包括鬲、深腹罐、甗这几种炊器。鬲的领部和下腹部、深腹罐的领部各饰一周附加堆纹。B 组：灰陶。约占 40%。大多饰绳纹，另有附加堆纹、印纹、旋纹等。主要器类有鬲、甗、深腹罐、深腹盆、平口瓮、小口瓮等。附加堆纹饰于大口尊的肩部和甗的腰部，印纹饰于平口瓮的肩部。不饰绳纹的部位多抹光。

B 组陶器大都是早商文化的典型器物；A 组陶器的颜色、纹饰与岳石文化者颇为一致，让人一眼就可以看出其为岳石文化因素。早年在二里冈遗址就发现有一种与其他陶器作风迥异的夹砂褐陶，器形有甗、深腹罐等。《郑州二里冈》在介绍其中的甗时指出："类似的陶质和纹饰的红色陶片，出土的不多，好像是另一系统，其时间可能稍早"[3]。但直到三十多年后，人们才明白这种陶器来自东方的岳石文化[4]。化工三厂 H1 包含的大量岳石文化因素，促使人们重新考虑岳石文化与商文化的关系。

经仔细比较，我们发现 A 组陶器与岳石文化的陶器还有不小的差距。岳石文化的红褐陶多为夹粗砂厚胎，化工三厂 H1 的红褐陶则多为夹细砂薄胎，从细砂薄胎看，与典型的早商文化陶器相近。化工三厂 H1 的红褐陶多为鬲、深腹罐和甗，而在岳石文化中鬲的数量不多。H1 红褐陶鬲卷沿、圆唇、鼓腹、高实足等作风又与潞王坟—宋窑类遗存相似。其深腹罐卷沿、圆唇、微鼓腹、平底等作风，与下七垣文化者接近。由之看来，化工三厂 H1 的红褐陶器物已不是原生的岳石文化因素，而是岳石文化与下七垣文化、潞王坟—宋窑类遗存以至早商文化等融合的产物。从化工三厂 H1 总体面貌观，占主导地位的应是早商文化因素。

郑州早商文化第一期的文化内涵是颇为复杂的。当时，既有占主导地位的商文化因素，也有处于附属地位的其他文化因素。这种复杂情形，在各个地点又有着不同的表现。在二里冈，商文化占绝对优势，其他文化因素都很少；在南关外和化工三厂遗址，除了占主导地位的商文化因素之外，岳石文化因素明显而浓重；而在洛达庙，二里头文化仍在继

---

[1] 河南省文物研究所：《郑州电力学校考古发掘报告》，《郑州商城考古新发现与研究》，中州古籍出版社，1993 年。
[2] A. 河南省文物考古研究所郑州工作站：《郑州化工三厂考古发掘简报》，《中原文物》1994 年第 2 期。
B. 宋豫秦：《夷夏商三种文化交汇地域研究》，北京大学考古系博士论文，1993 年。
[3] 河南省文化局文物工作队：《郑州二里冈》第 21 页，科学出版社，1959 年。
[4] 邹衡：《论菏泽（曹州）地区的岳石文化》，《文物与考古论集》，文物出版社，1986 年。

续发展，并吸收了一些来自其他文化的因素。上述不同地点既有相对独立性，又互相渗透的格局，正是商代开国初期商、夷、夏各族共居此地的形象写照[1]。随着时间的推移，各种文化逐渐融合，最终以原下七垣文化因素为主导，形成内涵丰富且统一、和谐，步入成熟形态的早商文化[2]。

---

[1] 宋豫秦：《论杞县与郑州新发现的先商文化》，《中国商文化国际学术讨论会论文集》，中国大百科全书出版社，1998年。
[2] 详见第四章第一、四节。

第四章　商代早期的商文化

商代早期的商文化，简称早商文化。

殷墟发掘之后，随着晚商文化的基本确定，学者们即开始探索年代更早的商文化。20世纪50年代初河南郑州二里冈等地发现的早于殷墟的商文化，为推定更早的商文化提供了资料。学者们根据地层叠压关系和器物演化序列，将郑州二里冈上、下层推定为商代早期的文化。二里头文化发现后，一时学者多认为二里头遗址三期开始为汤都西亳，曾推定二里头三、四期为早商文化，二里冈上、下层文化遂被定为中商文化。持此说的学者主张：从二里头的早商经郑州的中商到殷墟的晚商，构成完整的关于商文化的链环。

但是，在70年代末郑州商城为汤都亳说提出以后，学术界展开二里头三、四期为早商文化、还是二里冈为早商文化的激烈争论。1983年偃师商城发现以来，多数学者主张郑州商城、偃师商城始建和使用时期的商文化即早商文化，对早商文化的认识渐趋一致。

第一节　早商文化的分期与年代

一　郑州商城的文化分期

早在20世纪50年代整理二里冈的发掘资料时，即开始了郑州二里冈商文化的分期工作。研究者曾将郑州二里冈文化分为两期，称做"郑州殷商早期"和"郑州殷商中期"[1]，而发掘报告则提出了"二里冈期下层"和"二里冈期上层"的概念[2]。此后，虽有"白家庄第二层"和"郑州商代南关外期"的提出[3]，但考古界通常以"二里冈下层"和"二里冈上层"来指称郑州二里冈商文化的早、晚期。

80年代初，有学者把二里冈下、上层各自一分为二，并将白家庄第二层单独作为一

---

[1] 邹衡：《试论郑州新发现的殷商文化遗址》，《考古学报》1956年第3期。
[2] A. 河南省文化局文物工作队第一队：《郑州商代遗址的发掘》，《考古学报》1957年第1期。
　　B. 河南省文化局文物工作队：《郑州二里冈》第9、42页，科学出版社，1959年。
[3] A. 河南省文化局文物工作队第一队在《郑州白家庄遗址发掘简报》（《文物参考资料》1956年第4期）中，认为白家庄第二层"和郑州其他区域的二里冈期上层文化比较稍为晚些"。
　　B. 赵霞光的《郑州南关外商代遗址发掘简报》（《考古通讯》1958年第2期）与河南省博物馆的《郑州南关外商代遗址的发掘》（《考古学报》1973年第1期）两文，均指出南关外下层"早于郑州商代二里冈期下层"，而且"过去所定的郑州商代二里冈期上下层，也可能进一步需要划分为上、中、下三层"。

组，重新整理为三段五组[1]。稍后，长期主持郑州商城工作的学者亦发表了自己对郑州二里冈文化再分期的结果，将郑州二里冈文化分为四期，即二里冈"下层"和"上层"各分二期[2]，这一分期方案得到不少学者的支持[3]。

1986年以来，有些年轻学者相继对郑州二里冈文化进行了更为细致的分期[4]。这种探索是有益的。但限于资料，所得结论尚有待进一步的检验。

我们以各发掘地点文化层之间的叠压打破关系为基础，详细排比了各典型单位出土的陶器和铜器，将郑州地区的二里冈文化划分为四期，实际上即是郑州商城的文化分期（图4-1）。

第一期以二里冈 H9、电校 H6[5]为代表。陶器以夹砂和泥质灰陶为主，红褐陶亦占有相当的比例，在个别地点几乎与灰陶相当。陶器群中可以明显区分为渊源有别的几类文化因素。陶鬲、甗和鬶式斝袋足肥硕，实足根细高，高裆，陶胎较薄，饰细绳纹。陶鬲多卷沿、圆唇，也有少量折沿和窄方唇者。鬲的形态多种多样，除了上述占主导地位的形制之外，尚有型式颇为复杂的厚胎鼓腹鬲。陶簋浅敞腹，宽沿下折。鼓腹盆小口、腹较浅、卷沿或折沿。陶豆沿下斜，盘圈底，柄细。敞口陶爵长流尾、流尾上扬，无柱，细腰，体形纤细。鬶式斝敞口，领部斜直且较高，领腹交接处较细而且转折比较明显，口径稍大于最大腹径，单耳较大。大口尊宽肩，矮领，口径等于或稍大于肩径，器体较粗矮。

青铜器品种、数量较少，器壁较薄，目前可以确定为本期的青铜器仅有爵。其横断面呈长圆形，侧视时显得粗矮，长流尾，无柱帽，腹壁外曲，四棱锥形足。

据已知材料，当时商族已在此定居并营建宫殿类建筑。

---

[1] A. 邹衡：《试论夏文化》，《夏商周考古学论文集》第107~115页，文物出版社，1980年。
B. 另据邹衡《综述夏商四都之年代和性质》（《殷都学刊》1988年第1期）透露，实际上最初整理二里冈出土资料时并非只能分为两期，只是出于种种考虑，才仅仅公布出文化特征区别比较明显的两期。

[2] 安金槐：《对于郑州商代二里冈期陶器分期问题的再探讨》，《华夏考古》1988年第4期。该文最后特别注明"此文系作者1957年所写《郑州商代陶器初论》中的一部分"，以强调四期分法实际上形成于20世纪50年代。

[3] A. 高炜：《略论二里冈期商文化的分期和商城年代——兼谈其与二里头文化的关系》，《中原文物》1985年第2期。
B. 张文军、张玉石、方燕明：《关于郑州商城的考古学年代及其若干问题》，《郑州商城考古新发现与研究》，中州古籍出版社，1993年。
C. 王立新：《早商文化研究》第27~49页，高等教育出版社，1998年。

[4] A. 李维明：《郑州商文化陶器编年增补》，《郑州大学学报（哲学社会科学版）》1990年第4期。该文注[1]对张昌平《郑州二里冈文化陶器分期》一文的分期结果有简略介绍。
B. 张立东：《论辉卫文化》，北京大学考古系博士论文，1993年。该文在《考古学集刊》第10集（地质出版社，1996年）刊出时，关于郑州商城分期有所简略。
C. 张良仁：《二里头文化的分期与性质》，中国社会科学院研究生院硕士论文，1996年。

[5] 河南省文物研究所：《郑州电力学校考古发掘报告》，《郑州商城考古新发现与研究》，中州古籍出版社，1993年。

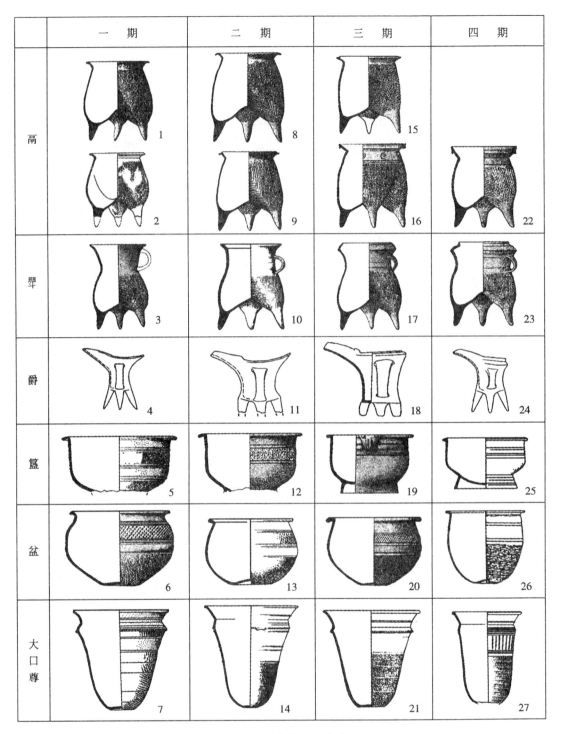

图 4-1 郑州商城陶器分期图

1. 鬲（二里冈 H9:36） 2. 鬲（南关外 H62:16） 3. 斝（二里冈 H9:362） 4. 爵（白家庄 C8M28:1） 5. 簋（南关外 C5T61②:63） 6. 盆（二里冈 H9:354） 7. 大口尊（南关外 T87:46） 8. 鬲（二里冈 H17:118） 9. 鬲（二里冈 H17:119） 10. 斝（市木材公司 T2④:15） 11. 爵（二里冈 H18:14） 12. 簋（二里冈 H17:111） 13. 盆（商城 C8T62 夯土上覆文化层） 14. 大口尊（商城 C8T62 夯土上覆文化层） 15. 鬲（二里冈 H1:24） 16. 鬲（二里冈 H1:20） 17. 斝（二里冈 H20:35） 18. 爵（十五中 H1） 19. 簋（二里冈 H1:21） 20. 盆（二里冈 H1:140） 21. 大口尊（十五中 H1） 22. 鬲（白家庄 C8T10②:1） 23. 斝（白家庄 C8T13②:24） 24. 爵（白家庄） 25. 簋（商城 C11M5:2） 26. 盆（C9T104:71） 27. 大口尊（白家庄 C8T18②:25）

第二期以二里冈 H17、宫殿区 C8T62 夯土上面的灰土层[1]、C8M32[2] 等为代表。陶器以夹砂和泥质灰陶为主，红褐陶仍有一定数量，由上期延续下来的几类文化因素仍依稀可辨。同上期相比，陶鬲、甗和鬲式斝袋足稍瘦，实足根稍粗矮，裆略矮，陶胎微厚，绳纹开始变粗。鬲多折沿，圆唇仍继续流行，唇部有凹槽或榫状突起者颇为常见。厚胎鼓腹鬲少见。陶甑窄沿近平，腹稍深。鼓腹盆口径增大，腹变深。陶豆豆盘多为平底，粗把。敞口陶爵流尾稍短，有柱，粗腰，体形粗壮。领部较矮而内曲，陶鬲式斝领部较矮而内曲，领腹交接处稍粗而且转折不显，口径稍小于最大腹径，单耳稍小。开始出现少量敛口斝。大口尊肩稍宽，领稍高，口径与肩径之比增大，器体稍细高。

青铜器的品种和数量增多，器壁加厚。铜爵器体稍圆，侧视时略细高，尾部缩短，柱帽微显，平底，足部断面接近三角形。铜斝器体较粗矮，底稍下鼓，四棱锥形空足。

该期应是郑州商城的兴盛期。

第三期以二里冈 H2 乙和 H1、北二七路 M1[3]、铭功路 M2[4] 等为代表。陶鬲、甗和鬲式斝袋足更瘦，实足根更粗矮些，裆更矮些，陶胎更厚些，绳纹更粗些。陶鬲口沿以方唇为主，唇部由窄渐宽，圆唇者鲜见，流行在上腹装饰夹在旋纹中间的同心圆纹。陶甑窄平沿，腹部由外敞而内敛。开始出现假腹豆。陶鼓腹盆口径约等于最大腹径。敞口爵仍有少量存在，平口，短流尾，尾部趋于消失；敛口爵大量出现，其体形接近本期的敞口者，大多口部内折，无尾，稍晚者唇部稍上翻。鬲式斝基本都是敛口者，其体形接近上期的敞口斝，口径小于最大腹径，偏晚者唇部上翻，领部内曲而较细高。大口尊作大敞口、高领，口径远大于肩径，窄肩。

青铜器品种数量更多。铜爵尾部稍短，有的柱帽略呈蘑菇形，腹壁斜直，足断面变为三角形。粗体铜觚腹壁外曲不甚明显，平底。铜斝器体稍粗矮，底下鼓更明显，三棱锥形空足。

该期为郑州商城的繁盛期。

第四期以商城 CNM5[5]、白家庄第二层、白家庄 M2 和 M3[6]、铭功路 M4 等为代表。陶鬲、甗和鬲式斝袋足浅瘦，实足根粗矮，矮裆，陶胎最厚，绳纹最粗。鬲上腹的同心圆纹多简化为旋纹，绝大多数为方唇，唇部甚宽。陶甑窄沿加厚，高圈足、深腹。鼓腹盆腹部最深，口径稍大于最大腹径。豆和假腹豆均为平沿。陶爵均为敛口、唇部上翻明显。鬲式斝口径接近于最大腹径，唇部上翻部分较高，领部缓折而较矮。大口尊在本期偏早阶段仍在上期的基础上进一步演化，口径增大到极限，肩部亦窄到极限。至偏晚阶段发生了转

---

[1] 河南省文物研究所：《郑州商代城内宫殿遗址区第一次发掘报告》，《文物》1983 年第 4 期。
[2] 杨育彬、赵灵芝、孙建国、郭培育：《近几年来在郑州新发现的商代青铜器》，《中原文物》1981 年第 2 期。
[3] 河南省文物研究所：《郑州北二七路新发现三座商墓》，《文物》1983 年第 3 期。
[4] 郑州博物馆：《郑州市铭功路西侧的两座商代墓》，《考古》1965 年第 10 期。
[5] 河南省博物馆、郑州市博物馆：《郑州商代城遗址发掘报告》，《文物资料丛刊》1，文物出版社，1977 年。
[6] 河南文物工作队第一队：《郑州市白家庄商代墓葬发掘简报》，《文物参考资料》1955 年第 10 期。

折，口径开始变小，肩部开始加宽，腹部不再斜敞，而变为筒腹。上腹常饰一组竖道划纹，俗称"窗棂纹"。

在三处窖藏里发现有大批铜器[1]，其中有以前未见的罍、尊、卣、扁足盘形鼎、四足方鼎、圈足盘、中柱盂等。爵尾部更短，腹壁由斜直而稍外鼓，底稍下鼓。粗体觚腹壁外曲较明显，底稍下鼓，并开始出现细体觚。从形制、花纹和铸造工艺角度看，窖藏铜器并不都是同一时期的铸造品，有的器物明显表现出早、晚不同的特征。张寨南街、回民食品厂两处窖藏的埋藏年代属第四期；南顺城街窖藏（图版3-2）或更晚一些。

按本书关于商文化体系的研究，郑州商城第一、二、三期为早商文化，第四期已属中商文化范畴，第四期是郑州商城的最后阶段，其面貌有待进一步研究。

二 偃师商城的文化分期

目前，发掘者已通过一系列的地层叠压、打破关系，分析、比较相关层位、单位出土器物的组合、形制特征与演化，建立起偃师商城商文化遗存的编年序列。具体说，可划分为三期，第一、第二期又可各分早、晚两段，第三期分早、中、晚三段，合计七段（表4-1，图4-2）。

第一期的泥质陶略多于夹砂陶。陶色普遍比较深，以灰黑色为主，灰褐、浅灰次之，还有少量红褐陶。纹饰以中绳纹为主，多数纹道比较深，形似"麦粒"状；有一些细绳纹或线纹；部分器物的上部或颈部、口沿等部位往往被磨光。平底器和圜底器居多，三足器次之，少量圈足器；器类以盆类和罐类为主，且种类多、量大。常见盆类器有折沿敞口凹平底盆、宽卷沿深腹平底盆、宽卷沿深腹凹平底盆、卷沿圜底盆、折肩束颈盆、敛口盆、刻槽盆、浅腹大平底盆、侈口大深腹盆等；罐类器有盘口圜底深腹罐、方唇卷沿圜底深腹罐、侈口宽折沿圜底深腹罐、橄榄形平底深腹罐、捏口罐等；其他还有高领瓮、大口尊、折沿甗、卷沿甗、红陶缸、饰附加堆纹鼎、宽卷沿薄胎细绳纹鬲、宽卷沿薄胎细绳纹鼓腹瓿、深盘豆、簋和器盖等。

在上述器类中，薄胎细绳纹鬲、橄榄形平底深腹罐、折肩束颈盆、宽卷沿深腹平底盆是典型商文化系统陶器，同下七垣先商文化接近或可以衔接，但在数量上并不占优势；其余的多数陶器，则具有二里头文化特征，形态同二里头遗址第四期陶器大略一致而稍有差异；还有少量的褐色素面陶器当属岳石文化因素。总体而言，第一期陶器表现出在商文化主导下的复杂面貌，本地原有的二里头文化因素无论器物种类和数量仍占优势，尤以第一期早段占绝对优势；至晚段时商文化因素比例上升，在城址北部和周围一些地段出现包含单纯商文化陶器的灰坑（如大城东北隅H8~H10）。

第一期具代表性的器物及其特征列举如下：（1）鬲为薄胎，宽卷沿，袋足肥硕，施细绳纹，高实足根，有的口沿背面有抹而未尽的绳纹。早段的陶鬲束颈较甚，口沿与颈部呈自然曲线，沿面翻卷不甚；晚段的陶鬲颈部出现折的趋势，但内壁尚未见折棱，沿的上部微微下卷，领下自绳纹痕迹的上端略微凸起。（2）橄榄形平底深腹罐为薄胎，翻沿，窄方

---

[1] 河南省文物考古研究所、郑州市文物考古研究所：《郑州商城铜器窖藏》，科学出版社，1999年。

表 4-1　　　　　　　　　偃师商城典型层位和典型单位分期表

期	段	宫城北部大灰沟(《考古》2000年第7期)	大城东北隅96ⅡT11(《考古》1998年第6期)	西二城门内侧墓葬(《考古》1984年第10期)	大城西墙(T1)(《考古》1984年第6期)	第五号和第六号(原五号下层)宫殿(《考古》1988年第2期)
Ⅲ	7				④层 → H1, H2	
Ⅲ	6			(②层下)M1、M12等 → ③层		H2 → ④层 → H1, H29
Ⅲ	5		城墙内侧路土 L1			D5(台基,即⑤层)
Ⅱ	4	探方⑥A层 → ⑥B层 → ⑥C层	M19等11座墓 → L2 → M26、M29等6座墓 → L3	M4 M5 M15 M16 → ④A层 → M7 M18	⑤层	⑥层 → H27 ← H19 → H21, H25(井) H26(井)
Ⅱ	3	探方⑦层 → ⑦层下一批灰坑	L4 → 城墙夯土附属堆积	M3 → ④B层 → 路土	城墙附属堆积上层 → L2 → 附属堆积下层 → 城墙	H24, D6(台基) ⑧层(D6庭院)
Ⅰ	2	探方⑧层	H8 H9 H10			
Ⅰ	1	探方⑨层 → 探方⑩层				宫墙("南条夯土")

说明：──→ 代表叠压或打破关系。

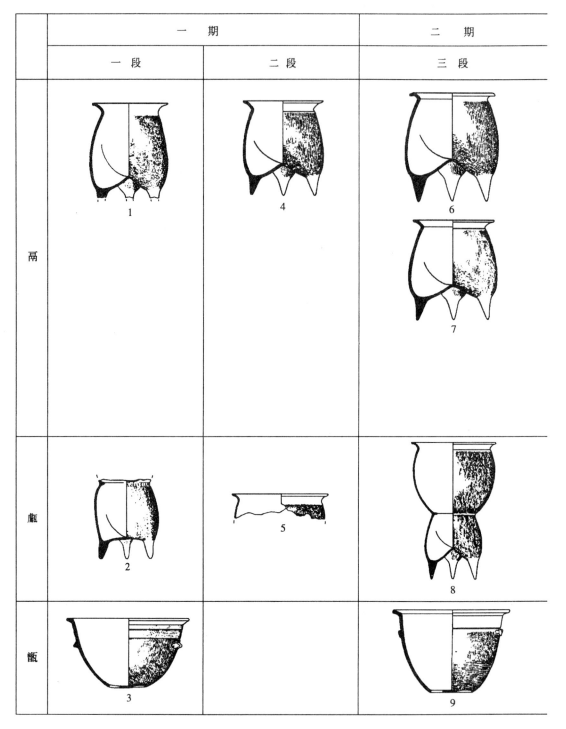

图 4-2 偃师商城陶器分期图（之一）
1. 鬲（ⅦT20⑧:10） 2. 甗（ⅦH44:11） 3. 甑（ⅦT28⑨:11） 4. 鬲（ⅣH72:3） 5. 甗（ⅡH9:8）
6. 鬲（ⅣH134:6） 7. 鬲（ⅢM3:1） 8. 甗（ⅣG2④:1） 9. 甑（ⅣH71:7）

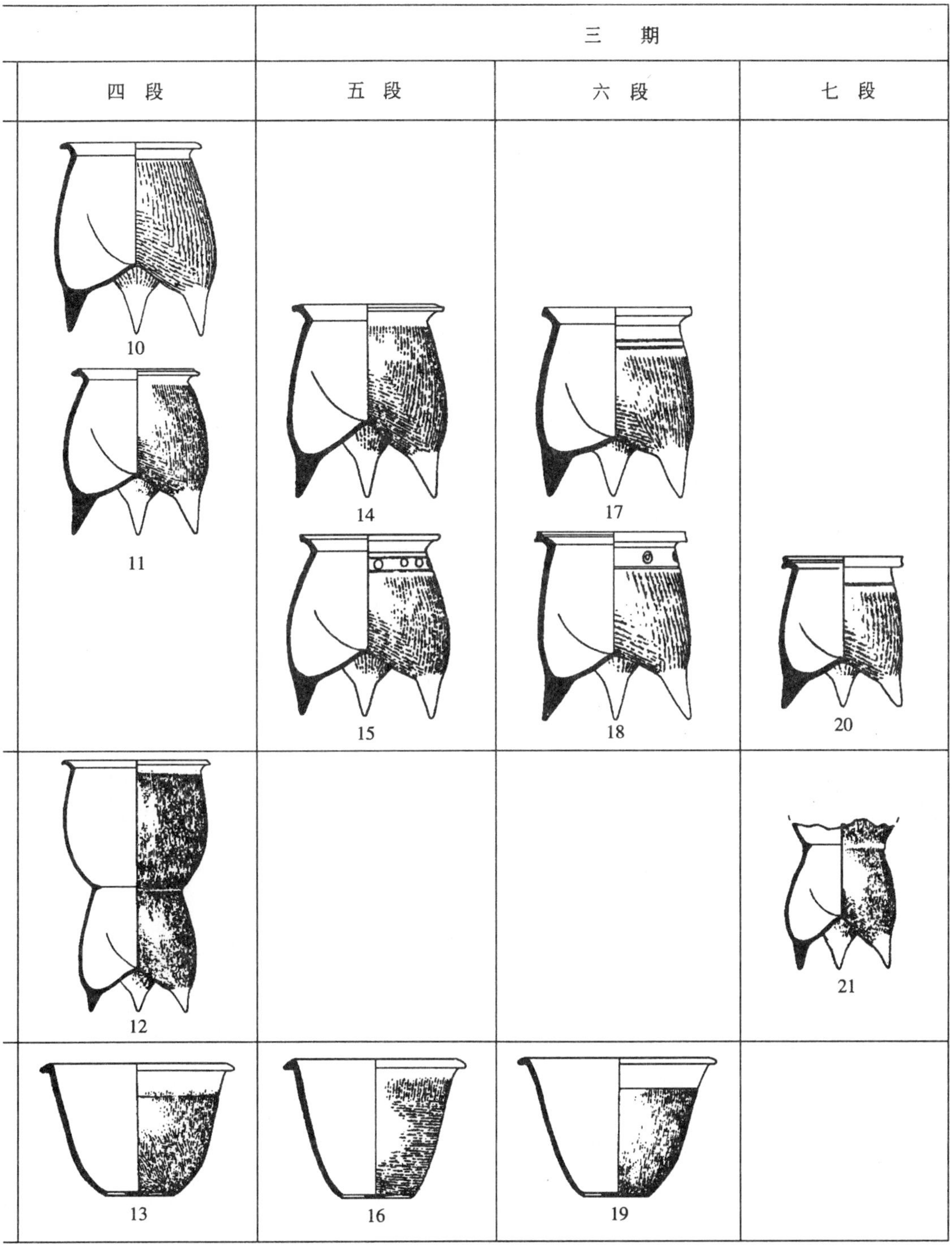

	三　期			
四　段	五　段	六　段	七　段
10　11	14　15	17　18	20
12			21
13	16	19	

图 4-2　偃师商城陶器分期图（之二）

10. 鬲（J1D6H25:52）　11. 鬲（J1D6H25:36）　12. 甗（ⅣH12:1）　13. 甑（ⅣH70:1）　14. 鬲（ⅤH3:2）
15. 鬲（ⅤH3:1）　16. 甑（ⅣH34:10）　17. 鬲（D4T5⑤:9）　18. 鬲（ⅣH97:2）　19. 甑（D4H24:71）
20. 鬲（ⅣH18:25）　21. 甗（ⅣH18:14）

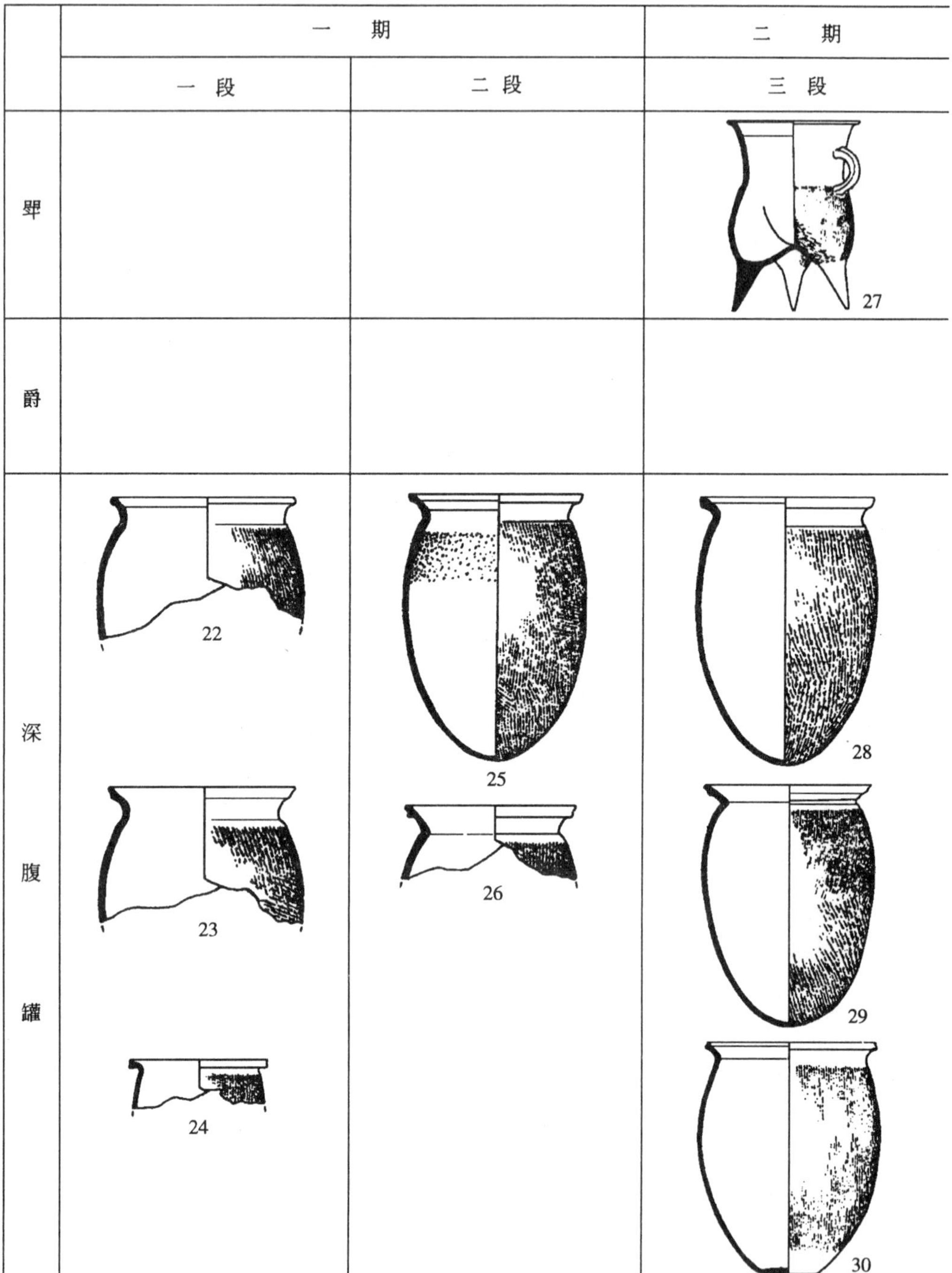

	一　　期		二　　期
	一　段	二　段	三　段
斝			27
爵			
深腹罐	22 23 24	25 26	28 29 30

图 4-2　偃师商城陶器分期图（之三）

22. 深腹罐（ⅦT28⑩:22）　23. 深腹罐（ⅦH6②:11）　24. 深腹罐（ⅦT28⑩:24）　25. 深腹罐（ⅦH56:7）　26. 深腹罐（ⅦT28⑧:4）　27. 斝（ⅣH73:2）　28. 深腹罐（ⅦT27⑦:1）　29. 深腹罐（ⅦH35:2）　30. 深腹罐（ⅣH2:7）

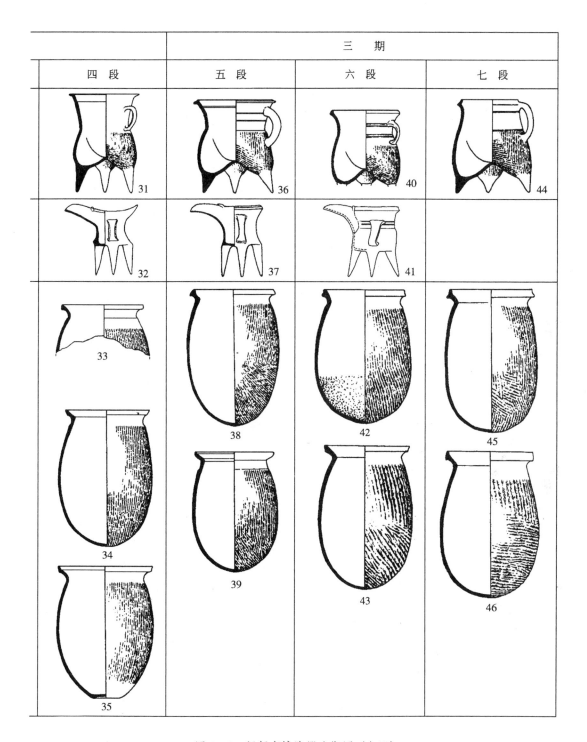

图 4-2 偃师商城陶器分期图（之四）

31. 斝（ⅣH47:10） 32. 爵（ⅡM7:1） 33. 深腹罐（ⅦH86:1） 34. 深腹罐（J1D6H19:8） 35. 深腹罐（ⅠH2:3） 36. 斝（ⅦT19④:2） 37. 爵（ⅡM14:2） 38. 深腹罐（ⅤH3:4） 39. 深腹罐（ⅣH34:14） 40. 斝（ⅣT12④:2） 41. 爵（ⅣM14:2） 42. 深腹罐（ⅧT3③:22） 43. 深腹罐（ⅣT33⑤:2） 44. 斝（Ⅶ采集） 45. 深腹罐（ⅣH18:13） 46. 深腹罐（ⅣH18:15）

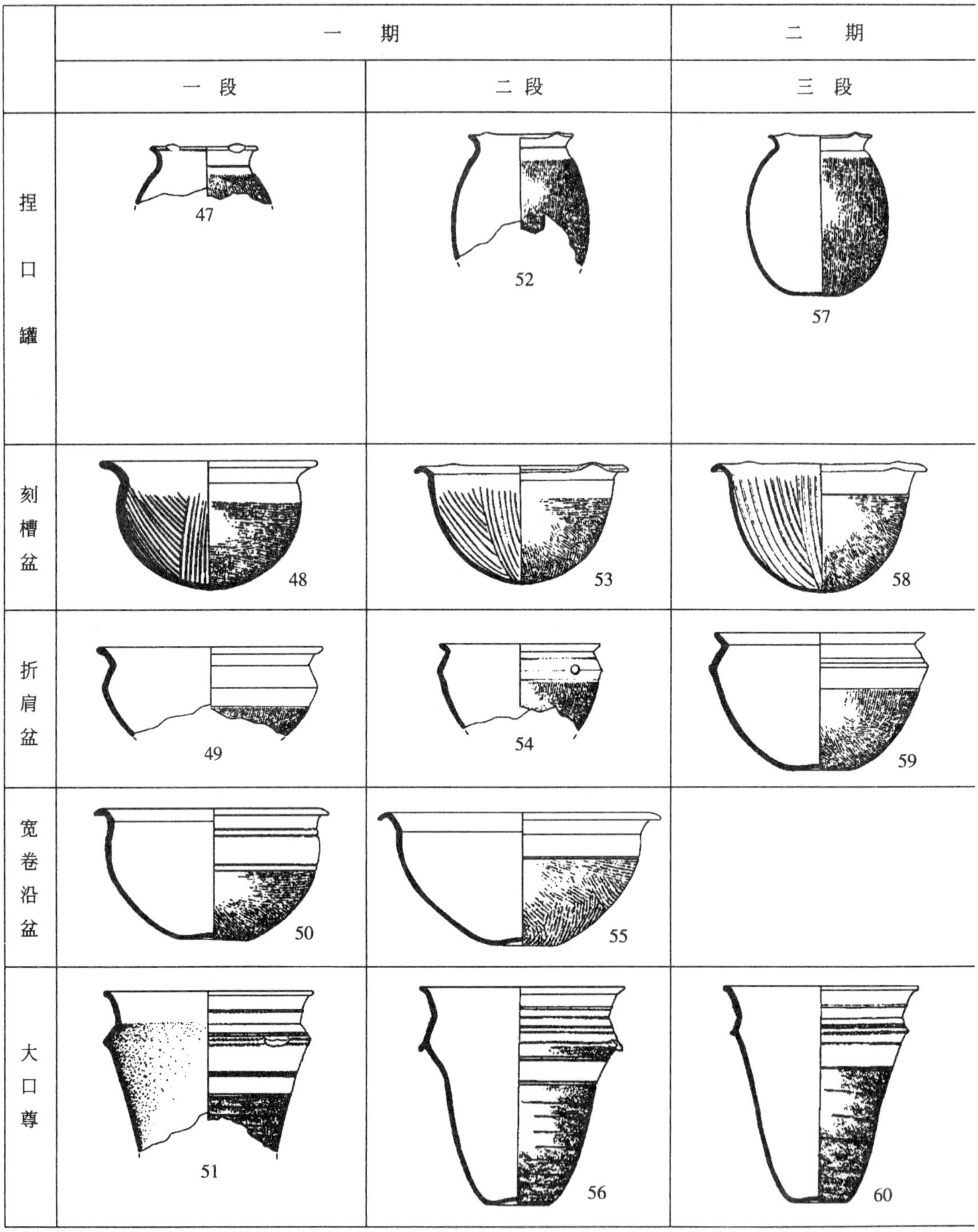

	一 期		二 期
	一 段	二 段	三 段
捏口罐	47	52	57
刻槽盆	48	53	58
折肩盆	49	54	59
宽卷沿盆	50	55	
大口尊	51	56	60

图 4-2 偃师商城陶器分期图（之五）

47. 捏口罐（ⅦT28⑨:10） 48. 刻槽盆（ⅦT23⑨B:11） 49. 折肩盆（ⅦT32-33⑨C:9） 50. 宽卷沿盆（ⅦT23⑨B:32） 51. 大口尊（ⅦH44:5） 52. 捏口罐（ⅣH72:9） 53. 刻槽盆（ⅦH56:3） 54. 折肩盆（ⅣH72:6） 55. 宽卷沿盆（ⅦT8⑨:6） 56. 大口尊（ⅦH5:5） 57. 捏口罐（ⅣH166:1） 58. 刻槽盆（ⅦT15③C:9） 59. 折肩盆（ⅣH57:5） 60. 大口尊（ⅣH134:8）

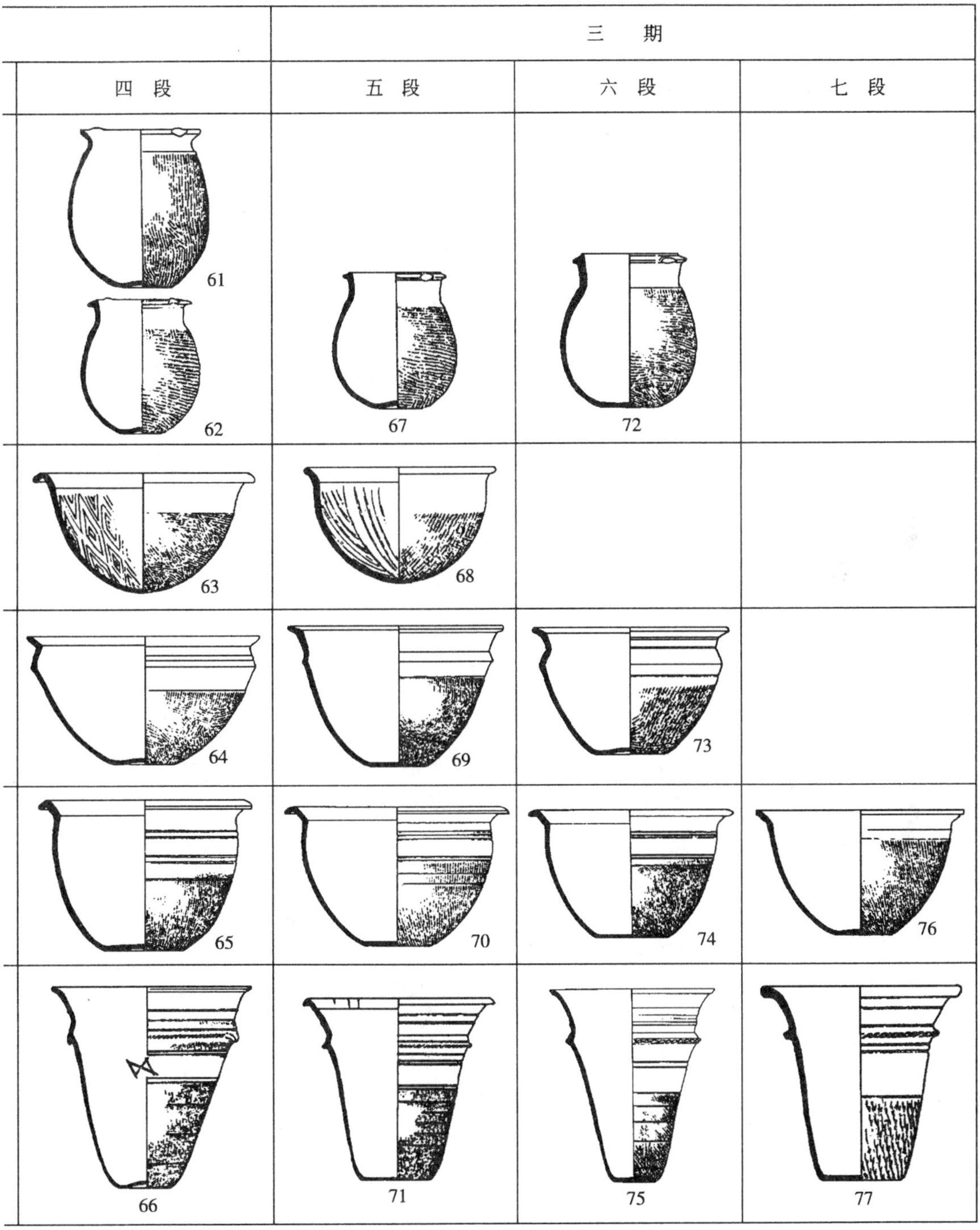

	三　期		
四　段	五　段	六　段	七　段
61 62	67	72	
63	68		
64	69	73	
65	70	74	76
66	71	75	77

图 4-2　偃师商城陶器分期图（之六）

61.捏口罐（J1D6H25:24）　62.捏口罐（J1D6H25:17）　63.刻槽盆（ⅦT21⑥:79）　64.折肩盆（ⅣH12:3）　65.宽卷沿盆（ⅢM19:3）　66.大口尊（ⅣH45:8）　67.捏口罐（ⅣH34:12）　68.刻槽盆（D2H47:1）　69.折肩盆（ⅣH25:7）　70.宽卷沿盆（ⅧH1:11）　71.大口尊（ⅧH1:10）　72.捏口罐（ⅦH27:14）　73.折肩盆（D4T18④:1）　74.宽卷沿盆（ⅧT1④:15）　75.大口尊（J2H6:4）　76.宽卷沿盆（D2T0411⑦:2）　77.大口尊（D2T0411⑦:3）

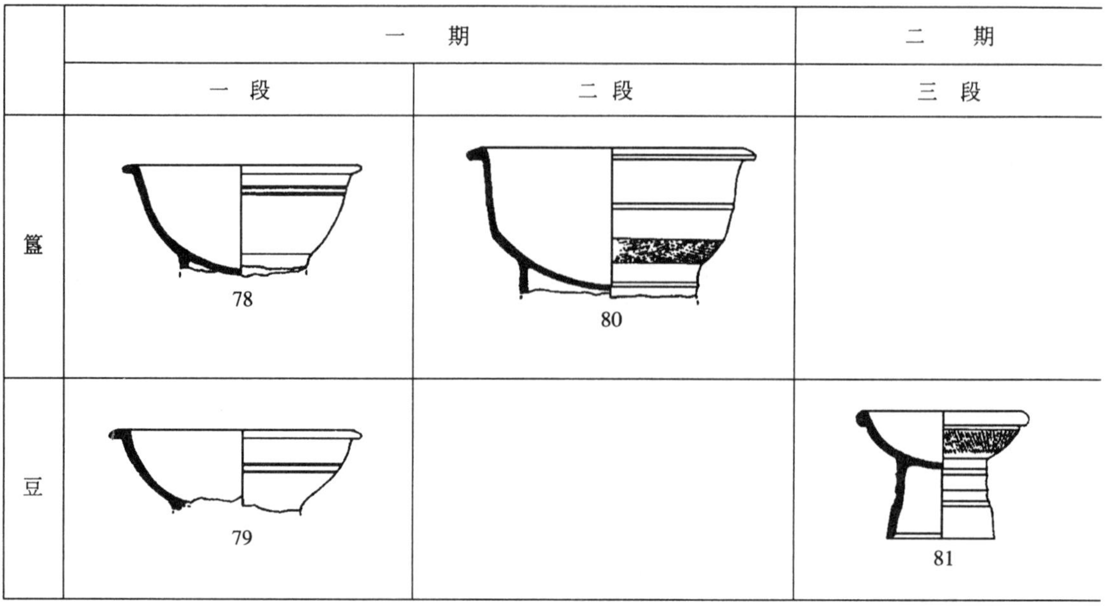

	一 期		二 期
	一 段	二 段	三 段
簋	78	80	
豆	79		81

图 4-2 偃师商城陶器分期图（之七）
78.簋（ⅦT32⑨B:3） 79.豆（ⅦT28⑩:14） 80.簋（ⅣH72:7） 81.豆（ⅣH57:6）

唇，唇上缘竖立或微内敛，腹瘦且深，小平底，细绳纹直而长。（3）折肩盆，束颈，折肩，腹部略鼓，腹径大于口径，小平底，口沿至上腹磨光，下腹施中绳纹。早段，侈口，宽沿，肩部缓转、无折棱，斜腹；晚段，尖唇或方唇，窄沿，肩部折棱明显，鼓腹。（4）圜底深腹罐，以方唇、卷沿，上腹部稍鼓，蛋状尖圜底为常见，饰绳纹。早段颈部较高，略显盘口；晚段颈部相对较矮而内束。（5）捏口罐为卷沿，高领和矮领并存，腹部圆鼓。（6）大口尊的个体一般比较大，在肩部常见卷鼻状鋬手，肩部及其上、下常饰有数圈细泥条花边堆纹。早段，口径稍微小于肩径；晚段，口、肩径相当。

第二期时夹砂陶的数量明显上升，陶器制作比较精良。陶色以浅灰为主，灰黑、灰褐次之，有少量红褐陶。纹饰仍以中绳纹为主，但麦粒状纹样已罕见，细绳纹所占比例明显上升，又开始出现粗绳纹，并在晚段占一定比例。饕餮纹和"S"形纹也有发现。器类、器形方面的特点突出表现为：（1）器类和第一期大体近似，只是有些器类所占比例和第一期略有不同，以陶鬲为代表的三足器数量大幅增长，所占比例相对最大；圈足器数量也明显增多。（2）同器类中，不同器型所占比例也有所变化，如深腹罐以方唇折沿为主，高颈卷沿深腹罐的数量大幅下降，橄榄形深腹罐的数量显著增多；新出现折沿鬲，同卷沿鬲并存，并逐步取代卷沿鬲而成为主流。（3）器物形态有变瘦长的趋势，如方唇圜底深腹罐、鬲、大口尊等。

典型的器物有：（1）陶鬲以折沿双唇为代表。早段，薄胎，细绳纹，沿面外缘有凹槽，有的为小平台，个别出小榫，袋足肥硕；晚段，胎稍厚，绳纹稍粗且纹道较深，沿面凸榫明显，袋足比较瘦长，实足根粗而高，有的袋足外张，实足根垂直，足尖似内收状。

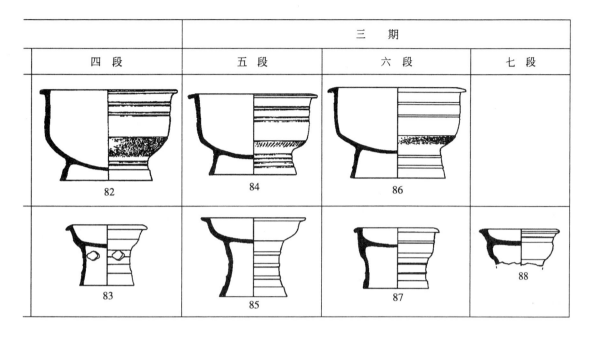

图 4-2 偃师商城陶器分期图（之八）
82.簋（ⅣH70:4） 83.豆（ⅡM21:1） 84.簋（ⅣH34:11） 85.豆（J1D4H36:2） 86.簋（J1D4T13④:4）
87.豆（D4H24:63） 88.豆（ⅣH18:16）

(2) 卷沿鬲，早段时外形略呈长方形，沿卷曲；晚段趋瘦高，沿面翻卷甚剧以至唇部呈钩状，制作多粗糙。(3) 橄榄状平底深腹罐，早段细绳纹；晚段出现装饰较粗绳纹者，盘状口更明显，且方唇下缘出尖棱。(4) 圜底深腹罐多方唇或斜方唇，折沿，腹部略鼓，器形瘦高。在第二期早段还出现不同体系的深腹罐相互混淆制作的现象，即出现了橄榄形圜底和方唇折沿（或卷沿）平底深腹罐等式样。(5) 折肩盆的腹部明显加深，个体比较大，早段口径略小于肩径；晚段口径与肩径相当或稍大于肩径。(6) 捏口罐，早段为卷沿或直口；在晚段，除卷沿外，新出现窄折沿、略显垂腹、圜底内凹者。多施斜向绳纹，纹道短而杂乱。(7) 斝多为敞口，双唇或沿内侧有凸棱，斜高颈，三袋足实足根细高，单耳。(8) 爵多浅灰陶，细流，长尾，束腰，单耳，锥形高足。(9) 大口尊，早段口径稍大于肩径，晚段口径明显大于肩径。

概括言之，陶质、陶色和绳纹形态的变化以及商式陶鬲等三足器在全部陶器中所占比例的大幅度增长，凡此都表明：在继承先商文化传统并广泛吸收、改造二里头因素基础上，内涵丰富的早商文化已经定型。同第一期比较，此时的陶器群已从二里头、下七垣以及岳石诸系统陶器的混合状态中脱胎出来，演变为文化面貌和谐、统一并且特征鲜明、系统性极强的商文化。新形成的早商文化不是先商文化的自然延续，它同先商文化既有传承关系，又有质的飞跃，不仅文化构成因素发生了重大变化，器类比先商文化空前丰富，而且分布范围不断扩大，至第三期覆盖了原下七垣文化、二里头文化分布区以至更广泛的地区，成为商王朝统辖的广大区域内占统治地位的文化。

第三期的夹砂陶略多于泥质陶,粗砂陶占一定比例。陶色以灰色为主,还有灰褐、红褐等,灰黑陶少见。纹饰以中粗绳纹和粗绳纹为主。这时期陶器造型特征表现为:胎质厚重,口沿宽厚,方唇最为常见,粗绳纹逐渐占据主导地位,且一些器物大型化,在第三期的早、中段出现了大型鬲、鼎和大口尊等。器物种类基本沿袭第二期,略有变化。比如,时间延续很长,曾作为商文化典型器的卷沿鬲消失了;在第二期文化中占有重要地位的双唇折沿鬲,逐渐被它的变体方唇折沿鬲所代替;曾作为商文化代表性器物的橄榄形薄胎细绳纹小平底深腹罐已难以发现,新出现了一种喇叭口高颈粗绳纹圜底深腹罐,出现假腹豆等。

典型器物有:(1)鬲,方唇,折沿,腹部比较深,施略粗绳纹或粗绳纹。早段,有的口沿内侧有凸棱,从而在沿面形成小平台,沿内出沟槽;有的唇部十分薄,口沿内侧有弦纹或略显凸棱,领下施一周单圆圈纹。中段,侈口,沿面较宽,有的沿内侧略显盘口之势。器表施纹道较深的中绳纹或略粗绳纹,有的领下施弦纹和同心圆纹。晚段,折沿近平,方唇甚厚且唇部上下棱角尖锐,口沿内侧呈盘状,有的制作十分粗糙。大型陶鬲器表多施花边泥条。(2)深腹罐以侈口、折沿、厚方唇、垂腹、大圜底和粗绳纹为特征,晚段愈趋明显。(3)折肩盆,肩变窄,腹加深,口径大于肩径。(4)捏口罐,出较高的领,斜沿下垂,垂腹,圜底内凹或近平底。(5)爵,夹砂灰黑陶,有流无尾,腹部较粗,平底,单耳。(6)斝,灰陶,由侈口变敛口,袋足实足根粗矮,施中粗绳纹。(7)大口尊,大喇叭口,肩部收缩,有的甚至不显肩部。新出现小平底大口尊(以往的皆为小凹底)。

总体上说,第三期陶器是在第二期基础上的延续、发展。其中段,具有较典型的"二里冈上层"(指二里冈上层一期)特征,其早段则表现出由第二期晚段向第三期中段的过渡性质。过去一些学者曾注意到,郑州商城材料中,由二里冈下层二期至二里冈上层一期之间似有跳跃,而偃师商城第三期早段(总第 5 段)陶器在一定程度上可弥补这一缺环。第三期晚段陶器同郑州二里冈上层二期(白家庄期)接近,已属中商一期范畴。由于都城已废弃,陶器制作明显荒疏、粗糙,鉴于标本数量有限,单列一期有困难,暂列为第三期晚段。

三 其他遗址的文化分期

(一)垣曲商城

全面报道 1985~1986 年勘察报告的《垣曲商城》,将垣曲商城的二里冈文化分为两期四段[1],另有研究者将其分为两期三段[2]。我们在检核已公布资料之后,认为该城的二里冈文化可以区分为四期。

第一期即报告所分的二里冈下层早段。以 H6 为代表。鬲为圆唇,卷沿或缓折沿,饰细绳纹。大口尊颈部较矮,口径大多约等于肩径,宽肩。

第二期即报告所分的二里冈下层晚段。以 H113、H121、H122、H149、H235 等单位为

---

[1] 中国历史博物馆考古部、山西省考古研究所、垣曲县博物馆:《垣曲商城》第 288~298 页,科学出版社,1996 年。
[2] 王睿:《垣曲商城的年代及其相关问题》,《考古》1998 年第 8 期。

代表，原归入"二里冈下层早段"的 H109 和原归入"二里冈上层早段"的 T2768、T2868、T2968 的 4A 层等单位亦属此期。鬲虽仍有卷沿者，但大都已变为折沿，唇部从侧面看多数有一平台，其上有一凹槽或呈榫状凸起；有的卷沿者唇部外下卷，所饰绳纹较粗。大口尊颈部增高，口径稍大于肩径，肩部稍窄。爵流尾较短，平底，腹部横截面略呈椭圆形。簋沿外下卷。

第三期即报告所分的二里冈上层早段。以 H105、H248 上、M1 等单位为代表。鬲为折沿方唇，有的在上腹饰夹在弦纹中间的同心圆纹，粗绳纹。大口尊颈部加长，口径与肩径之比更大，窄肩。此期出现假腹豆。铜爵尾部较短，腹部为椭圆形，平底，足部断面呈三角形。铜斝长颈，腹壁较斜而稍外鼓，底下鼓，足部断面略呈三角形。

第四期即报告所分的二里冈上层晚段。以 H251、H131、H157 等单位为代表。鬲唇部加宽，上腹弦纹与同心圆纹的组合仅剩弦纹，饰粗绳纹。大口尊颈部加长，口径与肩径之比最大，窄肩。

以上各期的器物特征分别与郑州商城第一期偏晚阶段、第二期、第三期和第四期偏早阶段的同类器相近，年代亦应相当，其第四期已进入中商文化范畴。

（二）东下冯商城

在《夏县东下冯》一书中，发掘者将该遗址的夏商文化分为六期，并指出其中的 Ⅴ、Ⅵ 期分别相当二里冈下层和二里冈上层[1]。近年有学者将报告里的第 Ⅴ、Ⅵ 各一分为二，分别推定为"早商文化"的一至四段[2]。在此基础上稍加调整，分为前后相继的四期。

第一期包括第五地点"其他探方"的③D 层，第一地点的④层和 H67、H104、H539 等单位。陶鬲 T5531∶3D∶3、T5511∶3D∶1、T1082∶4∶65 与 H67∶45 均为卷沿，圆唇；而鬲 H539∶1 则为缓折沿，沿近斜直，与上述四件稍有差别。后三件饰细绳纹，前两件饰粗绳纹。H104 的大口尊领部较矮，口径约等于肩径。深腹盆 H67∶51，腹部明显外鼓，折沿。

第二期包括第四地点的③B 层，第五地点"其他探方"的③C 层、H29，第一地点的 3 层、H401 等单位。鬲多缓折沿或折沿，唇部外下卷或有一凹槽，所饰绳纹大多较粗。大口尊领部较高，口径大于肩径。鼎折肩，圜底。

第三期包括 H35、H548、第五地点"其他探方"的③B 层等单位。鬲多折沿，方唇，粗绳纹，有的在沿下饰同心圆纹。大口尊高领，窄肩，口径远大于肩径。

第四期包括 M4、M519 等单位。鬲折沿，宽方唇，实足根较粗矮。斝唇部上翻部分较高，口径稍小于腹径。

东下冯商文化一至四期的器物特征分别与郑州商城的第一期偏晚、第二期、第三期、第四期的同类器一致，其年代亦应相当。其一、二、三期属早商文化，第四期已属中商文化一期。

---

[1] 中国社会科学院考古研究所、中国历史博物馆、山西省考古所：《夏县东下冯》第 209～214 页，文物出版社，1988 年。

[2] 王立新：《早商文化研究》第 62～63 页，高等教育出版社，1998 年。

(三) 盘龙城商城

起初，发掘者曾将盘龙城的铜器墓分为早晚两组[1]。根据散见于简报与论文中的资料，并参考以往的分期意见[2]，我们认为，盘龙城遗址包括商代早期和商代中期的文化遗存，其第一期和第二期属早商文化范畴。

第一期包括杨家嘴 M6、李家嘴 H4 等单位。鬲为卷沿或折沿，圆唇，有的唇部从侧面看有一平台。大口尊口径大于肩径，肩部较窄。

第二期包括楼子湾 M1、M4 和李家嘴 M2、M4 等单位。陶鬲折沿，方唇，内沿起棱，并见有饰同心圆的残片。陶斝敛口，唇部斜平或稍上翻，铜爵平底，尾部稍短，实足断面为方形或三角形，二柱位于流入口处。铜斝器体较粗矮，底下鼓，三棱锥状空足，个别为圆锥状。铜觚为平底。李家嘴 M2 可归入本期晚段。

盘龙城的第一、二期分别相当于早商文化的第二期、第三期。

同时，我们注意到：在王家嘴下层等被发掘者认为相当二里头时期的遗存中，卷沿、垂腹、分裆甚高的薄胎鬲等一些器物可上溯至早商文化一期。至于当地是否存在完整的、相当早商一期的典型单位，很值得研究。

(四) 登封王城岗遗址

《登封王城岗与阳城》将王城岗遗址的二里冈文化区分为二里冈下层与二里冈上层[3]，近年有人重新归纳为三组[4]。经过排比报告公布的二里冈文化遗物，我们将其分为四期。

第一期包括 H707、T249③、M19、M49 等单位。鬲圆唇，卷沿或缓折沿，最大腹径靠下。M19:1 与 H707:7 绳纹较粗，T249③:9 绳纹较细，实足根素面。深鼓腹盆折沿，最大腹径大于口径。铜爵腹部横截面为椭圆形，流尾较长，流与口相接处有两个对称的带盖圆柱。矮颈内收，腹部圆鼓。三足截面呈四棱锥形[5]。

第二期包括 T8③、T262③、H59 等单位。鬲折沿，圆唇，从侧面看唇部似有一平台，饰粗绳纹。大口尊肩以上部分较矮，肩部较宽，口径稍大于肩径。深鼓腹盆折沿，最大腹径稍大于口径。

第三期包括 H36、M8 等单位。鬲 M8:1，折沿，内沿有凹槽一周，方唇，粗绳纹，颈下饰同心圆纹。簋 M8:4，沿近平，腹壁近直。斝 H36:3，敛口，唇部没有上翻，体形较瘦高。

---

[1] 湖北省博物馆：《盘龙城商代二里冈期的青铜器》，《文物》1976 年第 2 期。
[2] A. 邹衡：《试论夏文化》，《夏商周考古学论文集》，文物出版社，1980 年。
  B. 陈贤一：《江汉地区的商文化》，《中国考古学会第二次年会论文集》，文物出版社，1982 年；《盘龙城商代二里冈期墓葬陶器初探》，《中国考古学会第四次年会论文集》，文物出版社，1985 年。
  C. 王立新：《早商文化研究》第 66～68 页，高等教育出版社，1998 年。
[3] 河南省文物研究所、中国历史博物馆考古部：《登封王城岗与阳城》第 151～169 页，文物出版社，1992 年。
[4] 王立新：《早商文化研究》第 55～56 页，高等教育出版社，1998 年。
[5] 此据《登封王城岗与阳城》第 154 页，图八二:6，同书第 155 页的文字则说是"三棱形锥状实足"。

第四期包括 M14、H730 等单位。鬲 M14:5，折沿，方唇，实足较粗矮，足腹之间界限不清。假腹豆 H730:1，厚尖唇。

王城岗遗址商文化第一至四期的器物特征分别同郑州商城文化第一期偏晚阶段、第二期、第三期、第四期的同类器相似，其年代亦应相当。同样，只其第一至三期属早商文化范畴。

（五）耀县北村遗址

发掘者将耀县北村的商代文化划分为三期六组[1]，有的学者在研究早商文化时，将北村遗址的"早商文化"区分为五组[2]。仔细排比发掘报告中的资料之后，我们认为该遗址包含有早商文化三期至中商文化一、二、三期的遗存，只其第一期遗存相当早商文化第三期，包括ⅠY1、ⅠH13、ⅠH8 等单位。其特点是，陶器绳纹较细且比较规整，胎质较薄。鬲均瘦而高，卷沿或折沿，圆唇或窄方唇，个别唇部有榫状突起，鬲足较瘦高，圆锥状。花边圆腹罐多为夹砂褐陶，高领，花边多用手捏成。瓿腹外鼓明显。鼓腹盆折沿，宽沿外侈或外下卷，浅腹。深敞腹盆卷沿，沿腹分界不清，圆唇。小口瓮高领圆肩者较多。

四 早商文化的综合分期

上面以郑州、偃师两座都址的文化分期为基础，大体梳理了东下冯商城、垣曲商城、盘龙城商城、王城岗遗址、北村遗址二里冈商文化的分期，得知这些遗址的分期基本上可以对应。依此我们将各地的二里冈商文化统一划分为前后相衔的四期（表4-2）。

表4-2　　　　　　　　早商文化主要遗址分期的对应关系表

期别	郑州商城	偃师商城	垣曲商城	东下冯商城	盘龙城商城	王城岗遗址	北村遗址
一	一	一（1~2段）				一	
二	二	二（3~4段）	二	二	一	二	
三	三	三（5~6段）	三	三	二	三	一
四	四	三（7段）	四	四	三	四	二

分期过程中我们发现，包括郑州、偃师、东下冯、垣曲4座商城和王城岗遗址，皆在各自的最后一期明显处于衰落阶段。考察上述诸遗址最后一期的文化面貌，也与各自的前三期表现出阶段性差异，而与中商时期的商文化面貌具有更大一致性。为此我们将上述遗址中的第四期（偃师商城为第三期7段）归入中商文化范畴，其余各期分别相当于早商文化的第一、二、三期。盘龙城一、二期相当早商文化二、三期；北村遗址则仅其第一期相

---

[1] A. 北京大学考古系商周组、陕西省考古研究所：《陕西耀县北村遗址1984年发掘报告》，《考古学研究（二）》，北京大学出版社，1994年。
B. 徐天进：《试论关中地区的商文化》，《纪念北京大学考古专业三十周年论文集》，文物出版社，1990年。

[2] 王立新：《早商文化研究》第59~60页，高等教育出版社，1998年。

当早商文化三期。

参考《夏商周断代工程 1996~2000 年阶段成果报告（简本）》[1]中所载碳十四常规法及 AMS 法测年数据（见附录表 3~6），商代早期的日历年代可推定为公元前 1600 年至前 1400 年。

第二节　早商文化的分布与类型

早商时期，商文化的分布与商族势力的扩张有极大的关系。在早商时期不同阶段，商文化的分布态势有所不同。早商一期之时，商人主要经略"有夏之居"，因此其统治中心主要在以偃师商城和郑州商城为核心的伊洛—郑州一线，一期晚段可到晋南地区，与夏文化的分布范围大体重合。到早商二期之时，随着商王朝的巩固，商族势力大规模扩展，北到冀南的磁县下潘汪，南到黄陂盘龙城，东到豫东的鹿邑栾台等地，都有早商文化分布。早商三期之时，商族势力进一步扩张，遗址点数量急剧增多。往西进到耀县、铜川一线；往东整个豫东地区，商文化开始代替原有的岳石文化，甚至泰沂山脉以北的济南大辛庄都是商族的势力范围；往东南方向，在江淮地区，商族势力已达巢湖以东的大城墩一带；南部逐渐形成以黄陂盘龙城为中心的庞大遗址群；往北，商文化重返太行山东部一带，发现的遗址有邯郸龟台寺、藁城台西等，大体覆盖了原下七垣文化漳河型的主要分布区，甚至远至太行山以北的壶流河流域（图 4-3）。

尽管早商文化在很大范围内表现出较强的一致性，但各地间仍存在一些特色和差异。20 世纪 80 年代初已有学者将早商文化划分为四个地方类型[2]，此后学者们根据新出资料陆续对各地的早商文化进行了研究，并提出一些新的地方类型。近年又有学者综合以往成果将早商文化划分为七个类型[3]。根据地理分布和文化特征的差异，我们认为：可将早商文化分为八个类型。

一　二里冈类型

以偃师商城、郑州商城为代表，为早商文化的主体类型。

该类型西越华山，东近豫鲁苏皖邻境地区，北面基本以黄河为界，但在个别地方已经跨过黄河，南面大体在桐柏山以北。中心区域为郑洛地区。在已发掘的众多遗址中，比较著名的还有垣曲商城、偃师二里头遗址、巩县稍柴[4]、登封王城岗、郑州上街[5]、陕县

---

[1] 夏商周断代工程专家组：《夏商周断代工程 1996~2000 年阶段成果报告（简本）》，世界图书出版公司，2000 年。
[2] 邹衡：《试论夏文化》，《夏商周考古学论文集》第 123 页，文物出版社，1980 年。
[3] 王立新：《早商文化研究》第 148~198 页，高等教育出版社，1998 年。
[4] 河南省文物研究所：《河南巩县稍柴遗址发掘报告》，《华夏考古》1993 年第 2 期。
[5] 河南省文化局文物工作队：《河南郑州上街商代遗址发掘报告》，《考古》1966 年第 1 期。

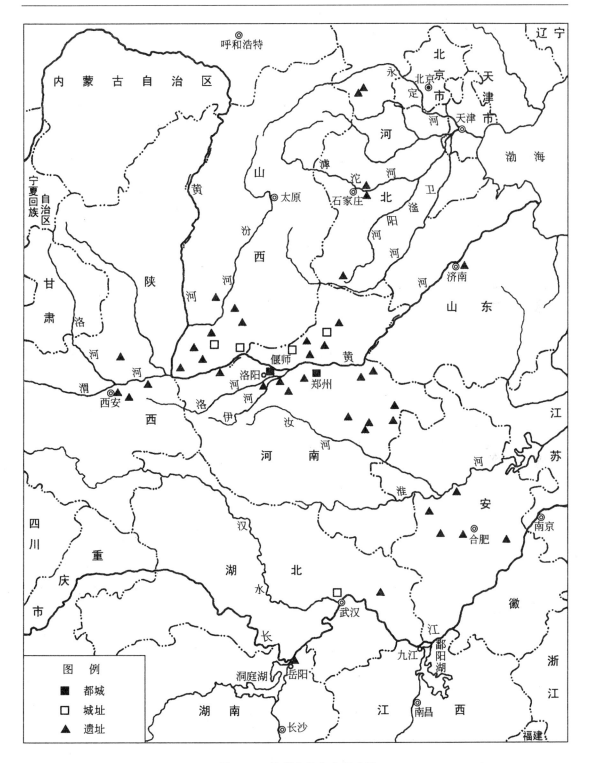

图 4-3 早商文化分布示意图

七里铺〔1〕等。

二里冈类型从早商文化的开始一直延续了全过程（一、二、三期）。

偃师商城、郑州商城和垣曲商城，均构筑有比较完整的防御体系。城内既有大型夯土基址，也有一些中、小型基址。中型基址的建造方法与大型基址略似；小型房基则多为半地穴式和地面式建筑，有的在室内地面铺设白灰面。

至今尚未发现属于商王的大型墓葬。中小型墓葬均为长方形竖穴土坑，墓内常见棺椁痕迹和二层台。葬式多为仰身或俯身。墓底常设有腰坑，坑内大多埋狗。中型墓中发现有殉葬人。一般小墓多随葬鬲、斝、爵、豆、盆、簋等陶器中的几种，常见涂朱圆陶片。较高级的墓中随葬青铜器、玉器等，青铜器以爵、斝、觚为常见；玉器以柄形器最为常见。

发现埋有牲畜的祭祀坑。除普通的水井外，还有一种带有井坑，结构颇为复杂的水井。陶窑多为圆形，由窑室、窑箅、火膛、火门等部分组成，有的在火膛内设有窑柱。

出土大量青铜容器、兵器、工具和装饰品。除了三座城址，荥阳西史村〔2〕、登封袁桥〔3〕、中牟黄店〔4〕等地亦有青铜器出土。已经发现的青铜容器（包括铸铜基址发现的容器范）有鼎、鬲、斝、爵、觚、盉、盆等；兵器有戈、钺、镞等；工具有䦆、斧、刀、锥等；装饰品有笄；另外还有车軎等。在继承二里头文化青铜器的基础上，又有改造和创新，形成了颇具特色的早商青铜器群。如铜爵，二里头文化者通体内曲，三足外撇；而早商文化者则有明显的颈腹之分，且三足近乎直立〔5〕。早商文化的铜斝主要有三种：底部近平；圜底下附三袋足；接近分裆鬲形。前者源于二里头文化的陶斝，后者则直接仿照同时的鬲形斝，而圜底三袋足斝则兼有上述两种的某些特点。其他种类的青铜容器亦多与前代或当时的陶器相似。

石铲数量较少，石镰较为盛行，另有刀、镞、戈等。骨、角、蚌、牙器的使用较为普遍，或为生产工具，或为装饰品。

卜骨发现较多，除少量的羊、猪肩胛骨和龟甲外，一般用整治过的牛肩胛骨。普遍施钻。

关于二里冈类型陶器群（参见图4-1、4-2）的构成与特征：

二里冈类型陶器群中占主导地位者，是来源于下七垣文化的一组陶器。作为主要炊器的鬲，绝大多数都是卷沿、圆唇、细绳纹、袋足下垂，这种鬲连同与之风格相似的甗和鬲式斝源于下七垣文化。平底的深腹罐、中腹盆、敞口曲腹的浅腹盆、基本素面的束颈深腹盆等，也都是由下七垣文化延续下来的。

鉴于二里冈类型基本涵盖了原二里头文化的分布范围，陶器群中源于二里头文化的因素颇多，而以圜底器最为明显，包括觚、爵、斝、大口尊、圜底深腹罐、捏口罐、刻槽

---

〔1〕 黄河水库考古工作队河南分队：《河南陕县七里铺商代遗址的发掘》，《考古学报》1960年第1期。
〔2〕 郑州市博物馆：《河南荥阳西史村遗址试掘简报》，《文物资料丛刊》5，文物出版社，1981年。
〔3〕 《河南出土商周青铜器》编辑组：《河南出土商周青铜器（一）》图八四、八五，文物出版社，1981年。
〔4〕 《河南出土商周青铜器》编辑组：《河南出土商周青铜器（一）》图八二、八三，文物出版社，1981年。
〔5〕 马承源：《夏商青铜器考古成就的若干探讨》，《文物考古论丛——敏求精舍三十周年纪念论文集》，敏求精舍·两木出版社，1995年，香港。

盆、圜底甑、圆腹罐、有肩绳纹小口瓮、深腹外敞的深腹盆及由此派生出来的圜底或凹圜底的中腹盆等。还应看到，早在灭夏之前，作为先商文化的下七垣文化就与岳石文化有着非常密切的文化交流，而在商文化南下西进的过程中又与岳石文化交错分布，因此在二里冈类型中存在岳石文化因素也就在情理之中。这类陶器主要是一组素面或具篦状刮痕的红褐色陶器，包括深腹罐、鬲、甗、深腹盆、鼎、碗等。当然它们已经不是纯粹的岳石文化器物，已经融入了一些其他文化因素。另在一些灰陶上也可以看到岳石文化的影响，例如子母口的作风等。邻近的潞王坟—宋窑类遗存也是二里冈类型的来源之一。比较典型的包括有领鼓腹凹圜底的深腹罐、有肩下腹饰绳纹的深腹盆、折肩圜底三扁足的鼎以及曲腹豆等。二里冈类型的另外一部分陶器来自南方地区，主要是各类印纹硬陶和原始瓷器等。还有一些陶器是新创造和发明的，其中以直壁簋、粗柄豆等最为典型。

总之，二里冈类型应是在原下七垣文化因素的主导下，大量吸收了二里头文化及其他文化因素之后发展起来的。在吸收、融合基础上，逐步形成自己的系统和特色。例如二里冈类型以鬲为主要炊器，兼用深腹罐、甗和圆腹罐，鼎逐渐退出日常生活而专门用作礼器，就与早于它的夏代诸文化均有所不同。

二 琉璃阁类型

琉璃阁类型以河南辉县琉璃阁遗址[1]为代表，分布于洹河以南、沁河东北的太行山麓。经过发掘的遗址还有辉县褚丘[2]、孟庄[3]，新乡潞王坟[4]，修武李固[5]，武陟大驾[6]，焦作府城[7]等遗址。经过调查的还有新乡杨岗[8]，淇县摘星台[9]、宋窑等遗址。

通过与郑州早商文化对比，可将该区的早商文化分为二期。第一期包括琉璃阁H1、M203等，相当于郑州二里冈文化第二期。第二期包括潞王坟上层和琉璃阁M110、M226、H4等，相当于郑州二里冈文化第三期。可见该类型缺乏早商文化第一期的遗存[10]。

---

[1] 中国科学院考古研究所：《辉县发掘报告》第3~15页，科学出版社，1956年。
[2] 中国科学院考古研究所：《辉县发掘报告》第123~125页，科学出版社，1956年。
[3] 袁广阔：《辉县孟庄龙山文化城址》，《中国考古学年鉴（1993）》，文物出版社，1995年。
[4] 河南省文化局文物工作队：《河南新乡潞王坟商代遗址发掘报告》，《考古学报》1960年第1期。
[5] 见刘绪：《论卫怀地区的夏商文化》，《纪念北京大学考古专业三十周年论文集》，文物出版社，1990年。
[6] 武陟县文化馆：《武陟县早商墓葬清理简报》，《河南文博通讯》1980年第3期。
[7] A. 李德保、赵霞光：《焦作市发现一座古城》，《文物参考资料》1958年第4期。
    B. 杨贵金、张立东：《焦作市府城古城遗址调查报告》，《华夏考古》1994年第1期。
    C. 《焦作府城发现商代早期城址》，《中国文物报》1999年12月19日。
    D. 袁广阔、秦小丽、杨贵金：《河南焦作市府城遗址发掘简报》，《华夏考古》2000年第2期。
    E. 袁广阔、秦小丽：《河南焦作府城遗址发掘报告》，《考古学报》2000年第4期。
[8] 齐泰定：《河南新乡发现新石器时代遗物》，《文物参考资料》1955年第1期。
[9] 安金槐：《汤阴朝歌镇发现龙山和商代等文化遗址》，《文物参考资料》1957年第5期。
[10] 按：该类型分布区，在相当早商一期时，尚属"潞王坟—宋窑类遗存"第三期的势力范围，详见第三章第三节。

琉璃阁类型中发现有辉县孟庄、焦作府城两座城址。各城址、遗址中水井、灰坑和墓葬等遗迹与二里冈类型基本相同。

琉璃阁类型的青铜器有鼎、鬲、觚、爵、斝、戈、刀、镞等；玉器有柄形器、玦等，形制与二里冈类型者颇为一致。石器有斧、铲、刀、镰、凿、纺轮等，石铲分无肩、有肩两种。石镰均有大有小，尖首、弧背。石刀为近长方形。石斧略呈梯形，较厚重。骨、蚌、牙器有镞、笄、针、锥、匕、刀等。骨镞有铤，镞身断面多为三角形，少量为圆形。骨针可分为一端有尖的穿孔骨针和两端有尖的无孔骨针两种[1]。

陶器有鬲、甗、深腹罐、鼎、甑、簋、豆、深腹盆、浅腹盆、觚、爵、斝、壶、大口尊、平口瓮、小口瓮、缸、捏口罐、陶垫、纺轮、埙、算等。还发现有少量印纹硬陶。鬲是最主要的炊器，在整个陶器群中占有很大的比重，例如琉璃阁 H1 鬲的数量最多，几乎占全数陶片的二分之一。

琉璃阁类型分布于潞王坟—宋窑类遗存的旧地，早商二期时，商文化始覆盖这片地区。琉璃阁类型主要由早商文化的二里冈类型与当地原有的潞王坟—宋窑类遗存融合而成。其中商文化始终占据主导地位；而由潞王坟—宋窑类遗存延续下来的文化因素虽然存在时间较长，但一直处于从属地位，并有逐渐减少的趋势。就器类组合讲，同二里冈类型并无明显差异；就器形来说，除偶见少数豆、浅腹盆等仍保持原"潞王坟—宋窑类遗存"特征外，主要表现在一些器物局部造型上具有原"潞王坟—宋窑类遗存"的作风，如有的鬲呈鼓腹状，深腹罐最大腹径靠上、圜底微凹，深腹盆出肩等（图4-4A）。

三 台西类型

台西类型以河北藁城台西遗址的早期居址为代表[2]，年代相当早商文化第三期。其东西两侧当以古黄河[3]与太行山为界，南侧大致在洹河以南与琉璃阁类型交接，往北则直抵易水以北。经过发掘或调查的遗址还有邯郸龟台寺[4]、蔚县庄窠和四十里坡[5]、藁城北龙宫等[6]。

台西遗址发现有半地穴式和地面起建房基各一座。其水井口部为椭圆形，底部为圆角长方形。井壁涂抹一层厚约2厘米的草拌泥，井底有用圆木搭成的两层井盘。水井中发现的木质水桶则颇为难得，口为扁椭圆形，身似盔形，系用一块大瘿子掏成，口两侧有对称的两穿，用以系绳。口径23.7~24.8厘米。

---

[1] 张立东：《无孔骨针用途小考》，《中国文物报》1994年6月5日。
[2] 河北省文物研究所：《藁城台西商代遗址》，文物出版社，1985年。
[3] 关于商代古黄河走向，大致在今武陟县东北折，经滑县、浚县、内黄县北行至河北深州境分成南北二股，在天津附近入海（见谭其骧：《山经河水下游及其支流考》，《中华文史论丛》第七辑，中华书局，1978年）。
[4] 北京大学、河北省文化局邯郸考古发掘队：《1957年邯郸发掘简报》，《考古》1959年第10期。
[5] 张家口考古队：《蔚县考古纪略》，《考古与文物》1982年第4期；《蔚县夏商时期考古的主要收获》，《考古与文物》1984年第1期。
[6] 河北省文物研究所：《藁城北龙宫商代遗址的调查》，《文物》1985年第10期。

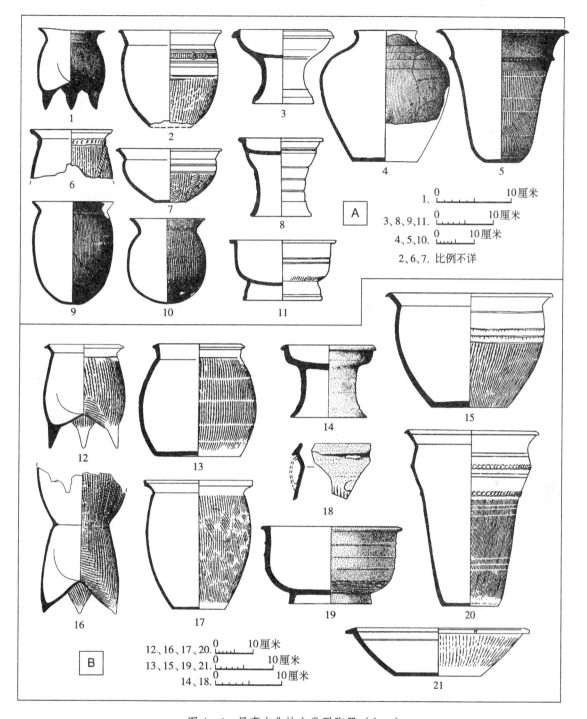

图 4-4 早商文化地方类型陶器（之一）

A. 琉璃阁类型 1. 鬲（琉璃阁 H1:87） 2. 深腹盆（李固 T1④:42） 3. 豆（南朱 M1:3） 4. 小口瓮（琉璃阁 H1:141） 5. 大口尊（琉璃阁 M226:2） 6. 鬲（李固 T1④:14） 7. 盆（李固 H4:40） 8. 豆（南朱 M2:1） 9. 深腹罐（琉璃阁 H1:134） 10. 圆腹罐（琉璃阁 H1:108） 11. 簋（南朱 M2:2）

B. 台西类型 12. 鬲（台西 H42:2） 13. 汲水罐（台西 H65:1） 14. 豆（台西 T3:052） 15. 深腹盆（台西 H39:6） 16. 甗（台西 H87:2） 17. 深腹罐（台西 T4:92） 18. 斝（台西 H16:01） 19. 簋（台西 H42:02） 20. 大口尊（台西 H39:9） 21. 浅腹盆（台西 H39:01）

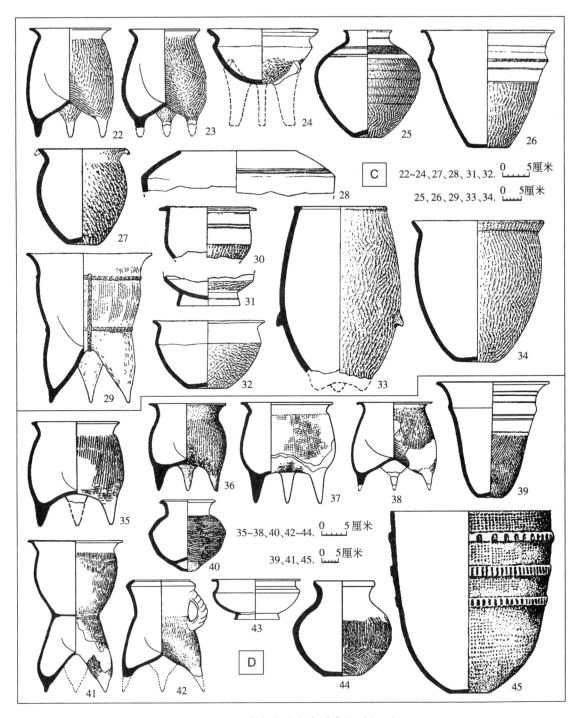

图 4-4 早商文化地方类型陶器（之二）

C. 东下冯类型　22. 鬲（东下冯 H539:1）　23. 鬲（东下冯 T1088③:1）　24. 鼎（东下冯 J2:22）　25. 小口罐（东下冯 H550:1）　26. 大口尊（东下冯 H401:15）　27. 双錾罐（东下冯 H401:27）　28. 敛口瓮（东下冯 T1081③:20）　29. 斝（东下冯 H401:14）　30. 深腹盆（东下冯 H105:23）　31. 簋（东下冯 H105:24）　32. 深腹盆（东下冯 H104:22）　33. 蛋形瓮（东下冯 H401:17）　34. 大口深腹罐（东下冯 H38:13）

D. 盘龙城类型　35. 鬲（PLZM2:48）　36. 鬲（楼 G2②A:4）　37. 鬲（PLZH4:2）　38. 鬲（PWZT71⑦:5）　39. 大口尊（楼 G1④:3）　40. 尊（楼 G1⑨:4）　41. 甗（PWZT80⑥:2）　42. 斝（PYZT6⑤:3）　43. 簋（楼 T2③:1）　44. 罐（楼 G1④:4）　45. 缸（楼 G1⑦:1）

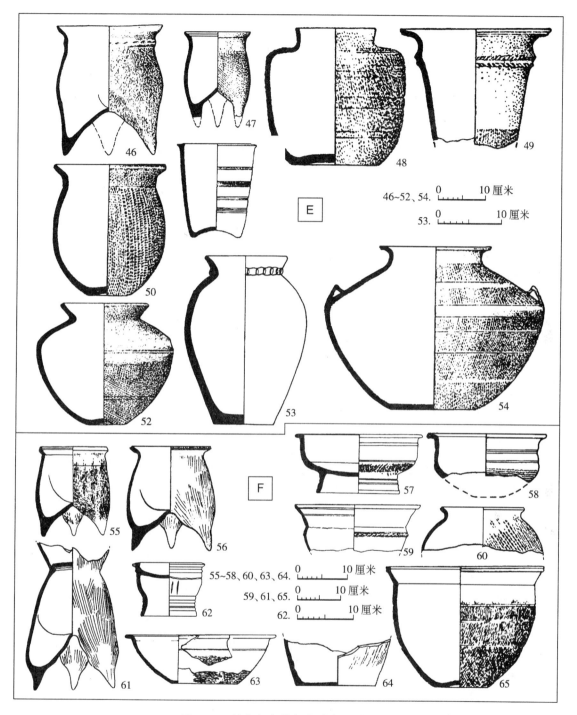

图 4-4 早商文化地方类型陶器（之三）

E. 大城墩类型 46. 鬲（大城墩 T5⑦:1） 47. 鬲（大城墩 T1⑤:3） 48. 小口瓮（大城墩 T5⑦:9） 49. 大口尊（大城墩 T3⑤B:4） 50. 深腹罐（大城墩 T3⑤B:4） 51. 二足器（大城墩 T3⑤B:21） 52. 小口瓮（大城墩 T3⑤B:25） 53. 深腹罐（斗鸡台 T2③:6） 54. 小口瓮（大城墩 T3⑤B:9）

F. 大辛庄类型 55. 鬲（大辛庄Ⅲ2H100:2） 56. 鬲（大辛庄Ⅲ2J2:8） 57. 簋（大辛庄Ⅲ2J2:4） 58. 深腹盆（大辛庄Ⅲ2H100:13） 59. 大口尊（大辛庄Ⅲ4H20:1） 60. 小口瓮（大辛庄Ⅲ6G24:20） 61. 甗（大辛庄Ⅲ6G24:10） 62. 假腹豆（大辛庄Ⅲ2J2:2） 63. 浅腹盆（大辛庄Ⅲ2J2:5、31） 64. 深腹罐（大辛庄Ⅲ6G24:42） 65. 深腹盆（大辛庄Ⅲ2H100:20）

可以确定为台西类型的铜、石、骨、蚌器数量很少,看不出明显的特征。卜骨同于二里冈类型。

台西类型炊器以鬲为主,兼用甗、深腹罐。陶鼎多仿铜器。贮藏器中不见蛋形瓮。二里冈类型常见的大口尊、刻槽盆、捏口罐、大口缸等,台西类型少见或不见。台西遗址曾出土三件可以复原的大口尊,但遗址中的残片并不多,而且据说这在河北境内100多处商代遗址中是仅有的。在台西遗址曾出土极少量的刻槽盆残片[1],但未见报道其期属。捏口罐是二里冈类型中的主要汲水用具,而在台西类型,用于汲水的除了木桶之外,可能还用一种平底、圆腹的小罐。台西类型常见的有肩深腹、口径小于肩径的尊形器、敛口钵等则不见于二里冈类型。台西类型以平底器为主、缺乏圜底器的造型特点是由下七垣文化延续下来的。素面鬲等则应是来自大坨头文化的因素(图4-4B)。

台西类型的分布区域同先商文化(下七垣文化)大体重合。前文曾述及,下七垣文化第四期遗存的年代已进入商代早期,大致相当早商文化一期或稍后延[2],它同以台西早期居址为代表的早商文化台西类型之间尚有明显缺环,文化面貌也存在差异。推测后者应是在下七垣文化第四期基础上,又受到早商二里冈类型强烈影响所形成的,但尚未找到其间的演化序列。限于目前资料,暂时不把下七垣文化第四期遗存归入台西类型。此问题留待今后解决。

四 东下冯类型

东下冯类型以山西夏县东下冯遗址的早商文化遗存(《夏县东下冯》报告的Ⅴ、Ⅵ期)为代表[3]。最初学者一般将晋西南与晋东南早商文化均归入二里冈类型[4]。《夏县东下冯》发表以后,学者们开始注意到晋西南地区早商文化的地方特色[5],并将其命名为早商文化"东下冯类型"[6]。

早商文化东下冯类型分布于二里头文化东下冯类型旧地,主要在汾河中、下游与涑水河流域[7]。其南、西两面大体以黄河为界,北面则止于霍山以南,东部边界尚难确定。

东下冯遗址发现有城墙。系夯土版筑,平地起建,两侧筑有护坡,城墙外侧挖有城壕。城内尚未发现规格较高的大中型建筑基址,却在城内西南部发掘出一片排列整齐的圆

---

[1] 唐云明:《试论藁城台西商文化遗址中的陶器》,《全国商史学术讨论会论文集》,殷都学刊编辑部,1985年。
[2] 详见第三章第二节。
[3] 中国社会科学院考古研究所、中国历史博物馆、山西省考古研究所:《夏县东下冯》第148~207页,文物出版社,1988年。
[4] 邹衡:《试论夏文化》,《夏商周考古学论文集》,文物出版社,1980年。
[5] 岳连建:《商代边远地区二里冈期文化分析——兼论商代早期的政治疆域》,《考古与文物》1993年第4期。
[6] 王立新:《早商文化研究》第170页,高等教育出版社,1998年。
[7] 中国社会科学院考古研究所山西工作队:《晋南考古调查报告》,《考古学集刊》第6集,中国社会科学出版社,1989年。

形建筑基址，总数约有40~50座。此类建筑尚未见于其他早商遗址。墓葬均为长方形竖穴土坑墓。墓内随葬鬲、盆、斝、豆、罐等陶器，随葬铜器仅见爵。未发现腰坑。

玉器仅见笄；石器有斧、锛、铲、刀、镰、凿、镞、纺轮等；骨、角、牙蚌器有铲、针、匕、笄、锥、刀、镰、镞等，器类大都与二里冈类型相同，只是石铲较多，在收获工具中石刀多于石镰。铜工具、武器有刀、镞等小件器物，另发现有铸造铜斧的石范。

陶器以灰陶为主，兼有少量红褐陶等，与二里冈类型陶色相同，而其夹砂陶多于泥质陶则稍有特色。纹饰以绳纹为主，素面和旋纹次之，并有少量的划纹、剔刺纹及各种压印纹等。圜底器较少，平底器和凹圜底器相对较多。器类大多与二里冈类型互见，只是有些器物所占比例及其形态与二里冈类型有一定差异。如鬲领饰绳纹及袋足肥鼓；深腹罐领饰绳纹、鼓腹、凹圜底等；小口瓮肩部饰有竖绳纹、方格纹、菱形纹等；壶口为杯状、无圈足等特点均与二里冈类型者有别。东下冯类型的蛋形瓮、大口罐、瓿式斝、三足杯等，均罕见或不见于二里冈类型；后者常见的刻槽盆、爵、斝等则少见于东下冯类型（图4-4C）。

早商文化东下冯类型是二里冈类型向晋西南的发展过程中，吸收了二里头文化东下冯类型的不少文化因素后形成的。这在炊器组合上表现得相当清楚。二里头文化东下冯类型以圆腹罐为主要炊器，并有一定数量的深腹罐、鬲、斝等；而早商文化东下冯类型则以商式鬲为主要炊器，当地原有陶鬲基本消失，而深腹罐、瓿、斝等则多带有二里头文化东下冯类型的遗风。大口尊、小口瓮、平口瓮等器物虽为当地固有，但均经过改造，其变化规律同于二里冈类型者。蛋形瓮、瓿式斝、大口罐等不见于二里冈类型的器物，均是来源于二里头文化东下冯类型的因素。

五　北村类型

北村类型以陕西耀县北村[1]、西安老牛坡遗址[2]为代表。关于此类遗存，早年曾提出过"京当型"的命名[3]，后来多称之为"北村类型"[4]。就目前材料来看，早商文化北村类型的分布范围局限于西安附近。除北村遗址之外，经过发掘的遗址还有蓝田怀珍坊[5]、

---

[1] 北京大学考古系商周组、陕西省考古研究所：《陕西耀县北村遗址1984年发掘报告》，《考古学研究（二）》，北京大学出版社，1994年。
[2] A. 保全：《西安老牛坡出土商代早期文物》，《考古与文物》1981年第2期。
B. 宋新潮：《西安老牛坡遗址发掘的主要收获》，《西北大学学报（哲学社会科学版）》1987年第1期；《殷商文化区域研究》第69~72页，陕西人民出版社，1991年。
[3] 邹衡：《试论夏文化》，《夏商周考古学论文集》，文物出版社，1980年。
[4] A. 徐天进：《试论关中地区的商文化》，《纪念北京大学考古专业三十周年论文集》，文物出版社，1990年。
B. 王立新：《早商文化研究》第162~170页，高等教育出版社，1998年。
[5] A. 樊维岳、吴镇烽：《陕西蓝田县出土商代青铜器》，《文物资料丛刊》3，文物出版社，1980年。
B. 西安半坡博物馆、蓝田县文化馆：《陕西蓝田怀珍坊商代遗址试掘简报》，《考古与文物》1981年第3期。

华县南沙村等[1]。

发掘者对北村遗址所分的三期[2]约相当于早商文化三期至中商文化三期。如本章第一节所述及，早商文化北村类型是指以北村遗址第一期为代表的、大致相当早商文化第三期的遗存。

在蓝田怀珍坊发现有铸铜遗迹。该类型发现的石器数量很多。石刀有长方形、梯形和马鞍形三种。石镰的数量远不如石刀，异于二里冈类型而同于东下冯类型。骨、角、牙、蚌器及卜骨与二里冈类型者略同。

陶器以泥质灰陶和夹砂灰陶为主，并有少量的黑陶，与二里冈类型者基本相同，只是红褐陶的比例稍大。纹饰以绳纹为主，素面次之，并有少量的旋纹、弦纹、圆圈纹、附加堆纹、方格纹、云雷纹、饕餮纹等，与二里冈类型者大体一致，惟其动物划纹、方格纹与雷纹的组合纹饰，圆圈纹和方格纹的组合纹饰等，未见于二里冈类型。圜底器的比例远小于二里冈类型，而三足器则正好相反。以鬲为主要炊器，在全部器物中所占比例高于二里冈类型，兼用圆腹罐和甗，而不见深腹罐、鬲式斝等。鼎、大口尊、豆、深腹盆、中腹盆、平口瓮及与之配套的器盖、大口缸、簋、小口瓮、壶、原始瓷尊等，类同于二里冈类型，但二里冈类型常见的捏口罐、甑、爵等却不见或少见于北村类型。北村类型体形粗矮的小型鬲颇有特色，与瘦高体者共存。圆腹罐领部较高，大都在口沿附加或捺印花边，少数为双耳或双錾。小口瓮体形瘦高，折肩者数量较多，肩部多为素面，与二里冈类型者体形粗肥、多在肩部饰绳纹有所不同。甑底有七至九个圆孔，多于二里冈类型者。

早在客省庄二期文化中，圆腹罐就是当地主要的炊器之一，而在华县南沙村、商县紫荆等二里头文化遗址中，圆腹罐的数量也较多。北村类型中有较多的圆腹罐无疑是延续了当地的文化传统。三足器比例较大，小口瓮多折肩，以石刀为主要的收割工具等也大体如此。

北村类型的主体文化因素显然来自二里冈类型，是后者向西发展的结果。在其形成和发展过程中，这些来自二里冈类型的因素亦发生了某些变异。这些变异以及与二里冈类型存在差异的诸项特色，均是吸收当地的土著文化因素的结果。

六　盘龙城类型

盘龙城类型以湖北黄陂盘龙城[3]为代表，主要分布于汉水以东，桐柏山以南，长江

---

[1] 北京大学考古教研室华县报告编写组：《华县、渭南古代遗址调查与发掘》，《考古学报》1980年第3期。

[2] A. 北京大学考古系商周组、陕西省考古研究所：《陕西耀县北村遗址1984年发掘报告》，《考古学研究（二）》，北京大学出版社，1994年。

B. 徐天进：《试论关中地区的商文化》，《纪念北京大学考古专业三十周年论文集》，文物出版社，1990年。

[3] 盘龙城经过多次调查与发掘，材料见：

A. 蓝蔚：《湖北黄陂县盘土城发现古城遗址及石器等》，《文物参考资料》1955年第4期。

B. 郭冰廉：《湖北黄陂杨家湾的古遗址调查》，《考古通讯》1958年第1期；《湖北黄陂矿山水库工地发现了青铜器》，《考古通讯》1958年第9期。

以北的地区[1]。除盘龙城外，另在新洲香炉山发现有该类型的遗址[2]，在黄陂汾湾[3]、大悟雷家山[4]、随州淅河[5]发现铜器。该类型地处早商文化的南部边缘，一些遗址游离于核心区域之外呈据点式分布。岳阳铜鼓山[6]很可能就是已知的一个外围据点。

盘龙城遗址商文化遗存的第一期和第二期相当早商文化第二、三期。

盘龙城是一座早商到中商时期的城址，其夯土城墙略呈方形，城墙分段版筑，有护城坡，城墙外侧挖有城壕，宫殿基址位于城内东北部，城外设置手工业作坊和墓地等。惟因地势关系，其城墙的起伏状况和平面形状不甚规则。城内的三座大型基址都坐落在一个巨型的夯土台基之上。在城垣外围的众多遗址中，发现有中小型房基、推断为手工业作坊遗迹的长条形沟槽和墓葬。中型墓有棺有椁，随葬有青铜器，墓底挖有腰坑，并有殉葬人。小型墓较为简陋，随葬器物较少。

盘龙城类型发现有大量的青铜容器、兵器和工具等。容器有鼎、鬲、甗、簋、盉、觚、爵、斝、罍、盘等。除了甗、簋等少数几种尚未见于二里冈类型外，其余均和二里冈类型的同类器比较接近，不过盘龙城类型青铜容器的独特之处也很明显。例如有的觚细腰处外鼓、有的斝足断面为圆形等。兵器有钺、戈、矛、镞等；工具有锸、镬、斧、锛、凿、刀、鱼钩等。其中的矛和锸尚未见于二里冈类型。除了人字纹和菱形纹外，大多数铜器纹饰均同于二里冈类型。盘龙城类型的玉器有柄形饰、戈、笄、雕刀及各种饰物。石器有斧、锛、铲、镰、勺等。

陶器与二里冈类型的共性和差异都很明显。盘龙城类型中的鬲、甗、爵、斝、簋、豆、深腹盆、中腹盆、刻槽盆、单把圈足杯、大口尊、小口瓮等器类的形态与二里冈类型的同类器相似。这组陶器在盘龙商城约占已复原器物的60%，在铜鼓山亦为数不少，显然在整个陶器群中居于主导地位。鬲是盘龙城类型的主要炊器，它在盘龙城约占已复原陶器的20%[7]。

盘龙城类型与二里冈类型在陶器方面的差异主要有以下几点：第一，从陶系来看，红

C. 郭德维、陈贤一：《湖北黄陂盘龙城商代遗址和墓葬》，《考古》1964年第8期。

D. 湖北省博物馆：《一九六三年湖北黄陂盘龙城商代遗址的发掘》，《文物》1976年第1期；《盘龙城商代二里冈期的青铜器》，《文物》1976年第2期。

E. 湖北省博物馆、北京大学考古专业盘龙城发掘队：《盘龙城一九七四年度田野考古纪要》，《文物》1976年第2期。

[1] 杨权喜：《湖北商文化与商朝南土》，《中国商文化国际学术讨论会论文集》，中国大百科全书出版社，1998年。

[2] 李克能：《新洲县香炉山新石器时代至周代遗址》，《中国考古学年鉴(1991)》，文物出版社，1992年。

[3] 熊卜发、刘志升、李晓明：《黄陂县出土玉器、铜器》，《江汉考古》1981年第1期。

[4] 熊卜发、刘志升：《大悟发现编钟等青铜器》，《江汉考古》1980年第2期。

[5] 随州市博物馆：《湖北随县发现商代青铜器》，《文物》1981年第8期。

[6] 湖南省文物考古研究所、岳阳市文物工作队：《岳阳市郊铜鼓山商代遗址与东周墓发掘报告》，《湖南考古辑刊》第5辑，《求索》杂志社，1989年。

[7] 陈贤一、李桃元、傅守平、陈春：《论湖北地区早商文化》，《长江文化论集》第一辑，湖北教育出版社，1995年。

陶比例大，约占 50%～60%；陶器的制法以手制为主。第二，二里冈类型的若干器类罕见或不见于盘龙城类型。例如深腹罐、盆形鼎、平口瓮、捏口罐等；另外，有些与二里冈类型相似的器物上也表现一些地方特色，例如陶鬲作弧裆、平裆者为数较多，鬲沿下少见同心圆纹，又如中腹盆多有领等。第三，红褐色的厚胎粗陶大口缸数量特多。在盘龙城和铜鼓山遗址都是主要器类之一。这类器物源于屈家岭—石家河文化，是长江中游地区夏商时期最为流行的一种器物[1]。由于大口缸多饰方格纹，因此方格纹比例较高也是盘龙城类型的明显特色。第四，硬陶和原始瓷器（尊、壶、瓮、罐等）比例较高。在盘龙城二者约占陶器总数的 6% 以上[2]，其中有些器类未见于二里冈类型（图 4-4D）。

盘龙城类型是早商文化二里冈类型南下的产物，其主体文化因素与二里冈类型基本一致。在其形成过程中，融合了不少当地土著文化因素，并接受了南面吴城文化、东面湖熟文化等不同程度的影响。

七　大城墩类型

大城墩类型以安徽含山大城墩遗址[3]为代表。安徽西部曾被归入二里冈类型[4]，后又被细分为"皖西类型"和"大城墩类型"[5]。近年有学者将这两个类型归并为"大城墩类型"[6]。大城墩类型主要分布在安徽江淮之间，霍山—巢湖一线之北的地区。除大城墩遗址外，还有六安众德寺，寿县斗鸡台，霍丘洪墩寺、绣鞋墩[7]，肥西大墩子[8]，含山孙家岗等[9]。

大城墩遗址的早商文化以 T5 第 7 层、T1 第 5 层、T3 第 5B 层为代表，年代与早商文化第三期约略相当。

六安出土有铜斝[10]，其形制与二里冈类型者相同。石器有锛、刀、璧、镞等。

大城墩类型的陶器以灰陶为主、外表多饰绳纹等情形，均同于二里冈类型。但夹砂陶

---

[1] 熊传新、郭胜斌：《长江中游商时期大口缸的探讨》，《中国考古学会第七次年会论文集》，文物出版社，1992 年。

[2] 陈贤一：《江汉地区的商文化》，《中国考古学会第二次年会论文集》，文物出版社，1982 年。

[3] A. 安徽省文物考古研究所：《安徽含山大城墩遗址发掘报告》，《考古学集刊》第 6 集，中国社会科学出版社，1989 年。
B. 张敬国：《含山大城墩遗址第四次发掘的主要收获》，《文物研究》第四期，黄山书社，1988 年。
C. 安徽省文物考古研究所、含山县文物管理所：《安徽含山大城墩遗址第四次发掘报告》，《考古》1989 年第 2 期。

[4] 邹衡：《试论夏文化》，《夏商周考古学论文集》，文物出版社，1980 年。

[5] 王迅：《东夷文化与淮夷文化研究》第 68 页，北京大学出版社，1994 年。

[6] 王立新：《早商文化研究》第 185～190 页，高等教育出版社，1998 年。

[7] 北京大学考古学系商周组、安徽省文物工作队：《安徽省霍丘、六安、寿县考古调查试掘报告》，《考古学研究（三）》，科学出版社，1997 年。

[8] 安徽省博物馆：《遵循毛主席的指示，做好文物博物馆工作》，《文物》1978 年第 8 期。

[9] 安徽省展览、博物馆：《安徽含山县孙家岗商代遗址调查与试掘》，《考古》1977 年第 3 期。

[10] 孟宪珉、赵力华：《全国拣选文物展览巡礼》，《文物》1985 年第 1 期。

远多于泥质陶，红褐陶所占比例较高，有一定数量篮纹等情形却又与二里冈类型有别。大城墩类型的器物组合与二里冈类型基本相同，但也有一定差别。以鬲为主要炊器，并兼用深腹罐、甗等类同于二里冈类型。二里冈类型常见的直壁深腹盆、捏口罐、刻槽盆、平口瓮等均不见或少见于大城墩类型；大城墩类型的二足器、小口广折肩瓮等则不见于二里冈类型。

大城墩类型中与二里冈类型的同类器相似者有鬲、豆、簋、深腹盆、大口尊、小口瓮、斝、深腹罐、甗等，它们在数量上占有绝对优势，从而决定了其文化属性。不过，这些器物又多少与二里冈类型者有一定的差别，如鬲的高宽比例、口部特征、外表纹饰等均有所不同，再如大口尊不见特长颈、口径远大于肩径者。大城墩类型中还有一些当地文化因素，其中有的是由斗鸡台文化延续下来的，如平沿罐、短沿粗陶缸等；有的可能是属于岳石文化因素，如有颈饰附加堆纹的深腹罐、内壁有凹槽的盘形豆、外表有凸棱的碗形豆以及半月形双孔石刀等（图4-4E）。

综观之，大城墩类型的主体是商文化因素，源于斗鸡台文化与吸纳自岳石文化的因素数量较少，处于附属地位。这是早商文化向东南方向发展而形成的一个地方类型。

八 大辛庄类型

大辛庄类型以山东济南大辛庄遗址[1]为代表。山东地区的早商文化，早年曾被归入二里冈类型[2]，后曾将其划分为"鲁西南类型"、"鲁中类型"和"鲁南类型"[3]。近年多称作"大辛庄类型"[4]。该类型主要分布在今黄河以南、泰沂山脉以西的山东省境内[5]。但经过发掘、确知有早商文化的地点，迄今仅为大辛庄遗址一处。大辛庄遗址有商代早期、中期至晚期的商文化遗存，只以第Ⅲ发掘区第6小区的⑩层、⑪层，第2小区的⑤层及

---

[1] A. 山东省文物管理处：《济南大辛庄商代遗址勘查纪要》，《文物》1959年第11期；《济南大辛庄遗址试掘简报》，《考古》1959年第4期。
  B. 蔡凤书：《济南大辛庄商代遗址的调查》，《考古》1973年第5期。
  C. 任相宏：《济南大辛庄龙山、商遗址调查》，《考古》1985年第8期。
  D. 山东大学历史系考古专业、山东省文物考古研究所、济南市博物馆：《1984年秋济南大辛庄遗址试掘述要》，《文物》1995年第6期。
[2] 邹衡：《试论夏文化》，《夏商周考古学论文集》，文物出版社，1980年。
[3] 王迅：《东夷文化与淮夷文化研究》第42～44页，北京大学出版社，1994年。
[4] A. 许宏：《对山东地区商代文化的几点认识》，《纪念山东大学考古专业创建20周年文集》，山东大学出版社，1992年。
  B. 王立新：《早商文化研究》第180～185页，高等教育出版社，1998年。
[5] 学者们在论及山东地区的早商文化时，多认为仅及泰山一带。如：
  A. 高广仁认为："属于商代中期（按：指二里冈时期）的遗址，目前则仅见于济南滕县线以西"（见高广仁：《山东地区史前文化概论》，《山东史前文化论集》，齐鲁书社，1986年）。
  B. 严文明认为："（早商）后期文化（按：指二里冈上层）仅到泰山一带"（见严文明：《胶东原始文化初论》，《山东史前文化论集》，齐鲁书社，1986年）。
  C. 任相宏认为："二里冈上层时期的前夕到达大辛庄一带，殷墟一期前夕到达史家一带"（见任相宏：《从泰沂山脉北侧的商文化遗存看商人东征》，《中国文物报》1987年11月23日）。

其下叠压的 2J2、6G24 等单位为代表的第一期属早商文化，年代相当早商文化的第三期。

大辛庄类型的玉戈、石斧、长方形石刀、石镰、石镞及骨镞等均与二里冈类型者大体一致，半月形双孔石刀则应属岳石文化遗风。卜骨与二里冈类型略同。

大辛庄类型的陶器群明显地分为两类。第一类与二里冈类型的同类器相同或相近，多为饰绳纹的灰陶，包括鬲、甗、深腹罐、圆腹罐、簋、豆、爵、斝、大口尊、腹壁外敞或近直的深腹盆、中腹盆、小口瓮、捏口罐等，是典型的早商文化因素。以鬲为主要炊器并兼用甗、深腹罐、圆腹罐，绳纹由细变粗等，亦与二里冈类型接近；第二类与岳石文化的同类器有颇多的共同之处，多为夹砂红褐陶，也有少量的泥质灰陶。夹砂红褐陶者多素面而常见刮抹痕；泥质灰陶者多素面，无刮抹痕，常饰旋纹，二者有时也饰细绳纹。器型有鬲、甗、小口瓮、深腹盆等，是当地的传统文化因素。红褐陶较多，在大辛庄遗址达 42%。甗在炊器组合中的地位远较二里冈类型重要，这与岳石文化以甗为主要炊器应有某种关联。两类陶器共存发展，互相渗透，因此不少的器物上兼有两种特征。这两类陶器的区别与联系在大辛庄遗址表现得最为清楚（图 4-4F）。在大辛庄类型的陶器群中，第一类比例较大，居于主导地位，决定了其文化性质；第二类比例较小，居于次要地位[1]。

总的看来，早商文化大辛庄类型的主体成分应来自中原地区的二里冈类型，它是商文化向东扩展过程中，吸纳土著文化因素后形成的一支颇具特色的地方类型。

上述八个类型均为早商文化的组成部分，其共性远远大于个性。早商文化的分布范围超过了夏文化及以前任何一种考古学文化，至中商文化分布范围进一步扩大，甚至比晚商时期还要大。这种文化格局的形成应有多方面的原因，其中最重要的应是政治组织的完善和中央王朝实力的增强。

二里冈类型分布于早商文化的中心位置，是当时文化的辐辏之地。它肇始于成汤灭夏，在八个类型中形成年代最早。其社会发展水平最高，在早商文化的一统格局中显然处于主导地位，可以称之为中心类型。其他七个类型都是由它派生出来的，是在二里冈类型向四外传播的过程中逐渐形成的。上述七个地方类型与二里冈类型的差别，主要是由于吸收了当地原有文化的因素。这些其他文化因素的存在，可以模糊地区分为显性、隐性两种状态，其具体表现更是千差万别。

各个地方类型与二里冈类型的亲疏关系是各不相同的，总的看来处于西方和北方的四个地方类型与二里冈类型的共性较强，而南方和东方三个地方类型的地域特点则比较更明显。各个地方类型形成的时间也有先后之分。早在早商文化第一期，商文化已进入晋西南地区，形成东下冯类型。琉璃阁类型形成于早商文化第二期偏早阶段，稍次于东下冯类型。大约与此同时，商文化又向南方、东南发展，形成盘龙城类型。最晚形成的是北村类型、大城墩类型和大辛庄类型，后三个类型始于早商文化第三期。至于台西类型，究竟是

---

[1] 徐基：《从济南大辛庄遗址的第二类遗存探索岳石文化的发展去向》，《辽海文物学刊》1990 年第 1 期；《济南大辛庄商代文化遗存的再认识》，《中国商文化国际学术讨论会论文集》，中国大百科全书出版社，1998 年。

从当地相当早商文化一期的遗存（即前文所指下七垣文化第四期）延续发展下来的，还是中间曾有间断、到早商第三期才形成，尚不清楚。

第三节 偃师商城

一 地理位置和环境变迁

洛阳盆地北依邙山，南临万安山，呈东西向窄长形，东西长约40公里，南北宽约5~10公里。盆地内地势西高东低，有伊、洛二河和一些季节性河流。偃师商城遗址坐落在洛阳盆地东段，西距洛阳市约30公里，现行政隶属偃师市城关镇。北纬34°43′，东经112°46′。遗址西靠首阳山电厂，东接偃师市区，南临洛河，北部接近陇海铁路，城关镇塔庄村和大槐树村分别位于遗址的南北两端，310国道（自江苏连云港至甘肃天水）穿城而过（图版15）。

遗址东侧有规模较大的仰韶—龙山时代遗址和二里头文化小型聚落；西南约6公里为著名的二里头遗址。城址东距郑州商城约110公里，东北距焦作府城商城约90公里，西北距垣曲商城约140公里；附近的早商文化遗存有两条分布带：以伊、洛河为界，北部遗址带沿邙山南麓一线分布，南部遗址带沿万安山北麓分布。

夏商时期，商城遗址一带的地势平坦，最大高差在1米左右，南部稍稍隆起；城址东南部有一方圆约1.5公里的水域（湖泊）；东北部城外有一条西北—东南向的河道；当时的洛河位于城址南约2公里左右。

二 发现与发掘

偃师商城是1983年春季为配合首阳山电厂选址，由中国社会科学院考古研究所洛阳汉魏故城工作队发现。是年秋季，中国社会科学院考古研究所组建河南第二工作队主要负责偃师商城的勘探和发掘。近20年来田野考古工作连续不辍，对城址的研究和认识也不断深入和发展。

1. 偃师商城遗址的勘探与试掘（1983年春夏），确认了西、北、东三面城墙的位置、走向、长度及保存状况；北城墙中部发现一处可能是"城门"的遗迹，同时发现通过此"城门"向南的大道；城外的东南侧发现一水泊遗迹。在城内南部发现第Ⅰ~Ⅲ号大型夯土建筑群基址。发现者首次提出：城的年代与郑州二里冈商代早期相当；偃师商城具有都城性质，城南部居中的第Ⅰ号建筑群应为宫殿区；并推测该城可能就是商汤灭夏后所营建的都城"西亳"[1]。

2. 第一阶段大规模发掘（1983年秋至1988年春），发现并发掘西二城门[2]和东一城

---

[1] 中国社会科学院考古研究所洛阳汉魏故城工作队：《偃师商城的初步勘探和发掘》，《考古》1984年第6期。

[2] 中国社会科学院考古研究所河南第二工作队：《1983年秋季河南偃师商城发掘简报》，《考古》1984年第10期。

门（原编号东二城门）[1]，西二城门内侧发掘一片墓地；确认第Ⅰ号建筑群遗址是宫城，发掘了第四[2]、五、六号[3]宫殿建筑基址（第五号宫殿为原第五号宫殿上层建筑基址，第六号为原第五号宫殿下层建筑基址）；发现第Ⅱ、Ⅲ号建筑群均有宽约2米左右的围墙，实为两处自成单元的"城堡"，围墙内有排列整齐的夯土基址。

3. 以配合基建为主的发掘（1988～1995年），新发现了环绕城址的护城壕、南城墙[4]和西一城门，发掘了西一城门及城门外的护城壕；在城内中北部，发掘出一批中、小型房屋建筑，大量灰坑、窖穴，以及陶窑、水井、墓葬等遗存[5]；大面积地发掘位于城内西南角的第Ⅱ号建筑群遗址，推定是府库性质的遗迹[6]。南城墙的发现使偃师商城的布局得以完整。

4. 作为"夏商周断代工程"和"九五"重点项目的大规模主动发掘（1996～1998年），主要有：宫殿区西部的复查勘探；大城北城墙东段的发掘（图版16-1）[7]；小城城墙的发掘（图版16-2）[8]；宫殿区第一、第二、第三、第七、第九号宫殿的发掘[9]；宫殿区北部灰沟的发掘[10]等等，皆取得重要成果。通过上述一系列田野工作，为解决该城的始建年代，探究宗庙、宫殿区布局、建筑结构及其发展、变化，了解（新发现的）小城与大城各自的修筑年代及其替代关系，进一步辨明该城性质，提供了丰富、坚实、系统的科学资料。在此基础上，结合以往的发掘与研究，排列出偃师商城考古编年序列[11]，从而为解决夏商王朝交替和夏商文化分界树立起界标，为建立商代早期年代框架提供了基础科学依据。

---

[1] 赵芝荃、刘忠伏：《偃师县尸乡沟商代早期城址》，《中国考古学年鉴（1985）》，文物出版社，1985年。

[2] 中国社会科学院考古研究所河南第二工作队：《1984年春偃师尸乡沟商城宫殿遗址发掘简报》，《考古》1985年第4期。

[3] 中国社会科学院考古研究所河南第二工作队：《河南偃师尸乡沟商城第五号宫殿基址发掘简报》，《考古》1988年第2期。

[4] 刘忠伏：《偃师尸乡沟商代城址》，《中国考古学年鉴（1989）》，文物出版社，1990年；《偃师商城遗址》，《中国考古学年鉴（1991）》，文物出版社，1992年；《偃师商城南城墙保存完整》，《中国文物报》1992年6月7日。

[5] 中国社会科学院考古研究所河南第二工作队资料。按：以下文中凡涉及该队尚未正式报道的资料，恕不再一一注明。

[6] 中国社会科学院考古研究所河南第二工作队：《偃师商城第Ⅱ号建筑群遗址发掘简报》，《考古》1995年第11期。

[7] 中国社会科学院考古研究所河南第二工作队：《河南偃师商城东北隅发掘简报》，《考古》1998年第6期。

[8] 中国社会科学院考古研究所河南第二工作队：《河南偃师商城小城发掘简报》，《考古》1999年第2期。

[9] 《偃师商城考古再获新突破》，《中国文物报》1998年1月11日。

[10] 中国社会科学院考古研究所河南第二工作队：《河南偃师商城宫城北部"大灰沟"发掘简报》，《考古》2000年第7期。

[11] 详见本章第一节。

至世纪之交，有计划的主动发掘和配合基建发掘仍在继续进行中。

三　布局变迁及其兴衰

偃师商城的商文化遗存按层位关系和陶器群演变序列分为三期[1]。城址的建设，经历了同陶器分期大致吻合的三个时期，城的布局结构相应地有所变化。

第一期即偃师商城的初始修建和使用时期。主要遗迹有早期宫城及宫城内第四、第七、第九、第十号和傍在第九号东侧的一号宫殿；小城城墙及西城门；第Ⅱ号建筑群（府库）遗址之下层建筑；位于城外东北部的青铜冶铸作坊遗存。至一期晚段偃师商城已经初具规模。

第二期即偃师商城继续使用和大规模扩建时期。在小城基础上修筑了大城城垣，城址规模急剧扩大；宫城内的布局同步发生了变化：第四、第七号宫殿继续使用；第十号和第一号宫殿相继废弃（一号废弃于二期晚段）；在原九号宫殿北侧新建八号宫殿；在宫城西侧居中的第九号宫殿的基址上，扩大规模新建第二号宫殿；为适应建第二号宫殿的需要，宫城相应向西扩展，原宫城西围墙部分地段西移数十米重新筑墙；宫城东部，在第四号宫殿的南侧，依托并利用原宫城南墙局部基址，新修了第六号宫殿[2]。第Ⅱ号建筑群（府库）在原基址上经过全面翻修、改建，形成该建筑群中层基址。

第三期特指偃师商城第三期早段和中段的部分时间，这是偃师商城的又一繁盛阶段，然而时间比较短暂。城址的总体布局没有发生大的变化，城墙部分地段得到修补；府库得到修缮；早已废弃的早期小城北城墙和东城墙北段被夷为平地[3]。最大的变化在宫殿区：第二、第四和第八号宫殿继续沿用；第六、第七号宫殿废弃；在第六号宫殿基址上新建规模更大的第五号宫殿；在第七号宫殿建筑基址上，新建同五号宫殿并列且规模、形制相似的第三号宫殿；随三号、五号宫殿的建筑，宫城南墙和第二期时重建的西墙的南段被突破，上述地段的宫墙被平毁，夷为殿基的一部分。在原宫城的西侧，依托宫城西墙，又出现了数处大型建筑基址。不久，即第三期中段偏晚时，这座城址突遭废弃。

第三期晚段时，偃师商城已沦为一般聚落。

四　城墙、城门、城壕和道路

偃师商城并非一次建成，而是经过了若干不同的发展时期陆续改、扩建而成。偃师商城的城墙有两重，即新近发现的时代较早、面积稍小的小城城墙和1983年发现并被学术界所熟知的大城城墙（图4-5）。

---

[1] 详见本章第一节。
[2] A. 原称"五号下层宫殿"（见中国社会科学院考古研究所河南第二工作队：《河南偃师尸乡沟商城第五号宫殿基址发掘简报》，《考古》1988年第2期）。
　　B. 王学荣：《偃师商城"宫城"之新认识》，《中国商文化国际学术讨论会论文集》，中国大百科全书出版社，1998年。
[3] 王学荣：《偃师商城布局的探索和思考》，《考古》1999年第2期。

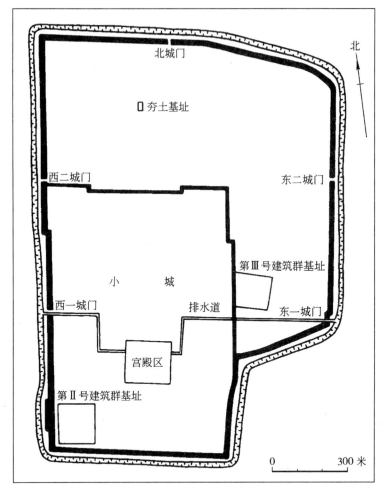

图 4-5 偃师商城平面图

(一) 小城

小城的平面呈长方形,直线距离南北约 1100 米,东西约 740 米,面积 81 万多平方米,方向 7°(以西城墙为准)。城墙宽度多为 6~7 米。各面城墙非直线走向,有的地段或内凹或外凸。据钻探和局部发掘,已知西、北和东三面城墙中,北城墙中段内凹,即自城墙西北角由西往东延伸约 180 米后,城墙南拐约 8 米再折而东,延伸 360 米,又北拐 12.5 米后再折而东去 200 米至东北城角;东城墙中部向外凸而南行,而西城墙中部则向内凹而南行。小城城墙基槽较浅,深度一般不足 0.5 米,墙体保存比较差,墙体内外两侧有附属堆积。夯土总厚度保存状况不一,西墙和南墙(因包在大城墙体中间的缘故)一般在 1 米以上,有的甚至达 1.8 米左右;北墙和东墙大部保存较差,一般为 0.5~0.7 米左右。故而,高出商代地表的城墙墙体之残存高度,有的部位超过 1.5 米,而有的却不足 0.2 米。

小城城墙的解剖地点前后共有 9 处,其中南、北和东城墙各 2 处、西城墙 3 处。1997 年秋冬季,小城西北角之发掘[1],实际是将 1983 年已经发掘过的大城西二城门南侧局部重新揭露,同时又对小城西墙北端和北墙西端城墙进行了解剖。从而证明 1983 年发掘西二城门时发现的所谓"马道"遗迹实际就是小城北墙西端的部分城墙;小城城墙的西北角整个被包在大城的城墙之中,即当地大城西城墙是在原小城西北城角(含西墙北端和北墙西端)基础上,从内外两侧加宽而成。扩建大城时,曾将小城城墙从两侧进行了切削修整。

---

[1] 中国社会科学院考古研究所河南第二工作队:《河南偃师商城小城发掘简报》,《考古》1999 年第 2 期。

小城发掘刚刚开始，所以，我们对它的了解只是初步的。小城城墙保存状况不佳，给寻找城门带来相当难度。它的北墙和东墙大部在大城建成之后，是否作为一重城墙保留了一段时间，尚待究明。83YSⅢM1位于残存的小城北城墙中部偏西，打破城墙夯土，而该处城墙夯土残存厚度仅0.4~0.5米[1]，证明至迟在偃师商城第三期中段时，就已接近被夷平。

（二）大城城墙

偃师商城大城平面呈"厨刀形"，南部较窄形似"刀柄"，方向为7°（以西城墙为准），城墙总长度约5500米，面积近200万平方米，是小城面积的两倍多。城墙有的部位略作曲折，东城墙全长约1770米，西城墙直线距离约1710米，北城墙全长约1240米，南城墙直线距离约740米，其中西城墙西二城门以南约1100米长的地段、南城墙全部，以及东城墙南段约430米长地段系在早期小城城墙的基础上，从内、外两侧加宽而成；西城墙西二城门以北地段、北城墙全部和东城墙大部，是扩建时一次性夯筑。城墙墙体残存顶部一般宽约16~18米，基部宽约18~19米左右。东、西和北三面城墙保存比较好，其中北城墙夯土总厚度约为2~3米，东城墙和西城墙多为1~3米不等，厚度由北往南递减，东城墙南段保存较差，仅0.3~0.5米。南城墙位于今洛河北堤北侧，绝大部分已被塔庄村村舍及道路所覆压，保存较差，仅个别地点夯土厚度达到1.5米。城墙夯筑方法为先下挖基槽，施完底夯后，逐层铺垫并夯打，基槽口部略宽于墙体基部，夯层厚约0.08~0.12米左右，夯打比较密实。

大城城墙历年发掘地点总计有18处，其中解剖地点有12处，各面城墙最少的也解剖过两次。

西二城门南侧解剖沟剖面[2]，清楚地显示出大城城墙是在小城城墙基础上从内外两侧加宽而成的情形。墙宽约16.1米。大城城墙两侧附属堆积为青褐色，厚0.3~0.5米，城墙内侧可分两层，其表层为坚硬的草泥土。大城使用时期形成的路土层呈浅黄色，表层夹杂大量料礓石颗粒，质地坚硬。

83YCHT1地处西城墙北段[3]，西二城门以北。该处城墙夯土为一个统一体，呈红褐色，系用酱红色生土掺杂少许灰褐色地层土夯筑而成，质地坚硬，夯层清晰。基槽深0.6~0.9米，墙体残存高度1.7~1.85米；墙体基部宽18.4~18.7米（略宽出基槽口），残存顶部宽16.4米。墙体的内外两侧，有土质较坚硬的附属堆积。城墙外侧发现顺城路，宽3.8~4.3米。

---

[1] 中国社会科学院考古研究所河南第二工作队：《1983年秋季河南偃师商城发掘简报》，《考古》1984年第10期。

[2] 中国社会科学院考古研究所河南第二工作队：《河南偃师商城小城发掘简报》，《考古》1999年第2期。

[3] 中国社会科学院考古研究所洛阳汉魏故城工作队：《偃师商城的初步勘探和发掘》，《考古》1984年第6期。

96YSⅡT11 位于北城墙东段[1]。构筑方法同西墙北段，夯土细密、坚实，夯层清晰，基槽以上墙体的收分明显可见。城内侧附属堆积叠压着一期晚段灰坑，又有二期墓葬打破附属堆积及其上的路土，从而为判定这段城墙修筑年代提供了确证。

（三）大城城门

据考古钻探和发掘资料，偃师商城大城已发现城门 5 处，即东、西城墙各 2 处，北城墙 1 处，其中经考古发掘证实的有 3 处，即位于西城墙上的西一城门、西二城门和位于东城墙偏南的东一城门（原称"东二城门"）。偃师商城的布局具有很强的对称性，从城门所在位置看，西一城门和西二城门将大城西城墙基本分为三等份，西一城门和东一城门遥相对应，东城墙北半部和西二城门对应的部位亦发现一处豁口，依据对称关系我们认为它应是东城墙另一城门——东二门。北城墙中部发现的一处豁口，从层位判断，豁口下路土时代应为商代早期，这也应是一处城门遗址。又鉴于宫殿建筑主要集中于城南部，且皆面南，据此推测偃师商城还应有一座南门[2]，尚待考古发掘去证实。

已发掘的 3 座城门都是单门道，门道宽窄不一，门道两侧皆有 0.8～1 米厚的木骨夯土墙，推测门道上方原似有建筑；相互对应的东一城门和西一城门门道路土下都有石头垒砌的水道连通宫殿区。

西一城门北距西二城门约 600 米，方向 274°，城门道长 15.6 米（与城墙厚度相同），门道宽 3.2 米。门道路土呈黄褐色，质地坚硬。门道北侧木骨夯土墙保存较好，长度 15.6 米，厚 0.86～1.08 米，残存高度 0.15 米；南侧结构相同，保存甚差。木骨墙的筑法为先挖墙槽，墙基槽打破城墙夯土，然后在槽内置础、立柱，并加夯筑。

大城西一城门所在位置相对小城而言，正位于原小城西城墙之中部。从门道及门外路土层次看，大城西一城门或可能是在小城西城门的基础上改建而成。

西二城门[3]方向 280°，门道长约 16.5 米，宽 2.3～2.4 米。门道中的路土保存完好，厚 0.4～0.5 米，路面中部略鼓。门道两侧有木骨夯土墙，长度大致和城墙宽度相似，厚 0.75～0.9 米，残存高度约 0.9 米。墙内共发现柱洞 34 个，其中南侧 16 个，北侧 18 个，柱洞间距约 0.2～0.4 米。柱洞下面大多埋置有柱础石，埋置深度一般低于门道路面 1 米左右。西二城门在使用一段时间后，城门道两端分别被用夯土墙封堵，废弃缘由不明。

东一城门门道全长 22 米，宽 2.4～3 米，两侧也有木骨夯土墙。

（四）城壕

环绕大城城墙之外的护城河与城墙之间距离多在 10 米以上，一般开口宽约 20 米，深

---

[1] 中国社会科学院考古研究所河南第二工作队：《河南偃师商城东北隅发掘简报》，《考古》1998 年第 6 期。
[2] 王学荣：《偃师商城布局的探索和思考》，《考古》1999 年第 2 期。
[3] 中国社会科学院考古研究所河南第二工作队：《1983 年秋季河南偃师商城发掘简报》，《考古》1984 年第 10 期。

6米左右，外侧坡度比较陡峭，内侧则相对较缓，底部堆积有淤土。迄今发掘地点有3处，即东、西、北三面各1处。其中只有北城墙东段一处发掘彻底[1]，该段护城河和城墙相距约12米，口宽20米，深6米，横剖面近似倒置梯形，它的走向和城墙基本一致。壕底有厚达2米的商代淤土层。

（五）城内、外道路

目前，对偃师商城城内、城外的道路状况，了解尚少。就目前所了解和掌握的资料，大体可分四类：

第一类是穿过城门的大道。(1) 通过大城西二城门的大道，大体沿小城北城墙外侧径直东行。(2) 通过大城"北城门"径直向南大道已知长约380米，路土厚约0.3米。

第二类是城外道路，主要指城墙外侧的顺城大道。这种路目前发现于大城西城墙外侧和护城河之间，曾被四个地点发掘所证实，所知长度近千米。大城西墙两座城门的发掘[2]证实，通过西城门的道路在城外都折而顺城墙的方向延伸，而并未直接往前延伸至护城河边，同时正对城门的护城河处，也未发现桥梁一类遗迹。

第三类是沿城墙内侧的顺城路。发现于大城东墙和北墙内侧[3]，路土堆积比较厚。北墙东段内侧，紧靠城墙的顺城大道直接压在城墙内侧护城坡上。路土总厚度可达1米左右，其间包括四层含料礓石的坚硬路面。在最下面一层路面上，发现两道相互并行的车辙印迹，轨距宽约1.2米左右。

第四类指通向各主体建筑或建筑群内的道路。如位于宫城南墙正中的宫城南大门已经被发掘出，门道有较厚的路土。至于宫城内连接各宫殿的道路网，虽有线索，多破坏严重，尚待究明。位于宫城西南的第Ⅱ号建筑群是一呈封闭状态的城堡，其内连接各单体建筑的道路纵横交错，有较多遗迹可寻。

（六）池苑及供水、排水系统

偃师商城的水道系统分城外和城内两部分。城外的水道主要是环绕大城城外的护城河，以及城址附近的自然河流。于大城东北部城外发现的一条自然河流，呈西北—东南走向，在接近大城东北城角处与护城河相交。

城内水道又可分三类，第一类是宫城内池苑同城外沟通的供水、排水道；第二类是和大型建筑相配套的排水道；第三类是简易的排水浅沟。第一、第二类水道的设计比较考究，一般采用石质结构或局部地段采用木石混合结构，以第一类水道的规模比较大。

---

[1] 中国社会科学院考古研究所河南第二工作队：《河南偃师商城东北隅发掘简报》，《考古》1998年第6期。

[2] 中国社会科学院考古研究所河南第二工作队：《1983年秋季河南偃师商城发掘简报》，《考古》1984年第10期。

[3] 中国社会科学院考古研究所河南第二工作队：《河南偃师商城东北隅发掘简报》，《考古》1998年第6期。

现初步查明，在宫城北部有一座经人工挖掘、用石块垒砌成的近长方形水池[1]，东西长约130米，南北宽约20米，深约1.4米。据地层关系和池底淤土层中陶片分析，水池形成时间不晚于偃师商城第二期，使用至第三期。因池内发现陶质或大理石网坠，被推测为商王室池苑遗迹。在水池的东、西两端，各有一条石块砌筑的渠道同水池相连通。依测量数据推测，西渠为注水渠道，东渠是排水道。西、东二渠分别从宫城的西墙、东墙下穿过，经过两次直角拐折之后，又分别从大城的"西一"城门和"东一"城门门道下通过，同城外的护城河沟通。二渠总长度1200米。其中，西渠长近400米，通过宫墙、大城门道及城门内外路土下为暗渠，水腔截面宽约0.4米，高0.5~0.6米，顶部用较大石板封盖。东渠全长约800米，经局部地段解剖，知通过大城城门及城外路土下暗渠为木石混合结构，水腔截面为长方形，底部以板块状的石片或石块铺就；两侧壁按一定间隔各设置一排木柱，然后再用石块嵌入木柱间以加固木柱；顶部使用木质盖板，盖板上覆一层厚近半米的草泥土。

第二类水道主要集中于宫殿区内，用于从宫殿或宫城内向外排水，水道底部落差明显。一种通过宫殿的门道路土之下，或被安置在夯土基址（宫殿或宫城墙）之中，用石头垒砌，而在基址两侧之外则往往采用明沟的方式。另一种位于宫殿院落之外，常见用石块垒砌。第四号宫殿和第五号宫殿之间所发现的两条大体呈东西走向的水道即是。第四号宫殿南侧的水道西高东低，坡度明显，长度超过百米，其东端通至宫城东围墙之外。

第三类水道指简易的明道排水浅沟。分布比较普遍，上自宫殿区，下至一般性质建筑附近都有发现。第Ⅱ号建筑基址群各单体建筑周围，有宽近1米的明水沟并相互贯通[2]，形成水道网。

五 宫城和宫殿建筑群

偃师商城宫殿区位于城的南部居中自成一建筑群体，总面积超过4.5万平方米。已发现不下9座宫殿建筑基址，集中于宫殿区的南半部，朝向皆南偏西，大体分属于偃师商城发展之三个不同时期。同时，还发现了始建于偃师商城第一期并在第二期时经扩建的宫城围墙。早期（即第一期）宫城基本确立了偃师商城宫殿区发展的雏形。

（一）宫殿区布局

偃师商城第一期，宫城平面形状略呈方形，宫城的北墙长约200米，东墙长约180米，南墙约190米，西墙约185米[3]，墙体[4]宽约1.95~2.15米，残存高度约0.35~0.5米。

---

[1] 杜金鹏、张良仁：《偃师商城发现商早期帝王池苑》，《中国文物报》1999年6月9日。
[2] 中国社会科学院考古研究所河南第二工作队：《偃师商城第Ⅱ号建筑群遗址发掘简报》，《考古》1995年第11期。
[3] 中国社会科学院考古研究所洛阳汉魏故城工作队：《偃师商城的初步勘探和发掘》，《考古》1984年第6期。
[4] 中国社会科学院考古研究所河南第二工作队：《1984年春偃师尸乡沟商城宫殿遗址发掘简报》，《考古》1985年第4期。

其下有略宽于墙体的基槽，深约 1 米。已知宫城有一门位于南墙中部，门道宽约 2 米。宫殿建筑集中于宫城南半部，已知有第一、第四、第七、第九号和第十号计 5 座建筑基址。其中以居于西侧的第七和第九号宫殿为主。它们大体在南北一线上，第七号宫殿位于第九号宫殿之南，相互间有门道连通，总体上实属一组建筑。第十号宫殿位于第九号宫殿北侧约 20 米，与后者大致平行排列，基址上有 8 个分间，似属寝殿。第一号宫殿建筑规模相对较小，依附于第九号宫殿东侧，或为九号宫殿向东扩出的附属建筑。第四号宫殿系一单体宫殿建筑，它位于宫城东侧，与第九号宫殿东西对应。宫城北部地势相对较低，在十号宫殿北侧，有一条长百米以上的东西向大沟，四周有宽约 1 米的夯土墙围绕，即以往通常所称"宫城北部灰沟"，沟内有第一期早段以来的堆积，还发现祭祀性遗迹。

偃师商城第二期，宫殿区进行了首次改扩建。扩建后的宫殿区仍旧维持城状封闭状态，其总体布局没有根本性变化。第四、第七号宫殿和宫城南门在继续使用；第十号宫殿废弃，第一号宫殿在二期晚段也废弃了；在原九号和十号殿之间新建八号宫殿；在第九号宫殿旧址上又经向西扩展建成二号宫殿（图版 18）；为适应扩建二号宫殿的需要，宫城西墙相应西移；原第四号宫殿南面，新建成第六号宫殿[1]。

偃师商城第三期早段和中段，宫殿区又经历了第二次大规模改扩建。此时，第四、八号宫殿继续使用；第六、七号宫殿废弃；第二号宫殿又经局部改建；新建第三、第五号宫殿。第五号宫殿位于第四号宫殿之南，叠压在原第六号宫殿基址上。第三号宫殿叠压在原第七号宫殿基址上，它同第五号宫殿位置东西并列，二者规模和建筑形制相似，是目前所见商代早期规模最大且显现出严整对称布局的两座宫殿建筑。第三和第五号宫殿大大突破了宫城西和南面围墙所界定的范围，在它们的外侧又都未发现新的围墙，这使得宫殿区的南部呈"半开放"状态。

偃师商城宫殿群较全面的揭露和宫城北部"池苑"遗迹的发现，为了解商代早期宫殿建筑格局提供了具体例证，对研究商代宫殿规制及其在中国古代宫殿建筑史上的地位，具有重要科学价值。关于其中各座（组）宫殿的性质、用途，以及它们在布局、结构上所体现的意义，尚待更深入地研究。

（二）第四号宫殿基址

第四号宫殿建筑基址[2]，整体东西全长 51 米，南北宽约 32 米，占地面积约 1632 平方米，方向 188°，它是一座以面南的正殿为主体，东、西、南三面均有庑，西庑北端筑西墙，正殿后有北墙与西墙及宫城东墙相连，呈封闭式结构（图 4-6；图版 17）。正殿和三面庑之间是庭院。正门设在南庑的中间部位，侧门位于西庑偏北处。原始地面已被破坏，台基残存夯土厚度约 2 米，其中高出原地面部分残剩约 0.3~0.4 米。

---

[1] 即原《简报》所称"五号下层宫殿"（见中国社会科学院考古研究所河南第二工作队：《河南偃师尸乡沟商城第五号宫殿基址发掘简报》，《考古》1988 年第 2 期）。
[2] 中国社会科学院考古研究所河南第二工作队：《1984 年春偃师尸乡沟商城宫殿遗址发掘简报》，《考古》1985 年第 4 期。

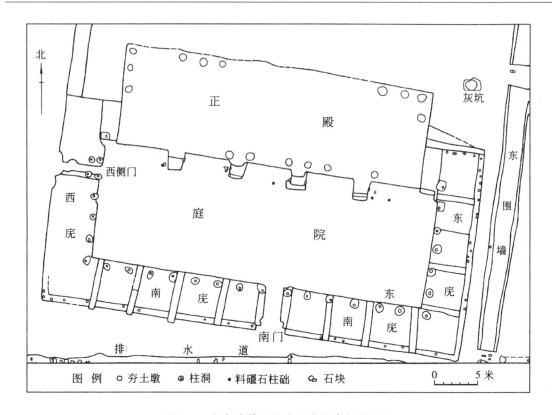

图 4-6 偃师商城四号宫殿基址发掘平面图

正殿基址东西长 36.5 米，南北进深 11.8 米。沿残存夯土表面四周，断断续续发现一周夯筑的廊柱柱墩。正殿前有四个台阶。

东庑基址南北长 25.2 米，东西宽 5.1~5.4 米。北、东、南三面围以宽约 0.6 米的木骨夯土墙，西面（即面向院落的一面）埋置柱子。内部以夯土墙分隔成 5 室。西庑南北长约 24.9 米，东西宽约 5.5 米，结构类似于东庑。所不同的是，西庑偏北部发现有侧门，门道宽约 1 米。南庑整个外缘东西长约 51 米（其中包括东庑和西庑的南端各 1 室），南北宽约 5.5~5.7 米，结构类似于东庑。位于中部偏东的大门门道将南庑分为东、西两部分。

（三）第六号宫殿基址

第六号宫殿基址[1]叠压在五号宫殿基址下，形制较特殊，平面呈口字形，东西宽 38~39 米，南北长约 42 米，面积约 1638 平方米。北面台基较宽，其余三面比较窄，四部分建筑连成一个"口"字形院落，东部建筑中间设置一门以供出入。中部庭院大体呈方形，东西宽约 25 米，南北长约 26 米，北高南低，略有坡度。北面台基外侧东西长 38 米，

---

[1] 中国社会科学院考古研究所河南第二工作队：《河南偃师尸乡沟商城第五号宫殿基址发掘简报》，《考古》1988 年第 2 期。按：该《简报》中，第六号宫殿原称"五号下层宫殿"。

南北宽约8.5米。台基南侧与庭院间原本有台阶三层，每个台阶附近有一长方形小坑，各埋狗1条。另三面台基的宽度相近，约为6.1~7.5米。东面台基上尚保存有2处残墙遗迹，外墙和室内隔墙之区分十分明显，临庭院一侧外墙有柱洞，结构类似于第四号宫殿东庑。开在东面台基中部的门道，宽约2米。门道中部有一条简易排水明沟。

庭院西部和北部路土保存比较好，路面上发现有红烧土面和上百个柱洞。柱洞分布不甚规律，底部夯筑成凹窝并垫碎陶片。使用时期，院落中部有水井2口（编号YSD6H25和YSD6H26），井内堆积着偃师商城第二期的汲水器具——捏口罐（从罐的形制看H26又稍早于H25），为判明六号宫殿年代提供了重要证据。

（四）第五号宫殿基址

第五号宫殿建筑基址[1]东西长104米，南北宽约91.3米，面积9000多平方米，方向190°。总体布局与第四号宫殿相似，但规模远远大于第四号宫殿，其面积接近第四号宫殿的6倍。不同的是正殿东、西两侧有与正殿方向一致且较长的北庑；南庑的中部有宽大的门塾。台基面已被严重毁坏，残存部分高出地面0.1~0.3米。

正殿台基东西长54米，进深14.6米。台基周边发现一周廊柱遗存，按位置复原，原应有廊柱48个，现存35个。柱子间距在2.2~3.1米之间。正殿南面发现有四处台阶遗迹，间距在6.5米以上。每处台阶两侧各有一埋狗的长方形小坑（缺一个），狗头皆朝向大门。

六 第Ⅱ号建筑群遗址

第Ⅱ号建筑群遗址位于偃师商城西南角，总面积4万多平方米，南部和西部靠近城墙，东北距宫殿区不足100米，实则一相对独立而封闭的"城堡"[2]。它的外围有宽约2米的夯土围墙，围墙内有上百个大型建筑基址的预置位置，东西向共6排，每一排由16~18座基址组成（特殊情况除外），不论在不同排还是在同一排中，任何两座基址间的距离都十分近似，十分整齐。分布于每座建筑四周的排水沟相互贯通，形成网状排水系统。

第Ⅱ号建筑群遗址使用时间从偃师商城第一期延续至第三期。发掘证实诸基址大多明确存在下、中两层建筑遗迹，有的甚至存在着下、中、上三层建筑遗迹。具体而言，偃师商城第二期时，曾在相应的第一期建筑基址的基础上，进行过翻建；第三期时，大多数第二期时修建的建筑仍在继续使用或得以修缮，只有部分建筑基址再次得到翻建。从第一期到第二期、第三期，建筑群总体布局没有变化，只是各期间诸单体建筑的结构和营造工艺略有不同，而同一时期建筑的建造工艺、程序、房屋结构等则一样。根据遗迹现象可做如下复原研究。

第一期建筑遗存即下层建筑。以F2004为例，台基建于夯土基础的中部，南北长约

---

[1] 中国社会科学院考古研究所河南第二工作队：《河南偃师尸乡沟商城第五号宫殿基址发掘简报》，《考古》1988年第2期。
[2] 中国社会科学院考古研究所河南第二工作队：《偃师商城第Ⅱ号建筑群遗址发掘简报》，《考古》1995年第11期。

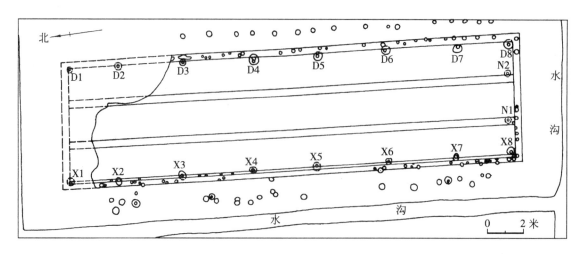

图 4-7　偃师商城第Ⅱ号建筑群 F2004 中层建筑基址平面图
D1~D8. 东排带柱础石柱洞　N1、N2. 南排带柱础石柱洞　X1~X8. 西排带柱础石柱洞

25.75米，东西宽7.50米。由墙的位置判断，残存的台基实则是原来的室内部分，室内原始地面应高出室外；木骨泥墙，墙中柱子大小相间；挑檐柱距台基四周约1米左右；室内南北纵向有两排较大的柱子，同时它们也将整个室内分隔成南北纵向呈长条状且面积接近的三部分；室内沿墙的内侧和每排柱子两侧，皆有直径8~10厘米的细小木桩成排分布，可分6排。推测这6排木桩上端可能架设木板类附属物。

第二期建筑遗存即中层建筑。与第一期建筑相比，第二期单体建筑的构造不同之处在于：（1）有的建筑在台基外墙部分地使用了夯筑的方法。如 F2004 中层建筑紧靠台基西侧即为木骨夯土墙。（2）在每个单体建筑的外墙内侧设置护墙和承重两用柱子。一般东、西两侧各8根，在南、北侧有2~4根，大多有柱础石。（3）室内有南北纵向平行的两道矮墙，代替下层室内的两排木柱，将室内空间分为南北纵向的三部分（图4-7）。一般两侧部分各东西宽1.70~1.90米，中间部分宽约2米左右。

第三期建筑遗存即上层建筑。在第三期时再次进行翻建的单体建筑目前发现很少，保存更差，几乎被破坏殆尽。F2005是保存较好的一例。夯筑基址坐落于经整治后的中层建筑台基之上，同下层、中层建筑不同点是，上层建筑室内的中部，南北向呈"一"字排列有6根梁柱或称承重柱，每根柱子直径约为20厘米左右。

要之，第Ⅱ号建筑群遗址作为一个整体，规模大，封闭性强，布局严谨，排列整齐、有序，上下叠压的三层遗迹虽结构上稍有变化，但室内空间都被纵向分割成三部分，纵向密集成排的木柱、木桩或矮墙，似为支撑板案类设施所置。从其内部结构特点看，不适宜人员居住；而且，使用时间虽很长，建筑群内部洁净异常，不见生活废弃物堆积，未发现用火痕迹，路土踩踏也相对较轻，专用色彩浓厚，显非当时人活动频繁和集中之地，推测应是商代早期国家级别的仓储之所，即商王的府库群（一说为武库）。

七 其他大、中型夯土基址

除宫殿区和第Ⅱ号建筑群遗址，偃师商城内还发现若干处规模较大的夯土建筑基址或基址群，它们主要分布在城的南部和宫殿区附近，以及城的西北部。其中以第Ⅲ号建筑群遗址、第Ⅳ号建筑群遗址及宫城西侧的建筑群遗址为重要。

宫城西侧建筑群遗址[1]，位于第Ⅱ号建筑群遗址之北，不排除个别（组）建筑是某一时期宫殿区的组成部分。在1万多平方米的范围内，已发现夯土台基数处。其中偏西的一处位于第Ⅱ号建筑群遗址之北，长方形，南北长约100米，东西宽约20米，夯土厚约1.5~2米。

第Ⅲ号建筑群遗址[2]位于宫殿区的东北方，原小城东墙外侧。据勘探材料，总体平面略呈方形，东西、南北各约140米，面积稍小于Ⅱ号建筑群遗址。它也是由若干长条状夯土基址组成，排列整齐有序。性质当与Ⅱ号建筑群遗址类似。

第Ⅳ号建筑基址群[3]位于大城北部偏西部位。包括原最初勘探时发现的第Ⅳ号建筑基址，以及它的南部近百米范围内发现的数处夯土基址。

此外，还有中型建筑（群）如位于Ⅲ号建筑群遗址西侧的一处，面积近800平方米。又如在大城东北部曾发现一些有夯土围墙的建筑遗存。对中等规模的类似建筑之布局、结构、性质与用途等，尚待进一步揭露和研究。

八 民居与手工业作坊

偃师商城一般居址与手工业作坊的发掘和研究相对比较薄弱。相关遗存主要分布于城内中、北部。

小型房屋建筑有四种：（1）有的为单间地面起建，木骨墙体，面积一般10平方米左右。（2）有的为多间地面起建房屋，室内用墙隔成多间，木骨墙体，这类房屋的面积一般在20~30平方米左右，朝向同大型建筑一致。（3）有的为半地穴式建筑，房屋中部有柱洞，这类房子一般面积约10平方米。（4）有的建筑坐落在大坑之中，系对坑底进行平整后修筑，墙体下部夯筑，一般厚0.3~0.5米，个别室内墙面用草泥多次抹过。这种建筑面积较小，已发现的都不足10平方米。另有一个特点是这种建筑附近往往发现水井，而且水井也多与建筑同处一坑。故这后一类建筑恐与作坊有关。

商城内已发现近20眼水井，除宫殿区有井，余大多分布于普通民居与作坊附近。有一些是坐落在规模很大的坑中，坑的面积有的达上百平方米，个别坑中分布有多眼水井。

---

[1] 中国社会科学院考古研究所洛阳汉魏故城工作队：《偃师商城的初步勘探和发掘》，《考古》1984年第6期。宫城西侧建筑群遗址即《简报》所称第Ⅱ号建筑群之"北块夯土"。

[2] 中国社会科学院考古研究所洛阳汉魏故城工作队：《偃师商城的初步勘探和发掘》，《考古》1984年第6期。

[3] 中国社会科学院考古研究所洛阳汉魏故城工作队：《偃师商城的初步勘探和发掘》，《考古》1984年第6期。

井口一般为长方形，长约2米，宽1米左右。井深多在5~6米左右，一般在上半部两侧井壁上，保留有基本对称的半圆形脚窝。

与铸铜作坊相关的遗存有1996年在大城东北隅城墙内侧附属堆积之下，发现的3个同属偃师商城第一期的圆形锅底状灰坑H8~H10[1]，坑内堆积夹杂有木炭、陶范碎块、铜炼渣等；灰坑附近还发现红烧土面和直径0.3米左右的红烧土浅坑等遗存。以上迹象表明，这些是与青铜铸造有关的遗迹。当修筑这段城墙时，作坊被破坏，以致城墙下部夯土及附属堆积中也掺杂进木炭渣、铜渣、坩埚和陶范残片等。另外，大城东城墙中段内侧以及宫殿区附近，也曾出土一些内壁残留有青铜溶液的器物残片。这或许能说明偃师商城内冶炼或铸造青铜器的作坊不止一处。

偃师商城已发现10多座陶窑，时代多属第二期。它们主要分布在大城北部，其中有8座比较集中，在陶窑的附近发现有面积比较小的简易房舍或踩踏面，还有水井。陶窑皆为竖穴窑，直径一般为1~1.5米；原地表以上用草拌泥垒筑的窑室多已坍塌，仅残存与地表大致持平的窑箅以及火膛、火门、窑柱和火门外的操作坑等。

偃师商城遗址出土骨器数量不少，但器类较单一，以镞、匕和笄类为主。在第一期宫城西侧发现一些坑状或沟状遗迹，比较集中地埋有动物肢骨，以羊骨和猪骨占多数，是被截取后的肢骨端头，它的附近或应有当时的制骨作坊。

偃师商城发掘所见灰土堆积深厚或灰坑集中的地方，往往是大坑或大沟，面积常达数百平方米。这类大坑或大沟又常被后来的灰坑打破。因此，该城的灰土堆积以坑状为主，而理论意义上的文化层堆积则较少。这种现象和一般史前遗址有很大区别。面积较大的灰坑往往伴随有一定规模的建筑基址出现，显然，灰坑或沟的形成是由于建房取土所致，而灰坑内的堆积有相当一部分则是房屋使用时期的废弃物。

偃师商城所发现的窖穴大多单独出现，皆为圆形筒状，底部平坦，周壁修整光洁，口部直径一般不足2米，深1.5米左右。

九 墓葬

偃师商城已发掘墓葬100多座，都是土坑竖穴墓。除极少的中型墓外，大多数规模较小，等级较低，多未发现棺椁痕迹。腰坑也少见，近半数以上没有随葬品，有随葬品的也大多为日用陶器，铜器和玉器少见。其分布特点是靠近甚至依托城墙挖墓穴，在大城东、西、北墙内侧和小城城墙内外两侧的一些地段都曾发现三五座或至10多座以上的成片墓葬。这些墓同城墙附属堆积、道路、文化层常互有叠压、打破关系。迄今尚未见专门的墓地。寻觅大规模的族墓地和王陵区是今后一项任务[2]。

---

[1] 中国社会科学院考古研究所河南第二工作队：《河南偃师商城东北隅发掘简报》，《考古》1998年第6期。

[2] 有关墓葬形制、随葬品组合，详见本章第六节。

十　性质与年代

　　前文述及的勘探、发掘资料显示，偃师商城经历了由小到大、由简单到复杂的建设过程。由这座城址的规模、内涵和布局来看，其重心从始至终是屡经扩建、改建的庞大宫殿（宗庙）建筑群，城内中部和北部分布着多处贵族或平民居住址，还有铸铜作坊等重要遗迹，从而毫无疑问地证明，它绝不是存在很短时间的单纯军事据点，也并非王室的离宫别馆，而是一座具有国家政治中心地位的商代早期都城遗址。按其地理方位，应即汉代以降史家所指的"西亳"[1]。偃师商代早期都址的存在，同司马迁《史记·封禅书》云："昔三代之居，皆在河洛之间"也是相符的。

　　根据有明确地层根据的发掘资料，偃师商城已建立起遗址自身的陶器编年序列。该城址的商文化遗存可分三期，第一期和第二期各分早、晚两段，第三期包括早、中、晚三段[2]。依陶器形制和陶器群所呈现的文化面貌，第一期遗存的年代同郑州商城二里冈下层文化一期相当，属早商文化一期[3]；第二期相当郑州二里冈下层文化二期，属早商文化二期；第三期早、中段相当郑州二里冈上层文化一期，属早商文化三期。其早段在一定程度上表现出早商文化二、三期之间（即二里冈"下层"同"上层"间）的过渡性质；第三期晚段相当郑州二里冈上层文化二期（白家庄期），已属中商时期。

　　在偃师商城第一期遗存中，薄胎卷沿细绳纹鬲、甗、橄榄形平底深腹罐、束颈折肩平底盆、宽卷沿盆等器物，同先商文化可衔接，在数量上虽不占优势，但具有典型商文化特征；同时，第一期尤其是一期早段遗存中还包含大量原属二里头文化的器物，如圜底深腹罐、折沿甑、折沿盆等，同二里头文化四期同类器比较，一致中又表现出一定差异，属于被早商文化吸收的二里头文化因素。自第一期晚段往后，商文化面貌趋于成熟，至第二期早段，特征鲜明且系统性极强的早商文化已经定型，从而表现出随商王朝的建立、巩固和强大，商文化在继承先商文化传统基础上，广泛吸收并融合、改造夏人及周边各族文化成果，由小到大、由弱变强、迅速发展的演变历程。

　　以第四号宫殿等最初宫殿和宫城的兴建，作为偃师商城始建的标志。据此判断，宫城北部"灰沟"底层（探方⑨层、⑩层）堆积所代表的第一期早段，应是偃师商城出现于洛阳平原比较接近实际的年代。而这座早商城址出现在原夏王朝辅畿之内、二里头遗址近旁的事实，实际上成为夏、商王朝更替的界标[4]。

---

[1]　A. 董仲舒《春秋繁露·三代改制质文》云："汤受命而王，应天变夏作殷号……作宫邑于下洛之阳。"
　　B.《汉书·地理志》河南郡偃师县条下班固自注："尸乡，殷汤所都。"
　　C.《尚书·立政》："三亳阪尹"，孔疏引皇甫谧说："三处之地皆名为亳，蒙为北亳，谷熟为南亳，偃师为西亳。"
[2]　详见本章第一节。
[3]　二里头遗址第四期（至迟其晚段）遗存，虽文化系统不同，从时间上说，也已进入商代早期，其年代同早商文化一期相当。
[4]　A. 杜金鹏、王学荣：《偃师商城考古新成果与夏商年代学研究》，《光明日报》1998年5月15日。

前文已述及，城址的发展和布局变化大致可分为同陶器分期相吻合的三个时期，于此不赘。

偃师商城的废弃应以宫殿区及城内主要建筑物的废弃为标志。宫殿区内的第四号宫殿建筑使用时间很长，由第一期一直沿用至第三期。发掘表明第四号宫殿夯土基址被H11、H12、H38等属第三期中段的灰坑所打破，说明第三期中段时，第四号宫殿已经废弃。第五号宫殿是偃师商城中修建最晚的宫殿之一，它始建于第三期早段，被属于第三期中段偏晚的灰坑H1、H29打破，表明在此之前即已废弃。第Ⅱ号建筑群遗址始建于第一期，经第二期时统一改建，第三期早段时局部改建和修缮，但遭到H20等一批属于第三期中段灰坑打破，说明届时它也已经废弃。另外，迄今未发现在第三期中段及其后新建的大型建筑基址。第三期晚段，遗存很少，主要是一些零星灰坑，说明城址已经荒废。偃师商城的废弃有一定突然性，其直接原因可能是商代政治中心转移的结果。

关于偃师商城的绝对年代，参照本城址以及郑州商城的系列测年数据（见附表3～6），商代始年（早商文化第一期上限）约当公元前1600年；早商文化第三期（偃师商城第三期早、中段）同中商文化一期（偃师商城第三期晚段）之交约当公元前1400年前后，则这座早商都址由兴到废经历了约200年的时间。

第四节 郑州商城

一 发现与发掘

郑州商城位于现今郑州市区的东部，京广铁路以东，陇海铁路以北。其西、南两侧是由嵩山余脉延伸而来的丘陵高地，东、北两侧则是一望无际的平原和低洼的沼泽、湖泊。金水河与熊耳河在商城南北自西向东流，它们不仅是护城河的主要水源，而且足以满足城内居民生产、生活用水的需要。郑州商城恰好位于黄土丘陵高地与东面湖沼平原的交接之处。此地自古以来就是东西、南北交通的咽喉要道，素为兵家必争之地。

郑州商城的发现与二里冈遗址的发现与发掘是分不开的。郑州二里冈遗址发现于1950年秋，并于1952年秋进行小面积发掘[1]。1953年1月组成专门的文物发掘组，开始在二里冈一带进行较大规模发掘[2]。除二里冈遗址以外，在1952年冬至1955年秋先后发掘了南关外、白家庄、铭功路西侧、紫荆山北和人民公园等遗址。在南关外和紫荆山北发现了两处铸铜基址，在铭功路西侧发现了制陶作坊，在紫荆山北发现了一处埋藏丰富的骨料坑，在白家庄、北二七路和杨庄发掘了多座随葬青铜器和玉器的墓葬，而在人民公园则发现了二里冈文化与殷墟文化的叠压关系，从而证明了二里冈文化早于殷墟文化的序列[3]。

B. 高炜、杨锡璋、王巍、杜金鹏：《偃师商城与夏商文化分界》，《考古》1998年第10期。

[1] 安志敏：《1952年秋季郑州二里冈发掘记》，《考古学报》第八册，1954年。
[2] 河南省文化局文物工作队：《郑州二里冈》，科学出版社，1959年。
[3] 河南省文化局文物工作队第一队：《郑州商代遗址的发掘》，《考古学报》1957年第1期。

1955年秋，在白家庄的商代文化层下面发现了坚硬的夯土层，引起发掘者的注意，开始意识到它可能是商代的夯土墙。从1956年初开始，沿着夯土的走向进行了一次较全面的钻探，发现这条夯土墙向东西延伸后折而向南，分别与"郑县旧城"的东、西墙及南墙重合，围成一个接近长方形的夯土城垣。1972年至1973年，又对商城的南、东、西三墙进行了钻探复查。通过前后两次工作，不仅对郑州商城的范围有了比较全面的了解，而且在四周城墙上发现了大小11处缺口，其中有些缺口可能与城门有关。从1956年秋至1974年底，在四周城墙上共开挖横截城墙的探沟22条[1]，获得一批可靠资料。

　　1973年夏至1978年春，在商城之内进行钻探与发掘，发现了东北部的宫殿区。在宫殿区内发现了数十处夯土台基，并确定它们与城墙是大致同时修建的，共发掘出3座大型房基[2]。之后，又在黄河医院、黄委会水文局和郑州变压器厂家属院发现了夯土基址[3]。1985年至1992年，先后在黄河中心医院、郑州医疗器械厂、郑州电力学校等10个地点进行了发掘，为研究宫殿区的范围、布局等提供了新的重要资料[4]。

　　1974年9月至1996年2月，先后在张寨南街的杜岭、城东路南段向阳回民食品厂和南顺城街发现了3处铜器窖藏[5]，共出土28件铜器（图版3-2、19、20）。这些窖藏坑的发现，为研究郑州商城的性质与年代提供了宝贵资料。

　　1953~1954年发掘二里冈时，曾经发现一段长约2100米、宽约25米的夯土墙。1955年又在今郑州东站北侧发现了夯土墙，测定其宽度为20米。可惜当时这一发现并未引起足够的重视。1986年夏，在内城西南的一马路东侧发掘时，再次发现一道夯土墙。探明长度为890米，宽度为16.3~17米，为东南—西北走向，距内城西南角的垂直距离为630米。这一发现使人们联想到早年在二里冈一带的夯土墙基，遂对这段夯土墙进行了复查[6]，重新测得夯土墙的宽度为12米左右。1991年至1992年在三德里和花园新村的发掘中，又断断续续地发现了夯土墙。这段夯土墙的延长线正好可以与以前发现的夯土墙相接[7]，形成围绕郑州商城西、南侧的半圈城墙。学者们推定这半圈城墙为郑州商城的"外郭城"。

　　在已经发现的早商诸城中，郑州商城规模最大，出土各种遗迹、遗物极为丰富，可以确定郑州商城为商代早期的都城遗址之一。

---

[1] 河南省博物馆、郑州市博物馆：《郑州商代城遗址发掘报告》，《文物资料丛刊》1，文物出版社，1977年。

[2] 河南省文物研究所：《郑州商代城内宫殿遗址区第一次发掘报告》，《文物》1983年第4期。

[3] 河南省文物研究所郑州工作站：《近年来郑州商代遗址发掘收获》，《中原文物》1984年第1期。

[4] 宋国定：《1985~1992年郑州商城考古发现综述》，《郑州商城考古新发现与研究》，中州古籍出版社，1993年。

[5] 河南省文物考古研究所、郑州市文物考古研究所：《郑州商代铜器窖藏》，科学出版社，1999年。

[6] 河南省文物研究所：《郑州商城外夯土墙基的调查与试掘》，《中原文物》1991年第1期。

[7] 河南省文物研究所：《郑州三德里、花园新村考古发掘简报》，《郑州商城考古新发现与研究》，中州古籍出版社，1993年。

二 城墙与"外郭城"

(一) 城墙

郑州商城总体略呈长方形。周长约6960米,其中东、南两墙各长约1700米,西墙长约1870米,北墙长约1690米。在四周城墙上共发现大小不同的缺口11处,有的可能与城门有关。内城墙体现存最高者约9米,最低者约1米。有的地方埋入地下1~2米,也有的地方尚保留在地面以上约1~3米(图4-8;图版3-1)。

城墙是用土分层夯筑而成的。夯层一般厚8~10厘米。每层夯土的表面都分布有密集的圆形尖底或圜底的夯窝,夯窝口径多为2~4厘米,深约1~2厘米,也有个别长方形或

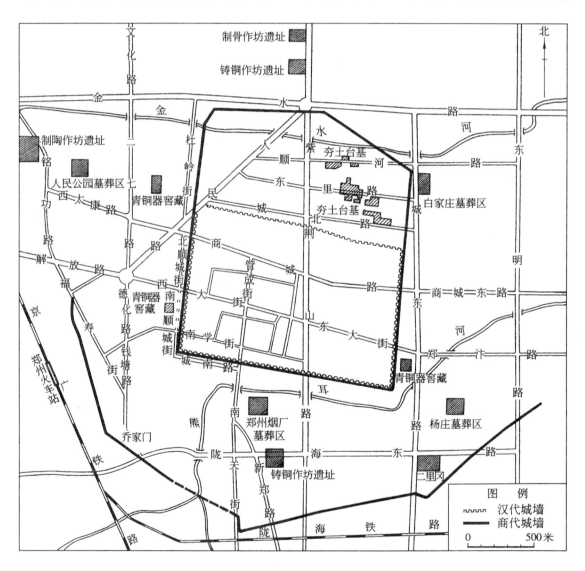

图4-8 郑州商城平面图

三角形的夯窝，表明城墙是用成捆的圆棍夯打而成的。夯土的质地相当坚硬。一般城墙的中部夯层稍厚，夯打的质量较差；而边缘部分夯层较薄，夯打质量较好。

城墙大多是在平地直接夯筑的[1]，横剖面略呈梯形，墙体夯层呈水平分布，两侧护坡的夯层则是倾斜的。墙体是分段版筑而成的，其与护坡的接缝处有近乎垂直的壁面。东城墙探沟 CET7 内的商代城墙保存基本完好，颇为典型。墙体底宽约 10.6 米，两侧壁面近于垂直。墙体分段版筑的痕迹很清楚，每段长约 3.8 米左右，在每段相接处也发现有横列木板的痕迹。外侧护坡底宽 4 米，内侧护坡底宽 7.25 米。在护坡的顶面上，铺设有一层碎料礓石，这是为了减少雨水的冲刷而铺设的保护层。在西城墙探沟 CWT5 内则发现有用圆木棍重叠横列以代替木板的现象。

在商城东南角外侧和西城墙北段外侧的发掘中，也发现有关城壕的线索。有的地段人工挖成的护城河同城墙间隔 10 米以上，开口宽约 20 米，上部有战国及以后堆积[2]，这同偃师商城外护城河情形近似。

（二）外郭城墙

郑州商城的外城墙，从东南角一直断续地延伸到西南角，已探明部分约 3425 米，宽

---

[1] A. 一种说法认为城墙的筑法是先平整地面，然后靠内侧挖出较窄的基槽，从槽底层层夯起，基槽以上部分用版筑（见河南省博物馆、郑州市博物馆：《郑州商代城遗址发掘报告》，《文物资料丛刊》1，文物出版社，1977 年）。安金槐也曾指出：郑州商城城墙的筑法"是在拟筑的夯土城墙下面先进行平整地面，然后开挖出一条与城墙相平行的基础槽"（见安金槐：《试论郑州商城的地理位置与布局》，《中国商文化国际学术讨论会论文集》，中国大百科全书出版社，1998 年）。

B. 宋国定在概述 1985～1992 年的 5 处发掘地点时，提到东城墙东部的一处"在商城墙的底部有沟槽"，但未明言有基槽。而东城墙与北城墙转折处是"直接坐落在生土上"，"平地起建"；西城墙中部的一处"未发现基槽"，金水河南岸的西城墙则"城墙夯土直接迭压在生土上，未挖基槽"（见宋国定：《1985～1992 年郑州商城考古发现综述》，《郑州商城考古新发现与研究》，中州古籍出版社，1993 年）。

C. 已发表的城墙剖面图见安金槐的《试论郑州商代城址——隞都》（《文物》1961 年第 4、5 期）；河南省博物馆、郑州市博物馆的《郑州商代城遗址发掘报告》（《文物资料丛刊》1，文物出版社，1977 年）；河南省文物研究所郑州工作站的《近年来郑州商代遗址发掘收获》（《中原文物》1984 年第 1 期）。经查对，内城城墙的剖面图共有 9 幅：即北墙 C8T27 东壁和北部西扩西壁、北墙 T28 东壁、东墙 CET7 南壁、东墙 CET6 北壁、东墙 CET8 南壁、南墙 CST4 东壁、南墙 CST2 西壁、西墙 CWT5 南壁、西墙 CWT3 北壁，由于北墙的 T28 并入 T27，故实际只有 8 幅。CST4 在现存城墙靠近内侧处有一窄凹槽，此槽已发掘部分长 10.8 米，口宽 2.5 米，底宽 2.3 米，深 0.55 米。该槽内的夯土虽与城墙的夯土相连，但这条沟槽若说是城墙基槽则太窄太浅。只有南墙 CST2 西壁剖面似有基槽，但边缘部分呈不规则形，似非有意挖成。根据已发表的资料看来，郑州商城的城墙应是平地起筑的。若以后有资料证明有的墙段曾经挖有基槽，则说明修筑城墙时有两种做法。

[2] 宋国定：《1985～1992 年郑州商城考古发现综述》，《郑州商城考古新发现与研究》，中州古籍出版社，1993 年。

12～17米。在木材公司货场南侧发现的缺口，也许与城门有关。西南角的一端继续北行；而东南端亦有北转的趋势[1]，不过目前仍难断定外郭城是闭合的。在认定原来没有闭合的前提下，学者们提出了两种可能：一是郑州商城的东北方向比较低洼，有的地方古代还分布有沼泽，因而这些沼泽和洼地就构成了天然的屏障，它们与外郭城的南墙和西墙共同构成了郑州商城的外围防御设施[2]；二是因为工程浩大而放弃[3]。两说均有待于考古实践的验证。

除先挖基础槽外，外城墙的筑法与城墙基本相同。夯土的原料以红褐色黏土为主，兼有少量黄土、料礓石碎块等。筑时先下挖基础槽，然后将基础槽分层夯实。基础槽最深处3.75米，最浅处0.8米。在花园新村发现的外城墙体略宽于基础槽。从构筑方法、夯土颜色、夯层厚度、夯窝的形状与大小、夯土中包含陶片的时代诸方面，推断外郭城"与郑州商城夯土城垣的时代相同"[4]。

城墙与城壕的修筑无疑是为了卫君与守民。郑州商城内有宫殿区，还有不少中型建筑，城墙起到保护城内王室和贵族安全的作用。在郑州商城的内、外城之间，分布着重要的手工业作坊，包括南关外的铸铜作坊和铭功路的制陶作坊等。而在外郭城墙之外，很少发现有二里冈文化遗址。两道城墙曾经在一定时间内同时矗立。外郭城墙自商城的东南侧一直延伸到西南侧，而且在正对内城东南角和西南角的地方都有一个明显的转折，显见外城墙是围绕商城而建，是郑州商城的外围防线。在南侧外城墙的内侧，曾经发现一座窖穴，堆放着30多件石戈[5]，推测为守城战士们的武器。

三　宫殿区

郑州商城的宫殿区位于内城的东北部。以东里路为中心，北到顺河路，南至城北路南侧，西起紫荆山路迤西，东到商城东墙内侧。东西长约750米，南北宽约500米，约占郑州商城面积的六分之一左右[6]。在此范围之外，例如商城路西段管城区委门前偏东侧、商城路中段南侧的郑州电力学校、东城墙内侧的郑州变压器厂家属院、省中医院家属院等

---

[1] A. 河南省文物研究所：《郑州三德里、花园新村考古发掘简报》，《郑州商城考古新发现与研究》，中州古籍出版社，1993年。
　　B. 河南省文物研究所：《郑州商城外夯土墙基的调查与试掘》，《中原文物》1991年第1期。
[2] 安金槐：《对于郑州商城"外夯土墙基"的看法》，《郑州商城考古新发现与研究》，中州古籍出版社，1993年。
[3] 宋镇豪：《夏商社会生活史》第49～50页，中国社会科学出版社，1994年。
[4] 安金槐：《对于郑州商城"外夯土墙基"的看法》，《郑州商城考古新发现与研究》，中州古籍出版社，1993年。
[5] 裴明相：《郑州商代王城的布局及其文化内涵》，《中原文物》1991年第1期。
[6] A. 河南省文物研究所：《郑州商代城内宫殿遗址区第一次发掘报告》，《文物》1983年第4期。
　　B. 杨育彬：《河南考古》第96页，中州古籍出版社，1985年。
　　C. 还有一种说法，对宫殿区的范围则推测为：东、北两面紧临城墙，西边至人民路，南边到商城路，面积约占城内总面积的三分之一左右（见裴明相：《郑州商代王城的布局及其文化内涵》，《中原文物》1991年第1期）。

地点也发现有一些夯土基址，但都比较零星。它们或许是商代贵族的官舍、住宅。由于被现代城市建筑所覆盖，考古勘探、发掘受到极大局限，关于宫殿区整体布局，一时还难以说清。

在宫殿区内曾发现数段夯土墙。1985～1986年，在顺河路黄委会青年公寓发现一道"二里冈下层"夯土墙，已经发掘或钻探出的长度为80米左右，在已经解剖的两处仅存基槽部分，剖面颇不规整，已知最深处为2.4米，上口宽度约为7米。方向为23°，向北的延长线与北城墙东段接近垂直[1]。1995年又在东里路东段北侧亦即宫殿区北部发现了一段夯土墙。该墙为西北东南走向，仅存基槽部分，墙宽约3米，已发现部分长约60米，厚约1.1～1.4米[2]。这两段夯土墙宽度不一，显然不是一道围墙的两个部分，而可能分属于不同的建筑群。

在宫殿区的西北角，曾经发掘出一段东西向的大壕沟。已知部分长80余米，口宽6.5米，底宽6.2米，残深2.5～3.5米。沟内上部为战国文化层，其下为早商二、三期的文化层。有学者推断这条壕沟可能是宫殿区北边的防护沟[3]，并认为汉代北城墙的护城河可能利用了商代宫殿区南边的防护沟，还推测宫殿区的周围除东部紧靠东城墙以外，其他三面应有夯土墙和防护沟设施。

自1973年夏至今，先后在宫殿区发现了数十处夯土基址。小者100余平方米，大者2000多平方米。由于宫殿区内存在现代建筑，无法进行普遍的钻探和发掘，因此对布局的认识有限。根据现有的资料，估计宫殿区内很可能存在多座夯土墙围成的建筑群。在东里路一号院发现的7座夯土基址，都是南北方向；而在东里路以北、紫荆山路以西发现的5座夯土基址则都是东西方向。所有已发表的呈东西方向的夯土基址，均非正东正西，例如其朝南，则都是朝向西南。南北方向的夯土基址则都是与东西方向者大致垂直。这两片夯土基址有可能属于两组各自独立的建筑群。

已发现的夯土基址大多是各自孤立的，只有少数几处可以看出不同建筑之间的关系。在东里路省中医学院家属院发现有夯土基址3块[4]，分别编号为F1～F3。其中F1为东西方向，F2位于它的西侧，为南北方向。二者很可能属同一组建筑。F3北部被F1打破，仅暴露出西侧边线，其上未发现与柱坑和墙基有关的遗迹，夯层较厚，结构较疏松，很可能是附属于F1的活动场地。城北路北侧医疗器械厂F102位于F101西侧[5]，二者相距仅0.3米，其东侧边线与F101的西侧边线平行。二者显然是一体的。

---

[1] 河南省文物研究所：《郑州黄委会青年公寓考古发掘报告》，《郑州商城考古新发现与研究》，中州古籍出版社，1993年。

[2] 曾晓敏、宋国定：《郑州商城考古又有重大收获》，《中国文物报》1995年7月30日。

[3] 安金槐：《试论郑州商城的地理位置与布局》，《中国商文化国际学术讨论会论文集》，中国大百科全书出版社，1998年。

[4] 河南省文物研究所：《1992年度郑州商城宫殿区发掘收获》，《郑州商城考古新发现与研究》，中州古籍出版社，1993年。

[5] 河南省文物研究所：《郑州医疗器械厂考古发掘报告》，《郑州商城考古新发现与研究》，中州古籍出版社，1993年。

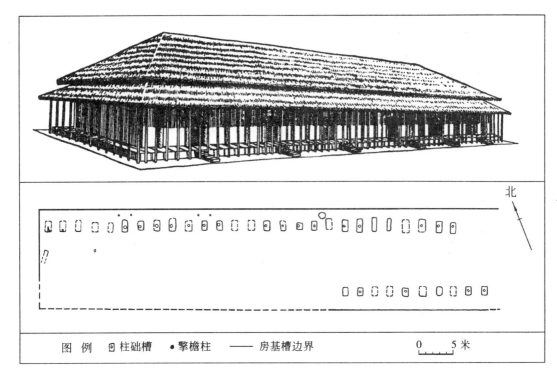

图 4-9 郑州商城 C8G15 基址平面及复原示意图
上．基址复原示意图　下．基址平面图

在宫殿区已经发现的夯土基址中，C8G16 和 C8G15 两座规模较大，而且保存相对较好。C8G16 的建造方法是先挖基槽，然后填土、夯实，筑成台基，再挖柱础槽，槽中置柱础、立木柱，最后填土夯实。柱础槽由内、中、外三排组成，三排之间的柱心距为 2.05～2.5 米，同一排之间的柱心距为 1.6～2.45 米。依基槽边沿计算，C8G16 南北长 38.4 米，东西宽 31.2 米。根据仅存的三排木柱，可以看出原建筑应有两重廊、檐，可能是有盖无壁的"重屋"、"明堂"一类建筑，为主要的布政之所。C8G15 的筑法与 C8G16 相同，但格局却有明显的区别。依房基槽计算，东西长度超过 65 米，南北宽 13.6 米。不仅比 C8G16 远为狭长，而且外面只有一层檐柱，可以复原为一座周围建有回廊的长条形房间，这种格局说明其功能当与 C8G16 有所不同，可能是一座大型寝殿（图 4-9）。

在宫殿区内发现的数十处夯土基址，时代有早晚之分。目前可以确定期属者共 10 余座，分别建于一期至三期[1]。惟受发掘材料限制，目前尚难对宫殿区布局与宫殿建筑形制变迁做出概述。

四　民居与手工业作坊

郑州商城的房屋建筑以东北部的宫殿区最为稠密，往西、往南则逐渐稀少，至商城

---

[1] 详见本节第七部分。

路以南，已颇为稀少。几十年来，先后在这一带进行过多次发掘，但仅在塔湾路西侧的郑州市第一人民医院等很少几处发现有商代早、中期文化层，其他地区则多为唐宋以后的文化层。东起旧城的东门，西至顺城街西口的下水道工程，曾经顺穿解放东路挖掘了长1000米、宽7米、深8~12米的深沟。沟内底部均为黄沙生土，其上为深灰色黏土，仅见唐宋以来的瓷器等物[1]。商城之内南半部是唐宋以来最繁华的市区，因而对商代遗址的破坏也就最为严重。上述地区商代遗址发现较少，也可能有这方面的原因。

已经发现的小型房屋主要分布于城墙内侧和城墙与外城墙之间。在城墙内侧发现的很多小型房基都建筑在叠压着城墙的文化层之上。其中能够看出轮廓的就有11座。我们对城墙内侧房基的统计表明：北墙东段7座，北墙西段2座，西墙1座，东墙1座，均位于城内的北半部。

郑州商城的手工业作坊均位于商城的外围，在已发现外城墙的地方，则位于城墙与外城墙之间。已经确认的主要有：南关外铸铜基址、紫荆山北铸铜基址、铭功路制陶作坊、紫荆山北的骨料坑等。

南关外铸铜基址位于商城南墙外侧约700米处，南北长约100米，东西宽约80米。基址内发现有烘范窑、铸铜场地、窖穴等遗迹和铜矿石、熔炉残块（曾称"坩埚"）、炼渣、木炭屑、陶范及铜器、陶器、石器、骨器和蚌器等遗物。根据出土陶器的特征推断，南关外铸铜作坊始于第一期，终于第四期（即中商文化一期），基本上与郑州商城相始终。紫荆山北铸铜基址位于商城北墙外300米处，基址内发现有房基、窖穴等遗迹和铜矿石、铅块、熔炉残块（曾称"坩埚"）、炼渣、木炭、陶范和铜、陶、石、骨、蚌器等遗物。在发现的6座房基内，均残留有铜锈面，其中F5内还堆放着排列整齐的19件刀范。足见这些房屋应是作坊内的工房。根据出土陶器的特征分析，紫荆山北铸铜基址始于第三期，终于第四期[2]，当为郑州商城的青铜器铸造业发展到一定程度后，在商城北侧另行建设的。

铭功路制陶作坊[3]位于内城以西1300米处的第十四中学院内。发现有陶窑、房基、墓葬、灰坑、白灰地面等遗迹，出土有大量的日用陶器、未经火烧的陶坯、烧坏的陶器废品及各种制陶工具。

紫荆山北的骨料坑[4]位于商城北墙之外的新华社河南分社院内，出土了1000多件骨器的成品、半成品、骨料、废料，还有10多块磨制骨器用的砺石、加工骨器用的青铜小刀等，说明附近应有一处制造骨器的作坊。

五　给排水系统

金水河流经城北，熊耳河在城南的内、外城墙之间，自西南向东北流淌，为郑州商城

---

[1] 裴明相：《郑州商代王城的布局及其文化内涵》，《中原文物》1991年第1期。
[2] 河南省文物研究所：《郑州商代二里冈期铸铜基址》，《考古学集刊》第6集，中国社会科学出版社，1989年。
[3] 河南省文物研究所：《郑州市商代制陶遗址发掘简报》，《华夏考古》1991年第4期。
[4] 河南省文化局文物工作队第一队：《郑州商代遗址的发掘》，《考古学报》1957年第1期。

的供、排水提供了方便条件。此外，井水也是郑州商城的主要水源。迄今发现的水井可以分为两类[1]，一类是在整个商城普遍分布的土坑竖井；一类是带井坑的比较讲究的水井。前者平面形状大多为圆角长方形，个别的为椭圆形和不规则形。后者仅发现3眼，均位于宫殿区内，两眼为圆角方形，一眼为圆形。商城路南侧郑州电力学校J3在井底建造有木质井盘和井框[2]，比另外两眼更为讲究。平面呈圆角长方形，井口长2.1米，宽1.3米，井底长2.68米，宽1.42米，井深7.8米。井底以上2米有"井"字形木构井框，井框由经过加工的圆木纵横套叠而成，木构件之间为榫卯结构。在井框的底部有四块大方木拼成的井盘。方木的宽度和厚度均在0.4米左右，井盘长2.42米，宽1.34米。井盘、井框的四周围护一周高度和厚度都不太均匀的青膏泥，以加固井框。井底铺垫一层0.2～0.25米厚的破碎陶片，对井水起过滤作用。

除了水井之外，郑州商城还修建了蓄水设施。在顺河路南侧黄河中心医院发现了一个石板水池[3]，长方形，略呈东南—西北方向，东西长约100米，南北宽约20米。水池挖在生土上，底部用白色掺有料礓的土分层铺垫之后，再用方形或长方形青灰色石板平铺。池壁先用掺有料礓的白土分层平夯，然后用略呈圆形的砾石垒砌。水池的底、壁如此精致，显然是为了防止渗漏，由此可知该水池应是用来蓄水的。这座蓄水池位于宫殿区内，附近即发现有夯土基址。它应是宫殿区的重要组成部分。

在这座蓄水池的南侧，还发现有一段供水设施[4]。已发现的部分长约40米。该设施由石板水道和汲水井两部分构成。沟槽断面为梯形，口宽11米，底宽3米。水道两侧由石板和草拌泥垒砌，顶、底则用石板平铺，内腔宽0.55米，高0.68米。其上逐层夯打至3米多厚。汲水井发现四个，间距均为8米，向下打破夯土，与石板水道相通。平面为长方形，长2.5米，宽1.5米，南半部均有二层台。这一设施与蓄水池相通，共同构成一套比较完整的供水系统。

郑州商城范围内发现的大小不一的壕沟，包括城墙外侧的护城河，在雨季可以排水，都应该算是排水系统的组成部分。

另外还有一些设施，目前尚无法判定是输水还是排水设施。如在城东路北段西侧的医疗器械厂曾经发现一条东西长5米、南北宽0.3～1米的小沟，沟底东高西低，沟内填有较多的陶制水管的残片，在沟的西端，有的残片贴在沟壁上，这无疑是当时装有陶制水管的水道。

---

[1] 宋国定：《试论郑州商代水井的类型》，《郑州商城考古新发现与研究》，中州古籍出版社，1993年。

[2] 河南省文物研究所：《郑州电力学校考古发掘报告》，《郑州商城考古新发现与研究》，中州古籍出版社，1993年。

[3] A. 河南省文物研究所：《1992年度郑州商城宫殿区发掘收获》，《郑州商城考古新发现与研究》，中州古籍出版社，1993年。

B. 曾晓敏：《郑州商代石板蓄水池及相关问题》，《郑州商城考古新发现与研究》，中州古籍出版社，1993年。

[4] 曾晓敏、宋国定：《郑州商城考古又有重大收获》，《中国文物报》1995年7月30日。

六 墓葬

郑州商城的墓葬主要分布于内城的周围，或内城与外郭城之间，如白家庄、杨庄、陇海东路（郑州烟厂）、北二七路、人民公园和铭功路等地。内城里面的墓葬较少，而且大都分布在靠近城墙的地方。

已发现的墓葬均为单人土坑竖穴墓。绝大多数是小型墓，中型墓较少。另外还有一些非正式的埋葬，它们没有墓圹，或散落于灰坑、文化层内，或与动物骨骼一起埋葬。对大型墓的探寻仍是目前的重要任务之一。

郑州商城未见专门的墓地。已发现的墓葬多混杂于遗址区，墓坑常常打破较早的文化层，又往往被较晚的文化层所打破或者叠压。在有些地点，墓葬是成片分布的。在内城北墙东段 C8T27 内，沿城墙分布着 7 座"二里冈上层"的墓葬，其中除 C8M16、C8M27 为东北—西南方向外，另外几座均与城墙的走向一致，只是头向有所不同。在铭功路西侧第十四中学内的制陶作坊遗址，在窑场北部一字排列着 5 座墓葬，它们虽然头向或南或北，仰身直肢或屈肢，但显然是一组互有联系的墓葬。这说明当时的埋葬是有一定秩序的，只是墓地的沿用时间较短。

七 年代与性质

（一）年代

我们认为，同偃师商城一样，郑州商城"城墙的修筑年代，并不代表该城的始建年代。只有最初的宫殿和宫城，才是该城始建年代真正的标志性建筑物"[1]。按上述标准，根据已有资料可对郑州商城的始建年代做如下讨论：

学者们注意到郑州商城宫殿区 C8T62 内有一片遭到严重破坏的夯土基址，叠压着残破台基的二里冈下层文化层出土大量可复原陶器[2]。从其中的陶鬲看，均为侈口卷沿、细绳纹，裆较高，足根细长；大口尊颈较短，整体粗矮，口径和肩径大体相当或略小于肩径。综合来说，其时代应与 C1H9 相当。根据对该层遗物的分析，对这处台基的时代，有学者认为属"南关外期"[3]，有学者认为相当"尸乡沟商城第一期第一段"[4]，总体不出我们所说早商一期之时。就是说，C8T62 内夯土基址建造和使用年代不晚于早商一期之时。

近年在配合夏商周断代工程的工作中，关于郑州商城宫殿基址的发掘又有新的进展。1998 年 9 月～1999 年 5 月，在郑州商城宫殿区的中心部位即现今郑州市东里路东段路北，发现了一组宫殿建筑基址，并有典型的地层叠压关系。据发掘者称，其中的 F1 和 F2 两座

---

[1] 高炜、杨锡璋、王巍、杜金鹏：《偃师商城与夏商文化分界》，《考古》1998 年第 10 期。
[2] 河南省文物研究所：《郑州商代城内宫殿遗址区第一次发掘报告》，《文物》1983 年第 4 期。
[3] 陈旭：《郑州商城宫殿基址的年代及其相关问题》，《中原文物》1985 年第 2 期。
[4] 张文军、张玉石、方燕明：《关于偃师尸乡沟商城的考古学年代及相关问题》，《青果集》，知识出版社，1993 年。

房基的"废弃年代应不晚于二里冈下层二期"[1]，即早商二期。那么这二座基址的建筑使用年代应更早，有可能与C8T62内的那片基址相当。发掘者在同篇报道中援引有学者倾向认为，其时代属商代初年。

作为城址重要组成部分的铸铜作坊，早商一期之时已建成生产。其中，南关外铸铜基址C5H49所出的陶鬲，薄胎、侈沿、细绳纹，与南关外遗址H62:16相近。C5:3H313出土的大口尊，形制为口径小于肩径，与C8T62内叠压夯土基址的灰土层所出的大口尊相同。该灰坑还同出有陶范，说明此时南关外铸铜基址已经使用。

从现有材料的分析中我们看出，郑州商城的宫殿始建于早商一期之时。目前发现的属于早商一期的宫殿建筑还为数不多，与都址相称的铸铜作坊也刚刚建成使用，反映出郑州商城建城伊始的状况。

关于修筑城墙的时间，发掘者最初定为"二里冈下层"[2]，其后经学者研究，或进一步指明在二里冈下层二期[3]，或主张提早到二里冈下层一期[4]，最近又有学者分析认为"商代夯土城墙不会晚于二里冈下层二期，也不会早于二里冈下层一期，其始建年代约在二里冈下层一期晚段"[5]。

到早商二期之时，郑州商城开始进入兴盛时期。主要表现在：这时期兴建了大批宫殿，例如C8G10～C8G12、C8G14～C8G16等主要基址均建于此时；南关外铸铜基址的规模得以迅速扩展，表明当时对铸铜业的需求加剧；铭功路的制陶作坊和紫荆山北的制骨遗迹均建于二期晚段；郑州商城的外郭城至迟在二期偏晚阶段基本建成，这应视为城市规模扩张的结果；城址内的文化遗存较早商一期时普遍增多，表明此时城市人口的急剧增加等。

早商三期，郑州商城在原有的基础上持续繁荣。主要体现在：南关外铸铜作坊虽经扩展，仍满足不了当时对铸铜业的需求，又兴建了紫荆山北铸铜作坊；宫殿建筑群有新建、改建，如C8G11、C8G12、C8G14等基址被废弃并在其附近新建了C8G8和C8G13，又如C8G10则是在原有基址重建，郑州电力学校F1也是这时新建的一处规模较大的基址。

而到中商一期即白家庄期时，郑州商城大批的宫殿建筑被中商一期遗存所叠压或打破。两处铸铜基址也至迟在中商一期偏晚时废弃。但同时在白家庄、铭功路、北二七路等

---

[1] 宋国定、曾晓敏：《郑州商城宫殿遗址发现夏商界标》，《中国文物报》1999年8月18日。
[2] 河南省博物馆、郑州市博物馆：《郑州商代城遗址发掘报告》，《文物资料丛刊》1，文物出版社，1977年。
[3] 安金槐：《再论郑州商代城址——隞都》，《中原文物》1993年第3期。
[4] A. 陈旭：《郑州商文化的发现与研究》，《中原文物》1983年第3期。文中推定建于"南关外期"即相当我们所分的早商一期。
　　B. 高炜：《略论二里冈期商文化的分期和商城年代——兼谈其与二里头文化的关系》，《中原文物》1985年第2期。文中明确提出郑州商城"兴建和使用年代，可推至下层第一段"。
[5] 杨育彬在《夏商周断代工程阶段性成果（简稿）》讨论会上的发言（1999年9月25日）。又见"夏商周断代工程·商前期年代学研究课题·郑州商城分期与年代研究专题"结题报告（内容提要），2000年6月。

地却发现了较多的铜器墓,而且张寨南街、城东路回民食品厂铜器窖藏埋藏时间均属中商一期,南顺城街铜器窖藏坑年代更晚些。三处窖藏铜器大多为其他遗址所不见的重器。以上遗迹现象似乎表明,当时郑州商城走向衰落,但至少在该期某一时间段内,仍有商王室和贵族在此活动。

到中商二期时,郑州商城全面荒废,但对南顺城街铜器窖藏坑的出现,仍需得到合理解释。

(二) 性质

20世纪50年代郑州商代遗址的一系列重要发现,使人们确信它应是一个都城遗址,并已有学者将其与仲丁所迁之隞相联系[1]。城墙发现之后,始正式提出郑州商城应为仲丁所迁之隞都[2],此后除了个别学者推断其为商代望族之一郑族的都城之外[3],多数学者逐渐接受了郑州商城隞都说。20世纪70年代末,有学者根据《左传·襄公十一年》关于郑地亳城的记载,参证当地战国晚期(一说为秦代)遗址中出土的陶文,推定郑州商城为商汤始居之"亳都"[4],遂成为另一种最主要的意见。也有认为是祖乙所迁之庇[5]以及其他一些说法[6]。经过长期热烈的讨论,学者们的认识逐渐接近。现在不少学者认为郑州商城应与偃师商城同为商代早期的都城遗址[7],郑州商城规模庞大的内外城墙,先后数十座夯土建筑基址构成的宫殿建筑群,长期使用的铸铜遗址以及窖藏坑出土的青铜重

---

[1] 邹衡:《试论郑州新发现的殷商文化遗址》,《考古学报》1956年第3期。
[2] 安金槐:《试论郑州商代城址——隞都》,《文物》1961年第4、5期。
[3] 白川静:《殷代雄族考其一——郑》,《甲骨金文學論叢》五集(油印本)。
[4] 邹衡:《郑州商城即汤都亳说》,《文物》1978年第2期。
[5] 貝塚茂樹:《中國古代の再發見》第86页,岩波書店,1979年,東京。
[6] A. 唐嘉弘主编的《先秦简史》(福建人民出版社,1995年)第61页曾说:"汤所居之亳在今商丘东南,南亳是也。以后,汤所迁的西亳之地可能在今郑州"。
  B. 宋豫秦认为:"'口耳相传'下来的'西亳'史影,本初未必不指郑州先商文化或郑州商城及其同期文化"(见宋豫秦:《论豫东夏邑清凉山遗址的岳石文化地层——与孙明同志共探讨》,《中原文物》1995年第1期)。
  C. 田昌五曾提出多种可能:(1)郑州商城"当是商汤灭韦、顾、昆吾后所建","是商代之官城",而至二里冈上层时期又为"仲丁所都之官城"(见田昌五:《谈偃师商城的一些问题》,《全国商史学术讨论会论文集》,殷都学刊编辑部,1985年)。(2)郑州商城"很可能兴建于太甲之手,仲丁迁隞是后来的事"(见田昌五:《先商文化探索》,《华夏文明》第三集,北京大学出版社,1992年)。(3)郑州商城可能是夏桀与昆吾联手对付成汤时始建,又可能是成汤攻灭昆吾后始建,但其建成使用,则很可能是在太甲之时(见田昌五、方辉:《论郑州商城》,《中原文物》1994年第2期)。
[7] A. 张文军、张玉石、方燕明:《关于偃师尸乡沟商城的考古学年代及相关问题》,《青果集》,知识出版社,1993年。
  B. 许顺湛:《中国最早的"两京制"——郑亳与西亳》,《中原文物》1996年第2期。
  C. 张国硕:《郑州商城与偃师商城并为亳都说》,《考古与文物》1996年第1期。

器，在目前已知的同时期遗址中其重要地位是显而易见的，充分说明它应为商王朝都城遗址。只是对二者的繁盛时间和具体地位的认识学者间尚有差异。

（三）关于偃师商城与郑州商城的关系

如上所述，偃师商城与郑州商城同为早商时期的都址。关于这两座城址的年代、性质及相互关系，学者们做过许多讨论。归纳起来，主要有三种意见：一种意见认为偃师商城是汤都西亳，郑州商城是仲丁所迁的隞都；一种意见认为郑州商城是成汤始居之亳都，偃师商城是大体同时或稍晚的别都（或重镇）；一种意见倾向二者同为商代早期的国都，惟重点使用时间有交错。我们比较同意后一种说法。两都或多都并存的现象，在西周以后是很常见的，商代偃、郑二城或为考古已知的最早实例。

根据近年的发掘与研究，对两座城址的年代逐渐得到清晰认识。以最早的宫殿和宫城的营建为标志，两城始建年代接近，都在早商一期。二者的兴盛年代有并存、有交错。就偃师商城而言，由小城城垣的修建、宫殿群的扩建、改建、府库的营建和城址的扩展（在小城基础上修筑大城）来看，偃师商城最主要使用时间是在早商第一期至第二期，第三期的前半叶曾有三号、五号等宫殿的建设，说明城址仍在使用，但不久废弃，至中商文化一期时（偃师商城分期第三期晚段）已沦为一般聚落[1]。就郑州商城而言，C8G15、C8G16等大型宫殿和城垣的存在以及外郭城的修筑，表明早商二期时，该城已进入兴盛阶段；从宫殿区南部多座夯土基址和紫荆山大型铸铜作坊的出现，多处墓地的涌现，表明早商三期时，该城持续繁荣或达于鼎盛，而恰是偃师商城开始走向衰落的时期；至中商一期时，偃师商城已彻底荒废，而郑州商城内一些宫殿和二处铸铜作坊在本期的一段时间内继续使用。对于3座铜器窖藏的性质虽有不同看法，但其埋藏时间都在中商时期，这也是郑州商城至少在中商一期仍有王室和贵族活动的证据。因此说，郑州商城兴盛期出现的年代和废弃的年代都晚于偃师商城，至于二城并存期间的某段具体时间内（尤其像早商二期时），它们各自的作用或主、辅地位，有待更多的发掘资料和更深入的研究。

郑州商城位于西面丘陵高地与东面湖沼平原的交接之处，自古以来就是东西、南北交通的咽喉要道。偃师商城所处的伊洛平原，四面环山、土地肥沃，是一个相对独立而且易于防御的地理单元，素为兵家必争之地。两城的地理位置均极为重要，而且具有明显的互补性。

两座都城的布局有很多相似之处。首先，城址略呈长方形，而且北城墙东段均为西北—东南向斜线，使城的东北隅呈一抹角；其次，城圈及城内大、中型建筑的朝向相同，均为南偏西；第三，宫殿建筑集中于一处；第四，靠近城墙内侧均发现设有小片墓地。

当然两城之间的差异也很明显。郑州商城的宫殿区偏处城内东北部；而偃师商城在"小城时期"，宫城位于城内中部稍偏北，扩建大城后，宫城位于城址南部。郑州商城的宫殿区虽然也发现有几段夯土墙，推测应为宫城墙，但现在还不能肯定，由于受现代建筑覆盖，无法全面揭露，宫殿区布局难以说清；偃师商城则发现有一圈宫城，宫殿区虽也遭受

---

[1] 参见本章第三节。

不同程度的破坏，但有望得到全面揭露，并据以对其布局变迁做出研究。就宫殿建筑而言，据已知材料，郑州商城明显存在两类，一类略呈方形，有内、中、外三圈柱子而无墙，很可能属于"明堂"，在偃师商城尚未发现同类遗存；一类为长方形，有墙，墙外设回廊，很可能属于寝殿。偃师商城已知主要也有两类，一类类似二里头遗址一、二号宫殿，由北面的正殿和另三面的庑（南庑中部或设门塾）及中央的庭院组成封闭式格局；一类有前、后相通的二进以上殿堂，似具"前朝后寝"格局。郑州商城发现有外郭城，在很长一段时间里，外郭城与通常所称的郑州商城是同时存在的，在外郭城与内城之间发现有铸铜、制陶的作坊或相关遗存，表明这一地带属郑州商城的手工业区。偃师商城虽然也发现大、小两重城墙，但二者主要是先后关系，大城是由小城扩建而成的。制陶和铸铜作坊主要分布于小城与大城之间的城内东北部，在"小城"时期，这些作坊位于城外，而至大城时期则位于城内。郑州商城尚未发现府库类建筑，偃师商城的二号建筑群基址则明显属于府库性质，第三号建筑群基址可能亦属此类。

根据两城的文化内涵及布局，可知其功能大体一致，一些细节方面的差别则反映了二者的互补性。

第五节 早商时期其他城址

城址是早商文化聚落形态研究的主要对象。当时的聚落至少可以分为四个层次：都城、区域性政治中心、次一级的政治中心、一般聚落。迄今，除偃师商城、郑州商城两座都址外，尚发现黄陂盘龙城商城、垣曲商城、东下冯商城、焦作府城商城、辉县孟庄商城等相当第二、三级的中心遗址。最基层的一般聚落，规模、内涵均与以前的一般聚落并无明显差别。

一 盘龙城商城

盘龙城位于湖北省黄陂县，今隶属武汉市，坐落在一个伸入盘龙湖的半岛之上，东、南、西三面环水。早商时期的遗址断断续续地分布在东西约1100米、南北约1000米的丘陵地带，夯土城垣位于东南部。实际上是一处以城为重心的商文化遗址群。城垣平面略呈平行四边形，中轴线约为20°。南北约290米，东西约260米，周长1100米，城内面积约75400平方米（图4-10）。据说数十年前城垣尚高出地面约7~8米，现在西墙及南墙东段仍高出地面1~3米，其他两面仅存基部（图版21-1）。城墙外陡内坡，四角呈圆弧状。经过解剖的北城墙，基部宽约21米。

城墙采用分段版筑法夯筑，横断面为梯形，分墙体和护坡两部分。墙体与护坡之间残留有分段版筑的印痕。城墙四周挖有城壕，各段城壕的情况略有不同。南墙外的一处口宽约14米，底宽约4米，靠城墙的一面作二层陡坡台阶状，对岸则为缓坡。

据说当年城墙高耸之时，四墙的中部都有一缺口。现存南、北、西三面城墙的基部各见缺口一处，应即城门所在。南、北城门位于中轴线上，遥相对应。尚存的西城门两侧城

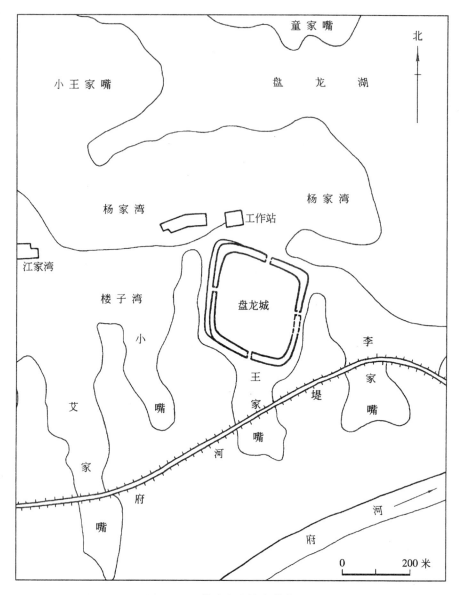

图 4-10 黄陂盘龙城商城位置图

墙残高 1.8~2 米，墙基厚约 20 米。城门的底部有宽 3 米、残长约 7 米的一层石头路面，应是当时的门道。门道的地势为内高外低。

主要建筑群位于城内东北部，其中的三坐建筑坐落在一个大型夯土台基之上。估计台基南北长度至少在 100 米左右，东西宽度至少在 60 米以上。三座建筑朝向一致，都是南偏西，分前、中、后平行排列在台基上。已清理出的 F1 东西长 39.8 米，南北宽 12.3 米，分为四室，周有回廊。四室均在南侧设门，中间的两室另在北侧设门。研究者将其复原为木骨泥墙、墙外设廊的"四阿重屋"式的建筑，并推测可能是当时的"寝殿"（图版 7）。

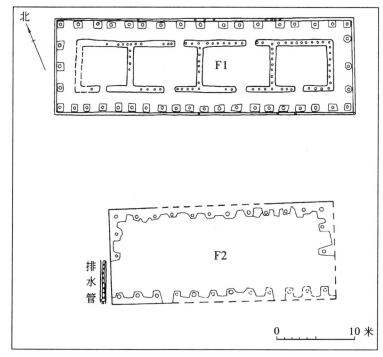

图 4-11 黄陂盘龙城 F1、F2 基址平面图

在它南面的 F2 面阔小于 F1，而进深则大于 F1，并且内部尚未见到隔墙但有大柱洞，形制似为一座大空间的厅堂，因此推测是正殿（图 4-11）。两座建筑的组合颇似"前朝后寝"的格局[1]。两侧似有配殿或廊庑[2]。在 F2 基址两侧台基边缘，设有南北向的陶水管，应是宫殿区的排水设施[3]。

在城垣外围的众多小型遗址中，发掘出一些中小型房基。中型者有的建在夯土台基之上，小型者有的为长方形半地穴式。城外的遗址中常发现有长条形沟槽遗迹，以城北的杨家湾最为密集。这种遗迹内一般都放置三五成群的陶缸和"坩埚"，并堆积有成层的木炭灰烬。多被认为是手工业作坊遗迹。1986 年在王家嘴遗址发掘的一座[4]，长 50 米，底宽 1~3 米。沟内堆积木炭屑，出有较多的陶缸和一些硬陶残片，发掘者推断其与制陶有关。1984 年在杨家湾还发现一个与上类遗迹相关直径约 1 米的圆形炉灶[5]。墓地在城外，贵族墓主要分布在李家嘴，中小型墓葬则分布在楼子湾、杨家嘴、杨家湾等地，均为长方形竖穴土坑墓。

关于盘龙城商城的始建年代，发掘者曾定为"二里冈期上层"，大致相当于盘龙城商代遗址的第二期，即早商文化三期时。根据已发表的材料，我们认为有可能提前到早商二期。中商一期时，城址仍繁盛，曾发现李家嘴 M1 等重要墓葬可以为证。城址的废弃年代

---

[1] 杨鸿勋：《从盘龙城商代宫殿遗址谈中国宫廷建筑发展的几个问题》，《文物》1976 年第 2 期。
[2] 关于建筑群内除 F1、F2 之外的建筑遗迹，一种意见认为：在主殿之外，两侧似有配殿与之对应（见王劲、陈贤一：《试论商代盘龙城早期城市的形态与特征》，《湖北省考古学会论文选集（一）》，武汉大学学报编辑部，1987 年）。另一种意见则认为：这种廊庑（指二里头一号宫殿殿堂周围的廊庑），在盘龙城似乎也存在，F3 东北部的某些迹象值得注意（见杨鸿勋：《从盘龙城商代宫殿遗址谈中国宫廷建筑发展的几个问题》，《文物》1976 年第 2 期）。
[3] 王劲、陈贤一：《试论商代盘龙城早期城市的形态与特征》，《湖北省考古学会论文选集（一）》，武汉大学学报编辑部，1987 年。
[4] 陈贤一：《黄陂县盘龙城商代遗址》，《中国考古学年鉴（1987）》，文物出版社，1988 年。
[5] 陈贤乙：《黄陂县盘龙城商代遗址》，《中国考古学年鉴（1985）》，文物出版社，1985 年。

按已知其最晚的遗存可能到中商二期[1]。

二 垣曲商城

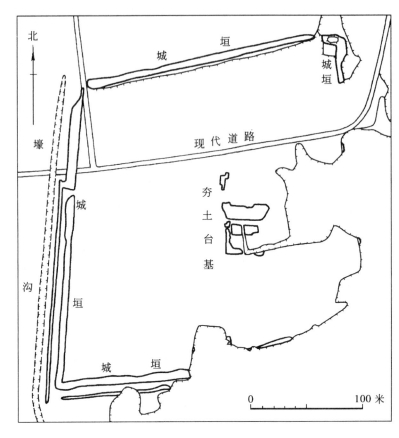

图 4-12 垣曲商城平面图

垣曲商城位于山西省垣曲县古城镇南关，处于亳清河入黄河处两河之间陡起的黄土台地上。城址呈不规则的方形，南北长约400米，东西宽约350米，周长约1470米，总面积13万平方米（图4-12）。北城墙尚高出今地面之上（图版21-2），其余三面均埋没于地下，东墙、南墙仅余残段。城墙之下挖有基槽。北墙与东墙均为单墙，西墙南段与南墙西段则为双道夹墙[2]。西侧外墙的北端始于城门之北，由一长12米的东西向横墙与内墙相接，南端长出内墙25米，内外墙相距7~10米。南侧外墙与西侧外墙略似。南侧外墙西端与西侧外墙南段之间有一宽16米的门道。城的东、南二面面临断崖，只西面是宽阔、平坦的黄土塬。双墙之设显然是为加强防御性能[3]。

西墙外侧还挖有护城壕，总长446米，宽8~9米，与外墙相距6~8米，北端始于城墙西北角，南端至外墙南端稍向内折，对西侧外墙和南侧外墙之间的门道略呈环抱之势。

北、西、南三面城墙发现的缺口，目前只有西墙中段偏北的一个可以确定为城门。由

---

[1] A. 陈贤一：《盘龙城商代二里冈期墓葬陶器初探》，《中国考古学会第四次年会论文集》，文物出版社，1985年。
　　B. 唐际根：《中商文化研究》，《考古学报》1999年第4期。
[2] 关于垣曲商城的布局，主要依据：
　　A. 中国历史博物馆考古部、山西省考古研究所、垣曲县博物馆：《垣曲商城》第10~11、14~15、155~166、206~215页，科学出版社，1996年。
　　B. 佟伟华：《垣曲商城的发掘与研究》，中国商文化国际学术讨论会论文，1995年。
　　C. 程书林：《垣曲黄河小浪底水库区文物抢救发掘有重要收获》，《中国文物报》1997年7月13日。
[3] 董琦：《瓮城溯源——垣曲商城遗址研究之一》，《文物季刊》1994年第4期。

此城门向东南方向延伸有一条通往中心建筑群的主干道。

城内中部偏东为中心建筑群,已发现夯土台基6座。东南部为一般居住区,文化层堆积较厚,其西发现数座陶窑,当为制陶作坊区,西南部发现有少量灰坑,城内其他地方虽然普遍分布有早商时期的文化层,但地层堆积比较简单。

南墙与东墙均位于现存台地的边缘。西墙外侧约600米的范围内曾经详细钻探,更西的地方也进行过粗探,但均未发现早商时期的文化层。这一聚落基本上局限于城圈之内。

三 东下冯商城

东下冯商城[1]位于山西省夏县东下冯村东北的青龙河畔台地上。虽然早在20世纪70年代已经发现,但发掘工作十分有限。四面城墙中仅南墙全部探清,东墙和西墙只探出南段,其中段毁于冲沟。北墙尚未发现。东墙仅发现52米,西墙南段长140米,另在其北向延长线上发现有城墙残迹,已探出的部分较直,未发现转折的迹象。南墙则在中部有一转折,东段靠里,长约213米;西段靠外,长约152米,二者以长约75米的南北向城墙相接。已探出的三个城角均比较圆转。城墙为平地起建,由夯筑墙体和两侧的护坡组成,墙体底宽约8米。城墙外侧发现有城壕,口宽5.5米,底宽4米,深达7米,距城墙外侧1.8~3米(图4-13)。

城内西南角有一群圆形建筑基址。这些圆形建筑横成行,纵成列,与城墙的层位完全一致,是商城的有机组成部分。已经确知的有20座,另由钻探可知这群建筑至少有7排,每排6或7座,总数大概有40~50座。这些圆形建筑直径在8.5~9.5米之间,其下都有高出当时地面约0.3~0.5米的台基。以每座基址的中心点计算,其间距为13~17米。每座基址上均有十字形的沟槽,其中心都有一个直径约1.2米的柱坑,其内的柱洞直径0.2~0.3米,深约0.8米。基址的周边有比较密集的柱洞,一般有30~40个,洞径9~15厘米,间距为0.5~

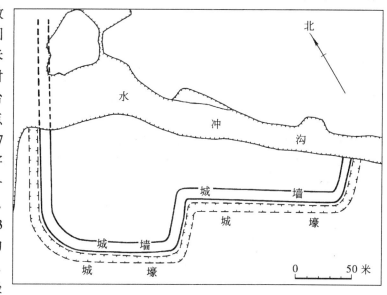

图4-13 夏县东下冯商城平面图

---

[1] 中国社会科学院考古研究所、中国历史博物馆、山西省考古研究所:《夏县东下冯》第148~153页,文物出版社,1988年。

1.1 米。建造时先平整土地，铺垫一层黄色花土作为地基，再夯筑台基。台基分三至五层，每层厚 10 厘米左右，然后挖槽（或坑）埋柱，填平夯实。虽经仔细清理，始终没有发现门道。有的学者推测这些颇具特色的建筑是一处干栏式仓储设施[1]，更有人明确指出应为粮仓[2]。

四　府城商城

府城商城位于河南省焦作市西南郊，北距太行山 15 公里，南距沁河约 20 公里。城址平面呈方形。其中西墙、北墙保存较好，各长近 300 米，西城墙现地面上保存高度约 2 米，宽 4~8 米；北墙存高约 2~3 米。东墙复原长度约 300 米。南墙仅存部分地下的基槽。保存较好的西北角拐角内外均呈圆弧状，拐角顶部宽 9 米，底部宽 16 米，高 2 米。城墙基槽宽约 15 米，深 0.9 米。墙体系加板夯筑而成。

目前城址内共发现四处夯土基址，其中一、二号基址保存较好。一号基址位于整个城址的东北部，平面呈长方形，南北长 70 米，据钻探东西宽约 55 米。由前后三进殿堂和两座庭院组成。"前殿"基址南北进深 7.5 米。西侧的"配殿"东西宽为 7.75 米，南北长 20 米。"正殿"位于南北两进院之间，南北向进深 14.8 米。"后殿"基址只做了部分发掘。

二号基址为长方形，坐北朝南，已发掘部分长 12.5 米，宽 6.5 米，为地面式建筑。三号基址亦为长方形，坐北朝南，已发掘部分居住面长 8.2 米，宽 6.15 米。

就目前发掘资料分析，发掘者认为，府城城址至迟修建于"二里冈下层时期"，废弃于白家庄期晚段[3]。

五　关于早商城址的若干特征

根据已发表的早商城址的资料，可以归纳出一些规律性的特征。目前至少可以总结出以下几点。

存在明显的分级制度[4]。郑州商城和偃师商城属于第一级，是当时全国的政治和文化中心。东下冯商城和盘龙城属于第二级。前者是以东下冯类型为代表的地方中心，后者是以盘龙城类型为代表的地方中心。垣曲商城与郑州商城和偃师商城同属二里冈类型，应为商王朝直接控制之地，该城地扼洛阳平原通往晋南的水陆交通要道旁，再从城址所处地势和夹墙结构看，很可能是商代早期的一座军事重镇[5]。孟庄商城和府城商城均属琉璃

---

[1] 杭侃：《夏县东下冯的圆形建筑浅析》，《中国文物报》1996 年 6 月 2 日。
[2] 程平山、周军：《东下冯商城内圆形建筑基址性质略析》，《中原文物》1998 年第 1 期。
[3] A. 杨贵金、张立东：《焦作市府城古城遗址调查报告》，《华夏考古》1994 年第 1 期。
B.《焦作府城发现商代早期城址》，《中国文物报》1999 年 12 月 19 日。
C. 袁广阔、秦小丽、杨贵金：《河南焦作市府城遗址发掘简报》，《华夏考古》2000 年第 2 期。
D. 袁广阔、秦小丽：《河南焦作府城遗址发掘报告》，《考古学报》2000 年第 4 期。
[4] 马世之：《试论商代的城址》，《中国考古学会第五次年会论文集》，文物出版社，1988 年。
[5] 中国历史博物馆考古部、山西省考古研究所、垣曲县博物馆：《垣曲商城》第 274~276 页，科学出版社，1996 年。

阁类型，它们其中的一座可能同东下冯或盘龙城性质相近。待孟庄城址资料公布以后，可对二者的性质与关系做进一步的分析。

总体形状基本为长方形。但各城均不太规整，主要应是受地形所限。现知偃师商城东南角内收是为外面的陂池所限，北墙东段内折则有可能是为城外的河道所逼。

筑有闭合的城墙，设供出入的城门，由城门通往城内主要地区都有宽阔的道路，城墙外侧多挖有城壕。城墙的宽度、高度及各墙城门的数目，当与城址的级别相应。

城墙均用土分层夯筑而成。具体建造方法可分两种：一为平地起建，如郑州商城的许多地段，盘龙商城和东下冯商城；一为先挖基槽，在槽内分层夯筑，夯至地面之后即起墙体，如偃师商城和垣曲商城。

城址的总体布局主要有两类。一为宫殿或官署类大型建筑位于城墙之内，手工业作坊分布于城墙之外，如郑州商城、偃师商城的小城、盘龙城商城；一为宫殿等大型建筑和手工业作坊均集中于城墙之内，如偃师商城的大城、垣曲商城。

宫殿或大型建筑的位置主要有两种。一是位于城内的东北部，如郑州商城与盘龙城商城；一是大致位于城内的中部，如偃师商城与垣曲商城。偃师商城的宫殿区初建时位于小城内中部偏南，只是在扩建大城后才偏在城址西南部。垣曲商城的中心建筑位于城址中部偏东。

城址设有政府控制的府库。目前已在偃师商城和东下冯商城发现比较清楚的府库类建筑遗迹。

郑州商城、偃师商城、盘龙城和东下冯、府城商城城垣及城内主要建筑（包括垣曲商城内的夯土台基）朝向一致，大致在南偏西数度至20°之间。上述情形或许是商人某种观念在城址规划和建筑上的反映[1]。

第六节　早商时期的墓葬与埋葬制度

迄今已经发现早商墓葬数百座。依据这些墓葬材料，可对早商时期的埋葬制度进行简略的归纳。

一　墓葬分布

在几处商代早期大型遗址中，至今尚未全面揭露一处墓地，已发现的墓葬多是零星的

---

[1] A. 杨锡璋：《殷人尊东北方位》，《庆祝苏秉琦考古五十五年论文集》，文物出版社，1989年。
B. 建筑考古学家杨鸿勋1995年在偃师商城和二里头遗址发掘现场曾指出偃师和郑州两座商城及安阳殷墟的宫殿基址多朝西南，而二里头遗址的宫殿朝东南，认为建筑朝向的不同，可能是鉴别夏、商文化的重要参考因素（见本刊特约记者：《"中国商文化国际学术讨论会"述要》，《考古》1995年第9期）。
C. 高炜、杨锡璋、王巍、杜金鹏：《偃师商城与夏商文化分界》，《考古》1998年第10期。

铜器墓和埋在居住址、城门或城墙附近以及手工业作坊内的小墓，很难从墓地制度的角度进行讨论。可以确定为成片墓地的只有少数几处。

1983年秋，对偃师商城西二城门及其附近进行发掘。在西二城门（X2）内侧发现一批商代早期墓葬，共计21座。另在小城北城墙（原《简报》称"马道"）拐折处发现打破城墙的两座墓（M1、M2）[1]。这批墓葬均为小型墓，墓穴窄长，无一定方向。随葬品多是陶器，只有M1随葬有铜器。墓葬开口于不同的层位，可见这片墓地持续时间较长[2]。而且开口于同一层位的墓葬也有相对早晚。比如M13打破M16、M22打破M23。但它们均叠压或打破城内路土或小城城墙，其年代要晚于大城城墙的始建年代，而与城墙的使用年代相当，墓主是当时城内居民。

1990年在偃师商城东城墙内侧清理墓葬10座[3]，"墓穴均打破或叠压城墙基础边缘及附属堆积层"。除M13墓葬稍大，随葬有铜器、陶器及玉石器外，其余均为小型墓，随葬品主要是陶器及小件饰品1～4件不等。发掘者认为，这批墓"相对年代要晚于城墙建造年代"。1991年又在东城墙内侧清理小型墓葬13座[4]，发掘者认为其年代分别属"二里冈下、上层时期"。其中7座随葬有1～7件陶器。器形有鬲、盆、圆腹罐、簋、豆、爵、长颈壶、直口尊等。部分墓穴打破城墙内侧基础或城内商代文化层。

1996年在偃师商城大城东北隅城墙内侧发现一处墓地，清理墓葬17座[5]。第1层路土下发现墓葬11座，其中略呈南北向的7座，略呈东西向的4座。南北向的墓中，有相对集中的6座死者头向北，只1座头向南；4座东西向墓中3座死者头部西向，1座向东。在两组打破关系中，皆是南北向的墓葬打破东西向墓。第2层路土下发现墓葬6座，除1座略呈南北向外，其余相对集中的5座呈东西向，头向皆朝东。在这些墓葬中死者有男有女，但3座俯身直肢葬者皆为男性。可认为在同一层位下，头向相同而且位置相对集中的墓葬，或许原本是同一家族或家庭的成员。17座中6座墓有随葬品，主要是陶器，仅发现铜爵1件。器物组合不固定，或鬲、盆、尊为一组，或鼎、簋、豆、尊为一组，或鬲、盆、豆、瓮为一组，或鬲、盆、斝为一组，或盆、瓮为一组，或仅有陶鬲1件。

目前，在郑州商城已发现的早商时期墓葬，分布较为零散，有几处墓区也只是相对集中地分布几座或十几座墓。

---

[1] 中国社会科学院考古研究所河南二队：《1983年秋季河南偃师商城发掘简报》，《考古》1984年第10期。
[2] 原《简报》认为M12属二里冈上层偏晚时期，即相当于中商一期之时（见中国社会科学院考古研究所河南第二工作队：《1983年秋季河南偃师商城发掘简报》，《考古》1984年第10期）。但从M12所出陶鬲M12:1来看，与二里冈遗址H1:20相似，属早商三期典型器类；且陶簋M12:2也具有三期特征，因此，我们认为M12属早商三期。
[3] 刘忠伏：《偃师商城遗址》，《中国考古学年鉴（1990）》，文物出版社，1991年。
[4] 刘忠伏：《偃师商城遗址》，《中国考古学年鉴（1991）》，文物出版社，1992年。
[5] 中国社会科学院考古研究所河南第二工作队：《河南偃师商城东北隅发掘简报》，《考古》1998年第6期。按：该《简报》称第1层路土下有墓10座，第2层路土下有墓7座。

在郑州商城铭功路西侧制陶作坊及其附近的一批墓葬，其中属早商三期[1]时的墓有6座埋在F102的地坪下，其余皆分布在房基、陶窑和灰坑的周围。墓向多朝南，仅个别朝北。葬式多为仰身直肢，仅一座为仰身屈肢。墓内的随葬品多少不一，一般为2~4件，少者1件，多者11件。带腰坑的墓5座，皆殉一只狗，狗的头向与墓主人头向一致。随葬品的组合以鬲、斝、簋、豆为主，兼有爵、盆、瓮等[2]。

在郑州商城城墙内侧，曾发掘一批墓葬。这批墓葬的年代从早商到中商一期均有。它们多叠压或打破城墙及其附属堆积。其中有7座墓葬集中分布C8T27内。这些墓葬的规格都较小，墓坑小而浅，多为长方形竖穴单身葬。有的墓坑仅能容下人身。葬式多为仰身直肢。部分墓底铺有朱砂。大多数墓没有随葬品。少数墓随葬有陶器数件不等，另外还有铜器、玉器、骨器、石器等[3]。

另外在郑州烟厂[4]、二里冈[5]、杨庄[6]、人民公园[7]、北二七路[8]、白家庄[9]、东里路黄河医院[10]等地也陆续发现早商时期的墓葬，包括随葬成组青铜礼器的墓，但大多未见正式报告。

迄今，在垣曲商城共发掘到20座商代墓，绝大多数为早商时期。其中，除灰坑墓（特葬）3座、儿童墓或瓮棺葬4座外，成人墓有13座[11]。M1和M16随葬有铜器，M3、M6、M19随葬陶器1~4件不等。其余多数墓则无随葬品。对于墓葬的分布情况，《垣曲商城》和1997年发表的《简报》均未提及，但从《垣曲商城》墓葬登记表中不难发现，几

---

[1] 即《简报》所指"二里冈上层"。
[2] A. 马全：《郑州市铭功路西侧的商代遗存》，《文物参考资料》1956年第10期。
  B. 河南省文物研究所：《郑州市商代制陶遗址发掘简报》，《华夏考古》1991年第4期。
[3] 河南省博物馆、郑州市博物馆：《郑州商代城遗址发掘报告》，《文物资料丛刊》1，文物出版社，1977年。
[4] 《河南出土商周青铜器》编辑组：《河南出土商周青铜器（一）》图版四七，文物出版社，1981年。
[5] 河南省文化局文物工作队：《郑州二里冈》第38~41页，科学出版社，1959年。
[6] 《河南出土商周青铜器》编辑组：《河南出土商周青铜器（一）》图版四二至四四、六〇，文物出版社，1981年。
[7] A. 安志敏：《郑州市人民公园附近的殷代遗存》，《文物参考资料》1954年第6期。
  B. 郑州市文物工作组：《郑州市人民公园第二十五号商代墓葬清理简报》，《文物参考资料》1954年第12期。
[8] 郑州市博物馆：《郑州商代遗址发掘简报》，《考古》1986年第4期。
[9] 《河南出土商周青铜器》编辑组：《河南出土商周青铜器（一）》图版一七至一九，文物出版社，1981年。
[10] 杨育彬、赵灵芝、孙建国、郭培育：《近几年来在郑州新发现的商代青铜器》，《中原文物》1981年第2期。
[11] A. 中国历史博物馆考古部、山西省考古研究所、垣曲县博物馆：《垣曲商城》第165~166、211~212页，科学出版社，1996年。
  B. 中国历史博物馆考古部、山西省考古研究所：《1988~1989年山西垣曲古城南关商代城址发掘简报》，《文物》1997年第10期。

座墓葬分布于不同探方，可见它们也未集中分布。

除上述之外，在黄陂盘龙城[1]、夏县东下冯[2]、荥阳西史村[3]、登封王城岗[4]和袁桥[5]、中牟黄店[6]等地均发现有早商时期的墓葬。其中，盘龙城外楼子湾、李家嘴等处都有早商至中商时期随葬成组青铜礼器的墓葬。李家嘴则应是当地最高层次的一片墓地。

二　埋葬习俗

（一）墓葬形制

早商时期的墓葬形式以长方形土坑竖穴墓为主，这是当时居主导地位的一种埋葬方式。以这种方式埋葬时，经常使用木质棺椁作葬具，只有偃师商城1989年发掘的M13使用了石质葬具。该墓为南北向竖穴，墓室四周用不规则石块垒砌，南北长2.4米，东西宽0.9米。骨骼周围施放有朱砂，有一腰坑，坑内埋有兽骨。随葬品有铜斝、铜爵、玉柄形器、陶鬲、陶盆、陶尊、陶簋、圆陶片、石匕各1件[7]。在夏商周三代，石构墓葬主要分布在边远地区[8]，在中原地区发现这样的墓葬，应是当时文化交流的反映。

瓮棺葬仅在垣曲商城发现2座[9]，其中一座是在一个长0.68米、宽0.53米的土坑里，两罐对置，内葬一个小孩。新石器时代相当普遍的儿童瓮棺葬，在二里头文化中已少见[10]。在早商时期情况仍是如是，因为有很多儿童墓也是长方形土坑竖穴，坑内并不使用瓮棺。

火葬仅见于郑州的铭功路西侧[11]。墓坑长2.06米，宽0.44米，深0.7~1.38米。在墓底中间偏南处有一件陶瓮。瓮内盛有烧过的骨头。在瓮的下边有一个腰坑，坑内殉葬一只狗。

---

[1] A. 湖北省博物馆、北京大学考古专业盘龙城发掘队：《盘龙城一九七四年度田野考古纪要》，《文物》1976年第2期。
　　B. 湖北省博物馆：《盘龙城商代二里冈期的青铜器》，《文物》1976年第2期。
[2] 中国社会科学院考古研究所、中国历史博物馆、山西省考古研究所：《夏县东下冯》第157~159、188~190页，附表二九、三五，文物出版社，1988年。
[3] 郑州市博物馆：《河南荥阳西史村遗址试掘简报》，《文物资料丛刊》5，文物出版社，1981年。
[4] 安金槐：《对郑州商代二里冈期青铜容器分期问题的初步探讨》，《中原文物》1992年第3期。
[5] 《河南出土商周青铜器》编辑组：《河南出土商周青铜器（一）》图版八四、八五，文物出版社，1981年。
[6] 《河南出土商周青铜器》编辑组：《河南出土商周青铜器（一）》图版八二、八三，文物出版社，1981年。
[7] 刘忠伏：《偃师商城遗址》，《中国考古学年鉴（1990）》，文物出版社，1991年。
[8] 谭长生：《中国境内石构墓葬形式的演变略论》，《华夏考古》1994年第4期。
[9] 中国历史博物馆考古部、山西省考古研究所：《1988~1989年山西垣曲古城南关商代城址发掘简报》，《文物》1997年第10期。
[10] 郑若葵：《论二里头文化类型墓葬》，《华夏考古》1994年第4期。
[11] 马全：《郑州市铭功路西侧的商代遗存》，《文物参考资料》1956年第10期。

（二）腰坑与殉葬

腰坑是商代墓葬的显著特点之一。在墓主人的身下挖一长方形的土坑，坑内多殉一狗，有的大型墓腰坑内殉人。此前中原地区墓葬中，仅在二里头遗址Ⅲ区1980年发掘的M2发现腰坑，但偏于一端，最多只能算是腰坑的前身[1]；而到了西周时期，腰坑仅剩少量的孑遗。

从目前的发掘资料来看，腰坑的设置可能与墓葬规格有一定的关系。早商第一、二类墓葬大都有腰坑，而第三、四类则极少有挖腰坑的。腰坑的有无也许是身份、地位的体现。

早商时期的贵族墓也用人殉葬。且殉人的多少同墓葬规格高低成正比。垣曲商城M16有殉人1具[2]。而盘龙城李家嘴M2用殉人3具[3]。

（三）葬式

据不完全统计，早商墓葬中墓主骨架仰身者最多，俯身者约占1/5，侧身者约占1/10，二次葬则极为罕见。其中每种葬式又有直肢和屈肢之分，而以直肢葬者最多。总的说，是以仰身直肢为主要葬式。就目前的发掘资料而言，尚难发现墓主人的葬式与其性别及身份地位之间的联系。当然这里所谈的葬式并不包括乱葬坑内奴隶或俘虏，其葬式往往就是上述死者身份的直接反映。

（四）随葬器物

迄今所发现的早商墓葬，近半数以上没有随葬品。已发现的随葬品种类有铜器、陶器、玉器、石器、骨器、蚌器等。

青铜器有爵、斝、盉、鼎、觚、鬲、甗、簋、盘、罍、戈、刀、镞等。但随葬青铜器的墓葬还为数甚少。从现有的材料来看，此时的青铜容器组合形式有单件爵，如郑州北二七路M4、荥阳西史村M2；单件斝，如铭功路M150[4]；爵、斝，如偃师商城83Ⅲ M1、郑州东里路黄河医院C8M32、白家庄C8M7、王城岗T245M49、垣曲商城M16、登封袁桥；爵、盉，如郑州东里路中医院家属院墓[5]、中牟黄店；爵、斝、鼎，如垣曲商城M1；爵、斝、鼎各3、4件，再加盉、鬲、甗、簋、圈足盘、罍等，如盘龙城李M2所出。从中可以看出，当时铜爵出现频率最高，是最主要的青铜随葬品；铜斝居其次，盉、鼎再次，

---

[1] 中国社会科学院考古研究所二里头队：《1980年秋河南偃师二里头遗址发掘简报》图六，《考古》1983年第3期。

[2] 中国历史博物馆考古部、山西省考古研究所：《1988~1989年山西垣曲古城南关商代城址发掘简报》，《文物》1997年第10期。

[3] 湖北省博物馆、北京大学考古专业盘龙城发掘队：《盘龙城一九七四年度田野考古纪要》，《文物》1976年第2期。

[4] 河南省文物研究所：《郑州市商代制陶遗址发掘简报》，《华夏考古》1991年第4期。

[5] 杨育彬、赵灵芝、孙建国、郭培育：《近几年来在郑州新发现的商代青铜器》，《中原文物》1981年第2期。

觚尚罕见，甗、簋、罍、盘类则到早商三期方出现。

在随葬的陶质容器中，鬲的数量最多，其次为盆，豆居于第三位，再次为斝、罐、簋、爵，其他器类数量很少。这种组合显然是重食的组合。铜器与陶器种类的不同，反映了当时社会中各阶层生活重心的不同。在平民阶层，人们生活的中心为食；而在上层社会中，生活的中心则是饮。在级别较高的墓中，有时还随葬原始瓷器和印纹硬陶器，其器形以尊类器为最多，亦属贮酒器。

早商墓葬随葬的玉器中，玉柄形器的数量最多，其次为戈，其他器物数量都很少。

石器以戈为最多，钺次之，柄形器、匕、镰、凿、网坠、钵等数量较少，另有个别的绿松石块。骨器以匕为主，笄、镞等较少。牙器有匕、笄、镞等。蚌器主要为饰品。其他随葬品还有海贝、卜骨、蛤壳、鹿角等。

在随葬器物中，常见一些残缺不全的器物，其中以陶器为最多，也有铜器、玉器、石器等。有些器物是在下葬前故意打破，然后埋入墓中。例如垣曲商城M1的铜鼎位于墓主脚下，但在左侧下肢骨旁和头上方各有一片鼎的碎片。

还常见随葬一种圆形陶片，一般直径4厘米，厚0.5厘米上下，器表及边缘常稍加打磨。这种圆陶片，在二里头文化墓葬中已属常见。早商时期，圆陶片多出现在随葬青铜器、玉器或成组陶器的墓中，它所代表的含义，尚不清楚。

三　中、小型墓葬分类与墓主社会地位

已有资料表明，早商时期的墓葬具有明显的等级区别。当时等级最高的墓应当位于都城，也就是郑州商城或偃师商城的附近，惟迄今尚未发现。除盘龙城李家嘴有规格较高的中型墓外，已经发现的大多是级别不高的中型墓和大量小型墓，可以区分为以下几类。

第一类的墓室面积在10平方米以上，有棺、椁、腰坑和殉人，随葬品丰富，青铜容器达二三十件，内爵、斝、鼎各三四件，还有大量青铜兵器、工具、大型玉戈等。依现有资料，这类墓始见于早商文化三期或商代早、中期之交，从随葬青铜礼器群的器类和数量看，是前所未见的。以盘龙城李家嘴墓地2号墓为代表。

盘李M2（图4-14），长方形土坑竖穴墓，方向为20°。墓坑上部已被削去一部分，发掘时墓坑深度为1.41米，墓坑口小底大，口为3.67×3.24米，底为3.77×3.40米，填土夯打得非常结实。棺长2.06米，宽1.03米；椁长2.7米，宽2.02米。从填土坍塌、铜器被砸扁情形，或推测原有紧贴圹壁的外椁。椁板内壁涂朱漆，外壁有用朱、黑二色漆绘的精细雕花，尚可见饕餮、云雷纹图案残迹。墓底中部偏东有一腰坑，坑内的骨骼仅剩粉末，已不辨是殉人还是殉狗，放置被打成三截的玉戈1件。

墓内随葬品丰富。铜器63件，其中容器23件，有鼎4、鬲1、甗1、簋1、圈足盘1、小盘5、罍1、盂1、觚1、斝3、爵4（图4-15）。最大的一个铜鼎高达55厘米。耐人寻味的是，凡酒器大都置于棺椁之间，只有罍置于内椁外的北端，而炊食器则都在内椁外。这种摆放方式应是商代礼器重酒组合的具体反映。

铜兵器和工具有钺2、戈5、矛2、刀7、斧2、镞18、锛1、凿1、锯1、镦1，共40件，其中最引人注目的是大钺，长41厘米，刃宽26厘米，援部周边饰变形夔纹和云目纹，

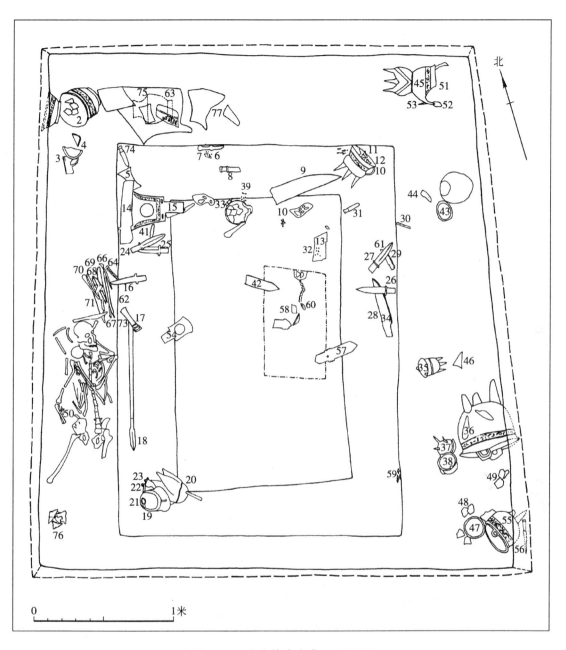

图 4-14 盘龙城李家嘴 M2 平面图

1.铜盘 2.铜簋 3.铜甗 4.硬(釉)陶双折肩斜腹尊 5.铜粗腰觚 6.铜曲背刀 7.绿松石 8.玉斜刃柄形器 9.铜镞 10.铜弧腹斝 11.铜折腹爵 12.铜折腹爵 13.玉戈 14.玉戈 15.铜钺 16.铜戈 17.铜锛 18.铜矛 19.铜弧腹斝 20.铜盉 21.铜折腹斝 22.铜弧腹斝 23.铜折腹斝 24.铜戈 25.铜直内戈 26.铜戈 27.铜戈 28.玉戈 29.玉平刃柄形器 30.玉花头构件 31.玉尖刃柄形器 32.绿松石 33.玉斜刃柄形器 34.绿松石 35.铜锥足鼎 36.铜锥足鼎 37.铜扁足鼎 38.铜鬲 39.绿松石 40.绿松石 41.玉平刃柄形器 42.铜鼎 43.铜泡 44.铜泡 45.铜甑 46.铜鼎足 47.陶溜肩弧腹罐 48.陶折沿联裆鬲 49.硬(釉)陶小口瓮 50.铜镞 51.铜泡 52.铜泡 53.铜泡 54.铜戈 55.铜锥足鼎 56.铜矛 57.玉戈 58.玉戈 59.铜镞 60.陶带流壶 61.陶饼 62.陶饼 63.木雕印痕 64.铜锛 65.铜曲背刀 66.铜曲背刀 67.铜刀 68.铜曲背刀 69.铜锯 70.铜直背刀 71.铜曲背刀 72.铜凿 73.铜镞 74.玉平刃柄形器 75.铜尊 76.陶缸 77.陶圆肩圆腹罐

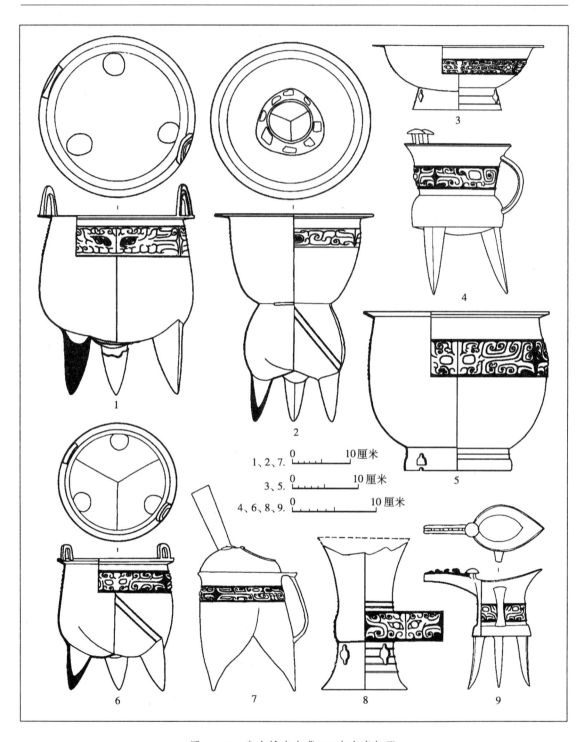

图 4-15 盘龙城李家嘴 M2 出土青铜器
1. 鼎（M2:55） 2. 甗（M2:45） 3. 盘（M2:1） 4. 斝（M2:19） 5. 簋（M2:2） 6. 鬲（M2:38）
7. 盉（M2:20） 8. 觚（M2:5） 9. 爵（M2:12）

从纹饰表现出的某些地方特色看，应为当地所产。这种兵器是墓主人军事统帅权的象征。

玉器以大型玉戈最引人注意，还有柄形器、笄等，都放在棺内或棺椁之间。漆木器集中置于棺外的西北隅，有的雕着花纹，可惜没能清理出器形。陶器有鬲、罐、带流小罐、夹砂红陶缸和印纹硬陶的尊、瓮等器。

墓内有殉人三具，其一是儿童。

第二类的一般墓圹长度在2米以上，宽度在1米以上。有腰坑，有棺或无棺。有的有殉人。随葬少量青铜容器、兵器、陶器和玉器。青铜容器一般只有爵、斝各1件，或再加铜鼎或鬲1件、觚1件。已发现的有偃师商城83Ⅲ M1、垣曲商城M1和M16、辉县琉璃阁M110等。

偃师商城83Ⅲ M1[1]，南北长2.45米，东西宽1.05米。方向为5°。残留有棺木痕迹。人骨1具，已腐朽。棺下有不甚规则的腰坑。墓内随葬有铜斝、铜爵、铜戈、铜刀、铜镞、陶簋、陶方杯、圆陶片、玉璜、玉饰、小玉刀、蛤壳、卜骨各1件（图4-16B）。

垣曲商城M1[2]，长2.76米，宽0.96米。方向为346°。俯身直肢，头北足南，为一成年女性。随葬青铜器4件，有鼎、爵、斝、残铜片；陶器3件，有鬲、盆、圆陶片；还有玉柄形器1件，骨匕1件，蚌饰3件。

垣曲商城M16[3]，墓坑残长2.86米，宽1.67米，方向4°。棺长2.3米，宽0.76米。熟土二层台上置殉人和随葬品。殉人头部有骨笄和陶罐；随葬铜爵、铜斝、猪下颌骨、玉柄形饰、卜骨、圆形陶饼各1件（图4-16A）。

琉璃阁M110[4]，南北长2.1米，东西宽0.8米，方向6°。仰身直肢葬。随葬铜器8件，有鬲、斝、爵、觚、戈、镞、圆铜片2件；玉器2件，有柄形器、半玦形玉器。

第三类的墓圹稍大于人骨，有的有腰坑，多无木棺。随葬品中有单件的青铜器，如铭功路M150等墓应属此类。

铭功路M150[5]，长2.04米，宽0.62米。方向182°。仰身直肢，骨架下用朱砂铺底，朱砂范围南北长1.48米，东西宽0.4米。腰坑呈椭圆形，长径0.94米，短径0.48米，深0.24米，坑内殉狗。随葬铜斝、陶鬲、陶斝、圆陶片、陶纺轮、玉柄形器各1件。

第四类的墓圹大小与第三类相当。多无木棺和腰坑。无铜器，仅随葬陶器、石器、骨器。陶器有鬲、斝、豆、簋、盆、小罐、罍、瓮等。石器有铲、凿、网坠等。以偃师商城96Ⅱ M21、垣曲商城M3等为代表。

---

[1] 中国社会科学院考古研究所河南第二工作队：《1983年秋季河南偃师商城发掘简报》，《考古》1984年第10期。

[2] 中国历史博物馆考古部、山西省考古研究所、垣曲县博物馆：《垣曲商城》第212页，图一三八，科学出版社，1996年。

[3] 中国历史博物馆考古部、山西省考古研究所：《1988～1989年山西垣曲古城南关商代城址发掘简报》，《文物》1997年第10期。

[4] 中国科学院考古研究所：《辉县发掘报告》第17、23页，图二九，科学出版社，1956年。

[5] 河南省文物研究所：《郑州市商代制陶遗址发掘简报》，《华夏考古》1991年第4期。

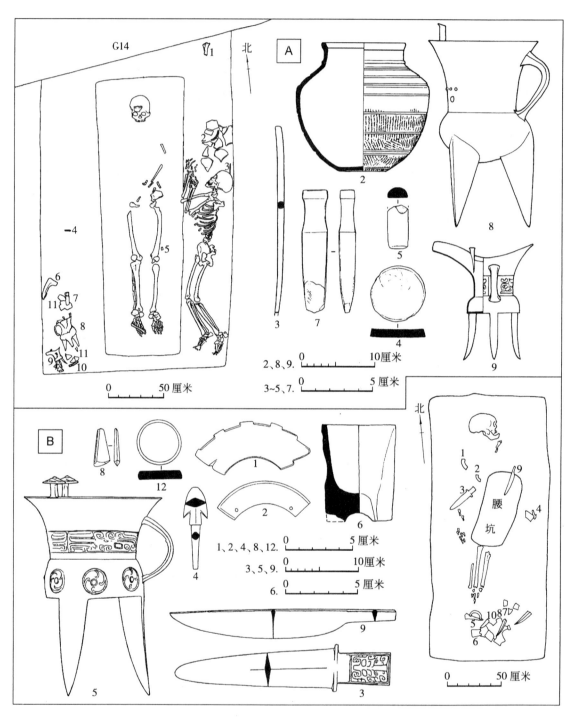

图 4-16 垣曲商城 M16、偃师商城 83Ⅲ M1 及随葬品

A. 垣曲商城 M16 1. 卜骨 2. 陶罐 3. 骨笄 4. 陶圆饼 5. 残玉饰 6. 猪下颌骨 7. 玉柄形器 8. 铜斝 9. 铜爵 10. 铜斝残片 11. 碎陶片

B. 偃师商城 83Ⅲ M1 1. 玉饰 2. 玉璜 3. 铜戈 4. 铜镞 5. 铜斝 6. 陶方杯 7. 铜爵 8. 玉器 9. 铜刀 10. 蛤壳 12. 圆陶片

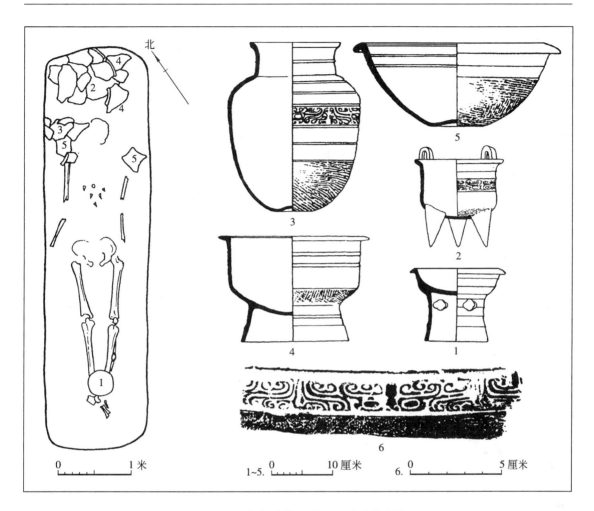

图 4-17 偃师商城 96ⅡM21 及随葬陶器
1. 豆（M21:1） 2. 鼎（M21:2） 3. 尊（M21:3） 4. 簋（M21:4） 5. 盆（M21:5） 6. 鼎（M21:2）腹部纹饰拓本

偃师商城 96ⅡM21[1]，墓口长 2.2 米，宽 0.5～0.54 米，深 0.6 米。方向 35°。仰身直肢，骨架上半部分已朽蚀。随葬陶器 5 件有鼎、豆、簋、盆、高领尊，除完整陶豆倒置于小腿下端外，其余陶器皆打碎后散置于死者头部及肩部（图 4-17）。

垣曲商城 M3[2]，略呈圆角长方形，长 2 米，宽 0.4 米，方向 173°。俯身直肢，无葬具。成年男性。后颈与背上部置陶鬲、陶簋各 1 件。

第五类的墓坑仅够容身，无腰坑，多无棺。无随葬品。在各遗址发现甚多。

---

[1] 中国社会科学院考古研究所河南第二工作队资料。
[2] 中国历史博物馆考古部、山西省考古研究所、垣曲县博物馆：《垣曲商城》第 165 页，图一○六，科学出版社，1996 年。

以上五类墓葬在一定程度上反映了当时社会各阶层的状况。明显区别表现在第一、二类之间与第三、四类之间。其中第一类墓，墓圹宽大，有棺椁（甚或双椁）、腰坑，使用多个殉人和大量青铜器、大型铜鼎、铜钺和玉戈，反映出墓主应是早商时期盘龙城当地主持一方军政的高级贵族。第二、三类墓，墓主随葬青铜器和成组陶器，说明他们拥有一定的权力和地位，应属当时的统治阶级（贵族）中等级较低者。而有无棺椁、腰坑、殉人及使用铜器、玉器多少，又反映出其间墓主身份的高低差别。而第四、五类墓所占数量最多，或有陶、石、骨器陪葬，或无任何随葬品，应是当时的平民墓。随葬品的有无，或许多少反映出平民内部同样也存在着相对的贫富差别。

除上述正常埋葬外，各地都发现一些"特葬"：无专门挖造的墓坑，骨架埋于灰坑、灰沟或一般的文化层之中。骨骼经常残缺不全，并见有死前被捆绑者。有的单人，有的为多人，还有些是与猪骨埋在一起。如垣曲商城 H353[1]，圆形袋状，口径 1.05 米，底径 1.5 米，深 1.2 米。坑下部堆积有人骨，分多层无序叠放，可辨出 7 个个体，在一俯身人骨的左下胫骨和腓骨之间嵌入柳叶状铜镞。死者应是被杀的战俘或本族中的凶死者。有的可能属于祭祀坑性质，坑内的人骨、兽骨都是祭祀时的牺牲。

---

[1] 中国历史博物馆考古部、山西省考古研究所：《1988～1989 年山西垣曲古城南关商代城址发掘简报》，《文物》1997 年第 10 期。

第五章　商代中期的商文化

以偃师商城和郑州商城为代表的早商文化和以安阳殷墟为代表的晚商文化，代表了商代考古学文化编年的两个重要阶段。以往关于商文化的考古学研究主要集中在这两大阶段内。

但早商文化和晚商文化之间还存在一定的时间缺环[1]。从已发表的资料看，属于该阶段的遗存已较多见于藁城台西[2]，邢台曹演庄[3]，安阳三家庄、小屯[4]，济南大辛庄[5]等地。过去通常将其归于"商代前期"范畴[6]，或用"二里冈上层偏晚阶段"、"比二里冈上层略晚"来概括。随着工作的展开，特别是郑州小双桥[7]和安阳洹北商城[8]等遗址的发现与发掘，该阶段考古学文化的面貌逐渐明晰；并可初步排出分期序列，从而构成上承早商文化，下启晚商文化的几个链条。现将这一阶段的商文化遗存独立出来，定义为中商文化。

---

[1] A. 邹衡：《试论夏文化》，《夏商周考古学论文集》，文物出版社，1980年。
　　B. 唐际根：《殷墟一期文化与其相关问题》，《考古》1993年第10期。
[2] A. 河北省文物研究所：《藁城台西商代遗址》，文物出版社，1985年。
　　B. 杨锡璋：《关于藁城台西遗址的分期问题》，《中国考古学论丛》，科学出版社，1993年。
[3] A. 河北省文化局发掘组：《邢台市发现商代遗址》，《文物参考资料》1956年第9期。
　　B. 河北省文物管理委员会：《邢台曹演庄遗址发掘报告》，《考古学报》1958年第4期。
[4] A. 中国社会科学院考古研究所安阳工作队：《安阳殷墟三家庄东的发掘》，《考古》1983年第2期。
　　B. 孟宪武：《安阳三家庄发现商代窖藏青铜器》，《考古》1985年第12期；《安阳三家庄、董王度村发现的商代青铜器及其年代推定》，《考古》1991年第10期。
　　C. 中国社会科学院考古研究所安阳工作队：《1987年安阳小屯村东北地的发掘》，《考古》1989年第10期。
[5] 山东大学历史系考古专业、山东省文物考古研究所、济南市博物馆：《1984年秋济南大辛庄遗址试掘述要》，《文物》1995年第6期。
[6] A. 北京大学历史系考古教研室商周组：《商周考古》第30~32页，文物出版社，1979年。
　　B. 夏商周断代工程专家组：《夏商周断代工程1996~2000年阶段成果报告（简本）》第62~73页，世界图书出版公司，2000年。
[7] A. 河南省文物研究所：《郑州小双桥遗址的调查与试掘》，《郑州商城考古新发现与研究》，中州古籍出版社，1993年。
　　B. 河南省文物考古研究所、郑州大学文博学院考古系、南开大学历史系博物馆学专业：《1995年郑州小双桥遗址的发掘》，《华夏考古》1996年第3期。
[8] 《河南安阳新发现商代城址》，《光明日报》2000年1月8日。

第一节　中商文化的分期与年代

目前看来，中商文化可分为三期（图 5-1）。

第一期以郑州白家庄遗址第 2 层[1]及小双桥遗址为代表。

第二期以安阳洹北商城内 1997 年发掘的早期遗存[2]及河北藁城台西早期墓葬为代表。

第三期以安阳洹北商城内 1997 年发掘的晚期遗存及河北藁城台西晚期居址与晚期墓

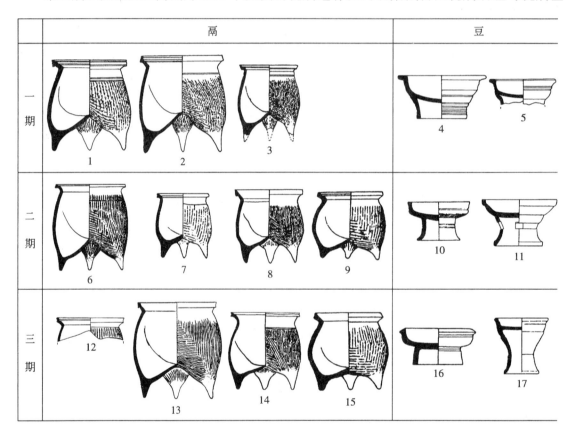

图 5-1　中商文化陶器分期图（之一）

1. 鬲（小双桥 VG3:24）　2. 鬲（小双桥 VT108④:6）　3. 鬲（大辛庄 84Ⅲ2H71:1）　4. 豆（小双桥 H57:0217）　5. 豆（小双桥 H57:110）　6. 鬲（洹 97G4:1）　7. 鬲（台西 84M14:7）　8. 鬲（大辛庄 84Ⅲ2T28④:3）　9. 鬲（洹 98M9:1）　10. 豆（洹 97H4:27）　11. 豆（台西 M105:4）　12. 鬲（洹 97H2:16）　13. 鬲（台西 F6:49）　14. 鬲（大辛庄 84Ⅲ6H133:1）　15. 鬲（洹 98M6:2）　16. 豆（洹 98M6:1）　17. 豆（台西 F6:11）

---

[1] 河南省文化局文物工作队第一队：《郑州白家庄遗址发掘简报》，《文物参考资料》1956 年第 4 期。

[2] 中国社会科学院考古研究所安阳工作队：《河南安阳市洹北花园庄遗址 1997 年发掘简报》，《考古》1998 年第 10 期。

葬为代表。

上述三期与20世纪80年代初学者提出的商文化分期体系中的早商文化第Ⅵ、Ⅶ、Ⅷ三组[1]大体相同。中商文化一期上承早商文化三期，二者曾被看作"二里冈上层文化"的两期[2]，其间承续关系已由郑州商城、偃师商城的考古分期研究所证明，并得到学界公认。安阳洹北商城遗址内获得了中商三期晚于中商二期的明确地层关系。济南大辛庄遗址的地层关系又证明中商二期晚于中商一期。关于中商文化同晚商文化的关系，20世纪80年代安阳洹北三家庄东[3]发现殷墟晚商一期灰坑打破中商三期墓葬的地层证据。

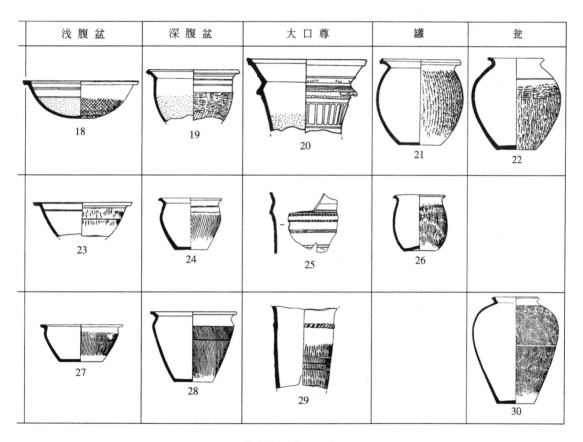

图5-1 中商文化陶器分期图（之二）
18.浅腹盆（小双桥 H43:16） 19.深腹盆（小双桥 H43:56） 20.大口尊（小双桥 VH43:77） 21.罐（小双桥 VG3:80） 22.瓮（小双桥 VG3:44） 23.浅腹盆（洹97G4:22） 24.深腹盆（台西 M47:1） 25.大口尊（洹97G4:47） 26.罐（洹97G4:49） 27.浅腹盆（台西 H132:10） 28.深腹盆（台西 F14:34） 29.大口尊（洹97H2:67） 30.瓮（台西 F6:53）

---

[1] 邹衡：《试论夏文化》，《夏商周考古学论文集》，文物出版社，1980年。
[2] 安金槐：《关于郑州商代二里冈期陶器分期问题的再研究》，《华夏考古》1988年第4期。
[3] 中国社会科学院考古研究所安阳工作队：《安阳殷墟三家庄东的发掘》，《考古》1983年第2期。

一　中商文化一期

　　常见的日用陶器包括鬲、盆、豆、簋、圜底罐、大口尊等。鬲均作长方体，常见的一种鬲作折沿，方唇微下勾，束颈，高裆，袋足下部鼓起，实足根明显外撇，腹部饰中绳纹，颈部有时饰以同心圆圈纹，足根部不饰纹饰或饰绳纹后被抹去。另一种鬲体形稍有变异，唇不下勾，腹部外鼓，光面足根较短。盆大都作圜底，有深腹和浅腹两种。深腹圜底盆通常上腹较直，折沿，上腹多以弦纹装饰，内壁则多麻点；浅腹盆多作宽平沿，腹壁斜内收。陶豆的豆盘多尖圆唇，浅斜腹，高圈足。其中不少是假腹豆。陶簋的种类较多，常见的一种作深腹，口微侈，腹上部饰两周弦纹，腹下部略外鼓。陶爵作子母口，有流无尾，流上翘并带泥钉形立柱，微束腰，平底，三圆锥状足较高。大口尊为敞口、肩部微外凸，但肩径明显小于口径，长深腹缓下收，平底，腹上部饰多道平行的凹弦纹，或饰一组由竖状刻槽组成的窗棂纹，腹下部饰绳纹。

　　铜器有鼎、鬲、斝、爵、觚、罍、尊、戈、矛、刀等。铜鼎的腹部较深，基本保持一足与一耳对应。觚、爵出土较多。具有较明显时代特征的铜爵通常作长流尖尾，流上有菌形矮柱，流口近方，上、下腹间有折棱，下腹外鼓，平底微凸。铜觚作敞口，口部尚未明显外翻，饰花纹带的腹部尚未外鼓。

　　骨器中以骨笄最多见。骨笄细长圆锥状，通体磨光，笄头很少加雕刻装饰。

　　小双桥遗址的考古发掘[1]所提供的一些线索表明，中商一期或还可以细分为两段。

二　中商文化二期

　　保存了中商一期的基本器物群，如陶器类的鬲、盆、豆、簋、圜底罐、大口尊等。但形制有明显变化。常见的陶鬲有两型。一型为绳纹长方体鬲，折沿方唇，高裆，足根较中商一期略短且多不具外撇特征。另一型为绳纹方体鬲，也作折沿方唇，腹部圆鼓，裆较低，矮足根。方体鬲器型较小，多呈灰褐色，厚胎，中绳纹，有的再套加圜络纹的复合纹饰，以豫北一带为常见，随葬品中多用此型。陶盆主要有双折沿深腹平底盆和平沿浅腹平底盆两种，圜底深腹盆已基本不见，圜底浅腹盆也不似中商一期阶段流行。陶豆多无沿，豆盘外围常见一道弦纹。假腹豆的豆盘则多呈斜腹状。大口尊肩部仍略外凸，有的腹部已近筒状，且饰有多道弦纹及附加堆纹。

　　铜器主要有鼎、鬲、觚、爵、斝、尊、卣、瓿等。铜鼎作立耳微敛口的圆鼓腹式，锥状足外撇，一足与一耳对应的习惯开始改变，部分鼎的三足分置两耳之间。新出现卵形底的铜爵，流上的立柱加高。铜觚分为高体铜觚和矮体铜觚两种。觚体腹部花纹多以联珠纹上下相夹，深刻而清晰。铜斝作双节腹、束腰平底式，其腹的下节略宽于上节或同宽，斝柱顶部较平。瓿和小口折肩铜尊比较多见。小口折肩尊作直口方唇，高颈折肩，深腹缓下收，圈足。

---

[1] 河南省文物研究所：《郑州小双桥遗址的调查与试掘》，《郑州商城考古新发现与研究》第 268～270 页，中州古籍出版社，1993 年。

骨器以骨笄最常见，形制变化不大。大都作通体磨光的细长圆锥状，笄头鲜加装饰。

三　中商文化三期

中商三期陶器除承袭中商二期基本器类外，比较常见的还有平底盘、圈足盘、圜底盆。陶鬲主要仍是两型，常见的长方体鬲作折沿，沿面有槽形成盘口，裆较高，饰中粗绳纹，并且多数鬲的最大腹径上移，足根内收。方体鬲，沿较窄，腹部圆鼓，足根很短，绳纹纤细。深腹平底盆多有较宽的斜侈沿，尖圆唇，腹较二期内收，腹外饰竖向绳纹。假腹豆比较流行，豆盘周壁较直，豆柄较高。新出一种晚商一期流行的豆，豆柄上部有凸棱一周。陶簋形制复杂，有直口、敛口、侈口多种，圈足也高矮不一，但多数陶簋具有腹部外鼓的共同作风。陶爵长流无尾，显著的变化是下腹加高并外鼓，表现出早期爵向晚商陶爵转型时期的特征。大口尊作喇叭形侈口，不显肩，腹近直筒形，腹部弦纹减少，但保留了附加堆纹。平底盘作直口浅盘。圈足盘与平底盘特征相近，惟下具圈足。陶罐形制复杂，常见者作直口，鼓圆肩，平底。就安阳洹北商城内出土的陶鬲、陶豆、深腹盆等该期主要日用陶器来看，形制已相当接近殷墟晚商一期同类器。

鼎、甗、爵、斝、瓿、尊、卣仍是最主要的铜礼器。鬲少见。其时铜瓿十分流行，给人以深刻印象。铜鼎主要为微敛口的圆腹式，鼎足足根不似先前尖锐，已近柱状。铜爵一般都作直腹卵形底。铜甗仍有高体和矮体两种。器形与中商二期比较变化不甚显著。斝口立柱的顶端圆突，斝身作双节腹束腰式，下节略窄于上节，且器底下凸呈卵形。小口折肩尊比较常见。

参考《夏商周断代工程1996～2000年阶段成果报告（简本）》[1]中所载碳十四常规法及AMS法测年数据（见附录表7、8），商代中期的日历年代可推定为公元前1400年至前1250年。

第二节　中商文化的分布与类型

中商文化是在早商文化基础上发展起来的，其分布地域曾一度比早商时有进一步扩展，东到泰沂山脉一线；西抵关中西部岐山、扶风；北面近抵长城；南逾长江（图5-2）。早商文化以二里冈类型为核心，同时还包括琉璃阁类型、台西类型、东下冯类型、北村类型、盘龙城类型以及大城墩类型、大辛庄类型[2]。与早商时期的情况类似，中商时期各地商文化尽管共性是主要的，但不同地区的文化面貌仍表现出各自的特点。我们根据它们的特点划分出中商文化九个类型。这九个类型中，一部分是当地早商文化的直接延续，另一部分则是随着中心聚落的迁移或文化格局的重新整合而形成的新类型（图5-3）。

---

[1] 夏商周断代工程专家组：《夏商周断代工程1996～2000年阶段成果报告（简本）》第62～73页，世界图书出版公司，2000年。

[2] 详见第四章第二节。

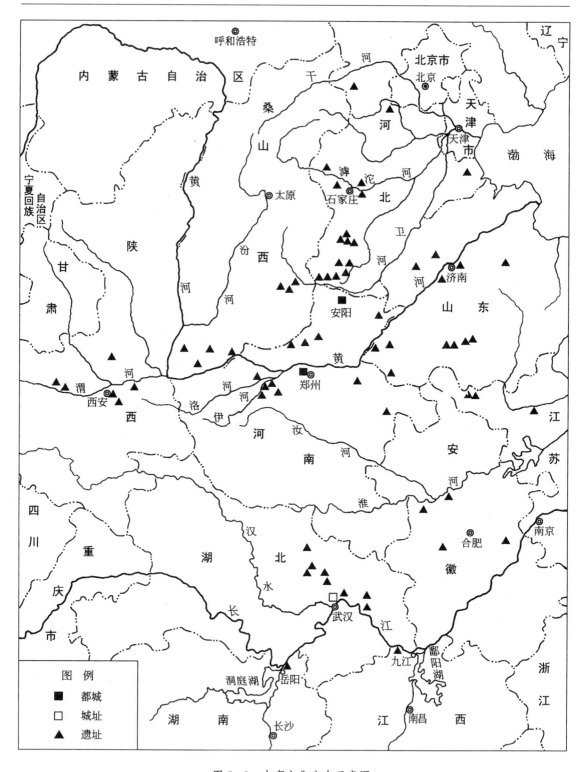

图 5-2 中商文化分布示意图

一 白家庄类型

白家庄类型是在早商文化二里冈类型基础上发展起来的。主要分布于郑洛地区，又以郑州市及其附近最为密集。

白家庄类型以郑州白家庄遗址第 2 层遗存为代表，陶器编年略晚于郑州二里冈遗址本身的堆积，曾一度作为早商文化的晚期阶段，被命名为二里冈商文化白家庄期，后又称为"二里冈上层二期"[1]。遗址位于郑州商城东北部城垣外。1954～1955 年发掘，发现了房屋遗迹、窖穴以及一批墓葬。所获文化遗物包括陶器鬲、盆、豆、簋、罐、大口尊（图 5－3A），铜器爵、斝、鼎、觚、尊、盘、笄、镞，以及骨笄、骨镞，象牙觚等。白家庄遗址的考古发现[2]，大大拉近了二里冈期商文化与殷墟期商文化之间的距离。

中商时期，在郑州商城范围内还有一些重要遗存，包括从早商时期延续下来的 2 座铸铜作坊遗址、3 座埋藏王室重器的青铜器窖藏坑和北二七路、铭功路等处随葬青铜礼器的墓葬等[3]。除南顺城街窖藏晚到中商二期甚或三期，其余年代大都属中商一期。

郑州郊外的小双桥遗址，则是一处规模和规格均值得重视的中商一期典型遗址[4]。

洛阳地区的中商遗存，已见于偃师商城、偃师西口孜[5]、伊川坡头寨[6]、巩县稍柴[7]等地。

偃师商城遗址第三期晚段有一批墓葬，所出陶鬲、陶豆、大口尊等，形制与小双桥遗址所出同类陶器相似，属中商一期。

伊川县高山乡坡头寨村 1986 年发现中商时期墓葬 1 座，出土 2 套青铜觚、爵及鬲、戈、凿、镞、鸟头尺形器等铜器，伴出的还有陶簋、陶豆、玉环、玉柄形饰等。该墓年代约当中商三期。

郑洛地区中商文化最显著的特点是，属于中商一期的遗存最为丰富。这一现象或许说明郑洛一带尤其是郑州地区，当时仍是商王朝都邑所在地。从文化面貌上看，当地中商文化是早商文化二里冈类型的直接延续发展，白家庄类型是中商文化一期时的核心类型。具有代表性的一期遗物有折沿高裆足外撇的鬲、鼓腹矮圈足的簋、浅盘高柄的假腹豆、肩径仍显但远小于口径的大口尊，深腹锥足铜鼎以及腹分两节的铜爵和铜斝等。该地区中商二、三期遗存发现尚少，特点不易概括。

二 曹演庄类型

曹演庄类型是在早商文化琉璃阁类型基础上发展起来的。豫北冀南是其中心分布区。

---

[1] 安金槐：《关于郑州商代二里冈期陶器分期问题的再研究》，《华夏考古》1988 年第 4 期。
[2] 河南省文化局文物工作第一队：《郑州白家庄遗址发掘简报》，《文物参考资料》1956 年第 4 期。
[3] 详见本章第三、四节。
[4] 详见本章第三节。
[5] 中国科学院考古研究所洛阳发掘队：《河南偃师商代和西周遗址调查简报》，《考古》1963 年第 12 期。
[6] 宁景通：《河南伊川县发现商墓》，《文物》1993 年第 6 期。
[7] 河南省文物研究所：《河南巩县稍柴遗址发掘报告》，《华夏考古》1993 年第 2 期。

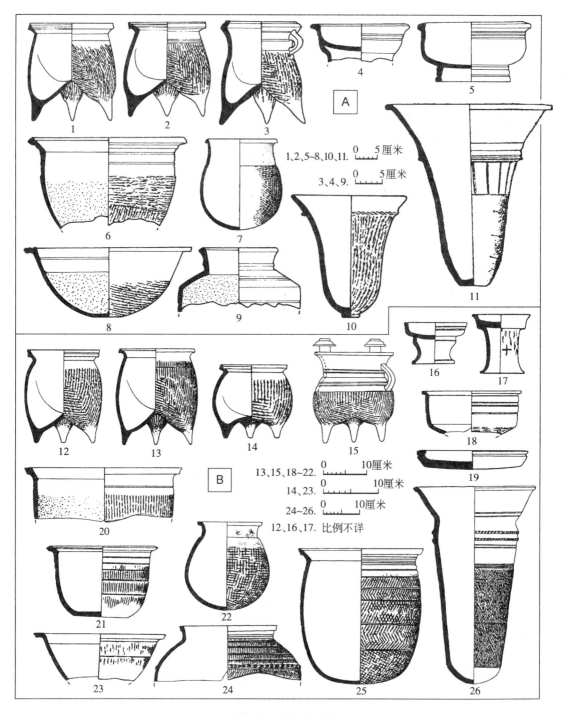

图 5-3 中商文化地方类型陶器（之一）

A. 白家庄类型 1. 鬲（小双桥 95ⅤT108④:6） 2. 鬲（小双桥 95ⅤG3:24） 3. 斝（小双桥 95ⅤT68④:12） 4. 豆（小双桥 95H57:0110） 5. 簋（小双桥 95ⅣT232④:12） 6. 深腹盆（小双桥 95H43:56） 7. 圈底罐（紫荆山 C5H15:116） 8. 浅腹盆（小双桥 95H43:7） 9. 尊（小双桥 95ⅤG3:151） 10. 小底缸（小双桥 H43:21） 11. 大口尊（紫荆山 C15H5:119）

B. 曹演庄类型 12. 鬲（洹 98T1④:79） 13. 鬲（洹 97G4:1） 14. 鬲（洹 97H12:1） 15. 斝（洹 99M10:8） 16. 豆（洹 98T2③） 17. 豆（洹 98T1④） 18. 簋（洹 97H4:31） 19. 平底盘（小屯 AXT87H1） 20. 盆（洹 97H12:29） 21. 盆（洹 97G4:54） 22. 罐（洹 97G4:53） 23. 盆（洹 97G4:22） 24. 罐（洹 97H4:32） 25. 罐（洹 97H4:47） 26. 大口尊（小屯 YH027）

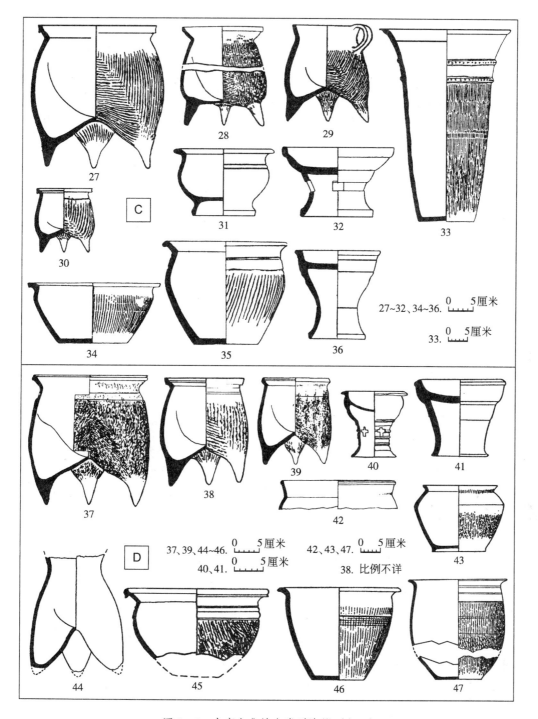

图 5-3 中商文化地方类型陶器（之二）

C. 台西类型　27. 鬲（台西 F6:49）　28. 鬲形鼎（富位 H8:2）　29. 鬲（北龙宫采:3）　30. 鬲（台西 M14:7）　31. 簋（台西 M75:1）　32. 豆（台西 M105:4）　33. 大口尊（台西 F6:55）　34. 浅腹盆（台西 H132:10）　35. 深腹盆（台西 M47:1）　36. 豆（台西 M20:3）

D. 大辛庄类型　37. 鬲（大辛庄 84ⅠM7:1）　38. 鬲（大辛庄 CaⅡ:2H91:1）　39. 鬲（大辛庄 84ⅢH100:2）　40. 豆（大辛庄 84Ⅲ6H145:1）　41. 豆（大辛庄遗址 1973 年出土）　42. 罐（大辛庄 84Ⅲ2H95:3）　43. 瓿形尊（大辛庄 1973 年出土）　44. 素面瓽（大辛庄遗址 1973 年出土）　45. 折沿盆（大辛庄 846T76⑧:9）　46. 深腹盆（大辛庄 1973 年出土）　47. 罐（大辛庄 1973 年出土）

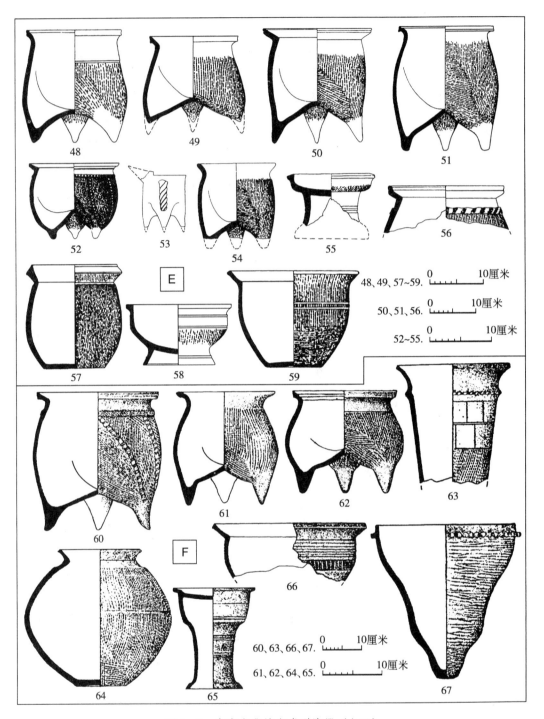

图 5-3 中商文化地方类型陶器（之三）

E. 潘庙类型 48. 鬲（凤凰台 T5⑧:106） 49. 鬲（潘庙 H36:45） 50. 鬲（潘庙 H36:6） 51. 鬲（潘庙 H84:6） 52. 鬲（潘庙 H36:11） 53. 爵（潘庙 H36:30） 54. 鬲（潘庙 H55:44） 55. 豆（潘庙 H61:32） 56. 鬲（潘庙 55:35） 57. 罐（凤凰台 T5③:25） 58. 簋（潘庙 H86:1） 59. 深腹盆（潘庙 H81:11）

F. 大城墩类型 60. 鬲（大城墩 T3⑤A:52） 61. 鬲（大城墩 T3⑤A:51） 62. 鬲（大城墩 T3⑤A:10） 63. 大口尊（大城墩 T3⑤A:3） 64. 瓮（大城墩 T3⑤A:17） 65. 豆（大城墩 T3⑤A:12） 66. 盆（大城墩 T3⑤A:57） 67. 大口缸（大城墩遗址采集）

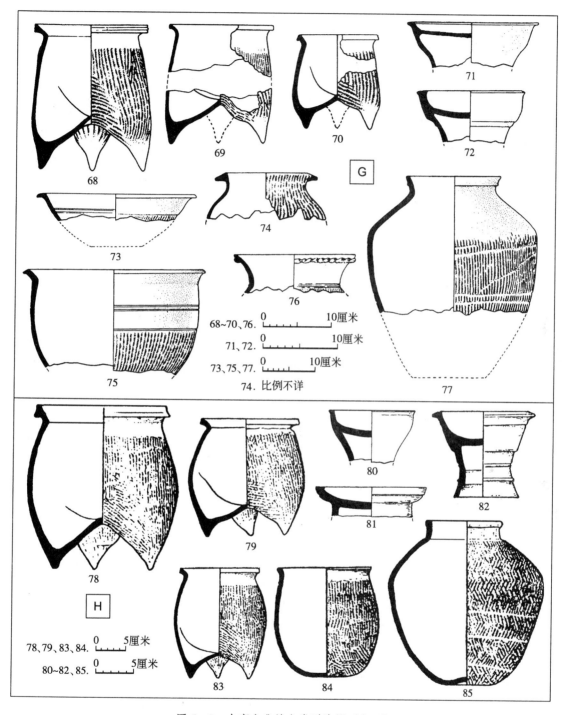

图 5-3 中商文化地方类型陶器（之四）

G. 北村类型 68. 鬲（北村Ⅲ H5:1） 69. 鬲（北村Ⅰ H10:1） 70. 鬲（北村Ⅰ H14:2） 71. 豆（北村Ⅰ H10:13）
72. 豆（北村Ⅰ H14:14） 73. 浅腹盆（北村Ⅲ H5:25） 74. 花边罐（北村Ⅰ H5:36） 75. 深腹盆（北村Ⅲ H5:7）
76. 花边罐（北村Ⅰ H15:3） 77. 折肩罐（北村Ⅰ H2:47）

H. 小神类型 78. 鬲（小神 H2:42） 79. 鬲（小神 H4:72） 80. 豆（小神 H67:34） 81. 圈足盘（小神 H67:82）
82. 豆（小神 H105:1） 83. 鬲（小神 H96:1） 84. 罐（小神 H107:1） 85. 瓮（小神 H40:1）

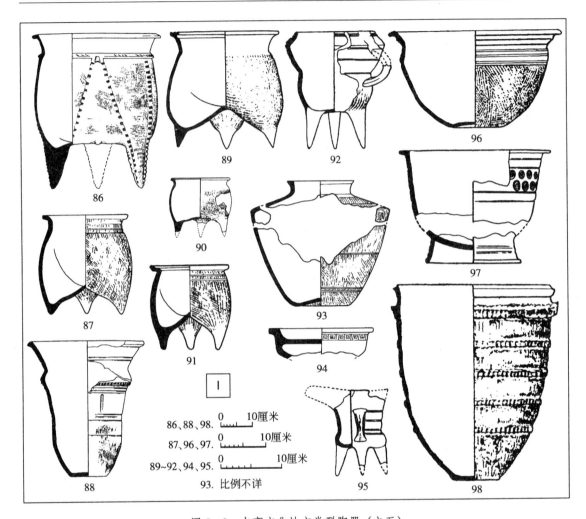

图 5-3 中商文化地方类型陶器（之五）

I. 盘龙城类型　86. 平裆鬲（盘龙城 YWH6:37）　87. 鬲（庙台子 T1H4:1）　88. 大口尊（盘龙城 YWT23④:5）　89. 分裆鬲（盘龙城 YWT23④:1）　90. 弧裆鬲（盘龙城 YWT23④:4）　91. 鬲（庙台子 T2⑥:40）　92. 斝（盘龙城 YWT38④:5）　93. 瓮（庙台子 H7:3）　94. 豆（庙台子 T2⑤:63）　95. 爵（盘龙城 YWT3③:3）　96. 盆（铜鼓山 T6⑤:4）　97. 簋（盘龙城 YWT17③:5）　98. 缸（铜鼓山 T13③:47）

该类型在中商二、三期阶段，曾一度成为商文化的核心类型。因此它的形成，在商文化发展史上具有重要意义。豫北冀南地区已发现的中商遗址中，以邢台曹演庄、东先贤遗址及洹北商城遗址规模较大，出土遗物较为丰富，具典型性。曹演庄遗址发掘时间较早，依惯例该地区的中商时期同类遗存称为曹演庄类型。

根据 1956~1957 年发掘材料，发掘者将曹演庄遗址的商文化堆积分为上、下两层[1]，上层相当殷墟时期。下层文化遗物主要有长体方唇高裆的陶鬲、浅盘高柄豆及假腹豆、浅

---

[1] 河北省文物管理委员会：《邢台曹演庄遗址发掘报告》，《考古学报》1958 年第 4 期。

腹平底矮圈足的盘、浅腹平底盘、折沿的深鼓腹平底盆、圆腹圜底罐、敛口小钵（图5-3B），靴形骨铲，只钻不凿的卜骨等。上述遗物表现出略早于殷墟晚商文化而又晚于前述白家庄阶段中商文化的特征。

研究者常将该遗址下层的所有出土物作为同一阶段遗存看待，但实际上似可细分为早、晚两个阶段。

冀南地区历年发现的中商遗址还有邢台东先贤[1]、西关外[2]、贾村[3]、南大郭庄[4]、尹郭村南区和北区[5]，隆尧东疙瘩[6]、邱底村[7]，磁县下七垣[8]、下潘汪[9]、界段营[10]，邯郸峰峰矿区街儿庄、香山、涧沟[11]，武安赵窑[12]、曹庄[13]，临城三岐村[14]等。1985~1989年间，在邯郸[15]、邢台[16]和临城、内邱、柏乡、隆尧[17]诸县文物调查，又发现一些中商文化线索。

早在20世纪30年代，安阳殷墟一带即发现过中商陶器和铜器。

洹北商城[18]发现于1999年，该城位于原安阳殷墟保护区外缘东北。城址跨京广铁路两侧，洹河从其南部自西向东流过。此前，曾在城址范围内的三家庄、董王度一带发掘过一批墓葬[19]，出土过两批铜器，时代均早于殷墟晚商遗存。城内分布有多处夯土基址。

---

[1] A. 唐云明：《河北邢台东先贤村商代遗址调查》，《考古》1959年第2期。
    B. 夏商周断代工程专家组《夏商周断代工程1996~2000年阶段成果报告（简本）》第70页，世界图书出版公司，2000年。
[2] 唐云明：《邢台西关外遗址试掘》，《文物》1960年第7期。
[3] A. 河北省文物管理委员会：《邢台贾村商代遗址试掘简报》，《文物参考资料》1958年第10期。
    B. 河北省文化局文物工作队：《1958年邢台地区古遗址古墓葬的发现与清理》，《文物》1959年第9期。
[4] 唐云明：《邢台南大郭村商代遗址探掘简报》，《文物参考资料》1957年第3期。
[5] 河北省文化局文物工作队：《邢台尹郭村商代遗址及战国墓葬试掘简报》，《文物》1960年第4期。
[6] 唐云明：《隆尧、内邱古遗址调查》，《文物参考资料》1958年第6期。
[7] 唐云明：《隆尧、内邱古遗址调查》，《文物参考资料》1958年第6期。
[8] 河北省文物管理处：《磁县下七垣遗址发掘报告》，《考古学报》1979年第2期。
[9] 河北省文物管理处：《磁县下潘汪遗址发掘报告》，《考古学报》1975年第1期。
[10] 河北省文物管理处：《磁县界段营发掘简报》，《考古》1974年第6期。
[11] 唐云明：《河北商文化综述》，《华夏考古》1988年第3期。
[12] 河北省文物研究所、河北文化学院：《武安赵窑遗址发掘报告》，《考古学报》1992年第3期。
[13] 唐云明：《河北商文化综述》，《华夏考古》1988年第3期。
[14] 唐云明：《河北商文化综述》，《华夏考古》1988年第3期。
[15] 邯郸市文物管理处：《邯郸县商周遗址的调查》，《文物春秋》1992年第2期。
[16] 河北省文物复查队邢台分队：《河北邢台县考古调查简报》，《文物春秋》1995年第1期。
[17] 河北省文物考古研究所考古队：《泜河流域考古调查简报》，《文物春秋》1992年第1期。
[18] 《河南安阳新发现商代城址》，《光明日报》2000年1月8日。
[19] A. 中国社会科学院考古研究所安阳工作队：《安阳殷墟三家庄东的发掘》，《考古》1983年第2期。
    B. 孟宪武：《安阳三家庄发现商代窖藏青铜器》，《考古》1985年第12期；《安阳三家庄、董王度村发现的商代青铜器及其年代推定》，《考古》1991年第10期。

根据1997年以来在城内花园庄的发掘，当地遗存可分早、晚两期，分属中商二、三期[1]。

洹北商城附近，还有安阳高庄乡郭村西南台[2]、安丰乡鱼羊遗址[3]等。此外，濮阳马庄[4]、辉县琉璃阁[5]、修武李固[6]、焦作南朱村[7]都曾发现中商遗存。

曹演庄类型遗存，主要属中商文化二、三两期。或说明该地区在中商二期以后是商文化的中心分布区。中商都邑中"相"、"邢"两地以及盘庚、小辛、小乙时期的"殷"，可能都与该类型有关[8]。另外值得注意的是，安阳、邢台两地的遗存，可能还有一定的地域差异。邢台的中商遗址，如曹演庄、东先贤等，皆出土一种深腹平底盆，显示出受到台西类型早、中商文化的影响。安阳洹北商城遗址出土的细绳纹套加圜络纹的矮体鼓腹鬲、圜底盆、圜底大口尊等，则是豫北富有特色的陶器。

三　台西类型

该类型是早商文化台西类型的继续发展。分布范围主要在冀中地区，其北界似不过壶流河、拒马河一线。见于报道的遗址有藁城北龙宫[9]、台西[10]，获鹿北胡[11]，灵寿北宅村[12]，涞水富位[13]，沧县倪杨屯[14]等处。

藁城台西遗址位于冀中平原滹沱河畔。1965年和1972年，曾先后出土青铜器。经1973～1974年、1983～1985年两次考古发掘。发掘报告将第一次发掘的商代遗存分为四期：即早期居址——早期墓葬——晚期墓葬——晚期居址。其中早期居址的年代相当于早商文化第三期[15]，学者认为：发掘报告所分的后三期虽地层关系上有早晚差别，但从总

---

[1] 详见本章第三节。
[2] A. 中国科学院考古研究所安阳发掘队：《安阳洹河流域几个遗址的试掘》，《考古》1965年第7期。
    B. 中国社会科学院考古研究所安阳队：《河南安阳洹河流域的考古调查》，《考古学集刊》第3集，中国社会科学出版社，1983年。
[3] 中国社会科学院考古研究所、美国明尼苏达大学科技考古实验室中美洹河流域考古队：《洹河流域区域考古研究初步报告》，《考古》1998年第10期。
[4] 北京大学考古专业商周组、山西省考古研究所、河南省安阳、新乡地区文化局、湖北省孝感地区博物馆：《晋豫鄂三省考古调查简报》，《文物》1982年第7期。
[5] 中国科学院考古研究所：《辉县发掘报告》第3～30页，科学出版社，1956年。
[6] 北京大学考古专业商周组、山西省考古研究所、河南省安阳、新乡地区文化局、湖北省孝感地区博物馆：《晋豫鄂三省考古调查简报》，《文物》1982年第7期。
[7] 马全：《焦作南朱村发现商代墓》，《华夏考古》1988年第1期。
[8] 参见本章第三节第三、四部分。
[9] 河北省文物研究所：《藁城北龙宫商代遗址的调查》，《文物》1985年第10期。
[10] 河北省文物研究所：《藁城台西商代遗址》，文物出版社，1985年。
[11] 唐云明：《河北商文化综述》，《华夏考古》1988年第3期。
[12] 河北省文化局文物工作队：《河北灵寿县北宅村商代遗址调查》，《考古》1966年第2期。
[13] 拒马河考古队：《河北易县涞水古遗址试掘报告》，《考古学报》1988年第4期。
[14] 沧州市文物保护管理所、沧县文化馆：《河北沧县倪杨屯商代遗址调查简报》，《考古》1993年第2期。
[15] 详见第四章第二节。

体上看处于同一大的发展阶段[1]。这一看法是基于大的分期尺度来考虑的：原台西发掘报告的后三期恰介于二里冈商文化与殷墟文化之间，即相当于本文的中商时期。如果将分期尺度适当调整，台西的中商遗存实际应分为早晚两期。早期以 M14、M112 等原报告中的早期墓葬为代表，晚期以 M86、M20、F6 等原报告中的晚期墓葬和晚期居址为代表。早、晚两期分别相当于中商二期和中商三期。该遗址缺乏中商一期遗存，是一个值得研究的现象，或是发掘范围所限的缘故。

台西遗址的考古资料，大大丰富了对商代中期的认识。遗址所发掘的房屋遗迹，是历年来考古发现的商代普通房址中保存最好的。第一次发掘中所发现的 6 号房址（F6），平面呈"曲尺"形，由六个长方形单室组成：北房两室，西房四室。每室各开有门，室与室之间以夯土墙相隔。个别保存较好的墙体上明显可看出窗的痕迹。

台西遗址发现的墓葬都为长方形竖穴墓。墓葬规模一般长约 2 米，宽 1 米。少数规模略大者，长在 3 米以上，宽度超过 1.5 米。大部分有棺无椁。近 10% 的墓葬有殉人。近三分之一的墓葬设有腰坑并殉狗。另在填土中也发现部分狗骨架。陶器墓的随葬品，通常只用单件鬲、盆、簋或豆（图 5 - 3C）。这与晚商陶器墓的器物组合有一定差异，或反映了不同的地方特点。铜器墓则以配对的铜觚、铜爵为中心，通常是觚爵、觚爵斝、觚爵斝瓿、觚爵斝鼎外加其他青铜兵器、工具。与早商和晚商墓葬相比较，这种组合方式显示出承上启下的特点。

遗址中出土了丰富的陶器、铜器、骨器、石器、玉器和蚌器。有的陶器上发现刻划的文字。可辨认的有"止"、"刀"、"臣"、"矢"等，就字形和结构看，与殷墟时期陶文显然属于同一系统。还发现戈、矛联装的铜戟以及 1 件用陨铁锻制的铁刃铜钺。

涞水富位遗址位于涞水胡家庄乡，北距县城约 9 公里。遗址面积现存 5000 平方米。1985 年试掘资料显示主要堆积属中商时期。据发掘者所作分期，其第三期应属中商一、二期阶段。所出陶器有夹云母、夹砂和泥质三种。折沿方唇高足根鬲，通常沿外都带凹槽，部分鬲的足根内收。折沿深腹盆较多见，另有一种宽沿平底浅腹盆。豆有假腹豆和粗高柄浅盘豆两种。

位于沧州市正西的沧县倪杨屯遗址发现于 1987 年，随后的考古调查采集到大量商代陶器、玉石器、蚌、骨、角器以及数件铜器。陶器有高足根长方体鬲、假腹豆，铜器有鼎、觚、爵等。其年代属中商二期至三期。

目前所见台西类型遗存以中商二、三期为多。文化面貌上平底器偏于发达。陶鬲大都有较细较高的足根。豆的形制复杂，多数豆的豆盘都较浅。鲜见圜底盆，但深腹平底盆占有较大比重。大口尊也作平底。富位遗址出土过一种高锥足根的鬲形鼎和鼓腹小口瓮，反映出该地商文化受到北方青铜文化的影响。

四 大辛庄类型

该类型是早商文化大辛庄类型在泰沂山脉以北地区的延续和发展[2]。其代表性遗址

---

[1] 杨锡璋：《关于藁城台西商代遗址的分期问题》，《中国考古学论丛》，科学出版社，1993 年。
[2] 本节所说大辛庄类型特指商代中期的商文化类型。此前徐基已经提出"大辛庄类型"概念，指整

是济南大辛庄。其他见诸报道的遗址则有禹城蒋芦、周尹，齐河尹屯、曹庙[1]，章丘马彭北[2]，长清归德乡前平村[3]，茌平南陈庄[4]等。阳谷、东阿一带近年也发现一批中商遗存[5]。

大辛庄遗址位于济南市东郊大辛庄村东南，面积30万平方米。历经多次调查和发掘[6]，遗存可以分为七期。第一期年代相当于早商文化第三期，第二期相当于中商一期，第三、四期分别相当中商二期和中商三期，第五至七期则相当于殷墟晚商遗存。

大辛庄遗址的中商遗存有房址、灰坑、墓葬等。墓葬都有腰坑，置木棺。有的底部铺有朱砂。随葬品组合有鬲；鬲、盆；鬲、豆、盆等。有的随葬铜器、玉器，包括铜觚、铜爵、铜戈、玉管、玉斧、玉佩饰等。其中一些墓殉犬。

大辛庄类型的不少陶鬲口沿外侧有绳纹被抹去的痕迹，高圈足的豆比较流行。各遗址中除商式器物外，还有一套以器表带刮抹痕的素面鬲、甗、盆、簋、圈底尊等为代表的器物群（图5-3D）。这类器物较多见于中商一期阶段，应与当地原有的岳石文化传统有关。

五 潘庙类型

鲁西南地区的商文化发展至中商阶段逐渐形成特色，故可单独划出一个地方类型。以济宁潘庙遗址具代表性，因此可命名为中商文化潘庙类型。已发现的遗址包括菏泽安邱堌堆[7]，曹县莘冢集[8]，济宁潘庙[9]和凤凰台[10]，泗水天齐庙[11]和尹家城[12]，邹县西朝阳村[13]等。

个山东泰沂山脉以北的商文化（见徐基：《商文化大辛庄类型初论》，《中国考古学会第九次年会论文集》，文物出版社，1997年）。

[1] 李开岭：《山东禹城、齐河县古遗址调查简报》，《考古》1996年第4期。
[2] 济南市文化局文物处、章丘县博物馆：《山东章丘马彭北遗址调查简报》，《考古》1995年第4期。
[3] 韩明祥：《山东长清、桓台发现商代青铜器》，《文物》1982年第1期。
[4] 山东大学历史系考古专业、聊城地区文化局、茌平县图书馆：《山东省茌平县南陈庄遗址发掘简报》，《考古》1985年第4期。
[5] 孙淮生、吴明新：《山东阳谷、东阿县古文化遗址调查》，《华夏考古》1996年第4期。
[6] A. 山东省文物管理处：《济南大辛庄遗址试掘简报》，《考古》1959年第4期。
B. 山东省文物管理处：《济南大辛庄遗址勘查纪要》，《文物》1959年第11期。
C. 蔡凤书：《济南大辛庄商代遗址的调查》，《考古》1973年第5期。
D. 任相宏：《济南大辛庄龙山、商遗址调查》，《考古》1985年第8期。
E. 山东大学历史系考古专业、山东省文物考古研究所、济南市博物馆：《1984年秋济南大辛庄遗址试掘述要》，《文物》1995年第6期。
[7] A. 北京大学考古系商周组、山东省菏泽地区文展馆、山东省菏泽市文化馆：《菏泽安邱堌堆遗址发掘简报》，《文物》1987年第11期。
B. 宋豫秦：《论鲁西南地区的商文化》，《华夏考古》1988年第1期。
[8] 菏泽地区文物工作队：《山东曹县莘冢集遗址试掘简报》，《考古》1980年第5期。
[9] 国家文物局考古领队培训班：《山东济宁潘庙遗址发掘简报》，《文物》1991年第2期。
[10] 国家文物局考古领队培训班：《山东济宁凤凰台遗址发掘简报》，《文物》1991年第2期。

潘庙遗址位于济宁市南张乡潘庙村西，发现于 1980 年。现存面积约 2 万平方米。1986 年 9 月发掘，揭露面积 1250 平方米。发现遗迹有商代的房基（圆形地面建筑）、水井、灰坑、墓葬等。陶器较为丰富，器类以鬲最多，其次有甗、深腹折沿盆、平底盆、簋、豆、瓿、罐等（图 5-3E）。根据地层关系以及器物形态比较，可将遗址的商文化遗存分为紧密衔接的两期，分别相当于中商二、三期。

凤凰台遗址位于济宁市郊南张乡凤凰台村内。据 1986 年小面积发掘，文化内涵比较单纯，大都属中商三期。所出遗物主要有鬲、甗、盆、豆、簋、爵、罐、瓮等。

安邱堌堆遗址位于菏泽市东南约 12 公里的曹楼村东南，是鲁西南地区作过较大面积揭露并有较充分研究的商文化遗址。该遗址的商文化遗存可分为六期：其第一、二、三期正好与中商一期至三期相当，而四至六期约当晚商殷墟阶段。遗址内的陶器也有较浓厚的地方特色。

泗水天齐庙遗址文化内涵包括大汶口文化晚期至春秋多个时期。商代遗存是遗址的主要堆积之一，有房址、灰坑、灰沟和墓葬等。遗物主要是陶器，包括陶鬲、甗、罐、簋、缸、大口尊、瓿、盆、豆、器盖等。从器形看，应属中商二期遗物。

泗水尹家城遗址的堆积以龙山文化和岳石文化为主，但历年的发掘也获得一批商代遗存。从陶鬲、盆等器形制看，其商代遗存的年代约当中商一期至三期，历经了整个中商阶段。

潘庙类型中商文化的特点是，红褐色陶器比例较大，多数器物都显得比较厚重。大部分鬲的足根部较肥且略内收，有的鬲近似弧裆，一些鬲的颈部留有较宽的空白带，不施纹饰。一种不出折沿接近直口的鬲独具特色，似未见于其他类型商文化中。潘庙类型的平底罐唇部较厚，深腹盆和平底盆外侧皆通体饰有绳纹。

另需要提到，在苏北、鲁南地区，江苏徐州高皇庙中层[14]，铜山丘湾[15]，沭阳万北[16]；山东郯城店子乡小麦城、归义乡南泉东和南泉北遗址[17] 等，都发现中商文化遗存。表明徐淮地区在商代中期曾一度纳入商文化范围。徐州铜山丘湾遗址的中商遗存主要有陶鬲、斝、簋、罐、盆、瓮等。器物形制反映出与潘庙类型关系比较密切。至于上述地区能否是商文化一个具有鲜明特点的地方类型，尚待更多的材料和研究。大约在中商三期，商文化开始退出徐淮地区。至晚商一期阶段，这一地区已为当地土著文化所覆盖。泗

---

[11] 国家文物局田野考古领队培训班：《泗水天齐庙遗址发掘的主要收获》，《文物》1994 年第 12 期。
[12] A. 山东大学历史系考古专业：《山东泗水尹家城遗址第五次发掘简报》，《考古》1989 年第 5 期。
　　B. 山东大学历史系考古专业教研室：《泗水尹家城》第 244~259 页，文物出版社，1990 年。
[13] 中国社会科学院考古研究所山东工作队、邹县文物保管所：《山东邹县古代遗址调查》，《考古学集刊》第 3 集，中国社会科学出版社，1983 年。
[14] 江苏省文物管理委员会：《徐州高皇庙遗址清理报告》，《考古学报》1958 年第 4 期。
[15] 南京博物院：《江苏铜山丘湾古遗址的发掘》，《考古》1973 年第 2 期。
[16] 南京博物院陈列有沭阳万北发现的一座中商时期墓葬的标本，包括鬲、盆、罐等。
[17] 临沂地区文物管理委员会、郯城县文物管理所：《山东郯城县古文化遗址调查简报》，《考古》1995 年第 8 期。

洪赵庄遗址上层[1]即反映了这一土著化过程。

六 大城墩类型

该类型是当地早商文化大城墩类型的继续。代表性遗存是安徽含山大城墩遗址[2]第三期（T3⑤A层）。距大城墩遗址200米处的孙戚村[3]曾采集过铜觚、铜戈各1件。此外，过去安徽嘉山泊岗[4]，含山孙家岗[5]等地发现过青铜尊、瓿、觚、爵等铜器，亦为中商文化遗存。皖西地区经试掘并发现有中商文化遗存的遗址有霍邱绣鞋墩，六安众德寺，寿县斗鸡台[6]等处，出土遗物多是中原商式陶器的残片。

大城墩类型出土陶器以夹砂灰陶为主，其次是泥质灰陶和泥质红陶，有少量黄褐陶。少数器物烧制火候不匀，陶色不纯。器物包括鬲、甗、盆、罐、簋、假腹豆、大口尊、大口缸等（图5-3F）。鬲的形制多折沿，也有侈沿、卷沿，束颈鼓腹，裆部较高，饰绳纹。有的鬲肩和袋足部带附加堆纹。陶簋宽折沿，直腹较浅。陶豆作浅盘高柄。多数器物形制与中原商式器相似，但大口宽体圆腹罐、曲腹大口缸等器未见于中原，一些器物肩部饰圆圈纹的做法在中原商文化中也很少见。尽管大城墩类型的陶器表现出较强的地方特色，但历年淮河流域出土的铜器与中原铜器相比却基本没有差别。

基于目前的考古资料，只能将分布于皖中地区的所有中商遗存命名为大城墩类型。随着工作的深入，巢湖以东与皖西霍邱、六安等地的早、中商文化面貌可能还要加以区分。如巢湖以东地区中商文化遗址中的典型商式器较少，大多是商式变体器，而皖西的典型商式器远多于商式变体器。有学者提出应将上述地区的商文化区分为大城墩类型和皖西类型[7]。

七 盘龙城类型

早商时期，商文化发展到长江流域，形成早商文化盘龙城类型。中商时期，不仅湖北境内汉水以东及汉水下游地区为商文化占据，长江南岸的湘江、澧水下游，以及赣江下游的通道地带，也出现了商文化的若干据点（其中个别据点可以早到早商三期）。因此盘龙城类型中商文化虽然是对盘龙城类型早商文化的继承发展，但影响所及已大大超过了其前身。不过，到中商三期前后，商文化由长江以南向北收缩。至晚商早期，即相当殷墟一期阶段，长江流域广大地区已基本为地方性考古学文化覆盖。

---

[1] 南京博物院：《近十年来江苏考古的新成果》，《文物考古工作十年（1979～1989）》，文物出版社，1991年。

[2] 安徽省文物考古研究所：《安徽含山大城墩遗址发掘报告》，《考古学集刊》第6集，中国社会科学出版社，1989年。

[3] 杨德标：《安徽省含山县出土的商周青铜器》，《文物》1992年第5期。

[4] 葛治功：《安徽嘉山县泊岗引河出土的四件商代铜器》，《文物》1965年第7期。

[5] 杨德标：《安徽省含山县出土的商周青铜器》，《文物》1992年第5期。

[6] 北京大学考古系商周组、安徽省文物工作队：《安徽省霍邱、六安、寿县考古调查试掘报告》，《考古学研究（三）》，科学出版社，1997年。

[7] 王迅：《东夷文化与淮夷文化研究》第68～69页，北京大学出版社，1994年。

盘龙城遗址位于今武汉市郊黄陂区滠口镇的府河岸边。1954年发现，主体堆积由早商时期延续至中商阶段[1]，最晚可至中商二期[2]。

盘龙城附近的黄陂官家寨、钟家岗等遗址[3]也发现中商遗存，均系墓葬，出土了觚、爵等铜器。1979年，黄陂红进村[4]也出土过中商铜器，器类有觚、爵、斝等。

除盘龙城及其附近，中商文化遗存还见于长江以北的湖北应山、安陆、应城、孝感、随州、武穴、新州、黄州等地。

应山已见诸报道的遗址目前只有乌龟山[5]一处，出土有中商三期的铜鼎1件。

安陆的中商遗址有花台[6]、晒书台[7]等处。其中晒书台遗址面积较大，达5000平方米，遗址下层的年代约当中商二期前后。

应城吴祠遗址铜器窖藏所出铜斝，年代约当中商二期。但应城的另一处窖藏，即群力村铜器窖藏[8]所出铜"鸮"卣或可能晚至晚商早期。

孝感因进行过较大规模的文物普查，发现商周遗址较多。其中相当中商阶段的有涨水庙[9]、聂家寨[10]等。

随州的中商文化遗址已有庙台子进行过试掘[11]，从出土文物看，与中原商文化十分接近。此外，随州的淅河乡1977年平地时，曾发现一批中商铜器[12]，有斝、爵、觚、斧、凿、刀、戈等。

武汉市新州县香炉山遗址，是一处典型的中商文化遗址。经1989～1990年两次发

---

[1] 参见第四章第一、二、五节。
[2] 陈贤一：《盘龙城商代二里冈期墓葬陶器初探》，《中国考古学会第四次年会论文集》，文物出版社，1985年。
[3] 熊卜发：《湖北孝感地区商周古文化调查》，《考古》1988年第4期。
[4] 熊卜发、鲍方铎：《黄陂出土的商代晚期青铜器》，《江汉考古》1986年第4期。
[5] 张学武：《应山县发现商代铜鼎》，《江汉考古》1980年第1期。
[6] 孝感地区博物馆：《湖北安陆市商周遗址调查》，《考古》1993年第6期。
[7] A. 余从新：《安陆县晒书台商周遗址试掘》，《江汉考古》1980年第1期。
 B. 北京大学考古专业商周组、山西省考古研究所、河南省安阳、新乡地区文化局、湖北孝感地区博物馆：《晋豫鄂三省考古调查简报》，《文物》1982年第7期。
[8] A. 熊卜发：《湖北孝感地区商周古文化调查》，《考古》1988年第4期。
 B. 余家海：《应城县出土商代鸮卣》，《江汉考古》1986年第1期。
[9] 北京大学考古专业商周组、山西省考古研究所、河南省安阳、新乡地区文化局、湖北孝感地区博物馆：《晋豫鄂三省考古调查简报》，《文物》1982年第7期。
[10] A. 北京大学考古专业商周组、山西省考古研究所、河南省安阳、新乡地区文化局、湖北孝感地区博物馆：《晋豫鄂三省考古调查简报》，《文物》1982年第7期。
 B. 孝感地区博物馆、孝感市博物馆：《湖北孝感聂家寨遗址发掘简报》，《江汉考古》1994年第2期。
[11] A. 武汉大学历史系考古专业、襄樊市博物馆、随州市博物馆：《随州庙台子遗址试掘简报》，《江汉考古》1993年第2期。
 B. 武汉大学历史系考古教研室、襄樊市博物馆、随州市博物馆：《西花园与庙台子》第148～161页，武汉大学出版社，1993年。
[12] 随州市博物馆：《湖北随县发现商代青铜器》，《文物》1981年第8期。

掘[1]，出土折沿方唇高裆高足根长方体鬲、假腹豆、将军盔等。年代为中商二至三期阶段。部分遗物可晚至晚商早期。

黄州市下窑嘴曾两次发现商代墓葬。1992年发现的一座商墓[2]，出土铜器16件、陶器4件、原始瓷器1件、石器1件。铜器有鬲、觚、爵、斝、小口折肩尊、戈、斧、锛、凿、镞等；陶器有鬲、簋、涂朱圆陶片等残片，都属典型的中商遗物。

长江以南的中商文化遗存，只以据点的形式存在。江西瑞昌铜岭[3]、九江神墩[4]等处应是伸入到赣江下游的商文化据点。瑞昌铜岭遗址是迄今发现的年代最早的铜矿采冶遗址。其年代上迄早商晚期或中商早期。神墩遗址1984~1985年先后两次发掘，揭露面积900平方米。包括新石器时代晚期及商周时期堆积。其商代遗存年代约当中商二至三期阶段。出土有方唇长方体鬲和方体鬲、小口折肩尊、直腹平底盘等；还有釜形器、印纹硬陶罐，体现出地方特点。

商文化约在早商二期进入洞庭湖区。岳阳铜鼓山遗址的发掘[5]揭示了越过长江南进的商文化面貌。该遗址位于岳阳市区北约30公里。据1987年的发掘，遗存可分为五期，其一至二期相当早商文化二、三期，第三期相当中商一期，第四期相当中商二期。第五期已明显属非商文化系统。另据报道，铜鼓山遗址还曾发掘墓葬一座，出土铜鼎、觚、爵各1件，其组合方式与中原商墓完全相同。还应看到，铜鼓山遗址的文化面貌比较复杂。在商文化占主导地位的各期，都包含有明显的地方因素，中商一期（即遗址第三期）的卷沿釜、大口缸、硬陶瓿似与荆南寺遗址的土著因素有关，还有的可能反映出吴城文化、石门皂市非商系统因素的影响。

近年的考古调查表明，商文化进入岳阳地区后，似未再向南发展。但对湘江中上游地区产生过重大影响，如浏阳樟树塘上层[6]即可见到某些接近铜鼓山遗址的商文化因素。有学者认为，铜鼓山遗址成为盘龙城类型商文化向湘江流域推进的首当其冲之处[7]，即前哨据点。

盘龙城类型中商遗存，陶鬲分袋足、平裆、弧裆三型，前者属商式鬲，特点是大都口

---

[1] 武汉大学历史系考古教研室、武汉市博物馆、新洲县文化馆：《湖北新洲香炉山遗址（南区）发掘简报》，《江汉考古》1993年第1期。

[2] 黄冈地区博物馆、黄州市博物馆：《湖北省黄州市下窑嘴商墓发掘简报》，《文物》1993年第6期。

[3] A.《瑞昌铜岭矿冶遗址发掘获重大成果》，《中国文物报》1992年1月19日。
B. 江西省文物考古研究所铜岭遗址发掘队：《江西瑞昌铜岭商周矿冶遗址第一期发掘简报》，《江西文物》1990年第3期。

[4] 江西省文物工作队、九江市博物馆：《江西九江神墩遗址发掘简报》，《江汉考古》1987年第4期。

[5] A. 湖南省文物考古研究所、岳阳市文物队：《岳阳市郊铜鼓山商代遗址与东周墓发掘报告》，《湖南考古辑刊》第5辑，《求索》杂志社，1989年。
B. 何驽：《荆南寺遗址夏商时期遗存分析》，《考古学研究（二）》，北京大学出版社，1994年。

[6] 湖南省文物考古研究所：《湖南浏阳樟树塘遗址发掘的主要收获》，《考古》1994年第11期。

[7] 何介钧：《试论湖南出土商代青铜器及商文化向南传播的几个问题》，《中国商文化国际学术讨论会论文集》，中国大百科全书出版社，1998年。

部较宽且外敞，足根内收；后二型则与中原商式鬲差别较大。敛口斝肩部突出，上腹腹径明显大于下腹，与中原同类器略有差异。甗和簋的形态均与中原商器一致。陶豆中，当地早期的细把豆已不见，代之浅盘圈足豆和假腹豆，亦与中原商文化豆的形态一致（图5-3I）。而所出夹粗石英砂的大口缸、印纹硬陶器、原始瓷器等，均表现出地方特色。

八　北村类型

商文化在早商三期进入关中西安至铜川一线，形成早商文化北村类型。其后，深入关中西部，中商阶段抵扶风、岐山一带。反映这一历史进程的考古资料有耀县北村、扶风白家窑、法门镇以及岐山王家嘴等诸多遗址。

耀县北村遗址1984年发掘[1]获得一批重要资料。该遗址的商遗存曾分为三期[2]：第一期属早商三期，第二期的早段属中商一期，第二期晚段相当中商二期，第三期相当中商三期。出土有方唇高裆足根内敛的鬲、甗、簋、假腹豆、深腹盆、折肩罐、瓮、大口尊、平底盘、器盖等（图5-3G）。1984年发现的3座墓葬均竖穴土坑墓，皆以鬲随葬。其中M1随葬2件鬲，M2随葬1件鬲，M3随葬3件鬲。M3的3件鬲中，有1件具北方特色的"蛇纹鬲"。

扶风白家窑遗址位于扶风县北约4公里处，1973年12月出土了一批陶器[3]，有鬲、尊、罐、假腹豆等。为中商二期或三期阶段遗物。扶风法门镇也发现过中商时期的铜鼎[4]。

扶风壹家堡遗址，根据1986年的发掘资料，可以将遗址商代遗存分为四期[5]。第一期属商文化，年代约当中商三期；第二至四期分属郑家坡和刘家类遗存。

与扶风相邻的岐山县见诸报道的中商遗址有岐山京当和王家嘴等处。京当村1975年曾发现一批中商铜器，计有觚、爵、斝、鬲、戈等，年代约当中商二期[6]。岐山王家嘴遗址可分为三期六段：第一期第一段和第二段约当中商文化一至三期，其后二期四段相当晚商时期，但已非商文化系统[7]。

---

[1] A. 陕西省考古研究所商周室、北京大学考古系商周实习组：《陕西耀县北村遗址发掘简报》，《考古与文物》1988年第2期。
B. 北京大学考古系商周组、陕西省考古研究所：《陕西耀县北村遗址1984年发掘报告》，《考古学研究（二）》，北京大学出版社，1994年。

[2] A. 陕西省考古研究所商周室、北京大学考古系商周实习组：《陕西耀县北村遗址发掘简报》，《考古与文物》1988年第2期。
B. 孙华：《陕西扶风县壹家堡遗址分析——兼论晚商时期关中地区诸考古学文化的关系》，《考古学研究（二）》，北京大学出版社，1994年。

[3] 罗西章：《扶风白家窑水库出土的商周文物》，《文物》1977年第12期。

[4] 吴兰、宗宇：《陕北发现商周青铜器》，《考古》1988年第10期。

[5] 孙华：《陕西扶风县壹家堡遗址分析——兼论晚商时期关中地区诸考古学文化的关系》，《考古学研究（二）》，北京大学出版社，1994年。

[6] 王光永：《陕西省岐山县发现商代铜器》，《文物》1977年第12期。

[7] 据王占奎1998年12月20日在"夏商周断代工程武王克商年代研讨会"的发言。

在关中东部，蓝田怀珍坊[1]以早商文化堆积为主，部分遗存延至中商一期。西安老牛坡[2]以晚商时遗存为主，但有早商三期和中商遗存，如1986年发掘的M44即随葬中商三期铜瓿、爵等。渭南姜河村1984年出土的鼎、爵、戈等17件铜器[3]，从形制看也应属中商三期。

北村类型中商文化是在北村类型早商文化基础上发展起来的。其特点是，除三足内敛的长方体鬲、假腹豆、深腹盆等中原商式陶器外，共存的还有许多具有地方特色的器物，如尖裆鬲、弧裆鬲、折肩罐、花边罐、盘形豆等。

九　小神类型

山西境内分布的商文化，早商时期是东下冯类型，重要遗址有夏县东下冯商城等。但商代中期以后的商文化遗存，在晋南甚罕见。20世纪50年代末60年代初，中国科学院考古研究所在晋南地区进行了大范围考古调查，在316处古遗址中可确认为商文化遗址的约有20余处，其中绝大多数为早商遗址，只有3处相当殷墟大司空村一期的零星遗存，另有临汾地区文化局在洪洞永凝堡发现1件相当大司空村三期的陶鬲。但在《调查报告》[4]分别推定为"二里冈期"或"大司空村一期"的遗存中，可能包含有当年未曾分辨出的中商文化遗存[5]。故晋西南包括垣曲等地中商时期的文化面貌有待进一步究明。

晋东南长治、屯留一带，有较丰富的中商遗存发现。根据长治小神村遗址的发掘，现暂将山西境内的中商遗存概称为小神类型，其分布地域就目前所知包括晋东南和晋中地区。

小神村遗址面积约18万平方米。20世纪80年代末曾3次发掘[6]，文化内涵包括仰韶、龙山、二里头、商代、战国诸时期。中商文化遗存仅限于中商二期至中商三期。出土大量陶鬲和陶豆（图5-3H）。

过去，长治市博物馆曾收集到长治市西白兔南村出土的一批铜器[7]，器类有瓿、爵、斝、壶等。铜器的年代与小神遗址商文化的年代一致，即相当于中商二期。距长治东北不远的潞城县，也曾出土过中商铜器[8]，包括鼎、斝等。

---

[1] 西安半坡博物馆、蓝田县文化馆：《陕西蓝田怀珍坊商代遗址试掘简报》，《考古与文物》1981年第3期。

[2] A. 西北大学历史系考古专业：《西安老牛坡商代墓地的发掘》，《文物》1988年第6期。
B. 保全：《西安老牛坡出土商代早期文物》，《考古与文物》1981年第2期。

[3] 左忠诚：《渭南市又出土一批商代青铜器》，《考古与文物》1987年第4期。

[4] 中国社会科学院考古研究所山西工作队：《晋南考古调查报告》，《考古学集刊》第6集，中国社会科学出版社，1989年。

[5] 前者如夏县月牙堡的大口尊SE36:5、运城安邑镇的残陶鬲SY9:2，后者如临猗黄仪南村的陶鬲SY28:2、4。

[6] 山西省考古研究所晋东南工作站：《山西长治小神村遗址》，《考古》1988年第7期；《长治小常乡小神遗址》，《考古学报》1996年第1期。

[7] 王进先：《山西长治市拣选、征集的商代青铜器》，《文物》1982年第9期。

[8] 王进先：《山西长治市拣选、征集的商代青铜器》，《文物》1982年第9期。

山西长子县同样距长治不远，县内分布有商代遗址多处，其中西旺遗址和北高庙遗址屡有铜器出土。1971年冬至1972年春，长子县北关的北高庙曾两次发现商代文物[1]，计有铜鼎、鬲、觚、爵、斝、小口折肩尊、戈、镞等铜器，以及陶鬲、陶豆、玉柄形饰、玉镞等均应是随葬品。上述诸器均属中商二期。长治市博物馆曾征集到长子县所出鼎、斝、戈等铜器[2]，年代属中商二期或三期。

长治、长子、潞城一带所出铜器，参照同出陶器及小神遗址的发掘资料，可判断应属商文化范畴。中商文物尤其是大批铜器在晋东南的集中出土，反映了当时这一地区在商王朝历史中的重要地位。

晋南洪洞县的双昌乡上村发现过鼎、爵、戈等铜器及玉刀、金耳环等一类文物[3]。年代约当中商二、三期。这批遗物因缺共存陶器，文化性质尚难以界定。出土地点属太行山东麓，推测应与石楼、永和、隰县等一系列发现同属李家崖文化系统。

小神类型的中商陶器，特点是鬲体的最宽处大都在腹部的中间，三足内收，足根不明显。豆表现出复杂形制。其中一种喇叭形假腹豆似不见于其他类型。

还有一些中商遗存暂时不能划归到一定的地方类型之中。如河南郾城县拦河潘村曾出土鼎、觚、爵、尊、盉等铜器[4]，但缺共存陶器。豫南的信阳鲍家山，豫东的鹿邑栾台[5]，以及距鹿邑不远的淮阳、周口一带[6]，南阳十里庙[7]等地都有中商遗存分布，但因限于材料，暂无法判明类型归属。

第三节　中商时期的重要遗址

一　郑州商城中商时期遗存

郑州商城的使用年代持续较长，直到中商时期，郑州商城仍有一些重要的遗迹现象。

从已经发掘的资料来看，郑州商城到白家庄期即中商一期时，城内东北部宫殿基址大多废弃；但始建于早商时期的南关外铸铜遗址及紫荆山北铸铜遗址仍在继续使用。

1974～1996年，在郑州发现了三座商代青铜器窖藏坑，张寨南街窖藏坑在商城西墙北段外侧，向阳回民食品厂窖藏坑在商城东南城角外侧，南顺城街窖藏坑（图5-4；图版3）

---

[1] 郭勇：《山西长子县北郊发现商代铜器》，《文物资料丛刊》3，文物出版社，1980年。
[2] 王进先：《山西长治市拣选、征集的商代青铜器》，《文物》1982年第9期。
[3] 朱华：《山西洪洞县发现商代遗物》，《文物》1989年第12期。
[4] 孟新安：《郾城县出土一批商代青铜器》，《考古》1987年第8期。
[5] 河南省文物研究所：《河南鹿邑栾台遗址发掘简报》，《华夏考古》1989年第1期。
[6] 中国社会科学院考古研究所河南二队、河南省周口地区文物管理委员会：《河南周口地区考古调查简报》，《考古学集刊》第4集，中国社会科学出版社，1984年。
[7] A. 游清汉：《河南南阳市十里庙发现商代遗址》，《考古》1959年第7期。
　　B. 南阳市文物工作队：《南阳十里庙遗址调查》，《江汉考古》1994年第2期。

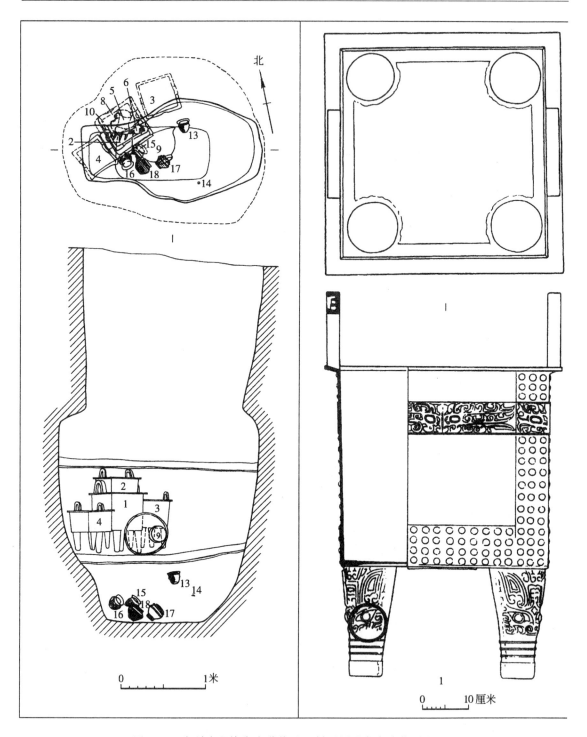

图 5-4 郑州南顺城街窖藏坑平、剖面图及出土遗物（之一）
1. 铜方鼎（H1上:1） 2. 铜方鼎（H1上:2） 3. 铜方鼎（H1上:3） 4. 铜方鼎（H1上:4） 5. 铜斝（H1上:5）
6. 铜斝（H1上:6） 7. 铜爵（H1上:7） 8. 铜爵（H1上:8） 9. 铜簋（H1上:9） 10. 铜戈（H1上:10）

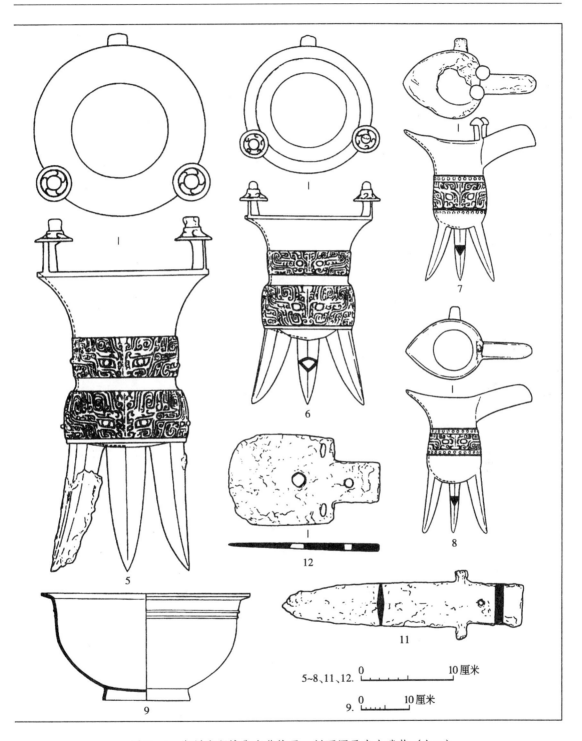

图 5-4 郑州南顺城街窖藏坑平、剖面图及出土遗物（之二）
11. 铜戈（H1 上:11） 12. 铜钺（H1 上:12） 13. 印纹硬陶尊（H1 上:13） 14. 铜泡（H1 上:14） 15. 陶鬲（H1 上:15）
16. 陶捏口罐（H1 上:16） 17. 陶罍（H1 上:17） 18. 陶尊（H1 上:18） （其中 6、7、9、11、12 压于其他器物下）

在商城西墙南段外侧[1]，这三座商代青铜器窖藏坑是郑州商城40多年发掘中最重要的考古收获之一。出土的铜器有大方鼎、大圆鼎、扁足鼎、尊、罍、斝、鬲、提梁卣、簋、觚、爵、盂、盘等青铜容器，钺、戈等青铜兵器，合计28件。向阳食品厂和南顺城街两群铜器及后一坑中共存陶器的年代较复杂，都有早有晚。依据地层叠压关系并结合坑中最晚的器物形制，可以推断回民食品厂和张寨南街窖藏坑的埋藏时代都属于中商一期，南顺城街窖藏坑可能属中商二期或再稍晚。

目前学术界对于三座窖藏坑的性质并涉及当时郑州商城的性质和地位有着不同的看法。有的学者认为，因为这些青铜器都应该是商王室的重器，因而说明此时"郑州商城仍有商王室存在"，且"这三座青铜器窖藏坑放置井然有序，十分从容，且有一些反映祭祀活动的遗迹存在"，所以它们可能与祭祀活动有关[2]，"祭祀后窖藏青铜器事先经过了周密规划，决不是在仓皇中随便挖了一个土坑把这批青铜器埋入地下的"[3]。有的学者则认为，从三座窖藏坑的形制来看，并非是十分规整的坑，其中南顺城街的窖藏坑很有可能是利用废弃的水井略加整治而成，因为在坑的最底部出土有一批汲水用的陶器。因此，这三座窖藏坑"是在商王室遇险的情况下，无法带走大批青铜重器而临时掩埋地下形成的"[4]。

要想对这三座窖藏坑的性质作准确的判断，目前还有一定的难度。

白家庄、北二七路、铭功路等处曾发现中商一期随葬青铜礼器的墓葬[5]。

二　小双桥遗址

小双桥遗址位于河南省郑州市西北约20公里的石佛乡小双桥村西南。遗址发现于1989年。1990年，对该遗址进行调查和试掘[6]。1995年以来，为进一步了解遗址范围、布局、文化内涵，进而解决遗址年代、分期以及遗存性质等问题，又多次对该遗址进行了全面细致地调查和大规模发掘[7]。迄今查明遗址面积约150万平方米。发现多处夯土基址、青铜冶铸遗迹、众多的祭祀遗迹以及窖穴、灰坑、灶面、壕沟；出土丰富的陶器、铜器、石器、骨器、蚌器等。

---

[1] A. 河南省博物馆：《郑州新出土的商代前期大铜鼎》，《文物》1975年第6期。
B. 河南省文物研究所、郑州市博物馆：《郑州新发现商代窖藏青铜器》，《文物》1983年第3期。
C. 河南省文物考古研究所、郑州市文物考古研究所：《郑州南顺城街青铜器窖藏坑发掘简报》，《华夏考古》1998年第3期。
D. 河南省文物考古研究所、郑州市文物考古研究所：《郑州商代器窖藏》，科学出版社，1999年。

[2] 杨育彬：《郑州商代铜器窖藏》序，科学出版社，1999年。

[3] 安金槐：《再论郑州商代青铜器窖藏坑的性质与年代》，《华夏考古》1997年第1期。

[4] 宋国定、王文华、曾晓敏：《商代王室重器在郑州重见天日》，《中国文物报》1996年4月21日。

[5] 详见本章第四节。

[6] A. 杨国庆：《郑州出土商代早期铅器座》，《中原文物》1986年第4期。
B. 河南省文物研究所：《郑州小双桥遗址的调查与试掘》，《郑州商城考古新发现与研究》，中州古籍出版社，1993年。

[7] 河南省文物考古研究所、郑州大学文博学院考古系、南开大学历史系博物馆学专业：《1995年郑州小双桥遗址的发掘》，《华夏考古》1996年第3期。

目前已发掘夯土建筑基址中，如95ZXⅣHJ1南北残宽约10米，东西现存长度50米以上，在台基表面有柱础坑，内置柱础石。95ZXⅤHJ1东西长17米，南北宽14米，高1.3～1.4米。95ZXⅤHJ2现存东西9.75米，南北10.5米，夯土厚1.2米，在基址东北部发现柱础坑一个，内置暗础石。

小双桥遗址的祭祀坑较多，大体可分为人祭坑和牲祭坑两类。其中人祭坑如95ZXⅤH45呈椭圆形，坑内分两层埋4人，多尸骨不全。可能与夯土建筑基址的奠基或某种祭祀仪式有关。牲祭坑有瘗埋多种牲骨和其他器物的祭祀坑、牛头牛角坑和狗祭坑几种。

小双桥遗址发现大量的孔雀石、炼渣、烧土颗粒和较多的与冶铸有关的灰坑。有大量呈橘红色的熔炉炉壁残块，炉壁上常粘有铜汁。此外，还发现泥料堆积坑和铸铜废弃物堆积坑以及少量陶外范残块。

小双桥遗址陶器以夹砂陶和泥质陶为主。陶色以灰色居多，其中黑皮陶占一定比例。黑皮陶的陶衣部分呈黑灰色，极易剥落。纹饰以绳纹为主，粗绳纹较多，细绳纹较少。在一些器物的口沿上下发现有刻划符号，个别器物表面还发现有朱书文字。主要器类有：折沿束颈足外撇的长方体高裆鬲、鼓腹矮圈足的簋、浅盘高柄的假腹豆、中柱盆、刻槽盆、长流无尾的爵、大敞口几乎无肩的窗棂纹大口尊、斜折沿深腹圜底盆、折沿近平浅腹圜底盆等。

铜器多为残片，能辨认出器形的有建筑构件、爵、斝、镞、钩、簪、圆形泡等。商代的青铜建筑构件尚属首次发现。一件平面为"凹"字形，高18.5厘米，正面宽18.8厘米，侧面宽16.5厘米，两侧面各有一个长方孔，重6公斤。正面饰单线饕餮面，侧面在长方孔四周为一组龙虎斗搏象图。其造型独特，纹饰繁缛，对研究商代青铜冶铸技术、青铜器花纹图案、商代建筑的发展水平以及遗址性质都具有十分重要的意义。

石器的种类较多，其中的长方形穿孔镢形器较为重要，此类器物多见于山东及其附近地区的岳石文化中。一般为青石琢磨而成，平面近长方形，上部较窄，中部靠上有一长方形穿孔。两侧边有刃，且较锋利；上下两端磨痕多较明显，但较厚钝，似刃非刃。

关于小双桥遗址的年代，发掘者初步分为早、晚两组，我们认为总体不出中商文化第一期。它与早商文化第三期一脉相承，但又有区别，表现出一种发展演变的关系。在小双桥的遗存中，还包含一定的岳石文化因素。

对于小双桥遗址的性质问题，考古界已有不少人发表了意见。有学者认为该遗址是商代仲丁所迁隞都[1]，有学者则认为是郑州商城的离宫别馆或宗庙遗址[2]，或商王室的重要祭祀遗址[3]。对小双桥遗址性质的判断，关联到郑州商城在中商一期时的地位问题，有待今后的考古发现和研究去解决。

---

[1] 陈旭：《商代隞都探寻》，《郑州大学学报》1991年第5期；《郑州小双桥遗址的年代和性质》，《中原文物》1995年第1期。
[2] 张国硕：《小双桥商代遗址的性质》，《殷都学刊》1992年第4期。
[3] 河南省文物研究所：《郑州小双桥遗址的调查与试掘》，《郑州商城考古新发现与研究》，中州古籍出版社，1993年。

三 洹北商城

1999年发现的安阳洹北商城位于洹河北岸，西南方紧邻原殷墟保护区，且略有交错（见图6-1）。据初步的钻探和试掘可知，城址深埋于地表2.5米以下，平面近方形，边长2100~2200米，面积470万平方米。方向大体与郑州商城、偃师商城一致。从解剖情况看，城墙仅存基槽部分，基槽宽9米左右。该城的发现是长期的考古探索与实践的结果。20世纪30年代及60年代初调查时，在城址范围内发现商代遗迹[1]，随后在城址范围内的三家庄、董王度先后两次出土商代中期铜器[2]；1980年又在三家庄东清理过一批商代中期墓葬[3]；1997、1998、1999年连续在城内的西北部花园庄、董王度进行发掘，揭露面积1000余平方米[4]。据勘探、发掘得知，城内分布着多处夯土基址。尤其值得重视的是，在城的中部偏南部位发现大范围的夯土建筑基址群，排列密集有序，有的基址规模很大，如1号宫殿基址占地达1.6万平方米，推测是宗庙、宫殿类建筑遗存（图版22）。此外还发现有房基、水井、灰坑、墓葬等，文化层堆积较厚，包含有丰富的文化遗物。

根据发掘资料，城内西北部花园庄、董王度一带的商代遗存可分早晚两期。早期单位以1997年发掘的灰坑H4和灰沟G4以及1998年清理的墓葬M9为代表。常见器物包括折沿唇外缘下侧微显勾棱的长方体高裆鬲、窄折沿的方体鼓腹矮足根鬲、平折沿平底浅腹盆、斜折沿深腹平底盆、卷沿凹圜底罐、厚胎敞口深腹杯、卷沿圜底小盏、微凸肩大口尊、红陶大口缸等。

晚期单位以1997年发掘的灰坑H1、H2和1998年清理的墓葬M6等单位为代表。器物特征表现为：长方体高裆鬲的折沿较斜，唇外缘下侧勾棱不甚明显，足根内收；鼓腹矮足根鬲的折沿外缘基本不见凸棱；另有一种饰极细绳纹外套圜络纹的方体鼓腹鬲。陶豆圈足粗大，盘壁较直，与殷墟大司空村一期陶豆已较接近。大口尊明显无肩。

从陶器的特征看，遗址早期堆积的年代接近郑州白家庄阶段（即指中商一期）而略晚，属中商二期；晚期与早期遗存的差异较明显，属中商三期。可比照的有台西晚期墓葬与晚期居址。

以上两期遗存均早于晚商文化大司空村一期。

洹北商城遗址地处传统殷墟的外围。它的规模宏大，且城内分布着大型夯土建筑基址群，显示其绝非一般聚邑，而应当是一处都城遗址。近年学术界已就洹北商城的性质及其

---

[1] A. 胡厚宣：《殷墟发掘》第113页，学习生活出版社，1955年。
B. 中国社会科学院考古研究所安阳队：《河南安阳洹河流域的考古调查》，《考古学集刊》第3集，中国社会科学出版社，1983年。

[2] 孟宪武：《安阳三家庄发现商代窖藏青铜器》，《考古》1985年第12期；《安阳三家庄、董王度村发现的商代青铜器及其年代推定》，《考古》1991年第10期。

[3] 中国社会科学院考古研究所安阳工作队：《安阳殷墟三家庄东的发掘》，《考古》1983年第2期。

[4] A. 中国社会科学院考古研究所安阳工作队：《河南安阳市洹北花园庄遗址1997年发掘简报》，《考古》1998年第10期。
B. 中国社会科学院考古研究所安阳工作队1998年、1999年发掘资料。

与殷墟的关系展开讨论。

由于数十年来小屯"殷墟"发现的主体遗存属商王武丁（含武丁）至帝辛时期。武丁以前盘庚、小辛、小乙阶段的遗存甚少且规模较小，其规格与王都遗存不相匹配。在小屯发现的甲骨卜辞也都是武丁以后的。因此有学者提出小屯一带应是武丁所迁而非盘庚始居的地方[1]。洹北商城遗址年代上恰好略早于殷墟时期，地理位置不出文献关于盘庚迁殷范围，因此有学者认为，不能排除该遗址可能是盘庚迁殷的最初地点，而以小屯为中心的传统意义上的"殷墟"，是武丁以后发展起来的[2]。另有学者提出，洹北商城遗址可能并非盘庚所迁之殷，而应是河亶甲所居之"相"[3]。我们认为，对洹北商城遗址始建年代和性质诸问题的认定，还有待进一步的田野工作，尤其是宗庙、宫殿区基址的发掘，方可逐步解决。

安阳小屯历年出土的中商遗迹，有20世纪30年代发现的一批灰坑，如YH358、H027、H226，以及和墓葬，如M232、M333、M388、M331[4]，还有80年代末于小屯村东北地发现的一座大型灰坑87H1[5]。不过上述单位相互间无地层关系可循，给分期造成较大困难。因此过去研究者多习惯于把所有出自安阳的中商遗存视为一个整体，认为其年代早于殷墟大司空村一期而晚于邢台曹演庄下层及台西阶段。最有代表性的观点是将这类遗存作为"殷墟文化第一期第一组"[6]或"殷墟一期偏早阶段"[7]。

事实上，安阳小屯遗址发现的中商遗存并非全属同一时期。遗迹单位间互有早晚，大体也可以分为两个阶段。分别与中商二期和中商三期相当。

30年代小屯发现的M232等4座墓虽无地层关系，但从随葬品看，M232、M333应略早

---

[1] A. 杨锡璋：《安阳殷墟西北冈大墓的分期及有关问题》，《中原文物》1981年第3期。
B. 彭金章、晓田：《殷墟为武丁以来殷之旧都说》，《中国考古学会第五次年会论文集》，文物出版社，1988年。

[2] A. 唐际根、徐广德：《洹北花园庄遗址与盘庚迁殷问题》，《中国文物报》1999年4月14日。
B. 杨锡璋、徐广德、高炜：《盘庚迁殷地点蠡测》，《中原文物》2000年第1期。

[3] 文雨：《洹北花园庄遗址与河亶甲居相》，《中国文物报》1998年11月25日。

[4] A. 关于M232、M331、M333和M388四座墓葬，见石璋如：《中国考古报告集之二·小屯第一本·遗址的发现与发掘丙编·殷墟墓葬之三·南组墓葬附北组墓补遗》（以下简称《小屯·南组墓葬附北组墓补遗》）第24~73页，历史语言研究所，1973年，台北；《小屯·丙区墓葬上》第41~257页，历史语言研究所，1980年，台北。编者按：凡下文引用历史语言研究所在台北出版的安阳殷墟20世纪30年代发掘报告，皆依上例将篇名作适当简化，如称《小屯·殷墟建筑遗存》、《侯家庄·1001号大墓》等，不再一一另作说明。
B. 关于YH358等单位所出陶器，见李济编、潘愨绘：《殷墟陶器图录》壹、叁、伍、拾壹至拾陆，1947年。《考古》1988年第10期重刊。

[5] 中国社会科学院考古研究所安阳工作队：《1987年安阳小屯村东北地的发掘》，《考古》1989年第10期。

[6] 邹衡：《试论夏文化》，《夏商周考古学论文集》，文物出版社，1980年。

[7] A. 郑振香：《论殷墟文化分期及其相关问题》，《中国考古学研究》，文物出版社，1986年。
B. 中国社会科学院考古研究所：《殷墟的发现与研究》第32~38页，科学出版社，1994年。

于 M388 和 M331。后者与殷墟大司空村一期是可以相衔接的。其余单位，可与新近发掘的洹北商城遗址比较。30 年代发掘的灰坑 YH358 以及 80 年代发掘的 87H1 则与洹北商城花园庄 97H1、H2 年代接近。其中 87H1 出土的口沿截面呈 "丁"字形的陶簋、折沿圜底盆等器，已接近殷墟大司空村一期的同类器。

上述材料表明，在中商二、三期时，小屯一带曾是洹北商城外围一处重要聚落。

四 关于邢台地区的中商遗址群

河北邢台地区的中商文化遗存日益引起学术界的重视。该地区的中商文化主要分布在曹演庄[1]、东先贤[2]、西关外[3]、贾村[4]、南大郭庄[5]、尹郭村[6]等地。上述遗址大体形成了相互连接的遗址群。但这些遗址大多只做过考古调查和试掘，其中曹演庄和东先贤遗址进行过较大面积的发掘。

曹演庄遗址位于河北邢台市内，现已被邢台火车站及附近建筑所覆盖。1954 年发现，1956、1957 年进行了两次发掘。其商文化堆积分为两层。上层相当于殷墟时期。下层文化遗物表现出略早于殷墟晚商文化而又晚于前述白家庄阶段中商文化的特征。曹演庄遗址不仅是已发现的同期商代考古遗址中规模较大的一处，其主体堆积的年代和地理位置也表明该遗址具有极重要考古价值。结合文献记载，许多学者推测，该地区丰富的中商文化遗存也许与祖乙迁邢有关[7]。

同时也应看到，虽然邢台地区中商文化遗存的年代、地望与史载祖乙迁邢相合，但作为一代王都，当地至今尚未发现与之相称的重要遗存，比如城址、宫殿建筑基址、铸铜作坊遗址等。当然，也不能据此就否认邢台地区中商文化遗存的重要性。由于曹演庄遗址发掘时间较早，而现今又被现代建筑所叠压，因而无法对其作进一步的工作。其他遗址目前所做的工作相应较少。也许随着考古研究的进一步深入发展，商代历史上的邢都会重新展现在世人面前。

商代中期可以说是一个动荡不安，政治纷争的时期，曾频繁迁都。上文介绍的郑州商城中商时期遗存、小双桥遗址和洹北商城，虽然目前尚不能确切肯定就是当时某代某王都址所在，但都发现了在年代及规模上与都城相应的遗存，并与史书记载的地望相符合。很

---

[1] 河北省文物管理委员会：《邢台曹演庄遗址发掘报告》，《考古学报》1958 年第 4 期。
[2] 参见夏商周断代工程专家组：《夏商周断代工程 1996～2000 年阶段成果报告（简本）》第 70 页，世界图书出版公司，2000 年。
[3] 唐云明：《邢台西关外遗址试掘》，《文物》1960 年第 7 期。
[4] A. 河北省文化局文物工作队：《1958 年邢台地区古遗址古墓葬的发现与清理》，《文物》1959 年第 9 期。
    B. 河北省文物管理委员会：《邢台贾村商代遗址试掘简报》，《文物参考资料》1958 年第 10 期。
[5] 唐云明：《邢台南大郭村商代遗址探掘简报》，《文物参考资料》1957 年第 3 期。
[6] 河北省文化局文物工作队：《邢台尹郭村商代遗址及战国墓葬试掘简报》，《文物》1960 年第 4 期。
[7] A. 邹衡：《论汤都郑亳及其前后的迁徙》，《夏商周考古学论文集》，文物出版社，1980 年；《邢台与先商文化、祖乙迁邢研究》，《三代文明研究（一）》，科学出版社，1999 年。
    B. 秦文生：《祖乙迁邢考》，《三代文明研究（一）》，科学出版社，1999 年。

多问题有待今后的考古发掘去验证和解决。

第四节　中商时期的墓葬与埋葬制度

已发现的中商墓葬多是零星的铜器墓和居住址附近的小墓，因而就很难从墓地制度的角度进行系统讨论。但也有一些关于当时成片墓地的线索。盘龙城商城东墙外称李家嘴的湖心岛上，发现了3座规模较大墓葬。其中盘李M2属早商三期，另两座墓在M2两侧，规格与M2相当，均遭破坏，从随葬品看M1时间略晚，应属中商一期。3座墓所在应是盘龙城商城的贵族墓地，而且很可能是当地最高统治者的墓地；而城西的楼子湾、城北的杨家嘴和杨家湾一带则应是早商以来下层贵族和平民的墓区[1]。

一　埋葬习俗

中商时期的墓葬形制，同早商基本一致，仍以长方形土坑竖穴墓为主，以木质棺椁作葬具，瓮棺葬等较少见。

从中商开始，墓葬设置腰坑的做法逐步增多，特别是中型墓，一般都有腰坑。以藁城台西商墓为例，中商二期之时，带腰坑的墓葬占28.6%，而到中商三期时，有腰坑的墓葬高达48.1%，大大高于中商二期，而这一趋势在其后得到持续发展，安阳殷墟西区晚商二至四期墓中，有腰坑的比例达到60%上下。腰坑内多殉狗一只。

墓主人骨架仍有仰身、俯身、侧身三种形式。其中仰身直肢仍为主要葬式，也有一部分俯身直肢或屈肢的，侧身者极少见。

随葬品的种类和多少，是墓主人生前地位和身份的象征。从下文关于墓葬类型的分析中，我们也可看出，在当时级别较高的第一、二类墓中，青铜器居于主导地位。在第三类墓中，铜器仅起点缀作用，至第四类墓以下则仅随葬陶器，有的甚至没有任何随葬品。

从随葬品的组合形式看，中商时期的墓葬与早商有所不同，表现在随葬青铜器的墓随时间推移而逐渐增多；青铜器中，斝仍居重要地位，铜盉趋于消失，早商时尚罕见的铜觚变为常见，觚、爵作用凸显。中商一、二、三期之间也有一定的变化：

中商一期所发现陶器墓仍以鬲、盆、豆、斝、罐、簋等炊食器为多见。铜器墓中，常见的组合有觚、爵；觚、爵、斝；觚、爵、斝、鼎；觚、爵、斝、鼎、尊等。铜觚、铜爵似已开始出现配对（数量对应）关系，即用于随葬的铜觚和铜爵往往数目相等，即使二者数目不等，常用其他质料的同类器物比如漆器、陶器甚至象牙器作补充。这一配对关系的渐次形成，到晚商文化一期时基本上固定下来，并影响了整个殷墟时期商墓的埋葬制度。

---

[1] A. 湖北省博物馆：《一九六三年湖北黄陂盘龙城商代遗址的发掘》，《文物》1976年第1期。
　　B. 湖北省博物馆、北京大学考古专业盘龙城发掘队：《盘龙城一九七四年度田野考古纪要》，《文物》1976年第2期。
　　C. 湖北省博物馆：《盘龙城商代二里冈期的青铜器》，《文物》1976年第2期。

中商二期之时，陶器墓的组合较为稳定，鬲占大宗，如藁城台西墓葬，用单个鬲的占66.7%，随葬单个陶深腹盆的约占9.4%；其余以单簋、单豆随葬的均不足5%。作为酒器的陶觚和陶爵仍较少在墓葬中发现。铜器墓随葬品的组合中，觚、爵的重要性更加凸显，铜斝出现频率似相对降低，常见的组合方式有觚、爵；觚、爵、斝、鼎；觚、爵、尊等。

中商三期随葬品组合方式受到地域传统等多方面影响。但从台西商墓情况看，使用单件陶鬲比例下降，而使用盆或盂、簋等盛储器比例上升。值得重视的是，在安阳地区出现随葬陶觚或陶爵等陶酒器的墓葬，如洹北商城内1980年发掘的M4随葬陶觚、爵、斝各1件[1]，1999年发掘的M10随葬陶觚、爵、斝各1件，铜鼎1件，铜戈2件[2]。在铜器墓中，酒器继续为组合的核心。常见的组合方式有觚、爵；觚、爵、斝；觚、爵、斝、鼎；觚、爵、斝、鼎、瓿；觚、爵、斝、鼎、瓿、尊；觚、爵、斝、尊、盆；觚、爵、鼎、瓿、尊、盘等。铜瓿较多地用于随葬，成为这一时期铜器墓的重要时代特征之一。

二　中、小型墓葬分类与墓主社会地位

中商墓葬可以区分为五类。

第一类墓葬的墓室面积约在10平方米以上，有棺、椁、腰坑，随葬青铜器数十件，其中觚、爵、斝可达3~5件，目前仅盘龙商城的李家嘴M1可为代表。

盘李M1是被破坏以后才清理的，资料不全。与略早的M2规模相当，曾被推测为并穴合葬墓。墓内出土22件青铜容器，仅比M2少一件，有鼎2、鬲2、簋1、斝5、爵5、觚3、尊2、卣1、盘1。陶器有鬲、瓿、豆等，原始瓷器有鼓腹尊、折肩尊。玉器有戈、璜、柄形饰。在随葬的青铜灌、饮器中，未见盉，使用觚3件，爵、斝各5件，是以前所未见的组合形式。

盘李M3被破坏得更为严重，墓内仅存青铜斝1件，陶甗、残鬲、残瓮和原始瓷尊等少量器物，另在腰坑里发现有1件被打成三截的玉戈。该墓规模当同M1、M2相当。

第二类墓葬一般墓圹长度在2米以上，宽度在1米以上。有棺，有腰坑，有的殉人。随葬青铜容器10件以下，有觚、爵、斝每种1~3件不等。还有铜兵器、工具和玉器以及印纹硬陶或原始瓷器等。已发现的有河南郑州白家庄M3[3]和北二七路M1、M2[4]，湖北省黄州市下窑嘴商墓[5]等。

白家庄M3，墓圹长2.9米，残宽1.17米，深2.13米。墓底铺有朱砂。从痕迹观，似应有棺、椁双层葬具。腰坑长1.1米，宽0.39米，深0.2~0.3米，坑底平铺朱砂，坑内殉狗。墓主骨架腐朽，头向北。在西二层台上有殉人一具。随葬器物有铜鼎3、斝2、罍1、觚2、爵1、簋1，此外有玉器2件，石器3件，玛瑙块、象牙梳、涂朱圆陶片、蚌片

---

[1] 中国社会科学院考古研究所安阳工作队：《安阳殷墟三家庄东的发掘》，《考古》1983年第2期。
[2] 中国社会科学院考古研究所安阳工作队资料。
[3] 河南文物工作队第一队：《郑州市白家庄商代墓葬发掘简报》，《文物参考资料》1955年第10期。
[4] 河南省文物研究所：《郑州北二七路新发现三座商墓》，《文物》1983年第3期。
[5] 黄冈地区博物馆、黄州市博物馆：《湖北省黄州市下窑嘴商墓发掘简报》，《文物》1993年第6期。

各1件。

北二七路M1，墓圹南北长2.7米，东西宽1.4~1.5米。墓底铺有朱砂，板灰痕迹南北长约1.95米，东西宽约0.5米。墓主仰身直肢。人骨下有一长方形的腰坑，坑内殉狗一条。在腰坑北端，有一个坡状浅坑，内埋有骨镞、骨笄及石钵各1件。在棺木范围内有铜刀、铜片、玉璧、玉饰、玉柄形器、石柄形器、骨匕等小件器物，青铜容器及另一些小件器物出土于棺木范围之外。合计出土青铜器9件，有鼎1、斝3、爵1、觚2、刀1、残片1；玉器11件，有戈3、铲3、柄形器3、璧1、玉饰1；石器6件，有戈3、铲1、柄形器1、钵1；骨、牙器6件，有骨匕2、骨笄2、骨镞1、牙饰1；陶器仅发现圆陶片3件。

北二七路M2，墓圹南北长2.7米，东西宽1.1米。墓底铺朱砂，有板灰痕迹。葬式原应

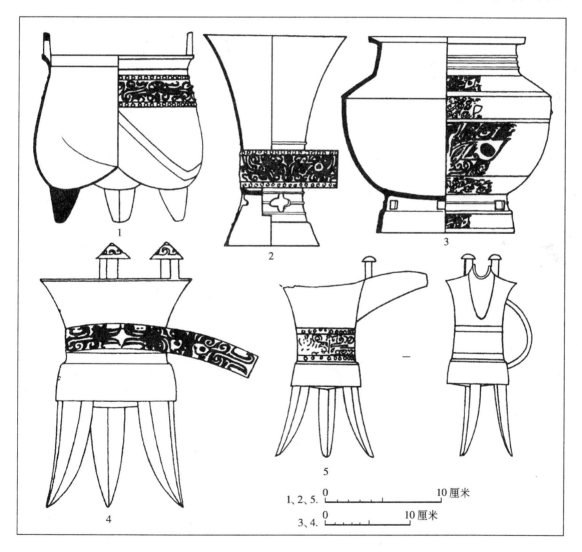

图5-5 黄州下窑嘴中商墓葬出土青铜器
1.鬲（标本:1） 2.觚（标本:4） 3.瓿（标本:5） 4.斝（标本:2） 5.爵（标本:3）

为仰身直肢,仅存下肢骨。人骨下有一接近正方形的腰坑,内殉狗一条,并埋石戈1件。在棺木范围之内,随葬有铜刀、玉柄形器、石戈、石铲、圆陶片等,墓室北部放置铜斝、铜爵;墓室南部稍偏西处放置铜斝、铜觚和印纹硬陶尊。合计出土青铜器5件,斝2、爵1、觚1、刀1;玉器有柄形器2件;石器4件,戈3、铲1;印纹硬陶尊1件;圆陶片2件。

湖北省黄州市下窑嘴商墓,长方竖穴土坑墓,长2.6米,宽1.35米,残深0.3米。共出随葬品22件。其中青铜器16件,鬲1、觚1、爵1、斝1、瓿1、戈1、镞6、镢1、斧、凿1、刀1(图5-5)。另有陶鬲1、陶圈足2、涂朱陶饼1、原始瓷器残片1及石佩饰1。

第三类墓葬的墓圹稍大于人骨,有的有腰坑,多无木棺。随葬品主要是陶器,仅有单件的青铜礼器,或有柄形饰等单件玉器。郑州北二七路M4[1]、铭功路M146[2]等均属此类。

郑州北二七路M4,方向8°,长1.94米,宽0.66米。葬式俯身直肢。腰坑为正方形,坑内葬狗。随葬铜爵1件,陶鬲、爵、豆、斝、纺轮各1,玉笄1。

铭功路M146,方向5°,长2.35米,葬式宽0.87米。仰身屈肢。墓底铺有朱砂。腰坑为椭圆形,坑内殉一狗。随葬铜鼎、陶鬲、陶斝、陶爵、陶觚、陶饼、玉柄形器各1件。

第四类墓葬的墓圹大小与第三类相当。墓内挖有腰坑者数量极少。多无木棺。无铜器,仅随葬陶器、石器、骨器。陶器有鬲、斝、豆、簋、盆、小罐、罍、瓮等。石器有铲、凿等。东下冯M519[3]可作代表。

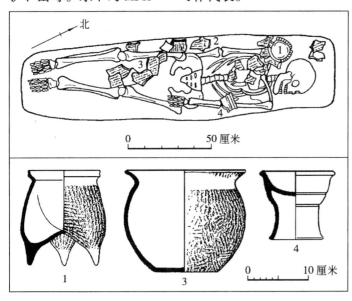

图5-6 夏县东下冯M519及随葬品
1.陶鬲 2.陶盆 3.陶罐 4.陶豆

东下冯M519(图5-6),略呈圆角长方形,方向22°,长1.84米,宽0.5米。墓主为成年女性,仰身直肢。随葬有陶鬲、盆、罐、豆各1件,置于骨架右侧。

第五类墓葬的墓坑仅够容身,无腰坑,或有棺,或无棺。无随葬品。在各遗址发现甚多。

以上五类墓葬中,其最明显的区别在第三、四类之间。第一至三类随葬青铜器,有腰坑和棺椁,应是当时的贵族墓,墓葬规模、是否用棺椁及随葬青铜器、玉器的组合情况,反映墓主的等级身份有高下。以

---

[1] 郑州市博物馆:《郑州商代遗址发掘简报》,《考古》1986年第4期。
[2] 河南省文物研究所:《郑州市商代制陶遗址发掘简报》,《华夏考古》1991年第4期。
[3] 中国社会科学院考古研究所、中国历史博物馆、山西省考古研究所:《夏县东下冯》第189页,图一六八,文物出版社,1987年。

上三类墓可能代表了当地贵族中高、中、低三个层次。第四类墓随葬陶器、石器、骨器等，多无腰坑，第五类则无任何随葬品，应是当时的平民墓，有无木棺和随葬品，反映出墓主的贫富之别。总之，中商文化墓葬等列同早商大致相同。各遗址中也常见一些非正常埋葬，其性质亦与早商相同，兹不赘述。

第六章 商代晚期的商文化

第一节 安阳殷墟及晚商文化编年

殷墟遗址位于太行山林虑山系以东、安阳盆地与华北平原接汇带的洹河二级台地上，地处北纬36度，东经114.5度。行政区划属河南省安阳市（图6-1）。

一 殷墟的发现与发掘

殷墟的发现，与甲骨卜辞的发现有着直接关系。

至迟在19世纪末，安阳小屯一带的居民就常在当地的农田中掘出甲骨。因不知其为何物，往往就地处理掉或当成药材"龙骨"卖给中药铺。直到1899年，居官北京的金石学家王懿荣才在一次偶然的机缘中发现了甲骨上的刻辞，并识出这些刻辞即是商代的文字。从此王懿荣开始大力收购带字甲骨。王襄和孟定生是差不多与王懿荣同时认识甲骨的价值并最早收藏甲骨的学者。继王懿荣、王襄、孟定生之后加入甲骨收藏行列的有刘鹗、罗振玉、端方及美国人方法敛、英国人库寿龄、加拿大人明义士、日本人林泰辅等[1]。甲骨的出土地点，最初被古董商人隐瞒。1908年，经金石学家罗振玉派人细心查访，始知甲骨出土于"滨洹之小屯"[2]。这是殷墟遗址第一次被学界所知。

1910年，罗振玉通过研究出自殷墟的"贞卜文字"，认识到殷墟的卜辞"实为殷室王朝之物"[3]。1917年，王国维发表《殷卜辞中所见先公先王考》和《殷卜辞中所见先公先王续考》两篇著名文章，利用殷墟出土的卜辞，证实了《史记·殷本纪》所载商先公先王的世系，并对其中世次、称号上的一些错误做了修正[4]。殷墟卜辞的史料价值得到了进一步的肯定。随着卜辞研究的深入，以及当时西方田野考古学知识逐渐传播到中国，学术界发掘殷墟遗址的呼声渐高。1928年8月，董作宾受当时新成立的中央研究院历史语言研究所委派，赴殷墟作甲骨出土情况的实地考察。并于同年10月在安阳小屯村中、村北发

---

[1] 胡厚宣：《殷墟发掘》第13～35页，学习生活出版社，1955年。
[2] 罗振玉：《殷虚古器物图录》序，1916年。
[3] 罗振玉：《殷商贞卜文字考》，玉简斋，1910年。
[4] 王国维：《殷卜辞中所见先公先王考》、《殷卜辞中所见先公先王续考》，《观堂集林》卷九，中华书局，1959年。

第六章 商代晚期的商文化　285

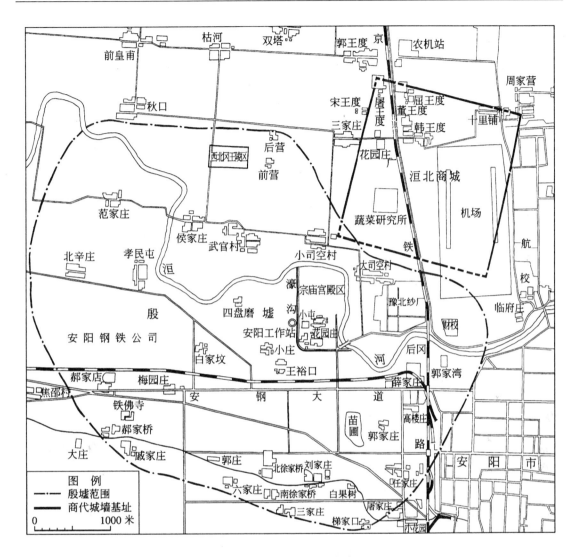

图 6-1　安阳殷墟与洹北商城位置图

掘，拉开了殷墟田野考古的序幕[1]。

中国考古界对殷墟的发掘，以 1950 年为界，分为前后两个大的阶段（图版 4）。

1950 年以前，发掘工作主要由当时的历史语言研究所考古组主持。实际的发掘时间是 1928 年至 1937 年。总计发掘了 15 次，主要工作集中在小屯北地、侯家庄西北冈和后冈三地。在四盘磨、王裕口及大司空村等地也作了发掘。发掘内容包括：商代晚期宫殿宗庙基址，其他建筑基址，灰坑，窖穴；商代晚期王陵，祭祀坑，族墓地。出土了丰富的晚商文

---

[1] 董作宾：《中华民国十七年十月试掘安阳小屯报告书》，《安阳发掘报告》第一期，中央研究院历史语言研究所，1929 年。

化遗物，包括 24918 片甲骨以及数以万计的陶器、青铜器、石器、玉器、骨器、角牙蚌器。在后冈和高井台子等地还找到了有仰韶文化、龙山文化、殷商文化的地层叠压关系。

第二阶段的殷墟发掘，始自 1950 年。1950 年到 1958 年期间，不定期的作了一些发掘工作。自 1958 年起，中国科学院考古研究所设立安阳工作队，长期连续不断地在此进行勘探、发掘，至今工作仍在继续进行着。1961 年，安阳殷墟被定为全国重点文物保护单位，划分了重点保护区和一般保护区。由于配合基建，主要工作在一般保护区进行。发掘地点除小屯、侯家庄、后冈等地之外，扩大到武官村、大司空村、王裕口、苗圃北地、孝民屯、白家坟、梅园庄、戚家庄、刘家庄、小司空村、郭家庄、新安庄、洹北三家庄、花园庄等近 20 个自然村。清理房址 100 余座，灰坑（含窖穴）近 1000 个。发掘了一批商代晚期手工作坊遗址，包括铸铜作坊 3 处，制骨作坊 2 处，玉、石器加工场所 1 处，陶窑 5 座。先后于小屯西地、南地和花园庄东地发现殷代甲骨埋藏坑，出土刻辞甲骨 6500 多片。清理晚商墓葬 7000 座以上，其中数十座为带墓道的大型殷墓；清理晚商车马坑 31 个、祭祀坑 200 余座。钻探发现一条大灰沟，该灰沟与洹河接合，构成殷墟宫殿宗庙区的外围屏障。

1999 年秋，在殷墟保护区东北外缘发现一座中商时期的城址，命名为"洹北商城"。据现有的发掘资料，其时代稍早于殷墟的主体堆积[1]。这座城址与殷墟的关系，尚待进一步的发掘和探索。

二 殷墟周围的自然环境与聚落分布特点

殷墟所在的安阳盆地，东西长约 20 公里，南北宽约 10 公里，面积 200 平方公里。盆地西接太行山山区，南北两侧是海拔 200 米左右的丘陵，东部与华北平原相接。盆地内地势西高东低，由海拔 130 米逐渐降至 80 米左右。发源于太行山区的洹河（又名安阳河）自盆地西南流入，先北行，再折而东行，最终注入卫河（图 6-2）。

70 年来的殷墟发掘积累了不同类型的考古材料，其中不少材料包含着各种环境信息。对这些材料的研究，使我们对商代及其以前洹河流域的地貌、土壤、气候、植被、动物群有了初步认识。

商代安阳地区的地貌环境，与现在相比有着较大差别。就地势而言，西北高东南低的特征更为显著。其时黄河在安阳东部自南向北流[2]。漳河在殷墟以北约 20 公里处自西向东流。殷墟南部还有淇水。上述三条河流与洹河一道，构成安阳地区的主要水系。据卜辞资料，殷墟地区商代先民的生产、生活与这些河流有相当密切的关系[3]，其中洹河与殷墟关系最为密切。近年展开的研究表明，今京广铁路以西洹河两岸，史前时期以来并无剧烈地貌变化，两岸地面堆积有较厚的早期全新世黄土。但京广铁路以东洹河段，约在东周时期发生过大幅度的河道变迁。有迹象表明，东周以前，包括商代及史前时期在内，洹河出安阳盆地东缘（今京广铁路一线）后，是流向东南的。除当时河道南北两侧堆积有东西

---

[1] 详见第五章第三节。
[2] 谭其骧：《西汉以前的黄河下游河道》，《长水集（下）》第 84 页，人民出版社，1987 年。
[3] 刘起釪：《卜辞的河与〈禹贡〉大伾》，《殷墟博物苑苑刊》创刊号，1989 年。

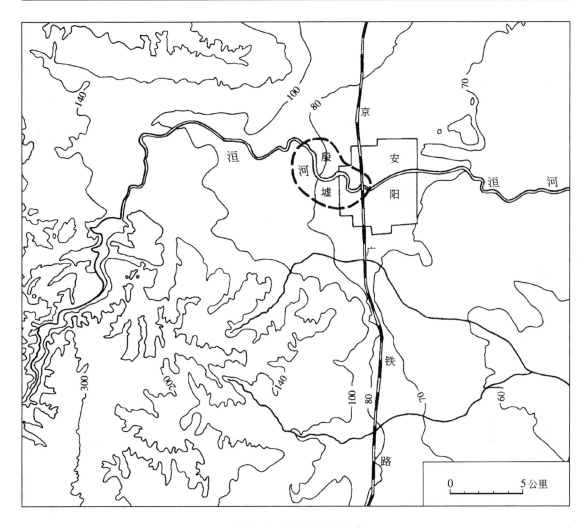

图 6-2 殷墟的地理环境

延伸的条带状早期全新世黄土外，其余地段，包括现今洹河所经地区，当时地势较低，地面堆积主要是一种黑色土壤[1]。

殷代安阳地区的气候，与现在相比偏于温暖和湿润。据研究，当时大部分时间的年平均气温比现在约高摄氏 2°左右。1 月份气温比现在高摄氏 3°～5°[2]。反映当时气候的直接证据，来自殷墟出土的大量求雨卜辞，动、植物标本，以及记录在土壤中的磁化率信息、植物孢粉信息以及其他信息。

殷墟的甲骨文，有数千件与卜雨有关。卜雨用语有延雨（连绵雨）、大雨、多雨、兹

---

[1] 中国社会科学院考古研究所、美国明尼苏达大学科技考古实验室中美洹河流域考古队：《洹河流域区域考古研究初步报告》，《考古》1998 年第 10 期。

[2] 竺可桢：《中国近五千年来气候变迁的初步研究》，《考古学报》1972 年第 1 期。

雨不佳祸、其雨不佳若等，很多是卜问下雨会不会酿成灾害，可见当时的雨水总体上是较为丰沛的。商代殷墟地区雨量充沛时，甚至可能威胁到都城安全。关于这方面的卜辞记录，如"辛卯卜，大贞，洹弘弗敦邑，七月"（《合集》23717）[1]。

《吕氏春秋·古乐篇》有"商人服象，为虐于东夷"的记载。殷墟甲骨文中，也有出猎获象的记录：

"丁未卜，象来涉其呼。"（《屯南》2539）[2]

"今夕其雨，获象。"（《前编》3·31·3）[3]

殷墟发掘中，多次发现象骨和象牙制品。如1931年，小屯发现一件象颔骨，1934年、1935年和1978年，西北冈王陵区先后三次发现完整的象骨架。

象属热带动物。上述有关象的记载及象骨的考古发现，说明今豫北地区在商代很可能有野象生存。历年在殷墟发现的动物骨骼中，有丰富的哺乳类动物骨骼。仅据1937年以前所获资料鉴定，即辨出圣水牛个体1000头以上，此外还有獐和竹鼠等。水牛属生长于温暖的水网地带的动物。今天水牛的分布带，已局限于淮河以南，华北主要饲养黄牛。獐虽亦见于黄土高原，但更多地生活于沼泽、灌木丛中。竹鼠喜欢竹林，现以四川最多。因此，晚商时期安阳地区的气候，颇类似于今天的长江流域。

杨钟健先生曾据1937年以前殷墟所获兽骨加以鉴定，共得哺乳动物29种。它大体可分为三类[4]：一类如肿面猪、四不像鹿、獐、鹿、狸、鼠、獾、虎、竹鼠、兔、狐、猴、象等，属"野生而土著之动物"；一类如犬、猪、羊等，当是家畜；另一类有鲸、扭角羚、貘少数几种，应是"自外搬运而来之动物"。前两类，均可视为晚商时期安阳附近的动物种属。它们构成当时当地自然环境的一部分。

殷墟出土的鱼骨，经鉴定至少有五类是产于当地的：鲤鱼、青鱼、草鱼、黄颡鱼、赤眼鳟。另有一种经鉴定为鲻鱼的鱼骨，也出自殷墟。鲻鱼属咸水鱼类，多见于亚热带沿海或江河入海处。由于鱼作为食物，通常是不宜长途携运的，因此鲻鱼在安阳的出现，尚需寻得一个合理的解释。

关于晚商时期殷墟附近地区的植被，近年也进行了研究。安阳以南辉县境内的韩村中全新世古沼泽沉积物的孢粉研究以及殷墟以西姬家屯遗址西周文化层下伏生土中的孢粉研究为复原晚商时期安阳地区的古植被提供了线索。姬家屯遗址西周文化层下伏生土样品中共获得31个类型的孢粉。计乔木11个属，灌木及草本14个科、属，蕨类5个科、属或纲。这一孢粉谱总的特点是木本花粉居多，草本其次，蕨类孢子最少。其中传播距离通常为数公里的栎、榆、椴、胡桃、枫杨等的阔叶树花粉，反映了盆地周围低山丘陵上分布有偶含常绿栎的落叶阔叶林植被。蒿、藜、禾草的花粉属原地播撒花粉，显示的是盆地草原植被的面貌。值得注意的是，这些孢粉随着时间发生类型和数量的变化。最显著的变化是

---

[1] 郭沫若主编、中国社会科学院历史研究所编著：《甲骨文合集》第八册，中华书局，1982年。
[2] 中国社会科学院考古研究所：《小屯南地甲骨》上册，第二分册，第512页，中华书局，1980年。
[3] 罗振玉：《殷虚书契》（简称《前编》）卷三，第31页，1913年。
[4] 杨钟健、刘东生：《安阳殷墟之哺乳动物群补遗》，《中国考古学报》第四册，1949年。

木本花粉大约在相当西周早期阶段明显减少，而喜干凉的蒿、黎、禾本科花粉与卷柏孢子的数量增加，或反映了晚商时期的温暖适宜气候在西周时期逐渐转为干凉。辉县韩村中全新世沼泽沉积物中的孢粉所反映的情况与姬家屯遗址类似。此外，姬家屯遗址下伏生土中偶含现今主要分布在中亚热带的山核桃和可分布至北亚热带的常绿栎花粉。这一现象也可作为将该地划入中全新世亚热带北缘古气候区的佐证[1]。

近年，中国社会科学院考古研究所从殷墟遗址的晚商地层中收集到一批植物种子。经中国科学院植物研究所鉴定，除粟、小麦、黍等农作物种子外，其他有蓼属、莎草属、菟丝子属、藜属等植物种子。此外还发现狗尾草、马齿苋、李属种仁（杏仁或山桃仁）以及禾本科植物等。其中莎草属、蓼属等均属产于温带或热带，生长在潮湿的沼泽地、水沟或田间路边的草本植物。商代安阳一带应有竹出产。1990年，安阳郭家庄M160中，发现一件以细竹篾编织的小竹篓[2]。殷墟出土动物群中獐与竹鼠的存在，也可视为商代殷墟附近产竹的佐证。此外，殷墟还发现过梅核[3]。

作为都城的殷墟的出现，一方面与洹河流域长期以来自然环境较为优越有关，另一方面，与人类长期生存活动于洹河流域，形成了悠久、深厚的文化基础分不开。

仰韶时期，洹河流域即有若干人类邑聚存在，但数量不多，且大小相若。龙山文化阶段，洹河流域很快繁荣起来。不仅邑聚数增多，而且出现了至少3处规模较大的中心邑聚，首次从规模上打破了邑聚间的平衡。下七垣文化时期以及早商阶段，洹河流域的居民点数量并不多，且缺少大型邑聚，因此这一阶段洹河流域未必十分显要。中商时期，洹河流域的聚落发展进入新阶段，集中表现在洹北商城的出现。该城址的存在，表明中商时期的洹河流域已属商王朝的核心地区，这就为晚商都邑的出现奠定了基础[4]。

洹河流域在晚商为王畿之地，无论是规模还是规格，殷墟均远非其他邑聚可比。现已发现的殷墟外围的晚商聚落，面积不过35000平方米。除都城殷墟外，洹河流域似不存在其他较大的晚商中心聚落，或说明当时分布于王畿附近的聚落都是由商王直接控制的。

三 殷墟晚商文化的分期与年代

作为商代晚期都城，安阳殷墟的文化遗存，或称"殷墟文化"，是晚商文化的集中体

---

[1] A. 周昆叔、唐际根：《姬家屯遗址西周文化层下伏生土与殷商气候》，殷墟发掘70周年学术纪念会论文，1998年。
B. 周昆叔、张广如、曹兵武：《中原古文化与环境》，《中国生存环境历史演变规律研究（一）》，海洋出版社，1993年。

[2] 中国社会科学院考古研究所：《安阳殷墟郭家庄商代墓葬》第123页，图版56：5，中国大百科全书出版社，1998年。

[3] 中国社会科学院考古研究所安阳工作队：《1969～1977年殷墟西区墓葬发掘报告》，《考古学报》1979年第1期。

[4] A. 中国社会科学院考古研究所、美国明尼苏达大学科技考古实验室中美洹河流域考古队：《洹河流域区域考古研究初步报告》，《考古》1998年第10期。
B. 《河南安阳新发现商代城址》，《光明日报》2000年1月8日。

现与代表。

　　殷墟文化遗存是长时间堆积而成的，这一点在殷墟发掘之初就已经被注意到了[1]。但殷墟遗址晚商遗存的分期作为一个学术课题提出来研究，是20世纪50年代的事。1956年，学者发表了有关殷墟文化分期研究的第一篇文章。该文认为，殷墟文化可分为早、中、晚三期[2]。1961年，中国科学院考古研究所安阳工作队根据1959年于殷墟大司空村所获地层关系及遗物标本，将殷墟文化分为两期，即"大司空村一期"和"大司空村二期"，并对两期的年代作了初步推测[3]。1962年，安阳队又于大司空村获得新的具有分期意义的地层关系及考古资料。经整理研究后，对1961年的殷墟文化两期说作了修改，1964年正式提出殷墟文化应该分为四期[4]。几乎同时，原提出殷墟三期说的学者也根据新发现资料对殷墟的分期重新作了研究，提出殷墟文化可以分为四期七组[5]。细加比较，前者的"四期说"不包括后者"四期七组说"中的第一期第一组。虽然前者的"四期"与后者的"三期六组（第二至七组）"不能一一对应，但二者在把握殷墟遗迹特别是遗物的演变趋势上并无根本的矛盾，所阐发的殷墟文化的发展规律是基本一致的。因此，两种分期都受到学术界重视。近年的考古工作表明，"四期七组说"第一期第一组应属武丁以前的中商阶段遗存，其文化面貌与殷墟遗址的主体遗存差别较大，因此安阳队关于殷墟文化的四期划分法已为越来越多的学者采用。

　　殷墟文化一至四期一脉相承。文化特征的时代变化主要反映在几种常见日用器，以及墓葬随葬品组合上。

　　殷墟居址出土的陶器主要有鬲、甗、甑、簋、豆、盆、罐、瓮、尊、杯、盘等。时代特征以鬲、簋、豆、盆四器最为敏感（图6-3）。

　　第一期：鬲主要有两种。一种体态较高，近长方形，有明显的裆和实足根。另一种即所谓"圜络纹"鬲，形体较矮，口较小，腹极度外鼓，也有较高的裆部和实足根。两种鬲都饰绳纹。簋多作侈口敛腹，圈足很矮。豆有矮圈足豆和假腹豆两类，大都为直腹深盘，豆柄都较粗。一期的盆分平底、圜底两种。平底盆作双折沿，外周沿面窄而平，腹上部较鼓并饰绳纹，底径与口径之比较大，给人以宽厚稳定的感觉。圜底盆不甚常见。

　　第二期：长方体鬲略有变矮的趋势，裆和实足根都略低于一期长方体鬲。"圜络纹"鬲仍作小口，但其腹部外鼓程度明显不如一期。陶簋由第一期发展而来，最常见的形态是，侈口，腹部下收，口下内壁上部出现一周凹弦纹，腹外也饰弦纹，圈足矮而略外撇。豆多作浅盘斜腹，圈足仍较粗矮。假腹豆已极少见。平底盆仍作双折沿，并有窄沿面，但底径与口径之比较一期缩小，腹部绳纹不甚规整。圜底盆已基本不见。

---

[1] 董作宾：《安阳侯家庄出土之甲骨文字》，《田野考古报告》第一册，1936年。
[2] 邹衡：《试论郑州新发现的殷商文化遗址》，《考古学报》1956年第3期；又载《夏商周考古学论文集》，文物出版社，1980年。
[3] 中国科学院考古研究所安阳发掘队：《1958~1959年殷墟发掘简报》，《考古》1961年第2期。
[4] 中国科学院考古研究所安阳发掘队：《1962年安阳大司空村发掘简报》，《考古》1964年第8期。
[5] 邹衡：《试论殷墟文化分期》，《北京大学学报（人文科学）》1964年第4期；又载《夏商周考古学论文集》，文物出版社，1980年。

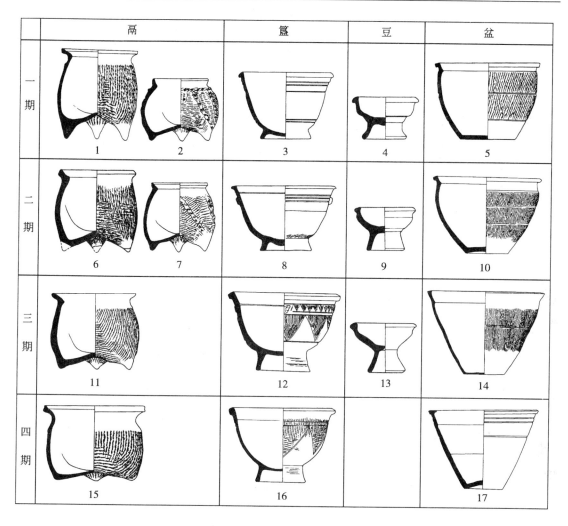

图 6-3 殷墟遗址陶器分期图

1.鬲（62 大司空 H15:40） 2.鬲（苗圃北地 T290A⑥:8） 3.簋（62 大司空 H15:36） 4.豆（苗圃北地 T290A
⑥:7） 5.盆（62 大司空 H15:38） 6.鬲（75 小屯西北地 H136:37） 7.鬲（苗圃北地 H94:91） 8.簋（小屯
西北地 H136:3） 9.豆（小屯西北地 H102:8） 10.盆（小屯西北地 H136:29） 11.鬲（苗圃北地 T251④:25）
12.簋（苗圃北地 T250④:42） 13.豆（苗圃北地 H50:1） 14.盆（苗圃北地 T270④:40） 15.鬲（苗圃北地
H113:1） 16.簋（苗圃北地 H113:2） 17.盆（苗圃北地 H169:21）

第三期：原一、二期的长方体鬲发展为方体，折沿较宽，袋足与实足根明显变矮。"圜络纹"鬲已基本不见。原一、二期的侈口弦纹簋仍很流行，但腹部益收敛，口内的弦纹下移到腹上部。该期常见的一种陶簋，作侈口、方唇，腹部收敛较缓，下腹显鼓，圈足较高，腹部饰三角形划纹一周。有的口部还加饰小兽头，制作甚为精致。该期陶豆的豆把变细而高，豆盘外壁呈曲线。陶盆作侈口，或作单折沿。腹部较直，底部多微内凹，底径与口径之比进一步缩小，腹部饰绳纹。

第四期：陶鬲演变成矮宽体，宽沿，裆部极低，袋足下不再加实足根。陶簋以饰三角划纹的高圈足簋为主,但制作趋于粗糙,口部饰兽头的罕见。原侈口弦纹簋基本不见。陶豆已很少见,直至后来完全消失。折沿陶盆已不多见,不少盆的外形与陶甑近似,不加绳纹而饰弦纹。另一部分陶盆作卷沿,盆的底径与口径之比也较小。

殷墟墓葬中的随葬陶器主要有觚、爵、簋、豆、鬲、盘等几种器类。其中鬲、簋、豆的变化规律与居址中的鬲、簋、豆是一致的。觚、爵、盘较少见于居址中,但其形制特征随时代变化明显。第一期的陶觚形体较肥矮。陶爵流较长,腹圆而鼓。第二期陶觚较第一期体态趋瘦。陶爵为侈口,流变短,下腹外鼓但腰仍较粗。第三期陶觚向瘦高发展,腹直而长。陶爵口部只捏出小流,腹向外鼓,腰部明显收束。第四期陶觚、陶爵均显著明器化,体形小而粗糙,常常只有数厘米高。另外从组合关系上看,一期、二期墓葬中鬲相对多见,三期、四期中鬲很少用于随葬,而簋、盘常见。其中盘显然是取代殷墟一、二期豆的地位,陶盘自第三期即出现,较大。四期中常见,越晚越小。四期中还出现仿铜陶器(图6-4)。

殷墟遗址和墓葬中屡有甲骨刻辞及带铭铜器出土,因此殷墟文化各期的年代可据甲骨刻辞或铜器的王世加以推定。

1973年,在小屯南地进行发掘,这里的殷代文化层可分为早、中、晚三期。早期文化层中有武丁时的甲骨文("𠂤"组和"午"组甲骨),中期文化层中有康丁、武乙和文丁甲骨,晚期文化层中有帝乙时期的甲骨。而按陶器分期,早期文化层属殷墟文化第一期,中期属第三期,晚期属第四期[1]。1959年,在大司空村的H314灰坑中,发现武丁时期刻有"辛贞在衣"4字的卜骨1片,这个灰坑中的陶器是殷墟文化第二期的[2]。1934年春,在侯家庄南地的一个灰坑中发现大龟七版,这是廪辛时的卜骨,与此甲骨同层共出的陶器是殷墟文化第三期的[3]。1955年,在小屯东南地的一个灰坑中出土大量殷墟文化第三期的陶器,并出有一片刻字卜骨,是康丁、武乙、文丁时的[4]。

1976年春发掘的小屯5号墓,墓内许多铜器上有"妇好"及"司母辛"的铭文。妇好是武丁的配偶之一,是卜辞中帝乙、帝辛时周祭祀谱中的"妣辛",在武丁时的"宾组卜辞"中,有关妇好的记载有上百条,她死在武丁去世以前。在此墓中有一随葬的陶爵,是典型的殷墟文化二期的器物,由此可知,二期的前段相当于武丁后期[5]。1959年,在后冈发现一祭祀坑,内有戍嗣子鼎1件,由铭文知,属殷代末年,此坑中共出的陶器都是第四期偏晚的[6]。1984年,在殷墟西区发掘的M1713墓中,有大量的随葬陶器和青铜器。陶器是殷墟文化第四期偏晚的,随葬的铜器中,有一铜鼎,上有"隹王七祀"的铭文,据研究,这件鼎属帝辛时期。由此可知,殷墟文化第四期晚段属帝辛阶段[7]。

---

[1] 中国社会科学院考古研究所:《小屯南地甲骨》前言,中华书局,1980年。
[2] 中国社会科学院考古研究所:《殷墟发掘报告(1958~1961)》第77页,文物出版社,1987年。
[3] 董作宾:《安阳侯家庄出土之甲骨文字》,《田野考古报告》第一册,1936年。
[4] 河南省文化局文物工作队第一队:《一九五五年秋安阳小屯殷墟的发掘》,《考古学报》1958年第3期。
[5] 中国社会科学院考古研究所:《殷墟妇好墓》第224~228页,科学出版社,1980年。
[6] 中国社会科学院考古研究所:《殷墟发掘报告(1958~1961)》第279页,文物出版社,1987年。
[7] 中国社会科学院考古研究所安阳工作队:《安阳殷墟西区一七一三号墓的发掘》,《考古》1986年第8期。

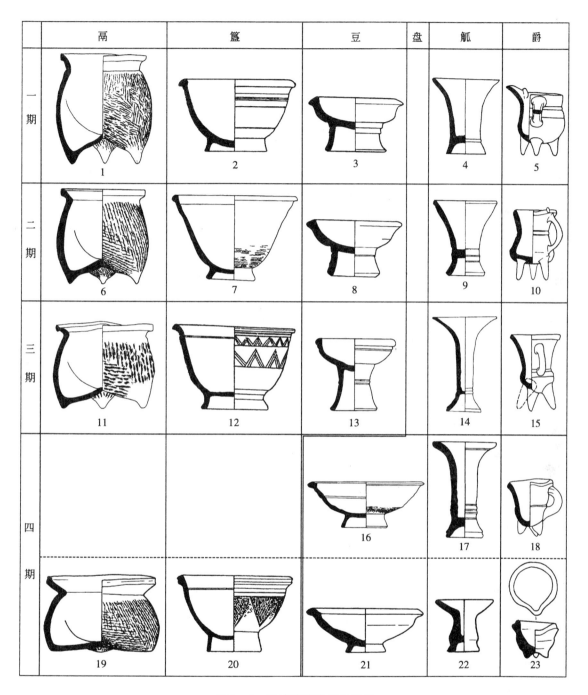

图 6-4 殷墟墓葬陶器分期图
1. 鬲（苗圃北地 M22:1） 2. 簋（武官 M1:19） 3. 豆（苗圃北地 M248:2） 4. 觚（苗圃北地 M58:1） 5. 爵（苗圃北地 M58:3） 6. 鬲（苗圃北地 M17:2） 7. 簋（苗圃北地 M136） 8. 豆（苗圃北地 M17:4） 9. 觚（苗圃北地 M17:5） 10. 爵（苗圃北地 M17:3） 11. 鬲（苗圃北地 M70:3） 12. 簋（西区 M477:1） 13. 豆（苗圃北地 M175） 14. 觚（苗圃北地 M142） 15. 爵（苗圃北地 M142） 16. 盘（苗圃北地 M128:1） 17. 觚（苗圃北地 M128:2） 18. 爵（苗圃北地 M128:3） 19. 鬲（苗圃北地 M105） 20. 簋（西区 M347:20） 21. 盘（西区 M1713:5） 22. 觚（苗圃北地 M105） 23. 爵（苗圃北地 M105）

因此，可以初步推断出殷墟文化各期的年代。

殷墟文化第一期：其年代约在武丁早期。

殷墟文化第二期：约当武丁后期至祖庚、祖甲时期。

殷墟文化第三期：约当廪辛、康丁、武乙、文丁时期。

殷墟文化第四期：总体上约当商代最后两王帝乙、帝辛时期，但该期最晚阶段或可延续到西周初年。

根据殷墟一至四期及甲骨分期系列样品的碳十四测定（附录表9、10），可推知殷墟文化遗存的年代范围大致为公元前13世纪中叶至前11世纪中叶（其中表10所载武丁早期甲骨的年代数据有一定偏离，需另行讨论）。《夏商周断代工程1996～2000年阶段成果报告（简本）》曾推定武丁到帝辛的年代为公元前1250年至前1046年[1]，与殷墟文化所包含的年代范围大体相符。

在迄今已发现和发掘的商代晚期的遗址中，以殷墟为最大，发掘时间最久，遗址本身堆积厚，各文化期先后关系连贯，又可依甲骨文确定其王世及年代，这是任何一处晚商文化遗址所不能与其相比的。因此，安阳殷墟的分期可作为其他晚商文化遗存分期的标尺。

这里还要提到殷墟范围内发现的一批年代早于殷墟文化的商遗存。其中较早的一类，目前见于梅园庄、小屯、孝民屯[2]等地。曾一度被称作"梅园庄一期"，年代与二里头文化四期或早商文化一期相当。本书认为，该类遗存实际上应归于下七垣文化范畴[3]。曾被认为属先商文化"漳河型"[4]。这类遗存不属于殷墟文化范畴，学界没有争议。殷墟范围之内还发现一批中商时期遗存，主要见于小屯东北一带[5]。有学者曾一度将该类遗存归于"殷墟文化一期偏早阶段"[6]。

殷墟作为王都，由文献记载知始于盘庚，但从考古发现的材料看，殷墟的主体遗存是从武丁开始的，因此，有的学者提出以小屯为中心的殷墟始迁于武丁[7]。洹北商城发现后有了新的认识，因洹北商城在年代上恰稍早于大司空村一期，具有都城规格，与小屯晚商宗庙宫殿区相距仅1公里多，应处于文献记载"殷"的范围内，因此，不排除盘庚最初

---

[1] 夏商周断代工程专家组：《夏商周断代工程1996～2000年阶段成果报告（简本）》第88页，世界图书出版公司，2000年。

[2] A. 中国社会科学院考古研究所：《殷墟发掘报告（1958～1961）》第60～69、105～110、121～128页，文物出版社，1987年。

　　B. 刘一曼：《安阳小屯西地的先商文化遗存——兼论"梅园庄一期"文化的时代》，《三代文明研究（一）》，科学出版社，1999年。

[3] 详见第三章第二节。

[4] 邹衡：《试论夏文化》，《夏商周考古学论文集》，文物出版社，1980年。

[5] 中国社会科学院考古研究所安阳工作队：《1987年安阳小屯村东北地的发掘》，《考古》1989年第10期。

[6] 郑振香：《论殷墟文化分期及其相关的问题》，《中国考古学研究（一）》，文物出版社，1986年。

[7] A. 杨锡璋：《安阳殷墟西北冈大墓的分期及有关问题》，《中原文物》1981年第3期。

　　B. 彭金章、晓田：《殷墟为武丁以来殷之旧都说》，《中国考古学会第五次年会论文集》，文物出版社，1988年。

迁"殷"的地点在洹北商城,而以小屯为中心的都城是武丁时迁去的[1]。当然,关于洹北商城的性质和年代,还有另一种意见,即推测其为河亶甲的"相"[2]。有关问题都有待今后考古工作去验证。

四 殷墟的范围

殷墟在今安阳市西北部,洹河在其中间流过。殷墟的范围,东起今安阳市北的郭家湾,向西经高楼庄、薛家庄、郭家庄、刘家庄、梅园庄、戚家庄、孝民屯、北辛庄、范家庄,再北过洹河向东经侯家庄、武官村、小营、小司空村、大司空村至郭家湾,东西6公里,南北5公里,总面积近30平方公里。

殷墟的内部格局是随着殷墟文化的不同阶段逐渐发展的,自早到晚经历了一个规模由小到大、人口由少而众的过程。

殷墟文化第一期时,小屯作为王都的中心,已经建起若干宫殿和宗庙。现可确认的宫殿宗庙基址有20世纪30年代发掘的乙五基址、乙七基址、乙十一基址前期,以及80年代末发掘的"凹"字形基址。今小屯村西北、小屯南地等,这一时期已辟出居址。其余同期遗存,分布在距小屯不太远的几个地点,包括小屯以南的花园庄、苗圃北地,小屯东南的后岗、洹河北的大司空村、武官村,小屯西面的四盘磨。外围各地点,均发现灰层、灰坑,有的发现了房屋基址。目前发掘较充分的手工业遗迹是苗圃北地铸铜作坊。小屯宗庙宫殿区内,也有铸铜作坊存在。另有迹象表明,苗圃北地往西不远,今安钢大道与中州路交叉处附近,可能是制陶作坊所在地。墓葬往往就在各居民点的附近。其中苗圃北地、大司空村、武官村三地发现这一时期的墓葬较多。武官村的78HBM1以及59WGM1是迄今可确认的殷墟文化第一期规格最高的墓葬[3]。

据已发现的遗迹估算,殷墟文化第一期时,殷墟总面积约有12平方公里。

至迟从第二期开始,宫殿宗庙区的西、南两面挖掘了一道深壕。这道壕沟起自今小屯村西北的岗地,北端与东去的洹河南岸相接,南端延伸至今花园庄村南大道而后东拐,与蜿蜒南流而又东去的洹水西岸汇合。壕沟,南北长约1050米,东西向延伸650米,沟上口宽7~21米,深度各处不尽一样,最深可达10米,浅处则只有3米左右[4]。大壕沟的修建,使得殷墟宗庙宫殿区的布局进一步完善。苗圃北地的铸铜作坊此时继续沿用。苗圃北地东北不远的薛家庄。小屯西北约2.5公里处的孝民屯西南和东南都发现铸铜作坊。在大司空村东南,发现制骨作坊。小屯以外,居民点的范围扩大了许多。南到刘家庄、梅园庄,西至孝民屯,均发现了殷墟第二期的居址。侯家庄西北冈一带的王陵区已经建起。普通家族墓地数量显著增加。殷墟西区的族墓地,绝大多数都是从第二期开始形成的。值得

---

[1] 杨锡璋、徐广德、高炜:《盘庚迁殷地点蠡测》,《中原文物》2000年第1期。
[2] 文雨:《洹北花园庄遗址与河亶甲居相》,《中国文物报》1998年11月25日。
[3] 中国社会科学院考古研究所安阳工作队:《安阳侯家庄北地一号墓发掘简报》,《考古学集刊》第2集,中国社会科学出版社,1982年;《安阳武官村北的一座殷墓》,《考古》1979年第3期。
[4] 中国社会科学院考古研究所:《殷墟发掘报告(1958~1961)》第94~96页,文物出版社,1987年。

注意的是,殷墟文化第二期的王室贵族墓葬也有葬于小屯宫殿宗庙区的,如妇好墓、M18号墓,就葬于宫殿宗庙群的西南角。如何解释这一现象是今后的一个研究课题。

殷墟文化第三、四期时,深壕环绕的小屯及其附近继续发挥都城宫殿宗庙区的核心作用。王陵区仍位于西北冈一带。这时的手工作坊进入一个大的发展阶段。苗圃北地铸铜遗址在第一、二期时,主要集中于东北部,自第三期以后不断向西、向南扩展,规模增大了约一倍。孝民屯、薛家庄铸铜作坊及大司空村东南地制骨作坊一直沿用并都相应扩大。殷墟的最西端,今北辛庄附近自第三期开始,又建一座制骨作坊。在小屯西北地,于第四期时新建一处玉石器制作场所。随着人口的增多,原有的居民点迅速膨胀。例如大司空村遗址,在殷墟文化第一、二期时,居址仅分布于大司空村东南的近洹河地段,但在第三、四期时,明显向西向北拓出,留下的居住遗存十分密集。家族墓地的情形与居址类似。殷墟西区墓地在第三期时,不仅墓葬总数上升,相当一部分家族墓地是自第三期开辟的。殷墟西南戚家庄梅园庄一带,主要分布的是殷墟文化三、四期的墓地。经过不断扩大,殷墟的范围至三、四期时发展为目前所知的 30 平方公里[1]。

五 殷墟的布局

安阳殷墟有两个中心点:洹河南以小屯、花园庄为中心的宗庙宫殿区和洹河北侯家庄、武官村北的王陵区。在洹河两侧,分布着其他的居住址及手工业作坊,族墓地则分布在居住区附近及外围地区。

(一) 宗庙宫殿区

殷墟的宗庙宫殿区地势较高,其东、北有洹河环绕,西、南以深壕与外面相隔,或许通过在河或壕沟的窄处设桥与外界交通,形成一相对封闭的格局。总面积 70 万平方米左右(图版 23)。

宗庙宫殿区内的考古发掘已历 70 余年。20 世纪 30 年代,在这一范围内今小屯村东北近洹河地带,揭露出基址 53 座、水沟 31 条、窖穴和灰坑 296 个、墓葬(部分是与基址有关的祭祀坑)264 座[2]。70 年代以来,宗庙宫殿区内又新发现两批夯土基址:一批分布在原 53 处基址的西南,今小屯村西北一片高起的岗地附近,计有大小不等的基址 50 余座[3]。另一批 3 座分布于原 53 处基址的南面、紧邻今小屯村东北,面积均较大,其中一处"凹"字形基址已进行发掘[4]。

20 世纪 30 年代发掘的 53 座基址曾经自北而南被划分为甲、乙、丙三组(图 6-5)。

---

[1] 中国社会科学院考古研究所:《殷墟的发现与研究》第 40~48 页,科学出版社,1994 年。
[2] 石璋如:《小屯·殷墟建筑遗存》,历史语言研究所,1959 年,台北;《小屯·北组墓葬》,历史语言研究所,1970 年,台北;《小屯·中组墓葬》,历史语言研究所,1972 年,台北;《小屯·南组墓葬附北组墓补遗》,历史语言研究所,1973 年,台北;《小屯·乙区基址上下的墓葬》,历史语言研究所,1976 年,台北;《小屯·丙区墓葬上》,历史语言研究所,1980 年,台北。
[3] 中国社会科学院考古研究所安阳工作队:《1976 年安阳小屯西北地发掘简报》,《考古》1987 年第 4 期。
[4] 郑振香:《安阳殷墟大型宫殿基址的发掘》,《文物天地》1990 年第 3 期。

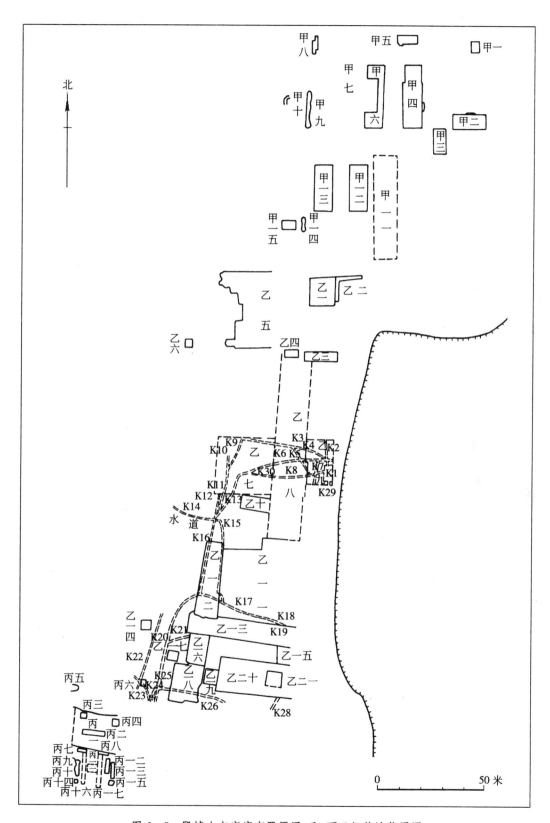

图 6-5 殷墟小屯宗庙宫殿区甲、乙、丙三组基址位置图

其范围南北长350米，东西宽100米左右。据发掘者推测，甲组有15座，"可能是住人的"，年代最早；乙组有21座，"可能为宗庙"，年代次之；丙组有17座，"颇似坛的形式"，年代最晚。

由于当时田野工作水平和经验的限制，只有少数遗迹可据伴出遗物或遗迹推知期属。属殷墟一期的基址有甲十三基址、乙五基址、乙七基址、乙十一基址前期等[1]。另有丙九、丙十三、丙十五、丙十七等基址的上限可早到殷墟文化第二期，下限大致不晚于第三期[2]。近年发掘的基址年代或分期基本清楚。如紧邻小屯东北处新发现的"凹"字形基址，根据与基址有关的祭祀坑以及基址中出土的铜器，可明确为武丁早期，即殷墟文化第一期。

小屯宗庙宫殿区内夯土基址的性质不是单一的。乙组基址是宗庙宫殿所在地，但并不全是宫殿或宗庙。丙组也不全是"坛"。比较有可能是宫殿的，或有20世纪80年代末发掘的"凹"字形基址及30年代发掘的乙二十基址。比较有可能是宗庙的，有乙七、乙八两组基址。而丙三、丙四、丙五、丙六基址，或为祭坛一类的建筑。70年代末和80年代于小屯西北地发现的基址中，有的也可能属祭祀建筑一类。其余基址中，住人的房屋基址应该占大多数。另外还有的基址与手工作坊有关，有的或为储藏间。

20世纪70年代后期，宗庙宫殿区西部壕沟内侧今小屯西北地进行了较大规模的发掘，揭露面积约4000平方米。据发掘资料分析，殷墟文化第一期时，小屯西北地仅在靠东的地段盖有少量房子，形成少量窖穴。殷墟文化第二期时，定居点西移，原地段变成一处重要墓地，著名的M5（妇好墓）、M18即发现于此。殷墟文化第二期偏晚阶段，墓地开始被废弃，出现打破墓葬的房基与窖穴。殷墟文化第三期时，居住在这里的人口显然增多，表现为房屋基址、窖穴、灰坑均大量增加，居住遗迹分布范围扩大。殷墟文化第四期时，房址、窖穴、灰坑更为密集，其中一些贮粮用的窖穴中还发现谷物痕迹[3]。

前文已叙及，在小屯晚商宗庙宫殿区范围内，曾发现中商时期的墓葬和灰坑[4]。至于20世纪30年代发掘的基址（尤其甲组基址）中，有的是否建于中商时期？目前尚无法对这一问题做出确切回答。

（二）其他居住址

在一定程度上，殷墟可以看成是以小屯宗庙宫殿区为中心，周围分布着众多族邑居址的大型邑聚。过去70年间，殷墟范围内发现居址的地点有小屯东北地、小屯西北地、小屯南地、小屯西地、大司空村东南、薛家庄村北、高楼庄后冈、薛家庄村西、张家坟、苗圃北地、花园庄东地、花园庄南地、花园庄西北地、王裕口西地和霍家小庄南地、四盘磨村西、四盘磨村北、王裕口南地、白家坟东北地、白家坟村西、梅园庄村南、孝民屯村北

---

[1] 唐际根：《殷墟一期文化及其相关问题》，《考古》1993年第10期。
[2] 陈志达：《安阳小屯殷代宫殿宗庙遗址探讨》，《文物资料丛刊》10，文物出版社，1987年。
[3] 中国社会科学院考古研究所：《殷墟的发现与研究》第43~44页，科学出版社，1994年。
[4] 详见第五章第三节。

及村西北、武官村南霸台、侯家庄南地等处。这些居址普遍堆积有较厚的文化层，普遍发现灰坑或窖穴，以及大小不同的夯土基址和其他居住遗迹。

殷墟的族邑遗址，大都经历了一个由小到大的发展过程。例如小屯西地（殷代壕沟以外）的发掘显示，殷墟文化第二期时，该遗址尚处于创建阶段。这时的遗存仅仅分布于发掘区的西北部，文化堆积也较薄。至三、四期时，居址进入兴盛期，遗迹的分布范围明显向西、向南扩展，文化堆积增厚，遗存丰富[1]。

（三）手工业作坊

殷墟范围内已发现多处手工业作坊，包括铸铜作坊至少4处，制骨作坊2处。另发现一些制玉、制骨、制陶作坊的线索。

从作坊的分布看，一些作坊可能分属于居住在殷墟的各个族邑。商王则通过某种方式间接控制这些作坊。个别作坊属于王室，为商王直接拥有。

1. 铸铜作坊

铸铜作坊分别分布于苗圃北地[2]、孝民屯村西南[3]和东南[4]、薛家庄[5]及小屯村东北地[6]。

苗圃北地铸铜作坊位于小屯宫殿宗庙区的东南约1公里许，是现已发现的殷墟最大的铸铜作坊。范围在1万平方米以上，已作过多次发掘。其中1959年至1964年揭露面积达5000平方米，所获有关铸铜业的考古资料最丰富，证明这是一处殷墟文化一至四期均在使用的大型铸铜作坊遗址。

孝民屯村西南铸铜作坊只作小规模发掘，出土了一批陶范、熔炉残块、铜渣、木炭等，其中陶范多是工具和武器范。据分析，该作坊是一处建于殷墟文化第二期，延续至第四期的以生产武器和工具为主的作坊。最近，在孝民屯东南约400米处，又发现铸铜作坊遗址，出土大量熔炉残块和陶范，其中有不少礼器范。与此前在该村西南发现的铸铜遗址是否属于同一大的铸铜作坊，二者间关系如何，尚不清楚。

薛家庄铸铜作坊出土的铸铜遗物有陶范数千块。其年代上限不晚于殷墟文化第二期，一直到殷墟文化第四期仍在使用。

小屯东北地铸铜作坊出土陶范有觚、爵、簋、盉、鼎、卣、壶、戈、镞、矛、车饰等，并有一些陶模和内范。

---

[1] 中国社会科学院考古研究所：《殷墟发掘报告（1958～1961）》第96～102页，文物出版社，1987年；《殷墟的发现与研究》第44～45页，科学出版社，1994年。

[2] 中国社会科学院考古研究所：《殷墟发掘报告（1958～1961）》第11～60页，文物出版社，1987年。另有1962～1964年的发掘资料尚未发表。

[3] 中国社会科学院考古研究所：《殷墟发掘报告（1958～1961）》第65～69页，文物出版社，1987年。

[4] 中国社会科学院考古研究所安阳工作队发掘资料。

[5] 周到、刘东亚：《1957年秋安阳高楼庄殷代遗址发掘》，《考古》1963年第4期。

[6] 石璋如：《小屯·殷墟建筑遗存》第329～332页，历史语言研究所，1959年，台北；《殷代的铸铜工艺》，《历史语言研究所集刊》第二十六本，1955年。

2. 制骨作坊

可以确认的制骨作坊有两处，即大司空村制骨作坊[1]和北辛庄制骨作坊[2]。

大司空村制骨作坊面积约1380平方米，创自殷墟文化第二期，兴盛并沿用至第四期。现发现的遗迹有房址1座、骨料坑12个、灰坑3个等。该作坊可能以生产骨笄为主。

北辛庄制骨作坊分别于1959年和1973年作过两次发掘。除一座半地穴式房址外，发现一批贮存有骨料的坑和制骨用的工具。

除上述两处制骨作坊外，1986～1987年，花园庄南地发现一座东西长39米，南北宽14米的椭圆形灰坑。坑内出土各种兽骨数十万块，绝大多数都是废弃的牛骨，堆积时间在殷墟文化第三期至第四期初，或暗示这一时期附近有屠牛场所或制骨作坊存在[3]。

另一处制骨作坊的线索见于苗圃北地。过去在苗圃北地偏东地带发现过一些骨料和骨器。

3. 其他手工业作坊

殷墟多年来一直没有发现较大规模的陶器作坊，仅零星清理过几座陶窑，分别见于小屯南地（1座）、苗圃北地（2座）、薛家庄（1座）。但这些陶窑均甚残破，且未见陶窑以外其他与有关制陶的遗迹。1981年，为配合安林路扩建工程，在苗圃北地铸铜遗址以西约300米处，发现制陶用的陶垫及一批变形陶器。其中一座灰坑中，出土大量变形陶豆。由此推测，该遗址附近可能有晚商的制陶作坊。

在小屯西北地F10和F11两座房址出土了一批石料和较多的长方形磨石残块，还发现部分玉石雕刻品，大概是雕琢加工玉石器的场所。

（四）王陵区

王陵区位于洹水北岸的武官村北，早年称为侯家庄西北冈的一片高地上。东南距宗庙宫殿区约2.5公里。陵区范围东西长约450米，南北宽约250米。王陵区的墓葬大部分是1934年秋和1935年间发掘出来的。加上1950年以后的工作，共发掘带墓道的大墓13座，祭祀坑近1500座（图6-6；图版5、6）。

王陵区的大墓分东、西两区分布。西区有带四条墓道的大墓7座（M1500、M1217、M1003、M1004、M1002、M1001、M1550）[4]，未完成大墓1座（M1567），这8座墓分四

---

[1] 中国社会科学院考古研究所：《殷墟发掘报告（1958～1961）》第79～84页，文物出版社，1987年。
[2] 中国社会科学院考古研究所：《殷墟发掘报告（1958～1961）》第85～89页，文物出版社，1987年。
[3] 中国社会科学院考古研究所安阳工作队：《1986～1987年安阳花园庄南地发掘报告》，《考古学报》1992年第1期。
[4] 梁思永、高去寻：《侯家庄·1001号大墓》，历史语言研究所，1962年，台北；《侯家庄·1002号大墓》，历史语言研究所，1965年，台北；《侯家庄·1003号大墓》，历史语言研究所，1967年，台北；《侯家庄·1217号大墓》，历史语言研究所，1968年，台北；《侯家庄·1004号大墓》，历史语言研究所，1970年，台北；《侯家庄·1500号大墓》，历史语言研究所，1974年，台北；《侯家庄·1550号大墓》，历史语言研究所，1976年，台北。

图 6-6 殷墟西北冈王陵区大墓及祭祀坑

行，每行一北一南排列，另外在 M1217 东墓道下有带一条墓道的墓 1 座（M78AWBM1）[1]。东区西北角有四条墓道大墓 1 座（M1400）。在 M1400 西北侧和西南侧各有两条墓道的墓 1 座（M1443、M1129）[2]，在 M1400 南有一条墓道的墓 1 座（84WBM260）[3]。在东区东北角，有两条墓道的墓 1 座（50WKGM1，即武官大墓）[4]。一些大墓的墓道之间存在打破关系。如 M1217 打破 M1500，M1002 打破 M1004，M1004 和 M1550 打破 M1001，M1400 打破 M1443。

殷墟王陵发现之后，引起学术界的广泛重视。人们最关心的是各个王陵的陵主问题。由于大墓全部遭到多次盗掘，墓内遗下的材料太少，这一问题一直有争论。争论的中心是关于王陵区启用的时间，究竟始自盘庚，还是始自武丁[5]，对此，一时难以得出确切结论。

因受资料局限，上述各说有的推测成分较多。关于殷墟王陵的年代排序，尚需找出新的研究方法才可能取得实质性进展。

在西北冈王陵区大墓旁，还有一些陪葬墓。这些墓葬通常有棺有椁，甚至有包括铜礼器在内的随葬品，有的还有殉人，但规模远逊于大墓。墓主身份有别于祭祀坑中的人牲，应与大墓墓主有较密切的从属关系。如 M1001 东侧的一些长方形竖穴墓以及 1984 年发掘的 M259 等应是典型的陪葬墓。

在王陵区东区，还有大量祭祀坑。总数约在 2500 座以上，现已清理 1487 座（该统计数字包括一部分陪葬坑）。它们主要集中于王陵区东区大墓的西部、南部和西南部。多是长 2 米许、宽 1 米许的长方形坑，小部分为边长 0.6~1.5 米左右的方形坑。两种坑都作有规律的密集排列。根据坑口的大小、方向、深度，坑内埋藏的内容，骨架姿势和数量，坑与坑之间的距离等线索，这些密集排列的坑均可分成不同的组。有的一排一组，有的数排一组。同一组坑可能属于同一次祭祀活动。祭祀坑的内容以人祭坑为主，也有少数兽祭坑和器祭坑。最多时一组坑埋人数百名，通常为几十人或百人左右。细分之下，人祭坑还能

---

[1] 中国社会科学院考古研究所安阳工作队：《安阳侯家庄北地一号墓发掘简报》，《考古学集刊》第 2 集，中国社会科学出版社，1982 年。

[2] 梁思永、高去寻：《侯家庄·1129、1400、1443 号大墓》，历史语言研究所，1996 年，台北。

[3] 中国社会科学院考古研究所安阳工作队：《殷墟 259、260 号墓发掘报告》，《考古学报》1987 年第 1 期。

[4] 郭宝钧：《一九五〇年春殷墟发掘报告》，《中国考古学报》第五册，1951 年。

[5] A. 李济：《由筓形演变所看见的小屯遗址与侯家庄墓葬之时代关系》，《历史语言研究所集刊》第二十九本下册，1958 年；《筓形八类及其纹饰之演变》，《历史语言研究所集刊》第三十本上册，1959 年。

B. 胡厚宣的说法，见《安阳殷墟五号墓座谈纪要》（《考古》1977 年第 5 期）。

C. 邹衡：《试论殷墟文化分期》，《夏商周考古学论文集》，文物出版社，1980 年。

D. 张光直：《中国青铜时代》第 207~208 页，三联书店，1983 年。

E. 郑振香：《殷墟的发现与研究》前言，科学出版社，1994 年。

F. 杨锡璋：《安阳殷墟西北冈大墓的分期及有关问题》，《中原文物》1981 年第 3 期；《关于殷墟初期王陵问题》，《华夏考古》1988 年第 1 期。

G. 曹定云：《论殷墟侯家庄 1001 号墓墓主》，《考古与文物》1986 年第 2 期。

H. Chang, K.C. (1982), *Shang Civilization*, New Haven: Yale University Press.

I. Kane, V. (1975), A Re-examination of Anyang Archaeology, *ARS. Orientals* (10).

J. 谷飞：《殷墟王陵问题之再考察》，《考古》1994 年第 10 期。

分为全躯葬、头躯分离葬、无头躯体葬、无体人头葬 4 种。以无头躯体葬最多。

排列分组表明，殷墟王陵区 2500 余座祭祀坑是殷墟不同时期的祭祀遗留。有的祭祀坑，可能确为某个大墓举行安葬仪式时或者为某王举行祭祀活动形成的，有的则可能与陪葬墓的下葬有关（如 1984 年发掘的 M259 两侧的 M258 和 M261）。就整体而言，王陵区一带同时也是商王室祭祀先祖的公共祭祀场所，经长时间频繁使用形成的[1]。

（五）族墓地与族众墓

殷墟的墓葬，绝大多数都是以氏族和家族为单位成片分布的。这是商代墓地的一般特点。但也有一些墓葬不能简单归于上述族墓地之中。它们包括王陵、陪葬墓、祭祀坑、儿童墓、奴隶墓。

通常所说的族墓地，是指商代宗族系统中，同族的人埋在一起的墓地，有时也称为氏族墓地。各氏族墓地中，又有各家族（通常是几代人组成的包含若干核心家庭的大家庭）墓地的存在。个别向氏族发展的家族也可能单独形成墓地。

殷墟族墓地的分布随着殷墟范围的不断扩大而扩展。已发现的分布点包括：孝民屯以南和白家坟以西地带（殷墟西区），梅园庄东南，后冈及其附近，大司空村东南地，苗圃北地，小屯西北地，刘家庄南地，刘家庄北地，戚家庄东南地，郭家庄、新安庄，王裕口南地等。发掘的墓葬总数已达 7000 座以上。

在孝民屯以南，白家坟以西（殷墟西区）的族墓地，据目前发掘资料可以分为 10 个墓区。这 10 个墓区各自成片分布，彼此间有明显界限，葬俗上各有特色。同一墓区中的主要铜器铭文一致，不同墓群间则有所区别，应代表 10 个不同氏族的墓地。在各墓区范围内，还有三五座至数十座墓成群、相对集中的特点，这些即应是不同家族的墓地（图 6-7）。

尽管殷墟各族邑的人死后大都归葬于族墓地中，但死者的身份和地位是不同的。族墓地中的墓少数为带墓道的大墓（两条或一条墓道），大多是长方形竖穴墓。竖穴墓也有大小之分。有的墓有车马坑、殉人及大量随葬品，有的墓随葬少量铜器或陶器，有的墓小而无随葬品，这都反映了族墓地中社会地位及等级的不同[2]。

殷墟是我国发掘次数最多、持续时间最长，揭露面积最大的遗址。从 1928 年首次发掘至今的 70 余年间，通过不断调整考古工作的指导思想和改进技术与方法，取得了一系列重大成果。殷墟晚商都城的确定，为认识早商和中商文化奠定了基础，并进而促使夏文化探索的课题提上日程，同时也为商王国周边地区考古学文化的辨析创造了良好条件。殷墟的研究，为更深入了解商文化打开了一扇窗口。迄今我们关于商代社会与历史的许多知识，都是通过对殷墟的研究获得的。但殷墟研究还有许多未知领域，等待我们去发现和研究。

---

[1] A. 中国社会科学院考古研究所：《殷墟的发现与研究》第 112～121 页，科学出版社，1994 年。
　　B. 中国社会科学院考古研究所安阳工作队：《殷墟 259、260 号墓发掘报告》，《考古学报》1987 年第 1 期。
[2] 中国社会科学院考古研究所：《殷墟的发现与研究》第 121～138 页，科学出版社，1994 年。

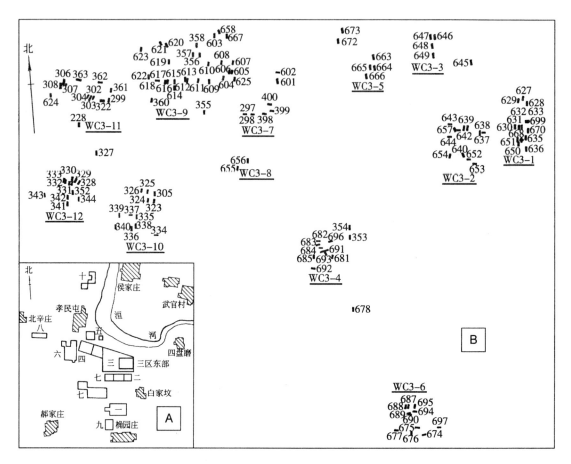

图 6-7 殷墟西区墓地三区东部墓葬分组示意图
A. 殷墟西区墓地分区图 一至十. 墓区编号
B. 三区东部墓葬分组图 WC3-1~12. 分组编号

第二节 晚商文化的分布与类型

商人迁殷后，结束了频繁徙都的历史，进入一个政治上相对稳定的新时期。我们所定义的晚商文化，即指考古学上所观察到的、主体特征与作为这一时期都邑的殷墟遗址相同或相近的考古学文化。其分布与商王朝的政治疆域、势力范围有着密切联系，是从考古学上研究商代社会的基础资料。

一 晚商文化的分布范围

晚商文化的上限，始自殷墟被辟为都邑。绝对年代约在公元前13世纪中叶。自这一时期开始，商文化面貌逐渐形成较强的时代特征。晚商文化的下限，基本上是随着商王朝的覆灭而到来的，绝对年代约为公元前11世纪中叶。就殷墟来说，可能延至武王克商以后，直到西周初年[1]。

与早、中商相比较，晚商文化的分布范围与格局发生了较大的变化。主要表现为商文化在西、南两面大大收缩。今湖北、陕西、山西、江苏境内许多原早商和中商文化分布带，至晚商时期不复为商文化的滞留地，而为性质不同的其他考古学文化所取代。惟山东境内商文化向东保持着微弱的进取势头。

综合现有各地的考古材料，晚商时期商文化分布的大体情况是：泰沂山脉以北，商文化发展到淄河和潍河附近。泰沂山脉以西及鲁西南地区仍为商文化所控，但苏北地区已很少有商文化分布。皖北地区和皖中东部至晚商早期仍为商文化控制，皖中西部今六安一带材料缺乏，面貌不详。河南境内，除伏牛山区的考古工作有待填充外，全省应属晚商文化分布区。中商末期商文化开始撤出两湖，至晚商时期，桐柏山以南已基本不见商文化分布。陕西境内，晚商文化从陕西西部退缩至西安附近，文化面貌表现出更浓厚的地方特色。山西境内，晚商文化遗存发现极少，要弄清楚晋东南、晋西南到晋中地区晚商时期的文化分布状况，还需做进一步的工作。晚商文化分布的北限停留在拒马河流域，今北京南部、河北中南部曾发现晚商文化偏早阶段遗存（图6-8）。

二 晚商文化的类型

晚商时期全局范围内的文化大动荡，使得各地商文化遗存以新的面貌出现，从而改变了中商时期的文化分布格局。依据目前的资料，大体可将晚商文化划分为若干不同类型（图6-9）。与中商时期不同的是，晚商诸类型中，殷墟类型的遗存最为丰富，一直在所有晚商类型中居于核心地位。而中商时期至少先后有白家庄类型和曹演庄类型两个中心类型。此外，一部分中商类型至晚商时期已不复存在，如盘龙城类型、高皇庙类型等。一些类型本身的文化重心也发生了变化。如泰沂山脉北侧，中商时期以鲁西北、济南一带遗址密度较高，是文化的繁荣地带，但至晚商时，青州地区的商文化迅速发展起来，形成苏埠屯类型。在这些不同类型的地区中，有的地点有大规模的晚商时期的文化遗址，有的地点只发现有少量随葬铜器的墓葬。

（一）殷墟类型

分布范围以安阳殷墟为中心，包括今河北中南部和河南北部及中部地区。已发现的遗址或遗址群甚多。见于报道的有：河南安阳小屯及其附近（殷墟）、大八里庄、小八里庄、南杨店、蒋台、东崇固、韩河固、晁家村、东官园、大正集、姬家屯、大寒屯[2]，汤阴

---

[1] 武王克商至周公东征、殷民被迁，其间约7年左右。
[2] A. 中国社会科学院考古研究所：《殷墟的发现与研究》第51~99页，科学出版社，1994年。
   B. 中国社会科学院考古研究所安阳工作队：《河南安阳洹河流域的考古调查》，《考古学集刊》第3集，中国社会科学出版社，1983年。
   C. 中国社会科学院考古研究所、美国明尼苏达大学科技考古实验室中美洹河流域考古队：《洹河流域区域考古研究初步报告》，《考古》1998年第10期。

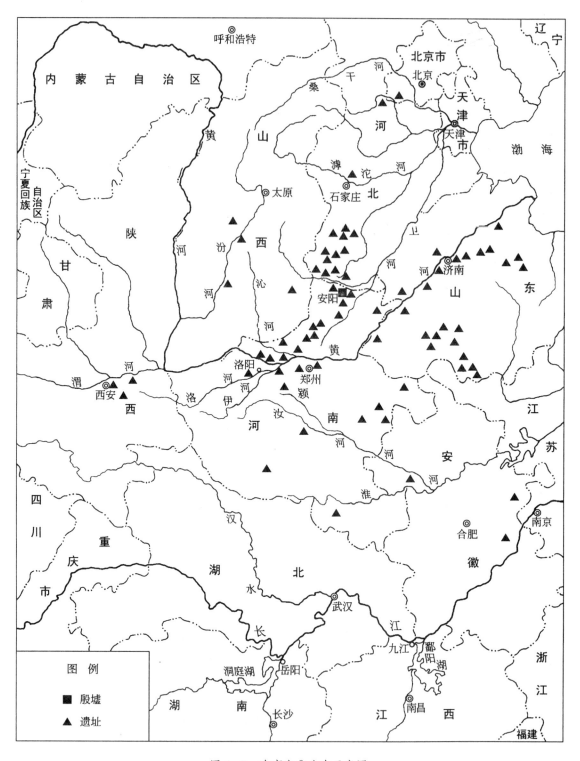

图 6-8 晚商文化分布示意图

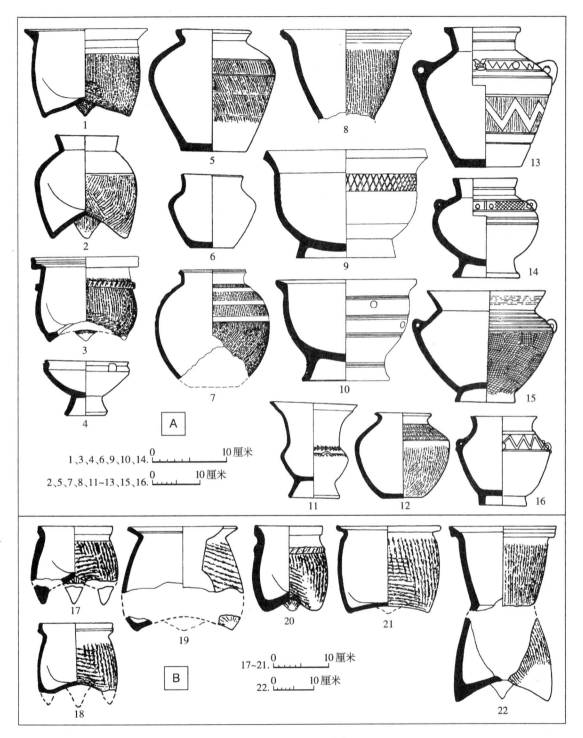

图 6-9 晚商文化地方类型陶器(之一)

A. 前掌大类型 1.鬲(87南关T4②:2) 2.鬲(前掌大91M3:16) 3.鬲(87南关H21:6) 4.原始瓷豆(前掌大91M3:37) 5.罐(前掌大91M3:11) 6.罐(前掌大91M3:83) 7.罐(87南关H21:4) 8.瓿(87南关T3②:4) 9.簋(87南关T4③:4) 10.簋(87南关H7:1) 11.原始瓷尊(前掌大91M3:84) 12.罐(前掌大91M3:50) 13.罍(前掌大91M3:13) 14.罍(前掌大91M3:12) 15.硬陶罐(盗4:11) 16.原始瓷罍(前掌大91M3:3)

B. 安邱类型 17.鬲(安邱T12⑬A:57) 18.鬲(栾台87H58:15) 19.鬲(栾台87H16:1) 20.鬲(安邱84T12⑧:18) 21.鬲(栾台87H75:24) 22.瓿(安邱T22⑧:47、T12⑧:64)

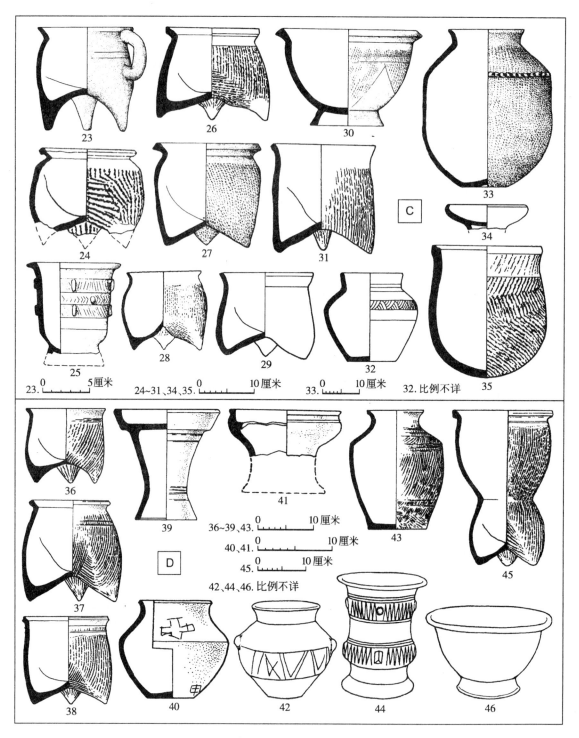

图 6-9 晚商文化地方类型陶器(之二)

C. 苏埠屯类型　23. 鬲(朱家桥)　24. 鬲(大辛庄 84Ⅲ2T30③A:1)　25. 尊(朱家桥)　26. 鬲(丁公 J1:6)　27. 鬲(朱家桥)　28. 鬲(大辛庄)　29. 鬲(邹家庄 H96:2)　30. 簋(朱家桥)　31. 鬲(邹家庄 F4:1)　32. 罐(朱家桥 58M9)　33. 瓮(朱家桥 58)　34. 豆(大辛庄 84Ⅲ2T19③A:1)　35. 圜底罐(丁公 T2⑤A:1)

D. 老牛坡类型　36. 鬲(老牛坡 86M21:12)　37. 鬲(老牛坡 86M28:1)　38. 鬲(老牛坡 86M28:2)　39. 豆(老牛坡 87H12:58)　40. 罐(老牛坡 86M43:1)　41. 豆(老牛坡 87H8:12)　42. 罐(袁家崖)　43. 罐(老牛坡 86M28:3)　44. 尊(袁家崖)　45. 瓿(老牛坡 87T16③:22)　46. 簋(袁家崖)

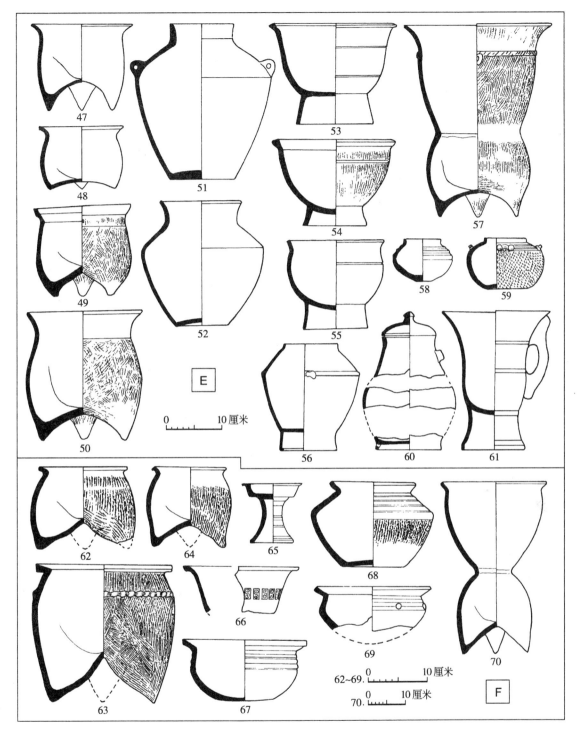

图 6-9 晚商文化地方类型陶器(之三)

E. 天湖类型　47.鬲(M20:3)　48.鬲(M42:2)　49.鬲(M11:15)　50.鬲(M18:18)　51.罍(M12:24)　52.罐(M39:8)　53.簋(M12:27)　54.簋(M40:5)　55.簋(M31:1)　56.罍(M23:3)　57.甗(M8:22)　58.罐(M40:4)　59.罐(M8:12)　60.卣(M8:1)　61.尊(M18:11)

F. 大城墩遗址　62.鬲(T4④:4)　63.鬲(T1④:2)　64.鬲(T4④:5)　65.豆(T4④:10)　66.簋(T4④:37)　67.簋(T4④:13)　68.罐(T8⑤:1)　69.釜(T4④:41)　70.甗(T7⑤:12)

朝歌镇[1]，淇县鲍屯[2]，辉县西花木村、孟庄、褚邱及琉璃阁[3]，获嘉师庄、三位营[4]，武陟大司马、宁郭村、龙睡村、保安庄[5]，焦作府城古城遗址[6]，温县城关小南张[7]，孟县西后津、涧溪[8]，郑州人民公园、旭旮王、陈庄[9]，荥阳西史村、竖河[10]，巩义康沟[11]，洛阳东郊大寺[12]，登封王城岗[13]；舞阳玉皇庙、卸店镇[14]，濮阳马庄、程庄、铁丘[15]；河北磁县下七垣、下潘汪、界段营、高家庄、观台镇、岳城镇、漳

---

[1] 安金槐：《汤阴朝歌镇发现龙山和商代等文化遗址》，《文物参考资料》1957年第5期。

[2] A. 淇县文物保管所：《河南淇县鲍屯发现一件晚商青铜斝》，《考古》1984年第9期。
B. 耿青岩：《河南淇县摘心台发现商代铜钺》，《考古与文物》1987年第5期。

[3] A. 卫河考古调查工作小组：《河南卫河滞洪工程中的考古调查简报》，《考古通讯》1957年第2期。
B. 齐泰定：《河南辉县褚丘出土的商代铜器》，《考古》1965年第5期。
C. 中国科学院考古研究所：《辉县发掘报告》第15~32页，科学出版社，1956年。
D. 新乡市博物馆：《河南辉县出土的商代祖辛卣》，《文物》1979年第7期。

[4] 卫河考古调查工作小组：《河南卫河滞洪工程中的考古调查简报》，《考古通讯》1957年第2期。

[5] A. 北京大学考古专业商周组、山西省考古研究所、河南省安阳、新乡地区文化局、湖北省孝感地区博物馆：《晋豫鄂三省考古调查简报》，《文物》1982年第7期。
B. 千平喜：《武陟县龙睡村北出土两件商代铜器》，《中原文物》1984年第4期。
C. 河南省文物研究所：《武陟县保安庄遗址调查简报》，《中原文物》1988年第3期。
D. 杨贵金、张立东、毋建庄：《河南武陟大司马遗址调查简报》，《考古》1994年第4期。
E. 武陟县博物馆：《武陟县出土三件商代青铜器》，《文物》1989年第12期。

[6] 杨贵金、张立东：《焦作市府城遗址调查报告》，《华夏考古》1994年第1期。

[7] 杨宝顺：《温县出土的商代铜器》，《文物》1975年第2期。

[8] A. 河南省文物研究所、新乡地区文管会、孟县文化馆：《河南孟县西后津遗址发掘简报》，《中原文物》1984年第4期。
B. 河南省文化局文物工作队：《河南孟县涧溪遗址发掘》，《考古》1961年第1期。

[9] A. 郑州市文物工作组：《郑州市殷商遗址地层关系介绍》，《文物参考资料》1954年第12期。
B. 安志敏：《郑州市人民公园附近的殷代遗存》，《文物参考资料》1954年第6期。
C. 郑州市博物馆：《郑州市陈庄遗址发掘简报》，《中原文物》1986年第2期。

[10] 河南省文物研究所：《河南荥阳竖河遗址发掘报告》，《考古学集刊》第10集，地质出版社，1996年。

[11] 河南省社会科学院河洛文化研究所：《河南巩义市洛汭地带古代遗址调查》，《考古学集刊》第9集，科学出版社，1995年。

[12] 中国科学院考古研究所洛阳发掘队：《洛阳涧滨仰韶、殷文化遗址和宋墓清理》，《考古》1960年第10期。

[13] 河南省文物研究所、中国历史博物馆考古部：《登封王城岗与阳城》第169~177页，文物出版社，1992年。

[14] 朱帜：《河南舞阳县吴城北高遗址出土铜爵》，《考古》1984年第5期；《北舞渡商代铜鬲》，《考古》1983年第9期。

[15] A. 马连成、廖永民：《濮阳市郊区考古调查简报》，《中原文物》1986年第4期。
B. 北京大学考古学系、濮阳市文物保管所：《豫东北考古调查与试掘》，《考古》1995年第12期。
C. 北京大学考古专业商周组、山西省考古研究所、河南省安阳、新乡地区文化局、湖北省孝感地区博物馆：《晋豫鄂三省考古调查简报》，《文物》1982年第7期。

村[1]，临漳西太平[2]，邯郸涧沟、户村[3]，峰峰矿区金村、南冈头、富田村、宋家垴[4]，武安赵窑、韩二庄西、北峭河、康二城、孟家垴、南峭河[5]，永年小油村、石北口[6]，沙河善下、东升村[7]，邢台贾村、曹演庄、南大郭庄、尹郭庄、东先贤村、达活泉村、青介村、侯家坟、响当坟、孔村、张东村[8]。

上述诸遗址中，无疑以安阳殷墟遗址最为重要，具有包括大型宫殿、宗庙基址及带多个墓道的大型陵墓在内的极其丰富的文化堆积，已被确认为晚商时期都城殷的所在地[9]。

其他较重要的遗址还有：

河南辉县市是殷墟之外最早发现商文化遗存的地点之一。境内分布有大量殷墟类型晚商文化遗址。其中作过发掘的有琉璃阁遗址[10]和孟庄遗址[11]。琉璃阁遗址于1937年和1950年先后两次发掘，共清理了商代墓葬数十座，其中一批墓葬可确定属晚商时期，墓穴、葬式及随葬品组合均与殷墟一致。孟庄遗址面积达25万平方米，1992年作过发掘，发现1处商代晚期城址叠压在相当二里头文化时期及龙山文化时期城址之上，出土了一批晚商时期文化遗物。

郑州人民公园遗址位于郑州市的北郊。1954年春夏两季进行了较大规模的发掘，清理了一批商代灰坑和墓葬，首次在郑州地区找到了晚商文化与早商文化的地层叠压关系，从而为判明二里岗期商文化早于殷墟期商文化提供了科学依据。该遗址的堆积可分为三层，其中上层属晚商文化殷墟类型，出土厚胎方唇矮足灰陶鬲、浅盘束柄豆等陶器及钻、凿、灼兼施的卜骨。

下七垣遗址位于河北磁县县城西南17.5公里的漳河北岸，面积约2万平方米。1966

---

[1] A. 河北省文物管理处：《磁县下七垣遗址发掘报告》，《考古学报》1979年第2期；《磁县下潘汪遗址发掘报告》，《考古学报》1975年第1期；《磁县界段营发掘简报》，《考古》1974年第6期。
B. 唐云明：《河北商文化综述》，《华夏考古》1988年第3期。
[2] 唐云明：《河北商文化综述》，《华夏考古》1988年第3期。
[3] 河北省文化局文物工作队：《河北邯郸涧沟村古遗址发掘简报》，《考古》1961年第4期。
[4] 唐云明：《河北商文化综述》，《华夏考古》1988年第3期。
[5] A. 河北省文物研究所、河北文化学院：《武安赵窑遗址发掘报告》，《考古学报》1992年第3期。
B. 唐云明：《河北商文化综述》，《华夏考古》1988年第3期。
[6] 唐云明：《河北商文化综述》，《华夏考古》1988年第3期。
[7] 唐云明：《河北商文化综述》，《华夏考古》1988年第3期。
[8] A. 河北省文物管理委员会：《邢台贾村商代遗址试掘简报》，《文物参考资料》1958年第10期；《邢台曹演庄遗址发掘报告》，《考古学报》1958年第4期。
B. 唐云明：《邢台南大郭村商代遗址探掘简报》，《文物参考资料》1957年第3期；《河北邢台东先贤村商代遗址调查》，《考古》1959年第2期；《河北商文化综述》，《华夏考古》1988年第3期。
C. 河北省文化局文物工作队：《1958年邢台地区古遗址古墓葬的发现与清理》，《文物》1959年第9期；《邢台尹郭村商代遗址及战国墓葬试掘简报》，《文物》1960年第4期。
[9] 详见本章第一节。
[10] 中国科学院考古研究所：《辉县发掘报告》第3~15页，科学出版社，1956年。
[11] 袁广阔：《试论夏商文化的分界》，《考古》1998年第10期。

年当地挖渠时，曾挖出一批青铜器。1974年正式发掘。堆积共分4层，其中第1层及其所叠压墓葬属晚商文化。出土有厚胎方唇矮裆饰粗绳纹的陶鬲、方唇柱足式绳纹鬲、敞口斜腹三孔平底陶甑、浅盘粗柄陶豆、微凹底的敞口深腹绳纹陶盆、明器式陶觚和陶爵等。所发现的墓葬随葬品组合以单件陶鬲为主。

赵窑遗址位于河北武安县城东北20公里处，现有面积约1.5万平方米。1960年秋的发掘表明其文化内涵包含仰韶、商代、西周三个时代。其中商代遗存又可分为三个不同时期。属于晚商文化阶段的遗存包括1处伴出大量成品和半成品的石器制作场所，1处陶窑，9座灰坑和19座墓葬。出土有丰富的陶器、石器、骨器、蚌器及铜器。器类和器形与殷墟基本相同。所见墓葬中的随葬品组合主要是单件陶鬲[1]。

许多学者认为邢台属商王祖乙所居之"邢"地。商文化遗存分布十分广泛。邢台南大郭村遗址发现于1956年，同年作了试掘。遗址内的文化层既有早商或中商时期的，也有晚商时期的。晚商时期的文化遗物主要是夹砂灰陶片和泥质灰陶片。器类包括折沿矮裆粗绳纹鬲、陶豆、圜底盆等。邢台尹郭村遗址位于邢台市西北约10公里处，面积有数十万平方米。1957年秋作了试掘。堆积可分上中下3层，下层属下七垣文化，上层属晚商文化。邢台曹演庄遗址位于今邢台火车站西南约1公里。1956年和1957年发掘。商代遗存分为上下两层，其下层属中商时期，上层出土厚胎方唇矮裆粗绳纹鬲、浅盘粗矮圈足豆、绳纹圜底罐等晚商遗物。

隆尧县双碑遗址南距邢台约30公里，被认为是一处与制陶业有关的居址。1994年发掘，遗迹包括房址、陶窑、窖穴、灰坑等。房址共8座，均为圆角方形或长方形半地穴式，穴壁较为规整。门道有台阶式和斜坡式两种。居住面多为杂料礓石的黄褐土、红褐土铺垫而成，一般厚10~15厘米，少部分在生土上直接平整、夯打而成，二者均平整、坚硬。房址内都有2~4个灶。发现陶窑1座，由窑前工作场、火门、火道、窑床、火膛、窑箅、窑室组成。窑箅周边靠近窑壁部分残存5个圆形火眼。发现窖穴3个，分椭圆形和方形两种，均为储存陶鬲所用。灰坑108个，分为直壁平底坑、斜壁圜底坑、袋状坑和不规则坑四类。

陶器以夹砂灰陶、灰褐陶为主，其次为夹砂红陶。绝大部分饰绳纹，器类有鬲、簋、盆、罐等。鬲多作宽折沿侈口袋足，以夹砂灰陶、灰褐陶为主，饰粗、中绳纹。

双碑遗址的遗存可分为两期，第一期约相当于殷墟三期，第二期约当殷墟四期[2]。

以殷墟为代表的殷墟类型晚商文化的居址一般采用带夯土基址的地面建筑作为居住房舍，但也有部分半地穴式建筑。墓葬一般作竖穴土坑式，有的带一条、二条或四条墓道。墓底流行腰坑（约占50%），腰坑中普遍殉狗。殉人和杀祭现象比较常见。不少规格较高的墓葬在二层台、墓道甚至腰坑中置有殉人。陶器以泥质灰陶和夹砂灰陶为主，晚期出现部分红陶器。绳纹是陶器上最主要的装饰纹样。此外还有弦纹、三角划纹。日常用器有

---

[1] 河北省文物研究所、河北文化学院：《武安赵窑遗址发掘报告》，《考古学报》1992年第3期。
[2] 河北省文物研究所、隆尧县文物保管所：《隆尧县双碑遗址发掘报告》，《河北省考古文集》，东方出版社，1998年。

鬲、甗、簋、盆、豆、罐、尊等。铜器器类繁多,有觚、爵、斝、尊、鼎、簋等容器;有戈、矛、钺、镢、斧等兵器或工具。随葬品组合无论是陶器墓还是铜器墓,基本以觚、爵为中心。至晚商四期,以明器或明器化的陶器随葬的现象比较突出。

(二) 苏埠屯类型

晚商时期,商文化东扩至淄河、潍河流域,并逐渐形成新的时代特征。现将泰沂山脉北侧地区内的晚商文化概称为苏埠屯类型。从遗址的分布情况看,大致西起鲁西北的阳谷、东阿一带,沿泰沂山脉北侧分布,东不过潍河,其北界约在今滨州市一带。覆盖并超出早、中商文化大辛庄类型的范围。

该类型晚商文化遗址包括阳谷张秋镇刘楼,东阿陈集乡王集[1],平阴朱家桥[2],长清小屯[3],齐河郝庄[4],济南大辛庄[5],城子崖[6],邹平丁公[7]、芦泉村、抬头村、东台村[8],滨州兰家村[9],青州苏埠屯[10],昌乐邹家庄[11],安丘老峒峪[12]等。另据调查,在邹平县境内还有一批较密集的晚商文化遗址[13]。

---

[1] 孙淮生、吴明新:《山东阳谷、东阿县古文化遗址调查》,《华夏考古》1996年第4期。
[2] 中国科学院考古研究所山东发掘队:《山东平阴县朱家桥殷代遗址》,《考古》1961年第2期。
[3] A. 山东省博物馆:《山东长清出土的青铜器》,《文物》1964年第4期。
    B. 韩明祥:《山东长清、桓台发现商代青铜器》,《文物》1982年第1期。
[4] 李开岭:《山东禹城、齐河县古遗址调查简报》,《考古》1996年第4期。
[5] A. 山东省文物管理处:《济南大辛庄遗址试掘简报》,《考古》1959年第4期;《济南大辛庄商代遗址勘查纪要》,《文物》1959年第11期。
    B. 蔡凤书:《济南大辛庄商代遗址的调查》,《考古》1973年第5期。
    C. 任相宏:《济南大辛庄龙山、商遗址调查》,《考古》1985年第8期。
    D. 山东大学历史系考古专业、山东省文物考古研究所、济南市博物馆:《1984年秋济南大辛庄遗址试掘述要》,《文物》1995年第6期。
[6] 傅斯年、李济、董作宾、梁思永、吴金鼎、郭宝钧、刘屿霞:《城子崖》图版十八:11、三十:6,中央研究院历史语言研究所,1934年。
[7] A. 山东大学历史系考古专业、邹平县文化局:《山东邹平丁公遗址试掘简报》,《考古》1989年第5期。
    B. 山东大学历史系考古专业:《山东邹平丁公遗址第二、三次发掘简报》,《考古》1992年第6期。
[8] 山东省文物考古研究所、邹平县文管所:《山东省邹平县古文化遗址调查简报》,《华夏考古》1994年第3期。
[9] 王思礼:《惠民专区几处古代文化遗址》,《文物》1960年第3期。
[10] A. 山东省博物馆:《山东益都苏埠屯第一号奴隶殉葬墓》,《文物》1972年第8期。
    B. 山东省文物考古研究所、青州市博物馆:《青州市苏埠屯商代墓地发掘报告》,《海岱考古》第一辑,山东大学出版社,1989年。
    C. 祁延霈:《山东益都苏埠屯出土铜器调查记》,《中国考古学报》第二册,1947年。
    D. 齐文涛:《概述近年来山东出土的商周青铜器》,《文物》1972年第5期。
[11] 北京大学考古实习队、昌乐县图书馆:《山东昌乐县邹家庄遗址发掘简报》,《考古》1987年第5期。
[12] 安丘县博物馆:《山东安丘老峒峪出土一件商代青铜戈》,《考古》1992年第6期。
[13] 山东大学历史系考古专业、邹平县文化局:《山东邹平县古文化遗址调查》,《考古》1989年第6期。

苏埠屯墓地位于青州市东北20公里的苏埠屯村的埠岭上，1965~1966年，在此处发掘了商代墓葬4座、车马坑1座，其中一墓为四条墓道的大墓。1986年，对埠岭进行了全面勘探，除发现大量商代长方形竖穴墓外，还有带两条墓道和一条墓道的墓各1座，说明这里是一处大型商代墓地。苏埠屯墓地前后共发掘了墓葬10座、车马坑1座。从已发掘的四条墓道和一条墓道的墓及长方形竖穴墓可知，其墓葬形制与埋葬制度、随葬青铜器（鼎、甗、爵、斝、簋）的形制及组合、陶器（甗、爵、簋、豆、盘、罐）的形制及组合，都与殷墟的相同，但也伴出富有地方特色的陶器，如M8的带錾陶斝，在殷墟中即未见。从已发现的M1、M7和M8的器物看，其时代分别相当于殷墟的三期（早、晚）和四期。对于苏埠屯大墓的墓主有学者认为是薄姑氏的国君，但也有作其他解释的。

济南大辛庄遗址的商代遗存可以分为七期。其中第五至七期相当晚商，因而为苏埠屯类型晚商文化的分期树立了一个标尺。这里出土的晚商陶器以鬲、豆、盆较多。鬲又分绳纹鬲与素面鬲。前者与殷墟陶鬲形制相近，变化规律相同。后者为地方性文化因素。

章丘龙山镇（今隶属济南市历城区）的城子崖是最早发现晚商遗物的地点之一。1930年和1931年的两次发掘，获得大量陶器、石器、骨器和蚌器。除中原商式器外，具有地方特色的陶器主要有陶胎为棕褐色的宽折沿鼓腹低裆粗绳纹鬲、宽折沿粗绳纹鬲、宽边口人头形绳纹罐。

1983年，山东寿光县古城乡在"益都侯城"故址内发现一批铜器及其他遗物。包括铜器64件，伴出的还有陶器、骨器和蚌器。铜器有鼎、甗、爵、簋、卣、尊、罍、斝、戈、矛、刀、镞等器类。其中甗、爵、鼎等19件铜器有铭文。铭文内容多与"己"字有关，因此有学者认为该批铜器应是纪国遗物[1]。

朱家桥遗址位于山东平阴县西南，面积约4400平方米。20世纪50年代末发掘。发现晚商时期房址21座、灰坑34个、墓葬8座。从平面看，房基有近圆形、近方形、近长方形等形制。墓葬离居址所在地不远。皆小型竖穴墓，没有腰坑，也未见二层台。仅有2座墓有随葬品，一座是陶罐2件，另一座为盆、罐各1件。房址和灰坑中出土的陶器有鬲、簋、尊、甑、豆、罐。鬲可分折沿直腹低裆无足根鬲、折沿鼓腹低裆无足根鬲、折沿鼓腹平足根鬲等几种。陶簋主要是厚唇三角划纹式，与殷墟所出近似。陶尊作侈口直腹，陶豆为斜腹盘细柄，均同殷墟。

1989年山东安丘县雹泉镇老峒峪村发现铜戈1件，形制与殷墟常见戈有别，作直内，援部宽，前锋圆钝，内末方齐，上有4组平行条纹和折纹。

苏埠屯类型主要陶器与殷墟类同，如折沿绳纹鼓腹鬲、宽折沿粗绳纹鬲、三角划纹簋、斜腹豆等。但也有部分陶器明显有别或未见于殷墟类型中，如侈口直腹绳纹鬲、素面鬲、素面甑、鼓腹高卷足簋。且多褐色或红褐、灰褐色，厚胎（图6-9C）。上述情形，表现出本地区商文化与原有土著文化交融形成的地域特色。与相邻的安邱类型比较，苏埠屯类型中的以素面鬲为代表的地方文化因素明显多于安邱类型。安邱类型常见的"榫口式"鬲基本不见于苏埠屯类型；苏埠屯类型中多见的侈口直腹式绳纹鬲基本不见于安邱类型。苏埠屯墓地在

---

[1] 寿光县博物馆：《山东寿光县新发现一批纪国铜器》，《文物》1985年第3期。

使用青铜鼎、簋、觚、爵、尊、卣的同时，有的墓（如 M7）还使用陶器觚、爵、簋、豆、罐，显示出与殷墟随葬组合的一致性；其他地点的墓葬随葬品则多以罐或罐、盂相组合。

（三）安邱类型

以菏泽曹楼村安邱堌堆遗址命名的晚商文化安邱类型[1]，其分布区主要是在苏鲁豫皖交界地区的鲁西南和豫东一侧。从总体上看，该类型是中商文化潘庙类型的发展和延续。

安邱类型晚商文化遗址见于报道的有山东梁山青堌堆[2]、菏泽安邱堌堆[3]；河南虞城马庄[4]、柘城山台寺[5]、淮阳冯塘村[6]、鹿邑栾台[7]等遗址。考古工作做得较多的有菏泽安邱堌堆、鹿邑栾台两遗址。

菏泽安邱堌堆揭露面积较大，发掘表明其内涵包含龙山文化、岳石文化、商代中期和晚期的商文化堆积。晚商文化陶器以夹粗砂红褐陶为主，鬲、甗诸器皆厚胎，其口沿外缘多向上折起，侧视如宽边。不少鬲的腹上部饰一周附加堆纹。陶簋多斜腹矮圈足，腹部饰三角划纹；陶豆豆盘作斜腹，形制类同殷墟所出。绝大多数陶器都具有与殷墟陶器一样的演变规律。如鬲、甗的裆部由高而低，簋的腹部由直而斜、圈足由矮而高（图 6 - 9B）。

鹿邑栾台遗址位于鹿邑县东南 10 公里的王皮溜乡大庄村，包含有龙山、商代及两周时期文化遗存。1987 年发掘。晚商时期陶器主要有"桦口式"红陶粗绳纹鬲、宽斜沿低裆红陶或灰陶粗绳纹鬲、直口罐、方唇圈足簋、浅盘平沿豆、折沿鼓腹罐、薄胎高圈足簋、侈口鼓腹盆等（图 6 - 9B）。据地层可知，"桦口式"鬲早于宽斜沿低裆鬲，方唇圈足簋早于薄胎高圈足簋。近年鹿邑太清宫发现 1 座两条墓道的大墓，年代属西周初期，但所出遗物具有较浓厚的安邱类型晚商文化特征[8]。

山东梁山县青堌堆遗址是安邱类型较偏北的一处。曾发现素面鬲足和粗绳纹的矮裆鬲足，还出土了石镰、石斧、石铲，蚌镰、骨簪、卜骨。

1981 年，河南淮阳县城南 20 公里的冯塘村出土有铜觚、铜爵、铜罍、铜戈、玉铲、玉钺、玉璜、玉柄形饰、玉鱼等一批相当殷墟一期阶段的文物。该遗址可能是安邱类型分

---

[1] A. 宋豫秦：《论鲁西南地区的商文化》，《华夏考古》1988 年第 1 期。
　　B. 王迅：《东夷文化与淮夷文化研究》第 36～38 页，北京大学出版社，1994 年。
　　C. 济宁市博物馆：《山东济宁市南赵庄商代遗址调查》，《考古》1993 年第 11 期。
[2] 中国科学院考古研究所山东发掘队：《山东梁山青堌堆发掘简报》，《考古》1962 年第 1 期。
[3] A. 黄绍甲、王霖：《山东菏泽县古遗址的调查》，《考古》1958 年第 3 期。
　　B. 北京大学考古系商周组、山东省菏泽地区文展馆、山东省菏泽市文化馆：《菏泽安邱堌堆遗址发掘简报》，《文物》1987 年第 11 期。
　　C. 宋豫秦：《论鲁西南地区的商文化》，《华夏考古》1988 年第 1 期。
[4] 张长寿、张光直：《河南商丘地区殷商文明调查发掘初步报告》，《考古》1997 年第 4 期。
[5] 张长寿、张光直：《河南商丘地区殷商文明调查发掘初步报告》，《考古》1997 年第 4 期。
[6] 淮阳县博物馆：《河南淮阳县出土一批晚商文物》，《文物》1989 年第 3 期。
[7] 河南省文物研究所：《河南鹿邑栾台遗址发掘简报》，《华夏考古》1989 年第 1 期。
[8] 河南省文物考古研究所：《河南鹿邑县太清宫西周墓的发掘》，《考古》2000 年第 9 期。

布偏南的一处。

安邱类型的文化面貌与殷墟类型十分相近。如折沿鼓腹灰陶绳纹鬲、厚唇三角划纹簋、斜腹豆、腹饰绳纹的盆等，就器形看都属典型殷墟类型器物。但包括鬲、簋等许多常见器类都由夹粗砂的厚胎红褐陶或厚胎泥质红褐陶制成，其陶质、陶色与殷墟同类器又有明显差异。部分陶器如"桦口式"陶鬲、宽边鬲和宽边甗等极少见于殷墟。以上都表现出该类型的地域特征。

（四）前掌大类型

鲁南地区的晚商文化以滕州前掌大遗址为代表，可称为前掌大类型[1]。该类型大体以曲阜、滕州一带为中心，西界不过今大运河、昭阳湖、微山湖一线，东界或可及临沂地区的西部，可能还包括江苏北部的部分遗存。

属于该类型的遗址见于报道的有泗水窖堌堆和寺台村遗址[2]，兖州李官村遗址[3]，济宁南赵庄、刘林、吴家遗址[4]，邹城南关、城子窝、吕布台、灰城子、七女城、前瓦屋、鲁公村、横河、庙户营、野店、斗鸡台、西朝阳村遗址[5]，滕州前掌大、后黄家庄、级索镇龙堌堆、后荆沟、西康留、西薛河、郭楼、庄里西、高岭遗址[6]，枣庄黄楼、晒米城、古突子遗址[7]等。其中，以滕州前掌大墓地发掘工作较多。

兖州李官村遗址位于兖州市以西约20公里，面积4万平方米。散布于遗址地表的陶片表明，粗绳纹红陶为其主要陶系，此外还有褐陶和灰陶。1973年，李官村村民在此挖坑时发现一批铜器和陶器。铜器有卣、觚、爵及刀各1件，陶器则包括1件陶鬲和1件陶甗。值得注意的是，铜卣的内底铭有"索册父癸"四字，铜爵腹内铭有"索父癸"三字。因而有学者认为该批铜器或与殷亡之后周初所迁殷遗民六族的"索氏"有关。同出的陶鬲和陶甗均系夹粗砂厚胎红陶。甗之上部已残。鬲的腹部较瘦，具有口沿外缘上折的"宽边"风格[8]。

邹城南关遗址位于山东邹城东约1公里处的胡家山下。1971年和1973年先后出过两

---

[1] 过去也有学者称之"鲁南类型"（见王迅：《东夷文化与淮夷文化研究》第43~44页，北京大学出版社，1994年）。

[2] 赵宗秀：《山东泗水发现商代青铜器》，《考古》1988年第3期。

[3] 郭克煜、孙华铎、梁方建、杨朝明：《索氏器的发现及其重要意义》，《文物》1990年第7期。

[4] A. 济宁市博物馆：《山东济宁市南赵庄商代遗址调查》，《考古》1993年第11期。
B. 济宁地区行署文化局文物普查队：《山东济宁县古遗址》，《考古》1983年第6期。

[5] A. 国家文物局考古领队培训班：《山东邹县南关遗址发掘简报》，《文物》1991年第2期。
B. 中国社会科学院考古研究所山东工作队、邹县文物保管所：《山东邹县古代遗址调查》，《考古学集刊》第3集，中国社会科学出版社，1983年。

[6] A. 中国社会科学院考古研究所山东队、滕县博物馆：《山东滕县古遗址调查简报》，《考古》1980年第1期。
B. 滕州市博物馆：《山东滕州出土商代青铜器》，《考古》1994年第1期。

[7] 枣庄市文物管理站：《枣庄市南部地区考古调查纪要》，《考古》1984年第4期。

[8] 郭克煜、孙华铎、梁方建、杨朝明：《索氏器的发现及其重要意义》，《文物》1990年第7期。

批晚商铜器和陶器。1980年进行过调查。1987年作了小规模发掘,揭露115平方米。共清理晚商时期灰坑21座,墓葬1座。所出陶器以红陶和灰陶居多。纹饰有绳纹、弦纹、三角划纹。器类有鬲、甗、盆、簋、罍、罐、瓮等。鬲皆折沿矮裆粗绳纹,但沿面变化较复杂。有的沿面内勾,形如"榫口";有的沿面外缘向上折起,侧视如宽带;有的则近乎平沿。陶簋为泥质灰陶,均属殷墟常见器形。陶罐分绳纹罐和弦纹罐两种。绳纹罐器形与殷墟类同;弦纹罐多作高领,与殷墟所出有别[1]。

前掌大村位于山东滕州市南约25公里处,村南、北各有一台地,台地上有遗址和墓葬。从1981年至1999年,在两块台地上先后发掘了8次,共发掘墓葬120余座,大部分为长方形竖穴墓,还有带墓道的墓(两条和一条墓道)11座、车马坑5座、马坑2座。这是一处商末周初时该地方国领袖及其族人的墓地。墓葬形制与埋葬制度与殷墟近似,但其"中"字形墓的两墓道偏于一侧,且有墓上建筑。墓中随葬的青铜礼器鼎、觚、角、簋、觯等与殷墟相同。随葬陶器常见鬲、罍、罐、壶及盘等,还有较多的原始瓷器及硬陶(图6-9A),有些陶器具岳石文化特色。不见殷墟中常见的陶甗、爵、豆和盘等[2]。

后黄家庄遗址位于山东滕州市东南27公里处,南距滕州井亭村约4公里。1957年在井亭矿修建工程中发现铜器30余件,陶器8件。铜器有提梁卣、饕餮纹斝、饕餮纹尊、雷纹鼎、饕餮纹觚和爵等。陶器有灰陶低裆绳纹鬲、灰陶划纹簋、灰陶双耳壶、斜腹豆[3]。

级索镇龙堌堆遗址位于滕州市西。1964年查明为包含有龙山、商、西周三个不同时期文化遗存的遗址。1991年,该遗址出土铜器7件:铜鼎、爵各1件,铜戈4件,铜铃1件。其中铜爵铭有"子"字。这批铜器的年代约可定在殷墟三期[4]。

窖堌堆遗址位于泗水县城东南15公里的张庄乡,1975年曾出土觚、爵、尊、觯等铜器5件,其中铜觚的圈足内铭"史母癸",两件铜爵分别铭"母癸"、和"母乙"[5]。泗水寺东台村遗址则于1982年出土过晚商时期的铜觚、爵、钺各1件,可能出自一座墓葬。

前掌大类型的陶器多是夹砂灰陶,夹砂红褐陶也占有较大比例。主要器类是鬲、簋、豆、盘(图6-9A),与殷墟基本相同。形制同于殷墟陶器的有高领绳纹鬲、厚唇三角划纹簋、大口矮圈足盘。另有一套仿铜礼器也同于殷墟。素面鬲和素面甗则表现出明显地方色彩。在当地还可见一定数量的具有东南地区特色的器物,如印纹陶缶、原始瓷豆和原始瓷罐等。目前前掌大类型居址的发掘资料较少,而墓葬的发掘资料较多。该地的晚商墓葬与殷墟

---

[1] 国家文物局考古领队培训班:《山东邹县南关遗址发掘简报》,《文物》1991年第2期。

[2] A. 中国社会科学院考古研究所山东工作队:《滕州前掌大商代墓葬》,《考古学报》1992年第3期;《山东滕州前掌大商周墓地1998年发掘简报》,《考古》2000年第7期。
B. 胡秉华:《滕州前掌大商周遗址》,《中国考古学年鉴(1995)》,文物出版社,1997年;《滕州前掌大商代遗址》,《中国考古学年鉴(1996)》,文物出版社,1998年。
C. 贾笑冰:《滕州前掌大商墓发掘获新成果》,《中国文物报》1999年3月14日。

[3] 孔繁银:《山东滕县井亭煤矿等地发现商代铜器及古遗址、墓葬》,《文物》1959年第12期。

[4] 滕州市博物馆:《山东滕州出土商代青铜器》,《考古》1994年第1期。

[5] 解华英:《山东泗水发现一批商代铜器》,《考古》1986年第12期。

一样设腰坑,坑内殉狗,并盛行落葬祭祀,故填土中往往留有动物骨骼或与之相关的遗物。

前掌大类型晚商文化与邻近的安邱类型关系密切。特别是前掌大类型北部今泗水、兖州、济宁一带的遗址,往往可以见到与安邱类型相近的一些文化因素。如邹城南关遗址出土的鬲,有的也作"橄口",与安邱类型的"橄口式"鬲类同。因此有的研究者将济宁地区的晚商文化划归安邱类型[1]。也有学者建议将兖州、济宁地区的晚商文化独立出来单归一个类型[2]。

(五) 天湖类型

早商、中商时期,商文化进至长江沿岸,并以安陆晒书台[3]、黄陂盘龙城[4]等遗址为据点,长期盘踞于汉水以东,并进至洞庭湖周围及赣江下游地区。晚商时期,商文化受到当地文化排挤而离开长江沿岸退至桐柏山以北。今河南南部地区从此成为晚商文化的前沿。随着罗山天湖墓地的发掘,我们注意到,该地区的晚商文化与殷墟晚商文化总体上是相似的,同时也表现出一定的地方特点。因此可以单独划归一个类型,其代表性遗址即罗山天湖晚商墓地。

天湖晚商墓地位于河南罗山县蟒张乡竹竿河畔的天湖村。1979年修建灌渠时曾发现5件铜器。同年秋作了第一次发掘,清理晚商墓葬6座[5]。1980年进行第二次发掘,清理晚商墓葬11座[6]。1985年又清理了3座[7]。墓葬的墓圹作竖穴土坑,包括带木椁的中型墓和单棺小型墓。大部分墓都设腰坑并殉狗。棺椁之间或填土中还发现殉人现象。随葬器物包括陶器、铜器、玉石器和漆器。铜器组合通常以觚、爵、鼎为基本器物,外加卣、斝、尊等容器及戈、矛、钺、刀、镞、凿、铲、锸等兵器和工具。多数墓葬中所出铜觚、爵都有数量上的对应关系。各类铜器形制上与殷墟晚商文化所出铜器雷同。陶器组合最常见的是鬲、簋、罐相配(图6-9E),也有只用单鬲或单罐的。陶鬲有卷沿绳纹鬲、折沿绳纹鬲、平足根素面鬲、锥足根素面鬲数种。前两种鬲为夹砂灰陶,后两种鬲由黄褐色夹砂陶制成。陶簋分厚唇矮圈足和鼓腹高圈足两类,几乎全系黄褐色泥质陶。陶罐样式较

---

[1] 国家文物局考古领队培训班:《山东济宁凤凰台遗址发掘简报》,《文物》1991年第2期。
[2] 徐基:《山东商代考古研究的新进展》,《三代文明研究(一)》,科学出版社,1999年。
[3] A. 安陆县图书馆:《安陆县晒书台商周遗址试掘》,《江汉考古》1980年第1期。
    B. 北京大学考古专业商周组、山西省考古研究所、河南省安阳、新乡地区文化局、湖北省孝感地区博物馆:《晋豫鄂三省考古调查简报》,《文物》1982年第7期。
[4] 湖北省博物馆:《一九六三年湖北黄陂盘龙城商代遗址的发掘》,《文物》1976年第1期;《盘龙城商代二里冈期的青铜器》,《文物》1976年第2期。
[5] 信阳地区文管会、罗山县文化馆:《河南罗山县蟒张商代墓地第一次发掘简报》,《考古》1981年第2期。
[6] A. 信阳地区文管会、罗山县文化馆:《罗山县蟒张后李商周墓地第二次发掘简报》,《中原文物》1981年第4期。
    B. 河南省信阳地区文管会、河南省罗山县文化馆:《罗山天湖商周墓地》,《考古学报》1986年第2期。
[7] 信阳地区文管会、罗山蟒张后李文管会:《罗山蟒张后李商周墓地第三次发掘简报》,《中原文物》1988年第1期。

多，包括双耳折肩罐、直腹圜底罐、宽体圆肩硬陶罐、宽体圆肩圈足罐等。漆木豆是另一种备受青睐的随葬品，一般成对出现，其形制作敛口斜腹粗柄。按照随葬品组合情况的不同，已发现的天湖晚商墓葬至少可以分为四个等级。最高一级是随葬3件铜鼎和5套铜觚爵的三鼎墓；其次是随葬2件铜鼎和2套铜觚爵的二鼎墓；再次是随葬1件铜鼎和1套青铜觚爵的一鼎墓；最低一级是以陶器为主要随葬品的陶器墓。葬具和随葬品的差别反映了墓主人生前的身份差别。

天湖类型墓葬流行腰坑和在填土中埋狗，所出折沿绳纹鬲、厚唇矮圈足簋、双耳折肩罐等与殷墟同类器相似。但天湖陶器中黄褐色夹砂陶或黄褐色泥质陶占有相当大的比例，与殷墟有别。陶器中的卷沿束颈绳纹鬲、素面锥足鬲、素面平足鬲、鼓腹高圈足簋、直腹圜底罐、圈足圆腹罐等基本不出于殷墟。此外，天湖墓葬不见以陶觚、陶爵相配用于随葬的例子，使用漆器（主要是漆豆）随葬的习俗也具有自身特点。

（六）老牛坡类型

陕西境内晚商时期的考古发现可以大致分为陕北、关中和陕南三个区。由于陕北和陕南的青铜文化遗存地方特点较重，不属商文化范畴，另在周边地区考古学一章中叙述[1]。

关中地区晚商时期的遗存大体以铜川—西安为界，分成东西两部分。关中西部是"郑家坡"、"刘家"、"碾子坡"等类文化遗存的分布区，是探求先周文化的重要地域[2]。晚商文化分布只限于关中东部，其代表性遗存是西安老牛坡和袁家崖遗址。此外还有渭南姜河村遗址和南堡村遗址、蓝田黄沟遗址等。铜川红土镇、十里堡等地点也发现过晚商铜器。学人习以"老牛坡类型"指代该地的晚商遗存。从文化面貌看，老牛坡类型是与殷墟类型晚商文化相距最远的一个地方类型。

老牛坡遗址位于西安市东约27公里处的灞水北岸，面积达50万平方米。1972年曾有铜器出土。1986年发掘商墓38座，灰坑21个，马坑和车马坑各1座。此外还发现大面积的夯土基址及红烧土堆积。遗址中有早商三期至中商阶段遗存[3]，但以晚商堆积为主。出土物包括陶、骨、石、蚌、角器，木炭和陶范残块。墓葬均为竖穴土坑墓，没有墓道。大多数属小型墓，长约2米，宽1米左右。另有7座规模略大的中型墓。80%的墓葬底部都有腰坑。中型墓均有二层台。与殷墟墓葬不同的是，不少墓葬还有头龛、脚龛或角龛，通常龛内殉狗。葬式以仰身直肢葬为主，也有俯身葬和侧身屈肢葬。殉人之风盛行。在38座墓葬中，有殉人的墓占了21座。殉人数目1~10人不等。随葬品中，陶器组合以鬲为主，有时加罐。铜容器则主要是觚、爵，或于觚、爵之外加鼎或罍。铜器形制与殷墟铜器相同，但陶器（图6-9D）略具差异。如陶鬲多作侈沿，沿外缘不似中原商代中晚期陶鬲向上折起，裆部较宽。陶罐有两种：一种口部外侈，深腹折肩；另一种为素面圆肩。车马坑内埋1车2马，马坑内埋1马1犬1人。埋葬方式同于安阳殷墟。老牛坡墓地部分墓葬

---

[1] 详见第八章第七、四节。
[2] 详见第八章第五节。
[3] 详见第四章第二节、第五章第二节。

属早商三期至中商时期；M10、M21等墓则属晚商时期[1]。

老牛坡遗址曾发现数座夯土建筑基址。其中1987年发现的老牛坡2号基址南北长23米、东西宽12米，夯土厚达1.2~1.9米。复原为面阔7间、进深4间的建筑。基址面分布有5行8排立柱[2]。基址规模较大，结构特殊，对于研究老牛坡遗址的性质有重要意义。

西安袁家崖遗址位于西安东郊洪庆乡。1972年曾出土过一批铜器。1978年秋，这里清理了一座墓葬，获得6件陶器和2件铜器。该墓竖穴土坑，长2.1米，宽1.2米。所出铜器为1觚1爵，属殷墟晚期常见形制。陶器则明显分为两组：一组包括敞口宽沿侈圈足簋、筒腹划纹尊、三角划纹罐；另一组包括深腹弧裆鬲、素面圆肩罐、窄折肩罐。前者属殷墟晚商文化较晚阶段的典型陶器，后者与老牛坡墓葬出土的陶器风格接近，当系地方因素[3]。

考古资料显示，关中地区的晚商文化虽然总体特征与中原晚商文化相近，但又有明显差异。如墓葬中有头龛、脚龛和角龛（老牛坡M6等），随葬品流行鬲、罐组合。陶鬲口沿上侈，外侧无折缘，腹部不甚隆鼓，裆部较宽，与殷墟陶鬲差异明显。老牛坡遗址出土的晚商陶豆通常唇部较平，豆盘较浅，与殷墟陶豆差异也较大。老牛坡类型的陶罐颈较高，折肩较窄，明显受到关中西部的影响。老牛坡类型的最后阶段可能已进入西周纪年。

三　其他地区的晚商文化遗存

迄今发现的晚商文化遗址，大都可以归于不同的类型。但还有一些地方的晚商文化面貌尚不甚清楚，究其原因是工作做得不够，资料较少，很难明确类型归属。豫西南、晋中、晋南和皖中等地即属此类地区。

（一）豫西南地区的晚商文化

豫西南的晚商时期遗址发现较少，只有地处南阳市东北5公里独山脚下的十里庙遗址多次见于报道。该遗址面积在10万平方米以上。遗址中心部位的文化堆积厚达3.5米。1959年首次发掘，出土了一批商代和两周时期遗物[4]。商代遗物包括厚胎矮足鬲、厚胎高足鬲、回纹陶簋、簋形豆、大口尊、石斧、石铲、石刀、石凿、陶纺轮、铜箭头、骨箭头、骨簪、卜骨以及一批可能与铸铜有关的遗物如陶范、熔炉残片。1991年和1992年再次调查该遗址时，又采集到陶卷沿束颈绳纹鬲、长腹大口尊和各式罐、盆的残片以及一批

---

[1] A. 西北大学历史系考古专业：《西安老牛坡商代墓地的发掘》，《文物》1988年第6期。
　　B. 刘士莪：《西安老牛坡商代墓地初论》，《文物》1988年第6期。
　　C. 戴彤心：《西安老牛坡商代墓葬断代分期研究——附说老牛坡商代车马坑》，《考古学研究》，三秦出版社，1993年。
[2] 刘士莪：《西安老牛坡2号商代大型夯土建筑基址的讨论》，殷墟发掘70周年学术纪念会论文，中国社会科学院考古研究所，1998年。
[3] 西安半坡博物馆：《西安袁家崖发现商代晚期墓葬》，《文物资料丛刊》5，文物出版社，1981年。
[4] 游清汉：《河南南阳市十里庙发现商代遗址》，《考古》1959年第7期。

鬲足。鬲足有尖锥状足和平根足两种[1]。从出土物看，该遗址部分遗存可能早至中商，但以卷沿束颈绳纹鬲、簋形豆等为代表的遗存属晚商。南阳市博物馆还收藏有一批晚商铜器[2]，其中一件铜觚铭有"子蝠㼿不（?）且癸"6字铭文[3]。上述发现，一定程度上反映了南阳一带晚商文化的面貌。但要将南阳一带的晚商文化单独划出一个类型，或者对其进行合理的类型归属，尚需更多考古资料。

（二）山西境内的晚商文化

晋南和晋东南地区，已发现的商文化遗存多属早商和中商时期。其中重要的遗址有夏县东下冯[4]、垣曲商城[5]、长治小神[6]诸遗址，文化面貌也与中原同时期商文化基本一致。然而到晚商阶段，商文化遗址甚少发现。如何认识山西境内的晚商时期的考古学文化，长期以来一直困扰着学术界。

20世纪50年代末至60年代初，中国科学院考古研究所在晋南进行大范围考古调查时，就曾有意识地将寻找晚商文化列入课题。但在他们调查到的316处遗址中，仅见到相当于殷墟大司空一期的遗址3处[7]。此外还有一些零星发现：洪洞县永凝堡曾出土相当殷墟三期的灰坑和陶鬲[8]。闻喜县邱家庄也采集过殷墟三期的陶鬲残片[9]。上述发现均非正式发掘所得，但为探寻晋南地区的晚商文化提供了线索。其后考古界又陆续公布了若干新发现的晚商遗存，主要有灵石旌介村[10]和屯留上村[11]。此外，以中商遗存为主的汾阳杏花村也发现少数年代属商代晚期的墓葬[12]。仅这些零星发现，很难概括出这一地区晚商文化的地域特征。

---

[1] 南阳市文物工作队：《南阳十里庙遗址调查》，《江汉考古》1994年第2期。
[2] 南阳市博物馆：《南阳市博物馆馆藏的商代青铜器》，《中原文物》1984年第1期。
[3] 徐俊英：《南阳博物馆征集的应国铜器盖及晚商铜觚》，《华夏考古》1994年第2期。
[4] 中国社会科学院考古研究所、中国历史博物馆、山西省考古研究所：《夏县东下冯》第148～207页，文物出版社，1988年。
[5] 中国历史博物馆考古部、山西省考古研究所、垣曲县博物馆：《垣曲商城》第1～27、155～244页，科学出版社，1996年。
[6] 山西省考古研究所晋东南工作站：《山西长治小神遗址》，《考古》1988年第7期；《长治小常乡小神遗址》，《考古学报》1996年第1期。
[7] 中国社会科学院考古研究所山西工作队：《晋南考古调查报告》，《考古学集刊》第6集，中国社会科学出版社，1989年。
[8] 1980年调查资料，标本现存山西省临汾市文化局。
[9] 1984年北京大学考古实习队调查资料。
[10] A. 戴尊德：《山西灵石县旌介村商代墓和青铜器》，《文物资料丛刊》3，文物出版社，1980年。
B. 山西省考古研究所、灵石县文化局：《山西灵石旌介村商墓》，《文物》1986年第11期。
[11] 长治市博物馆：《山西屯留县上村出土商代青铜器》，《考古》1991年第2期。
[12] A. 晋中考古队：《山西汾阳、孝义两县考古调查和杏花村遗址的发掘》，《文物》1989年第4期。
B. 国家文物局、山西省考古研究所、吉林大学考古系：《晋中考古》第170～185页，文物出版社，1999年。

屯留县上村在长治市西北约30公里。1987年发现1件陶鬲和爵、簋、戈、铃等5件铜器，可能出自1座墓葬。

灵石旌介村发现晚商墓葬3座，均为长方形竖穴土坑墓。一号墓墓口长3.84米，宽2.22米。墓底带一殉狗腰坑。墓内有葬具一椁三棺。中间一棺为男性墓主，两侧棺内各葬一女性。在北侧椁棺之间置一殉人。填土中于不同的深度分别埋有狗二条、牛头一具。墓中随葬品包括铜、陶、石、骨器共51件。除铜矛和铜铃出土于填土中外，余皆在墓室内。铜器有鼎、斝、簋、尊、罍、卣、觚、爵、觯、矛、戈、镞、兽首管状器、弓形器、铃；陶器只有1件鬲；玉器皆为小饰品，包括玉鱼、玉管、玉璜、玉鸟；此外还发现石镰、骨管以及鼍鼓残件。二号墓的年代可能略早于一号墓。墓口长3.4米，宽2.2米。墓底也有一殉狗腰坑。葬具为一椁二棺，内分别葬一男一女。填土中埋有1名殉人。随葬品共计87件。铜器有鼎、簋、罍、卣、觚、爵、戈、矛、镞、兽首刀、弓形器、管状器以及铜铃；陶器也只有1件鬲；玉器共13件，为鹿、兔、虎、蝉、蚕、鸟、燕、璧等佩饰；骨器仅1件骨管；另发现2枚贝。三号墓长3.9米，宽2.1米。未见腰坑。葬具有棺椁各1具。随葬品置于棺椁之间。有铜器16件，包括觚、爵、尊、卣、觥、觯、戈、钺；还发现1件石磬和大量蚌片。灵石商墓的许多铜器上都有铭文，其中以铭"丙"字者最多。

汾阳杏花村遗址，1982年进行了调查和发掘，其文化内涵包括仰韶文化以来至商代几大阶段。商代遗存以中商时期为主，但也有少量带腰坑的小型竖穴土坑墓属晚商时期的偏早阶段。这些墓葬的随葬品仅见石（玉）器和陶器。陶器每墓只出1件，非鬲即豆。其中，有的陶鬲和陶豆的形制同殷墟前期同类器近似。

灵石旌介村、汾阳杏花村等地的晚商墓葬在墓葬的基本形制，以及使用腰坑、殉人等习俗与殷墟类型晚商文化一致。但灵石等地晚商墓葬中的陶器组合主要是鬲或豆，与殷墟类型陶觚、陶爵比较常见并且往往成对使用的习俗有别。除前述个别表现出殷墟商式鬲作风外，多数陶鬲具有一定自身特点，如鬲口沿的外缘不像殷墟常见的陶鬲一样向上立起，腹部也不似殷墟陶鬲明显外鼓，裆部间比较宽，透出与关中地区晚商文化的某些联系。随葬铜器中的礼器无论器类还是形制，都与殷墟铜器相同；但部分非礼器类铜器，如铜兽首刀、兽首管状器等具有不同于中原商文化的地方特点，似与北方青铜文化有某种联系。

与晋中、晋东南情况类似，晋南地区晚商时期的考古学文化面貌如何，也是有待解决的问题。由于受到北方草原青铜文化的强烈冲击，商文化在此时已全面退出晋南地区的可能性也是存在的。

（三）安徽境内的晚商文化

晚商时期，江淮一带的商文化分布格局发生了变化。皖北地区继续为商文化所控制。但巢湖和滁州一带商文化的地方性显著增强。巢湖以西的六安地区，目前已报道的材料中尚无可以确认的晚商文化遗址[1]。

---

[1] 北京大学考古学系商周组、安徽省文物工作队：《安徽省霍邱、六安、寿县考古调查试掘报告》，《考古学研究（三）》，科学出版社，1997年。

地处淮河以北的安徽颍上县王岗乡曾先后多次发现文物。1972 年，该乡郑小庄村东地和北地池塘边各发现墓葬 1 座。出土铜爵 2 件，觯 1 件，铜矛、刀、凿、斧各 1 件。除铜器外，还出土铅斧、铅戈各 1 件。1980 年，在郑小庄村东又发现一批晚商文物，包括铅器和铜器。其中铅器至少 13 件，有鼎、爵、瓿各 2 件，簋、甗、卣、尊、弓形器各 1 件，可看出器形的还有觯、削等；另有陶罐 1 件。1982 年，王岗乡郑家湾村曾挖出晚商时期的铜鼎、卣、爵、尊、弓形器、戈、勺、镞等。1971 年，考古工作者在王岗乡的赵集王拐村征集到铜器 7 件，包括爵 3 件、瓿 1 件、铃 1 件、车軎 1 件、弓形器 1 件。其中一件铜爵铭"月巳"二字，另一件爵铭"西"字[1]。这些铜器都与中原商式铜器无异。随葬品组合方式也完全同于中原商文化。看来，王岗乡一带曾经是淮河岸边的一个重要晚商文化据点。由于陶器等其他文化遗物报道较少，皖北晚商文化的类型归属尚待进一步研究。

巢湖和滁州地区是早、中商文化大城墩类型分布区。资料表明，至少晚商早期阶段，商文化仍在这一带滞留，但地方特征显著增强。含山大城墩[2]和滁州卜家墩[3]是当地该阶段晚商遗存的代表。含山大城墩遗址第二、三期分属早、中商时期，第四期属晚商文化。出土的晚商陶器皆属晚商早期。器类有鬲、甗、簋、罐、盆、豆等（图 6-9F）。鬲多为窄折沿、裆仍较高，但腹部相对较直。甗的甑部作深腹盆形，与殷墟相同，但下部则呈溜肩直腹式，带有显著地方特点。1987 年，安徽枞阳县周沄乡出土 1 件方彝，经调查其附近有一处商周时期遗址，或也可归于同类遗存[4]。

近年安徽境内长江沿岸的当涂、铜陵一带，发现商周时期的铜矿遗址[5]。有迹象表明，其中个别矿坑的开采年代有可能早到商代[6]。大城墩类型商文化的出现及其在巢湖、滁州地区的长期滞留或与占有长江沿岸的铜矿资源有关。

六安及其附近地区，中商时期曾为商文化控制地带[7]。霍邱、六安、寿县等地已发现这一阶段的商文化遗存。然而已发表的该地区资料，包括经过试掘的霍邱绣鞋墩、六安众德寺、寿县斗鸡台等遗址在内，均未发现晚商文化遗存[8]。晚商阶段商文化是否已经基本退出该地区？这是需要进一步探讨的问题。据近年调查，邻近安徽六安地区的河南固始县东南约 2 公里一处名葛藤山的高岗分布有商代墓地。1990 年清理了其中的 1 座。该墓

---

[1] 阜阳地区博物馆：《安徽颍上王岗、赵集发现商代文物》，《文物》1985 年第 10 期。
[2] 安徽省文物考古研究所：《安徽含山大城墩遗址发掘报告》，《考古学集刊》第 6 集，中国社会科学出版社，1989 年。
[3] 王迅：《东夷文化与淮夷文化研究》第 68 页，北京大学出版社，1994 年。
[4] 方国祥：《安徽枞阳出土一件青铜方彝》，《文物》1991 年第 6 期。
[5] 安徽省文物考古研究所：《关于铜陵古铜矿初步考察研究的报告》，《中国古铜都铜陵》，铜陵市政协文史委员会，1992 年。
[6] 安徽省文物考古研究所：《关于铜陵古铜矿初步考察研究的报告》，《中国古铜都铜陵》，铜陵市政协文史委员会，1992 年。
[7] 详见第五章第二节。
[8] 北京大学考古学系商周组、安徽省文物工作队：《安徽省霍邱、六安、寿县考古调查试掘报告》，《考古学研究（三）》，科学出版社，1997 年。

长 4 米，宽 2.6 米，墓内置棺椁各一，椁顶部位及填土中有殉狗。随葬器物分铜器、玉器两类：铜器 12 件，包括锛、凿、戈、矛、镞和 5 件铜铃；玉器有环、蝉及其他玉饰[1]。尽管该墓显示出与中原晚商文化的许多共性，但由于随葬品中未见陶器，目前尚无法判明葛藤山墓地的文化归属。有关这处墓地文化属性的研究，对于了解皖西和豫东南地区的晚商时期考古学文化有着重要意义。

（四）河北中部的晚商文化

早商和中商时期，河北中部属商文化的重要分布区。但有关这一地区内晚商时期考古学文化的资料报道较少。

1978 年，北京房山琉璃河遗址发现大型灰坑一座，内出陶鬲、陶簋、圆肩罐、四系罐。年代约当殷墟一期，其中鬲、罐等与殷墟大司空村一期类同[2]。这一发现表明，至少晚商早期阶段，今北京西南一带仍有商文化分布。

与北京比较邻近的涞水、易县近年有关商文化的考古发现十分重要。其中 1985 年试掘的易县北福地遗址可分三期。第三期年代与晚商相当，但文化面貌明显具有北方青铜文化的色彩[3]。如其中一件口周贴堆纹的高领袋足鬲，过去在古冶、围坊等地均有发现，属围坊三期文化系统。

定州和石家庄地区历年来发现晚商时期文物甚多。1967 年，文物部门从正定新城铺征集到青铜鼎、瓿各 1 件[4]。1982 年，正定新城铺又发现铜器 8 件，包括瓿、爵、觯、尊等。这批铜器与人骨伴出，应系墓葬随葬品[5]。1991 年春，河北定州修建新铁路货场时，发掘商代墓葬 42 座，其中规模较大的墓占四分之一，皆有棺椁。有的棺可见朱漆，并饰有黑色饕餮纹。随葬青铜器包括瓿、爵、鼎、簋、鬲、卣、壶、觯、钺、刀、矛、戈、弓形器、镞、凿、铜泡等，形制与殷墟铜器相同[6]。

河北省文物研究所为探寻冀中地区的商文化分布，曾在石家庄地区进行了大规模考古调查，并发现大量晚商时期遗址。已报道的有元氏李村，栾城寺下，高邑西邱，藁城南乐、故献、阳台、王家庄，赵县董村、王西章、宋村、双庙，无极甄家庄、中赫庄、北后坊，灵寿北寨等[7]。正定新城铺遗址也在被调查之列。

上述材料为研究中商以后河北中部地区的考古学文化提供了线索，但由于发表的资料主要是铜器，陶器很少见于报道。石家庄地区调查发现的晚商时期遗址虽多，也未见发表

---

[1] 信阳地区文管会、固始县文管会：《固始县葛藤山六号商代墓发掘简报》，《中原文物》1991 年第 1 期。
[2] 北京市文物研究所：《北京房山琉璃河遗址发现的商代遗迹》，《文物》1997 年第 4 期。
[3] 拒马河考古队：《河北易县涞水古遗址试掘报告》，《考古学报》1988 年第 4 期。
[4] 刘友恒、樊子林：《河北正定出土商周青铜器》，《文物》1982 年第 2 期。
[5] 正定县文物保管所：《河北正定县新城铺出土商代青铜器》，《文物》1984 年第 12 期。
[6] 《定州发现商代大型方国贵族墓葬》，《中国文物报》1991 年 12 月 15 日。
[7] A. 石家庄地区文化局文物普查组：《河北省石家庄地区的考古新发现》，《文物资料丛刊》1，文物出版社，1977 年。
　　B. 唐云明：《试论河北商代文化及其相关的问题》，《唐云明考古论文集》，河北教育出版社，1990 年。

详细材料,因此目前还难以对冀中地区晚商时期的考古学文化作整体性的把握。从易县北福地的发掘情况看,冀中地区(尤其是其北部)的晚商文化曾受到围坊三期文化较强烈的影响。

商文化的分布范围,主要是通过以日用陶器为核心的物质遗存界定的。商式铜器的发现与商文化的分布并不完全一致。通常商式铜器的发现范围大于商文化的分布范围,晚商时期尤其如此。

例如,在陕晋高原、汉中和四川盆地、辽宁、北京、湖南、江西等地,都发现晚商时的铜器,但主要是商式铜礼器;其中有的礼器、乐器,大部分的兵器及手工工具则具有自身特点,与商式铜器有别,而陶器则更不同于商文化的陶器。

有学者认为,铜礼器分布范围超出文化分布范围这一现象,表明中国青铜时代存在一个"礼器文化圈"[1]。这一解释指出了形成这一现象的部分原因。但必须注意到,非商文化区内普遍出土商式铜器的现象,主要发生在晚商阶段。其中某些出土商式铜器的非商文化区,在早商或中商时期,曾经为商文化控制地带。因此这一现象或与商文化的分布进退也有一定关系。

第三节 晚商时期的建筑遗存

建筑遗迹是考古发掘中较常见的文化现象。目前各地发现的晚商文化建筑遗迹包括不同等级的房址、窖穴、水井、排水设施等。其中清理的房址约有数百处。这些资料,是研究晚商建筑的基础。

一 建筑布局

晚商时期无论城市还是村落布局,一般都呈现出三大特色,即宗族特色、等级特色和宗教特色。

(一)殷墟宗庙宫殿区布局

安阳殷墟遗址是晚商惟一的都邑遗址。

殷墟的总面积约30平方公里(不包括近年在殷墟东北边缘地带发现的洹北商城)。严格地说,殷墟布局随着殷墟文化的发展和居住人口的增加不断有扩展和调整,但其总体格局从早到晚未发生根本性的变化[2]。

宗庙宫殿区位于殷墟遗址的中心地带,地势较高,其东、北两面有洹水相绕,西、南两面至迟自殷墟文化第二期开始挖掘有一道宽广的深壕,并使之与洹水相接。这一工程使

---

[1] 徐良高:《文化因素定性分析与商代"青铜礼器文化圈"研究》,《中国商文化国际学术讨论会论文集》,中国大百科全书出版社,1998年。
[2] 详见本章第一节。

得宗庙宫殿区与其外围相对隔离，构成一个面积约 70 万平方米的封闭性宗庙宫殿区[1]。20 世纪 30 年代，在宗庙宫殿区东北部发掘了甲、乙、丙三组基址，共 53 座，由东北向西南排列。70 年代以来，在丙组基址西发掘了 50 余座中小型基址，在乙组南发掘了 1 座整体呈"凹"字形的大型基址。

由于资料的原因，目前已不可能对宗庙宫殿区内的建筑基址逐个加以分期，并在分期基础上更为科学地探讨宗庙宫殿区内的建筑布局，但可以确定无疑的是，几处最大型的建筑基址均发现于宗庙宫殿区的中部（略偏东），而且这些大型基址，包括乙七、乙十一、乙五，以及 20 世纪 80 年代发现并发掘的"凹"字形基址都可以早到殷墟文化第一期[2]。因此有理由推测，殷墟建都之初即已考虑了宗庙宫殿区内的建筑格局。上述大型基址中，乙七、乙八可能是宗庙，位置恰在宗庙宫殿区的中心。

20 世纪 30 年代发掘时，曾于宗庙宫殿区内发现保存较好的水沟遗迹[3]。这些水沟与建筑基址相关联，可能属当时的排水系统。另外，宗庙宫殿群的西南部发现类似祭坛的遗迹，这里可能是当时专设的祭祀区。

（二）普通邑聚的布局

晚商的聚落遗址发现甚多，但迄今缺乏经过全面揭露的聚落材料。在安阳大司空村、白家坟东南等地曾发掘了部分晚商居址的建筑遗存，为了解当时都城范围内聚族而居的族邑布局提供了重要资料。山东平阴朱家桥等地也发现过晚商文化的居址，反映了都城以外普通聚落的建筑布局。

殷墟白家坟东南已发现建筑基址共 51 处，分北、中、南三段相对集中，相互间以二三百米的空地隔开，可能分属 3 个不同族邑。其中南、北两段的建筑群各自表现出一定的布局特点。南段皆为地面建筑，特点是其中规模稍大些的建筑相对集中；北段的建筑基址大小相若，存在明显的相互并列关系[4]。20 世纪 70 年代发掘殷墟白家坟西遗址时，发现由多节陶水管组成的"丁"字形的排水系统。这种陶水管长约 40 厘米、孔径 20 厘米左右，其中有一节是"三通"水管[5]。这一设施表明当时有的族邑也有比较讲究的建筑，并对排水作过统一安排。

平阴县朱家桥是一处晚商时期的小型村落遗址，面积只有 4400 平方米。20 世纪 50 年代发现房址 21 座[6]。从平面看，房基有近圆形、近方形、近长方形等形制。

---

[1] 详见本章第一节。
[2] A. 陈志达：《安阳小屯殷代宫殿宗庙遗址探讨》，《文物资料丛刊》10，文物出版社，1987 年。
　　B. 唐际根：《殷墟一期文化及其相关问题》，《考古》1993 年第 10 期。
　　C. 郑振香：《安阳殷墟大型宫殿基址发掘》，《文物天地》1990 年第 2 期。
[3] 石璋如：《小屯·殷墟建筑遗存》第 202~272 页，历史语言研究所，1959 年，台北。
[4] 中国社会科学院考古研究所安阳工作队资料。
[5] 中国科学院考古研究所安阳发掘队：《殷墟出土的陶水管和石磬》，《考古》1976 年第 1 期。
[6] 中国科学院考古研究所山东发掘队：《山东平阴县朱家桥殷代遗址》，《考古》1961 年第 2 期。

二 建筑的类别与等级

考古发掘所揭露的晚商建筑遗迹通常按功用或性质归类为宗庙、祭坛、宫殿、住宅、窖穴、作坊等。

（一）殷墟宗庙宫殿区的建筑

殷墟宗庙宫殿区内建筑基址的发掘工作大多完成于20世纪30年代，当时共揭露了53处夯土建筑基址。70年代末，考古工作者又在宗庙宫殿区内原已揭露的53处基址的西南部清理了另50余处基址。80年代宗庙宫殿区内原53处基址的东南又有新的大型基址发现。从形制看，这百余处基址中，有的属宫殿、宗庙和祭坛，有的是住宅，还有一些是奴仆等服务人员居住的简陋的建筑。

20世纪30年代揭露的乙二十[1]和80年代末90年代初揭露的凹字形基址[2]可能是当时的宫殿建筑。"凹"字形基址位于乙二十基址的东南部约80米。它实际上是一组由南、北、西三排房基组成的大型建筑遗迹，占地面积约5000平方米。从建筑程序看，其南、北两排先于西排建成。三排房基的宽度均为7.5米，长度50~70米不等。每排房基都发现有整齐的墙柱和擎檐柱。西排发现向东的门道一个；南排居中位置发现向北的门道一个；北排发现向南的门道三个、向北的门道一个。各门道宽都在2米左右。该基址中出土的陶器属殷墟文化一期，出土的1件铜盉，有铭文"武父乙"三字，因此该组建筑应建于武丁时期[3]。

宗庙是供奉并祭祀商王祖先的场所。殷墟宗庙宫殿区内有可能属宗庙性质的建筑有乙七、乙八两处。

乙七基址位于殷墟宫殿区的中部，面积不少于1100平方米，分别有7座和12座葬兽坑打破基址或压在基址之下。叠压在基址之下的，可能是修建基址时的奠基坑；打破基址的，或为基址修建之后某种祭祀活动留下的遗迹。乙七基址以南，发现大批成排分布的小葬坑。发掘者曾将这些小葬坑划为北、中、南三组。其中北、中两组与基址有关，是殷人祭祀祖先留下的遗迹[4]。

祭坛是另一类礼制性建筑，形制为夯土筑成的高台。坛的功用为祭祀而设。20世纪30年代发掘殷墟时，于小屯宫殿宗庙区发现过若干方形建筑，如丙三、丙四、丙五等。这些建筑面积较小，多数不足10平方米，且基址上不见础石，很可能是祭坛。

王室成员的住宅皆为地面建筑，面积较大，形制呈长方形，多开间的比较常见。夯

---

[1] 石璋如：《小屯·殷墟建筑遗存》第152~159页，历史语言研究所，1959年，台北。
[2] 郑振香：《安阳殷墟大型宫殿基址发掘》，《文物天地》1990年第2期。
[3] 郑振香：《安阳殷墟大型宫殿基址发掘》，《文物天地》1990年第2期。
[4] 石璋如：《小屯·殷墟建筑遗存》第78~89、288~301页，历史语言研究所，1959年，台北；《小屯·北组墓葬》，历史语言研究所，1970年，台北；《小屯·中组墓葬》，历史语言研究所，1972年，台北。

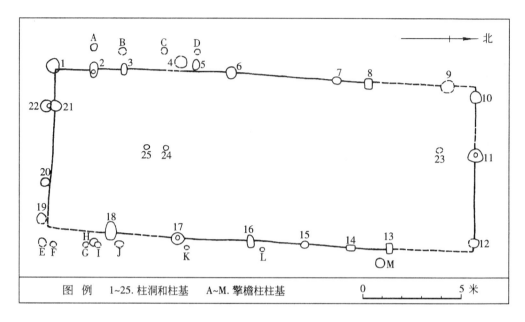

图 6-10　殷墟宫殿区甲十二基址平面图

筑过程中往往伴有祭祀活动，因而夯土中会留下埋有儿童的瓮棺或其他祭祀遗存。

殷墟宗庙宫殿区内已清理的百余处建筑基址中，多数应属住宅。

甲十二基址和甲十三基址是殷墟宗庙宫殿区中的重要建筑。两者并列相邻，大小相若。

甲十二基址于30年代发掘后又经1987年重揭。其南北长约21米，东西宽约8.2米。面积约170余平方米。围绕基址置有8个柱础，9个夯墩。基址东缘和西缘外侧均有擎檐柱遗迹（图6-10）。

宫殿区内等级低下的人员的住宅在小屯南地有发现。1973年小屯南地发现夯土基址9处。其中保存较好的F1平面作长方形，南北长5.3米，东西宽3.1～3.3米。但基址面上未发现柱洞、门道等遗迹。建筑方法是先于地下挖一面积与地基同大、深1.5米左右的深槽，然后逐层夯打至地表。夯层厚度约9厘米，夯窝呈小球面状，直径约4.5厘米[1]。

（二）殷墟宫殿区以外的建筑

在殷墟宫殿区以外，如小屯西地、苗圃北地、大司空村、王裕口村南、徐家桥等地都有此类建筑基址发现。它们的建筑式样及规模有差异，这与使用者身份有关。

殷墟宗庙宫殿区外围的族邑遗址中的贵族住宅，相对宗庙宫殿区内供王室成员使用的住宅而言，其规模略小，但通常仍在50平方米以上。例如：

---

[1] 中国社会科学院考古研究所安阳工作队：《1973年小屯南地发掘报告》，《考古学集刊》第9集，科学出版社，1995年。

小屯西地 GF201 属殷墟文化第三、四期[1]。平面略呈长方形，东西长9.5米，南北宽8.1米，方向3°。四周筑有土墙，东、南、西三面墙厚0.5米，北墙东段似特意加厚，可达1.5米。墙体上有数量不等的柱洞。门道设在北墙偏西处，宽1.3米。室内靠北墙处发现一片规整的硬面，上有一堆破碎的兽骨。房内靠南有两个相距仅0.15米的东西并列的方形灰坑，深约2.8米，或为与房址有关的储穴。整座房屋的建筑过程也系先挖后夯（图6-11）。

1997年发掘的白家坟东地南段，有较密集的夯土基址。其中一处基址为双间并列，全长7.32米，宽7.0米，面积

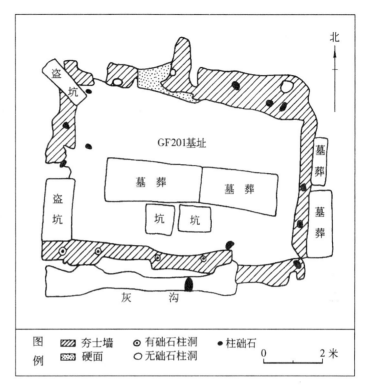

图6-11 殷墟小屯西地GF201基址平面图

51.2平方米。基址周边有排列整齐的柱础。夯土中发现成排的儿童瓮棺葬，当是建筑过程中奠基的牺牲[2]。

在族邑遗址中，较多的是平民住宅。平民住宅在规模上无法与贵族住宅相比，但体现出形式多样的特点。通常以地上建筑为主，也有部分系半地下建筑或地下穴居类。

地上建筑面积一般不超过30平方米，多数只有10余平方米。通常作长方形或方形，也有"凹"字形的。单间和多间并见。这种建筑往往发现有灶。灶的位置多数靠墙，少数在房屋中间。

半地下建筑和地下建筑也以长方形为主，另有圆形和椭圆形的。通常只是单间或者单间分前后室。面积都不大，通常在10平方米以下。灶或火膛多位于近壁处。为解决通气通烟问题，有的穴居后部还留出通气孔。门道一般都做成台阶式。有的门道两旁立柱加盖顶棚以防雨水。这类地下或半地下房子的房顶可能多数是苇秆、茅草一类，稍讲究者则覆以草拌泥盖顶。

地上建筑和个别半地下建筑中，有部分可能属于类似"亭"或"棚"一类。在发掘这类建筑基址的过程中，找不到墙的痕迹，但有时会发现几个间隔较宽的柱础。

---

[1] 中国社会科学院考古研究所：《殷墟发掘报告（1958~1961）》第96页，文物出版社，1987年。
[2] 中国社会科学院考古研究所安阳工作队资料。

小屯西地 GH213 是一处殷墟文化第二期时的地下穴居。平面呈椭圆形，南北径 4.15 米，东西径 3.6 米，深 3.2 米。在它的东南隅修建宽 10～35 厘米不等的 5 级台阶作为通道。房址内壁直而光滑，近底处抹有草拌泥[1]。

在殷墟地区，还发现许多与手工业作坊有关的房屋基址，这些建筑将在与该手工业有关的章节中叙述。

（三）殷墟以外的建筑

在殷墟以外地区，也有晚商时期建筑的发现，但数量较少。今举陕西西安老牛坡和山东平阴朱家桥的发现为例。

西安老牛坡 2 号建筑基址发掘于 1987 年，发现时已遭破坏。基址由夯土筑成，夯基的厚度为 1.2～1.9 米，夯层厚 9～10 厘米，现残存 15 个柱础石，排列整齐，南北 3 行，东西 8 排，柱石的间距为 2.5～3.5 米。据残存的夯土及柱础石推算，这一建筑复原后南北应长 23 米，东西宽 12 米，全部立柱应为南北 5 行，东西 8 排，共 40 根。这一建筑可能属方国级的宗庙宫殿类建筑[2]。

1958 年发掘的山东平阴朱家桥晚商村落遗址，共清理房基 21 座。F5 平面近方形。东西长 3.74 米，南北宽 2.5 米。基址的四角、南北墙中部各有一柱洞。基址中部及中部偏西也各有一柱洞。室内活动面系以黄土铺垫而成。靠北墙根处，见有一直径约 0.5 米、深 0.08 米的灶坑[3]。这应是当地平民的居址。

（四）窖穴、水井等其他建筑

窖穴通常用于储藏。多数晚商遗址都发现有大量灰坑，其中部分灰坑原即窖穴。20 世纪 30 年代发掘的甲骨坑 H127 坑以及 1973 年于小屯南地、1991 年于花园庄东地发现的甲骨坑，均系窖穴。

1973 年，殷墟小屯南地考古发掘曾清理灰坑多达 120 座。坑形有圆形、椭圆形、方形、长方形、不规则形等等。其中部分灰坑如 H17、H24 等坑为窖穴。H24 坑口作椭圆形，南北径长 2.7 米，东西径长 1.8～2.1 米，深 0.8 米左右。发掘时，从坑口以下就发现密集叠放的卜骨。全坑总计出土卜骨 1315 片[4]。

已发现的晚商时期的水井均为深凿于地下的竖井。有圆形和方形两种，通常深 10 余米。

三　建筑技术与特点

已发现的商文化建筑遗存，都是土木建筑。建筑的基础、墙体一般都采用深掘于地下

---

[1] 中国社会科学院考古研究所：《殷墟发掘报告（1958～1961）》第 101 页，文物出版社，1987 年。
[2] 刘士莪：《西安老牛坡 2 号商代大型夯土建筑基址的讨论》，殷墟发掘 70 周年学术纪念会论文，中国社会科学院考古研究所，1998 年。
[3] 中国科学院考古研究所山东发掘队：《山东平阴县朱家桥殷代遗址》，《考古》1961 年第 2 期。
[4] 中国社会科学院考古研究所安阳工作队：《1973 年小屯南地发掘报告》，《考古学集刊》第 9 集，科学出版社，1995 年。

的黏性较好的黄土为原料。木材是另一种重要建筑材料。地面和墙面使用石灰也较常见。石材主要用于柱础。部分需要加以装饰的建筑，还要使用各种颜色的漆。若有关文献中"茅茨土阶"的记载可以得到证实，则茅草为另一种建材。

当时的夯具以集束木棍为主。殷墟白家坟东地发现的夯土墙残块中，有极清晰的小棍夯窝，每5个夯窝自成一组。因此当时的小棍夯具可能多是以5根为一组捆成的。

地面建筑一般都先挖基槽（个别基槽可能利用自然浅坑），后夯地基，再于地基上起墙。有时也直接在地上施夯形成地基。地基的厚度依房屋的规模而定。宗庙、宫殿一类较讲究的建筑，基槽多呈四壁陡直的方形或梯形，深可达数米。住宅类建筑的基槽多挖成中间深四周浅的"锅底状"。在基槽中逐层填土夯打。地基通常略高于地面。较大型的建筑如宗庙和宫殿，地基往往高出地面许多，形成高台。

墙壁构造主要有两种形式。多数建筑尤其是较大型建筑，一般采用夯土墙体，少数规模较小的建筑则采用泥体墙（常见草拌泥或泥中夹有秸秆）。泥墙体以及大多数夯土墙体都采用木柱为骨干，木柱又用来支撑屋顶。所以考古发现的商代建筑基址通常都有柱础或柱洞。夯土墙体主要用夹版的方式筑成。墙体夯好后，内外壁面要加以抹平。一般住宅的墙体厚度约0.5米左右。有迹象表明，个别房屋的墙体上可能绘有壁画。

白家坟东地有的房址的墙外侧还发现用鹅卵石夹碎陶片铺成的散水。

从"凹"字形基址等经过全面揭露、形制比较清楚的遗存来看，晚商时主体建筑的朝向是面南而略偏西南，这与早、中商时期是一致的。

门道通常都开在房屋的正面，大型建筑则常设有多个门道，包括后门或偏门，如殷墟"凹"字形基址所见。

迄今晚商建筑基址中未发现过屋顶遗迹，甲骨文字中有宅、宫、家、宗、安诸字，所从之"宀"首，据《说文》解释，为居室屋顶的象形。故有理由推测晚商建筑流行两面坡式顶。另有学者据卜辞中用作偏旁的"厂"字，推测当时也有一面坡的单坡式顶。

第四节　晚商时期的墓葬与埋葬制度

晚商墓葬材料极其丰富。除安阳殷墟已清理墓葬数千座外[1]，在河南辉县[2]、郑州[3]、武陟[4]、南阳[5]、舞阳[6]、淮阳[7]、罗山[8]、固始[9]，河北邢台[10]、磁县[11]、

---

[1] 详见本章第一节。
[2] 中国科学院考古研究所：《辉县发掘报告》第15~32页，科学出版社，1956年。
[3] A. 安志敏：《郑州市人民公园附近的殷代遗存》，《文物参考资料》1954年第6期。
B. 郑州市文物工作组：《郑州市殷商遗址地层关系介绍》，《文物参考资料》1954年第12期。
[4] 杨贵金、张立东、毋建庄：《河南武陟大司马遗址调查简报》，《考古》1994年第4期。
[5] 游清汉：《河南南阳市十里庙发现商代遗址》，《考古》1959年第7期。
[6] 朱帜：《北舞渡商代铜鬲》，《考古》1983年第9期；《河南舞阳县吴城北高遗址出土铜爵》，《考古》1984年第5期。

武安[12], 山东长清[13]、平阴[14]、济南[15]、滨州[16]、青州（益都）[17]、寿光[18]、泗水[19]、兖州[20]、邹城[21]、滕州[22], 安徽颍上[23], 陕西西安附近[24], 山西灵石[25]、屯留[26]等地也有发现。

---

[7] 淮阳县博物馆：《河南淮阳县出土一批晚商文物》，《文物》1989年第3期。

[8] A. 信阳地区文管会、罗山县文化馆：《河南罗山县蟒张商代墓地第一次发掘简报》，《考古》1981年第2期。
B. 信阳地区文管会、罗山县文化馆：《罗山县蟒张后李商周墓地第二次发掘简报》，《中原文物》1981年第4期。
C. 欧潭生：《河南罗山县天湖出土的商代漆木器》，《考古》1986年第9期。
D. 河南省信阳地区文管会、河南省罗山县文化馆：《罗山天湖商周墓地》，《考古学报》1986年第2期。
E. 信阳地区文管会、罗山县文管会：《罗山蟒第后李商周墓地第三次发掘简报》，《中原文物》1988年第1期。

[9] 信阳地区文管会、固始县文管会：《固始县葛藤山六号商代墓发掘简报》，《中原文物》1991年第1期。

[10] 河北省文物管理委员会：《邢台曹演庄遗址发掘报告》，《考古学报》1958年第4期。

[11] 河北省文物管理处：《磁县下七垣遗址发掘报告》，《考古学报》1979年第2期。

[12] 河北省文物研究所、河北文化学院：《武安赵窑遗址发掘报告》，《考古学报》1992年第3期。

[13] 山东省博物馆：《山东长清出土的青铜器》，《文物》1964年第4期。

[14] 中国科学院考古研究所山东发掘队：《山东平阴县朱家桥殷代遗址》，《考古》1961年第2期。

[15] 山东大学历史系：《济南大辛庄遗址发现商代青铜兵器》，《文物》1995年第6期。

[16] 王思礼：《惠民专区几处古代文化遗址》，《文物》1960年第3期。

[17] A. 祁延霈：《山东益都苏埠屯出土铜器调查记》，《中国考古学报》第2册，1947年。
B. 齐文涛：《概述近年来山东出土的商周青铜器》，《文物》1972年第5期。
C. 山东省博物馆：《山东益都苏埠屯第一号奴隶殉葬墓》，《文物》1972年第8期。
D. 山东省文物考古研究所、青州市博物馆：《青州市苏埠屯商代墓地发掘报告》，《海岱考古》第一辑，山东大学出版社，1989年。

[18] 寿光县博物馆：《山东寿光县新发现一批纪国铜器》，《文物》1985年第3期。

[19] 解华英：《山东泗水发现一批商代铜器》，《考古》1986年第12期。按：文中报道泗水张庄窖堌堆出土瓿、爵、尊等晚商青铜器，应是一座墓葬随葬品。

[20] 郭克煜、孙华铎、梁方建、杨朝明：《索氏器的发现及其重要意义》，《文物》1990年第7期。

[21] 国家文物局考古领队培训班：《山东邹县南关遗址发掘简报》，《文物》1991年第2期。

[22] A. 孔繁银：《山东滕县井亭煤矿等地发现商代铜器及古遗址、墓葬》，《文物》1959年第12期。
B. 滕州市博物馆：《山东滕州出土商代青铜器》，《考古》1994年第1期。
C. 中国社会科学院考古研究所山东工作队：《滕州前掌大商代墓葬》，《考古学报》1992年第3期；《山东滕州市前掌大商周墓地1998年发掘简报》，《考古》2000年第7期。
D. 《滕州前掌大遗址有重要发现》，《中国文物报》1995年1月8日。
E. 胡秉华：《滕州前掌大商周遗址》，《中国考古学年鉴（1995）》，文物出版社，1997年；《滕州前掌大遗址》，《中国考古学年鉴（1996）》，文物出版社，1998年。

[23] 阜阳地区博物馆：《安徽颍上王岗、赵集发现商代文物》，《文物》1985年第10期。

[24] 西北大学历史系考古专业：《西安老牛坡商代墓地的发掘》，《文物》1988年第6期。

[25] A. 戴尊德：《山西灵石县旌介村商代墓和青铜器》，《文物资料丛刊》3，文物出版社，1980年。
B. 山西省考古研究所、灵石县文化局：《山西灵石旌介村商墓》，《文物》1986年第11期。

[26] 长治市博物馆：《山西屯留县上村出土商代青铜器》，《考古》1991年第2期。

晚商的墓葬，以殷墟发现为多，因其是都城，故有王陵区和族墓地之分；在青州苏埠屯和滕州前掌大等地可能有方国君主墓，但在其余大部分地区，只有族墓地。殷墟王陵区大墓分布情况已在第一节中介绍，此处不再叙述。一般的墓葬除了葬于族墓地内的，还有埋在基址附近的无圹墓和瓮棺葬等。

一 墓葬概况

（一）墓葬形制

晚商墓葬绝大多数是长方形竖穴土坑墓，但也有部分带墓道的墓，其中又可分为一条墓道、两条墓道和四条墓道的墓。

四条墓道的墓是所有商代墓葬中规格最高的一类，目前只发现于安阳殷墟和青州苏埠屯两地。两条墓道的墓葬，发现于安阳殷墟的侯家庄西北冈、后冈、大司空村和滕州前掌大、青州苏埠屯。一条墓道的墓除殷墟外，还见于山东青州苏埠屯、滕州前掌大和河南罗山天湖等遗址。双墓道墓葬，墓道为一南一北；单墓道的墓葬，墓道一般在墓室南端（个别墓在北端）。也有少数墓带有拐弯的单墓道。

墓葬的方向不完全一致，但绝大多数取东北方位。殷人崇东北方位，可能与日月星辰的崇拜有关，也可能与商族起源有关，或者是对商人先祖起源地的怀念和崇敬[1]。

殷墟范围内的墓葬，约半数墓葬的墓底开有腰坑。殷墟以外的晚商墓，腰坑也十分流行。可见腰坑是晚商墓葬的一个重要特征。

绝大多数墓都是直壁上下的长方形坑，但少数墓留有生土二层台[2]。有的墓葬有壁龛。壁龛一般都用来放置器物。

（二）葬具

晚商墓葬一般有木棺，部分有棺还有椁。只有少数棺、椁全无。

迄今还未发现可以完全复原的木棺。从墓葬二层台内板灰或漆痕观察，木棺为长方形，但一头略宽。由板灰知大多数木棺棺长1.8～2.1米，宽0.6～0.8米，棺板厚0.05～0.08米，高在0.4～0.5米间。部分木棺规格略大一些，如殷墟郭家庄160号墓，木棺长达2.5米，宽0.88米。有的棺的外壁加装饰，通常涂红、黑、白诸色漆。有的在棺上雕刻花纹后再涂漆。个别还有镶嵌。

木椁由圆木或方木构成，具体结构视墓葬规格而定。带墓道的大墓中，木椁平面多呈"亚"字形，长4米以上，宽、高均3米以上。普通的长方形竖穴土坑墓，椁室一般较小，木椁平面形制呈"井"字形或长方形。长一般在2.5～3米之间，宽1～1.2米。也有个别的长超过3米，宽超过1.5米。如殷墟郭家庄160号墓中的椁，长3.26米，宽1.64米，高1.1米。河南罗山天湖墓地M12的"井"字形椁长3.33米，宽1.1～1.28米，椁板厚0.05米。

关于晚商棺椁的材质，现有线索来自河南罗山天湖墓地。据对墓地中两座较大的墓葬

---

[1] 杨锡璋：《殷人尊东北方位》，《庆祝苏秉琦考古五十五年论文集》，文物出版社，1989年。
[2] 大多数墓在葬具与墓圹之间由填土形成"熟土二层台"。

的椁板所作的鉴定，知当时椁板至少用了栎木和黄楝木两种质材[1]。

儿童墓用陶器器皿作为葬具，包括瓮、罐、盆等大型陶器。

（三）葬式

最流行的葬式是仰身直肢葬，身躯平躺，双手抚腹或者双手贴于体侧，少数双手交叉于背后。另一种较常见的葬式是俯身葬，即人体作俯卧状，面向下，双手压于腹下或者交叉于背后。也有少数墓葬为用侧身葬式，即墓主侧身而卧，腿多弯曲。无论采取何种葬式，死者的头部一般都在木棺中较宽的一端。

从目前对殷墟地区孝民屯南及新安庄人骨鉴定的情况看，俯身葬只用于成年男性中，而未见成年女性用俯身葬者，但在殷墟王陵区的祭祀坑中，俯身也见于成年女性及男孩中。对上述现象，目前尚无确切解释[2]。

（四）随葬品组合

随葬品的组合与墓葬的规格有直接联系，并且因地而异。

殷墟一带的墓葬，绝大多数都配置有随葬品。普通墓葬一般用陶器，规模较大的墓葬则以铜器作为随葬的重点。墓葬越大，等级越高，所用铜器越多。墓葬中使用玉器的数量也与其规格或等级成正比。墓葬采用何种随葬品组合方式，与墓地属性有关。不同的家族墓地，其随葬品组合方式往往有差异。常见的随葬陶器有觚、爵、鬲、豆、簋、罐和盘等。以觚、爵最常见，是组合的核心。殷墟常见的随葬铜器有觚、爵、鼎、甗、簋、斝、卣、瓿、罍和方彝等，铜觚和铜爵一直是随葬品组合的核心。配套觚爵的多寡与使用其他铜器的多寡相联系。使用单套觚爵的墓葬，或者只有一觚一爵，或者与鼎、簋等其他铜器相配。而随葬二套或三套以上觚爵的墓葬，与之相配的其他铜器也多。这种一套或多套的铜觚、铜爵墓，通常面积都在3平方米以上。

除陶器、青铜礼器外，还常以武器、工具、各种玉石器以及海贝随葬。

殷墟以外所见晚商墓葬，其随葬品组合与殷墟商墓相比较，既有共性又各具特色。一般规模较大、等级较高者，普遍用铜器随葬，并且铜器的器类和器形与殷墟基本一致。如河南罗山后李墓地以及山东滕州前掌大晚商贵族墓地的铜器墓，其随葬品组合方式以铜觚、爵为核心，外加鼎、卣等。但代表平民阶层的各地陶器墓，使用随葬品的情况与殷墟差异较大。殷墟的核心随葬品陶觚和陶爵，在殷墟以外并不盛行。如罗山后李晚商墓地[3]

---

[1] 河南省信阳地区文管会、河南省罗山县文化馆：《罗山天湖商周墓地》，《考古学报》1986年第2期。

[2] 韩康信：《殷墟人骨性别年龄鉴定与俯身葬问题》，《中国商文化国际学术讨论会论文集》，中国大百科全书出版社，1998年。

[3] A. 信阳地区文管会、罗山县文化馆：《河南罗山县蟒张商代墓地第一次发掘简报》，《考古》1981年第2期。

B. 信阳地区文管会、罗山县文化馆：《罗山县蟒张后李商周墓地第二次发掘简报》，《中原文物》1981年第4期。

C. 欧潭生：《河南罗山县天湖出土的商代漆木器》，《考古》1986年第9期。

平民墓葬中多用鬲、簋、罐。西安老牛坡晚商墓[1]中则流行鬲、罐两类陶器。上述现象表明商代上层社会丧葬制度上的共性要远大于下层平民，也反映出晚商都邑之外地区的普通平民的葬俗更重视食器而不是酒器。

（五）墓上建筑问题

晚商墓葬是否建有坟丘问题。目前发现的绝大多数墓葬均未发现坟丘。有学者根据安阳殷墟侯家庄西北冈大墓的发掘，推测当时的墓葬可能是有坟丘的[2]。但仅仅是推测而已。据报道，河南罗山天湖晚商贵族墓地已发现坟丘[3]。该残存坟丘的墓葬是一座长方形竖穴木椁墓。墓口长5.2米，宽3.8米。残存封土高约0.3米。这一发现，使得更多的学者相信商代墓葬已经建有坟丘[4]。

有学者提出晚商时期已经出现墓上建筑[5]。其依据主要是妇好墓及叠压在妇好墓上的一处房基。然而从安阳殷墟数千墓葬的清理情况看，上述所谓墓上建筑很可能只是晚期房址叠压早期墓葬的偶然现象，即所谓"墓上建筑"与其所叠压的墓葬并无必然联系[6]。但近年又有关于山东滕州前掌大墓上建筑的报道[7]。因此，坟丘问题和墓上建筑问题，都待进一步考古发掘才能解决。

（六）贵族墓的陪葬与祭祀

王陵和高等级的贵族墓，都要在茔地设陪葬坑并进行祭祀活动。陪葬坑通常是车马坑或动物坑。有的直接用人陪葬。

殷墟王陵区诸大墓和后冈大墓都发现有陪葬墓[8]。

殷墟郭家庄商代墓地发现两组陪葬坑[9]。第一组陪葬坑包括车马坑M52（图版24）、M58和马坑M51；第二组陪葬坑包括车马坑M146、M147、马坑M143、羊坑M148。据考察，这两组陪葬坑分别属于它们东北约35米处的两座贵族墓。其中M146组属于160号大墓，该墓出土了大量青铜礼器，墓主是一名地位显赫并可能生前据有武职的贵族。M52组

  D. 河南省信阳地区文管会、河南省罗山县文化馆：《罗山天湖商周墓地》，《考古学报》1986年第2期。
  E. 信阳地区文管会、罗山县文管会：《罗山蟒张后李商周墓地第三次发掘简报》，《中原文物》1988年第1期。
[1] 西北大学历史系考古专业：《西安老牛坡商代墓地的发掘》，《文物》1988年第6期。
[2] 高去寻：《殷代墓葬已有墓冢说》，台湾大学《考古人类学刊》第41期，1980年。
[3] 河南省信阳地区文管会、河南省罗山县文化馆：《罗山天湖商周墓地》，《考古学报》1986年第2期。
[4] 胡方平：《试论中国古代坟丘的起源》，《考古与文物》1993年第5期。
[5] 杨鸿勋：《关于秦代以前墓上建筑的问题》，《考古》1982年第4期。
[6] 杨宝成：《殷墓享堂疑析》，《江汉考古》1992年第2期。
[7] 中国社会科学院考古研究所山东工作队：《滕州前掌大商代墓葬》，《考古学报》1992年第3期。
[8] 中国社会科学院考古研究所：《殷墟的发现与研究》第100~132页，科学出版社，1994年。
[9] 中国社会科学院考古研究所：《安阳殷墟郭家庄商代墓葬》第127~150页，中国大百科全书出版社，1998年。

属于 M172 大墓。M172 带有一条墓道，属地位较高的贵族无疑，可惜该墓早年被盗。

殷墟墓地中还有一类埋葬有人骨或动物骨架的圆形或方形坑穴，又称为祭祀坑，其性质与上述陪葬墓或陪葬坑略有不同。它们应是商代贵族死亡并葬入墓地之后，其后人到墓地举行祭祀活动留下的遗存。此类埋葬有被砍杀的人牲或犬、羊、牛一类动物牺牲的遗迹已在殷墟多处发现。后冈祭祀圆坑可能属于此类遗存[1]。

二 晚商墓葬的族墓地特征

安阳殷墟的情况表明，除王陵有独立的兆域外，一般晚商墓葬也大都在分布上形成一个个相对独立的墓区。这些墓区之间有空地隔开。同一墓区墓葬所出铜器的族徽相同，而不同墓区铜器上的族徽有别。各墓区之间的墓葬随葬品组合方式也有一定差异。根据这些特征，学者认为这些不同墓区的墓葬，应是以血缘和亲属关系为纽带的商代同一族系下不同族的"族墓地"[2]。

考古工作者曾对揭露较充分的殷墟部分地点的墓葬进行分区研究。主要成果有：将1953年发掘的大司空村殷墓分为4个区[3]；将殷墟西区自1969年以来发掘的大量墓葬分为10个墓区[4]；将殷墟后冈已发掘的107座商墓（含祭祀坑2座）分为3个区[5]；将郭家庄已发掘的191座商墓分为3个区[6]。

殷墟其他地区近年也发现大量墓葬，如刘家庄、戚家庄、新安庄、白家坟、王裕口南等地。有关这些地点的墓葬分区还需进一步研究。

不同墓区的族徽，一般见于墓区内一些规格较高的墓葬所出的铜器上。如西区第三区的铜器族徽为"员"字；第七区墓葬为"共"字；第八区墓葬为"狀"字。

不同族墓地间的随葬品组合的差异，主要体现在陶器上。以后冈的三个墓区即三处"族墓地"为例，一区墓葬较多以鬲随葬，二区较多用觚、爵、罐的组合，三区则以觚、爵组合为主[7]。

族墓地的规模，通常都在数十座或数百座以上。进一步的研究表明，族墓地内部通常

---

[1] 详见本章第五节。
[2] A. 中国社会科学院考古研究所安阳工作队：《1969～1977年殷墟西区墓葬发掘报告》，《考古学报》1979年第1期。
B. 杨锡璋：《商代的墓地制度》，《考古》1983年第10期。
C. 葛英会：《殷墟墓地的区与组》，《考古学文化论集（二）》，文物出版社，1989年。
[3] 马得志、周永珍、张云鹏：《一九五三年安阳大司空村发掘报告》，《考古学报》第9册，1955年。
[4] 中国社会科学院考古研究所：《殷墟的发现与研究》第121～128页，科学出版社，1994年。
[5] 刘一曼、徐广德：《论安阳后冈殷墓》，《中国商文化国际讨论会论文集》，中国大百科全书出版社，1998年。
[6] 中国社会科学院考古研究所：《安阳殷墟郭家庄商代墓葬》第152～153页，中国大百科全书出版社，1998年。
[7] 刘一曼、徐广德：《论安阳后冈殷墓》，《中国商文化国际讨论会论文集》，中国大百科全书出版社，1998年。

还可分为不同的墓组。即同一族墓地中的某些墓葬簇聚成更小的墓葬群，数座、十数座或数十座不等，自成单元。殷墟西区的10个族墓地中都包含有这样的墓组。如西区第三区东部的墓葬，明显可以分为12个墓组[1]。后冈3个墓区或可分为8组（图6-12）[2]。郭家庄已发掘的191座墓葬可分为19组[3]。各组墓葬不仅相对集中，随葬品组合也各有特色。殷墟其他地点的墓葬中，也普遍存在这种墓区中再分墓组的现象[4]。

河南罗山天湖墓地和陕西西安老牛坡墓地是商代方国遗存，但也都属族墓地性质。1985年发掘的老牛坡38座墓，总体属一个墓区，但又可分为南、北两组或南、北、西三组。每组都有大小不等的墓葬，反映出与殷墟墓地类似的特点[5]。

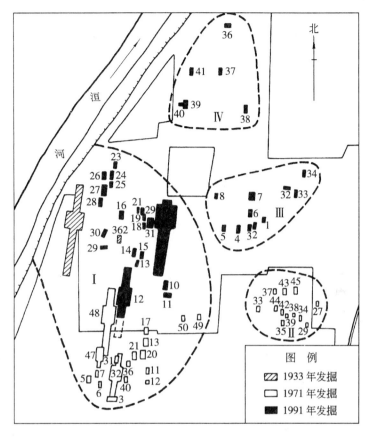

图6-12 殷墟后冈墓地Ⅰ～Ⅳ组墓葬分布示意图

上述的所谓墓组，可能是族墓地中的家族"私地域"。

殷墟西区第三区所分12个墓组中的第9组即为一处较为典型的家族墓群。该组墓葬共计28座。其中25座保存了较为完整的随葬品。按随葬品中的陶器形制，可知这25座墓中，属殷墟二期早段5座、晚段3座，殷墟三期5座，殷墟四期早段5座、晚段7座。四期墓多于二期和三期墓，或反映了家族规模的不断扩大[6]。

---

[1] 唐际根：《殷墟家族墓地初探》，《中国商文化国际讨论会论文集》，中国大百科全书出版社，1998年。

[2] 刘一曼、徐广德：《论安阳后冈殷墓》，《中国商文化国际讨论会论文集》，中国大百科全书出版社，1998年。

[3] 中国社会科学院考古研究所：《安阳殷墟郭家庄商代墓葬》第152页，中国大百科全书出版社，1998年。

[4] 葛英会：《殷墟墓地的区与组》，《考古学文化论集（二）》，文物出版社，1989年。

[5] A. 西北大学历史系考古专业：《西安老牛坡商代墓地的发掘》，《文物》1988年第6期。
    B. 刘士莪：《西安老牛坡商代墓地初论》，《文物》1988年第6期。

[6] 唐际根：《殷墟家族墓地初探》，《中国商文化国际讨论会论文集》，中国大百科全书出版社，1998年。

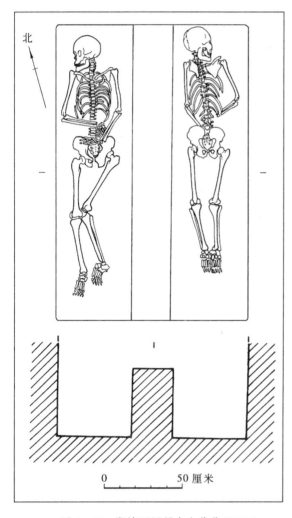

图 6-13　殷墟西区男女合葬墓 M2686
　　　　西．女性　东．男性

殷墟墓地中，经常发现一些左右并列或前后相随，相距很近的墓葬。这些墓葬形制相似、时代（期别）相近、随葬品组合一致，而且墓主人的头向相同。殷墟西区、大司空村、戚家庄、刘家庄等墓地中，该类墓占到墓葬总数的近三分之一强[1]。殷墟以外的晚商墓地目前尚缺乏关于这类墓葬的鉴定和统计，但情况可能是相似的。有学者称族墓地中的这种现象为"异穴并葬"或"夫妻并穴合葬"。

有关"异穴并葬"墓墓主的性别、年龄鉴定表明，异穴并葬的两墓，墓主人的性别往往正好相反而年龄却比较接近。因此这些墓葬的墓主关系很可能是夫妻关系。

异穴并葬墓出现在龙山时代晚期，至晚商更为常见，被认为是实行"一夫一妻"婚姻制度的反映[2]。

晚商的一夫一妻制还反映在殷墟发现的同穴男女合葬墓中。殷墟西区 M2686 就是一座同穴男女合葬墓。该墓墓底中部有一条南北向的土梁将墓室分成东西两个小坑。男性俯身，埋于东坑；女性仰身，埋于西坑。男女地位看来是平等的，应是碰巧同时亡故的夫妇墓[3]（图 6-13）。

三　晚商墓葬的类型、规模与墓主人生前的社会地位

晚商墓葬绝大部分为长方形竖穴土坑墓，但还有一部分带墓道的大墓。长方形竖穴墓中，又存在大小和规模的分别。另外，还有少数无墓圹墓。墓葬的不同类型和规模，反映

---

[1]　孟宪武：《殷墟南区墓葬发掘综述——兼谈几个相关问题》，《中原文物》1986 年第 3 期；《试析殷墟墓地"异穴并葬"墓的性质——附论殷商社会的婚姻形态》，《华夏考古》1993 年第 1 期。
[2]　A. 白寿彝总主编、苏秉琦主编：《中国通史》第 2 卷，第 260~261 页，上海人民出版社，1994 年。
　　B. 杨锡璋、高炜：《殷墟与龙山时代墓地制度的比较》，《中国商文化国际学术讨论会论文集》，中国大百科全书出版社，1998 年。
[3]　中国社会科学院考古研究所：《殷墟的发现与研究》第 125 页，科学出版社，1994 年。

墓主人生前身份和社会地位的不同。现据墓葬形制、墓室规模、是否使用棺椁、随葬品的种类和多寡以及有无殉人等因素，将晚商墓葬分为三种七类。

(一) 甲种：带墓道的大墓

根据墓道的多少分为三类。

1. 甲种第一类

四条墓道的大墓。已发现9座。其中8座分布在安阳殷墟侯家庄西北冈[1]。另1座发现于山东青州苏埠屯[2]。

殷墟侯家庄西北冈是晚商王陵区所在。8座四墓道大墓分东西两区分布。西区7座，东区1座。墓室面积都在100平方米以上。所有墓都盗掘殆尽，今举M1001和M1500为例介绍之。

M1001位于王陵区的西区，墓口呈"亚"字形，东西长21.3米，南北宽18.9米。面积260.88平方米[3]。墓室深10.5米。方向17°。

椁室由木板筑成，高约3米。椁底以92块柏木板铺成。底板之下有规律地分布有长约1.1米，深1.2米的方坑9个，每坑埋有1犬和1执戈人（其中1坑无犬）。椁外侧西南角填土中有殉人1具，椁顶附近有11个殉人，部分有棺，有的殉人身上还有绿松石佩饰。

四条墓道长、宽不一。南墓道口长30.7米，宽7.85米，填土中埋有人头骨14组42个，无头人架8组59具；北墓道口长19.5米，宽5.90米，埋人头骨6组14个，带随葬品的全躯人架1个；西墓道口长7.40米，宽3.75米，埋人头骨4组11个，带随葬品的全躯人架1个；东墓道口长14.2米，宽3.35米，埋人头骨3组6个，无头人架1具。这些被杀的人应是落葬过程中的牺牲。

该墓多次被盗，随葬品所剩不多。但在二层台和墓道内的殉人坑中发现少量铜器，并在盗坑中清理出一批玉、石、骨、角、牙、蚌器和白陶、金饰等。

沿M1001南北墓道的东部边缘，较有规律地排列有37个埋人和动物的坑。其中埋人的坑22个，马坑7个，内容不明者2个，被破坏者6个。22个埋人坑中，1坑埋1人者3个，1坑埋2人者9个，1坑埋3人者3个，1坑埋4人者1个，1坑埋5人者3个，1坑埋6人者2个，1坑埋7人者1个。共计埋有68人。有的墓坑面积较大，有棺椁和腰坑，伴出成组青铜器，并有殉人。这些人可能是墓主生前的侍从，属陪葬墓性质。马坑中的马头骨上有华丽的辔头、铜泡及绿松石等饰物。

---

[1] 梁思永、高去寻：《侯家庄·1001号大墓》，历史语言研究所，1962年，台北；《侯家庄·1002号大墓》，历史语言研究所，1965年，台北；《侯家庄·1003号大墓》，历史语言研究所，1967年，台北；《侯家庄·1217号大墓》，历史语言研究所，1968年，台北；《侯家庄·1004号大墓》，历史语言研究所，1970年，台北；《侯家庄·1500号大墓》，历史语言研究所，1974年，台北；《侯家庄·1550号大墓》，历史语言研究所，1976年，台北；《侯家庄·1129、1400、1443号大墓》，历史语言研究所，1996年，台北。

[2] 山东省博物馆：《山东益都苏埠屯第一号奴隶殉葬墓》，《文物》1972年第8期。

[3] 梁思永、高去寻：《侯家庄·1001号大墓》，历史语言研究所，1962年，台北。

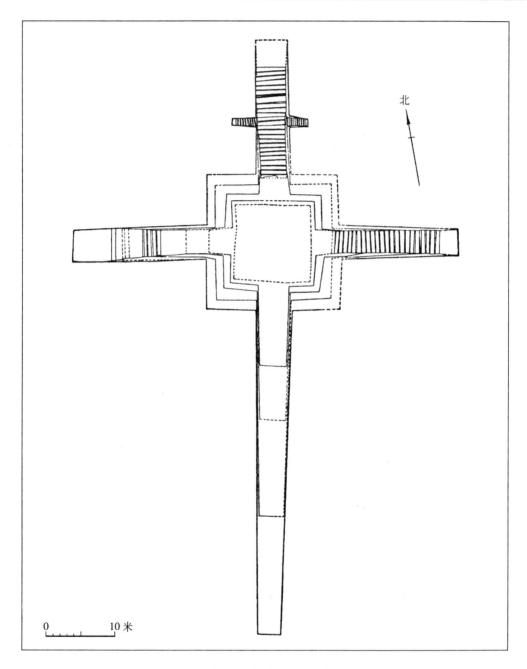

图 6-14 殷墟西北冈 M1500 大墓平面图

M1500 位于王陵区西区西北角,其南墓道为 M1217 北墓道所压。墓室呈方斗形,口大底小(图 6-14)。墓口南北长 18.45 米,东西长 18.05 米,面积 333.02 平方米。墓底南北长 10.35 米,东西长 10.38 米,面积 107.53 平方米。墓底深 13.20 米,但在深 10.30 米处已到潜水面,无法下作。因整个椁室在潜水面下,故椁内情形不明。方向 10.7°。

四条墓道除南墓道呈坡状外，其余三条皆呈台阶状。北墓道中段还有两条东西向的支道，也有台阶。南墓道长 48.55 米。东墓道长 20.05 米，有 23 级（+4?）台阶。西墓道长 22.65 米，有 28 级台阶。北墓道长 22.60 米，有 31 级台阶。北墓道东支道长 3 米，有 11 级台阶。西支道长 3.88 米，有 10 级台阶。各级台阶平均高 0.17 米。

此墓虽经盗掘，但有部分填土未被翻动。在墓室及墓道内口处夯土中有人头骨 111 个（另有 3 个在盗坑内）。这些人头分上下两层埋葬。下层有人头 72 个，分布在墓室东南、西南、西北三角及西墓道内口尽头，放置散乱。上层的 39 个人头全部在北墓道及毗连的墓室内，都头顶向上，脸向墓室中心。

在南墓道及西墓道内各有一处填土未被翻动。南墓道中有并排的头尾相连的大理石雕的石兽 3 对（夔龙、水牛和虎），大理石俎形器 1 件。在西墓道内，有石门臼 1 对，还有石簋、皿和盘等容器残片，另有木质仪杖遗迹，但已朽成粉状。在墓室盗坑内还有许多残破及零星的玉、石、骨、蚌器和陶片等[1]。

在南墓道东壁及墓室南壁东段相接处外侧有两座陪葬墓（M1414、M1421），都已被盗。苏埠屯 M1 是殷墟之外仅见的四墓道大墓。

该墓墓室为长方形，南北长 15 米，东西宽 10.7 米。四条墓道中，南墓道呈斜坡状，底长 26.1 米，宽 2.7~3.2 米。西、北墓道作阶梯状，东墓道未发掘。

墓葬的椁室作"亚"字形。椁下铺有木炭。木炭层下挖有 1 个方形坑和 1 个长方形坑，组成"T"形坑。方坑内发现 1 具侧卧的狗架，坑西角和南角分置陶罐和陶盆各 1 件。长方形坑内埋 1 殉葬人。"T"形坑之下还有 1 个大方坑，长 1.9 米，宽 1.8 米，内有 1 跪式殉人，填土未经夯打。椁室的西、北、东三面有熟土二层台，宽 0.7 米，高 2.2 米。东台上南端又有南北 2 个殉葬坑，南坑内殉 2 人，北坑内殉 4 人。西台上也有 1 个殉葬坑，内置 1 棺 1 人。椁室南壁外与南墓道之间叠压的 3 层人骨架、人头和狗骨架可能是落葬时的牺牲。第 1 层为人架 1 具、人头骨 1 个、狗架 1 具；第 2 层杂乱地放置人头骨 24 个，人头骨的南侧殉狗架 3 具；第 3 层有殉人 13 个，殉人南侧有狗架 1 具。填土中发现啮齿类动物骨架 1 具。

该墓早年被盗，只部分小件器物及椁室外器物得以幸免。铜容器皆已残破，器类有圆鼎、方鼎、斝、爵；铜兵器有钺、戈、矛、斧、镞；其他铜器有兽头饰、鸟形铜片等。陶器有陶觚、瓿、盆、罐、盘等。陶觚形制与殷墟三期觚完全一样。陶瓿、盆、盘、罐也都属安阳殷墟遗址第三期较常见的器形。玉器和骨器也类同殷墟所出。苏埠屯 1 号墓虽位处晚商文化苏埠屯类型的分布区内，但其葬俗和随葬品形态与殷墟基本没有区别，或暗示了墓主人较高的身份背景。因苏埠屯的地理位置与文献中的薄姑的地望相近，因此有学者推测该大墓应为商末薄姑氏君主的陵寝[2]。也有学者根据地望和青铜器上的徽记，提出其他解释。

---

[1] 梁思永、高去寻：《侯家庄·1500 号大墓》，历史语言研究所，1974 年，台北。
[2] 殷之彝：《山东益都苏埠屯墓地和"亚醜"铜器》，《考古学报》1977 年第 2 期。

2. 甲种第二类

二条墓道的大墓。已发现12座。其中殷墟9座，3座集中于西北冈王陵区的东区，5座集中于后冈，1座在大司空村，推测墓主应是王室成员或与王室有关的地位极高的贵族。此外，山东滕州前掌大发现3座，大致应属商代方国首领的墓葬。据说，青州苏埠屯也勘探到二条墓道的大墓[1]，但具体情况不详。

武官村大墓（WKGM1）位于殷墟西北冈王陵区东区。

该墓发掘于1950年。墓室作长方形，上口长14米，宽12米，深7.2米。面积168平方米（图6-15）。墓葬中的椁室保存尚好，长6.3米，宽5.2米，高2.5米，四壁用较粗的原木筑成。椁顶板可能雕有花纹并涂朱漆。椁外的夯土二层台上散布许多人殉坑，总体上左右对称。随葬的礼乐器也放在二层台上。椁内置棺，棺木无存。墓底中心有一腰坑，内埋一持戈人。

墓道在南北两侧。北墓道长15米，宽5.2米。南墓道长15.55米，宽6.1米。北墓道中发现长方形坑4个，内有马坑3个，分别在墓道东西壁下和北面中部。南坑为殉人坑，其北端为2人对蹲的殉人葬。南墓道也发现马坑3个，分布于墓道东、西壁下和中部，近墓室外有一跪葬人。

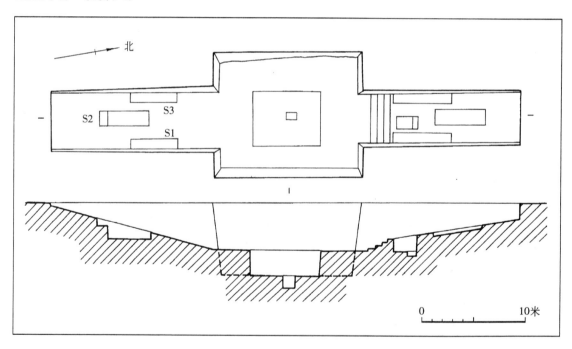

图6-15 殷墟西北冈武官村大墓平、剖面图
S1~S3. 马坑

---

[1] 山东省文物考古研究所、青州市博物馆：《青州市苏埠屯商代墓地发掘报告》，《海岱考古》第一辑，山东大学出版社，1989年。

此墓几经盗掘，但仍余部分玉、石、铜器和白陶器。其中包括青白色虎纹石磬、石盘、石簋、碧玉刻刀、玉璧、玉斧、玉柄形器，铜弓形器、铃和镳、当卢、节约、铜泡等车马器。白陶有盘、尊、卣、罍。铜器有鼎、簋、罍、斝、爵、方彝、刀、戈、镞。骨器有雕花骨器、骨匕、骨板等。还有腐朽的漆木器痕迹。

此墓有大量殉人、殉牲和杀祭的人牲。与墓主人同穴者有人头骨34个，身首完全的人骨架45具，各种动物骨52架[1]。

前掌大M4为一南北向的不甚规则两条墓道大墓。北墓道宽约2.5米，长2米；南墓道宽3～4米，长5米以上。墓室长9.18米，宽5.54～5.72米，深5.15米。墓室内尚存棺椁痕迹。两重椁。棺位于内椁内略偏西侧，残长1米，宽0.66～0.76米。棺面有黑、黄、红、白诸色绘成的图案。棺底铺有一层厚约6厘米的朱砂。棺与内椁之间设有殉狗坑。重要的是，该墓墓口外围发现有地面建筑的台基基底及柱洞，墓道口部外围及墓道底部的局部地方也发现有柱洞、石础、散水设施，因此这是一座压在墓上的地面建筑。据发现的柱洞推测，当系一南北长约11米，东西宽约10米的长方形台基式建筑。该墓因多次被盗，随葬品只有少数留在原位，多数发现于盗坑填土中。出土物包括陶器16件，印纹硬陶1件，原始瓷豆3件，青铜车器及小件铜器72件，玉器14件，绿松石14件，石器21件，骨器122件，龟壳56件，海贝1400余件。此外还有少量金箔。陶器中容器只有盂1件，泥质灰陶，敛口球形腹，平底，下腹部施绳纹。印纹硬陶罐作侈口折肩，带双耳，颈至圈足通施方格纹。其余器物中最重要的是6件镶嵌蚌片的朱漆牌饰的发现。其中2件牌饰的蚌片图案较为完整。1件作兽面状，居中有对称圆眼，有角有鼻，鼻下以小窄片镶成弧形口。另1件图案长70厘米，宽61.5厘米，也是兽面居中，有眉有眼，圆形口中嵌有对称獠牙，口下有一圆形饰，两侧各有四个圆形饰[2]。

3. 甲种第三类

一条墓道的大墓，有二三十座。殷墟发现最多。其中如西北冈王陵区发现2座，后冈发现1座，大司空村3座，殷墟西区10座（第3区5座、第6区4座、第7区1座），郭家庄西1座。刘家庄北有数座，资料尚未发表。面积都在20平方米以上，最大的可达六七十平方米。都有棺椁、殉人、铜礼器、兵器、车马器，或有陪葬墓和车马坑、祭祀坑。原有随葬品丰富程度当不在妇好墓之下。西北冈王陵区的一条墓道大墓极可能是王室成员。王陵区外的一条墓道的墓主应是身份较高的贵族。山东滕州前掌大、青州苏埠屯和河南罗山天湖也发现此类墓葬[3]，其墓主当为商代方国贵族。

84AWBM260位于殷墟王陵区的东区。据传1939年该墓曾出土著名的司母戊方鼎。

---

[1] 郭宝钧：《一九五〇年春殷墟发掘报告》，《中国考古学报》第五册，1951年。
[2] 中国社会科学院考古研究所山东工作队：《滕州前掌大商代墓葬》，《考古学报》1992年第3期。
[3] A. 中国社会科学院考古研究所山东工作队：《滕州前掌大商代墓葬》，《考古学报》1992年第3期。
  B. 山东省文物考古研究所、青州市博物馆：《青州市苏埠屯商代墓地发掘报告》，《海岱考古》第一辑，山东大学出版社，1989年。
  C. 河南省信阳地区文管会、河南省罗山县文化馆：《罗山天湖商周墓地》，《考古学报》1986年第2期。

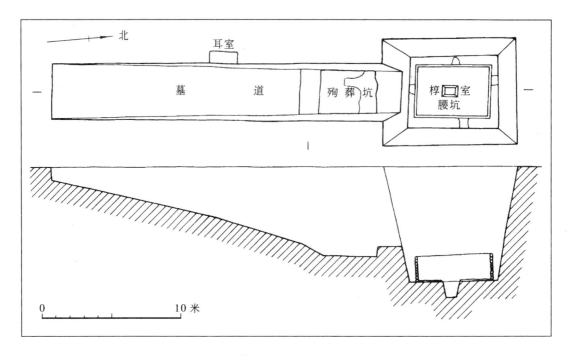

图 6-16 殷墟西北冈 M260 平、剖面图

1984 年进行了正式发掘。

该墓墓道向南，斜坡状，方向 5°。墓室为一长方形竖穴，口大底小。口部南北长 9.6 米，东西宽 8.1 米，深 8.1 米（图 6-16）。墓道与墓底相接处有一土隔梁，宽 2.1 米，高 0.7 米。隔梁南侧有一方形小坑，内埋人骨架 4 具，已被扰乱。

墓底正中有一腰坑，内埋 1 人 1 狗，并出 1 件大玉戈。椁室南北长 5.4 米，东西宽 4.1 米，高 2 米。椁底由 14 块宽 22 厘米、厚 8 厘米的木板铺成，四壁每边都由 9 根径约 23 厘米的圆木叠成。此墓无二层台。

因被盗掘，只在盗坑中收集到一些小铜器，如铜泡、铜牛形饰、铜镞、骨镞、刻花骨匕柄、白陶片、玉饰等。另在墓室西北角清理出 8 把木锨。

墓室填土中有 6 个个体的人骨，椁室填土内有 5 个个体人骨。墓道的中段填土内，发现集中堆放在一起的人头骨 22 个[1]。

殷墟西区 M93 的墓室呈长方形竖穴，口长 5.4 米，宽 4.1 米，深 5.8 米。墓道在墓室南端，总长 7.12 米（在墓道南段约 5 米处向西南偏拐），宽 2.4～2.8 米，上宽下窄，有 11 级台阶直达墓底。墓室内置有棺椁。椁长 3.82 米，宽 1.6 米。因该墓曾遭盗掘，椁内情况不明。墓底开有长 1.14 米、宽 1.06 米、深 0.56 米的腰坑。腰坑内埋 1 人。墓中二层台上尚有部分残留随葬品。其中南二层台上有石磬 4 件，大铜尊 1 对，铜瓿、铜爵、陶瓿、陶爵、陶罐各 1 件，以及铜戈、铜矛数件。北二层台东部放置有车马器、西部放有石磬、漆

---

[1] 中国社会科学院考古研究所安阳工作队：《殷墟 259、260 号墓发掘报告》，《考古学报》1987 年第 1 期。

器及一些蚌饰[1]。

前掌大 M3 墓室长 8 米，宽 3.3~3.4 米。墓道在墓室的南侧，南北残长 1.35 米，宽不足 3 米。双重椁。棺置于内椁中部。棺底铺有朱砂，外围积有木炭。墓曾被盗。残存随葬品大部放置在棺椁之上及棺的东侧，分层堆放。计有陶器 14 件，原始瓷器 13 件，铜器 93 件，玉器 16 件，石器 24 件，骨器 50 件，蚌器 857 件，海贝 163 件。另有零星金箔、龟壳等。陶器、铜器包括：夹砂灰褐陶鬲 1 件，灰陶罐 7 件，铜甗 5 件，泥质灰陶甗 4 件，形制均如殷墟所出。另有三足盘 1 件未见于殷墟及其他类型晚商文化中。原始瓷器中有瓷尊 1 件，形制仿殷墟晚期的陶尊但腹部上收下鼓。瓷豆 10 件，还有瓷罍 1 件。同样形制的瓷罍、瓷豆殷墟也曾出土过。M3 的铜器主要是车马器。玉器主要是玉饰。骨器则为锥、簪、镞一类的用具。这些器物均与殷墟所出相似[2]。

（二）乙种：竖穴土坑墓

根据墓葬的大小分为三类。

1. 乙种第一类

大型竖穴土坑墓。面积 10 平方米以上。目前发现数十座。有棺椁，较多地使用殉人，随葬大量青铜礼器。

殷墟妇好墓是迄今发现的该类墓葬中规格最高的一座。该墓长 5.6 米，宽 4 米，深 7.5 米。面积 22.4 平方米。棺椁已朽，但有痕迹表明棺椁原都涂有红、黑等色漆。墓底有腰坑 1 个，腰坑内殉 1 人 1 犬。在距墓口 6.2 米处，墓室、东、西壁各开有壁龛 1 个，内埋殉人。墓中共有殉人 16 个，殉狗 6 只。该墓未被盗，故保存了极其丰富的随葬品。总计 1928 件，其中铜礼器达 200 余件（图版 25），玉器 755 件。这些铜器、玉器制作精美，不少是过去从未见过的器形。经器物研究和铭文考释，知墓主是殷王武丁之妻妇好。该墓的发现，不仅提供了大量商代文化遗物，而且对于研究殷墟文化分期、卜辞断代等具有重要意义[3]。

郭家庄 M160 是一座大型竖穴土坑墓[4]。长 4.5 米，宽 2.9 米，深 5.7 米。面积 13.05 平方米。墓室四周有二层台，墓底中部有长方形腰坑。葬具包括棺和椁。墓主人头向东，足朝西。墓室内有 4 名殉葬人。其中二层台上 1 名、椁室内 2 名、腰坑内 1 名。墓内置随葬器 353 件，包括铜、玉、陶、石、骨、牙器以及竹器和漆器（图 6–17）。以青铜器最多，计有礼器 40 件（图版 26）、兵器（主要是戈和矛）290 余件。该墓是继妇好墓之后殷墟发现的出土文物最丰富的墓葬。铜礼器包括 10 套共 20 件角和方形觚。部分铜器上铸有"亚止"铭文，显示了墓主人的身份和族别，推测墓主生前系身份较高的贵族，年代属殷墟三期。该

---

[1] 中国社会科学院考古研究所安阳工作队：《1969~1977 年殷墟西区墓葬发掘报告》，《考古学报》1979 年第 1 期。
[2] 中国社会科学院考古研究所山东工作队：《滕州前掌大商代墓葬》，《考古学报》1992 年第 3 期。
[3] 中国社会科学院考古研究所：《殷虚妇好墓》，文物出版社，1980 年。
[4] 中国社会科学院考古研究所：《安阳殷墟郭家庄商代墓葬》第 127~150 页，中国大百科全书出版社，1998 年。

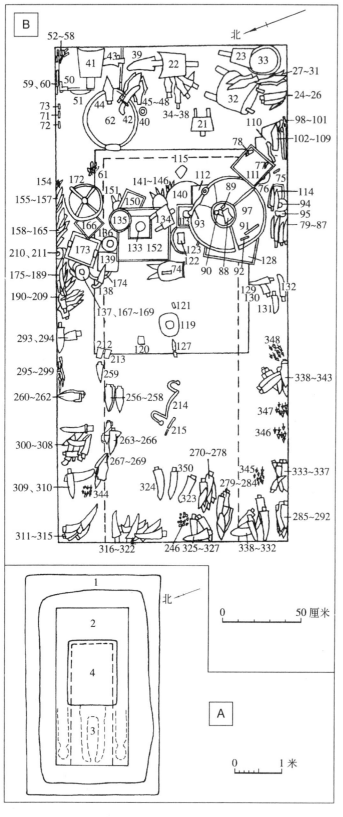

图 6-17 殷墟郭家庄 M160 墓葬结构及椁室内随葬器物分布图

A.M160 墓葬结构：
1.墓室 2.椁室 3.棺 4.腰坑

B.M160 椁室内随葬器物分布图：
21.铜方鼎 22.中铜铙 23.小铜铙 24~26.铜戈 27~31.铜矛 32.铜有盖提梁鼎 33.铜簋 34~38.铜矛 39.铜戈 40.玉环 41.大铜铙 42、43.铜戈 44~48.铜矛 49.玉璜（在 45~48 下） 50.铜方形器 51.铜甗 52~58.铜戈 59、60.铜大刀 61.铜镞 62.铜大圆鼎 63~67.铜矛（在 62 下） 68.铜铃（在 62 下） 69、70.Ⅱ式铜钺（在 50 下，51 之北） 71.铜矛 72、73.铜戈 74.铜盉 75.玉柄形饰 76.玉璧 77.石柄形饰 78.残石璋 79~87.铜戈 88.玉戚 89.玉玦 90.铜戈 91、92.玉柄形饰 93.铜斗 94、95.陶小罍 96.玉笄（在 94、95 之间） 97.铜盘 98~101.铜戈 102~109.铜矛 110.大铜钺 111.铜方罍 112~114.铜方觚 115.铜铃 116.铜方觚（在 97 下） 117.陶罍（在 128 下） 118.铜尊（在 128 下） 119.玉璧 120.铜铃 121.玉柄形饰 122.铜斧 123.铜分裆圆鼎 124、125.铜角（在 97 下） 126.铜觯（在 97 下） 127.玉戈 128.铜大方尊 129~132.铜戈 133.铜方觚 134.铜鼎 135.铜分裆圆鼎 136、137.陶小罍 138.铜戈 139.铜方觚 140.铜罍（在 97 下） 141~146.铜角（在 152 下） 147.铜镞（在 152 下） 148.陶小罍（在 152 下） 149.铜镞（在 152 下） 150.铜方觚 151.铜角 152.铜大方尊 153.铜角（在 152 下） 154.铜镞 155~157.铜戈 158~165.铜矛 166.铜方觚 167.陶小罍 168.陶罐 169.陶小罍 170、171.铜方觚（在 173 东侧下） 172.铜卣 173.铜方罍 174.铜圆罍 175~189.铜戈 190~209.铜矛 210.陶罍 211.陶罐 212、213.铜铃 214.铜弓形器 215.铜策柄 246.小石子 248.象牙器（在 174 内） 249.竹篓（在 118 内） 250.铜戈（在 45~48 下） 251.铜戈（在 189 下） 252、253.铜镞（在 111 内） 254.铜凿（在 74 下） 255.铜镞（在 119 内） 256~292.铜矛 293~343.铜戈 344~348.铜镞 349.铜镞（在 111 内） 350.铜戈（在 343 下） 351、352.铜矛（在 292 下）

墓西南约30米处，埋有时代相同，方向也一致的车马坑两座，应是墓主人的陪葬车马坑。

罗山天湖M8也是一座大型长方形竖穴木椁墓。墓口长5.2米，宽3.2米，深4.4米。墓底有腰坑。距椁顶约0.35米处的填土中发现两副上下叠压，只以青膏泥相隔开的殉葬人薄棺。木椁长3.4米，宽2.2米，高0.59米。椁顶有殉人。棺长1.57米，宽0.57米。随葬有铜礼器，组合核心为两套觚爵，还有鼎、卣、斝等。还出土铜戈、铜矛、铜镞以及一批玉器。随葬陶器则有陶簋、陶尊、陶瓿和硬陶罐[1]。该墓因属殷墟以外的地方类型晚商文化墓葬，面积虽较大，但随葬青铜礼器却只是两套觚爵。这与殷墟地区的乙种一类墓有相当差异。

老牛坡遗址也发现此类墓葬。1986年发掘的M25是一座带边箱的木椁墓，墓口长4.8米，宽2.8米，深2.5米。面积约13.44平方米。墓室东西两侧各有一边箱，宽0.5米。墓中殉埋9人。墓主人和腰坑内殉人已遭破坏。东边箱殉葬3人，西边箱殉4人。填土中埋1人。墓室四角各有1个小方坑，压在边箱之下，小坑内残留有动物骨骼。该墓曾被盗，出土遗物很少，只有小型玉环1件、铜镞3件、贝3枚，以及骨泡、残铜锥等[2]。

2. 乙种第二类

中型竖穴土坑墓。面积3~10平方米。都有棺，多数还有椁。通常有青铜礼器随葬，少数还有殉人。据1987年秋安阳梅园庄南地，1984~1988年大司空村北地，以及1969~1977年殷墟西区的发掘资料统计，这类墓在已发掘的墓葬中超过20%。考虑到殷墟为晚商都邑所在，是贵族相对集中的地方，因此当时整个商王朝范围内，此类墓的比例应低于20%。

1984年殷墟戚家庄东清理的269号墓，长3.03米，宽1.53米，深3.45米。墓底开有腰坑。葬具有棺有椁，还有帷帐和竹席。椁盖表面呈暗红色，间绘黄、黑、白三色漆组成的纹饰。帷帐盖于椁顶和二层台上。竹席位于棺盖之上，以竹皮编织而成，斜向经纬网络。竹条一般宽0.5~0.6厘米。墓内有牛头1、牛前腿1、羊头2、羊腿2，均在二层台及椁盖上。腰坑和填土中各殉有1狗。墓内出土陶、铜、玉、骨器共计73件（图6-18）。其中铜礼器23件，包括鼎、甗、瓿、斝、簋、尊、方彝、卣、觯、斗、觚、爵、铙等。组合核心是3套觚、爵（3觚、2爵）。武器有钺2件、大刀2件、戈13件、矛12件。另外还有弓形器。28件铜器有铭文。其中25件为"爰"字铭文，应是墓主之名或墓主所属族的族徽。该墓年代属殷墟三期[3]。

殷墟西区第七区1713号墓，长3.0米，宽1.56米。有棺有椁。椁长2.66米，宽1.26米；棺长2.0米，宽0.64米。棺座布满朱砂。墓底有腰坑，内殉1犬。椁顶板上0.5米处铺有一层布，布面有花纹，上置1犬。墓内有3名殉人，皆为俯身的少年。随葬品包括青铜礼器、兵器和陶器，以及玉、石、蚌、骨器。其中铜礼器有鼎、甗、斝、簋、觚、爵、卣、尊、盉、盘。1件鼎、1件簋和1件爵的盖上有较长的铭文。铜鼎铭文为："壬申王易

---

[1] 河南省信阳地区文管会、河南省罗山县文化馆：《罗山天湖商周墓地》，《考古学报》1986年第2期。
[2] 西北大学历史系考古专业：《西安老牛坡商代墓地的发掘》，《文物》1988年第6期。
[3] 安阳市文物工作队：《殷墟戚家庄东269号墓》，《考古学报》1991年第3期。

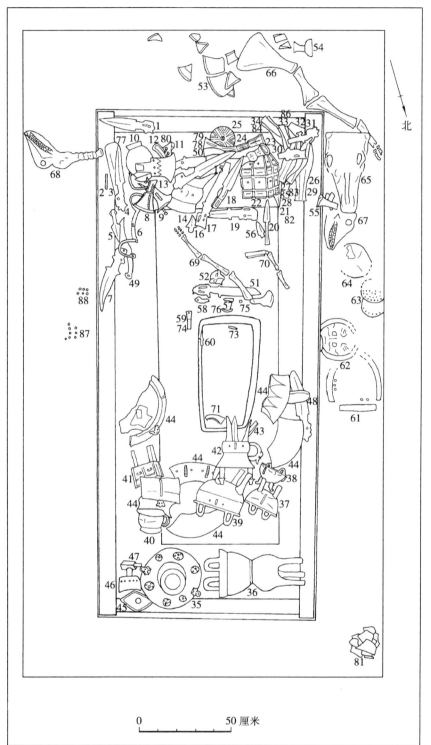

图 6-18 殷墟戚家庄东 M269 平面图

1、4、7、15、17、19、21、30~32、48、51. I 式铜戈 2、3. 铜大刀 5、20. II 式铜矛 6. 铜弓形器 8、24. II 式铜觚 9、12. 铜爵 10. 铜卣 11. 铜斧 13、77. 铜钺 14. II 式铜尊 16. II 式铜戈 18. III 式铜戈 22. 铜方彝 23. I 式铜觚 25. 铜器盖 26~29、33、34、82、83、85、86. I 式铜矛 35. 铜罍 36. 铜甗 37、39. I 式铜鼎 38. III 式铜鼎 40. 铜簋 41. II 式鼎 42. 铜斝 43. 铜凿 44. I 式铜尊 45~47. 铜铙 49. 铜削 50. IV 式铜戈 52. 陶爵 53. 陶簋 54. 陶豆 55. 陶觚 56. 玉戈 57. 骨管 58. 玉虎 59. 石磨石 60. 玉螳螂 61~64、87、88. 丝织品上的图案及骨泡装饰 65. 牛头骨 66. 牛腿骨 67、68. 羊头骨 69、70. 羊腿骨 71. 狗下颌骨 72. 铜铃 74. 玉柄形饰 75. 玉玦 76. 玉璜 78. 铜觯 79. 铜斗 80. 骨环 81. 陶罐 84. 铜锛 (74 压在 59 之下, 77 压在 10 之下, 78 压在 50 之下, 79 出于 78 之中, 80 压在 12 之下, 82 压在 21 之下, 83 压在 85 之下, 85 压在 27 之下, 84 压在 34 之下, 86 压在 33 之下)

0 50 厘米

亚鱼贝，用乍父癸尊，才六月，隹王七祀翌日。"此为迄今惟一一件由科学发掘出土的有纪年铭文的商代铜器。与陶器、铜器同时置于墓中的还有牛腿、羊腿等祭祀时使用的肉食，该墓属殷墟第四期末[1]。

3. 乙种第三类

小型竖穴土坑墓。面积3平方米以下。据1987年秋安阳梅园庄南地，1984~1988年大司空村北地，以及1969~1977年殷墟西区的发掘资料统计，该类墓在已发掘的墓葬中所占比例约80%。一般只有棺，没有椁。通常也没有殉人。随葬器物主要是陶器，部分墓随葬有青铜兵器，主要是铜戈、铜矛。只有个别墓随葬铜觚、铜爵等礼器。该类墓中还包括少量狭小的无棺土坑墓，这些墓没有随葬品或仅随葬一、二枚海贝。考虑到殷墟为晚商都邑所在，许多居民可能属于与王族有关的成员，因此在当时整个商王朝范围内，代表平民阶层的此类墓的比例应高于80%。

1987年殷墟大司空村北地发掘的50号墓为一较典型的晚商小型墓。墓口长2.6米，宽1.08米，深2.3米。未见腰坑。有木棺。死者仰身直肢。随葬陶器有鬲、簋、豆、罍四种。另外在死者的口中和手中发现有海贝3枚。同一墓地的M43，墓口长2.35米，宽1.0米，深2.8米。墓底有腰坑。木棺。墓主仰身直肢。随葬品有陶簋、陶觚、陶爵和1件小玉饰。腰坑中殉葬有狗[2]。

各地方类型的乙种三类墓与殷墟略有不同，往往表现出一定的地方特点。如1980年发掘的罗山天湖26号墓，长1.9米，宽0.96米。随葬陶鬲、簋、罐各1件，漆木豆2件，另有铜戈1件。

（三）丙种：无墓圹墓葬

这类墓数量不多，通常发现于居址近旁的文化层或灰坑中。不归属于任何墓地，没有棺椁，没有随葬品。

1958年殷墟小屯村西发掘的宫殿宗庙区外围的一段大灰沟中，共清理出人骨架24具。其中有些肢体残缺，计无头的1具，无足的2具，无左腿骨的1具，无下肢的1具。葬式不一，计有仰身16具、俯身2具、侧身1具。既有直肢也有屈肢的。均无葬具，也无随葬品，仅1具人架黏附有粗织物痕迹[3]。这类死者可能是奴隶或非商族的俘虏，或凶死者。

从殷墟的情况看，儿童死后是不入族墓地的。他们也被埋在居址的近旁，通常用陶罐或陶瓮收殓[4]。但这类儿童墓要与用于建筑奠基或其他祭祀活动的儿童瓮棺葬区别开来。后者通常发现于夯土中、墙基下或门道下。1997年发掘的殷墟白家坟东地F34，其夯土基址下即埋葬有18座儿童瓮棺葬。

---

[1] 中国社会科学院考古研究所安阳工作队：《安阳殷墟西区一七一三号墓的发掘》，《考古》1986年第8期。
[2] 中国社会科学院考古研究所安阳工作队：《1984~1988年安阳大司空村北地殷墓发掘报告》，《考古学报》1994年第4期。
[3] 中国社会科学院考古研究所：《殷墟发掘报告（1958~1961）》第94页，文物出版社，1987年。
[4] 中国社会科学院考古研究所：《殷墟发掘报告（1958~1961）》第263~265页，文物出版社，1987年。

上述不同的墓葬类型，实际上反映了晚商时期的社会等级。但必须说明的是，用墓穴大小作为区分墓主人等级的标准，在同一地区可能是合适的，但不一定适用于不同地区之间。例如，以铜觚爵套数的多少来区分墓主人的等级，则套数相同的墓葬的墓室面积，往往是殷墟地区的小于殷墟以外的地区。

甲种一类墓是商王的陵墓，只有个别属方国君主墓。墓主人在全社会中居于最高层。甲种二类墓属王室成员或与王室有关的高级贵族墓，墓主人仅次于商王的地位。殷墟以外地区，则可能是方国首领墓。甲种三类墓，除少数属王室成员外，其余应是等级较高的贵族墓。

乙种一类墓主人的身份与甲种三类墓接近，有的属王室成员（如妇好墓），有的则是地位很高的贵族墓。乙种二类墓的墓主应为商代的中小贵族。乙种三类墓数量最大，其墓主人是商代的族众或平民，他们与中小贵族共同构成商代社会的主体。

丙种（成人）墓数量虽然不多，但这种非正常的埋葬遗存反映了晚商社会最底层的状况。

需再作说明的是，上述不同等级的墓葬，除王陵和丙种墓外，其余皆分布在族墓地中。因此上述墓葬分类，实际是同一族墓地中的墓葬等级关系。这种关系存在于殷墟及其以外几乎所有的族墓地中。

例如：老牛坡1986年发掘的38座墓可分为两级，其中中型木椁墓7座，小型墓31座。从布局看，也可分为两组或三组。每组都有木椁墓。

罗山天湖在南北100米、东西30米范围内清理晚商墓22座。其中11座有棺椁，出土成套铜礼器和大量兵器、玉饰。以带一条墓道的M1规格最高，用了5套觚爵。其次M28有鼎、爵各1、觚3。另有5座用2套觚爵。其余11座墓较小，有棺无椁。除2座有铜爵外，都只有陶器或有漆豆、铜戈。布局上按时间顺序排列，11座木椁大墓自北而南分成5排，南端的最晚。而小墓散布其间或在木椁墓近旁[1]。

殷墟发现的族墓地中，较大的墓葬往往聚集在一起。如后冈墓地中，几座带墓道的墓葬相对集中分布在临近洹河的冈西北。殷墟西区第三区的数座带一条墓道的墓葬相对集中于整个墓地的西北部[2]。

郭家庄墓地分北、中、南三区。北区墓葬规模较大，墓葬的面积多在3~8平方米之间，随葬品较丰富。有椁室、有殉人的墓也较多。M160即在该区。中区墓葬大都略小于北区，最大的6平方米，出铜器及带殉人的墓也较少。南区墓葬面积更小，大多在2.5平方米以下，没有一座有椁室，也没有一座有殉人。随葬品更为贫乏[3]。

这些情况又表明，晚商时期同族成员虽葬在同一墓地内，但地位显赫及等级高的成员

---

[1] 河南省信阳地区文管会、河南省罗山县文化馆：《罗山天湖商周墓地》，《考古学报》1986年第2期。

[2] A. 刘一曼、徐广德：《论安阳后冈殷墓》，《中国商文化国际讨论会论文集》，中国大百科全书出版社，1998年。
   B. 中国社会科学院考古研究所安阳工作队：《1969~1977年殷墟西区墓葬发掘报告》，《考古学报》1979年第1期。

[3] 中国社会科学院考古研究所：《安阳殷墟郭家庄商代墓葬》第127~150页，中国大百科全书出版社，1998年。

与普通成员是分区埋葬的，或说是在族墓地中存在着贵族家族墓地[1]。

实际上，商代社会的等级制度，还强烈地反映在不同的族墓地之间。

普通的殷墟族墓地，只有为数不多的带一条墓道的墓葬存在，有的族墓地甚至没有带墓道的墓葬，但后冈Ⅰ区墓地已先后发现甲种二类墓5座，甲种三类墓1座，反映了后冈Ⅰ区族墓地所代表的家族，地位明显高于其他地点家族。

第五节　晚商时期的占卜与祭祀遗存

殷人尚鬼，故有商一代占卜、祭祀活动极为频繁，其祭祀对象既有自然神，也有祖先，且祭祀的方式繁多，这在考古发现和甲骨占卜记录中都有反映。本节重点介绍晚商时期占卜与祭祀遗存，对早商和中商时期相关遗存也酌作追溯。

一　占卜

商人迷信，凡事都要向上帝和祖先请命，以决定自己的行为。用骨占卜，以羊、猪、牛肩胛骨为材料，通过观察兆纹来判断吉凶的习俗，起源于史前时期，至商代盛行起来。

早商文化的卜用骨、甲中，以牛肩胛骨最为常见，猪、羊、鹿、狗的肩胛骨较少，仅有少量的龟甲，还发现个别牛的肋骨。肩胛骨有的经过整治，主要是将脊根部分削平，有时还对骨臼加以修整。牛肋骨是先劈开，再稍加磨制。龟甲则仅仅用刀削整边沿。猪、羊、鹿、狗的肩胛骨多数直接施灼，牛肩胛骨则大多先钻后灼。少量的龟甲多为钻而后灼，但也有个别直接灼的。钻孔的底面或尖圆，或平圆，或钝圆，钻孔疏密不等，没有一定的排列顺序，尚未出现凿痕。

晚商，是占卜最为盛行的时期，在殷墟遗址中发现了大量的龟甲和牛肩胛骨，有些刻有文字。由文字的内容知，商王几乎事事都要占卜，占卜内容极为广泛，上至国家大事，下至疾病、生育，无不取决于占卜。

占卜用的主要材料，是龟腹甲和牛肩胛骨，都要经过整治。龟甲要刮磨平整。牛肩胛骨要切去臼角和削去骨脊。经过整治的甲骨的背面都要先"钻"，而后在钻痕底部施"凿"，"钻"、"凿"排列整齐，有一定间距。占卜时用烧红的木条烧炙甲骨版上的"钻"、"凿"处，使其正面出现"卜"字形的裂纹，名曰"兆枝"。占卜者即据此兆枝判断凶吉，最后把占卜经过用文字刻在甲、骨上，此即"甲骨文"，或称卜辞。甲骨上刻的卜辞有长有短，这固然与占卜内容有关，但也与卜辞的完整性有关。一条完整的卜辞，应包括叙辞、命辞、占辞和验辞等项，但大部分卜辞并不如此完整。

晚商时期是用骨、甲占卜的顶峰时期，进入西周以后，则主要是用蓍草来算卦了。

---

[1] 杨锡璋、高炜：《殷商与龙山时代墓地制度的比较》，《中国商文化国际学术讨论会论文集》，中国大百科全书出版社，1998年。

二　祭祀遗存

商人，尤其是商王朝统治阶层对祖先极崇拜，以至后世有"殷人尊神，率民以事神，先鬼而后礼"的评说[1]。他们认为人死以后有灵魂，祖先在另一个世界上继续生活，要吃穿，还要有人去侍奉，所以人死后要有不少随葬品，还要有人从死，每年还要对他进行祭祀。从死的称人殉，祭祀的称人牲。人牲则除祭祖先外，还用于祭祀天、地、日、月、山川及其他类神。祭祀祖先的人牲，不仅用于落葬时，还大量用于宗庙及墓地上追祭活动。无论用殉或用牲，除了用人还用其他动物，并伴随一定的祭祀仪式。因此，考古发现这方面的遗存都可称为祭祀遗存。这种祭祀遗存，在早、中商时数量较少，只见于建筑营造仪式和社祭遗迹。

在郑州商城东北隅发现的社祭遗迹，场地中部有6块大石块，中心1块最高，四周又放置5块。以石为社主与《淮南子·齐俗训》"殷人之礼，其社用石"的记载相符。社石周围的8个祭祀坑，似分三行排列，方向大体都是东北—西南向，略与北城墙东段垂直。这些祭祀坑均为近长方形竖穴，坑内埋狗，坑的大小不同，坑内狗的数量也不等。仅就保存较好的狗头骨统计，8个坑内就有92个，一坑最多者23个，最少者6个。坑内的狗骨架排列相当紊乱，相互叠压。在坑24之内还发现1件金叶制成的夔龙纹装饰品。在坑15的狗骨架下面有2个人骨架，坑18的狗骨架下面埋有成堆的零乱人骨[2]。这些"祭祀坑"与社石有密切的关系，坑内的狗、人骨架原来很可能是祭祀时的牺牲，祭完之后埋在社石的周围。有学者认为这里可能是亳社所在地[3]。这些狗坑的方向和布局亦颇耐人寻味，其方向与各商城、主要宫殿及大多数墓的取向一致，应是商人尊东北方位的反映。

在早商遗址的田野发掘中，发现有一些与房基有关的人、兽葬坑，这些葬坑应该就是建造过程的举行奠基、置础、安门等仪式所留下的遗迹。

郑州商城CWG1是一座总体形状近正方形的半地下房基。东西进深2.3米，南北宽2米，周壁高约1.4米。在房基北壁的下面埋有一具猪骨架。房基的中部叠压一座墓葬。墓内埋有一个完整的人骨架和一个人头。人骨架为俯身屈肢，头北面下，上肢交叉压在腹下，似为捆绑之后才下葬的。墓内无任何随葬品。这具猪骨架和墓内的人骨架和人头，应该都是用于奠基的牺牲[4]。

偃师商城第五号宫殿正殿的南侧，发现有8个埋有小狗的土坑。除第八号以外，其余7个坑均沿着正殿的南部边缘分布在一条直线上，与正殿边缘相距1.1~1.3米。土坑为长方形，每坑各埋狗1具，头皆向南。这些狗坑都在门前台阶两侧，应是在正殿的建造过程

---

[1]《礼记·表记》。
[2] 河南省博物馆、郑州市博物馆：《郑州商代城遗址发掘报告》，《文物资料丛刊》1，文物出版社，1977年。
[3] 郝本性：《试论郑州出土商代人头骨饮器》，《郑州商城考古新发现及研究》，中州古籍出版社，1993年。
[4] 河南省博物馆、郑州市博物馆：《郑州商代城遗址发掘报告》，《文物资料丛刊》1，文物出版社，1977年。

中埋人的，具有守卫之意，很可能是安门仪式的遗留[1]。

在垣曲商城西城门之内的主干道上，发现一处距西城门约 4 米的门祭遗迹。是一椭圆形坑，坑内埋有 1 具人骨架、1 堆鹅卵石和 6 块陶片。人骨架俯身，头向东，头盖骨被上面的石块压成扁平状，上肢骨与下肢骨均残缺不全，肋骨散乱，骨架上有明显的骨折痕迹，显然埋之前曾被割裂肢体。人骨架上叠压的砾石大者长径约 20 厘米，小者长径约 4 厘米，系人工摆放而成。在砾石和人骨架之间夹杂着 6 块陶片，也可能是有意扔进去的。有研究者推测应是"城门磔人"的遗迹[2]。

在郑州小双桥的中商遗址中发现有人祭坑和牲祭坑[3]。人祭坑 1 个，长 1.85 米，宽 1.40 米，深 0.66 米。坑内埋 4 人，分上、下两层，上层是两个人头和 1 个侧身屈肢的人。下层为 1 个俯身屈肢的人。两完整骨殖都是年轻女性。据发掘者推测，此祭祀坑与夯土建筑的奠基或某种祭祀遗存有关。

牲祭坑可分多种牲祭坑、牛头牛角祭坑和狗祭坑三种。

考古发现的晚商祭祀遗存，以安阳殷墟最为丰富，并且主要集中于宗庙基址附近、王陵区、家族墓地以及一批房基夯土中。殷墟之外也发现一些晚商祭祀遗存。

（一）殷墟宗庙宫殿区的祭祀遗存

殷墟宗庙宫殿区内最重要的建筑遗存是 20 世纪 30 年代所揭露的 53 处基址。发掘报告将这批基址编为甲、乙、丙三组。在乙组和丙组的许多基址附近有祭祀遗迹。

祭祀遗存最丰富的是乙七基址。该基址位于乙组基址的中部，未作全面揭露，估计东西长度约 44 米，南北宽 25 米以上。与乙七基址有关的祭祀遗存，又分为两类，即与基址夯土直接发生关系的葬兽坑和基址南部的葬坑（图 6-19）。

与基址夯土直接发生关系的葬坑共 19 座。其中打破基址的 7 座，压在乙七基址之下（已发掘部分）的 3 座，另外 9 座发现于夯土之中，后者属基址夯筑过程中形成的祭祀遗存。葬坑中埋葬的动物主要有牛、羊、狗等。个别埋入的是人。

在乙七基址的南部，发现大片成排分布的小葬坑。发掘者曾将这些小葬坑分为北、中、南三组。北组有葬坑 54 座，中组 80 座，南组 1 座。实际上，所谓南组的 1 座葬坑（M232）与乙七基址无关。且通过分析器物，南组葬坑的年代应早于乙七基址本身，甚至早于殷墟文化第一期，为中商三期遗存。故乙七基址南部的葬坑共为两组 134 座[4]。中组葬坑的东部被乙十二基址破坏，现存葬坑数并非实际的中组葬坑数。

---

[1] 中国社会科学院考古研究所河南第二工作队：《河南偃师尸乡沟商城第五号宫殿基址发掘简报》，《考古》1988 年第 2 期。
[2] 董琦：《垣曲商城遗址初露 3500 年前古邑风貌》，《光明日报》1996 年 1 月 17 日；《城门磔人——垣曲商城遗址研究之二》，《文物季刊》1997 年第 1 期。
[3] 河南省文物考古研究所、郑州大学文博学院考古系、南开大学历史系博物馆学专业：《1995 年郑州小双桥遗址的发掘》，《华夏考古》1996 年第 3 期。
[4] 石璋如：《小屯·北组墓葬》，历史语言研究所，1970 年，台北；《小屯·中组墓葬》，历史语言研究所，1972 年，台北。

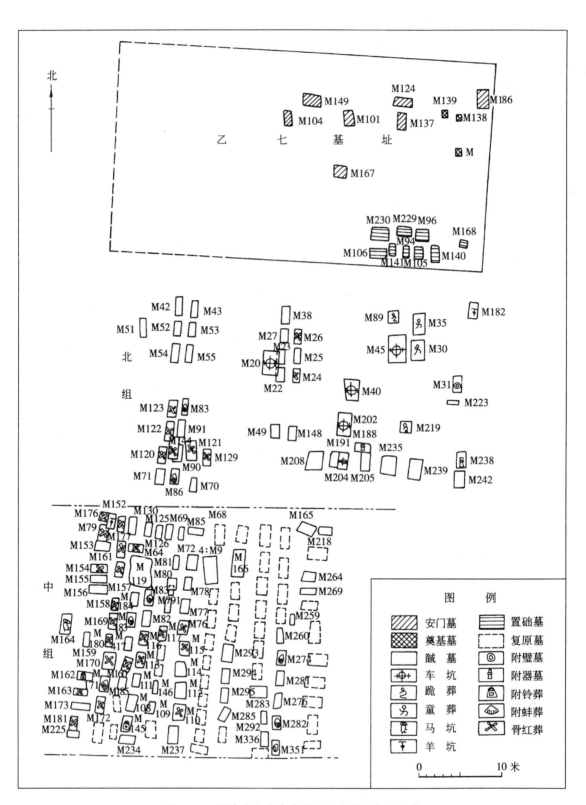

图 6-19　殷墟小屯宗庙官殿区乙七基址与祭祀坑

根据各葬坑的形制、位置关系及葬坑中的内容，北组葬坑可分为18个单元，中组可分为36个单元。

北组以5座车马坑（M40、M202、M204、M45、M20）为中心，其两侧为其他祭祀坑。北组葬坑多数埋的是头躯分离的人骨架。一般每坑3~5人，有的6~7人。俯身葬居多。少量为仰身葬。罕见随葬器物；部分葬坑埋完整人骨架，少者1人，多者5人或7人。葬法仍以俯身葬为主，有的作跪葬。其中埋完整人骨架的葬坑M238和M188伴出铜礼器、武器和玉石器。M51和M197则伴出陶器。另有羊坑1座（M182）。属于同一单元的葬坑，埋葬内容比较一致。如M42所在单元的6座葬坑所埋入的均为头躯分离的人骨架，且都不见随葬品。M35、M30所埋入的均为儿童。其中M35埋9名，M30埋7名。北组葬坑的年代，如据各葬坑中的随葬物推断，当为殷墟一期至殷墟二期。

中组绝大部分葬坑中所埋的也是身首分离的人骨架。人骨架数从2具至13具不等。以埋3人的居多，共19座。另有埋6人的13座；埋8人的10座；埋7人的9座；埋5人的6座；埋4人的3座；埋2人、9人或10人的各2座；埋12人、13人的各1座。其余的因遭扰乱，数目不详。骨架俯身者居多，仰身者极少。绝大多数葬坑中人头数与躯体数目相等。这些葬坑罕见随葬品，仅部分坑中置有蚌或者放有1件铜铃。另有5座全躯人骨架葬坑。其中4坑（M118、M158、M175、M259）只埋有1人而无随葬品；另1坑（M164）埋有1人，同时还埋有马、狗，并伴出陶甗、圜底罐和铜戈等器物。埋葬动物的葬兽坑只有1座（M152），系羊、犬合埋。中组葬坑有少量打破关系。

从乙七基址的位置、规模以及所发现的大量祭祀遗存看，该基址或为一处晚商时期较早阶段的宗庙，其祭祀对象为商王的列祖列宗。对此，多数学者的看法比较一致[1]。

除乙七基址外，殷墟宗庙宫殿区还有部分基址发现有与建筑相关的葬坑。这些葬坑都是直接埋在夯土基址下或打破夯土基址，与上述乙七基址本身所见的"基上墓"和"基下墓"情况相似。这类基址有乙五、乙八、乙九、乙十一。这些葬坑一般埋有人、犬，或羊、牛。埋人的坑多者9人，少者1人。埋犬的坑通常每坑1犬，少数3犬或5犬，最多的埋20只犬。个别犬与羊合埋。

20世纪80年代末90年代初，殷墟小屯东北地发掘了一座由南、北、西三排房基组成，缺口向东，形如"凹"字的大型基址。其北排房基中间门道两侧的夯土中埋有两个大陶罐，东侧陶罐中有封口铜盉一件，上铭"武父乙"三字。西侧的陶罐现在看上去是空的，但原来可能盛有液态状物。北排房基的西段夯土中也发现两座祭祀坑，各埋砍头人骨架3具（头仍放置在坑内），并随放有砸碎的陶盆、陶罐、陶尊，是建筑进行到某一阶段时祭祀活动的遗迹[2]。

（二）殷墟王陵区的祭祀遗存

殷墟王陵区的祭祀遗存可以分为两类：一类是大墓墓穴（含墓道）范围内的祭祀遗

---

[1] 陈志达：《安阳小屯殷代宫殿宗庙遗址探讨》，《文物资料丛刊》10，文物出版社，1987年。
[2] 郑振香：《安阳殷墟大型宫殿基址的发掘》，《文物天地》1990年第2期。

存。一类是墓穴以外的祭祀遗存。前者是大墓落葬时与大墓一道形成的，后者虽也有部分与大墓落葬直接相关，但更多的是殷人在公共祭祀场举行祭祖活动留下的。

大墓范围内的祭祀遗存，可见于腰坑、棺椁之间、二层台或棺椁顶部、墓道及填土中。

近半数的晚商墓葬都设有腰坑，通常只有1个，位于墓底的正中。腰坑中殉人或者殉犬。殉人多与铜戈伴出。殷墟王陵区 HPKM1001 墓底开有9个坑：墓底正中1个，四角4个，另4个在四角之间。每个坑中都埋1执戈人，8个坑除执戈人外还伴埋1犬。

HPKM1001号大墓椁顶周围有11名殉人。其中6人在西北角（5人有棺，1人无棺），5人在东部的一个耳室中（1人有棺，4人无棺）。著名的武官村大墓（50WGKM1）中，东二层台有殉人17个，西二层台有殉人24个。应予说明的是：有的殉人有棺木或铜鼎、簋、觚、爵、戈及玉器等随葬品。这类殉人大多应是生前与大墓墓主十分亲近的人员。他们葬入墓中属从死性质，埋藏过程中可能也伴有一定的祭祀仪式，其性质与通常说的祭祀人牲有所不同。

墓道中的祭祀遗迹十分丰富。如 HKPM1001 的南墓道和东墓道都埋有无头人骨架。其中南墓道的无头人骨架数达59具，分埋于不同的深度。除无头人骨架外，四条墓道中还埋有被砍下的人头共73个。东墓道3组6个，南墓道14组42个，西墓道4组11个，北墓道6组14个。M1500的墓道及墓室填土中发现人头骨114个。武官村大墓南墓道的中部，发现殉葬马坑3个，共殉马12匹[1]。

大墓墓穴以外的祭祀遗存通称为祭祀坑，主要为人坑、兽坑两类。另有少量人、兽合埋的祭坑。它们大都集中分布于王陵区的东区及东区迤西迤南地带。估计总数超过2500座，历年已发掘1483座[2]。

祭祀坑的形制有长方形和方形两种。长方形坑一般长2米，宽1米左右。方形坑的边长大体在0.6~1.5米之间。从平面关系看，这些祭祀坑都是成组分布的。有的一坑一组，有的一排坑一组，有的数排坑一组。同组祭祀坑不仅坑位的空间接近，而且坑口的形制、大小、方向、深度，坑内埋藏的内容，骨架的数量与姿势各方面都比较一致[3]。

人坑在祭祀坑中占绝大多数。根据埋入的人骨架情况，全部人坑又可分为四类：（1）全躯人骨架坑。该类坑的特点是人架基本完整。人数1人至11人不等。多数人骨架都俯身放置，大部头向北。但有的人骨骨架有明显的挣扎之状，似系活埋。少数坑中有随葬品。如1976年春发掘的M229，埋入儿童1名，伴出器物有铜鼎2件、铜斗1件、硬陶瓿2件。（2）头躯分离人骨架坑。该类坑的人骨架特点是身首分离。通常每坑约1~10个人头和躯

---

[1] A. 梁思永、高去寻：《侯家庄·1001号大墓》，历史语言研究所，1962年，台北；《侯家庄·1500号大墓》，历史语言研究所，1974年，台北。
B. 郭宝钧：《一九五○年春殷墟发掘报告》，《中国考古学报》第五册，1951年。
[2] 中国社会科学院考古研究所：《殷墟的发现与研究》第112~113页，科学出版社，1994年。
[3] A. 安阳亦工亦农文物考古短训班、中国科学院考古所安阳发掘队：《安阳殷墟奴隶祭祀坑的发掘》，《考古》1977年第1期。
B. 中国社会科学院考古研究所安阳工作队：《安阳武官村北地商代祭祀坑的发掘》，《考古》1987年第12期。

架。但有时人头数与躯体数并不等同。大部分躯架都是俯身，颈部向北。少数坑中有随葬品。（3）无头躯体坑。占人坑中的绝大部分。1976年所发掘的191座祭祀坑中，埋无头躯体者占135座。这些无头躯体一般都系生前砍杀后埋入。每坑1~12具不等，但以8~10具为多。不少骨架的颈部都留下了明显的砍杀痕迹。个别骨架的上肢、下肢、手掌或胸部被砍断。人骨架的放置以俯身为主，少数仰身。分层交叉叠放，也有零乱放置的。只有极少数有随葬品。（4）人头坑。人头坑的特点是坑呈方形，只有人头而无躯架。人头数目一般一坑10个，少者3个，最多者达39个。

据鉴定，这些用于祭祀的死者，绝大部分都是男性。但也有少量女性和儿童。男性的年龄一般都在15~35岁之间。女性年龄在20~35岁之间。儿童年龄在6~12岁之间。

大体同组的人坑，都是同一方向的。南北向坑占绝大部分。东西向坑较少，且地层上常常打破南北向坑。因此东西向坑可能晚于南北向坑。从1976年考古发掘所揭示的埋葬特点看，南北向坑与东西向坑也有较明显的区别。一般来说，南北向坑大部分都是俯身埋入的被砍下头颅的男性青壮年，各坑所埋人数数目也比较接近（8~10人）；东西向坑绝大多数都是未砍头的全躯女性或者未成年儿童，各坑所埋人数数目差别较大。若以分组的眼光来看祭祀用人的数目，则一般每一组为几十人至百人。1976年发掘了18组南北向祭祀坑，用人祭祀最多的一组计有339人。

兽坑的分布有三种情况：一是与人坑分开，单独成片成组埋葬。如1978年在武官村正北约80米处所发掘的一片40座祭祀坑，皆为兽坑（有3座坑虽也有人埋入，但人是附属于同坑的马的）。所埋动物有马、牛、象、猪、犬、羊、猴、狐、河狸等。马是最主要的祭品。上述40座坑中，马坑占30座，共埋马117匹。二是兽坑与人坑在一起，同组而不同坑。如1976年发掘的一组三座祭祀坑（M1~M3）中，两坑中埋有人头，一坑中埋猪。三是兽与人同坑埋在一起。如武官村大墓西南的一组12座东西向祭祀坑中，有一坑（M98）内埋人骨架3具、犬骨架10具。另一组南北排列的东西向坑中，大部分坑中埋人，但有一坑（M217）除埋人骨架外，还伴出鹰骨架5具。

王陵区东区大片有规律分布的数千座祭祀坑所在，应是商王历年祭祀其先祖的公共祭祀场。

殷墟西北冈的祭祀坑情况十分复杂。少量的陪葬墓也夹杂在祭祀坑之中，并与一些祭祀坑形成明显的同组关系。如1984年所发掘的M259，就其埋葬内容看，应是某座大墓的陪葬墓。该墓长3.5米，宽1.6米。有棺有椁。墓虽被盗，但仍出土有鼎、甗、盘、残斝、钺、戈、锛等铜器和2件陶器。二层台上发现14个被砍下的人头，还有一殉葬儿童。盗坑中还发现有殉人的骨骸。该墓西侧的M261和东侧的M258是两座祭祀坑，分别埋有8具和6具无头的俯身人骨架。值得注意的是，M259不仅平面上与上述两座祭祀坑构成一体，而且其二层台上的14个人头数，正好等于其相邻的两个祭祀坑中的无头躯体数[1]。

---

[1] 中国社会科学院考古研究所安阳队：《殷墟259、260号墓发掘报告》，《考古学报》1987年第1期。

(三) 殷墟族墓地中的祭祀遗存

殷墟族墓地中的祭祀遗存，部分见于墓穴，部分在墓穴之外独成一个单位。

墓穴中的祭祀遗存，最常见的是殉犬。殉犬主要见于腰坑、二层台以及填土中。而以腰坑中用犬最多。

家族墓地中的殉人现象也很常见，不过有殉人的墓葬一般是墓主生前有一定地位者。因此殉人数量与墓葬规格有关。少者殉1人，多者殉数人甚至数十人。殉人位置多数是在二层台或棺椁顶板上。有时也在腰坑中或填土中。

如1933年所发掘的后冈大墓，墓室填土中发现28个人头。这些人头有的带有部分颈椎，有的则连下颚骨都被砍去，这些应是该墓落葬过程中举行祭祀活动时被杀的人牲[1]。

除殉人殉牲以及人牲外，族墓地的墓葬中（尤其是随葬品中）常常还可见到一些动物如牛、羊、狗、猪、鸡等动物的部分遗骨。这些遗骨实际上是墓葬下葬时的祭祀过程中所使用的肉食。

墓穴外的祭祀遗存可以分为车马坑、人坑、兽坑等几类。

殷墟墓地中的车马坑一般与同墓地的某座大墓有关。因此可以认为是某大墓下葬时的陪葬或者下葬之后留下的祭祀遗存。如前文曾述及殷墟郭家庄墓地曾发现车马坑两组，应分别是为距车马坑东北35米处的M172和M160两座高等级贵族墓陪葬的[2]。上述推定，当无疑问。

墓穴外的另一类祭祀遗存是圆形或方形的人祭坑和兽祭坑，推测是后人到墓地举行祭祀活动留下的遗存。后冈圆坑是最著名的圆形人祭坑[3]。该坑作圆口直筒形。口径2.2米，深2.8米。坑底夯实并垫有一层夹杂碎陶片的黄土。坑壁经过加工。坑口盖一层夹杂碎陶片的红烧土块。坑内堆积分三层。上层有全躯人骨架16具、人头骨7个、无头躯架2个。共25个个体。伴出著名的戍嗣子鼎以及爵、卣、戈等铜器和32件陶器。还出土有成堆的贝、谷物以及烧焦的丝麻织物。中层有全躯人骨架19具、人头骨9个、无头躯架1具。共29个个体。有的骨架旁有骨笄和玉饰。下层有全躯人骨架7具，人头骨10个。另有人腿骨和上颚骨各1块。共是19个个体。骨架旁发现骨笄和贝。坑内骨架上都撒有朱砂。有的有捆绑痕，有的则可见刀砍痕。这些个体大都为男性青壮年，也包括少量青年女性和儿童。类似的圆形人祭祀坑还见于小屯南地和大司空村等地点[4]。族墓地中的兽祭坑以马坑居多，还包括牛坑、羊坑。有时兽骨架与人骨架共存。1990年殷墟孝民屯南的一处墓地中发现一批圆形或不规则形的祭祀坑。其中90AGH9清理出马骨架和人骨架；

---

[1] 石璋如：《河南安阳后冈的殷墓》，《中央研究院历史语言研究所集刊》第十三本，1948年。
[2] 中国社会科学院考古研究所：《安阳殷墟郭家庄商代墓葬》第127～150页，中国大百科全书出版社，1998年。
[3] 中国社会科学院考古研究所：《殷墟发掘报告》第265～279页，文物出版社，1987年。
[4] A. 中国科学院考古研究所安阳队：《1973年小屯南地发掘简报》，《考古》1975年第1期。
B. 安阳市博物馆：《安阳大司空村殷代杀殉坑》，《考古》1978年第1期。

90AGH1 清理出大量牛腿骨、头骨和肋骨；90AGH5 则清理出鹿角和大量骨器[1]。

（四）宗庙宫殿区以外建筑基址中所见祭祀遗存

宗庙宫殿区以外建筑基址中所发现的祭祀遗存，本质上与宗庙宫殿区较大型基址中所见祭祀坑性质类同。但宗庙宫殿区以外的建筑基址一般用儿童而不是用成人进行祭祀，因此所发现的遗迹多是所谓"瓮棺葬"。这些瓮棺葬通常也是夯砸在基址夯土中，应是奠基的牺牲。其分布规律往往是沿墙或者在门的附近。1997年白家坟东的发掘发现多座带"瓮棺葬"的房基。瓮棺均在埋入夯土中之前即已破碎。用于祭祀的儿童置于摆好的碎片之上，然后再用一部分碎片盖住[2]。

（五）殷墟以外发现的祭祀遗存

江苏铜山丘湾遗址是一处面积不大的晚商村落遗址。1965年，该遗址中发现一处祭祀遗迹：在约75平方米的范围内，发现20具人骨架和12具狗骨架堆放在遗址偏南部的4块大石周围。4块大石都是未经加工的自然石块，形状不规整，竖立于土中。1块居中，3块紧贴在其外围。人骨和狗骨都没有明显的墓圹，也无随葬品；既有男性也有女性，既有青年也有壮年，都混杂地埋在一起，葬式都是俯身屈膝，双手反缚。据观察，这批人骨和狗骨有重叠关系，大体可分两层。第1层人骨架17具，狗骨架2具，比较集中在大石的东北方；第二层人骨架3具，狗骨架10具，比较分散，但所有人头、狗头都是朝向大石堆。这一遗迹可能与当地社祭有关，中间的大石就代表祭祀对象，而人和狗是祭祀时所用的牺牲。两层堆积可能是由于举行过两次祭祀活动[3]。

殷墟以外各地商代晚期墓葬所发现的祭祀遗存，在本章第四节曾有介绍，于此不赘述。

从考古发现及甲骨文中的记载知，商人的祭祀活动极为频繁。其祭祀的对象，最重要的是祖先。宫殿区乙七基址的大量祭祀坑及王陵区大量祭祀坑都是祭祀先祖的。但还有其他祭祀对象。除上帝、土地、山川、日、月等外，还有其他神，建筑时的奠基祭祀对象，即可能是专司建筑的神。

由甲骨文知，商人祭法极多，如伐、燎、沉、埋等，有些可在考古发现中证实。

商人的祭祀活动，用大量的人作牺牲。从甲骨卜辞中的"伐羌"、"获羌"和"用羌"等记载可知，这些被用作牺牲的人，是战争俘获的异族人员。

由于商人的各类祭祀活动极为频繁，对照甲骨文中的记载来看，考古发现的遗迹仅仅反映了商人祭祀活动的一部分而已。

---

[1] 中国社会科学院考古研究所安阳工作队资料。
[2] 中国社会科学院考古研究所安阳工作队资料。
[3] A. 南京博物院：《江苏铜山丘湾古遗址的发掘》，《考古》1973年第2期。
　　B. 俞伟超：《铜山丘湾商代社祀遗迹的推定》，《考古》1973年第5期。
　　C. 王宇信、陈绍棣：《关于江苏铜山丘湾商代祭祀遗址》，《文物》1973年第12期。

第六节　殷墟人骨的种系及相关问题

自20世纪30年代以来的殷墟发掘中，还有一批不太引人注目但又十分重要的考古遗存。这就是考古发掘收集的人类自身的遗骨。其中主要包括两种埋葬性质不同的人骨，即从殷王陵附近的祭祀坑和距王陵较远的中小墓出土的人骨[1]。由于这两类人骨的埋葬情况不同，可能代表了死者身份的不同，前者代表了被斩杀的战俘或奴隶，后者代表了当地的平民。前者收集的人骨之多，据不完整的统计，光头骨就多达400具左右，中小墓头骨也近百具。从一个考古遗址采集到这样大批量头骨进行研究即使在世界上也是不多的。

应该指出，许多学者特别是与殷墟发掘发生过密切关系的考古学者都极关注殷墟人骨的研究，特别是关于其种族（人种）属性的研究。显然，这个问题涉及《史记》编年中的"三代"种族的组成，而这一时期也正是华夏系民族形成的重要时期。此外，从殷墟人骨的鉴定中，也可能指认出某些有意义的现象或资料，如死者的性别特点，死亡年龄的分布及它们与葬式的关系，头骨上的穿孔现象，口腔病理的调查及商代居民有无拔牙风俗等。

一　殷墟人骨的种系研究

（一）中小墓人骨的种系

中国上古时期民族史的一个重要问题是商族文化及其种族属性来源问题。对于后者，从人骨来源比较复杂的祭祀坑材料的研究中难以肯定。要阐明这一点，最直接的莫过于研究殷王陵大墓主人遗骸的种属特点。遗憾的是能说明具有可靠王室成员身份的大型墓主人的遗骸至今一无所获。对此，有的学者曾依靠发掘到的少数人面刻像的容貌特点，提出商代贵族在体质上与北方蒙古人种相近的见解[2]。但对中小墓人骨种系的认定，可能对这个问题的阐明提供更为直接的人类学证据。因为中小墓的分布距王陵区较远，大多有葬具，单人深埋，其中有些少量或较多的随葬品，有的有随葬青铜礼器和殉人，也有既无葬具又无随葬器物的。从这些埋葬情况来看，这些中小墓主人的社会身份与祭祀坑中的被斩杀者不同，他们应该大多属于平民或自由民，有一定的人身自由，与被虏获的异族战俘或沦为奴隶者有区别。而其中随葬器物比较丰富或有殉人的很可能在社会地位上比一般自由民更接近王室阶层或本身可能就是王室的成员[3]。因此，对中小墓人骨的种族形态鉴别有助于探索商代居民本身的种族属性及其来源问题。

---

[1]　A. 杨希枚：《河南安阳殷墟墓葬中人体骨骼的整理和研究》，《历史语言研究所集刊》第四十二本第二分册，1970年。
　　B. 韩康信、潘其风：《安阳殷墟中小墓人骨的研究》，《安阳殷墟头骨研究》，文物出版社，1985年。
[2]　李济：《安阳的发现对谱写中国可考历史新的首章的重要性》，《李济考古学论文选集》，文物出版社，1990年。
[3]　韩康信、潘其风：《安阳殷墟中小墓人骨的研究》，《安阳殷墟头骨研究》，文物出版社，1985年。

据人类学家对中小墓人骨测量特征的统计学分析,这组头骨的形态变异大体上没有明显超出同种系(Homogeneous)的水平。在主要的脑颅和面部的测量项目上,中小墓组与祭祀坑全组的平均值差异很小。这种情况可能理解为在这两组身份不同的死者中,体质上相同或彼此接近的类型占优势。如果与现代亚洲不同地域蒙古种类型比较,中小墓头骨的一般特点与东亚的种族类群更接近。同时指出,在中小墓的一部分头骨上,具有某些与北亚类相近似的混合特征,如很宽的面,较低的脑颅等。而这一部分头骨也一般显得厚硕粗壮,全系男性个体。经查对考古发掘记录,这些人骨的多数个体有较丰富的随葬品甚或铜、铅礼器,墓葬形制也较一般小墓为大,往往有棺椁。因此推测这些具有北方蒙古种某些特征混合者很可能就代表了商代王族的种族形态[1]。这种从人骨上的推测和前此学者根据人面刻像提出的假定是相近的。但这些毕竟还不能视为最直接而肯定的证据,因而关于商代贵族的种族属性还有待以后考古发掘大型墓葬主人的遗骸进行人类学的鉴定与研究。

(二) 祭祀坑人骨的种系

这是从围绕王陵附近的祭祀坑中出土的一大批人骨,如前所指,这批人骨是作为商人祭祀其祖先而将俘获的异族战俘斩首埋葬的。因而从一开始其种族的组成就引起了中外学者的特别重视。

最初涉足讨论这个问题的是中国的一位著名学者,他利用祭祀坑头骨的某些特征的统计学分析,指出了这批人骨在体质上的两个主要特点:一是这批头骨的颅高比较高,与我国甘肃河南史前人种和现代华北人的同类特征相似而具有"东方人"(Oriental)的性质;另一个是这批头骨某些测量值的变异幅度颇大而超过了同种系(Homogeneous)的变异,因而推测在这些头骨中应该包含有异种系(Heterogeneous)的成分[2]。与此大致同时,美国的一位人种学家在他的著作当中也提到了对殷墟祭祀坑人骨的种族印象,认为其中存在类似现代白种、黄种或黄白混血的人种成分[3]。在其后的著文中,他又重申了他的看法,认为其中有较长颅型的现代华北人类型,有头骨粗壮而面部短阔的蒙古人类型和两具可能是北欧人的头骨[4]。这两位中外学者实际上成了殷墟祭祀坑死者多种系论的首创者。但应该指出,这两位学者虽持了殷墟祭祀坑人口的异种系观点,但客观地说,他们都没有亲自深入操作研究过这批人骨。倒是另一位中国学者在他们的影响下,花费了好几年的时间,重新测量了这一大批头骨。在发表的研究报告中,认为这些头骨可以划分出5个种族类型即古典类蒙古种(Classical mongloid)、海洋类黑种(Oceanic negroid)、高加索种(Caucasoid)、爱斯基摩种(Eskimoid)和所谓"小头小脸"的未予肯定的类型[5]。据此主张祭

---

[1] 韩康信、潘其风:《安阳殷墟中小墓人骨的研究》,《安阳殷墟头骨研究》,文物出版社,1985年。
[2] Li Chi (1954), Notes on Some Metrical Characters of Calvaria of the Shang Dynasty Excavated from Houchiachuang, Anyang. 台北《中央研究院院刊》第一辑,第549~558页。
[3] Coon, C.S. (1954), *The Story of Man*, pp. 331–332. New York: A.A. Kmopf.
[4] Coon, C.S. (1965), *Living Races of Man*, pp. 120–125. New York: A.A. Kmopf.
[5] 杨希枚:《河南殷墟头骨的测量和形态观察》,《中国东亚学术研究计划委员会年报》第5期,1966年;《河南安阳殷墟墓葬中人体骨骼的整理和研究》,《历史语言研究所集刊》第四十二本第二分

祀坑人骨的种族组成也极可能代表着一个非同种系的人群（A non-homogeneous or heterogeneous population）。从数量上则归纳为可能主要包括北亚的类蒙古人种和次要的海洋类黑人种，以及最少类高加索人种的成分。虽然，这个研究结果对前此学者的异种系观点似乎作出了具体的论证。但在这两者之间也并不很一致，如前此学者主张的类似现代华北型在后者主张中完全不见，相反，后者则增加了占有相当比例的海洋尼格罗种成分，而这一成分又不见于前者的主张中。

或许与以上异种系观点持相反的、主张同种系观点学者的研究更值得重视。如美国的一位牙齿人类学家根据牙齿形态特征建立的系统类型与种族的演化关系，认为殷墟祭祀坑人骨的牙齿系统更近于现代华北人的。因而主张他们均起源于华北的蒙古人种[1]。另一位美国人类学家，在测量和分析了40余具祭祀坑头骨数据后，也认为这些青铜时代头骨与中国的新石器时代和现代华北人头骨之间没有重要的差异，因而主张殷墟遗址的中国人应属于蒙古人种。同时也注意到在这些头骨中可能存在其他某些族群的成分[2]。又如某些中国学者分别根据殷墟祭祀坑头骨的颅顶间骨（Interparietal bone or incabone）出现情况[3]、头骨脑容量（Capacity）大小测定[4]及铲形门齿（Shovel-shaped incisors）出现频率的调查[5]，除了获得祭祀坑人骨在这些特征上具有蒙古人种性质之外，没有得到能够用来支持异种系观点的证据。

有的中国学者结合对殷墟中小墓头骨的研究，对祭祀坑人骨的多种系分类资料进行了具体的分析并提出修正意见，认为在殷墟祭祀坑头骨中，更为可能包含着同属蒙古种支系下的东亚、北亚和南亚类成分，其中又以东亚类的成分较占多数[6]。对头骨形态分组测量数据所作的多变量分析（Multivariate analysis）也表明，殷墟祭祀坑头骨中的所谓海洋尼格罗、高加索、爱斯基摩及"小头小脸"类型基本上与殷墟中小墓的头骨都是同类的，其主要成分与现代蒙古种的东亚类接近，而所谓的古典蒙古种大概代表了与现代蒙古种北亚

册，1970年。
[1] Turner II, C.G., Dental Evidence on the Origins of the Ainu and Japanese, *Science*, Vol. 193, pp. 911–913 (1976). Additional Features of Ainu Dentition, *American Journal of Physical Anthropology*, Vol. 46, No. 1, pp. 13–24 (1977). Sinodonty and Sundadonty: A Dental Anthropological View of Mongoloid Microevolution, Origin and Dispersal into the Pacific Basin, Siberia, and the Americas. *Symposium on Late Pleistocene and Early Holocene Cultural Relations between Asia and America*, XIV. Pacific Science Congress, Khabarovsk, USSR (1979). Dental Anthropological Indications of Agriculture among the Jomon People of Central Japan, *American Journal of Physical Anthropology*, Vol. 51, No. 4, pp. 619–636 (1979).
[2] Howells, W.W. (1979), Origins of the Chinese People: Interpretations of the Recent Evidence (copy). Peabody Museum, Harvard University.
[3] 许泽民：《殷墟西北岗组头骨与现代台湾海南系列头骨的颅顶间骨的研究》，《历史语言研究所集刊》第三十六本下册，1966年。
[4] 林纯玉：《河南安阳殷墟头骨脑容量的研究》，台湾大学《考古人类学刊》第33、34期，1973年。
[5] 臧振华：《安阳殷墟头骨箕形门齿的研究》，台湾大学《考古人类学刊》第35、36期，1974年。
[6] 韩康信、潘其风：《殷代人种问题考察》，《历史研究》1980年第2期；《殷墟祭祀坑人头骨的种系》，《安阳殷墟头骨研究》，文物出版社，1985年。

类的接近，在所谓的海洋尼格罗种中，可能有些头骨的某些特征与蒙古种的南亚类相似。因此主张在殷墟祭祀坑头骨中，仍以东亚类的居多。这与多数学者（包括持异种系者）指认祭祀坑人骨中的华北人类型（现代东亚类中最具代表性的）之说相一致[1]。

应该指出，在祭祀坑人骨中，有较多的东亚类之说是更为合理的。因为坑中死者虽说是商人在对四邻方国的征战中俘虏的来源不同的异族战俘，但要征服或俘虏的首先是与其地理上最邻近的族类，他们在体质上最可能是同类的或至少是彼此接近的。因此，坑中有较多东亚类头骨比全然缺乏这种类型更有理由[2]。

总之，据现在的研究来看，在祭祀坑人骨中以包含有同属蒙古种支系的不同地域类群（东亚类居多，北亚和南亚类为少）的所谓"同种系"观点可能是更合乎实际的。据这样的人类学资料不难设想，在中国商代时华北平原就已经存在体质特征不尽相同的民族支系互相接触、碰撞，因而商人其时的种族环境除了本身具有的主要种族类群（东亚类）之外，也不可避免或至少部分地受周邻的异类种族的影响。然而这种影响的生物学本质主要是在蒙古种的不同地区居群之间发生和进行的。如在其北、南方向邻族中存在与北亚类或南亚类相近的种族因素。但还没有充分的证据证明其他非蒙古种居群的民族在其中起了多少影响。可以说，这样的种族环境也代表了华夏民族形成的种族人类学基础，而且也与其后汉民族乃至现代中国人的形成应有直接的联系。

二 殷墟中小墓和祭祀坑人骨的性别年龄鉴定

对殷墟出土古人遗骸所作的性别和死亡年龄的调查，从一个角度提供了商代居民的生活史及人口结构的某些资料。

由于祭祀坑中死者可能代表的特殊身份和非正常死亡原因，不能代表一般商代居民人口的实际死亡年龄的分布情况，因此需要从中小墓人骨的鉴定资料中做一些了解[3]。

据172个个体人骨的鉴定，包括未成年个体在内的男性平均年龄只有33.2岁，女性更低，只有29.4岁。男女合计，大约有83%死于青年、壮年到中年期（14~55岁）。其中超过半数死于壮到中年期（约24~55岁之间）。死于青年期（约14~23岁之间）的比例也相当高，约占21.2%。而且，女性死于青年期的比例明显高于男性，死于老年期（约大于55岁）的则很少。如以成年个体统计，男性平均死亡年龄约34.8岁，女性为30.3岁，两者相差约4.5岁。这主要是女性在青、壮年期死亡的比例高于男性，而能够存活到中年的比男性的比例偏低。中小墓的这种女性平均死亡年龄明显低于男性的现象，或许从一个侧面反映了商代社会妇女地位的低下[4]。与新石器时代人口的一般死亡年龄相比，殷墟平民人口的这种低寿命性质并没有因时代和文化的变化而有明显的改观，依然没有脱逸出高出

---

[1] A. 韩康信、郑晓瑛：《殷墟祭祀坑人骨种系多变量分析》，《考古》1992年第10期。
B. 陈铁梅：《我国古代居民颅骨的聚类分析与主成分分析》，《江汉考古》1991年第4期。
[2] 韩康信、潘其风：《殷墟祭祀坑人头骨的种系》，《安阳殷墟头骨研究》，文物出版社，1985年。
[3] 韩康信、潘其风：《安阳殷墟中小墓人骨的研究》，《安阳殷墟头骨研究》，文物出版社，1985年。
[4] 韩康信、潘其风：《安阳殷墟中小墓人骨的研究》，《安阳殷墟头骨研究》，文物出版社，1985年。

生、高死亡、低寿命的人口机制。这也说明了即使社会已经发展到高度发达的青铜时代，也没有带来特别的刺激人口寿命的增长，社会发展的总体水平依然不高。有理由设想，商代严格的阶级差别，使一般平民乃至奴隶的生存环境和生活条件依然十分恶劣。

对殷墟祭祀坑死者的性别年龄，一个是根据从西北岗人头祭祀坑中出土的将近400具头骨上鉴定的。在总共389具头骨中，成年个体占370具，其中男性占319具，女性51具，也就是男性占全部的六分之五（86.2%）。这实际上主要代表了男性的一大组头骨。鉴定者也一般指出他们的平均死亡年龄为35岁[1]。正如前已指出，由于这些头骨是被商代王族用来祭祀祖先的，而且基本上显现了男性的一大组头骨，因而并非代表一般自然死亡的平民。但是不难发现，这个平均年龄几乎同前指代表自然死亡的中小墓成年个体的平均死亡年龄（34.8岁）几乎相等甚至还略有超过。如何解释这两者之间的差别（按正常推理，人头坑的死者是被斩杀的，理应比代表中小墓平民正常死亡的年龄要小才对），需要合理的说明。对此应该特别注意的是对另一批祭祀坑人骨的性别年龄鉴定结果，即1976年从武官村北地发掘的100座无头祭祀坑人骨架的鉴定。全部人骨个体数大约在715~718具，其中能够辨别性别的约374具，男女个体数为339具和35具，男性占了90.6%，未成年的有19具。如果把保存全尸（未被斩头的）的少量女性和儿童个体除去，其余绝大多数皆属成年男性。从人骨的埋葬情况来看，与人头祭祀坑的基本相似，即大多10人一坑，部分少于10人。因此，人头祭祀坑与无头祭祀坑好像是"互补"的，也就是将被斩杀者作身首异地埋葬在王陵周围。从这些无头祭祀坑人骨的年龄鉴定来看，他们被斩杀时的年龄层大致在15~35岁范围，没有发现中、老年龄层次的。也就是被斩者皆系青壮年[2]。因此，这个鉴定结果应该说比此前人头祭祀坑的平均年龄（35岁）更能突显出死者的战俘身份。有助加强这一点的另一个鉴定结果是，在无头祭祀坑死者的年龄组成上，坑与坑之间或同一坑内的不同个体之间的年龄差都基本上不超过一代人的水平。这也从另一个侧面佐证了死者的不同一般平民的特殊身份，即战俘大致属于相同或相近年龄层的[3]。因此，原来对西北岗人头祭祀坑死者的年龄评估可能偏高。

就以上殷墟祭祀坑人骨性别年龄的鉴定、埋葬的方式、排列规模及分布于王陵附近等情况来看，这些祭祀坑的形成是和商王族多次实行的祭祖活动密切相关。此外，在殷墟还有比大型王陵规模较小而又有相当人殉、人牲陪葬的贵族墓中，也存在以斩杀的人头随葬的例子。如1984年在武官村北地发掘的M259和M260两座，在墓道中分别随葬有14具和22具砍杀下的头骨。1991年在后冈发掘的M9中也随葬有13具头骨。对这些随葬头骨的鉴定来看，他们也基本上都属于男性青、壮年。这样的年龄和性别特点应该说与祭祀坑的情况相似[4]。

---

[1] 杨希枚：《河南安阳殷墟墓葬中人体骨骼的整理和研究》，《历史语言研究所集刊》第四十二本第二分册，1970年。
[2] 中国科学院考古研究所体质人类学组：《安阳殷墟祭祀坑人骨的性别年龄鉴定》，《考古》1977年第3期。
[3] 中国科学院考古研究所体质人类学组：《安阳殷墟祭祀坑人骨的性别年龄鉴定》，《考古》1977年第3期。
[4] 据韩康信1993年对武官村北地M259、260及后冈M9殉葬人头骨的鉴定记录。

三 关于殷墟族墓地中葬式与性别年龄关系

殷墟族墓地中一个令人费解的问题是俯身葬问题。对商人取俯身葬式长期以来不同学者提出过不同的解释。如对俯身葬死者有取"奴隶说"[1]，也有取"非自然死亡说"[2]等。但有的考古学者指出"奴隶说"与考古发掘资料不符。因为在殷墟考古发掘中发现俯身葬者的身份并非都是低微者，在高层者中也有取俯身葬法的[3]。所谓"非自然死亡说"也仅是取某个别现代民族学资料所作的一种类比。

个别学者引用某些人骨鉴定资料，提出了商代俯身葬的"男性说"或"性姿说"[4]。而赖以提出此说的主要依据是引自殷墟西区小墓的人骨鉴定资料[5]，但数量不多。

有的学者利用更多新的人骨鉴定资料如对殷墟新安庄平民墓地及其他地点的资料重新审视，提出了以下几点性别与葬式有关的现象[6]：（1）俯身葬式仅是全部葬式中的一部分，在殷墟的不同族墓地出现的比例也可能不尽相同。（2）男性中有取俯身式的，也有不少是取仰身式和少量其他葬式。（3）在两个族墓地中，女性基本上取仰身而未见俯身。据此认为，至少在殷墟的平民墓地中，存在俯身葬，葬式用于男性，但不是全部。

此外，在殷墟的无头祭祀坑中大批的施以俯身葬姿的人骨架也与人骨鉴定的男性结果相一致。

值得注意的是殷墟墓地的这种俯身葬式随男性的现象在其他考古墓地的发掘中也有出现。据目前所知，在陕西长武碾子坡的先周和西周墓地存在仰身和俯身两种葬式（比例约1:1）[7]。经人骨鉴定资料与葬式核对，在这两期墓地中俯身者多系男性，仰身者为女性，因此发掘者认为男俯女仰的葬式是这个遗址昔日居民死后埋葬的一种"定制"，"很可能是男女生活上的一种天性反映。系冀求后代子孙繁衍不息的一种暗示和表露"[8]。这种解释与前述男女"性姿说"相近，仅在文字表述上更为婉转。

但正如前已指出，至少在殷墟墓地中，男俯女仰的埋葬现象不是绝对划一的，在男性中还有相当部分存在仰身和其他葬式。在少量女性祭祀坑中（即一坑中都是女性个体）也

---

[1] A. 郭宝钧：《一九五〇年春殷墟发掘报告》，《中国考古学报》第五册，1951年。
B. 赵光贤：《关于俯身葬问题的一点意见》，《考古通讯》1956年第6期。
[2] 孟宪武：《谈殷墟俯身葬》，《中原文物》1992年第3期。
[3] A. 马得志、周永珍、张云鹏：《一九五三年安阳大司空村发掘报告》，《考古学报》第九册，1955年。
B. 马得志、周永珍：《我们对俯身葬的看法》，《考古通讯》1956年第6期。
[4] 孟宪武：《谈殷墟俯身葬》，《中原文物》1992年第3期。
[5] 中国社会科学院考古研究所安阳工作队：《1969～1977年殷墟西区墓葬发掘报告》，《考古学报》1979年第1期。
[6] 韩康信：《殷墟人骨性别年龄鉴定与俯身葬问题》，《中国商文化国际学术讨论会论文集》，中国大百科全书出版社，1998年。
[7] 胡谦盈：《南邠碾子坡先周墓葬和西周墓葬——周人早期葬俗探讨之一》，《中国考古学论丛》，科学出版社，1993年。
[8] 胡谦盈：《南邠碾子坡先周墓葬和西周墓葬——周人早期葬俗探讨之一》，《中国考古学论丛》，科学出版社，1993年。

还有俯身埋葬的。儿童的祭祀坑中也有俯身或其他葬姿的。这些现象说明，用男性"性姿说"，难以自圆其说。或许商周时期大量俯身葬葬式的出现，另有至今未能破译的原因[1]。但有一点值得注意的是这种俯身葬式已经超越了殷墟族民的习俗和地理范围。随着考古发掘的扩大和认真的人类学鉴定，其涵盖面还会扩展。

在殷墟祭祀坑人骨的鉴定中另一个有趣的现象是有头骨架和无头骨架与性别年龄的关系。如在1976年武官村北地发掘的祭祀坑人骨中，大凡保存头和躯干完整的骨架皆为女性和儿童。相反，在所有南北向祭祀坑骨架中除个别例外，皆属无头男性骨架[2]。因此，是否可能至少殷墟的商人的砍头术主要针对男性，对女性和儿童则取保存全尸的埋葬方法。这或许暗示对后者的处置采取了砍杀以外的致死方法。

又据武官村北地祭祀坑人骨的性别调查，至少在这个发掘区的最北部两组坑为女性坑。此以南分布的则全为男性坑。这或许表明，祭祀坑中的死者可能是按性别分坑埋葬的[3]。

四　祭祀坑头骨上的砍痕

在祭祀坑头骨上有许多斩首留下的刀砍痕。据观察，砍痕所示进刀方向出现于头骨右侧的头颈部，而且从右后上稍向左下方倾斜。这样的斩砍方向应该是站立于被斩者的背后向死者右颈部挥刀的。但这些砍痕出现的部位在不同头骨上或上或下不尽划一，表现操刀时的某些偏差。这也是为什么人头祭祀坑出土的头骨常缺乏下颌骨，而在无头祭祀坑人骨架的颈部往往能见到零星附带下颌骨的原因[4]。

战争暴力在中国的新石器时代晚期已经出现，但还未发现像殷墟遗址中那样大规模杀人祭祀的情况。因此，大规模斩首屠杀的出现是在锐利的青铜制武器使用于战争暴力之时，与商代国家权力、战争规模的扩大密切相关。

五　头骨上穿孔现象

另一个值得注意的现象是在少数殷墟头骨上存在穿孔现象。据统计，在500余具商代头骨中，观察到出现此种现象的只有7例，大多呈圆形穿孔，直径都不大，一般稍大或小于10毫米。其中除了后冈M9的一具殉人头骨上的1个穿孔以外，其余6具头骨的穿孔边缘或孔周围的外骨面都未出现任何组织修补痕迹。也几乎未在孔的周围骨面上留下打击骨折线或骨片剥落现象。因此这些穿孔不太可能是暴力打击造成，而更可能是用某种硬质利器刻凿出来的[5]。后冈M9殉人头骨上的一个孔是个例外，它位于颅骨正中紧靠囟点的前

---

[1] 韩康信：《殷墟人骨性别年龄鉴定与俯身葬问题》，《中国商文化国际学术讨论会论文集》，中国大百科全书出版社，1998年。
[2] 中国科学院考古研究所体质人类学组：《安阳殷墟祭祀坑人骨的性别年龄鉴定》，《考古》1977年第3期。
[3] 中国科学院考古研究所体质人类学组：《安阳殷墟祭祀坑人骨的性别年龄鉴定》，《考古》1977年第3期。
[4] 参见杨希枚《河南安阳殷墟墓葬中人体骨骼的整理和研究》（《历史语言研究所集刊》第四十二本第二分册，1970年）图版。韩康信1997年赴台湾学术考察期间，曾在史语所考察过祭祀坑头骨上的斩头砍痕。1976年在武官村北地鉴定祭祀坑人骨时也观察到有砍痕的下颌骨附随无头骨架。
[5] 据韩康信1997年在台湾史语所的观察。

面，其穿孔截面由外向颅腔方向缩小而略呈"喇叭形"（外孔直径大于内径）。外孔直径也不大，约 10 毫米。值得注意的是内外孔边缘之间的骨截面呈斜坡状，其骨表面已经钝化而变得光滑，似曾有过刮削处理。这种情况暗示该个体在穿孔后存活。

从这几具头骨的穿孔发生部位来看，不尽一致，但似乎也存在某种选择。如有三具头骨的穿孔都几乎发生在靠近颅后人字点的右下处。另两具头骨的穿孔则都在顶结节位置。

古代人头骨上的穿孔常被学者称为"穿孔术"或"环钻术"（Trephining or trepanning）。导致穿孔的原因根据不同情况有不同解释。如最常说的有用利器或钝器暴力打击；也有认为撷取死者头骨片用于辟邪或身饰；还有的可能出于治疗目的而进行的开颅术（Craniotomy）。

纵观上述殷墟头骨上的穿孔直径都小，而且基本上都没有骨折现象伴随，因而被某种器物打击成孔的可能性不大，而更可能是用某种小型刃器刻凿而成。类似的穿孔标本早在新石器时代如青海柳湾马厂期头骨上便有发现[1]，在新疆的大致与春秋战国时期相若的头骨上也有更多的发现[2]。由于这些地点的穿孔都未显示有存活的骨性标志，因而推测它们是死后所致。惟后冈 M9 殉人头骨上的一个穿孔具有明显的骨组织修复痕迹，穿孔术应该施于存活期，而且手术成功。如果这一判断是正确的，那么在距今三千余年的殷墟人骨上发现的穿颅术在古医疗史的研究上是很有意义的。实际上，在中国的西北地区便有时代更早、更大型开颅术证据发现，如距今约四千多年的青海民和阳山的半山—马厂期的两具头骨，距今三千多年的大通上孙家卡约文化的头骨上，都发现有大型的开颅术证据[3]。

六　口腔病理的观察

对殷墟及其他地点商代人骨的病理学考察不多，仅见的是对安阳辉县出土人骨的口腔病理的调查，主要调查内容是龋齿和牙周病的出现情况、牙齿咬合、齿弓形状及咬合曲线、牙齿磨耗、第三臼齿萌生状态、臼齿齿尖数、铲形齿、颚盖穹隆、齿数异常、"下沉牙"和"剔牙"习惯等[4]。从这些调查可以窥测商代人的某些口腔病理与器官的形态变化方面。调查结果摘要如下：

商代人龋齿罹患率明显比现代人低，前者罹患率为 43%，后者为 76%。龋齿病的发生部位也不尽相同，即商代的以近中和远中颈部龋最多，咬合面龋最小。而现代人则以咬合面龋最多。造成这种差异的主要原因是商代人咬合面磨蚀的速度快于现代人而减少了咬合面龋的滋生。但咬合面腐蚀速度快，使臼齿的邻接之间出现齿隙而易于嵌塞食物，因而更易发生接触面龋。

商代人牙周病的罹患率很高，上颌牙为 30%，下颌牙为 11%。这可能与死者身份低微、生活条件差而引起的营养不良有关。

---

[1] 潘其风、韩康信：《柳湾墓地的人骨研究》，《青海柳湾》附录一，文物出版社，1984 年。
[2] 陈星灿、傅宪国：《史前时期的头骨穿孔现象研究》，《考古》1996 年第 11 期。
[3] 韩康信、陈星灿：《考古发现的中国古代开颅术证据》，《考古》1999 年第 7 期。
[4] 毛燮均、颜誾：《安阳辉县殷代人牙的研究报告》，《古脊椎动物与古人类》1959 年第 2 期、1959 年第 4 期。

上、下颌齿列在齿槽上发生牙位拥挤的现象比现代人轻得多，前者上牙拥挤的仅占2%，下牙为16%，而后者则高达74%。

齿弓形状的调查，商人以圆形和卵圆形占绝大多数（97%），下齿弓也以这两型居多（86%），即都以牙弓分类中的宽大型占优势，与现代人中较常见狭窄的尖形明显不同。而且在商代人中，上、下颌牙弓同型相配的也占绝大多数（90%），异型相配的很少，也和现代人不同。

商代人上下第三臼齿生长位置保持正常形态的占90%，比现代人高得多。

总的来讲，除牙周病外，商人口腔疾病及畸形现象，如龋齿的发生，牙齿的先天缺失，牙骨和牙骨量的失调，第三臼齿的埋伏、阻生、错位、畸形等退行性变化都比现代人轻。

七　商人拔牙风俗之疑

最初是日本学者指认在殷墟人骨上有拔牙风俗的例证存在，但后来被中国的一位学者在论及日本学者的这一指认时予以否定[1]。以后又据其他学者对殷墟祭祀坑及中小墓几百具头骨的观察，认为商人并不流行拔牙风俗，仅在个别头骨上可能有拔牙的现象。如在近400具祭祀坑头骨中疑为拔牙的仅3例。其缺齿或拔牙形式为RI1I2/LI1、LI1I2/、RI1I2/[2]。在如此大量的个体中仅此3具可疑标本，充其量也只代表周邻拔牙族的渗入而已，不能据此推断商族有拔牙风俗。不过上述3例皆系不对称拔除上第一和第二门齿，如果它们确属拔牙的遗迹，这样的拔除齿型到目前为止仅见于江苏常州的圩墩新石器时代遗址，但其时代大约距今5000年，比殷墟的早许多[3]。

综合以上体质人类学家对殷墟人骨的研究，对商代居民的某些人类学特征提供了重要的认知和理解。首先是对殷墟人骨所代表的种族及其组成。某些中外学者基本上以主观形态分类为取向，主张种族的多元组成，强调蒙古种和非蒙古种的成分。但最近的族群及生物统计学分析取向的研究，更主张殷墟人骨的种族形态差异实属蒙古种组群内的地域类群的变异，认为在殷墟祭祀坑及中小墓的人骨组成中有外来及在地族群的区别，主张前者除主要的东亚类蒙古种外，还可能有北亚类和某些近于南亚类的，暗示在被俘获的战俘中存在来自不同周邻地区的异族成分，而中小墓死者则主要代表东亚类蒙古种的所在地平民或自由民。对商代王族的种族属性，提出了可能存在某些近于北亚类特征混合的推测，但这有待时日获取大型贵族墓主人的遗骸才能进一步证明。总之，从殷墟人骨的种族研究，大致反映了中国至少黄河流域"三代"时期的种族环境，还难以看到非蒙古种成分在其中起过多少作用。这样的种族环境无疑对现代中国人的组成有最直接的意义。

据殷墟祭祀坑人骨的性别年龄调查推知，以青壮年男性为主，与被斩杀者的战俘身份相一致。对平民墓死者性别年龄分布的调查，商代人口结构仍未脱逸出"高出生、高死

---

[1] 颜誾：《大汶口新石器时代人骨的研究报告》，《考古学报》1972年第1期。
[2] 据韩康信1997年赴台考察祭祀坑头骨记录。
[3] 韩康信、潘其风：《我国拔牙风俗的源流及其意义》，《考古》1981年第1期。

亡、低寿命"特点。有根据指出，在殷墟墓地中存在俯身葬法常针对男性的现象；在祭祀坑中有男女分坑，女性及儿童全躯埋葬，在同一男性祭祀坑中被斩杀者之间显示同辈年龄层的特点等。

　　殷墟头骨上的穿孔现象有的可能系有意刻刮的手术行为造成的。缺牙的调查证明，商代居民中并不施行拔牙风俗。较高的牙周病罹患率反映其时一般平民生活条件的依然低下和营养不良，其他的口腔疾病及退行性变化则较现代人为轻。

第七章　商代的经济、技术、文字和艺术[1]

第一节　农业、畜牧业和渔猎业

一　农业

农业是商代社会经济的基础部门。考古发现的商文化遗址，无论是早、中商的，或者晚商的，除了偃师商城、郑州商城、殷墟等城市遗址外，基本是定居农业遗址。例如，在安阳殷墟东西的洹河两侧分布有许多商文化遗址[2]，这些遗址靠近水源，土壤发育又好，应与农业生产有关。

商代的农业生产工具，以质料而言，有铜、石、木、蚌和骨质等。但铜工具较少见，木质工具易腐朽，故在遗址中发现的主要是石、骨和蚌质生产工具。如依工具的性能分，有翻土、中耕和收割三类。

常见的翻土工具有钁、耜和耝等。钁可分青铜和石两种。例如在藁城台西的 M14 和 M103[3] 中，随葬的铜钁均作长条形，弧形偏刃，刃角上翘，梯形銎。M14 的长 13.2 厘米，M103 的长 16 厘米。在郑州商城南关外铸铜遗址[4]中，曾发现钁范。在殷墟西北冈 M260[5] 墓道填土中，曾发现一残石钁，残长 13.2 厘米，推测是遗弃的挖墓工具。铜耜是一种起土工具，发现较少，一般呈凹字形，它是套在木耜叶上的，如罗山蟒张后李 M27[6] 一铜耜呈"凹"字形，三边有刃，长 8.5 厘米，銎宽 9.3 厘米。还有一种起土工

---

[1] 本章所述，仅限于商代商文化圈范围内的经济、技术和文化。商时期商文化圈外其他文化的有关情况详见第八章。
[2] A. 中国社会科学院考古研究所安阳队：《河南安阳洹河流域的考古调查》，《考古学集刊》第 3 集，中国社会科学出版社，1983 年。
　　B. 中国社会科学院考古研究所、美国明尼苏达大学科技考古实验室中美洹河流域考古队：《洹河流域区域考古研究初步报告》，《考古》1998 年第 10 期。
[3] 河北省文物研究所：《藁城台西商代遗址》第 135 页，图七三：6、7，图版九〇：2、3，文物出版社，1985 年。
[4] 河南文化局文物工作队第一队：《郑州商代遗址的发掘》，《考古学报》1957 年第 1 期。
[5] 中国社会科学院考古研究所安阳工作队：《殷墟 259、260 号墓发掘报告》，《考古学报》1987 年第 1 期。
[6] 信阳地区文管会、罗山县文化馆：《罗山县蟒张后李商周墓地第二次发掘简报》，《中原文物》1981 年第 4 期。

具，可能是木耜或石铲。木耜的实物遗留不下来，但常在遗址或墓葬中发现这种工具的痕迹。例如在河南柘城孟庄商代遗址[1]中，窖穴壁上留有两种不同的工具痕，一种刃宽约10厘米，一种宽约6厘米，似为耜的痕迹。另外，在殷墟的墓葬中也常发现这种铲痕，如西区M269[2]墓壁上，留有长16厘米、宽10厘米的工具痕；M1010墓壁上有宽8厘米的工具痕，这些都是木耜或石铲留下的痕迹。还有一种起土工具是木耒，它是双齿的，其遗痕可在坑壁上发现。例如，在殷墟孝民屯H116[3]壁上的耒痕，其齿长8厘米，宽5厘米，两齿间距约5厘米。还有一类挖土工具是木锨，发现于殷墟西北冈M260[4]墓室填土中，一共8把，锨头背部似勺，长20~30厘米，宽17~19厘米；柄长105~120厘米，柄径为3~5厘米。

最常见的中耕工具是铲，有石铲、骨铲和蚌铲，青铜铲较少见。根据装柄方式的不同，铲也可作锄用。如藁城台西遗址[5]中，石铲有65件，骨铲17件，蚌铲40件。石铲大的可能是起土的，而小的则是中耕用的。妇好墓[6]中有7件铜铲，其中Ⅰ式和Ⅲ式较小，只长11厘米多一些，可能是中耕工具；而Ⅱ式铲长17厘米，很可能是挖土用的。

在商代遗址中，发现数量最多的农业生产工具是收割用的镰和刀。镰大多是石质和蚌质的，但也有少量青铜的。镰的形式与现在的镰近似，长条形尖首，柄端较宽，刃部有弧刃和平刃两种。镰的数量发现极多，如在郑州市木材公司发现的一个陶罐[7]中有18件大型石镰和1件小镰。殷墟1929~1932年发掘的7处灰坑[8]中，出土石镰3640把，其中一个灰坑即出444件。在商代，石刀和蚌刀时有发现，但数量较少，常见形式为长方形和半月形，上有一孔或两孔，以便穿绳，结成一套环，穿在手指上。

在甲骨文中，也能见到农业生产工具的象形字，如"力"、"刀"、"耒"等。

商代是否已普遍使用青铜农具，是个有争议的问题。有学者解释青铜农具发现很少的原因，是青铜农具使用后可回收和重铸。事实上，在商代青铜原料是国家控制的，商代贵族将青铜产业的重点放在铸造青铜礼器和兵器上，即"国之大事，在祀于戎"[9]，普通农民是很难得到铸铜原料的。只是到铁农具兴起后，才普遍取代石、骨、蚌器。

---

[1] 中国社会科学院考古研究所河南一队、商丘地区文物管理委员会：《河南柘城孟庄商代遗址》，《考古学报》1982年第1期。

[2] 中国社会科学院考古研究所安阳工作队：《1969~1977年殷墟西区墓葬发掘报告》，《考古学报》1979年第1期。

[3] 中国社会科学院考古研究所：《殷墟发掘报告（1958~1961）》第65页，文物出版社，1987年。

[4] 中国社会科学院考古研究所安阳队：《殷墟259、260号墓发掘报告》，《考古学报》1987年第1期。

[5] 河北省文物研究所：《藁城台西商代遗址》第70、79、84页，图四七：1~5，图五一：6~8，图五四：9~12，图版四二：1~6，图版四八：10、11，图版四九：1，图版五二：8~10，图版五三：1，文物出版社，1985年。

[6] 中国社会科学院考古研究所：《殷虚妇好墓》第103页，文物出版社，1980年。

[7] 河南省文物研究所郑州工作站：《近年来郑州商代遗址发掘收获》，《中原文物》1984年第1期。

[8] 石璋如：《第七次殷墟发掘：E区工作报告》，《安阳发掘报告》第四期，1933年。

[9] 《左传·成公十三年》。

早、中商时期的农作物资料甚少,推测与晚商相同。最近在殷墟白家坟东及孝民屯晚商文化层中,多次获得炭化了的农作物。经鉴定为粟(Setaria italica (L.) Beauv)、小麦(Triticum aestivum L.)和黍(Panicum miliaceum L.)。这些农作物在甲骨文中也有记载。粟,甲骨卜辞中称"禾"。黍即今天北方的黍子,是晚商时期较普遍种植的另一类重要农作物。殷墟孝民屯出土的黍粒形较现代黍小,或反映当时的栽培水平。甲骨卜辞中屡见"受黍年"的记载。

麦的种植也很普遍。卜辞中屡有"告麦"的记载。在甲骨文中,还有稻和豆的记载。最近,在偃师商城的早商文化层中发现大量稻谷遗存,其品种尚在鉴定中。但尚未在晚商时期的遗址中发现其实物。

二 畜牧业

在商代,畜牧业较发达。在早商的遗址中,有很多牛、猪、狗和羊的骨头。最近,在殷墟洹北花园庄中商时期的遗址[1]中,发现了一批动物骨骼。其中属家畜的动物有黄牛、水牛、绵羊、猪、犬和鸡等。

属于晚商时期的殷墟在历年发掘过程中,出土大量动物骨骼。这些动物骨骼不仅发现于灰坑中,还散见于文化层中。其中最重要的几批是:1960年大司空村制骨作坊[2]出土的半成品、骨料及废料35000余件;1959年和1973年在北辛庄遗址[3]清理的兽骨数万件;1986和1987年在花园庄南地一座灰坑[4]中清理的各种兽骨数十万块。大司空村和北辛庄的两批都以牛骨和猪骨居多,其次为马、羊、狗骨。花园庄的兽骨种类比较单纯,绝大多数是废弃的牛骨。

殷墟墓葬中,大量用犬随葬。尤其带腰坑的墓葬,绝大多数都在腰坑中埋犬。各族墓地中,用马坑陪葬或殉葬的例子也很多。而墓中盛装在各种随葬品中的肉食,则主要是羊、猪、鸡等。西北冈王陵区祭祀场中,一部分祭祀坑中使用狗、马、牛、羊等动物。1978年殷墟西北冈王陵区[5]发现的一头亚洲幼象的身旁有一件铜铃,说明此象是经过驯养的。从妇好墓等晚商墓出土的鹅、鸭圆雕玉石制品看,当时可能还饲养鹅、鸭等家禽。

由甲骨文知,殷人常用牲畜祭祖。猪、牛、羊动辄数十头、数百头,甚至上千头。如:"丁巳卜,争,贞降酓千牛。不其降酓千牛千人。"(《合集》1027正)[6]

可见祭祀活动中使用了大量的家畜。因此在某种意义上说,祭祀是刺激畜牧业发展的动力之一。

---

[1] 袁靖:《安阳殷墟动物考古学研究的几点认识(提要)》,殷墟发掘70周年学术纪念会论文,1998年中国社会科学院考古研究所。

[2] 中国社会科学院考古研究所:《殷墟发掘报告(1958~1961)》第82页,文物出版社,1987年。

[3] 中国社会科学院考古研究所:《殷墟的发现与研究》第93~96页,科学出版社,1994年。

[4] 中国社会科学院考古研究所安阳工作队:《1986~1987年安阳花园庄南地发掘报告》,《考古学报》1992年第1期。

[5] 王宇信、杨宝成:《殷墟象坑和"殷人服象"的再探讨》,《甲骨探史录》,三联书店,1982年。

[6] 郭沫若主编、中国社会科学院历史研究所编:《甲骨文合集》第一册,中华书局,1982年。

三 渔猎业

在商代，渔猎业也很发达。早、中商的遗址中，有许多野生动物骨骼，如鹿、鱼和龟等，另外，还有许多渔猎工具，如镞、鱼标、弹丸、网坠和鱼钩等[1]。

在晚商时期，发现的有关资料更多。殷墟出土的鱼骨，经鉴定有六种：鲻鱼、黄颡鱼、鲤鱼、青鱼、草鱼和赤眼鳟，除鲻鱼属海鱼外，都是今天河南北部常见的鱼类[2]。20世纪30年代，在殷墟发掘的哺乳类动物骨骼，经鉴定共29种，其中除作为家畜饲养的动物如猪、羊、犬、马、牛及作为宠物饲养的如猴外，还有一些是捕获来的野生动物，这些动物在卜辞中即为商王狩猎的对象，如虎、犀、鹿、狐、兔和麋等[3]。

在甲骨卜辞中有大量关于商王狩猎活动的记载，每次出猎，都能获得许多野兽。如："乙未卜，今日王狩光，擒。允获虪二、兕二、鹿二十一、豕二、麋一百二十七、虎二、兔二十三、雉二十七。十一月。"（《合集》10197）[4]

在商代，虽然畜牧及渔猎业都很发达，但其基础经济仍是农业，养畜的动物也是与定居农业有密切关系而与游牧民饲养的不同。从卜辞中知狩猎活动很频繁，但这是属于王室的，与田猎及军事活动有关。至于一般平民，至多利用冬季空闲时猎获一些如兔、狐之类的小动物而已，并不能作为主要的生活来源。

第二节 青铜铸造业

二里头遗址的发掘材料证明，夏代已有规模较大的铸铜作坊，并制造出迄今所知中国历史上最早的一批青铜礼器[5]。商王朝建立后，原夏代的青铜工艺传统得到继承，有商一代成为中国青铜手工业从发展走向成熟的重要阶段。在商文化分布区及周边广泛地域都有商代青铜器出土。还发现开采年代可追溯到商代的铜矿遗址以及商代各时期的铸铜作坊遗址和大量相关的遗迹、遗物，为了解商代青铜业发展面貌提供了可能。目前，主要是在铸铜工艺的复原研究和青铜器的组合与年代分期研究方面，积累了丰富资料并取得重要成果。

一 铸铜遗址的发现与研究

铜器的铸造，一般要经过制范、熔铜、浇铸、打磨等工序。

范铸法作为中国青铜器工艺技术的重要传统和主流方法，在商代晚期已发展到臻于完

---

[1] 如藁城台西遗址的居住址和墓葬中都曾出土与渔猎业有关的遗物，见河北省文物研究所：《藁城台西商代遗址》，文物出版社，1985年。
[2] 伍献文：《记殷墟出土之鱼骨》，《中国考古学报》第四册，1949年。
[3] 杨升南：《商代经济史》第295~306页，贵州人民出版社，1992年。
[4] 郭沫若主编、中国社会科学院历史研究所编：《甲骨文合集》第四册，中华书局，1982年。
[5] 详见第二章第五节。

美的地步。铸范有石范和陶范两种。在夏县东下冯曾发现商代早期铸造斧、镞的石范[1]。石范可多次使用,但不易制作,难以普遍应用。造型简单的实心青铜器,如刀、镞,只需两块平板范;而铸造空心的容器类青铜器则需要多块外范和内范(或称"范芯")套合使用。

用来制作陶范的材料均经过选择和处理。研究发现,一般外范土质细腻,含泥量多,砂粒小,植物茎叶少;内范土质较粗,含泥量少,砂粒大,植物茎叶相对较多。这样外范就能使铸造出的青铜器外表滑润,而且能够刻出精致的图案;内范则具有良好的透气性,使浇铸时不会形成阻隔。范的泥料一般就地取材。有的学者曾对郑州南关外铸铜遗址出土的陶范和文化层下的原生土进行化学分析[2],结果二者成分相近,只是陶范的二氧化硅偏高,表明曾掺入砂粒。

制范又分制模、制型、合范等步骤。制模即制出一个与想要铸造的铜器一样的模子,如果需要花纹,则还需在模上将花纹制好。花纹的制作,是先在陶模的黑地上描绘朱纹,然后用刀雕刻。制型是在模上套敷泥片,以得到模型的外廓,这样,花纹就印在外敷泥片的内侧。待外敷泥片阴半干(避免陶范变形)后,按器型要求分割成块。个别器物上的附件和装饰物如提梁卣环、链等是单独做的。每块范之间留下榫卯或子母口,以使将来合范时便于相互衔接。这样翻套出来的泥块再经烘烤即成为外范。再将原来的内模表面刮去一层泥,原来的泥模即成内范。刮去的厚度就是将要铸造的铜器的厚度。合范即在内范外将分块的外范合在一起。各块间以榫卯扣合,然后在外面涂泥加固,并留出浇口。内外范之间有支钉或垫片以支撑内范,留出的空间待浇铸铜液。

郑州商城铸铜遗址发现用来熔铜的熔炉主要有三种:一是大口尊,均将口沿打掉,内外糊草拌泥。二是以陶缸为外壳的缸熔炉。第三种是由泥条盘筑法特制的泥质熔炉[3]。殷墟铸铜遗址发现熔炉分土炉式和地炉式两种,皆为内加热式。土炉式建于地面,用泥和麦秸筑成,呈圆形,直径1米左右。同郑州早商熔炉第三种类同,只是容积较大。地炉式系直接在地面挖一个圆形或椭圆形土穴,穴壁以草泥加工。直径也在1米以上[4]。

青铜器的浇铸主要有正浇、倒浇两种。凡是实心青铜器,浇口和冒口都设在范体的上部,采用正浇法。凡是青铜容器,浇口和冒口都设在器物底部一端,采用倒浇法。只有个别器物采用侧浇的方法[5]。一般来说,器形较简单的器物如圆鼎、甗、觚、觯、罐等通常采用浑铸法一次浇铸而成。器形较复杂的则采用分铸法,即分别铸成器物的主体和附件。分铸法还有后铸法和先铸法之分。后铸法是在铸造器物时,在预定放附件的部位铸出榫头,然后在已铸成的器体上安放附件的范,再浇铸。先铸法是先铸好附件,然后把附件放在欲铸器物外范的相应部位,浇铸后,附件即与器体结合为一体了。

---

[1] 中国社会科学院考古研究所、中国历史博物馆、山西省考古研究所:《夏县东下冯》第167页,文物出版社,1988年。
[2] 谭德睿:《商周青铜器陶范处理技术研究》,《自然科学史研究》第5卷第4期,1986年。
[3] 李京华:《河南冶金考古的发现与研究》,《河南考古四十年》,河南人民出版社,1994年。
[4] 中国社会科学院考古研究所:《殷墟发掘报告(1958~1961)》第28~30页,文物出版社,1987年。
[5] 李京华:《河南冶金考古概述》,《华夏考古》1987年第1期。

（一）早中商时期铸铜遗址

20世纪50年代在郑州发掘了两处铸铜作坊遗址[1]，一处位于商城南墙外约700米处的南关外；一处位于商城北墙外300米的紫荆山北。两处铸铜遗址出土大量与青铜器铸造有关的遗迹和遗物。其中南关外铸铜遗址始建于早商一期，紫荆山北铸铜遗址始建于早商三期，二者均废弃于中商一期。因此两处铸铜遗址是研究早中商青铜铸造业的主要材料。此外，偃师商城、东下冯商城、盘龙城商城、小双桥遗址及南阳十里庙[2]等地亦发现有与铸铜有关的遗迹、遗物。

南关外铸铜遗址南北长约100米，东西宽约80米。烘范窑设在东北隅，铸造场地位于西南隅，二者相距约60米。

铸铜场地东西宽约2.5米，南北长约45米。分布着11片附有铜锈的、面积在0.1～1.2平方米不等的硬土地面。上面除有火烧的痕迹外，还粘有厚0.1～0.5厘米的绿色铜锈面一至三层。铸造场地南侧，有一个长约3.1米、宽约2.8米、较周围地面高起约0.2米的硬土台。在土台的南、东两边还残留有高约0.3米，厚0.3～0.65米土墙。土台上的地面颇为平坦，留有火烧的痕迹。土台中部有一片长约2米，宽约1.1米的绿色铜锈面。锈面上遗留有16个圆口尖底小凹窝，窝径约为4～6厘米，深10～14厘米。其中14个窝内存有多次积成的铜渣，无铜渣的两窝内壁烧成红色。发掘者推断这些凹窝应与固定陶范位置有关[3]。

基址内发现有28个窖穴，分圆竖井、椭圆竖井、长方竖井和不规则形四种。其中有两个分处硬土台的东西两侧。由窖内填土的堆积情况分析，两坑的填土是从土台上倒入的。

遗址内发现有铜矿石、熔炉碎块、炼渣、木炭屑、陶范及铜器、陶器、石器、骨器和蚌器等。

---

[1] 河南省文物研究所：《郑州商代二里冈期铸铜基址》，《考古学集刊》第6集，中国社会科学出版社，1989年。

[2] A. 中国社会科学院考古研究所河南第二工作队：《河南偃师商城东北隅发掘简报》，《考古》1998年第6期。
B. 中国社会科学院考古研究所、中国历史博物馆、山西省考古研究所：《夏县东下冯》第122、167页，文物出版社，1988年。
C. 湖北省博物馆：《一九六三年湖北黄陂盘龙城商代遗址的发掘》，《文物》1976年第1期。
D. 河南省文物考古研究所、郑州大学文博学院考古系、南开大学历史系博物馆学专业：《1995年郑州小双桥遗址的发掘》，《华夏考古》1996年第3期。
E. 李京华：《河南冶金考古的发现与研究》表二，《河南考古四十年》，河南人民出版社，1994年。

[3] A. 发掘者意见，见河南省文物研究所：《郑州商代二里冈期铸铜基址》，《考古学集刊》第6集，中国社会科学出版社，1989年。
B. 杨肇清则认为硬土台可能是一处熔铜地点，这些小凹窝用来存放熔化铜液时所出的熔铜渣，或将铸铜后剩余的铜汁倾倒在窝内（见杨肇清：《略论商代二里冈期青铜铸造业及其相关问题》，《郑州商城考古新发现与研究》，中州古籍出版社，1993年）。

紫荆山北铸铜遗址里发现有6座铸铜工房的房基。除了残缺不全的F2、F3，其余4座均为东西并列的双间房。有的两间各设一门；有的仅设一门，另在隔墙上设一门。房内后墙根处都筑有取暖或炊食用的长方形的灶台或火池，地坪上遗留有铜锈面。在F5的西间地坪上除铜锈面外，还发现16个密集的圆窝，内填层次清楚的铜渣，与南关外铸铜基址者相同。另在隔墙门处，堆放着排列整齐的19件刀范。还有一些室外铸造场地，工作面上也有铜锈面和圆形凹窝。发掘出的7个窖穴，多为椭圆形，少数为圆形。个别窖穴位于房内。

遗址内发现的遗物有：铜矿石、铅块、熔炉残块、炼渣、木炭、陶范和铜、陶、石、骨蚌器。

经冶金部门的化验，南关外作坊的一块孔雀石，含铜49.95%；紫荆山北作坊一块矿石（C15H5:595）含铜16.08%，另一块矿石含铜15.90%。三块矿石的含铜量虽然高低不同，但都不含锡、铅、锑。通过对南关外作坊出土的3块熔炉碎块进行化验，得知它们都含有一定数量的锡和铅。据此可以断定青铜器上的锡和铅是人们在熔化铜液时有意识加入的。在紫荆山北作坊里，还发现有4个铅块。这些铅块很可能是为铸造青铜器而准备的原料。

根据发掘者的统计，南关外铸铜遗址"二里冈下层"器形明确的陶范共有36件，其中生产工具镢、斧、刀范32件，约占89%；武器镞范1件，约占3%；容器鬲、斝、爵范3件，约占8%。该遗址"二里冈上层"器形明确的陶范共有104件，其中生产工具镢、斧、刀、锥范61件，约占59%；武器镞、戈范20件，约占19%；容器鬲、鼎、爵、觚、斝、盆范23件，约占22%。紫荆山北铸铜遗址器形明确的陶范共有46件，其中生产工具刀范19件，约占41%；武器镞范13件，约占28%；容器范12件，约占26%；车轴头范2件，约占4%。

由以上统计数据可以看出，早、中商时期的青铜器是以生产工具为主，武器和容器数量较少，若从时间上看，早商一、二期工具范占绝大多数，早商三期至中商一期容器范呈上升趋势，占到四分之一上下。工具造型简单，铸造工艺也较简单，而铸造容器则要复杂得多。上述统计结果，恰是铸铜工艺水平不断提高的反映。不过，现已发现的青铜器中，容器的数量颇多，而生产工具则相对较少，与铸铜基址反映的情况有所不同。究其原因：其一，据观察，工具范多是烘烤温度甚高的硬型范，可多次使用，且容易辨别器型；而容器范多较破碎，有的难辨器型。其二，生产工具发现较少，或与废弃后重新熔化、铸造新器有关。

（二）晚商时期铸铜遗址

晚商时期的铸铜遗址以殷墟最为集中。目前在殷墟已发现四五处铸铜作坊，分别分布于苗圃北地[1]、孝民屯[2]、薛家庄[3]和小屯村东北地[4]。

---

[1] A. 中国社会科学院考古研究所：《殷墟发掘报告（1958~1961）》第11~60页，文物出版社，1987年。
B. 另有1962~1964年苗圃北地的资料尚未发表。

[2] A. 中国社会科学院考古研究所：《殷墟发掘报告（1958~1961）》第60~69页，文物出版社，1987年。
B. 近年，在孝民屯东南新发现一处铸铜遗址，资料尚未发表。

苗圃北地铸铜作坊位于小屯宗庙宫殿区的东南约1公里许,是殷墟一至四期均在使用的大型铸铜作坊遗址。遗址分为居住区与生产区两部分。居住区位置偏西,分布有较多的带灶的房基。生产区位置偏东,发现制模、制范、浇铸用的场地或房舍遗迹、熔炉遗迹、各式陶范及制范的工具等。[3]

制范、制模的遗迹主要是一种用料礓石铺成的工作场地。通常为圆形或椭圆形,直径1~2米。礓石面较薄,最厚的也只有0.12米,但地面较硬,有的还用火烧过。发掘过程中,这种场地伴出陶范和陶范泥坯。[4]

陶范的烘烤有单独的工作间。如房址F17就是用作烘范的。该房作长方形,南北长2.6米,东西宽2.1米。房基以料礓石掺黄土筑成,厚0.35米。靠东有一个椭圆形烘范炉,炉膛、火道、烟道犹存。烘炉南面是一个工作硬面,北面有一堆未经烘烤和经过烘烤的陶范。

在苗圃北地遗址发现一种烧土硬面,这种硬面通常比较平坦,出土时多已烧成蓝色或暗蓝色。其中一处烧土硬面上发现3个被烧成红色的草泥土柱,其下还残存有带明显流向的流面,可能是铜液的流道,这种硬面可能与熔铜、铸铜有关。

铸铜的浇铸间为一种类似"工棚"的建筑。有的建于地表,工作面以黄土和料礓石筑成。有的工作面低于地面,作半地穴式。后者如ⅣF1,其平面呈方形,东西长3.3米,南北宽3.5米。工作面低于地表0.4米,四角各有一个柱洞。工作面中部尚遗留有一个长1米以上的方形残陶范。

在不少房址的周围都发现灰坑或窖穴。形状有圆形、长方形、不规则形数种。这些窖穴或灰坑多数也与铸铜有关。

苗圃北地发现大量与铸铜有关的遗物,除前述熔炉外,还有熔铜工具、铸铜工具、制范工具和修饰铜器的工具几大类。

熔铜工具主要有同熔炉配套的鼓风嘴等。铸铜工具包括陶范、陶模两大类,出土总数在2万件以上。按出土的外范观察统计,大多数为礼器范,有方鼎、圆鼎、簋、方彝、卣、觯、角、斝、爵等。只有少量的工具范和武器范。

用于制范和修饰铜器的工具有铜刀、铜锥、骨锥、骨刮刀、磨石等。

遗址中还发现一块重46.7克的方形铜锭。据化验含铜量为97.21%,含锡2.71%。或许这一铜锭是在矿场冶铸之后作为铸铜原料运至殷墟的。

孝民屯村西南的铸铜作坊只作小规模发掘,出土了一批陶范、熔炉残块、铜渣、木炭等,多是工具和武器范。据分析,该作坊是一处建于殷墟文化第二期,延续至第四期的以生产武器和工具为主的作坊。近年在孝民屯村东南又发现一处以铸造青铜礼器为主的作坊,有铸造工作面、大型熔炉残块和数以万计的陶范出土。

薛家庄铸铜作坊出土的铸铜遗物有陶范数千块。其年代上限不晚于殷墟文化第二期,一直到殷墟文化第四期仍在使用。

---

[3] 周到、刘东亚:《1957年秋安阳高楼庄殷代遗址发掘》,《考古》1963年第4期。
[4] 石璋如:《小屯·殷墟建筑遗存》第329~332页,历史语言研究所,1959年,台北。

小屯东北地铸铜作坊出土陶范有觚、爵、簋、盉、鼎、卣、壶、戈、镞、矛、车饰等,并有一些陶模和内范。

殷墟宗庙宫殿区和都城范围内诸处铸铜遗址,都应是商王室直辖的作坊。它们充分展示了商代晚期青铜手工业中冶、铸分离,各作坊间产品已有较明确的专业分工和庞大的规模。大型熔炉和大型陶范的出土,则表明制作大型青铜重器的熔铸技术已经得到解决。

商代铸铜业的原料来源一直是备受关注的问题之一。至迟晚商时期铜料产地应是多渠道的。对安阳殷墟出土的部分铜器的检测[1]表明,殷墟铜器大部分无磁性,而少部分有较弱的磁性,因此殷墟的铜料应不是单一来源,更非单一类型的铜矿石所炼就。商王朝的中心地区,可能有小规模的商代采铜点。然而从江西瑞昌[2]及湖北大冶、阳新[3]等几处铜矿遗址的开采起始年代和商文化在上述地区的分布情况看,商代铜料来源的主渠道当在南方,很可能即为长江中游地区。近年已有学者强调长江中游铜矿资源对于商代青铜文明的重要性,业已发现的江西瑞昌铜岭和湖北大冶铜绿山等铜矿遗址,是当时重要的采铜中心[4]。

有学者推测商代开采锡矿可能性最大的地点,应为今江西赣州和广东汕头一带[5],或云南永善金沙[6]。也有学者研究了商代开采北方锡矿的可能性[7]。但由于产锡地的记载都比较晚,不易与商代锡矿开采相联系。

铅矿储量较大,而且分布范围甚广。据地质资料,黄河中下游探明有铅储量的县市甚多。商代用铅当主要是中原及附近地区就地取材。

对各地铜器的化验分析表明,商代青铜器主要有铜锡、铜锡铅和铜铅三种合金。

曾选取殷墟妇好墓所出铜器91件(其中礼器65件、武器12件、工具4件、残片10件)进行化学成分分析,发现铜和锡为主成分的铜锡型青铜器占样品总数的73%,以铜、锡、铅三种元素构成主成分(铅量超过2%)的青铜器约占27%。通常铜锡型青铜礼器中的铜量在80%~82%,锡量在16%~18%之间。铜锡铅型礼器的铜量约在77%~82%,锡量约12%~20%,铅量则在2.1%~7.8%之间。武器与礼器略有不同。最常见的戈的含铜

---

[1] 申斌:《商代科学技术的精华》,《全国商史学术讨论会论文集》,殷都学刊编辑部,1985年。
[2] 江西省文物考古研究所铜岭遗址发掘队:《江西瑞昌铜岭商周矿冶遗址第一期发掘简报》,《江西文物》1990年第3期。
[3] A. 湖北省文物考古研究所、阳新县博物馆:《阳新大路铺遗址东区发掘简报》,《江汉考古》1992年第3期。
B. 港下古铜矿遗址发掘小组:《湖北阳新港下古矿井遗址发掘简报》,《考古》1988年第1期。
C. 黄石市博物馆:《铜绿山古矿冶遗址》,文物出版社,1999年。
[4] 华觉明、卢本珊:《长江中下游铜矿带的早期开发和中国青铜文明》,《自然科学史研究》第15卷第1期,1996年。
[5] 申斌:《商代科学技术的精华》,《全国商史学术讨论会论文集》,殷都学刊编辑部,1985年。
[6] 金正耀:《晚商中原青铜的矿料来源》,《第三届国际中国科学史讨论会论文集》,科学出版社,1990年。
[7] 闻广:《中国古代青铜与锡》,《地质评论》第26卷第5期,1980年。

量通常在84%～90%之间，高于礼器，含锡量则相应降低[1]。

又曾检测殷墟西区晚商家族墓地中出土的一批共43件铜器的成分。结果发现，这批铜器既有铜锡型、铜铅型、铜锡铅型铜器，还有少量接近纯铜的铜器（铜量95%以上），铜铅型铜器往往多属殷墟晚期[2]。

对晚商铜器化学成分的测定揭示了两个重要线索：一是晚商铜器中锡青铜较多，特别是晚商早期，锡青铜明显多于铅青铜。二是大部分兵器和工具类铜器的含锡量略低于同时期的礼器。有关晚商铜器的化学成分研究工作仍在继续。新的研究特别注意了所检测铜器的考古学背景，如铜器的族属、铭文、组合关系等。这对于运用化学分析的手段解决更多的考古学问题具有积极意义。

二　商代青铜器的种类与分布

商代特别是商代晚期青铜器种类已相当复杂，包括容器、兵器、乐器、车马器、工具及生活用具、装饰品与艺术品等种类。其中容器有方鼎、圆鼎、鬲、甗、簋、瓿、爵、斝、盉、尊、卣、壶、罍、方彝、觯、觥、盘、盂、瓶、缶等；兵器有钺、戈、戟、矛、刀、镞、胄、镦等；乐器主要为铙和铃；车马器有马衔、马镳、节约、各类兽形饰、铜泡、辖、軎、轭、策、辕、轫、辕端饰、踵饰等；工具及生活用具有各式刀、削、斧、锛、凿、锥、锯、钻、铲、甶、鱼钩、镜、杖首、匕、勺、角形器、器座、器柄等；装饰品与艺术品主要有铜人面具、牛头面具、尺形器、铜牛、铜虎等；另外还有建筑构件以及功用不详、不易归类的弓形器、钩形器、器座、管状器、小铜钩、钻形器、棒槌形器等。

迄今发现的商代青铜器，除郑州商城窖藏铜器、安阳殷墟宫殿基址和祭祀坑出土的铜器外，大多是墓葬随葬品。

商代早期，青铜器的出土地点相对较少，主要分布在郑州商城、偃师商城和其他几座城址及商文化分布区内。目前，在郑州商城内的东里路黄河医院[3]、东里路省中医院家属院[4]、白家庄[5]、铭功路[6]，偃师商城的西墙内侧[7]，荥阳西史村[8]，登封王城

---

[1] 中国社会科学院考古研究所实验室：《殷墟金属器物成分的测定报告（一）——妇好墓铜器测定》，《考古学集刊》第2集，中国社会科学出版社，1982年。

[2] 李敏生、黄素英、季连琪：《殷墟金属器物成分的测定报告（二）——殷墟西区铜器和铅器测定》，《考古学集刊》第4集，中国社会科学出版社，1984年。

[3] 杨育彬、赵灵芝、孙建国、郭培育：《近几年来在郑州新发现的商代青铜器》，《中原文物》1981年第2期。

[4] 杨育彬、赵灵芝、孙建国、郭培育：《近几年来在郑州新发现的商代青铜器》，《中原文物》1981年第2期。

[5] 《河南出土商周青铜器》编辑组：《河南出土商周青铜器（一）》图版一七至一九，文物出版社，1981年。

[6] 郑州市博物馆：《郑州市铭功路西侧的两座商代墓》，《考古》1965年第10期。

[7] 中国社会科学院考古研究所河南第二工作队：《1983年秋季河南偃师商城发掘简报》，《考古》1984年第10期。

[8] 郑州市博物馆：《河南荥阳西史村遗址试掘简报》，《文物资料丛刊》5，文物出版社，1981年。

岗[1]、袁桥[2]，垣曲商城[3]，东下冯商城[4]等地均有早商时期青铜器出土。其主要器类有斝、尊、爵、觚、鬲、盉等，花纹简单，器壁较薄。盘龙城商城[5]作为商王朝在长江中游的一处重要据点，出土青铜器数量较多。李家嘴 M2 是迄今发现的规格最高的早商贵族墓，共出土各式青铜器 63 件，包括青铜容器 25 件、兵器 25 件、工具 13 等。礼器主要有鼎 4、鬲 1、甗 1、簋 1、斝 3、爵 4、觚 1、盉 1、罍 1、盘 1、小盘 5 以及大型铜钺 2 件，成为早商青铜器群的代表。

商代中期，随着青铜手工业的发展，青铜器种类增加，商文化分布区内青铜器出土范围扩大，地点也随之增多。

郑州商城及其附近地区铜器墓增多，主要在白家庄[6]、北二七路[7]、铭功路[8]、东里路[9]、二里冈[10]等处。值得一提的是，此时开始出现窖藏铜器。在郑州商城，目前发现张寨南街、向阳回民食品厂和南顺城街 3 个窖藏铜器坑[11]，埋藏的主要为青铜礼器，有方鼎、圆鼎、觚、斝、爵、鬲、簋、尊、卣、盘等。窖藏坑内铜器的铸造年代不一，有的可能属早商产品。郑州商城附近的小双桥[12]、辉县琉璃阁[13]、许昌大路陈

---

[1] 河南省文物研究所、中国历史博物馆考古部：《登封王城岗与阳城》第 155 页，图八二：5、6，图版五六：3、4，文物出版社，1992 年。

[2] 《河南出土商周青铜器》编辑组：《河南出土商周青铜器（一）》图版八四、八五，文物出版社，1981 年。

[3] A. 中国历史博物馆考古部、山西省考古研究所、垣曲县博物馆：《垣曲商城》第 211 页，图一三八，科学出版社，1996 年。
B. 中国历史博物馆考古部、山西省考古研究所：《1988～1989 年山西垣曲古城南关商代城址发掘简报》，《文物》1997 年第 10 期。

[4] 中国社会科学院考古研究所、中国历史博物馆、山西省考古研究所：《夏县东下冯》第 206 页，图一七八：3，图版九四：2，文物出版社，1988 年。

[5] A. 湖北省博物馆、北京大学考古专业盘龙城发掘队：《盘龙城一九七四年度田野考古纪要》，《文物》1976 年第 2 期。
B. 湖北省博物馆：《盘龙城商代二里冈期的青铜器》，《文物》1976 年第 2 期。

[6] 河南省文化局文物工作队第一队：《郑州市白家庄商代墓葬发掘简报》，《文物参考资料》1955 年第 10 期。

[7] 河南省文物研究所：《郑州北二七路新发现三座商墓》，《文物》1983 年第 3 期。

[8] 郑州市博物馆：《郑州市铭功路西侧的两座商代墓》，《考古》1965 年第 10 期。

[9] 杨育彬、赵灵芝、孙建国、郭培育：《近几年来在郑州新发现的商代青铜器》，《中原文物》1981 年第 2 期。

[10] 王彦民、赵清：《郑州二里冈发掘一座商代墓》，《中原文物》1982 年第 4 期。

[11] 河南省文物考古研究所、郑州市文物考古研究所：《郑州商代铜器窖藏》，科学出版社，1999 年。

[12] A. 河南省文物研究所：《郑州小双桥遗址的调查与试掘》，《郑州商城考古新发现与研究》，中州古籍出版社，1993 年。
B. 河南省文物考古研究所、郑州大学文博学院考古系、南开大学历史系博物馆学专业：《1995 年郑州小双桥遗址的发掘》，《华夏考古》1996 年第 3 期。

[13] 中国科学院考古研究所：《辉县发掘报告》第 24、25 页，科学出版社，1956 年。

村[1]、新郑望京楼[2]、舞阳北舞渡[3]、临汝李楼[4]、伊川坡头寨[5]等地均有此时的青铜器出土。

安阳洹北商城的三家庄[6]、董王度村[7]、三家庄东[8]、花园庄村东[9]等地均有中商随葬青铜器出土。20世纪30年代,在殷墟小屯北地发掘的4座墓M232、M333、M331、M388[10],随葬有鼎、斝、觚、爵、尊、罍、瓿等,体现出中商三期铜器墓的器类组合和形制特征。而且晚商青铜器的某些特征已初露端倪,如觚与爵配对组合的特点已开始出现。

河北藁城台西[11],沧州倪杨屯[12];山东济南大辛庄遗址[13],长清归德乡前平村[14];安徽中部的嘉山泊岗[15],含山孙家岗、孙戚村[16]等地都发现过中商文化的青铜器。中商时期,在长江流域,湖北黄陂盘龙城遗址仍是集中出土青铜器的重要地点。其中李家嘴M1出土青铜容器多达22件,附近还曾采集到多件早商到中商时期的青铜器[17]。此外江汉流域一带发现青铜器的地点还有湖北黄陂官家寨、钟家岗[18],应山乌龟山[19],应城吴祠[20],随州的淅河乡[21],黄州下窑嘴[22]等。长江南岸的岳阳铜鼓山[23]也出土不少青铜器。

---

[1] 河南省文物研究所:《许昌县大路陈村发现商代墓》,《华夏考古》1988年第1期。
[2] 新郑县文化馆:《河南新郑县望京楼出土的铜器和玉器》,《考古》1981年第6期。
[3] 朱帜:《北舞渡商代铜鬲》,《考古》1983年第9期。
[4] 临汝县文化馆:《河南临汝县李楼出土商代青铜器》,《考古》1983年第9期。
[5] 宁景通:《河南伊川县发现商墓》,《文物》1993年第6期。
[6] 孟宪武:《安阳三家庄发现商代窖藏青铜器》,《考古》1985年第12期。
[7] 孟宪武:《安阳三家庄、董王度村发现的商代青铜器及其年代推定》,《考古》1991年第10期。
[8] 中国社会科学院考古研究所安阳工作队:《安阳殷墟三家庄东的发掘》,《考古》1983年第2期。
[9] 中国社会科学院考古研究所安阳工作队资料。
[10] 李济:《记小屯出土之青铜器》上篇,《中国考古学报》第三册,1948年。又见《李济考古学论文选集》,文物出版社,1990年。
[11] 河北省文物研究所:《藁城台西商代遗址》第123~136页,文物出版社,1985年。
[12] 沧州市文物保护管理所:《河北沧县倪杨屯商代遗址调查简报》,《考古》1993年第2期。
[13] 山东大学历史系考古专业、山东省文物考古研究所、济南市博物馆:《1984年秋济南大辛庄遗址试掘述要》,《文物》1995年第6期。
[14] 韩明祥:《山东长清、桓台发现商代青铜器》,《文物》1982年第1期。
[15] 葛治功:《安徽嘉山县泊岗引河出土的四件商代铜器》,《文物》1965年第7期。
[16] 杨德标:《安徽省含山县出土的商周青铜器》,《文物》1992年第5期。
[17] A. 湖北省博物馆:《盘龙城商代二里冈期的青铜器》,《文物》1976年第2期。
B. 湖北省文物考古研究所:《盘龙城》第189~203页、412~428页,文物出版社,2001年。
[18] 熊卜发:《湖北孝感地区商周古文化调查》,《考古》1988年第4期。
[19] 张学武:《应山县发现商代铜鼎》,《江汉考古》1980年第1期。
[20] 熊卜发:《湖北孝感地区商周古文化调查》,《考古》1988年第4期。
[21] 随州市博物馆:《湖北随县发现商代青铜器》,《文物》1981年第8期。
[22] 黄冈地区博物馆、黄州市博物馆:《湖北黄州下窑嘴商墓发掘简报》,《文物》1993年第6期。
[23] A. 湖南省文物考古所、岳阳市文物工作队:《岳阳市郊铜鼓山商代遗址与东周墓发掘报告》,《湖南考古辑刊》第5辑,《求索》杂志社,1989年。
B. 何驽:《荆南寺遗址夏商时期遗存分析》,《考古学研究(二)》,北京大学出版社,1994年。

豫西、晋南地区如河南灵宝东桥[1]及山西平陆县前庄遗址[2]，关中东部的蓝田怀珍坊[3]、渭南姜河村[4]以及关中西部的扶风法门镇[5]、岐山县京当村[6]，晋东南地区的长治市[7]和长子县西旺、北高庙[8]等地也都有中商时期的青铜器出土。

商代晚期，青铜器出土地点进一步增多，出土数量也大幅上升。作为晚商时期的都城，殷墟出土的青铜器数量最多。截至目前，经科学发掘出土的青铜容器达千余件。举其大宗，如：20世纪30年代出土铜容器170余件[9]；妇好墓出土铜器468件，其中容器210件[10]；郭家庄M160出土铜器291件，其中容器41件[11]；花园庄东地M54出土青铜容器40件[12]；小屯村北M18出土铜器43件，内青铜容器24件[13]；戚家庄M269出土铜器58件，内有礼乐器23件[14]；大司空村M539[15]及M663[16]分别出土青铜容器14件和9件；1969～1977年殷墟西区族墓地[17]共出青铜器约1600件，其中容器157件。

在殷墟之外，晚商文化分布范围内也有较多青铜器出土。其中晚商文化中心区范围内如河南辉县琉璃阁[18]、褚丘[19]，武陟宁郭村[20]、大司马[21]，温县小南张村[22]，武安赵窑[23]，

---

[1] 河南省博物馆、灵宝县文化馆：《河南灵宝出土一批商代青铜器》，《考古》1979年第1期。
[2] 卫斯：《平陆县前庄商代遗址出土文物》，《文物季刊》1992年第1期。
[3] 西安半坡博物馆、蓝田县文化馆：《陕西蓝田怀珍坊商代遗址试掘简报》，《考古与文物》1981年第3期。
[4] 左忠诚：《渭南市又出土一批商代青铜器》，《考古与文物》1987年第4期。
[5] 陕西省考古研究所、陕西省文物管理委员会、陕西省博物馆：《陕西出土商周青铜器（一）》图版四二，文物出版社，1979年。
[6] 王光永：《陕西岐山县发现商代铜器》，《文物》1977年第12期。
[7] 王进先：《山西长治市拣选、征集的商代青铜器》，《文物》1982年第9期。
[8] 郭勇：《山西长子县北郊发现商代铜器》，《文物资料丛刊》3，文物出版社，1980年。
[9] 李济、万家保：《殷墟出土53件青铜容器之研究》第1～2页，历史语言研究所，1972年，台北。
[10] 中国社会科学院考古研究所：《殷虚妇好墓》第15～114页，文物出版社，1980年。
[11] 中国社会科学院考古研究所：《安阳殷墟郭家庄商代墓葬》第77～113页，中国大百科全书出版社，1998年。
[12] 徐广德、何毓灵：《安阳殷墟发现一座高级贵族墓》，《中国文物报》2001年3月28日。
[13] 中国社会科学院考古研究所安阳工作队：《安阳小屯村北的两座殷墓》，《考古学报》1981年第4期。
[14] 安阳市文物工作队：《殷墟戚家庄东269号墓》，《考古学报》1991年第3期。
[15] 中国社会科学院考古研究所安阳工作队：《1980年河南安阳大司空村M539发掘简报》，《考古》1992年第6期。
[16] 中国社会科学院考古研究所安阳工作队：《安阳大司空村东南的一座殷墓》，《考古》1988年第10期。
[17] 中国社会科学院考古研究所安阳工作队：《1969～1977年殷墟西区墓葬发掘报告》，《考古学报》1979年第1期。
[18] 中国科学院考古研究所：《辉县发掘报告》第15～32页，科学出版社，1956年。
[19] 齐泰定：《河南辉县褚丘出土的商代铜器》，《考古》1965年第5期。
[20] 武陟县博物馆：《武陟县出土三件商代青铜器》，《文物》1989年第12期。
[21] 杨贵金、张立东、毋建庄：《河南武陟大司马遗址调查简报》，《考古》1994年第4期。
[22] 杨宝顺：《温县出土的商代铜器》，《文物》1975年第2期。
[23] 河北省文物研究所、河北文化学院：《武安赵窑遗址发掘报告》，《考古学报》1992年第3期。

磁县下七垣[1]，灵寿西木佛村[2]，正定新城铺[3]，赵县双庙村[4]等地均发现晚商时期青铜器。定州[5]似为晚商文化分布范围内出土青铜器的北界。

晚商文化各地方类型分布范围出土青铜器的地点也为数不少。就方位叙述如下：

东部地区以山东益都苏埠屯[6]及滕州前掌大[7]最为有名。另外有滕州金庄、大韩[8]、龙堌堆[9]、井亭煤矿二号井[10]，泗水寺台村[11]，邹县化肥厂[12]，长清县兴复河北岸[13]，滨县兰家村[14]，寿光古城乡[15]等地。另外，地处沂蒙山区的新泰市区[16]内曾发现鬲、鼎、尊、卣、爵、戈等一组铜器，沂水县信家庄[17]也曾出土铜觚、爵。以上两地是否仍属商文化分布区，抑或为当地土著文化范围，目前尚难推定。

天湖类型是晚商文化最南的一个地方类型。河南罗山天湖墓地[18]曾出土一群典型晚商青铜器。

---

[1] 罗平：《河北磁县下七垣出土殷代青铜器》，《文物》1974年第11期。

[2] 正定县文物保管所：《河北灵寿县西木佛村出土一批商代文物》，《文物资料丛刊》5，文物出版社，1981年。

[3] A. 石家庄地区文化局文物普查组：《河北省石家庄地区的考古新发现》，《文物资料丛刊》1，文物出版社，1977年。

B. 刘友恒、樊子林：《河北正定出土商周青铜器》，《文物》1982年第2期；《河北正定县新城铺出土商代青铜器》，《文物》1984年第12期。

[4] 石家庄地区文化局文物普查组：《河北省石家庄地区的考古新发现》，《文物资料丛刊》1，文物出版社，1977年。

[5] 《定州发现商代大型方国贵族墓葬》，《中国文物报》1991年12月15日。

[6] A. 祁延霈：《山东益都苏埠屯出土铜器调查记》，《中国考古学报》第二册，1947年。

B. 山东省博物馆：《山东益都苏埠屯第一号奴隶殉葬墓》，《文物》1972年第8期。

C. 山东省文物考古研究所、青州市博物馆：《青州市苏埠屯商代墓发掘报告》，《海岱考古》第一辑，山东大学出版社，1989年。

[7] 中国社会科学院考古研究所山东工作队：《滕州前掌大商代墓葬》，《考古学报》1992年第3期。

[8] 中国社会科学院考古研究所山东队、滕县博物馆：《山东滕县古遗址调查简报》，《考古》1980年第1期。

[9] 滕州市博物馆：《山东滕州出土商代青铜器》，《考古》1994年第1期。

[10] 孔繁银：《山东滕县井亭煤矿等地发现商代铜器及古遗址、墓葬》，《文物》1959年第12期。

[11] 赵宗秀：《山东泗水发现商代青铜器》，《考古》1988年第3期。

[12] 王言京：《山东省邹县又发现商代铜器》，《文物》1974年第1期。

[13] 山东省博物馆：《山东长清出土的青铜器》，《文物》1964年第4期。

[14] 王思礼：《惠民专区几处古代文化遗址》，《文物》1960年第3期。

[15] 寿光县博物馆：《山东寿光县新发现一批纪国铜器》，《文物》1985年第3期。

[16] 魏国：《山东新泰出土商周青铜器》，《文物》1992年第3期。

[17] 沂水县文物管理站：《山东沂水县出土商代铜器》，《考古》1990年第8期。

[18] A. 信阳地区文管会、罗山县文化馆：《河南罗山县蟒张商代墓地第一次发掘简报》，《考古》1981年第2期。

B. 河南省信阳地区文管会、河南省罗山县文化馆：《罗山天湖商周墓地》，《考古学报》1986年第2期。

C. 罗山县文管会：《罗山蟒张后李商周墓地第三次发掘简报》，《中原文物》1988年第1期。

在前掌大类型以南、天湖类型以东的黄淮、江淮地区，发现晚商青铜器的地点有河南淮阳冯塘村[1]、固始葛滕山[2]，安徽阜南朱砦月儿河[3]及颖上县王冈乡郑小庄[4]等。

汉水上游的南阳盆地，曾先后采集到晚商青铜器[5]，但当地的文化面貌、类型归属尚不清楚。

商代晚期，商文化又从关中西部退回西安一线。老牛坡类型的典型遗址西安老牛坡商墓[6]随葬青铜器有鼎、觚、爵、斝等，关中东部发现晚商青铜器的地点，还有西安袁家崖[7]、蓝田黄沟[8]等地。

一般而言，商文化分布范围主要依据遗址所出陶器群组合及其形制而定。在商文化分布范围外地区，也有典型的商式铜器出土，这种状况肇始于中商时期，晚商时期更是如此。

黄河两岸的晋陕高原历年出土商式青铜器甚多。如永和下辛角，石楼贺家坪、二郎坡、后蓝家沟、指南村、义牒、褚家峪、郝家坪、曹家垣，柳林高红，隰县庞村，吉县上东村，保德林遮峪，清涧解家沟、李家崖，绥德后任家沟、薛家渠，子长李家塔，延长张蓝沟，延川土岗等数十处[9]。所出铜器包括容器、兵器、工具和少量饰品。容器有鼎、甗、觚、爵、斝、瓿、卣、罍、簋、觥等。其形制和纹饰与中原晚商文化同类器几乎完全一致。而兵器和工具中除直内戈与柳叶形矛与中原商文化一致外，铃首刀、双环刀、马头刀、管銎戚、管銎钺、条形三銎刀、羊首刀、靴形器等则具有强烈的地方色彩。从清涧李家崖[10]等遗址可以判明，与上述铜器共存的陶器明显有别于中原商文化。其文化归属并非商文化系统，而属李家崖文化[11]。

关中西部淳化黑豆嘴、赵家村[12]、西梁家村[13]，礼泉县朱马嘴、泔河水库工地[14]，长武碾子坡[15]等地出土的晚商青铜器，应分别属于商代晚期关中西部郑家坡、碾子坡等类本土文化遗存。除淳化出土的金耳饰表现出同晋陕高原青铜文化的联系外，容器同中原

---

[1] 淮阳县博物馆：《河南淮阳县出土一批晚商文物》，《文物》1989年第3期。
[2] 信阳地区文管会、固始县文管会：《固始县葛藤山六号商代墓发掘简报》，《中原文物》1991年第1期。
[3] 葛介屏：《安徽阜南发现殷商时代的青铜器》，《文物》1959年第1期。
[4] 阜阳地区博物馆：《安徽颖上王岗、赵集发现商代文物》，《文物》1985年第10期。
[5] A.南阳市博物馆：《南阳市博物馆馆藏的商代青铜器》，《中原文物》1984年第1期。
　　B.徐俊英：《南阳博物馆征集的应国铜器盖及晚商铜觚》，《华夏考古》1994年第12期。
[6] 西北大学历史系考古专业：《西安老牛坡商代墓地的发掘》，《文物》1988年第6期。
[7] 巩启明：《西安袁家崖发现商代晚期墓葬》，《文物资料丛刊》5，文物出版社，1981年。
[8] 樊维岳、吴镇烽：《陕西蓝田县出土商代青铜器》，《文物资料丛刊》3，文物出版社，1980年。
[9] 详见第八章第七节。
[10] 张映文、吕智荣：《陕西清涧县李家崖古城址发掘简报》，《考古与文物》1988年第1期。
[11] 详见第八章第七节。
[12] 姚生民：《陕西淳化县出土的商周青铜器》，《考古与文物》1986年第5期。
[13] 姚生民：《陕西淳化县新发现的商周青铜器》，《考古与文物》1990年第1期。
[14] 秋维道、孙东位：《陕西礼泉县发现两批商代铜器》，《文物资料丛刊》3，文物出版社，1980年。
[15] 胡谦盈：《商、周关系史和先周文化中的商文化因素管窥》，《中国商文化国际学术讨论会论文集》，中国大百科全书出版社，1998年。

晚商文化一致。

陕南汉中地区的城固和洋县，1955年以来先后有10多个地点发现铜器20多批，计650余件[1]。依出土情况推测，并非随葬品，似应与祭祀活动有关。其中鼎、尊、罍、瓿、斝、爵等十数类容器以及窄长援的直内、曲内戈，应属典型商文化风格；而三足壶、直口双耳罐，以及数量很多的武器如三角援直内戈、不对称刃直内钺、有銎钺、镰形戈，还有铜璋、人面或兽面形面具，大量铜泡等，则具有地方特色。从器类组合和器形特征看，汉中商代青铜器群同成都平原三星堆文化青铜器有若干相似之处[2]。

四川广汉三星堆、成都十二桥等遗址出土铜器甚多。其中三星堆一、二号祭祀坑的年代略有早晚，但都不出殷墟阶段[3]。铜器中的尊、瓿、罍、盘、觯等与中原晚商铜器相似，但细部有所区别。似应为当地铸造。祭祀坑中发现的大量人物造型则为当地文化所特有。已有的发现充分显现出以三星堆文化为代表的蜀地青铜文化的灿烂面貌[4]。

湖南境内，湘江和澧水下游的宁乡、湘潭、华容、石门、津市、长沙、株洲、醴陵乃至衡阳诸地，特别是宁乡一带，历年出土的铜器包括鼎、甗、爵、斝、尊、卣、瓿、觯、铙等，总数已达300余件[5]。其中铜铙和具有各种动物造型的铜尊等器具有地方特点，其余大部分器物与中原商式铜器一致，年代也属晚商阶段。但由于晚商时期商文化已退出洞庭湖地区，故这批铜器实际应是晚商时期当地考古学文化的遗存。

江西赣江下游地区多有相当商代晚期的铜器出土，以清江、新干的发现为代表[6]。其

---

[1] A. 唐金裕、王寿芝、郭长江：《陕西省城固县出土殷商铜器整理简报》，《考古》1980年第3期。
    B. 王寿芝：《陕西城固出土的商代青铜器》，《文博》1988年第6期。
    C. 苟宝平：《陕西城固县征集的商代铜戈》，《考古》1996年第5期。
    D. 李烨、张历文：《洋县出土殷商铜器简报》，《文博》1996年第6期。
    E. 赵丛苍：《城固洋县铜器群综合研究》，《文博》1996年第4期。
[2] 详见第八章第四节。
[3] 四川省文物考古研究所：《三星堆祭祀坑》，文物出版社，1999年。
[4] 详见第八章第四节。
[5] A. 高至喜：《商代人面方鼎》，《文物》1960年第10期；《湖南宁乡黄材发现商代铜器和遗址》，《考古》1963年第12期。
    B. 湖南省博物馆：《湖南省博物馆新发现的几件铜器》，《文物》1966年第4期；《三十年来湖南文物考古工作》，《文物考古工作三十年》，文物出版社，1979年。
    C. 熊传新：《湖南醴陵发现商代铜象尊》，《文物》1976年第7期；《湖南新发现的青铜器》，《文物资料丛刊》5，文物出版社，1981年；《湖南宁乡新发现一批商周青铜器》，《文物》1983年第10期。
    D. 冯玉辉：《湖南衡阳市郊发现青铜牺尊》，《文物》1978年第7期。
    E. 袁家荣：《湘潭青山桥出土窖藏商周青铜器》，《湖南考古学辑刊》第一辑，岳麓出版社，1982年。
    F. 何介钧：《湘潭出土商代猪尊》，《湖南考古学辑刊》第一辑，岳麓出版社，1982年。
    G. 盛定国、王自明：《宁乡月山铺发现商代大铜铙》，《文物》1986年第2期。
[6] A. 江西省博物馆、清江县博物馆：《近年江西出土的商代青铜器》，《文物》1977年第9期。
    B. 江西省文物考古研究所、江西省博物馆、新干县博物馆：《新干商代大墓》，文物出版社，1997年。

中新干大洋洲墓所出方卣、分裆圆肩鬲、甗、壶、锥足圆鼎、柱足圆鼎、瓿等具有典型的中原商式铜器特征；而兽面纹锥足圆鼎、方鼎、虎形扁足鼎、鬲形鼎、鱼形扁足鼎、连裆圆肩鬲、假腹豆等则融合了商式铜器与当地土著文化铜器的特征；还有一些铜容器如瓿形鼎、折肩鬲、假腹盘和三足提梁卣等则是南方土著民族的独特创造，在中原地区从未见过。从与铜器共存的陶器分析，这些铜器应属吴城文化的遗存[1]。

广西武鸣县全苏曾出土铸造精良的兽面纹青铜卣[2]，敢猪岩又出土一件青铜戈[3]。这是迄今所知出土商代青铜器最靠南的地点。

在北方的燕山地区，北京平谷刘家河 M1 随葬青铜鼎、鬲、甗、爵、卣、罍、盘计 10 余件，还有铁刃铜钺、铜面具、铜泡、金耳环、金臂钏和玉器等[4]，年代约当中商三期，应属围坊三期文化遗存。至于燕山以北地区，如赤峰附近克什克腾旗天宝同发现的铜甗[5]以及辽宁喀左北洞发现的两坑商末周初的窖藏铜器[6]，其文化归属都待继续研究。

有学者根据商代青铜器（主要是青铜礼器）超出同时期商文化分布范围这一现象提出，中国青铜时代存在一个"礼器文化圈"[7]。认为这种文化圈的形成，其主要原因首先应归结于青铜器特别是青铜礼器在商王朝时期的特殊地位。它既是权力与意识的物化形式，同时也是财富的象征，因而在对外战争、朝贡与赏赐等交往过程中，青铜原料和青铜礼器就成为交流的核心内容甚至争夺的对象。随着青铜手工业的发展，到晚商时期"青铜礼器圈"这一文化现象已明确形成。

同时，还应看到，有商一代，商王朝统辖地域有过不断变化。早、中商时期向西、向南扩展，向西一度深入到关中西部扶风、岐山一带；向南曾以据点式分布于长江以南的洞庭湖区及湘江、赣江和澧水下游。晚商时，除向东有所扩展外，西、西北和南面都大大收缩。在政治疆域进退过程中，先进的商文化对周围土著文化产生强大影响。青铜礼器群在商文化周边广泛地域被发现，正是这种强势影响的具体反映。同时，又是周边地区诸族群上层认同中原华夏族观念形态、接受中原礼器制度的具体反映。

在商文化及周边广大地区青铜器出土盛况表明，商王朝时期是青铜文化不断发展、进取的时期。有商一代，中国青铜文化已从早期阶段走向成熟和鼎盛。

---

[1] 详见第八章第三节。
[2] 梁景津：《广西出土的青铜器》，《文物》1978 年第 10 期。
[3] 广西壮族自治区博物馆：《近年来广西出土的先秦青铜器》，《考古》1984 年第 9 期。
[4] 北京市文物管理处：《北京市平谷县发现商代墓葬》，《文物》1977 年第 11 期。
[5] 克什克腾旗文化馆：《辽宁克什克腾旗天宝同发现商代铜甗》，《考古》1977 年第 5 期。
[6] A. 辽宁省博物馆、朝阳地区博物馆：《辽宁喀左县北洞村发现殷代青铜器》，《考古》1973 年第 4 期。
　　B. 喀左县文化馆、朝阳地区博物馆、辽宁省博物馆北洞文物发掘小组：《辽宁喀左县北洞村出土的殷周青铜器》，《考古》1974 年第 6 期。
[7] 徐良高：《文化因素定性分析与商代"青铜礼器文化圈"研究》，《中国商文化国际学术讨论会论文集》，中国大百科全书出版社，1998 年。

三 商代青铜容器分期

（一）早商青铜容器分期

属于早商时期的青铜容器，目前发现相对较少。据此，把早商时期青铜容器分作两期（图7-1）。

第一期以郑州东里路黄河医院C8M32、白家庄C8M7、荥阳西史村M2等单位随葬铜器为代表。器形有爵、斝、盉等，种类较少。器壁较薄。一般为素面，个别有数道弦纹、乳钉纹或镂孔装饰。爵流、尾较长，两矮柱立于流口相接处，半月形钉帽，平底，束腹较浅，横截面作椭圆形，三棱形锥足。斝多平底，袋状或三棱状空锥足，矮柱顶呈半月形，口沿内侧多有一道突棱。盉形近于二里头文化陶封顶盉，三空袋足，管流作朝天状。

第二期以郑州商城铭功路M2、M150，垣曲商城M1、M16，偃师商城83ⅢM1，盘龙城李家嘴M2等单位随葬铜器为代表。该阶段器物种类有所增加，有鼎、鬲、觚、爵、斝、盉、盘、簋、尊、甗等。其中盘、簋、尊、甗出在规格较高的盘龙城李家嘴M2中，其他墓葬还未见。此时，素面仍占一部分，但开始出现饰单层一周花纹带的做法且逐渐盛行。花纹线条疏朗。以饕餮纹为主，此外还有弦纹、乳钉纹、涡纹等。爵仍为平底，流、尾较一期上翘，立柱变高且柱顶呈圆帽形，腹变深，横截面较一期要圆，三棱锥足变得细高。斝平底或微下凸，腹变浅，三空锥足，立柱变高，仍偏于一侧，有的上饰涡纹。第一期时尚未发现铜觚，此时觚腹曲率较小，整体显得粗矮，多饰一周饕餮纹，圈足部多有十字型

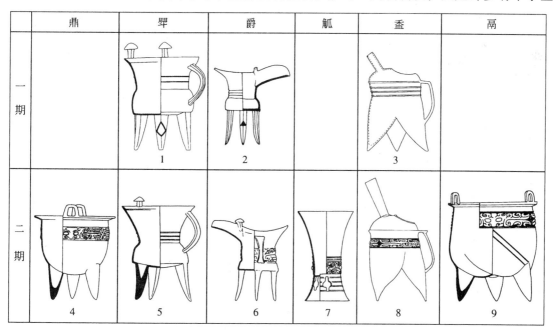

图7-1 早商青铜器分期图
1. 斝（郑州商城C8M32:1） 2. 爵（郑州商城C8M32:2） 3. 盉（郑州商城C8YJM1:2） 4. 鼎（铭功路M2:2） 5. 斝（铭功路M2:7） 6. 爵（铭功路M2:21） 7. 觚（铭功路M2:8） 8. 盉（李家嘴M2:20） 9. 鬲（李家嘴M2:38）

镂孔。鼎一般折沿深腹、圜底，圆锥三实足，两立耳。其中一立耳与一足相对应。颈下多饰一周花纹带。鬲亦为折沿，三高锥形空足，略显裆，立耳情况与同时期的铜鼎相似。颈下饰一周饕餮纹带，袋足上饰"人"字形纹。

（二）中商青铜容器分期

关于中商时期青铜器分期，目前专门论证还较少。有学者曾对相当于这一时期的青铜器作过分期[1]，基本反映了这一时期青铜器的演变规律。参照有关研究成果，把中商青铜容器分为三期（图7－2）。

第一期典型单位有郑州白家庄 M2，北二七路 M2，铭功路 C11M146、M148，东里路 C8M39；盘龙城李家嘴 M1，楼子湾 M3 等。这一时期与早商相比，装饰花纹的青铜器大大增加。主要是在器物的颈部、肩部或腹部和圈足上饰一周或数周纹饰带，并开始以两周联珠纹相界。仍为单层花纹，线条疏朗。主要纹样有饕餮纹、云雷纹、弦纹、涡纹、联珠纹等。器形主要有鬲、鼎、斝、爵、罍、罍、盘、簋、尊、卣等。其中鬲为分裆，锥足，折沿，两立耳；与早商期相比，袋足变肥、裆变矮。鼎大多圆形深腹，三圆锥足仍较锐、中空、略外撇，折沿，上立双耳；其中一耳与一足相对应，一耳处在另两足之间。斝一般敞口，束腰，平底，三棱锥状空足或实足；口沿上两立柱偏于一侧，立柱多为圆帽形；上腹与下腹相衔接处多形成突显的折棱。爵为束腰平底，长流有尾，腹部横截面呈椭圆形；上腹与下腹之间有折棱；三棱锥状实足较细，长短不一，支点不稳；两柱立于流口近折处，柱顶呈圆泡形或半月形。斝敞口，口部尚未明显外翻，整体显得粗矮；圈足部多有镂孔，镂孔上部饰有饕餮纹一周。罍在白家庄 M2 出土 1 件，小口，高颈，腹壁较鼓，圈足外撇；其颈部饰有浮雕龟形图案，肩部饰云纹，腹部上下饰两周雷纹，中间夹一周饕餮纹，圈足有十字镂孔。

第二期以藁城台西遗址早期墓葬及郑州白家庄 M3，铭功路 M4，北二七路 M1 等单位出土铜器为代表。器腹饰上下两周纹饰较为多见，出现双层花纹，线条变得纤细致密。以联珠纹两周夹主纹饰带的形式十分流行。与一期相比，青铜鬲减少。其中白家庄 M3 出土铜鬲，袋足又较一期肥，锥足又较一期矮。鼎仍为折沿，空锥足，立耳；一足与一耳对应的习惯开始改变，部分鼎的两耳分处于三足之间。斝立柱开始变得粗大、较高、且多是菌状柱，上饰涡纹；上腹与下腹间折棱较一期显得圆润；三足除原有的三棱锥足外，新出现了剖面呈"丁"字形足；上腹与下腹分别饰饕餮纹一周。爵立柱靠近流折处或在口沿之上，变为圜底。铜斝有矮体和高体两种，后者细高，柄部呈柱状，上腹与圈足曲率加大，圈足下开始有极小的切地小座盘；柄与圈足各饰饕餮纹一周，或圈足饰弦纹数周并加镂孔。此时新出现的铜瓿，短颈，肩部折棱较明显，腹壁较直，圈足；肩、腹、圈足满饰双层花纹。铜尊小口，折肩，深腹缓后收，圈足外撇，上有镂孔。

第三期以安阳小屯 YM232、YM333、YM388，洹北商城三家庄 M1、M3，花园庄东地 M10，三家庄与董王度窖藏坑，藁城台西晚期墓葬等单位为代表。青铜容器开始向典型殷

---

[1] 邹衡：《试论夏文化》，《夏商周考古学论文集》第 114～115 页，文物出版社，1980 年。

图 7-2 中商青铜器分期图（之一）

1. 鼎（白家庄 M2:4） 2. 斝（白家庄 M2:7） 3. 爵（白家庄 M2:8） 4. 鼎（白家庄 M3:7） 5. 鼎（台西 M112:2）
6. 斝（台西 M112:5） 7. 爵（铭功路 M4:1） 8. 鼎（台西采:4） 9. 鼎（台西 M22:4） 10. 斝（台西 M35:2）
11. 爵（小屯 M232；R2021）

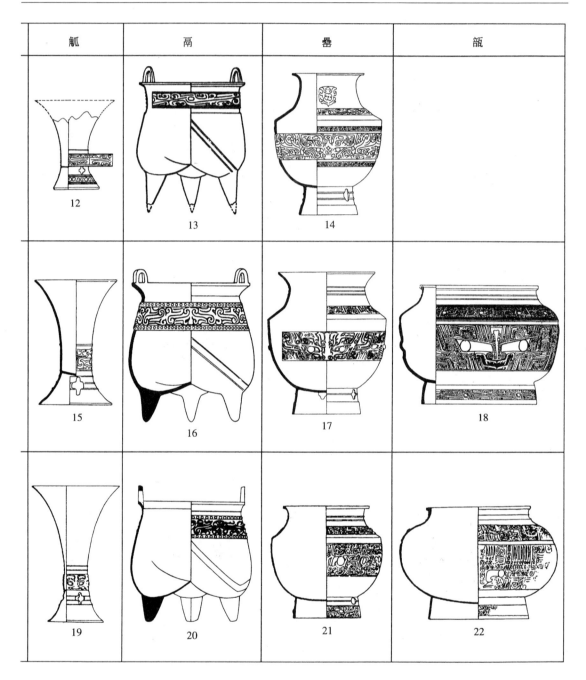

图 7-2 中商青铜器分期图（之二）

12. 觚（盘龙城李 M1:21） 13. 鬲（盘龙城李 M1:4） 14. 罍（白家庄 M2:1） 15. 觚（铭功路 M4:3） 16. 鬲（白家庄 M3:3） 17. 罍（白家庄 M3:9） 18. 瓿（台西 M112:4） 19. 觚（小屯 M333；R2017） 20. 鬲（下窑嘴商墓标本:1） 21. 罍（小屯 M232；R2056） 22. 瓿（小屯 M232；R2057）

墟风格的青铜器转变。早期的单层花纹此时变得极为少见。多双层花纹，有的甚至是三层花纹。新增斜方格雷纹乳钉纹、鱼纹等。鬲极少见，黄州下窑嘴商墓出土 1 件，体形矮胖，裆和三足更低。鼎仍作敛口，圆腹，圜底；与二期相比，腹部相对较浅，三足已演变为封闭器底的柱状实足。斝开始变得粗矮，略呈圜底，立柱显得较大并向伞状柱转化。平底爵腹部变瘦，口部截面大致呈圆形，上腹与下腹间的折棱基本消失。此时已有真正的卵形底爵出现，立柱多位于口沿上且多伞状柱。高体铜觚越发显得细高，腹与柄、柄与圈足间作分节状，柄部微鼓，喇叭状圈足，切地小盘座变高。罍作短颈，折肩，鼓腹，口径略大。铜瓿盛行，数量急剧增加，器腹壁圆鼓。

（三）晚商青铜容器分期

殷墟作为晚商都城，其青铜容器的发展成为商代青铜器发展的顶峰。殷墟青铜容器的分期序列，基本反映了整个晚商青铜容器的演变趋势。因此，以殷墟青铜容器的分期结果来衡量整个晚商青铜容器的分期是合适的。

殷墟青铜容器分期基本有以下两种观点：有学者在陶器分期的基础上，把殷墟铜器分成四期[1]；另有学者不同意殷墟铜器的四期分法而提出三期说[2]。三期说注意到出自殷墟的铜器中有一部分与郑州二里冈阶段铜器关系更为密切，认为应将这批铜器单列一期[3]，即殷墟铜器第一期。余下的两期中，第二期又分为三个小段，与第三期铜器区分开来。实际上，该说中的第一期现已知属中商文化时期（中商三期）。该说另外两期，包括第二期中的三个小段和第三期则基本反映了殷墟铜器的发展脉络。据此，把殷墟青铜器分作四期（图 7 - 3）。

第一期目前发现的铜器不多。武官村 59M1[4]、小屯 M188[5] 两座墓葬可以作为出土该阶段铜器的典型单位。所见器类有鼎、甗、觚、爵、斝、瓿等。此阶段的鼎大都系柱形足，但腹部仍较深。甗的甗部稍浅于中商时期。斝有尊形和罐形两种，后者在整个殷墟时期都较流行，其特点是大口，束颈，腹外鼓，伞形柱。觚体近似中商三期，惟高体觚下腹（柄部）外鼓更明显，圈足不见镂孔。爵腹呈筒形，颈稍束，腹稍鼓，底外凸似卵形。瓿较多见。铜器花纹以细条纹为主，早、中商时期的宽条纹不再流行。

---

[1] A. 邹衡：《试论殷墟文化分期》，《北京大学学报（人文科学）》1964 年第 4、5 期。该文收入《夏商周考古学论文集》，文物出版社，1980 年。
　　B. 郑振香、陈志达：《殷墟青铜器的分期与年代》，《殷虚青铜器》，文物出版社，1985 年。
[2] A. 张长寿：《殷商时代的青铜容器》，《考古学报》1979 年第 3 期。
　　B. 杨锡璋：《殷代青铜容器的分期》，《中原文物》1983 年第 3 期。
　　C. 林巳奈夫：《殷周時代青銅器の研究》，《殷周青銅器総覧 1》，吉川弘文館，1984 年，東京。
　　D. 朱凤瀚：《古代中国青铜器》第 626～642 页，南开大学出版社，1995 年。
[3] 在四期划分中，这些铜器被包括在第一期内。
[4] 中国社会科学院考古研究所安阳工作队：《安阳武官村北的一座殷墓》，《考古》1979 年第 3 期。
[5] 李济：《记小屯出土之青铜器》上篇，《中国考古学报》第三册，1948 年。又收入《李济考古学论文选集》，文物出版社，1990 年。

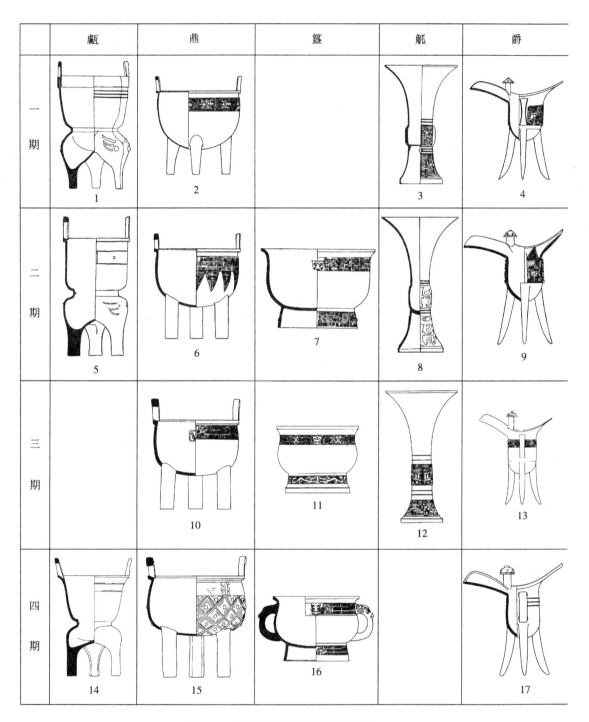

图 7-3 殷墟晚商青铜器分期图（之一）

1. 甗（59武官 M1:1） 2. 鼎（59武官 M1:3） 3. 觚（59武官 M1:7） 4. 爵（59武官 M1:6） 5. 甗（80大司空 M539:27） 6. 鼎（80大司空 M539:38） 7. 簋（80大司空 M539:30） 8. 觚（80大司空 M539:34） 9. 爵（80大司空 M539:33） 10. 鼎（63苗圃北地 M172:2） 11. 簋（63苗圃北地 M172:1） 12. 觚（63苗圃北地 M172:4） 13. 爵（63苗圃北地 M172:5） 14. 甗（84西区 M1713:30） 15. 鼎（84西区 M1713:31） 16. 簋（84西区 M1713:33） 17. 爵（84西区 M1713:43）

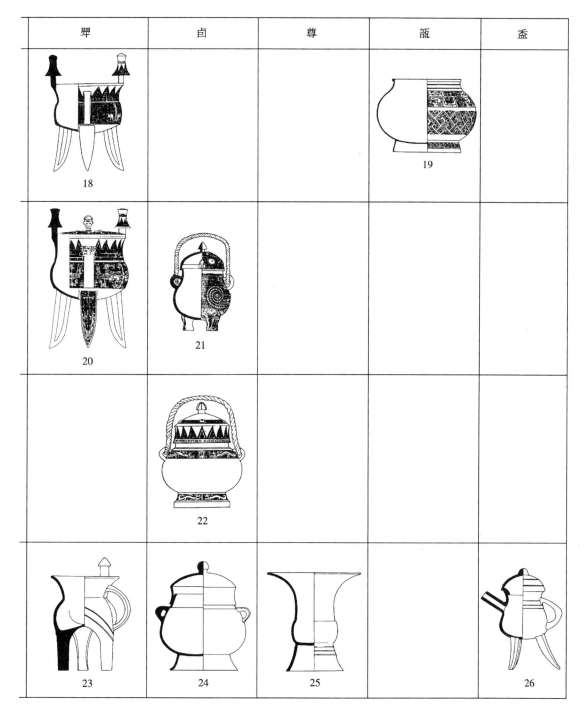

图 7-3 殷墟晚商青铜器分期图（之二）

18. 斝（59武官 M1:4） 19. 瓿（武官 M1:5） 20. 斝（80大司空 M539:35） 21. 卣（80大司空 M539:32） 22. 卣（63苗圃北地 M172:3） 23. 斝（84西区 M1713:51） 24. 卣（84西区 M1713:49） 25. 尊（84西区 M1713:47） 26. 盉（84西区 M1713:40）

第二期出土铜器的典型单位有小屯 M5（妇好墓）[1]、M17、M18[2]和大司空村 M539[3]等墓葬。常见器类有鼎、簋、斝、甗、觚、爵、尊、卣、盉等。瓿已较少见。鼎的柱足上下粗细相近，外撇已不明显，腹稍浅于前一期，下部稍外鼓，底呈球面形。另外还有束腰式鼎、浅盘扁足鼎和长方形槽鼎等。甗腹更浅，腹壁近直。尊形斝只见于较高级别墓葬中，罐形斝下腹外鼓成半球形。觚除此前常见的矮体觚外，更多见的是高 27 厘米以上的细高体觚，有的腹部略呈弧形外鼓。尊形爵见于高级别墓葬，一般墓葬中都使用卵形凸底爵。此前不甚常见的簋和卣至本期明显增多。簋作翻沿，上腹近直，下腹缓收。在这一期大量出现以动物为原型的牺尊。铜器花纹皆细线纹，多数器物的主纹与地纹在一个平面上；流行三层花纹，不少器物铸出地纹、主纹，并在主纹表面铸出阴线花纹。有的器物已出现扉棱。许多铜器带有铭文是这一阶段出现的新特点。但这时期的铭文主要是二三个字的族徽或庙号（如司母戊、司母辛）。

第三期以苗圃北地 M172[4]，殷墟西区 M907[5]，郭家庄 M160[6]等墓葬出土铜器为代表。主要器类有鼎、簋、斝、觚、爵、角、尊、卣、盉、觯等。鼎仍为柱足，但腹浅，下腹外鼓，整器给人以稳定感。甗发现较少，其甑部益浅，近底处外鼓。罐形斝腹部也有明显的外鼓特征。高体觚流行，腹径更细，很多觚体上有了扉棱。爵腹加深，出现部分腹外鼓、呈直筒形的爵。簋的圈足变高，腹呈圆鼓状。第二期束腰形卣多见，但本期出现鼓腹的扁罐形卣。铜器普遍流行三层花纹。铭文仍限于族徽和庙号类。本期另一显著特点是明器式铜器开始出现。

第四期以殷墟西区 M269、M284[7]、M1713[8]，大司空村 62M53[9]出土铜器为代表。器类与上期基本相同。柱足鼎仍是主流，但新出现上下粗、中间细的兽足形鼎以及鬲形鼎。簋普遍加上了半环形器耳。分裆斝取代罐形斝。觚、爵与上一阶段相比无大区别。仍流行扁罐形卣，卣的最大腹径偏下。常见的尊为带高圈足的圆筒形。铜器花纹和铭文基本同于前期，但出现少量记事性铭文，如后冈圆形祭祀坑出土的戍嗣子鼎等。本期中，胎薄

---

[1] 中国社会科学院考古研究所：《殷虚妇好墓》，文物出版社，1980 年。
[2] 中国社会科学院考古研究所安阳工作队：《安阳小屯村北的两座殷代墓》，《考古学报》1981 年第 4 期。
[3] 中国社会科学院考古研究所安阳工作队：《1980 年河南安阳大司空村 M539 发掘简报》，《考古》1992 年第 6 期。
[4] 中国社会科学院考古研究所：《殷虚青铜器》图 66、67，文物出版社，1985 年。
[5] 中国社会科学院考古研究所安阳工作队：《1969～1977 年殷墟西区墓葬发掘报告》，《考古学报》1979 年第 1 期。
[6] 中国社会科学院考古研究所：《安阳殷墟郭家庄商代墓葬》第 77～105 页，中国大百科全书出版社，1998 年。
[7] 中国社会科学院考古研究所安阳工作队：《1969～1977 年殷墟西区墓葬发掘报告》，《考古学报》1979 年第 1 期。
[8] 中国社会科学院考古研究所安阳工作队：《安阳殷墟西区一七一三号墓的发掘》，《考古》1986 年第 8 期。
[9] 中国社会科学院考古研究所安阳发掘队：《1962 年安阳大司空村发掘简报》，《考古》1964 年第 8 期。

且制作粗糙的明器式铜器占有较大比例。

四 商代青铜兵器

商代的青铜兵器，在早、中、晚期都有发现，在早、中期主要发现在郑州、偃师、辉县、藁城、黄陂盘龙城等地，晚期则主要见于殷墟地区，无论从种类和数量言，早、中期都不如晚期多。

（一）商代兵器的类别与形制

商代的兵器大多出于墓葬中，祭祀坑、车马坑及居址、作坊遗址或有少量发现。按功能可分为进攻性兵器和防御性兵器两大类，前者包括铜质的戈、戚、矛、戟、钺、刀、銎斧、镞等；后者有铜质的胄和非铜质的盾、甲等。另有个别器类如弓形器用途尚未得到确认。

1. 进攻性兵器

进攻性兵器大多由青铜铸成，而后按不同器类分别安装木、竹质的柲、柄或箭杆，但竹、木质部件出土时多已朽没或仅见痕迹。

（1）戈：古代勾兵。铜戈，是由石器时代的玉、石戈演化而来。最早发现在二里头遗址[1]，但数量很少。在商代，铜戈是最常见的兵器，出土数量多。据安柲的方式不同，可将商代的铜戈分为无銎与有銎两大类。

无銎戈可分直内无胡、直内有胡、曲内三种。直内无胡戈，长条三角形援，长方形内，有上、下阑。有的内中有穿，内后段有纹饰，也有的内后端下侧有小刺（图7-4-2）。最早发现在二里头遗址中，但无上下阑。在郑州[2]、偃师[3]、辉县[4]和安阳三家庄[5]等地早、中商时期墓葬已出现有阑戈（图7-4-1、3），在殷墟阶段也有较多发现。直内有胡戈，仅见于晚商。长条三角形援，长方形内，胡上有竖向长方形穿。援、胡交接为弧线钝角，线条圆润。穿的数目少者一穿，多者五穿（图7-4-6）。曲内戈，长条三角形援，曲内，有的有上下阑，内部或有纹饰。戈内部的形态有弧线形（或称磬折形）、曲内歧冠形和方钩形。弧线形曲内戈最早在盘龙城楼子湾[6]中商时期墓中已出现（图7-4-4），殷墟第二期较流行，第三期即已少见。曲内歧冠形戈，出现于殷墟第二期，第三期仍在流行。此种形式的戈内，多作鸟首形，顶部有突起的歧冠，有的戈内纹饰还嵌绿松石或镂空，制作精良（图7-4-5）。方钩形曲内戈，流行于殷墟第三、四期，其戈内似简化鸟首，质地轻薄，制作粗糙，尺寸较小，属明器。

有銎戈，按内的差别，可分为有銎直内、有銎有胡、有銎曲内三种。有銎直内戈，舌

---

[1] 中国科学院考古研究所：《偃师二里头》第169、249页，中国大百科全书出版社，1999年。
[2] 郑州市博物馆：《郑州市铭功路西侧的两座商代墓》，《考古》1965年第10期。
[3] 中国社会科学院考古研究所河南第二工作队：《1983年秋季河南偃师商城发掘简报》，《考古》1984年第10期。
[4] 中国科学院考古研究所：《辉县发掘报告》第26页，科学出版社，1956年。
[5] 中国社会科学院考古研究所安阳工作队：《安阳殷墟三家庄东的发掘》，《考古》1983年第2期。
[6] 湖北省博物馆：《一九六三年湖北黄陂盘龙城商代遗址的发掘》，《文物》1976年第1期。

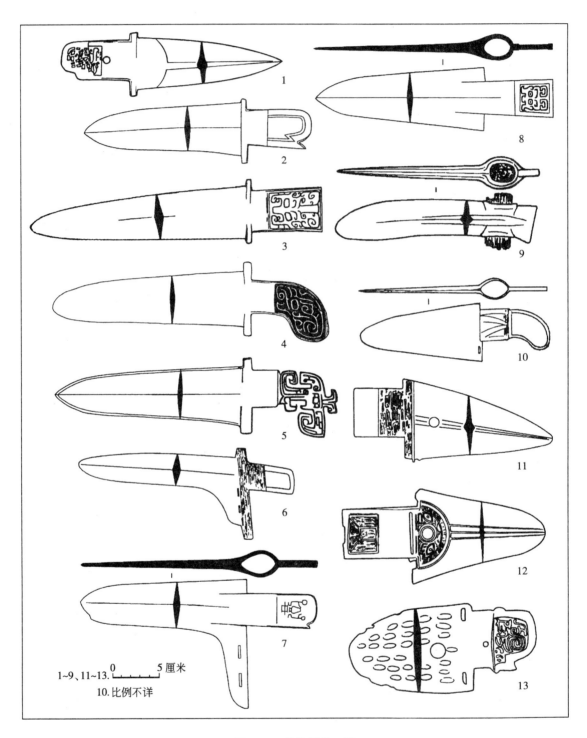

图 7-4 商代铜戈、戟

1. 戈（三家庄 M4:5） 2. 戈（大司空村 M663:17） 3. 戈（偃师商城 M1:3） 4. 戈（楼子湾 M3:7） 5. 戈（小屯 M18:40） 6. 戈（花园庄南地 M5:1） 7. 戈（郭家庄 M135:5） 8. 戈（郭家庄 M160:322） 9. 戈（台西 M17:2） 10. 戈（小屯 E16:4） 11. 戟（三家庄 M1:4） 12. 戟（殷墟西区 M279:1） 13. 戟（殷墟西区 M4:1）

形或长条三角形援，内之中部有竖向圆形或椭圆形銎（图7-4-8），有的援部有中脊（图7-4-9），最早见于藁城台西中商时期墓中[1]。在殷墟，第一期时数量还较少，第二、三期时广为流行，第四期已较少见。有銎有胡戈，长条三角形援，或有上、下阑，短胡，内中部有竖向椭圆形銎。此种戈胡的形态有两种形式，一类胡微显，无穿；另一类短胡，胡上有一个或两个竖向长方形小穿（图7-4-7）。此种戈出现较晚，只见于殷墟第四期。有銎曲内戈，三角形援，前锋较钝，援本下转角处有一小长方形竖穿，内中部有杏核形銎，内后段有纹饰（图7-4-10）。此种戈只见于殷墟第二期。

铜戈使用时都要安柲，木柲易朽，但从殷墟各处墓中发现的木柲痕迹知，木柲长在1米左右。

在上述的铜戈中，无胡、穿的直内戈早商即有；曲内戈和有銎直内戈在中商时才出现，是晚商时常见的戈类，存在于殷墟文化一至四期，第二、三期是其兴盛阶段，至第四期数量衰减；直内有胡戈，在殷墟出现于第三期，但数量少，至第四期数量猛增，广为流行。

（2）戣：或称戳、三角形戈。其形态是援作三角形，援后部多有圆孔，本部上下常见对称的长方形竖穿，长方形内。最早的戣，发现于中商时期的洹北商城三家庄M1（图7-4-11）和小屯M232等处。商代晚期，戣的数量有所增多，据援部的差异，可分为两种。

一种援近等腰三角形或舌形，援中部多有脊棱，有的援本及内上有纹饰（图7-4-12）。此种戣，见于殷墟二至四期。

另一种援呈舌形，前锋较钝，援本上下有二穿，内位于援本的中部偏上，内末端有小刺，内后有纹饰（图7-4-13）。此种戣，只见于殷墟四期。

除殷墟外，大量发现铜戣的地点有二：汉中地区和川西地区。推测商文化区内的铜戣是由汉中某地传布来的。

（3）矛：古代刺兵。由铜矛头、木柲及柲末端铜鐏或镈构成。矛头前部为叶，后部为骸，叶前端有长锋，两侧出刃，叶中部两面出脊与骸相连，骸后端呈筩状以纳柲。木柲极少保存下来，殷墟大司空村M312曾发现木柲痕迹，长约1.4米[2]。湖北盘龙城李家嘴M2出土的2件商代早期的铜矛[3]，是迄今所知最早的标本。李家嘴M2发现的矛叶呈柳叶形，菱形銎，骸下部有小钩（图7-5-1）。商代中期的矛（图7-5-2）曾在湖北盘龙城楼子湾[4]、河北藁城台西M112[5]和河南安阳三家庄M4[6]中有发现。这时期的矛，呈柳叶形，叶、骸无明显的分界。至商代晚期，矛成为常见的青铜兵器之一，出土数量也在千件以上。按矛头的形态，大致可分两种。

一种叶呈等腰弧线三角形，骸呈筩状，叶、骸有明显分界。骸下部大都有双环（图

---

[1] 河北省文物研究所：《藁城台西商代遗址》第133～134页，图八〇：2、3，文物出版社，1985年。
[2] 马得志、周永珍、张云鹏：《一九五三年安阳大司空村发掘报告》，《考古学报》第九册，1955年。
[3] 湖北省博物馆：《盘龙城商代二里冈期的青铜器》，《文物》1976年第2期。
[4] 湖北省博物馆：《盘龙城商代二里冈期的青铜器》，《文物》1976年第2期。
[5] 河北省文物研究所：《藁城台西商代遗址》第132、134页，图七九：1，文物出版社，1985年。
[6] 中国社会科学院考古研究所安阳工作队：《安阳殷墟三家庄东的发掘》，《考古》1983年第2期。

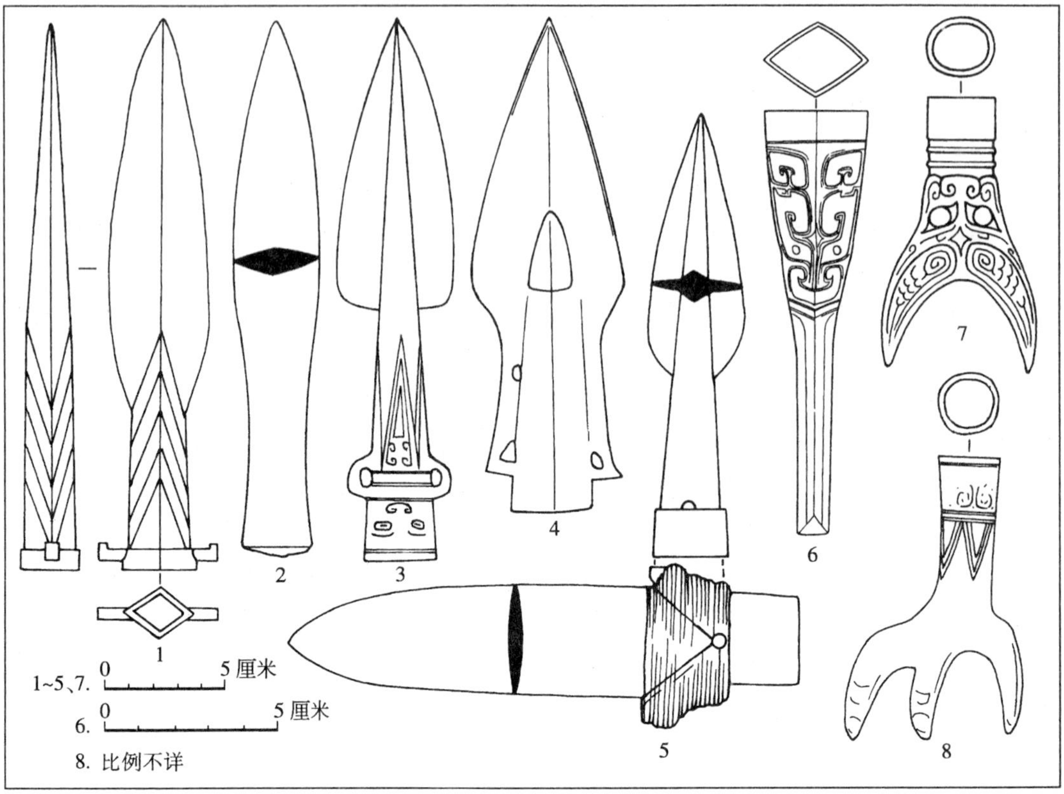

图 7-5 商代铜矛、戟和镦
1. 矛（李家嘴 M2:56） 2. 矛（三家庄 M4:4） 3. 矛（小屯 E16 出土） 4. 矛（大司空 M108:4） 5. 戟（台西 M17:5） 6. 镦（郭家庄 M160:255） 7. 镦（台西 C:17） 8. 镦（小屯 M5:4）

7-5-3）。

另一种为宽长叶，呈亚腰形，大多骸伸出叶底，叶本有对称的小孔（图7-5-4）。此类矛，最早见于殷墟二期，大量流行于第三期，第四期数量很少。

在安阳殷墟，虽然 1004 号大墓中曾集中出土成捆的铜矛数百件，但在其他墓中，铜矛远不及铜戈普遍。尤其殷墟第一期铜矛极少见，而早商至中商一期阶段，河南郑州和辉县等中原的商墓也没有发现矛，但此时长江流域的湖北盘龙城商墓中曾发现铜矛 3 件。另在江西吴城二期文化中也曾出土过相当殷墟早期的铜矛[1]，据此推测商文化的青铜矛是在以吴城文化为代表的南方古文化影响下产生的[2]。

（4）戟：通常是指合戈与矛两种兵器功能为一体的兵器，秘顶装青铜矛头，其下接青铜戈头，既可刺杀，也可用于钩割。只见于商代中期河北藁城台西 17 号墓[3]，是迄今所

---

[1] 江西省清江县博物馆：《吴城商代遗址新发现的青铜兵器》，《文物》1980 年第 8 期。
[2] 杨锡璋：《关于商代青铜戈矛的一些问题》，《考古与文物》1986 年第 3 期。
[3] 河北省文物研究所：《藁城台西商代遗址》第 124、134 页，图七三：12，文物出版社，1985 年。

知年代最早的青铜戟。出土时,直内戈与叶形矛已离位,但矛骹的銎腔与戈内表面尚存朽木,且二器上的朽痕都严丝合缝,证明二者曾组成戟(图7-5-5)。

(5) 钺:古代劈兵。铜钺器身扁薄。两侧多内曲、弧刃,后侧或出阑,有长方形内,少数有銎。一般长度在20厘米上下,大钺有的长40厘米左右。

商代早期已出现具成熟形态的青铜钺,如黄陂盘龙城李家嘴M2的钺[1],器身呈长梯形,中部有大圆孔,有二穿,长41厘米(图7-6-1)。商代中期的铜钺,如安阳洹北三家庄M1所出的一件[2],钺身仍较长,但中部孔小,腰中部微内凹,肩有侧阑,内稍宽,通长21厘米(图7-6-2)。商代早中期的铜钺,较明显保留着玉、石钺器身窄长的造型特征。至商代晚期,上述形制继续流行,但出现一批器身宽阔、铸有纹饰、作工精良的大、中型铜钺。如安阳郭家庄M160的几件钺[3],钺身呈方斧形,钺身长度稍大于或等于中腰宽度,内多作方形或扁长方形,有二长方穿。有的钺,形体硕大,后侧两面有锯齿形小槽,钺身有精致的纹饰,通长33.2厘米(图7-6-3)。商代青铜钺出土数量不多,目前有明确出土地点和出土单位的钺仅数十件,远较铜戈、矛为少。

铜钺绝大多数出于墓葬中,从共存青铜礼器所显示的墓主身份表明,只有相当地位的贵族才能拥有并使用铜钺,钺是王权和军事统帅权的象征。这是铜钺不同于一般兵器且出土数量不多的原因。

(6) 鐏:戈、矛、戟、钺一类兵器木柲下端的青铜附件。它出现于商代中期,但数量极少。目前所知,只河北藁城台西M112出土的1件[4](图7-5-7)。商代晚期,铜鐏的数量仍较少,据已发表的资料,不足60件。按其下部形态之差异,可分为四种:矛形,上、中部横截面近杏核形,下部扁平,末端尖锐。凿形,上部横截面呈菱形深銎,末端两面刃,如殷墟郭家庄160号墓的1件[5](图7-5-6)。爪形,上部为圆形銎,下部分出四爪,出于殷墟妇好墓[6](图7-5-8)。锥形,上部有圆形或椭圆形銎,末端呈锥状。

殷墟出土鐏较少,只十几件,而戈、矛总数达2000多件,相差悬殊,表明在殷墟绝大多数戈、矛是不安铜鐏的。

(7) 卷头刀:根据安装木柲方式的不同,可分两种。

第一种刀身呈长条形,刀头向后弯卷成钩状,柄甚短。刀脊大多有长方形穿,以缚木柲,如殷墟郭家庄M160的两把刀,通长33厘米[7](图7-6-10)。也有无穿的,如郭家

---

[1] 湖北省博物馆:《盘龙城商代二里冈期的青铜器》,《文物》1976年第2期。
[2] 中国社会科学院考古研究所安阳工作队:《安阳殷墟三家庄东的发掘》,《考古》1983年第2期。
[3] 中国社会科学院考古研究所:《安阳殷墟郭家庄商代墓葬》第105~106页,图82,中国大百科全书出版社,1998年。
[4] 河北省文物研究所:《藁城台西商代遗址》第124、135页,图七三:13,文物出版社,1985年。
[5] 中国社会科学院考古研究所:《安阳殷墟郭家庄商代墓葬》第111页,中国大百科全书出版社,1998年。
[6] 中国社会科学院考古研究所:《殷虚妇好墓》第110页,图版七四:6,文物出版社,1980年。
[7] 中国社会科学院考古研究所:《安阳殷墟郭家庄商代墓葬》第106~107页,图83:1、3,中国大百科全书出版社,1998年。

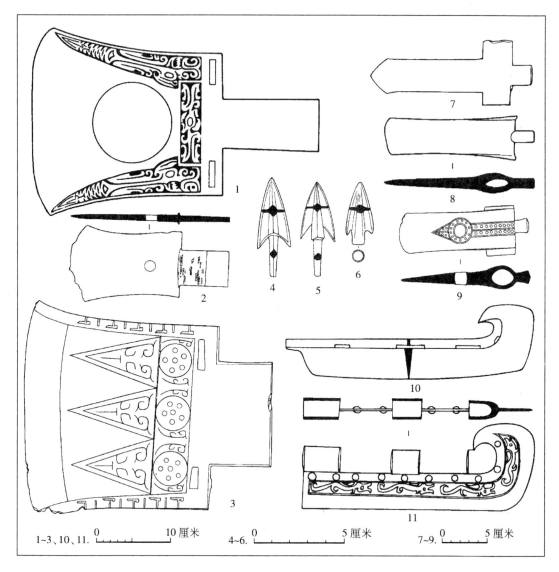

图 7-6 商代铜钺、卷头刀、镞和銎斧
1. 钺（李家嘴 M2:15） 2. 钺（三家庄 M1:1） 3. 钺（郭家庄 M160:111） 4. 镞（苗圃北地 VET11⑤:29）
5. 镞（苗圃北地 PNⅣT1A④:12） 6. 镞（苗圃北地 GT231④:40） 7. 銎斧（大司空 M24:2） 8. 銎斧（老牛坡 M7:1） 9. 銎斧（大司空 M539:4） 10. 卷头刀（郭家庄 M160:59） 11. 卷头刀（西区 M1713:94）

庄北 M6，刀背两侧尚见木柲痕迹[1]。卷头刀的长度一般在 26~40 厘米。安阳侯家庄 M1355，曾出大型卷头刀 9 件，每件长达 80 厘米[2]。此种卷头刀，在殷墟发现较晚，见于第三、四期墓，但在陕西西安老牛坡和淳化夕阳相当于殷墟文化一期和二期的墓葬已有出土。

---

[1] 安阳市文物工作队：《河南安阳郭庄村北发现一座殷墓》，《考古》1991 年第 10 期。
[2] 郭宝钧：《殷周的青铜武器》，《考古》1961 年第 2 期。

第二种为有銎卷头刀，背部设管状銎，以纳木柲，直刃，有的刀身中、上部饰乳钉纹及夔纹。如在殷墟见于第四期偏晚的墓 M1713[1]（图 7-6-11）。

在山西石楼义牒、陕西绥德后任家沟都出过这两类刀，年代相当于殷墟第三期。从出土情况可知，这两类刀应起源于晋陕高原李家崖、石楼系统青铜文化，至殷墟第三期以后才传到商文化中心区[2]。

（8）銎斧：斧身呈长条形，一般为弧刃，近顶端有管状竖銎，并有横向小短柄，长 9.5~18.7 厘米。其中有的銎长与斧身的后部宽度相等，如西安老牛坡 M7 所出，通长 16.6 厘米[3]（图 7-6-8）；有的管銎的长度稍大于斧身的宽度，且斧身的上部或中部还有圆穿，如安阳大司空村 M539 所出，通长 13.7~17.3 厘米[4]（图 7-6-9）；还有的管銎的长度明显大于斧身的宽度，如安阳大司空村 M24 所出的 1 件，刃部较特殊，两侧斜收成锋状[5]（图 7-6-7）。

由于銎斧的形制与殷墟常见的青铜兵器迥异，出土数量又少，故一般认为，它是北方青铜文化的产物，在商代晚期传入关中东部和河南商文化区。

（9）镞：古代远射进攻性兵器。史前的镞以石、骨、蚌质为之。二里头文化时期出现铜镞；至商代晚期，除铜镞外，骨镞、石镞仍在使用。商代绝大多数的铜镞是双翼形的，有脊，脊有长短（脊伸出，或未伸出镞本）。这种镞从早商至晚商都有。晚商时还有以葡安柄的镞，但极少见（图 7-6-4~6）。

2. 防御性兵器

防御性兵器有铜胄、盾和皮甲三种。后两种不是铜质，附此一并叙述。

（1）铜胄（头盔）：商代晚期的铜胄，根据形制的不同，可分两种。

一种是全由青铜制成，近似今日之铜盔。在安阳西北冈 1004 号大墓曾一次出土 141 件[6]。胄的正面下方开一长方形缺口，中部有较高的脊棱，顶正中有小圆管，以安装缨饰。胄的正面有牛角兽面纹、单卷角兽面纹、双卷角兽面纹，侧面有圆葵纹、椭圆眼纹等五种纹饰，在头盔上分别铸有一个铭文或符号。通高 25 厘米左右（图 7-7-2）。

另一种胄，由青铜与皮革合制而成，山东滕州前掌大第 11 号墓出土 13 件。自胄顶纵向伸于前后的脊梁是青铜的，有的脊梁前端当额部表面铸成兽面，而两侧部分是皮革的，又在两侧嵌以青铜铸的圆形护耳，护耳上铸有小穿。有些胄的下缘，还缀以兽牙制成的长方形穿孔片，可能作护颈之用[7]。

---

[1] 中国社会科学院考古研究所安阳工作队：《安阳殷墟西区一七一三号墓的发掘》，《考古》1986 年第 8 期。
[2] 刘一曼：《殷墟青铜刀》，《考古》1993 年第 2 期。
[3] 西北大学历史系考古专业：《西安老牛坡商代墓地的发掘》，《文物》1988 年第 6 期。
[4] 中国社会科学院考古研究所安阳工作队：《1980 年河南安阳大司空村 M539 发掘简报》，《考古》1992 年第 6 期。
[5] 马得志、周永珍、张云鹏：《一九五三年安阳大司空村发掘报告》，《考古学报》第九册，1955 年。
[6] 梁思永、高去寻：《侯家庄·1004 号大墓》第 133~145 页，历史语言研究所，1970 年，台北。
[7] 《滕州前掌大遗址有重要发现》，《中国文物报》1995 年 1 月 8 日。

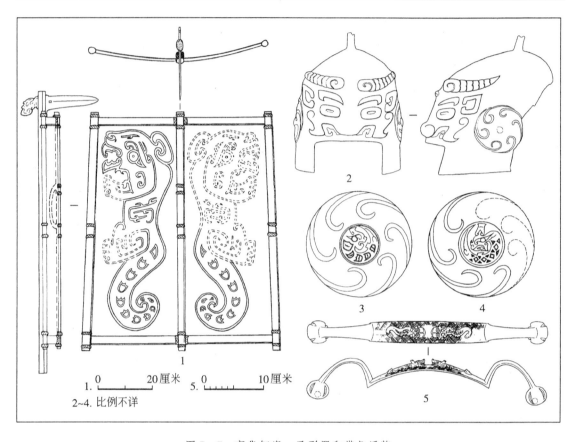

图 7-7 商代铜胄、弓形器和带戈盾牌

1. 带戈盾牌（小屯 M167；R2101） 2. 铜胄（西北冈 M1004；R15338） 3、4. 铜胄侧面之纹饰 5. 铜弓形器（殷墟 M5∶70）

（2）盾：据其形制，可分两种。

一种正视呈梯形，由四根木条围成边框，中部有一竖木条将其分成两部分，边框及中部的木条相连接处均用绳捆扎。盾面用皮革或木板等制成。盾表的两个长方形框内，彩绘出侧立的对称虎纹。高 0.68～0.98 米，宽 0.59～0.75 米。出于殷墟西北冈 M1002、M1003、M1004 及小屯 M167[1]、M351[2] 等墓。M167 出土的 1 件，盾与带木柲的铜戈组装在一起（图 7-7-1）。

另一种平面近椭圆形，表面髹漆。出于山东滕州前掌大第 11 号墓，共 10 件，有 4 件保存完好，其中 3 件红黑漆相间的盾置于二层台处[3]。

（3）皮甲：一般保存不好。只在安阳西北冈 1004 号大墓南墓道的北段发现 2 件皮甲的

---

[1] 石璋如：《小屯·乙区基址上下的墓葬》第 37～38 页，图版二〇、二一，历史语言研究所，1976 年，台北。

[2] 石璋如：《小屯·中组墓葬》第 316 页，历史语言研究所，1972 年，台北。

[3] 《滕州前掌大遗址有重要发现》，《中国文物报》1995 年 1 月 8 日。

残迹[1]。2件甲上下重叠，轮廓不完整，其上彩绘几何图案，上段纹饰为三条宽曲尺纹带，中间一条带内并填有带枝杈的卷须纹，上下二条带内饰菱形纹。彩绘以红色为主，间有白色。

3. 其他

商代晚期有一种青铜"弓形器"，在殷墟和其他一些地点的商文化以及晋陕高原北方系统青铜文化中都有发现，因其形态似弓而得名。器身呈扁平长条形，向上微拱，两端连有弧形臂，臂端为镂孔圆铃形，也有作马头形和蛇头形等（图7-7-5）。

关于弓形器的性质和用途，研究者曾提出几种不同见解。或认为是"䣔"[2]，或认为是"弓柲"[3]，又有的称其为"旂铃"[4]。近年来较流行的一种说法，参照西伯利亚地区出土的图像资料，认为"弓形器"可能是御者系鞶的"珌"，早期的骑者也曾使用，在驾车或骑马时，御者或骑者将它紧缚于胸前[5]。弓形器的确切用途，尚待今后的考古发现去证明。

（二）墓葬中青铜兵器的组合

商代各时期都有随葬青铜兵器的墓，但以晚期为多，从出土情况可以了解到当时兵器的实际使用状况。商代常见的兵器为戈、矛、钺和镞等。戈，是兵器组合中的核心器物。在商代墓中，铜戈出现最普遍，在各种组合中几乎都有戈。矛虽在早商时已出现，但早、中商及殷墟第一、二期时并不多见，直到殷墟第三期才出现单独随葬铜矛的墓，可见其作用日益重要。钺常与其他兵器并出，从未单独随葬，且出土数量少，表明它们不是一般战士常规使用的兵器。镞在殷墟第一、二期的墓中数量较少，从第三期开始，数量增多。镞是一种消耗性兵器，射出以后难以回收，只有青铜铸造业相当发达才可能大量使用铜镞。

商代墓随葬品中青铜兵器与其他铜礼器的组合清楚地显示，随墓主生前地位的不同，随葬青铜兵器的种类、数量、质地有明显差别。当时的统帅和较高级武将，拥有钺、戈、镞；钺、戈、矛、镞或钺、大刀、戈、矛、镞等兵器，数量从数十件至数百件甚至上千件不等，钺和大刀是其统帅权的显著特征。中、低级武官，可拥有戈、矛、镞（有的还有1件钺）或戈、镞；矛、镞；戈、矛等成套兵器，数量有10多件。基层的指挥官或小贵族，可配备戈、矛、镞中的两种，但数量一般只几件。至于普通的士卒，只配备戈、矛、镞中的一种兵器，如果是戈或矛，至多不超过2件。

---

[1] 梁思永、高去寻：《侯家庄·1004号大墓》第31页，图十六，图版二四，历史语言研究所，1970年，台北。

[2] 石璋如：《小屯殷代的成套兵器》，《历史语言研究所集刊》第二十二本，1950年。

[3] 唐兰：《"弓形器"（铜弓柲）用途考》，《考古》1973年第3期。

[4] 秦建明：《商周"弓形器"为"旂铃"说》，《考古》1995年第3期。

[5] A. 林沄：《关于青铜弓形器的若干问题》，《吉林大学社会科学论丛(2)》，吉林大学社会科学学报编辑部，1980年。又收入《林沄学术文集》，中国大百科全书出版社，1998年。
B. 孙机：《"弓形器"的用途和定名》，《中国古舆服论丛》，文物出版社，1993年。

五 其他商代青铜器

除青铜容器与兵器外，商代还有其他一些青铜器如乐器、车马器[1]、生活用具、装饰品等。

商代青铜乐器主要有铃和铙。其中铜铃在二里头文化时期已多有发现，可令人不解的是，目前相当于早商与中商时期的铜铃极少见。而到晚商时期，铜铃则数量大增。横截面一般呈柳叶形或椭圆形，器身一侧或两侧有扉或无扉，顶部有穿孔或半环形梁，空腔内有铃舌。晚商时期的铜铃一般出土于墓葬之中，也有个别出于车马坑或祭祀坑的殉狗颈下。

目前发现的商代铜铙主要属晚商时期，均出于墓葬之中。殷墟出土的铜铙一般以3件成编，5件的仅见于妇好墓[2]。形制均为扁圆体，口缘内凹，一端有中空的柄与体腔相连并相通。成编的铙均大小依次递减。在使用时，可能演奏出不同的音阶。目前发现的铜铙最早属晚商二期。在湖南宁乡一带则多次出土单件大型铜铙[3]。

商代的青铜工具和生活用具种类较多，计有刀、削、斧、铲、镢、锸、锛、凿、刻刀、锥、锯、钻、鱼钩，以及镜、杖首、匕、漏斗、角形器、箸、器柄和竽等。与其他青铜器一样，这些青铜器多出在晚商时期，早、中商时期上述青铜器出土较少，有的尚未出现。

青铜铸造业是当时商王朝直接控制的极其重要的产业。在不断的发展演变过程中，青铜铸造业不断地走向成熟，并最终达到中国青铜手工业的顶峰时期。

第三节 其他手工业

一 制陶业

考古发掘所获遗物，往往以陶器数量最多。商代陶器的类别，可分为四类，即普通泥胎陶、白陶、硬陶和原始瓷器。

商代陶器生产与青铜冶铸业一样，已经专门化、行业化。河北邢台贾村遗址发现的4座商代陶窑，窑址附近只有鬲及其残片，可以认为这是一处专制陶鬲的作坊[4]。

早商文化遗址中发现有不少陶窑，但略成规模的只有郑州商城、偃师商城和垣曲商城3处。

郑州商城的陶窑集中发现于城墙以西约1300米处，即今铭功路西侧的第十四中学院内[5]。另在北二七路东侧、黄委会青年公寓各发现1座[6]。1988~1996年在偃师商城曾发

---

[1] 详见本章第三节第三部分。
[2] 中国社会科学院考古研究所：《殷虚妇好墓》第100页，图版六二：1，文物出版社，1980年。
[3] 高至喜：《中国南方出土商周铜铙概论》，《湖南考古辑刊》第二辑，岳麓书社，1984年。
[4] 河北省文化局文物工作队：《1958年邢台地区古遗址古墓葬的发现与清理》，《文物》1959年第9期。
[5] A. 河南省文物研究所：《郑州市商代制陶遗址发掘简报》，《华夏考古》1991年第4期。
 B. 郑州市文物工作队第一队：《郑州发现的商代制陶遗迹》，《文物参考资料》1955年第9期。
 C. 游清汉：《郑州市铭功路西侧发现商代制陶工场、房基等遗址》，《文物参考资料》1956年第1期。

现陶窑15座[7]。垣曲商城的窑场在城东南部,1988～1992年发现陶窑6座[8]。在郑州铭功路已发掘的1500余平方米范围内,发现有陶窑、房基、墓葬、灰坑、白灰地面等遗迹,出土有大量的日用陶器、未经火烧的陶坯、烧坏的陶器废品及各种制陶工具。陶窑共14座,位于整个遗址的东部和南部。附近的房址,推测是窑工们的住房。作坊的中部有白灰地面,地面平整而坚硬。其南部发现的成堆陶泥,红褐色,质地细腻,显然经过处理。白灰地面的周围,散布着大量的陶坯、陶泥及一些制陶工具。种种现象表明,这处白灰地面应是制作陶坯的场地。

上述遗址的陶窑均为圆形或近圆形,由火门、火膛、窑箅、窑室、窑前操作坑几部分组成。窑室直径1～1.2米。由残存的窑室可以看出,原窑室上部略呈馒头形。火膛均低于当时的地面,是由地面下挖而成的。多数在窑箅之下、火膛的中间设有窑柱。从窑壁烧烤温度和窑场散布的陶泥和废品等遗存看,这些陶窑大都是烧制普通泥胎(或夹砂)陶器的。

晚商时期的陶窑发现不多,大多仍为早、中商时期流行的"升焰窑",即有火膛、火道、窑箅、窑室等部分组成,结构并无明显变化,惟窑趋大。如安阳殷墟小屯南地发现的陶窑平面呈椭圆形,窑室南北长1.7米,东西宽1.15米,火膛高近1米[9]。

商代陶器的制法,一般使用轮制、模制、泥条盘筑、捏制等技术。大部分陶器上遗留有制造时留下的痕迹。许多陶器是通过综合使用上述技术完成的。如殷墟的弦纹陶簋,下腹以模制成型,腹上部则用泥条盘筑并通过转轮制成口沿。圈足也由轮制而成,然后安接于簋的底部。器坯制成后,要对器表进行处理。这样做既为了美观,同时也是为了提高陶胎的接合强度和出于实用的考虑。

商代陶器纹饰及相关制法可以分为六类:一是滚印的绳纹,这是最主要的纹饰;二是拍印的方格纹、篮纹等;三是模印的饕餮纹、方格纹、云雷纹和夔纹等;四是贴附的附加堆纹和鸡冠耳等;五是挖、钻而成的各种镂孔;六是弦纹和划纹等。

商代陶器的烧成温度,一般在摄氏850°～950°左右。晚商大部分陶器都系灰陶。灰陶应是陶胎内铁质在还原气氛中大部分转化为氧化亚铁(FeO)的结果。商代陶器中红陶也占有相当比例。红陶应是陶胎内所含铁经氧化生成四氧化三铁(Fe_3O_4)所致。硬陶和原始瓷器的烧成温度高达摄氏1200°,比普通泥质陶器高出摄氏200°。

---

[6] 河南省文物研究所:《郑州北二七路新发现三座商墓》,《文物》1983年第3期;《郑州黄委会青年公寓考古发掘报告》,《郑州商城考古新发现与研究》,中州古籍出版社,1993年。

[7] A. 刘忠伏:《偃师商城遗址》,《中国考古学年鉴(1990)》,文物出版社,1991年。
B. 中国社会科学院考古研究所河南第二工作队:《河南偃师商城东北隅发掘简报》,《考古》1998年第6期。

[8] A. 中国历史博物馆考古部、山西省考古研究所:《1988～1989年山西垣曲古城南关商代城址发掘简报》,《文物》1997年第10期。
B. 中国历史博物馆考古部、山西省考古研究所:《1991～1992年山西垣曲商城发掘简报》,《文物》1997年第12期。

[9] 中国社会科学院考古研究所安阳工作队:《1973年小屯南地发掘报告》,《考古学集刊》第9集,科学出版社,1995年。

商代的普通泥胎陶器，按其质料可分为泥质、夹砂二类。泥质陶的陶土一般都经过精心淘洗。于陶土中掺入一定比例的砂粒即成夹砂质。以此可改变陶土的成形性能，增强其受热能力。商代绝大多数日用陶器都是由泥质和夹砂的陶土制成的。

瓷土与普通黏土型的陶土不同。它是一种以氧化硅和氧化铝为主要成分而氧化铁含量极低的地下土。商代的白陶、硬陶和原始瓷器（图7-8、9）是用瓷土烧制的。

白陶、硬陶和原始瓷器基本成分类似而又略有差别。硬陶与原始瓷器成分最接近，但二者所含的微量元素中，硬陶所含氧化铁略高于原始瓷器。白陶与硬陶、原始瓷器的差别相对大一些。其主要成分氧化硅含量略低于硬陶、原始瓷器，而氧化铝含量高于硬陶、原始瓷器。至于物理性能，多数白陶的硬度在4度以下，吸水率在5%以上。硬陶与原始瓷

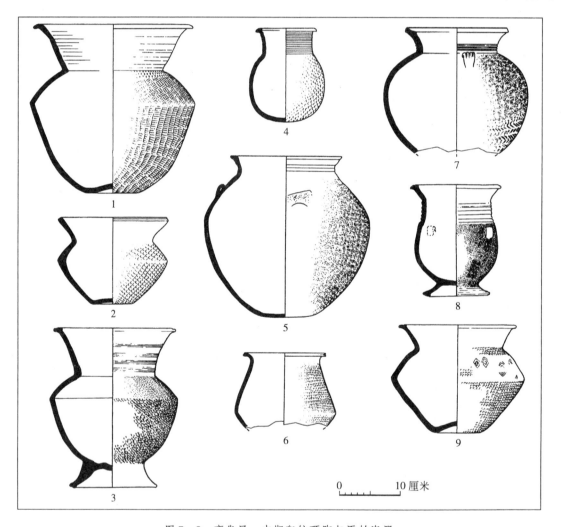

图7-8 商代早、中期印纹硬陶与原始瓷器
1. 原始瓷折肩尊（铭功路西 MGM2:1） 2. 原始瓷折肩尊（南关外 C5T4①:21） 3. 原始瓷弧腹尊（楼子湾 M1:8）
4. 硬陶罐（铭功路西 C11T102②:77） 5. 硬陶瓮（二里冈 C9H142:49） 6. 硬陶折腹罐（南关外 C5T21①:73）
7. 硬陶罐（铭功路 C11H111:12） 8. 原始瓷鼓腹尊（楼子湾 M3:14） 9. 原始瓷折肩尊（楼子湾 M3:16）

器的硬度在5度左右，吸水率在3%以下，多数不足2%。因此硬陶、原始瓷器比较适合贮存流汁。白陶美观华丽，但就其实用性而言不及硬陶和原始瓷器。

商代陶器中泥胎陶占大宗，如按其功能来说，炊器有鬲、甗、甑；食器有簋、豆；酒器和水器有觚、爵、尊、壶、卣、罍、斝、觯；其他盛贮器有罐、盆、瓮等。另有诸多特殊用途的陶器，如作为建筑材料的陶水管，作为铸铜熔炉使用的陶缸以及陶模、陶范，生产陶器时拍打陶坯的陶垫和制陶印模，捕捞用的网坠，纺织用的陶纺轮，乐器陶埙以及作为艺术品或者玩赏器的各种陶塑人物和动物造型等。在晚商时期还有一部分非实用性的明器，如觚、爵、盘、罐等，这是专为随葬用的。

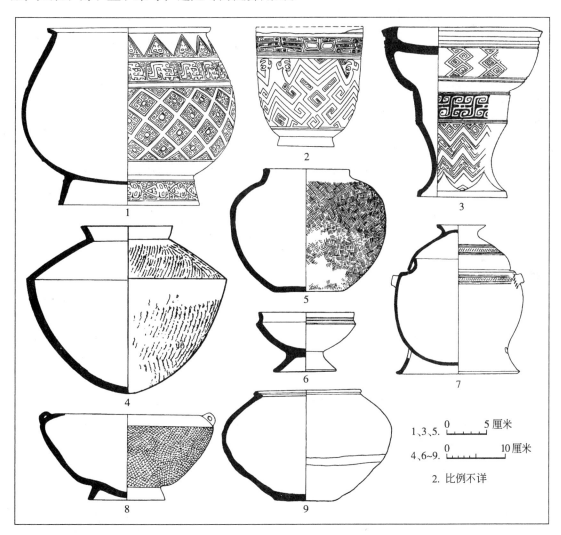

图7-9 殷墟出土白陶、印纹硬陶与原始瓷器
1. 白陶瓿（西北冈 M1001） 2. 白陶尊（小屯 YM331） 3. 白陶豆（采集） 4. 硬陶罐（西区 GM907:15）
5. 硬陶罐（小屯 M5:319） 6. 原始瓷豆（小屯 84XTH94:3） 7. 硬陶瓿（武官北地 M229:4） 8. 原始瓷盂
（小屯 76AXTF10） 9. 原始瓷罐（小屯 76AXTF11:46）

早、中商时期的白陶发现较少，到殷墟阶段有较多发现，但大多出在殷墟早期的大中型墓中。白陶的制法与普通陶器类似，但器表必作精心修磨，装饰也更为讲究。据观察，白陶上的花纹多是在陶坯晾干后刻上去的。花纹种类有饕餮纹、夔纹、龙纹、兽面人体纹、蝉纹、云纹、雷纹、雷纹三角纹、斜角云雷纹、勾连云雷纹、斜方格雷纹乳钉纹、圆涡纹、弦纹、绳纹、附加堆纹等。器类有豆、簋、瓿、罍等。

硬陶的颜色有紫褐色、橙黄色、蓝灰色和灰白色等。纹饰主要是云雷纹、人字纹和席纹等。其器形，早商时期有罍和尊等，晚商时期有瓿和罐等。

原始瓷器的胎骨多为灰白色，也有的近似纯白而略呈淡黄色的，釉质光亮，以青绿色为主，也有淡绿、黄绿和深绿等。胎釉结合得比较紧密，但也有少数流釉的现象。器表纹饰有方格纹、篮纹、云雷纹、S形纹和绳纹等。其器形，早、中商时为不同形式的原始瓷尊、罍，晚商时有尊、豆、瓿、罐和壶等。

盘龙城出土的印纹硬陶和原始瓷器较多，据统计约占全部陶瓷片的6%以上[1]，远多于郑州。印纹硬陶胎质坚硬，胎色灰白，外表为紫褐色或黄灰色。原始瓷器着绿釉或黄釉。其器形有折肩尊、筒形尊、高体圈足尊、瓮、罐等。纹饰有云雷纹、叶脉纹、方格纹、人字纹、细绳纹、弦纹等。

盘龙城出土的敞口折肩尊、罐（或称瓮）、折腹盂等与郑州的同类器颇似，而殷墟发现的硬陶和原始瓷器也与南方有联系，或原本是南方产品，或是就地仿制，二者无不反映了商王朝与南土的交往。

二 玉石器制造业

在二里头遗址中，曾发现许多制作精美的玉器。进入商代以后，在郑州[2]、河北藁城[3]和湖北黄陂盘龙城[4]等地都发现玉器，但数量、种类不很多。常见的玉器有钺、璧、璜、玦、戈、镞、刀、笄和柄形饰等，主要是礼器（兵器和工具也是作礼器用的），装饰性的器物很少。进入晚商以后，玉器工艺进一步发展，但是由于青铜铸造业的发达，青铜礼器取代了玉器作为主要礼器的地位，因此，玉器制造业就向观赏性和装饰性器物发展，玉器的神圣和庄严性进一步降低。

晚商时期的玉器主要发现在殷墟，其他地区发现的玉器无论在数量、种类及艺术性上，都不如殷墟。玉器及部分石器（质材上佳的石制品）的制作，在晚商时期被列为专门的生产部门，受到王室高度重视。1975年在安阳殷墟小屯西北的宫殿区范围内发现一制造玉石器作坊，这是属于商王室的玉石器加工场所。

---

[1] A. 陈贤一：《江汉地区的商文化》，《中国考古学会第二次年会论文集》，文物出版社，1982年。
    B. 另有一统计数据为3%，见湖北省博物馆：《一九六三年湖北黄陂盘龙城商代遗址的发掘》，《文物》1976年第1期。
[2] 河南省文化局文物工作队第一队：《郑州商代遗址的发掘》，《考古学报》1957年第1期。
[3] 河北省文物研究所：《藁城台西商代遗址》第89～90、138～143页，文物出版社，1985年。
[4] 湖北省博物馆：《一九六三年黄陂盘龙城商代遗址的发掘》，《文物》1976年第1期。

这处玉石器加工作坊与20世纪30年代发现的殷墟宗庙宫殿基址相距不远，包括地穴式和半地穴式房址各1座[1]，年代都属殷墟文化四期。地穴式房址平面呈长方形，南北长5.95米，东西宽2.5米，深3米。房址内出土了600余件圆锥形石料，260余块长方形磨石（残块），部分玉、石雕刻品以及少量的原始瓷器。半地穴式房址平面近方形，面积约5.3平方米。房址中出土了较多的石璋残片，另有一些制作精巧的小型玉石雕刻品、绿松石、蚌器、铜刀、铜镞等。

晚商玉器绝大部分都属于软玉类。以安阳殷墟出土最多，山东前掌大墓地和河南罗山天湖商墓也曾多有出土。按玉器表面的颜色，可知有绿、黄褐、棕褐、白、灰、黄、蓝、黑、银灰、橘红等色，而以前五色较常见。纯色玉器较少，相当数量的玉器都生有与主色相异的玉斑或沁斑。

晚商玉器的产地历来为学术界所关注。一般都同意新疆和田是晚商玉料的主产地。但部分学者认为，除新疆和田外，晚商玉中还有一部分产于今河南南阳独山、密县和淅川；也有学者认为殷墟玉器中有少量岫岩玉[2]。

商代玉器生产，技艺成熟、工序井然。通常制成一件玉器，须经过选料、开料、造型设计、钻孔、琢纹、抛光等步骤[3]。

晚商玉器成品反映出当时玉工对选料十分讲究。如立体圆雕，通常是就砾石形玉料的原来形状和大小设计造型，以省切削琢磨的劳力。而有的玉料玉色接近或者同一玉料剖开之后，常常用来琢制成对的玉器。扁平体玉器是将玉料锯割成薄片，然后再在其一面或两面琢磨出花纹。据推测，当时的开料工具可能既有砣子一类的硬性片状切割工具，也有动物筋条一类的柔线切割工具。二者都需加水和解玉砂浆方能进行有效工作。一些被称为"俏色"玉器的作品，选材时就考虑了玉石天然的材型和色泽。1975年发现于安阳殷墟小屯村西北的2件"俏色"作品均为圆雕动物鳖。玉鳖的头、颈和腹部均呈灰色，但背部呈黑色；石鳖的双目、背甲以及爪呈褐色，微发黑，腹部呈肉色。两件鳖不仅形态生动，更兼色调逼真[4]。当时的钻孔方式主要有桯钻和管钻两种。两种钻具均需借助解玉砂方能有效工作。多数玉器如兽形佩饰和其他动物形艺术品都要经过琢纹，即将动物的口、耳、鼻、目等雕出。晚商玉器上的花纹有阴线刻、减地阳刻、浮雕和镂孔等。通常以"勾"、"彻"的方法刻阴线。镂孔则很可能使用了"锼弓子"一类的工具。商代如何对玉器进行抛光，目前尚无物证。有学者推测可能用兽皮或丝织品蘸水加细砂进行打磨[5]。实际上，有的晚商玉器很可能不是用单纯的"平磨"方法来抛光的，有的研究者认为当时已有一种凸形弧度的磨板或能滚动的圆形抛光工具。

---

[1] 中国科学院考古研究所安阳发掘队：《1975年安阳殷墟的新发现》，《考古》1976年第4期。
[2] A. 张培善：《安阳殷墟妇好墓中玉器宝石的鉴定》，《考古》1982年第2期。
　　B. 申斌：《"妇好墓"玉器材料探源》，《中原文物》1991年第1期。
[3] 陈志达：《殷墟玉器的工艺考察》，《中国考古学研究》，文物出版社，1986年。
[4] 中国科学院考古研究所安阳发掘队：《1975年安阳殷墟的新发现》，《考古》1976年第4期。
[5] 陈志达：《殷墟玉器的工艺考察》，《中国考古学研究》，文物出版社，1986年。

从功用上说，晚商玉器可以分为礼玉、工具、用具、用具附件、装饰品和艺术品等几类。

礼玉指那些专用于祭祀或仪仗，而不以实用为目的的玉器。礼玉实物包括琮、圭、璋、璧、环、簋、盘、戈、矛、戚、钺、大刀等。

作为工具的玉器约有10余种，包括斧、凿、锛、刀、锯、槌、铲、镰、纺轮、玉鋻指、玉马嚼等。上述工具中，有一部分仍是作礼器，而不具有实用性。

日常用具似以实用器为主。有调色盘、梳、耳勺、匕等。

玉器中，装饰品和艺术品往往很难严格区分。据统计，晚商时期的玉装饰品和艺术品中的动物造型包括禽、兽、畜和昆虫几大类。以鱼、鸟形象最多。其他有牛、羊、马、虎、象、熊、鹿、猴、犬、兔、蝙蝠、鹳、鹰、鸱鸮、鹦鹉、雁、鸽、燕雏、鸬鹚、鹅、鸭、蛙、龟、鳖、螳螂、蚱蜢、蝉、蚕、螺蛳等，共计30余种。此外还有部分人形玉器和非写实性动物玉雕如龙、凤、怪鸟等（图版29）。

商代的石器主要是劳动生产工具。绝大多数商代石器属于实用性生产工具。器类有斧、锛、凿、钻、刀、镰、铲、锤、杵、纺轮、网坠、磨石、弹丸、门臼、调色器等。有作为武器的石镞与石戈等，还有作为乐器如石磬。这类石器的生产组织，部分可能由王室或方国首领直接控制。如1932年发掘的殷墟E181方坑，一次出土石刀444把，还同出其他石器[1]。这些成批的石器应是由商王控制的作坊生产并由其存放的。一些生产普通石器的作坊则可能隶属于宗族一级组织，产品除用于生产外，有的可能用于交换。还有的石器可能是由直接参与劳动的平民自己制造的。

普通石器的原料取材广泛。20世纪30年代殷墟出土的一批石器经鉴定以板岩、辉绿岩、石灰岩较多。其他还有砂岩、黝辉石、玉髓、缟玛瑙、蛋白石、蛇纹石、绿岩、流纹岩等20余种[2]。60年代殷墟出土的石器，鉴定结果则有板岩、石英岩、大理岩、砂岩、辉绿岩、玄武岩、流纹岩、绢云片岩等[3]。其中大理岩往往用来雕琢各种动物形象。

晚商时期普通石器的制作与上述玉器不同。有学者研究安阳殷墟出土的数百件石器后认为，当时制作有刃石器的方法可归纳为5种：磨制法、打剥法、锤制法、琢制法和压剥法[4]。在制作石器时，先粗打成型坯，再在型坯表面打出或琢出很多小凹面或小坑点，再加磨平、磨光。就磨制工艺而言，生产工具类石器多数只取局部磨光，尤其注意磨光刃部。整体磨光的石器主要是石质容器和艺术品。

有一些石器的类别和功用与玉器是一样的。如鬲、豆、尊、簋、瓿、盘、觯、盂、俎、璧、璋、琮、环、圭等属于礼器。部分戈、钺、戚用于仪仗。牙璧、璜、笄、珠、方形坠饰用于装饰。石柄形饰如同玉柄形饰一样作为某种用具的附件。属于装饰品和艺术品者有动物圆雕或浮雕，如人物、鱼、鸟、虎、牛、熊、兔、鸮、鸬鹚、鸭、蛙、龟、鳖、蝉、蚕、壁虎、爬虫、兽头人身像、双兽像、双尾双伏兽像等。这些石器的质料与作为生

---

[1] 石璋如：《第七次殷墟发掘：E区工作报告》，《安阳发掘报告》第四期，1933年。
[2] 李济：《殷墟有刃石器图说》，《历史语言研究所集刊》第二十三本（下册），1952年。
[3] 中国社会科学院考古研究所：《殷墟的发现与研究》第355~356页，科学出版社，1994年。
[4] 李济：《研究中国古玉问题的新资料》，《历史语言研究所集刊》第十三本，1948年。

产工具等的石器的原料是不同的，如玉髓、玛瑙、大理岩、蛇纹石、绢云片岩等，现代研究者称之为美石或假玉，其制作方法与制玉法相同。

三 制车业

车是一种重要的交通工具。关于我国使用车的时代，在先秦文献中，有"奚仲作车"[1]的记载。奚仲为夏代人，也就是说，我国车子出现的时间，可以追溯到夏代，但这只是一种传说。在郑州商城遗址，曾出土过2件铸造青铜车䡇的陶范[2]。这表明，至迟到商代早期已使用车子了。但作为实物遗迹的车，仅在晚商时的殷墟等地有发现。制车是一种复杂的工艺，不仅要有铸铜及木工技术，还要有机械知识。商代车子的发现，为研究制车工艺提供了丰富的资料。

（一）车马坑的发现

迄今已发现的商代晚期车马坑近60座，现按地点分述如下。

1. 殷墟的车马坑

车与马常作为随葬和祭祀品埋在一个坑内。20世纪30年代时，在后冈、西北冈及小屯共发现9座埋车的坑[3]。那时虽发现了车子的残迹，但由于条件所限，未能清理出车子的全貌。50年代以来，殷墟出土车马坑的地点不断扩大，数量也日益增多，考古工作者还成功地清理出一些马车的完整标本。

从1953年至今，共发掘了商代晚期的车马坑41座，分布于下列5个地点。

(1) 大司空村4座：M175[4]和M292、M755、M757[5]。

(2) 孝民屯及其东南9座：M1、M2[6]、M7[7]、M43、M151、M698[8]、M1613[9]，另有2座（M5142、M5146）资料尚未发表。

(3) 郭家庄4座：M52（图版24）、M58、M146、M147[10]。

---

[1] 有关记载见《墨子·非儒篇》、《管子·形势篇》、《荀子·解蔽篇》、《吕氏春秋·君守篇》等。
[2] 河南省文物研究所：《郑州商代二里冈期铸铜基址》，《考古学集刊》第6集，中国社会科学出版社，1989年。
[3] A. 石璋如：《河南安阳后冈的殷墓》，《历史语言研究所集刊》第十三本，1948年。
　　B. 梁思永、高去寻：《侯家庄·1001号大墓》，历史语言研究所，1962年，台北；《侯家庄·1003号大墓》，历史语言研究所，1967年，台北。
[4] 马得志、周永珍、张云鹏：《一九五三年安阳大司空村发掘报告》，《考古学报》第九册，1955年。
[5] 中国社会科学院考古研究所安阳队资料。
[6] A. 中国科学院考古研究所安阳发掘队：《1958～1959年殷墟发掘简报》，《考古》1961年第2期。
　　B. 中国科学院考古研究所安阳发掘队：《安阳殷墟孝民屯的两座车马坑》，《考古》1977年第1期。
[7] 中国科学院考古研究所安阳工作队：《安阳新发现的殷代车马坑》，《考古》1972年第4期。
[8] 中国社会科学院考古研究所安阳工作队：《1969～1977年殷墟西区墓葬发掘报告》，《考古学报》1979年第1期。
[9] 中国社会科学院考古研究所安阳工作队：《殷墟西区发现一座车马坑》，《考古》1984年第6期。
[10] 中国社会科学院考古研究所：《安阳殷墟郭家庄商代墓葬》，中国大百科全书出版社，1998年。

（4）刘家庄北地 20 座、南地 1 座：M339、M346、M347、M348、M350[1]、M412、M413、M414、M438、M439、M646、M873、M874、M919、M928、M929、M971、M1132、M1133、M1159[2]。安阳市文物工作队在刘家庄南地发掘到 1 座[3]。此外安阳市文物队在刘家庄北地的 96T3 第 8 层，还发现了 1 辆车子遗迹，但保存不好[4]，未计在内。

（5）梅园庄东南 3 座：M1[5]、M40、M41[6]。

2. 其他地区的车马坑

（1）西安老牛坡车马坑：1986 年，在西安东郊商代晚期墓地的发掘中，清理了 1 座车马坑 M27，坑内埋一车二马[7]。

（2）渭南南堡村车马坑：1975 年，在陕西渭南县南堡村东，发现 1 座商代车马坑，惜被村民平掉，详情不明[8]。

（3）滕州前掌大车马坑：1995 年，在山东滕州前掌大商代晚期墓地的发掘中，清理了 3 座车马坑：M40、M41、M45。均为一车二马[9]。1998 年 9 月底到 1999 年元月，又清理车马坑 2 座[10]。

（4）益都苏埠屯车马坑：1965～1966 年，在山东益都苏埠屯商代晚期墓地的发掘中，发掘了车马坑 1 座[11]。

（5）灵石旌介村车马坑：1988 年，在山西灵石旌介村商代晚期墓地，发现 1 座车马坑，可惜被盗掘，车子结构不清楚[12]。

上述车马坑，凡遗迹现象清楚者，其埋葬方式和车子结构都是相同的。

（二）车马坑的埋葬方式、排列组合及性质

1. 车马坑的埋葬方式

（1）基本上按照马车原来使用的情况埋葬，即驾马与车子套在一起。两马侧卧在车辕两旁。如殷墟郭家庄 M52，坑近方形，东西向，长 3.5 米，宽 3.3 米，深 1.8 米。在方坑

---

[1] 刘一曼：《安阳殷墟刘家庄北地车马坑》，《中国考古学年鉴（1993）》，文物出版社，1995 年。
[2] 中国社会科学院考古研究所安阳队资料。
[3] 安阳市文物工作队资料。
[4] 安阳市文物工作队：《1995～1996 年安阳刘家庄殷代遗址发掘报告》，《华夏考古》1997 年第 2 期。
[5] 安阳市文物工作队：《安阳梅园庄殷代车马坑发掘简报》，《华夏考古》1997 年第 2 期。
[6] 中国社会科学院考古研究所安阳工作队：《河南安阳市梅园庄东南的殷代车马坑》，《考古》1998 年第 10 期。
[7] 西北大学历史系考古专业：《西安老牛坡商代墓地的发掘》，《文物》1988 年第 6 期。
[8] 左忠诚：《渭南县南堡村发现三件商代铜器》，《考古与文物》1980 年第 2 期。
[9] A.《滕州前掌大遗址有重要发现》，《中国文物报》1995 年 1 月 8 日。
    B. 胡秉华：《滕州前掌大商代遗址》，《中国考古学年鉴（1996）》，文物出版社，1998 年。
[10] 中国社会科学院考古研究所山东工作队：《山东滕州市前掌大商周墓地 1998 年发掘简报》，《考古》2000 年第 7 期。
[11] 齐文涛：《概述近年来山东出土的商周青铜器》，《文物》1972 年第 5 期。
[12] 陶正刚：《石楼式商代青铜器概述》，殷墟甲骨文发现 90 周年国际学术讨论会论文，1989 年。

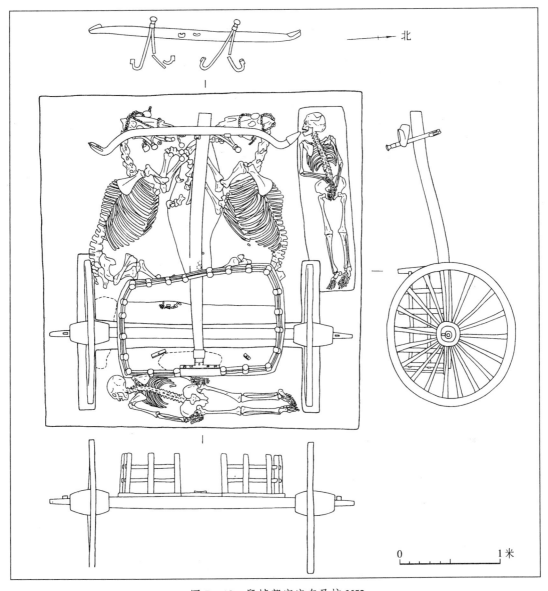

图 7-10 殷墟郭家庄车马坑 M52

之底部,挖有轮槽、轴槽、辕槽和一长方形坑。共埋一车二马二人。两马侧卧于辕的两侧,腹部相对,衡压在二马颈部(图 7-10)。

(2)拆车葬。下葬时,驾马与车子脱套,将马车的主要部件拆开后再埋入坑内。如小屯 M20[1] 和刘家庄北 M339。

---

[1] 至今仍有学者根据石璋如的《殷墟最近之重要发现附论小屯地层》(《中国考古学报》第二册,1947年)一文,以小屯 M20 为例,认为当时有埋一车四马的情形。但石璋如在《小屯·北组墓葬》(历史语言研究所,1970年,台北)中,已改定 M20 埋二车四马,即每车二马。

(3) 整车与拆散的车件共存于一坑。在殷墟数十座车马坑中，只梅园庄 M40 属此类。坑内埋二车，甲车为整车，乙车为散车，二马二人。

2. 车马坑的排列与组合

大多数车马坑是成组排列的。20世纪30年代发掘的小屯宗庙宫殿区的5座车马坑为一组，位于乙七基址之南。离基址最近的 M45、M20 是最大的2座，东西并列，其余3座在中部，南北成行，稍大的 M40、M202 在中部，最小的 M204 在最南。排列有序，可见事前是有一定规划的。

殷墟族墓地中的车马坑，未见5座一组的，最常见的是2座为一组。较明确的有以下10组：（1）孝民屯 M1 与 M2；（2）大司空村 M755 与 M757；（3）刘家庄北地 M346 与 M347；（4）刘家庄北地 M438 与 M439；（5）刘家庄北地 M348 与 M350；（6）刘家庄北地 M873 与 M874；（7）郭家庄 M146 与 M147；（8）郭家庄 M52 与 M58；（9）梅园庄 M40 与 M41；（10）孝民屯东南 M43 与 M151。第1~9组，两坑并列在一起，彼此距离只1~3米，第10组两坑相距稍远，约10多米。一般每座车马坑埋一车二马，两坑为一组，这大概是族墓地车马葬制的一个特点。

3. 车马坑的性质

商代后期的车马坑，其性质可分为祭祀与殉葬两类。

殷墟小屯乙七宗庙基址南的5座车马坑（M20、M40、M45、M202、M204）及西北冈 M1443 大墓附近的车马坑应与周围的祭祀坑一样属于祭祀遗迹。

其余大多数车马坑，应是某些带墓道的大墓及少数大中型竖穴木椁墓附属的殉葬遗迹。这又可分两种情况。（1）与大墓同穴。如殷墟孝民屯 M698，后冈1933年中"字"形大墓，西北冈王陵 M1001、M1003 等。放在墓道或墓室中的车与马，当是大墓墓主的随葬品。（2）与大、中型墓异穴。大部分车马坑属此。这些车马坑都在大、中型墓附近，相距数米或数十米，它们与大、中型墓存在着密切的联系。如郭家庄 M146、M147 车马坑之东北35米处，即有大型竖穴木椁墓 M160，故可认为 M146、M147 两坑车马是为 M160 墓主殉葬的。孝民屯东南 M43、M151 车马坑之东及东北30~40米处，即为"甲"字形大墓 M93。

据已发现的资料，殷墟诸墓地中作为陪葬的车马坑，一般都设在主墓的西面或西南数米到三四十米。

（三）商代晚期马车的结构、用途和性质

1. 马车的结构

已发现的商代马车，都是木质双轮单辕车，辕前端有一驾马的衡，载人的车舆位于辕后部轴的上方。除车轮以外，其他几个部件均附少量的青铜零件、饰件。

通过多年积累的发掘资料，尤其是那些保存完整马车的出土，使我们对商代晚期马车的形制、结构有了较为清晰的认识。

（1）轮：呈圆形。轮的直径1.2~1.56米，以1.4米上下为多。

轮牙高7~8厘米，牙的厚度比高度稍小，以厚6厘米上下者为多。辐条16~26根，以18根最为常见。辐长38~62厘米不等，一般为50厘米上下。

毂大多呈腰鼓形，中部较粗，毂长 26~45 厘米不等，以 40 厘米上下为多，最大径 18~28 厘米，以 20 厘米上下为多，两端径 10~18 厘米。

两轮之间的轨距，大致在 2.20~2.40 米之间。

(2) 轴：是一根中部较粗，至两端渐细的圆木，它位于车箱底部辕的下面，横穿轮毂而出。轴长 2.74~3.15 米，以 3 米为多。轴的中部最大径通常是 11~12 厘米。

轴的两端套有铜軎，軎孔自上而下插入辖，辖为木质，有的木辖外有一铜套或铜套头。铜軎长 13.4~22 厘米，以长 15~18 厘米的为常见，口径大多 5~6 厘米。

(3) 辕：是一根圆木或圆角方形木，后部位于轴的上面，长 2.3~2.9 米，以 2.55~2.7 米为多，辕径 0.08~0.12 米。除个别车外，辕的后端一般有铜踵饰。

铜踵的形式有三种：第一种是 T 字形铜板。上部长条形，下部半圆形（或梯形）。上部附于车轸，下部附于辕尾。第二种是断面呈梯形的套管，末端有凹槽以纳车轸。第三种是上述两种铜踵的复合式，即铜踵分为 T 字形铜板与套管 2 个部件，二者是相连接的。

(4) 衡：是一根圆木，位于辕之前端。商代车衡有两种：第一种是直衡，较常见，长度在 1.1~1.4 米间。衡的直径多为 6~8 厘米。第二种是曲衡，衡木中部较粗，末端较细，形如弓状。曲衡较长，多在 2 米以上。

关于衡与辕的关系，存在两种看法：一种认为，衡与辕不相连接，衡高于辕之上[1]。这种说法的根据是殷墟孝民屯 M7 与 M1613 的车，衡比辕高出 40 厘米或 20 厘米。另一种意见是衡与辕应当是相接的[2]。1995 年殷墟梅园庄东南出土的 M40（甲车）、M41 两辆车，辕木距衡不远才向上弯曲，辕过衡后，贴于衡之前侧，向上向内倒勾，使衡含于勾中。

衡木上常有铜饰。衡上的铜饰可分为两类。第一类为衡身饰，有三种：小兽面饰、泡状饰、管状饰（铜軜），通常位于衡木中部辕之两侧。第二类为衡末饰，有两种：三角形饰也可称叶状饰，钉在曲衡的两末端。筒状饰套在车衡木之末端。

(5) 軛：每车有两軛，在衡木中段内侧、辕之左、右。軛为木质，其外包有铜饰。铜軛饰有两种：木軛外全部被铜饰所包裹，这种軛饰，大多分两部分，上部为菌状軛首，下部为人字形的軛肢，呈半管状，肢脚作钩状外翘，末端作扁管形；木軛外面部分裹以铜饰，饰件有軛首、軛颈、軛箍、軛脚四部分。

(6) 舆：即车厢，位于轴、辕相交处的上面。按其平面形状，可分为长方形、椭圆形、外长方内椭圆形与梯形四种。第一种是长方形舆，车轸为长方形的木框，在其上均匀地排列着 20 多根小圆木柱，立柱之间有两排横杆相连。如孝民屯 M7、M1613、郭家庄 M146、M147 等，这类车厢的面积，小的如孝民屯 M7，舆广 1.29~1.33 米，进深 0.74 米，面积约 1 平方米；大的如郭家庄 M146，舆广 1.68~1.72 米，进深 1.06~1.09 米，面积约 1.8 平方米。车厢高度多在 0.5 米左右。第二种是椭圆形舆，如小屯北 M20、M40 和刘家庄北地 M339、M874 等，这类车厢面积较小，一般不超过 1 平方米。第三种是外长方、内

---

[1] 杨宝成：《殷代车子的发现与复原》，《考古》1984 年第 6 期。

[2] 张长寿、张孝光：《殷周车制略说》，《中国考古学研究》，文物出版社，1986 年。

椭圆形舆，如西安老牛坡 M27，外廓长方，面积约 1.15 平方米。第四种是近梯形舆，如刘家庄北地 M348、梅园庄 M40（甲车），车厢的面积大于 1 平方米，高度也近 0.5 米。这种车厢有车轼。

关于轼（车轼是供乘者凭扶用的），在 1990 年代以前，一般认为西周车子才有车轼，商代是没有的。1992 年，在殷墟刘家庄北地 M348 的车厢里，距前阑 30 多厘米处清理出车轼。1993 年殷墟梅园庄 M1，1995 年梅园庄 M40（南车）以及 1995 年山东滕县前掌大的马车车厢内都发现了车轼，从而确证车轼在商代晚期已经出现。梅园庄 M40（南车）的轼，保存得较好，长 145 厘米，径 5 厘米，稍高于车厢，它横跨车厢，伸至两辀之外侧中段。轼的中部，还有支撑的横木，与前阑相交。

上述几种车厢，车门均位于车厢后面的中部。门宽 0.24～0.57 米不等，大多在 0.35～0.45 米间。

少数车子，车舆上有铜饰：铜軏饰，位于与踵饰相对的舆前当辕处；铜轸饰，位于车舆底部，车轸的上面。

2. 商代马车的用途和性质

据车马坑内出土的遗物，可将商代晚期马车的用途分为两类。

（1）战车：在已发现的商代晚期车马坑中，有 18 座放置了兵器。这种车，大概是用于作战的战车。车上的兵器大多为铜质的，少数是玉石或骨质的。有镞、戈、盾牌等。此外，还常见弓形器。

在这类车马坑里，与兵器同出的还有一些工具，器类有铜锛、凿、刀（兽头刀、环首刀）、小铲、石锤、磨石等。这些工具主要供车兵或驭手修理车子之用。

（2）乘车：已发现的车马坑中，有较多的车厢中不见武器，这大概是贵族日常出行的乘车。战车与乘车在结构上没有什么差别。

（四）其他的车子

除了马车以外，据甲骨文、金文和文献记载知，商代晚期还有人力推拉车和牛车，但迄今尚未经考古发掘证实。

1989 年在殷墟郭家庄的发掘中，在 M146、M147 两座车马坑之东南 5 米处，发现 1 座羊坑 M148，内埋二羊一人。耐人寻味的是，在二羊头部上方各竖立一铜轭首（轭首之下当有木轭肢，因木质已朽未能保存下来），羊嘴侧有铜镳，头部有多枚小铜泡组成的"络头"[1]。上述迹象表现出，这两只羊，是供人们役使拉车的羊，并为当时可能有一种用羊拉的小车提供了线索。

四 其他手工业

在商代，还有骨、角、牙、蚌器和漆木器制作、酿酒、纺织、编织以及金工等手工业。

---

[1] 中国社会科学院考古研究所：《安阳殷墟郭家庄商代墓葬》第 147～149 页，中国大百科全书出版社，1998 年。

(一) 骨、角、牙器制造业

商代的骨器生产已是高度专业化的行业。

在商代早、中、晚期都发现有制骨作坊。早商时期的郑州商城内的制骨作坊即不止一处，例如，1954 年，在郑州商城的北墙外约 500 米处的新华社河南分社院内，发现了 1 座很小（长 1.9 米，宽 1 米）的长方形竖井窖穴，坑内出土 1000 多件骨器的成品、半成品、骨料及废料，还有 10 多块砺石、青铜小刀等[1]。骨器的成品和半成品大半是镞和笄，也有少量的锥和针，可见附近应有 1 处以制造镞、笄为主的作坊。经鉴定骨料和半成品一半以上为人的肢骨和肋骨，另外还有牛骨、猪骨、鹿角等。1983 年在邻近的省保险公司院内又发现大量废骨料，多为牛骨、猪骨及鹿角，还出土一些砺石块[2]。

早、中商时期骨器的使用范围是非常广泛的。生产工具有铲、锥、凿等；生活用具有匕、笄、针、梳等；武器有骨镞等[3]。

在殷墟发现晚商的制骨作坊两处，即大司空村和北辛庄骨作坊[4]。大司空村制骨作坊面积约 1380 平方米。已发掘工作间 1 座、骨料坑 12 个、灰坑 3 个。工作间位于整个作坊的中心部位，作地穴式，平面为圆角长方形，南北长 4.40 米，东西宽 1.55 米。东有一条长 2.6 米的斜坡通道供出入。房内留有大量骨料和若干制骨工具。位于工房南北两端的圆形或椭圆形的骨料坑则堆放有骨料、废料或半成品。20 世纪 80 年代末，殷墟花园庄南地发现一处大型骨料坑。内出各种兽骨数十万块。而以牛骨最多。发掘者认为这处废骨坑与殷墟内大型屠宰场有关，也可能附近存在一处制骨作坊[5]。

制造骨器的材料以牛骨最多，其他还有猪骨、羊骨、狗骨、鹿骨。偶尔还用人骨。各类骨材中，肢骨使用最普遍。制骨用的工具有锯、刀、钻、凿、磨石、骨尺等。锯、刀、凿、钻一般系青铜器。如殷墟大司空村制骨作坊出土的铜锯，残长 3.6 厘米，宽 0.4～0.6 厘米，厚 0.11 厘米，齿长 0.2～0.3 厘米。不过也发现过制骨用的石刀和石钻。磨石一般取天然砂质石料。

骨器（包括角牙器）的制造通常有选材、切割、刮削、钻孔、雕刻、打磨等工序。许多骨料或半成品上都可见清晰的加工痕迹。

商代晚期的骨器产品有手工工具、生活用器、礼乐器、武器、装饰品和艺术品等类。工具类骨器有刀、凿、锥、铲等。生活用器有匕、勺、梳、针。乐器有骨埙。贵族墓中还有作礼器用的骨豆、骨觚形器和骨匕等。骨笄是最常见的用于人体装饰的骨器。另有大宗雕刻成动物形的装饰品，如蛙形饰、鸟形饰、鱼形饰等。

---

[1] 河南省文化局文物工作队一队：《郑州商代遗址的发掘》，《考古学报》1957 年第 1 期。
[2] 郑州市博物馆：《郑州商代遗址发掘简报》，《考古》1986 年第 4 期。
[3] 胡永庆：《试论郑州商代遗址出土的骨器》，《郑州商城考古新发现与研究》，中州古籍出版社，1993 年。
[4] 中国社会科学院考古研究所：《殷墟发掘报告（1958～1961 年）》第 79～89 页，文物出版社，1987 年。
[5] 中国社会科学院考古研究所安阳工作队：《1986～1987 年安阳花园庄南地发掘报告》，《考古学报》1992 年第 1 期。

制骨作坊中同时还制造角、牙器。殷墟大司空村东南制骨作坊遗址中，曾发现角料250余块。鹿角占各类角料中的绝大多数。器类中以锥最常见，还有纺轮、镞、挂钩、环、铃舌、棒槌形器、管状器等。牙制品原材料主要是象、猪、獐等类动物的长牙，象牙是最主要的。象牙制品一般都是实用形器，有尊、盂、筒、杯、梳、笄、柄形器、圆柱形器、圆锥形器、圆泡，以及各种形制的饰片或镶嵌片。许多牙制品具有极高的艺术价值。妇好墓出土的3件象牙杯是牙器中的珍品，满身刻饕餮纹、夔纹，并镶以绿松石片（图版28）[1]。

（二）蚌器制造业

商代的蚌器生产仍然属于很重要的行业。无论是早商还是晚商的遗址和墓葬中，都常常发现有大量蚌制品。除一部分生产、生活实用器或少量武器外，蚌最主要的用途是制作各种各样的饰物。

工具或用具类蚌器有镰、铲、锯、刀、纺轮、颜料器等。蚌镰是商代最主要的收割工具，其发现数量超过石镰。武器类蚌器数量极少，有蚌戈、蚌镞等。蚌制饰品有鱼形饰、蛙形饰、柄形饰、葵花形饰、长条形、圆形、牙形、爪形、贝形、兽尾形等。这类蚌片和蚌泡一般用于镶嵌。如安阳殷墟侯家庄M1001号大墓中出土的1件抬舆，其长边两侧分别镶有8个葵花蚌饰[2]。又如安阳侯家庄M1217的1件木腔鼍鼓，其上饕餮面的牙就是以蚌片镶嵌而成的[3]。

（三）酿酒业

商人嗜酒。惟尚未发现可确认有关酿酒的遗迹和遗物。

1953年发掘二里冈时，在以H9、H10为中心的51平方米范围内，出土大量的夹砂粗陶缸。这类器物形体较大，敞口、深腹，底部多为圈足、假圈足，少数为尖底。陶胎较厚，胎内掺有较大的砂粒，烧制火候较高，陶质较硬。有红、灰、黑3种，但以红色为多，总共有440多个个体。这类器物集中出土在一个很小的范围内，显然有着特殊的意义。根据器形较大、器物内壁多黏附有白色水锈状的沉积物，器物外表常常抹泥，多带有烟熏痕迹等，或推测这类器物就是用来酿酒的[4]。在殷墟和滕州前掌大出土的铜卣、铜罍中，发现个别的尚存有液体，或即当时的酒类。

---

[1] 中国社会科学院考古研究所：《殷虚妇好墓》第215~218页，图版184，彩版39、40，文物出版社，1980年。

[2] 梁思永、高去寻：《侯家庄·1001号大墓》第64页，图三七，图版六〇至六二，历史语言研究所，1962年，台北。

[3] 梁思永、高去寻：《侯家庄·1217号大墓》第24~26页，图九，图版十三至十五，历史语言研究所，1968年，台北。

[4] A．河南省文化局文物工作队：《郑州二里冈》第28、29页，科学出版社，1959年。
B．邹衡：《试论夏文化》，《夏商周考古学论文集》，文物出版社，1980年。

（四）漆木工艺

早商时期的漆木工艺材料较少，晚商时发现较多。在殷墟贵族墓葬的棺木上都发现有漆的痕迹，殷墟发现的车马坑的车上也有漆痕。

漆器在日常生活中应用也很普遍。殷墟西北冈王陵区 M1001 椁顶端的圆形漆盘内，发现漆豆 7 件，并且还发现髹漆的"抬盘"。1980 年发掘罗山天湖墓地时，发现漆豆 8 件，其中 M15 出土 3 件，内髹红漆，外髹黑漆[1]。

商代漆器主要是以木器为胎骨，如木棺、木豆、木盘等。有时也以皮革为胎。殷墟西北冈王陵区 M1004 大墓南墓道北段的最下第一层发现有 2 件"皮甲"，其上用漆涂饰出以折线间开的菱形和卷枝纹图案[2]。M1001 大墓的东侧陪葬坑 M2124 中则发现一顶"皮盔"的痕迹[3]。

最常见的兑漆颜色是红、黑、黄、白四色。不少殷墟墓葬中的棺木外表可以看到白地红彩、黑地红彩或红地黑彩的花纹装饰。晚商时期的髹漆业还包括漆器镶嵌工艺。用于镶嵌的材料主要是蚌片、绿松石片、龟片等细小饰物。

（五）纺织业

早商遗址中出土有数量很多的纺轮，以陶纺轮为最多，也有少量的石纺轮。在台西遗址发现了一卷几乎全部炭化的麻织物残片。纤维的种类属于大麻纤维。麻的经纱是两根纱合股加拈而成的，纱线加拈比较均匀，为 S 拈向。麻布是一般的平纹组织，其中一块经纱密度是每厘米 14～16 根，纬纱是每厘米 9～10 根；另一块经纱密度为每厘米 18～20 根，纬纱密度是每厘米 6～8 根[4]。

殷墟曾多次发现圆雕的玉人和石人形象，其中多数都有衣裙。如西北冈王陵区 M1004 所出跪坐石人、妇好墓所出的跪坐分尾玉人和传出四盘磨的箕踞石人等，皆刻划出华丽的着装。可见商代纺织业是发达的。

商人习惯以织物包裹铜器用于随葬。妇好墓铜器中，有 50 余件的器表黏附有织物残片。经鉴定多数为丝织品，部分属麻织品[5]。

晚商丝织品最常见的织法有三种。一是普通的平纹织，经纬线大致相等，每平方厘米 30～50 根。二是畦纹的平纹织。经线比纬线多出 1 倍，细者每平方厘米经 72 根、纬 35 根，粗者经 40 根、纬 17 根，由经线显出畦纹。三是文绮织，即地纹是平纹组织，而花纹

---

[1] 河南省信阳地区文管会、河南省罗山县文化馆：《罗山天湖商周墓地》，《考古学报》1986 年第 2 期。
[2] 梁思永、高去寻：《侯家庄·1004 号大墓》第 31 页，图十六，图版二四，历史语言研究所，1970 年，台北。
[3] 梁思永、高去寻：《侯家庄·1001 号大墓》第 55 页，图二八：3、12，历史语言研究所，1962 年，台北。
[4] 河北省文物研究所：《藁城台西商代遗址》第 88～89 页，文物出版社，1985 年。
[5] 中国社会科学院考古研究所：《殷虚妇好墓》第 17、18 页，文物出版社，1980 年。

是三上一下的斜纹组织，由经线显花[1]。

妇好墓铜器表面的丝织物至少包括 5 个品种。即平纹绢、经朱砂染色的平纹绢、经重平组织的缣类织物、回形纹绮、罗类织物。大孔罗，密度为每平方厘米经 32 根、纬 12 根，孔眼较大，经纬都是正手加捻，每米大约有 1500~2000 个捻。这是目前中国所知年代最早的绞经机织罗实物[2]。

妇好墓铜器上黏附的麻织品皆平纹组织，细密者每平方厘米经 22 根、纬 12 根；粗疏者每平方厘米经 12 根、纬 10 根。

（六）编织业

用芦苇和竹编织的工艺品，由于芦苇和竹容易腐朽，大多只能依据其印在土上的遗痕察知。

在郑州商城出土的一块白灰面上，印有清楚的篮子底部痕迹，经仔细观察，知道这件篮子是用竹编制的。郑州还发现有竹席的痕迹[3]。

晚商殷墟遗址中曾发现一些可能是用芦苇编的席的痕迹。1960 年殷墟孝民屯村西的文化层中清理出一处边长约 5 厘米的苇编遗迹[4]。1993 年，安阳市体育中心发现的 1 座商墓中，曾发现清晰的"人"字形苇编图案[5]。

1990 年，殷墟郭家庄 M160 墓中发现竹篓 1 件，器体呈圆锥形，最下部竖排 8 根经篾，然后随着器物口部的不断加大而逐渐增加竖篾。横排的纬篾较细，与经篾交互叠压。发掘者认为该器可能与过滤酒糟有关[6]。

（七）金工艺

金器发现数量极少。河北藁城台西中商时期墓葬 M14 中，随葬一漆盒上有半圆形金饰片，片上见阴线云雷纹[7]。在殷墟西北冈 M1004 大墓盗坑中出土一金泡，泡径长 3 厘米。M1003 大墓盗坑中有 6 枚包金的铜泡，即用一片金箔包住铜泡，泡径 2.3~3.7 厘米。金箔在殷墟的大中型墓中屡有发现，形状有圆形、梯形、菱形和长条形等，原应是包贴在某些器物上的[8]。

---

[1] 夏鼐：《我国古代蚕、桑、丝、绸的历史》，《考古》1972 年第 2 期。
[2] 中国社会科学院考古研究所：《殷虚妇好墓》第 18 页，文物出版社，1980 年。
[3] 杨育彬：《郑州商城初探》第 40 页，河南人民出版社，1985 年。
[4] 中国社会科学院考古研究所：《殷墟发掘报告（1958~1961 年）》第 66 页，图四六，文物出版社，1987 年。
[5] 中国社会科学院考古研究所安阳工作队资料。
[6] 中国社会科学院考古研究所：《安阳殷墟郭家庄商代墓葬》第 123 页，图版 56：5，中国大百科全书出版社，1998 年。
[7] 河北省文物研究所：《藁城台西商代遗址》第 145 页，文物出版社，1985 年。
[8] 中国社会科学院考古研究所：《殷墟的发现与研究》第 322 页，科学出版社，1994 年。

第四节　商品交换与货币

商品经济的发展依赖于社会分工的深化。社会分工的深化提高了劳动效率，并形成全社会资源配置的互补或相互依赖关系，从而为贸易的发展铺平了道路。

早商时期，除不同手工业如青铜铸造业与制陶业之间的分工外，同一部门之间也有分工，这在陶器制造业和青铜铸造业即有反映。例如在郑州铭功路西侧的制陶作坊内发现的陶坯和烧坏的残毁陶器都为泥质陶，如盆、甑、簋、瓮等，其中尤以盆、甑为最多，而缺乏鬲、甗等夹砂陶。1965 年 2 月，郑州市博物馆在 1955 年发掘的制陶窑场以南发掘墓葬时，发现了一座灰坑（H21），坑内出土的陶器主要是陶盆和陶甑，而且多数都能复原，陶盆约占 80%，陶甑约占 20%，与制陶窑场发现残毁陶器基本一致[1]。这些现象说明当时制陶业之内已经有了固定的分工。这种大规模制作单一品种的生产，显然不是为了某些人自己的需求，其中的绝大部分产品应是用于交换的商品。

在青铜器铸造业内部也有一定的分工。南关外铸铜作坊里的工具和武器范以镢为最多，镞、刀次之，另有斧、戈等；而紫荆山北铸铜作坊里的工具和武器范则仅有刀、镞两种[2]。

晚商时期农业、手工业两大生产部门内部都有了更加细致的分工。以手工业为例，以安阳殷墟为代表的一批晚商遗址，先后发现了包括青铜冶铸、制骨、琢玉、制陶等在内的不同行业的作坊。重要的如殷墟苗圃北地及孝民屯的铸铜作坊，殷墟大司空村及北辛庄的制骨作坊[3]，在殷墟以外地区有武安赵窑石器制造场[4]等。其中一些属于同一行业的不同作坊，生产的产品各有侧重。如殷墟苗圃北地铸铜作坊以铸造礼器为主，孝民屯西地铸铜作坊以铸造工具和武器为主。

晚商聚落形态的发展，为各种产品的交流提供了重要条件。晚商社会以殷墟为中心，形成了包括都城、方国或诸侯城市、中型聚落、普通村落在内的多级聚落结构。但从考古材料可看出，当时资源与财富的流通是不平衡的，主要集中流向殷墟，还有诸侯或方国的大邑，其中一大部分是专供王室和贵族特殊的政治需要（如制作礼器、兵器），以及奢侈享用的。

晚商时期可能还有一定量的远程贸易。

殷墟发现的许多遗物都非本地所造或所产，而有其自身的源流。略举数例如下。

如铸铜用的原料，大部分可能系长江中下游地区输入。青铜中的另两种原料锡和铅，据

---

[1] 郑州市博物馆：《郑州市铭功路西侧的两座商代墓》，《考古》1965 年第 10 期。
[2] 河南省文物研究所：《郑州商代二里冈期铸铜基址》，《考古学集刊》第 6 集，中国社会科学出版社，1989 年。
[3] 中国社会科学院考古研究所：《殷墟发掘报告（1958~1961）》，文物出版社，1987 年。
[4] 唐云明：《河北商文化综述》，《华夏考古》1988 年第 3 期。

最近的研究，可能来自云南、湖南一带。玉料，大多来自新疆和田。而作为货币的贝，本身即产自遥远的中国南部沿海。占卜用的灵龟既有内陆龟也有海龟。殷墟还发现过鲸鱼骨。

上述物品应该主要是通过交换的方式获得的。商王朝势力达不到如此遥远的地方。但其中一部分物品很可能是通过纳贡与掠夺得到的。

晚商时期的贸易形式，既有以物易物的交换，同时也可能有货币贸易。前者可能通过粮食等农产品或部分自产的手工产品进行交易，后者则通过货贝来进行。有学者认为商代晚期已使用海贝作为通行货币[1]。

殷墟出土的甲骨文中，常见"赐贝"、"取贝"的记录，如：

"庚戌[卜]，㱿贞易多女又贝朋。"（《合集》11438）[2]

"……征不死，易贝二朋。一月。"（《合集》40073）[3]

晚商时期的青铜铭文中，记赏贝之事者甚多。据学者统计，此类铜器总数不下20件。被赏赐者受贝以后，往往以贝为资金铸造1件铜器并作铭记事以示永久存念。如，殷墟西区1713号墓（殷墟文化第四期）铜鼎铭："壬申，王易亚鱼贝，用作兄癸尊。在六月，隹王七祀翌日"；殷墟西区1713号墓铜爵、铜簋同铭："辛卯，王易㱿鱼贝，用作父丁彝。"[4]

上述保存于甲骨卜辞和铜器上的文字记录，反映了贝在晚商时期具有特殊的价值和用途。这与《尚书·盘庚中》"兹予有乱政同位，具乃贝玉"的记载是一致的。

所以在商代墓葬中，以贝随葬是十分普遍的现象。其位置通常放在墓主人的口中、手中、腰部或者足端。数量无一定之规。有1枚、2枚、3枚、4枚、5枚、6枚乃至10余枚诸数。贵族墓中随葬贝的数量则可达数十、数百甚至数千枚之多。例如，早商时期的辉县琉璃阁M158、M203和M205中，各有海贝1枚[5]。在晚商的殷墟郭家庄100多座墓中，有80多座墓随葬了302枚贝[6]。妇好墓一座墓即随葬有6800多枚贝[7]。

考古发现的商代贝类包括货贝、大贝、阿拉伯绶贝多种。其中出土货贝的数量远远多于其他两种贝类。货贝分布在中国南部沿海以及西亚阿曼湾、南非阿果阿湾等地。推测商代所用货贝大都取自中国南海。

货贝形态小巧，易于分割，便于携带，且因产地又远离中原，平时不易获取。这些特征正是作为流通货币的重要条件。

货贝的原生形态很美丽。通常壳面呈瓷白色。大者长约2.8厘米，小者长1.4厘米，

---

[1] A. 孙淼：《夏商史稿》第475~479页，文物出版社，1987年。
B. 程德祺：《殷代奴隶制与商品经济》，《殷都学刊》1989年第1期。
[2] 郭沫若主编、中国社会科学院历史研究所编著：《甲骨文合集》第四册，中华书局，1982年。
[3] 郭沫若主编、中国社会科学院历史研究所编著：《甲骨文合集》第十三册，中华书局，1982年。
[4] 中国社会科学院考古研究所安阳工作队：《安阳殷墟西区一七一三号墓的发掘》，《考古》1986年第8期。
[5] 中国科学院考古研究所：《辉县发掘报告》第31页，科学出版社，1956年。
[6] 中国社会科学院考古研究所：《安阳殷墟郭家庄商代墓葬》第66、67页，中国大百科全书出版社，1998年。
[7] 中国社会科学院考古研究所：《殷虚妇好墓》第220页，科学出版社，1980年。

而大多数都在1.8～2.0厘米左右。用作货币时，要对其进行简单加工。主要是在壳面的前端琢出一个近圆形或椭圆形小孔。

除自然海贝之外，商代还有少量贝的仿制品。其仿制材料包括铜、骨、蚌、石等数种。如殷墟西区墓葬M620和大司空村M312发现过铜贝。长度都在1.7厘米左右，背部铸出小孔，与自然贝币相仿[1]。

贝的计算单位是朋，多数学者认为一朋为十贝[2]。商王赐贝于臣属时，通常都是赐贝若干朋。甲骨文和青铜器铭文中即有这方面的记载。如殷墟后冈祭祀坑的戍嗣子鼎："丙午，王赏戍嗣子贝廿朋，在阑宗，用作父癸宝䵼"[3]。

由此可知，贝作为货币又是财富的象征。

第五节 文字

商代的文字包括甲骨文、铜器铭文、陶文、玉石器上的文字等，其中以甲骨文发现最多，因此，通常讲商代的文字，是以甲骨文作为代表。商代晚期殷墟出土的甲骨文，是相当成熟的一种文字。在此之前，我国文字的形成与发展，已经历了漫长的时期。

在我国史前时期遗址出土的陶器上，时常发现契刻或绘写的符号，它们有时也见于玉石器、骨器或龟甲上。这些符号，大体上可以分为两类：一类是几何形符号。这类符号，与语言中大部分词语不可能有内在联系，它们绝大多数是单个出现，不具备记录语言的功能，因而不是文字。另一类是以象形为主的其他符号。这些符号的形体与甲骨文及商代铜器铭文相似，所以有学者将大汶口陶器上的一些象形符号释为"炅"、"炅山"、"戉"、"斤"等字[4]，将山西陶寺遗址晚期陶扁壶上毛笔朱书的符号释为"文"字[5]，将登封王城岗遗址陶片上的符号释为"共"字[6]。相当多的学者都主张这些符号是文字或原始汉字。

大多数学者认为夏代应当有文字。但在二里头文化遗址中，只在陶器上发现数十种符号，其形体大多属几何符号，也有象形符号，对这些符号的性质，尚待进一步研究[7]。

---

[1] 中国社会科学院考古研究所：《殷墟的发现与研究》第322页，科学出版社，1994年。
[2] A. 王国维：《说珏朋》，《观堂集林》卷三，中华书局，1959年。
　　B. 郭沫若：《释朋》，《甲骨文字研究》，科学出版社，1962年。
[3] 中国社会科学院考古研究所：《殷墟发掘报告（1958～1961）》第270页，文物出版社，1987年。
[4] 唐兰：《从大汶口文化的陶器文字看我国最早文化的年代》，《大汶口文化讨论文集》，齐鲁书社，1981年。
[5] A. 高炜在《考古》杂志1989年召开的关于中国文明起源学术座谈会上的发言（见本刊编辑部：《中国文明起源座谈纪要》，《考古》1989年第12期）。
　　B. 李健民：《陶寺遗址出土的朱书"文"字扁壶》，《中国社会科学院古代文明研究中心通讯》第1期，2001年1月。
[6] 李先登：《王城岗遗址出土的铜器残片及其它》，《文物》1984年第11期。
[7] 详见第二章第六节。

一 早、中商时期的文字

在早、中商时期既发现刻划符号，又发现文字。在郑州商城出土的大口尊、盆、豆等陶器上，经常发现刻划符号。一般一器一个符号，个别的刻有相同的两个符号，或者两个符号的合文。已经发现的刻符有 30 多种[1]。关于这些符号的意义，有学者认为是"陶器容量的符号"[2]。

在大口尊口沿所刻的有些图像，则很可能是象形文字。迄今已发表的有 3 件，一为龟[3]，一为鸟，一为目[4]。

1953 年曾在二里冈遗址采集到两件刻字牛骨。一件刻有 10 个字，为"……又土羊，乙丑贞，从，受……七月"（图 7-11-5）；另一件刻有一字，为"有"。前者为肋骨残段，后者则是从肱骨关节面上锯下来的骨片。关于二者的时代，有的学者根据字形及词汇结构，推定为商代晚期；有的学者根据二里冈遗址无晚商文化层，在肋骨、肱骨上刻字及刻划风格等推定其为早商遗物[5]。后来在郑州商城又发现两块刻字的骨片。1989 年，在省水利第一工程局的二里冈上层灰坑内发现了刻有两字的动物肢骨。两字刻痕较浅，转折处无棱角[6]。

图 7-11 郑州商城与藁城台西遗址出土的文字与符号
1. 目（台西 T10:0957） 2. 五（台西 T13:083） 3. 止（台西 T10:0119） 4. 逆（台西 T11:016）
5. 刻字肋骨（郑州商城出土）

---

[1] 裴明相：《郑州商代陶文试释》，《河洛文明论文集》，中州古籍出版社，1993 年。
[2] 安金槐：《商代的粮食量器》，《农业考古》1984 年第 2 期。
[3] 安金槐：《商代的粮食量器》，《农业考古》1984 年第 2 期。
[4] 河南省文物研究所郑州工作站：《近年来郑州商代遗址发掘收获》，《中原文物》1984 年第 1 期。
[5] 裴明相：《略谈郑州商代前期的骨刻文字》，《全国商史学术讨论会论文集》，殷都学刊编辑部，1985 年。
[6] 宋国定：《1985～1992 年郑州商城考古发现综述》，《郑州商城考古新发现与研究》，中州古籍出版社，1992 年。

1990年，在郑州电力学校清理水井外围的夯土坑H10时，发现一片刻有文字的肩胛骨[1]。

有的学者曾搜集到二里冈期的有铭铜器13件[2]，但其中可以肯定属于早商时期者仅有少数几件。

商代早、中期的文字资料，还见于河北藁城台西遗址。在该遗址的70多件陶器上，发现了文字和符号（7-11-1～4）[3]，其中"止"、"刀"、"矢"、"戈"等字，与殷墟甲骨文相似。近年在郑州小双桥遗址，除陶器上刻划符号外，陶缸等器表还见到朱书文字[4]。

早、中商时期的文字与殷墟甲骨文属同一个系统，已具备记录语言的功能，但发现的资料太少，且较零散，难于总结出它的规律。因此，直到现在，具有一定体系和有较严密规律的文字，我们还要从殷墟甲骨文说起。

二　殷墟甲骨文

（一）殷墟刻辞甲骨的发掘

殷墟甲骨文自1889年发现以来至今已有一百多年了。百年来，殷墟出土的刻辞甲骨文约15万片，其中属于正规考古发掘所获约3.5万片。

1928年以前，殷墟刻辞甲骨是由村民私自无序挖掘出土的，地点集中在小屯村一带。1928年后，在殷墟进行科学考古发掘，出土刻辞甲骨的地点不断增多。除小屯以外，还有侯家庄南地[5]、花园庄东地与南地[6]、四盘磨[7]、后冈[8]、苗圃北地[9]、薛家庄南地[10]、大司空村[11]、白家坟东地[12]、刘家庄北地[13]10处。小屯、花园庄东地、侯家庄南地所出的刻辞甲骨数量多，绝大多数属于卜辞；其他8个地点所出的刻辞甲骨数量少，

---

[1] 河南省文物研究所：《郑州电力学校考古发掘报告》，《郑州商城考古新发现与研究》，中州古籍出版社，1993年。
[2] 曹淑琴：《商代中期有铭铜器初探》，《考古》1988年第3期。
[3] 河北省文物研究所：《藁城台西商代遗址》第90～99页，图五七、五八，文物出版社，1985年。
[4] 河南省文物研究所、郑州大学文博学院考古系、南开大学历史系博物馆学专业：《1995年郑州小双桥遗址的发掘》，《华夏考古》1996年第3期。
[5] 董作宾：《安阳侯家庄出土之甲骨文字》，《田野考古报告》第一册，1936年。
[6] 中国社会科学院考古研究所安阳工作队：《1991年安阳花园庄东地、南地发掘简报》，《考古》1993年第6期。
[7] 郭宝钧：《一九五〇年春殷墟发掘报告》，《中国考古学报》第五册，1951年。
[8] A. 董作宾：《释后冈出土的一片卜辞》，《安阳发掘报告》第四期，1933年。
　　B. 中国科学院考古研究所安阳发掘队：《1971年安阳后冈发掘简报》，《考古》1972年第3期。
[9] 中国社会科学院考古研究所：《殷墟发掘报告（1958～1961）》第200～202页，图一五四：1、3，文物出版社，1987年。
[10] 周到、刘东亚：《1957年秋安阳高楼庄殷代遗址的发掘》，《考古》1963年第4期。
[11] 中国社会科学院考古研究所：《殷墟发掘报告（1958～1961）》第200～201页，图一五四：2，文物出版社，1987年。
[12] 中国社会科学院考古研究所安阳队资料。
[13] 安阳市文物工作队：《1995～1996年安阳刘家庄殷代遗址发掘报告》，《华夏考古》1997年第2期。

内容多为习刻。

从1928年至今，在上述地点的发掘中，发现甲骨文的有20多次，其中包括三次重大发现。

1. 1936年小屯村北H127

H127是殷墟宗庙宫殿区乙十二基址的一个旁窖。坑口圆形，距地表深1.2米，直径1.8米，坑底直径1.4米，坑深4.8米。坑内堆积分三层，上层灰土，厚0.5米；中层是灰土与大量龟甲，厚1.6米；下层绿灰色土，厚2.7米。在下层绿灰土内，含少量陶片与兽骨。

坑内的甲骨排列不太整齐，彼此叠压，互相枕藉。在甲骨堆中发现1具蜷曲而侧置的人骨架，紧靠坑的北壁，人架的下半部被龟甲叠压。H127坑共出刻辞甲骨17096片，包括字甲17088片，字骨8片，其中完整龟甲达300多片，这是殷墟历次发掘以来出土刻辞甲骨最多的一次[1]。此坑刻辞甲骨时代较早。坑内所出的宾组、自组、午组、子组和一些字体特殊暂不能分类的卜辞，属于武丁时期[2]。

2. 1973年小屯南地甲骨

1973年，在小屯南地发现刻辞甲骨5335片，包括卜甲75片、卜骨5248片、牛肋条骨4片、未加工的骨料8片。这是1950年以来，发现甲骨数量最多的一次。

这批甲骨绝大多数是康丁、武乙、文丁（或称为无名组、历组）卜辞，只有少量武丁和帝乙、帝辛时代的

图7-12　殷墟小屯南地出土刻辞卜骨（H23:66）

---

〔1〕 董作宾：《殷虚文字乙编》上辑，商务印书馆，1948年；《殷虚文字乙编》中辑，商务印书馆，1949年；《殷虚文字乙编》下辑，历史语言研究所，1953年，台北。

〔2〕 陈梦家：《殷虚卜辞综述》第144~167页，科学出版社，1956年。

卜辞。甲骨出土时大多有可靠的地层关系，并常与陶器共存，对甲骨文的分期断代与殷墟文化的分期研究有很高的科学价值[1]。

小屯南地甲骨，不但出土数量多，而且刻辞内容也相当丰富，包括祭祀、田猎、征伐、农业、天象、旬夕、王事等（图7-12；图版27-1），其中有关军旅编制、天文、百工等方面的内容，是过去不见或少见的，还发现一些新的人名、地名、方国名，一些新的字和词等，为甲骨学与商代史研究提供了大量新颖的资料。

3. 1991年花园庄东地H3

H3位于花园庄村东100多米，殷墟博物苑南400余米处。坑口呈长方形，距地表深1.2米，长2米，宽1米，坑深2.5米。坑之四壁整齐，在东西二壁各有3个脚窝。

坑内堆积分4层，埋藏甲骨的是在第3、4层。坑内共出甲骨1583片，其中卜甲（图7-13；图版27-2）1558片，上有刻辞的684片（刻辞腹甲659片，刻辞背甲25片）；卜骨25片，上有刻辞的5片，共计刻辞甲骨689片[2]。

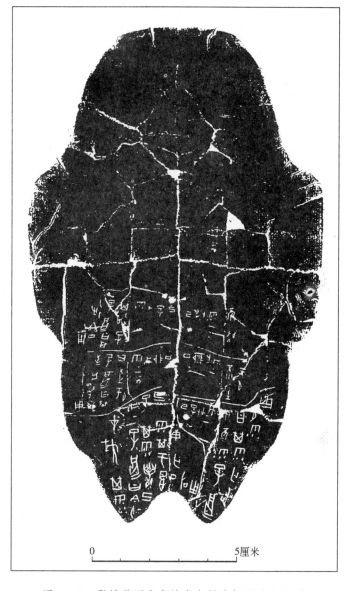

图7-13　殷墟花园庄东地出土刻辞卜甲（H3:333）

[1] A. 中国社会科学院考古研究所：《小屯南地甲骨》上册，中华书局，1980年；《小屯南地甲骨》下册，中华书局，1983年。
B. 中国社会科学院考古研究所安阳工作队：《1973年小屯南地发掘报告》，《考古学集刊》第9集，科学出版社，1995年。
C.《小屯南地甲骨》前言谓小屯南地发现刻辞甲骨5041片，发掘者在编写发掘报告时又从甲骨碎片中选出有字甲骨294片，故共得5335片。后者资料见本注B。

[2] A. 中国社会科学院考古研究所安阳工作队：《1991年安阳花园庄东地、南地发掘简报》，《考古》1993年第6期。
B. 中国社会科学院考古研究所：《殷墟花园庄东地甲骨》，待刊。

此坑甲骨，以大版的卜甲居多，其中完整的卜甲755版，上有刻辞的完整卜甲达300多版。

据地层关系及共存陶器的特征，H3属殷墟第一期。这批甲骨属武丁早期。字体风格大多较细小、工整、秀丽。一些干支字及常用字的写法与武丁时代的"宾组卜辞"有较大的区别，与"子组"、"午组"、"自组"卜辞有某些相似之处，但又具有独特的风格。

甲骨刻辞的主人是"子"。但这个"子"又不是"子组卜辞"的"子"，是另一类子卜辞。H3卜辞属非王卜辞，但卜辞的主人与商王有血缘关系。可以看出，"子"的地位相当高，远在目前所见其他非王卜辞主人之上。

安阳殷墟出土的甲骨文，是商代晚期的文字，有单字5000多个，其中为各家公认释出的字有1000多个。它能完整地记录语言。无论从字形上、造字原理上和句子的语言结构上，与今天的汉字是一脉相承的。在汉字的发展史中，甲骨文占有重要地位。

（二）甲骨文研究概况

百年来，甲骨文研究的历程大体可分为三个阶段：从1899年甲骨文发现至1928年殷墟发掘以前，是甲骨文研究的初期阶段；以1928年殷墟发掘为标志，进入甲骨文研究的发展阶段；从1950年迄今，是甲骨文研究持续发展阶段。

1. 甲骨文研究的初期阶段

自甲骨文发现以后，由于收藏家、金石学者不惜重金搜求，致使盗风猖獗，从1899年至1928年私人挖掘出土的甲骨达10万片左右。

随着甲骨文资料出土的增多，一些甲骨文著录也相继出版。其中较重要的有：1903年刘鹗编的《铁云藏龟》。1913年罗振玉从自藏的甲骨中，选其精粹编成《殷虚书契》，其后几年内又陆续出版了《殷虚书契菁华》、《铁云藏龟之余》、《殷虚书契后编》等。

这一阶段的主要研究成果是甲骨文出土地的考定与甲骨文字的释读。

早期收藏的甲骨，都是从古董商手中购得，这些商人为了以甲骨牟取暴利，对出土地点秘而不宣，诡称甲骨出于河南汤阴或卫辉。对甲骨文进行过深入研究的罗振玉对此产生了怀疑，经过细心探访，他于1908年终于了解到甲骨文真正的出土地点是河南安阳西北五里的小屯村[1]。其后，他从对卜辞内容、时代的考释认识到小屯不但是甲骨文的出土地，还是殷代武乙至帝乙三世之都城[2]。1917年，王国维将殷墟的时代扩展为盘庚至帝乙[3]。以后，又经过不少学者深入考证，推定殷墟是盘庚至帝辛之都城。

最早的考释甲骨文的著作是1904年孙诒让编的《契文举例》。1914年，罗振玉的《殷虚书契考释》考释甲骨文字485个，1927年的《增订殷虚书契考释》释字增至571个，这就使甲骨卜辞基本上可以通读。王国维不但考释文字，还利用甲骨文来研究商史，1917年

---

[1] 罗振玉：《殷虚古器物图录》序，1916年。
[2] 罗振玉：《殷虚书契考释》自序，1915年。
[3] 王国维：《殷卜辞中所见先公先王考》、《殷卜辞中所见先公先王续考》，《观堂集林》卷九，中华书局，1959年。

发表了《殷卜辞中所见先公先王考》和《殷卜辞中所见先公先王续考》两篇论文[1]，在这两篇名著中，他将《史记·殷本纪》中记载的商王及其世系同甲骨卜辞做了对照，发现《殷本纪》中先公先王之名，绝大多数都出现在卜辞中，从而证明司马迁《殷本纪》关于先商和成汤以后商王世系的记载基本上是正确的。

2. 甲骨文研究的发展阶段

1928年10月至1937年6月，中央研究院历史语言研究所在殷墟进行了15次科学发掘，获得刻辞甲骨24919片。殷墟发掘给甲骨文研究带来新的生机，使甲骨学突破了传统金石学与史料学的局限，进入了一个新的发展阶段。这一阶段最重要的标志是董作宾甲骨文断代学说的确立。

1931年董作宾发表了《大龟四版考释》[2]，将过去学者们疑惑不解的"卜"下"贞"上一字，考定为"贞人"名，首创了贞人说。他还提出了区分甲骨文时代的八项标准。1933年，董作宾发表了《甲骨文断代研究例》[3]，在这篇名著中，他将《大龟四版考释》里所提的八项标准，发展为十项标准。进而将甲骨文划分为五个时期：第一期，盘庚、小辛、小乙、武丁（二世四王）；第二期，祖庚、祖甲（一世二王）；第三期，廪辛、康丁（一世二王）；第四期，武乙、文丁（二世二王）；第五期，帝乙、帝辛（二世二王）。

《甲骨文断代研究例》的发表，是甲骨学史上一件划时代的大事，五期分法和十项标准，尽管还有不少需要补充和修正之处，但至今仍为较多的学者所沿用。

这一阶段在甲骨学研究上取得重要突破的另一位学者是郭沫若。1930年，郭沫若发表了《中国古代社会研究》，在该书的第三篇《卜辞中的古代社会》中，最先以马克思主义的历史唯物主义观点对卜辞反映的商代社会从经济基础到上层建筑进行了全面的分析、研究。它开创了一条以历史唯物主义作指导，运用出土的文字资料，系统研究我国历史的新道路。

此外，胡厚宣于20世纪40年代出版了《甲骨学商史论丛》[4]，用甲骨文研究商代史及甲骨学本身的规律问题，为甲骨学的发展作出了贡献。

这一时期重要的甲骨著录书还有郭沫若的《卜辞通纂》[5]、《殷契粹编》[6]，董作宾的《殷虚文字甲编》[7]、《殷虚文字乙编》[8]等。

---

[1] 王国维：《殷卜辞中所见先公先王考》、《殷卜辞中所见先公先王续考》，《观堂集林》卷九，中华书局，1959年。
[2] 董作宾：《大龟四版考释》，《安阳发掘报告》第三期，1931年。
[3] 董作宾：《甲骨文断代研究例》，《中央研究院历史语言研究所集刊外编第一种·庆祝蔡元培先生六十五岁论文集》，商务印书馆，1933年。
[4] 胡厚宣：《甲骨学商史论丛》初集、二集，齐鲁大学国学研究所专刊，石印本，1944～1945年。
[5] 郭沫若：《卜辭通纂》，文求堂书店，1933年，東京。
[6] 郭沫若：《殷契粹编》，文求堂书店，1937年，東京。
[7] 董作宾：《殷虚文字甲编》，商务印书馆，1948年。
[8] 董作宾：《殷虚文字乙编》上辑，商务印书馆，1948年；《殷墟文字乙编》中辑，商务印书馆，1949年；《殷墟文字乙编》下辑，历史语言研究所，1953年，台北。

3. 甲骨文研究持续发展的新阶段

20世纪下半叶，殷墟甲骨文陆续有新的发现。50年来，新出土的刻辞甲骨近6000片，甲骨文研究队伍不断扩大，研究水平日益提高。中国内地的学者们力图以马克思主义的唯物史观作指导进行甲骨学和商史研究，把历史文献、考古发掘成果、民族学资料与甲骨文的记载相结合，对商代的社会性质、阶级关系、等级制度、土地制度、农业、手工业、商业、交通、方国地理、天文历法、气象、医学、宗教祭祀等社会生活的各个方面进行较深入的探讨，把甲骨文研究推向一个新的高峰[1]。

这一阶段，研究甲骨文的分期断代，仍是学者们关注的一个重要课题。50年代，陈梦家对董作宾的五期分法进行补充、修正，并提出根据卜人系联，将卜辞分为若干个组[2]。70年代末至今，又有一些学者，提出甲骨断代的新方案：即根据字体将卜辞分为10个组，然后再推断某个组的时代。这10个组，从性质上看，可分为王卜辞与非王卜辞两类，在王卜辞中，由于出土地点的不同，又可分为村北与村南两系。认为殷墟卜辞从早期至晚期是依两系往前发展的[3]。

这一阶段，还出版了大量甲骨文研究的书籍，由于篇幅所限，下面仅列举最重要的、影响较大的几种。

大型的甲骨文著录书有《甲骨文合集》[4]，收录此前80年间发现的武丁至帝辛时期刻辞甲骨41956片，按分期、分类编排。《小屯南地甲骨》[5]，收录70年代殷墟出土的甲骨文4612片。其中4589片为1973年小屯南地出土的刻辞甲骨。

重要的考释文字的书有于省吾的《甲骨文字释林》[6]，该书考释甲骨文字300个，有不少精辟的见解。

重要的工具书有《殷墟甲骨刻辞类纂》[7]，全书收录甲骨辞条20多万条，按内容进行编纂，在甲骨辞条之下还附释文。《甲骨文字诂林》[8]，收甲骨文字3691个，在各字之下，列出各家的考释，编者在按语中对各家考释加以评论。

综合性的论著有陈梦家《殷虚卜辞综述》[9]与中国社会科学院历史研究所甲骨学者集体编著的《甲骨学一百年》[10]，二书分别对甲骨文发现以后的50多年和百年的甲骨学研究进行了系统的总结。

---

[1] 王宇信、杨升南主编：《甲骨学一百年》，社会科学文献出版社，1999年。
[2] 陈梦家：《殷虚卜辞综述》第144~205页，科学出版社，1956年。
[3] 李学勤、彭裕商：《殷墟甲骨分期研究》第13~28、60页，上海古籍出版社，1996年。
[4] 郭沫若主编、中国社会科学院历史研究所编：《甲骨文合集》，共十三册，中华书局，1978~1982年。
[5] 中国社会科学院考古研究所：《小屯南地甲骨》上册，中华书局，1980年；下册，中华书局，1983年。
[6] 于省吾：《甲骨文字释林》，中华书局，1979年。
[7] 姚孝遂、肖丁：《殷墟甲骨刻辞类纂》，中华书局，1989年。
[8] 于省吾主编：《甲骨文字诂林》，中华书局，1996年。
[9] 陈梦家：《殷虚卜辞综述》，科学出版社，1956年。
[10] 王宇信、杨升南主编：《甲骨学一百年》，社会科学文献出版社，1999年。

(三) 考古学与甲骨文研究

考古学与甲骨文研究有着极为密切的关系。由于甲骨文的发现，甲骨出土地的探求，学术界确认了以小屯为中心的殷墟是商代晚期的都城。自 1928 年至今，通过对殷墟的多次发掘，获得了大量有明确出土单位的甲骨文资料，使甲骨文的分期断代及卜辞内容的研究建立在更坚实可靠的基础之上，并取得了巨大的成绩，而甲骨文研究所取得的丰硕成果又促进了殷墟及商代晚期考古的工作向纵深发展。

1. 考古发掘的遗迹与甲骨文相印证

在殷墟西北冈曾发掘了大量祭祀坑，这些祭祀坑，有的紧靠大墓，有的则距之甚远，这些祭祀坑内埋有很多被砍头的人，根据坑的特征，可分成很多组。这与甲骨文上商王祭祖杀人的记载是相符的[1]。另外，据甲骨文记载，商王对祖先的祭祀活动相当频繁。被祭的对象从先公远祖直至时王的父辈，其中有不少是盘庚以前的先王。每次祭祀时所用的牺牲有牲畜也有人，用人数目从一个、几个至几百个不等。由此可以推知，殷王祭祀祖先时，不一定要在某个先王埋葬的大墓前举行，因为有些商王的陵墓不在殷墟。在西北冈王陵区东区近数万平方米的祭祀遗迹，可能就是商王室专门用于祭祀祖先的一个公共场所。

1976 年发掘的祭祀坑，时代较早的坑用人牲多，而时代较晚的用人牲较少。这与甲骨文记载用人祭祀以武丁时期最多，祖庚、祖甲以后日益减少的情况相符合[2]。

2. 利用考古学方法进行甲骨分期断代

许多刻辞甲骨是通过考古发掘出土的。用考古学方法，研究出土甲骨所处的层位（地层）、坑位以及同出器物，对于准确判定其时代，是一种很重要的手段。例如，多年争论的所谓"文武丁"时代卜辞的分期问题就是通过考古地层关系解决的。这些卜辞，又称"𠂤组"、"子组"和"午组"卜辞，关于这些卜辞的时代，自 20 世纪 50 年代以来，学术界存在各种不同的意见，认为是武丁以前、武丁、武乙、文丁和帝乙等各种推测都有。1973 年小屯南地的发掘，从地层叠压关系及共出陶器证明，这些卜辞属小屯南地早期，即武丁时期[3]，从而结束了这一类卜辞时代的争论。

另外，这几组卜辞与"宾组"卜辞都属武丁时期，它们有无早晚关系呢，这一问题通过妇好墓的发掘得到了解决。

在"宾组卜辞"中妇好是常见的人物，妇好墓属殷墟文化第二期，而"𠂤组"、"午组"卜辞见于殷墟文化第一期的灰坑、地层中，因此推断这几组卜辞的时代比"宾组卜辞"稍早[4]。

---

[1] 安阳亦工亦农文物考古短训班、中国科学院考古研究安阳发掘队：《安阳殷墟奴隶祭祀坑的发掘》，《考古》1977 年第 1 期。

[2] 杨锡璋、杨宝成：《从商代祭祀坑看商代奴隶社会的人牲》，《考古》1977 年第 1 期。

[3] 中国社会科学院考古研究所安阳工作队：《1973 年小屯南地发掘报告》，《考古学集刊》第 9 集，科学出版社，1995 年。

[4] 郑振香、陈志达：《论妇好墓对殷墟文化和卜辞断代的意义》，《考古》1981 年第 6 期。

3. 对甲骨凿、钻的研究——据甲骨凿、钻形态进行断代

有的学者将甲骨上的凿分型分式，从已确定时代的甲骨中总结出从早期到晚期凿的形态的变化，以此作为甲骨断代的一个标准。运用凿的形态进行断代，这是20世纪70年代以来开创的甲骨断代的一个新的途径[1]。

"自组"、"午组"和一些字体称谓特殊的甲骨上的凿型多见规整的弧形凿、尖头直腹凿、圆钻内包摄长凿三种形式，而在殷墟文化第一期的坑、层内所出的有字和无字的甲骨以及武丁宾组甲骨中，均见到这几种凿型，这就从另一角度对以上几组卜辞的时代提出佐证[2]。

三 商代晚期铜、陶和玉石器上的文字

从商代中期开始，有少数青铜器上铸有铭文，那时的铭文，有的一字，有的二字。如郑州白家庄2号墓出1件铜罍，肩部有3个龟形图案，有学者认为是"黾"字[3]。

到商代晚期，有铭铜器的数量显著增多，出土地较广，在河南、河北、山东、山西、陕西、湖南、湖北、四川、安徽、辽宁、广西等均有发现。

商代铜器铭文在器物上的位置，因器类不同而有所差别，但多数都铸在器物的不显著部位。如鼎、簋、卣的器内底或内壁；觚的圈足内壁；斝、盉、爵的鋬内侧；尊、罍的器口内、器内底或圈足内；觯的内底或盖内；铙的口沿内、柄部等。

商代晚期的铜器铭文，大部分极简单，只有两三个字，主要是族徽和被祭的祖先称谓，也有记官职和爵名的，长篇的祭祀铭文要到商代末年才出现，如后冈戍嗣子鼎有3行30字[4]。这些祭祀铭文的内容，涉及祭祀、赏赐、田猎及战争等方面。

与甲骨文相比，商代晚期的铜器铭文在字体上有两个显著的特点：一是象形性强。这在有关动物、器物、人体等的字形上表现得尤为明显。二是笔势雄健，形体丰腴，笔画的起止显露锋芒，转折处多有波磔。

商代陶文，出土数量不如甲骨文、铜器铭文多，据粗略统计，只100多件。除了4件是书写的外，其余都是刻的。大多是在入窑烧制之前刻在陶坯上。少数是陶器烧成后刻的。陶文的部位，大多数在陶器的口部、肩部、腹部；少数在器内壁、器底。书写的陶文均在器之内壁。

陶文都极简单，其内容有族名、人名、数字、方位、干支、卦辞及记事等[5]。

商代有铭文的玉石器，目前所知近百件，字迹可辨的约30件。出土地点主要在安阳殷墟。

玉石文字大多是契刻的，部分是书写的。书写的字多在器物较显眼的部位，如戈的援

---

[1] 许进雄：《卜骨上的凿钻形态》，艺文印书馆，1973年，台北。
[2] 中国社会科学院考古研究所：《小屯南地甲骨的钻凿形态》，《小屯南地甲骨》下册第三分册，中华书局，1983年。
[3] 唐兰：《从河南郑州出土的商代前期青铜器谈起》，《文物》1973年第7期。
[4] 中国社会科学院考古研究所：《殷墟发掘报告（1958~1961）》第270、272页，文物出版社，1987年。
[5] 刘一曼：《殷墟陶文研究》，《庆祝苏秉琦考古五十五年论文集》，文物出版社，1994年。

部，柄形饰的柄部与器身。玉石文字也很简短，内容也是族名、祖先名、卦辞，或涉及战争、祭祀及赏赐等[1]。

第六节 艺术

在商代，人们的艺术活动，至少涉及实用工艺、建筑、绘画、雕塑和音乐等。

实用工艺是指除建筑以外礼仪用品及日常生活用品的制造工艺。人们在制造实用物品时，最初只是为了纯粹的实用目的，后来逐渐发现物质的材料和造型可以引起愉悦，因而开始有意识地从审美角度考虑实用物品的材质和造型，或者对实用物品加以装饰。这样，实用物品被赋予了越来越多的美的形式与内容。用于祭祀等场合、表现器主等级身份与权力的礼器，对其造型等方面的艺术追求尤为强烈。

商代的实用工艺，是在继承传统的基础上发展起来的，并在吸收传统艺术成果的同时有诸多创新。礼器和实用工艺品的材质，包括陶、铜、玉、石、骨、角、牙、竹、漆木等。

由于实用工艺是建立在实用物品的基础上的，因而不可能完全摆脱使用目的的制约。然而商代实用工艺的造型艺术，常常较好地解决了实用与审美的关系。绝大多数器物都采用左右对称的流线型造型。例如铜卣、铜瓿、铜爵、铜觚，陶豆、陶鬲、陶壶、陶瓿、陶埙等。部分器物也采用左右对称的直线型造型。如铜方鼎、铜方尊、铜方觚。铜圆鼎则多采用直线与曲线相结合的对称造型手法（图7-14）。在不影响使用功能的前提下，许多器物的造型追求形式美的变化。殷墟侯家庄1005号墓出土的中柱旋龙盂[2]和殷墟妇好墓出土的鸮尊[3]就是晚商时期两件在造型艺术上取得重大成就的礼器。

装饰是礼器和日用器物体现其美学意蕴的最主要的手段。

商代铜器的装饰章法，频频采用"中心聚焦"的手法。即大部分铜器的器表花纹，都围绕一个、两个或四个中心来展开。"聚焦中心"常常是怪异的兽头或兽面。一般采用饕餮纹、夔纹或其他动物纹样作为装饰的突显花纹或主体花纹。作为一种装饰，商代铜器上的纹样无疑反映着当时人们的审美心理。由于绝大多数铜器实际上是当作礼器使用的，而在许多场合，礼器往往又是祭器，通过祭祀活动体现礼制。祭礼的实施过程通常具有严肃静穆的要求，因而铜器上的花纹大都凝重森严，体现出"一种神秘的威力和狞厉的美"[4]。但也有一些铜器花纹所传达的全然是轻松的生活情趣，如殷墟出土的一件铜盆，其内壁铸有四条游鱼。盆是水器，注水后鱼在水中有一种游动的感觉。

高度发达的装饰艺术，还反映在其他材质的实用器上。形形色色的商代骨笄、骨刻刀

---

[1] 陈志达：《商代的玉石文字》，《华夏考古》1991年第2期。
[2] 《中国青铜器全集》编辑委员会：《中国青铜器全集》第3卷，图版179，文物出版社，1997年。
[3] 中国社会科学院考古研究所：《殷虚妇好墓》第56~57页，图三六，图版二四，彩版七，文物出版社，1980年。
[4] 李泽厚：《美的历程》第37页，文物出版社，1981年。

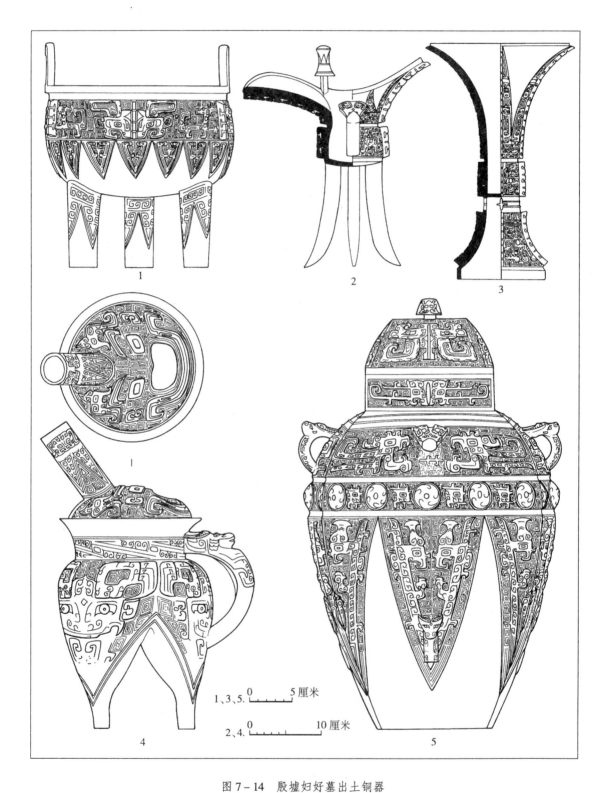

图 7-14 殷墟妇好墓出土铜器
1. 妇好中型圆鼎（M5:757） 2. 妇好平底爵（M5:664） 3. 妇好四棱觚（M5:833） 4. 妇好封口盉（M5:859）
5. 妇好方罍（M5:866）

第七章　商代的经济、技术、文字和艺术　435

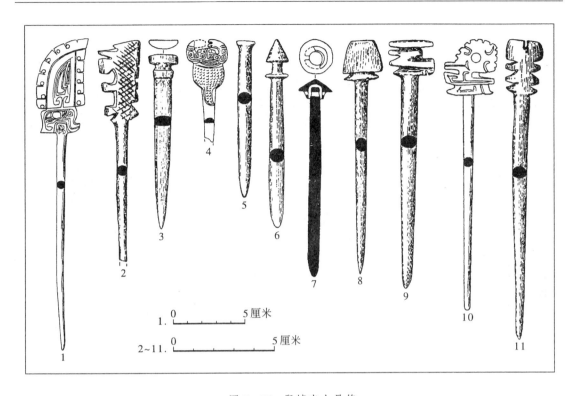

图 7-15　殷墟出土骨笄
1. 夔形（M5:102）　2. 鸡冠形（PNT220③:6）　3. 千字形（PNIVT5③:3）　4. 蝎子形（HPKM1001）　5. 齐头形（VET11⑤:28）　6. 锥顶形（GNT2⑤:105）　7. 活帽形（KT4④:10）　8. 方牌形（PNH239:2）　9. 象征鸟体形（GH202:65）　10. 鸟体形（M5:196）　11. 羊字形（GH229③:2）

以及一些具有实用功能的玉器、角牙器如玉调色盘、象牙杯等，都具有极高的艺术价值。骨笄器形简单，主要由笄头和笄干两部分组成。受实用要求的限制，骨笄的装饰部位几乎无一例外是集中于笄头。笄干只是加以磨光以便插拔。据学者对安阳殷墟出土骨笄的分类研究，骨笄的笄头装饰大都精雕细刻，如鸟体形、鸡冠形、羊字形、夔形、蝎形等（图7-15）。各种有笄头装饰的骨笄一旦插在头上或冠上，常常直接起到发饰或冠饰的作用。妇好墓出土的筒形带流的虎鋬象牙杯，器表主纹浮于地纹之上。自下而上分别布有鸟、夔、饕餮等形象及三角形纹，是一件审美与实用相结合的工艺品。

建筑艺术的一个重要特征，也是实用与审美的统一。由于没有完整的商代建筑标本以供研究，因此要全面了解当时的建筑艺术是不可能的。但通过研究考古发掘的大量商代建筑基址、夯土墙体的残断墙块以及有关建筑的象形文字，仍有可能对商代建筑的艺术水平作出判断。建筑的规模有大有小。大型建筑面积可达数万平方米。如偃师商城的宫城就是一座布局严谨的建筑群，其各座宫殿不仅功能有别，而且都是这一建筑群的有机组成部分。宫殿区中西部几座建筑基址的组合，开创了中国古代宫殿建筑前朝后寝的先河。20世纪30年代于殷墟小屯村北发掘的建筑基址，有的数排建筑相互依存，组成气势恢弘的一组建筑群。20世纪80年代末90年代初发掘的"凹"字形建筑群，其总面积有上千平方米。

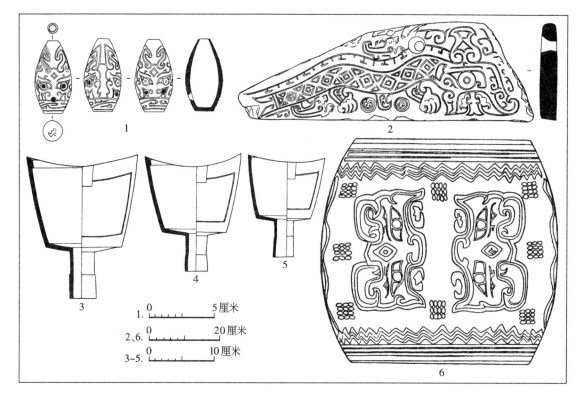

图 7-16 殷墟出土乐器
1. 骨埙（西北冈 M1001；R11005） 2. 石磬（小屯宫殿区采集） 3. 铜铙（郭家庄 M26:36） 4. 铜铙（郭家庄 M26:32） 5. 铜铙（郭家庄 M26:33） 6. 鼍鼓鼓腔（西北冈 M1217）

此类大型建筑和建筑群，以其庞大的形式，造成一种宏伟、庄严静穆的美感。这种美感往往与建筑的功能有一定关系。商代的许多重要建筑，都采用高台基址。高台建筑所强调的，是居高临下、庄严静穆的效果，体现的是服务于宗教或者政治功能的特殊的"崇高"美。

绘画是通过色彩、线条和光线的明暗来表达审美感受的造型艺术。考古发掘提供了部分研究商代绘画艺术的间接资料。如墓葬二层台上的画幔图案，棺板上的漆痕、铸铜陶范以及少量玉、石器上的朱书墨迹等。雕塑、实用工艺等立体艺术作品也是重要的参考资料。殷墟曾发现铜质和陶质的调色器，有理由认为当时的色彩艺术已经成为绘画艺术的一部分。

20 世纪 30 年代发掘安阳殷墟时，曾获得数件漆木器的遗痕，其上保存了几幅难得的商代绘画图案。其中画面较完整的是西北岗 1217 号大墓所发现的木鼓的鼓腔表面的一对饕餮。该对饕餮相向蹲坐，垂耳敛尾，巨目相视，构成画面的主体。饕餮的周围是蚌贝嵌成的装饰，其上下两端是红绿相间的水波以及平行的红色或黑色横条纹（图 7-16-6）[1]。

雕塑是三维空间的艺术，它是通过雕琢物质实体来塑造可视而且可触的艺术形象。由

---

[1] 梁思永、高去寻：《侯家庄·1217 号大墓》第 23～27 页，图八至十，图版十三至二十二，历史语言研究所，1968 年，台北。

于物质实体能够长期保存下来，因此考古发现的雕塑作品往往是古代艺术品中最多的一类。

商代雕塑品有陶、玉、石、青铜、骨、角、牙、蚌等类。

早商的陶塑有人、虎、猪、鸟、龟、牛和鱼等形象。

晚商雕塑作品的题材，有怪诞动物、写实动物、人像、人面以及几何图案等。很多动物是用圆雕手法展示其形象的。常见的怪诞动物有饕餮、夔龙、怪鸟等。写实动物以圆雕为主，有虎、象、熊、鹿、猴、马、牛、狗、兔、羊头、蝙蝠、鹤、鹰、鸱鸮、鹦鹉、雁、鸽、鸬鹚、燕、雀、鹅、鸭、鱼、蛙、龟、鳖、螳螂、蚱蜢、蝉、蚕、螺蛳等。人像和人面以玉石质的小型圆雕为多。如安阳殷墟出土的玉石圆雕人像，多作跪姿，神态各异（图7-17）。青铜类雕塑有传出安阳殷墟的人面龙身盉、传出湖南宁乡的四羊方尊和安化的虎食人卣，以及上文提到的妇好墓所出鸮尊等，都是具有极高艺术价值的精品。

音乐艺术的特殊性，在于它以一定时间内和谐流动的音响来表达人类的审美感受。商代社会距今久远，逝去的声音无法直接听闻，因此，考古发现的部分商代乐器，就成为今天研究当时音乐艺术的最珍贵的资料。

出土的商代乐器，就其品类而言有鼓、磬、铙、铃、镈、埙六种。可能还有管弦类乐器，但管弦类乐器一般用丝竹木制成，不易保存。

鼓曾发现于殷墟西北岗1217号大墓中，出土时腐朽严重。木质鼓腔，鳄鱼皮鼓面。鼓高0.68米，鼓面直径0.6米（图7-16-6）。该鼓与鼓架伴出，鼓架系拆散放置，主要部件是4根木柱。与鼓同出的有大型石磬。

磬皆由石、玉材质制成，常出于墓葬，一般3件或5件成套。也有单件的，称为特磬。殷墟西区的一座带墓道的大墓（M93）中曾出土石磬5件[1]。1950年出土于安阳殷墟武官村大墓中的1件大石磬由青灰色大理石制成，长84厘米，正面雕刻虎纹[2]。1973年在小屯宫殿区附近采集到1件龙纹石磬，长约88厘米，其造型之精湛可同武官大墓的虎纹石磬相媲美（图7-16-2）[3]。

迄今，一系列考古出土资料、结合铜器铭文和文献记载已证明，鼍鼓和特磬的组合是龙山时代直至东周时期王室、诸侯专用的礼乐重器[4]。安阳殷墟1217号王陵及小屯宗庙宫殿区的发现，是其中最具说服力的重要资料；滕州前掌大和灵石旌介村方国首领墓的出土品，也为此提供了佐证。

铙是铸造而成的铜质乐器。铙常常成套使用，多数为3件1套。也有5件1套的。凡成套者，大小依次递减。1995年，殷墟郭家庄东南26号墓出土的铜铙即为1套3件（图7-16-3～5）[5]。殷墟妇好墓的铜铙为5件1套[6]。

---

[1] 中国社会科学院考古研究所安阳工作队：《1969～1977年殷墟西区墓葬发掘报告》，《考古学报》1979年第1期。

[2] 郭宝钧：《一九五〇年春殷墟发掘报告》，《中国考古学报》第五册，1951年。

[3] 中国科学院考古研究所安阳发掘队：《殷墟出土的陶水管与石磬》，《考古》1976年第1期。

[4] 高炜、高天麟、张岱海：《关于陶寺墓地的几个问题》，《考古》1983年第6期。

[5] 中国社会科学院考古研究所安阳工作队：《河南安阳郭家庄东南26号墓》，《考古》1998年第10期。

[6] 中国社会科学院考古研究所：《殷虚妇好墓》第100页，图版六二：1，文物出版社，1980年。

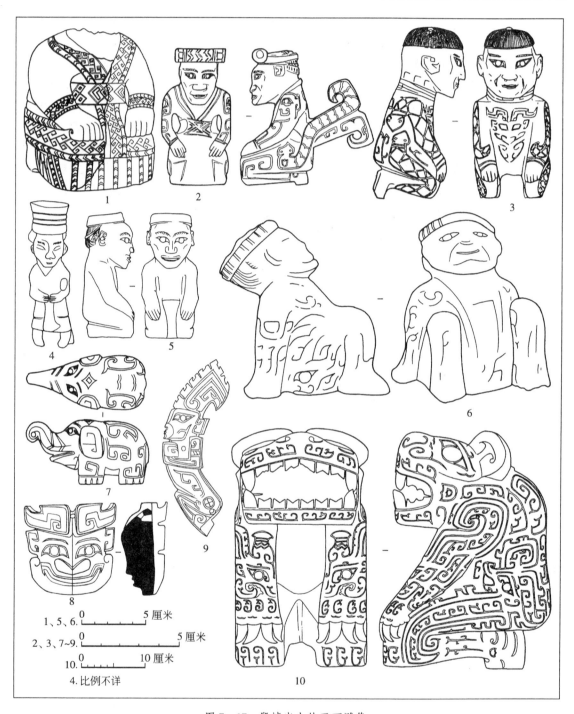

图 7-17 殷墟出土的玉石雕像

1. 石人（M1004、M1217） 2. 玉人（M5:371） 3. 玉人（M5:372） 4. 玉人（传世品） 5. 石人（M5:376） 6. 石人（传出四盘磨） 7. 玉象（M5:511） 8. 玉人面（M5:567） 9. 玉人（M5:470） 10. 虎首人身石像（M1001；R1757）

铜铃在商代晚期有较普遍的发现。从安阳殷墟出土材料看，铃通常是吊在马或犬的颈下。而另一种似应是由铜铃发展衍变而来的重要乐器铜镈，见于新干大洋洲，通高31.6厘米，周身铸满复杂纹饰[1]。

商代陶埙的基本形制为卵形，通常上端有一吹孔，体腹有5个音孔。除陶埙外，也发现过个别骨埙和石埙。殷墟西北岗1001号大墓翻葬坑中发现的一件骨埙长5.3厘米，底径1.56厘米。该埙外形与体腹5个音孔的普通陶埙相近，但体腹的正反两面刻有兽面纹（图7-16-1）。

除以上考古发现的音乐文物以外，甲骨文中还保留了一些晚商音乐艺术的线索。如甲骨文中"乐"字形如丝附木上。罗振玉、郭沫若皆以为与琴或瑟一类弦乐器有关[2]。如上述推测将来能够得到证实，则晚商时期已是打击乐器和管弦乐器皆已具备的时代。有学者综合研究了考古发现的各种乐器后认为，晚商时期的音乐已出现多种音程、调式[3]，具有一定的调高观念或绝对音高观念。

---

[1] 江西省文物考古研究所：《新干商代大墓》第73、80页，图四三（A），彩版二〇，文物出版社，1997年。

[2] A. 罗振玉：《殷虚书契考释》增订本，卷中，第40页，东方学会，1925年。
B. 郭沫若：《释和言》，《甲骨文字研究》，科学出版社，1962年。

[3] 李纯一：《中国古代音乐史稿》增订版，第一分册，音乐出版社，1964年；《先秦音乐史》第34~59页，人民音乐出版社，1994年。

第八章　夏、商王朝周边地区的考古学文化

第一节　黄淮下游

嵩山南北地区王湾三期文化最终演化为二里头文化，几乎同时，黄、淮下游及其邻近地区的考古学文化亦完成了类似的转变。在山东及邻近的苏北、皖北和豫东地区，为岳石文化；而在安徽省的江淮地区，则是斗鸡台文化。终有夏一代，黄、淮下游地区一直为这些土著文化所占据。商王朝建立之初，黄、淮下游的考古学文化仍沿着固有的轨道前进。后来，商文化向东发展，逐渐取代了当地的土著文化，但直到商代晚期，商文化仍未完全占据整个山东半岛。由岳石文化延续而来的珍珠门文化就分布在半岛的最东端及邻近的岛屿上。

一　岳石文化

（一）发现与研究概况

有关岳石文化的发现可以上溯到20世纪20年代。1927年"东方考古学会"在辽东半岛进行发掘时，即发现有岳石文化遗物[1]。此后在山东历城城子崖[2]、辽宁旅顺双台子山[3]、江苏徐州高皇庙[4]和赣榆下庙墩[5]、山东潍坊姚官庄[6]等遗址也陆续有发现。

---

[1] A. 濱田耕作：《貔子窩》图一一：1、4~6；图版一九：4，二二：1，三三：2、3，三四：4，三八：1，三九：1，東亞考古學會，1929年，東京。
　　B. 陈光：《羊头洼类型研究》，《考古学文化论集（二）》，文物出版社，1989年。
　　C. 蔡凤书：《关于〈貔子窝〉的陶器》，《辽海文物学刊》1993年第2期。

[2] A. 傅斯年、李济、董作宾、梁思永、吴金鼎、郭宝均、刘屿霞：《城子崖》图版拾柒：9，拾捌：2等，中央研究院，1934年。
　　B. 1989年，对著名的城子崖遗址进行复查和发掘，不仅发现了面积达20万平方米的龙山文化城址，还验证了1930年发现的夯土城墙是依托原龙山城修筑的一座岳石文化城址（见山东省文物考古研究所：《城子崖遗址又有重大发现——龙山岳石周代城址重见天日》，《中国文物报》1990年7月26日）。

[3] 江上波夫、駒井和愛、水野清一：《旅順雙臺子山新石器時代遺跡》，日本《人類學雜誌》第49卷第1號，1934年。

[4] 江苏省文物管理委员会：《徐州高皇庙遗址清理报告》，《考古学报》1958年第4期。

[5] 南京博物院：《江苏赣榆新石器时代至汉代遗址和墓葬》，《考古》1962年第3期。

由于资料所限,在很长时间里未能将其从龙山文化中区别开来。[6]

1960年中国科学院考古研究所山东队发掘平度东岳石遗址时,发现在地层上介于商文化与龙山文化之间的文化遗存颇具特征,虽然在发掘简报中将其称为"龙山文化"[7],但发掘者实际上已经意识到这是一种新的文化,并曾称之为"淄阳水库类型"[8]。1973年山东大学历史系考古专业第一次发掘泗水尹家城遗址,又在龙山文化层与商文化层之间发现了此类文化遗存,即简报所称的"尹家城第二期文化"[9]。1979年有学者指出岳石一类遗存"可能在典型龙山文化中另立一期,或独立为晚于龙山文化的另一文化"[10]。1979年秋在山东牟平照格庄遗址发掘时,发现了比较丰富而且单纯的此类文化遗存,从而大大促进了人们对这类文化的认识[11]。1981年学者在讨论龙山文化的去向时,首次提出了岳石文化的命名[12]。此后不久,学者们纷纷对岳石文化的内涵、分布、年代、族属等基本问题进行了探讨,岳石文化作为一支独立的考古学文化,遂成为众多学者的共识[13]。

20世纪80年代以来,山东泗水尹家城、青州郝家庄、菏泽安邱堌堆、烟台芝水、桓台史家,河南鹿邑栾台、杞县鹿台岗等遗址的发掘,为深入研究岳石文化创造了条件,学者们据此对岳石文化的分期、类型、来源等进行了深入探讨。

(二)文化特征、分期与年代
1. 文化特征

岳石文化具有十分明显的特征,这在很多方面都有所表现。

岳石文化的城墙采用了版筑技术,并以集束棍为夯具。小型房屋主要有半地穴式、地面起建和台基式三种,多呈方形和长方形。开间大多为单间,也有少数双间或多间者。半

---

[6] A. 山东省博物馆:《山东潍坊姚官庄遗址发掘简报》,《考古》1963年第7期。
　　B. 山东省文物考古研究所、山东省博物馆、中国社会科学院考古研究所山东队、山东省昌潍地区文物管理小组:《山东姚官庄遗址发掘报告》,《文物资料丛刊》5,文物出版社,1981年。
[7] 中国科学院考古研究所山东发掘队:《山东平度东岳石村新石器时代遗址与战国墓》,《考古》1962年第10期。
[8] A. 中国科学院考古研究所山东队1960年年终汇报记录。
　　B. 严文明:《胶东原始文化初论》,《山东史前文化论文集》,齐鲁书社,1986年。
[9] 山东大学历史系考古专业:《山东泗水尹家城第一次试掘》,《考古》1980年第1期。
[10] 黎家芳、高广仁:《典型龙山文化的来源、发展及社会性质初探》,《文物》1979年第11期。
[11] 中国社会科学院考古研究所山东队、烟台市文物管理委员会:《山东牟平照格庄遗址》,《考古学报》1986年第4期。
[12] 严文明:《龙山文化和龙山时代》,《文物》1981年第6期。
[13] A. 蔡凤书:《山东龙山文化"去脉"之推论》,《文史哲》1982年第2期。
　　B. 赵朝洪:《有关岳石文化的几个问题》,《考古与文物》1984年第1期。
　　C. 思集:《谈对岳石文化的认识》,《山东大学文科论文集刊》1984年第2期。
　　D. 严文明:《夏代的东方》,《夏史论丛》,齐鲁书社,1985年。
　　E. 韩榕:《胶东史前文化初探》,《山东史前文化论文集》,齐鲁书社,1986年。
　　F. 邵望平:《岳石文化——山东史前考古的新课题》,《山东史前文化论文集》,齐鲁书社,1986年。

地穴者穴壁较浅，地面起建者则多挖有基槽。用红烧土碎块铺垫房基的现象较为常见。

灰坑的平面形状主要有圆形、椭圆形、长方形和不规则形等，而以前二者数量较多。锅底状灰坑所占比例较高。在桓台史家还发现有专门储藏器物的木构架坑[1]。

岳石文化的铜器多为青铜，而且数量较多。仅在尹家城遗址就发现有14件铜器。在经过鉴定的9件铜器中，有3件为锡青铜，2件为铅青铜，1件为铅锡青铜。这些铜器多为单面范铸造而成，有三分之二的器物在铸造后进行了局部的锻打，有冷锻也有热锻，这是岳石文化铜器的突出特点[2]。1958年在山东黄县（今龙口市）出土1件乳状实足的铜甗，形态与胶东地区岳石文化的陶甗颇似，因此该器很可能属于岳石文化[3]。

岳石文化石器有斧、锛、凿、铲、镢、镰、刀、钺、矛、镞等，而以石镢和半月形石刀最富特色。石镢多为长方形，偏上部有对面琢打的长方形大孔，两侧或三侧有双面刃。这种农具是岳石文化的典型器物。

岳石文化的占卜材料主要是牛、羊、鹿、猪的肩胛骨，并有少量的卜甲。除了直接施灼者外，钻而后灼的现象也较为常见，还有个别凿而后灼者。

陶器分为夹砂和泥质两类。夹砂陶多为夹粗砂，亦有夹云母者，采用慢轮制作或手制，多比较厚重，规整性差。泥质陶多采用快轮制作，质地细密，陶胎也较厚，器物规整性强。夹砂陶的颜色多斑驳不均，以不纯正的褐色为主，并有一定数量的灰陶。泥质陶颜色纯正，以灰黑色居多。

器表以素面和抹光为主。纹饰有附加堆纹、弦纹、突棱、绳纹、方格纹、之字纹、云雷纹、泥饼、镂孔和彩绘，夹砂陶器外表常见刮抹痕迹。附加堆纹多饰于甗腰、裆、罐颈和瓮腹，而以堆纹之上再做出各种几何形纹样最富特色。绳纹多为不甚整齐的横行或斜行细绳纹，多见于泥质的盆、罐之上。方格纹多为小方格，印痕较深，均饰于大型的瓮、罐。突棱常成组出现，构成颇具特色的"竹节状"纹。彩绘有红、白、黑三色，而以红彩最多，白彩次之，黄彩极少，纹样有条带纹、折线纹、涡纹、卷云纹、夔纹等，多为红色单彩和红白复彩。

岳石文化的主要器类有：素面甗、尊形器、内带突棱的浅盘豆、子母口鼓腹罐、子母口三足罐、蘑菇状纽器盖、深腹罐、大平底盆、圆锥形足鼎、盒、舟形器、子母口瓮等。以甗、深腹罐为主要炊器，在有些地区鼎的数量也不少。器物造型以平底器、三足器和圈足器为主，许多器物有盖。口部流行子母口、卷沿有领、叠唇等做法。

2. 分期

随着发掘工作的不断开展，学者们陆续对各遗址的岳石文化进行了分期研究。1983年

---

[1] 淄博市文物局、淄博市博物馆、桓台县文物管理所：《山东桓台县史家遗址岳石文化木构架祭祀器物坑的发掘》，《考古》1997年第11期。

[2] 北京科技大学冶金史研究室：《山东泗水县尹家城遗址出土岳石文化铜器鉴定报告》，《泗水尹家城》附录二，文物出版社，1990年。

[3] A. 李步青、林仙庭：《山东黄县出土一件青铜甗》，《考古》1989年第3期。
　　B. 据方辉《胶东半岛地区商代土著文化——珍珠门文化》（《中国文物报》1997年8月10日）介绍，也有学者认为这件青铜甗可能与珍珠门文化有关。

秋，北京大学考古系发掘了山东青州市（原益都县）郝家庄遗址，将遗址的岳石文化分为早、晚两期[1]。1984年秋北京大学考古系等单位发掘了山东菏泽安邱堌堆遗址，将该遗址的岳石文化分为三期[2]。自1972～1986年，山东大学考古专业前后在山东泗水尹家城遗址进行了五次发掘，将尹家城遗址的岳石文化分为早、晚两期[3]。1988年秋，北京大学考古系等单位发掘河南夏邑清凉山遗址，将遗址的岳石文化分为早、晚两期[4]。1989～1990年，郑州大学考古专业等单位发掘河南杞县鹿台岗遗址，将遗址的岳石文化分为两期[5]。

在对典型遗址进行分期的基础上，学者们对岳石文化进行了综合分期，先后提出了三期或四期的不同方案[6]。

迄今为止材料比较丰富、可供分期研究的遗址主要有山东青州郝家庄、菏泽安邱堌堆、泗水尹家城和牟平照格庄。

（1）青州郝家庄

发掘者将H9、H14、H15、H6、H12、H17、H13等归纳为早期，而将T2②、③层和T6②、③层及H4等归纳为晚期，同时又指出早期的H9与H14有些陶器的形态有差别，它

---

[1] 吴玉喜：《岳石文化地方类型初探——从郝家庄岳石遗存的发现谈起》，《考古学文化论集（三）》，文物出版社，1993年。

[2] A. 北京大学考古系商周组、山东省菏泽地区文展馆、山东省菏泽市文化馆的《菏泽安丘堌堆遗址发掘简报》（《文物》1987年第11期）仅仅提到该遗址的岳石文化可以分为三段（组）。
B. 邹衡的《论菏泽（曹州）地区的岳石文化》（《文物与考古论集》，文物出版社，1986年）介绍了各期的特征，但没有指出具体的遗迹单位。
C. 王迅的《东夷文化与淮夷文化研究》（第8页，北京大学出版社，1994年）正式公布了安邱堌堆的分期结果。

[3] 山东大学历史系考古教研室：《泗水尹家城》第240～243页，文物出版社，1990年。

[4] 北京大学考古学系、商丘地区文管会：《河南夏邑县清凉山遗址1988年发掘简报》，《考古》1997年第11期。

[5] 郑州大学文博学院、开封市文物工作队：《豫东杞县发掘报告》第139～141页，科学出版社，2000年。

[6] A. 1987年，方辉在硕士论文《岳石文化的分期、类型及其与周围同时代文化的关系》，以尹家城的发掘材料为主要依据，将整个岳石文化分为三期；后在《岳石文化陶器分期初探》（《河洛文明论文集》，中州古籍出版社，1993年）中做了一些修订；最后在《岳石文化的分期与年代》（《考古》1998年第4期）中定为四期。
B. 1988年，王迅在博士论文《东夷文化与淮夷文化研究》（第10～13页，北京大学出版社，1994年）中以安邱堌堆遗址的分期为基础，结合郝家庄、尹家城等遗址的分期结果，将整个岳石文化划分为四期。
C. 1993年，栾丰实在《论岳石文化的来源》（《纪念城子崖遗址发掘60周年国际学术讨论会文集》，齐鲁书社，1993年）中，将整个岳石文化分为三期；后来又在《岳石文化的分期和类型》（《海岱地区考古研究》，山东大学出版社，1997年）中改定为四期。
D. 徐基在《试论岳石文化》（《辽海文物学刊》1993年第1期）中，利用尹家城和安邱堌堆的材料，将"鲁中南及其以西地区的遗存分为早晚两期"。
E. 任相宏在《岳石文化的发现与研究》（《中国考古学会第八次年会论文集》，文物出版社，1996年）中也将岳石文化分为三期，但与上述几种分期方案出入较大。

们很可能属于不同的文化期。故有的学者将原来的早期一分为二,把郝家庄岳石文化分为三期。第一期以 H14 为代表,H13、H15 亦应归入该期;第二期以 H9、H6 为代表,此外还有 H12、H17 等;第三期以 H4 为代表,另有 T2 和 T6②、③层等[1]。

(2) 菏泽安邱堌堆

发掘者分为三期。第一期有 H1、G1 两个单位;第二期有 H6、H11 和 T57、T68④层;第三期仅 T13⑧层一个单位。

(3) 泗水尹家城

在《泗水尹家城》所分的两期里,早期包括⑦E、⑦D、⑦C 层及其所属的遗迹,可以 H437、H556、H527、H604 等为代表;晚期包括⑦B 和⑦A 层及其所属的遗迹,可以 H8、

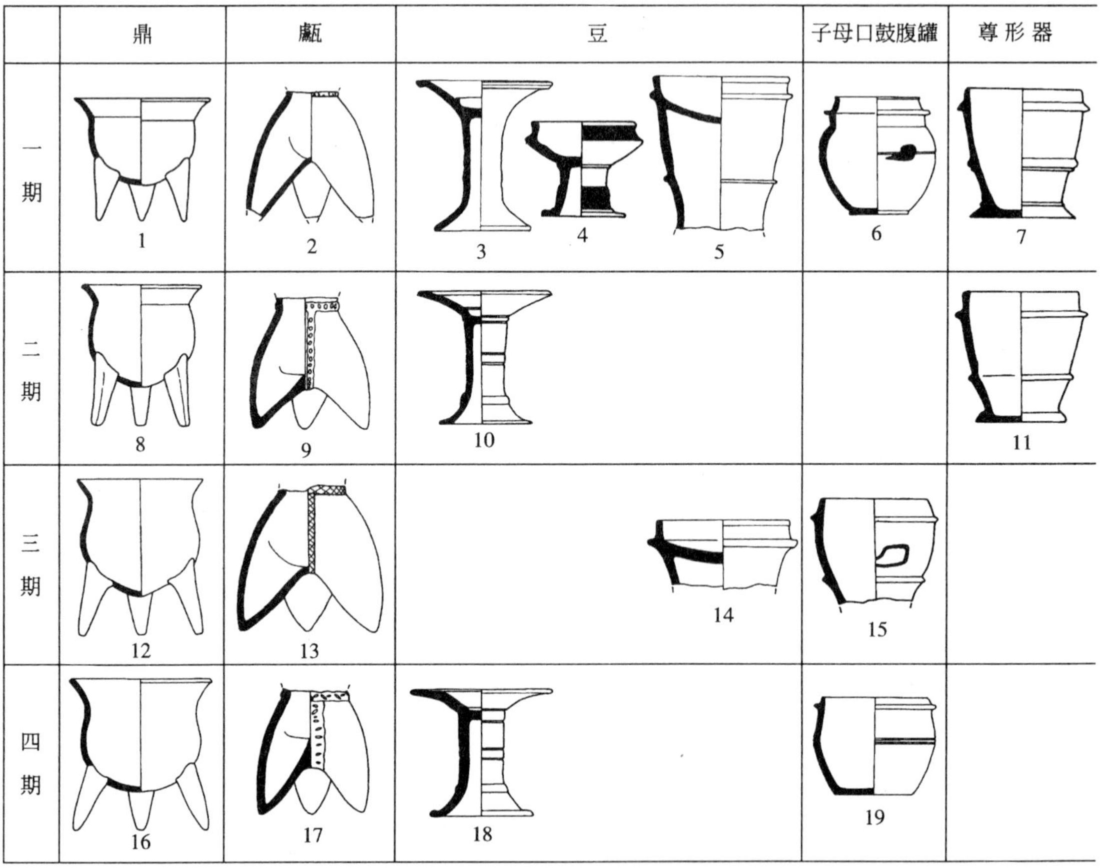

	鼎	甗	豆			子母口鼓腹罐	尊形器
一期	1	2	3	4	5	6	7
二期	8	9	10				11
三期	12	13		14		15	
四期	16	17	18			19	

图 8-1 尹家城遗址岳石文化陶器分期图(之一)

1.鼎(H437:11) 2.甗(T167⑦:16) 3.豆(T224⑦:11) 4.豆(T162⑦:9) 5.豆(H437:28) 6.子母口鼓腹罐(T238⑦:35) 7.尊形器(H437:3) 8.鼎(H474:3) 9.甗(H714:34) 10.豆(H725:1) 11.尊形器(H714:32) 12.鼎(H409:3) 13.甗(H24:8) 14.豆(T244⑦:6) 15.子母口鼓腹罐(T225⑦:26) 16.鼎(H750:1) 17.甗(H8:10) 18.豆(H8:14) 19.子母口鼓腹罐(T194⑦:5)

---

[1] 栾丰实:《岳石文化的分期和类型》,《海岱地区考古研究》,山东大学出版社,1997 年。

H210、H745 和 H753 等为代表。我们认为，这一遗址可细分为四期（图 8-1）。

第一期包括⑦E、⑦D 层及 H437、H209 等灰坑。

第二期包括⑦C 层及 H474、H714、H604、H527、H725、H508 等灰坑。

第三期包括⑦B 层及 H24、H23、H469、H745、H727、H210 等灰坑。

第四期包括⑦A 层及 H8、79H5、H750、H407 等灰坑。

（4）牟平照格庄

发掘报告未对遗址进行分期。有学者将其分为两期，同时指出有些单位可能更晚[1]。或者将其分为三组：第一组包括④、③两层及其所属遗迹 H5、H26、H28、H39 和 H40，可以出土物较丰富的 H5、H26 为代表；第二组，为②B 层及其所属遗迹，可以 H2、H6、

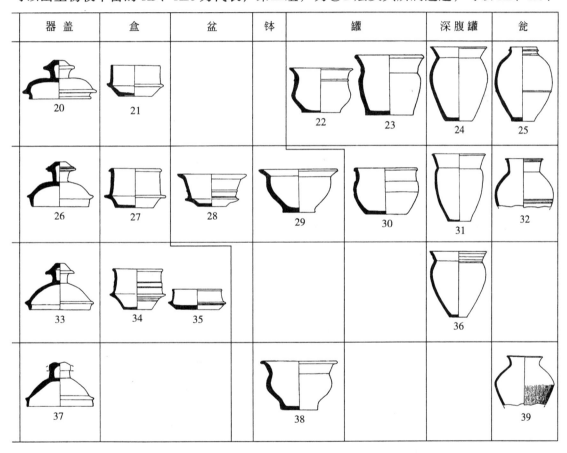

图 8-1　尹家城遗址岳石文化陶器分期图（之二）

20. 器盖（T245⑦:32）　21. 盒（H437:12）　22. 罐（H437:1）　23. 罐（H209:2）　24. 深腹罐（T229⑦:4）　25. 瓮（T152⑦:31）　26. 器盖（H527:2）　27. 盒（H527:3）　28. 盆（H604:9）　29. 钵（H474:1）　30. 罐（H508:2）　31. 深腹罐（H604:5）　32. 瓮（H604:14）　33. 器盖（H727:4）　34. 盒（H24:7）　35. 盒（H24:10）　36. 深腹罐（H23:5）　37. 器盖（T208⑦:10）　38. 钵（H407:2）　39. 瓮（T196⑦:16）

---

[1]　栾丰实：《岳石文化的分期和类型》，《海岱地区考古研究》，山东大学出版社，1997 年。

H7、H9、H11、H14、H15、H24、H42 和 G3 为代表；第三组，以②A 及部分探方的②层及其所属遗迹 G2 为代表[1]。三组的分法大致可依。

通过对上述遗址出土的同类器物进行比较，可以大致确定各遗址的年代关系，并可将岳石文化综合分为四期。

第一期以尹家城第一期、安邱堌堆第一期、照格庄第一期为代表。

第二期以尹家城第二期、郝家庄第一期、安邱堌堆第二期、照格庄第二期为代表。

第三期以尹家城第三期、郝家庄第二期、安邱堌堆第三期、照格庄第三期为代表。

第四期以尹家城第四期、郝家庄第三期为代表。

3. 年代

多处遗址的地层关系表明，岳石文化是介于山东龙山文化与商文化之间的一支考古学文化。

在中原地区与岳石文化同时的考古学文化中，时常发现一些明显属于岳石文化的器物。二里头遗址二期地层中发现的小型夹砂深腹罐 84YLⅣM72∶13、子母口鼓腹罐 84YLⅣM93∶1 即属此类[2]。前者高领鼓腹，颇似岳石文化一期的尹家城 H209∶2。后者具有明显的领部，腹部外鼓，与岳石文化一期的安邱堌堆 G1∶29、尹家城 T238⑦∶35 颇似，显见岳石文化一期的年代约与二里头文化二期年代相当。岳石文化因素在二里头遗址第四期和郑州早商文化一、二期均有比较多的发现[3]。之后虽逐渐减少，但直到中商一期的小双桥遗址，仍有一些岳石文化因素。其中最醒目的是多达数十件的形制特殊的长方形穿孔石器，这种器物已往在中原地区未见。已有不少学者指出这种石器与岳石文化的石镢有着非常密切的关系[4]，并将这种文化现象与仲丁征伐蓝夷相联系。在岳石文化的一至四期，也发现有中原地区二里头文化、下七垣文化和商文化的因素。

岳石文化在其分布区域内大多是被商文化取代的，由于商文化是由西向东逐步推进的，因此岳石文化在各地消亡的年代是有所不同的，这由各地商文化出现的年代可以大致推知。安邱堌堆遗址的商文化遗存可以分为六期[5]，其第一期的鬲 T13⑦∶50，沿下饰 12 个圆圈纹，实足根瘦长，年代应与早商文化第三期的二里冈 C1H1 相当。大辛庄遗址中年代最早的商文化属于早商文化第三期，其内包含明显具有岳石文化遗风的"第二类文化遗存"。尹家城遗址商文化中的鬲，以 H35∶8 年代最早。其器体瘦高、沿下饰旋纹一周等特征，与小双桥ⅤG3∶24 颇似[6]，显见其年代应约当中商一期。在邹平丁公、桓台史家等遗址发现的最早的商文化相当殷墟一期[7]，而在青州苏埠屯、寿光古城发现的最早的商

---

[1] 方辉：《岳石文化的分期与年代》，《考古》1998 年第 4 期。

[2] 中国社会科学院考古研究所：《二里头陶器集粹》图版三二、五〇，中国社会科学出版社，1995 年。

[3] 详见第二章第二节、第七节及第三章第四节。

[4] 陈旭：《小双桥遗址的发掘与隞都问题》，《中国文物报》1996 年 12 月 8 日。

[5] 宋豫秦：《论鲁西南地区的商文化》，《华夏考古》1988 年第 1 期。

[6] 河南省文物考古研究所、郑州大学文博学院考古系、南开大学历史系博物馆学专业：《1995 年郑州小双桥遗址的发掘》，《华夏考古》1996 年第 3 期。

[7] A. 山东大学历史系考古专业：《山东邹平丁公遗址第二、三次发掘简报》，《考古》1992 年第 6 期。

化为殷墟三期[8]。再往东，在胶东半岛，迄今止尚未发现商文化。不过那里的岳石文化并未一直延续到商代最晚期，而是演化为另一种考古学文化，即珍珠门文化。

综合各方面的信息，已知岳石文化的年代约当二里头文化二期至中商早期。在个别地区，岳石文化的年代下限也许更晚。例如有的学者认为桓台史家器物坑的年代比前述岳石文化四期似乎更晚，以该坑为代表的第五期岳石文化终止于殷墟一期[9]。

岳石文化地层出土含碳样品的测定数据已有数十个。排除若干明显偏早、偏晚的数据，其年代范围与上文的推断大致相合[10]。

（三）分布与类型

岳石文化的分布范围东至大海，南达江淮，西到鲁西南和豫东，北及辽东半岛的南端。山东北部的德州、惠民地区由于屡经河道变迁，泥沙埋藏较厚，先秦遗址发现很少，岳石文化自然也不例外。

早在岳石文化刚刚确立的 1982 年，有的学者已开始进行类型划分[11]。随着材料的日渐丰富，学者们先后将岳石文化区分为三、五、六或七个类型[12]。根据现有的材料，我们采用五分法，下面依次概述各类型的内涵与特征。

  B. 淄博市文物局、淄博市博物馆、桓台县文物管理所：《山东桓台县史家遗址岳石文化木构架祭祀器物坑的发掘》，《考古》1997 年第 11 期。

[8] A. 山东省博物馆：《山东益都苏埠屯第一号奴隶殉葬墓》，《文物》1972 年第 8 期。

  B. 寿光县博物馆：《山东寿光县新发现一批纪国铜器》，《文物》1985 年第 3 期。

[9] 张学海：《试析岳石文化的年代》，《中国文物报》1999 年 2 月 3 日。

[10] 方辉：《岳石文化的分期与年代》附表一，《考古》1998 年第 4 期。

[11] 韩榕：《胶东史前文化初探》，《山东史前文化论文集》，齐鲁书社，1986 年。

[12] A. 吴玉喜将整个岳石文化分为照格庄、郝家庄和尹家城三个类型（见吴玉喜：《岳石文化地方类型初探——从郝家庄岳石遗存的发现谈起》，《考古学文化论集（三）》，文物出版社，1993 年）。方辉、任相宏的类型划分与吴玉喜基本相同（见方辉：《岳石文化的分期、类型及其与周围同时代文化的关系》，山东大学考古专业硕士论文，1987 年；任相宏：《岳石文化的发现与研究》，《中国考古学会第八次年会论文集》，文物出版社，1996 年）。

  B. 王迅将岳石文化分为五个类型，即安邱堌堆类型、尹家城类型、郝家庄类型、照格庄类型和苏北类型（见王迅：《东夷文化与淮夷文化研究》第 33~35 页，北京大学出版社，1994 年）。进行类似划分的还有严文明的《东夷文化的探索》（《文物》1989 年第 9 期）、张学海的《论四十年来山东先秦考古的基本收获》（《海岱考古》第一辑，山东大学出版社，1989 年）、张国硕的《岳石文化的类型划分》（《郑州大学学报（哲学社会科学版）》1992 年第 2 期）。

  C. 徐基将岳石文化分为照格庄类型、土门子类型、尹家城类型、安邱堌堆类型、城子崖类型和郝家庄等 6 个类型（见徐基：《试论岳石文化》，《辽海文物学刊》1993 年第 1 期）。

  D. 栾丰实最初亦采用五分法（见栾丰实：《论岳石文化的来源》，《纪念城子崖遗址发掘 60 周年国际学术讨论会文集》，齐鲁书社，1993 年）。后来又划分为照格庄类型、郝家庄类型、土城类型、王推官类型、尹家城类型和安邱堌堆等 6 个类型（见栾丰实：《东夷考古》第 311~318 页，山东大学出版社，1996 年）。最近又增设一个万北类型（见栾丰实：《岳石文化的分期和类型》，《海岱地区考古研究》，山东大学出版社，1997 年）。

1. 照格庄类型

照格庄类型主要分布于胶莱平原以东的胶东半岛、辽东半岛南端及沿海的一些岛屿。经过发掘的遗址还有山东海阳司马台[1]、乳山小管村[2]、烟台芝水[3]、栖霞北城子[4]、长岛大口[5]和辽宁大连甘井子区双砣子[6]等。

房址见于大口遗址，为圆角方形的半地穴式建筑。居住面坚硬，地表和墙壁内侧有涂抹白灰的现象，斜坡形门道。照格庄遗址发现的二联坑和三联坑也应是一种简易的房屋建筑。灰坑多为椭圆形，少数为不规则形。

墓葬仅见于大口遗址。长方形土坑竖穴、无葬具。以仰身直肢葬为主，少数为侧身或俯身，头向多朝东。均无随葬品，骨架之上往往填一层马蹄螺，并夹杂少量海蛎壳和小石子，半数人骨架上压有石块。

青铜器有甗、锥等少数几种，生产工具仍以石、骨器为主，蚌器较少。石器中扁薄单面刃石铲、双孔石刀和盘状器较具特色。石刀有半月形、新月形和梭形诸种。梭形石刀与扁体盘状器均不见于其他类型。而其他类型常见的长方形石镞在该类型中则极为少见。

夹砂陶中半数以上含云母屑，少数含云母和滑石，这两种羼和料在其他类型中比较罕见。陶色以褐色为主，灰、黑色次之，红色最少。器表以素面居多，纹饰主要有弦纹、附加堆纹，另有各种各样的刻划纹、戳刺纹、压印纹、拍印纹及按窝、乳钉、镂孔、彩绘等。主要器类有甗、深腹罐、高领罐、豆、盒、深腹盆、平底罐、三足罐、圈足罐、筒形罐、双腹盆、杯、器盖等，数量较多的三舌形足、圈足或平底束腰的大子母口罐，基本不见于其他类型，尤以饰各种刻划、压印纹饰的舌形足最富特色。甗足多呈乳头状，袋足下部亦有压印纹饰者。浅盘豆盘内多突棱、圈足较粗。数量较少的筒形罐亦不见于其他类型（图 8-2A）。基本不见鼎、大平底盆、舟形器、子母口豆、覆碗形器盖等器形。

2. 郝家庄类型

郝家庄类型主要分布于胶莱平原以西、泰沂山脉以北的地区。经过发掘的遗址除青州郝家庄外，还有平度东岳石[7]，潍坊姚官庄[8]、鲁家口[9]，昌乐邹家庄[10]、后于刘[11]，

---

[1] 烟台市文管会、海阳县博物馆：《山东海阳司马台遗址清理简报》，《海岱考古》第一辑，山东大学出版社，1989年。
[2] 张江凯：《乳山县小管村新石器时代遗址》，《中国考古学年鉴（1984）》，文物出版社，1984年。
[3] 张江凯：《烟台市芝水商代遗址》，《中国考古学年鉴（1984）》，文物出版社，1984年。
[4] 韩榕：《栖霞县北城子龙山文化及岳石文化遗址》，《中国考古学年鉴（1989）》，文物出版社，1990年。
[5] 中国社会科学院考古研究所山东队：《山东省长岛县砣矶岛大口遗址》，《考古》1985年第12期。
[6] 中国社会科学院考古研究所：《双砣子与岗上》第3~56页，科学出版社，1996年。
[7] 中国科学院考古研究所山东发掘队：《山东平度东岳石村新石器时代遗址与战国墓》，《考古》1962年第10期。
[8] A. 山东省博物馆：《山东潍坊姚官庄遗址发掘简报》，《考古》1963年第7期。
　　B. 山东省文物考古研究所、山东省博物馆、中国社会科学院考古研究所山东队、山东省昌潍地区文物管理小组：《山东姚官庄遗址发掘报告》，《文物资料丛刊》5，文物出版社，1981年。

桓台史家[12]，邹平丁公[13]，章丘王推官[14]、城子崖[15]、乐盘[16]、邢亭山[17]、马彭北[18]，茌平南陈庄等[19]。在安丘峒峪[20]，寿光火山埠[21]等处采集的资料也比较重要。

城子崖遗址周围有一圈近似方形的城墙，面积约17万平方米。城墙为版筑而成，夯具为集束棍，夯层厚约8~12厘米，夯窝清晰，质地坚硬。丁公遗址建于龙山时期的城墙，史家遗址建于龙山时期的壕沟，岳石文化时期仍在继续使用。

房址以长方形地面式建筑为主，用红烧土铺垫房基。灰坑有圆形、椭圆形和不规则形等。

史家遗址发现一座器物坑。该坑位于面积约4万平方米的平台中部。坑口平面略呈长方形，坑的主体平面近圆形，口大底小，壁稍弧，深4米。坑内中央有一井字形木构架，木构坑口东西长1.62米，南北宽1.56米，深3.7米，是用27层长条木板交叉叠架而成，四角交叉处为简单的榫卯结构。木构坑下部放置器物，器物分7层，每两层之间均有清楚的木隔板痕迹。坑上部填较纯净的黄褐色土。木构外侧至坑壁之间有层次清楚的填土。

坑内出土有陶器、石器、骨角器、蚌器和卜骨等350多件，而以陶器占绝大多数。陶器大多为各类罐，另外还有壶、尊、簋、豆、深腹盆、鼎、器盖等。石器有镢、铲、镰、钺、双孔石刀等。骨角蚌器有笄、刀等。卜骨2件，均为羊肩胛骨，未加修整，仅见烧灼痕迹，其上均有少量的刻划文字或符号。

关于该坑的用途，学者多认为与祭祀有关。有人更明确指出该坑的祭祀对象是土地[22]。

该类型的生产工具以石器、骨器为主，蚌器较少。石器以长方形多刃石镢、半月形双孔石刀、扁薄单面刃石铲数量最多。

---

[9] 中国社会科学院考古所山东工作队、山东省潍坊地区艺术馆：《潍县鲁家口新石器时代遗址》，《考古学报》1985年第3期。

[10] 北京大学考古实习队、昌乐县图书馆：《山东昌乐县邹家庄遗址发掘简报》，《考古》1987年第5期。

[11] 李学训：《昌乐县后于刘龙山文化至汉代遗址》，《中国考古学年鉴（1991）》，文物出版社，1992年。

[12] 淄博市文物局、淄博市博物馆、桓台县文物管理所：《山东桓台县史家遗址岳石文化木构架祭祀器物坑的发掘》，《考古》1997年第11期。

[13] A. 山东大学历史系考古专业、邹平县文化局：《山东邹平丁公遗址试掘简报》，《考古》1989年第5期。
  B. 山东大学历史系考古专业：《山东邹平丁公遗址第二、三次发掘简报》，《考古》1992年第6期。

[14] 山东省文物考古研究所：《山东章丘市王推官庄遗址发掘报告》，《华夏考古》1996年第4期。

[15] A. 傅斯年、李济、董作宾、梁思永、吴金鼎、郭宝钧、刘屿霞：《城子崖》图版拾柒：9，拾捌：2，中央研究院，1934年。
  B. 张学海：《章丘县城子崖古城址》，《中国考古学年鉴（1991）》，文物出版社，1992年。

[16] 严文明：《章丘县乐盘大汶口文化至商代遗址》，《中国考古学年鉴（1986）》，文物出版社，1988年。

[17] 严文明：《章丘县邢亭山大汶口文化至商代遗址》，《中国考古学年鉴（1986）》，文物出版社，1988年。

[18] 济南市文化局文物处、章丘县博物馆：《山东章丘马彭北遗址调查简报》，《考古》1995年第4期。

[19] 山东大学历史系考古专业、聊城地区文化局、茌平县图书馆：《山东省茌平县南陈庄遗址发掘简报》，《考古》1985年第4期。

[20] A. 山东省博物馆：《山东安丘峒峪、胡峪新石器时代遗址调查》，《考古》1963年第10期。
  B. 郑岩、徐新华：《山东安丘老峒峪遗址再调查》，《考古》1992年第9期。

[21] 寿光县博物馆：《寿光县古遗址调查报告》，《海岱考古》第一辑，山东大学出版社，1989年。

[22] 张国硕：《史家遗址岳石文化祭祀坑初探》，《中国文物报》1998年5月27日。

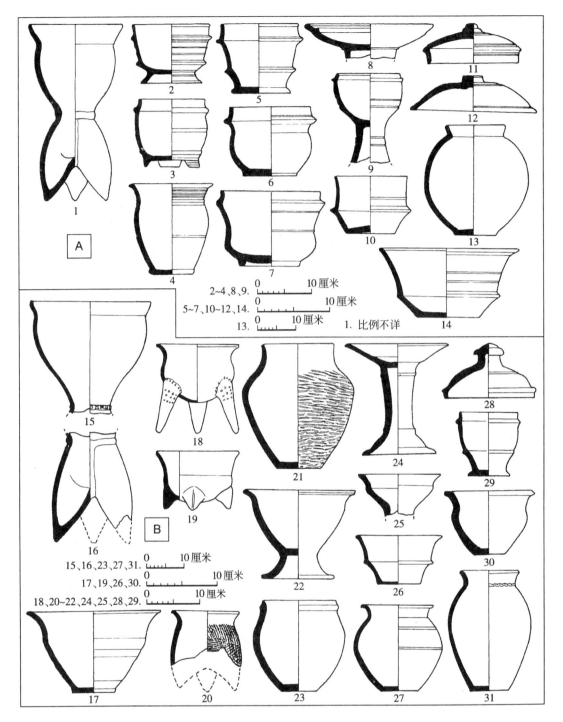

图 8-2 岳石文化其他类型陶器(之一)

A. 照格庄类型 1. 甗(采集) 2. 圈足尊(东岳石 T2②:20) 3. 三足罐(东岳石 T7②C:1) 4. 深腹罐(照格庄 T10②B:36) 5. 尊形器(照格庄 H6:14) 6. 平底罐(照格庄 H11:67) 7. 圈足罐(照格庄 H7:28) 8. 豆(照格庄 H15:20) 9. 豆(芝水 G1:30) 10. 盒(照格庄 H19:11) 11. 器盖(照格庄 H35:15) 12. 器盖(照格庄 H11:82) 13. 小口瓮(芝水 T424⑤:28) 14. 双腹盆(照格庄 H41:23)

B. 郝家庄类型 15. 甗(郝家庄 H15:6) 16. 甗(郝家庄 H6:68) 17. 深腹盆(城子崖) 18. 鼎(马彭北 012) 19. 鼎(火山埠) 20. 鬲(郝家庄 H6:81) 21. 小口瓮(马彭北 SZ23:01) 22. 簋(火山埠) 23. 鼓腹罐(郝家庄 T5②A:25) 24. 豆(王推官⑥:8) 25. 豆(郝家庄 H6:78) 26. 双腹盆(火山埠) 27. 鼓腹罐(郝家庄 T5③:12) 28. 器盖(郝家庄 H14:34) 29. 尊形器(郝家庄 H14:31) 30. 盆形钵(郝家庄 T5②A:22) 31. 深腹罐(郝家庄 T6②B:7)

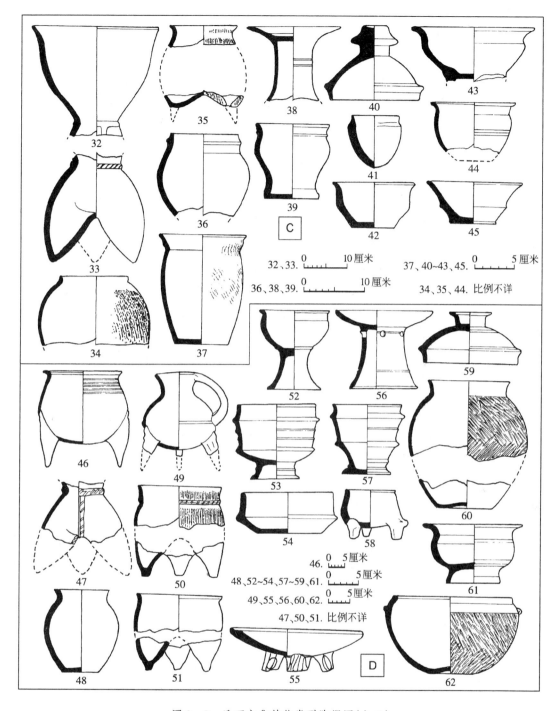

图 8-2 岳石文化其他类型陶器图(之二)

C. 安邱堌堆类型　32. 甗(清凉山 H43:21)　33. 甗(鹿台岗 T24⑤:1)　34. 小口瓮(安邱堌堆 H1:1)　35. 鬲(安邱堌堆 T12⑤:118)　36. 子母口鼓腹罐(安邱堌堆 G1:29)　37. 罐(栾台 H71:5)　38. 豆(栾台 H71:4)　39. 尊形器(安邱堌堆 G1:8)　40. 器盖(鹿台岗 T27⑤:36)　41. 残鼎腹(鹿台岗 T27⑤A:14)　42. 钵(清凉山 T6④:72)　43. 豆(安邱堌堆 T12XK:53)　44. 深腹盆(堌堆 T13⑧A:71)　45. 碗(栾台 H168:1)

D. 万北类型　46. 鼎(周邶墩 T1212②:7)　47. 甗(周邶墩采:9)　48. 小罐(周邶墩 H10:27)　49. 鬶(周邶墩 T1212②:11)　50. 鬲(周邶墩 H10:23)　51. 鬲(周邶墩 H3:1)　52. 豆(万北 T01④:13)　53. 圈足尊(周邶墩 H10:22)　54. 盒(周邶墩 H10:29)　55. 三足钵(周邶墩 T1212②:10)　56. 豆(周邶墩 T1011②:5)　57. 尊形器(周邶墩 H4:1)　58. 鼎(周邶墩 H10:6)　59. 器盖(周邶墩 H10:8)　60. 小口瓮(周邶墩 H10:26)　61. 簋(万北 T1②:2)　62. 深腹盆(周邶墩 H10:18)

夹砂陶中少见云母屑和滑石粉者。黑陶比例较高。器表虽以素面为主，但绳纹数量高于其他类型，并且大都为印痕较深、斜行或横行但不甚规则的细绳纹，多饰于泥质陶器。另外饰于大型的泥质陶罐、瓮上的小方格纹也很有特色。常见甗、深腹罐、深腹盆、浅腹盆、浅盘豆、碗形豆、盂、蘑菇状纽器盖等。基本不见照格庄类型盛行的各类大子母口罐，但有少量乳头状甗足。鼎、盒、舟形器、圈足尊等较少。鬲仅有个别发现（图8-2B）。

3. 尹家城类型

尹家城类型主要分布在泰沂山区及其附近地区，北与郝家庄类型相接，南至陇海铁路，西越京杭运河，东达黄海沿岸。除泗水尹家城遗址，经过发掘的遗址还有山东兖州西吴寺[1]，临沂后明坡[2]，沂源姑子坪[3]，江苏徐州高皇庙[4]，邳县梁王城[5]，赣榆下庙墩等。经过调查并且出土遗物较多的遗址还有山东临沂土城子[6]，莒县塘子等[7]。

在尹家城、姑子坪等地发现有房址，方形或长方形，单间或多间，均为地面起建，有的还先筑夯土台，然后再在其上开槽立柱筑墙。室内地面多经过夯打处理，还发现在屋外向阳一面铺垫较大面积黄土的情况。

灰坑有圆形、椭圆形、方形、长方形和不规则形。在尹家城的有些灰坑内发现有人骨，其中有的还伴有少量陶器和小件器物。

铜器发现较多，有刀、凿、锥、镞等，多为青铜器。生产工具以石器为最多，骨、蚌器也有一定的数量。其中以半月形双孔石刀、长方形和梯形单面刃石铲、长方形孔多刃石镰数量最多，也有少量的梭形石刀。蚌器较多是该类型的特色，以长方形和梯形蚌铲、半月形双孔蚌刀数量较多，锥、镰较少。武器以近梯形穿孔石钺和骨镞较多，也有少量的石镞、蚌镞和石矛。

以褐色陶为主，灰陶次之，黑陶数量较少而且逐渐减少。器表多为素面。纹饰之中突棱最多，次为附加堆纹，绳纹多于照格庄类型，而少于安邱堌堆类型和郝家庄类型，鲜见郝家庄类型泥质陶上流行的细绳纹。彩绘中的火焰状涡纹、折线纹，以及大面积涂朱和纺轮上的环带纹等，均不见或少见于其他类型。陶鼎、甗、深腹罐、舟形器、子母口鼓腹罐、深腹盆、浅腹盘、盒、尊形器、浅盘豆、蘑菇状纽器盖和覆碗形器盖数量较多，而且多具特色，不见或少见舌形足罐、乳头状足甗、碗形豆等（图8-1）。

4. 安邱堌堆类型

安邱堌堆类型主要分布于鲁西南、豫东和皖西北地区。该类型与二里头文化、下七垣文化、斗鸡台文化毗邻，文化内涵比较复杂。除安邱堌堆外，经过发掘的遗址还有河南鹿

---

[1] 国家文物局考古领队培训班：《兖州西吴寺》第108~111页，文物出版社，1990年。
[2] 山东大学历史系考古专业、临沂市博物馆：《山东临沂市后明坡遗址试掘简报》，《考古》1989年第6期。
[3] 任相宏：《沂源县姑子坪龙山文化至周代遗址》，《中国考古学年鉴（1991）》，文物出版社，1992年。
[4] 江苏省文物管理委员会：《徐州高皇庙遗址清理报告》，《考古学报》1958年第4期。
[5] 盛儲彬、姚景洲：《梁王城遗址揭示出一批重要遗迹与遗物》，《中国文物报》1996年8月4日。
[6] 刘敦愿：《山东临沂新石器时代遗址调查》，《考古》1961年第11期。
[7] 苏兆庆、夏兆礼、刘云涛：《莒县文物志》第62~63页，齐鲁书社，1993年。

邑栾台[1]，夏邑清凉山[2]、三里堌堆[3]，杞县鹿台岗[4]，商丘潘庙等[5]。

房址多为地面起建，有时用红烧土碎块铺垫房基。

灰坑有圆形、椭圆形、方形和不规则形等种类。

发现有少量的小件青铜器。生产工具中蚌器较多。扁薄单面刃石铲、半月形双孔石刀、蚌铲、蚌刀等是主要的生产工具。

泥质陶多于夹砂陶，夹砂陶多为夹粗砂的红褐色陶，而泥质陶中灰陶比例最大，褐陶次之，黑陶较少。外表虽然多为素面，但绳纹所占比例较大，仅次于郝家庄类型。从早到晚绳纹逐渐增多。例如安邱堌堆遗址一期绳纹占11.72%，至第三期则多达23.52%。也有少量的方格纹、篮纹、附加堆纹、彩绘等。甗、鼎、深腹罐、双腹盆、子母口鼓腹罐、浅盘豆、碗形豆、箍状堆纹瓮等为主要器形。不见或少见其他类型常见的圈足尊、舌形足罐、乳头状足甗、舟形器、盒等，而绳纹鬲、瓦足皿、鸡冠耳深腹盆、平底爵、花边圆腹罐等则鲜见或不见于其他类型（图8-2C）。

5. 万北类型

万北类型分布于苏北地区，东起海滨，西过大运河，北以陇海铁路为界与尹家城类型为邻，南则近抵长江北岸。经过发掘的遗址主要有江苏沭阳万北[6]，灌云大伊山[7]，高邮周邶墩等[8]，其中周邶墩遗址的材料最为丰富。

灰坑有圆形、椭圆形和不规则形等。

石器有斧、刀、锛、镞、坠形器等。石刀有新月形、梭形两种。

夹砂陶多于泥质陶，存在少量的印纹硬陶。以灰陶为大宗，次为褐陶，黑陶较少。器表以素面为主，纹饰以弦纹、突棱、附加堆纹为多，另有少量的绳纹、篮纹、方格纹、水波纹、云雷纹、刻划纹、镂孔等。主要器形有鼎、甗、鬲、深腹盆、碗、尊形器、盒、浅盘豆、碗形豆、簋、匜、鬶、蘑菇状纽器盖等。其中鼎式甗、匜、鬶、镂孔无沿弧腹豆均未见于其他类型（图8-2D）。

上述五个地方类型的形成有着多方面的原因。如下文所述，岳石文化是在山东龙山文化的基础上发展起来的。龙山文化是可以划分为若干地域类型的，当各地的龙山文化演进

---

[1] 河南省文物研究所：《河南鹿邑栾台遗址发掘简报》，《华夏考古》1989年第1期。
[2] 北京大学考古学系、商丘地区文管会：《河南夏邑县清凉山遗址1988年发掘简报》，《考古》1997年第11期。
[3] 张志清：《夏邑县三里堌堆新石器时代至汉代遗址》，《中国考古学年鉴（1990）》，文物出版社，1991年。
[4] 郑州大学文博学院、开封市文物工作队：《豫东杞县发掘报告》第116~141页，科学出版社，2000年。
[5] 张长寿、张光直：《河南商丘地区殷商文明调查发掘初步报告》，《考古》1997年第4期。
[6] 南京博物院：《江苏沭阳万北遗址新石器时代遗存发掘简报》，《东南文化》1992年第1期。
[7] 南京博物院、连云港市博物馆、灌云县博物馆：《江苏灌云大伊山遗址1986年的发掘》，《文物》1991年第7期。
[8] 南京博物院考古研究所、扬州博物馆、高邮文管会：《江苏高邮周邶墩遗址发掘报告》，《考古学报》1997年第4期。

为岳石文化之后，原来的地域性差别必将在岳石文化中有所反映。安邱堌堆类型和万北类型的所在原来多为王油坊类型的分布范围。无论如多数学者所说王油坊类型属于中原龙山文化系统，还是有的学者主张的属于"海岱龙山文化"[1]，其与山东境内龙山文化的区别则是大家的共识，因此这两个类型与其他类型有所区别更在情理之中。各地岳石文化地域特点的形成，还与各自的对外文化交流有一定的关系。例如郝家庄类型与下七垣文化接壤，其泥质陶器上的印痕较深的细绳纹显然是受了下七垣文化的影响。安邱堌堆类型与二里头文化、下七垣文化相邻，因此吸收有花边深腹罐、绳纹鬲等。万北类型位置偏南，其印纹硬陶、鼎式甗等，显然是与更南的考古学文化接触的结果。

（四）源流与族属

关于岳石文化的来源，多数学者认为是在龙山文化的基础上直接发展而来的[2]，但也有少数学者对此提出异议[3]。我们认为岳石文化是在龙山文化的基础上，吸收了其他文化的一些因素发展而成的。

在很多遗址里，岳石文化地层都是直接叠压、打破龙山文化地层，还没有发现介于二者之间的文化层，而大量的碳十四测定数据也证明岳石文化的上限已与龙山文化的下限基本衔接。

岳石文化的分布范围与龙山文化的分布范围基本重合。

岳石文化的房屋多为方形或长方形的地面式建筑，龙山文化晚期也是这样。

岳石文化的灰坑有圆形、椭圆形、长方形和不规则形四种，以长方形灰坑较多，与龙山文化相同。

在长岛大口发现的8座岳石文化墓葬均为东西向的长方形土坑竖穴墓，以仰身直肢为主，人骨之上填一层马蹄螺和压石块的做法，与该遗址龙山文化墓葬全同。龙山晚期出现

---

[1] 栾丰实：《王油坊类型初论》，《海岱地区考古研究》，山东大学出版社，1997年。
[2] A. 严文明：《胶东原始文化初论》，《山东史前文化论文集》，齐鲁书社，1986年。
    B. 韩榕：《胶东史前文化初探》，《山东史前文化论文集》，齐鲁书社，1986年。
    C. 邵望平：《岳石文化——山东史前考古的新课题》，《山东史前文化论文集》，齐鲁书社，1986年。
    D. 徐寿群：《也谈岳石文化来源——从岳石文化与辽西、辽东同期文化之比较谈起》，《考古学文化研究（四）》，文物出版社，1997年。
    E. 栾丰实：《论岳石文化的来源》，《纪念城子崖遗址发掘60周年国际学术讨论会文集》，齐鲁书社，1993年。又收入《海岱地区考古论集》，山东大学出版社，1997年。
    F. 蔡凤书：《初论岳石文化》，《纪念城子崖遗址发掘60周年国际学术讨论会文集》，齐鲁书社，1993年。
[3] 张国硕在《岳石文化来源初探》（《郑州大学学报（哲学社会科学版）》1989年第1期）一文中，主张岳石文化来自北方的夏家店下层文化和辽东半岛的于家村下层文化。持类似看法的还有小川诚的《岳石文化の甗》（日本《考古學雜誌》第74卷第3号，1989年）和李权生的《中国の岳石文化の起源について》（日本《古代文化》第44卷第6号，1992年）。方辉、崔大勇在《浅谈岳石文化的来源及族属问题》（《中国考古学会第九次年会论文集》，文物出版社，1997年）中，认为"岳石文化继承了山东龙山文化的部分因素，但更多地则是吸收了诸邻境考古学文化的成果"。

的在灰坑内弃置人骨的现象，在岳石文化中也常有发现。

岳石文化的卜骨多为牛、羊、鹿和猪的肩胛骨，仅比龙山晚期多出猪肩胛骨一种。钻而后灼的做法比龙山文化的直接施灼更为复杂和进步。

岳石文化石器的制作方法与龙山文化基本相同，其长方形或梯形厚重石斧、梯形单面刃石锛、长条形石凿、梯形或长方形单面刃石铲、断面为菱形或三角形的石镞等，均与龙山晚期者基本相同。岳石文化最有代表性的半月形双孔石刀，则直接来源于龙山晚期的弧背直刃、两端内收的石刀。二者的骨、角、蚌器也有明显的相似之处。

根据最新的研究，岳石文化的陶色虽与龙山文化有明显的差别，但这是前后演变的结果。在龙山文化的前三期，黑陶呈上升的趋势，至第三、四期达到高峰，约占总数的50%左右，第五、六期又明显下降，而且多为黑皮陶，同时灰陶的比例迅速上升。而在岳石文化的第一期，黑陶所占比例仍然很高，一般在20%以上，第二、三期逐渐下降，同时颜色不纯正的褐色陶急剧增多。在制法方面也有类似的情况。到龙山晚期，虽然绝大多数仍为轮制，但陶胎增厚。岳石文化仍有不少轮制陶器，尤其是泥质陶几乎全是轮制而成，只是陶胎变得更厚[1]。

岳石文化陶器外表的装饰与龙山文化有着更多的共同之处。岳石文化继承了海岱地区自北辛文化以来的以素面为主的传统，泥质陶仍绝大多数经过抹光处理，常见纹饰仍然多为弦纹、附加堆纹、绳纹和方格纹。岳石文化盛行在甗、深腹罐、瓮、缸上施附加堆纹，而以甗腰部、裆部的附加堆纹最为突出。在龙山晚期的陶甗，已有在腰部附加齿状或索状堆纹者。二者之间应有一定的传承关系。岳石文化中盛行的突棱纹，在龙山晚期已经比较流行。岳石文化夹砂陶上常见的刮抹痕迹，龙山晚期也已出现。此外，岳石文化的绳纹、方格纹、篮纹、镂孔、乳钉、盲鼻、彩绘等，均可在龙山晚期找到祖型，仅仅个别的式样如印痕深的细绳纹、小方格纹、三角形镂孔等，为岳石文化所新创。

岳石文化陶器的许多作风都是由龙山文化晚期直接发展而来的。二者均以平底器为主，三足器次之，圈足器较少。岳石文化陶器尤其是夹砂陶厚重粗朴的风格，在龙山晚期已见端倪。子母口在龙山晚期已经比较流行，到岳石文化则至为盛行并长期不衰。叠唇、卷沿等也大致如此。岳石文化的鼎、甗、子母口瓮、子母口罐、子母口三足罐、深鼓腹盆、平底尊、钵、平底盒、圈足盒、浅盘豆、盆形豆、子母口豆、覆碗形器盖、蘑菇状纽器盖、一面平一面鼓起的纺轮等，与龙山晚期的同类器具有明显的传承关系。例如鼎在龙山文化中由多变少的趋势非常明显，进入岳石文化之后仅仅尹家城类型数量较多，在大部分地区已经不是主要的炊器，不见于照格庄类型，很少见于郝家庄类型。龙山晚期的鼎多为鼓腹、圜底、侧装三角形扁足，与岳石文化者显具传承关系。甗在大汶口文化中出现之后，数量逐渐增多，至岳石文化阶段取代鼎成为主要的炊器。龙山晚期的甗多为分裆袋足，有的在腰部附加泥条，有的已有刮抹痕迹，已与岳石文化者颇为相似。

岳石文化还从周邻考古学文化中吸收了一些文化因素。郝家庄类型泥质陶器上流行的

---

[1] 栾丰实：《论岳石文化的来源》，《纪念城子崖遗址发掘60周年国际学术讨论会文集》，齐鲁书社，1993年；又收入《海岱地区考古论集》，山东大学出版社，1997年。

斜向或横向排列、纹道细而深的绳纹，与下七垣文化晚期的绳纹形态接近，应是后者影响的结果。豫东、鲁西南和鲁北地区岳石文化中的少量绳纹鬲，多为卷沿、圆唇、细绳纹，个别较晚者为折沿，显然是从下七垣文化、早商文化传入的。双腹盆是岳石文化比较常见的器类，这种特征突出的器物在山东龙山文化中罕见，却是中原地区龙山文化中的典型器物。岳石文化甗足多无足跟，龙山文化中尚未见到类似的甗足，而在濮阳马庄[1]、安阳小屯的后冈二期文化曾有发现[2]。岳石文化中少量的绳纹深腹罐，与下七垣文化者颇似，二者之间应有渊源关系。豫东杞县鹿台岗遗址出土的鸡冠耳深腹盆、大口尊、爵等，则是明显的二里头文化因素。

岳石文化中数量不多的"之"字纹和筒形或近似筒形的罐在燕山南北地区史前文化多有发现。舟形器是岳石文化中颇具特色的器物，与此类似者目前仅见于大连郭家村上层[3]，后者很可能就是岳石文化舟形器的源头。鲁北地区的簋，作敞口、斜腹微外曲、圈足，与夏家店下层文化比较流行的簋形态相近，似应是后者影响所致。彩绘在夏家店下层文化中非常发达，而在岳石文化中比较少见，鉴于二者均多为红、白相间，而且共有卷云纹、夔龙纹等，或是夏家店下层文化影响的产物。

在靠南面的江淮地区发现的少量硬陶和原始瓷器，应是从江南考古学文化中引进的。

岳石文化的去向主要有两种。一是融入商文化；二是发展成为新的考古学文化。前者以大辛庄遗址的"第二类文化遗存"为代表。其岳石文化因素从早到晚由多到少，商文化因素尤其鬲等则逐渐增多[4]。后者在胶东地区主要是珍珠门文化，不过目前所知珍珠门文化的时空范围尚不足以填补岳石文化之后、商周文化之前的全部缺环。在胶莱地区零星发现的高袋足素面陶鬲[5]，与珍珠门文化素面鬲颇为神似，今后若以此为线索加以追寻，或可弥补这一缺环。

岳石文化的族属与来源是紧密联系的。主张岳石文化主要来源于龙山文化的学者，认为岳石文化是东夷族的遗存[6]。少数学者认为夏代的东方地区有不少族群迁进迁出，岳石文化的族属已非单一的东夷族，而是包括有姒姓、任姓和姜姓等姓族的成分[7]。

---

[1] 邹衡：《论菏泽（曹州）地区的岳石文化》，《文物与考古论集》，文物出版社，1986年。

[2] 李济编、潘悫绘：《殷墟陶器图录》第14张，1947年。《考古》1988年第10期重刊。

[3] 辽宁省博物馆、旅顺博物馆：《大连市郭家村新石器时代遗址》，《考古学报》1984年第3期。

[4] 山东大学历史系考古专业、山东省文物考古研究所、济南市博物馆：《1984年秋济南大辛庄遗址试掘述要》，《文物》1995年第6期。

[5] A. 杜在忠：《山东胶莱地区的素面陶鬲》，《考古学文化论集（二）》，文物出版社，1989年。
B. 王锡平：《试论山东地区的素面陶鬲》，《中国考古学会第九次年会论文集》，文物出版社，1997年。

[6] A. 严文明：《夏代的东方》，《夏史论丛》，齐鲁书社，1985年；《东夷文化的探索》，《文物》1989年第9期。
B. 王迅：《东夷文化与淮夷文化研究》第84～93页，北京大学出版社，1994年。

[7] A. 田昌五、方辉：《岳石文化与夏商文化》，《夏商文明研究》，中州古籍出版社，1995年。
B. 方辉、崔大勇：《浅谈岳石文化的来源及族属问题》，《中国考古学会第九次年会论文集》，文物出版社，1997年。

二 斗鸡台文化

斗鸡台文化是分布于安徽省江、淮之间，霍山以北地区，大体相当于夏代的一支考古学文化[1]。该文化在这一地区的寿县、霍邱、六安、淮南、肥西、肥东、含山、巢湖、滁州等县市均有发现，分布较为普遍。其中以寿县斗鸡台遗址的出土资料最为丰富[2]，经过发掘的遗址还有寿县青莲寺，肥东吴大墩[3]、含山大城墩[4]、青溪中学[5]，霍邱洪墩寺等遗址。

斗鸡台文化的陶器多为夹砂黑灰陶和夹砂褐陶。器物外表以素面为主，篮纹、绳纹也较多，并有一定数量的方格纹和箍状堆纹。以鼎和深腹罐为主要炊器，甗居第三位。短沿粗陶缸、细柄浅盘豆、鸡冠耳深腹盆、子母口鼓腹罐等也是比较常见的器类。

根据斗鸡台、青莲寺遗址的地层关系，可将斗鸡台文化划分为四期。大城墩、吴大墩遗址的斗鸡台文化遗存可以分别归入各期[6]（图8-3）。

第一期以斗鸡台T1和T2⑦~⑨层及青莲寺T2⑦层为代表。陶器多夹砂黑灰陶，纹饰以篮纹为最多，其次为素面，绳纹较少，另有少量的大方格纹、弦纹等。鼎、深腹罐较多。盆形鼎薄胎，微鼓腹，侧装的扁足多呈三角形。深腹罐沿面近平而有明显的棱、槽，鼓腹，腹径最大处偏下，且大于口径。短沿粗陶缸外表无附加堆纹。鸡冠耳盆、甗均为敛口、折沿。细柄豆柄中部较细。矮足罐形鼎、红陶鬶、鬼脸形鼎足、鸟首形鼎足及骨器中的凿、三棱状镞为本期所独见。墓葬仅见一儿童瓮棺葬。

由本期的深腹罐、矮足罐形鼎、鸡冠耳盆、侈口夹砂罐等的形态特征，结合篮纹、绳纹与方格纹的比例，本期年代应相当于新砦期遗存[7]。

第二期以斗鸡台T1和T2⑤、⑥层为代表。夹砂黑灰陶减少，夹砂褐陶增加。器表以素面为主，篮纹骤减，绳纹稍有增加，仍见大方格纹和弦纹，新出现花边装饰。鼎与深腹

---

[1] 王迅：《东夷文化与淮夷文化研究》第48页，北京大学出版社，1994年。本节引用该书的研究成果较多，恕未一一注明。

[2] 寿县斗鸡台、青莲寺和霍邱洪墩寺的材料，均见北京大学考古系商周组、安徽省文物工作队：《安徽省霍邱、六安、寿县考古调查试掘报告》，《考古学研究（二）》，科学出版社，1997年。

[3] 张敬国、贾庆元：《肥东县古城吴大墩遗址试掘简报》，《文物研究》第一期，1985年。

[4] A. 安徽省文物工作队：《含山大城墩遗址调查试掘简报》，《安徽文博》总第3期，1983年。
B. 张敬国：《含山大城墩遗址第四次发掘的主要收获》，《文物研究》第四期，1988年。
C. 安徽省文物考古研究所：《安徽含山大城墩遗址发掘报告》，《考古学集刊》第6集，中国社会科学出版社，1989年。
D. 安徽省文物考古研究所、含山县文物管理所：《安徽含山大城墩遗址第四次发掘报告》，《考古》1989年第2期。

[5] 张敬国：《略论江淮地区夏商周文化分期及族属》，《文物研究》第三期，1988年。

[6] 分期主要依据王迅的《东夷文化与淮夷文化研究》第48~54页，（北京大学出版社，1994年）；并参考张敬国的《略论江淮地区夏商周文化分期及族属》（《文物研究》第三期，1988年）。

[7] A. 中国社会科学院考古研究所河南二队：《河南密县新砦遗址的试掘》，《考古》1981年第5期。
B. 赵芝荃：《试论二里头文化的源流》，《考古学报》1986年第1期。

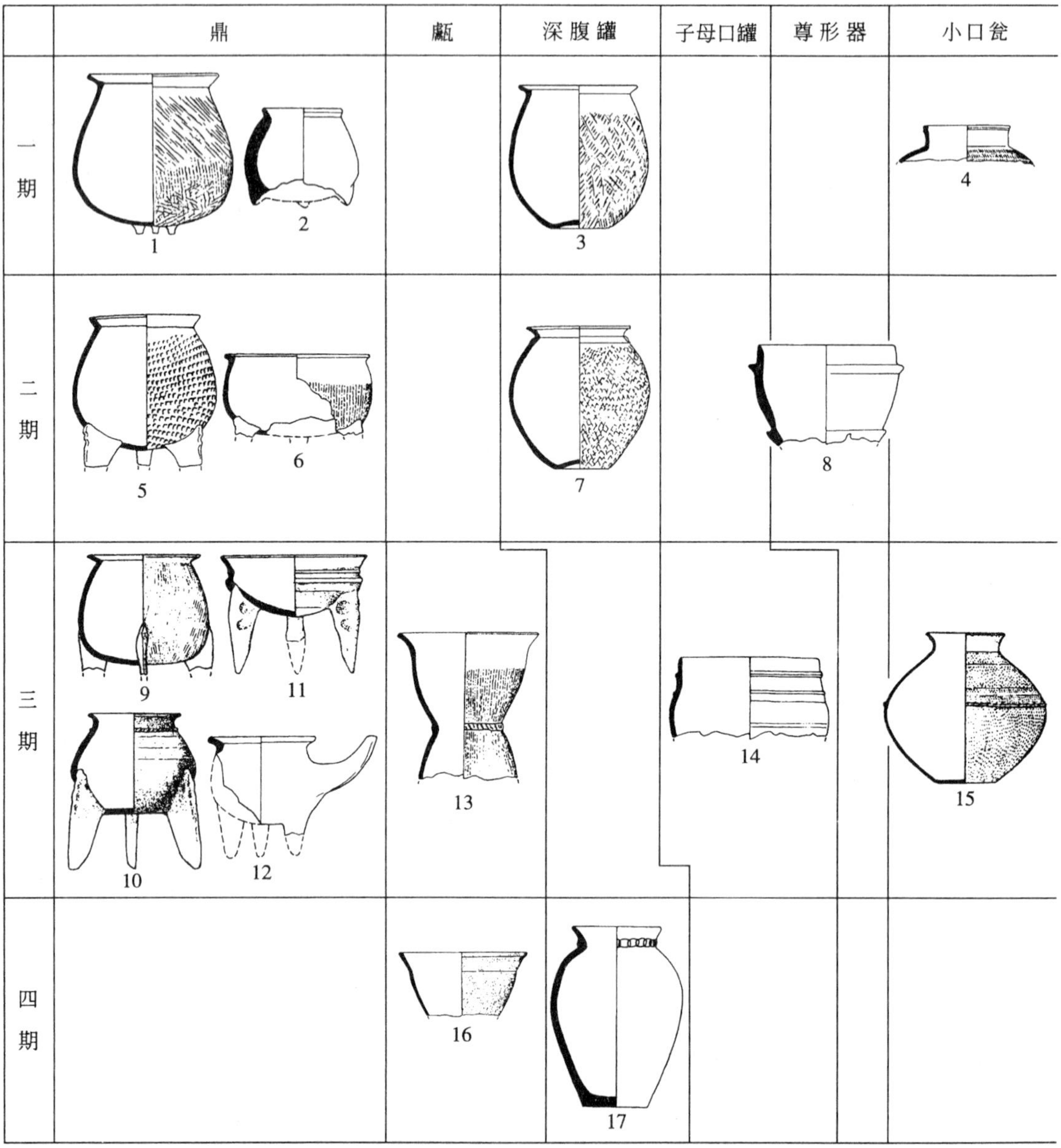

	鼎	甗	深腹罐	子母口罐	尊形器	小口瓮
一期	1　2		3			4
二期	5　6		7		8	
三期	9　11 10　12	13		14		15
四期		16	17			

图 8-3　斗鸡台文化陶器分期图（之一）

1. 鼎（斗鸡台 T1⑨:187）　2. 鼎（斗鸡台 T1⑦:112）　3. 深腹罐（斗鸡台 T1⑨186）　4. 小口瓮（青莲寺 T2⑦:76）　5. 鼎（斗鸡台 T1⑤:184）　6. 鼎（斗鸡台 T1⑥:22）　7. 深腹罐（斗鸡台 T1⑤:183）　8. 尊形器（斗鸡台 T1⑤:156）　9. 鼎（大城墩 T1⑥:34）　10. 鼎（大城墩 T5①:5）　11. 鼎（大城墩 T1⑥:35）　12. 鼎（吴大墩 T2⑧:69）　13. 甗（斗鸡台 H2:104）　14. 子母口罐（斗鸡台 H2:96）　15. 小口瓮（大城墩 T5⑧:15）　16. 甗（青莲寺 T2⑥:59）　17. 深腹罐（斗鸡台 T2③:6）

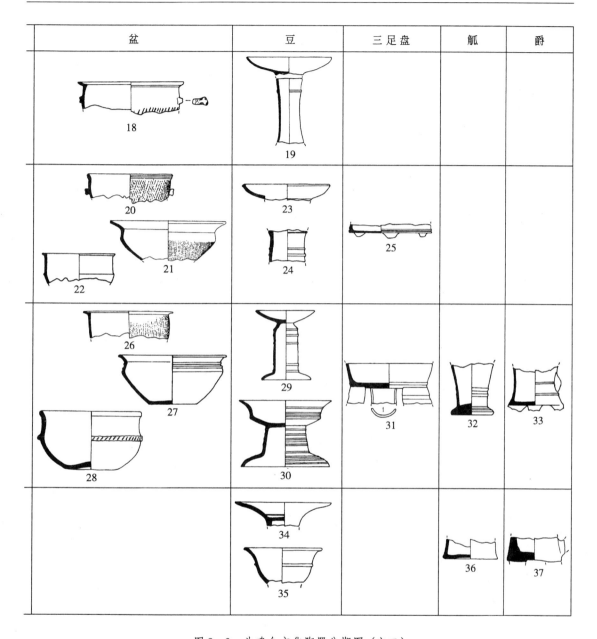

图 8-3 斗鸡台文化陶器分期图（之二）

18. 盆（斗鸡台 T1⑧:123） 19. 豆（斗鸡台 T2⑧:34） 20. 盆（斗鸡台 T1⑤:74） 21. 盆（斗鸡台 T1⑤:71） 22. 盆（斗鸡台 T1⑤:59） 23. 豆（斗鸡台 T1⑥:101） 24. 豆（斗鸡台 T1⑤:79） 25. 三足盘（斗鸡台 T1⑤:190） 26. 盆（斗鸡台 H2:95） 27. 盆（大城墩 T4⑥:11） 28. 盆（吴大墩 T2⑧:75） 29. 豆（斗鸡台 T5⑧:5） 30. 豆（大城墩 T5⑧:4） 31. 三足盘（大城墩 T17⑨:171） 32. 觚（大城墩 T1⑥:5） 33. 爵（大城墩 T4⑥:45） 34. 豆（斗鸡台 T2③:14） 35. 豆（斗鸡台 T2③:12） 36. 觚（青莲寺 T2⑥:56） 37. 爵（斗鸡台 T2③:10）

罐仍较多。圆腹罐、短领尊、锥足绳纹鬲、觚形杯、尊形器、子母口鼓腹罐等出现。尊形器为弧壁，子母口鼓腹罐有明显的领部，二者的突棱都较高。罐形鼎为圆腹，侧装扁足多呈梯形。鸡冠耳盆、甑均为敞口、厚唇。细柄豆上端略细。甗为素面，腰部有按窝。黑衣红彩的陶片有少量发现。

本期饰花边的圆腹罐、鸡冠耳盆、甑等均与二里头文化二期者近似，有明显领部的子母口罐与岳石文化第一期者相似，凡此均说明其年代应约当二里头文化二期。

第三期以斗鸡台T1④层、T2④层、H2和大城墩T1⑥层、T2⑥层、T5⑧层、T17⑨层及吴大墩T2⑧层为代表。陶器中夹砂褐陶最多，夹砂黑灰陶略少。器表仍以素面为主，绳纹增多，篮纹略少，新出模糊不清的小方格纹、箍状堆纹、压印的云雷纹、菱形纹等。鼎与深腹罐之外，甗也较多。新出宽肩的小口瓮、附加堆纹及绳纹甗、斜十字划纹缸、瓮等。盆形鼎为厚胎、下腹内收，鼎足多变厚。深腹罐沿面或有棱无槽或棱、槽皆无，腹径最大处上移，稍大于口径。短沿粗陶缸饰一周附加堆纹。鸡冠耳盆沿近平。细柄豆柄上端急收，甚细。尊形器微敛口，折壁，子母口罐领部不显，二者突棱多较矮。

本期的宽肩小口瓮、盆形鼎等器物与二里头文化三期的同类器物相似，其时代亦应相当。肥西大墩孜出土的铜铃〔1〕与二里头三期者相似，应属本期。

第四期以斗鸡台T1③层、T2③层和青莲寺T2⑥层为代表。陶器以夹砂褐陶为主，夹砂黑灰陶较少。纹饰以绳纹为主，素面次之，篮纹很少，新出现一些戳刺纹。鼎的侧装扁足较厚。短沿粗陶缸斜壁外倾，附加多周堆纹。鸡冠耳盆为平沿。另有少量花底器、饰附加堆纹的深腹罐、平底爵、盘形豆、碗形豆、颈部附加一周堆纹的深腹罐等。

从该期陶器反映的文化面貌看，同第三期年代上似有缺环。浅盘豆、颈部饰附加堆纹的深腹罐分别与岳石文化第四期的尹家城H8:14〔2〕、郝家庄T6②B:7〔3〕极似。年代或亦与之相近。

斗鸡台文化中占主导地位者为当地文化因素。如侧装扁足的盆形、罐形鼎、深腹罐、细柄豆、短沿粗陶缸、附加堆纹深腹盆等。以深腹罐为主要炊器虽与二里头文化接近，但其折沿，鼓腹，凹圜底等特征，表明其与二里头文化者分属不同的系统。细柄豆盘部仍沿袭龙山时代无沿、弧腹、浅盘的特点，与二里头文化、岳石文化及下七垣文化者都有明显的区别。这些当地文化因素有的数量较多，有的数量虽然不多，但分布比较普遍。其中有些器类如深腹罐可在当地更早的文化中找到源头。

陶器中的矮足罐形鼎、侈口夹砂瓮、饰鸡冠耳的深腹盆和甑、圆腹罐（有的带有花边）、箍状堆纹鼎、觚形杯、宽肩小口瓮，以及铜铃等，在斗鸡台文化发现较少，而且多见于该文化西部地区，它们显然都是从二里头文化引入的。

一期鼎足上部外侧有按窝的做法，与龙山文化者相近。二期以后出现的尊形器、子母

---

〔1〕 安徽省博物馆：《遵循毛主席的指示，做好文物博物馆工作》，《文物》1978年第8期。
〔2〕 山东大学历史系考古教研室：《泗水尹家城》图一五二：1，文物出版社，1990年。
〔3〕 吴玉喜：《岳石文化地方类型初探——从郝家庄岳石遗存的发现谈起》图三：4，《考古学文化论集（三）》，文物出版社，1993年。

口罐、三舌状足罐、内壁饰突棱的盘形豆、颈部饰附加堆纹的深腹罐等陶器，半月形双孔石刀等石器，均与岳石文化者基本相同。

斗鸡台文化中还有一定数量的印纹陶，其纹样有云雷纹、菱形纹、三角纹、同心圆纹、横人字纹等。这些纹样图案相当精美，而且有些自身特点，应是自南方引入之后，又经过了自身的发展。在吴大墩出土有单把鼎，在斗鸡台也出土有羊角形单把，这种单把在点将台文化、湖熟文化中是比较常见的。

斗鸡台文化应是在当地龙山时代土著文化的基础上发展而来，在形成和发展过程中，曾吸收了龙山文化、岳石文化、新砦期遗存和二里头文化及江南点将台文化、湖熟文化的因素。在早商文化第三期时，该地区为商文化所占据，斗鸡台文化逐渐融入商文化之中，形成具有特色的早商和中商文化的大城墩类型。

三 珍珠门文化

珍珠门文化是以山东省长岛县的珍珠门遗址命名的一支考古学文化，分布于胶东的沿海地带和部分岛屿。仅长岛县就有南长山岛的王沟，北长山岛的珍珠门、店子、北城西，砣矶岛的大口和大钦北村6处[1]，烟台芝水[2]，牟平西村[3]，乳山南黄庄等遗址也有此类遗存[4]。珍珠门遗址发现最早，而且经过两次小规模发掘，出土资料比较丰富，因此学者们称之为珍珠门文化[5]。芝水遗址也经过发掘。限于两处遗址的发掘资料未正式发表，目前我们对该文化的认识还是很有局限的。

珍珠门遗址位于北长山岛的西北角，1980年北京大学考古实习队调查时发现，并采集了一批遗物，1982年和1983年又进行了两次小规模的发掘[6]。遗址范围东西和南北均只有八九十米，而且剥蚀严重。初次调查时可以看到一个一个的圆圈。每个圆圈直径约二三米，底面平整并铺一层海沙子，调查者推断应是季节性的棚舍。长岛的珍珠门文化遗址往往在海边悬崖之上，有的地点还保留有用于防御的寨墙遗迹。

遗址中的陶器80%以上为红褐色，外表多素面，有的抹光，有的见刮抹痕迹。陶土淘洗不净，泥质陶中也往往有砂粒。陶坯均为手制，有些明显为泥条盘筑而成。器物造型比较简单，有三足器、圈足器和平底器，少见各类附件。器类较少，主要有鬲、甗、碗、簋、罐、盆等。鬲多大口深腹，袋足，有些有实足根。甗体高大，细腰，袋足瘦高，腰部饰附加堆纹或压印花边。碗有圈足、平底两种，前者可能兼做器盖，后者底部较大。罐有平底、圈足两种。深腹盆敞腹，腹有双耳。

与上述陶器共存的还有少量灰色的商式陶器，轮制或模制，多饰绳纹。器类有鬲、

---

[1] 北京大学考古实习队、烟台地区文管会、长岛县博物馆：《山东长岛县史前遗址》，《史前研究》1983年创刊号。
[2] 张江凯：《烟台市芝水商代遗址》，《中国考古学年鉴（1984）》，文物出版社，1984年。
[3] 牟平县调查资料，见王迅：《东夷文化与淮夷文化研究》第28页，北京大学出版社，1994年。
[4] 严文明：《东夷文化的探索》，《文物》1989年第9期。
[5] 严文明：《东夷文化的探索》，《文物》1989年第9期。
[6] 张江凯：《长岛县珍珠门遗址》，《中国考古学年鉴（1984）》，文物出版社，1984年。

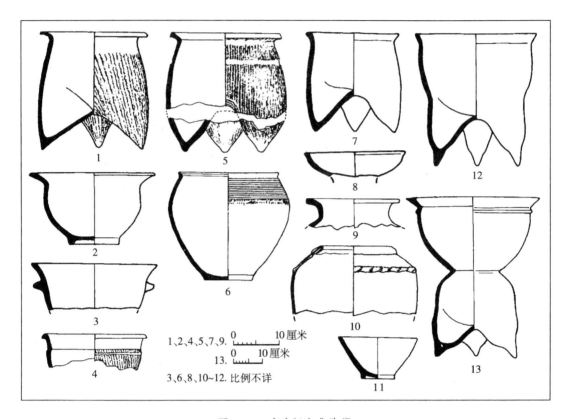

图 8-4 珍珠门文化陶器

1. 鬲（珍珠门） 2. 簋（珍珠门） 3. 深腹盆（珍珠门 H26:3） 4. 深腹盆（珍珠门） 5. 鬲（珍珠门） 6. 深腹罐（芝水 H1:12） 7. 鬲（珍珠门） 8. 豆（芝水 H11:8） 9. 小口瓮（珍珠门） 10. 平口瓮（西村采集） 11. 碗（珍珠门 H26:4） 12. 鬲（珍珠门 H11:1） 13. 甗（寨山）

豆、簋、盆、罐和平口瓮等。鬲折沿方唇，多分裆，较晚的有瘪裆。豆斜敞腹，无明显的沿部，素面。平口瓮唇部加厚，有的饰绳纹。有的簋饰三角划纹（图8-4）。

芝水遗址的珍珠门文化堆积分为两层，发掘者曾据此归纳为芝水二、三期[1]。三期与珍珠门遗址者面貌接近，而二期则更接近岳石文化。依此可对珍珠门文化进行初步的分期。珍珠门文化中少量的商式器物是我们推断其年代的主要依据。在珍珠门遗址调查时采集的绳纹鬲，基本为方体，折沿，方唇，实足根矮小，颇似殷墟三期的陶鬲。三角划纹簋在殷墟是三、四期才有的。另外，在珍珠门遗址年代较晚的单位中，典型的西周早期绳纹鬲与实足根很矮的大口素面鬲共存，这说明珍珠门文化应主要属于商代晚期，其年代下限已经进入西周早期[2]。

---

[1] 何驽：《1983年烟台芝水遗址（北区）发掘》，转引自王迅：《东夷文化与淮夷文化研究》第46页注[64]，北京大学出版社，1994年。

[2] 林仙庭则认为珍珠门文化的年代"属于西周初年可能更为妥帖"（见林仙庭：《胶东青铜文化初探》，《纪念山东大学考古专业创建20周年文集》，山东大学出版社，1992年）。

在珍珠门文化的各遗址中，有些陶器群是比较单纯的红褐陶，有的像珍珠门那样兼有少量商式器物，而在海阳尚都村出土的铜器，则全为商式铜器[1]。

珍珠门文化与岳石文化有着千丝万缕的联系。无论陶质、陶色，还是纹饰，二者都非常接近。甗的形制，平底碗底部较大，罐分平底、圈足两种等，都与岳石文化颇为相近。在芝水遗址的发掘中，还发现了介于岳石文化和珍珠门文化之间的具有过渡性质的文化堆积，这些都说明珍珠门文化是在岳石文化的基础上，接受了商文化一定影响之后形成的。大口筒腹的素面鬲虽然具有极其鲜明的特色，但以鬲为炊器并非胶东地区的传统，而是商文化最突出的特质之一，因此这种鬲本身就体现了商文化与土著文化的融合。进入西周以后，珍珠门文化中更融入了周文化因素，并加速了中原化的趋势，最后融合为一种新的文化。

珍珠门文化的族属，学者们主张是商代夷人的文化，或有考证为夷人中的胶鬲一支[2]。

第二节　长江下游

夏商时期，长江下游的考古学文化，主要有分布于太湖地区的马桥文化，宁镇地区的点将台下层文化和湖熟文化。

一　马桥文化

马桥文化是分布于太湖地区的一种考古学文化。该文化因上海市闵行区马桥遗址（第四层）而命名[3]。也有学者称其为"后良渚文化"[4]、"马桥—肩头弄文化"[5]或"高祭台类型"[6]。

马桥遗址位于上海市西南约29公里。遗址坐落在一道贝壳沙堤上，面积约10万平方米，是一处大型的聚落遗址。该遗址发现于1959年末，1960、1966、1993~1995年，考古工作者对该遗址进行了数次发掘，发掘面积共近5000平方米。

（一）分布与年代

马桥文化主要分布于杭州湾以北的环太湖地区，惟沿太湖西北迄今尚未发现该文化的遗存，却可见湖熟文化的遗存分布，可知马桥文化分布的北界约在太湖北的无锡一带。在杭州湾以南的宁绍平原也相继发现了马桥文化的遗址，表明其分布的南界可达宁绍平原。

---

[1]　严文明：《东夷文化的探索》，《文物》1989年第9期。
[2]　方辉：《胶东半岛地区商代土著文化——珍珠门文化》，《中国文物报》1997年8月10日。
[3]　上海市文物管理委员会：《上海马桥遗址第一、二次发掘》，《考古学报》1978年第1期；《上海市闵行区马桥遗址1993~1995年发掘报告》，《考古学报》1997年第2期。
[4]　苏秉琦：《太湖流域考古问题》，《东南文化》1987年第1期。
[5]　陆建方：《初论马桥—肩头弄文化》，《东南文化》1990年第1、2期。
[6]　牟永抗：《高祭台类型初析》，《浙江省文物考古研究所学刊》，科学出版社，1993年。

至于其分布的西界，约在太湖西岸至杭州一线。在上海金山亭林、查山[1]，浙江吴兴钱山漾[2]，杭州水田畈[3]，嘉兴雀幕桥[4]，湖州邱城[5]等遗址，都发现马桥文化遗存。

马桥文化中的一些陶器的风格分别与二里头文化和早商文化的同类器物相近似，有些陶器的器形或纹饰与岳石文化、湖熟文化早期相若。马桥文化的年代测定数据，多在公元前第二千纪中叶前后。根据遗存的面貌，结合测年结果，似有理由认为，该文化的年代约相当于中原地区的夏代至商代早期。

（二）文化特征

1. 遗迹

迄今发现的居住址多被严重扰乱，仅存红烧土居住面和柱洞，从其分布状况，可以推测居住址位置，在居住址旁发现水井，陶片堆和灰坑等生活遗迹。

水井皆直筒竖穴形，坑壁近直，井口为圆形。直径多在1米左右，井底近平或呈圜底，深在1.2~1.8米左右。

灰坑根据坑口形状，可分为圆形、椭圆形、长方形和不规则形等。部分灰坑坑壁经过修整，较为规整，当系用于储藏的窖穴。

墓葬发现较少。均为土坑竖穴墓，葬式一般为仰身直肢，有的墓葬内人骨的手足呈捆缚状，可能系非正常死亡。还有儿童的二次葬。

2. 遗物

有陶器、石器、骨角器和铜器几类。以陶器为最多，石器次之，骨角器再次，铜器最少。

根据陶质可分为夹砂陶和泥质陶两大类。夹砂陶器约占总数的四分之一，表面多呈橘红或灰褐色，器形主要有鼎和甗及与之相配套的器盖。鼎和甗的足有圆锥（柱）形、凹弧形和舌形足三种。不见陶鬲。

泥质陶占总数的四分之三，色泽多样，有橘红、红褐、灰褐、紫褐、灰、灰黑、黑等。泥质红褐陶多为盛储器，制法普遍采用泥条盘筑法，器表多为拍印叶脉纹或条纹，器底多内凹。泥质黑皮陶和部分灰陶为轮制，器类多为簋、豆等食器，多作圈足或平底，器表多饰弦纹或压印云雷纹。这部分陶器是马桥文化陶器中最为精致的。另有部分灰陶在器类和制法上与泥质红陶系相若，用泥条盘筑，呈圜底或凹底，以盆居多，表面多拍印方格纹、席纹、曲折纹、回纹等。

马桥文化的陶器按其功能可分为炊器、饮食器、盛储器三大类，炊器有鼎、甗、釜、器盖等；饮食器有簋、豆、碗、盘、杯、壶、觚、觯、盉；盛储器有罐、盆等（图8-5）。

马桥文化的石器以磨制石器占绝大多数。器类有：斧、锛、凿、锄、刀、镰、钺、

---

[1] 黄宣佩、孙维昌：《马桥类型文化分析》，《考古与文物》1983年第3期。
[2] 浙江省文管会：《吴兴钱山漾遗址第一、二次发掘报告》，《考古学报》1960年第2期。
[3] 浙江省文管会：《杭州水田畈遗址发掘报告》，《考古学报》1960年第2期。
[4] 牟永抗：《嘉兴市雀幕桥遗址》，《中国考古学年鉴（1984）》，文物出版社，1984年。
[5] 刘斌：《湖州市邱城新石器时代遗址》，《中国考古学年鉴（1987）》，文物出版社，1988年。

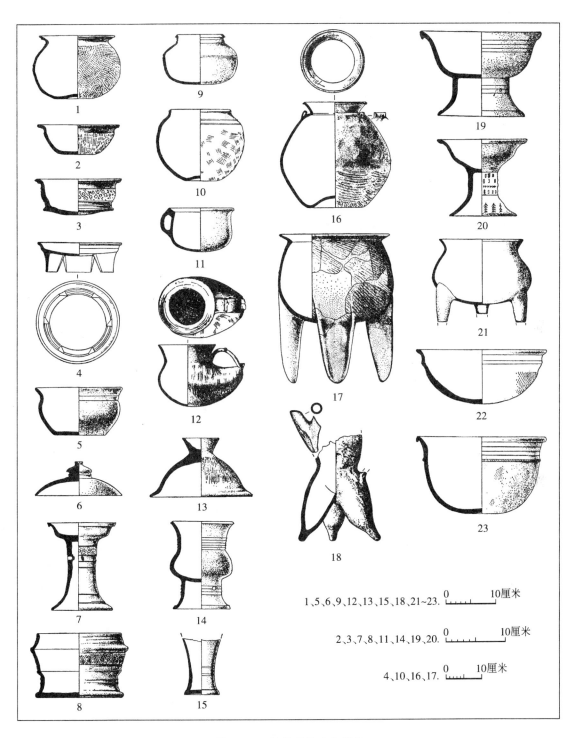

图 8-5 马桥遗址出土陶器

1. 釜（T111:8） 2. 碗（C12:20） 3. 碗（E11:6） 4. 三足盘（A1:1） 5. 盆（T111:11） 6. 器盖（T1:12） 7. 豆（T1:5） 8. 瓿形器（T101:3） 9. 罐（T22:2） 10. 罐（T13:7） 11. 杯（C11:36） 12. 鸭形壶（D4:3） 13. 器盖（C10:45） 14. 尊（T111:5） 15. 觚（T13:10） 16. 罐（采三:16） 17. 鼎（T111:16） 18. 盉（A1:12） 19. 簋（C11:13） 20. 豆（D5:1） 21. 鼎（A1:3） 22. 盆（T14:6） 23. 盆（T5:11）

戈、矛、镞等。其中石锛有普通、有段、有沟等几种；石刀可分为直背弧刃、弧背直刃、斜柄直刃等几型。石镞形制亦多样，有体近柳叶形、短铤三角形、无铤三角形等数种。

马桥文化的铜器多为小件工具，有刀、凿等。另外，在浙江长兴、吴兴等地收集到的钺、戈、戚等青铜兵器[1]，其形制与马桥文化的石制兵器十分相似，或认为它们应是马桥文化的遗物[2]。

（三）文化渊源

马桥文化兴起于公元前二千纪初。在马桥文化所分布的太湖地区和宁绍平原，公元前第三千纪是良渚文化的分布区。在马桥、金山亭林、吴兴钱山漾、嘉兴雀幕桥等遗址，均发现马桥文化的地层迭压于良渚文化中、晚期地层之上。关于良渚文化的年代下限，学术界存在不同的认识，我们倾向于认为良渚文化的年代下限应在公元前第三千纪后叶后半，约公元前2200年前后。可见，良渚文化与马桥文化之间不是紧密衔接，约有200年上下的缺环。

将良渚文化与马桥文化相比较，可以发现两者之间存在着一些相似之处。

其一，良渚文化的陶器除炊器外，多为泥质黑皮陶和灰陶，多数陶器采用轮制。流行平底器和圈足器，纹饰以弦纹、竹节纹和镂孔较为常见。这些特点在马桥文化的黑皮陶和灰陶中都可见到。两者间有一部分豆、簋、尊、罐及高锥足鼎、圈状捉手夹砂器盖较为相似。马桥文化的这些陶器承袭了良渚文化陶器的风格是显而易见的。

其二，两者的石器也颇具相似之处。不仅均以磨制为主，且部分石器的形制也较为接近，如石斧、石钺皆流行扁平穿孔；皆有刃两端翘起的钺；均流行有段石锛和斜柄石刀和石镰。

但是，良渚文化与马桥文化之间也存在着显著的差别。

在陶器方面，马桥文化陶器中居大宗的泥质红褐陶在良渚文化中极为少见。呈紫褐色的硬质陶器，流行以印模压出的各种几何纹、云雷纹和鸭形壶、凹底罐以及数量较多的觯、觚等酒器在良渚文化遗存中未见。良渚文化的典型陶器丁字形足鼎、带流罐、大口缸等器类不见于马桥文化。

在玉石器方面，马桥文化中多见的弧背直刃和直背弧刃石刀，在良渚文化中极为少见。马桥文化的石戈、石矛、无铤等腰三角形石镞等不见于良渚文化。而良渚文化的典型器之一的耘田器以及体呈长方形或梯形、扁薄的穿孔石钺在马桥文化中基本不见。良渚文化以种类繁多、制作精美的玉器著称，而马桥文化遗存中迄今未见同类玉器出土。这些差异的存在表明，马桥文化不太可能是由良渚文化直接发展而成的，只能说是部分地承袭了良渚的文化因素。

---

[1] A. 夏星南：《浙江长兴出土五件商周铜器》，《文物》1979年第11期。
    B. 牟永抗：《浙江新石器时代文化的初步认识》，《中国考古学会第三次年会论文集》，文物出版社，1984年。
[2] 上海市文物管理委员会：《上海市闵行区马桥遗址1993～1995年发掘报告》，《考古学报》1997年第2期。

追溯马桥文化中其他文化因素的来源，不难发现，它们并非来自一处。如圜底或圜底内凹的盆、三足盘、高圈足浅盘豆和粗体觚等器形及器表模印回纹在中原地区二里头文化遗存中较为多见；鸭形壶在马桥和偃师二里头遗址中互见，孰为源，孰为流，尚待研究；束颈平底盆与早商文化的有类似处；带子母口并有多周凹凸弦纹的陶盆、簋及少量的之字形折线纹则同岳石文化近似；圈足上有镂孔并带贴耳的陶豆在湖熟文化早期遗存中多有发现。至于泥质红陶为主，流行模印几何纹及部分陶器的形制，则多与肩头弄类型有关[1]。

综上所述，似有理由认为，马桥文化应是继良渚文化之后，在部分承袭良渚文化因素的同时，兼收并蓄了"肩头弄类型"和湖熟文化、岳石文化、二里头文化等多种文化因素而产生、发展起来的一支考古学文化。

二 点将台下层文化和湖熟文化

主要分布在宁镇（南京、镇江）地区的点将台下层文化早于湖熟文化，二者间文化面貌表现出较明显的传承关系。惟鉴于湖熟文化已发现多年，研究也较深入，面貌较清晰，故先从湖熟文化谈起。

湖熟文化是以江苏省江宁县湖熟镇命名的[2]。1951年在江宁县湖熟镇老鼠墩遗址对这类遗存进行了首次发掘[3]。其后，先后发掘了南京北阴阳营[4]、锁金村[5]、小市安怀村[6]、丹徒葛村[7]，南京太岗寺[8]，江宁昝庙[9]、点将台[10]，镇江马迹山[11]，句容白蟒台[12]、城头山[13]，丹徒团山[14]，仪征甘草山[15]等遗址，对湖熟文化的面貌、分期与年代、源流及其与周围其他文化的关系都有了较为清楚的认识。

关于湖熟文化的内涵和外延，有一种观点：将宁镇地区自商代前期甚或自新石器时代至春秋、战国之交的文化遗存皆称为"湖熟文化"[16]。事实上，进入西周以后，宁镇地区

---

[1] 陆建方：《初论马桥—肩头弄文化》，《东南文化》1990年第1、2期。
[2] 曾昭燏、尹焕章：《试论湖熟文化》，《考古学报》1959年第4期。
[3] 南京博物院：《南京附近考古报告——江宁湖熟史前遗址调查记》，上海出版公司，1952年。
[4] 南京博物院：《南京市北阴阳营第一、二次的发掘》，《考古学报》1958年第1期。
[5] 尹焕章、蒋缵初、张正祥：《南京锁金村遗址第一、二次发掘报告》，《考古学报》1957年第3期。
[6] 南京博物院：《南京安怀村古遗址发掘简报》，《考古通讯》1957年第5期。
[7] 南京博物院：《江苏丹徒葛村新石器时代遗址探掘记》，《考古通讯》1957年第5期。
[8] 江苏省文物工作队、太岗寺工作组：《南京西善桥太岗寺遗址的发掘》，《考古》1962年第3期。
[9] 魏正谨：《昝庙遗址内涵的初步分析》，《江苏省社会科学联合会1981年年会论文集·考古分册》，江苏省社会科学联合会编印。
[10] 南京博物院：《江宁汤山点将台遗址》，《东南文化》1987年第3期。
[11] 镇江博物馆：《镇江市马迹山遗址的发掘》，《文物》1983年第11期。
[12] 镇江博物馆：《江苏句容白蟒台遗址试掘》，《考古与文物》1985年第3期。
[13] 刘建国、刘兴：《江苏句容城头山遗址试掘简报》，《考古》1985年第4期。
[14] 团山考古队：《江苏丹徒赵家窑团山遗址》，《东南文化》1989年第1期。
[15] 江苏省驻仪征化纤公司文物工作队：《仪征胥浦甘草山遗址的发掘》，《东南文化》第二辑，1986年。
[16] 谷建祥：《论宁镇地区古文化之演进》，《东南文化》1990年第5期。

的文化面貌发生了较为显著的变化，如土墩墓的出现、在贵族墓葬中随葬中原周式青铜礼器以及具有本地特点的青铜器的出现、印纹硬陶和原始青瓷的增多等。作为西周时期封国之一的吴国的建立，应是导致这些变化的重要原因。因此，我们认为，似应将宁镇地区自西周早期吴国建立至春秋末年吴国被越国所灭之间的文化遗存称为"吴文化"，而将该地区晚于点将台下层文化，又早于吴文化，与中原地区商代约略同时的文化遗存称为"湖熟文化"。

（一）湖熟文化的特征、分期与年代

湖熟文化可以分为前、后两期。

前期的遗存主要以南京北阴阳营③层、江宁点将台中层和咎庙中层、句容城头山②a层和白蟒台下层、丹徒团山⑩层和该层叠压的H9、H10以及H13为代表。

前期的陶器以夹砂红陶为主，夹砂灰陶次之，泥质灰陶和泥质黑陶也占一定比例，印纹硬陶和原始瓷数量较少。纹饰以绳纹为主，梯格纹次之。前者主要施于炊器之上，后者则多见于盆、瓮、罐之表面。此外，还有云雷纹、饕餮纹、贝纹、叶脉纹、圆圈纹、方格纹、弦纹、附加堆纹等。陶器的制法有手制和轮制两种。主要器类有：鬲、甗、盆、罐、豆、器盖等（图8-6A）。

炊器以鬲为主。陶鬲分绳纹鬲和素面鬲两类，前者又分两种。一种侈口，尖唇，口沿内侧有一尖棱，束颈，鼓腹，分裆，器表施细绳纹。另一种侈口，方唇，腹微鼓，弧裆，高实足跟，器表施细绳纹。素面鬲为方唇，侈口，腹微鼓，分裆，高实足跟。

陶甗亦分绳纹甗和素面甗两类。前者口沿微外卷，圆唇，腹圆鼓或斜收，袋足部分多残缺。器表施绳纹或绳纹与划纹的组合纹饰。素面甗可分两种。一种折沿，上体圆鼓，无腰隔，分裆，袋足较深且肥硕，三足间距较大，有短小实足跟。另一种上部残缺，袋足上部圆鼓，弧裆较高而宽，无腰隔，腰部外侧施一周附加堆纹。

陶鼎数量较少，多为盆形鼎，折沿，方唇，深腹，底近平，圆锥状实足略外撇。素面。

陶豆尖唇，平沿，浅盘，喇叭形圈足；另一种，作折壁浅盘、略高的粗柄状圈足。

刻槽盆（"擂钵"）分深腹、平底和浅腹、圜底两型。有的口部有流。

瓮、罐多为卷沿，束颈，圆肩，鼓腹，圜底内凹或小平底。

石器有磨制的斧、锛、凿、刀、镰、镞等，以半月形石刀和双肩穿孔石斧最具特色。

青铜器有刀子、镞等。在南京北阴阳营遗址第三层，出土了残留着凝固铜液的陶"坩埚"（熔炉）残片和用于浇铸铜液的陶勺，表明此时期当地已能够制造小件青铜器。

后期遗存发现的数量远较前期的少。主要以丹徒团山遗址⑨层、仪征甘草山H2、南京北阴阳营遗址②层为代表。该期陶器的质地、制法及器类组合与前期基本相同，惟陶器的形制有所变化（图8-6B）。

陶鬲仍分施绳纹和素面两类。绳纹鬲以仪征甘草山H2所出陶鬲为代表：侈口，圆唇，腹微鼓，弧裆，袋足瘦而浅，高实足跟。素面鬲以团山遗址H11所出陶鬲为代表：方唇，斜折沿，腹部圆鼓，分裆，无实足跟。

陶豆平沿，浅盘，细把，高圈足。新出现的陶簋侈口，宽沿，方唇，腹部圆鼓，圜

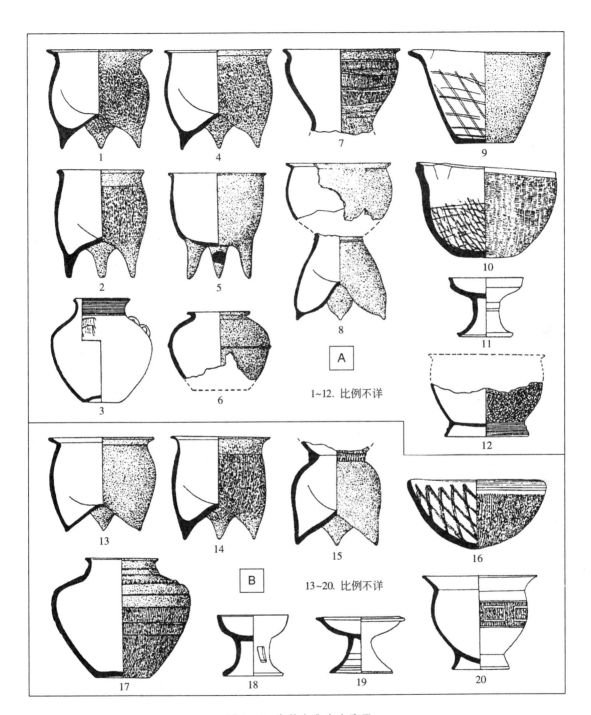

图 8-6 湖熟文化出土陶器

A. 前期 1. 鬲（团山 H13:1） 2. 鬲（点将台 T408③:8） 3. 罐（团山 H9:1） 4. 鬲（团山 H13:8） 5. 鼎（团山 H9:2） 6. 罐（团山 H9:6） 7. 甗（北阴阳营 T273③:63） 8. 甗（团山 H13:25） 9. 刻槽盆（团山 H13:3） 10. 刻槽盆（北阴阳营 T373③:83） 11. 豆（北阴阳营 T582③:13） 12. 簋（团山 H13:23）

B. 后期 13. 鬲（团山 H11:1） 14. 鬲（甘草山 H2:1） 15. 甗（北阴阳营 T384②:2） 16. 刻槽盆（北阴阳营 H45:62） 17. 罐（北阴阳营 T23②:1348） 18. 豆（北阴阳营 T34②:2293） 19. 豆（甘草山 H2:2） 20. 簋（城头山 M15:2）

底，圈足低矮。器表施弦纹和回字形刻划纹。

后期的石器略同于前期，青铜器仍为小件工具或兵器，未见礼器。

关于湖熟文化的年代，南京北阴阳营遗址③层出土木炭标本有两个碳十四测定数据：ZK142，达曼表校正年代为公元前 1820 + 135 年，高精度表校正为公元前 1872 年至公元前 1543 年；ZK28，达曼表校正年代为公元前 1385 年，高精度表校正为公元前 1440 年至公元前 1168 年[1]。

(二) 关于点将台下层文化及与湖熟文化的关系

在湖熟文化分布区内，湖熟文化兴起之前，存在着以江宁点将台下层为代表的文化遗存，或称为"点将台文化"[2]。此类文化遗存在江宁昝庙[3]，丹徒赵家窑团山[4]，句容城头山[5]等遗址均有发现。点将台、城头山、团山等遗址，都发现点将台下层文化被湖熟文化前期遗存叠压的层位证据。

点将台下层文化的陶器中，夹砂红陶居多，占 38%；夹砂灰陶次之，占 24%；泥质黑陶再次，占 23%；泥质灰陶和泥质红陶较少，分别占 11% 和 4%。未见印纹硬陶和原始瓷器。陶器以素面居多，纹饰以篮纹为主，绳纹次之，还有方格纹、划纹和凸弦纹。陶器的制法有手制和轮制两种，可见少量制作精致的薄胎磨光黑陶。陶器的主要器类有鼎、"甗"（鼎和甑相结合）、罐、瓮、簋、豆、杯、钵、尊形器、三足盘、盆等。炊器以甗为主，有鼎，不见陶鬲。石器多经磨光，器类以锛为主，还有斧、凿、刀、戈、镞等。目前尚未发现青铜器。陶器的纹饰和鼎、罐、瓮、豆、盆、三足盘等陶器，可在豫东的龙山文化王油坊类型、山东龙山文化尹家城类型及江淮地区的龙山时代文化遗存中找到形制相近者；而罐式锥足鼎、划纹扁三足鼎、特别是由鼎和甑结合而成的"甗"及三足盘等陶器则颇具特色。我们认为：点将台遗址下层文化是受到龙山、良渚诸文化影响，而又具有自身特色的一种考古学文化遗存。由于它的发现，从而找到宁镇地区新石器时代晚期文化至以湖熟文化为代表的青铜文化之间的过渡性遗存。关于点将台下层文化的年代，有学者推测大致与中原地区二里头文化相当[6]。

将点将台下层文化与湖熟文化早期相比较，可以发现，两者之间不乏相似之处。

如陶器皆以夹砂红陶为主，夹砂灰陶次之，泥质灰黑陶和泥质红陶也占一定比例；前者的扁足鼎和素面锥足鼎、鼓腹盆、小口圆肩罐、敛口钵、高圈足豆和器盖等，均可在后

---

[1] 中国社会科学院考古研究所：《中国考古学中碳十四年代数据集 (1965~1991)》第 102 页，文物出版社，1991 年。

[2] 张敏：《试论点将台文化》，《东南文化》1989 年第 3 期。

[3] 魏正谨：《昝庙遗址内涵的初步分析》，《江苏省社会科学联合会 1981 年年会论文集·考古分册》，江苏省社会科学联合会编印。

[4] 团山考古队：《江苏丹徒赵家窑团山遗址》，《东南文化》1989 年第 1 期。

[5] 镇江市博物馆：《江苏句容城头山遗址试掘简报》，《考古》1985 年第 4 期。

[6] 南京博物院：《近十年来江苏考古的新成果》，《文物考古工作十年 (1979~1989)》，文物出版社，1990 年。

者找到略有变化的相似器形,后者显然承袭了前者的文化因素。鉴于两者分布范围基本相同,年代大体上前后相接,文化面貌又具有较多相近之处,似有理由推测:点将台下层文化应是湖熟文化的主要来源之一。

近年,在宁镇地区新发现的"南荡遗存"[1],其文化面貌同豫东龙山时代晚期"王油坊类型"一致或相近,应是黄淮地区人群一度南下的反映。上述发现,为研究点将台下层文化内涵和渊源,提供了重要依据。同时,该类遗存在苏南和上海也有零星发现,又为探索马桥文化同黄淮乃至中原地区古文化的关系,提供了新线索。

(三) 宁镇地区夏、商时期文化与周边文化的关系

印纹硬陶和原始瓷起源于长江下游的赣北、皖南、浙北地区,湖熟文化的印纹硬陶和原始瓷,显然当源于上述地区。在太湖地区的马桥文化中,即有一定数量的印纹硬陶。马桥文化与湖熟文化的分布区相毗邻,前者的起始年代早于后者,但两者可能有一段并行。两者的陶器虽然在主要器类的组合及形制方面存在着较为显著的差别,但在陶豆的形制及陶器多凹底或小平底等方面却较为相近。湖熟文化很有可能接受了来自苏南地区的马桥文化的某些影响。

陶鬲在点将台下层文化中未见踪迹,根据目前的资料,鬲是湖熟文化前期才出现于宁镇地区的。将湖熟文化前期的绳纹鬲与中原地区二里头文化四期和早商文化的陶鬲相比较,可以看出,在口沿微外卷、颈部表面磨光、多分裆、有高实足跟、绳纹较细等诸多方面都不乏相似之处。惟早商文化的陶鬲造型风格较为统一,体较高,腹部微鼓,最大径偏下;二里头文化四期某些陶鬲和湖熟文化前期的绳纹鬲有的体较矮,腹部较圆鼓,造型风格不甚统一。众所周知,陶鬲并非二里头文化固有的文化因素,而是在该文化的晚期接受了周边有使用陶鬲传统的文化的影响而出现的。该文化的陶鬲造型风格不甚统一,当与此不无关系。宁镇地区在湖熟文化形成之前,也并无使用陶鬲的传统。湖熟文化的绳纹陶鬲,也是外来的文化因素。其造型风格较为多样,当与二里头文化三、四期陶鬲形态的多样性出于同样原因。我们认为,湖熟文化的绳纹陶鬲,应是中原地区夏商文化影响的结果。湖熟文化陶器中与中原地区陶器相若者,并不限于绳纹鬲,句容城头山遗址出土的湖熟文化绳纹陶甗侈口、鼓腹、带腰隔,与郑州二里冈下层出土的陶甗非常相似。此外,湖熟文化的小口圆肩罐、刻槽盆、陶豆、大口缸等陶器,亦可在早商文化遗存中找到形制相似的同类器。此外,湖熟文化遗址出土的铜刀子、铜镞与中原地区夏商时期的铜刀和铜镞别无二致。如前所述,在湖熟文化的前身——点将台下层文化中,尚未见青铜器。因此,我们认为,湖熟文化的青铜器及其制造技术应源于中原地区,也是受夏商文化影响的

---

[1] A. 南京博物院考古研究所、扬州博物馆、兴化博物馆:《江苏兴化戴家舍南荡遗址》,《文物》1995年第4期。

B. 南京博物院考古研究所、扬州博物馆、高邮文管会:《江苏高邮周邶墩遗址发掘报告》,《考古学报》1997年第4期。

C. 龙虬庄遗址考古队:《龙虬庄》第204~206页,科学出版社,1999年。

结果。

湖熟文化的素面陶鬲当另有所源。我们注意到在二里头遗址四期[1]、郑州南关外[2]以及济南大辛庄[3]、铜山丘湾[4]等早商、中商遗存中，曾有少量红褐色夹砂陶素面鬲，器表常有刮削痕迹，一般认为属于岳石文化因素。湖熟文化中出现的素面鬲，是否也与岳石文化的影响有关，很值得研究。

在夏代，黄河下游及江淮地区成为岳石文化的分布区。在镇江马迹山遗址和丹徒赵家窑团山遗址，也发现了岳石文化的遗存。表明岳石文化曾波及至宁镇地区。根据目前掌握的资料，点将台下层文化与湖熟文化前期之间在年代上似有缺环。本地区内岳石文化的遗存的发现，或可弥补这一缺环。岳石文化对宁镇地区的波及，也许是导致点将台下层文化退出历史舞台的原因之一。其后，商文化对宁镇地区的强烈影响，或是促使岳石文化退出该地区，并进而导致湖熟文化出现的重要契机。

综上所述，我们认为，湖熟文化应是在继承了宁镇地区点将台下层文化传统的基础上，在中原地区夏商文化的强烈影响下，并吸收了岳石文化、马桥文化的某些因素，而形成的一支考古学文化。西周早期，随着周王朝所分封的吴国的建立及其势力的不断壮大，湖熟文化遂发展、演变成为吴文化。

第三节　长江中游

本节长江中游的地理范围，指西陵峡口以东至安庆以西长江段，包括汉水下游、赣江下游以及湘、资、沅、澧四水的下游地区。

夏商时期在上述范围内，中原文化与地方考古学文化共处、交融、彼此影响和相互消长，情况相当复杂。

一　长江中游地区的夏代考古学文化

夏代，二里头文化曾影响到汉水下游、长江沿岸，黄陂盘龙城、荆州荆南寺、宜昌白庙诸遗址相当于夏代或夏商之际的文化遗存中都包含有二里头文化因素，反映出汉东地区、江陵地区诸考古学文化受中原文化影响的程度。

---

[1] 中国社会科学院考古研究所：《二里头陶器集粹》图版305，中国社会科学出版社，1995年。
[2] 河南省博物馆：《郑州南关外商代遗址的发掘》，《考古学报》1973年第1期。
[3] A. 山东省文物管理处：《济南大辛庄商代遗址勘查纪要》，《文物》1959年第11期；《济南大辛庄遗址试掘简报》，《考古》1959年第4期。
    B. 蔡凤书：《济南大辛庄商代遗址的调查》，《考古》1973年第5期。
    C. 任相宏：《济南大辛庄龙山、商遗址调查》，《考古》1985年第8期。
    D. 山东大学历史系考古专业、山东省文物考古研究所、济南市博物馆：《1984年秋济南大辛庄遗址试掘述要》，《文物》1995年第6期。
[4] 南京博物院：《江苏铜山丘湾古遗址的发掘》，《考古》1973年第2期。

盘龙城王家嘴下层和南城垣下叠压的"二里头文化层"一类遗存[1]，其中有些器物分别同二里头文化二至四期同类器相似，但又缺乏深腹罐、圆腹罐等二里头文化最主要的典型器，且大量弧裆与平裆陶鬲也显出与二里头文化迥然不同特点。关于这类遗存的性质，本书第二章第三节曾有讨论，究竟属于二里头文化的一个地方类型，还是吸收有二里头因素的一支土著文化，尚待研究。

荆南寺遗址的夏商遗存可分为六期，其中第一期约相当于二里头文化四期[2]。属于这一阶段的文化遗物有卷沿鼓腹足根带绳纹的鬲，肩径与口径同宽、形体较粗肥的大口尊，圜底深腹绳纹罐。这些器物与中原二里头文化同类器形制相近。同期的另一类器物，如盆形圜底釜、凸肩罐等，则反映了地方特点。

尽管长江中游各地相当夏代或夏商之际的遗存受到中原二里头文化的强烈影响，其地方特点仍然突出。这些遗存应如何加以辨析、归纳和命名，是今后研究工作中的重要课题。

二　长江中游地区的商代考古学文化

长江中游地区商时期的考古学文化，依据当前资料，可以分为若干不同地域进行研究。有的地区如赣江中下游和鄱阳湖区，文化自成系统，已有明确的文化命名。

（一）汉东地区

商文化至迟在早商二期进入长江中游，随后与本土原有考古学文化结合，形成商文化的一个新的地方类型，即盘龙城类型[3]。盘龙城类型分布于汉水以东、汉江下游地区，同时还包括洞庭湖区的一部分（至少包括岳阳部分地区），历经早商、中商时期，至中商三期后为当地土著文化所取代。许多遗址都留下了商文化在这一地区消退的痕迹。如黄陂盘龙城遗址[4]、孝感聂家寨遗址[5]、安陆晒书台遗址[6]以及新洲香炉山[7]所发现的

---

[1] A. 陈贤一：《江汉地区的商文化》，《中国考古学会第二次年会论文集》，文物出版社，1982年。
　　B. 湖北省文物考古研究所：《盘龙城》第21~26、80~112、398~405页，文物出版社，2001年。
[2] A. 荆州地区博物馆、北京大学考古系：《湖北江陵荆南寺遗址第一、二次试掘简报》，《考古》1989年第8期。
　　B. 何驽：《荆南寺遗址夏商时期遗存分析》，《考古学研究（二）》，北京大学出版社，1994年。
[3] 详见第四、五章第一、二节。
[4] A. 湖北省博物馆：《1963年湖北黄陂盘龙城商代遗址的发掘》，《文物》1976年第1期。
　　B. 湖北省博物馆、北京大学考古专业盘龙城发掘队：《盘龙城一九七四年度田野考古纪要》，《文物》1976年第2期。
　　C. 湖北省文物考古研究所：《盘龙城》，文物出版社，2001年。按：指该报告中划分的盘龙城四至七期遗存。
[5] 孝感地区博物馆、孝感市博物馆：《湖北孝感聂家寨遗址发掘简报》，《江汉考古》1994年第2期。
[6] A. 余从新：《安陆县晒书台商周遗址试掘》，《江汉考古》1980年第1期。
　　B. 孝感地区博物馆：《湖北安陆市商周遗址调查》，《考古》1993年第6期。
[7] 武汉大学历史系考古教研室、武汉市博物馆、新洲县文化馆：《湖北新洲香炉山遗址（南区）发掘简报》，《江汉考古》1993年第1期。

商文化遗存，均只延续到中商二、三期。有研究者曾将聂家寨、晒书台两遗址所出商文化遗存的年代推定在商晚期[1]，值得商榷。

盘龙城类型商文化之后，江汉平原较少见到可与中原晚商文化直接类比的陶器。反映出该地区考古学文化面貌发生了重大变化。可确认为晚商时期的遗址有：安陆高家畈，云梦好石桥，大冶古塘墩和李河等[2]。这些遗址所出陶片往往很残破，虽然可以看出与商文化之间存在明显区别，但自身特征仍不易归纳。因此通过考古发掘进一步揭示盘龙城类型之后江汉平原的考古学文化内涵，仍然是将来的课题。可以肯定的是，这一地区的晚商铜器与中原始终是基本一致的。如鄂州沙窝乡牌楼村发现的铜爵[3]、应城群力发现的铜卣[4]和随州均川乡熊家老湾出土的铜罍[5]等，与中原铜器几无区别。

(二) 沮漳河流域

1. 荆南寺文化

盘龙城遗址发现以后，引起了学术界极大关注。1964年，位于沮漳河流域的荆州市张家山遗址初经发掘，出土一批既有自身特点，又在一定程度上类似盘龙城类型商文化的遗迹和遗物[6]。1984年以后，随着荆南寺遗址考古工作的展开，考古界开始注意到江陵地区确实分布着一种年代与盘龙城类型相当但面貌以土著特色为主的文化遗存[7]。近年有学者正式提出以荆南寺遗址来命名该类遗存，即荆南寺（类型）文化[8]。

荆南寺文化的分布范围，大体北近荆山、西靠沮漳河，东界可能与盘龙城类型商文化接壤。年代约自早商时期至殷墟一期以前。

坐落于太晖河近旁的荆南寺遗址，与张家山遗址邻近或原本连为一体，尚存面积不少于12000平方米。1984年以后，遗址历经前后5次发掘，累计揭露面积1500平方米。遗址堆积可分为早晚六期[9]。荆南寺文化陶器（图8-7）多为泥质或夹砂的灰陶和黑陶，夹粗石英砂的红褐陶占较大比例。流行绳纹装饰，米粒纹和方格纹亦很常见。所出陶器的器

---

[1] 孝感地区博物馆、孝感市博物馆：《湖北孝感聂家寨遗址发掘简报》，《江汉考古》1994年第2期。

[2] A. 孝感地区博物馆：《湖北安陆市商周遗址调查》，《考古》1993年第6期。
　　B. 周厚强：《孝感地区的商代文化》，《江汉考古》1990年第2期。
　　C. 黄石市博物馆：《大冶古文化遗址考古调查》，《江汉考古》1984年第4期。

[3] 鄂城县博物馆：《湖北鄂城县沙窝公社出土青铜爵》，《考古》1982年第2期。

[4] 余家海：《应城县出土商代鸮卣》，《江汉考古》1986年第1期。

[5] 随州市博物馆：《湖北随县发现商周青铜器》，《考古》1984年第6期。

[6] 陈贤一：《江陵张家山遗址的试掘与探索》，《江汉考古》1980年第2期。

[7] A. 荆州地区博物馆、北京大学考古系：《湖北江陵荆南寺遗址第一、二次发掘简报》，《考古》1989年第8期。
　　B. 荆州地区博物馆、江陵县文物管理处：《湖北江陵荆南寺遗址调查》，《文物资料丛刊》10，文物出版社，1987年。
　　C. 何驽：《荆南寺遗址夏商时期遗存分析》，《考古学研究（二）》，北京大学出版社，1994年。

[8] 何驽：《荆南寺遗址夏商时期遗存分析》，《考古学研究（二）》，北京大学出版社，1994年。

[9] 何驽：《荆南寺遗址夏商时期遗存分析》，《考古学研究（二）》，北京大学出版社，1994年。

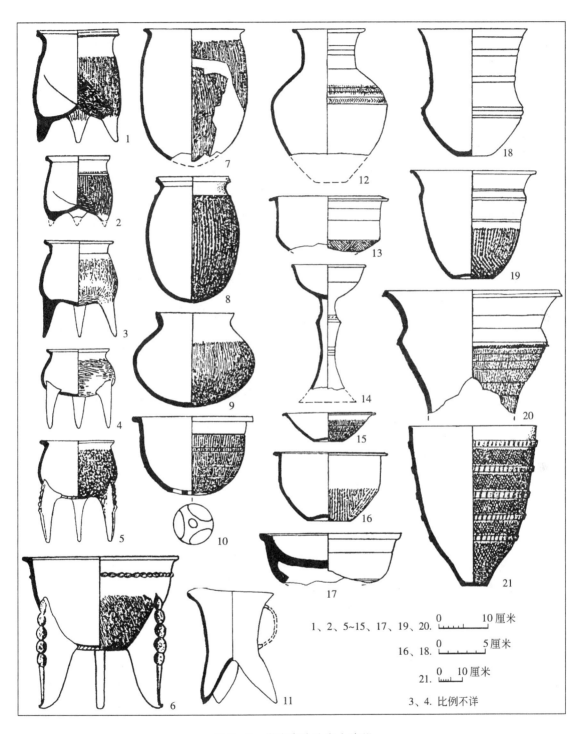

图 8-7 荆南寺遗址出土陶器

1.鬲（H14:2） 2.鬲（H10:1） 3.鬲（T46H70②） 4.鼎（T45④C:18） 5.鼎（T5H4:1） 6.鼎（H23:1） 7.罐（T13④C:41） 8.罐（T11④A:194） 9.釜（T18④C:4） 10.甑（T17④D:74） 11.鬶（H4:3） 12.壶（T2④C:31） 13.簋（H21:1） 14.豆形器（T5④C:52） 15.盆（H21:2） 16.盆（T17④D:80） 17.豆（T17④B:131） 18.杯（T18④B:3） 19.尊（H15:3） 20.大口尊（T18④D:18） 21.缸（H17:21）

类在不同期别中所占比例各不相同，但圜底罐形高足鼎、陶釜以及大口缸等富有地方特色的陶器占有总体上的绝对优势。中原商式陶器如卷沿高足鬲、假腹豆、深腹盆、无尾长流爵等居次。此外还可见小平底凸肩罐、杯、高柄豆，长颈圆肩壶、盘口鼎等，反映出峡江地区三星堆文化朝天嘴类型等周边文化对当地的影响。

2. 周梁玉桥文化

荆南寺文化之后，江陵地区兴起的是另一支地方文化——周梁玉桥文化。其年代约当晚商时期并延续至西周。或认为周梁玉桥文化早期与荆南寺文化晚期曾有一段时间的重叠[1]。周梁玉桥文化的分布范围尚未最终查明，但江陵、沙市两地已多次发现同类遗址。其中最重要的有沙市周梁玉桥[2]、官堤[3]和江陵梅槐桥[4]三处。

周梁玉桥遗址位于沙市东北近郊，南距长江仅1.5公里，西北7.5公里为著名的楚国

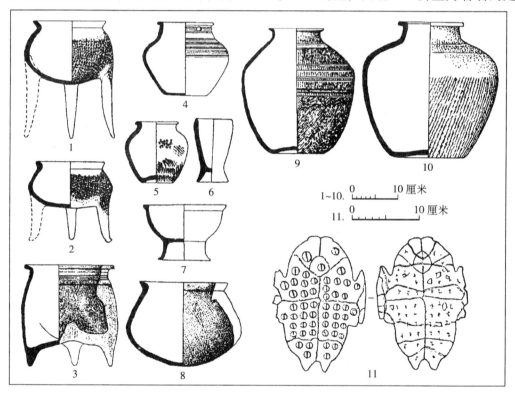

图 8-8 周梁玉桥遗址出土遗物

1. 陶鼎（H3下:1） 2. 陶鼎（T3④A:2） 3. 陶鬲（T3④B:13） 4. 陶罐（T2④A:12） 5. 陶罐（T2④A:13）
6. 陶杯（H2:17） 7. 陶簋（T6③:9） 8. 陶釜（T3④A:17） 9. 陶瓮（T4②:21） 10. 陶瓮（T4②:22）
11. 卜甲（H1下:16）

---

[1] 王宏：《论周梁玉桥文化》，《江汉考古》1996年第3期。
[2] A. 沙市市博物馆：《湖北沙市周梁玉桥遗址试掘简报》，《文物资料丛刊》10，文物出版社，1987年。
　　B. 彭锦华：《沙市周梁玉桥殷商遗址试析》，《江汉考古》1989年第2期。
[3] 湖北省博物馆：《沙市官堤商代遗址发掘简报》，《江汉考古》1985年第4期。

郢都纪南城。遗址东部约 1 公里即是官堤遗址。现多数学者都认为周梁玉桥遗址与官堤遗址实际上包括在同一遗址范围内。周梁玉桥遗址的发掘始于 1981 年，包括对官堤遗址的发掘在内，已作了较大规模的揭露。遗址中发现 "吕" 字形半地穴式房基 1 座。并发现过残存的窑址。所出陶器以夹砂红陶和红褐陶为主。纹饰多寡依次为方格纹、绳纹、素面和篮纹等。有的统计单位方格纹和绳纹分别占 50% 和 40% 以上。陶器有鼎、釜、鬲、甗、罐、瓮、罍、尊、簋、豆、杯、器盖等（图 8-8）。以下腹鼓胀的圜底陶釜、釜形高足鼎、釜形小孔甗、圆肩凹圜底瓮（罐）等为大宗。铜器有削刀、鱼钩。骨器有骨笄、鱼形骨饰。此外还出土有无字卜甲和卜骨[4]。

梅槐桥遗址发现于 1984 年，地处江陵县西约 15 公里的沮漳河附近。1987 年经首次发掘，清理灰坑 2 个，灰沟 1 条。出土商时期遗物以陶器为主，并发现卜甲、铜鱼钩及少量骨器。陶器多为红褐色。纹饰有绳纹、方格纹等。器类主要是下腹部鼓胀的釜、深腹釜形鼎、篮纹罐（《发掘简报》作瓮）、曲腹簋、球腹小箅孔甗、浅盘斜腹豆、大口缸。卜甲一律为龟的腹甲，长方形凿。铜鱼钩柄部有槽用于系绑，钩端有倒钩。骨器仅见锥和笄两类。

江陵一带属于周梁玉桥文化的遗址还见于其他一些地点。其中有的地点出土铜器。如 1989 年沙市郊区东岳村出铜尊 1 件[5]。1992 年，江陵岑河庙兴村出有铜尊 2 件，查其附近有一处周梁玉桥文化遗址[6]。

因与湘西北邻近，周梁玉桥文化在一定程度上受到澧水流域商时期考古学文化的影响。如周梁玉桥遗址中所出小口高领罐（瓮）、碗形豆等，均系澧水流域流行陶器。

（三）鄂东南及其邻区

夏商时期的考古学遗存主要发现于阳新、武穴、黄梅等县[7]。重要遗址有阳新大路铺[8]、和尚垴[9]，武穴涂万山、雨山垴[10]等。只有阳新大路铺等少数遗址作过发掘，所获标本大都破碎，因此关于鄂东南地区夏商时期考古学文化的研究尚难深入。这一带出土的相当商代的陶器，器类有鬲、罐、鼎、盆、豆等。一部分鬲袋足有实足根，反映出与中原商时期文化的某种联系。另外比较常见的是带刻槽的鬲足或鼎足，具有明显的地域特点。位于黄冈—黄梅公路上的意生寺等遗址所见商周时期遗物，多红褐色的夹砂陶，纹饰

---

[4] 湖北荆州地区博物馆、北京大学考古系：《湖北江陵梅槐桥遗址发掘简报》，《考古》1990 年第 9 期。
[5] 彭锦华：《沙市郊区出土的大型铜尊》，《江汉考古》1987 年第 4 期。
[6] 王宏：《论周梁玉桥文化》，《江汉考古》1996 年第 3 期。
[7] A. 湖北省文物考古研究所、阳新县博物馆：《阳新大路铺遗址东区发掘简报》，《江汉考古》1992 年第 3 期。
　　B. 武穴市博物馆：《武穴市新石器及商周遗址调查》，《江汉考古》1995 年第 1 期。
　　C. 京九铁路考古队：《京九铁路（浠水—黄梅段）文物调查》，《江汉考古》1993 年第 3 期。
[8] 湖北省文物考古研究所、阳新县博物馆：《阳新大路铺遗址东区发掘简报》，《江汉考古》1992 年第 3 期。
[9] 咸宁地区博物馆、阳新县博物馆：《阳新和尚垴遗址调查简报》，《江汉考古》1984 年第 4 期。
[10] 武穴市博物馆：《武穴市新石器及商周遗址调查》，《江汉考古》1995 年第 1 期。

有绳纹、附加堆纹、按窝纹、刻槽等[1]。关于该地区夏商时期考古学文化的分期及其与邻近地区同时期诸考古学文化的关系，需待材料进一步充实后才能有较深入的研究。

（四）湘江与资江下游地区

岳阳铜鼓山遗址[2]属商文化盘龙城类型，是商文化往南伸出最远的据点之一。其起止年代约当早商二期至中商二期。然而这一伸入洞庭湖区的商人据点未能与中原商文化一样同步延续下去，而是消融于当地土著文化之中。

近年，已有学者对湘江与资江地区相当于商代晚期的考古学文化做了初步研究，但尚未正式提出文化命名[3]。属于这一阶段的文化遗址已为数不少。其中20世纪80年代以前经发掘的即有宁乡炭河里、长沙杨家山蔬菜市场等[4]。

宁乡黄材炭河里遗址多夹砂红陶和泥质灰陶，有15%左右的硬陶，除弦纹、绳纹外，可见方格纹和云雷纹。代表器物为鼎、罐、豆。鼎作折沿球形腹，圆柱足。有的鼎足上装饰扉棱。罐作折沿方唇，斜肩微折，饰方格纹。豆作敞口浅盘粗圈足[5]。这些陶器与当地历年出的青铜器的年代相当，属晚商阶段。

80年代以后进行过局部发掘的遗址有岳阳县对门山[6]、费家河[7]、老鸦洲、温家山以及岳阳市的铜鼓山，汨罗市玉笥山6处。通过对铜鼓山、对门山、费家河三遗址的分析，可以大体将湘江和资江下游的晚商时期考古学文化分为三个发展阶段或三期[8]。

第一期以岳阳对门山遗址Ⅰ期及铜鼓山遗址第五期[9]为代表。典型器物有折沿连裆绳纹鬲、连裆甗、浅盘豆、高领釜、折沿釜、折沿釜形鼎等。其中鬲和甗与中原鬲、甗形制区别甚殊，而釜、鼎、豆更代表了本地传统因素，在数量上也占有绝对优势。

第二期以岳阳对门山遗址Ⅱ期为代表，老鸦洲遗址的部分遗存也可归于本期。其特点是连裆鬲、高领釜、折沿釜等陶器继续沿用，但新出现一批硬陶器，如圈足外撇的瓿和盘。

---

[1] 湖北省黄黄公路考古队：《黄黄公路古文化遗址调查》，《江汉考古》1996年第2期。

[2] 湖南省文物考古研究所、岳阳市文物工作队：《岳阳市郊铜鼓山商代遗址和东周墓发掘报告》，《湖南考古辑刊》第5辑，《求索》杂志社，1989年。

[3] A. 何介钧：《湖南商时期古文化研究》，《湖南先秦考古学研究》，岳麓书社，1996年。
　　B. 王文建：《商时期澧水流域青铜文化的序列和文化因素分析》，《考古类型学的理论与实践》，文物出版社，1989年。

[4] 何介钧：《湖南商时期古文化研究》，《湖南先秦考古学研究》第135页，岳麓书社，1996年。

[5] 王文建：《商时期澧水流域青铜文化的序列和文化因素分析》，《考古类型学的理论与实践》，文物出版社，1989年。

[6] 岳阳市文物工作队：《岳阳市对门山商代遗址发掘报告》，《湖南考古辑刊》第6辑，《求索》杂志社，1994年。

[7] 湖南省博物馆、岳阳地区文物工作队、岳阳市文管所：《湖南岳阳费家河商代遗址和窑场的发掘》，《考古》1985年第1期。

[8] 主要依据何介钧的研究（见何介钧：《湖南商时期古文化研究》，《湖南先秦考古学研究》第135~140页，岳麓书社，1996年）。惟对铜鼓山的分期和文化性质的认识，略有不同，参见第五章第二节。

[9] 铜鼓山遗址前四期属商文化中早商二期至中商二期，详见第四、五章的第二节。

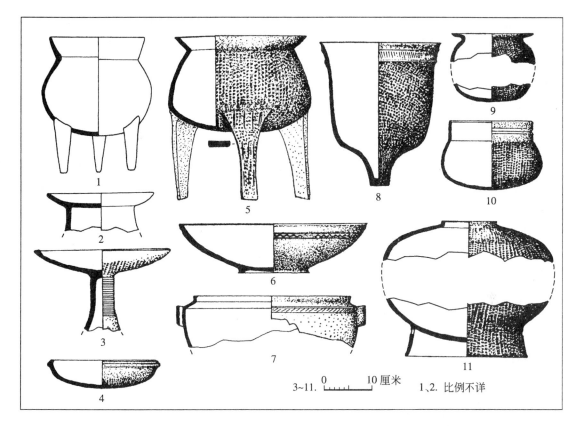

图 8-9 湘江下游晚商遗址出土陶器

1. 鼎（碳河里） 2. 豆（碳河里） 3. 豆（费家河 H1 上:10） 4. 钵（费家河 H1 上:11） 5. 鼎（费家河 H1 下:3） 6. 盘（费家河 H1 上:12） 7. 瓮（费家河 H1 下:11） 8. 缸（费家河 Y1:1） 9. 釜（费家河 H1 下:9） 10. 罐（费家河 H1 上:6） 11. 瓮（费家河 H1 上:14）

第三期以费家河遗址为代表。保留了第二期的基本器群。主要有扁棱足鼎、大口缸、高领釜、折沿釜、卷沿釜、硬陶瓿和盘，还有少量硬陶鬲足，并新出现一种饰方格纹的扁平足釜形鼎（图 8-9）。硬陶器在该类遗存中虽只占 10% 或更低，但圈足外撇的瓿与盘颇具特色。硬陶的纹饰与江西等地的印纹硬陶有所差别，多见指甲纹、水波纹和曲尺纹。

五六十年代以来，湘江和资江下游一带，屡有年代相当于中原晚商时期的青铜器出土[1]。

---

[1] A. 高至喜：《商代人面方鼎》，《文物》1960 年第 10 期；《湖南宁乡黄材发现商代铜器和遗址》，《考古》1963 年第 12 期。

B. 湖南省博物馆：《湖南省博物馆新发现的几件铜器》，《文物》1966 年第 4 期；《三十年来湖南文物考古工作》，《文物考古工作三十年》，文物出版社，1979 年。

C. 熊传新：《湖南宁乡新发现一批商周青铜器》，《文物》1983 年第 10 期；《湖南新发现的青铜器》，《文物资料丛刊》5，文物出版社，1981 年；《湖南醴陵发现商代铜象尊》，《文物》1976 年第 7 期。

D. 盛定国、王自明：《宁乡月山铺发现商代大铜铙》，《文物》1986 年第 2 期。

E. 袁家荣：《湘潭青山桥出土窖藏商周青铜器》，《湖南考古辑刊》第 1 辑，岳麓书社，1982 年。

其中尤以宁乡所出铜器最为著名。如宁乡县（市）黄材乡的寨子村曾出土人面方鼎、铜瓿（内贮224件铜斧）和铜卣（内满贮玉管、玉珠，计1172颗）；黄材的栗山村张家坳曾出分裆鼎（鼎口沿内铭"已丙"二字）；黄材的月山铺转轮山曾出四羊方尊；黄材檀木桥曾出铜铙；黄材木梯子山曾出瓿、戈、矛、镞；老粮仓乡的杏村湾师古寨出有象纹铜铙、虎纹铜铙和兽面纹铜铙；老粮仓乡的亳明村曾出铜铙，其中的伏虎兽面纹铙体形硕大。另有诸多传世铜器已失具体出土地点，但知为宁乡所出。如著名的人面方尊、四羊方尊、虎食人卣。此外，岳阳、长沙、湘潭等地也多次出土晚商铜尊。

浏阳、岳阳、宁乡等地的遗存，最显著的特征是炊器中鼎比较发达，并且硬陶和釉陶比较常见。一些硬陶和釉陶装饰几何印纹。具有特征性的器物主要有：折沿罐形鼎、球腹罐、浅盘高柄豆等。虽然岳阳、宁乡两地的遗存也有某种程度的差异，但总的看来可以归为同类遗存。鉴于对门山、费家河两遗址的文化遗物基本反映了湘、资二水下游晚商时期考古学文化的面貌，今后似可以用"对门山——费家河文化"作为该类遗存的文化名称。宁乡、岳阳、浏阳等地历年出土的青铜器，都属于该文化的范畴。

（五）澧水流域和沅江中下游

湘北地区考古工作起步于20世纪60年代初。历经近40年的研究后，文化面貌日见清晰。商时期遗存较集中发现于石门、澧县、临澧、津市等县。经发掘的遗址有石门皂市[2]、宝塔[3]、东风桥，慈利江垭，澧县斑竹、保宁桥[4]，桑植朱家台，沅陵董家坪等[5]。文化构成十分复杂。其中占主导地位的是釜、鼎、高领罐和碗形豆等本地文化因素。鬲、簋、假腹豆等商文化因素在早、中期也居重要地位。此外，还可见到来自北面荆沙一带以及长江峡区和赣江中下游诸考古学文化的影响。80年代，学者多倾向于将该地商时期考古学文化分为三期[6]。近年又进一步细分为四期（图8-10）[7]。

第一期以石门皂市H23等遗迹单位为代表。年代约当早商二期。主要器类有釜、鼎、

  F. 何介钧：《湘潭县出土商代豕尊》，《湖南考古辑刊》第1辑，岳麓书社，1982年。

  G. 岳阳市文物管理所：《岳阳市新出土的商周青铜器》，《湖南考古辑刊》第2辑，岳麓书社，1984年。

  H. 王恩田：《湖南出土商周铜器与殷人南迁》，《中国考古学会第七次年会论文集》，文物出版社，1992年。

  I. 杜迺松、单国强：《记各省市自治区征集文物汇报展览》，《文物》1978年第6期。

[2] 周世荣：《湖南石门县皂市发现商殷遗址》，《考古》1962年第3期。

[3] 王文建、龙西斌：《石门县商时期遗存调查——宝塔遗址与桅岗墓葬》，《湖南考古辑刊》第4辑，岳麓书社，1987年。

[4] A. 湖南省博物馆：《湖南沅江中下游古文化遗址调查》，《考古》1980年第1期。

  B. 何介钧、曹传松：《湖南澧县商周时期古遗址调查与探掘》，《湖南考古辑刊》第4辑，岳麓书社，1987年。

[5] 何介钧：《湖南商时期古文化研究》，《湖南先秦考古学研究》第146页，岳麓书社，1996年。

[6] 王文建：《商时期澧水流域青铜文化的序列和文化因素分析》，《考古类型学的理论与实践》，文物出版社，1989年。

[7] 何介钧：《湖南商时期古文化研究》，《湖南先秦考古学研究》第146~150页，岳麓书社，1996年。

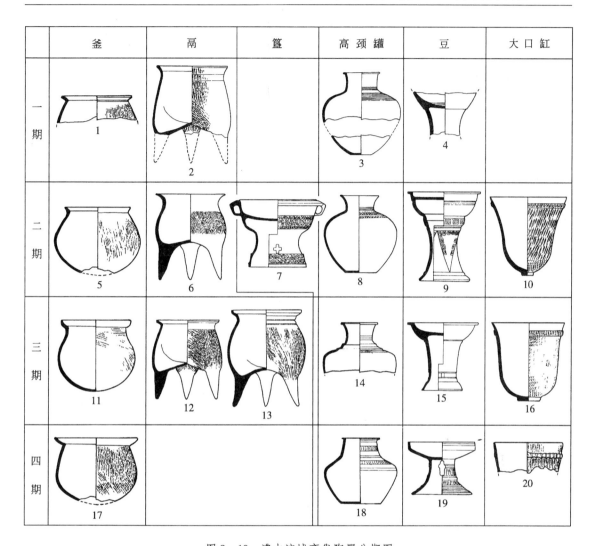

图 8-10 澧水流域商代陶器分期图

1. 釜（皂市 H23:13） 2. 鬲（皂市 H23:36） 3. 高颈罐（皂市 H23:54、59） 4. 豆（皂市 H23:50） 5. 釜（皂市 T17③:11） 6. 鬲（皂市 M5:6） 7. 簋（皂市 T21东扩③:1） 8. 高颈罐（皂市 T16③:17） 9. 豆（皂市 H26:5） 10. 大口缸（皂市 T19③:72） 11. 釜（皂市 TB2②:58） 12. 鬲（皂市 TB4②:8） 13. 鬲（皂市 TB9②:14） 14. 高颈罐（皂市 TB1②:26） 15. 豆（皂市 TA5②:11） 16. 大口缸（皂市 TB8②:13） 17. 釜（皂市 T5③:11） 18. 高颈罐（斑竹 T3下:1） 19. 豆（斑竹 T3下） 20. 大口缸（斑竹 T3下:12）

高领罐、鬲、簋、碗形豆。釜、鼎的上部形制相同，器物残破后有时很难区分。高领罐作小口高领，肩部圆溜，腹较深。鬲作长方体，口部微折，唇部显微棱，高实足根。

第二期遗存在石门皂市遗址和宝塔遗址都很丰富。年代约当早商三期。器类有釜、鼎、高领罐、鬲、簋、瓿、假腹豆、碗形豆、花边圈足碗等。釜、鼎的口沿多为窄折沿，下腹鼓胀。鬲有两种。一种作方唇，微折沿，沿面内凹，分裆，形制与中原二里冈上层时期商文化最常见的陶鬲相似。另一种为卷沿圆唇，颈部明显、连裆是其最大特点。碗和碗形豆的腹径大于口径。陶簋总体特征为商式，但圈足较高。商式假腹豆的假腹部分较深。

第三期遗存以皂市 TB8 等探方②层为代表，年代约当中商时期。器类有釜、鼎、鬲、簋、碗、高领罐、大口缸、大口尊、爵、假腹豆、碗形豆等。分裆陶鬲已演变为方体。出颈连裆陶鬲则演变为盘口、圆鼓腹，其足根系包制。高领罐由圆肩变为折肩。簋仍为直腹高圈足。假腹豆的假腹部分不明显甚至趋于消失。碗和碗形豆的腹径与口径相当或略大。大口尊已基本无肩，腹部饰直棱状竖条纹。

第四期遗存在石门皂市遗址和澧县斑竹遗址出土较丰。年代约当晚商阶段。该期陶器与第三期相比，变化十分明显，地方特点显著增强，占绝对优势。延续下来的器类主要有釜、鼎、高领罐、豆、大口缸。鬲已明显减少。基本不见假腹豆。新出现一种带扉棱的平底尊和卷沿平底施浅刻划纹的盆。器形变化也较大。釜和鼎有盘口和卷沿两种。高领罐作折肩，腹变浅，底径变大。碗形豆的豆盘口径大于腹径，豆柄则分化为直柄与喇叭形柄两种。第四期的这些变化，反映出商文化对该地区影响的显著减弱和本地文化因素的崛起。

澧水流域与沅江中下游地区的遗存中，釜、鼎、罐、碗形豆是这一地区数量最多、序列最长的器物，属当地土著文化因素，贯穿澧水流域商时期考古学文化的始终。而分裆鬲、簋、假腹豆、斝、爵、伞状钮器盖是商文化因素，只见于前三期。而且两种文化因素共存的时间内，前者一直居于主导地位。因此，澧水流域和沅江中下游商时期的考古学文化应是一支独立的文化。应该予以正式的考古学文化定名，或可称为宝塔文化。其分布范围大体四至是，"北以长江为界，东以洞庭湖、湘水为限，西不入湘西山地，南不越沅、资二水"[1]，主要在石门、临澧、澧县等地。

洞庭湖区西北，过去也曾出土过商时期的铜器。石门皂市遗址 20 世纪 60 年代即出土过残铜块[2]。1990 年，津市涔澹农场发现一座墓葬，内出铜觚、铜爵各 1 件，形制与中原常见商式铜器无异[3]。此外，发现于石门皂市对河桅岗的一座墓葬值得重视。该墓出土器物多件，包括玉璋、玉版，残豆柄，残圈足等[4]。出土器物显示出中原二里头文化的特征。鉴于三星堆文化的例证，我们还不敢就上述发现而论定二里头文化已渗透到这一地区。这是一个有待今后进一步发现和研究的问题。

（六）湘江中上游地区

湘江中、上游地区的考古材料多系采集所得，目前尚不具备深入研究的条件。研究者通常将该地区商代及两周时期的考古遗存放在一起来分析，原因是该地区商周时期的考古遗存一直以印纹硬陶为特征，无法像中原一样能按时代区分为不同的考古学文化。普查了

---

[1] 王文建：《商时期澧水流域青铜文化的序列和文化因素分析》，《考古类型学的理论与实践》，文物出版社，1989 年。
[2] 周世荣：《湖南石门县皂市发现商殷遗址》，《考古》1962 年第 3 期。
[3] 谭远辉：《湖南涔澹农场发现商代铜器墓》，《华夏考古》1993 年第 2 期。
[4] 王文建、龙西斌：《石门县商时期遗存调查——宝塔遗址与桅岗墓葬》，《湖南考古辑刊》第 4 辑，岳麓书社，1987 年。

解到的该地区的印纹硬陶遗址已达数百处。其中做过小面积发掘的有安仁何古山、零陵菱角塘、南岳彭家岭等。另在株洲、衡阳、郴州等地采集标本甚多。有学者经过仔细梳理之后，将该地区商周时期的遗存分为五期[1]：第一期相当中原的早商和中商时期。陶器以红褐或灰色的夹砂软陶为主，也有少量泥质陶器。硬陶数量尚少。器类有盘口折沿釜、矮颈罐、灯形豆、裙柄豆、筒形器。纹饰多为细绳纹和方格纹，也有不规则的折曲纹。第二期约当中原晚商及西周早期。陶器仍以夹砂软陶为主，但硬陶比例迅速增加。器类有宽折沿釜、卷沿釜、喇叭口罐、豆等。其中，折沿釜口沿部有细密弦纹。绳纹、方格纹仍占相当数量，但折曲纹已居主流地位，其他纹饰有席纹、漩涡纹、圈点纹、波浪纹以及戳印的曲尺纹、指甲纹、横人字纹、锯齿状附加堆纹，并见少量的云雷纹和划纹。三至五期约当中原西周中期至战国。从文化特征看，上述遗存似与江西的印纹陶文化有着密切关系。

这一地区也曾多次出土青铜器。其中，部分铜器从器形上看，应是与上述遗址有关的商代遗物。如衡阳出土的牺首尊[2]和提梁卣[3]，浏阳柏嘉出土的铜铙[4]，株洲出土的铜鼎[5]。

（七）沅水和资水上游地区

沅水和资水上游的考古学文化面貌，过去一直混沌不清。近年随着湖南澧水流域、广东珠江流域考古资料的增多，尤其是沅江上游考古发掘工作的展开，终得初窥端倪。位于湖南最西南端靖州市的斗篷坡遗址，是这一地区夏商时期考古学文化的代表性遗址。该遗址已作了较大面积发掘，共揭露3500平方米，清理房基50余座，墓葬500余座，还发现了灰坑和窑址[6]。遗址中所出陶器，与长江中游以及珠江流域夏商时期遗存具有较强可比性，因而成为确定其年代的关键。有学者根据斗篷坡遗址的考古发现，总结了沅、资两水上游地区商时期考古学文化的基本特征：陶器以夹砂陶为主，流行圜底器和圈足器，也有少量平底器，但不见三足器。器类主要有圜底的釜、罐、钵、盆、碗、盘、杯和圈足的盘、罐、簋、豆碗以及支架、器座、纺轮。其中釜、罐类器领部及簋的沿内侧都有细密弦纹。绳纹和条纹是陶器的主要装饰纹样。有少量的拍印方格纹、折曲纹、叶脉纹、云雷纹、刻划、篦点纹和指甲纹[7]。

沅、资二水上游的夏商时期考古学文化，在一定程度上可能受到来自澧水及沅水中下游的影响。如高直圈足的陶簋在上述地区比较多见。但从主流看，来自珠江流域的影响似更明显[8]。

---

[1] 何介钧：《湖南商时期古文化研究》，《湖南先秦考古学研究》第140～143页，岳麓书社，1996年。
[2] 冯玉辉：《湖南市郊发现青铜牺尊》，《文物》1978年第7期。
[3] 唐先华：《衡阳市杏花村商代提梁卣》，《中国考古学年鉴（1986）》，文物出版社，1988年。
[4] 黄纲正：《浏阳县柏嘉镇商代铜铙》，《中国考古学年鉴（1986）》，文物出版社，1988年。
[5] 饶泽民：《湖南株洲发现二件商周青铜器》，《考古》1993年第10期。
[6] 何介钧：《湖南商时期古文化研究》，《湖南先秦考古学研究》第151～153页，岳麓书社，1996年。
[7] 何介钧：《湖南商时期古文化研究》，《湖南先秦考古学研究》第152页，岳麓书社，1996年。
[8] 参见本章第十节。

资水流域的涟源市桥头河镇水洞村曾发现铜卣 1 件[1]，当与本地商时期考古学文化遗存有关。

（八）鄱阳湖及赣江中下游

江西地区商时期考古工作的突破，始自吴城遗址的发掘和吴城文化的确立[2]。

吴城文化实际上是一支受中原商文化影响的地方文化。遗址主要分布于赣江流域，以江西新干、樟树以北的赣江中下游和鄱阳湖区最为密集。发现的吴城文化遗存，包括大量陶器、铜器、石器。其中石范数量甚多，颇具特色。吴城文化还发现大量刻划文字或符号。学者通常将该文化分为三期（图 8 - 11）[3]。

第一期约相当于早商三期。文化面貌以地方特色为主但又反映出强烈的中原文化影响。陶器主要是灰陶和红陶，硬陶、釉陶和原始瓷比例很小。纹饰以粗绳纹最多，一般施于夹砂软陶上。施于硬陶、釉陶和原始瓷上的多为方格纹、S 形纹、云雷纹、圆圈纹等几何形印纹。主要器物有长方体分裆鬲、深腹罐、卷沿深鼓腹盆、假腹豆、折肩罐、圆腹罐、敛口钵、鸟头形钮器盖、马鞍形陶刀、陶纺轮、陶网坠、有段或无段的石锛等。另见少量陶甗形器和陶甑。其中折肩罐的肩较长较陡，双耳釜的腹部较浅较圆。

吴城二期文化年代总体上相当商代中期，部分遗存可能已进入晚商早期阶段。陶器以灰色软陶为主，但硬陶、釉陶和原始瓷的比例有所增加。与一期相比，一个明显的变化是绳纹急剧减少。几何印纹陶中方格纹比例大增，其他几何形纹饰则有席纹、叶脉纹、人字形纹、圈点纹、云雷纹，有时几种纹样出现于同一器体，形成复合纹样。深腹罐基本不见，体态已近方形的分裆陶鬲和甗形器成为主要炊器。假腹豆仍很流行，但豆盘变浅，盘壁有明显折棱。折肩罐器形变化不大，圆腹罐腹部下垂。马鞍形陶刀、纺轮、网坠等仍大量存在。出现半月形石镰、凹刃石斧和石锛。

吴城三期年代约当晚商阶段。与一、二期相比，其地方特点更加突出。陶器虽仍以软陶为大宗，但数量明显减少。硬陶、釉陶和原始瓷器已占有重要地位。绳纹和方格纹比例下降。几何印纹中的席纹、叶脉纹、折曲纹、云雷纹、圈点纹及复合纹饰都有显著增加。陶器群与二期相比变化甚大。开始出现较多的圜底器。陶鬲器体趋于矮小，裆部近弧，且多为泥质素面。甗形器常见。陶豆作浅盘、高圈足，豆盘益浅且不见假腹豆。折肩罐的肩部变平。双耳罐的领部更长、腹更深。伞状钮器盖一般不见子口。本期还出现较多的圜底器。马鞍形陶刀、纺轮、网坠等与二期相比则变化不大。

上述三期代表了吴城文化的主要发展过程。不过，20 世纪 80 年代江西德安石灰山遗

---

[1] 戴小波：《涟源市出土一件商代铜卣》，《文物》1996 年第 4 期。
[2] 江西省博物馆、北京大学历史系考古专业、清江县博物馆：《江西清江吴城商代遗址发掘简报》，《文物》1975 年第 7 期。
[3] A. 江西省博物馆、北京大学历史系考古专业、清江县博物馆：《江西清江吴城商代遗址发掘简报》，《文物》1975 年第 7 期。
    B. 李伯谦：《试论吴城文化》，《文物集刊》3，文物出版社，1981 年。

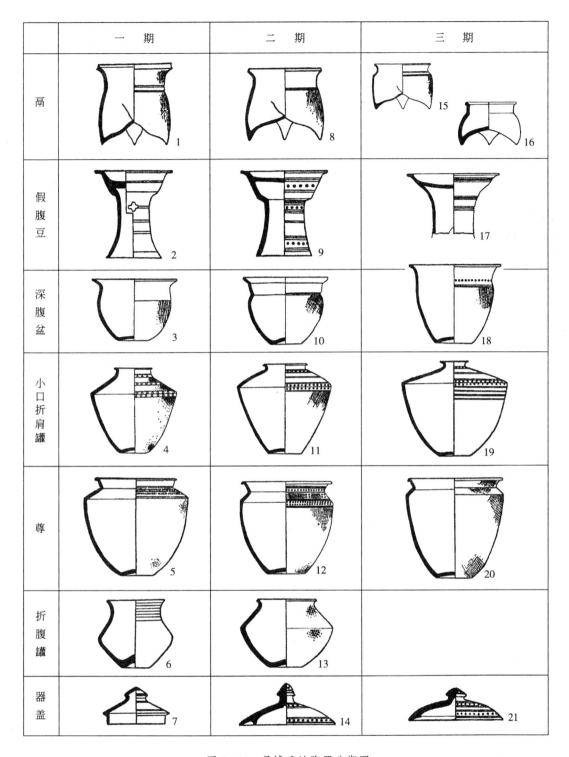

图 8-11 吴城遗址陶器分期图

1. 鬲（74秋 T7⑤:1） 2. 假腹豆（74秋 T7⑤:15） 3. 深腹盆（74秋 T7⑤:10） 4. 小口折肩罐（74秋 T7⑤:29）
5. 尊（74秋 T7⑤:47） 6. 折腹罐（74秋 T7⑤:46） 7. 器盖（74秋 T7⑤:70） 8. 鬲（74秋 WT4H1:1） 9. 假腹豆（74秋 ET5H4:5） 10. 深腹盆（74ET9③:27） 11. 小口折肩罐（74秋 T7③:93） 12. 尊（74秋 T2④:2）
13. 折腹罐（74ET10③:27） 14. 器盖（74ET9③:31） 15. 鬲（74秋 ET7H8:10） 16. 鬲（74秋 ET9H11:8） 17. 假腹豆（73黄 M1:2） 18. 深腹盆（74秋 ET9H11:19） 19. 小口折肩罐（73黄 M1:7） 20. 尊（74秋 ET7H8:11）
21. 器盖（74ET9H11:31） （据《江西清江吴城商代遗址发掘简报》图4）

址的发掘又发现略早于吴城一期的部分遗存[1]。这一发现或许预示今后吴城文化的分期还会有所调整。若将石灰山遗址的发现考虑在内，吴城文化的起止年代约相当于早商二期至晚商末。

吴城文化的典型遗址有樟树吴城遗址、新干大洋洲大墓，以及瑞昌铜岭遗址。吴城遗址位于江西樟树市（原清江县）西南35公里的山前乡吴城村。发现于1973年。截至1992年秋，已进行了7次发掘[2]。清理出道路、房基、灰坑、窖穴、陶窑、墓葬等遗迹。发掘出大量陶器、原始瓷器、铜器和石器。1986年的第6次和1992年的第7次发掘均清理出由鹅卵石、陶片、烧土和黏土铺成的古道路。其中1992年清理道路长91米，宽3~6米或1~2米不等。道路的终端与房基相连。吴城遗址的建筑遗迹有地面式和半地穴式两种。1992年发掘的房基F1为一面积约30平方米的圆角长方形房址。门向西南。门道宽1.2米，两旁有门墩，门墩内侧各有一柱洞。室内东南角构筑有长约4.6米、宽1.93米的长方形土台，台上垫铺有厚0.1~0.12米的白膏泥。房址墙体厚约0.42~0.49米。同年还发掘出一座以红土垫铺而成的长1.6米、宽0.55米的"红土台座"，或是另一类建筑遗存。1973年发现的吴城文化的半地穴式房址平面作圆角长方形。南北长约3.6米，东西宽2.1米。门向东南，有门道。室内设灶台。房基中央和周围墙壁中残存有7个柱洞。地面与墙壁经过焙烧。灰坑平面有椭圆形、圆形、方形、不规则形等。有的灰坑内出土大量石范、铜渣、木炭，以及石质、陶质工具和生活用器。这类灰坑或与铸铜有关。遗址中出土的遗物包括大量石器、陶器及铜器。石质工具或武器有斧、锛、铲、刀、镰、镞、戈、钻、矛、网坠、砺石。陶器以日用器为多。主要有用于炊煮的鬲、深腹罐、甗、袋足鬻、鼎，用于盛贮和饮食的豆、盆、罐、尊、大口尊、缸、瓮、瓿、壶、钵、碗。另有少量陶酒器如斝和爵。其他还有器盖、陶刀、陶纺轮、陶网坠等。

迄今吴城遗址中发现的墓葬均系小型长方形竖穴土坑墓。随葬品组合以陶鬲和陶罐为中心。其他用于随葬的还有陶豆、陶尊、陶鼎、陶盆、陶刀、陶纺轮。少数墓葬还随葬铜锛、铜凿等青铜工具。

瑞昌铜岭遗址发现于1988年，面积约1平方公里，是一处古矿冶遗址，其起采年代始于商代中期，发展于西周，盛于春秋而延及战国，前后连续开采达一千余年。1988~1991年间揭露了1800平方米的采矿区。清理出古矿井102眼、巷道18条、采矿坑7处、工棚2处、冶炼炉2座、储水井数口。发现各种工具400余件，包括铜斧、铜钺、铜凿、铜锛和

---

[1] A. 江西省文物工作队、德安县博物馆：《江西德安石灰山商代遗址试掘》，《东南文化》1989年第4、5期。

　　B. 李家和、杨巨源、刘诗中：《商殷文化与江西吴城类型文化——为〈殷都学刊〉创刊十周年而作》，《殷都学刊》1991年第1期。

[2] A. 江西省博物馆、北京大学历史系考古专业、清江县博物馆：《江西清江吴城商代遗址发掘简报》，《文物》1975年第7期。

　　B. 江西省文物考古研究所、中山大学人类学系、樟树市博物馆：《樟树吴城遗址第七次发掘简报》，《文物》1993年第7期。

木锨、木铲、木辘轳、木溜槽等，都属于与采矿和选矿有关的工具[1]。

新干大洋洲墓葬位于江西新干县大洋洲乡程家村劳背沙洲。其西面约20公里即为著名的吴城遗址所在，附近约5公里处也有一商周时期文化遗址，即牛头城遗址。墓葬系当地农民取沙时发现的，后经正式发掘。墓坑系长方形竖穴土坑式。棺椁已朽。椁室长约8.22米，宽3.6米。棺位于椁室中部偏西，长约2.34米，宽0.85米。骨骼已朽，仅存人牙24枚，经鉴定分属于3个不同个体。墓内随葬器物达1900余件，主要是铜器、玉器和陶器。铜器一般置于棺外椁室范围内，共480余件：包括礼器、乐器、工具、兵器、生活用器等，种类有鼎（包括圆鼎、方鼎）31件、鬲6件、甗3件、瓿1件、豆1件、簋1件、罍1件、壶2件、卣3件、带把觚形器1件（图8-12）；镈1件、铙一套3件；犁铧2件、锸2件、耒1件、耜1件、铲2件、斧27件、斨8件、锛3件、镰5件、镢1件、刀30件、凿17件、锥12件、砧1件；矛35件、戈28件、钩戟1件、钺6件、刀15件、异形剑1件、匕首2件、镞134件、胄1件（图8-13）；进食匕1件、箕形器1件、双面神人头像（图版32）1件、伏鸟双尾虎1件、羊角兽面1件。玉器大部分放在棺室范围内，包括部分无色透明水晶、绿松石、蛇纹石化大理岩制品在内，总数达1072件。玉料以绿色为主，次为灰色、米黄色、牙白色、白色。器类有琮2件、璧2件、环4件、瑗4件、玦19件、璜2件、神人兽面形饰1件、戈5件、矛1件、羽人1件、项链1串、镯1件、笄形附饰1件、蝉1件、柄形器1件、夔龙形器腿3件、水晶套圈2件，此外尚有鱼形和蛙形玉饰等。陶器共发现356件，其中釉陶和原始瓷约占20%左右。陶器主要置于东端二层台上，部分折肩罐集中置于椁室中部偏东，高圈足豆则放于椁室西部。陶器种类包括鬲125件、鼎1件、釜1件、罐38件、瓮6件、尊18件、豆31件、盆4件、盘1件、簋4件、壶1件、罍1件、筒形器1件、斝4件、伞状器盖66件、纺轮4件、蝉纹锛陶范1件。部分陶器上发现有刻划的文字或符号。除上述器物外，墓葬中还出土有骨镞、猪牙、象牙等[2]。

新干大墓所出铜器，个别的年代属早商时期，但多数属中商和晚商阶段。又据陶器推断，该墓年代约当吴城文化二期。墓主应系吴城文化地域内的最高统治者。

在赣东北地区还分布着另一支同吴城文化大致同时的考古学文化遗存，曾称为"万年类型"。以万年、贵溪、鹰潭、乐平、婺源、抚州、弋阳、横峰、上饶、玉山、德兴等县最为密集。典型遗址有万年肖家山、送嫁山、斋山和鹰潭角山等。

肖家山遗址位于万年县城西。发现于1960年，1961年及1962年进行过两次复查[3]。先后共清理了3座墓葬。其中M1长2.1米，宽1.8米，出土陶器13件，包括甗形器2件、斝1件、鼎1件、罐5件、杯2件、碗1件、纺轮1件、缸1件。另外墓室中还出土一小节炭化竹片，填土中出陶钺1件。肖家山M2长2.65米，宽0.8米左右，填土中有少许烧土及竹、木炭块，随葬品有陶罐2件、陶斝1件、带把钵1件。肖家山M3规模与M2相

---

[1] 江西省文物局：《瑞昌铜岭矿冶遗址发掘获重大成果》，《中国文物报》1992年1月19日。
[2] 江西省文物考古研究所、江西省博物馆、新干县博物馆：《新干商代大墓》，文物出版社，1997年。
[3] 江西省文物管理委员会：《一九六一年江西万年遗址的调查和墓葬清理》，《考古》1962年第4期；《一九六二年江西万年新石器遗址、墓葬的调查与试掘》，《考古》1963年第12期。

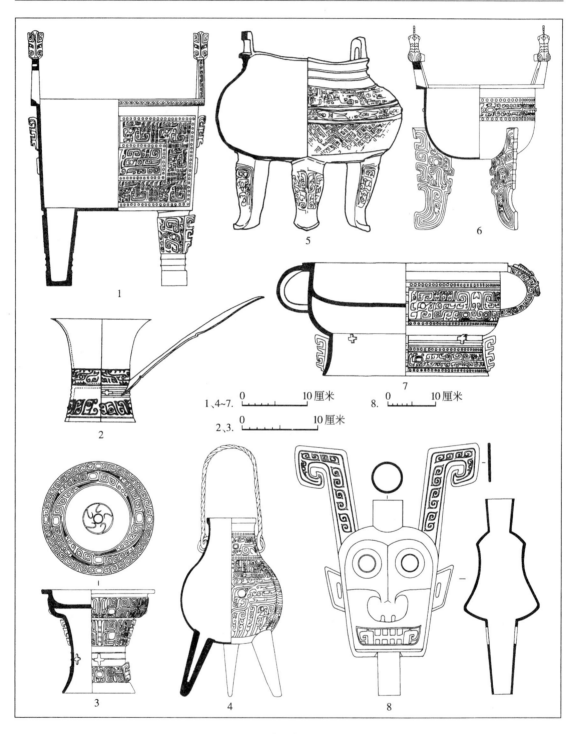

图8-12 新干大洋洲商代大墓出土铜礼器
1. 兽面纹虎耳方鼎（XDM:12） 2. 瓒（XDM:50） 3. 豆（XDM:42） 4. 三足提梁卣（XDM:49） 5. 瓿形鼎（XDM:30） 6. 鸟耳夔形扁足圆鼎（XDM:26） 7. 盘（XDM:43） 8. 双面神人头像（XDM:67）

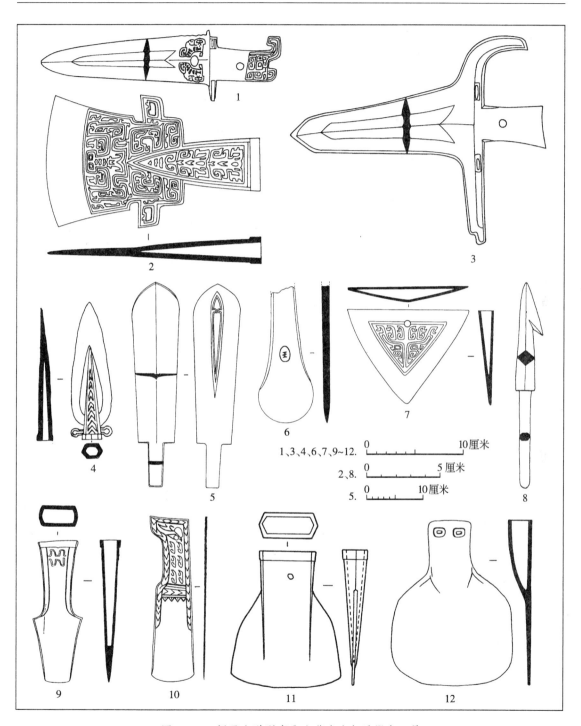

图 8-13 新干大洋洲商代大墓出土铜兵器和工具

1. 戈（XDM:131） 2. 钺（XDM:338） 3. 戟（XDM:133） 4. 矛（XDM:97） 5. 剑（XDM:339） 6. 手斧形器（XDM:401） 7. 犁铧（XDM:343） 8. 鱼镖形器（XDM:259） 9. 镢（XDM:377） 10. 修刀（XDM:378） 11. 铲（XDM:360） 12. 铲（XDM:359）

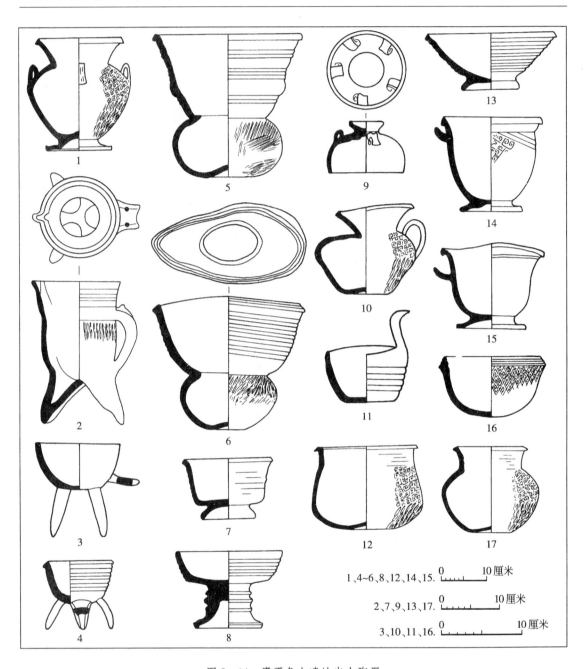

图 8-14　鹰潭角山遗址出土陶器

1. 陶壶（83 板采）　2. 陶鬶（83 板 H1:18）　3. 陶钵形鼎（童采:53）　4. 陶三足器（角 A:39）　5. 陶甗形器（童采:58）　6. 陶甗形器（角 B 上:53）　7. 原始瓷豆（83 角采:1）　8. 陶豆（83 板 H1:2）　9. 陶盖碗（角 B 上:27）　10. 陶壶（86 板 H1:18）　11. 陶带把钵（角 B 上:93）　12. 陶罐（86 板 H1:35）　13. 陶碗（角 B 下:25）　14. 陶尊（83 板 H1:19）　15. 陶尊（83 板 H1:20）　16. 陶钵（83 板 H1:9）　17. 陶罐（86 板 H1:33）

似,长 2.35 米,宽 1.35 米,随葬器有鼎 1 件、罕 1 件,盖豆 1 件。

角山遗址位于鹰潭市区以东约 7 公里的月湖区童家乡角山徐家村旁。遗址面积约 1 万平方米。20 世纪 80 年代初发现,1983 年首次小面积发掘[1]。清理了一座陶窑,并获得一批完整陶器和石器。石器有锛、刀、锥、球、砺石。陶器多为泥质灰色硬陶,其次为泥质红色硬陶,夹砂陶较少;另有一部分釉陶和原始瓷。器表除素面外,多装饰云雷纹、篮纹,还有方格纹、菱形纹、曲折纹、席纹、叶脉纹、绳纹、菱形或方格填线纹等。器类有甗形器、鼎、鬶、爵、壶、尊、豆、三足盘、碗、器盖、罐、带把罐、瓮、缸、提梁罐、带把钵、带把杯、高足杯、甑、支座、觚等(图 8-14)。

上述以万年肖家山、送嫁山和鹰潭角山遗址为代表的一类遗存,是在当地史前文化基础上发展起来的一支青铜时代文化,以几何印纹硬陶为特征,釉陶和原始瓷所占比例较大,有独具特色的陶器群,如以圈底的甗形器为主要炊器,不见陶鬲,支座甚发达,流行带把器,有造型别致的鬶形器等。其文化面貌同闽西北白主段一类遗存以至闽江下游的黄土仑文化关系较密切[2];而同吴城文化差异甚大。如前所述,吴城文化以一般灰陶、红陶为主(硬陶和原始瓷的比例在中、晚期逐渐增多),以鬲和袋足甗为主要炊器,不见支座和鬶形器,却包含一组明显的商文化因素(如鬲、假腹豆、深腹盆等),青铜冶铸业十分发达,有与甲骨文相似又不完全相同的文字系统。因此,江西境内上两类遗存不是同一支考古学文化的两个类型。将万年肖家山、鹰潭角山一类遗存称为与吴城文化并列的"万年类型"也不符合考古学文化命名通例。在尚未提出新命名之前,建议称为"肖家山—角山类遗存",以待对其文化归属及与周围地区文化关系有更深入地研究。

第四节 四川盆地、汉中及峡江地区

四川盆地周围的群山对古代居民的对外交往具有很大的阻碍作用,因此古代的四川盆地不仅是一个独立的自然地理单元,而且也是一个相对独立的历史文化区。不过四川盆地并非与外界完全隔绝,人们通过一些山间谷道可达东北的汉中、川东和鄂西地区。现有资料表明,汉中、川东和鄂西地区夏商时期的考古学文化与成都平原以广汉三星堆、成都十二桥为代表的三星堆文化有着非常密切的联系。即使在这一范围内可以区分出若干个考古学文化,这些考古学文化之间的联系也会比各自与其他文化的联系更为密切,这些地区的考古学文化似应同属一个比较大的文化系统。

一 三星堆文化

(一)三星堆文化的发现与分布

成都平原夏商时期考古学文化的发现与研究起步颇早。1929 年春天(一说为 1931

---

[1] 江西省文物工作队:《江西鹰潭角山窑址试掘简报》,《华夏考古》1990 年第 1 期。
[2] 详见本章第十节。

年），广汉县中兴乡月亮湾村民燕道诚在宅旁发现了一坑玉石器，1933 年冬至 1934 年春，华西大学博物馆在燕宅附近进行了试掘，并根据玉石器与中原礼玉的相似性，判定其年代为铜石并用时代至西周初年[1]，随后学者们对这两批资料进行了认真研究[2]。20 世纪 50 年代以后，经过多次调查，得知月亮湾、三星堆一带是一处范围很大的遗址[3]。1963 年又在月亮湾进行了试掘[4]。70 年代末，有学者发表对三星堆遗址玉石器的研究论文，推定其年代为西周后期至春秋前期[5]。

20 世纪 80 年代以来，在三星堆遗址连续进行了多次发掘。在报道 1980～1981 年的出土资料时，发掘者将其划分为前后相连的三期，断定其年代是从新石器时代晚期至夏商时期，并根据此类文化遗存的内涵与分布，提出了三星堆文化的命名[6]，于是以前使用的"广汉文化"[7]、"中兴场类型[8]"、"中兴遗存"[9]、早期（巴）蜀文化等概念，逐渐为"三星堆文化"取代。1986 年三星堆两座器物坑的发现[10]，1985～1987 年成都十二桥遗址的发掘[11]，使人们对成都平原夏商时期的文化遗存有了全新的认识，从而吸引了很多学者对三星堆文化所涵盖的时空范围、分期、族属等进行不懈探索。关于三星堆文化的时代范围，一致主张把三星堆遗址一期从三星堆文化中剔除出去，另命名为宝墩文化，而对其下限则分歧较大[12]。我们同意三星堆遗址第一期应归属于宝墩文化；并认为，与三星堆

---

[1] Graham, D.C. (1933–1934) A Preliminary Report of the Hanchow Excavation, *Journal of the West China Border Research Society*, Vol. VI.

[2] 主要有：
 A. 戴谦和：《四川古代石器》，《华西边疆研究学会会志》第 4 卷，1936 年。
 B. 林名钧：《广汉古代遗址之发现及其发掘》，《说文月刊》第 3 卷第 7 期，1942 年。
 C. 郑德坤：《四川古代文化史》，华西大学博物馆专刊，1946 年。

[3] A. 西南博物院筹备处：《宝成铁路修筑工程中发现的文物简介》，《文物参考资料》1954 年第 3 期。
 B. 王家祐、江甸潮：《四川新繁、广汉古遗址调查记》，《考古通讯》1958 年第 8 期。
 C. 四川大学历史系考古学教研室：《广汉中兴公社古遗址调查简报》，《文物》1961 年第 11 期。

[4] 马继贤：《广汉月亮湾遗址发掘追记》，《南方民族考古》第五辑，四川大学出版社，1992 年。

[5] 冯汉骥、童恩正：《记广汉出土的玉石器》，《文物》1979 年第 2 期。

[6] 四川省文物管理委员会、四川省博物馆、广汉县文化馆：《广汉三星堆遗址》，《考古学报》1987 年第 2 期。

[7] 郑德坤：《四川古代文化史》，《华西大学博物馆专刊》，1946 年。

[8] 赵殿增：《巴蜀原始文化的研究》，《巴蜀考古论文集》，文物出版社，1987 年。

[9] 孙华：《巴蜀文物杂识》，《文物》1989 年第 5 期。

[10] A. 四川省文物管理委员会、四川省文物考古研究所、四川省广汉县文化局：《广汉三星堆遗址一号祭祀坑发掘简报》，《文物》1987 年第 10 期。
 B. 四川省文物管理委员会、四川省文物考古研究所、四川省广汉县文化局：《广汉三星堆遗址二号祭祀坑发掘简报》，《文物》1989 年第 5 期。
 C. 四川省文物考古研究所：《三星堆祭祀坑》，文物出版社，1999 年。

[11] 四川省文物管理委员会、四川省文物考古研究所、成都市博物馆：《成都十二桥商代建筑遗址第一期发掘简报》，《文物》1987 年第 12 期。

[12] A. 陈显丹利用 1980 至 1986 年的资料，将三星堆遗址划分为四期（见陈显丹：《广汉三星堆遗址发

遗址一、二号器物坑年代相当的十二桥遗址⑬~⑩层应归入三星堆文化的范畴。

三星堆文化主要分布于四川盆地内的成都平原，并先后以三星堆遗址和十二桥遗址群为中心。自1986~1990年，曾在广汉、什邡、新都和彭县境内连续进行了5次调查，在广汉境内发现了毗卢寺、烟堆子、石佛、金华、大偃等5处三星堆文化遗址，在什邡境内发现有人民—新安、三包、水碾河等3处三星堆文化遗址，另外还在广汉狮儤、金谷堆和什邡大碑、泉固、农科等5处采集到三星堆文化的器物[13]。在成都市的故陴江两岸，三星堆文化遗址分布十分密集。除十二桥以外，经过发掘的还有指挥街[14]、抚琴小区、方池街[15]、岷江饭店、羊子山[16]等。新繁水观音[17]，雅安沙溪[18]，新都桂林[19]，也都是比较典型的三星堆文化遗址。此外，在汶川县曾发现一处石器窖藏，据称其内的石器与三星堆遗址出土者颇似[20]。嘉陵江流域的阆中坪上[21]、兰家坝，南充淄佛寺[22]，大渡河流域的汉源麻家山[23]、背后山、桃坪、青杠[24]、富林等遗址[25]，也发现有三星堆文化遗存。

　　掘概况、初步分期——兼论"早蜀文化"的特征及其发展》，《南方民族考古》第二辑，四川大学出版社，1989年）。

B. 孙华曾将三星堆遗址的文化遗存分为三期六段，认为其中第二期约当二里头文化晚期至二里冈文化时期，下限可至殷墟一期前段（按：即本书中商三期），称之"三星堆文化"。第一期属边山文化，第三期年代属十二桥文化（见孙华：《三星堆遗址分期研究》，《南方民族考古》第五辑，四川大学出版社，1992年）。将十二桥遗址群为代表的"十二桥文化"分为三段，年代约当殷墟时期（见孙华：《成都十二桥遗址群分期初论》，《四川考古论文集》，文物出版社，1996年）。

C. 李伯谦同意将三星堆遗址的第一期排除在三星堆文化之外，但认为其年代下限一直延续到约当春秋前期的以成都指挥街⑤层为代表的遗存（见李伯谦：《对三星堆文化若干问题的认识》，《考古学研究（三）》，科学出版社，1997年）。

D. 宋治民将三星堆遗址二、三、四期命名为三星堆文化（见宋治民：《论三星堆遗址及相关问题》，《三星堆与巴蜀文化》，巴蜀书社，1993年）。

[13] 四川省文物考古研究所三星堆工作站：《四川广汉、什邡商周遗址调查报告》，《南方民族考古》第五辑，四川大学出版社，1992年。

[14] 四川大学博物馆、成都市博物馆：《成都指挥街周代遗址发掘报告》，《南方民族考古》第一辑，四川大学出版社，1987年。

[15] 王毅：《成都市巴蜀文化遗址的新发现》，《巴蜀历史·民族·考古·文化》，巴蜀书社，1991年。

[16] 四川省文物管理委员会：《成都羊子山土台遗址清理报告》，《考古学报》1957年第4期。

[17] 四川省博物馆：《四川新繁县水观音遗址试掘简报》，《考古》1959年第8期。

[18] 四川省文物管理委员会、四川省文物考古研究所、雅安地区文物管理所：《雅安沙溪遗址发掘及调查报告》，《南方民族考古》第三辑，四川大学出版社，1990年。

[19] 成都市文物考古工作队：《四川新都县桂林乡商代遗址发掘简报》，《文物》1997年第3期。

[20] 范勇：《试论早蜀文化的渊源及族属》，《三星堆与巴蜀文化》，巴蜀书社，1993年。

[21] 胡昌钰、孙智彬：《阆中县坪上商周时代遗址》，《中国考古学年鉴（1990）》，文物出版社，1991年。

[22] 南充地区文化局、重庆市博物馆：《嘉陵江南充地区河段考古调查纪实》，1979年5月铅印本。转引自杨华：《从鄂西考古发现谈巴文化的起源》注[34]、[35]，《考古与文物》1995年第1期。

[23] 中国社会科学院考古研究所四川工作队：《四川汉源县大树乡两处古遗址调查》，《考古》1991年第5期。

可见，三星堆文化在成都平原及其周围有着十分广泛的分布。

需要着重提到的是，2001年初春发现的成都金沙遗址，分布范围约3平方公里，其年代同三星堆遗址相衔接，文化面貌一脉相承。在遗址范围的不同区域，分别发现房址、陶窑、墓葬、祭祀性遗迹等，似存在按功能分区的布局。已出土金器、铜器、玉器、石器、象牙等珍贵文物2000余件，其中玉器900多件。从出土遗物看，其规格明显高于同时的十二桥遗址，推测是广汉三星堆遗址衰落后，商代晚期兴起的古蜀国又一都邑性中心遗址，其下限延续到西周[26]。这处最新的重大发现，无疑将极大地丰富川西地区商周考古的内涵。

（二）三星堆文化的主要遗迹

1. 三星堆古城的布局和时代

三星堆遗址群是三星堆文化早期的中心遗址，总面积约12平方公里。在遗址上发现有东、西、南三面城墙（图8-15）。对于未发现城墙的北面，或认为以鸭子河为天然屏障，

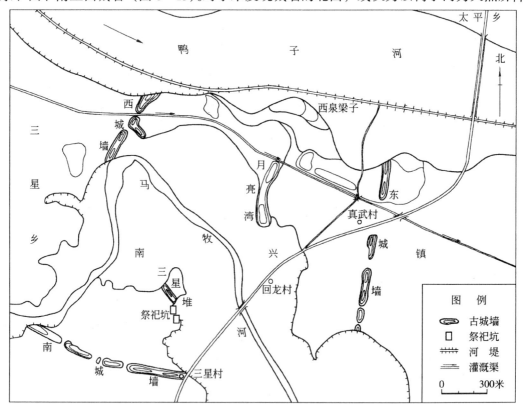

图8-15 三星堆遗址平面图

---

[24] 赵殿增：《巴蜀原始文化的研究》，《巴蜀考古论文集》，文物出版社，1987年。
[25] 岳润烈：《四川汉源出土商周青铜器》，《文物》1983年第11期。
[26] 朱章义、张擎、王芳：《继三星堆后四川最为重大的考古发现——成都金沙发现古蜀国中心遗址》，《中国文物报》2001年12月7日。

或认为北城墙已被河水冲毁[1]。这些断断续续的城墙围成的古城东西长1600~2100米，现存总面积3.6平方公里（图8-15）。城墙由五花土夯筑而成，横断面为梯形，墙基宽40余米，顶部宽20余米，现存最高处约8米。城墙由墙体和内、外护坡三部分组成。墙体断面为梯形，内、外护坡采用分段夯筑法，东、西、南三面城墙的外侧均发现有城壕，东、西城壕的南、北两端分别与马牧河、鸭子河相通，南城壕的两端则分别与马牧河的上、下游相接。墙体的上部还使用了土坯砖。

在城址的中轴线上，分布着三星堆、月亮湾、真武宫和西泉坎四处台地。这些台地的文化堆积相当丰富，1929年发现的玉石器坑和一、二号器物坑都位于这一中轴线上。1984年在三星堆遗址内的西泉坎、1986年在第Ⅲ区各发现一处石璧成品、半成品和废件集中的处所，似与玉器作坊有关。

1983年在第Ⅰ区发现有陶窑。

据报道，东、南城墙下压宝墩文化的文化层，同时又被"三星堆二期偏晚"的文化层叠压，西城壕内最底层的堆积为"商代晚期至西周早期，其中的高柄豆、尖底罐等器物很具时代特征"[2]，据此可以推定三星堆古城的时代约与该遗址的三星堆文化相始终。

2. 建筑遗迹

在三星堆、十二桥两处都发现有木结构建筑。三星堆者平面绝大多数为长方形和方形，圆形者很少。面积一般在10~25平方米之间，门向不一，多在一侧开门，少数门内有"屏风"式的隔墙。居住面是由生土踩踏或拍打而成，有的还加一层白膏泥。四周的墙基多挖沟槽，沟底再挖柱洞或小沟槽，小沟槽是为在木柱间立小木棍或竹棍而作，由此可见墙体应是木骨泥墙。

在十二桥遗址发现了一片面积近1万平方米的木结构建筑群。木结构建筑的材料有圆木、方木、木板及圆竹、竹篾、茅草等。构件之间的接合方法有三种，即竹篾绑扎、原始榫卯与竹篾绑扎相结合、榫卯结构。前两种多用于小型构件，后者则用于大型构件。木结构建筑的基础有地梁基础、桩基础两种，前者用于大型建筑，地梁上有立柱用的卯孔；后者用于小型建筑。柱基础是先将许多下端削尖的圆木桩打入土中，形成密集的柱网，在圆木桩上端绑扎纵向排列的主龙骨，做成方格网状的结构层，其后在地龙骨上平铺地板，作为居住面。小型建筑的墙体是用直径6~11厘米的圆木，纵横相交绑扎成网状的木骨架，再把用小圆竹和竹篾编织的竹篾笆绑扎在木骨架上。小型建筑的房顶为两面坡式，先将作为檩、椽的圆木连接成方格网状，再铺上茅草，然后用竹篾绑扎。

3. "祭坛"类遗迹

三星堆古城的南部有三个起伏相连的土堆。1956年调查时纵长大约400米[3]，隆起的顶

---

[1] 郭发明：《兴于水利、毁于水攻——试析三星堆古城的兴起和毁弃》，《成都文物》1994年第4期。

[2] A. 陈德安、罗亚平：《广汉三星堆遗址发掘获重大成果》，《中国文物报》1989年9月15日。
B. 陈德安：《三星堆遗址》，《四川文物》1991年第1期；《广汉三星堆早期蜀国城墙》，《中国考古学年鉴（1990）》，文物出版社，1991年；《广汉三星堆遗址西城墙》，《中国考古学年鉴（1993）》，文物出版社，1995年。

[3] 王家祐、江甸潮：《四川新繁、广汉古遗址调查记》，《考古通讯》1958年第8期。

部为椭圆形，最高处高出周围地面约10米，1984~1985年解剖土堆时，发现是人工堆筑而成，土堆内仅见三星堆文化早期陶片[1]，或认为这三个土堆为祭社或封禅用的祭坛[2]。

20世纪50年代曾在成都羊子山清理出一座平面呈正方形的三层土台建筑，边长103米，高10米以上，当初发掘者推断其年代约当东周时期。近年有学者改订为约当殷墟三、四期的三星堆文化第四期[3]。若然，则该土台应是成都十二桥遗址群的有机组成部分，是当时的祭坛。

4. 器物坑

三星堆遗址曾发现7座器物坑，另在广汉市的高骈乡、盐亭县和汶川县各发现1座，共计10座（表8-1）。这些器物坑多为长方形，多数坑内仅埋藏玉石礼器，而三星堆一、二号器物坑还埋有大量青铜器和其他质料的器物（图版8）。关于三星堆两座器物坑的性质，发掘者在《简报》中认为是祭祀以后遗留的祭祀坑。整个祭祀过程包括"燎祭"与"瘗埋"等程序。这种说法得到了很多学者的赞同，至于祭祀的对象则各说不一[4]。当然也有学者对祭祀坑说提出异议[5]。

5. 墓葬

三星堆遗址发现有4座墓葬，多为长方形竖穴土坑，一为成年女性，三为儿童。葬式有仰身直肢、仰身屈肢两种，均无葬具和随葬品。

---

[1] 屈小强、李殿元、段渝主编：《三星堆文化》第226页，四川人民出版社，1993年。

[2] A. 陈显丹：《三星堆一、二号坑几个问题的研究》，《四川文物》三星堆遗址研究专辑，1989年。
    B. 樊一、陈煦：《封禅考——兼论三星堆两坑性质》，《四川文物》1998年第1期。

[3] 林向：《羊子山建筑遗址新考》，《四川文物》1988年第5期。

[4] A. 陈德安认为祭祀对象是岷山之神（见陈德安：《浅释三星堆二号祭祀坑出土的"边璋"图案》，《南方民族考古》第三辑，四川大学出版社，1990年）。
    B. 樊一、陈煦认为是封禅（见樊一、陈煦：《封禅考——兼论三星堆两坑性质》，《四川文物》1998年第1期）。
    C. 林小安认为是祭列祖列宗（见林小安：《三星堆商代器物坑探幽》，《文物天地》1995年第3期）。
    D. 胡昌钰、蔡革认为是杜宇用鱼凫的社树和各种礼器来祭祀其祖先（见胡昌钰、蔡革：《鱼凫考——也谈三星堆遗址》，《四川文物》三星堆古蜀文化研究专辑，1992年）。
    E. 发掘者在正式报告中，对原《简报》提出看法有所修正，认为："两坑器物是不同年代的两个宗庙内的用器"，由于方国内部政权更迭，致使两个宗庙先后被毁，并经过一定祭祀仪式，焚毁后埋入坑中。为反映其祭祀礼仪因素，仍定名为祭祀坑（见四川省文物考古研究所：《三星堆祭祀坑》第440~442页，文物出版社，1999年）。

[5] A. 林向认为两个器物坑很可能是"萨满式文化"的产物，大概是在附近举行巫术活动后的"厌胜"性埋藏（见林向：《蜀酒探源》，《南方民族考古》第一辑，四川大学出版社，1987年）。
    B. 徐朝龙认为是杜宇灭掉鱼凫之后，夷其宗庙、焚其彝器的结果（见徐朝龙：《三星堆"祭祀坑说"唱异——兼谈鱼凫和杜宇之关系》，《四川文物》1992年第5、6期）。
    C. 张明华认为是蜀王的火葬墓（见张明华：《三星堆祭祀坑会否是墓葬》，《中国文物报》1989年6月2日）。
    D. 另外还有人提出窖藏说（见屈小强、李殿元、段渝主编：《三星堆文化》第225页，四川人民出版社，1993年）。

表 8-1 三星堆文化器物坑统计表

序号	坑别	发现时间	地点	尺寸	出土器物	资料来源
1		1929 年	三星堆遗址月亮湾燕家院子附近	长约七尺,宽约三尺,深三尺	玉石璧、琮、璋、圭、斧等,共三四百件	冯汉骥、童恩正:《记广汉出土的玉石器》,《文物》1979 年第 2 期
2	一号器物坑	1986 年	三星堆遗址	坑口长 4.5~4.64 米,宽 3.3~3.48 米,深 1.46~1.64 米	金、铜、玉、石、骨、陶、象牙等质料的文物 400 余件,另有海贝和大量骨渣	《文物》1987 年第 10 期、《三星堆祭祀坑》
3	二号器物坑	1986 年	三星堆遗址	口长 5.3 米,宽 2.2~2.3 米,深 1.4~1.68 米	各类器物 1300 余件,其中青铜器 735 件、金器 61 件、玉石器 500 余件,另海贝 4600 枚	《文物》1989 年第 5 期、《三星堆祭祀坑》
4		1988 年	三星堆遗址真武村"仓包包"	长约 2 米,宽约 1 米	铜牌饰 3;玉瑷 8、箍形器 1、凿 1;石璧两组 21 件、斧 3	《四川考古报告集》,文物出版社,1998 年。
5		1987 年	三星堆遗址东城墙南端狮子闹			赵殿增:《人神交往的途径》,《四川考古论文集》,文物出版社,1996 年
6		1964 年	三星堆遗址月亮湾台地		石器	冯汉骥、童恩正:《记广汉出土的玉石器》,《文物》1979 年第 2 期
7		1974 年	三星堆遗址月亮湾梭子田			赵殿增:《人神交往的途径》,载《四川考古论文集》,文物出版社,1996 年
8		1976 年	广汉市高骈乡机制砖瓦厂		铜牌饰 1;玉戚 1、刀 1、矛 1	敖天照、王友鹏:《四川广汉出土商代玉器》,《文物》1980 年第 9 期
9			盐亭县麻秧乡蒙子村	长 3.2 米,宽 1.6 米,深 1.3 米	列璧 1 组 10 枚	赵紫科:《盐亭出土古代石璧》;赵殿增:《绵阳文物考古札记》,《四川文物》1991 年第 5 期
10			汶川县		多为条形石斧、圭形凿	范勇:《试论早蜀文化的渊源及族属》,《三星堆与巴蜀文化》,巴蜀书社,1993 年

(三) 三星堆文化的遗物

三星堆文化发现有青铜器、金器、玉器、石器、陶器、骨器等。

青铜器有大型立人像、跪坐人像、小人像、持璋小人像、人头像、人面具、兽面具、眼形器、眼泡、爬龙柱形器、虎形器、罍、尊、盘、器盖、铃、瑗、锄形器（《三星堆祭祀坑》报告称"戚形方孔璧"）、小型凤鸟饰、鸟形饰、蛇形饰、夔龙形饰、神殿和神坛的模型、神树、各种形制的青铜牌饰、戈、戈形器、钺、凿、镞等。大型立人像头戴花冠，身着鸡心领左衽长襟衣，足下有双层方座，通高 2.60 米，与真人大小相近。跪坐人像高 15 厘米，卷发，上身着右衽长袖短衣，下身穿裤。小人像高十几厘米，为半圆雕。人头像有平顶无冠、平顶戴冠、圆顶饰蝴蝶结、鼓顶盘发、圆顶双角等种类，各类人头像的下端均为管状，前后两侧下垂（图版 30-1），由此推断这些人头像原来应是插在柱形器物上的。人面具均为半圆形（图版 30-2），其中 3 件属于一类，两个眼球凸出眼眶，巨耳，大嘴。爬龙柱形器器身为圆柱形，顶部斜平，龙爬伏在顶上，下半身垂在器后（图 8-16）。青铜礼器与殷墟青铜礼器具有明显的一致性，但其以罍、尊为主的组合方式，以及饕餮纹之多横贯口、额上有牌状饰、常常一兽两对角等纹饰的作风，均与中原及其他地区有所不同。戈直内无胡，同于中原地区者。戈形器援两侧为锯齿状，直内，独具特色。1988 年，在三星堆遗址内的一座器物坑中，发现两件青铜牌饰，总体略呈梯形，平面微拱如瓦状，周边有四个穿孔。一件遍布 "S" 形镂孔，一件在器表平刻出变形缠枝浮雕图案，在枝干的空隙中间镶嵌有绿松石碎片[1]，这种器物目前仅发现于二里头遗址和三星堆遗址，二者显然同出一源。

金器有杖皮、面罩、虎形、璋形、鱼形箔饰等。杖皮由纯金皮包卷而成，其上饰有人头和鱼、鸟图案，出土时已压扁，卷内尚存木质炭化物，在距杖头 20 厘米处发现一件铜龙头饰件，发掘者由此推测此杖可能原为一柄金皮木芯铜龙头杖。面罩和虎形饰均为模压而成。

玉石器有璋、戈、琮、璧、瑗、环、戚璧、斧、锛、凿、斤、刀、由管、珠组成的串饰、磨石等。玉石器出土时多盛放在罍、尊之内。其中以数量众多的玉璋最具特色。一号坑出土 40 件、二号坑出土 17 件。中原地区的玉璋主要流行于夏代，进入商代以后仅有个别孑遗，而相当晚商时期的三星堆文化中晚期，玉璋仍大量存在。玉璋种类颇多，根据射部的形状，可分双歧、斜直、圆鼓、鱼形诸类（图版 31-1）。两个坑出土玉戈 39 件、大理石戈 10 件。戈均直内无胡，形制与铜戈相同（图 8-16；图版 31-2）。

骨器有笄、针、锥、镞等。十二桥遗址发现的 8 块甲骨，均有钻、灼而无凿。

陶器以夹砂陶为主，泥质陶很少。以褐陶为主，灰陶仅占很小的比例。器表多素面，纹饰以绳纹为主，另有弦纹、突棱、附加堆纹及各类刻划纹。最初陶器多手制，后轮制逐渐代替手制。器物造型以平底器为最多，圈足器、尖底器次之，三足、圜底器较少。平底多为小平底，极个别内凹。有肩罐、高柄小盘的豆和豆形器、袋足封口盉、鸟头柄勺、

---

[1] 四川省文物考古研究所三星堆工作站、广汉市文物管理所：《三星堆遗址真武仓包包祭祀坑调查简报》，《四川考古报告集》，文物出版社，1998 年。

第八章　夏、商王朝周边地区的考古学文化　499

图 8-16　三星堆遗址出土青铜器和玉器（之一）
1. 大型铜立人像（K2②：149、150）　2. 铜人面具（K2②：148）　3. 铜人面具（K2②：153）　4. 铜人头像（K2②：58）
5. 铜人头像（K2②：83）　6. 铜龙柱形器（K1：36）　7. 铜跪坐人（K2③：04）　8. 铜跪坐人像（K1：293）S

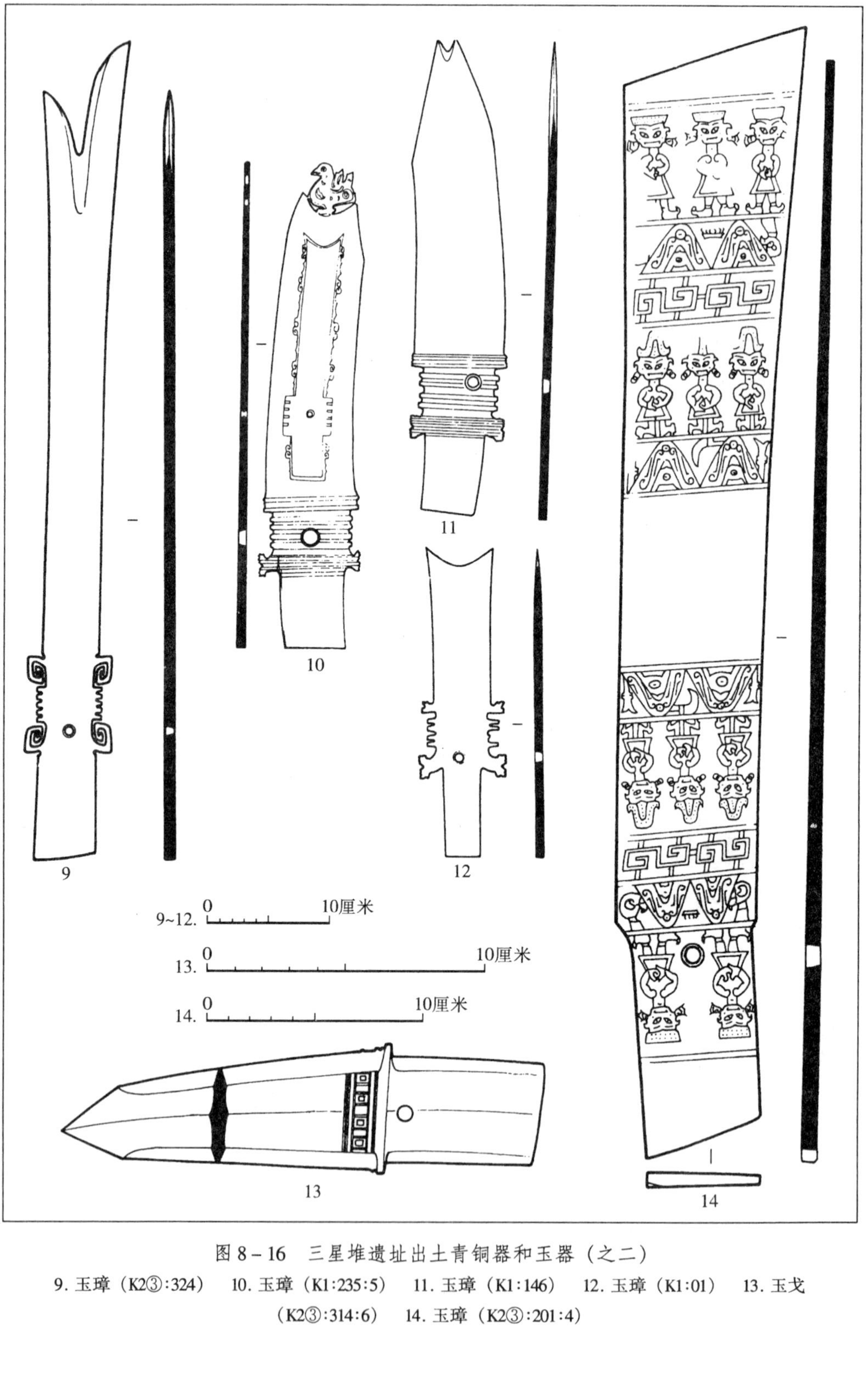

图 8-16 三星堆遗址出土青铜器和玉器（之二）
9. 玉璋（K2③:324） 10. 玉璋（K1:235:5） 11. 玉璋（K1:146） 12. 玉璋（K1:01） 13. 玉戈（K2③:314:6） 14. 玉璋（K2③:201:4）

瓢、圈足状纽器盖、窝头形纺轮等始终是主要的器类，前三期常见小平底大敞口盆、大圈足盘、大口尊、小口高领罐、鬲形器，后三期常见尖底盏、尖底杯、尖底罐、尖底钵、高直领壶、捏瓣捉手器盖等。

在三星堆的两个器物坑中出土海贝4700余枚，一部分堆放在坑底，一部分盛放在青铜尊、罍等容器和铜人面中。后者与云南江川李家山和晋宁石寨山出土的贮贝器情况相似。在两坑中还出土有若干件铜贝。有研究者推测这些海贝及仿造的铜贝应是当时的货币[1]。

（四）三星堆文化的分期与年代

经初步排比三星堆、十二桥等遗址的出土资料，参考各家的研究成果，可将三星堆文化分为六期（图8-17）。

第一期以三星堆遗址1980~1981年发掘的④、③层（即《广汉三星堆遗址》报告中的第三、二文化层）为代表，1986年发掘的Ⅲ区⑫、⑪层和1985~1986年发掘的⑦层等亦属此期[2]。

该期以夹砂褐陶为主，泥质灰陶次之。绝大多数为素面，纹饰仅占约七分之一，主要有粗细绳纹、弦纹，另有网状刻划纹、附加堆纹、突棱纹、戳印纹、篦纹、云雷形印纹、镂孔以及贝纹、心形纹、人字纹等。主要器类有小平底罐、高柄豆、矮圈足豆、平底盘、圈足盘、盉、瓶、杯、碗、碟、缸、瓮、器盖，以及极少量的鸟头柄勺等。小平底罐卷沿圆唇，深腹圆鼓，下腹内曲，腹径最大处在中腹。高柄豆柄细高，柄部近直，圈足呈喇叭形。大盘者盘壁外敞。杯状盘豆形器浅腹，腹壁近斜直，高柄中部近圆柱形。盉体形瘦高，腰部上下分界明显，上部略短于下部，把较高；管状流斜上扬，与中剖线夹角较小，流高于口；三袋足瘦高，裆下角较小，周壁较斜直，无实心乳突状足尖。鸟头柄勺刻划较简单，素面无纹饰，鸟嘴扁长似鸭。平底盘大敞口，小平底，深腹，薄壁。圈足盘宽平沿。瓢形器口沿外卷，腹壁内曲。器盖纽呈圈足状。纺轮一面平一面凸，近似"山"状，坡面曲折似台阶。

第二期以三星堆遗址1980~1981年发掘的②层（即《广汉三星堆遗址》报告中的第一文化层）为代表，三星堆遗址1986年发掘的Ⅲ区⑩、⑨层等亦属此期。

仍以夹砂陶为主，有灰褐和黑灰二种，但泥质陶（呈灰色或红褐色）比例有所减少。器表素面者占90%以上；绳纹为主要纹饰，约占全部纹饰的85%左右，新出现米粒纹、乳钉纹、蚌纹、网格纹、镂孔等。器类略同上期，惟高柄豆、鸟头柄勺更为流行，新出的器形有壶（或称尊形器）。小平底罐腹部稍浅，腹径最大处靠上，下腹腹壁仍多内曲。高

---

[1] A. 张善熙、陈显丹：《三星堆文化的贝币试探》，《四川文物》三星堆遗址研究专辑，1989年。
B. 屈小强：《试说"三星堆"文明的货币》，《成都文物》1993年第4期。
[2] 1986年的发掘资料，我们主要依据：
A. 陈显丹：《广汉三星堆遗址发掘概况、初步分期——兼论"早蜀文化"的特征及其发展》，《南方民族考古》第二辑，四川大学出版社，1989年。
B. 四川省文物考古研究所：《三星堆祭祀坑》第424~437页，文物出版社，1999年。

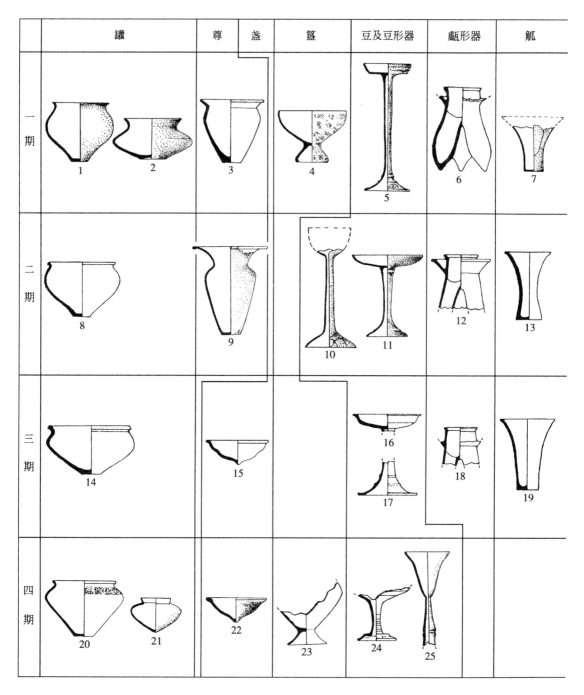

图 8-17 三星堆文化陶器分期图（之一）

1. 有肩罐（三星堆 DaT2②:15） 2. 翻领罐（三星堆 DaT1②:20） 3. 大口尊（三星堆 86Ⅲ⑪） 4. 簋（三星堆 DaT2②:34） 5. 高柄豆（三星堆 BaT1②:36） 6. 甗形器（三星堆 86Ⅲ⑫） 7. 觚（三星堆 DdT2③:12） 8. 有肩罐（三星堆 86Ⅲ⑨） 9. 大口尊（三星堆 CdT4①:24） 10. 豆形器（三星堆 AaT4①:38） 11. 高柄豆（三星堆 AaT4①:39） 12. 甗形器（三星堆 86Ⅲ⑨） 13. 觚（三星堆 86Ⅲ⑨） 14. 有肩罐（三星堆 86Ⅲ⑧） 15. 尖底盏（三星堆 K1:24）） 16. 豆（三星堆 86Ⅲ⑧） 17. 豆（三星堆 86Ⅲ⑧） 18. 甗形器（三星堆 86Ⅲ⑧） 19. 觚（三星堆 86Ⅲ⑧） 20. 有肩罐（十二桥Ⅰ T18⑬:1） 21. 尖底罐（十二桥Ⅱ T50⑬:14） 22. 尖底盏（十二桥ⅠT2⑬:4） 23. 簋（十二桥Ⅱ T50⑬:10） 24. 豆（十二桥Ⅰ T22⑬:9） 25. 豆形器（十二桥Ⅱ T40⑬:32）

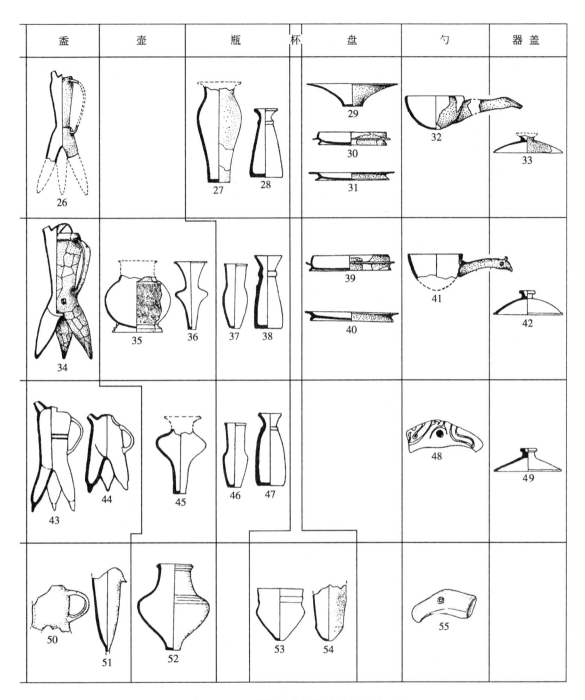

图 8-17 三星堆文化陶器分期图（之二）

26. 盉（三星堆 DcT1②:43） 27. 瓶（三星堆 DaT2③:50） 28. 瓶（三星堆 86Ⅲ⑫） 29. 平底盘（三星堆 DaT1②:8） 30. 圈足盘（三星堆 DaT2②:3） 31. 圈足盘（三星堆 DcT1②:2） 32. 鸟首柄勺（三星堆 DbT3②:53） 33. 器盖（三星堆 DaT2③:32） 34. 盉（三星堆 CbT6①:41） 35. 壶（三星堆 BbT5①:22） 36. 壶（三星堆 86Ⅲ⑨） 37. 瓶（三星堆 86Ⅲ⑨） 38. 瓶（三星堆 86Ⅲ⑨） 39. 圈足盘（三星堆 DcT1①:4） 40. 圈足盘（三星堆 DaT1①:11） 41. 鸟首柄勺（三星堆 DbT2①:54） 42. 器盖（三星堆 86Ⅲ⑨） 43. 盉（三星堆 86Ⅲ⑧） 44. 盉（三星堆 86Ⅲ⑧） 45. 壶（三星堆 86Ⅲ⑧） 46. 瓶（三星堆 86Ⅲ⑧） 47. 瓶（三星堆 86Ⅲ⑧） 48. 鸟首柄勺（三星堆 86Ⅲ⑧） 49. 器盖（三星堆 86Ⅲ⑧） 50. 盉（十二桥ⅠT2⑬:7） 51. 盉（十二桥ⅠT2⑬:9） 52. 壶（十二桥ⅠT2⑬:2） 53. 尖底杯（十二桥ⅡT50⑬:8） 54. 尖底杯（十二桥ⅠT2⑬:1） 55. 鸟首柄勺（十二桥ⅠT3⑬:7）

柄豆柄部粗细不匀，或一端粗一端细，大盘者盘壁上部内收。杯状盘豆形器腹稍深，腹壁稍内曲。盉体形稍矮，上部稍高于下部；管状流外斜，流口变矮；三袋足稍粗矮，裆下角稍大，周壁外曲。平底盘浅腹，厚壁。圈足盘平沿稍窄。瓢形器折沿，腹壁稍内曲。鸟头柄勺刻划较复杂，仍无纹饰。

第三期以三星堆遗址1986年发掘的Ⅲ区⑧a～c层为代表。三星堆遗址一号器物坑或应属于此期。陶质、陶色、纹饰略如上期。平底盘、圈足盘已很少见到。小平底罐有的腹部更浅，肩部仍较圆鼓，下腹稍内曲。高柄豆柄部有的中间粗两端细，大盘者折腹明显。杯状盘豆形器盘略深，腹壁内曲更明显，柄上部外鼓。盉体愈加粗矮，斜流，三袋足下附实足根。鸟头柄勺多带有纹饰，鸟嘴圆短而稍下勾，似鹰。瓢形器腹壁斜直。圈足盘厚胎，无明显的沿部，矮圈足。纺轮形似第一期者，但较矮，且坡面的曲折不太明显。偶见新出的尖底盏和器座。

第四期以十二桥⑬层为代表，三星堆遗址1986年发掘的Ⅲ区⑦、⑥层和新繁水观音M4等遗迹单位均属之。该期仍以夹砂褐陶为主，泥质灰陶比例增加。器表仍多素面，纹饰有绳纹、弦纹、附加堆纹、网纹、云雷纹、戳印纹、米粒纹等。主要器类仍为小平底罐、高柄豆、盉、壶、盏、瓶、鸟头柄勺等。瓢形器仍有发现，圈足盘、平底盘等基本消失。新出尖底罐、尖底盏、尖底杯等尖底器和圈足罐、器座等，成为明显特点。小平底罐侈沿，肩部突出，圆肩或折肩，腹壁近斜直。豆形器豆柄部多为中间粗两端细的梭形，豆

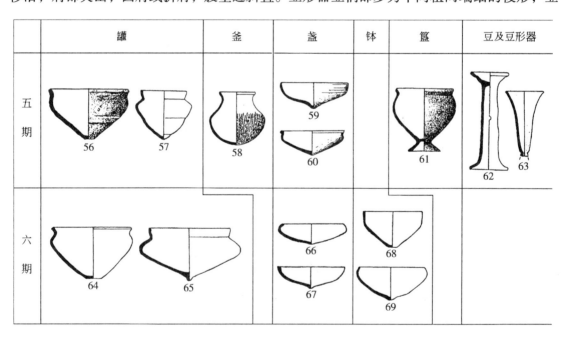

图 8-17 三星堆文化陶器分期图（之三）

56. 有肩罐（水观音 T7③:2） 57. 尖底罐（十二桥ⅡT30⑫:5） 58. 釜（十二桥ⅠT15⑫:65） 59. 盏（十二桥ⅡT40⑪:16） 60. 盏（十二桥ⅠT7⑫:41） 61. 簋（水观音 T4③:1） 62. 豆（水观音 T41③:1） 63. 豆形器（十二桥ⅠT16⑫:36） 64. 有肩罐（抚琴小区） 65. 尖底罐（抚琴小区） 66. 尖底盏（抚琴小区） 67. 尖底盏（抚琴小区） 68. 钵（抚琴小区） 69. 钵（抚琴小区）

盘多呈杯形。盉体形更粗矮，器把变短，管流外斜，裆下角增大，有的三袋足周壁大小相近，至足尖急收成实足根。鸟头柄勺已趋于简化，仍具鸟嘴下勾的特点。尖底罐有矮领、高领两种，折肩，底部为小圈底。尖底盏口部外侈，尖底呈乳头状。尖底杯腹部近筒形。圈足罐圈足较高。纺轮有似上期者，但坡面已无曲折，新出顶部有平台者，个别的底面内收，略呈算盘珠状。

第五期以十二桥⑫、⑪层为代表，新繁水观音遗址③层、三星堆二号器物坑等遗迹单位亦属之。该期灰陶比例有所上升，素面陶更多。纹饰除上期的常见纹饰以外，新出鸟纹、菱形回字纹等。尖底器增加，平底器减少。小平底罐明显减少，鸟头柄勺、瓠形器近于消失，新出现喇叭口鼓腹凹底罐、绳纹圜底釜。盉体形矮胖，侈口，鼓腹，流开在腹径最大处。矮领尖底罐领近直，高领尖底罐领外侈更明显，并出现有真正的尖底。尖底盏口部近直。尖底杯有的口部稍敛，腹加深。杯状盘豆形器腹最深，近喇叭状。圈足罐圈足较矮。盘形豆柄变粗筒状，盘径变小。

第六期以抚琴小区④层为代表。该期陶器主要有高直领平底或圈足壶、小平底罐、尖底杯、直口或敛口尖底钵、尖底盏、直领深腹或浅腹尖底罐、矮领圆肩瓮以及缸、豆、器座等。高直领壶均鼓腹、器底较小，有的口沿有流、领部加把。矮领尖底罐浅腹，底有小乳突。尖底杯有的在下腹起棱，底部呈乳突状。尖底钵直口或敛口，底尖经旋削。尖底盏多为敛口。

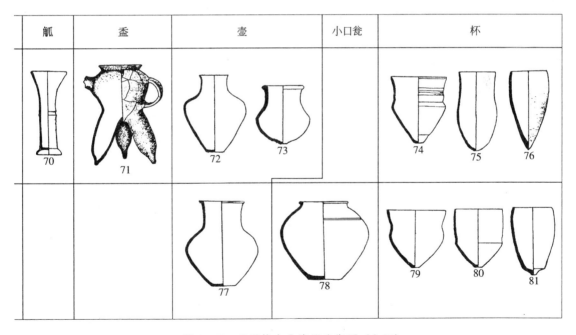

图 8-17　三星堆文化陶器分期图（之四）

70. 觚（十二桥ⅠT15⑫:5）　71. 盉（水观音T1③:2）　72. 壶（水观音T28③:1）　73. 壶（水观音T17③:1）　74. 尖底杯（十二桥ⅡT50⑫:5）　75. 尖底杯（十二桥ⅡT50⑫:5）　76. 尖底杯（十二桥ⅡT38⑫:47）　77. 壶（抚琴小区）　78. 小口瓮（抚琴小区）　79. 尖底杯（抚琴小区）　80. 尖底杯（抚琴小区）　81. 尖底杯（抚琴小区）

根据三星堆文化中与中原夏、商文化相似的因素，可以大致推断其年代。第一期的三星堆 DcT1②:43 瘦体陶盉，腰以上部分较腰以下部分短，管流斜上扬，与二里头二期细体陶盉非常接近[1]。其胖体陶盉腹部近似直筒形，三足外撇，无实足根，与二里头 ⅨM15:4 等二里头文化二期陶盉最为接近[2]。同期的高柄豆盘部略呈碗形而较浅，与二里头遗址以 T1⑥:1 为代表的二期豆颇似[3]。三星堆一号器物坑属第三期，其内出土有多件青铜礼器，按其形制，分别相当早商三期到中商三期；玉璋、戈等，早的可与二里头文化者相似，晚的约当晚商前期。在正式报告中，发掘者据此推定该坑的埋藏年代相当殷墟一、二期之交。三星堆二号器物坑属第五期，坑内出土青铜器多饰双层或三层花纹，所饰鸟纹都有冠、钩喙、尾上翘，铜尊多为侈口、高领、束颈、鼓腹，发掘者推定二号器物坑的埋藏年代约当殷墟二期偏晚至三、四期之间。第六期的敛口尖底盏、直领尖底罐、侈口深腹尖底罐等与陕西宝鸡茹家庄 H2、H3 等单位出土的同类器极似，后者属于刘家文化的因素，其年代相当殷墟四期[4]。由此可推测三星堆文化大致从夏代晚期一直延续到商代末年或西周早期。

（五）三星堆文化所反映蜀地同中原夏、商文化的关系

三星堆文化包含的二里头文化因素，说明至迟在夏代四川盆地就与中原地区发生了文化交流关系。三星堆文化一、二期出土的陶盉是最为典型的二里头文化因素。其粗细两型的区分亦与二里头文化一致，只不过二里头文化主要是粗型盉，而在三星堆文化中细型盉却得到比较充分的发展。三星堆文化二期的云雷纹壶腹部近球形，上有高领，下有圈足，酷似二里头文化的贯耳壶。三星堆出土的陶觚更与二里头文化者别无二致。在三星堆遗址发现的两件铜牌饰和玉石璋，尽管目前所见均属三星堆文化晚期，但在与此同时的中原地区，这两种器物已基本消失，因此它们传入川西的年代应早于此时。

面对三星堆文化与二里头文化的共同因素，学者们做出了不同的解释。有学者认为夏文化中的盉、高柄豆等可能是由西蜀传入的，是禹生石纽等传说在考古学文化上的反映[5]。也有学者认为是夏亡后迁入此地的夏遗民带来的，禹生石纽、禹娶涂山的传说都是后人附会之辞[6]。根据晋代常璩《华阳国志》中的记载，蜀地很早就与中原发生了关系。三星堆文化中的二里头文化因素，为我们正确理解早期蜀文化与中原文化关系提供了新的资料。

进入商代以后，川西平原三星堆文化中出现了更多的中原文化因素。除前述盉、觚、

---

[1] 中国科学院考古研究所洛阳发掘队：《河南偃师二里头遗址发掘简报》，《考古》1965 年第 5 期。
[2] 中国社会科学院考古研究所二里头队：《1982 年秋偃师二里头遗址九区发掘简报》，《考古》1985 年第 12 期。
[3] 中国社会科学院考古研究所二里头队：《河南偃师二里头二号宫殿遗址》，《考古》1983 年第 3 期。
[4] 卢连成、胡智生：《宝鸡䢀国墓地》第 6~12 页，文物出版社，1988 年。
[5] 陈显丹：《三星堆一、二号坑几个问题的研究》，《四川文物》三星堆遗址研究专辑，1989 年。
[6] A. 沈仲常、黄家祥：《从新繁水观音遗址谈早期蜀文化的有关问题》，《四川文物》1984 年第 2 期。
B. 杜金鹏：《三星堆文化与二里头文化的关系及相关问题》，《四川文物》1995 年第 1 期。

璋、铜牌饰等继续流行外，还新出了青铜尊、罍、盘、器盖；玉石戈、璜、琮、璧；陶将军盔等。三星堆文化还发现有零星的文字。成都十二桥⑫层的一件陶纺轮上刻有两个字，两字与常见的巴蜀符号不同，而与甲骨文属于一个系统。广汉城西顺城路环保局工地出土商代末年青铜尊上的族徽文字，更与一般商文化铜器上的族徽一致[1]。自孙诒让在殷墟卜辞中发现用作地名的"蜀"[2]之后，学者们多从其说，并从卜辞中找出"蜀受年"、"征蜀"、"于蜀"、"蜀射"等各项记录数十条，从而得知蜀是对商王朝时叛时服的方国。至于其具体地望，则有殷西北[3]、泰安南至汶上[4]、新绛西[5]、商州—洛南一带[6]、汉水上游[7]、成都平原[8]等不同说法。三星堆遗址的一系列重大发现公布之后，学者们多主张商代的蜀国就在川西平原，三星堆文化就是古蜀文化[9]。在三星堆一号器物坑中的三具凸眼铜面具，很可能就是蜀人的天神烛龙和祖神蚕丛[10]。三星堆一号坑出土金杖上由鱼、鸟、矢组成的图案，应是"鱼凫"之意，三星堆类型中颇流行的鸟头柄勺的鸟首，亦与鱼凫有一定关系[11]。由此可知商代晚期蜀国与商王朝确曾发生过直接的关系，这样蜀国助周灭商也就不难理解了。

迄今为止，中原地区的夏商文化中尚未发现典型的三星堆文化因素，这说明当时的文化交流主要是中原地区对三星堆文化施加影响，相反方向的文化传播则发生得很少。

三星堆文化中的夏商文化因素主要是礼器，如盉、鬶、豆、觚、尊、罍、璋、璜、璧、琮等都是礼器，玉戈也是礼器。这种现象表明中原文化对三星堆文化的影响主要是礼制观念，这与夏商文化对其他地区的影响是基本相同的。不过三星堆文化的礼制与中原地区并不完全一致，存在不少的差别。首先，三星堆文化中象征祖神的铜人像、铜面具、神坛、神树等，不见于中原。其次，三星堆文化的青铜容器主要是尊、罍，不见中原地区盛

---

[1] A.《中国青铜器全集》编辑委员会：《中国青铜器全集》第 13 卷，图版九一，文物出版社，1994 年。
B. 李学勤：《论广汉西门外出土的商代青铜尊》，《中国商文化国际学术讨论会论文集》，中国大百科全书出版社，1998 年。
[2] 孙诒让：《契文举例》下·九，1904 年。又，楼学礼典校本，齐鲁书社，1993 年。
[3] 郭沫若：《卜辞通纂》，《郭沫若全集·考古编》第二卷第 119 页，科学出版社，1982 年。
[4] 胡厚宣：《殷代之农业》，《甲骨学商史论丛》第二集，齐鲁大学国学研究所，1944 年。
[5] 陈梦家：《殷墟卜辞综述》第 295 页，科学出版社，1956 年。
[6] 島邦男：《殷墟卜辭研究》第 378～383 页，汲古书院，1975 年，東京。
[7] 李伯谦：《城固铜器群与早期蜀文化》，《考古与文物》1983 年第 2 期。
[8] 童恩正：《古代的巴蜀》第 58～60 页，四川人民出版社，1979 年。
[9] A. 林向：《三星堆遗址与殷商的西土——兼释殷墟卜辞中的"蜀"的地理位置》，《四川文物》广汉三星堆遗址研究专辑，1989 年。
B. 四川省文物考古研究所：《三星堆祭祀坑》第 438～440 页，文物出版社，1999 年。
C. 邹衡：《三星堆祭祀坑》序，《三星堆祭祀坑》第 7～8 页，文物出版社，1999 年。
[10] 孙华：《凸眼铜面像——蜀人的尊神烛龙和蚕丛》，《中国文物报》1992 年 5 月 24 日。
[11] 高大伦：《三星堆器物坑饰"鱼凫"纹金杖与弜国墓地"鸭首"形铜斝》，《中国文物报》1997 年 10 月 12 日。

行的觚、爵、斝、鼎、簋等。其三，商代中原地区已基本不用的璋、镶嵌绿松石的牌饰等在三星堆文化中仍盛行不衰，这说明中原礼制文化在巴蜀地区已经扎根，并与当地传统文化相融合，其发展特点与中原地区有所不同。

二 峡江地区

峡江地区是指重庆市和湖北省西部的长江沿岸地区。该地区层峦叠嶂，地势险要，滚滚东流的长江穿切巫山形成著名的三峡（瞿塘峡、巫峡和西陵峡），汇入这段长江的各条支流也形成很多较小的峡谷。峡江地区是四川盆地通往江汉平原的必经之路，也是两地区之间文化交流的主要孔道，各个时代立足于四川盆地和江汉平原的文化都曾程度不同地影响到峡江地区。峡江地区夏商时期的文化遗存受到植根于四川盆地的三星堆文化的强烈影响，以至于在其发展过程中，有很长一段可以纳入三星堆文化之内。

20世纪50年代以来，考古工作者在峡江地区进行大量的田野工作，逐渐辨析出相当于夏商时期的考古学文化遗存。鉴于夏商时期文化与三星堆文化的显著共性，研究者大都视之为三星堆文化，同时根据其所具有的地方特点，视为三星堆文化的一个地方类型。至于具体名称则有"眘井沟类型"[1]，"三斗坪类型"[2]、"中堡岛三期类型"[3]、"朝天嘴—路家河类型"[4]、"路家河类型"[5]等。或以长阳香炉石遗址的发掘材料为基础，提出"香炉石文化"的命名，认为这支文化以清江中、下游为中心向外扩展，西边直到成都平原[6]。也有学者不同意将其统一作为三星堆文化的一个类型，而区分为夏代的"朝天嘴类型文化"和商代的"路家河文化"，认为前者属于三星堆文化；后者则是一支土著文化[7]。还有认为川东地区的三星堆文化与川西、鄂西地区者均有一定区别，将其独立命名为"三星堆文化哨棚嘴类型"[8]。

据对现有资料考察，夏商时期峡江地区的文化遗存至少可以归纳为两支考古学文化（类型）：一是朝天嘴类型，其与成都平原的三星堆文化共性显著，可以归为三星堆文化的一个类型；二是路家河文化，该文化虽然也包含有一部分三星堆文化因素，但其中占主导地位的却是以釜为代表的土著文化因素，是一支独立于三星堆文化之外的考古学文化。

（一）三星堆文化朝天嘴类型

1. 分布

三星堆文化朝天嘴类型在整个峡江地区都有分布。相对于成都平原而言，川东（指今

---

[1] 赵殿增：《巴蜀原始文化的研究》，《巴蜀考古论文集》，文物出版社，1987年。
[2] 杨权喜：《荆楚地区巴蜀文化因素的初步分析》，《三星堆与巴蜀文化》，巴蜀书社，1993年。
[3] 罗二虎：《论鄂西地区的夏商时期文化》，《东南文化》1994年第1期。
[4] 王润涛：《鄂西古代文化浅识》，《文物考古文集》，武汉大学出版社，1997年。
[5] 王宏：《论鄂西南、湘西北地区的夏商时期文化》，《文物考古文集》，武汉大学出版社，1997年。
[6] 湖北省清江隔河岩考古队：《湖北清江香炉石遗址的发掘》，《文物》1995年第9期。
[7] 林春：《西陵峡区远古文化初探》，《葛洲坝工程文物考古成果汇编》，武汉大学出版社，1990年。
[8] 王鑫：《忠县眘井沟遗址群哨棚嘴遗址分析》，《四川考古论文集》，文物出版社，1996年。

重庆市范围，下同）与鄂西地区夏商时期文化遗存的共性是主要的。至于川东、鄂西两地间的差异，等到将来材料丰富了，也许可以从中进一步做出明确区分。在峡江地区已经发掘的诸多遗址中，朝天嘴遗址不仅发现较早，经过多次发掘，而且有比较丰富的遗物出土，因此我们将峡江地区夏商时期的文化遗存称作"三星堆文化朝天嘴类型"。

经过发掘的该类型遗址主要有：湖北秭归朝天嘴[1]，宜昌中堡岛[2]、下岸[3]；重庆忠县㽏井沟遗址群[4]，奉节老关庙[5]、新浦[6]，云阳李家坝[7]等。经过发掘或调查的遗址还有湖北秭归鲢鱼山[8]，枝城毛溪套、红花套、向家沱[9]，宜都城背溪[10]，宜昌艾家河遗址群[11]、小溪口[12]、窝棚墩[13]、长阳南岸坪[14]；重庆忠县中坝[15]，云阳明月坝[16]，巫山大昌坝[17]、琵琶洲、双偃塘[18]、江东咀、南陵村，涪陵陈家坝子[19]，丰都石

---

[1] 国家文物局三峡考古队：《湖北秭归朝天嘴遗址发掘简报》，《文物》1989年第2期。

[2] A. 湖北省宜昌地区博物馆、四川大学历史系：《宜昌中堡岛新石器时代遗址》，《考古学报》1987年第1期。
B. 国家文物局三峡考古队：《湖北宜昌中堡岛遗址发掘简报》，《文物》1989年第2期。

[3] 国家文物局三峡考古队：《湖北宜昌县下岸遗址发掘简报》，《考古》1999年第1期。

[4] A. 四川省博物馆：《川东长江沿岸新石器时代遗址调查简报》，《考古》1959年第8期。
B. 四川省长江流域文物保护委员会文物考古队：《四川忠县㽏井沟遗址的试掘》，《考古》1962年第8期。
C. 王鑫：《忠县㽏井沟遗址群哨棚嘴遗址分析》，《四川考古论文集》，文物出版社，1996年。

[5] 吉林大学考古学系、四川省文物考古研究所：《奉节县老关庙遗址第三次发掘》，《四川考古报告集》，文物出版社，1998年。

[6] 吉林大学考古学系：《四川奉节县新浦遗址发掘报告》，《考古》1999年第1期。

[7] 四川联合大学历史系考古专业：《1994～1995年四川云阳李家坝遗址的发掘》，《四川大学考古专业创建三十五周年纪念文集》，四川大学出版社，1998年。

[8] 杨权喜、陈振裕：《秭归鲢鱼山与楚都丹阳》，《江汉考古》1987年第3期。

[9] 三遗址资料见林春：《宜昌地区长江沿岸夏商时期的一支新文化类型》，《江汉考古》1984年第2期。

[10] A. 陈振裕、杨权喜：《宜都县城背溪遗址》，《中国考古学年鉴（1984）》，文物出版社，1984年。
B. 长办库区红花套考古工作站、枝城市博物馆：《城背溪遗址复查记》，《江汉考古》1988年第4期。

[11] 宜昌地区博物馆：《宜昌县艾家河古遗址群调查简报》，《江汉考古》1989年第3期。

[12] A. 陈振裕、杨权喜：《宜昌县小溪口商至战国遗址》，《中国考古学年鉴（1985）》，文物出版社，1985年；《宜昌县小溪口商至战国遗址》，《中国考古学年鉴（1987）》，文物出版社，1988年。
B. 湖北省文物考古研究所：《宜昌县小溪口遗址发掘简报》，《三峡考古之发现》，湖北科学技术出版社，1998年。

[13] 湖北省文物考古研究所：《宜昌窝棚墩遗址的调查与发掘》，《三峡考古之发现》，湖北科学技术出版社，1998年。

[14] 王善才：《长阳南岸坪商周遗址》，《中国考古学年鉴（1993）》，文物出版社，1995年。

[15] 四川省文物考古研究所：《忠县中坝新石器时代晚期及商周遗址》，《中国考古学年鉴（1991）》，文物出版社，1992年。

[16] 四川大学历史系考古专业：《云阳县明月坝遗址试掘简报》，《四川考古报告集》，文物出版社，1998年。

[17] A. 四川省博物馆：《川东长江沿岸新石器时代遗址调查简报》，《考古》1959年第8期；《四川省长

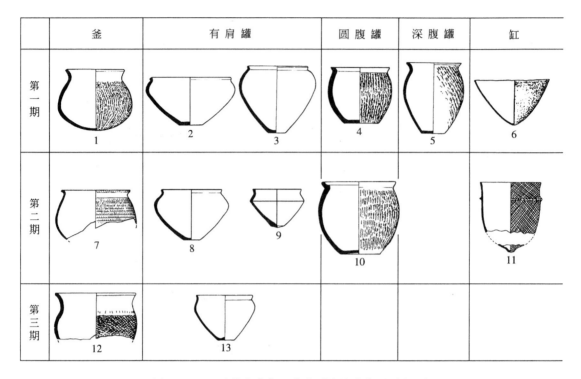

图 8-18 三星堆文化朝天嘴类型陶器分期图（之一）

1. 釜（中堡岛 T0504⑦:24） 2. 有肩罐（中堡岛 T0704⑥:33） 3. 有肩罐（中堡岛 T0704⑥:20） 4. 圆腹罐（中堡岛 T8③B:13） 5. 深腹罐（中堡岛 T8③A:1） 6. 缸（中堡岛 T9③B:4） 7. 釜（朝天嘴 85ZCT⑥B:5） 8. 有肩罐（朝天嘴 85ZCT6⑥A:27） 9. 有肩罐（红花套 H501） 10. 圆腹罐（朝天嘴 85ZCT6⑥A:19） 11. 缸（朝天嘴 85ZCT6⑥B:93） 12. 釜（新浦Ⅲ G1:3） 13. 有肩罐（哨棚嘴 94T2④:1）

地坝等[20]。

2. 文化内涵

朝天嘴类型的陶器以夹砂陶为主。器表多呈灰色，也有黑色、红色或灰褐色者[21]。

  江三峡水库考古调查简报》，《考古》1959 年第 8 期。
  B. 四川省文物管理委员会、四川省文物考古研究所、巫山县文化馆：《巫山境内长江、大宁河流域古遗址调查简报》，《四川考古报告集》，文物出版社，1998 年。

[18] 四川省文物管理委员会、四川省文物考古研究所、巫山县文化馆：《巫山境内长江、大宁河流域古遗址调查简报》，《四川考古报告集》，文物出版社，1998 年。

[19] 三遗址见赵殿增：《巴蜀原始文化的研究》，《巴蜀考古论文集》，文物出版社，1987 年。

[20] 四川省文物考古研究所：《丰都县三峡工程淹没区调查报告》，《四川考古报告集》，文物出版社，1998 年。

[21] 关于陶质、陶色，各篇发掘报告或简报的说法颇不一致。如中堡岛 1979 年发掘的报告称："陶器以泥质灰陶为主，夹砂红陶和黑陶也较多"（见湖北省宜昌地区博物馆、四川大学历史系：《宜昌中堡岛新石器时代遗址》，《考古学报》1987 年第 1 期）。而 1985~1986 年发掘的简报则说："以夹砂灰陶为主，泥质灰陶次之，有少量的泥质黑皮陶"（见国家文物局三峡考古队：《湖北宜昌中堡

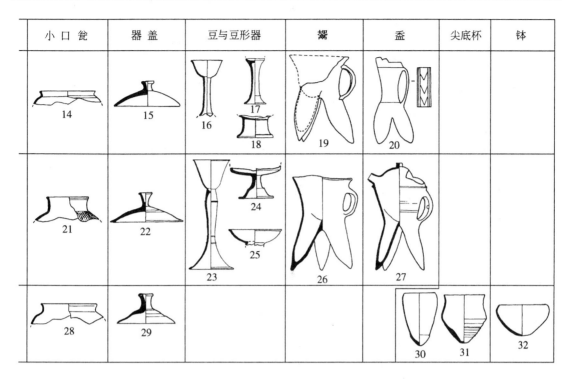

图 8-18 三星堆文化朝天嘴类型陶器分期图（之二）

14. 小口瓮（中堡岛 T6③A:177） 15. 器盖（中堡岛 T0503⑥:501） 16. 豆形器（毛溪套 H:5） 17. 高柄豆（中堡岛 T5③A:3） 18. 矮柄豆（中堡岛 T6③A:3） 19. 鬶（中堡岛 T0503⑥:489） 20. 盉（毛溪套 H:6） 21. 小口瓮（朝天嘴 85ZCT7⑥:40） 22. 器盖（朝天嘴 85ZCT7⑥A:13） 23. 豆形器（朝天嘴 85ZCT6⑥B:21） 24. 豆（朝天嘴 85ZCT6⑥A:77） 25. 豆（朝天嘴 T7⑥:47） 26. 鬶（朝天嘴 85ZCT6⑥B:14） 27. 盉（朝天嘴 85ZCT7⑥B:9） 28. 小口瓮（哨棚嘴 93T1⑤:15） 29. 器盖（哨棚嘴 93T1⑤:30） 30. 尖底杯（哨棚嘴 93T1H8:37） 31. 尖底杯（新浦Ⅲ G1:14） 32. 钵（哨棚嘴 93T1⑤:38）

多数素面无纹饰；纹饰以绳纹为主，另有弦纹、篮纹、方格纹、压印纹（圆圈纹、云雷纹、S 形纹等）、附加堆纹、刻划纹及篦点纹等。绳纹很不规则，或竖向，或斜向，由绳纹组成的太阳纹、网格纹、波折纹等颇具特色。器形以平底器为主，圜底器、三足器、圈足器较少。常见器类有小平底罐、圜底釜、圆腹罐、鬶、盉、尖底杯、豆、豆形器、敛口钵、深腹盆、小口瓮、缸、器盖、鸟头柄勺、纺轮、陶垫等，另有少量的深腹罐、觚、圈足盘等（图 8-18）。

石器有斧、铲、锛、刀、凿、镞、网坠等。骨器有镞。角器有锥。

朝天嘴类型分布范围内出土了数件商代青铜容器。清末杨守敬曾经收藏一件相传出自

岛遗址发掘简报》，《文物》1989 年第 2 期）。朝天嘴 1985 年发掘的简报说："以夹砂灰褐陶为主，也有一定数量的泥质红陶和黑陶"（见国家文物局三峡考古队：《湖北秭归朝天嘴遗址发掘简报》，《文物》1989 年第 2 期）。本书只能酌情取其一说。

宜都县的商代铜爵[1]，1979年在清江口王家渡的河床下打捞出1件商代中期的铜罍[2]。1980年在巫山大昌东坝出土1件商代青铜尊[3]。在各遗址还发现有刀、凿、镞、斧、鱼钩等小件青铜器。

遗迹仅发现有灰坑、墓葬两种。灰坑有圆形、椭圆形、不规则形等，多为圜底。中堡岛发现的墓葬，长方形竖穴土坑，无葬具，骨骼已朽，随葬陶罐一二件或用罐、豆、器盖等。

3. 分期与年代

虽然朝天嘴类型的很多遗址均经正式发掘，但各遗址报道的材料大多比较零碎，全面发表资料者为数甚少，这就为分期研究造成很大的困难。依据各遗址的地层关系，参考以往研究成果[4]，可将朝天嘴类型区分为三期（图8-18）。

第一期以宜昌中堡岛1979年发掘区③层、1985年中区⑥、⑦层、枝城毛溪套灰坑、忠县哨棚嘴二期为代表。主要器类有深腹罐、圆腹罐、釜、小平底罐、鬶、盉、矮圈足豆、豆形器、鸟首柄勺、缸、瓮、器盖等。小平底罐敛口或侈沿，肩部过渡圆缓，有的腹部较深。釜侈沿，腹径最大处靠下。盉深腹，细腰，袋足肥硕或略呈圆锥形。豆形器盘部呈碗形，腹壁斜直而无沿，柄近圆柱形。鸟首柄素面，喙部稍下勾。尖底杯高领外侈而稍内曲，腹壁近斜直，小平底。深腹罐、尖底缸等为本期所独见。

第二期以秭归朝天嘴⑥层、枝城红花套H501为代表。主要陶器有小平底罐、圆腹罐、釜、高柄豆、矮柄豆、豆形器、尖底杯、鬶、盉、深腹盆、小口瓮、红陶缸、器盖等。小平底罐肩部过渡更急，有的为折肩，小平底或圜底带有小乳突。釜为卷沿。矮柄豆深盘，盘壁上折。豆形器盘部为杯状，口部稍外卷，柄上部外鼓。鬶袋足仍略呈圆锥状，有些带有明显的实足尖。盉大口，袋足近筒形，有明显的实足根。器盖除圈足纽外，还有蘑菇状和类似假圈足者。尖底器增多是本期显著特点。尖底杯高领外曲明显，腹壁外曲，新出矮领近直者。深腹盆卷沿，上腹一侧设鸡冠鋬。小口瓮高领，腹部浑圆，略呈球状。

第三期以奉节新浦ⅢG1、忠县哨棚嘴第三期为代表。主要陶器有小平底罐、釜、尖底杯、盆形钵、敛口钵、豆形器、小口瓮、器盖、器座、纺轮等。釜高领，腹径最大处靠

---

[1] 杨守敬：《湖北金石志》卷一。
[2] 黎泽高、赵平：《枝城市博物馆藏青铜器》，《考古》1989年第9期。
[3] 四川省文物管理委员会、四川省文物考古研究所、巫山县文化馆：《巫山境内长江、大宁河流域古遗址调查简报》，《四川考古报告集》，文物出版社，1998年。
[4] A. 林春先是在《宜昌地区长江沿岸夏商时期的一支新文化类型》（《江汉考古》1984年第2期）中将夏商时期文化统一划分为三期四段；后在《西陵峡区远古文化初探》（《葛洲坝工程文物考古成果汇编》，武汉大学出版社，1990年）中，将作者认为相当夏代的朝天嘴类型文化分为三期；将认为相当商代的路家河文化分为四期。
B. 何驽将峡区夏商时期的文化区分为两期（见何驽：《荆南寺遗址夏商时期遗存分析》，《考古学研究（二）》，北京大学出版社，1994年）。
C. 罗二虎将鄂西的夏商时期文化区分为四期（见罗二虎：《论鄂西地区的夏商时期文化》，《东南文化》1994年第1期）。
D. 王鑫将哨棚嘴遗址的三星堆文化分为两期三段（见王鑫：《忠县瓦井沟遗址群哨棚嘴遗址分析》，《四川考古论文集》，文物出版社，1996年）。

上。尖底杯或矮领，领部外卷，圜底；或总体略呈圆锥形，敛口或敞口。

从尖底器的出现和小平底罐、豆形器、尖底杯的形制看，朝天嘴类型的年代大致相当成都平原三星堆文化的中间阶段。

4．文化因素分析

朝天嘴类型至少包含三组文化因素。

A组陶器有突肩小底罐、高柄豆、豆形器、鸟首柄勺、圈足盘、尖底杯、山形纺轮、陶垫等，均为成都平原三星堆文化的常见器类；还有源于中原夏商文化的陶觚、陶盉、铜罍、尊等，在成都平原三星堆文化中也属常见的器类。

B组陶器有深腹罐、圆腹罐、小口瓮、深腹盆、鬶、蘑菇状纽器盖等，铜器有爵等，均为中原和江汉地区常见，而成都平原不见或少见。

C组以釜为最典型，还包括红陶缸、假圈足状纽器盖等，是由峡江地区龙山时代文化发展而来的，属于土著文化因素。

总的看来，在这三组文化因素中A组因素占据主导作用，代表了此类遗存的性质；而B、C两组文化因素在朝天嘴类型中居次要地位。

上述三类文化因素在不同时代、不同遗址或地区所占比例有所不同。前两期A组因素较多，而且遍布整个峡江地区，甚至往东突进到江陵荆南寺遗址[1]；第三期A组因素呈减少趋势，在分布地域上也逐渐收缩。

（二）路家河文化

1．分布

路家河文化分布于鄂西以西陵峡为中心的地区。经过发掘的遗址有宜昌路家河[2]、杨家嘴[3]，秭归庙坪[4]，长阳香炉石[5]，巴东雷家坪[6]、苏家坳[7]，宜昌三斗坪[8]

---

[1] A．荆州地区博物馆、北京大学考古系：《湖北江陵荆南寺遗址第一、二次发掘简报》，《考古》1989年第8期。
  B．何驽：《荆南寺遗址夏商时期遗存分析》，《考古学研究（二）》，北京大学出版社，1994年。
[2] 林春：《宜昌地区长江沿岸夏商时期的一支新文化类型》，《江汉考古》1984年第2期。
[3] 三峡考古队第三小组：《湖北宜昌杨家嘴遗址发掘》，《三峡考古之发现》，湖北科学技术出版社，1998年。
[4] 湖北省文物考古研究所三峡考古队：《湖北秭归县庙坪遗址1995年试掘简报》，《考古》1999年第1期。
[5] 湖北省清江隔河岩考古队：《湖北清江香炉石遗址的发掘》，《文物》1995年第9期。
[6] 吉林大学考古学系、国家文物局湖北省三峡考古工作站：《湖北巴东县雷家坪遗址发掘简报》，《考古》1999年第1期。
[7] 杨权喜、陈振裕：《长江西陵峡北岸的几处商周文化遗址》，《中国考古学年鉴（1985）》，文物出版社，1985年。
[8] A．中国科学院考古研究所长江队三峡工作组：《长江西陵峡考古调查与试掘》，《考古》1961年第5期。
  B．陈振裕、杨权喜：《宜昌县三斗坪新石器时代及商周遗址》，《中国考古学年鉴（1986）》，文物出版社，1988年；《宜昌县三斗坪大溪文化与商周遗址》，《中国考古学年鉴（1987）》，文物出版社，1988年。

等。遗址的分布十分密集，仅在西陵峡区内30公里长的长江两岸，即有数十个之多，不过遗址的面积一般都很小，多为几十平方米，100平方米以上者为数很少。路家河遗址的出土资料比较丰富，但本书截稿时尚未公布，发表材料较多的杨家嘴、香炉石两处遗址是我们讨论该文化的主要依据。

2. 文化内涵

路家河文化的陶器以夹砂陶为主，泥质陶仅占很小的比例。陶色以褐陶（灰褐陶和黑褐陶）为主，灰陶、黄白陶较少。纹饰以绳纹为主，其他纹饰有方格纹、乳钉状贝纹、戳印纹、刻划纹及云雷纹、S形纹等压印纹。大多数陶器为手制而成，形制不甚规整，轮制陶器数量较少。主要器类有釜、圆腹罐、鼎、鬲、深腹盆、豆、簋、钵、碗、盘、杯、罍、小口瓮、缸、器盖、纺轮、"印章"等（图8-19）。釜是路家河文化数量最多的一种器物，占到全部陶器的一半以上，作卷沿、圆唇、鼓腹、圜底。与之相应，鼎、鬲数量很少，有的遗址甚至不见鼎与鬲。圆腹罐与釜形制接近，惟腹壁仅稍稍外鼓。深腹盆有卷沿、鼓腹和折沿、直腹两种。豆多矮柄，无沿，有的近口部上折。簋有侈沿、敞口和卷沿、鼓腹两种。钵多敛口、平底。杯有带柄、尖底等数种。尖底杯有高领、矮领两种，二者领部或外侈而斜直，或内曲而近直。罍为仿铜器，高领，折肩，圈足，肩上饰各种压印纹。小口瓮高领，圜底，领下通体饰绳纹。器盖有圈足纽，盖体为覆钵形。纺轮式样较多，有圆饼形、算盘珠形、圆台形、亚腰形数种。"印章"略呈圆柱形，但印面一端较大，印面上有各种图案。高柄"豆形器"在路家河文化中也有发现。

石器有纺轮、斧、镢、锛、刀、凿、镞、锚等。

骨器有勺、锥、笄、纺轮、针、铲、镞、矛；牙、角器有凿和各种饰件等。

铜器有鱼钩、镞、锥等。

香炉石遗址出土占卜用的龟甲和鱼骨，后者为鱼的鳃盖骨，大都钻而后灼。

各遗址中出土大量动物骨骼，有牛、鹿、羊、麂、獾、熊、豹、狼、狗、猪、豪猪、小鼠、猕猴、扬子鳄、龟、鼋等，还有很多鱼、鸟的骨骼。或据此推断路家河文化的经济生活兼有农业、渔猎和畜牧业，其中渔猎业所占比重较大[9]。

在杨家嘴发现有一处石阶遗迹。

杨家嘴发现10座墓葬。除1座墓头向朝南外，其余皆朝西。葬式全为仰身直肢。仅两墓有少量随葬品，一随葬大中小3枚石块，分置于两耳下；一随葬1件陶圈足罐。

3. 年代分期

发掘者和研究者曾分别对路家河、香炉石遗址进行分期[10]，但前者语焉不详，后者仅

C. 湖北省文物考古研究所：《1985～1986年三峡坝区三斗坪遗址发掘简报》，《三峡考古之发现（二）》，湖北科学技术出版社，2000年。

[9] 林春：《鄂西地区路家河文化的渔猎经济及有关问题的探析》，《江汉考古》1995年第2期。

[10] A. 林春将路家河文化分为四期，并推断其年代分别相当于二里冈下层、二里冈上层、殷墟早期和殷墟晚期（见林春：《西陵峡区远古文化初探》，《葛洲坝工程文物考古成果汇编》，武汉大学出版社，1990年）。

第八章 夏、商王朝周边地区的考古学文化 515

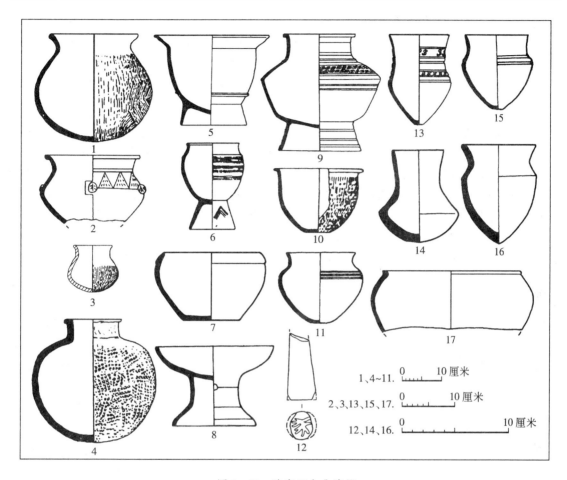

图 8-19 路家河文化陶器

1. 釜（杨家嘴 T2④:263） 2. 釜（杨家嘴 T2③:271） 3. 圆腹罐（杨家嘴 T1④:318） 4. 小口瓮（香炉石 T25④:44） 5. 簋（杨家嘴 T1④:143） 6. 簋（杨家嘴 M7:1） 7. 钵（香炉石 T17⑥:50） 8. 豆（香炉石 T16⑥:15） 9. 罍（香炉石 T24④:62） 10. 深腹盆（杨家嘴 T1③:419） 11. 鼓腹罐（香炉石 T24⑥:63） 12. 印章（香炉石 T9④:137） 13. 尖底杯（香炉石 T32④:130） 14. 捉手式杯（香炉石 T25⑤:43） 15. 尖杯底（香炉石 T17④:52） 16. 尖底杯（杨家嘴 T2⑤:117） 17. 有肩罐（杨家嘴 T5③:126）

仅推断各层的年代，因此一般人很难理解。倒是香炉石、杨家嘴遗址所包含的三星堆文化因素，为我们了解路家河文化的分期与年代提供了线索。香炉石遗址⑥、④层出土的矮领尖底杯领部较高而外侈，或稍卷或近直，作小圜底；而杨家嘴④层出土的尖底杯大多为尖底。前者近于成都十二桥遗址⑫层者，而后者则同于十二桥⑪层出土者。关于十二桥⑫、

B. 发掘者推断香炉石遗址⑥、⑤、④层的年代分别相当于早商时期、商代中晚期和商末至西周时期，实际是分为三期（见湖北省清江隔河岩考古队：《湖北清江香炉石遗址的发掘》，《文物》1995年第9期）。

⑪层的年代关系,尽管有的学者归纳为一段[1],有的学者分为两段[2],但尖底杯底部由圜底到尖底的演化序列是一致的。香炉石⑥、④层与杨家嘴④层可能分别代表了路家河文化的两个发展阶段,其年代约相当于三星堆文化第五期或稍晚,约当晚商文化后期。至于路家河遗址,是否存在可确认的相当商代早、中期的遗存,待材料公布后再进一步讨论。

4. 文化因素分析

路家河文化陶器中的釜、小平底罐、尖底杯、豆形器、圈足状纽器盖等,均与朝天嘴类型的同类器相似。其中尖底杯在三星堆文化和路家河文化中有着大体一致的发展规律,而小平底罐虽然总体上仍然属于此类器物,但其具体形态则偏离了三星堆文化小平底罐的演化序列,表现出本土化的倾向。与朝天嘴类型相似,路家河文化中也有一批与中原、江汉地区商文化相同的因素,其中最为突出的是仿铜陶罍,这是该文化最重要的礼器之一,其他如直壁深腹盆、鬲、红陶缸也都是此类因素。在路家河文化中居于主导地位的是圜底的釜,其次有圆腹罐、小口瓮,以及无沿矮柄豆、簋、敛口平底钵、捉手状杯、柱形印章等,其中前三类和敞口、侈沿簋见于朝天嘴类型。圜底釜在峡江地区史前文化中有悠久传统,簋、圆腹罐、瓮则属夏商文化因素;后面几类包括卷沿、鼓腹簋则是路家河文化在其发展过程中创造的。总的看来,路家河文化虽是一支土著文化,但其与三星堆文化和商文化仍保持着文化联系。

关于路家河文化同三星堆文化朝天嘴类型的关系,似可认为有两种可能:一种是指路家河文化乃朝天嘴类型本土化的结果,或说二者有替代关系;另一种则是说,二者乃是曾经在时间、地域上有过并行、交错,互有影响而渊源不同的两支各自独立的考古学文化。上述问题尚待今后的发掘和研究予以究明。

早在20世纪80年代初,有学者曾提出鄂西地区夏商时期文化为巴族的遗存[3],得到大多数学者的赞同。三星堆文化朝天嘴类型与路家河文化有共同点,但也有明显差别。朝天嘴类型与成都平原的三星堆文化关系密切,可以归入三星堆文化;路家河文化虽然也与三星堆文化有一定的联系,但占主导地位的却是土著文化因素。三星堆文化朝天嘴类型与路家河文化的关系,无论属于哪种可能,都当有特定的历史背景,或是巴族与蜀族关系在考古学文化上的反映。

三 汉中地区

(一) 汉中商代青铜器

20世纪50年代以来,在陕西省汉中地区的城固、洋县出土多批青铜器。据统计,自1955~1990年2月,两县14个地点共出土青铜器26批、654件[4]。这些出土地点自西而

---

[1] 孙华:《成都十二桥遗址群分期初论》,《四川考古论文集》,文物出版社,1996年。
[2] 江章华:《成都十二桥遗址的文化性质及分期研究》,《四川大学考古专业创建三十五周年纪念文集》,四川大学出版社,1998年。
[3] 俞伟超:《先楚与三苗文化的考古学推测》,《文物》1980年第10期。
[4] 赵丛苍:《城固洋县铜器群综合研究》,《文博》1996年第4期。

东为：城固龙头镇、吕村、五郎庙、湑水、莲花、苏村塔冢、苏村小冢，洋县马畅安冢、范坝、六陵渡、张村、张堡、龙亭等，集中分布在湑水河及汉江两岸东西约 40 公里，南北约 10 多公里的地域内[1]。

铜器多出土于高于周围地带的台地上，个别出土于河边。铜器多埋藏在台地中部，往往有一个较高的土堆。土堆一般五六米高，多被乡民传说为某某之冢，但经钻探得知，其下并没有墓穴或与墓葬有关的遗迹遗物，而是生土或文化层。铜器常埋在土堆周围地表下 1～4 米处，也有埋在土堆半腰的。埋藏坑有圆形、长方形等形状。铜器通常直接埋入土中，有时则用丝物包裹，有的器物在坑中的位置有一定的次序。推测这些铜器坑与祭祀活动有关[2]。

出土铜器的年代多属中商至晚商二期，少数或晚至晚商三、四期。

汉中出土的商代青铜器可以明显地区分为三组（图 8-20）。

A 组具有代表性的器物有空足分裆鼎、瓿、尊、罍、簋、鬲、卣、盘、觚、斝、爵、觯、窄长援的直内或曲内戈、戚、双翼镞等。该组器物的造型及其表面的饕餮纹、夔纹、蕉叶纹等纹饰，均与中原商文化的同类器颇似，属于典型的商文化因素。该组器物多为容器，数量较少。

B 组具有代表性的器物有三足壶、三角援直内戈（或称镦）、前援刃部两边有一对三角形刺的长援直内戈、长胡四穿戈、镰形戈、弧刃或圆刃的直内钺、不对称刃直内钺、璋等。该组器物明显模仿中原夏商文化的同类器，但又有自己的特点。三足壶的形制与商文化的提梁卣存在若干相似之处，外表所饰的饕餮纹、云雷纹也是中原商文化的典型纹饰，但其三足、圜底的造型却不见于商文化。戈是中原地区首先发明的，其他地区的戈都是由中原传去的，汉中的戈也不例外，三角援直内戈总体形态与商文化者略似，但援短而宽，多数援脊有三棱，内上穿孔既有圆形的，也有三角形、梯形和棱形的，一件三角援直戈上的双头动物纹亦颇具特色。中原商文化的铜钺虽然也多为弧刃，但弧度较小，尚未见到与汉中的弧刃直内钺相若者，其圆刃者是由弧刃者发展而成的，与商文化者距离更大。这类铜钺上的透雕虎纹、蛙纹也很有特点。夏商时期的璋绝大多数都是玉或石质，洋县出土的 10 件铜璋是迄今为止所仅见的一批。璋虽最早见于黄河中、下游，但进入商代以后中原已基本不用，此处一次出土如此之多，说明当时汉中地区仍以璋为主要礼器之一。

C 组具有代表性的器物有直口双耳罐、有銎钺、人面或兽面形面具、泡、镰形器、勾形器、鸟形饰等。该组器物具有强烈的地域特征。直口双耳罐深腹、平底，素面，底腹遗留有炊烟痕，与阮家坝遗址的陶罐 H4∶4 颇似，显然是仿照当地陶器而造的。汉中的有銎

---

[1] 汉中地区青铜器已发表多次，见以下报道：
    A. 唐金裕、王寿芝、郭长江：《陕西省城固县出土殷商铜器整理简报》，《考古》1980 年第 3 期。
    B. 王寿芝：《陕西城固出土的商代青铜器》，《文博》1988 年第 6 期。
    C. 苟宝平：《陕西城固县征集的商代铜戈》，《考古》1996 年第 5 期。
    D. 李烨、张历文：《洋县出土殷商铜器简报》，《文博》1996 年第 6 期。
[2] 赵丛苍：《城固洋县铜器群综合研究》，《文博》1996 年第 4 期。

图 8-20 汉中城固出土青铜器（之一）
1. 方罍（苏村 76:139） 2. 鼎（五郎庙村 73:9） 3. 尊（苏村 74:2） 4. 簋（吕村 75:145） 5. 牌饰（苏村 64:16）

钺中形制最早者（YL:2）为近长方形体，两侧边内曲，有銎，弧刃，刃端大大宽于銎端，其后继者刃增宽而成为圆刃，这一独特的演化系列亦为汉中所独有。铜泡有尖顶、透顶两类。前者曾见于关中地区的淳化黑豆嘴、西安老牛坡等地，但仅出 1 件或数件，而在苏村小冢却一次出土 192 件，可见这里应是此类铜泡的中心区；透顶者为汉中地区所仅见。镰形器是最富特色的青铜兵器，这种器物共出土过三批，城固龙头镇二批共 46 件，湑水村一批共 19 件。此种器物器身弯曲，中有脊，双刃宽锋，下端有深 5 厘米左右的椭圆形銎。銎外两侧或有单齿或双齿，两件器身外侧遍布短齿。这种兵器尚未见于汉中以外的地区，很可能为汉中地区所特有。其功能颇为费解。有人将其称作军镰，认为是一种多功能的兵

图 8-20 汉中城固出土青铜器（之二）
6. 戣（五郎庙村 64:15） 7. 戈（五郎庙村 64:14） 8. 戣（苏村 76:140） 9. 戈（苏村 76:144）
10. 面具（苏村 76:147） 11. 斧（五郎庙村 64:56） 12. 钺（五郎庙村 64:13）

器，既能披荆斩棘，又能砍杀，特别适合在山区作战[1]。在苏村两次共出人面具23件、兽面具25件，这是已知出土商代青铜面具数量最多的一处遗址[2]。有学者曾推断这些人面具是巴人歌舞时佩戴的[3]。据说古代巴人作战时喜欢以歌舞助阵[4]。若然，这些青铜

---

[1] 王寿芝:《商、秦军镰初探》,《庆祝武伯纶先生九十华诞论文集》,三秦出版社,1991年。
[2] 三星堆两个祭祀坑出土人面具21件、兽面具3件、兽面9件。
[3] 尹盛平:《巴文化与巴族的迁徙》,《巴蜀历史·民族·考古·文化》,巴蜀书社,1991年。
[4] 汪宁生:《释"武王伐纣前歌后舞"》,《历史研究》1981年第4期。

人、兽面具很可能就是当时汉中地区颇具特色的歌舞道具。

上述三组铜器中，B、C两组均具有地方特色。二者的区别仅仅是其与中原商文化的区别大小而已。据统计，属于典型商文化因素的A组器物仅占总数的10%左右，远远小于具有地方特色的B、C两组。

综观汉中地区的商代青铜器，可以看出其与成都平原的三星堆文化青铜器有很多相近之处。这主要表现在以下几个方面：第一，A组铜器中尊、罍、瓿的数量分别为11、7、10件，占全部铜容器的一半以上。这与三星堆文化习用尊、罍组合的情形一致。第二，B、C组铜器中的钺、三角援戈等与川西地区的青铜文化、宝鸡弓鱼国墓地存在非常密切的联系。汉中的不对称形直内钺、有銎铜钺、三角援戈等，都是同类器物中年代最早的，与年代稍晚的四川新繁水观音、彭县竹瓦街、陕西宝鸡弓鱼国墓地出土者属于一个系统。第三，商代以璋为主要礼器的地区，迄今为止仅知汉中地区和成都平原两处，洋县范坝铜璋前端有V字形歧尖，与三星堆两座器物坑出土的带歧尖玉璋的形制最为接近。

（二）白马石类遗存

由于汉中青铜器多无陶器共存，因此长期无法确定其所属的考古学文化。1964年在城固五郎庙出土的一批铜器中，夹杂有1件陶大口尊，可惜未发表图像[1]。为配合安康水电站的建设，1985～1988年在紫阳白马石、马家营和汉阴阮家坝遗址进行了发掘，获得一批夏商时期的文化遗存[2]。研究者据此将汉水上游地区的巴蜀文化分为三期，其中的早、中期为夏商时期，并将汉中地区的早期巴蜀文化称作"白马石类型"[3]。1989年在城固宝山遗址亦发掘出一批夏商文化遗存[4]。1990年春，西北大学考古专业等单位在城固五郎庙、宝山、洋县六陵渡等遗址进行调查和试掘，将所获材料区分为三期：第一期属新石器时代晚期，或延至稍晚时候；第二期约当二里头文化时期至二里冈文化时期；第三期约当殷墟一期至二期或可延至三期，并将其作为早期巴蜀文化的一个类型[5]。除了上面提到的几处遗址，在城固江湾[6]、石泉后柳、马岭坝等也发现有夏商时期的文化遗存，另在旬阳县境内亦出土有尖底陶罐和空首青铜钺[7]。

目前可供研究的仅有紫阳白马石、马家营和汉阴阮家坝等3处遗址的材料，据此可以对汉中地区的商代文化有个大致的了解。

---

[1] 唐金裕、王寿芝、郭长江：《陕西省城固县出土殷商铜器整理简报》，《考古》1980年第3期。
[2] 陕西省考古研究所、陕西省安康水电站库区考古队：《陕南考古报告集》，三秦出版社，1994年。
[3] 王炜林、孙秉君：《汉江上游巴蜀文化的踪迹》，《中国考古学会第七次年会论文集》，文物出版社，1992年。
[4] 《夏、商遗存》，《文博》1997年第3期。
[5] 赵丛苍：《城固洋县铜器群综合研究》，《文博》1996年第4期。
[6] 尹盛平：《巴文化与巴族的迁徙》，《巴蜀历史·民族·考古·文化》，巴蜀书社，1991年。
[7] 王炜林、孙秉君：《汉江上游巴蜀文化的踪迹》，《中国考古学会第七次年会论文集》，文物出版社，1992年。

1. 文化内涵

石器有斧、铲、锛、凿、镞、矛、刀、饼、坠等。骨器有锥。

陶器以夹砂黑陶居多，夹砂红褐陶次之，泥质红褐陶和泥质灰陶较少。器表多素面；纹饰以绳纹为主，方格纹、弦纹、划纹次之，另有篮纹、戳刺纹、指甲纹、附加堆纹等。主要器类有釜、深腹盆、中腹盆、浅腹盆、尖底盏、钵、高柄豆、矮柄豆、觚、尖底杯、筒形杯、盉、壶、大口深腹罐、鼓腹罐、小口瓮、器座、器盖、支脚、纺轮、网坠等。釜卷沿或折沿，鼓腹，圜底，饰绳纹或方格纹。深腹盆有宽沿敞腹、敛口直腹两种。中腹盆沿近平，大敞腹。浅腹盆厚胎，大敞腹，小平底。尖底盏折沿，浅敞腹。高柄豆盘为碗形，无沿，高柄中、上部近圆柱形。矮柄豆形制与高柄豆相似。尖底杯近筒形，下部内收成尖底。筒形杯沿斜直而外侈，腹近筒形。盉带有高实足根。壶细高颈，球形腹。大口深腹罐鼓腹，小平底。鼓腹罐小口，平底，上腹饰划纹。小口瓮高直领，大球形腹。器座略呈亚腰形。器盖为覆钵形，纽为圈足状或蘑菇状。纺轮均为圆饼形，饰戳刺纹（图8-21）。

灰坑有圆形、椭圆形两种，袋状或锅底状。房址为方形或长方形。在白马石、马家营遗址曾发现6座石棺墓。这些石棺墓均为竖穴土坑，石棺呈长方形，分棺盖、周壁和棺底几部分，由片页岩板构筑而成。板石的加工比较粗糙，两面不甚平整，周边留有两面对打的痕迹。有四座石棺墓基本排成一条线。墓内的人骨保存较好，均为多人二次合葬墓。

2. 分期与年代

根据三处遗址同类器物的异同，可以初步区分为两期。

第一期以紫阳白马石为代表。陶釜无领，球形腹，多饰绳纹。大口鼓腹罐矮领，腹稍鼓。小口瓮圆唇，无沿。该期的盉足实足根较高，接近成都平原三星堆文化三、四期者。尖底盏、尖底杯、器座是三星堆文化第四期新出的器类，其中尖底盏宽平沿或斜沿，与成都十二桥⑬层者最为接近，而显得稍早。上述现象说明该期在年代上与三星堆文化第四期约略相当，约当晚商前期，上限或至中商三期。

第二期以紫阳马家营、汉阴阮家坝遗址为代表。陶釜有领，长球腹，多饰方格纹。大口鼓腹罐高领，腹鼓明显。小口瓮方唇，窄沿。该期缺乏可与其他文化进行年代对比的器物，但从釜、大口鼓腹罐、小口瓮等器物的形制来看，其年代与第一期相差不会太远，估计应即商代晚期。

3. 文化因素分析

其一，上述遗存最引人注目之处是与成都平原三星堆文化的密切联系。高柄豆、尖底盏、尖底杯、平底盘、盉、圈足状纽器盖、觚形器座等，均为成都平原三星堆文化的典型器物。其二，汉中此类遗存与成都平原三星堆文化的区别也很明显，以陶釜为主要炊器即其最突出的表现，这种器物在成都平原三星堆文化的晚期只有零星的发现，而在峡江地区的路家河文化中则同样是最主要的炊器。由之看到，汉中地区商代中晚期的文化与鄂西地区的联系。另外，成都平原三星堆文化晚期常见的小平底罐、尖底罐、有领尖底杯、豆形器等器物尚未在汉中发现。其三，在汉中亦有商文化中常见的器物，如深腹盆、中腹盆、蘑菇状纽器盖、圆饼形纺轮等。其四，还有一些文化因素不见于周邻地区，是该类文化的特色器物，如鼓腹平底的大口罐、高领球形腹的小口瓮、腹饰竖行瓦棱纹的筒形杯、矮柄

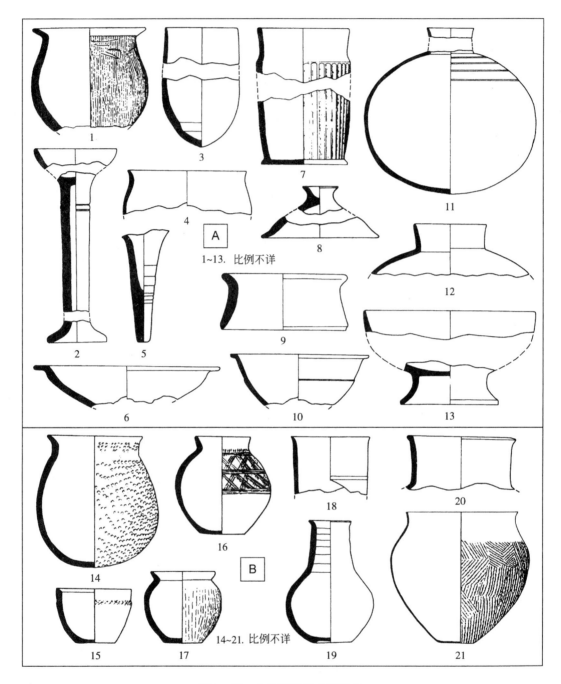

图 8-21 白马石类遗存陶器图

A. 白马石遗址 1. 釜（白马石 T26④:8） 2. 豆（白马石 T21④:6） 3. 尖底杯（白马石 T21④:36） 4. 大口鼓腹罐（白马石 T19④:1） 5. 器足（白马石 T21④:23） 6. 尖底盏（白马石 T21④:44） 7. 杯（白马石 T21④:52） 8. 器盖（白马石 T21④:31） 9. 器座（白马石 T0④:8） 10. 中腹盆（白马石 T20④:2） 11. 小口瓮（白马石 T21④:17） 12. 小口瓮（白马石 T21④:32） 13. 簋（白马石 T27④:10）

B. 马家营与阮家坝 14. 釜（阮家坝 H4:2） 15. 钵（马家营 M3:6） 16. 小口鼓腹罐（马家营 M3:1） 17. 圆腹罐（马家营 TG2③:1） 18. 杯（阮家坝 H4:7） 19. 壶（马家营 M2:1） 20. 小口瓮（马家营 T3⑤:5） 21. 大口鼓腹罐（马家营 TG③:4）

豆等，同汉水流域史前文化有紧密联系，表现出这类文化遗存的土著属性。

根据上述三处遗址的资料，尚不敢贸然断定汉中地区商代中、晚期的考古学遗存可否是一支独立的考古学文化，所以暂且称之为"白马石类遗存"。

城固苏村塔冢高土堆之下文化层中的陶片多属一期或者更早，高土堆内的包含物与此基本相同，而此类土堆中所出铜器则很少见晚过殷墟二期者，据此研究者断定中商和晚商一、二期是此类土堆的主要使用时代。此类土堆与三星堆遗址三个土堆的功能应该是比较接近的，是汉中地区夏商时期文化的一项重要的文化内容。研究者曾根据苏村一带有与三星堆遗址相似的地形，提出那里曾是一处政治中心的可能。

1998～1999 年，西北大学文博学院对城固宝山遗址的发掘，揭露面积 1700 平方米，发现商代建筑基址、烧烤坑、墓葬等遗迹，出土大量陶器、石器、骨器、青铜器。陶器种类有釜、豆、高柄豆、豆形器、小底杯、高圈足杯、高领小底壶（尊）、双錾圈足尊、扁腹四系壶、鬲、鼎、圆腹罐等，具有显著自身特点，出现了不少前所未见的新器类，为解读商代汉中地区考古遗存的文化性质、年代分期及与鄂西、川东、川西平原和关中地区的文化关系，提供了丰富的重要资料[1]。根据城固宝山的新发现，也可能提出更为恰当的文化命名。

4. 文化性质与族属

对汉中地区夏商时期考古遗存的性质与族属，学者们提出过很多看法。例如：(1) 城固出土青铜器为商代异族方国羌方的遗存[2]。(2) 汉中城固的商代青铜武器呈现出巴蜀文化特征，当是商代巴人的遗物[3]。(3) 商代居住在汉水上游的是巴人的一支——龙系[4]。(4) 城固铜器群与早期蜀文化的关系较之周围其他文化更为密切，因此很可能是更早的蜀文化，蜀族最初的活动中心可能不在四川而在汉水上游[5]。(5) 汉中地区是蜀文化的分布区，那里的蜀文化是蜀人沿嘉陵江北上的结果[6]。(6) 城固、洋县商代青铜器的族属为西南夷的一支，而汉中以南的各种文化都可能是西南夷的文化[7]。(7) 认为应将其模糊地作为早期巴蜀文化的一个类型[8]。白马石类遗存是以釜、圆腹罐为主要炊器，这一点与路家河文化及三星堆文化朝天嘴类型比较接近，而与三星堆类型较疏远，此点或可对探索这类遗存的族属具有一定意义。

总的说，四川盆地、峡江地区与汉中盆地夏商时期考古学文化之间的关系，远比与任何其他文化类型的关系更为密切。换言之，夏商时期成都平原、峡江地区和汉中盆地已形

---

[1] 赵丛苍：《宝山遗址发掘取得重大收获》，《中国文物报》2000 年 1 月 23 日。
[2] 唐金裕、王寿芝、郭长江：《陕西省城固县出土殷商铜器整理简报》，《考古》1980 年第 3 期。
[3] 尹盛平：《西周的强国与太伯、仲雍奔"荆蛮"》，《陕西省文博考古科研成果汇报会论文集》，1981 年。
[4] 唐金裕：《汉水上游巴文化的探讨》，《文博》1984 年创刊号。
[5] 李伯谦：《城固铜器群与早期蜀文化》，《考古与文物》1983 年第 2 期。
[6] 魏京武：《陕南巴蜀文化的考古发现与研究——兼论蜀与商周的关系》，《三星堆与巴蜀文化》，巴蜀书社，1993 年。
[7] 李学勤：《论洋县范坝铜牙璋等问题》，《文博》1997 年第 2 期。
[8] 赵丛苍：《城固洋县铜器群综合研究》，《文博》1996 年第 4 期。

成一个文化圈。这一大文化圈形成之后,一直延续到很晚。据《汉书·地理志》记载,汉中"与巴、蜀同俗",而在扬雄的《方言》中,亦将巴、蜀和汉中划为一个方言区。

第五节 关中地区

关中地区,东起潼关,西至陇山,南依秦岭,北抵黄龙山、子午岭。境内为渭河、泾河、洛河冲积平原和谷地,外绕群山。

在夏代,关中东部分布着以华县南沙村遗址[1]为代表的二里头文化;至于关中西部相当夏代的文化面貌,现尚无从确认。

在商代早期,商文化的势力西进到西安、铜川一线,中商时期继续西进,与关中本土的考古学文化对峙于西部的扶风、眉县一线[2]。到商代晚期的殷墟二期以后,随着本土考古学文化的兴起,商文化又退回西安一线,并最终退出了关中地区。

在商代早期,关中地区的商文化特征与商王朝中心地区基本相同。

商代中、晚期,关中商文化的面貌已发生较大变化。虽然以商文化的典型陶器如折裆鬲、折裆甗、假腹豆、簋、鼓腹盆等为代表的因素处于主导地位,但商文化中心地区常见的觚、爵等少见于关中。墓葬主要为土坑竖穴墓,随葬陶器以折裆鬲、豆、折肩罐为主。因处于整个商文化分布区的西部边境,这一地区的商文化中包含有本地以及邻近地区的考古学文化因素,其中尤以郑家坡类遗存的因素(如联裆鬲、细柄豆、折肩罐等)最为突出。以商文化的典型因素为主导,融合其他考古学文化特点,晚商时形成了一个有别于中心地区商文化的地方类型,即老牛坡类型[3]。

商代关中地区的考古学文化除商文化外,还有活动于这一地区的本土文化,这些本土的考古学文化有以陕西省长武县碾子坡[4]、扶风县刘家[5]、武功县郑家坡[6]、长安县沣镐商代末年遗址[7]分别代表的四类文化遗存。

---

[1] 北京大学考古教研室华县报告编写组:《华县、渭南古代遗址调查与试掘》,《考古学报》1980年第3期。

[2] A. 徐天进:《试论关中地区的商文化》,《纪念北京大学考古专业三十周年论文集》,文物出版社,1990年。

B. 孙华:《关中商代诸遗址的新认识——壹家堡遗址发掘的意义》图一四:3、8~11,《考古》1993年第5期。

[3] 参见第六章第二节。

[4] A. 中国社会科学院考古研究所泾渭工作队:《陕西长武碾子坡先周文化遗址发掘记略》,《考古学集刊》第6集,中国社会科学出版社,1989年。

B. 中国社会科学院考古研究所:《南邠州碾子坡》,待刊。

[5] 陕西周原考古队:《扶风刘家姜戎墓葬发掘简报》,《文物》1984年第7期。

[6] A. 宝鸡市考古工作队:《陕西武功郑家坡先周遗址发掘简报》,《文物》1984年第7期。

B. 刘军社:《武功郑家坡周人墓地》,《中国考古学年鉴(1987)》,文物出版社,1988年。

[7] A. 中国科学院考古研究所:《沣西发掘报告》第71~76、95~101页,文物出版社,1962年。

一 碾子坡类遗存

碾子坡类遗存分布于泾水上游流域，东界泾河，西到甘肃平凉，南近岐山。主要遗址还有陕西省彬县断泾[1]、麟游县蔡家河和园子坪[2]，甘肃省平凉市庙庄[3]等。其中以碾子坡遗址发掘面积最大，资料也最丰富。

碾子坡遗址位于长武县南部泾河支流黑河左岸的缓坡台地上，西北距长武县城17.5公里。遗址包括碾子坡和可老两个自然村，面积50万平方米。1959年中国科学院考古研究所渭水队调查发现，1979年泾渭工作队复查，并于1980～1986年间先后11次钻探和发掘，实际发掘面积7023平方米。商代遗存包括房址21座，陶窑7座，灰坑177座，灰沟1条，墓葬232座，其他还有仰韶文化、西周、春秋、汉、宋时期的文化遗存。

断泾遗址位于彬县东南9公里的泾河右岸，泾河沿遗址的北、东、南面环绕而过。遗址东西800米，南北700米，1992年中国社会科学院考古研究所泾渭工作队作了调查，1995年秋进行钻探和发掘，发掘面积200平方米，商代遗存包括灰沟1条，灰坑22个，墓葬4座，文化特征与碾子坡商代遗存相同，其他还有部分仰韶文化、西周文化遗存。

总体来看，碾子坡类遗存的房址有地穴、半地穴、地面建筑三类。以地穴式最为流行，这种居址开口近圆或椭圆形，一边有台阶或斜坡道可通底部。墙壁下部外弧，墙上多有壁龛，为深入地下的窑洞[4]。半地穴式房址平面近长方形，室内残留柱洞数个，近墙角有一灶坑，室外有斜坡通道可通室内。地面建筑的建法为先筑一个夯土台基，然后在其上筑墙和盖顶。窖穴多分布于房址附近，口近圆形，或直壁，或口大底小，或口小底大。个别窖穴填土中埋有人骨，有一坑填土中埋置鼎、瓿等铜器。陶窑为竖穴式，由窑室、窑箅、火膛组成，窑箅介于窑室和火膛之间，中有箅孔数个通连上下。

墓葬只发现小型墓，一般成片分布。主要为土坑竖穴墓，个别为偏洞室墓。葬具主要为木棺，个别墓用石板围成石棺，部分墓内人骨的头、脚下、身上也放有石板。每墓葬一人，葬式有俯身（经鉴定者均为男性）、仰身（经鉴定者均为女性）两种。部分墓葬每两座一组并穴而葬，人骨或均为男性，或均为女性，或一男一女，前两种情形当反映血缘的同一，第三种应是姻亲关系[5]。随葬陶器有鬲、豆两类，每墓或仅鬲一类（图8－22），

  B. 中国社会科学院考古研究所沣西发掘队：《1967年长安张家坡西周墓葬的发掘》图一一、三三，《考古学报》1980年第4期。
  C. 中国社会科学院考古研究所沣镐工作队：《1997年沣西发掘报告》，《考古学报》2000年第2期。
[1] 中国社会科学院考古研究所泾渭工作队：《陕西彬县断泾遗址发掘报告》，《考古学报》1999年第1期。
[2] 田仁孝、张天恩、雷兴山：《碾子坡类型刍论（摘要）》，《文博》1993年第6期。
[3] 平凉县博物馆：《平凉文物》，内部刊物。
[4] 胡谦盈、张孝光：《论窑洞——考古中所见西周及其以前土洞穴房基址研究》，《考古学文化论集（三）》，文物出版社，1993年。
[5] A. 中国社会科学院考古研究所泾渭工作队：《陕西长武碾子坡先周文化遗址发掘记略》，《考古学集刊》第6集，中国社会科学出版社，1989年。
  B. 中国社会科学院考古研究所：《南邠州碾子坡》，待刊。

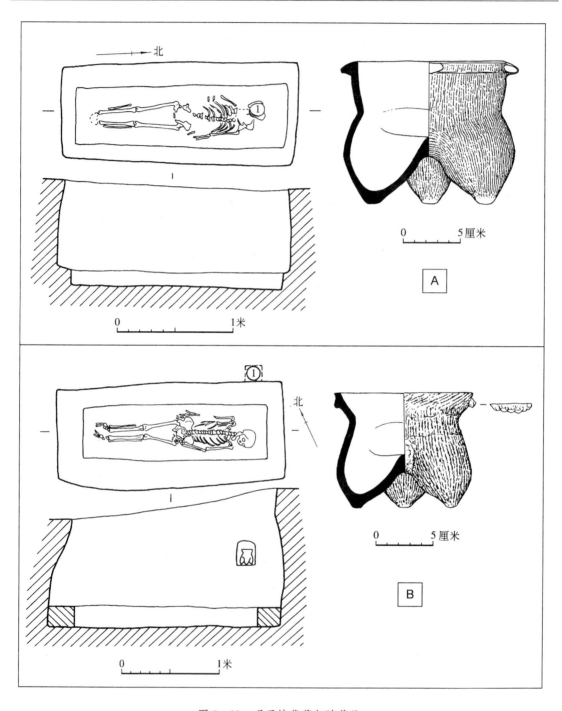

图 8-22 碾子坡墓葬与随葬品
A. 早期墓 M660 平、剖面图及分裆袋足鬲（M660:1）
B. 晚期墓 M171 平、剖面图及分裆袋足鬲（M171:1）

或仅豆一种（仅见于个别墓葬）。大多为分裆袋足鬲，个别为联裆鬲，极少数墓内还有铜镞、铜铃等。

遗物以陶器最多，陶质分泥质、夹砂两种，泥质陶以灰色最多，还有少量黑陶。夹砂陶以红褐色最多，次为砖红和橙黄色。陶色多不纯正，尤以夹砂陶最为明显。陶器纹饰以绳纹最多，其他纹饰有方格纹、弦纹、戳划纹、抹划纹、刺纹、附加堆纹、镂孔以及部分磨光、素面陶。主要器类有分裆袋足鬲、分裆甗、盆、豆、簋、折肩罐、尊、瓮等，其中分裆袋足鬲多为斜领；甗的上部为甑，下接分裆袋足鬲；盆的口沿近折，腹较直或微鼓，上腹磨光，下腹饰索状绳纹，少见方格纹等几何形印纹；盆、折肩罐的唇部多为无附加泥条的方唇或方圆唇；豆多为粗柄、大盘，盘外或饰绳纹，豆、簋的柄（圈足）内多无突棱；瓮为方唇、敛口、折肩，肩下附耳。上述器物组成了代表该文化基本特征的陶器群（图8-23）。

碾子坡遗址的窖藏中曾出土2件铜鼎和1件铜瓿，鼎出土时尚有烟炱，质料为红铜，双立耳，下腹略鼓，三足横剖面近马蹄形。一鼎上腹饰三弦纹，另一鼎饰双弦纹，其中填一排稀疏的圆乳钉纹。瓿为敛口，扁方唇，鼓腹，圈足较高，下口略外撇。颈部饰双弦纹，中腹主纹为饕餮纹，上腹和圈足饰鸟纹，以云纹为地纹。均为典型的商式铜器。

工具有锤斧、刀、锛、凿、镞、锥、弹丸、纺轮等工具，其中石质的锤斧最为常见，正视为长三角形，近中一孔。

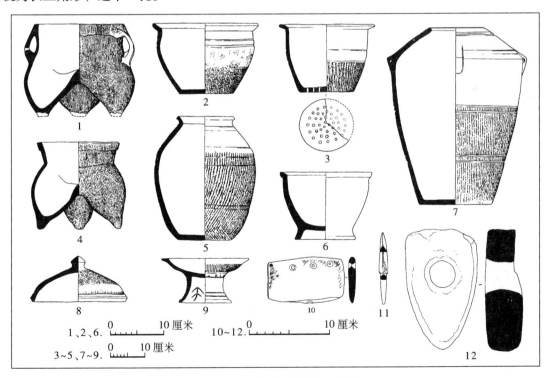

图8-23 碾子坡遗址出土遗物

1. 陶分裆袋足鬲（H134:6） 2. 陶盆（H2:51） 3. 陶甑（H134:4） 4. 陶分裆袋足鬲（H134:5） 5. 陶罐（H503:5） 6. 陶簋（H134:3） 7. 陶敛口瓮（H507:26） 8. 陶器盖（H507:4） 9. 陶豆（H507:23） 10. 石刀（H151:65） 11. 骨镞（H139:8） 12. 石锤斧（T157④:10）

碾子坡遗址的商代遗存可分两期。

早期的时代相当于殷墟二期（即晚商二期），下限晚至殷墟三期偏早。分裆袋足鬲的领较短，上腹较鼓，高裆，足呈扁柱或鸭嘴形，领外多饰附加堆纹，且较厚，口沿作花边形，带耳鬲的耳部饰单"X"形戳划纹，其中填以三角形刺纹。本期有随葬品的墓葬很少，随葬陶器主要为鬲，个别墓随葬豆。

晚期的时代相当于殷墟三期至四期偏早。仅发现墓葬，多有随葬陶器，鬲主要为分裆袋足鬲，也有少量联裆鬲。陶色多为红褐色，色不纯正。分裆袋足鬲呈方体或矮体，袋足横剖面呈近圆形，裆变低，足根普遍极矮，沿外多无附加泥条，领上部或饰斜绳纹，附鸡冠形或舌形鋬。

现已发现的碾子坡类遗存的年代可早到殷墟二期，又据扶风壹家堡一期的商文化遗存中斜领分裆袋足鬲等因素的存在，说明这类遗存的年代上限或可早到殷墟一期，而形成的时间应更早。

关于碾子坡类遗存的文化性质，发掘者力主属于先周文化[1]，也有学者认为与刘家类遗存性质类同或为其分支[2]。

二 刘家类遗存

刘家类遗存分布区东到陕西扶风、眉县一线[3]，向西一度到甘肃天水、庄浪一带[4]，南抵秦岭北麓，北达平凉[5]，即分布于天水以东、扶风以西的渭水流域，其中以宝鸡一带最为密集[6]。主要遗址除扶风刘家[7]外，还有宝鸡市石咀头、纸坊头[8]、高家村[9]等。

刘家类遗存的居址发掘很少。已发现的墓葬均为小型墓，形制或为带竖穴墓道的偏洞室墓，器口普遍压石片；或为土坑竖穴墓。随葬品基本为陶器，或仅鬲一种，或器类较多，器物组合、数量不定。常见陶器除分裆袋足鬲外，还有单、双耳罐、腹耳罐、折肩罐，个别墓葬还随葬铜管、铃、泡等（图8-24）。

刘家墓地位于著名的周原遗址中心区，南距扶风县15公里，1981年陕西周原考古队发掘。《简报》曾将其中20座随葬分裆袋足鬲的墓葬分为六期，认为时代上限早到二里头

---

[1] 中国社会科学院考古研究所泾渭工作队：《陕西长武碾子坡先周文化遗址发掘纪略》，《考古学集刊》第6集，中国社会科学出版社，1989年。

[2] 邹衡：《再论先周文化》，《周秦汉唐考古与文化国际学术会议论文集》，《西北大学学报》1988年增刊。

[3] A. 陕西周原考古队：《扶风刘家姜戎墓葬发掘简报》，《文物》1984年第7期。
　　B. 张天恩：《高领袋足鬲研究》图三：39，《文物》1989年第6期。

[4] 程晓钟：《甘肃省庄浪县出土的高领袋足鬲》图一：2、3，《华夏考古》1996年第2期。

[5] 乔今同：《平凉县发现石器时代遗址》，《文物参考资料》1956年第12期。

[6] A. 刘宝爱：《宝鸡发现辛店文化陶器》，《考古》1985年第9期。
　　B. 宝鸡市考古队：《宝鸡市附近古遗址调查》，《文物》1989年第6期。

[7] 陕西周原考古队：《扶风刘家姜戎墓葬发掘简报》，《文物》1984年第7期。

[8] 宝鸡市考古队：《宝鸡市纸坊头遗址试掘简报》，《文物》1989年第5期。

[9] 宝鸡市考古工作队：《陕西宝鸡市高家村遗址发掘简报》，《考古》1998年第4期。

第八章 夏、商王朝周边地区的考古学文化 529

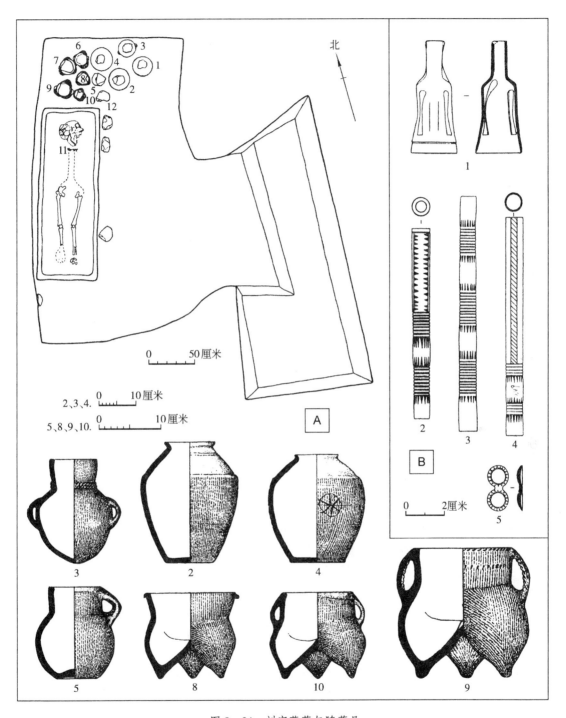

图 8-24 刘家墓葬与随葬品
A. M37 墓葬平面图及随葬品 1. 陶折肩罐 2. 陶折肩罐 3. 陶腹耳罐 4. 陶折肩罐 5. 陶单耳罐 6. 陶分裆袋足鬲 7. 陶分裆袋足鬲 8. 陶分裆袋足鬲 9. 陶分裆袋足鬲 10. 陶分裆袋足鬲 11. 骨管 12. 石头
B. M41 随葬品 1. 铜铃（M41:10） 2. 铜管（M41:5） 3. 铜管（M41:6） 4. 铜管（M41:7） 5. 铜泡（M41:13）

文化晚期，下限晚到周武王之时。

刘家墓葬的特征鲜明，该地又位于文献记载的周先公所作的都邑——周邑（今周原遗址群一带）范围内，因而成为研究先周文化的对象之一。但是，关于刘家墓地的年代及分期、文化性质现仍存在很大分歧。一种观点认为刘家墓葬与碾子坡类遗存并无文化性质上的差别，同属先周文化[1]，两者的不同，仅仅是墓葬随葬品与居址生活用器的不同[2]。一种观点认为刘家墓葬应是一支独立的考古学文化，即刘家文化[3]。第三种观点认为刘家墓葬 M49 属于寺洼文化范畴，其他墓葬属于独立的考古学文化，可称为"刘家遗存"[4]。

总体来看，刘家类遗存的墓葬形制和随葬品等表现出浓厚而独特的葬俗特点，同时，这种特点随着时代的不同又有较大差异。因此，刘家墓葬文化性质的判定，应在对其分期的基础上作具体分析。我们认为，刘家墓葬可分三期，其中除第三期为郑家坡类遗存外，一、二期均属于刘家类文化遗存[5]。

第一期墓葬有 M3、M27 等。分裆袋足鬲为短领，袋足外鼓，高裆，无实足跟或足极短，罐体瘦高，高肩。年代相当于殷墟二期偏晚。

第二期墓葬有 M7、M8、M11、M37、M41、M47 等。分裆袋足鬲的领较长，裆变低，鬲足多为扁锥形，次为扁柱或圆锥形。折肩罐体多较胖，单、双耳罐、腹耳罐多为平底，少数为圜底。器耳或饰"X"形划纹、指窝纹或三角刺纹。年代相当于殷墟三期。

刘家一、二期墓葬的特征一致，形制为带竖穴墓道的偏洞室墓，随葬品基本为陶器，器物组合、数量不定，器类有鬲、罐两大类，其中鬲全为分裆袋足鬲，罐有单、双耳罐、腹耳罐、折肩罐等。正是这两期墓葬表现出有别于其他考古学文化遗存的独特特点，但至今有关这类遗存的资料仍很有限，对其文化性质和归属的判断还有待今后更多的工作。

三 郑家坡类遗存

郑家坡类遗存分布于关中及邻近地区。约当殷墟二期前后，这类遗存主要分布于关中西部偏东，向西不过周原一线，尤以漆水河下游两岸地区分布最为密集[6]；到殷墟四期偏晚，除广布于关中地区外，向北已到甘肃省庆阳一带[7]。除武功郑家坡，其他主要遗址还有陕西省岐山县贺家[8]，彬县下孟村[9]，耀县丁家沟[10]，凤翔县西村[11]，扶风县

---

[1] A. 卢连成：《扶风刘家先周墓地剖析》，《考古与文物》1985 年第 2 期。
    B. 胡谦盈：《试谈先周文化及其相关问题》，《中国考古学研究（二）》，科学出版社，1986 年。
[2] 饭岛武次：《先周文化陶器の研究——劉家遺跡出土陶器の検討》，日本《考古學雜誌》第 74 卷第 1 号，1988 年。
[3] 陕西周原考古队：《扶风刘家姜戎墓葬发掘简报》，《文物》1984 年第 7 期。
[4] 孙华：《关中商代诸遗址的新认识——壹家堡遗址发掘的意义》，《考古》1993 年第 5 期。
[5] 牛世山：《关于刘家墓地的几个问题》，《中原文物》1997 年第 4 期。
[6] 宝鸡市考古工作队：《关中漆水下游先周遗址调查简报》，《考古与文物》1989 年第 6 期。
[7] 许俊臣、刘得祯：《甘肃合水、庆阳县出土早周铜器》，《考古》1987 年第 7 期。
[8] A. 1963 年 M11、M23、M32、M38 等，见陕西省考古研究所：《岐山贺家村周墓发掘简报》，《考古与文物》1980 年第 1 期。

壹家堡[12]、北吕[13]，武功县岸底[14]；甘肃省崇信县于家湾[15]等。

郑家坡遗址位于武功县境漆水河下游左岸的二级台塬上，西距武功镇（旧武功县城）0.5公里。遗址沿漆水河岸分布，北到桥东，南到北庙，东西500米，南北3000米。遗址中除部分西周文化遗存外，主要属郑家坡类遗存。1980年遗址区内曾出土了鼎、甗及单耳瓿、铜泡等铜器，以此为线索，自1981年以来陕西省考古研究所宝鸡工作站、宝鸡市考古工作队多次钻探和发掘。其中1981~1983年间，共开5×5米探方80个，发掘面积2000平方米。在郑家坡村南发现1条壕沟，从遗址西部的塬边向东延伸100余米，余段未探；发掘房址17座、陶窑2座、窖穴3个、灰坑15个。1986年又在壕沟附近发现墓葬区，并做了发掘。先后出土了陶器、石器、骨器等大量文化遗物。

岸底遗址位于武功县境漆水河下游左岸的二级台塬上，南距郑家坡遗址15公里。遗址东西600米，南北200米。遗址中除部分仰韶文化、庙底沟二期文化和西周文化遗存外，主要为郑家坡类文化遗存。1990~1991年间经陕西省考古研究所与北京大学考古系联合发掘，发现房址、墓葬、陶窑、灰坑等遗迹，出土大量陶器以及石、骨、铜器。

这类遗存的居址有地穴式、半地穴式、平地起建等形式。地穴式房址较常见，开口近圆或椭圆形，一边有斜坡道或台阶可通底部，墙壁较直或下部内收。陶窑为竖穴式，由窑室、窑箅、火膛组成，窑室底部近圆，壁向上内收，窑箅介于窑室和火膛之间，中有箅孔数个，通连上下。窖穴开口近圆，壁或直，或向下内收，或外弧。

墓葬一般成片分布，大多为小型土坑竖穴墓。随葬陶器以联裆鬲、折肩罐、圆肩罐最为常见，每墓或仅鬲一种，或以鬲、罐为基本组合。少数偏晚的墓葬还随葬鼎、簋等铜器，每墓或一类，或两类共出，其他还有铜戈、铜泡等。

总体来看，郑家坡类遗存的居址出土陶器以联裆鬲、联裆甗、盆、细柄豆、簋、尊、圆肩罐、折肩罐、瓮最为常见（图8-25），组成了一套有别于其他文化的日常用器，并构成郑家坡类遗存中始终处于主导地位的文化因素；同时，该类遗存中还包含有受邻近其他文化如商文化、碾子坡类遗存、刘家类遗存、北方青铜文化等影响而形成的因素，如商式簋、分裆袋足鬲、分裆甗、腹耳罐、空足三足瓮等，但所占比例较小，处于次要地位[16]。

---

[8] B.陕西省博物馆、陕西省文物管理委员会：《陕西岐山贺家村西周墓葬》图一一：右，《考古》1976年第1期。
[9] 陕西考古所泾水队：《陕西邠县下孟村遗址发掘简报》，《考古》1960年第1期。
[10] 贺梓城：《耀县发现一批周代铜器》，《文物参考资料》1956年第11期。
[11] 韩伟、吴镇烽：《凤翔南指挥西村周墓的发掘》，《考古与文物》1982年第4期。
[12] 北京大学考古系商周组：《陕西扶风县壹家堡遗址1986年度发掘报告》，《考古学研究（二）》，北京大学出版社，1994年。
[13] 宝鸡市周原博物馆：《北吕周人墓地》，西北大学出版社，1995年。
[14] 陕西省考古研究所：《陕西武功岸底先周遗址发掘简报》，《考古与文物》1993年第3期。
[15] 甘肃省文物工作队：《甘肃崇信于家湾周墓发掘简报》，《考古与文物》1986年第1期。
[16] 牛世山：《陕西武功县岸底商代遗存分析》，《考古求知集》，中国社会科学出版社，1997年；《先周文化探索》，《文物季刊》1998年第2期。

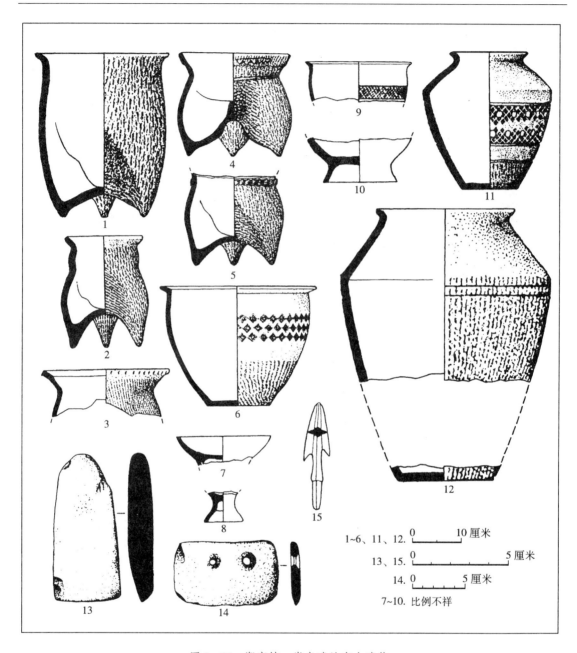

图 8-25 郑家坡、岸底遗址出土遗物

1. 陶联裆鬲（郑家坡 H2:5） 2. 陶联裆鬲（郑家坡 H2:3） 3. 陶联裆鬲（郑家坡 H2:8） 4. 分裆袋足鬲（郑家坡 H14:29） 5. 陶联裆甗（郑家坡 H14:2） 6. 陶盆（郑家坡 H19:15） 7. 陶豆（岸底 H14:168） 8. 陶豆（岸底 H14:161） 9. 陶簋（岸底 T202⑤:2） 10. 陶簋（岸底 H30:8） 11. 陶折肩罐（郑家坡 H14:30） 12. 陶折肩罐（郑家坡 H5:3） 13. 石凿（郑家坡 H19:11） 14. 石刀（郑家坡 H16:6） 15. 铜镞（郑家坡 H15:13）

工具有斧、锛、双孔刀、镰、镞、锥、纺轮等。

《郑家坡发掘简报》将这种文化遗存分为三期，认为时代上限早到二里头文化晚期，下限晚至文王作丰之时，文化性质属于先周文化；另一种观点则认为其基本属于西周文化，只有出分裆袋足鬲的单位属于先周文化[1]。我们认为，郑家坡、岸底遗存都可分为前后相继的四期，时代基本与整个晚商文化相始终，上限可早到中商三期，下限或可晚至西周初年[2]。

四 沣镐遗址发现的商代末年先周遗存

沣镐遗址的先周遗存主要发现于长安县境沣河以西的客省庄至张家坡一带高地上，客省庄村北、张家坡村东发现几座先周墓葬，客省庄村南和马王村西发现先周文化遗址。

迄今发现的先周墓葬有67SCCM89、M54[3]，83SCKM1[4]和83沣毛M1[5]等。墓室均为土坑竖穴，墓向为东西向，葬具为一棺一椁，或仅一棺，墓主葬式为直肢葬，有腰坑，墓内二层台上有殉人。墓内随葬的铜器有分裆鼎、球腹鼎、乳钉纹簋、戈、弓形器等，陶器有乳状袋足鬲、圆肩罐、联裆鬲。

迄今发现的典型先周居住遗存有1950年客省庄村南的H11[6]，配合"夏商周断代工程"发掘的马王村西97SCH18、H7，97SCMH12和97SCMF1[7]。其中H18东西长6.30米，南北宽3.50~4.50米，深5.20米，堆积极为丰富。H12为一圆形袋状窖穴，口小底大，口径1.50米，底径2.42米，底部平整，经人有意加工过。坑的东西壁有对称脚窝。F1为一长方形半地穴式房址，南北向，门向南，南北长3.72米，东西宽2.90米，居住面经过整平踩踏，地面有灶坑和柱洞痕迹。

居住址出土的陶器，因烧制火候低，故褐陶所占比重大，达75%，灰陶占24%，其他有少量红陶、黑陶及原始瓷片。器表饰细绳纹占76%，中绳纹占3.7%，素面陶占17%，尚有一部分几何纹饰陶片，如斜格网纹、菱纹乳钉纹以及三角刻划纹、网底乳钉纹、麦粒状绳纹等。陶器种类有乳状袋足鬲、联裆鬲、腰饰附加堆纹的甗、周式簋、大口尊、大口罐、长颈壶、敛口钵、盆、盂、直口圆肩罐、折肩罐、双耳长颈罐等[8]（图8-26）。

---

[1] A. 胡谦盈：《试谈先周文化及相关问题》，《中国考古学研究（二）》，科学出版社，1986年。
B. 张长寿、梁星彭：《关中先周青铜文化的类型与周文化的渊源》，《考古学报》1989年第1期。
[2] 牛世山：《陕西武功县岸底商代遗存分析》，《考古求知集》，中国社会科学出版社，1997年。
[3] 中国社会科学院考古研究所沣西工作队：《1967年长安张家坡西周墓葬的发掘》，《考古学报》1980年第4期。
[4] 中国社会科学院考古所沣镐发掘队：《长安沣西早周墓葬发掘记略》，《考古》1984年第9期。
[5] 中国社会科学院考古所沣镐发掘队：《长安沣西早周墓葬发掘记略》，《考古》1984年第9期。
[6] 中国科学院考古研究所沣西发掘队：《陕西长安、户县调查与试掘简报》，《考古》1962年第6期。
[7] A. 徐良高、杨国忠：《沣镐遗址考古又获新收获》，《中国文物报》1998年3月4日。
B. 徐良高：《沣镐考古成果及其意义》，《光明日报》1998年2月20日。
C. 中国社会科学院考古研究所沣镐工作队：《1997年沣西发掘报告》，《考古学报》2000年第2期。
[8] A. 中国社会科学院考古研究所沣镐工作队：《1997年沣西发掘报告》，《考古学报》2000年第2期。

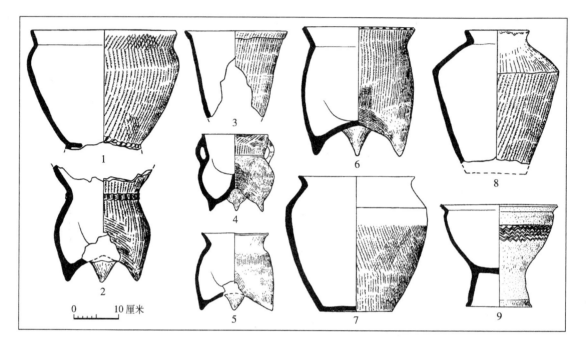

图 8-26 沣镐遗址先周遗存陶器

1. 联裆甗（97SCMH18:57） 2. 联裆甗（97SCMH18:59） 3. 联裆甗（97SCMH12:9） 4. 分裆袋足鬲（97SCMH18:53）
5. 联裆鬲（97SCMH12:4） 6. 联裆鬲（97SCMH18:49） 7. 折肩罐（97SCMH18:41） 8. 折肩罐（97SCMH18:58）
9. 簋（97SCMH18:44）

沣镐先周遗存的年代上限不早于周文王作丰，下限在商周之际[9]。

沣镐遗址上述遗存是得到学界公认的先周晚期遗存，成为探索更早时期先周遗存的基点，对该遗存文化内涵的客观分析，将有助于解决以往关于关中诸商代遗存文化性质认识上的分歧。同时，马王村西97H18灰坑上面迭压有西周初年的文化堆积，对于判定商周年代分界，也具有重要价值。因而，沣镐先周遗存的发现，对研究周文化的起源、发展具有重要意义。

关中地区是先秦文献记载中西周王朝的创始之地，因而有关考古工作侧重于对早期周文化与周人社会的研究。自20世纪30年代特别是50年代以来，随着很多相关遗存的发现，极大地推进了这一地区商代的考古学文化的研究，使其进入了一个新的阶段，从而也推进了先周文化与关中及邻近地区考古学文化的关系以及早期周人社会特征等问题的综合研究。目前，在关中本土的四类考古学文化遗存中，沣镐遗址的相关遗存被公认是商末的先周文化遗存，至于碾子坡、刘家、郑家坡等类遗存，学界也认为是探讨更早时期先周文

B. 徐良高：《沣镐考古成果及其意义》，《光明日报》1998年2月20日。

[9] A. 中国科学院考古研究所：《沣西发掘报告》第10~12页，文物出版社，1962年。

B. 中国社会科学院考古研究所沣镐工作队：《1997年沣西发掘报告》，《考古学报》2000年第2期。

C. 徐良高：《沣镐考古成果及其意义》，《光明日报》1998年2月20日。

化的重点研究对象。要深入探讨先周文化，只有以夏、商文化为参照标尺，在理清这些文化遗存各自的特点、源流及相互关系的基础上，通过对夏商时期关中及邻近地区考古学文化的分布格局与文化变迁的全面考察，将有助于廓清对先周文化认识的分歧，使这一重要学术课题早日得到解决。

第六节 甘青地区

甘青地区包括甘肃、宁夏、青海三省区，东邻陕西省，西连新疆维吾尔自治区，北与内蒙古自治区接壤，西南与西藏自治区毗邻。该地区是中原大地通往西北边陲，乃至中亚、西亚的必经之地，而且处于大西北的中间地带，它在中西文化交流中起着极为重要的作用，其地理位置是别处不能替代的。在该地区经考古调查与发掘，发现有内涵丰富多彩且具有鲜明区域性特色的古文化遗存。

在夏商时期甘青地区的考古学文化，目前已知的有齐家文化、四坝文化、卡约文化、辛店文化、寺洼文化、诺木洪文化等多种文化遗存，诺木洪文化的分布范围仅限于青海省。现就其中的齐家文化、四坝文化和卡约文化等的发掘情况与研究成果，进行较全面的论述。

一 齐家文化

（一）发现和发掘

齐家文化是黄河上游地区晚于马家窑文化的史前文化遗存。其年代与中原地区夏代纪年相当。因最早在甘肃省广河县（旧称宁定县）齐家坪发现而得名。1924 年，由瑞典学者安特生（J.G. Andersson）首先发现。当时他认为齐家坪出的文物是甘肃古文化六期中最早的一期，称为齐家期，并把它的相对年代放在仰韶期之前[1]。1945 年，夏鼐在广河县阳洼湾墓地发掘两座齐家文化墓葬，墓内除随葬一组典型的齐家文化陶器外，填土中还出有马家窑文化（或称甘肃仰韶文化）的彩陶片，这样便从层位上解决了齐家文化与马家窑文化的相对年代问题，即前者晚于后者，纠正了安特生分期的错误[2]。1947～1948 年，裴文中等在甘肃洮河、渭河、西汉水等流域调查，发现古文化遗址 90 多处，并在临洮瓦家坪遗址首次发现了齐家文化的白灰面房址等重要遗迹。他把调查发掘资料与研究成果撰写成《甘肃史前考古报告初稿》等论著[3]。上述田野工作与研究成果，为尔后开展甘、青地区的考古研究工作奠定了基础。

---

[1] 安特生著、乐森珣译：《甘肃考古记》，《地质学报》甲种第五号，1925 年。
[2] 夏鼐：《齐家期墓葬的新发现及其年代的改订》，《中国考古学报》第三册，1948 年。
[3] A. 裴文中：《甘肃史前考古报告》，《裴文中史前考古论文集》，文物出版社，1987 年。原名《甘肃史前考古报告初稿》，1947 年由中国地质调查所油印数十本。
　　B. 裴文中：《中国西北甘肃走廊和青海地区的考古调查》，《裴文中史前考古论文集》，文物出版社，1987 年。原载《中央研究院地质研究所丛刊》第八号（英文），1948 年。

20世纪50年代至今,中国社会科学院考古研究所与甘肃、青海、宁夏文物考古部门以及高等院校等单位,互相配合,在黄河上游地区作了大量的考古调查与发掘工作。有关齐家文化遗存的调查工作有以下几项:(1)为配合黄河水库区基本建设,对刘家峡水库区[1]和盐锅峡、八盘峡、寺沟峡水库区的调查[2]。(2)为配合铁路工程建设,对渭河上游天水、甘谷、渭源、陇西、武山等县的调查[3]。(3)在洮河流域的临洮、临夏和西汉水流域的西和、礼县等地的调查[4]。(4)在白龙江流域的岷县、武都、舟曲、文县等地的调查[5]。(5)在湟水流域的民和、乐都、西宁、湟中等县、市的调查[6]。通过调查在甘、宁、青地区发现齐家文化遗址(包括墓地)共1000余处。

在调查的基础上,有选择地进行清理发掘的遗址,在甘肃境内的有广河齐家坪[7],秦安寺嘴坪[8],武威皇娘娘台[9],永靖张家嘴、姬家川[10]、大何庄[11]、秦魏家[12],灵台桥村[13],天水师赵村、西山坪[14],武威海藏寺[15],武山傅家门[16]等;在青海境内的有乐都柳湾[17],大通上孙家寨[18]、黄家寨[19],贵南尕马台[20],互助总寨[21],西宁沈

---

[1] 安志敏:《甘肃远古文化及其有关的几个问题》,《考古通讯》1956年第6期。
[2] A. 黄河水库考古队甘肃分队:《黄河上游盐锅峡与八盘峡考古调查记》,《考古》1965年第7期。
　　B. 甘肃省博物馆:《黄河寺沟峡水库新石器时代遗址调查简报》,《考古》1960年第3期。
[3] A. 甘肃省文物管理委员会:《渭河上游天水、甘谷两县考古调查简报》,《考古通讯》1958年第5期。
　　B. 甘肃省文物管理委员会:《甘肃渭河上游渭源、陇西、武山三县考古调查》,《考古通讯》1958年第7期。
[4] A. 甘肃省文物管理委员会:《甘肃临洮、临夏两县考古调查简报》,《考古通讯》1958年第9期。
　　B. 甘肃省博物馆:《甘肃西汉水流域考古调查简报》,《考古》1959年第3期。
[5] 长江流域规划办公室考古队甘肃分队:《白龙江流域考古调查简报》,《文物资料丛刊》2,文物出版社,1978年。
[6] 安志敏:《青海的古代文化》,《考古》1959年第7期。
[7] 甘肃省博物馆:《甘肃省文物考古工作三十年》,《文物考古工作三十年》,文物出版社,1979年。
[8] 任步云:《甘肃秦安县新石器时代居住遗址》,《考古通讯》1958年第5期。
[9] 甘肃省博物馆:《甘肃武威皇娘娘台遗址发掘报告》,《考古学报》1960年第2期。
[10] 中国社会科学院考古研究所甘肃工作队:《甘肃永靖张家嘴与姬家川遗址的发掘》,《考古学报》1980年第2期。
[11] 中国科学院考古研究所甘肃工作队:《甘肃永靖大何庄遗址发掘报告》,《考古学报》1974年第2期。
[12] 中国科学院考古研究所甘肃工作队:《甘肃永靖秦魏家齐家文化墓地》,《考古学报》1975年第2期。
[13] 甘肃省博物馆考古队:《甘肃灵台桥村齐家文化遗址试掘简报》,《考古与文物》1980年第3期。
[14] 中国社会科学院考古研究所:《师赵村与西山坪》第151~214、270~293页,中国大百科全书出版社,1999年。
[15] 梁晓英、刘茂德:《武威新石器时代晚期玉石器遗址》,《中国文物报》1993年5月30日。
[16] 中国社会科学院考古研究所甘青工作队:《甘肃武山傅家门史前文化遗址发掘简报》,《考古》1995年第4期。
[17] 青海省文物管理处考古队、中国社会科学院考古研究所:《青海柳湾》上册,第170~233页,文物出版社,1984年。
[18] 许新国:《试论卡约文化的类型与分期》,《青海文物》创刊号,1988年。

那〔22〕等；在宁夏境内的有西吉兴隆镇〔23〕，固原海家湾〔24〕等，共20余处。现选其中发掘规模较大、收获较丰和近年来新发现的遗址作简要介绍。

皇娘娘台遗址，1957～1975年先后进行了四次发掘，发现房址6座，窖穴65个，墓葬88座，出土陶、石、骨、铜器共约2000件。其中，铜器30件，凡经过鉴定的都属红铜器。这批铜器对考古学与冶金史的研究都有重要的学术意义。

海藏寺遗址，1983～1985年清理，出土玉石器160多件，玉器种类有璧、镯、锛、凿、斧、刀等，还有数量可观的边角料、半成品、毛坯、原料等。从玉石器成品、半成品、毛坯和切锯加工痕迹分析，可推定这是一处玉石器加工作坊遗址。这种玉石器作坊遗址，在甘青地区尚属首次发现。

大何庄和秦魏家遗址，1959～1960年发掘。大何庄遗址进行了两次发掘，揭露面积达1589平方米，发现房址7座，窖穴15个，墓葬82座，石圆圈遗迹5处，出土陶、石、骨、铜器等800余件。同时期，还发掘了秦魏家遗址，发现了一处规模较大、保存较好的齐家文化氏族公共墓地。共发现138座墓葬。随葬品有石、骨、陶、铜器和猪下颌骨等1000多件。该墓地墓葬集中，随葬品丰富，对研究齐家文化有关问题具有重要的学术价值。

师赵村与西山坪遗址，1981～1990年发掘。这两处遗址文化层厚、遗迹多、遗物丰富，包括不同时期的古文化遗存。齐家文化是这两处遗址的主要内涵，在齐家文化研究中占有重要地位。师赵村发现齐家文化（师赵村第七期文化遗存）房址26座，陶窑3座，窖穴17个，墓葬3座，祭祀遗迹1处。出土石、骨、陶器等共522件。西山坪发现齐家文化房址3座，窖穴9个，出土石、骨、陶器等共137件。师赵村发现的26座房址，保存较好，排列有序，形成一处较完整的建筑群。它对探讨齐家文化的聚落形态、房屋结构等问题有重要的价值。

傅家门遗址，1991～1993年发掘。揭露面积1200平方米，发现史前文化不同时期的房址11座，窖穴14个，墓葬2座，祭祀坑1座，出土石、骨、陶器等约1000件。属齐家文化的有房址7座，窖穴与墓葬各1座和一批石、骨、陶器遗物。

柳湾墓地，1974～1980年发掘。共发掘墓葬1714座，包括马家窑文化半山、马厂类型、齐家文化、辛店文化等不同时期的文化遗存，出土随葬品很丰富，共计3万多件。其中，齐家文化墓葬366座，这是迄今所知发掘规模最大、出土物最多的一处氏族公共墓地，也是齐家文化最大的一处墓地。

尕马台墓地，1977年发掘。共发掘墓葬43座，多为俯身葬，葬式特殊，较为罕见。第25号墓出土的一面七角纹铜镜是我国迄今已知年代最早的铜镜。

〔19〕 马兰、刘杏改：《大通县黄家寨及杨家湾墓地清理简报》，《青海文物》第2期，1989年。
〔20〕 《我省考古工作的一项重大发现》，《青海日报》1978年2月18日。
〔21〕 青海省文物考古队：《青海互助土族自治县总寨马厂、齐家、辛店文化墓葬》，《考古》1986年第4期。
〔22〕 A. 王国道：《西宁市沈那齐家文化遗址》，《中国考古学年鉴（1993）》，文物出版社，1995年。
　　　B. 吴平：《西宁市沈那遗址》，《中国考古学年鉴（1994）》，文物出版社，1997年。
〔23〕 钟侃、张心智：《宁夏西吉县兴隆镇的齐家文化遗址》，《考古》1964年第5期。
〔24〕 宁夏回族自治区博物馆：《宁夏固原海家湾齐家文化墓葬》，《考古》1973年第5期。

沈那遗址，1992~1993年发掘。发现房址9座，窖穴130个，墓葬10座。这是一处内涵较为丰富的齐家文化聚落遗址。在一座窖穴内出土一件长达62厘米的大型铜矛，引人注目。

通过这些遗址的发掘、整理与研究，使我们加深了对齐家文化的分布、文化特征、分区与类型划分、年代与分期等问题的了解，进而对诸如社会经济生活、婚姻形态、宗教信仰与社会发展阶段等问题进行了初步探讨。

(二) 分布与文化特征
1. 分布

齐家文化的分布范围较广泛，在黄河上游及其支流渭河、洮河、大夏河、湟水与西汉水等流域都有分布，但其分布中心是渭河上游、洮河中下游与湟水中下游地区。若以现在行政区划定位，东起甘肃省庆阳地区宁县，西至青海湖北岸沙柳河，北入内蒙古阿拉善左旗，南抵甘肃省文县。地跨甘、宁、青、蒙四个省区。东西长达800多公里。

甘肃、青海的地形，绝大部分为高原山地，特别是青海为青藏高原主体的一部分，一般海拔2500~4500米，最低的河谷地区也在1600米以上。在齐家文化分布区内，地形复杂，地貌、自然环境不同。陇东高原海拔1200~1800米，黄土深厚，为典型的黄土高原地貌。陇中高原海拔1200~2500米，该地区黄河滩、峡相间，水力资源丰富，主要支流有渭河、洮河等，气候多属温带半湿润区，河流两岸宜种植农作物。青海东部为高原山地东段，山脉及谷地均较宽广，有冷龙岭、达坂山、拉脊山三山和大通河、湟水、黄河三河，峡谷众多，河谷地带牧草繁茂，海拔在3000米以下，谷地中的河岸阶地为农耕地区。齐家文化居民的经济生活与这些地理环境、自然条件存在着密不可分的联系。

2. 文化特征

齐家文化有其独自的文化特征，主要表现在以下几方面。

在聚落遗址中，有以白灰面为主的建筑群，并出土众多的窖穴与较有特点的石圆圈祭祀遗迹。

在墓地中，以仰身直肢单人葬为主，并发现一批保存较好的成年男女合葬墓，反映当时存在夫妻合葬的习俗。

有以双大耳罐、高领双耳罐、侈口罐、盆或豆等为组合的陶器群，陶器表面装饰有绳纹、篮纹和彩绘等，彩陶以红彩或紫红彩画成蝶形纹、蕉叶纹、菱形网格纹等几何图案，独具风格。

有以磨制石斧、铲、锛、刀、磨棒、磨盘、敲砸器等为组合的石器群。

有用动物下颌骨或肩胛骨制成的铲与锥、针以及带纹饰的骨匕等为组合的骨器群。

有一批以红铜器为主的小件铜器，器类主要是锥、刀、环、斧等。

有较多的绿松石、珠、璧、环、笄、石管与坠形器等装饰品。

有玉琮与玉璧等礼器。

3. 相对年代与绝对年代

据甘肃永靖张家嘴、天水师赵村，青海柳湾、大通黄家寨等遗址的层位关系，齐家文化的相对年代晚于马家窑文化，而早于辛店文化和卡约文化。

齐家文化的绝对年代经碳十四年代测定已大体明确。经测定的木炭等标本共6个，即灵台桥村1个，天水西山坪2个，永靖大何庄2个，乐都柳湾1个。测定结果（指高精度校正数据）为：公元前2183年至前1979年（ZK0741，桥村H4）、公元前2140年至前1529年（ZK2149，西山坪T1③）、公元前2138年至前1906年（ZK2205，西山坪T10F1）、公元前2114年至前1777年（ZK0015，大何庄F7）、公元前2030年至前1748年（ZK0023，大何庄F7）、公元前1970年至前1630年（ZK0347，柳湾M392）[1]。其中，西山坪标本ZK2149测定的年代下限略晚些，其余数据都落在公元前2183年至前1630年之间，同中原夏代纪年范围大致相当，其年代上限或略早于夏代。

（三）类型与分期

关于齐家文化的分期与类型的划分问题，早在20世纪50年代就有研究者撰文涉及，到了70、80年代，又有多位研究者发表过自己的看法。各家观点不一，主要论点可概括为"两群说"、"两类型说"、"三类型说"、"四期说"、"三期八段说"，等等。

"两群说"把齐家文化的陶器分为两群：一群是以敛口高颈深腹的双耳罐为主体，表面施白色陶衣，腹部印篮纹，所谓安佛拉式双耳罐及鬲都比较少见；另外一群是以器形较大的小口双耳罐和盉类为主，鬲较多，也有斝、盉等残片。这两群器物的地理分布是交错的，可能代表着早晚两期，而以前者为较早[2]。

"两类型说"认为典型的齐家文化可分为甲、乙两种类型。甲型以甘肃省永靖县大何庄和秦魏家为代表；乙型以甘肃省武威皇娘娘台和青海省乐都县柳湾两处为代表。陶器最本质的不同是甲型未发现彩陶，而乙型却有发达的马厂文化风格的彩陶[3]。

"三类型说"把甘、青地区的齐家文化分为东、中、西三个区域，东部地区以七里墩类型为代表，中部以秦魏家类型为代表，西部以皇娘娘台类型为代表。七里墩类型的典型陶器为高颈折肩罐、单耳罐、罐形甗、侈口绳纹罐、双耳罐与高裆鬲等。秦魏家类型陶器种类增多，除高颈双耳罐、侈口罐与鬲等外，还有杯、盆、瓶、豆和三耳罐等多种形式的罐形器。造型的特点是器身变得较瘦长，肩腹间折棱不明显，带把手或镂孔的陶器增多。皇娘娘台类型最大的特点是出现了较多的彩陶器，彩陶器类有双大耳罐、双小耳罐与豆等，彩纹有菱形网络纹、三角纹、粗细线相间的弧线纹与十字纹等几何形图案，彩陶形态与马厂类型相似[4]。

"四期说"据大何庄与秦魏家两遗址的地层迭压关系与不同层位的陶器组合及其特点，把齐家文化分为四期，这四期是相互联系又互有区别的同一文化的不同发展阶段。并指出

---

[1] 中国社会科学院考古研究所：《中国考古学中碳十四年代数据集（1965~1991）》第274、275、281、283、284、286页，文物出版社，1991年。
[2] 安志敏：《甘肃远古文化及其有关的几个问题》，《考古通讯》1956年第6期。
[3] 胡谦盈：《试论齐家文化的不同类型及其源流》，《考古与文物》1980年第3期。
[4] 谢端琚：《试论齐家文化与陕西龙山文化的关系》，《文物》1979年第10期；《试论齐家文化》，《考古与文物》1981年第3期。

大何庄出土的铜器经鉴定为红铜器，秦魏家出土的铜器为青铜器，说明大何庄的相对年代要早于秦魏家，这与陶器早晚关系也是吻合的[1]。

"三期八段说"的划分是：一期，包括瓦家坪K825白灰面住室，柳湾M267和皇娘娘台F8为代表的先后三段遗存。这期以直颈圆肩罐和袋足鬲为代表性器形，第三段开始出现直领折肩罐。二期，包括以皇娘娘台和秦魏家三层墓葬为代表的四、五两段遗存。这期已不见一期的圆腹双大耳罐，代之而起的曲直腹或微折腹的双大耳罐，以及以双耳折肩罐和带足跟的袋足鬲为代表性器形。三期，包括大何庄F7和该文前述秦魏家诸遗存中三、四段为代表的六、七、八段遗存。这期陶鬲已进入衰落形态，高领双耳罐代替了双耳折肩罐，双大耳罐显得瘦长，腹部多半呈圆曲线条。瘦长是这期陶器的主要风格[2]。

以上各家对齐家文化的分期意见，虽然不尽一致，但都会对研究者有所启迪，推进了齐家文化分期的研究。

根据近年来天水师赵村、西山坪两遗址的新发现与青海柳湾等地的发掘资料，对齐家文化的分期与类型划分可以进行更细致的分析和探讨。

在已有研究成果的基础上，结合近年来的新的发掘资料，依地域的不同与文化内涵的差异，可把齐家文化分为东、中、西部三个区五个类型。现分别加以叙述。

1. 东区

即甘肃东部地区，包括泾水、渭河、西汉水上游等流域。这个地区的齐家文化又可分为师赵村与七里墩两个类型。

师赵村类型，因在天水师赵村遗址首先发现而命名。这是甘肃东部地区齐家文化的一个地方类型。鉴于师赵村聚落遗址较完整，出土物丰富，房子、窖穴、墓葬等遗迹材料较全面，可把它作为东部地区的一个典型遗址，称为师赵村类型。该类型以渭河上游及其支流榜河、葫芦河为分布中心。

过去对齐家文化的房子遗迹发现较少，师赵村遗址发现了26座房址，形成较大规模的建筑群，是迄今所见保存较完整的一处齐家文化聚落址。出土的陶器多呈橙黄色与灰褐色，陶器表面除素面者外，都施有不同的纹饰，常见的有绳纹、篮纹、附加堆纹、弦纹、划纹等。据统计，绳纹占陶器总数的47.84%，素面占32.29%，附加堆纹占17.34%，其余纹饰均较少。可见是以绳纹为主要纹饰，但不见彩陶。器类较多，有碗、盆、盂、尊、杯、盘、罐、甑、瓮、缸、鬲、斝、豆、器座和器盖等10多种，罐类占绝对多数，并且器形富于变化，又可分为侈口罐、圈足罐、单耳罐、双大耳罐、三耳罐、高领双耳罐等多种。（图8-27D）造型的一个突出特点是较多的陶容器在其颈、腹部或口、肩间附对称环形耳或弧形耳。

七里墩类型，因在天水花牛乡七里墩遗址首先发现而得名。七里墩位于天水市东约7公里。该遗址早在20世纪20年代即已发现，后来经过多次复查。1956年进行复查时，发现一座齐家文化墓葬，墓内的随葬陶器，都属于齐家文化的典型器物。包括高领折肩双耳

---

[1] 谢端琚：《论大何庄与秦魏家齐家文化的分期》，《考古》1980年第3期。
[2] 张忠培：《齐家文化研究（下）》，《考古学报》1987年第2期。

罐、单耳罐、侈口罐、双耳罐、罐形甗等（图8-27C），器体较大，高领折肩双耳罐最大者高达61厘米，肩腹间折棱明显，腹部饰竖行绳纹或篮纹。陶甗除底部穿有箅孔外，近底处的腹壁还有一周气孔。侈口罐较粗矮，腹部遍饰粗绳纹。这些陶器的形态有别于师赵村类型。该类型的分布范围与师赵村类型相若。二者间年代关系将在下文讨论。

2. 中区

即甘肃中部地区。包括黄河上游及其支流洮河、大夏河流域。以甘肃永靖县莲花乡秦魏家遗址为代表，称秦魏家类型。

秦魏家是一处保存较好的齐家文化氏族公共墓地，共发现墓葬138座，分南、北两片墓地。北部墓地计墓29座，分3排排列，头部一律朝西。南部墓地较大，分上、下两层，上层墓葬共99座，分6排排列，下层8座，分散排列，不论上层或下层，头向均朝西北方。出土的陶器以红陶与红褐陶占绝大多数，占全部陶器的97.64%。器表以素面者最多，占全部陶器的47.58%，次为绳纹与篮纹，分别占23.66%与23.58%，其余弦纹、附加堆纹、划纹等均属少数。器类有碗、豆、双大耳罐、侈口罐、高领双耳罐、杯、盆、甗、鬲等20多种（图8-27A、B）。但南墓地上、下两层的陶器还有明显差别，下层典型陶器为杯形腹双大耳罐、单耳圆腹罐、高领双耳罐、双小耳罐、侈口曲颈罐、三耳罐与深腹盆等。上层除单耳圆腹罐、侈口曲颈罐已不见外，其余器类大致均承袭下层的传统形态，但在造型上有明显的变化，突出表现在器体较瘦长，腹部加深，折肩的棱角不显，如高领双耳罐由折肩演变为圆肩深腹，双大耳罐由杯形腹演变成圆形腹等。同时，还增添了不少新器类，如陶甗、豆、单耳杯、单耳鬲等。下层陶器的相对年代要比上层早。秦魏家上下层的不同形态的陶器，可作为划分齐家文化早晚期的重要标尺。

3. 西区

即甘肃西部和青海东部地区。包括青海境内的黄河上游及其支流湟水、隆务河流域和河西走廊。依其地理环境与文化内涵的差别，又可分为皇娘娘台与柳湾两个类型。

皇娘娘台类型，因在武威新鲜乡皇娘娘台首先发现而得名。皇娘娘台西距武威约2.5公里，是一处内涵丰富的齐家文化遗址。该遗址首先发现了一批红铜器，从而改订齐家文化为铜石并用时代。出土的陶器也独具特征。最突出的是出土了一批彩陶器，着彩的器类有双小耳罐、双大耳罐、豆与纺轮等（图8-27E）。彩料多为黑彩或紫红彩，纹样有菱形方格纹、三角形纹、曲折纹、蕉叶纹、十字纹、粗细相间的弧线纹和变形蛙纹等。多施于器物的颈部、肩部与耳把上，或施在豆盘内壁上。还有双耳圈足尊、双底镂孔双大耳罐、偏耳罐等，造型奇特，为这类型所独有。该类型分布范围仅限于河西走廊地区。

柳湾类型，因在青海省乐都县柳湾村首先发现而得名。柳湾位于湟水流域北岸，西距乐都县城17公里。柳湾墓地发现齐家文化墓葬共366座，是齐家文化墓地中发现墓葬数最多的一处，出土物亦最丰富。这里出土的器物有独自的特点，既包含有齐家文化的基本因素，又保留有马厂类型的诸多成分（图8-28）。为了便于与齐家文化其他类型进行比较研究，暂名为齐家文化柳湾类型。陶器的组合与器类有杯、豆、尊、鬲、甗与各种不同形式的罐等。这里还出现了不少新颖的陶容器，如高圈足陶杯、双大耳彩陶罐、陶盉、鸮面陶罐、带嘴罐与竖横耳相叠的陶罐等皆为其他文化类型所罕见或不见（图8-27F）。陶器中

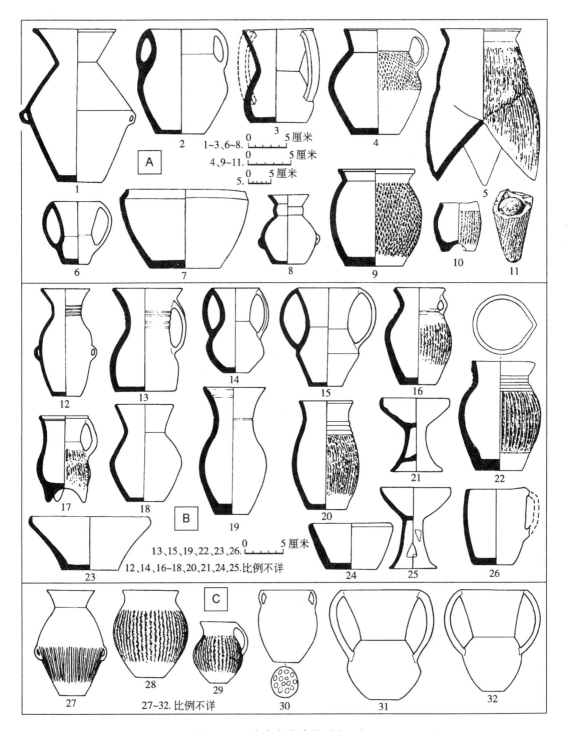

图 8-27 齐家文化陶器（之一）

A. 秦魏家下层陶器 1. 高领双耳罐（M89:1） 2. 双小耳罐（M89:3） 3. 三耳罐（T13:6） 4. 单耳罐（M89:2） 5. 鬲（H1:1） 6. 双大耳罐（M89:7） 7. 盆（M89:4） 8. 侈口曲领罐（M36:2） 9. 侈口罐（M98:2） 10. 四足器（H15:4） 11. 鬲足（H1:3）

B. 秦魏家上层陶器 12. 高领双耳罐（M91:4） 13. 单耳罐（M37:2） 14. 双大耳罐（M42:1） 15. 双大耳罐（M134:4） 16. 单耳罐（M23:1） 17. 鬲（M129:2） 18. 瓶（M17:3） 19. 瓶（M112:1） 20. 侈口罐（M58:4） 21. 豆（M22:1） 22. 侈口罐（M46:4） 23. 盆（M79:3） 24. 盆（M58:3） 25. 豆（M46:3） 26. 杯（M58:5）

C. 七里墩类型陶器 27. 高领双耳罐（七里墩） 28. 侈口罐（七里墩） 29. 单耳罐（七里墩） 30. 陶甑（七里墩） 31. 双大耳罐（佐李村） 32. 双大耳罐（刘堡）

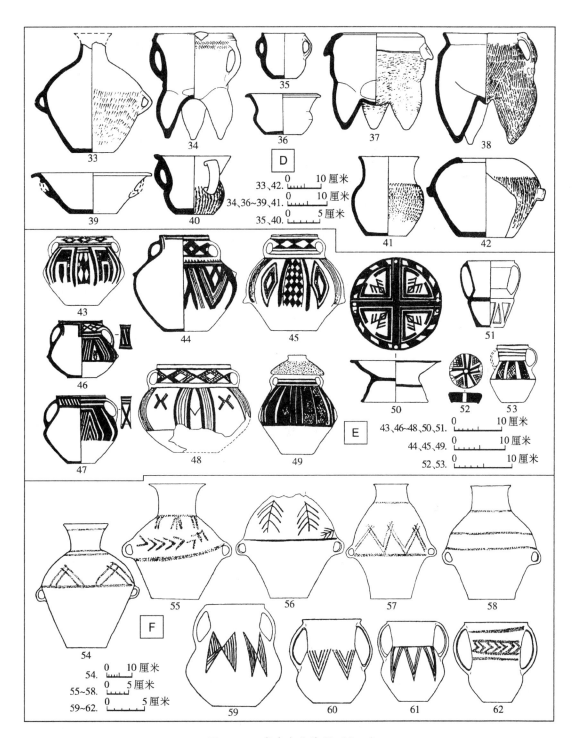

图 8-27 齐家文化陶器（之二）

D. 师赵村齐家文化陶器 33. 高领罐（T307②:9） 34. 盉（T403 F24:2） 35. 双大耳罐（T308②:10） 36. 尊（T335③:7） 37. 斝（T403 F25:1） 38. 鬲（T317③:1） 39. 盆（T390H1:1） 40. 三耳罐（T320F9:1） 41. 侈口罐（T406F26:1） 42. 瓮（T308④:15）

E. 皇娘娘台遗址出土陶器 43. 双耳罐（57M1） 44. 双耳罐（M32:5） 45. 双耳罐（57M9） 46. 双耳罐（M30:2） 47. 双耳罐（M31:1） 48. 双耳罐（M6） 49. 盖罐 50. 豆（M47:10） 51. 双大耳罐（M47:11） 52. 纺轮（T6:3） 53. 双大耳罐

F. 柳湾齐家文化彩陶 54. 彩陶壶（M992:6） 55. 彩陶壶（M1241:4） 56. 彩陶壶（M843:14） 57. 彩陶壶（M843:6） 58. 彩陶壶（M965:4） 59. 双耳彩陶罐（M1325:3） 60. 双耳彩陶罐（M155:6） 61. 双耳彩陶罐（M977:5） 62. 双耳彩陶罐（M1325:2）

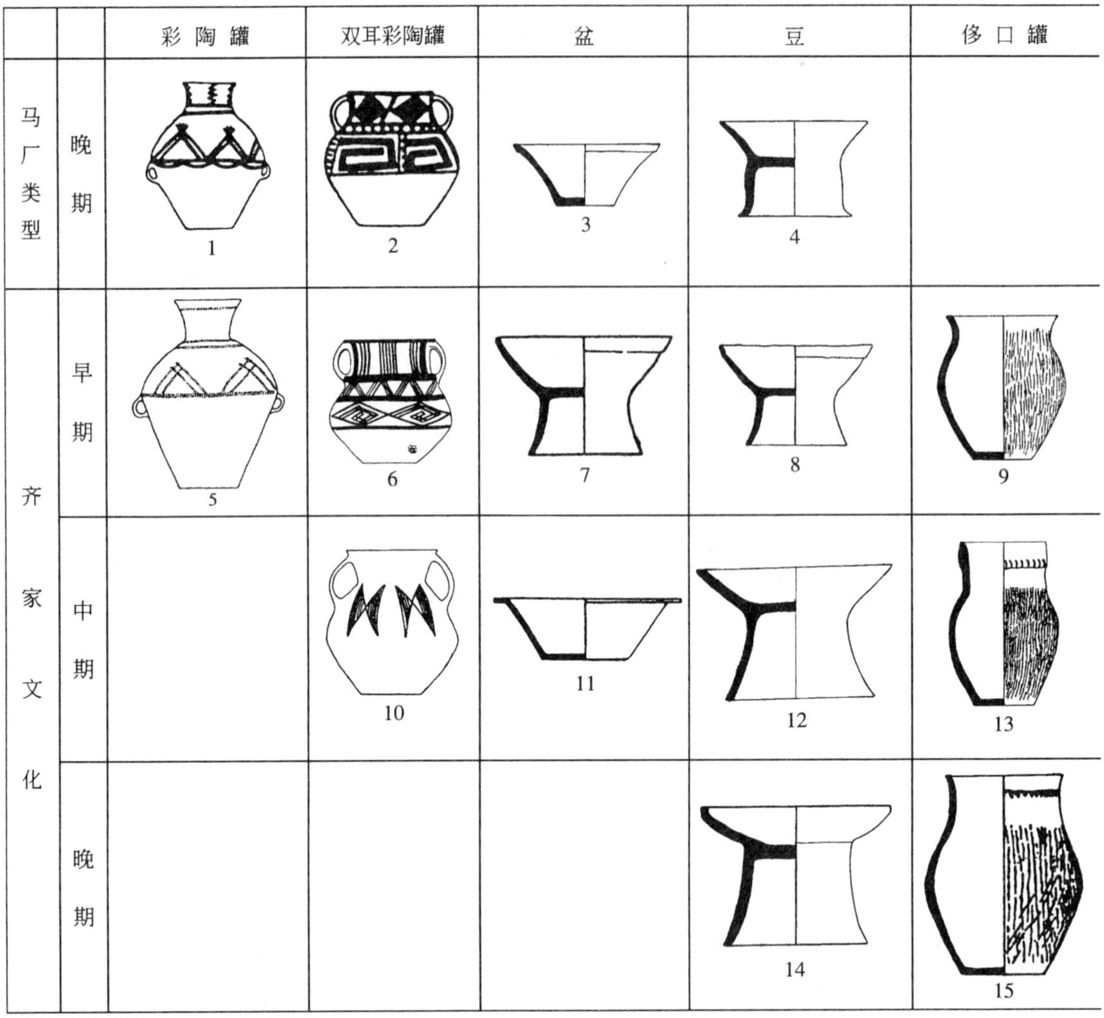

		彩陶罐	双耳彩陶罐	盆	豆	侈口罐
马厂类型	晚期	1	2	3	4	
齐家文化	早期	5	6	7	8	9
	中期		10	11	12	13
	晚期				14	15

图 8-28 柳湾遗址马厂类型晚期与齐家文化陶器分期图（之一）
1. 彩陶罐（M914:10） 2. 双耳彩陶罐（M805:3） 3. 盆（M996:8） 4. 豆（M105:26） 5. 彩陶罐（M992:6）
6. 双耳彩陶罐（M965:7） 7. 盆（M855:14） 8. 豆（M278:4） 9. 侈口罐（M970:7） 10. 双耳彩陶罐（M954:7）
11. 盆（M972:17） 12. 豆（M1332:10） 13. 侈口罐（M968:1） 14. 豆（M271:3） 15. 侈口罐（M141:2）

最突出的是彩陶，不只是在个别墓内发现，而是有 70 多座墓都出土彩陶，共计 127 件。说明出彩陶不是个别或偶然现象，而是这个类型特有的文化内涵之一。这些彩陶虽然与武威皇娘娘台彩陶存在共性，但在造型与纹饰上却有明显的差异。如柳湾彩陶壶较多见，而皇娘娘台则不见；皇娘娘台发现有彩陶豆，而柳湾却不见。在彩纹方面，柳湾的蝶形纹与皇娘娘台的粗细相间的弧线纹、变形蛙纹等，却是各自的特有纹样。柳湾类型在葬俗方面也不同于其他文化类型，如流行土洞墓与以独木棺为葬具等，在皇娘娘台等类型中皆不见。该类型以湟水中、下游地区为分布中心。

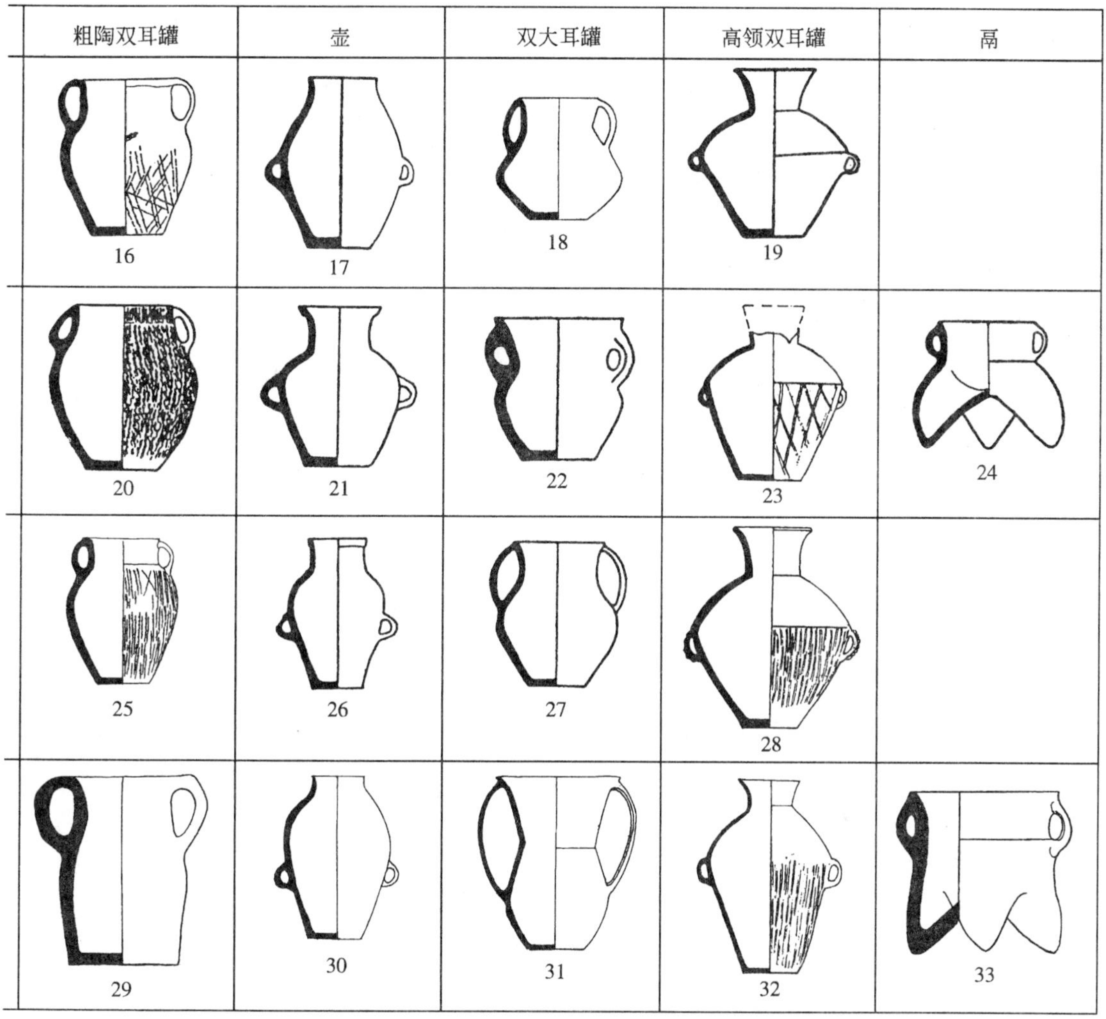

粗陶双耳罐	壶	双大耳罐	高领双耳罐	鬲
16	17	18	19	
20	21	22	23	24
25	26	27	28	
29	30	31	32	33

图 8-28 柳湾遗址马厂类型晚期与齐家文化陶器分期图（之二）

16. 粗陶双耳罐（M878:1） 17. 壶（M1284:9） 18. 双大耳罐（M1214:1） 19. 高领双耳罐（M1137:5） 20. 粗陶双耳罐（M267:3） 21. 壶（M1128:1） 22. 双大耳罐（M992:16） 23. 高领双耳罐（M543:8） 24. 鬲（M1103:13） 25. 粗陶双耳罐（M1008:3） 26. 壶（M1127:5） 27. 双大耳罐（M965:12） 28. 高领双耳罐（M972:26） 29. 粗陶双耳罐（M728:1） 30. 壶（M369:6） 31. 双大耳罐（M696:3） 32. 高领双耳罐（M951:1） 33. 鬲（M771:2）

东区齐家文化可分为早、晚两期，早期以师赵村类型为代表，晚期以七里墩类型为代表。目前，虽然尚未找到两者的层位关系，但从器物标型学上分析，师赵村类型要早于七里墩类型。如师赵村出土的双大耳罐和高领双耳罐等陶器，造型较粗胖，腹部较圆鼓，绳纹等纹饰排列欠规则，作斜形或交错排列等形态，都具有齐家文化早期的特点。而七里墩出土的同类陶器，其造型都显得高大，腹部较瘦长，绳纹和篮纹等纹饰均作竖形排列，且密集而整齐，这种造型和纹饰风格都具有齐家文化晚期的特点。

中区齐家文化亦可分为早、晚两期，早期以秦魏家下层遗存为代表，晚期以秦魏家上层为代表。秦魏家上、下层文化遗存是有明确的层位叠压关系，故其早、晚关系是毋庸置疑的，表现在器物上的早晚期的特点已在前面叙述。

西区齐家文化分为早、中、晚三期，可以柳湾齐家文化墓葬材料为依据（图8-28）。在柳湾300多座墓葬中有叠压或打破关系的墓共20多座，从中可分出三组具有代表性的典型墓葬，分别作为早、中、晚期的代表。以M399等墓为代表的为早期，以M398等墓为代表的为中期，以M271等墓为代表的为晚期。各期器物存在着共性，又各有自己的特点。早期代表性的陶器有彩陶壶、双耳彩陶罐、双大耳罐、高领双耳罐、侈口罐、豆、鬲等，彩陶器较多。中期器类除与早期共有的双大耳罐、高领双耳罐、侈口罐、豆等外，新出现了陶盉、带嘴罐等，彩陶器减少。晚期陶器除继承前期的双大耳罐、高领双耳罐和侈口罐等器类外，还增加了制作精致的高足杯和造型罕见的四耳罐等新器物，不见彩陶器。这三期器物突出的变化是：造型从粗矮往瘦长发展，彩陶从多到少以致逐渐消失。

（四）聚落与建筑

聚落遗址一般都位于河流两岸的黄土台地上，选择离水源较近的地方。遗址的规模大小不同，大者如皇娘娘台遗址面积达12.5万平方米，小者不足1万平方米，一般为5~7万平方米。聚落遗址内有房子、窖穴、陶窑、墓葬与石圆圈遗迹等多种建筑遗存。这些遗迹的布局，在各遗址中不尽相同，有的遗址中不同类别的遗迹是交错分布的，不易划分各自的区域；有的是墓地与住地分开，单独成为一处氏族公共墓地，如柳湾与秦魏家北部墓地，就是单纯的墓地，在已知范围内不见其他遗迹。但多数遗址如大何庄、皇娘娘台与师赵村等，都是集居址与墓葬于一处的。

大何庄与师赵村两遗址是保存较完整的聚落遗址，发现的房子与窖穴较多。大何庄发现房子7座，窖穴15个。师赵村出土房子26座，窖穴17个。房基大多保存较好。

房子多属半地穴式建筑，平面形状呈圆形或椭圆形、方形或长方形、多边形与凸字形等多种形式。大多数房子的居住面及其四壁的近底部抹有一层白灰面，平整光洁，坚固美观，而且能起着防潮作用。这种白灰面房子是齐家文化在建筑技术上的一个突出特点。如大何庄第7号房子，为一座方形半地穴式的建筑，面积约36平方米。门向西南，门道略呈长方形，长1.2~1.4米，宽0.4米。居住面及四壁均先涂一层草拌泥，然后再抹一层白灰面。房内四角各有柱洞一个，大小相同。在房内中间面对门口处，设有一个高出居住面约3.5厘米的圆形灶址，灶面平整，直径1.2米。在灶址周围发现有10余件碗、盆、罐和器盖等日常用的陶器；在一件粗陶侈口罐F7:10内，还保存着小半罐被火烧焦了的粟粒。在房子周围距四壁1~1.4米处，共发现柱洞10个，大体作对称排列。柱洞至四壁间地面不涂白灰，但平整结实，这一空间似一回廊式建筑。根据发掘现象，可以复原成一座方形平顶带回廊的建筑。

师赵村发现的26座房子中，有22座都是平面呈方形或长方形的，可见这是当时最流行的建筑形式。房子一般设有斜坡式或台阶式门道，方向不一，但以朝南居多。居住面中央都设有圆形的灶址或灶坑，有的在灶上还放着陶罐、鬲、斝等炊器。居住面及四壁近底处均抹有一层白灰面，平整光洁，坚固耐用。这些房子面积都不大，一般为5~6平方米，大者也不超过10平方米。适合于小家庭居住。

师赵村聚落遗址可分为五组建筑群，第一组位于遗址南部，有房子3座，编号为F1～F3，门朝南。第二组建筑群位于一组北面，房子共5座，编号为F13、F15、F19～F21，门向除1座外均朝北。第三组建筑群位于遗址北部，房子分布较密，共8座，编号为F5～F12，门向2座向东、6座朝南。第四组建筑群位于第二组的西边，房子共5座，编号为F16～F18、F22、F23，门向除1座外，均朝南。第五组建筑群位于遗址西边，房子2座，编号F26、F27，门向朝东。每一组房子的数目虽不等，但房子的排列方式基本相同，都作半圆形排列。但有一座房子（F14）较特殊，位在第三组建筑群南面，处于整个聚落的中心位置，结构较特别，两长边房壁呈曲折形，形成里外套间式结构，居住面铺一层白灰面，中央设一灶址，在灶的旁边还有器物的器座坑，筑造得比较讲究。推测这座房子的主人身份可能有别于其他氏族成员，也许是氏族首领一类人物[1]。

在聚落遗址内有不少储存粮食或其他物品的窖穴，它与房子是交错分布的，一般都位于房子附近或周围。窖穴形制有口大底小的锅形、口小底大的袋形和口底径相若的桶状坑。壁面平齐规整，大小不一。小者口径约1米，大者口径可达2米。在大何庄发现一种窖穴比较特殊，例如第7号窖穴，椭圆形平底，口径1.3～1.6米，底径0.6～0.8米，深0.5米。周壁先涂上一层草拌泥，然后再抹一层红胶泥，底部完全涂以红胶泥。中间放置一块扁平的砾石，穴内出土石刀和陶片等遗物。第1号窖穴，为小口袋状窖穴，内出一陶罐，罐内残存有粟粒皮壳。可见这种窖穴是作为储存粮食用的[2]。

（五）经济生活
1. 农业与饲养业

以原始农业为主，种植的作物主要是粟。在大何庄遗址中，房子及墓葬内都普遍发现粟的朽迹，在一个陶罐内还盛有炭化的粟粒，可知是以粟为主要粮食。农业生产中一般使用石、骨质制造的工具。石器多选取石质硬度较高的石料加工而成，工具种类有石镰刀、斧、穿孔刀、磨棒、磨盘、敲砸器和骨铲。其中，带手窝的敲砸器是齐家文化具有特征性的器物。石刀多是长方形或椭圆形两侧带缺口与长方形穿孔刀。石斧多呈长方形，磨制的居多，有的两侧带肩，便于用手握持，或可装柄，成为复合工具。骨铲是用动物肩胛骨或下颌骨制作，刃宽而锋利，是可以提高生产效率的一种较好的工具。

饲养业较发达，从各遗址出土大量的动物遗骸中可知，饲养的家畜有猪、羊、牛、马、驴、狗等。据各遗址出土的兽骨统计，大何庄猪占兽骨总数的72.94%，羊占21.6%，牛占2.26%；师赵村猪占85%；西山坪猪占82%。可见猪占绝大多数，是主要的饲养对象，其次是羊。当时还进行狩猎活动，被狩猎的动物有鹿、麖，还发现鼠、鼬、鼢鼠等。所用的狩猎工具有石矛、镞、石弹丸和骨镞等，以骨镞为常见。

---

[1] 中国社会科学院考古研究所：《师赵村与西山坪》第151～166页，中国大百科全书出版社，1999年。
[2] 中国科学院考古研究所甘肃工作队：《甘肃永靖大何庄遗址发掘报告》，《考古学报》1974年第2期。

2. 制陶业

在手工业中占重要地位。迄今发掘出土的完整与已复原的陶器皿约3000余件。在师赵村发现有烧制陶器的窑址3座，均属横穴窑。现以第4号窑为例加以说明。陶窑由窑室、火膛与火道等组成。窑室平面呈椭圆形，直径0.7~0.85米，窑底有环状火道与一直火道构成3股火道，火膛位于窑室的前面，呈圆角方形，火膛口长0.73米，宽0.55米；底部略宽于口部，底长0.87米，宽0.8米。火膛一侧直通火道，在窑室与火膛之间有一隔梁，宽0.4米。在窑室、火膛与火道的表面都涂抹一层草拌泥，经火长期烧烤形成坚硬的琉璃体，呈青灰色或灰黑色。这几座窑同在一地，系同时使用，反映当时制陶生产有了一定的规模。

制陶方法仍以手制为主，次为模制，兼用慢轮修整。制陶工具有陶垫和陶拍。已能熟练掌握烧窑技术，陶色纯正，多呈橙黄色或砖红色，很少出现颜色不纯的斑驳现象。器表往往施有一层白陶衣，纹饰以篮纹和绳纹为主，次为弦纹、划纹和附加堆纹。还有少量彩陶，彩色用红、黑两色。红彩画成的花纹有蝶形纹、横人字纹和蕉叶纹，较为新颖。造型以平底器为主，次为三足器和圈足器。常见的器类有碗、盆、豆、斝、盉、鬲和单耳、双耳、三耳的各式罐。其中，双大耳罐、高领双耳罐等是齐家文化带有标志性的器物，双耳或双鋬的盉或斝、重耳罐和双耳彩陶罐等是有特色的器物。此外还有捏出的陶塑品，包括人物像和鸟、羊、狗等各种禽兽形象，均形体小巧，姿态生动。

3. 纺织业

据皇娘娘台、大何庄、秦魏家、师赵村和西山坪5处遗址统计，出土的骨针和陶纺轮、石纺轮等纺织缝纫工具共205件，其中骨针86件，纺轮119件。这个数字表明当时纺织业是一项较普及的家庭手工业。在大何庄和秦魏家的墓内人骨架及随葬陶器上均发现有清晰的布纹痕迹。布似麻织，经纬线清晰，每平方厘米经纬线各有11根，可能以大麻为原料。在人头和身躯上发现布纹，说明死者全身是裹着或穿着麻布埋葬的。从这些布纹纹理结构和细密程度观察，可知纺织技艺已达到相当高的水平。

4. 玉石制造业

玉石的制造已有了一定的规模。据海藏寺、皇娘娘台、大何庄、秦魏家和师赵村等遗址统计，出土玉石器3200多件，其中细石器1095件、石器1879件、玉器300余件。海藏寺遗址出土161件玉石器，有石斧、刀、锛、璧、纺轮和玉璧、锛、凿、斧、刀、镯，以及玉器的边角料、毛坯、半成品等，其中一块玉板尚留有清晰的切割痕。可推知该处是玉石制造场所，也说明这批玉石器系当地生产，并且有了一定的生产规模，制造者已较熟练地掌握切、割、打、磨等工序的全套技术。在材料上多选用硬度较高或色泽晶莹的石料，如大理石、石英、细碧岩、蛇纹岩、叶蜡石、透闪石、铁碧玉等。加工精细，产品的器形规正，通体磨光，棱角分明，表明玉石器的制作工艺已达到较高水平。

齐家文化治玉工艺的一个突出特点是不尚装饰。玉器中绝大多数都是平素无纹的。在制作技术上是采用相向对锯的方法将玉料锯剖成片，因此在锯剖相接处往往错位形成台阶。钻孔乃采用圆头钻或管钻。加工一般较粗糙，但也有例外的，如在静宁县治平乡后柳河村采集了两件玉琮，一件是三节绿玉琮（Y0013），每节阴琢五至六道粗阴线；另一件是瓦垅纹饰绿玉琮（Y0012），在每一转角处琢一平凸长带，并在平凸长带上阴刻瓦垅纹十三

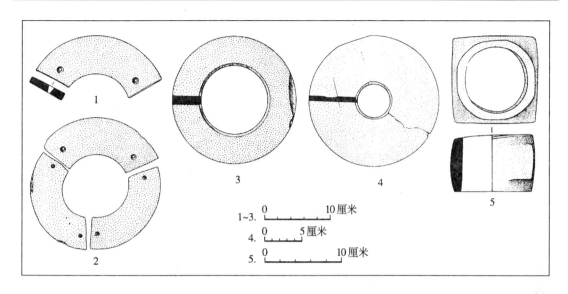

图 8-29 师赵村遗址出土齐家文化玉器
1. 璜（T403②:11） 2. 复合璧（T403②:9、8、24） 3. 环（T403②:7） 4. 璧（ⅢM8:2） 5. 琮（ⅢM8:1）

道，间隔加阳线瓦垄纹十二道，便呈现出阴阳线相间的瓦垄纹粗细线纹饰。这种装饰手法始见于红山文化的勾云形器，但如此集中而繁密的凸凹交替，则是齐家文化治玉者的创造[1]。

齐家文化玉器在甘、青地区史前文化中独树一帜，富有浓厚的地方色彩，它在我国古代玉器发展史上占有十分重要的地位。

值得重视的是在师赵村遗址出土了13件玉器，玉器质地莹润，呈墨绿、淡绿、棕褐、灰白等色，皆为软玉。器类有玉璜、环、琮、璧等（图8-29），以玉璜为主，计9件，皆作扇面形。三璜联璧，即三璜缀合为一块完整玉璧。制作精致，通体磨光，两端穿孔，均系单面钻，孔小，呈锥形。璜长8.2~10.2厘米，重量12~47.7克不等。玉环2件，精致美观，其中一件完整，外径9.5~9.7厘米，厚0.6厘米，重92.2克。玉琮与璧各1件，出在齐家文化第8号墓内，位在墓主人头部的右下方，玉琮与玉璧上下并排在一起。玉琮呈浅绿色，方柱形，中央纵穿一圆孔，上下两面作圆圈突起，通体磨光，琮边长5.2~5.5厘米，边高2.1~2.3厘米，孔内径4.2~4.5厘米，射高0.4~0.8厘米，通高3.4~3.9厘米，重138克。玉璧呈墨绿色，致密光润，一面平整磨光，另一面留有一道切割的锯痕。在光面上还有不规整的方格形紫色彩纹。在璧的一侧边缘尚留有一段约3.5厘米的切割直边。璧肉径18.4~18.6厘米，好径为4.8~5.1厘米，厚0.4~0.5厘米，重474.4克。这里发现的玉琮和玉璧同出于一座墓中，在甘、青地区是首次发现，说明齐家文化居民曾存在以璧、琮随葬的丧葬习俗。

璧、琮在中国古代是特殊的器物，它作为礼器郑重地用于贵族阶级的祭祀、聘礼、馈赠、贡献、赏赐和丧礼中，同时是权力、地位和身份的象征[2]。《周礼·大宗伯》云："以

---

[1] 杨伯达：《甘肃齐家玉文化初探》，《陇右文博》1997年第1期。
[2] 张光直：《谈琮及其在中国古史上的意义》，《文物与考古论集》，文物出版社，1986年。

玉作六器，以礼天地四方。以苍璧礼天，以黄琮礼地。"郑玄注："礼神者，必象其类，璧圆象天，琮八方象地……"在原始社会晚期产生的圆璧、方琮可能是反映先民们已初步形成天圆地方的宇宙观念[1]。

关于齐家文化玉器的来源问题，近年来学术界多有讨论，有的学者认为：甘肃玉文化是我国西北地区的一支独立的、富有地方色彩的玉文化。可以肯定甘肃玉文化滥觞于仰韶文化时期，形成于齐家文化时期[2]。有的学者则认为：齐家璧与良渚璧在制法与使用上基本相同，……所以齐家璧与琮是受良渚影响的产物[3]。这些意见对探讨齐家文化玉器的来源是有益的。但后者提出齐家文化玉器受到良渚文化的影响，而它们之间是通过什么途径、以何种方式发生接触的？这都是值得深入研究的。

5. 冶铜业

冶铜业的出现是齐家文化先民的一项巨大成就。在皇娘娘台、大何庄、秦魏家、魏家台子[4]、齐家坪、西坪、杏林[5]、沈那、尕马台、总寨等10余处遗址内都发现有红铜器

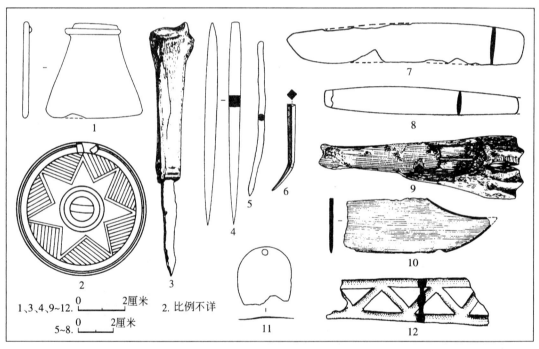

图 8-30 齐家文化铜器

1. 铜斧（秦魏家 H72:1） 2. 铜镜（尕马台） 3. 骨柄铜锥（总寨 M5:10） 4. 铜锥（秦魏家 T6:2） 5. 铜锥（皇娘娘台 H6） 6. 铜锥（皇娘娘台 BT2②） 7. 铜刀（总寨 M5:10） 8. 铜刀（总寨 M7:4） 9. 骨柄铜刀（总寨） 10. 铜刀（皇娘娘台 AT3②） 11. 铜饰（秦魏家 H4:1） 12. 铜饰（皇娘娘台 H9③）

---

[1] 邓淑苹：《古玉图考导读》，艺术图书公司，1992年，台北。
[2] 杨伯达：《甘肃齐家玉文化初探》，《陇右文博》1997年第1期。
[3] 黄宣佩：《齐家文化玉礼器》，《东亚玉器》第一册，香港中文大学中国考古艺术研究中心，1998年。
[4] 田毓章：《甘肃临夏发现齐家文化骨柄铜刃刀》，《文物》1983年第1期。
[5] 甘肃岷县文化馆：《甘肃岷县杏林齐家文化遗址调查》，《考古》1985年第11期。

和青铜器。器类有刀、锥、斧、镰、矛、凿、匕、环、泡、镜、铜饰品和铜渣等（图 8 - 30），据统计现共有 60 多件（表 8 - 2）。沈那的铜矛，杏林的铜刀、斧是近年的新发现。铜刀完整，曲背弧刃，柄端有一小孔，全长 22 厘米，刃宽 3 厘米，厚 0.7 厘米。铜斧呈长方形，带銎，中间穿孔，长 13 厘米，宽 5 厘米。矛呈阔叶状，有中脊，中部还附有一倒勾，銎内尚留有木柄残迹，器形较大，长 62 厘米，宽 20 厘米，是迄今所知齐家文化最大最长的一件青铜器。

表 8 - 2　　　　　　　　　　齐家文化铜器统计表

出土地点	器名及编号	材料及鉴定结果	制作方法及鉴定手段[1]	参考资料
甘肃武威皇娘娘台	条形铜器 H9（3）	红铜	模制（考古观察）	孙淑云、韩汝玢：《甘肃早期铜器的发现与冶炼、制造技术的研究》，《文物》1997 年第 7 期
	铜锥 T13:1	红铜		
	铜刀 T5:249	红铜		
	铜环 T18（2）		铜片卷合	
	残刀		单范铸造	
	铜刀 F3		锤击	
	铜锥 T6:3		锤击	
	铜锥 T10:3		锤击	
	残锥 T2（2）		锤击	
	铜锥 H9（3）		锤击	
	铜凿 T19（2）		锤击	
	铜锥 19948	红铜		
	铜锥 2281	红铜		
	铜锥 267	红铜		
	铜刀 75WXT17.19946	红铜	铸造（金相检验）	
	铜刀 75WXT18（3）.19947	红铜	锻制（金相检验）	
	铜锥 75WXT5.19668（长）	红铜	锻制（金相检验）	
	铜锥 75WXT5.19668（短）	红铜		
	铜锥 75WXT17（2）	红铜		
	铜锥 75WXT14（3）.19951	红铜		
	铜锥 75WX 采 .19950	红铜		
甘肃永靖秦魏家	铜锥 T6:2	铅锡青铜	锻制（金相检验）	
	铜斧 H72:1	红铜	铸造（金相检验）	
	铜环 M99:6	铅青铜	锤击	
	铜环 M70:2		锤击	
	铜饰 H4:1	红铜		
	铜饰 H19:6	红铜		
甘肃永靖大何庄	铜匕 TF:7			
	残铜片 T30:27	红铜		
甘肃临夏魏家台子	骨柄铜刃刀临夏 187	锡青铜		
甘肃广河齐家坪	铜镜 75GT1M91	锡青铜		
	铜斧 75GT1F1:1	红铜		
甘肃广河西坪	铜镰临夏博 137	红铜	铸造（金相检验）	
甘肃岷县杏林	铜刀	红铜	铸造	
	铜斧	红铜	铸造	

[1]　"鉴定手段"除注明"金相检验"者外，均为考古观察。

续表 8-2

出土地点	器名及编号	材料及鉴定结果	制作方法及鉴定手段	参考资料
青海西宁沈那	铜矛 铜环			王国道:《西宁市沈那齐家文化遗址》,《中国考古学年鉴(1993)》, 文物出版社, 1995年; 吴平:《西宁市沈那遗址》,《中国考古学年鉴(1994)》, 文物出版社, 1997年
青海贵南尕马台	铜环 铜泡 铜镜	锡青铜		《我省考古工作的一项重大发现》,《青海日报》1978年2月18日
青海互助总寨	铜刀 M5:10 铜刀 M7:4 骨柄铜锥 骨柄铜锥 骨柄铜刀 骨柄铜刀			青海省文物考古队:《青海互助土族自治县总寨马厂、齐家、辛店文化墓葬》,《考古》1986年第4期

齐家文化遗址中还出土铜、骨复合工具。总寨和魏家台子发现骨柄铜刀、骨柄铜锥共5件,均是把铜刃器嵌入骨柄内。骨柄铜刀长5厘米,骨柄铜锥长6.7厘米。铜器的制作采用冷锻法和范铸法,刀、锥以锻为主,斧、镰以范铸而成。铜器经光谱定性和电子探针等方法鉴定,皇娘娘台出土的铜器皆为红铜器,秦魏家和齐家坪等处出土者有红铜器也有青铜器,后者包括铅青铜、锡青铜和铅锡青铜。青铜器的发现表明齐家文化的炼铜技术已从冶炼红铜发展到冶炼青铜的阶段。齐家文化晚期已进入青铜时代。

迄今所知,我国早期铜器发现最多的是在甘、青地区的史前文化遗存中。据统计,仅甘肃省史前文化遗址中已发现铜器300余件。其文化属性除齐家文化外,有比齐家文化早的马家窑文化,有比齐家文化晚的四坝文化、卡约文化、辛店文化和寺洼文化等。以东乡林家发现的铜刀和铜渣年代为最早,属马家窑类型。林家遗址年代经碳十四测定为公元前3369年至前3098年。铜刀经激光微区光谱分析是锡青铜。铜渣经岩相鉴定由孔雀石组成,它是铜铁共生矿冶炼不完全的冶金产物,其冶金技术处于利用铜的氧化共生矿还原熔炼阶段,说明当时的冶金技术正处于初始阶段[1]。

齐家文化遗址出土一批数量可观的红铜器和青铜器,为中国古代冶金史的研究提供了珍贵的实物资料。据研究,齐家文化的铜器与马家窑、马厂类型铜器相比,有四点明显不同:(1)齐家文化遗址出土铜器的数量有较大增加。(2)齐家文化出土铜器比较集中,如皇娘娘台一处遗址,就出土30件铜器。(3)齐家文化晚期开始出现装饰品及斧、镰等工具。(4)铜器的材质以红铜为主,不仅小件刀、锥由红铜制成(锻制为主),工具中的斧也由红铜制作(铸造)。以上反映齐家文化时期红铜的冶炼与制作技术渐趋成熟,已脱离原始铜合金阶段而发展到冶炼和制作红铜技术较进步的阶段并逐步过渡到冶炼青铜的阶段[2]。

---

[1] 孙淑云、韩汝玢:《甘肃早期铜器的发现与冶炼、制造技术的研究》,《文物》1997年第7期。
[2] 孙淑云、韩汝玢:《甘肃早期铜器的发现与冶炼、制造技术的研究》,《文物》1997年第7期。

（六）文化与艺术

文化艺术主要是通过彩陶和人物、动物的雕塑品来表现的。彩陶在皇娘娘台和柳湾等遗址中均有出土，共计百余件。彩陶纹饰有黑彩、红彩和紫红彩，红彩占有相当大的比例，与马家窑文化以黑彩为主的风格形成鲜明的反差。纹样有蝶形纹、蕉叶纹、倒三角纹、横人字纹和方块连续带纹等。蝶形纹、蕉叶纹、方块连续带纹独具一格，是齐家文化富有特征的纹饰。雕塑品均为陶塑，有人头像和鸟、鸮、绵羊等形象以及兽首葫芦形陶铃、瓶形陶铃、刻划纹鼓形玩具等。鸟类造型居多，有的是作为器物的附件，有的作成鸟形容器，如齐家坪出土的鸟形器，小圆头、凸眼睛、椭圆腹、筒形尾、三柱足，通高 12 厘米。康乐出土的鸟形器，扁圆头、长喙、细颈，头顶有冠，椭圆腹、翘尾、双蹼足，形似水鸟，高 12 厘米[1]。柳湾出土 10 件鸮面形单耳罐，造型新颖。它在罐口用堆塑、锥刺、穿孔等手法做成鸮面的形象，面部的羽毛清晰，通高 12～22 厘米。

双耳彩陶罐，柳湾出土多件，侈口高领，椭圆腹，颈肩间置一对称环耳，造型典雅，腹部彩绘蝶形纹、蕉叶纹与红、白相间的方块纹等，别具风格。彩陶豆，皇娘娘台出土，浅盘宽圈足，其一保存完整，黄褐陶，豆高 8.8 厘米，口径 18.4 厘米，内外均施黑彩，外壁画平行条纹，豆盘内画十字纹，间隙处填变形蜥蜴纹或蛙纹，极为罕见。为彩陶中的珍品。还有羊形陶哨，在秦安县堡子坪发现，形似站立的绵羊，外施一层白色陶衣，羊鼻有两孔，尾部还有一孔，外表饰有大小不一的圆点纹，高 3.5 厘米，系首次发现，是一件难得的工艺品[2]。

（七）信仰与祭祀

在大何庄和秦魏家均发现由砾石筑成的石圆圈遗迹共 6 处。形制大体相同，皆由大小相若的天然砾石围筑成圆圈形，直径约 4 米。在圈的附近置有卜骨或牛、羊的骨骼。大何庄一号石圆圈遗迹，保存较完整。在它的东边有 1 具被砍掉了头的母牛骨架，腹内还有尚未出生的小牛骨骼。在它的西边有 1 具羊骨架。这种石圆圈显然属于祭祀性的遗迹，在它附近发现的卜骨和动物骨骼等是在此进行祭祀活动所遗留。在西山坪还发现有祭祀坑（H17），亦呈圆形，坑体较大，口径 3.8 米，深 1.4 米。坑壁规整，底部平坦，坑底有猪骨架 5 具，其中，有 3 具猪骨架比较完整，作 T 字形排列，其余 2 具分散在其外围部位。经鉴定，均属 3 个月至 12 个月的幼猪。这是当时人们有意识的把幼猪宰杀后埋入坑内的，反映齐家文化居民存在用猪作为祭品的风俗[3]。

当时盛行占卜。在皇娘娘台和秦魏家等遗址普遍发现卜骨，共 70 余件。卜骨的材料以羊肩胛骨为主，次为牛、鹿肩胛骨。一般只有烧灼的痕迹。在秦魏家 23 号墓内发现 1

---

[1] 张朋川：《甘青地区新石器时代陶塑》，香港《中国文物世界》第 58 期，1990 年。
[2] 张朋川：《中国彩陶图谱》图版 1208，文物出版社，1990 年。按：原图谱作者将其定为"马厂类型"遗物。
[3] 中国社会科学院考古研究所：《师赵村与西山坪》第 273 页，中国大百科全书出版社，1999 年。

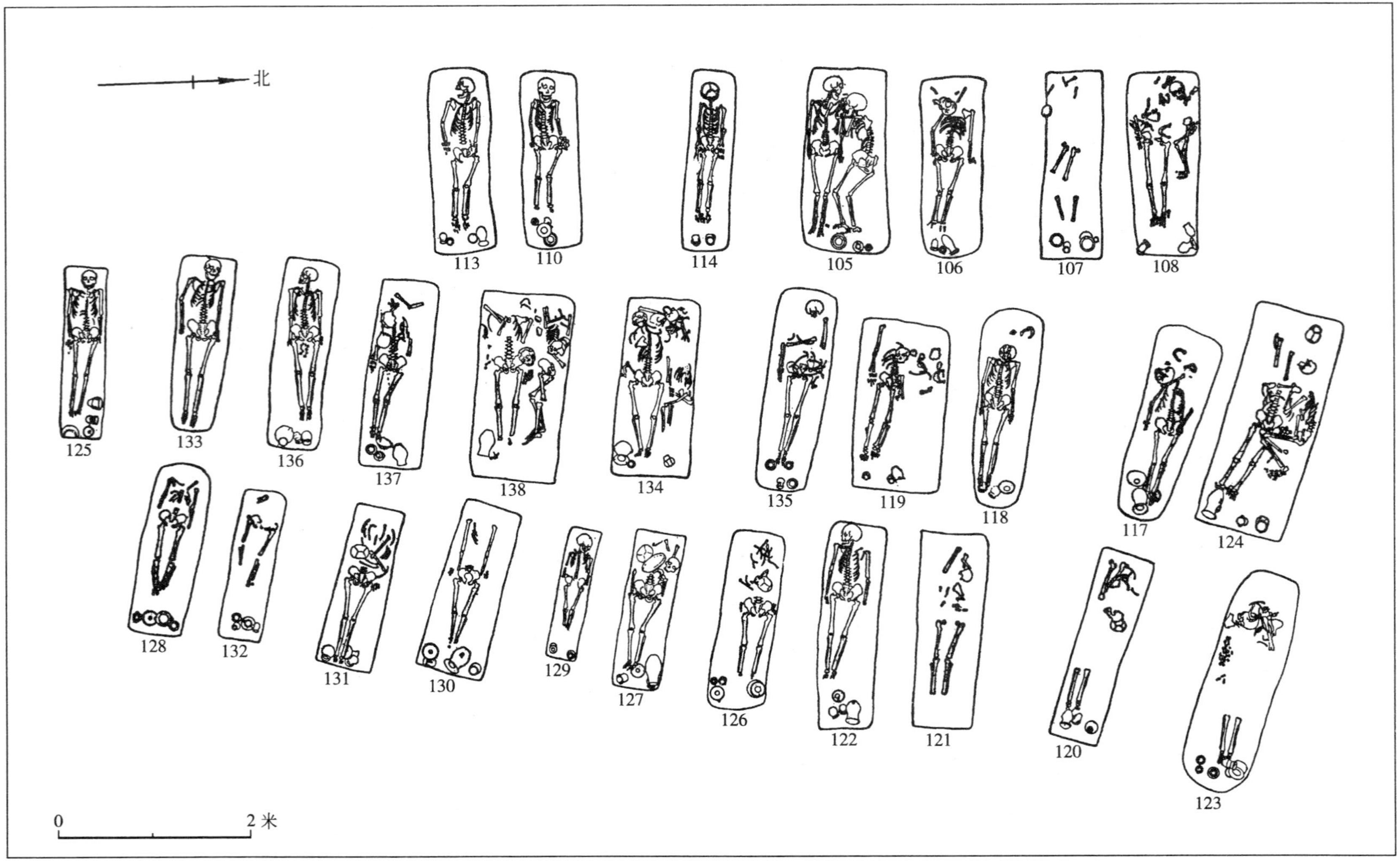

图 8-31 秦魏家北部墓地平面图

件卜骨被放在高领双耳罐中，罐完整，而罐腹部作一缺口，略大于卜骨，缺口的原陶片仍扣合于腹上。该卜骨和墓主人应有密切的关系，或者墓主人生前是专职巫师一类的人物。

（八）埋葬习俗及其反映出的社会现象

墓葬具有鲜明的时代特征，它集中地反映了当时的丧葬习俗，故探讨葬俗，先得介绍墓葬和墓地的情况。

齐家文化已发掘比较大的墓地有大何庄、秦魏家、皇娘娘台和柳湾等。迄今已发掘墓葬约1000座，多是成组成排的氏族公共墓地，但规模大小不一，规模大的如柳湾墓地达366座墓。墓坑多作平行式排列，也有作竖条形或块状安排的。墓地保存最完整，墓葬排列最有序的是秦魏家墓地。该墓地分南北两部分。南部墓地的墓葬分上下两层，上层共99座墓，分6排安置，方向一律朝西北；下层共8座墓，分散排列。北部墓地共29座墓，分3排安置，方向一律朝西（图8-31）。坑位安排井然有序。以长方形或圆角长方形竖穴土坑墓为主，其次为平面呈凸字形的土洞墓。葬具仅发现于柳湾墓地，有木制的长方形木棺、独木棺和垫板。独木棺是用一段圆木加工成船舱形，长约2米。墓葬方向以朝西或西北为居多。墓内一般都有随葬品，以陶器为主，也有骨器、石器，用猪下颌骨等动物随葬也属常见。葬法有单身葬和合葬两种。单身葬以仰身直肢葬为主，其次为侧身葬和俯身葬，屈肢葬占少数。合葬墓有成年男女合葬、成年和儿童合葬、多人合葬诸种，以双人男女合葬较为常见。秦魏家男女合葬，男性位右，仰身直肢；女性居左，侧身屈肢，面向男性。皇娘娘台成年一男二女三人合葬，男性位正中，二女分居左右，侧身屈肢，面向男性。这种合葬的出现，既说明男子在社会上处于居尊或统治地位，女子降至从属和被奴役的境地，同时又反映了婚姻形态已由对偶婚过渡到一夫一妻制，并有少数较富裕的家长过着一夫多妻的生活。在合葬墓中，成年男子和儿童合葬也反映当时存在着父系制的传统习惯。

从墓葬结构和随葬品的质量、数量上分析，大墓和小墓的差别是很明显的。如柳湾972号墓，为一大墓，有墓道，与墓室通长4.2米，随葬品较多，计33件，其中陶器26件、绿松石6颗和串珠1串。小墓如971号墓，墓坑长仅1.5米，没有随葬品。秦魏家墓葬随葬的猪下颌骨，多者达68块，少者1块，而多数墓没有。皇娘娘台墓葬中随葬玉石器数量不等，有的达83件，有的只有1件或者不见。这是社会上存在私有制、贫富分化的具体反映。

齐家文化已存在人殉现象，如柳湾314号墓的墓主人为男子，仰身直肢平躺于木棺内，另一女子侧身屈肢置于棺外，一条腿被压在棺下，她显然是为墓主人殉葬的。又如齐家坪墓地发现8人和13人同坑合葬墓，墓主为男性，居中，仰身直肢，在其旁的骨架则有头无身或有身无头。同时在该墓地还发现三四个头骨埋于一坑的现象，这些无躯死者可能是墓主人的殉葬者，也可能是被作为祭祀的牺牲品。在西山坪发现的丛葬坑（M3），圆形，口径1.4米，深0.5米，坑内埋葬人骨架9具，作上下叠压或相互交错排列。这些人骨架经鉴定均为男性，40岁仅两人，其余都是20岁至25岁的青年人。说明这些人都不是正常死亡，死者应是日趋频繁的部落或部族间战争的受害者，可能是从外部落俘虏来的战俘，他们或惨遭杀害，或被作为祭祀的人牲。

从诸多方面考察，可认为齐家文化的社会已处于氏族社会解体、向文明和国家社会过渡阶段。

（九）与其他考古学文化的关系

齐家文化与其他考古学文化，诸如与马家窑文化、客省庄二期文化、四坝文化、辛店文化与卡约文化等都存在着或多或少的关系。但这些文化遗存与齐家文化究竟存在着什么样的关系？学术界说法不一，主要的论点有 7 种。(1) 认为齐家文化是马厂类型的继续与发展[1]。(2) 认为齐家文化不是从半山—马厂文化独立发展而来的，它和东边的以客省庄为代表的陕西龙山文化非常相近。齐家文化是受陕西的龙山文化影响而形成的[2]。(3) 认为齐家文化是马家窑文化（包括马家窑、半山、马厂三个类型）的继续和发展[3]。(4) 认为马厂期已分化为东西两区、其后东区发展为齐家文化，西区发展为四坝文化[4]。(5) 认为齐家文化是镇原县常山下层文化的继续和发展，而后者是前者的先驱[5]。(6) 认为宁夏西吉兴隆和上齐家遗存是目前推知的齐家文化的较早的源头[6]。(7) 认为宁夏海原菜园林子梁文化遗存所处的时代晚于石岭下类型，早于齐家文化，可能是陕甘宁交界地区齐家文化的主要源头[7]。

上述诸多意见，都是围绕一个中心话题，就是齐家文化的渊源问题，对这个问题，由于各研究者考虑的角度不同，所依据的资料有别，出现分歧是很自然的。为了进一步探索、追溯齐家文化的源头，有必要根据近年新发现的天水师赵村的发掘资料与青海柳湾等地的研究成果，作些分析。

在上述关于齐家文化分期与类型的讨论中，已提出该文化可分为师赵村、七里墩、秦魏家、皇娘娘台与柳湾五个类型，现在对师赵村与柳湾两类型进行分析比较。

师赵村遗址是渭河上游保存较好、发掘规模较大的史前文化聚落遗址，文化内涵丰富，包括大地湾一期文化、马家窑文化、齐家文化、辛店文化的地层叠压关系。其中，齐家文化的下层为师赵村六期文化遗存（近似半山、马厂类型），地层关系明确地揭示了两者的前后关系，而年代比齐家文化晚的是辛店文化。同时，通过类型学的研究，不难发现齐家文化的器物如常见的双大耳罐、碗、粗陶侈口罐与粗陶瓮等陶器与师赵村六期文化的同类器相同。师赵村齐家文化双大耳罐（T388②:11）与师赵村六期的同类器（T381M:9）

---

[1] A. 甘肃博物馆：《甘肃古文化遗存》，《考古学报》1960 年第 2 期。
  B. 青海省文物管理处考古队、北京大学历史系考古专业：《青海乐都柳湾原始社会墓葬第一次发掘的初步收获》，《文物》1976 年第 1 期。
[2] 夏鼐：《碳–14 测定年代和中国史前考古学》，《考古》1977 年第 4 期。
[3] 端琚：《齐家文化是马家窑文化的继续和发展》，《考古》1976 年第 6 期。
[4] 严文明：《甘肃彩陶的源流》，《文物》1978 年第 10 期。
[5] 胡谦盈：《试论齐家文化的不同类型及其源流》，《考古与文物》1980 年第 3 期。
[6] 张忠培：《齐家文化研究（下）》，《考古学报》1987 年第 2 期。
[7] 宁夏文物考古研究所、中国历史博物馆考古部：《宁夏海原县菜园村遗址、墓地发掘简报》，《文物》1988 年第 9 期。

相似，粗陶单耳罐（T322②:7）与师赵村六期单耳罐（T304M1:6）不仅器形相同，且纹饰也是一样的。这里还可以参考宁夏海原菜园村切刀把墓地的材料加以比较，切刀把墓地的文化性质目前学术界看法尚不一致，但其年代经碳十四测定，大体在公元前2600年至前2000年，与半山、马厂类型的年代同时。从其出土的陶器观察，有一部分陶器是与半山或马厂类型相似，有的与齐家文化相同。例如切刀把出土的彩陶双耳瓮（M2:22）上部饰彩绘红、黑相间锯齿纹与水波纹，是典型的半山类型彩绘风格，与兰州焦家沟发现的同类器是相同的；又如切刀把出土的鸭形壶（M9:6），也是半山类型的典型器物，腹部饰红、黑相间的圆圈纹，内填小网格纹，颈部饰网格纹[1]。这件标本的造型与半山类型鸟形壶相似。同时，切刀把墓地出土的双大耳罐、单耳罐、双耳壶等陶器与师赵村齐家文化的同类器都基本相同。这些迹象表明，半山、马厂类型和齐家文化的关系极为密切。后者是前者的继续与发展。还需指出，齐家文化师赵村类型在形成发展过程中，还吸收了客省庄二期文化的某些因素，如鬲、斝等陶器，具有客省庄二期文化的风格。

柳湾类型是齐家文化西区的典型代表，它与马家窑文化马厂类型的关系特别密切，下面从层位关系、葬俗与器物等方面进行分析。

在层位关系上，柳湾墓地齐家文化与马厂类型之间有打破或叠压关系的14组墓葬，如M392打破M391；M271打破M281；M292打破M291等等。前者皆属于齐家文化，后者即被打破者均属于马厂类型。这为两者的相对年代提供了确凿的地层证据，判明齐家文化的年代晚于马厂类型。

在墓葬形制、葬具与葬式等方面，齐家文化都是继承了马厂类型的传统。墓的形制都是长方形竖穴土坑墓与呈凸字形的土洞墓。葬具方面，齐家文化有榫卯结构的长方形木棺、独木棺与垫板等，这些与马厂类型也基本相同，有所差别的是独木棺在马厂类型中占少数，而到了齐家文化却成为主要的葬具形式。木垫板作为葬具在马厂类型较流行，而齐家文化只有少数的遗留。在葬式上两者都有单人葬与合葬墓，有仰身直肢葬、二次葬与屈肢葬等，均以仰身直肢葬占绝大多数。

在随葬陶器方面，首先从陶器的质料、色泽、制法上看，齐家文化与马厂类型是相同的。再从陶器的组合、器形与纹饰的演变，均可看出从马厂类型到齐家文化是一脉相承发展下来的。特别是马厂类型晚期和齐家文化早期，许多器物的器形几乎雷同，甚至都很难区分开。如彩陶壶、双耳彩陶罐、盆、豆、侈口罐，粗陶双耳罐、壶、双大耳罐与高颈双耳罐等。不仅两者器形相似，器物的种类组合也相同，并存在着上下演变关系。只是在彩陶花纹方面存在差别，如马厂类型常见的四大圆圈纹、全蛙纹或半蛙纹；到齐家文化都不见，而齐家文化新出现了蝶形纹、蕉叶纹等，齐家文化的彩陶已处于衰落阶段。

齐家文化与马厂类型共有的陶容器如彩陶壶、双耳彩陶罐、盆、豆、双耳罐、双大耳罐，高领双耳罐等，演变的轨迹是清楚的。彩陶壶（包括彩陶瓮）由小口细颈演变成侈口高颈，腹部由椭圆形变成长腹形，体形由粗矮变成瘦长。双耳彩陶罐是由侈口短颈演进成侈口高颈，两耳由环形小耳发展成弧形大耳。盆由弧壁深腹演变为斜壁浅腹宽沿。双大耳

---

[1] 宁夏文物考古研究所：《宁夏海原县菜园村遗址切刀把墓地》，《考古学报》1989年第4期。

罐最明显的变化是两个耳把由小环耳发展成弧形大耳，腹部由椭圆形演变成长圆形。豆由矮圈足发展成高圈足，由彩陶豆演变成素陶豆。高领双耳罐器形较大，腹部由圆形发展成长圆形，肩腹间的折棱由明显折角往圆弧角演变，体形由粗胖演变成瘦长形。总之，这些器物的演变发展有一定规律，即器物的体形是由粗矮往瘦长发展，腹部由扁圆、浑圆向长圆形发展，耳把由小环耳往弧形大耳发展，豆是由矮圈足往高圈足发展（参见图 8-28）。

根据上述地层叠压关系与器物形制特点及其演变规律，不难看出柳湾齐家文化与马家窑文化马厂类型的关系是非常密切的，特别是马厂类型晚期与齐家文化早期尤为明显，两者之间存在着紧密的联系，所以说，齐家文化是马家窑文化的继承与发展。

关于齐家文化的去向问题，尚无专文讨论，过去有关论著中涉及此问题的有三种观点：一种认为齐家文化进一步发展，产生辛店文化，两者存在着发展关系[1]。另一种认为在河西走廊，齐家文化之后是四坝文化；在青海西部，齐家文化之后是卡约文化[2]。还有一种认为卡约文化是直接承袭齐家文化而来的[3]。从遗迹分布情况与某些器物分析，齐家文化确实与上述文化存在着一些共性，如双大耳罐、双小耳罐、腹耳罐、粗陶侈口罐等陶器造型上有些相同；但其间差别也是明显的，如卡约文化的特有器形、常见的凹底器，在齐家文化中却未见，齐家文化是以平底器为主的。在彩陶方面齐家文化与卡约文化都较少见，而纹样上也存在着差别。齐家文化与辛店文化比较，虽然也能找出两者的共同点，但要找出两者前后演变或继承关系还比较困难。要解决齐家文化的去向问题，恐怕还需要发掘更多的实物资料来作深入的研究。

齐家文化与邻近地区古文化有着密切关系的，还有东边的陕西客省庄二期文化与北边的内蒙古伊克昭盟朱开沟文化遗存。齐家文化中最常见的双大耳罐、高领双耳罐和侈口罐等陶器均可在客省庄二期文化中找到相同或相似的同类器[4]。这是由于两者所在地区邻近，彼此间有较频繁的文化交流的结果。在朱开沟部分墓葬中所反映出来的墓葬形制、葬式和随葬品等方面与秦魏家墓葬有不少共性。最明显的如都有男女合葬墓，男性居墓中，仰身直肢，女性位于男性身侧，侧身屈肢，面向男性。随葬品中两地均有陶器和猪下颌骨[5]。朱开沟出土的陶器双大耳罐、高领双耳罐等与秦魏家同类陶器相似[6]。这或许反映了齐家文化与朱开沟文化也有交流和联系。

二 四坝文化

四坝文化以甘肃省山丹县四坝滩遗址[7]命名。主要遗址还有玉门市火烧沟[8]、民乐

---

[1] 吴汝祚：《甘肃地区原始文化的概貌及其相互关系》，《考古》1961 年第 1 期。
[2] 严文明：《甘肃彩陶的源流》，《文物》1978 年第 10 期。
[3] 俞伟超：《关于卡约文化和辛店文化的新认识》，《中亚学刊》1983 年第 1 期。
[4] 中国科学院考古研究所：《沣西发掘报告》第 55～63 页，文物出版社，1963 年。
[5] 内蒙古文物考古研究所：《内蒙古朱开沟遗址》，《考古学报》1988 年第 3 期。
[6] A. 内蒙古文物考古研究所：《内蒙古朱开沟遗址》，《考古学报》1988 年第 3 期。
　　B. 中国科学院考古研究所甘肃工作队：《甘肃永靖秦魏家齐家文化墓地》，《考古学报》1975 年第 2 期。
[7] 安志敏：《甘肃山丹四坝滩新石器时代遗址》，《考古学报》1959 年第 3 期。

县东灰山[9]和酒泉市干骨崖[10]等。四坝文化主要分布于河西走廊这一狭长地带，南抵祁连山北麓，北近巴丹吉林沙漠，西北达安西一带的疏勒河流域，东南或可至武威一带[11]。

（一）典型遗址

四坝滩遗址位于山丹县南5公里的石沟河畔，文化堆积厚0.5米左右。1948年，来自新西兰的社会活动家路易·艾黎（Rewl Alley）创办的山丹培黎学校在四坝滩修筑水渠时发现，20世纪50年代以来有关部门对遗址作过多次调查[12]。前后采集到完整的陶器、石器以及铜刀、金耳环，从同出有完整的人骨架、兽骨看，可能主要出自墓葬。陶器主要有单、双颈耳罐、腹耳壶、单耳杯、器盖及圈足器残片，其中部分器物绘彩。石器有手斧、盘状器、砍砸器、石锄、石磨棒、石杵、石刀等，其中除石刀多为磨制外，其他主要为打制而成。

火烧沟遗址位于玉门市清泉乡，该地为地形平缓的丘陵地带。1976年甘肃省文物工作队清理四坝文化的墓葬312座。墓葬数量多，而且有不少的墓随葬铜制工具、武器和铜、金、银饰品，其中出铜器的墓葬占三分之一。随葬陶器中彩陶比例较高，占出土陶器总数的一半强。另发现有铸造铜镞的石范。

东灰山遗址位于民乐县西北约27公里的六坝乡东北，当地地形属山前洪积平原。遗址于1958年调查发现[13]，1987年4～5月甘肃省文物考古研究所和吉林大学北方考古研究室对遗址进行保护性发掘，实际发掘380平方米，清理残墙一段、墓葬249座。

在探沟内发现一段夯土墙，呈东南—西北走向，结合钻探得知长5.2米。另在现代水渠的断壁上采集到一块晒砖，长30厘米，宽约20厘米，厚10厘米。

墓葬基本为小型土坑竖穴墓，墓向多为东北—西南方向，墓穴四角圆弧。近四分之一的墓有龛（主要为端龛）。墓地盛行尸骨不全的乱骨葬，大多由二次迁葬形成。每座墓随葬陶器3件左右，有的有刀、锥、耳环等小件铜器（图8-32）。

另外，在遗址中采集到颗粒完整的炭化小麦以及大麦、黑麦、高粱、稷、粟等[14]。

干骨崖遗址位于酒泉市东南60公里的祁连山北麓、丰乐河东岸台地上，长1000米，宽

---

[8] 甘肃省博物馆：《甘肃省文物考古工作三十年》，《文物考古工作三十年》，文物出版社，1979年。
[9] A. 宁笃学：《民乐县的二处四坝文化遗址》，《文物》1960年第1期。
B. 甘肃省博物馆：《甘肃古文化遗存》，《考古学报》1960年第2期。
C. 甘肃省文物考古研究所、吉林大学北方考古研究室：《民乐东灰山考古——四坝文化墓地的揭示与研究》，科学出版社，1998年。
[10] 李水城：《四坝文化研究》，《考古学文化论集（三）》，文物出版社，1993年。
[11] 李水城：《四坝文化研究》，《考古学文化论集（三）》，文物出版社，1993年。
[12] 安志敏：《甘肃山丹四坝滩新石器时代遗址》，《考古学报》1959年第3期。
[13] A. 宁笃学：《民乐县的二处四坝文化遗址》，《文物》1960年第1期。
B. 甘肃省博物馆：《甘肃古文化遗存》，《考古学报》1960年第2期。
[14] A. 甘肃省文物考古研究所、吉林大学北方考古研究室：《民乐东灰山考古——四坝文化墓地的揭示与研究》，科学出版社，1998年。
B. 李璠：《甘肃省民乐县东灰山新石器遗址古农业遗存新发现》，《农业考古》1989年第1期。

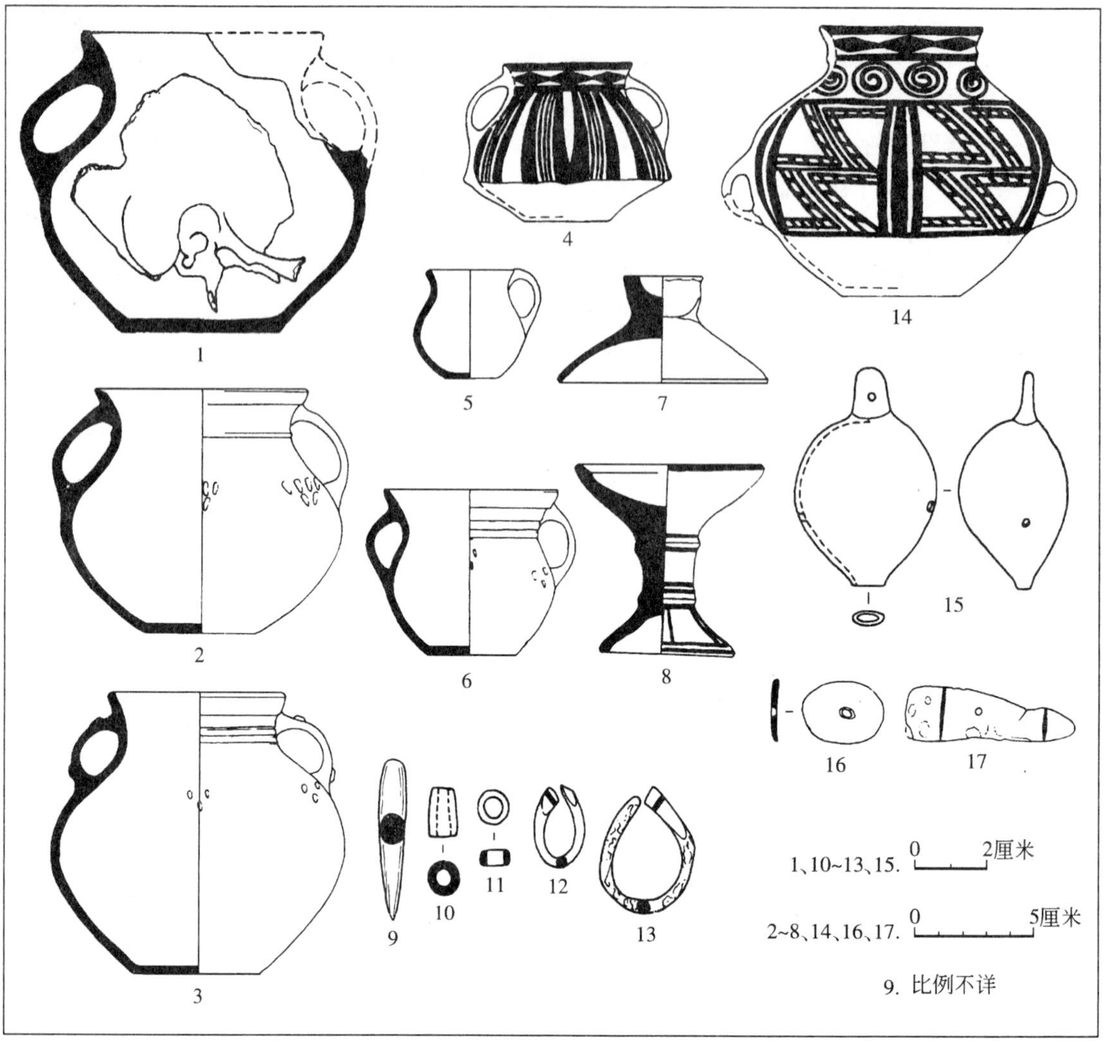

图 8-32　民乐东灰山四坝文化墓葬随葬品

1.陶双耳罐（M127:3）　2.陶双耳罐（M127:14）　3.陶双耳罐（M127:1）　4.陶双耳罐（M127:8）　5.陶单耳罐（M127:10）　6.陶双耳罐（M127:15）　7.陶器盖（M127:7）　8.陶豆（M127:9）　9.铜锥（M26:10）　10.石珠饰（M156:2）　11.小铜圈（M23:6）　12.金耳饰（M223:1）　13.铜耳饰（M79:1）　14.陶腹耳罐（M127:6）　15.陶埙（M188:9）　16.贝饰（M127:13）　17.铜削（M127:12）

约200米。遗址地势南高北低，居址区偏于东南，墓葬区位于北部。1986年秋季甘肃省文物考古研究所、酒泉市博物馆、北京大学考古系对遗址作了调查，并于次年夏季对墓地作了发掘，发掘面积近300平方米，清理墓葬105座。随葬陶器与火烧沟遗址所出者相同，但彩陶较后者少，占陶器总数的四分之一。另出有陶埙、石权杖头等比较特殊的器物。

干骨崖墓葬可分两期[1]。前期墓葬多埋于墓地北区，墓坑东西向，墓主头向东方或略

---

[1]　李水城：《四坝文化研究》，《考古学文化论集（三）》，文物出版社，1993年。

偏南。随葬陶器以夹砂红、褐陶为主，灰、黑灰色很少。纹饰多为刻划纹、压印纹、乳钉纹、凹弦纹，彩陶花纹多见几何形纹。陶器形体普遍较矮。部分墓内还出有铜刀、锥、耳环、铜泡。后期墓葬基本分布于墓地南区，一般为南北向，墓主头向南或略偏西。陶质仍以红、褐陶为主，但灰、黑灰陶比例增加。纹饰流行附加堆纹，彩陶纹样以器口外所绘的倒三角纹带最具特色，有关动物、人物的图案增多。器物形体变为瘦高。使用木质葬具者增加，随葬小件铜器的墓减少。

（二）文化特征

四坝文化的居址方面所作的工作很少，现尚难对其有比较全面的认识。不过，东灰山、干骨崖遗址都曾出有晒砖残块，干骨崖还发现砾石垒砌的残墙，另发现有直径10余厘米的柱洞，从而透露出该文化居住遗迹的一些信息。

发现的墓葬为小型墓，从随葬品看，各地的典型器类基本相同，仅有随葬品数量的差别。而各地墓葬的其他葬俗差别较大，从规模较大的火烧沟、干骨崖、东灰山墓地看，三者有着比较明显的区别。火烧沟墓地流行竖穴偏洞室墓和竖穴土坑墓，很多墓坑一侧有生土二层台，多为单人仰身直肢葬，少数为侧身屈肢葬或俯身葬。干骨崖墓地主要为竖穴土坑积石墓，部分有木质葬具，多为乱骨、多人合葬，单人墓为仰身直肢葬，上肢部分有意扰乱。当地还有一种割体葬，即将墓主的指骨取下置于陶罐而随葬于墓中。东灰山墓地已清理的249座墓为圆角长方形或长椭圆形竖穴土坑墓，基本无葬具，多有鬲（主要为端鬲），鬲内置随葬品，流行男女合葬墓，迁葬造成骨殖不全且凌乱。由此可见四坝文化的葬俗因地而异。

四坝文化的陶器基本为夹砂陶，陶色以红、褐为主。纹饰多见刻划纹、绳纹、乳钉纹、附加堆纹。彩陶较多，最高占陶器总数的一半。盛行紫红色陶衣，主体花纹为黑、红色。器类主要为各类带耳罐、腹耳壶和器盖，其中带耳罐有单、双颈耳罐以及腹部另加双耳的四耳罐，其他还有豆，长方形盒，单、双颈耳杯，带鋬盘，尊等。居址所出器物个体较大，火候较高；墓葬出土陶器的器类、形制、纹饰等虽与居址所出者相同，但个体一般较小，火候也低，可能多系冥器。

石器多见手斧、盘状器，其他还有刀、锤、锄、石球、磨盘、磨棒、臼、磨石等。分打制、磨制两种，其中打制器最多，主要为手斧和盘状器，出于居址；磨制器以石刀为多见，磨制也不佳，多用于随葬。

铜器发现较普遍，有带鋬斧、四羊首形权杖首、刀、削、锥、泡、镞、管等。骨器多见骨针。还有铜或金、银质的装饰品，如耳环、石珠、绿松石、蚌壳、兽牙饰品，多出自墓葬。

（三）四坝文化的年代、发展阶段、渊源和族属

关于四坝文化的绝对年代，现已大致清楚。火烧沟、干骨崖、东灰山均有碳十四测年数据，三地经高精度表树轮校正的碳素年代范围大致落在公元前1900年至前1500年之间[1]，

---

[1] A. 中国社会科学院考古研究所：《中国考古学中碳十四年代数据集（1965～1991）》第272页，文物出版社，1991年。

说明四坝文化约略与中原地区夏代纪年相当，其下限已进入商代早期。

四坝文化中铜器已很普遍，在火烧沟遗址有百余座墓出土铜器200余件，东灰山墓葬中出土铜器15件，干骨崖墓葬中出土铜器48件。以上三处铜器中共有120余件做过检测分析，结果表明：青铜器的数量比齐家文化明显增多；青铜不仅用作装饰品，还用作斧、刀、锥等工具和消耗性武器（镞）；青铜合金不仅有锡青铜，还有铅青铜和铅锡青铜。火烧沟遗址曾出土铸镞石范，证明四坝文化应有自己的冶铸业，并可确认属于青铜时代文化。据研究，四坝文化铜器的特点表现为：（1）红铜仍占较大比例，如火烧沟经检验的65件铜器中，红铜约占50%。（2）器物均为小件工具、武器、装饰品，尚未出现青铜容器。（3）东灰山和干骨崖遗址发现一定比例的含砷青铜。砷铜器在中亚和近东地区早于青铜出现。（4）有的铜器形态上同北方草原风格接近。冶金史学者认为，上述特点反映出四坝文化尚处于青铜时代早期，某些特点产生的原因与四坝文化所处河西走廊这一东西方交流通道的地理位置有关[1]。

农业经济已有一定规模。火烧沟遗址发现有储存粟的大陶罐，各地普遍发现农用工具，如斧、锄、穿孔石刀、石磨盘、磨棒和石臼等。值得注意的是在东灰山遗址还发现有炭化的小麦，对研究中国乃至东亚地区小麦的起源、栽培提供了新的资料。

在火烧沟等地的墓葬中普遍殉葬羊、牛、马、狗和猪，以羊最多，说明已有发达的畜牧业。

关于四坝文化的渊源，由于河西走廊地区比四坝文化略早的"过渡类型"的发现[2]，从而将马厂文化与四坝文化基本连接起来，由此可以确认，后者源于前者[3]，四坝文化是扩展到河西走廊地区的马厂文化本土化的产物。四坝文化中也包含有一些齐家文化的因素，如双大耳罐、圈足豆、夹砂绳纹罐等，应是在相互交流中受到齐家文化影响的反映。四坝文化的族属，一般认为属于羌族的西部支系。

三 卡约文化

卡约文化以青海湟中县卡约遗址命名。1923～1924年，安特生在湟中卡约等地调查和发掘，发现卡约文化的墓葬。当时他认为这种遗存与寺洼文化最相似，因而将其归入寺洼文化[4]。20世纪50年代，中国科学院考古研究所、青海省文物管理委员会在青海境内的

  B. 李水城：《四坝文化研究》，《考古学文化论集（三）》第90页，文物出版社，1993年。

  C. 甘肃省文物考古研究所、吉林大学北方考古研究室：《民乐东灰山考古——四坝文化墓地的揭示与研究》第133～134页，科学出版社，1998年。

[1] 孙淑云、韩汝玢：《甘肃早期铜器的发现与冶炼、制造技术的研究》，《文物》1997年第7期。

[2] 李水城：《四坝文化研究》，《考古学文化论集（三）》，文物出版社，1993年。

[3] A. 李水城：《四坝文化研究》，《考古学文化论集（三）》，文物出版社，1993年。

  B. 甘肃省文物考古研究所、吉林大学北方考古研究室：《民乐东灰山考古——四坝文化墓地的揭示与研究》第134～135页，科学出版社，1998年。

[4] 安特生著、乐森璕译：《甘肃考古记》，《地质学报》甲种第五号，第19～20页，1925年。

湟水流域调查，发现卡约类遗存与寺洼文化有较大区别，因而命名为卡约文化[1]。70年代以来，发现和发掘了很多卡约文化的遗址，极大地推进了对该文化的研究。

卡约文化主要分布于青海东部的黄河及其支流湟水流域，东近甘青交界，西到青海湖沿岸，北抵祁连山南麓，南达青海果洛藏族自治州境内的黄河沿岸。境内地貌为黄河及其支流的河谷地带。

(一) 文化特征

居址少见。墓地一般选在大山脚下或山前小丘上，包括成人墓和儿童墓。成人墓形制主要为圆角长方形土坑竖穴墓，也有长方形竖穴墓道偏洞室墓。葬式有一次葬、二次葬和火葬。以单人二次扰乱葬为主。未扰乱者葬式有仰身直肢、侧身直肢、屈肢、俯身等，或为单人葬，或为夫妇或母子合葬。成人墓多有随葬品，陶器大多为冥器，器体小，器类有口沿外或沿下饰附加堆纹的花边罐、小双颈耳盆、小双颈耳罐、大双颈耳罐、腹耳壶。男性一般随葬斧、钺、矛、刀等工具，女性则为纺轮、针、锥。墓中普遍随葬动物肢体，种类有羊、牛、马、狗、猪，以羊为主。儿童墓为长方形或椭圆形土坑墓，常以大口双耳盆、无耳罐、腹耳罐等实用器为葬具。

卡约文化的日常用器主要是陶器，用泥条盘筑、对接而成，器腹、底对接处为帮包底式，正视为假圈足，这是卡约文化的突出特点。主要器类有沿外或沿下饰附加堆纹的花边罐、小双耳盆、小双耳罐、大双耳罐、四耳罐、腹耳壶、无耳罐，其他还有鬲、豆、碗等。

石器常见斧、刀、镞、杵、锤、磨盘，磨制而成，制作粗糙，另有打制的敲砸器及细石器。骨器有铲、锥、针、纺轮、镞等。铜器基本出自墓葬，主要为工具和武器，有刀、斧、钺、矛、镞等。装饰品有铜质的铃、联珠、泡、管，铜质、骨质或石质的牌、珠及各种牙饰。另在西宁鲍家寨卡约文化遗址曾出一件铜鬲[2]，为典型的二里冈上层时期商文化风格。

主要遗址有青海省循化撒拉族自治县阿哈特拉[3]、大通县上孙家寨[4]等，并可分为以这两个遗址为代表的两个类型。

(二) 卡约文化的类型

阿哈特拉类型主要分布于青海东部的黄河谷地。阿哈特拉遗址位于循化撒拉族自治县街子乡，1980年青海省文物考古队发掘卡约文化墓葬217座，其中有几组打破关系，这在卡约文化遗址中是不多见的，对建立该文化的序列、研究其演进有重要价值。其他还有循化县苏呼撒[5]和苏志[6]等墓地。

---

[1] 安志敏：《青海的古代文化》，《考古》1959年第7期。
[2] 赵生琛：《青海西宁发现卡约文化铜鬲》，《考古》1985年第7期。
[3] 许新国、桑格本：《卡约文化阿哈特拉类型初探》，《青海考古学会会刊》，1983年。
[4] A. 青海省文物工作队资料。
　　B. 高东陆：《略论卡约文化》，《考古学文化论集（三）》，文物出版社，1993年。
[5] 青海省考古研究所：《青海循化苏呼撒墓地》，《考古学报》1994年第4期。
[6] 许新国、桑格本：《卡约文化阿哈特拉类型初探》，《青海考古学会会刊》，1983年。

尚未发现居址。墓葬普遍为小型墓，多有木棺，呈长方形或井字形，大多盖底不全。随葬陶器多为夹砂红陶，部分为灰陶和红褐陶，陶土中掺碎陶末，泥质陶极少。以素面为主，纹饰有绳纹、划纹、附加堆纹、乳钉以及彩绘。彩绘陶一般有紫红色陶衣，上绘黑彩，有网格纹、三角纹、平行线、横 S 纹、菱格纹和写实的蛙纹、鹿纹等。器类有沿外或沿下饰附加堆纹的花边罐、双颈耳盆、大口双耳盆、双耳罐、腹耳壶、无耳罐等（图 8-33）。

随葬陶器的基本组合，偏早为花边罐、双耳盆、双耳罐、腹耳壶；偏晚为双耳罐、无耳壶，不见双耳盆。随葬铜器有斧、钺、刀、镞等。随葬的动物肢体有羊、牛、马、狗，以羊为主，且多为羊角，有的墓多达百余对。

上孙类型以大通县上孙家寨墓地为代表，1973～1981 年青海省文物考古队在此清理卡约文化墓葬 1113 座，特征与其他卡约文化遗存有一定区别，故称之为上孙类型。其他遗址还有湟源县大华中庄[1]、莫布拉[2]等。偏早主要分布于黄河的支流湟水流域，偏晚扩展到整个卡约文化的分布区。

居址少见。在莫布拉遗址清理残房址 4 座，其中 2 座（F1、F2）四周残存柱洞，另 2 座（F3、F4）周围没有柱洞。F1、F4 的平面基本清楚，残存平面近正方形，室内地面用红胶泥与细砂的调和料铺成。F1 东西残长 4 米，南北 4.5 米，室内偏西部砌 3 个石垒灶面，呈南北向排状分布，其中偏南两个周围有很多灰烬，石块也被熏黑，上各放一残陶鬲。室内偏东南还有一红烧土灶，旁置 1 件陶罐。F4 东西 3.5 米，南北残长 3.54 米，室内中部偏北有一石砌的圆形灶，其中残留大量草木灰和羊粪灰烬。

墓葬形制有长方形竖穴土坑墓、竖穴墓道偏洞室墓，有的墓口近圆角三角形。很多墓葬有二层台，多有木棺。墓葬陶器组合偏早为双耳盆、双耳罐、腹耳壶；偏晚的墓葬或以无耳罐、双耳罐为基本组合，或仅随葬双耳罐。铜器多见刀、铜镜、矛、镞及戈。普遍随葬动物肢体，种类除牛、羊、马、狗外，还有猪（图 8-33）。

陶器普遍夹砂和陶末，偏早多为红褐、灰褐色，偏晚以灰陶为主。陶器多为素面，纹饰有划纹、乳钉纹。彩陶多见于偏早时期，在紫红色陶衣上绘黑彩，纹样有网格纹、平行线纹、三角纹、回纹、Z 字纹、鹿纹等。主要器类有小双颈耳盆、单耳盘、大、小双颈耳罐、腹耳壶、无耳罐，少见花边罐。

（三）年代、发展阶段与族属

关于卡约文化的确切年代，现尚不十分清楚。有关卡约文化碳十四测年数据已有 10 多个[3]，其中较早的采自阿哈特拉墓葬的两个经校正数据：M207 为公元前 1886 年至前 1681 年；M12 为公元前 1615 年至前 1427 年，结合鲍家寨出土的那件商式鬲推断，该文化

---

[1] 青海省湟源县博物馆、青海省文物考古队、青海省社会科学院历史研究室：《青海湟源县大华中庄卡约文化墓地发掘简报》，《考古与文物》1985 年第 5 期。
[2] 高东陆、许淑珍：《青海湟源莫布拉卡约文化遗址发掘简报》，《考古》1990 年第 11 期。
[3] 中国社会科学院考古研究所：《中国考古学中碳十四年代数据集（1965～1991）》第 287～289 页，文物出版社，1991 年。

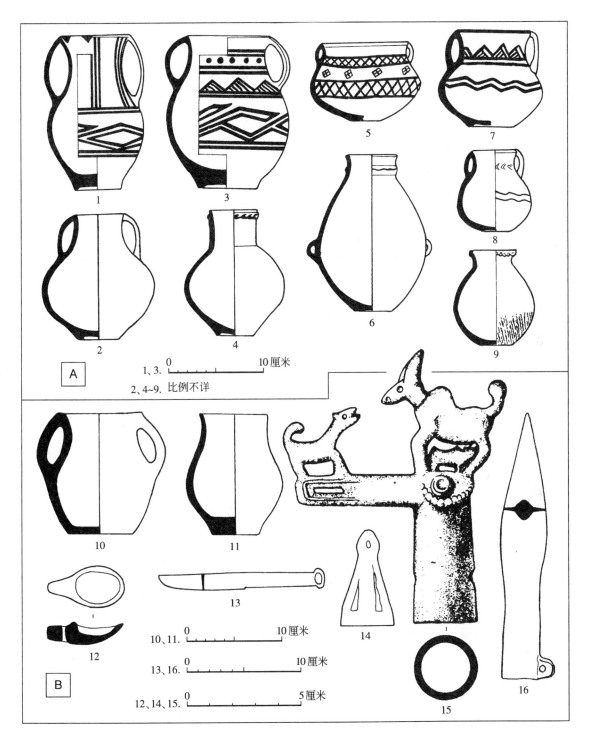

图 8-33 卡约文化墓葬随葬品

A. 阿哈特拉类型 1. 陶双耳罐（苏呼撒 M43:2） 2. 陶双耳罐（阿哈特拉 M12:16） 3. 陶双耳罐（苏呼撒 M43:1） 4. 陶花边罐（苏志 M23:3） 5. 陶双颈耳盆（阿哈特拉 M12:13） 6. 陶腹耳罐（阿哈特拉 M12:10） 7. 陶双耳罐（苏志 M23:2） 8. 陶双耳罐（阿哈特拉 M12:16） 9. 陶花边罐（阿哈特拉 M12:17）

B. 上孙类型 10. 陶双耳罐（大华中庄 M98:1） 11. 陶无耳罐（大华中庄 M79:2） 12. 石勺（大华中庄 M79:5） 13. 铜刀（大华中庄 M95:8） 14. 铜铃（大华中庄 M79:1） 15. 铜杖首（大华中庄 M87:1） 16. 铜矛（大华中庄 M95:1）

上限或可早到商代早期。关于该文化的年代下限及分期等问题，还需做进一步研究。

卡约文化中铜质工具、装饰品的随葬很已普遍，其中不乏精品，如大华中庄墓葬出土的鸠首形杖首，鸠头顶端牛、犬对峙，造型逼真，制作精细，说明已有了比较发达的铜冶铸业。阿哈特拉、湟中县下西河等地具有典型北方青铜文化特点的多孔铜钺[1]等发现，说明受到北方青铜文化的很大影响。

从墓葬中普遍殉葬羊等家畜的肢体来看，以养羊为主的畜牧业比较发达。斧、石刀、石磨盘、磨棒等农用工具的存在，说明农业经济已有一定规模。

卡约文化的族属，一般认为属于羌族系统。

综上所述，甘青地区相当夏商时期的三种考古学文化遗存中，以齐家文化分布范围广，发掘资料多，相关的研究也较充分。四坝文化和卡约文化，地理分布上分别同齐家文化有重合或交错现象。河西走廊的四坝文化，其年代上、下限都略晚于齐家文化，但有较长一段与齐家文化是并存的。青海湟水流域的卡约文化，总体上晚于齐家文化，与更晚些的辛店、寺洼诸文化间，在文化面貌上既有联系，又有区别，至今尚未建立起完整、清晰的文化谱系。按文献记载，甘青地区是古代羌人长期活动的地方，考古学上所反映的复杂文化现象，以及它们是否分别属于羌族系统中不同的支系的遗存，尚待进一步研究。

第七节　晋中、内蒙古中南部及晋陕高原

晋中地区是指山西省中部的太原盆地和忻定盆地；内蒙古中南部则以鄂尔多斯高原为中心，西以碛口一线黄河为界，北达阴山脚下，东至岱海地区，南面大体以长城为界，晋、陕两省北部的部分地区也可以归入这一地区。晋陕高原是指晋、陕两省之间黄河两侧的高原地带。

早在龙山时代，包括晋中地区、内蒙古中南部与晋陕高原在内的广大范围内，文化面貌即有很多相同之处，以致有研究者将其归纳为一支独立的考古学文化[2]。至夏商时期，这一地区之内各小区的文化内涵仍有比较明显的一致性，比较突出的有：陶器均以绳纹灰陶为主；炊器以鬲为主，兼用斝、甗、圆腹罐等；贮藏器以蛋形瓮为主，兼用小口瓮等。其中鬲和蛋形瓮是该地区最具代表性的两种器物。

一　晋中地区

（一）发现与研究

早在20世纪50年代，就在太原附近发现了夏商时期的考古学文化遗存。40多年来，

---

[1] 青海省文物处、青海省考古研究所：《青海文物》图版56、58，文物出版社，1994年。
[2] 杨杰：《晋陕冀北部及内蒙古中南部龙山时代考古学文化初探》，《内蒙古中南部原始文化研究文集》，海洋出版社，1991年。

先后在晋中地区的太原光社[1]、许坦[2]、狄村、东太堡[3]，太谷白燕[4]，忻州游邀[5]，汾阳杏花村、峪道河、北垣底和孝义薛家会[6]，娄烦河家庄和庙湾、罗家曲等另10处地点[7]，以及榆社台曲[8]、原平唐昌[9]、汾阳宏寺[10]、太原金胜村[11]、孝义二十九亩地[12]、忻州连寺沟[13]和尹村等地[14]，均发现有夏商时期的文化遗存。

自70年代末以来，开展了相应的研究。学者们大多认为晋中地区夏商时期遗存应是一支独立的考古学文化，称之为"光社文化"[15]、"白燕文化"[16]、"东太堡文化"[17]、"尹村类遗存"等[18]。也有学者将晋中相当二里头时期的文化归入二里头文化，称之为"晋中类型"[19]、"东下冯类型"[20]、"东太堡类型"[21]等。虽然已有材料比较零碎，但学者们

---

[1] A. 寿田：《太原光社新石器时代遗址的发现与遭遇》，《文物参考资料》1957年第1期。
   B. 解希恭：《光社遗址调查试掘简报》，《文物》1962年第4、5期。
[2] 高礼双：《太原市南郊许坦村发现石棺墓葬群》，《考古》1962年第9期。
[3] A. 高礼双：《太原市南郊许坦村发现石棺墓葬群》，《考古》1962年第9期。
   B. 山西省考古研究所：《太原狄村、东太堡出土的陶器》，《考古与文物》1989年第3期。
[4] 晋中考古队：《山西太谷白燕遗址第一地点发掘简报》，《文物》1989年第3期。
[5] 忻州考古队：《山西忻州市游邀遗址发掘简报》，《考古》1989年第4期。
[6] A. 国家文物局、山西省考古研究所、吉林大学考古学系：《晋中考古》第20~30、158~185页，文物出版社，1999年。
   B. 晋中考古队：《山西汾阳孝义两县考古调查和杏花村遗址的发掘》，《文物》1989年第4期。
   C. 山西省考古研究所：《山西汾阳县峪道河遗址调查》，《考古》1983年第11期。
[7] 国家文物局、山西省考古研究所、吉林大学考古学系：《晋中考古》第44~55页，文物出版社，1999年。
[8] 山西省考古研究所：《山西榆社台曲遗址发掘》，《三晋考古》第一辑，山西人民出版社，1994年。
[9] 侯毅：《原平县唐昌遗址试掘简报》，《文物季刊》1989年第2期。
[10] 马升、段沛庭：《山西汾阳县宏寺遗址调查》，《文物季刊》1996年第2期。
[11] 山西省考古研究所、太原市文管会：《太原南郊古墓群发掘报告》，转引自侯毅：《试论太原东太堡类型》，《山西省考古学会论文集（二）》，山西人民出版社，1994年。
[12] 山西省考古研究所：《孝义县柳湾煤矿二十九亩地采集的遗存》，转引自宋建忠：《晋中地区夏时期考古遗存研究》，《山西省考古学会论文集（二）》，山西人民出版社，1994年。
[13] 沈振中：《忻县连寺沟出土的青铜器》，《文物》1972年第4期。
[14] 北京大学考古系资料。转引自阎向东：《论忻定及太原盆地夏时期考古学文化》，北京大学考古系硕士学位论文，1998年。
[15] 邹衡：《关于夏商时期北方诸邻境文化的初步探讨》，《夏商周考古学论文集》，文物出版社，1980年。
[16] 宋新潮：《殷商文化区域研究》第105~110页，陕西人民出版社，1991年。
[17] 宋建忠：《晋中地区夏时期考古遗存研究》，《山西省考古学会论文集（二）》，山西人民出版社，1994年。
[18] 阎向东：《论忻定及太原盆地夏时期考古学文化》，北京大学考古系硕士学位论文，1998年。
[19] 王克林：《晋国建立前晋地文化的发展》，《中国考古学会第三次年会论文集》，文物出版社，1984年。
[20] 王克林：《略论夏文化的源流及其有关问题》，《夏史论丛》，齐鲁书社，1985年。
[21] 侯毅：《试论太原东太堡类型》，《山西省考古学会论文集（二）》，山西人民出版社，1994年。

仍对晋中地区夏商时期的文化进行了分期研究[1]。

根据现有的材料和研究成果[2]，可将晋中地区相当中原二里头至殷墟时期的文化遗存分为两大阶段。

(二) 分段与分期

第一阶段：约当夏代后期至早商前期

以游邀"晚期遗存"、白燕四期为代表，此外台曲遗址的第③层，杏花村以 H313、H314（上）、H318、T71②层为代表的该遗址第 V 期遗存，峪道河 H1、北垣底 H2、薛家会 H1、娄烦河家庄 H8，狄村 1975 年、东太堡 1953 年和 1980 年收集的陶器，太原金胜村的 3 座墓，光社遗址的部分遗物，都可以归入这一阶段，另外在孝义二十九亩地、汾阳宏寺等遗址也采集有这一阶段的遗物。这一阶段可以分为三期。

第一期以游邀"晚期遗存"为代表。陶器外表多呈灰色，另有少量褐陶。以粗质、厚胎、夹砂者居多，泥质者较少。夹砂陶除在个别鬲的领部和瓮上施篮纹外，多饰绳纹。泥质陶多施篮纹，划纹、楔形点纹和素面抹光者也比较多。附加堆纹和旋纹多在甗、斝的上部与绳纹重叠使用，而在盆、罐、瓮等器物之上则与篮纹重叠使用。三足器的实足上常见沟槽。本期鬲多高领，肥硕的袋足，多带有尖锥状或柱状的实足根。甗、斝数量较多，二

---

[1] A. 邹衡曾将光社文化分为三期，第一期相当夏文化晚期至早商时期，第二期相当殷墟文化早期，第三期相当殷墟文化晚期（见邹衡：《关于夏商时期北方诸邻境文化的初步探讨》，《夏商周考古学论文集》，文物出版社，1980 年）。

B. 王克林曾将"二里头文化晋中类型"分为早晚两期（见王克林：《晋国建立前晋地文化的发展》，《中国考古学会第三次年会论文集》，文物出版社，1984 年）。

C. 许伟将晋中地区夏商时期的文化分为两期九段：相当夏代的一期，是成熟形态鬲与空足三足瓮开始流行和初步发展的时期，可以细分为四段；相当商代的一期，是侈沿深腹鬲、商式翻缘小鬲和粗柄豆、假腹豆流行的时期，可以细分为五段（见许伟：《晋中地区西周以前古遗存的编年与谱系》，《文物》1989 年第 4 期）。

D. 宋新潮将夏商时期的"白燕文化"分为三期（见宋新潮：《殷商文化区域研究》第 106~109 页，陕西人民出版社，1991 年）。

E. 宋建忠将晋中夏代文化区分为三期（见宋建忠：《晋中地区夏时期考古遗存研究》，《山西省考古学会论文集（二）》，山西人民出版社，1994 年）。

F. 阎向东将太原、忻定两个盆地的夏代文化，各分为两期（阎向东：《论忻定及太原盆地夏时期考古学文化》，北京大学考古系硕士论文，1998 年）。

G. 在《晋中考古》报告的《结语》中，张忠培将峪道河 H1 及杏花村遗址为代表的夏商时期遗存分为两期六段：即报告中的第Ⅵ期分四段，第Ⅶ期分二段（见国家文物局、山西省考古研究所、吉林大学考古学系：《晋中考古》第 190~192 页，文物出版社，1999 年）。在同书的《结束语》中，王克林将上述遗存分为两期七段：第Ⅵ期分四段，第Ⅶ期分三段（见前书第 204~206 页，文物出版社，1999 年）。

[2] 关于晋中夏商时期考古学文化的分期及文化因素分析，主要参考许伟的《晋中地区西周以前古遗存的编年与谱系》（《文物》1989 年第 4 期）并《晋中考古》（文物出版社，1999 年）所载的研究成果。

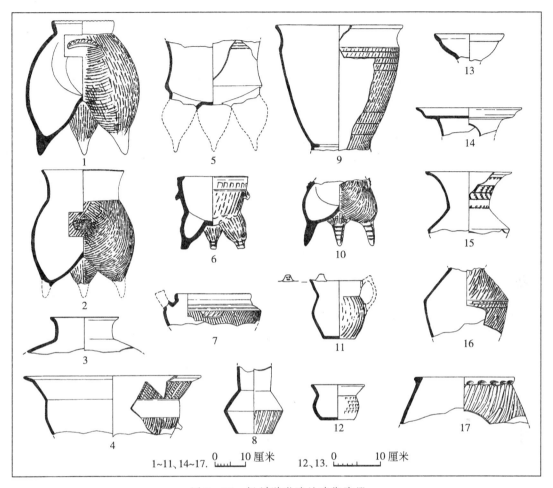

图 8-34 忻州游邀遗址晚期陶器
1. 鬲（H3:1） 2. 鬲（H129:1） 3. 小口瓮（H1:5） 4. 深腹盆（T298⑤:1） 5. 斝（H1:7） 6. 斝（H2:53） 7. 盉（T195④:1） 8. 壶（H2:60） 9. 甗（H2:67） 10. 甗（H4:1） 11. 单耳罐（H1:1） 12. 盆形钵（T198⑤:1） 13. 豆（H2:66） 14. 豆（H244:1） 15. 瓶（006） 16. 折肩罐（H2:65） 17. 瓮（H254:1）

者上半部多为敛口深腹盆形。蛋形瓮已经出现，下附三个空足。豆有粗把盘形、细把碗形两类。其他器物还有尊、长颈壶、双耳罐、单耳罐、盉、折肩罐、小口瓮、盆形钵等。其中，斝、甗、矮领双鋬大袋足鬲、盉、折肩罐、壶、尊、瓶、豆的形制和龙山时期同类器十分接近。夹砂陶多施绳纹、泥质陶多施篮纹的做法，也与龙山晚期相类。凡此都表现出从龙山文化脱胎不久的迹象（图 8-34）。

第二期以太谷白燕四期一段为代表。该段陶器夹砂陶多掺细砂，泥质陶多为粗泥陶，二者不易区分。以灰陶为主，也有一定数量的红褐陶，黑陶较少。绳纹占绝大多数，素面陶极少。始出侈沿或矮领的小型鬲。鬲上的双鋬在大部分地区已经消失，少数保存器鋬的，装鋬部位由裆、足部转移到领部。单耳鬲矮领，器体较矮，实足根细高。甗的甑部均为深腹盆形。斝作敛口，下部近鬲，腹足联成一体，除无腰隔，与朱开沟文化的敛口甗近似。鬲、甗、斝的实足根多为素面尖锥状，仍见饰绳纹和有沟槽者。部分蛋形瓮的乳状空足变为乳状半空足或粗矮的锥状实足。碗形细把豆继续流行，豆盘内壁有一周突棱的盘形细把豆为本段所独见。深腹盆有圆肩斜腹、斜直腹、弧腹三种，前者与上段的双錾盆一脉相承。敛口钵、盆形钵流行，前者腹径最大处居中，后者形似深腹盆。另有少量扁三角足鼎、四足方杯和筒流爵等。高领罐、双耳罐消失（图 8 – 35）。

第三期以太谷白燕四期二段为代表。陶器的质地、纹饰及器类等与前期基本相同，只是有些器物的形制发生了一些变化。高领鬲腹部加深，裆部相对降低，领部饰绳纹者更为普遍。本段的小型鬲与早商文化二期者颇相近似。新出一种腹腔十分发达的大型直腹弧裆鬲，或称"筒形鬲"。部分蛋形瓮已具有瘦长尖锥状实足。小口瓮盛行。碗形细把豆继续流行，且腹部变深。

上述第二期中白燕侈沿小鬲 H948∶1 深腹，腹径最大处靠下，与二里头遗址三期的ⅢT22③∶1[1]、洛阳吉利东杨 H1∶41[2] 颇似。第三期的白燕商式小鬲 H157∶3，唇部断面略呈丁字形，唇面有数周凹槽，饰松散的粗绳纹，其总的体形及唇部形态与郑州商城CWM7∶2、C8H22∶1 等[3] 颇似。由此可以初步推定第二、三期的年代约当二里头文化三期至早商文化第二期。就主要器类如高领鬲、蛋形瓮而言，上文所分的第一期与第二期之间尚有一定的缺环，而根据游邀遗址的地层关系，第一期的年代上限应晚于龙山晚期，由此可见第一期的年代约当二里头文化一期或稍晚。

本阶段的主体文化因素是由本地龙山时代文化延续下来的。矮领双錾大袋足鬲、盉、斝、甗、折肩罐、小口瓮、单耳鬲显然都是由当地龙山时代文化的同类器物直接演化而来。在当地龙山时代文化中尚未发现完整的蛋形瓮，本阶段二、三期的蛋形瓮多为实足，与其他文化的蛋形瓮均有所不同。高领鬲虽为新出的器形，但高领的作风在晋南、晋中龙山晚期陶鬲中已不罕见。本阶段的细把碗形豆也可以在当地龙山时代文化中寻到来源，只是龙山时代者豆盘较浅。

在本阶段的陶器群中，还有一些来自周邻文化的因素。晋中地区仰韶时代至龙山时代的文化中一直缺乏鼎，而在许坦、东太堡和狄村却发现有至少 5 件陶鼎，在白燕四期亦发现有少量的扁三角形鼎足。这 5 件鼎可以归纳为深腹盆形、敞腹盆形和单耳盆形 3 种，鼎足则是扁三角形及其变体。狄村出土的深腹盆形鼎与河北磁县界段营 H8∶8[4] 颇似。敞腹盆形鼎则与二里头文化东下冯类型者颇似，只是足部做得更加精美。素面的浅腹平底盆、四足方杯、筒流爵、小型鬲以及各类印纹均与二里头文化、早商文化者相近，显然都是由中原地区传播过来的。本阶段与西北方的朱开沟文化、东北方的夏家店下层文化也存在一

---

[1] 中国社会科学院考古研究所二里头工作队：《偃师二里头遗址 1980～1981 年Ⅲ区发掘简报》，《考古》1984 年第 7 期。
[2] 洛阳市文物工作队：《河南洛阳吉利东杨村遗址》，《考古》1983 年第 2 期。
[3] 河南省博物馆、郑州市博物馆：《郑州商代城遗址发掘报告》，《文物资料丛刊》1，文物出版社，1977 年。
[4] 河北省文物管理处：《磁县界段营发掘简报》，《考古》1974 年第 6 期。

些共同因素,例如盛行旋断绳纹,以鬲、甗为主要炊器,流行各类深腹绳纹盆,均有蛋形瓮等,从而说明了三种文化之间的密切关系。

本阶段发现有房址、灰坑、陶窑和墓葬。房址有半地穴式(如游邀F112)和穹庐顶窑

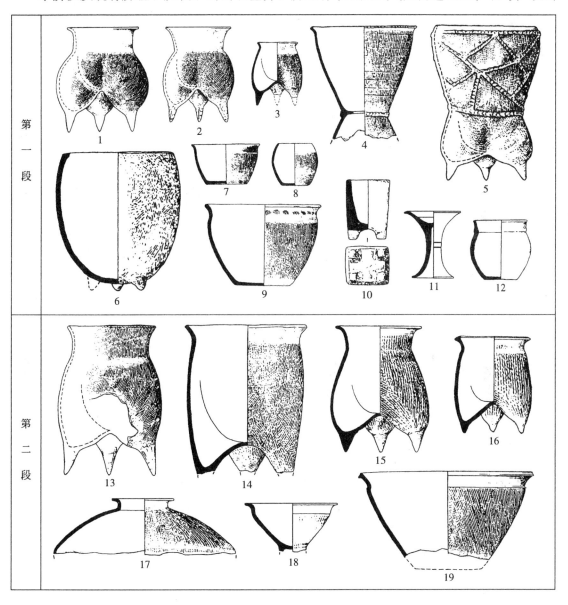

图 8-35 太谷白燕遗址第四期陶器

1. 鬲(H98:176) 2. 鬲(H158:10) 3. 鬲(H948:1) 4. 甗(H98:8) 5. 斝(F1:23) 6. 蛋形瓮(H98:181) 7. 盆形钵(H392:4) 8. 敛口钵(H392:8) 9. 深腹盆(H392:39) 10. 四足方杯(M14:1) 11. 豆(F1:6) 12. 小罐(H392:15) 13. 鬲(T127③D:2) 14. 鬲(T127③D:1) 15. 鬲(H157:2) 16. 鬲(H157:3) 17. 小口瓮(H1062:28) 18. 豆(H1062:55) 19. 深腹盆(H1119:1)

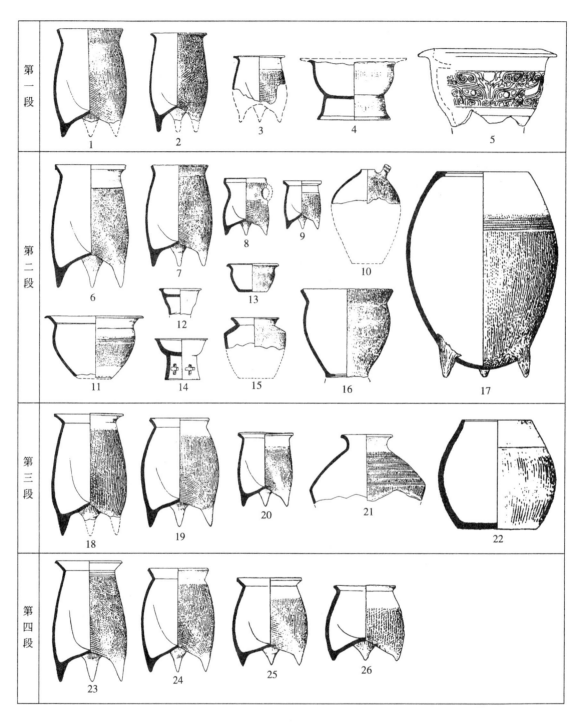

图 8-36 太谷白燕遗址第五期陶器

1. 鬲（H406:1） 2. 鬲（H92:35） 3. 鬲（H92:33） 4. 簋（H413:4） 5. 豆（H365:6） 6. 鬲（H160:1）
7. 鬲（H208:5） 8. 单把斝（H498:1） 9. 鬲（H410:5） 10. 单把罐（H134:45） 11. 深腹盆（H184:22）
12. 豆（H208:7） 13. 盆形钵（H410:10） 14. 豆（F11:2） 15. 折肩罐（H81:51） 16. 瓿（H134:5） 17. 蛋形瓮（H160:2） 18. 鬲（H140:20） 19. 鬲（H1087:1） 20. 鬲（H140:21） 21. 小口瓮（H930:10） 22. 钵（H930:12） 23. 鬲（H17:11） 24. 鬲（H16:1） 25. 鬲（H17:12） 26. 鬲（H36:42）

洞式（如白燕 F4）。

灰坑有圆形、椭圆形和不规则形三种，多为锅底状，也有少量袋状坑。个别灰坑中发现埋人骨架的情形（如唐昌 H3）。

游邀的一座陶窑，窑室底与火膛口处于同一平面，二者以两条火道相连。

游邀、金胜的墓葬均为土坑竖穴，游邀的墓葬或侧身屈肢，或仰身直肢，很少有随葬品。金胜的墓葬皆俯身直肢，随葬有甗、盆、罐等陶器。

第二阶段：约当早商后期至晚商时期

这一阶段的文化遗存主要发现于白燕、杏花村遗址，可以区分为五期。

第一期以白燕五期一段为代表。该段陶器与白燕四期二段联系密切，甗、斝、盆、小口瓮、蛋形瓮、敛口钵、盆形钵等主要器类都是一脉相承的。只是鬲、豆变异较明显。高领深腹鬲多袋足垂鼓且通身饰绳纹。商式鬲数量大增，多为平沿方唇。还有一些零星的夹陶渣和粗砂粒的残鬲片，质地、形制都非常特殊。前一阶段流行的细把碗形豆已很少见，代之以大量的商式粗矮圈足豆、假腹豆。开始流行的单把喾口罐特征独具，颇引人注目，这种器物一直流行到第三期。绳纹以中粗绳纹为主，还有少量特细绳纹。相对于以后各期而言，粗绳纹偏多。

第二期以白燕五期二段为代表。陶器组合与前段基本相同。全绳纹侈口深腹鬲最为流行，商式小鬲数量也很多，多为宽方唇。并出现融合二者特点的"中间型"鬲。出现商式敛口斝和带十字镂孔的圈足豆。

第三期以白燕五期三段为代表。汾阳杏花村 H303 为代表的该遗址"六期一段"亦可归入本期。全绳纹侈口深腹鬲锐减，"中间型"鬲数量剧增，成为大型鬲的主体。商式鬲唇部变窄，有的绳纹较细，开始偏离商文化陶鬲的演变轨道，但实足根变矮小的趋势则与商文化者相同。整个陶器群中绳纹的比例增多。敛口钵小口，鼓腹，腹径最大处靠下。深腹盆、蛋形瓮、小口瓮、豆等也有所变化。

第四期以太谷白燕五期四段为代表，杏花村 M1、M26 或应属本期。该期陶器群与三期基本相同，主体部分仍是前期的延续。"中间型"鬲仍然盛行，商式鬲整体正视多为近方形，并出现一种扁方形小鬲。开始出现一批以前不常见的器物，如没有实足根的袋足鬲、柱状实足跟鬲、领饰附加堆纹的夹砂粗陶鬲、宽侈沿鼓腹簋等（图 8-36）。

第五期以杏花村 H309、M3、M29 等单位为代表，忻州连寺沟 1938、1966 年出土的两批铜器亦属本期。本期的鬲主要有三种：一是与前期类似的商式小鬲；二是小型化了的白燕"中间型"鬲；三是无实足根的矮领袋足鬲及侈沿弧裆鬲。豆均为粗柄，有真腹、假腹两种（图 8-37）。忻州的两批铜器共有鼎 4、爵 2、觚 1、斝 1、盉 1、瓿 1、笄 1，其形制与殷墟的青铜器基本一致。

第一期鬲白燕 H92:33，内沿折起，上半部近平，上腹饰旋纹一周，与郑州二里冈 H2乙:220 接近[1]，后者是早商文化第三期偏早阶段的典型器物。第一期出土有假腹豆，而假腹豆在郑州早商文化中是在第三期出现的。第二期鬲白燕 H410:5，折沿，唇面近平而

---

[1] 河南省文化局文物工作队：《郑州二里冈》第 19 页，图壹：6，科学出版社，1959 年。

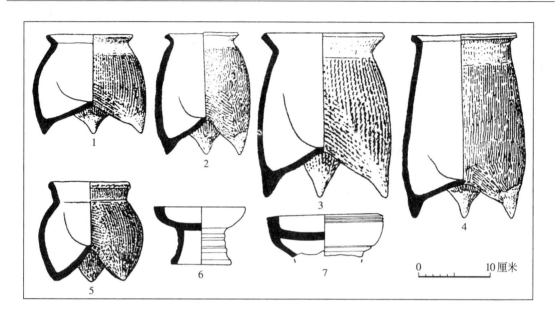

图 8-37 汾阳杏花村遗址出土陶器
1. 鬲(M29:1) 2. 鬲(0037) 3. 鬲(H303:1) 4. 鬲(H309:1) 5. 鬲(0030) 6. 豆(M52:1) 7. 豆(M20:1)

特宽，绳纹特粗，上腹饰旋纹一周，与郑州南关外铸铜基址 C5T21①:14[1]接近，而后者属于中商文化一期偏早阶段。第三期鬲白燕 H140:21 折沿，方唇较窄，器体瘦高，实足根较矮，总体形态与殷墟 YH226 鬲[2]、洹北花园庄属中商二期的 G4:1[3]接近。第四期商式小鬲白燕 H17:12、H36:42，与殷墟一期鬲苗圃北地 H15:40、34[4]、大司空村 H317:29[5]等形态近似。第五期杏花村 M29:1 鬲的实足根虽与白燕 H36:42 接近，但实足根与袋足之间的界限更加模糊，高度小于宽度，显得更晚，而与殷墟二期的 Y 横十二乙南支一件[6]近似。根据以上的对比结果，可知本阶段的年代约当早商文化三期至殷墟二期。当然，考虑到中原二里头文化和商文化器物向西北传播到晋中，会有一个或长或短的过程，关于上述第一阶段和第二阶段的实际年代，其上、下限或许比本文的推定稍迟。

本阶段的主体文化成分是由第一阶段发展而来的。作为主要炊器的大型侈沿深腹鬲即由前一阶段的高领鬲演化而成。下附三实足的蛋形瓮、腹径最大处位于中部偏下的敛口钵、通体饰绳纹的甑和盆形钵、折肩的小口瓮、底部为密集小圆孔的甑等器物也明显承自

---

[1] 河南省文物研究所：《郑州商代二里冈期铸铜基址》，《考古学集刊》第 6 集，中国社会科学出版社，1989 年。

[2] 李济编、潘慤绘：《殷墟陶器图录》之一三：349E，1947 年。《考古》1988 年第 10 期重刊。

[3] 中国社会科学院考古研究所安阳工作队：《河南安阳市洹北花园庄遗址 1997 年发掘简报》，《考古》1998 年第 10 期。

[4] 郑振香：《论殷墟文化分期及其相关问题》图一：4、6，《中国考古学研究》，文物出版社，1986 年。

[5] 中国社会科学院考古研究所：《殷墟发掘报告》第 8 页，图七：2，文物出版社，1987 年。

[6] 李济编、潘慤绘：《殷墟陶器图录》之一三：348A，1947 年。《考古》1988 年第 10 期重刊。

前一阶段。有些器物是在文化变迁过程中新产生的。从一期至三期均缺乏圜底器，与早商文化的二里冈类型和东下冯类型都有区别，而近于台西类型，这一特点显然是由当地的原有文化延续下来的。第一期出现并流行的单把敞口罐流行到第三期，是本一阶段最具特征的器物之一，其柱状把手的顶端有蘑菇头状、圆饼状和长条状等多种式样。

本阶段对中原文化因素的吸收比前一阶段更为明显。作为商文化主要炊器的鬲进入晋中地区，它不仅自身生根，而且影响到大型侈沿深腹鬲的发展，产生一种介于通身绳纹侈口深腹鬲和商式鬲之间的"中间型"鬲。这种鬲出现在第二期，在第三期数量大增，成为大型鬲的主体，并延续到第五期。商文化的粗柄豆、折沿有肩深腹盆、敛口的鬲式斝、簋、夹粗砂的红陶缸等亦相继进入晋中地区，替代了一部分当地原有的同类器物。

早在第一期就发现有零星的夹陶渣和粗砂粒的残鬲片，第四期又出现一些以往不常见的无实足根袋足鬲、柱状实足根鬲和颈饰附加堆纹的夹砂粗陶鬲，至第五期又有所发展，杏花村墓地中出土的一种在斜直领的上端饰附加堆纹、无实足根的陶鬲，即是这类文化因素的典型代表。这类文化因素显然来自吕梁山区的李家崖文化。

本阶段所受商文化的影响是逐渐增大的，前述陶鬲的变化就是明显例证。来自吕梁山区的文化因素虽然在第一期即有零星发现，但直到第四期才大量出现，从而大大改变了晋中地区的文化进程，使得晋中地区的文化呈现出比较复杂的态势。难以纳入商文化的范畴，只能算是一支深受商文化影响的土著文化遗存。

本阶段发现的遗迹有房址、灰坑和墓葬。房址数量较少。灰坑平面以椭圆形和圆形为主，另有少量呈方形和不规则形。主要为斜壁平底、斜壁锅底和直壁平底状，也有一定数量的坡底状和袋状坑。白燕遗址两级袋状灰坑 H223 颇具特色。第一、二级坑平面均作椭圆形，但恰呈垂直方向。从结构看，该坑应是在第二级坑口设有顶盖的窖穴。白燕 H47 是一近圆形袋状灰坑，坑底西南部紧挨坑壁处发现有上下错置叠压的 3 具完整的中青年男性骨架，经鉴定骨架上均有被砍杀的痕迹。坑内的 3 具人骨应是非正常死亡者。

杏花村的墓葬都是小型土坑竖穴单人墓。一般长 2 米，宽 1 米左右，最大的长 3 米，宽 1.9 米，最深者从墓口到墓底有 1.7 米。多数墓为南北向，人骨多为仰身直肢，仅有两例俯身直肢，一例侧身屈肢。多数墓内有腐朽的棺木痕迹。有两座墓的人骨之下设有殉狗的腰坑。随葬品有陶器和石、玉器。陶器每墓仅出 1 件，非鬲即豆。石、玉器仅有 3 件小饰物，出自两座墓中，有的置于人骨头部，有的置于腰部，有的含在口中。

二 内蒙古中南部

（一）朱开沟文化的发现和分布

内蒙古中南部夏商时期的考古学遗存主要是朱开沟文化。20 世纪 60 年初在黄河两岸调查时，已在沙峁圪旦和白泥窑子发现，但当时未能识别出来[1]。1974 年伊金霍洛旗朱开沟遗址发现之后，学者们对此类遗存给予了充分注意[2]。在涉及该类遗存时，学者们或将其

---

[1] 内蒙古历史研究所：《内蒙古中南部黄河沿岸新石器时代遗址调查》，《考古》1965 年第 10 期。
[2] 田广金：《内蒙古石器时代——青铜时代考古发现和研究》，《内蒙古文物考古》1992 年第 1、2 期。

归入光社文化[1]，或单独命名为"沙峁圪旦类型"[2]、"白泥窑子第五种文化"[3]。1977~1984年在朱开沟遗址的四次发掘中，揭露面积4000平方米，发现房址83座、灰坑207座、墓葬329座、瓮棺葬19座以及陶器、石器、骨器、铜器等十分丰富而且系统的材料[4]。发掘者在报道朱开沟遗址的资料时，提出了"朱开沟文化"的命名。此后，这一命名得到学术界的认同，但具体所指却稍有差别。有的将朱开沟遗址的第一段排除在朱开沟文化之外[5]，也有将其年代上限定为朱开沟遗址第三段，而将下限推延至东周[6]。本书所说的朱开沟文化是指以朱开沟遗址二至五段为代表的一类遗存。

除朱开沟遗址外，经过发掘的遗址还有内蒙古清水河县白泥窑子[7]、后城嘴[8]、庄窝坪[9]，托克托县海生不浪[10]，凉城县杨厂沟[11]、三道沟、板城[12]，准格尔旗寨子塔[13]、

---

[1] 邹衡：《关于夏商时期北方诸邻境文化的初步探讨》，《夏商周考古学论文集》，文物出版社，1980年。

[2] 崔璇、斯琴：《内蒙古中南部新石器至青铜时代文化初探》，《中国考古学会第四次年会论文集》，文物出版社，1985年。

[3] 崔璇：《白泥窑子考古纪要》，《内蒙古文物考古》第4期，1986年。

[4] A. 内蒙古文物考古研究所：《内蒙古朱开沟遗址》，《考古学报》1988年第3期。
B. 内蒙古自治区文物考古研究所、鄂尔多斯博物馆：《朱开沟》，文物出版社，2000年。

[5] 王连葵：《河套和岱海地区夏商时期文化初探》，《内蒙古中南部原始文化研究文集》，海洋出版社，1991年。

[6] A. 崔璇：《朱开沟遗址陶器试析》，《考古》1991年第4期；《河套地区东周以前含袋足器诸器群及相关问题》，《中国考古学会第七次年会论文集》，文物出版社，1992年。
B. 魏坚、崔璇：《内蒙古中南部原始文化的发现与研究》，《内蒙古文物考古文集》第一辑，中国大百科全书出版社，1994年。

[7] A. 崔璇：《白泥窑子考古纪要》，《内蒙古文物考古》第4期，1986年。
B. 内蒙古社会科学院历史研究所考古研究室：《清水河县白泥窑子遗址A点发掘报告》、《清水河县白泥窑子遗址D点发掘报告》，《内蒙古文物考古文集》第二辑，中国大百科全书出版社，1997年。

[8] 内蒙古文物考古研究所、清水河县文物管理所：《清水河县后城嘴遗址》，《内蒙古文物考古文集》第二辑，中国大百科全书出版社，1997年。

[9] 乌兰察布盟博物馆、清水河县文物管理所：《清水河县庄窝坪遗址发掘简报》，《内蒙古文物考古文集》第二辑，中国大百科全书出版社，1997年。

[10] 北京大学考古系、内蒙古自治区文物考古研究所、呼和浩特市文物事业管理处：《内蒙古托克托县海生不浪遗址发掘报告》，《考古学研究（三）》，科学出版社，1997年。

[11] 内蒙古文物考古研究所、北京大学考古系：《凉城县杨厂沟遗址清理简报》，《内蒙古文物考古》总第5期，1991年。

[12] 王连葵：《河套和岱海地区夏商时期文化初探》，《内蒙古中南部原始文化研究文集》，海洋出版社，1991年。

[13] A. 魏坚：《准格尔旗寨子塔、二里半考古主要收获》，《内蒙古中南部原始文化研究文集》，海洋出版社，1991年。
B. 内蒙古文物考古研究所：《准格尔旗寨子塔遗址》，《内蒙古文物考古文集》第二辑，中国大百科全书出版社，1997年。

二里半[1]、南壕[2]、高家坪[3]、官地[4]、黑岱沟[5]，伊金霍洛旗白敖包[6]；山西省偏关老牛湾等[7]。经过调查、试掘的遗址有内蒙古准格尔旗沙圪坨旦、张家圪旦、秦明圪台[8]、青草塔[9]、张家塔、陈家梁[10]、乃彦梁，伊金霍洛旗刘家梁、乌拉敖包，凉城毛庆沟、双古城，包头市阿善[11]，呼和浩特市黄土坡；山西省偏关县大咀、麻地塔，河曲县火山[12]；陕西省神木县石峁[13]、木柳塔、新华、孙家岔、刘石桥，榆林县李家庙，米脂土木寨，绥德县中角村案山，延安市碾庄等[14]。据说陕北安塞、延川、靖边、府谷等县，亦发现有朱开沟文化遗址[15]。根据上述发现，朱开沟文化的分布范围东起岱海地区，西入鄂尔多斯腹地，北达阴山南麓，南至延河水系。

（二）朱开沟文化的内涵

朱开沟文化的房址发现于朱开沟、杨厂沟、南壕、高家坪、白泥窑子、寨子塔、官

---

[1] A. 魏坚：《准格尔旗寨子塔、二里半考古主要收获》，《内蒙古中南部原始文化研究文集》，海洋出版社，1991年。
B. 内蒙古文物考古研究所：《内蒙古准格尔旗二里半遗址第二次发掘报告》，《考古学集刊》第11集，中国大百科全书出版社，1997年。

[2] 内蒙古文物考古研究所：《准格尔旗南壕遗址》，《内蒙古文物考古文集》第一辑，中国大百科全书出版社，1994年。

[3] 伊克昭盟文物工作站：《准格尔旗高家坪遗址》，《内蒙古文物考古文集》第一辑，中国大百科全书出版社，1994年。

[4] 内蒙古文物考古研究所：《准格尔旗官地遗址》，《内蒙古文物考古文集》第二辑，中国大百科全书出版社，1997年。

[5] 引自内蒙古文物考古研究所：《内蒙古朱开沟遗址》，《考古学报》1988年第3期。

[6] 内蒙古文物考古研究所、伊金霍洛文物管理所、鄂尔多斯博物馆：《伊金霍洛旗白敖包墓地发掘简报》，《内蒙古文物考古文集》第二辑，中国大百科全书出版社，1997年。

[7] 王连葵：《河套和岱海地区夏商时期文化初探》，《内蒙古中南部原始文化研究文集》，海洋出版社，1991年。

[8] 崔璇、斯琴：《内蒙古中南部新石器至青铜时代文化初探》，《中国考古学会第四次年会论文集》，文物出版社，1985年。

[9] 内蒙古文物考古研究所、伊克昭盟文物工作站：《内蒙古准格尔煤田黑岱沟矿区文物普查述要》，《考古》1990年第1期。

[10] 崔璇：《内蒙古中南部石佛塔等遗址调查》，《内蒙古文物考古》创刊号，1981年。

[11] 内蒙古社科院蒙古史研究所、包头市文物管理所：《内蒙古包头市阿善遗址发掘简报》，《考古》1984年第2期。

[12] 调查资料未注明者，均见王连葵：《河套和岱海地区夏商时期文化初探》，《内蒙古中南部原始文化研究文集》，海洋出版社，1991年。

[13] A. 戴应新：《陕西神木县石峁龙山文化遗址》，《考古》1973年第3期；《神木石峁龙山文化玉器》，《考古与文物》1988年第5、6期。
B. 西安半坡博物馆：《陕西神木石峁遗址调查试掘简报》，《史前研究》1983年第2期。

[14] 吕智荣：《朱开沟古文化遗存与李家崖文化》，《考古与文物》1991年第6期。

[15] 《夏、商遗存》，《文博》1997年第3期。

地、海生不浪等遗址。可分地面起建和半地穴式两种，而以半地穴式为主。以长方形或方形者为主，也有少量圆形房屋。多为单室，少数为双室，个别为三室。双室者大多呈"吕"字形，三室者也以同样的方式串联，也有个别双室者为并联。居室周围有经砸实的土墙或木骨泥墙。室内地面多由泥土砸实夯平，中间部位有一灶面。

陶器中灰陶约占90%，也有少量的褐陶和泥质红陶、黑陶。手制为主，有的经慢轮修整，罕见快轮制法。以绳纹、篮纹为主要纹饰，并有方格纹、弦纹、楔形点纹及压印或刻划而成的圆圈纹、三角纹、云雷纹等，夹砂及砂质陶多用绳纹，泥质陶多用篮纹和其他几种纹饰。附加堆纹颇为发达，而以蛇纹，即蛇状的细泥条附加堆纹最具特色。又常见鋬、钮。三足器颇为发达，约占器群30%以上，如鬲、甗、斝、盉、蛋形瓮均为三足。除三足器、平底器、圈足器外，也有极少的凹底器。主要器类有鬲、甗、斝、圆腹罐、深腹盆、豆、簋、盉、单耳罐、双耳罐、折腹罐、高领折肩罐、碗、钵、单把杯、四足方杯、壶、大敞口无肩平底尊形器（或带双鋬，报告称大口尊）、蛋形瓮、纺轮、陶垫等。鬲的形制极复杂，以高领和领部饰附加堆纹的花边鬲为主，腹部饰多道纵向蛇状附加堆纹的蛇纹鬲逐渐增多，另有单把鬲、双鋬鬲、矮领肥袋足鬲及商式鬲等。甗有敞口、敛口两类，而以后者颇具特征。因甗多设腰隔（箅架），故罕见或不见甑。斝为敛口，饰纵横交错的附加堆纹。盉似斝而有流。圆腹罐数量颇多，是主要器形之一，口外多有四纽或附加花边状堆纹，也有少量双耳者。蛋形瓮绝大多数为三空足，个别为三实足。纺轮有平板状和一面平一面凸两种，陶垫有指孔型、单把形等。

铜器有针、锥、臂钏、耳环、指环、镞、戈、短剑、刀、鍪、护牌等，另外发现残铜鼎、铜爵各1件以及石质斧范（图8-38）。其中鼎、爵、戈与中原地区的一致，而短剑、刀、鍪、护牌、臂钏、耳环等则具有典型北方草原系统青铜器特征，为探索鄂尔多斯式青铜器的起源提供了重要依据。

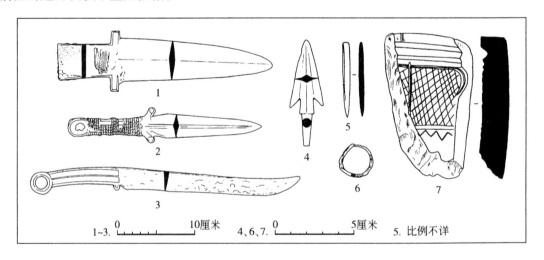

图8-38　朱开沟文化铜器及铸铜石范
1. 铜戈（朱开沟 M1040:1）　2. 铜短剑（朱开沟 M1040:2）　3. 铜刀（朱开沟 M1040:3）　4. 铜镞（朱开沟 F5001:3）　5. 铜锥（庄窝坪 H3:1）　6. 铜指环（朱开沟 M4003:1）　7. 石斧范（朱开沟 T102②:1）

石器有斧、锛、凿、刀、铲、镰、环、研磨器等，还有一定数量的细石器。刀均穿有单孔，有长方形、梯形两种。梯形石刀为单面刃，或刃短背长，或刃长背短，二类均有器体弯曲者。

骨器有角锄、铲、凿、刀、匕、锥、针、针筒、镞等。发现有卜骨。

墓葬在朱开沟、寨子塔、高家坪、白敖包等遗址都有发现，分长方形土坑竖穴墓和瓮棺葬两种。在朱开沟遗址，瓮棺葬分散埋在居址中，土坑竖穴墓则成片分布在居址周围的墓地中，共发现5片墓地，除第Ⅳ墓区呈横向排列外，多作成组分布状。

朱开沟已发掘的300多座墓，多为小型墓，约四分之一是规模较大的中型墓（多集中分布于第Ⅰ墓区东北部及第Ⅲ墓区）。中型墓长2.5~4米，宽1.5~3米，深1.5~4米不等，个别深至6米。其中有木棺的23座，有的留生土二层台。个别墓底垫石板（在寨子塔遗址曾发现用石块垒成的石棺墓）。中型墓中约有一半是合葬墓。据《朱开沟》报告的统计，二人合葬36座、三人合葬8座、四人合葬1座，合计45座。其中44座被认为是属遗址第三、四段，占这两段墓葬总数238座的近五分之一。都是一次葬，少数为同性合葬，大多属异性合葬，还有成年女性与儿童合葬。异性合葬者，男性仰身直肢，有的盛殓在棺内；女性皆无棺，多侧屈并面向男子，有的上、下肢似经绑缚或作挣扎状。鉴于除遇战争、灾疫，在一般正常情况下，夫妻同时死亡的几率极小，参照遗迹现象，可知墓中陪葬的女性应是屈从于社会习俗、甚至被强制埋入的从死者。至于埋在二层台上或男性墓主足下的青年女性或儿童，则属人殉性质。此外，也曾发现个别灰坑中埋有人骨。

约三分之一以上的墓有随葬品。随葬陶器常以单把鬲、双耳罐、双（三）大耳罐、盉、高圈足豆、高颈壶、高领折肩罐、单耳罐、单耳杯、盆等器类中的3~5件为组合，最多用9件，最少1件。有的使用猪下颌骨一二副至10多副，或数量不等的羊或其他动物下颌骨，也有用整狗的。还发现少量石器（斧、刀、镞）、铜器（戈、刀、短剑）、骨器（刀、针、针筒）以及铜臂钏、指环、耳环和骨指环、玉石串珠、海贝等。大件随葬品一般置于墓底一侧、足端或壁龛中。

儿童瓮棺葬常用三足蛋形瓮和盆形甗，也有用鬲、敛口甑、斝、盆等大型日用器的。

《朱开沟》报告中划分的第二至四段土坑竖穴墓，从盛行双人合葬和随葬陶器的组合与器形特征看，其总体面貌同齐家文化[1]墓葬相当接近。其中有些器物又曾见于晋南、晋中和关中诸龙山文化晚期遗存中。但同第二至四段居住址陶器群所反映的文化面貌有相当差异。至第五段墓以蛇纹鬲、带钮（錾）圆腹罐，以及商式豆、簋、盆和青铜戈、北方系青铜刀、短剑等随葬，文化面貌同前四段墓有显著变化，同居住址却较为一致。

（三）朱开沟文化的分期与年代

曾经做过分期研究的遗址有朱开沟、高家坪、寨子塔和二里半4处，其中朱开沟的材料最为丰富。以朱开沟遗址的二、三、四、五段为基础，可将朱开沟文化分为四期（图8-39）。

---

[1] 详见本章第六节。

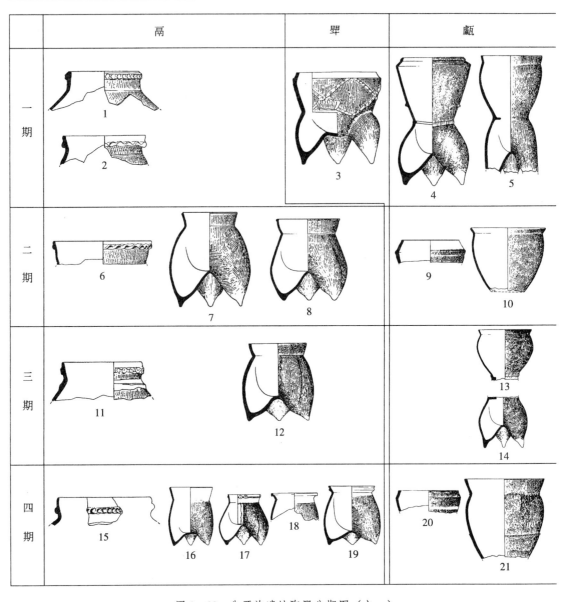

图8-39 朱开沟遗址陶器分期图（之一）

1. 鬲（T229④:4） 2. 鬲（T246④:4） 3. 斝（W2003:1） 4. 甗（W2011:1） 5. 甗（W2005:1） 6. 鬲（T234③:5）
7. 鬲（W2007:1） 8. 鬲（W2004:2） 9. 甗（T241③:2） 10. 甗（W2004:3） 11. 鬲（T402③:3） 12. 鬲（QH79:4）
13. 甗（W4001:1） 14. 甗（W5004:10） 15. 鬲（T405②:18） 16. 鬲（QH110:1） 17. 鬲（M1064:1） 18. 鬲（H5030:2） 19. 鬲（T127②:1） 20. 甗（H2024:2） 21. 甗（QH78:1）

第一期以居住址Ⅱ区④层为代表。房址以圆形者为主，圆角方形和长方形房址也较多。流行用黄土砸筑墙体的地面建筑。屋内地面以黄黏土硬面为主，该地区龙山时代盛行的白灰地面，仍有少量遗留。灰坑以圆形筒状为主，其次为椭圆形直壁、圆角方形直壁、圆形袋状和圆形锅底状。有的灰坑底部抹有白灰面或垫有白灰渣。墓葬均单人葬，多埋在

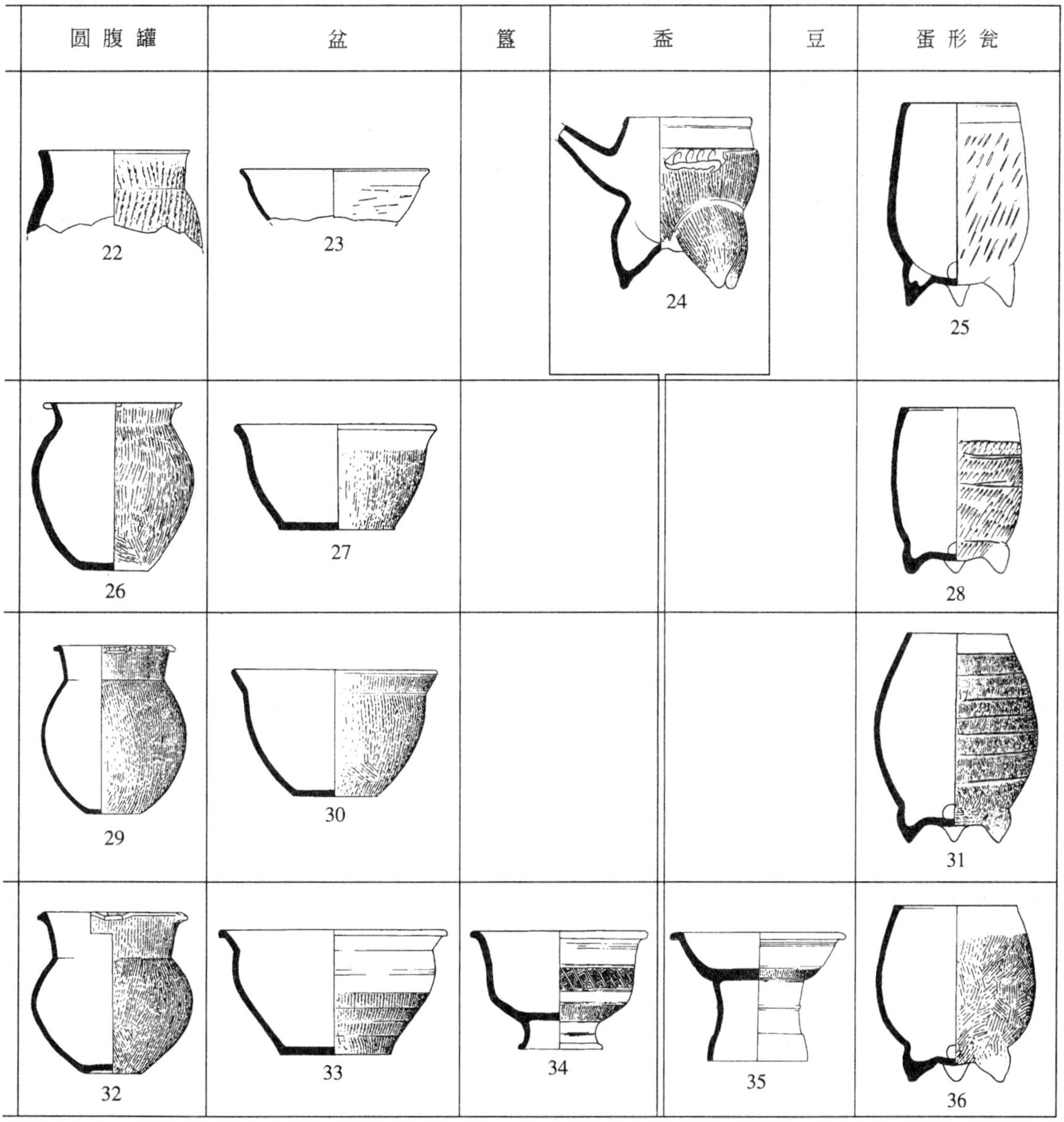

圆腹罐	盆	簋	盉	豆	蛋形瓮
22	23		24		25
26	27				28
29	30				31
32	33	34		35	36

图 8-39 朱开沟遗址陶器分期图（之二）

22. 圆腹罐（T201④:1）　23. 盆（T244④:2）　24. 盉（C:155）　25. 蛋形瓮（W2006:1）　26. 圆腹罐（W2014:1）
27. 盆（W2004:1）　28. 蛋形瓮（W2009:2）　29. 圆腹罐（H1055:6）　30. 盆（QH79:3）　31. 蛋形瓮（QH91:1）
32. 圆腹罐（M2006:3）　33. 盆（H2024:3）　34. 簋（M1052:2）　35. 豆（M1052:3）　36. 蛋形瓮（W1001:1）

靠近居址的墓区，也有散见于居址内。瓮棺一般以两件蛋形瓮套合，也有蛋形瓮与鬲、斝套合或鬲与盆套合的。陶器中灰陶占绝大多数。以篮纹、绳纹为主，二者比例相当。口部抹光现象比较常见。尚有龙山时代遗留的高领双鋬鬲、直领肥袋足鬲，新出花边口沿鬲。蛇纹鬲数量尚少，袋足无实足根，三足尖紧凑。圆腹罐腹较瘦长。盉球形腹，裆部近斝，袋足与实足根之间过渡不明显，流近袋足而远离口部。蛋形瓮口部近直，下腹微鼓。深腹盆侈沿，腹外敞。石斧横断面呈方形或长方形。石刀以长方形穿孔者为主，多为双面刃。

本期不少器物尚保留龙山晚期（以朱开沟遗址第一段为代表）特征，花边鬲和蛇纹鬲的出现，是本期稍晚于龙山时代、进入新阶段的标志。

第二期以居住址Ⅰ、Ⅳ区④层和Ⅱ区③层为代表。房址以长方形或方形者为主，也有少量圆角方形者，大多数是半地穴式建筑或木骨泥墙式地面建筑。屋内地面除个别白灰面外，余均为黄黏土硬面。灰坑以圆形筒状为主，椭圆形直壁和圆形袋状坑次之。墓内除随葬猪下颌骨以外，还有羊和一些食肉类动物的下颌骨。瓮棺新增加蛇纹鬲和带纽圆腹罐。灰陶仍占绝大多数，惟泥质者增多，夹砂者减少。褐陶数量增加，黑陶相对减少。以绳纹和篮纹为主要纹饰，但绳纹的比例已超过篮纹，出现旋断篮纹和旋断绳纹。口部抹光现象少见。蛇纹鬲开始增多，实足根较矮，三足尖距离稍远。圆腹罐常见口部附纽（鋬），腹外鼓较明显，平底。盉腹壁稍外曲或斜直，裆部或似斝或似鬲，实足根稍高，流在中腹或近口。蛋形瓮中腹稍鼓，敛口。深腹盆腹略显外敞，饰竖向绳纹，平底。石刀仍以长方形穿孔两面刃者为主，但出现了梯形石刀。始出臂钏、指环等小件铜器。卜骨开始加工整治，只灼不钻。

第三期以居住址Ⅰ、Ⅳ、Ⅴ区③层为代表。房址仍以长方形半地穴式或木骨泥墙地面建筑为主。白灰面绝迹。灰坑以圆形袋状和圆形筒状为主，圆形袋状的比例突然增加，而且多为深穴。灰陶数量有所减少，泥质褐陶数量继续增加，薄胎砂质陶也有所增加。绳纹明显分为粗细两种，细绳纹、方格纹、蛇状附加堆纹的比例有所提高。蛇纹鬲数量增加，三袋足外撇，实足根稍增高。圆腹罐腹部浑圆，流行附双纽或四纽的花边口沿。盉裆部近鬲，实足根增高。蛋形瓮腹中部外鼓明显。深腹盆敞口、鼓腹，平底变小。石斧断面变成椭圆形。石刀以梯形石刀为主。卜骨开始钻而后灼。

第四期以居住址Ⅰ、Ⅱ、Ⅳ、Ⅴ区②层为代表，房址较少，仅发现4座，分别是长方形半地穴式和地面建筑。灰坑按发现数量，依次为圆形筒状、圆形袋状和长方形斜壁覆斗状，亦多为深穴。墓葬的随葬陶器以蛇纹鬲和带纽圆腹罐为主，并常伴出直内铜戈以及一些北方系青铜器如短剑、刀、鍪、铜牌等。灰陶仍占绝大多数，但多呈灰褐色。薄胎夹砂陶继续增多。绳纹仍分粗细两种。除了原有的器物之外，新添一些商式器物，如陶鬲、簋、豆及铜鼎、爵、戈等，并发现有全部随葬商式器物的墓葬（如M1052）。蛇纹鬲非常发达，袋足最肥鼓处偏下，实足根与袋足之间过渡比较明显。花边口圆腹罐腹部粗矮，有的最大腹径大于腹高，平底或凹平底。蛋形瓮中、下腹呈自然曲线外鼓。深腹盆作折沿、束颈状，上腹微鼓，下腹内曲；上腹素面，下腹饰旋断绳纹。仍有一定数量的梯形石刀，但以倒梯形弯背者为主。铸铜斧石范的发现，表明当地已有铸铜业。

发掘者推断该期年代"可能相当于商代二里冈文化阶段，下限不会晚于殷墟一期，尤以相当于二里冈上层文化时期的遗存为主"[1]。有学者改订朱开沟M1052年代为殷墟一期[2]。

---

[1] 内蒙古自治区文物考古研究所、鄂尔多斯博物馆：《朱开沟》第285页，文物出版社，2000年。
[2] 张忠培、朱延平、乔梁：《晋陕高原及关中地区商代考古学文化结构分析》，《内蒙古文物考古文集》第一辑，中国大百科全书出版社，1994年。

就第四期出土的商式器物而言，H5028 的铜鼎和铜爵，因属残器，难以确断，但就形制、纹饰看，其时代不出二里冈上层一、二期，即早商三期至中商一期范围。M1052 的陶豆同郑州白家庄第二层的一件以及北二七路 M4:4[1] 颇相似，它与同出的陶簋均应属中商一期。陶鬲 H5030:2，仅存上部，似应属中商二、三期。陶鬲 T127②:1，从图版看，应归入大司空村一期。因之可见，朱开沟第四期包括较长一段时间。考虑到商器远途传播到此，同样器物可能会比在中原出现时间稍迟，暂且推定第四期的年代约当中原中商时期至晚商前期。

（四）朱开沟文化同其他考古学文化的关系

朱开沟文化的不少因素都可以追溯到当地龙山时代文化。高领鬲、蛋形瓮、敛口甗、带纽罐、大口平底尊形器、斝或盉、高领折肩罐以及白灰面房子等，都是承续朱开沟遗址第一段而来。发掘者和研究者较一致认为，该遗址第一段属龙山时代晚期遗存。第一段遗存中，高领双鋬鬲、器腹有网状附加堆纹的敛口斝、斝式盉等，在忻州游邀遗址晚期亦见到相似器形，说明二者间年代不会相距很远。

朱开沟文化在其形成过程中曾受到中原和晋中、甘青地区文化的影响。例如墓葬中流行的绳纹或方格纹的单把鬲、绳纹单耳罐、素面折腹单耳罐、镂孔圈足豆、双耳三足杯、高圈足罐式簋和居址出土的矮直领肥足鬲均见于陶寺文化晚期；敛口斝曾屡见于晋南、晋中龙山晚期遗存中；高领折肩罐、素面双耳罐和单耳鬲既见于陶寺文化晚期，又常见于客省庄二期文化和齐家文化中；双大耳罐则是齐家文化的标志物。第二期中敞口甗、盆、四足方杯等同东下冯类型、白燕遗址四期相似。再如，以男性为主体的双人合葬墓也同齐家文化者一致。虽然在朱开沟文化之前，前述埋葬习俗和一些相关器物已流传到河套一带，但它们能够在当地比较长时间的延续，本身似说明朱开沟文化同龙山时代诸遗存中最晚的一支、相当夏代分布在甘青一带的齐家文化（BC2100~1600）之间可能存在较密切的关系。第四期出现的商文化因素，如折沿方唇鬲、云雷纹陶簋、有肩深腹盆、青铜鼎、爵、直内铜戈、双翼铜镞等，则反映了朱开沟文化晚期曾经接受了商文化的强烈影响。

朱开沟文化曾对其他考古学文化产生过一定的影响。早在 20 世纪 60 年代，就在二里头遗址发现口沿饰有花边的高领鬲，年代为二里头三期[2]；1982 年又发现 1 件带有单把的花边鬲，年代属二里头二期[3]。二里头文化东下冯类型中常见口沿饰花边并设双鋬的罐类[4]。似乎都反映二里头文化同朱开沟文化间的联系，其桥梁则应是前述晋中地区相当夏王朝时期的古文化。朱开沟文化在第四期之后，似在本地区突然消失，而向其他地区

---

[1] A. 河南省文化局文物工作队第一队：《郑州白家庄遗址发掘简报》，《文物参考资料》1956 年第 4 期。
B. 郑州市博物馆：《郑州商代遗址发掘简报》，《考古》1986 年第 4 期。
[2] 中国科学院考古研究所洛阳发掘队：《河南偃师二里头遗址发掘简报》图版肆：12，《考古》1965 年第 5 期。
[3] 郑光：《二里头陶器文化论略》附图，《二里头陶器集粹》第 31 页，中国社会科学出版社，1995 年。
[4] 中国社会科学院考古研究所、中国历史博物馆、山西省考古研究所：《夏县东下冯》图二八、四一、八五、八六、一二七、一二八，文物出版社，1988 年。

广为传播。其最突出的表现就是高领花边鬲在各地的出现[1],以及朱开沟文化另一种典型器"蛇纹鬲"在今内蒙古和俄罗斯外贝加尔地区的分布[2]。朱开沟文化在本地区的消失和向其他地区的广泛传播,应是族群活动或某一特定历史事件在文化上的反映。

三　晋陕高原

晋陕之间黄河两岸的高原地带曾经多次发现商代青铜器。出土地点有山西石楼县的贺家坪[3]、二郎坡[4]、后兰家沟[5]、桃花庄[6]、外庄、肖家塌、南沟村[7]、义牒[8]、圪垛坪[9]、褚家峪、曹家垣、指南村[10],保德县林遮峪[11]、柳林高红[12]、永和下辛角[13]、隰县庞村[14]、吉县上东村[15];陕西绥德县的墕头村[16]、后任家沟[17]、薛家渠[18],清涧县的解家沟、张家圪[19]、寺墕[20],延川用斗村[21]、刘家塬、去头村、土岗村[22],延长

---

[1] 韩嘉谷:《花边鬲寻踪》,《内蒙古东部区考古文化研究文集》,海洋出版社,1991年。
[2] А.Окладников А.П.Триподы за Байкалом, Совегская Археология.1959, No.3.
　　B.刘观民:《苏联外贝加尔地区所出几件陶鬲的分析》,《中国原始文化论集》,文物出版社,1989年。
[3] 杨绍舜:《石楼县发现古代铜器》,《文物》1959年第3期。
[4] 山西省文物管理委员会保管组:《山西石楼县二郎坡出土商周铜器》,《文物参考资料》1958年第1期。
[5] 郭勇:《石楼后兰家沟发现商代青铜器简报》,《文物》1962年第4、5期。
[6] 谢青山、杨绍舜:《山西吕梁县石楼镇又发现铜器》,《文物》1960年第7期。
[7] 杨绍舜:《山西石楼新征集到的几件商代青铜器》,《文物》1976年第2期。
[8] A.石楼县人民文化馆:《山西石楼义牒发现商代铜器》,《考古》1972年第4期。
　　B.杨绍舜:《山西石楼义牒会坪发现商代兵器》,《文物》1974年第2期;《山西石楼义牒又发现商代铜器》,《文物资料丛刊》3,文物出版社,1980年。
[9] 杨绍舜:《山西石楼义牒又发现商代铜器》,《文物资料丛刊》3,文物出版社,1980年。
[10] 杨绍舜:《山西石楼褚家峪、曹家垣发现商代铜器》,《文物》1981年第8期。
[11] 吴振录:《保德县新发现的殷代青铜器》,《文物》1972年第4期。
[12] 杨绍舜:《山西柳林县高红发现商代铜器》,《考古》1981年第3期。
[13] 石楼县文化馆:《山西永和发现殷代铜器》,《考古》1977年第5期。
[14] 王进:《山西隰县庞村出土商代青铜器》,《文物》1991年第7期。
[15] 吉县文物工作站:《山西吉县出土商代青铜器》,《考古》1985年第9期。
[16] A.黑光、朱捷元:《陕西绥德县墕头村发现一批窖藏商代铜器》,《文物》1975年第2期。
　　B.绥德县博物馆:《陕西绥德发现和收藏的商代青铜器》,《考古学集刊》第2集,中国社会科学出版社,1982年。
[17] 绥德县博物馆:《陕西绥德发现和收藏的商代青铜器》,《考古学集刊》第2集,中国社会科学出版社,1982年。
[18] 马润臻:《绥德发现两件青铜器》,《考古与文物》1984年第2期。
[19] 绥德县博物馆:《陕西绥德发现和收藏的商代青铜器》,《考古学集刊》第2集,中国社会科学出版社,1982年。
[20] A.高雪、王纪武:《清涧县又出土商代青铜器》,《考古与文物》1983年第3期。
　　B.高雪:《陕西清涧县又发现商代青铜器》,《考古》1985年第8期。
[21] 姬乃军:《陕西延川出土一批商代青铜器》,《考古与文物》1992年第4期。
[22] 阎晨飞、吕智荣:《陕西延川县文化馆收藏的几件商代青铜器》,《考古与文物》1988年第4期。

张兰沟[1]，子长柏树台等[2]。这些地点集中分布在黄河两侧、南北长 300 多公里的狭长地带。

这批青铜器鲜明的地方特点引起学术界广泛关注。据报道，上述青铜器大多出自墓葬，少数出自窖藏。由于均非正式发掘品，而且无陶器共出，因此长期无法归入某一考古学文化。20 世纪 80 年代以来，在这一区域内进行了一系列的田野调查与发掘工作，从而大大加深了对这批青铜器及所属文化的认识。

经学者研究，一般公认这批青铜器的年代大体都在武丁以后的晚商时期[3]。

晋陕高原的晚商青铜器明显可以区分为以下几类。

第一类与晚商文化相同或相近，如鼎、簋、觚、爵、斝、瓿、卣、盘、戈、钺等（图 8-40）。

第二类与晚商文化有显著的区别，具有独特的地方风格。如青铜銎内钺、管銎弧刃钺、銎内戈、管銎戚、三銎、单銎或两穿的大刀、环首刀、兽首刀、兽首勺、蛇首匕、双球铃、兽首、环首、铃首的短剑、弓形器、盔、梳、蛙首竽、靴形器、金珥形饰等（图 8-41）。

第三类兼具晚商文化与当地文化因素，是两种文化融合的产物，如圈足细高的线纹簋、细颈壶、壶形腹提梁卣、带铃豆、带铃觚、铎形器、龙纹觥、三高足盘等[4]。

学者们还根据各类青铜器所占比例的多少，对这批青铜器进行分区、类型研究[5]，但在目前资料条件下，很难再分出区或类型。绥德墕头、后任家沟，清涧解家沟，石楼桃花庄、二郎坡、贺家坪、后兰家沟以及忻州连寺沟[6]等地出土的青铜器均以商式器物为主；而以地方式器物为主者则有石楼曹家垣、保德林遮峪、柳林高红、吉县上东村等处，

---

[1] 姬乃军：《陕西延长出土一批晚商青铜器》，《考古与文物》1994 年第 2 期。
[2] 陕西省考古研究所、陕西省文物管理委员会、陕西省博物馆：《陕西出土商周青铜器（一）》图版四，文物出版社，1979 年。
[3] A. 张长寿：《殷商时代的青铜容器》，《考古学报》1979 年第 3 期。
   B. 邹衡：《关于夏商时期北方诸邻境文化的初步探讨》，《夏商周考古学论文集》，文物出版社，1980 年。
   C. 郑振香：《殷墟青铜器的分期与年代》，《殷墟青铜器》，文物出版社，1985 年。
   D. 刘军社：《陕晋蒙邻境地区商代青铜器的分期、分区及相关问题的探讨》，《中国考古学会第八次年会论文集》，文物出版社，1996 年。
   E. 朱凤瀚：《古代中国青铜器》第 656~662 页，南开大学出版社，1995 年。
[4] 李伯谦：《从灵石旌介商墓的发现看晋陕高原青铜文化的归属》，《北京大学学报（哲学社会科学版）》1988 年第 2 期。
[5] A. 张万钟认为石楼出土的青铜器应属殷墟文化，而保德出土的青铜器具有地方特点，不属于殷墟文化（见张万钟：《商时期石楼、保德与"沚方"的关系》，《中国历史博物馆馆刊》第 11 期，1989 年）。
   B. 刘军社分为三区：一是晋西北边缘的保德、内蒙古的河套地区；二是太原及其以北不甚远的忻州地区；三是晋西、陕东北黄河两岸地区，认为三者同属一支考古学文化（见刘军社：《陕晋蒙邻境地区商代青铜器的分期、分区及相关问题的探讨》，《中国考古学会第八次年会论文集》，文物出版社，1996 年）。
[6] 沈振中：《忻县连寺沟出土的青铜器》，《文物》1992 年第 4 期。

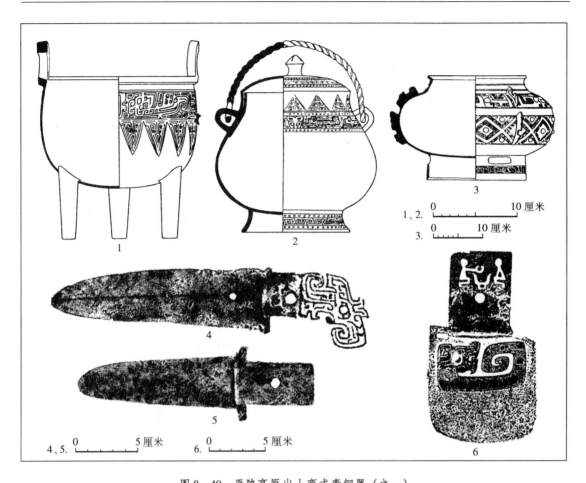

图 8-40　晋陕高原出土商式青铜器（之一）
1. 鼎（林遮峪）　2. 卣（林遮峪）　3. 瓿（林遮峪）　4. 铜戈（下辛角）拓本　5. 铜戈（下辛角）拓本
6. 铜钺（墕头）拓本

除了保德勉强可以说是偏处一隅，其他诸处皆与以商式器物为主的地点交叉分布，很难以商式器物与地方式器物比例的多少来划分区域类型。另外，各个地点都有特征鲜明的地方式青铜器，而且这些地方式青铜器风格接近，显然属于同一传统。

商式青铜礼器的分布往往超出以陶器为主要依据划分的商文化的分布范围，商代尚存在一个"青铜礼器文化圈"[1]。鉴于此，我们在确定这批青铜器的文化归属时，应以共存的陶器为准。虽然迄今尚未在同一单位中发现青铜器与陶器的共存关系，但陕西清涧李家崖[2]、

---

[1] 徐良高：《文化因素定性分析与商代"青铜礼器文化圈"研究》，《中国商文化国际学术讨论会论文集》，中国大百科全书出版社，1998年。

[2] A. 张映文、吕智荣：《陕西清涧县李家崖古城址发掘简报》，《考古与文物》1988年第1期。
B. 戴应新、吕智荣：《清涧县李家崖青铜时代墓葬》，《中国考古学年鉴（1987）》，文物出版社，1988年。

图 8-40 晋陕高原出土商式青铜器（之二）
7. 斝（后兰家沟） 8. 爵（后兰家沟） 9. 觚（后兰家沟） 10. 觯（墕头） 11. 瓿（解家沟） 12. 簋（墕头）
13. 盘（解家沟） 14. 匕（解家沟） 15. 矛（高红）

绥德薛家渠[1]和山西柳林高红[2]3 处遗址，为我们判定其文化归属提供了初步条件。

清涧李家崖古城位于无定河岸边，东距黄河仅 4.5 公里。该城平面呈不规则的长方形，东西长 495 米，南北宽 122~213 米，城内面积约 6700 平方米。南北两面以深至百米的悬崖峭壁为防御设施。西面虽有悬崖，但也修筑了"T"字形城墙。东面是城内通往外部的惟一出口，在此修筑的城墙将全城严密地封闭起来。东城墙由石块和土垒砌而成，经两次修筑。早期城墙有内外两层，晚期城墙则是为了加固才补筑的。

---

[1] 北京大学考古系商周考古实习组、陕西省考古研究所商周研究室：《陕西绥德薛家渠遗址的试掘》，《文物》1988 年第 6 期。
[2] A. 晋中考古队：《山西娄烦、离石、柳林三县考古调查》，《文物》1989 年第 4 期。
　　B. 国家文物局、山西省考古研究所、吉林大学考古学系：《晋中考古》第 87~97 页，文物出版社，1999 年。该报告中柳林高迪即高红遗址。

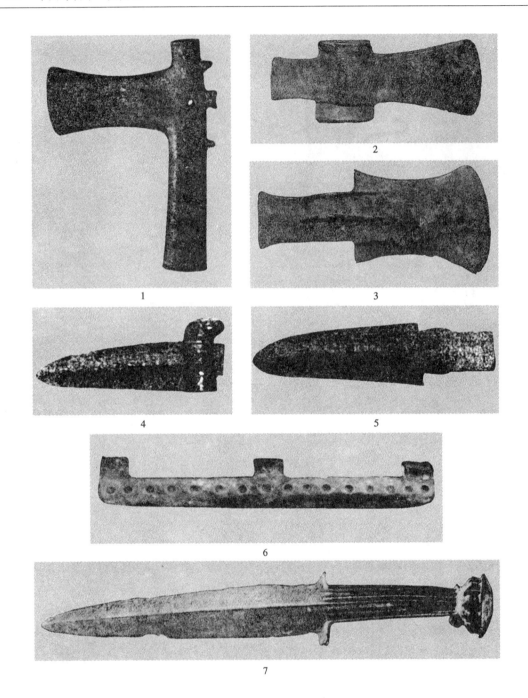

图 8-41 晋陕高原出土北方系青铜器及金器（之一）
1. 铜管銎钺（曹家垣） 2. 铜銎内钺（高红） 3. 铜銎内钺（高红） 4. 铜戈（义牒） 5. 铜戈（肖家塬） 6. 铜三銎刀（后任家沟） 7. 铜铃首剑（林遮峪）

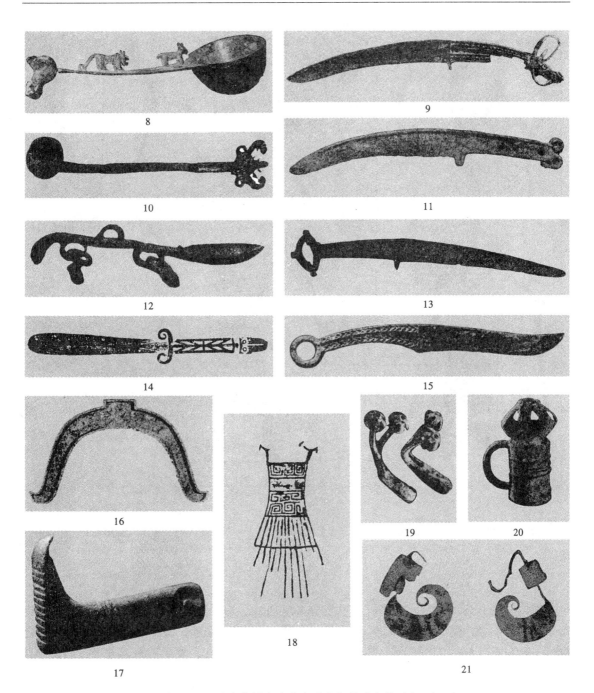

图 8-41 晋陕高原出土北方系青铜器及金器（之二）

8. 铜羊首勺（解家沟） 9. 铜马首刀（塢头） 10. 铜勺（后兰家沟） 11. 铜双环首刀（高红） 12. 铜蛇首刀（肖家塌） 13. 铜环首刀（后兰家沟） 14. 铜蛇首匕（褚家峪） 15. 铜铃首剑（曹家垣） 16. 铜弓形器（褚家峪） 17. 铜靴形器（高红） 18. 铜梳（义牒） 19. 铜双球铃（林遮峪） 20. 铜单球铃（林遮峪） 21. 金耳饰（下辛角）

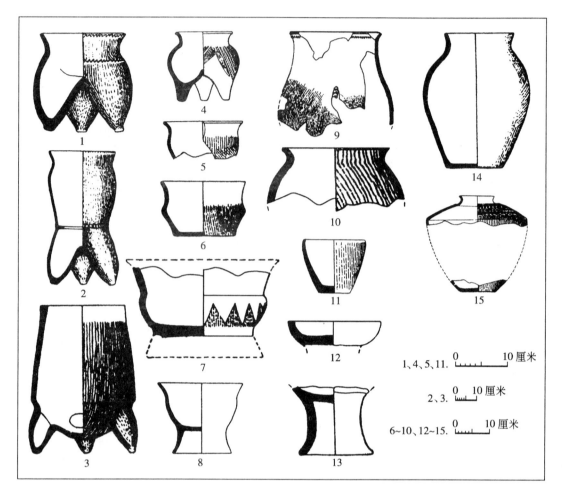

图 8-42 清涧李家崖城址出土陶器
1. 鬲（AT13H1:1） 2. 甗（AT13W1:1） 3. 蛋形瓮（AT18③:3） 4. 鬲（AT③:1） 5. 盆（AT24③:3） 6. 盆（AT17③:5） 7. 簋（AT16③:1） 8. 簋（AT18③:2） 9. 鬲（AT18③:1） 10. 鬲（AT15③:6） 11. 钵（AT17③:3） 12. 豆（G1③:5） 13. 豆（AT18③:6） 14. 瓮（AT③:1） 15. 瓮（AT18③:4）

城内发现有房址、窖穴和墓葬。已发掘 8 座房址，AF1 是城内惟一四面筑有围墙的院落式建筑。面朝西南，方向 235°。总体呈长方形，进深 48.8 米，面阔 21.85 米。院内中后部有 1 座夯土筑成的单间房子，与大门基本在一条中轴线上。房子平面近方形，面阔 7.3 米，进深 6.58 米。四周夯土围墙厚 1～1.08 米，室内设灶台。南墙之内的大门两侧各有房子 1 座。这座院落式建筑应是城内的事神或行政场所[1]。小型房址平面略呈梯形，门向东南，房内面积约 8.6 平方米。围墙是夯打而成的，居住面经夯打后用火烧，再用风化的豆绿色石粉覆面。其中一座窖穴方口方底，腹部外鼓而较圆，颇具特色。墓葬分布于城内东

---

[1] 吕智荣：《李家崖古城址 AF1 建筑遗址初探》，《周秦文化研究》，陕西人民出版社，1998 年。

西两边，各有墓葬20座左右，分布比较集中。形制为长方形土坑竖穴，一般长2米，宽0.6～1米。均为一棺。葬式多为单人仰身直肢，绝大多数无随葬品，个别墓出有青铜戚、钺等，其中两座墓出有小陶钵。已发表的3座瓮棺均以残陶甗的甑部为葬具，两端以残陶甗片或小石块堵挡。

城址内出土的陶器以泥质灰陶为主，夹砂灰陶次之，也有极少量的泥质红褐陶。纹饰以绳纹为主，另有云雷形、回字形等各类印纹、指甲纹、划纹、内填绳纹的三角纹、菱形纹以及带状、锯齿状、鸡冠状附加堆纹。主要器类有鬲、甗、簋、豆、盆、钵、蛋形瓮、罐、小口瓮、勺、纺轮、陶垫（图8-42）等。石器有斧、刀和凿，石刀均呈刃部较窄的梯形，器体稍弯。骨器有锥。卜骨略加整治，圆形钻孔。

绥德薛家渠遗址曾经出土过青铜器，而且距离塌头、后任家沟等出土青铜器的地点也不远。遗址内发现有地穴式的房屋、袋状窖穴和中型的土坑竖穴墓。可惜墓葬已被盗掘一空。出土陶器可分夹砂和泥质两大类，夹砂陶又可分夹粗砂和夹细砂两种，并以后者占多数；泥质陶比例较小。绝大多数为灰色，褐陶较少。纹饰以绳纹占绝大多数，多较规整，另有少量的方格纹、划纹、旋纹、云雷纹、方格乳钉纹、楔形点纹、附加堆纹等。可辨器类有鬲、甗、簋、豆、盆、钵、小口瓮、蛋形瓮、纺轮、陶垫等，器形同清涧李家崖出土陶器基本相同。石器有斧、刀、锤斧等。石刀有刃部较宽的梯形、刃部较窄的梯形和长方形三种，前二者均弯曲。骨器有匕、针、纺轮等。卜骨多用羊肩胛骨制成，经过修整，施凿。

柳林高红（又称高氿）遗址位于三川河北岸，西距黄河军渡5公里。在此调查时清理了一座灰坑，即H1。陶器除夹砂和泥质外，还有一类掺陶渣的粗陶。颜色以灰色为主，褐色次之。器表多饰浅、细而纹理散乱的绳纹，也有少量纹理较清楚的粗绳纹，另有少量的附加堆纹、指窝纹、弦纹、同心圆印纹和雷纹等，部分陶器的绳纹施至唇部，有的口部作花边状。主要器类有鬲、甗、小口瓮、盆、簋、蛋形瓮、尊、碗、纺轮等（图8-43）。骨器有镞、笄。

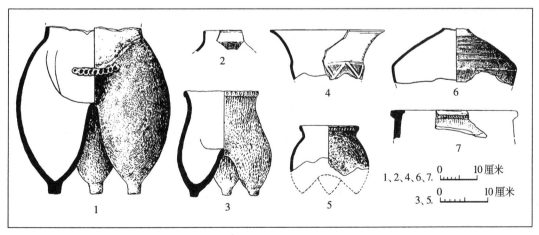

图8-43 柳林高红H1出土陶器
1.鬲（H1:5） 2.小口瓮（H1:25） 3.鬲（H1:1） 4.大口尊（H1:8） 5.鬲（H1:4）
6.小口瓮（H1:6） 7.瓮（H1:27）

三遗址的文化遗物具有明显的一致性。例如陶器绝大多数为灰陶，以绳纹为主要纹饰，主要器类均是鬲、甗、簋、豆、盆、钵、小口瓮、蛋形瓮等。鬲均以口部饰花边的高领鬲为主，或有柱状实足根，或无实足根。李家崖、薛家渠的簋均为大敞口，有的为折腹，口部外卷，圈足较高。小口瓮均为折肩，肩折处以上遍饰弦断绳纹或云雷纹等印纹。三者的蛋形瓮均下附三个空足，李家崖、薛家渠者腹径最大处靠下，而且在此处明显内折。薛家渠、高红者口部均内外皆突起。关于三处遗址相关遗存的关系，尚有不同意见[1]。我们认为三遗址相关遗存的共同点是主要的，而这些共同点恰恰又是与其他考古学的区别之处，这说明三遗址相关遗存应属同一支考古学文化，而且是一支独立的考古学文化。

　　关于这支考古学文化的名称，曾先后提出过"光社文化"[2]、"石楼—绥德类型"[3]、"李家崖文化"[4]、"朱开沟·石楼·绥德类型"[5]、"吕梁山一线青铜文化"[6]等命名。李家崖遗址经多次发掘，不仅出土遗物比较丰富，而且发现了具有一定规模的城址，显然在此类遗存中最具代表性，因此，我们认为：根据考古学文化命名的惯例应称之为李家崖文化。已知的李家崖文化遗址还有绥德三十里铺、田庄，延川神圪垯山、王家河，延长前张罗[7]，洛川石泉[8]，柳林杨家坪，离石后赵、马茂庄、双务都等[9]。

　　花边高领鬲在长城地带有着广泛分布，其流行年代是比较明确的。这种鬲最早见于朱开沟文化，可以追溯到该文化的第一期，甚至更早的龙山时代。可是直到商代晚期才广为传播。东边燕山南北围坊三期文化、魏营子文化中的陶鬲与三遗址出土的花边高领鬲最为接近，而其年代均为晚商时期。由此可以大致判断三遗址相关遗存的年代均为晚商时期，

---

[1] A. 主张属同一考古学文化的有许伟的《晋中地区西周以前古遗存的编年与谱系》（《文物》1989年第4期）和吕智荣的《朱开沟古文化遗存与李家崖文化》（《考古与文物》1991年第6期）。
　　B. 主张分属不同考古学文化的见韩嘉谷的《花边鬲寻踪》（《内蒙古东部区考古文化研究文集》，海洋出版社，1991年）。
[2] A. 邹衡：《关于夏商时期北方诸邻境文化的初步探讨》，《夏商周考古学论文集》，文物出版社，1980年。
　　B. 刘军社：《陕晋蒙邻境地区商代青铜器的分期、分区及相关问题的探讨》，《中国考古学会第八次年会论文集》，文物出版社，1996年。
[3] 李伯谦：《从灵石旌介商墓的发现看晋陕高原青铜文化的归属》，《北京大学学报（哲学社会科学版）》1988年第2期。
[4] 张映文、吕智荣：《陕西清涧县李家崖古城址发掘简报》，《考古与文物》1988年第1期。
[5] 卢连成：《先周文化与周边地区的青铜文化》，《考古学研究》，三秦出版社，1993年。
[6] 杨富斗：《山西的考古发现与研究》，《山西省考古学会论文集》，山西人民出版社，1994年。
[7] 吕智荣：《试论陕晋北部黄河两岸地区出土的商代青铜器及有关问题》，《中国考古学研究论集》，三秦出版社，1987年。
[8] 吕智荣：《朱开沟古文化遗存与李家崖文化》，《考古与文物》1991年第6期。
[9] A. 晋中考古队：《山西娄烦、离石、柳林三县考古调查》，《文物》1989年第4期。
　　B. 国家文物局、山西省考古研究所、吉林大学考古学系：《晋中考古》第94~96页，文物出版社，1999年。

李家崖出土的三角划纹甗，高红大口尊形器所饰三角划纹，均表现出晚商特征。李家崖遗址的部分遗存也可能延续到西周时期。

根据上面的分析，晋陕黄河两岸出土的青铜器在年代、地域上与李家崖文化基本相合，因此可将其归入李家崖文化的范畴。鉴于二者在若干细节上的不完全吻合，目前尚不能排除个别铜器墓不属于李家崖文化的可能。

关于李家崖文化的渊源，学者们多认为它是由朱开沟文化直接发展而来的[1]。除了上文提到的花边高领陶鬲外，蛋形瓮、大口尊形器、弯体梯形石刀（包括正梯形、倒梯形两种）、陶勺、指窝形陶垫、一面平一面鼓的陶纺轮、环首铜短剑、环首铜刀等器物的发展演变关系也是显而易见的。根据上文提到的调查资料，朱开沟文化向南的分布已抵延河流域，而陕北地区的延河以北正是李家崖文化的分布区，二者在分布范围上有大片的重合。另外从年代来说，朱开沟文化在鄂尔多斯地区的消亡，恰恰与李家崖文化在晋陕黄河两岸地区的兴起大致相合。在这种时空背景下，二者之间具有传承关系似应在情理之中。

前述晋中地区娄烦河家庄 H6、H8 出土及庙湾等遗址采集的器物有特高领的鬲、柱状与锥状鬲足、小口瓮、深腹盆等，有的鬲实足根上有刻划的凹槽[2]，时代约与晋中地区第一阶段二期相当。不带实足根的鬲足、柱状实足根鬲、尊、小口瓮等，将其与高红 H1 紧密联系起来，这也为进一步寻找李家崖文化的渊源提供了很有价值的线索。

综上所述，晋中地区、内蒙古中南部和晋陕高原夏商时期的考古学文化可以归纳为两个文化系统，一是朱开沟文化与李家崖文化；一是晋中地区夏商时期的文化遗存。这两个文化系统虽然区别明显，但二者之间的关系远比其中任何一个文化系统与其他文化的关系更为紧密，二者共同构成了夏商时期一个比较大的文化区。这种文化格局是这一文化区内居民之间关系的具体反映。

第八节　燕山南北地区

燕山南北地区，在夏商时期有四支考古学文化。在燕山北的是夏家店下层文化和魏营子文化，在燕山南的是大坨头文化和围坊三期文化。

一　夏家店下层文化

夏家店下层文化是分布于老哈河及大小凌河流域的一支青铜文化。该文化的遗物早在 20 世纪 20 年代便被发现。日本学者滨田耕作在《貔子窝》一书中收录的、出土于内蒙东部的腹部饰绳纹及划纹的罐形小鼎和素面磨光筒腹鬲，即为该文化的遗物[3]。1935 年，

---

[1]　吕智荣：《朱开沟古文化遗存与李家崖文化》，《考古与文物》1991 年第 6 期。
[2]　国家文物局、山西省考古研究所、吉林大学考古学系：《晋中考古》第 41 页，图三四；第 55 页，图四一，文物出版社，1999 年。
[3]　濱田耕作：《貔子窩》图二二：10～12，東亞考古學會，1929 年，東京。

滨田耕作和水野清一对内蒙古赤峰红山后遗址进行了发掘。他们将该遗址的遗存分为一、二两期，分别命名为"赤峰第一期文化"和"赤峰第二期文化"。后者实际包含了不同时期的青铜文化遗存，其中之一，便是我们今日称之为"夏家店下层文化"的遗存[1]。

20世纪50年代初，我国学者对滨田耕作等将"赤峰第二期文化"的年代推定为秦汉时期的见解提出了质疑[2]，又有学者指出："'赤峰第二期文化'实际上还包含几个性质面貌不同的阶段"[3]。

1960年，中国科学院考古研究所内蒙古工作队在赤峰夏家店和药王庙遗址进行的发掘，对重新认识"赤峰第二期文化"具有重要意义。在夏家店遗址发现了上、下两层文化堆积，其面貌分别相当"赤峰第二期文化"特征各异的两组器物。从而将原被混为一谈的两种性质年代不同的青铜文化区别开来，分别命名为"夏家店下层文化"和"夏家店上层文化"，并为考古学界所认同。[4] 自此之后，我国考古工作者在燕山以北地区进行了大量发掘和调查，迄今已发现夏家店下层文化遗址数百处，其中经过正式发掘的有10余处。主要有赤峰夏家店、药王庙、蜘蛛山[5]、敖汉旗大甸子[6]，宁城南山根[7]；辽宁北票丰下[8]，凌源县萧杖子[9]，兴城仙灵寺[10]，阜新平顶山[11]等遗址。迄今，对夏家店下层文化的分布、文化面貌、分期与年代、经济形态、宗教信仰、社会发展阶段及其与周围各考古学文化的关系都有了相当的了解，对该文化的研究也在不断地深入。

（一）分布

夏家店下层文化主要分布于老哈河及大、小凌河流域，其分布范围北至西拉木伦河，南临渤海，东抵医巫闾山，至于其西界，则依对燕山以南地区的"大坨头类型"性质的不同认识而会得出相异的见解。若将其视为夏家店下层文化的一个类型，则该文化的西界已

---

[1] 濱田耕作、水野清一：《赤峰紅山後》第71～77頁，図二十一：15，図二十二：8、9、12～14，東亞考古學會，1938年，東京

[2] 吕遵谔：《内蒙古赤峰红山考古调查报告》，《考古学报》1958年第3期。

[3] 安志敏：《唐山石棺墓及其相关的遗物》，《考古学报》第七册，1954年。

[4] A. 中国科学院考古研究所内蒙古工作队：《内蒙古赤峰药王庙、夏家店遗址试掘简报》，《考古》1961年第2期；《赤峰药王庙、夏家店遗址试掘报告》，《考古学报》1974年第1期。
    B. 刘观民、徐光冀：《内蒙古东部地区青铜时代的两种文化》，《内蒙古文物考古》创刊号，1981年。

[5] 中国社会科学院考古研究所内蒙古工作队：《赤峰蜘蛛山遗址的发掘》，《考古学报》1979年第2期。

[6] 中国社会科学院考古研究所：《大甸子》，科学出版社，1996年。

[7] 中国科学院考古研究所内蒙古工作队：《宁城南山根遗址发掘报告》，《考古学报》1975年第1期。

[8] 辽宁省文物干部培训班：《辽宁北票县丰下遗址1972年春发掘简报》，《考古》1976年第3期。

[9] 凌源县博物馆、朝阳市文物普查队：《凌原萧杖子村夏家店下层文化祭祀遗址》，《中国考古学年鉴（1992）》，文物出版社，1994年。

[10] 高美璇：《兴城县仙灵寺夏家店下层文化遗址》，《中国考古学年鉴（1985）》，文物出版社，1985年；《兴城县仙灵寺商周时期古遗址发掘收获》，《锦州文物通讯》总2期，1985年。

[11] 辽宁省文物考古研究所、吉林大学考古学系：《辽宁阜新平顶山石城址发掘报告》，《考古》1992年第5期。

达太行山东麓;若将其视为一个独立的考古学文化,则夏家店下层文化分布的西界,约在滦河一带。本书持后一种观点。

(二) 文化特征
1. 遗迹

夏家店下层文化的城址一般位于河流的旁边,且多有成群、成组分布的特点。这些城址的年代多大体相当,即便略有参差,亦相差不大,基本可视为同一时期的遗迹。它们可能是被有意识地成组修筑,共同发挥着防御的功能。

以内蒙赤峰市阴河至英金河的100多公里地带为例,这一带共发现石城址42处(图8-44)[1]。石城皆分布于河流两岸险峻的山冈上,距河道50~500米,城址一般高于河床30~70米,海拔高度在700~900米之间。这些石城随山势而建,有的城两面甚至三面皆临深沟或峭壁,往往并非四面都建城墙,而是只在缓坡和地势较平坦处修建城墙;在山势险峻的岩壁或沟壑之处,则利用自然的地形作为防守的屏障,而不再修建城墙。石城的分布相当密集,最近者彼此相距不足300米。这些城址可分为三大群,各群疏密显著不同。东群仅有5座;居中的一群为12处;而居于西侧的一群就分布区域的长度而言,与中群相差无几,却分布着20座城址。就各群间距而言,东群与中群相距达25公里左右。而中群与西群相距仅5公里上下。在三群石城中,以西群中的迟家营子城址为最大,其面积近10万平方米。中群和东群中最大者面积仅在3.5万平方米左右。这些规模较大的城址很可能是各城址群的中心,这样便可将这一地带的夏家店下层文化城址划分为三个层次。东群和中群各以中型城址为中心,加上其周边的数座小型城址形成一个区域性城址群,而西群中面积近10万平方米的迟家营子城址则很有可能是整个阴河—英金河流域城址群的中心。上述城址成群成组分布,城址中规模大小有别,各群中均有较大的一二个中心城址等情形,在其他地区的夏家店下层文化城址中也可见到,当为该文化聚落形态的一个特点,它应与当时的社会组织结构有关。

夏家店下层文化的带防御设施的聚落中,除上述建于山冈上的城堡外,也有建于山前坡地的,如在赤峰大甸子遗址发现的夏家店下层文化的聚落为高于四周2米的台地,台地

图8-44 英金河、阴河流域石城址分布图

---

[1] 徐光冀:《赤峰英金河、阴河流域石城遗址》,《中国考古学研究》,文物出版社,1986年。

东、南边缘发现了夯土围墙。墙体底宽 6.15 米，残高 2.25 米。墙内侧均有护墙坡。墙外有宽约 12 米，深 3.5 米的壕沟。于是可知，夏家店下层文化的城址，除大多为石城外，也有用夯土修筑围墙的。

石城多位于向阳的南坡或西南、东南坡。城址的平面形状不甚规整，随山势而建，有近方形、圆形、椭圆形、三角形等。并不是四面都建城墙，而是一面或两面利用深沟大壑、悬崖陡壁等自然屏障。如新店石城平面略呈三角形，在北、东两面缓坡修建城墙，南、西两面为陡峭悬崖。为增强防御工程，有的城址在城墙外侧修建一条与城墙平行的外墙。如迟家营子石城北墙有内、外两重城墙，两墙相距 20～28 米。两道城墙间有壕沟。再如大榆树底石城除南面因临山崖未建城墙外，东、西、北三面均有内、外两道城墙，两道墙之间有壕沟。多数城址在便于出入的地方有缺口，可能是门址。有的缺口两侧有圆形石砌建筑，有的缺口内外有石砌台阶或铺石通道。

石城墙基宽度一般为 4～5 米，最宽达 6～13 米。墙体有收分，残高 2～3.5 米。城墙又可分为两种，一种为全部用石块垒砌而成，另一种内、外两侧以石块垒砌，其内填土。在一些城墙外侧，发现以石块垒砌的突出于城墙外的半圆形遗迹。一般宽 4～6 米，进深 3～5 米；大型的宽 10～15 米，进深 8～9 米；小型的宽度和进深均为 2～3 米。位于城墙拐角处的，其规模往往较大。这些遗迹应系用于防卫的设施，它或为后世马面之滥觞。

在石城内，都可见到用石块垒砌而成的建筑遗迹。这些遗迹往往沿经过修整的坡面而建，自上而下，层层排列，整齐有序。平面多呈圆形，也有少量呈圆角方形。直径一般在 2.5～4 米，大者直径超过 10 米。有的发现柱穴及石砌的灶坑，并有供出入的石砌台阶。居址多为半地穴式，以石块砌成墙壁，有些居址壁面还抹草拌泥。

夏家店下层文化的房址有半地穴式和地面建筑两种，以前者居多。平面形状以圆形居多，方形较少。墙壁多为夯筑或用土坯、石块垒砌。灶多位于室内中部，多为红烧土硬面，鲜见凹于地面的灶坑。半地穴式房址以药王庙遗址 F1 为例。平面呈圆形，直径 1.9 米，深 1 米。坑壁以石块砌成，未见门道。居住面经夯打，室内东北角有一片 0.8×0.45 米的烧土，居住面中部有两个圆形柱坑，柱坑底部掺杂碎石块。

地面建筑以辽宁建平水泉 F25[1] 为例。该房址平面呈圆角方形。室内东西宽 2.46 米，南部被另一房址打破，现存长度 2.5 米。墙壁以土坯砌筑，土坯规格一致，长 0.4 米，宽 0.28 米，厚 0.12 米。墙内外均抹一层厚 3 厘米的草拌泥，居住面上亦先抹一层厚 5 厘米的草拌泥，上面再抹 3 厘米厚的白灰面。居住址内中央有一直径为 0.96 米的椭圆形红烧土硬面，在其中部划有边长为 0.74 米的方形框线。

方形双间式房屋以丰下遗址 F12 为代表。该房址是以一个边长 4 米的圆角形的大房间为主，其南墙中部接 2.2×1.6 米的长方形小房间，东石墙外连一半圆形铺石面。整个房址东西长 9 米，南北宽 8.5 米，门向 185°。大房间墙壁为坚硬的胶泥，外砌石围墙，居住面和墙壁下面为白灰抹成，室内中心有一圆形烧土面；长方形小房间以土坯砌墙，门道宽仅 35 厘米，有高 15 厘米的门槛，居住面低于大房间 20 厘米。

---

[1] 辽宁省博物馆、朝阳市博物馆：《建平水泉遗址发掘简报》，《辽海文物学刊》1986 年第 2 期。

夏家店下层文化的窖穴有圆形、椭圆形、方形和长方形等几类，剖面可分直壁筒形、斜壁袋形和锅底形等。有些窖穴内设二层台阶，以供上下。这些窖穴多位于房址附近，或单独一个，或几个形成一组。

夏家店下层文化的墓葬经正式发掘的地点主要有内蒙古赤峰大甸子墓地和敖汉旗范杖子墓地[1]。

大甸子墓地于 1974～1977 年和 1983 年由中国社会科学院考古研究所内蒙古工作队发掘，共清理墓葬 804 座。该墓地位于同时期围墙聚落之外的东北部，其间有围墙和壕沟相隔。均为长方形土坑竖穴墓，皆头向西北，方向在 285°～342°之间。墓圹长度一般在 1.7～2.2 米，最大者长达 4 米，最小者仅 1 米左右。墓葬的深度差别也较悬殊，最深者距地表达 7～8 米，最浅者却不足 1 米。按其规模可分为大型、中型和小型墓三类。部分墓葬的足端设有壁龛，用以放置随葬品。近四分之一的墓葬发现木质葬具，均为一棺。此外，有 3 座墓为在侧壁上另挖出圹穴以放置尸体的洞室墓；5 座墓葬的葬具系用土坯垒砌成。

这批墓葬绝大多数为单人葬，极少数为成人和小孩的合葬。葬式以侧身直肢葬为主，约占总数的四分之三。仰身直肢葬仅有 14 例，另有一些墓的葬式难辨。侧身直肢葬的面向依墓主的性别而异，女性向左侧卧，面向东；男性向右侧卧，面向西。儿童与成人葬于同一墓地，以单人葬为主，也发现 10 余座儿童与成人的合葬墓。在墓葬位置和随葬品方面儿童与成人并无明显差别。

大甸子墓地的墓葬分布相当密集，墓葬方向大体相同，间隔亦较均匀，墓圹间几乎没有打破关系。表明原来墓地的地面上有各墓葬位置的标志，墓地是被有秩序、有管理、不间断地使用了一个时期。

从墓葬的分布情况来看，在墓地的中间和偏南部各有一条无墓葬的东西向空白地带，各宽约 4 米左右。整个墓地以这两条地带为界，被分成北、中、南三区。北区墓葬分布最为密集，共 545 座；中区有 143 座；南区有 116 座。依据墓葬中出土的陶鬲的型式差别，发掘者进一步将 3 个墓区的墓葬分为若干个小区，每个小区使用陶鬲确实各有特色。这种差别的产生，可能包括年代及制作和使用这些陶器的家族不同等多方面的原因。

随葬品以陶器为主，玉石器次之，骨角器和铜、铅器再次之，并有一些漆木器。其中部分形体较小的陶器、彩绘陶器和大理岩制成的色泽美观、但硬度较低、不适于实用的石钺等，极有可能是专用于礼仪或随葬的。随葬陶器组合有鬲、罐；鬲、罐、壶；罐、鼎；鬲、罐、鼎（图 8-45、46）等几种。男性多随葬石斧（钺），女性墓中则多见纺轮。约五分之一的墓内填土中置猪、狗。猪的四肢多被切下，放入墓中的壁龛。狗则主要是头和四肢，躯干少见。

2. 遗物

陶系有夹砂灰陶、夹砂褐陶、夹砂黑陶、泥质灰陶、泥质黑陶和泥质红陶。其中夹砂灰陶和褐陶为主，泥质灰陶次之，泥质黑陶、泥质红陶、夹砂黑陶较少。以药王庙遗址为例，夹砂灰陶和褐陶各占 38.6% 和 30.58%，泥质灰陶占 19.81%，夹砂红陶和泥质黑陶各

---

[1] 内蒙古文物工作队：《敖汉旗危杖子古墓群发掘简报》，《内蒙古文物考古》第 3 期，1984 年。

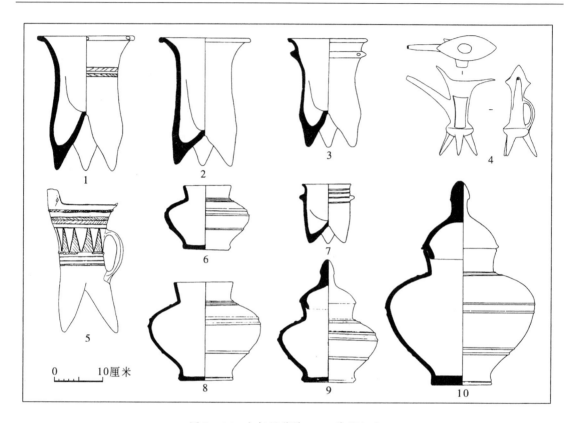

图 8-45 大甸子墓地 M612 陶器组合
1.鬲（M612:24） 2.鬲（M612:14） 3.鬲（M612:26） 4.爵（M612:19） 5.鬶（M612:20） 6.假圈足罐（M612:18） 7.鬲（M612:16） 8.假圈足罐（M612:15） 9.假圈足罐（M612:23） 10.假圈足罐（M612:22）

占 4% 和 3%。

纹饰以绳纹和绳纹加划纹为主，附加堆纹、素面磨光也占一定比例，还有少量彩绘。以药王庙为例，绳纹加划纹和绳纹各占 36.4% 和 28.15%，素面磨光 27.9%，附加堆纹占 7%。

陶器以泥条盘筑为主，鬲、鬶、甗的空足多用模制，部分陶器口部经轮修，还有少量陶器为轮制。鬲和甗的足为模制。系先分别制出空足、实足跟及口腹部，然后捏合而成。

陶器的主要器形有鬲、甗、鼎、盆、罐、瓮、尊、壶、豆、钵、盘等。以鬲、甗、盆、罐类数量最多。腰部饰附加堆纹的肥袋足甗、筒腹鬲、罐形鼎、鼓腹罐、盂、鼓腹盆为代表性器类。彩陶多见于墓葬。大甸子墓地出土的随葬陶器共 1600 余件。其中的四分之一有彩绘图案。在磨光黑陶上烧制绘彩，以朱、白为主，兼用黄色。图案大同小异，多为折线和勾连而成的图案。这种彩绘陶当非日常生活用具。

石器以磨制为主，打制石器较少。器类有锄、铲、刀、斧、钺、锛、凿、杵、盘等。其中打制的亚腰石锄、剖面呈弧形和三角形的磨制石刀、体呈长条形近柄端有一穿孔的石斧、中部有一穿孔的方形石钺，均颇具特色。

玉石制装饰品多出于墓葬，材质有软玉、大理岩、绿松石、玛瑙等。种类有环、璜、

第八章 夏、商王朝周边地区的考古学文化 599

图 8-46 大甸子墓地 M726 陶器组合
1. 鬲（M726:5） 2. 鬲（M726:17） 3. 平底罐（M726:18） 4. 圈足罐（M726:4） 5. 鬲（M726:15） 6. 鼎（M726:16） 7. 壶（M726:19） 8. 鼎（M726:14） 9. 鬶（M726:8） 10. 爵（M726:9） 11. 平底罐（M726:6）

玦、管、珠、筒形器及各种形状的坠饰。

骨角器有铲、镞、匕、锥、针等。

漆器可辨器形的有漆觚，内外皆髹朱漆。另外，发现了一些镶嵌于漆器表面的蚌片。这种镶嵌蚌片的漆器，当为早期螺钿制品。

铜器有斧柄饰件、杖首、戈及戈柄、耳环、指环等。其中多数铜器颇具特色，应出自夏家店下层文化工匠之手。锦州水手营子出土的连柄铜戈为迄今所仅见[1]。

卜骨多出于遗址，主要为猪和羊的肩胛骨，也使用动物的肢骨和肋骨，有钻无凿。

（三）分期与年代

在赤峰药王庙和蜘蛛山、宁城南山根、北票丰下等遗址中，均发现夏家店下层文化的多层堆积的叠压、打破关系，为研究该文化的分期提供了线索。根据地层关系及遗物特征的变化，可将该文化分为三期（图8-47）。

早期以丰下遗址第⑤层和赤峰四分地东山嘴遗址F1、F2、F8、F6等单位[2]为代表。蜘蛛山T1②下所压H42和T1②G亦属此期。

本期的陶器以夹砂灰陶和泥质灰陶为主，泥质磨光黑陶亦占一定比例。纹饰以细绳纹为主，篮纹、方格纹和附加堆纹也占相当数量。器形有筒腹鬲（或称盂形鬲）、甗、罐形鼎、盂、浅盘高柄豆、圈足（或四足、八足）盘、曲腹盆、瓮等。

此期的房址均为半地穴式，不见地面建筑。平面以圆形和椭圆形为多，方形较少。不见白灰面和以土坯、石块砌墙者。

中期以丰下遗址④、③层，药王庙T1③、②层，南山根T1⑤、④层，蜘蛛山T1②F、E等为代表。

陶器仍然以夹砂和泥质灰陶为主，但夹砂褐陶数量增多，泥质磨光黑陶显著减少。纹饰以绳纹加划纹和绳纹为大宗，篮纹和方格纹减少乃至消失。早期可见到的四足或八足盘、浅盘高柄豆等器物此期基本不见。其他器类与早期大体相同，惟形制有所变化。

此期出现以石块和土坯垒砌墙壁的房屋。

晚期主要以丰下遗址第②层为作表。陶器中夹砂褐陶超过灰陶而居主流，泥质磨光黑陶基本绝迹，出现了一些磨光红陶。纹饰中仍以绳纹和绳纹加划纹为主，惟绳纹较早、中期变粗，附加堆纹较少，其他纹饰极少见。此期出现少量轮制的小型陶器。

此时期的房址平面仍以圆形单间为主，方形或长方形单间次之，并有少量双间建筑。从结构上来看，除半地穴式外，地面建筑也占一定比例。居住址流行双重墙壁，即内侧以土坯或以夯土建墙，外侧则以石块垒砌成墙壁。

纵观夏家店下层文化陶器的变化，可以看出有如下规律：

---

[1] 辽宁省文物考古研究所：《辽宁近十年的文物考古新发现》，《文物考古工作十年》，文物出版社，1990年。

[2] 辽宁省博物馆、昭乌达盟文物工作站、赤峰县文化馆：《内蒙古赤峰县四分地东山咀遗址试掘简报》，《考古》1983年第5期。

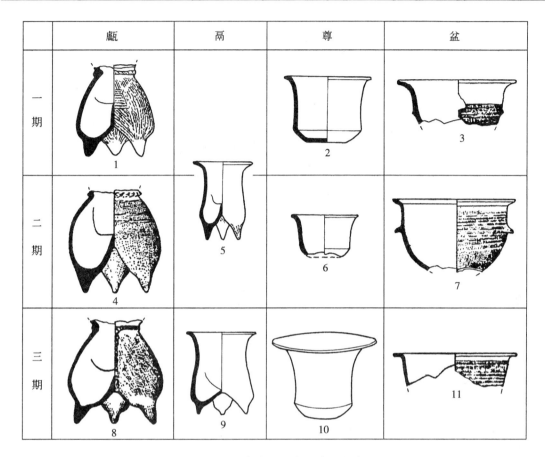

图 8-47 夏家店下层文化陶器分期图

1. 甗（药王庙 T1③:13） 2. 尊（丰下 T17⑤:2） 3. 盆（丰下 T17⑤:2） 4. 甗（南山根 T10④:21） 5. 鬲（南山根 T1③:34） 6. 尊（南山根 T9②:16） 7. 盆（南山根 H28:3） 8. 甗（丰下 T17③:1） 9. 鬲（丰下 T23③:1） 10. 尊（丰下 T16②F12:AI） 11. 盆（蜘蛛山 T1②B:62）

鬲，始终以筒腹鬲居主流。早、中期的筒腹鬲高分裆，袋足较肥，实足根较直且高；晚期的鬲变为低弧裆，袋足较瘦，腹部较直，实足根外撇、变低。

甗，早、中期的袋足肥硕，最大径靠近下部，略呈垂腹，腰及裆部施附加堆纹，绳纹较细；晚期则最大径在上腹部，绳纹较粗。

盂，早期为敞口，直腹，平底；中、晚期为卷沿，略呈束腰。

罐形鼎，早、中期为平底，三足较直；晚期则变为圜底，三足外撇较甚。

深腹盆，早期大敞口，宽平沿，腹斜弧收较甚；中、晚期为短沿，沿面微卷，腹变深。

夏家店下层文化的年代范围，约在 BC.2000~1400 年间[1]，大致同中原地区二里头文化和早商文化相当。

---

[1] 徐光冀、朱延平：《辽西区古文化（新石器至青铜的时代）综论》，《苏秉琦与当代中国考古学》，科学出版社，2001 年。

(四) 宗教信仰

夏家店下层文化居民们的宗教信仰在该文化的遗迹中有所反映。

在辽宁省凌源县小城子乡萧杖子遗址[1]，发现了夏家店下层文化的石砌遗迹。该遗迹位于萧杖子村南山坡，周围低山连绵起伏，遗迹北高南低，高差25米。东西宽132米，南北进深92米。北端有一平土台，其下有东西向石墙8条，南北向石墙4条，石墙长短不同，高低不等。整个遗迹敞口向西向南，附近采集到的陶器和石器均为夏家店下层文化的遗物。在此遗迹附近的一个山头上，也发现另一处敞口向西的石围墙构成的遗迹。其东北方还有一处由沙砾堆积而成的圆形遗迹，直径7米，高0.3米，推测为祭坛。

近年，在辽西和内蒙古东南部一些地方，相继发现一系列夏家店下层文化的祭祀遗址。其中，一种是在聚落附近；另一种则与聚落脱离，距离较远，建在河旁岗地或山丘之上，或组成大规模的公共祭祀遗址群[2]。有学者还提出阴河流域一些建于山冈上的石城，或许也是与祭祀有关的特殊遗址[3]。

另外，在夏家店下层文化的彩绘陶器上，都绘有十分复杂的图案。根据大甸子墓葬出土的彩绘陶器分析，其纹饰的母题可分为有目和无目两种，前者似与中原地区商代铜器表面流行的饕餮纹相似，此类彩绘纹饰的流行，可能与当时人们的宗教信仰有关，或为部族图腾的孑遗。

(五) 文化渊源

关于夏家店下层文化的渊源，一种较有影响的观点是：它源于辽西和内蒙东南部的小河沿文化[4]。小河沿文化是继红山文化之后分布于西拉木伦河和大小凌河流域的考古学文化，将其与夏家店下层文化相比较，两者确有相似之处。如都流行烧后绘彩，均有盂形陶器，两者均有一定数量的磨光黑陶，两者的分布地域也大体重合。

然而，需要指出的是，无论是陶器的种类和形制方面，两者之间的差别都是显而易见的：小河沿文化的陶系以夹砂灰陶为主，陶色灰黑，并有相当数量的泥质红陶；夏家店下层文化则有相当数量的夹砂褐陶，基本不见泥质红陶。前者陶器的主要器类为筒形罐、钵、盆、壶、豆，不见三足器；后者陶器的种类有鬲、甗、鼎、盂、瓮、尊、豆、盘等，尤以筒腹鬲、甗等三足炊器为代表性器类。前者的彩绘纹饰为对三角纹和雷纹，均以直线

---

[1] 凌原县博物馆、朝阳市文物普查队：《凌原萧杖子夏家店下层文化祭祀遗址》，《中国考古学年鉴（1992）》，文物出版社，1994年。

[2] 朱延平：《辽西区古文化中的祭祀遗存》，《中国考古学跨世纪的回顾与前瞻》，科学出版社，2000年。

[3] 朱延平：《辽西区古文化中的祭祀遗存》，《中国考古学跨世纪的回顾与前瞻》，科学出版社，2000年。

[4] A. 辽宁省博物馆、昭乌达盟文物工作站、敖汉旗文化馆：《辽宁敖汉旗小河沿三种原始文化的发现》，《文物》1977年第12期。

B. 李恭笃、高美璇：《试论小河沿文化》，《中国考古学会第二次年会论文集》，文物出版社，1982年。

C. 郭大顺：《大南沟的一种后红山文化类型》，《考古学文化论集（二）》，文物出版社，1988年。

D. 辽宁省文物考古研究所、赤峰市博物馆：《大南沟》第142页，科学出版社，1998年。

为主；后者则以变形动物纹和各类曲线组成的纹饰为主；纹饰的母题和风格都迥然有别。有鉴于此，我们认为，根据目前的资料，似难以得出夏家店下层文化是由小河沿文化直接发展而来的结论。

值得注意的是，夏家店下层文化遗存中，有不少是不见于小河沿文化及内蒙古东部和辽宁中西部地区其他早于夏家店下层文化的考古学文化的一些文化因素，如城墙、土坯垒砌的地面建筑，鬲和甗等三足陶器，划纹加绳纹、附加堆纹，石镰以及剖面呈三角形或弧形的石刀等。而这些文化因素绝大多数可以在河北及河南地区找到类似者。城墙在中原地区仰韶文化晚期业已出现；土坯建造的地面建筑在安阳后岗、汤阴白营、淮阳平粮台等地龙山文化遗址均有发现；鬲和甗等三足炊器是河南、河北龙山时代晚期的典型陶器。其中夏家店下层文化无内隔的陶甗也见于平粮台、后岗及永城王油坊等遗址，似为豫东、豫北地区乃至河北境内诸龙山时代晚期遗存的特征之一；以夹砂灰陶为主要陶系也是上述地区龙山文化与夏家店下层文化的共同之处，以上这些共同性绝非偶然。这些文化因素在中原地区出现的年代早于它们出现于辽西及赤峰地区的年代，加之它们多可在中原地区找到其渊源，因而似可排除它们是来自夏家店下层文化影响的可能性，而合乎情理的解释似应是它们是由中原地区传至辽西地区的。这些文化因素应是夏家店下层文化的源头之一，它们同辽西地区的小河沿文化相碰撞，从而形成了独具特色的夏家店下层文化。

（六）社会发展阶段

如前所述，夏家店下层文化的城址群已多有发现。每群中城址的规模差别较大，一般是以一座大型或中型城址为中心，其周围分布着10余座小型城址。在阴河至英金河沿岸的100多公里范围内分布的近40座夏家店下层文化的城址中，西群有1座面积超过10万平方米的大型城址和面积在2~3万平方米的中型城址，以及17座面积不足1万平方米的小型城址，中区和东区则不见大型城址，而分别有2座和1座中型城址。城址规模大小，应与当时居于城址内的统治者的势力及地位有关。依据这种情况，或可认为该区域内的三群夏家店下层文化城址群存在着级差，即：西区的城址群的中心城址的地位不仅高于本区内其他中、小型城址，也高于中区和东区所有城址。这些城址分布于阴河至英金河沿岸城址之间，从其遥相呼应的情况来看，它们似并非彼此为敌，而是共同构成一个完整的防御体系。这座大型城址可能不仅是西群的中心城址，而且是这一地区的政治和军事中心。

从这些城址规模的悬殊差距可以看出，当时的社会已经出现了相当严重的等级分化和相当广阔地域内的政治实体。尽管尚难确定各城堡之间是否已形成臣属关系，但它们均被置于同一集团内而不得游离于其外，则应不至大谬。

（七）大甸子墓地所见社会结构和家族组织

根据墓葬的分布和墓中出土陶鬲等器物形制特点，各区墓葬还可分成若干小区。北区和南区各分为6个小区，中区分为2个小区。各小区墓葬的数量不等，少者10余座，多者上百座。各小区内的墓葬年代有早有晚。各小区的延续使用年代大体平行，各小区出土陶鬲的亚型分布呈相对集中的趋势。可以看出，各小区的墓葬自成系统。从而不难看出，大甸子墓地同商代晚期殷墟族墓地[1]十分相似。葬于各小区的墓可能是各家族的成员。该墓地的形成，应是当时实行聚族而居、聚族而葬制度的反映。各小区陶器形制的差别，可能主要是由于各家族的制陶工艺与技术乃至习惯的不同所致。至于各小区均可见到非本区主流形式的陶器，则可能是各家族间通婚或因其他原因带入的"外来品"。

大甸子墓地各家族茔域之间不仅随葬陶器的形式有所不同，而且随葬品的数量和规格也存在着较为显著的差异。如整个墓地出土绘有类似兽面纹的"目纹"图案的彩绘陶器的共有37座墓葬，其中位于北区的32座，位于中区的5座，南区却未见1座。

在墓地中，各有百座左右的墓葬随葬玉（石）斧（钺）或陶（石）纺轮。除一例老年男性墓中既出石斧，又出纺轮外，其余墓葬均不见两者共出。且玉（石）斧（钺）均出于男性墓中，纺轮皆出于女性墓中。可知当时流行男性墓随葬斧钺，女性墓中随葬纺轮的习俗。然而，并不是所有成年人的墓葬都有随葬品。在整个墓地中，约有13岁以上死者的墓葬约600座，大体上男女各占一半。随葬斧钺和纺轮的墓各占男女墓葬总数的三分之一。从出土斧钺或纺轮的墓葬所在的区域分布来看，北区出斧钺的墓有75座，出纺轮的墓葬有53座，分别占整个墓地出斧钺和纺轮墓葬总数的四分之三和二分之一强。再从北区内各小区来看，北1区中，13岁以上死者的墓葬共80余座，男女各半。其中出斧钺者22座，占该小区成年男性墓葬的二分之一，在北区内各小区中比例最高，而该小区却无一座墓葬随葬纺轮。在南区，男女成年墓葬各45座，随葬斧钺的男性墓仅有4座，不及男性成年墓葬的十分之一；随葬纺轮的女性墓则达21座，接近女性成年墓葬总数的二分之一。与北区多出斧钺，少见纺轮的情况形成鲜明对照。

发掘者认为，不论斧（钺）和纺轮在入葬以前曾否做过实用工具，都是以"礼器"意义随葬的，是一种标志物，因而必然有个限制性的使用范围，从中或可能反映各家族的地位的强弱。

在该墓地的600余座成年人的墓葬中，有13座出土了制作精致的陶爵、陶鬶或陶盉。这几种陶器均与二里头文化的同类器十分相似，应是二里头文化影响的结果。上述13座出土陶爵、鬶或陶盉的墓葬中，往往随葬较多的其他陶器，主要是鬲、罐。有的墓葬出三至四套鬲、罐，墓葬的规模也比较大。如M726，墓圹长4米，宽1.4米，深7.8米。墓中随葬鬲和罐各3件，壶1件，陶爵、陶鬶各1件，并随葬了1件漆觚，表明墓主具有较高的身份。这13座墓葬有12座位于北区，其中北1区便有7座，显示出埋葬于该小区的家族具有较高的地位[2]。

综上所述，大甸子墓地各个墓区之间随葬品种类和数量的差别，反映出当时各家族社会地位的差别。似可认为，当时的社会已经出现了权贵家族和贫贱家族的区分，且其地位可能较为固定。另外，在大甸子遗址周围百里以内，未发现与之同时期的规模较大的聚落，仅见零星的小型居民点。由此看来，大甸子遗址很可能是当地的一个区域的中心。而被埋葬于北1区墓地的权贵家族很有可能不仅在该聚落内，而且在该区域内居统治地位。

---

[1] 详见第六章第四节。
[2] 中国社会科学院考古研究所：《大甸子》第209～223页，科学出版社，1996年。

(八) 夏家店下层文化与其他考古学文化的关系

如前所述，在大甸子发现的夏家店下层文化墓葬中，出土了鬶、爵、盉等陶器。这些陶器不见于其他夏家店下层文化遗址或墓葬，却与二里头文化的同类典型器物十分相似。它们在夏家店下层文化墓葬中出土，不仅表明夏家店下层文化与二里头文化的年代相当，而且反映出两者之间曾发生过直接的交往。由于这些陶器具有礼器的性质，因而它们在夏家店下层文化墓葬中出土，或暗示着中原地区夏代的礼制曾对夏家店下层文化产生过强烈影响。

夏家店下层文化与高台山文化[1]、大坨头文化[2]及魏营子文化[3]之间的联系或影响，将分别在以下相关部分进行讨论。

二 大坨头文化

大坨头文化是主要分布于燕山南麓京津、河北北部地区的一支考古学文化。该文化是以河北省大厂回族自治县大坨头遗址的发掘而命名的[4]。此类遗存早在20世纪50年代即已发现。河北省唐山市大城山遗址的"龙山文化"遗存中，有相当一部分实为大坨头文化的遗存[5]。迄今已经发掘的大坨头文化的遗址除大厂大坨头和唐山大城山外，还有蓟县围坊[6]、张家园[7]，宝坻县牛道口[8]、歇马台[9]；河北滦南东庄店[10]，卢龙东阚各庄[11]，唐山古冶[12]、小官庄[13]；北京昌平雪山[14]，平谷刘家河[15]，房山刘李店[16]等。此外，张家口地区的蔚县筛子绫罗、庄窠、三关、前堡等遗址也发现了类似的遗存[17]。

---

[1] 详见本章第九节。
[2] 详见本节第二部分。
[3] 详见本节第四部分。
[4] 天津市文化局考古发掘队：《河北大厂回族自治县大坨头遗址试掘简报》，《考古》1966年第1期。
[5] 河北省文管会：《河北唐山市大城山遗址发掘报告》，《考古学报》1959年第3期。
[6] 天津市文物管理处考古队：《天津蓟县围坊遗址发掘报告》，《考古》1983年第10期。
[7] A. 天津市文物管理处：《天津蓟县张家园遗址试掘简报》，《文物资料丛刊》1，文物出版社，1977年。
　　B. 天津市历史博物馆考古队：《天津蓟县张家园遗址第二次发掘》，《考古》1984年第8期。
　　C. 天津市历史博物馆考古部：《天津蓟县张家园遗址第三次发掘》，《考古》1993年第4期。
[8] 天津市历史博物馆考古队、宝坻县文化馆：《天津宝邸县牛道口遗址调查发掘简报》，《考古》1991年第7期。
[9] 韩嘉玲、梁宝玲、沈勇：《宝坻县歇马台战国遗址》，《中国考古学年鉴（1985）》，文物出版社，1985年。
[10] 河北省文物研究所：《河北滦南县东庄店遗址调查》，《考古》1983年第9期。
[11] 河北省文物研究所：《河北卢龙县东阚各庄遗址》，《考古》1985年第11期。
[12] 河北省文物研究所：《唐山市古冶商代遗址》，《考古》1984年9期。
[13] 安志敏：《唐山石棺墓及其相关遗物》，《考古学报》第七册，1954年。
[14] 北京市文物研究所：《北京考古四十年》第31页，北京燕山出版社，1990年。
[15] 北京市文物管理处：《北京市平谷县发现商代墓葬》，《文物》1977年第11期。
[16] 北京市文物管理处、中国科学院考古研究所、房山县文教局 琉璃河考古队：《北京琉璃河夏家店下层文化墓葬》，《考古》1976年第1期。

（一）分布与年代

大坨头文化主要分布于燕山南麓丘陵或山前岗地。根据近年的发现，可知其分布范围北抵燕山南麓，西至太行山东侧，东至渤海沿岸，南至拒马河和永定河流域下游。

大坨头文化曾被称为夏家店下层文化"燕南类型"[18]、"海河北系区夏家店下层文化"[19]、"围坊二期文化"[20]。在蓟县围坊和张家园、唐山古冶、蔚县庄窠等遗址，均发现与其他考古学文化遗存的地层叠压关系。

在围坊遗址，大坨头文化层之下，压着龙山时代晚期的堆积（原报告称"围坊一期"）。在大坨头文化之上，又叠压着"围坊三期文化"的堆积。

在张家园和古冶遗址，大坨头文化层被"围坊三期"的遗迹层所叠压或打破。

在北京昌平雪山遗址，此类遗存（"雪山三期"）之下压着龙山时代晚期的堆积（"雪山二期"）。

在蔚县庄窠遗址，此类遗存被二里冈上层一期商文化遗存打破。

由这些地层关系可知，大坨头文化的年代大体与中原地区二里头文化至二里冈下层商文化相当。

大坨头文化的碳十四年代数据不多，且主要集中于蔚县庄窠、三关、前堡等遗址，其高精度表校正值多数在 BC.1530~1300 范围内[21]，或可作为大坨文化年代的参考，但比上文按文化面貌和地层关系所推定的年代略显偏迟。

（二）文化特征

1. 遗迹

房址仅在张家园、大坨头等遗址有少量发现，均为半地穴式。平面有椭圆形和长条形两种，门道为斜坡式或阶梯式，居住面多铺一层细砂，居住址内未见灶坑，但在靠近门道处发现烧土面。

窖穴除少量为袋形外，多为筒形，坑口有椭圆形和圆形两种，以前者居多，口径0.8~1.8米，坑底平整。

墓葬在北京昌平雪山和房山刘李店、河北唐山大城山和小官庄均有发现。其中唐山小

---

[17] 张家口考古队：《蔚县考古纪略》，《考古与文物》1982年第4期；《蔚县夏商时期考古的主要收获》，《考古与文物》1984年第1期。
[18] A. 李经汉：《试论夏家店下层分化的分期和类型》，《中国考古学会第一次年会论文集》，文物出版社，1980年。
B. 天津市文物管理处考古队：《天津蓟县围坊遗址发掘报告》，《考古》1983年第10期。
[19] 张忠培、孔哲生、张文军、陈雍：《夏家店下层文化研究》，《考古学文化论集（一）》，文物出版社，1987年。
[20] 天津市文物管理处考古队：《天津蓟县围坊遗址发掘报告》，《考古》1983年第10期。
[21] 中国社会科学院考古研究所：《中国考古学中碳十四年代数据集（1965~1991）》第25~28页，文物出版社，1991年。

官庄发现的6座墓葬为长方形石棺墓。墓为东西向，死者头东脚西，葬式不明，有的石棺足端外附设足箱，以放置随葬品。随葬品以陶器为主，其组合为鬲、尊、罐。个别墓中还出土了喇叭形铜耳环。

刘李店发现的大坨头文化墓葬为长方形土坑竖穴墓。方向为90°。葬式为仰身直肢。随葬陶器组合为簋（或称"豆"）、罐，皆放于墓内足端。2号墓中还随葬了喇叭形铜耳环和铜指环。

2. 遗物

陶器以夹砂褐陶为主，约占总数的三分之二，夹砂灰陶次之，夹砂红陶再次之；泥质陶很少，大约只占陶器十分之一，有灰、褐、红、黑等色。

陶器纹饰中绳纹最多（约占到二分之一），绳纹加划纹次之，还有少量绳纹加附加堆纹、压印纹、篮纹、锯齿纹、划纹等，一部分陶器表面经磨光，或施彩绘，多为以直线为主构成的红、白色雷纹。

陶器的制法以手制为主。大型的罐、瓮多用泥条盘筑。部分陶器口沿经慢轮修整。鬲、甗系事先用模制出袋足等部分，然后接合成器。

陶器的器类有鬲、甗、甑、瓮、罐、盆、簋、钵、杯、器盖、纺轮、陶模、网坠等（图8-48）。以鼓腹鬲、折沿鬲、甗、侈口深腹平底盆、尊及侈口弧腹罐较为常见。

石器以磨制石器占绝大多数，器类有斧、锛、凿、刀、镰、矛、纺轮等。石斧多较厚

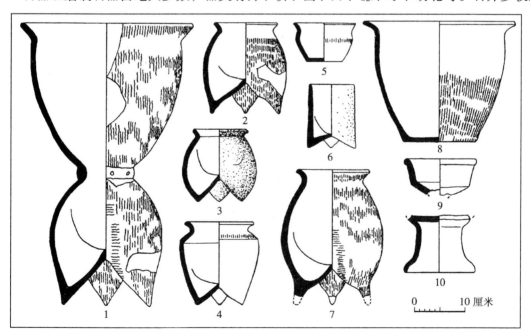

图8-48 大厂大坨头遗址出土陶器
1. 甗（H2:16） 2. 鬲（H2:14） 3. 鬲（H1:5） 4. 鬲（H1:6） 5. 盆（H2:9） 6. 鬲（H1:8） 7. 鬲（H2:15） 8. 盆（H2:17） 9. 豆（H2:18） 10. 豆（H1:9）

重，横剖面有方形、椭圆形及扁平长方形等几种。石刀有长方形和半月形两种，器身中部皆有穿孔，多为单面刃。打制石器主要是网坠和刮削器。

骨角器皆系用动物骨骼或鹿角制成。有锥、匕、镞、针等。

铜器有环首刀、针、喇叭状耳环、指环等。

（四）大坨头文化与夏家店下层文化的关系

大坨头文化曾被不少学者认为是夏家店下层文化的一个类型，后者的一些典型陶器如筒腹尊等也见于前者；两者陶器的器形演变趋势也大体一致。为了辨析两者的关系，似有必要对两者的文化面貌进行全面的比较分析。

相同点有三方面。（1）石器皆以磨制为主，并有少量的细石器。器类皆有斧、锛、凿、刀等。（2）陶器皆以夹砂陶为主，泥质陶较少（占总数的10%~20%）。皆以绳纹为主，有一些素面磨光陶器。皆以泥条盘筑为主，部分陶器口部经轮修。袋足部分均为模制。器类均有鬲、甗、甑、盆、罐、瓮、簋、钵、器盖等。其中筒腹鬲、尊等陶器的形制相同或相近。（3）两者均有彩绘陶，皆烧后绘彩，颜色为红、白等。

不同点有六处。（1）大坨头文化的房址居住面铺沙的现象不见于夏家店下层文化房址，而后者以土坯或石块垒砌墙体的做法也不见于前者。（2）大坨头文化的墓葬墓主的头向多向东，夏家店下层文化的墓葬墓主多为头向西北。前者的随葬陶器组合多为鬲、罐、尊、鬲、罐、盆或簋，后者则为鬲、罐、鬲、罐、壶或鬲、罐、鼎。（3）大坨头文化的陶系以夹砂褐陶为主；夏家店下层文化则以夹砂灰陶最多，夹砂褐陶次之。前者的泥质陶相当少，而后者泥质陶占近四分之一。（4）两者的陶器虽均以鬲为主要器类，但大坨头文化的鬲以鼓腰鬲和折肩鬲为主，筒腹鬲较少，而夏家店下层文化的陶鬲以筒腹鬲居绝大多数，仅见个别鼓腹或折肩鬲。（5）大坨头文化的石刀为长方形或半月形，不见夏家店下层文化颇具特色的断面呈弧形或三角形的长体石刀。后者的打制亚腰石锄和数量较多的穿孔石钺也不见于前者。（6）大坨头文化的彩绘较少，且多为直线构成的几何纹；夏家店下层文化的彩绘陶较多，以曲线的兽面纹为主。

综上所述，大坨头文化与夏家店下层文化虽存在着一些相同或相近之处，但两者的差别却是全面而显著的。换言之，两者的差别构成各自文化特征的主要内涵。而两者之间相似性中的相当一部分是带有时代和地域共性的，如鬲的使用，夹砂陶为主以及彩绘陶的存在等。有鉴于此，似不应将两者划入同一考古学文化的范围，它们应是彼此存在较为密切联系，或可称为具有亲缘关系的两种考古学文化。

在大坨头文化分布范围内的张家口、唐山、承德和京津地区，文化的面貌有若干差异。这些差异应与所处的地域、文化传统及其与周围其他考古学文化的交流有关。关于大坨头文化能否划分出几个地域类型，限于有些遗址的资料尚未全部发表，难以做出全面的比较分析，但这种类型划分工作是今后对大坨头文化进行深入研究所不可或缺的。

三 围坊三期文化

围坊三期文化是分布于燕山南麓的一支青铜时代的考古学文化，是以天津蓟县围坊遗址第三期遗存命名的[1]。该文化遗存最早是在天津蓟县张家园遗址被发现的[2]，当时，曾被认为属于燕山南麓的夏家店下层文化。20世纪80年代初，有的学者注意到该文化遗存的内涵与夏家店下层文化有显著区别，遂对该遗存是否属于夏家店下层文化提出了疑问。1977~1979年，天津蓟县围坊遗址的发掘[3]和1979、1987年蓟县张家园遗址第二、三次发掘[4]，丰富了对该文化内涵的认识。发掘者认为，此类文化遗存应是一支独具特色的考古学文化。但关于以围坊遗址第三期遗存为代表的遗存和以蓟县张家园遗址上层为代表的遗存是否属同一文化，学术界存在分歧。相当一部分学者将二者视为同一文化。有的学者称其为"张家园上层文化"，有的称其为"围坊上层文化"。也有学者认为它们之间存在着较为明显的区别，应分属不同的考古学文化。将前者称为"围坊三期文化"，把后者称为"张家园上层文化"，并推定后者年代相当西周[5]。我们同意这一意见。

围坊三期文化主要分布于燕山南麓的京津唐地区，其分布范围北起燕山山脉，南至北易水流域，东抵渤海，西达太行山东麓。迄今为止，已发现的围坊三期文化的遗址除天津蓟县围坊和张家园遗址外，主要有河北迁安小山东庄[6]，唐山古冶[7]，卢龙双望[8]、东阚各庄[9]；北京平谷刘家河M1[10]，房山镇江营和塔照[11]；河北易县北福地，涞水炭山[12]、渐村[13]、北封村[14]，遵化西三里[15]等。通过这些遗址的发掘，我们对围坊三期文化的面貌、分布与年代、来源与去向及其与周围诸文化的关系的认识得以逐步深化。

（一）文化特征

1. 遗迹

围坊三期文化房屋为半地穴式，有长方形和圆形两种。

---

[1] 天津市文物管理处考古队：《天津蓟县围坊遗址发掘报告》，《考古》1983年第10期。
[2] 天津市文物管理处：《天津蓟县张家园遗址试掘简报》，《文物资料丛刊》1，文物出版社，1977年。
[3] 天津市文物管理处考古队：《天津蓟县围坊遗址发掘报告》，《考古》1983年第10期。
[4] 天津市历史博物馆考古队：《天津蓟县张家园遗址第二次发掘》，《考古》1984年第8期；《天津蓟县张家园遗址第三次发掘》，《考古》1993年第4期。
[5] 韩嘉谷：《京津地区商周时期古文化发展的一点线索》，《中国考古学会第三次年会论文集》，文物出版社，1984年。
[6] 唐山市文物管理处、迁安县文物管理所：《河北迁安县小山东庄西周时期墓葬》，《考古》1997年第4期。
[7] 河北省文物研究所：《唐山市古冶商代遗址》，《考古》1984年第9期。
[8] 李捷民、孟昭林：《河北卢龙县双望乡发现细石器与陶器》，《考古通讯》1958年第6期。
[9] 河北省文物研究所：《河北卢龙县东阚各庄遗址》，《考古》1985年第11期。
[10] 北京市文物管理处：《北京市平谷县发现商代墓葬》，《文物》1977年第11期。
[11] 北京市文物研究所：《镇江营与塔照》，中国大百科全书出版社，1999年。
[12] 拒马河考古队：《河北易县涞水古遗址试掘报告》，《考古学报》1988年第4期。
[13] 河北省文物研究所：《河北涞水渐村遗址发掘报告》，《文物春秋》1992年增刊。
[14] 河北省文物研究所保定地区文管所、涞水县文保所：《河北涞水北封村遗址试掘简报》，《考古》1992年第10期。
[15] 刘震：《河北遵化县发现一座商代墓葬》，《考古》1995年第5期。

墓葬在蓟县张家园、卢龙东阚各庄均有发现。均为土坑竖穴墓,东西向,葬式多为俯身直肢葬,有木质葬具。平谷刘家河 M1 墓中随葬具有典型商文化晚期特征的青铜鼎、簋等礼器和颇具自身特色的喇叭形金耳环。1987 年,在蓟县张家园发掘的 4 座墓,分别随葬具商代晚期或商周之际特征的青铜鼎、簋和圈形金耳环。

2. 遗物

陶器以夹砂褐陶为主,夹砂灰陶次之,夹砂红陶再次,并有相当数量的泥质褐陶和泥质灰陶。以围坊遗址上层为例,夹砂褐陶占 54%,夹砂灰陶占 15%,夹砂红陶占 5.6%;泥质灰陶占近 14%,泥质褐陶占近 11%。陶器表面素面和磨光陶占 23%,有纹饰的占

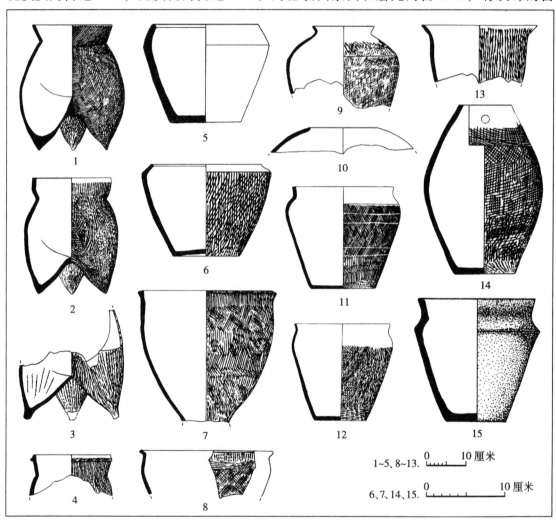

图 8-49　围坊三期文化陶器

1. 鬲（围坊 T5①:1）　2. 鬲（围坊 T8②:5）　3. 鬲（围坊 T8②:7）　4. 鬲口沿（围坊 T8②:6）　5. 敛口钵（围坊 T8②:4）　6. 敛口钵（围坊 T5①:5）　7. 甗（围坊 T5①:3）　8. 盆（围坊 T3②:11）　9. 瓮（围坊 T8②:14）　10. 瓮（围坊 T1②:22）　11. 瓮（围坊 T5①:7）　12. 瓮（围坊 T9②:3）　13. 罐（围坊 T3②:7）　14. 壶（围坊 T6①:1）　15. 尊（围坊 T4②:2）

77%，其中绳纹约占75%，其余纹饰如压印纹、附加堆纹、菱形纹等仅占总数的1%。纹饰中以交错拍印，印痕深而清晰的"交错僵直绳纹"最具特色，约占陶器总数的四分之一。陶器均为手制，形体较大者用泥条盘筑，小件陶器用手捏制而成，部分器物口部经慢轮修整。种类有高领鼓腹鬲、甗、尊、直领罐、敛口钵等（图8-49）。其中以口沿外贴泥条、表面施僵直绳纹交叉的高领袋足鬲最具特色。

石器绝大多数为磨制，此外，还有少量打制石器和细石器。磨制石器的种类有：铲、刀、斧、锛、矛、镞等。反映出当时农业成为主要的经济部门，同时畜牧业和狩猎也在经济生活中占有一定比例。

骨器有锥、锨等，数量较少。

铜器有戈、刀、剑、戚、斧、锛等兵器和工具，也有鼎、簋等礼器。其中礼器显然来自中原，而兵器和工具则颇具北方青铜文化的特点。

金器主要是臂钏、耳环、笄等。

（二）年代

围坊三期文化与燕山南麓其他夏商周时期文化遗存的地层叠压关系主要有两处：在围坊遗址，叠压在大坨头文化（"围坊二期"）层之上；在唐山古冶遗址，围坊三期的文化层被张家园上层文化层所叠压。根据上述地层关系，可知围坊三期文化在年代上晚于大坨头文化，早于张家园上层文化。

需要指出的是，以围坊遗址上层为代表的围坊三期文化遗存并非该文化最早的遗存。在河北易县北福地H25出土的陶鬲为直口，高领，袋足肥硕，乳状足尖，口沿外侧饰附加堆纹一周。另一件陶鬲仅见足部残片，为袋足略外撇柱状实足跟，表面饰浅细而规整的绳纹。在北京市房山县塔照遗址，也采集到与北福地H25所出陶鬲相似的鬲的残片。上述形制的陶鬲有可能早于围坊遗址上层所出陶鬲。事先模制出三个肥硕的袋足，然后互相连接成鬲的下半部，再于其上接出鬲的口部的做法，与山西中部及张家口地区龙山时代至夏代陶鬲的制法相似，而口部外侧的附加堆纹带是北方广大地区夏商时期流行的风格。河北宣化李大人庄便发现了这种风格的陶鬲[1]。北福地H25出土的陶鬲在形制上与当地的大坨头文化的陶鬲显然属于不同的谱系。它应是取代了大坨头文化的围坊三期文化陶鬲的较早形态，根据目前掌握的资料，可将其视为围坊三期文化最早的遗存，其年代或可早到殷墟一期前后。由于目前此类遗存过少，似尚不足以将其单独划为一期，但它却是值得注意的线索。

根据蓟县张家园87M2~M4、平谷刘家河M1随葬青铜礼器推知，围坊三期文化的年代下限应在商周之际。

（三）围坊三期文化与大坨头文化的关系及其出现的契机

在燕山南麓的京津唐地区，围坊三期文化出现之前，分布着大坨头文化。那么，两者之间的关系如何，围坊三期文化是否是由大坨头文化直接发展而来的呢？若是，又是以什

---

[1] 张家口市文物事业管理所、宣化县文化馆：《河北宣化李大人庄遗址试掘报告》，《考古》1990年第5期。

么为契机造成这种文化的演变呢？由于二里冈上层时期商文化势力的扩张，导致大坨头文化的衰亡。将大坨头文化与围坊三期文化相比较，可以看出，两者之间既有较多的相似处，又存在着不少差异。

两者相似之处主要有：（1）陶器均以夹砂褐陶为主，泥质的占四分之一左右。（2）陶器均有鬲、甗、罐、钵、碗、盆，基本无鼎。缺少酒器。（3）陶器以绳纹为主，占总数70％左右，素面陶器占四分之一左右。（4）陶器皆以手制为主，鬲、甗等三足器的足部为事先模制，然后粘接而成。（5）石器皆以磨制占绝大多数，种类均有斧、锛、刀、镰、铲等。（6）均流行使用喇叭形铜（金）耳环。

两者之间的差别主要在于：（1）陶器的形制显著不同。大坨头文化晚期的陶鬲可分为折肩和鼓腹两种；围坊三期文化的陶鬲不见折肩者，鼓腹鬲领部较高，有些为直领或钵形领，鬲的口沿外侧多饰一周附加堆纹。前者典型器之一的尊，在后者不见，后者出现了柱状实足跟鬲、敛口钵、鼓腹敛口壶等新器形，从而导致陶器组合的不同。（2）两者虽均流行绳纹，但后者颇具特色的僵直交叉绳纹不见于前者；前者流行的绳纹与划纹相结合的纹饰罕见于后者。另外，前者的彩绘陶也为后者所未见。（3）两者的墓葬虽均有土坑竖穴墓，但前者葬式为仰身直肢，后者则为俯身直肢。另外，前者的石棺墓制不见于后者。

两者之间的上述相似性的存在，表明大坨头文化与围坊三期文化具有较密切的关系，后者承袭了前者的部分文化因素；但两者之间的差异表明，后者的文化因素中，除了继承前者的文化因素外，应当还有其他文化的因素，以及自身的发展。例如，围坊三期文化的代表性陶器——饰僵直交叉绳纹的侈口、口沿外侧饰附加堆纹带的陶鬲和高领饰附加堆纹带陶鬲与大坨头文化的陶鬲差别较大，两者显然并非直接发展演变的关系。追溯这种陶鬲的渊源，不难发现，口沿外侧饰一周附加堆纹是长城内外广阔地区内夏商时期广泛流行的一种风格，在辽西的魏营子文化、千山山地的庙后山类型，晋中、陕北、冀北均可见到。这种风格的陶鬲似最早出现于内蒙中南部的朱开沟文化。该文化在夏代曾向四周强烈扩张，上述地区的花边口陶鬲的出现，可能是由于接受了朱开沟文化的影响。围坊三期文化的陶鬲口沿外侧的附加堆纹带，可能也源自朱开沟文化的影响。将围坊三期文化早期的陶鬲与朱开沟文化晚期的陶鬲相比较，可以发现，两者之间具有较多相似之处，除鬲的口沿外侧皆有附加堆纹带外，在高领、袋足肥硕、无明显实足尖等方面亦如出一辙。尤其是两者均有高领微弧呈钵状领的陶鬲。这种风格迄今在其他同时期的考古学文化中较为少见。不言而喻，围坊三期文化与朱开沟文化的陶器也存在着相当的差异，正是这些差异，构成了两个文化各自的特征。

值得注意的是，在山西中部发现的夏商时期的遗存中，有若干与围坊三期文化相似的因素：流行袋足肥硕，基本上无实足跟的陶鬲；部分陶鬲的表面拍印的绳纹印痕深而较为整齐；有些陶鬲为高领，且领部微向外弧；年代较晚的陶鬲多带较高的实足跟。这些因素几乎均为围坊三期文化中有别于大坨头文化的新出现的文化因素。这种情况颇为耐人寻味。它暗示着晋中地区商时期的考古学文化与围坊三期文化之间可能具有较为密切的关系。综上所述，似可认为，内蒙古中南部、晋中及冀北地区夏商时期考古学文化对京津唐地区的影响，或为围坊三期文化出现的契机之一。

围坊三期文化与魏营子文化的关系，将在本节第四部分中叙述。

(四) 围坊三期文化的族属

围坊三期文化是商代晚期分布于商王朝直接统治区以北的一种具有鲜明特色的考古学文化。据甲骨文、金文和先秦文献记载，在商代晚期，围坊三期文化所分布的燕山南麓有北、又、孤竹等多个方国存在。因此，我们认为，围坊三期文化不是一个单纯的方国、部落的遗存，而是一个庞大的包括了多个具有亲缘关系、文化习俗相近的方国、部落在内的族系集团的考古学遗存集合体。

四 魏营子文化

(一) 发现与分布

魏营子文化是分布于我国长城地带东端的一支青铜文化。该文化遗存因最早被发现于辽宁省朝阳县前魏营子村而得名。

1970年秋，当地农民在修梯田时，挖出了木椁板和青铜器及大量陶片。1971~1976年间，辽宁省考古工作者先后三次对此遗址进行了调查，清理了9座墓葬，并发现了与墓葬约略同时期的聚落遗址，采集、收集了铜器、陶器等遗物。调查者通过遗物的分析，认为该遗址墓葬的年代，应在西周早期。遗址中出土的陶器"表面不打磨，有一定数量的绳纹以及鬲的形制等都同南山根、夏家店遗址上层等遗存有别"，"无论从文化内含和相对年代分析，这是辽西地区介于丰下类型、早商和西周之间的一种文化类型"[1]。

1972年，在辽宁省喀左县后坟村，农民打井时挖出陶器数十件。当地考古工作者在报告中指出："在夏家店下、上层之间，尚有一段时间空白，大约即商末周初这一阶段。魏营子、后坟这类遗存，从时代和文化面貌两方面分析，都正好介于其间，它可能即是辽西地区夏家店下层文化和夏家店上层文化之间的一种文化类型，或暂称之为'魏营子类型'。"[2]

1979年，辽宁省考古工作者在辽宁省喀左县南沟门遗址进行了发掘，发现了"魏营子类型"晚于夏家店下层文化，而早于夏家店上层文化的地层关系，从而从地层关系上证实了三者之间的相对年代[3]。

1979年，辽宁省考古工作者还对喀左县和尚沟进行了试掘。在A地点发掘了4座魏营子类型的墓葬。在墓葬中出土了具有典型中原地区商代晚期特征的铜卣、铜壶和铜鼎，与之同出的陶钵则具有鲜明的魏营子类型的特点。从而为喀左一带多处发现的商周之际的青铜器窖藏的文化性质提供了线索。发掘者指出："魏营子类型，很可能是与窖藏铜器有关的一种文化遗存。"[4]

1989年，吉林大学和辽宁省的考古工作者对辽宁阜新平顶山遗址进行了发掘。获得了

---

[1] 辽宁省博物馆文物工作队：《辽宁朝阳魏营子西周墓和古遗址》，《考古》1977年第5期。
[2] 喀左县文化馆：《记辽宁喀左县后坟村发现的一组陶器》，《考古》1982年第1期。
[3] 郭大顺：《试论魏营子类型》，《考古学文化论集 (一)》，文物出版社，1987年。
[4] 辽宁省文物考古研究所、喀左县博物馆：《喀左和尚沟墓地》，《辽海文物学刊》1989年第2期。

一批相当丰富的魏营子文化的遗迹和遗物[1]。

根据目前已掌握的资料,魏营子文化主要分布于大、小凌河流域,东南至渤海之滨,东抵医巫闾山,南达燕山北麓滦河地区,西北到努鲁儿虎山附近。其西界和北界尚不清楚。在河北省宣化小白阳遗址,曾发现附加堆纹鬲等类似魏营子文化遗存[2],故其势力范围或曾抵桑干河水系的洋河流域。另外,在老哈河流域,也曾发现与魏营子文化相近的遗存[3],但由于有关资料尚未发表,其文化性质尚难确认。

迄今已发表的魏营子文化的遗存除上述辽宁的朝阳魏营子,喀左后坟、南沟门、和尚沟,阜新平顶山外,还有建平水泉[4],喀左道虎沟[5],兴城仙灵寺[6],锦州山河营子[7],义县向阳岭[8]等。此外,在凌源马厂沟[9],喀左北洞[10]、山湾子[11]、小波汰沟[12],兴城杨河[13],义县花尔楼[14],绥中冯家村[15]等地发现的青铜窖藏,也都被认为可能与魏营子文化有关[16]。

(二)文化特征

1. 遗迹

遗址多位于背山面水的台地或山坡,多数遗址文化层堆积较薄。

---

[1] 辽宁省文物考古研究所、吉林大学考古学系:《辽宁阜新平顶山石城址发掘报告》,《考古》1992年第5期。

[2] 张家口市文物事业管理局、宣化县文化馆:《河北省宣化县小白杨墓地发掘报告》,《文物》1987年第5期。

[3] 董新林:《魏营子文化初步研究》,《考古学报》2000年第1期。

[4] 辽宁省博物馆、朝阳市博物馆:《建平水泉遗址发掘简报》,《辽海文物学刊》1986年第2期。

[5] 郭大顺:《试论魏营子类型》,《考古学文化论集(一)》,文物出版社,1987年。

[6] 高美璇:《兴城县仙灵寺商周时期古遗址发掘收获》,《锦州文物通讯》总2期,1985年。

[7] 刘谦:《锦州山河营子遗址发掘报告》,《考古》1986年第10期。

[8] 辽宁省文物考古研究所:《辽宁省义县向阳岭青铜时代遗址发掘报告》,《考古学集刊》第13集,中国大百科全书出版社,1999年。

[9] 热河省博物馆筹备组:《热河凌源县海岛营子村发现的古代青铜器》,《文物参考资料》1955年第8期。

[10] A. 辽宁省博物馆、朝阳地区博物馆:《辽宁喀左县北洞村发现殷代青铜器》,《考古》1973年第4期。
  B. 喀左县文化馆、朝阳地区博物馆、辽宁省博物馆北洞文物发掘小组:《辽宁喀左县北洞村出土的殷周青铜器》,《考古》1974年第6期。

[11] 喀左县文化馆、朝阳地区博物馆、辽宁省博物馆:《辽宁省喀左县山湾子出土商周青铜器》,《文物》1977年第12期。

[12] 辽宁省博物馆文物工作队:《概述辽宁省考古新收获》,《文物考古工作三十年》,文物出版社,1979年。

[13] 锦州市博物馆:《辽宁兴城县杨河发现青铜器》,《考古》1978年第6期。

[14] 孙思贤、邵福玉:《辽宁义县发现商周铜器窖藏》,《文物》1982年第2期。

[15] 王同军:《绥中县(前卫镇冯家村)发现窖藏商周青铜兵刃器》,《辽宁日报》1988年9月17日。

[16] A. 郭大顺:《试论魏营子类型》,《考古学文化论集(一)》,文物出版社,1987年。
  B. 董新林:《魏营子文化初步研究》,《考古学报》2000年第1期。

房址发现较少，有半地穴式和地面建筑两种。平面形状以圆形和圆角方形为主。义县向阳岭遗址发现的两个椭圆形半地穴式建筑连成一体的套间式建筑，为其他遗址所未见。

灰坑和窖穴发现较多，坑口平面形状有圆形、椭圆形和不规则形三种。

墓葬发现较房址为多。有些位于居住址旁边，如阜新平顶山遗址、朝阳魏营子遗址，有的则远离居住址单独构成，如喀左和尚沟便是。

魏营子文化的墓葬皆为长方形土坑竖穴墓。葬式为仰身直肢。迄今所见规模最大的是魏营子墓地 7101 号墓。该墓的墓圹长 3.25 米，宽 2.76 米，深 1.1 米。有木椁，椁底板上发现 20 余层丝织品。墓主头向东，在墓主足端及左侧出土了铜甲片、銮铃、车軎、羊头形车饰、长方形和圆形车饰件等铜车马器及金钏。在 7603 号墓中，也发现了木椁，并出土了铜胄 2 件、铜当卢 2 件[1]。

喀左和尚沟墓地 A 地点共发现魏营子文化墓葬 4 座。皆长方形土坑竖穴墓，有木椁。东西向，葬式为单人仰身直肢葬。M1 规模较大，长 2.7 米，宽 1.8 米，深约 1 米。墓主佩饰金钏 2 件及绿松石珠多个，头前置陶钵 2 件，足下出铜卣、铜壶各 1 件，铜卣内置海贝近百枚。M2～M4 墓规模小于 M1，均未出铜器，但头前皆随葬陶器。M3 在墓主下肢两侧随葬猪的肢骨，M4 还随葬石钺 1 件[2]。

2. 遗物

从各地点发掘的墓葬者，可分铜器墓、陶器墓和无随葬品的小墓三类。有殉牛、殉猪的习俗。墓葬规模和随葬品种类、数量的差异，反映出墓主生前社会地位的分化。魏营子文化遗物中，最具特色的是陶器。陶器以夹粗砂的红褐陶和灰褐陶为主，也有少量夹细砂灰陶、黑灰陶、红陶和红衣陶，基本不见泥质陶。夹砂陶中多羼云母片，陶器烧制火候不匀。制法多为泥条盘卷，分段套接。器表多经修整，较平滑，有些留有明显的修整痕迹。器内壁往往也略作修整，但多数较为粗糙，套接痕迹明显。器表以素面为主，约占 70%～80%。详细观之，可知相当数量的陶器在制作时表面拍印绳文，后又被抹平，有的再加打磨，纹饰中以绳纹为主，附加堆纹次之。还有绳纹加划纹、三角窝纹、三角内填平行线纹、戳印纹、弦纹等。绳纹细密而浅，较为规整。器耳有瘤状、鋬状和桥状等几种，数量较少。

陶器的器类有鬲、甗、罐、瓮、盆、钵、碗、豆等。代表性陶器主要有鬲、钵、瓮、豆等。鬲的口沿外侧饰一道附加堆纹带，敞口，高领，圆鼓腹，带较高实足跟。钵为斜直壁，腹底相接痕明显，通体饰细密绳纹。瓮有两种，一种为敞口，宽沿，上腹部圆鼓，下腹部急收成小平底；另一种为大口，深腹，厚壁的大瓮。豆为浅盘，矮柄（图 8-50）。

石器绝大多数经磨制。器类有斧、锛、凿、锤、刀、镰、杵、纺轮、环状器等。其中石斧形制多样，有体厚重的弧刃斧、体较扁薄的穿孔斧，后者被当作钺使用，亦未可知。石刀有长条形直背直刃和半月形弧背直刃等两种，背部皆有两个穿孔。

魏营子文化遗迹中出土的铜器可分为两组。甲组铜器为典型的中原地区商周铜器，有鼎、鬲、甗、簋、罍、卣、壶、盂等容器。这些铜器中，有些带有铭文或族徽。其中如匽

---

[1] 辽宁省博物馆文物工作队：《辽宁朝阳魏营子西周墓和古遗址》，《考古》1977 年第 5 期。
[2] 辽宁省文物考古研究所、喀左县博物馆：《喀左和尚沟墓地》，《辽海文物学刊》1989 年第 2 期。

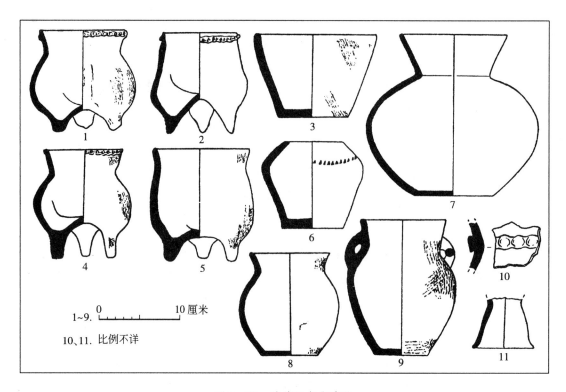

图 8-50 魏营子文化陶器
1.鬲（后坟村） 2.鬲（后坟村） 3.钵（后坟村） 4.鬲（后坟村） 5.鬲（后坟村） 6.小口罐（后坟村） 7.壶（后坟村） 8.大口罐（后坟村） 9.双耳小口罐（后坟村） 10.甗（魏营子） 11.豆座（魏营子）

侯盉、伯矩甗、圉簋等，与北京琉璃河西周燕国贵族墓葬中出土的匽侯器以及伯矩鬲、圉方鼎等有关[1]。这些商周铜礼器大多数出于窖藏，也有一部分出于魏营子文化的墓葬。从而表明魏营子文化的创造者确与燕国统治者之间存在着较为密切的联系。乙组铜器为具有本地特点的器物。主要有环首刀、管銎斧、銎内啄戈、胄、镞等工具、武器和器盖、带流钵等生活用具。此外，还有铜泡、金耳环和金钏，也是颇具地方特色的遗物。

（三）分期与年代

魏营子文化遗存自发现以来虽已近30年，但由于多数遗址文化层堆积较薄，又多未经大面积发掘，致使该文化的分期研究难度较大。20世纪80年代末阜新平顶山遗址和90年代初义县向阳岭遗址的发掘，丰富了人们对该文化的内涵的认识。研究者曾根据这两个遗址的地层关系和对出土遗物的类型学研究，将该文化的年代推定为商代晚期（殷墟二期）至两周之际，并划分为二期，每期分二段。关于两期遗存的关系，认为"两期之间既

---

[1] 北京市文物研究所：《琉璃河西周燕国墓地（1973~1977）》第101~102、134~135、140页，图七三、九一、九四，彩版五、二二、二五、二六，文物出版社，1995年。

有共性，又有差异，而共性是主要的。两期的共性表明二者是属于同一考古学文化；两期的差异则反映了同一文化的不同发展阶段"[1]。另一种观点，是将上述第二期中包含的以橘红陶和短茎式曲刃青铜短剑为代表的一部分遗存同魏营子文化区分开来，把前者称为"魏营子类型"，将后者称作"后魏营子类型"[2]。我们认为，魏营子文化与后一种遗存在陶器的陶质、器形和器物组合方面都有明显差别，两者的青铜器的器类也明显不同。

在烧制火候较低，陶器表里色调不一，多为手制，以泥片套接法制成等方面，两者大体相同。但在陶质方面差别较大。前者陶器以夹砂灰陶、夹砂红褐陶为主，不见橘红陶；后者则以夹粗砂橘红陶为主，尤其是后者晚段夹砂橘红陶占陶器的70%。这种橘红陶质地疏松，砂粒较大，暴露于器表，致使表面粗糙。与前者的夹砂陶不仅色泽不同，质感也显然有别。

在器形方面，两者都流行在鬲或罐的口沿或颈部外侧饰附加堆纹带的作风。两者的带花边口沿鬲在鼓腹、弧裆、带高实足跟等方面具有共同性。然而，其形制却有明显的差别。前者的领和腹部相交处的直径远远小于腹部最大径，形成小口，使腹部圆鼓较甚，实足跟为柱状，直立；后者的鬲领与腹相交处的直径略小于腹径，腹部呈微弧状，实足跟为尖锥状，外撇较甚。

在器类方面，两者亦有明显不同。前者的敛口鼓腹鬲、敛口垂腹花边口沿鬲、口微侈，沿外饰附加堆纹的弧腹鬲、直领鼓腹瓮、外叠唇罐、尊等，不见于后者。后者的筒腹双鋬耳鬲、无实足跟鼓腹低裆鬲、侈口折肩罐、泥质陶器盖则不见于前者。

两者具有本地特点铜器的器类方面存在明显不同。前者的铜器有銎内啄戈、管銎战斧和环首刀，后者则有短茎式曲刃短剑、柄部呈齿状的铜刀、铜镜等。

通过上述分析比较，不难看出，魏营子文化和以橘红陶为主的遗存之间虽有相似的一面，但差异是主要的。似不宜将两者作为一个考古学文化来对待。因此，本文所谈的魏营子文化不包括后一种遗存。

关于魏营子文化的年代，曾一度被认为是在商末周初。在向阳岭遗址，发现了几组魏营子文化早期遗存叠压于夏家店下层文化晚期遗存之上的地层关系。可知魏营子文化的年代上限，晚于夏家店下层文化晚期。关于辽西地区夏家店下层文化的年代下限，学术界一般认为是在商代早期[3]，然则魏营子文化的起始年代当晚于商代早期。参照出土铜礼器和车马器。我们认为，该文化的年代上限约在商代晚期，其年代下限约在西周晚期。

（四）文化因素的分析与溯源

魏营子文化是一支具有鲜明特征的考古学文化。但对其文化内涵进行分析，不难看

---

[1] 董新林：《魏营子文化初步研究》，《考古学报》2000年第1期。
[2] 郭大顺：《试论魏营子类型》，《考古学文化论集（一）》，文物出版社，1987年。
[3] A. 张忠培、孔哲生、张文军、陈雍：《夏家店下层文化研究》，《考古学文化论集（一）》，文物出版社，1987年。
　　B. 李伯谦：《论夏家店下层文化》，《纪念北京大学考古专业三十周年论文集》，文物出版社，1990年。

出：其文化构成具有多元化的特点。对这些文化因素进行分析，追溯其来源，有助于我们认识魏营子文化形成的契机及其与相关文化遗存的关系。

魏营子文化的诸多文化因素进行分析和归类，可以看出，该文化由四部分因素所组成。

A类，以口沿或颈部外侧饰一周附加堆纹带的鬲、罐为代表，另有高领鼓腹罐、素面瓮等。这种文化因素是魏营子文化陶器的代表性特征，是辽西地区新出现的文化因素。

B类，夹砂红褐陶，占陶器总数的50%左右，部分陶器在制作时由口沿部向外翻折而形成外叠唇，器物口沿内侧往往抹斜成尖唇。素面陶器居多数，流行鋬耳、桥形耳、瘤状耳。腹部近乎呈直线、有双鋬耳、带高实足跟的筒腹鬲，口微敛、腹部呈弧形、带高实足跟呈直立状的弧腹鬲，以及双耳罐、半月形或长条形双孔石刀等。此类文化因素是高台山文化的典型因素。

C类，夹砂灰褐陶，占陶器总数的50%，部分陶器表面饰细绳纹。不少器物制作时先在表面拍印绳纹，而后抹光。划纹与绳纹配合使用、最大径在袋足下部、带高实足跟陶鬲，有向外撇实足的罐形小鼎，器表遍施细绳纹的钵和铜耳环。此类因素具有鲜明的夏家店下层文化的特色。

D类，魏营子文化的甲组铜器，包括容器和车马器。它们或为出土于墓葬的随葬品，或出于铜器窖藏之中。这些遗物，为中原地区商代晚期至西周早期的典型器物，有些器身上带有"匽侯"、"伯矩"等铭文。这些青铜器显然来自中原地区，其中多数可能是来自燕国。

将魏营子文化中的几类文化因素的来源进行分析，可以看出，A类因素是辽西及其附近地区在魏营子文化形成之前所不见的。换言之，此类因素是该地区新出现的文化因素。这种口沿外侧饰一道附加堆纹的装饰风格最早出现于内蒙古鄂尔多斯地区的朱开沟文化[1]。在河北北部宣化李大人庄发现的与夏家店下层文化具有密切联系的遗存中，便已见此种因素[2]。该遗存的年代早于魏营子文化，又处于河套地区与大小凌河流域之间，因而，有理由认为，魏营子文化中的口沿外侧附加堆纹带的装饰风格源于朱开沟文化。

B类因素显然来自魏营子文化分布区以东，即医巫闾山以东地区的高台山文化。该文化曾与夏家店下层文化为邻，惟其年代下限较晚。这类因素在魏营子文化中所占比重仅次于A类，它应是魏营子文化得以形成的重要因素。

C类因素是分布于燕山以北地区的夏家店下层文化的传统因素。魏营子文化是在夏家店下层文化分布区内形成的一种新的考古学文化。它的早期在陶系、纹饰和器形方面承袭了夏家店下层文化的因素，是不难理解的。

D类因素显然来自中原地区商周王朝直接控制区。这类因素并未在魏营子文化中占据主导地位，只见于部分墓葬和因某种原因而被埋入地下的窖藏之中，表明魏营子文化就其主要文化内涵来看，是一种土著文化。D类因素多见于魏营子文化的后段，表明随着商末

---

[1] A. 内蒙古文物考古研究所：《内蒙古朱开沟遗址》，《考古学报》1988年第3期。
　　B. 内蒙古自治区文物考古研究所、鄂尔多斯博物馆：《朱开沟》第84~90页，文物出版社，2000年。
[2] 张家口市文物事业管理所、宣化县文化馆：《河北宣化李大人庄遗址试掘报告》，《考古》1990年第5期。

周初中原政治变迁和周王朝势力范围向东北的扩张，魏营子文化与中原王朝文化的联系日益紧密。

（五）魏营子文化形成与衰亡原因的推测

关于魏营子文化形成的原因，也可以从文化因素的分析中找到线索。如前所述，源自朱开沟文化的口沿外饰附加堆纹的装饰风格，是魏营子文化陶器的突出特点之一。而观察饰有这种附加堆纹的鬲和罐的器形可以看出，它们与朱开沟文化的陶鬲差别较大。如朱开沟文化的陶鬲表面多饰绳纹，没有明显的实足跟；魏营子文化的陶鬲则多为素面，并带有很高的实足跟，而这些又正是高台山文化的显著特点。魏营子文化中多种文化因素共存的现象表明，该文化的形成，是来自不同方向的几支考古学文化相互碰撞、裂变、融合的结果。具体言之，来自朱开沟文化一支活动性很强的集团自西向东迁徙至大、小凌河流域，与西进的高台山文化的势力和残留于该地区的夏家店下层文化的遗民相融合，从而形成了魏营子文化。

西周晚朝，西拉木伦河流域夏家店上层文化的南进，辽东半岛"双房类型"文化[1]向西北扩张，可能是促使魏营子文化消亡的原因。

（六）魏营子文化与周边地区诸文化的关系

1. 与夏家店下层文化的关系

在建平水泉、阜新平顶山、义县向阳岭等遗址，均发现魏营子文化早期的文化层或遗迹叠压或打破夏家店下层文化的文化堆积的地层关系。从而表明，魏营子文化在年代上晚于夏家店下层文化。

在文化面貌上，两种文化之间的相似性，主要表现为魏营子文化的C类因素的存在，而两者之间的差异，则在典型器类、纹饰风格等诸多方面都有表现。

夏家店下层文化广泛分布于燕山以北地区；魏营子文化主要分布于大、小凌河流域，在西拉木伦河流域虽发现与之具有类似因素的陶鬲等，但较为零星，显然与该地区的夏家店下层文化遗址密布、遗物丰富的情况迥然有别。

2. 与高台山文化的关系

如上所述，魏营子文化诸类文化因素中，有一类是高台山文化的因素。以夹砂红褐陶为主，部分陶器口沿一侧有叠唇，器物口沿内侧往往抹斜成尖唇，素面陶器较多，流行各种形状的器耳，腹壁较直、带高实足根的筒腹鬲，口微敛、腹微鼓、高实足跟的弧腹鬲，双耳罐，半月形或长条形石刀等。此类文化因素在魏营子文化内涵中，占据相当的比例，绝非以文化交往影响所能说明的。它暗示出在魏营子文化形成之际，来自医巫闾山以东的高台山文化曾发挥了主要作用。很有可能是高台山文化的人们集团中的一支，在高台山文化鼎盛期向西扩张，与自内蒙古中南部迁徙而来的朱开沟文化的人们集团的一支及当地滞留下来的夏家店下层文化的遗民交会融合，从而形成了魏营子文化。

---

[1] 许明纲、许玉林：《辽宁新金双房石盖石棺墓》，《考古》1983年第4期。

3. 与围坊三期文化的关系

从年代上看，二者年代上限大致相同，在商代晚期至商末周初曾有一段平行发展，但魏营子文化比围坊三期文化延续的时间要长。

从分布区域上看，魏营子文化主要分布于大、小凌河流域，围坊三期文化陶器表面主要分布于燕山以南。

从文化面貌上看，两者之间有如下相似之处：陶器均以夹砂灰褐和红褐陶为主，纹饰有附加堆纹、绳纹、压印、三角纹等，流行口沿饰附加堆纹的鼓腹鬲；均流行圆形或椭圆形半地穴或地面建筑；墓葬均流行东西向的土坑竖穴墓；均出土金钏、喇叭形金耳环。

两者之间也有较明显的差异：魏营子文化的陶器绝大多数为素面，围坊三期文化陶器表面则以绳纹和间断绳纹为大宗，素面较少。前者陶鬲均带有较高的实足根，后者则有相当一部分陶鬲无实足根。后者陶鬲中有些为模制，前者则未见。前者的附加堆纹罐、直领鼓腹鬲、小口鼓腹罐、外叠唇的盆和双桥耳或双环耳罐等不见于后者，后者的饰绳纹的大口尊、敛口钵、大口盆等亦不见于前者。

由于在陶器的基本组合方面具有显著不同，两者之间应发生过一些联系和交流，但它们不属于同一文化，则是不言自明的。

第九节　辽中及辽东半岛地区

夏商时期，在辽河下游有高台山文化，在千山山地太子河上游有庙后山文化，在辽东半岛南端有双砣子各期文化遗存。

一　高台山文化

高台山文化是主要分布于辽宁北部的一支青铜时代的考古学文化，因首先发现于辽宁省新民县高台山遗址而得名[1]。

（一）发现与分布

对高台山文化遗存，人们经历了一个逐步认识的过程。1973～1980年，考古工作者在新民县高台山遗址发掘了100余座墓葬。发掘者曾认为这批墓葬属于"新乐上层文化"[2]。20世纪80年代初，原发掘者之一指出这类遗存的文化面貌与新乐上层文化不同，应予以

---

[1] A. 沈阳市文物管理办公室：《新民高台子新石器时代遗址和墓葬》，《辽宁文物》1981年第1期；《沈阳新民县高台山遗址》，《考古》1982年第2期。

B. 新民县文化馆、沈阳市文物管理办公室：《新民高台山新石器时代遗址1976年发掘简报》，《文物资料丛刊》7，文物出版社，1983年。

[2] 沈阳市文物管理办公室：《新民高台子新石器时代遗址和墓葬》，《辽宁文物》1981年第1期；《沈阳新民县高台山遗址》，《考古》1982年第2期。

区别，建议称其为"高台山上层文化类型"[1]。稍后，有学者提出了"高台山类型"的命名[2]。80年代末以来，由于该遗存的资料不断增多，对其的认识也不断深化，学术界开始将其称之为"高台山文化"[3]。

高台山文化以辽河下游的柳河流域为其分布的中心区域，西至医巫闾山，东抵辽河，北及彰武一带。极盛时期，其文化影响曾抵达内蒙古昭盟的敖汉、库伦、奈曼一带，南达海滨。其分布范围地处东北平原南端，海拔多在40~80米。

迄今经发掘的高台山文化遗址主要有：新民县高台山遗址[4]、公主屯后山遗址[5]、法库县湾柳街遗址[6]、彰武县平安堡遗址[7]、阜新市平顶山遗址[8]等。

（二）文化特征

1. 遗迹

房址有长方形半地穴式和圆形地面建筑两种。平安堡遗址F3002的居住面上曾清理出经火烧烤的长方形土坯，表明高台山文化的创造者们已将土坯用于建造房屋。

窖穴与灰坑坑口平面有圆形或椭圆形、方形和长方形四种。分锅底形和筒形两类。

窑址仅见1座。平面略呈方形，有十字形火道，中部有一圆形箅孔。

墓葬已发现200余座。均为长方形土坑竖穴墓。可分为成人墓和儿童墓。成人墓极少数有木棺和二层台。儿童墓多数位于居住址附近，一般不见明显墓圹和葬具，少数儿童墓以陶罐或陶壶与陶罐扣合为葬具。成人墓以单人侧身屈肢葬为主，偶见直肢葬，死者头向

---

[1] 曲瑞琦：《沈阳地区新石器时代的考古学文化》，《辽宁省博物馆学会成立大会会刊》，1981年。
[2] 郭大顺：《西辽河流域青铜文化研究的新进展》，《中国考古学会第四次年会论文集》，文物出版社，1985年。
[3] 辽宁省文物考古研究所、吉林大学考古学系：《辽宁彰武平安堡遗址发掘简报》，《辽海文物学刊》1989年第2期。
[4] A. 沈阳市文物管理办公室：《新民高台子新石器时代遗址和墓葬》，《辽宁文物》1981年第1期；《沈阳新民高台山遗址》，《考古》1982年第2期；《新民东高台山第二次发掘》，《辽海文物学刊》1986年创刊号。
　　B. 新民县文化馆、沈阳市文物管理办公室：《新民高台山新石器时代遗址1976年发掘简报》，《文物资料丛刊》7，文物出版社，1983年。
[5] 沈阳市文物管理办公室：《新民公主屯后山遗址试掘简报》，《辽海文物学刊》1988年第1期。
[6] A. 辽宁铁岭地区文物组：《辽北地区原始文化遗址调查》，《考古》1981年第2期。
　　B. 曹桂林、许志国：《辽宁法库县弯柳街遗址调查报告》，《北方文物》1988年第2期。
　　C. 辽宁大学历史系考古教研室、铁岭市博物馆：《辽宁法库县湾柳遗址发掘》，《考古》1989年第12期。
　　D. 铁岭市博物馆：《法库县弯柳街遗址试掘报告》，《辽海文物学刊》1990年第1期。
[7] 辽宁省文物考古研究所、吉林大学考古学系：《辽宁彰武平安堡遗址发掘简报》，《辽海文物学刊》1989年第2期；《辽宁彰武平安堡遗址》，《考古学报》1992年第4期。
[8] 辽宁省文物考古研究所、吉林大学考古学系：《辽宁省阜新平顶山石城址发掘报告》，《考古》1992年第5期。

不一。各墓内一般都有随葬品，少者一二件，多者三五件。陶器多被置于死者下肢附近。随葬陶器基本组合为壶、碗（钵）、罐或壶、碗（钵）。钵或碗往往被扣于壶之上。极少数墓葬还有石（玉）玦、石剑、石质装饰品。

2. 遗物

高台山文化陶器的一个突出特点是，居住址和墓葬中出土的陶器迥然有别。

居住址中出土的陶器均为夹砂陶，表面呈红褐、灰褐或黄褐色，也见少量夹细砂红衣陶。陶器烧制的火候不甚均匀。除少量陶器表面刻划三角纹和刺点纹、锯齿纹及附加堆纹外，绝大多数为素面。器物口沿内侧抹斜成尖唇，是该文化陶器的突出特点。部分陶器口部外侧贴泥片形成叠唇，亦为其特点之一。器耳发达是该文化陶器的又一特点。主要有竖桥状耳、鋬耳等。桥状耳和鋬耳常配合使用。陶器的制法有泥条盘筑和泥片套接两种。器类有：鬲、甗、鼎、甑、瓮、罐、壶、盆、钵、碗、杯、盘、豆、勺等。

墓葬中随葬的陶器多为夹细砂红褐陶，外表多施红色陶衣。以素面为主，也有少量附加堆纹、划纹和刺点纹。器物口沿内侧抹斜成尖唇的风格与居住址出土陶器相同。陶器的器类有直领球腹壶、小口垂腹壶、罐、碗、钵等。

石器多为生产工具，以磨制为主，也有少量为打制或琢制。器类有斧、锛、凿、锄、镰、刀、剑、镞及璧、玦、牌饰等，其中以扁平石斧、长方形或半月形石刀较多见。

骨器可分为生产工具和装饰品两类。前者多以牛或猪的肩胛骨或下颚骨磨制而成，有耜、耒、锥、凿、匕、针、镞等；后者有玦、笄、饰件等。蚌器仅见少量刀及牌饰。

铜器数量较少。有管銎战斧、鹿首刀、喇叭形耳环、刀子等。

（三）分期与年代

高台山、湾柳、特别是平安堡遗址的发掘，为高台山文化的分期创造了条件。近年有学者先后对该文化的墓葬和遗址出土陶器进行了分期。有的分为两期，有的则分为三期（图8-51、52）[1]。现暂依后者，将各期陶器的主要特征予以归纳。

第一期器物口沿多抹斜成尖唇。墓葬陶器以夹细砂红褐陶为主，绝大多数器表施有红陶衣，泥条圈筑，多素面器，也见菱格纹、附加堆纹等，流行竖桥耳和盲耳，主要器物组合为带耳壶、无耳壶、圈足钵、平底钵、双耳罐和平底碗等，壶、圈足钵类器形瘦高。居住址陶器以夹砂红褐陶为主，还有灰褐陶，泥条圈筑，烧制火候不均，素面器占绝大多数，仅见刻划三角纹和附加堆纹，流行竖桥耳和鋬耳，主要器物组合为筒腹鬲、弧腹鬲、甗、豆、盆、钵、碗等。此期的三足器为深袋足，无实足跟。

第二期口沿仍主要为抹斜状尖唇。墓葬陶器陶质、陶色、制法同于第一期，除附加堆纹外，基本不见其他纹饰，主要器物组合同第一期。此期陶器制作精致，形态匀称，圈足钵有十字镂孔。居住址陶器以红褐陶和灰褐陶为主，黄褐陶占一定数量，刻划三角纹基本不见，几乎均为素面器，竖桥耳和鋬耳常配合使用，外叠唇口沿形成新的特点，器物类型增加，但

---

[1] A. 赵宾福：《关于高台山文化若干问题的探讨》，《青果集》，知识出版社，1993年。
　　B. 董新林：《高台山文化研究》，《考古》1996年第6期。

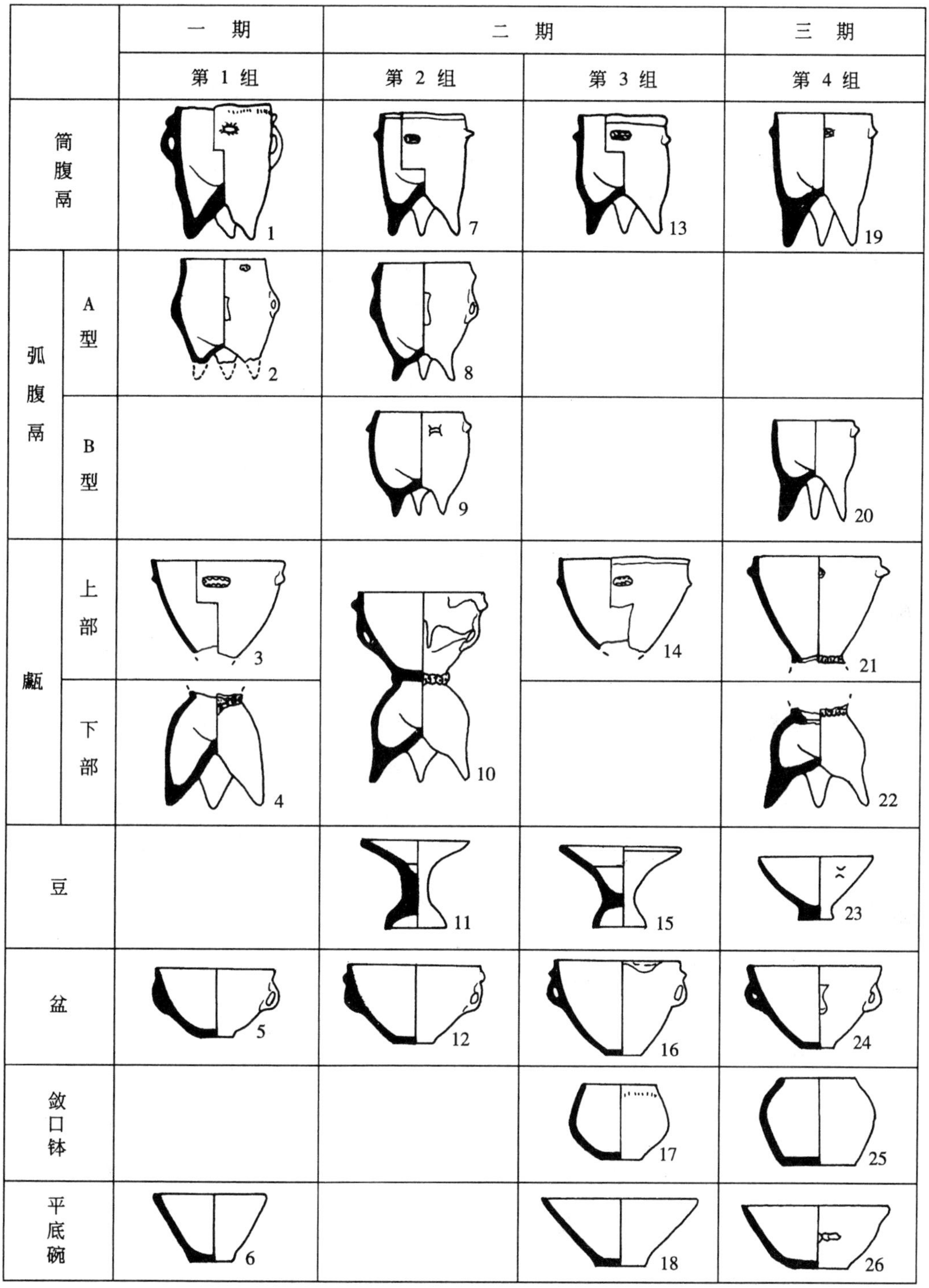

		一期	二期		三期
		第1组	第2组	第3组	第4组
筒腹鬲		1	7	13	19
弧腹鬲	A型	2	8		
	B型		9		20
甗	上部	3		14	21
	下部	4	10		22
豆			11	15	23
盆		5	12	16	24
敛口钵				17	25
平底碗		6		18	26

图 8-51 高台山文化遗址陶器分期图

1.筒腹鬲（79安平堡采集） 2.弧腹鬲（XHT2H2:1） 3.甗（ZPH3094:3） 4.甗（ZPH3094:4） 5.盆（ZPT101⑤:9） 6.平底碗（ZPT101⑤:5） 7.筒腹鬲（ZPT103④:7） 8.弧腹鬲（76XGT1H1:2） 9.弧腹鬲（76XGT1H1:3） 10.甗（76XGT1H1:5） 11.豆（ZPT312③:1） 12.盆（ZPH3086:1） 13.筒腹鬲（ZPH1012:1） 14.甗（ZPH3038:9） 15.豆（ZPH3038:4） 16.盆（ZPH3006:1） 17.敛口钵（ZPH1003:1） 18.平底碗（ZPH3013:1） 19.筒腹鬲（FWH2:2） 20.弧腹鬲（FWT26②:1） 21.甗（FWH3:1） 22.甗（FWH5:1） 23.豆（FWH3:2） 24.盆（FWH5:2） 25.敛口钵（FWT1③:1） 26.平底碗（FWT21②:4）

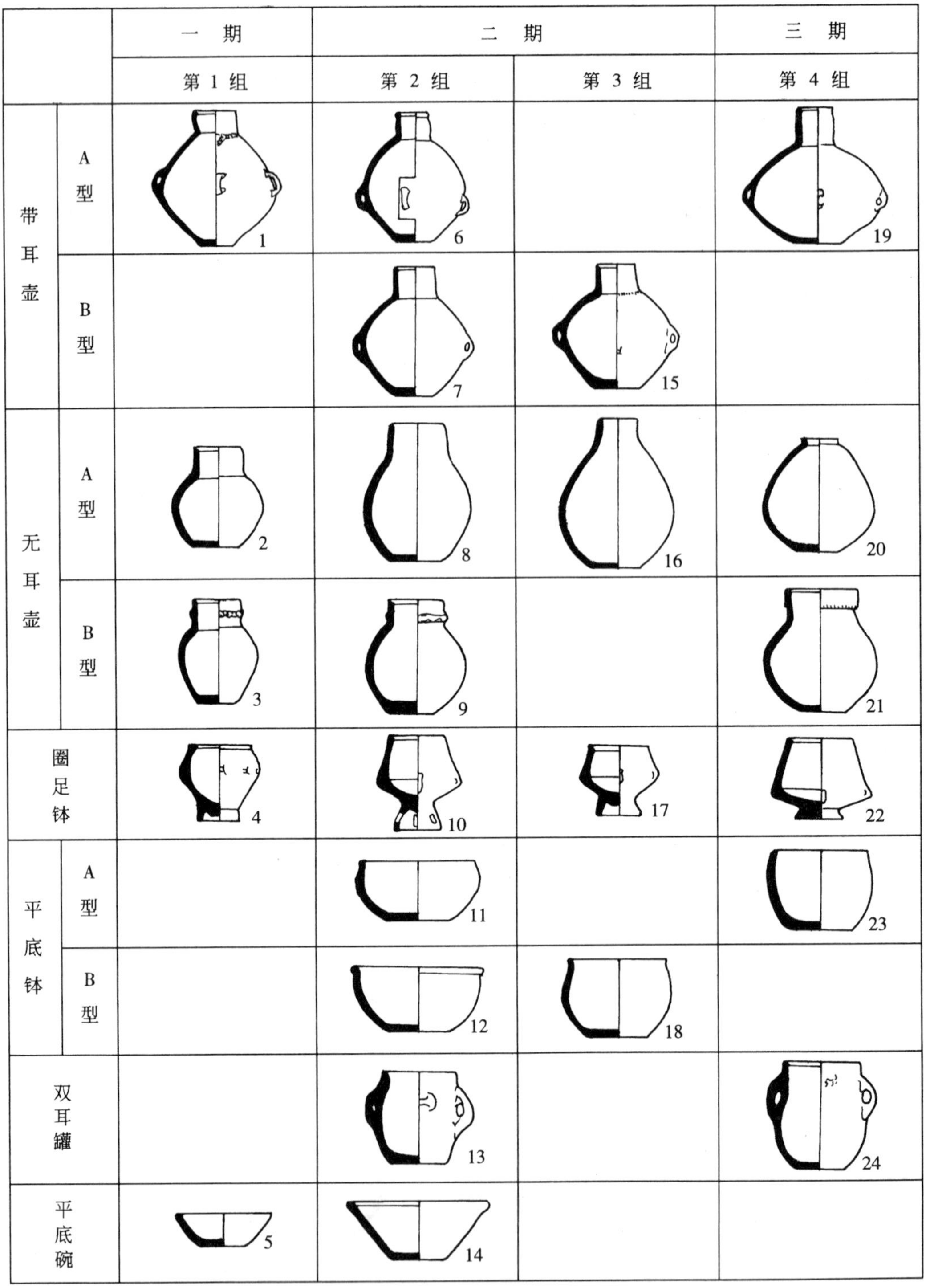

		一期	二期		三期
		第1组	第2组	第3组	第4组
带耳壶	A型	1	6		19
	B型		7	15	
无耳壶	A型	2	8	16	20
	B型	3	9		21
圈足钵		4	10	17	22
平底钵	A型		11		23
	B型		12	18	
双耳罐			13		24
平底碗		5	14		

图 8-52 高台山文化墓葬陶器分期图

1. 带耳壶（XHM2:1） 2. 无耳壶（76XGM1:2） 3. 无耳壶（76XGM12:1） 4. 圈足钵（76XGM7:1） 5. 平底碗（76XGM2:2） 6. 带耳壶（FPM102:1） 7. 带耳壶（76XGM4:1） 8. 无耳壶（XPM3013:1） 9. 无耳壶（XGM749:3） 10. 圈足钵（76XGM4:2） 11. 平底钵（80XGM92:2） 12. 平底钵（ZPM3013:2） 13. 双耳罐（76XGM4:4） 14. 平底碗（ZPM3013:3） 15. 带耳壶（76XGM10:1） 16. 无耳壶（ZPM3006:1） 17. 圈足钵（76XGM10:2） 18. 平底钵（ZPM3006:3） 19. 带耳壶（80XGM111:2） 20. 无耳壶（76XGM5:2） 21. 无耳壶（80XGM91:1） 22. 圈足钵（76XGM5:1） 23. 平底钵（80XGM68:1） 24. 双耳罐（80XGM76:1）

基本组合未变。此期三足器袋足略深，出现较矮的实足跟。此期是高台山文化的繁荣期。

第三期抹斜状尖唇口沿减少，圆唇占一定比例。墓葬陶器的陶质、陶色、制法没有太大的变化，竖桥耳不如第二期多，壶明显减少，形体变成圆鼓，其他器类也较第二期形制有所不同，整体显得粗矮。居住址陶器以红褐陶为主，黄褐陶较少，出现了一些黑陶，多素面，仍流行竖桥耳、錾耳和盲耳，特别是盲耳装饰不规范，显出制作的衰势，外叠唇较少，器物组合与第二期基本相同。此期三足器袋足较浅，实足跟较高。

各期文化面貌变化呈现出如下轨迹。

墓葬出土陶器，第一、二期流行的口沿内侧抹斜成尖唇的陶器在第三期有所减少，圆唇陶器也占一定比例。第一、二期颇为流行的作风在第三期则有所减弱。作为主要器类的陶壶在第三期显著减少，形体也变得粗矮圆鼓。

居住遗址的陶器，第一期基本不见的外叠唇口沿，在第二期较为流行。该文化的典型陶器直腹鬲，第一期为深袋足，无实足跟；第二期袋足渐浅，出现实足跟；第三期袋足更浅，实足跟很高。陶甗的袋足部分亦有同样的变化。

高台山文化的碳十四数据迄今已有 7 个，其高精度表校正值在距今 3700～3000 年间[1]。或推测第一期约相当于中原地区夏代晚期，第二期相当于商代早中期，第三期约相当于商代晚期[2]。

（四）高台山文化的渊源与流向

1. 高台山文化的渊源

在高台山文化的分布区内，早于高台山文化的考古遗存有偏堡类型和平安堡二期遗存。偏堡类型是以新民偏堡遗址命名的新石器时代考古学文化类型[3]，该类型在年代上虽早于高台山文化，但从陶器上看，似无承袭关系。

平安堡二期遗存是 20 世纪 80 年代末新发现的考古遗存[4]。将平安堡二期遗存与高台山文化相比较，可以看出，两者在陶质、陶色、纹饰、器形、多竖桥状耳等特点及半月形石刀的形制等方面都有相似之处。高台山文化典型陶器陶鬲、陶甗在辽北地区均始见于平安堡二期遗存。在彰武平安堡遗址，高台山文化的文化层压在平安堡二期遗存之上，表明两者存在着早晚关系。这两种文化之间的相似性，可能反映出它们之间存在着亲缘关系，平安堡二期遗存可能是高台山文化的源头，至少是后者的源头之一。

2. 高台山文化的流向

高台山文化消亡之后，占据辽河下游地区的是"老虎冲遗存"[5]。该遗存为辽东半岛

---

[1] 中国社会科学院考古研究所：《中国考古学中碳十四年代数据集（1965～1991）》第 75、78～79 页，文物出版社，1991 年。
[2] 董新林：《高台山文化研究》，《考古》1996 年第 6 期。
[3] 东北博物馆文物工作队：《辽宁新民县偏堡沙岗新石器时代遗址调查记》，《考古通讯》1958 年第 1 期。
[4] 辽宁省文物考古研究所、吉林大学考古学系：《辽宁彰武平安堡遗址》，《考古学报》1992 年第 4 期。
[5] 曲瑞琦：《沈阳地区新石器时代的考古学文化》，《辽宁省博物馆学会成立大会会刊》，1981 年。

南部新金双房类型向西北扩展，吸收了部分高台山文化的因素而形成的。双房类型向辽河下游地区的扩张，很可能是高台山文化消亡的重要原因。

（五）高台山文化与周边地区诸文化的关系

在辽宁中西部及内蒙东南部，与高台山文化同时存在的考古学文化有：夏家店下层文化、新乐上层文化、顺山屯类型、庙后山文化。以下着重对高台山文化与夏家店下层文化、新乐上层文化的关系予以讨论。

1. 与夏家店下层文化的关系

夏家店下层文化分布范围的东界在医巫闾山，它与高台山文化以医巫闾山为界，东西毗邻，曾同时存在了相当一段时间。两者在聚落形态、房屋及墓葬形制、埋葬习俗、陶器质地和基本组合、生产工具的形制等方面差别较大，表明两者属于不同的文化体。但由于两者分布地区相毗邻，两地的人们也有文化交流，如敖汉旗大甸子夏家店下层文化墓葬中，出土了高台山文化的陶器[1]。阜新平顶山高台山文化墓葬中，也曾出土过夏家店下层文化的陶盂[2]。

值得注意的是，在夏家店下层文化的晚期，陶器的质地、纹饰发生了较为显著的变化：出现了相当数量的夹砂红褐陶和表面经磨光的红衣陶，绳纹呈现出衰落的迹象，素面陶增多。而夹砂红褐陶和红衣陶及素面为主等，均为高台山文化的固有的传统特征。因此，有理由认为，夏家店下层文化晚期出现的上述变化，应主要来自高台山文化的影响。高台山文化第二期时，文化的发展达到鼎盛阶段，应是该文化最为稳固、力量最为强劲之时。此时期，正相当于夏家店下层文化晚期。联系到前述夏家店下层文化晚期文化内涵中，高台山文化因素的增加，以及敖汉旗范杖子夏家店下层文化墓地与高台山文化墓地相邻的现象[3]，似有理由认为，夏家店下层文化晚期的居民，曾与高台山文化的居民之间发生过颇为频繁的交往。我们不倾向于将夏家店下层文化的灭亡与高台山文化的衰亡联系起来考虑，而是认为，更应注重大凌河流域的夏家店下层文化消亡与高台山文化的西进的关系。后者的向西扩张很可能是导致前者衰败的重要原因之一。

2. 与新乐上层文化的关系

新乐上层文化是主要分布于下辽河以东浑河流域的一支考古学文化[4]。该文化与高台山文化分布区相毗邻，年代被认为与高台山文化二、三期大体相当[5]。该文化与高台山文化的陶器及石器有不少相似之处。高台山文化的典型陶器如直腹浅袋足鬲等，在新乐上层文化中亦可见到。但两者之间还存在着显著的差别。新乐上层文化的炊器以鼎、甗为

---

[1] 刘晋祥：《大甸子墓地乙群陶器分析》，《中国考古学研究》，文物出版社，1986年。

[2] 辽宁省文物考古研究所、吉林大学考古学系：《辽宁省阜新平顶山石城址发掘报告》，《考古》1992年第5期。

[3] 内蒙古自治区文物工作队：《敖汉旗范杖子古墓群发掘简报》，《内蒙古文物考古》第3期，1984年。

[4] 沈阳市文物管理办公室：《沈阳新乐遗址试掘报告》，《考古学报》1978年第4期。

[5] A. 赵宾福：《关于高台山文化若干问题的探讨》，《青果集》，知识出版社，1993年。
B. 董新林：《高台山文化研究》，《考古》1996年第6期。

主，鬲较少见；高台山文化炊器则以鬲为主，鼎极少见。两者的盆、豆、罐等陶器的形制也显著不同。两者之间的上述相似性，表明两者之间有交流。但仍属于不同系统的考古学文化。

至于高台山文化与魏营子文化的关系可见本章第八节的第四部分。

二 庙后山文化

庙后山文化是主要分布于千山山地太子河上游地区的青铜时代的考古学文化，该文化遗存是以辽宁省本溪市山城子乡庙后山发现的洞穴墓地而命名的[1]。

庙后山文化的遗存在20世纪60年代初已被报道[2]。1979年，考古工作者对本溪庙后山B洞内的墓地进行了发掘。1982年，发掘了庙后山C洞[3]。1983年和1985年，又对本溪谢家崴子洞穴和南甸乡东崴子村A、B、C三个洞穴进行了发掘[4]。80年代中期，有学者提出"庙后山文化类型"的命名[5]。1986年，又在本溪县水泥厂后山单洞发现了庙后山文化的洞穴墓[6]。

1994年，庙后山和东崴子的洞穴墓的发掘报告由文物出版社出版[7]。该报告中，按洞穴所在行政村名，将原庙后山洞穴墓葬改称为"山城子洞穴墓"，将原东崴子洞穴称作"马城子洞穴"，将原水泥厂后山单洞称为"张家堡A洞穴"，另外还增加了北甸A洞的4座墓葬。报告将以洞穴墓为代表的遗存称为"马城子文化"[8]。鉴于这批洞穴墓的资料首先公布之时，被称作"庙后山类型"，已被考古界习用，故本文中仍称之为"庙后山文化"。

（一）文化特征

1. 遗迹

庙后山文化的聚落在庙后山、赵甸等遗址都有发现，但发掘面积都不大。在赵甸遗址的庙后山文化聚落址东南侧，发现了一道防护用石围墙。迄今发现的庙后山文化的遗迹主要是洞穴墓。这些洞穴墓多位于太子河上游两岸，距地表25～100米的崖壁上的石灰溶洞

---

[1] 辽宁省博物馆、本溪市博物馆、本溪县文化馆：《辽宁本溪县庙后山洞穴墓地发掘简报》，《考古》1985年第6期。

[2] 孙守道：《本溪谢家崴子洞穴及其附近发现古代文化遗址》，《辽宁日报》1961年11月19日。

[3] 辽宁省博物馆、本溪市博物馆、本溪县文化馆：《辽宁本溪县庙后山洞穴墓地发掘简报》，《考古》1985年第6期。

[4] A. 李恭笃、高美璇：《太子河上游洞穴墓葬探究》，《中国考古学会第六次年会论文集》，文物出版社，1990年。
B. 齐俊：《本溪地区太子河流域新石器至青铜时期遗址》，《北方文物》1987年第3期。

[5] 辽宁省博物馆、本溪市博物馆、本溪县文化馆：《辽宁本溪县庙后山洞穴墓地发掘简报》，《考古》1985年第6期。

[6] 高美璇：《本溪县单洞洞穴墓地》，《中国考古学年鉴（1987）》，文物出版社，1988年。

[7] 辽宁省文物考古研究所、本溪市博物馆：《马城子》，文物出版社，1994年。

[8] 辽宁省文物考古研究所、本溪市博物馆：《马城子》第283～284页，文物出版社，1994年。

中。洞穴的海拔高度一般在300～500米。迄今已公布了7个洞穴的墓葬发掘资料，发掘面积329平方米，发现墓葬145座。

庙后山文化的洞穴墓皆为公共墓地。每个洞穴中埋葬的墓葬数量不等。庙后山（山城子）C洞洞内面积13.5平方米，内有墓葬12座；马城子C洞洞内面积50平方米，发现墓葬23座；张家堡A洞内面积为85平方米，墓葬多集中于近洞口明亮处，在已发掘的60平方米范围内，发现庙后山文化的墓葬52座。

庙后山文化的墓葬可以分为一次葬和二次葬。一次葬均无墓圹，系将尸体及随葬品直接放于洞内较平整处。葬式为仰身直肢或屈肢。有的在头部之下垫一扁平石块。墓葬排列密集，洞内中心部位往往有骨骼重叠的现象。二次葬多为单人二次葬。也有随葬品。庙后山文化墓葬的另一特点是流行火葬。无论是一次葬还是二次葬，尸骨几乎都予以焚烧。墓葬所处的位置以及焚烧的程度因性别和年龄而异。老年男子多位于洞内正中，火烧程度也最甚。一些女性死者往往被葬于洞内近洞壁处，焚烧程度也较轻。二次葬的人骨多位于洞内中心部，常见上下重叠交错的现象，有的用鸡随葬。儿童及个别女性尸骨不经火烧。这类女性墓中常有石器随葬。至庙后山文化中晚期，有些洞穴内的墓葬以自然石块垒砌较浅的长方形石圹。有的墓在墓底铺垫较大的岩板，以后山单洞张家堡A洞为例，52座墓葬中，有6座墓底铺有页岩薄石板，3座墓用石板砌出长方形墓圹，其中2座在石圹内发现木棺朽痕。这些墓葬的石质墓圹已有石棺墓的先兆，或为石棺墓之滥觞。

各墓一般都有随葬品，主要是石器和陶器。少者一二件或四五件，多者可达20～30件。男性墓中多随葬石斧、石镞，女性墓中多随葬纺轮、装饰品。此外，多数墓中还出土猪和鹿的下颌骨、腿骨及其他动物骨骼。值得注意的是，在张家堡A洞有5座墓，还出土了7件小件青铜饰件。

2. 遗物

庙后山文化洞穴墓共出土陶器795件。以夹砂红褐陶为主，夹砂灰褐陶次之，晚期出现少量夹砂黑陶，皆手制，多为泥条套接。陶器表面以素面为多，纹饰有附加堆放、划纹、水波纹、指甲纹、人字纹、刺点纹等。少量陶器口领部施叠唇或附加堆纹花边。流行多种器耳是该文化陶器的突出特点之一。有桥状横耳或竖耳、鋬耳、半环状耳、盲耳等多种，两种器耳用于同一器物的情况比较多见。随葬陶器的器类有壶、罐、钵、碗、盆、杯等，其中壶、罐、钵为常见的随葬陶器组合。壶盛行直领或斜领，腹部多较圆鼓。平底罐多为直领大口，鼓腹平底。豆的柄部大多较粗矮。钵和碗多饰各种器耳。遗址中出土的生活用陶器除墓葬中随葬的器类外，还有鼎、甑、豆等，但不见鬲、甗等袋足三足器。

庙后山文化的石器绝大多数为磨制，造型规整，制作精致。器形有扁平石斧、锛、凿、铲、长方形及半月形石刀、环状石器、圆形齿形器和纺轮等。石斧的种类和数量在石器中均居首位。大型板状石斧、大型长体石锛、石铲是较为常见、富有特色的器类。多齿环形器更是为庙后山文化所仅见的独特石器。此外，陶制纺轮的形制亦较多样，是构成庙后山文化生产工具独特风格的器类之一。

铜器迄今仅在本溪县张家堡A洞的洞穴墓中有所发现，皆为铜环或长方形铜饰片，未见容器和武器。

(二) 分期与年代

庙后山文化经历了一个较长期的发展过程。这一过程及其变化的阶段性可以从该文化的遗址及洞穴墓的地层叠压关系及遗物的变化中得到证明。换言之，该遗存可进行分期。发掘者已就庙后山文化的分期提出了自己的方案[1]。我们认为，可在此基础上，将庙后山文化分成三期四段。早期以马城子B洞墓葬为代表。中期前段以张家堡A洞④层墓葬、山城子C洞④层、山城子B洞墓葬为代表；中期后段以张家堡A洞③层、山城子C洞②层墓葬为代表。晚期以张家堡A洞②层、马城子A洞和C洞及山城子C洞②层墓葬为代表。各期陶器的变化规律可做如下概括（图8-53）。

陶系由夹砂红陶渐变为夹砂红褐陶，再进一步变为夹砂灰褐陶和黑褐陶。

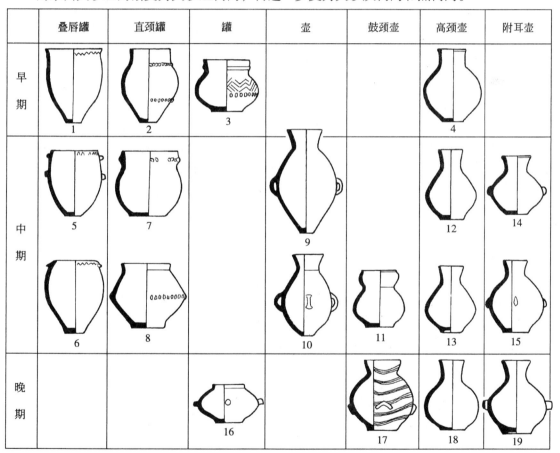

图8-53 庙后山文化陶器分期图

1. 叠唇罐（MBM9：16） 2. 直领罐（MBM4：3） 3. 罐（MBM13：8） 4. 高颈壶（MBM13：9） 5. 叠唇罐（ZAM50：1） 6. 叠唇罐（ZAM36：17） 7. 直领罐（SBM11：1） 8. 直领罐（ZAM47：3） 9. 壶（ZAM28：6） 10. 壶（SCM7：5） 11. 鼓颈壶（ZAM34：12） 12. 高颈壶（ZAM38：1） 13. 高颈壶（ZAM20：8） 14. 附耳壶（ZAM50：3） 15. 附耳壶（ZAM20：16） 16. 罐（ZAM8：6） 17. 鼓颈壶（SCM2：2） 18. 高颈壶（ZAM2：11） 19. 附耳壶（ZAM8：4）

---

[1] 辽宁省文物考古研究所、本溪市博物馆：《马城子》第275~282页，文物出版社，1994年。

早期口沿外侧、颈部或腹部多饰一周附加堆纹，口沿下多饰刺点纹。晚期附加堆纹基本不见，以素面占绝大多数。

早期多见大型深腹叠唇罐，晚期则已消失，代之以小型冥器。自始至终以壶、罐、钵为主要组合，早期不见三足器，晚期只见少量鼎和甗，不见鬲和甑。

壶类器早期口沿多抹成斜唇，晚期变为夹唇。壶的领部由细、长、斜变为粗、短、喇叭形。腹部由腰鼓形变为球形再变为扁圆腹。

早期器耳较少，主要见于碗、盆类器，并多为瘤状耳，壶、罐基本无耳。中晚期器耳的种类和数量逐渐增加，壶、罐多见桥状器耳。

庙后山文化的年代，已测的一批庙后山文化洞穴墓的碳十四年代数据，其中出于张家堡A洞④层的M52的树轮校正年代是距今3885±90年；出土于③层的M14的树轮校正年代为距今3305±140年；出土于②层的M7的树轮校正年代为距今3135±95年[1]。

综合上述碳十四数据，再结合文化面貌的比较分析，我们认为，庙后山文化的上限，可能与夏代晚期相近，而其下限或可到西周初年。

(三) 庙后山文化的源流

目前，关于庙后山文化的渊源，尚无较明确的线索。但在洞穴墓地的下层，曾发现早于该文化的陶器残片，表明这些洞穴可能在新石器时代晚期已有人居住。庙后山文化早期陶器中，有些器形及刻划纹饰与沈阳地区新石器时代晚期的偏堡类型[2]相近，从而为探讨庙后山文化的渊源提供了不可忽视的线索。

如前所述，庙后山文化的年代下限，约在中原西周初年，继其之后兴起于辽东地区的是以石棺墓为代表性遗存的双房类型。双房类型的聚落情况不甚清楚，目前发现的主要遗迹为石棺墓。随葬陶器的组合为壶、罐或壶、罐、碗[3]。

将庙后山文化晚期与双房类型的遗存相比较，两者在墓葬结构、埋葬习俗和随葬陶器方面存在着相似性，庙后山文化晚期遗存很有可能是双房类型的来源之一。换言之，后者的一些文化因素，很可能承袭于前者。双房类型很可能是双砣子三期文化和庙后山文化在西周早期燕国经略东北给辽东地区带来巨大冲击的情况下，经融合、重组而成的一种考古学文化遗存[4]。

(四) 经济形态及社会生活

虽对庙后山文化居住址的情况了解较少，但从庙后山文化的生产工具等方面，仍可对

---

[1] 中国社会科学院考古研究所：《中国考古学中碳十四年代数据集 (1965~1991)》第76~78页，文物出版社，1991年。

[2] 东北博物馆文物工作队：《辽宁新民县偏堡沙岗新石器时代遗址调查记》，《考古通讯》1958年第1期。

[3] 许明纲、许玉林：《辽宁新金县双房石盖石棺墓》，《考古》1983年第4期。

[4] 王巍：《夏商周时期辽东半岛和朝鲜半岛西北部的考古学文化序列及其相互关系》，《中国考古学论丛》，科学出版社，1993年。

该文化的经济形态进行探讨。

庙后山文化的石器制作精致，反映出当时石器制作技术已达相当高的水准。石刀在墓葬中虽然并不多见，但在山城子C洞外遗址中发现很多，它应是当时常用的生产工具。大型石铲和数量较多的石刀的出土，表明农业在庙后山文化中居重要地位。形制多样、数量众多、大小配套的石斧、石锛和石凿的随葬，反映出木作技术的发展，这些木工工具往往成套随葬于墓葬中，暗示出当时木工技术已较发达，有可能已出现专司木作的匠人。从各类工具的出土情况来看，男性墓中多随葬斧、锛、凿等木工工具，女性墓中则多见纺轮。反映出当时已出现了较为明确的男女分工。男子已在社会经济生活中居主导地位。男性墓中随葬品的平均数量多于女子，应是这一社会现实的反映。墓葬中常见猪骨，说明当时流行以家畜随葬的习俗。而这应是以家畜饲养业的出现与发展为前提的。

（五）庙后山文化与周邻其他文化的关系

1. 与顺山屯类型的关系

顺山屯类型是以辽宁康平顺山屯遗址而命名的一支考古学文化[1]。它主要分布于辽宁北部。其年代约在商代晚期至西周初年。该类型墓葬以单人或多人的屈肢葬为主，死者双手置于胸前，有的墓葬有火烧痕迹。将顺山屯类型与庙后山文化相比较，两者在以下几方面存在相似之处：以夹砂红褐陶为主，并有少量灰褐陶和黑陶；陶器口沿外侧施以叠唇；陶器以素面为主，部分陶器颈、肩、腹部饰刺点纹和附加堆纹；器耳非常发达，种类繁多，多见一件器物上使用两种不同器耳的现象；皆流行多人合葬和屈肢葬。

但是，两者之间也存在着明显的不同。最主要的是顺山屯类型遗址和墓葬中常见的陶鬲、陶甗等三足器不见于庙后山文化；顺山屯类型陶器中红衣陶所占比例远远大于这种陶器在庙后山遗存中所占的比例；两者的墓葬形制也有所不同。这两种文化遗存上述异同表明，两者之间具有较为密切的联系。它们应是具有某种亲缘关系的两个共同体的文化遗存。

2. 与新乐上层文化的关系

新乐上层文化是主要分布于浑河流域的一支考古学文化[2]。其年代约在商代后期。与庙后山文化曾平行发展一段时期。将两者的文化面貌进行比较，可以看出，两者在流行夹砂红褐陶系、多桥耳和鋬耳等方面比较接近。但是，新乐上层文化以鼎和甗为主要炊器，并有少量陶鬲；而庙后山文化仅在其中晚期遗迹中有少量鼎和甗出土，不见鬲和甗。新乐上层文化的墓葬迄今未有发现。因此，两者之间的丧葬习俗无法进行比较。从陶器上看，两者异大于同，应属于不同系统的考古学文化。庙后山文化中晚期出现的少量鼎和甗，或许是受到新乐上层文化影响的结果。

3. 与西团山文化的关系

西团山文化是主要分布于松花江中上游和东辽河流域的一支青铜时代考古学文化[3]。

---

[1] 辛占山：《康平顺山屯青铜时代遗址试掘报告》，《辽海文物学刊》1988年第1期。
[2] 沈阳市文物管理办公室：《沈阳新乐遗址试掘报告》，《考古学报》1978年第4期。
[3] 董学增：《试论吉林地区西团山文化》，《考古学报》1983年第4期。

该文化的年代约在公元前一千年,其年代上限可至西周早期,在年代上与庙后山文化的末期相衔接。庙后山文化有可能是西团山文化的主要源头之一。对西团山文化的介绍及其与庙后山文化的关系,将在《中国考古学·两周卷》中叙述。

三 双砣子各期文化遗存

(一) 双砣子一期文化

以大连市双砣子遗址下层命名[1]。典型遗址还有大连市于家村下层等[2],或称"于家下层文化"。该遗存的石器有剖面呈椭圆形、长方形及方形的石斧,长方形和半月形石刀、石铲、石锛、石矛、石镞、环状石器、纺轮等,皆磨制。陶器以夹细砂黑褐陶为主,磨光黑皮陶次之。手制,口沿部经慢轮修整。以素面为多,纹饰有弦纹、弦纹乳点、划纹等。还有一些彩绘陶,有红、白、黄等色,彩绘纹饰有三角形、菱形、曲尺形、阶梯形等几何图案。陶器壁厚体重,多平底器。器类有罐、壶、碗、豆、杯等(图8-54)。该遗存的年代约距今4000~3800年左右。

(二) 岳石文化双砣子二期类型

以双砣子中层为代表。石器磨制,有斧、锛、铲、半月形石刀、石矛、石镞、环状石器等。陶器以泥质黑灰陶为主,夹砂褐陶次之。多轮制。器壁厚薄均匀,火候较高。多为素面磨光,罐的颈部多饰一突棱弦纹。器物多子母口,流行假圈足、舌形足。器类有腰及裆部饰附加堆纹的甗、鼓腹罐、深腹簋、浅盘豆、长颈壶、器盖等(图8-54)。墓葬为积石墓,以大连将军山积石墓为代表[3]。

双砣子二期的文化面貌与胶东半岛岳石文化照格庄类型十分相似(图8-55)。其年代亦应相当,但其上下限或较后者为晚。

在辽东半岛南部碧流河流域,还分布着一种以单砣子土圹墓和上马石瓮棺墓为代表的遗存[4]。陶器的子母口、假圈足、多轮制等特点与双砣子遗址中层遗存相同,但陶器中未见豆、杯,罐的形制差别亦较大。墓葬葬制也很不同。关于这类遗存与双砣子遗址中层为代表的遗存的关系,有人将两者视为一体,统属"双砣子文化二期",也有人认为应将二者相区别[5]。我们认为,虽然目前缺乏对这类遗存的科学发掘资料,对其文化面貌的了解尚不充分,但它与双砣子二期遗存的差异是不应忽视的。前者分布于碧流河流域,较多地保留了辽东半岛双砣子一期的文化传统;后者则分布于半岛南端,属胶东半岛岳石文

---

[1] 中国社会科学院考古研究所:《双砣子与岗上》第3~56页,科学出版社,1996年。
[2] 辽宁省博物馆、旅顺博物馆:《旅顺于家村遗址发掘简报》,《考古学集刊》第1集,中国社会科学出版社,1981年。
[3] 中国社会科学院考古研究所:《双砣子与岗上》第57~66页,科学出版社,1996年。
[4] A. 辽宁省博物馆、旅顺博物馆:《辽宁长海县上马石青铜时代墓葬发掘简报》,《考古》1982年第6期。
    B. 许明纲:《试论大连地区新石器和青铜文化》,《中国考古学会第六次年会论文集》,文物出版社,1990年。
[5] 陈光:《羊头洼类型研究》,《考古学文化论集(二)》,文物出版社,1989年。

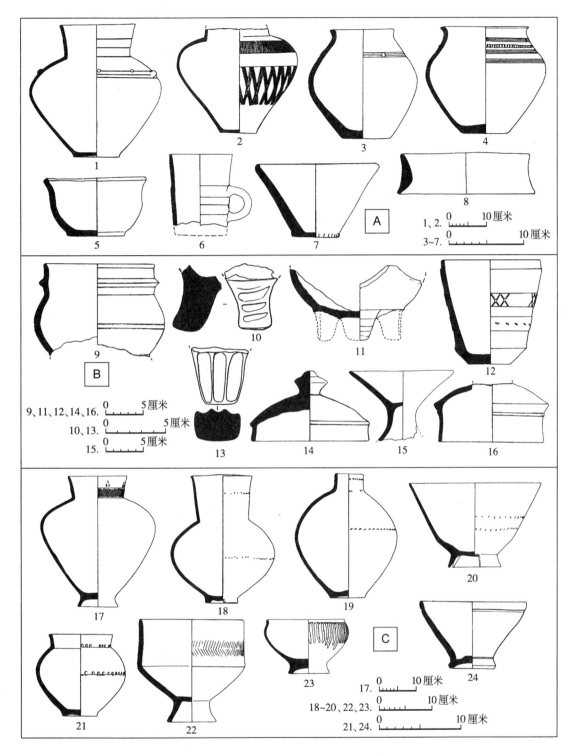

图 8-54 双砣子一、二、三期文化陶器

A. 双砣子一期文化 1. 罐（T1:9） 2. 罐（T4:46） 3. 罐（F4:19） 4. 罐（T4:44） 5. 盆（T5:27） 6. 杯（T4:48） 7. 碗（T5:25） 8. 器座（T4:43）

B. 双砣子二期文化 9. 罐（H6:6） 10. 鼎足（T1:38） 11. 鼎（H5:5） 12. 盂（H10:4） 13. 鼎足（H6:9） 14. 器盖（T11:43） 15. 豆（T8:19） 16. 器盖（T4:51）

C. 双砣子三期文化 17. 罐（F4:22） 18. 罐（F4:3） 19. 罐（F4:26） 20. 簋（F4:33） 21. 罐（F4:19） 22. 簋（F4:21） 23. 簋（T4:49） 24. 碗（F12:5）

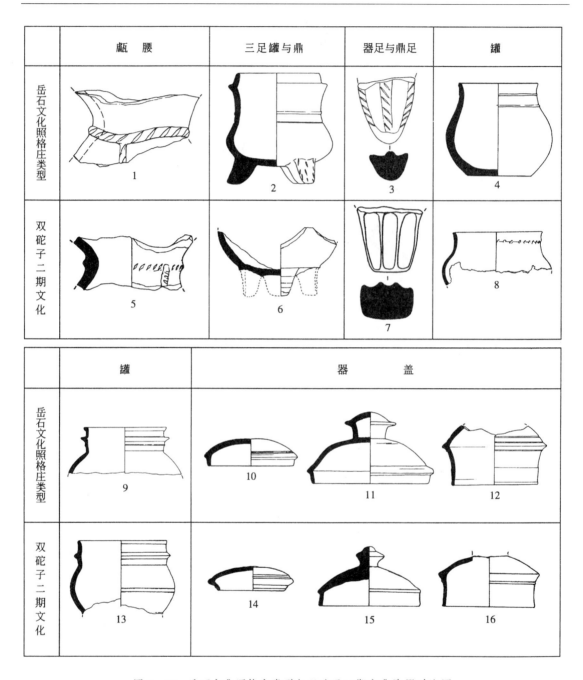

图 8-55 岳石文化照格庄类型与双砣子二期文化陶器对比图
1. 甗腰（照格庄 H15:17） 2. 三足罐（照格庄 H24:23） 3. 器足（照格庄 H37:46） 4. 罐（照格庄 H9:20） 5. 甗腰（双砣子 T7:43） 6. 鼎（双砣子 H5:5） 7. 鼎足（双砣子 H6:4） 8. 罐（双砣子 H10:6） 9. 罐（照格庄 T7②:11） 10. 器盖（照格庄 H26:15） 11. 器盖（照格庄 H6:28） 12. 器盖（照格庄 T5④:38） 13. 罐（双砣子 H6:6） 14. 器盖（双砣子 H6:8） 15. 器盖（双砣子 T11:43） 16. 器盖（双砣子 T4:51）

化系统。它们可能分属于两个不同而又具有较密切关系的人们共同体的遗存。

(三) 双砣子三期文化

以双砣子遗址上层为代表，或称"于家上层类型"[1]、"羊头洼类型"[2]。该遗存在半岛南部分布广泛，典型遗址有大连于家村上层、于家砣头积石墓[3]、羊头洼[4]等。该类型的生产工具以磨制石器为主，有器身扁平的斜刃及平刃石斧、拱背或微起脊的有段石锛、石凿、梭形石刀、石矛、石镞、石戈、石钺、环状石器、石纺轮等。陶器以夹砂灰黑褐陶为主。手制。纹饰多为刻划的平行线、刺点及泥条突棱构成的组合纹饰。器形有罐、壶、簋、碗、豆、杯等。罐多侈口或直口矮领、鼓腹、低圈足。壶多为长颈、鼓腹、低圈足。豆多直壁，圈足较低。流行圈足是该类型陶器的显著特点（图8-54）。在于家砣头积石墓中，出土了青铜镞、鱼钩和铜扣，羊头洼遗址也出土了青铜片。该类型的年代约距今3400～3000年左右。

关于上述几种文化遗存的相互关系，我们认为，除双砣子二期遗存在很大程度上与胶东半岛岳石文化面貌接近，属于该文化的一个地方类型外，其余两种遗存都属辽东半岛南部土著文化系统。

第十节 闽、粤、桂地区

华南闽、粤、桂地区相当于中原夏商时期的考古资料，近年来有了相当的积累。尽管其整体文化面貌尚不甚清楚，来龙去脉及不同地区间考古学文化的关系尚需要新资料的进一步说明，但是，该地区相当于夏商时期考古学文化的基本特征已初露端倪，为我们了解夏商时期华南地区的考古学文化面貌提供了重要线索。

一 闽东沿海

闽东沿海地区相当于夏商时期的考古学文化，主要包括黄瓜山文化和黄土仑文化。

(一) 黄瓜山文化

黄瓜山文化主要分布于闽江下游及闽东沿海地区，目前经科学发掘的有霞浦黄瓜山遗址[5]、闽侯庄边山遗址上层[6]和福清东张遗址的中层[7]。该文化曾有过不同的命名，如

---

[1] 许玉林、许明纲、高美璇：《旅大地区新石器时代文化和青铜时代文化概述》，《东北考古与历史》第一辑，1982年。
[2] 陈光：《羊头洼类型研究》，《考古学文化论集（二）》，文物出版社，1989年。
[3] 旅顺博物馆、辽宁省博物馆：《大连于家村砣头积石墓地》，《文物》1983年第9期。
[4] 陈光：《羊头洼类型研究》，《考古学文化论集（二）》，文物出版社，1989年。
[5] 福建省博物馆：《霞浦黄瓜山遗址调查简报》，《福建文博》1989年第1、2期合刊；《福建霞浦黄瓜

"东张中层类型"[8]、"庄边山上层类型"[9]等。在上述诸遗址中，以霞浦黄瓜山遗址的文化内涵最为单纯且遗存典型丰富，我们认为，可将该类遗存命名为"黄瓜山文化"。

黄瓜山文化的陶器有夹砂和泥质陶两类，而以泥质陶为主。泥质陶中，又以橙黄陶为主，次为灰硬陶，在晚期还出现了少量的施釉陶器。这些陶器的陶土多经淘洗，羼和粗砂的极少。烧成温度一般较高，质地坚硬。陶器制法为手制、轮制并用，部分为分制后再粘接而成，连接部位较厚，常留有手抹痕迹。主要器形有甗形器、釜、广口尊、球形罐、半球形罐、凹底罐、单銴罐、钵、盘、豆、杯以及陶支脚等。多大敞口器，以圜底或凹圜底为主要特征，部分器物个体较大，有的口径达40多厘米。器表装饰方法丰富多样，有拍印、刻划、戳点、压印以及施陶衣和彩绘等，纹饰主要为拍印的斜线条纹、篮纹、栅篱纹、方格纹以及少量绳纹和不规则的蕉叶纹（叶脉纹）等。器物肩部多饰宽突棱附加堆纹，多数器物往往在拍印纹饰之上，再通施赭色或深赭色的陶衣。陶衣多施于泥质橙黄陶及灰硬陶的表面，施衣部位多在口沿的内沿面及器物外表全身，少数内外通施。彩绘陶器较多，有红赭色和黑赭色两种，纹饰主要有平行条纹、斜线三角纹、交叉网格纹、云雷纹等，多饰于器物的口沿和肩部。石器与以昙石山文化为代表的新石器时代晚期差别不大，仍以磨制的小型石器为主，有锛、有段石锛、凿、矛、镞、锥和凹石等。新出现了石戈。骨器种类较少，有锥、匕、镞、矛等。蚌器有铲和刀。另外还有陶拍、网坠及极具特色的彩绘硬质陶纺轮（图8-56）。

黄瓜山文化的遗迹发现较少，目前仅在黄瓜山遗址发现水沟2条，灶坑4个和房址2座。水沟未全部清理出来，发掘显露出的部分长10余米，宽1.2~2米，深0.5~1.7米，沟底为灰褐色淤泥层，估计应为水渠之类的供排水设施。两座房址（F1、F2）中以F2保存较好。F2共发现柱洞17个，大体上由纵向（西南—东北）和横向（东南—西北）各4排柱洞组成，柱洞纵向间距多在1.5~2米之间，横向间距在2~3米之间。柱洞直径在30~40厘米之间。柱洞深浅不一，最浅的15厘米，最深的达50厘米。部分柱洞底部有平整的垫石，柱旁填埋有石块。根据柱洞的排列及未发现居住面等情况，推测其建筑形式应为南方地区常见的干栏式建筑。

对黄瓜山文化的经济生活情况，我们了解的不多。目前发掘的黄瓜山文化遗址均为贝丘遗址，出土工具中小型木作工具较多，而少见农业生产工具，估计当时采集和渔猎在人们的经济生活中仍占有相当大的比重。

山遗址发掘报告》，《福建文博》1994年第1期。
[6] A. 福建省文物管理委员会：《闽侯庄边山新石器时代遗址试掘简报》，《考古》1961年第1期。
B. 福建省博物馆：《福建闽侯庄边山遗址发掘报告》，《考古学报》1998年第2期。
[7] 福建省文物管理委员会：《福建福清东张新石器时代遗址发掘报告》，《考古》1965年第2期。
[8] 陈存洗、杨琮：《福建石器时代文化特征与年代初论》，《福建历史文化与博物馆学研究》，福建教育出版社，1993年。
[9] 林公务：《福建境内史前文化的基本特点及区系类型》，《福建历史文化与博物馆学研究》，福建教育出版社，1993年。

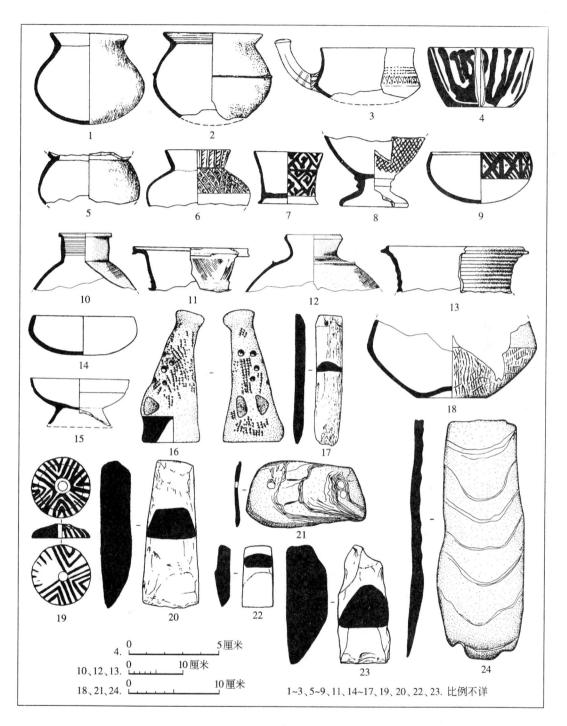

图 8-56 黄瓜山文化遗物

1. 陶釜（庄边山） 2. 陶釜（黄瓜山） 3. 陶单鋬罐（黄瓜山） 4. 陶杯（庄边山 T37③:26） 5. 陶瓿形器（黄瓜山） 6. 陶壶（黄瓜山） 7. 陶杯（黄瓜山） 8. 陶簋（黄瓜山） 9. 陶钵（黄瓜山） 10. 陶长颈罐（庄边山 T7③:9） 11. 陶尊（黄瓜山） 12. 陶长颈罐（庄边山 T62③:59） 13. 陶尊（庄边山 T38③:37） 14. 陶钵（黄瓜山） 15. 陶豆（黄瓜山） 16. 陶支脚（黄瓜山） 17. 骨匕（黄瓜山） 18. 陶凹底罐（庄边山 T24③:10） 19. 陶纺轮（黄瓜山） 20. 石锛（黄瓜山） 21. 贝刀（庄边山 T62③:12） 22. 有段石锛（黄瓜山） 23. 石锛（黄瓜山） 24. 贝铲（庄边山 H20:5）

黄瓜山文化的年代，从福清东张遗址的层位关系[1]以及黄瓜山、庄边山上层的出土遗物可以看出，该文化晚于昙石山文化，而早于黄土仑文化。在黄瓜山遗址下层，发现了少量昙石山文化因素，如夹砂圜底釜、泥质灰陶浅盘豆等，说明其年代上限接近昙石山文化；而黄瓜山遗址上层，则发现了黄土仑文化的因素，如灰硬陶折肩尊、单鋬罐、方格纹折腹盆和变体雷纹簋等，说明黄瓜山文化的下限接近黄土仑文化。根据闽江下游地区诸文化遗存的考古编年，推测黄瓜山文化的年代约在距今4000～3500年间。黄瓜山遗址下层贝壳的碳十四年代为距今3915±60年[2]，也支持上述推测。该类文化遗存过去曾被认为属新石器时代，我们认为，尽管该文化遗存中尚未发现青铜器，但从部分陶器的特征观察，不排除其晚期已进入青铜器时代的可能性。

黄瓜山文化与同样分布在闽江下游地区的新石器时代晚期文化——昙石山文化之间，在文化内涵上，尤其是在整个陶器群的陶质、陶色、器类和装饰特点等方面，都存在着质的差别，目前还看不出二者有直接的渊源关系，尽管在分布上均在东部一线，但黄瓜山文化的主要区域，则在闽江口以北的闽东及浙南瓯江流域地区，其来源将有待于这些地区典型遗存的进一步揭露。

（二）黄土仑文化

黄土仑文化集中分布在闽江下游地区，该文化以闽侯黄土仑遗址[3]为代表，闽侯古洋遗址[4]、福清东张上层遗存[5]和光泽浔江遗址采集的部分遗物[6]也属黄土仑文化的范畴。另外，昙石山遗址上层也发现了部分黄土仑文化的因素。

黄土仑文化的陶器富有浓厚的地方色彩，同时又表现出强烈的时代特点。陶器以羼有细砂的灰白色几何形印纹硬陶为主，刻划纹硬陶次之，火候较高，质地坚硬致密，胎色灰白。另外，还有少量泥质红陶和细砂红陶。陶器制作方法以轮制为主，少量器物或器物的个别部位为手制或模制。陶器流行凹圜底、圈足及大圆饼底座，不见三足器。器形有甗、豆、壶、罐、釜、尊、杯、盘、盂、钵、虎子形器、鼓、纺轮、网坠等十几类（图8-57）。甗为双耳罐形下接折肩圜底釜。豆一般为子母口，有深盘、浅盘、折肩釜式豆盘等，竹节状突棱柄下接喇叭状底座。杯的形制多样，有觚形杯、单耳杯、双耳杯、圈足杯等，其中以长喇叭筒状杯身、下接圆饼形底座的觚形杯最有特色，具有浓厚的仿铜器风格。罐有扁腹、圆腹、长腹之别。壶的造型则以杯口，广肩，双系或带鋬为特征。陶鼓则为腰鼓形，两端开口，中空，器身附兽形提梁，下接喇叭形座。器表装饰技巧也富有风格，除少量素面外，器身拍印纹饰

---

[1] 东张遗址分上、中、下三层，上层属黄土仑文化，中层属黄瓜山文化，下层属昙石山文化。
[2] 福建省博物馆：《霞浦黄瓜山遗址调查简报》，《福建文博》1989年第1、2期；《福建霞浦黄瓜山遗址发掘报告》，《福建文博》1994年第1期。
[3] 福建省博物馆：《福建闽侯黄土仑遗址发掘简报》，《文物》1984年第4期。
[4] 陈龙、林忠干：《闽侯古洋遗址调查》，《福建文博》1994年第1期。
[5] 福建省文物管理委员会：《福建福清东张新石器时代遗址发掘报告》，《考古》1965年第2期。
[6] 福建省博物馆、光泽县文化局文化馆：《福建省光泽县古遗址、古墓葬的调查和清理》，《考古》1985年第12期。

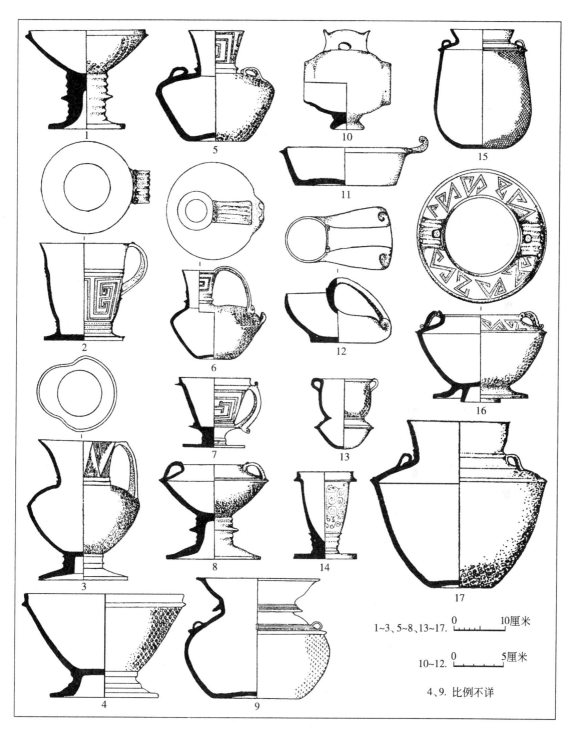

图 8-57 黄土仑文化陶器

1. 豆（黄土仑 M3:6） 2. 单耳杯（黄土仑 M13:1） 3. 鬶形壶（黄土仑 M7:3） 4. 簋（古洋） 5. 杯口双系壶（黄土仑 M1:4） 6. 鬶形壶（黄土仑 M3:13） 7. 单耳杯（黄土仑 M6:4） 8. 豆（黄土仑 M2:2） 9. 尊（古洋） 10. 鼓（黄土仑 M17:5） 11. 盘（黄土仑 M12:13） 12. 虎子形器（黄土仑 M16:6） 13. 甗（黄土仑 M18:3） 14. 觚形杯（黄土仑 M12:4） 15. 长腹罐（黄土仑 M14:3） 16. 叠形器（黄土仑 M3:10） 17. 尊（黄土仑 M5:3）

以变体雷纹和方格纹为主，口部多采用刻划的斜线三角纹、双线中加锥点组成几何图案等。此外，在器物的肩、腹及鋬耳上常见用泥条堆塑而成的附加堆饰，如 S 形、涡旋状、卷云状纽和羊、虎、龙等动物造型。石器较少，仅见锛、玦、镞等，在古洋遗址还发现了少量的玉环。

黄土仑文化中发现了较多的刻划陶文符号，其中以古洋遗址所出数量最多，达 60 余个。这些刻划符号是在入窑前用尖锐的刀具直接刻在陶坯上的。刻划位置一般在器物的口沿、腹部、底座和鋬耳上。这些刻划符号与江西清江吴城遗址[1]及鹰潭角山窑址[2]发现的陶文符号相同或相似，其含义尚有待进一步研究和破译。

黄土仑文化的遗迹主要是墓葬，此外尚未发现其他遗迹现象。在黄土仑遗址共发现墓葬 19 座，为长方形竖穴土坑墓，未见葬具，人骨均朽蚀无存。随葬品以陶器为主，个别墓葬随葬小型生产工具，如石镞、网坠等。器物一般成堆埋放，排列无序。各墓随葬品多寡不一，最多者 21 件，少者仅 4 件，还有个别墓无任何随葬品。器物组合有一定规律，常见的有豆、杯、罐或豆、杯、壶等。

目前，黄土仑文化中还没有发现青铜器，但从陶器的烧造水平和制作风格观察，应已进入青铜时代。早在 20 世纪 50 年代，有学者曾就指出，"福建闽侯所发现的带鋬罐、鋬上附有两个螺旋形泥条，可以知道它是模仿铜器的形制，虽然有石锛等石器共存，却可以间接说明当时已经产生了铜器"[3]。黄土仑遗址的一例碳十四年代测定数据，其高精度表校正值为公元前 1640 年至前 1225 年[4]，推测该文化的年代范围约当距今 3500~3000 年之间。黄土仑文化的陶器尽管具有浓厚的地方特征，但某些因素显然受到商文化的间接影响。如盛行凹圜底器，罐类盛行折肩，纹饰以云雷纹、回字纹为特色等，与江西清江吴城遗址出土的商代陶器[5]颇为近似；陶鼓与湖北崇阳出土的商代铜鼓[6]在造型上具有相同的风格；带泥饼的雷纹圜底罐、侈口凹圜底雷纹罐、鸭形小壶等器物以及豆把上的节状

---

[1] A. 江西省博物馆、清江县博物馆、北京大学历史系考古专业：《江西清江吴城商代遗址发掘简报》，《文物》1975 年第 7 期。
   B. 江西省博物馆、清江县博物馆：《江西清江吴城商代遗址第四次发掘的主要收获》，《文物资料丛刊》2，文物出版社，1978 年。
   C. 江西省文物工作队吴城考古工作站、厦门大学人类学系 84 级考古专业、清江县博物馆：《清江吴城遗址第六次发掘的主要收获》，《江西历史文物》1987 年第 2 期。
[2] 江西省文物工作队、鹰潭市博物馆：《鹰潭角山商代窑址试掘简报》，《江西历史文物》1987 年第 2 期。
[3] 安志敏：《全国基建出土文物会展中的石器时代》，《文物参考资料》1954 年第 9 期。
[4] 中国社会科学院考古研究所：《中国考古学中碳十四年代数据集（1965~1991）》第 124 页，文物出版社，1991 年。
[5] A. 江西省博物馆、清江县博物馆、北京大学历史系考古专业：《江西清江吴城商代遗址发掘简报》，《文物》1975 年第 7 期。
   B. 江西省博物馆、清江县博物馆：《江西清江吴城商代遗址第四次发掘的主要收获》，《文物资料丛刊》2，文物出版社，1978 年。
   C. 江西省文物工作队吴城考古工作站、厦门大学人类学系 84 级考古专业、清江县博物馆：《清江吴城遗址第六次发掘的主要收获》，《江西历史文物》1987 年第 2 期。
[6] 鄂博、崇文：《湖北崇阳出土一件铜鼓》，《文物》1978 年第 4 期。

突棱、器物上的角状錾手、宽扁耳饰和纽饰等装饰作风，与江西万年肖家山遗址[1]和鹰潭角山窑址[2]商末至西周初的同类器十分相似，据此并参照碳素测定数据，黄土仑文化的年代大约相当于中原地区的商代晚期，其下限可能已进入西周初年。

黄土仑文化的甗形器、尊、簋、罐等器物及斜线三角纹等装饰，可在黄瓜山文化中找到祖型，二者分布的中心区也大致相同，但目前尚看不出它们之间有直接的承继关系。近年，有学者提出了江西"万年肖家山等地墓葬—鹰潭角山窑址（含福建光泽材料）—黄土仑墓葬"的发展序列[3]。这种看法是否合乎实际，尚有待江西和福建相关地区考古学资料进一步丰富后，加以验证。

二　闽西北

在闽西北地区光泽县的马岭和白主段等遗址也发现了大体上相当于中原夏商时期的考古学文化遗存。

（一）马岭类遗存

以光泽县崇仁乡池湖村马岭遗址为代表[4]，在浦城、松溪、建阳、崇安、邵武等地也有零星发现[5]。马岭遗址发现2座墓葬，出土陶器45件，其中泥质灰硬陶20件，泥质红、黄软陶25件。25件软陶中有11件器表施黑色或褐色陶衣，或称"着黑陶"[6]。陶器制法为手制与轮制兼用，一般器物的口、颈、肩部有明显的轮旋痕迹，腹、底部则多留有手捏痕迹。器物造型多见圜底或凹底，平底器较少见，不见圈足器。主要器形有长嘴平底盉、带流短颈圜底单錾罐、高领凹底罐、羊角形单把圜底罐、曲腹盆、圜底盂等（图8-58）。器表装饰除部分表面施黑或褐色陶衣外，有拍印和刻划纹两种。拍印纹饰有重回纹、斜方格加条纹、菱格填线纹、席纹、方格纹、勾连纹、云雷纹、篮纹等。组合纹饰较常见，并往往重叠交错。刻划纹主要为平行或斜线三角纹。马岭遗址陶器中的长嘴平底盉、带流短颈圜底单錾罐、高领凹底罐、圜底盂等，在造型、质地及器表装饰上都与浙江江山南区肩头弄遗址[7]的同类器相同。圜底盂的形制则类似于上海马桥中层（④层）[8]出土

---

[1] 江西省文物管理委员会：《1961年江西万年遗址的调查和墓葬清理》，《考古》1962年第4期；《1962年江西万年新石器遗址、墓葬的调查与清理》，《考古》1963年第12期。
[2] 江西省文物工作队、鹰潭市博物馆：《鹰潭角山商代窑址试掘简报》，《江西历史文物》1987年第2期。
[3] 江西省文物工作队、鹰潭市博物馆：《鹰潭角山商代窑址试掘简报》，《江西历史文物》1987年第2期。
[4] 福建省博物馆、光泽县文化局文化馆：《福建省光泽县古遗址、古墓葬的调查和清理》，《考古》1985年第12期。
[5] 林公务：《福建境内史前文化的基本特点及区系类型》，《福建历史文化与博物馆学研究》，福建教育出版社，1993年。
[6] 牟永抗、毛兆廷：《江山县南区古遗址、墓葬调查试掘》，《浙江省文物考古所学刊》，1981年。
[7] 牟永抗、毛兆廷：《江山县南区古遗址、墓葬调查试掘》，《浙江省文物考古所学刊》，1981年。
[8] 上海市文物管理委员会：《上海马桥遗址第一、二次发掘》，《考古学报》1978年第1期；《上海市闵行区马桥遗址1993~1995年发掘报告》，《考古学报》1997年第2期。

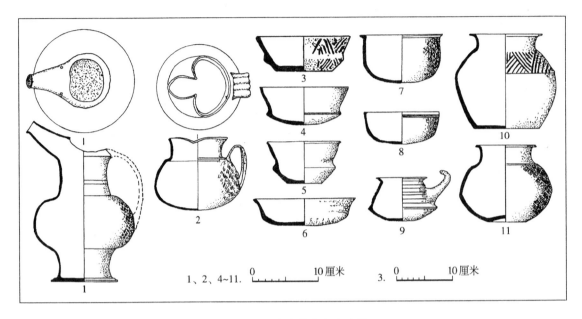

图 8-58 马岭墓葬出土陶器

1. 长嘴盉（M2:5） 2. 带流壶（M1:6） 3. 盆（M1:16） 4. 盆（M1:21） 5. 盆（M2:22） 6. 盆（M1:8） 7. 盂（M1:9） 8. 盂（M2:18） 9. 带把罐（M1:17） 10. 高领罐（M2:19） 11. 高领罐（M1:1）

的同类器。肩头弄遗址出土的陶器，被划分为江山南区的第二单元和第三单元两个类型，其中"第三单元的年代可能相当或稍早于中原的商代"。马桥中层的年代大约相当于夏代至商代早期。综上所述，马岭类遗存的年代当与肩头弄和马桥中层的年代相当。

（二）白主段类遗存

以光泽县崇仁乡白主段遗址[1]和香炉山遗址[2]为代表。白主段遗址共发现5座墓葬，出土陶器21件；香炉山遗址发现3座墓葬，出土陶器19件。陶器以泥质灰硬陶为主，夹砂灰硬陶次之，泥质和夹砂红软陶较少。手制、轮制兼用，常见细密的旋轮痕迹。主要器形有甗、尊、高领罐、长腹罐、豆、单鋬或双鋬耳罐、钵、釜、折肩罐等。陶器装饰以拍印纹为大宗，主要有方格纹、曲折纹、云雷纹、细绳纹、篮纹、"S"形纹等。两种纹饰共饰一器的组合装饰盛行（图8-59）。白主段类遗存中发现的甗、长腹罐、折肩尊、高领罐及钵等分别见于江西吴城遗址第二、三期和万年肖家山，福建闽侯黄土仑、古洋遗址。据此推测，白主段类遗存的年代大约相当于商代晚期，其下限或已进入西周初年。

闽北地区的马岭和白主段两类遗存中，马岭一类遗存年代稍早，与浙江南部地区同时

---

[1] 福建省博物馆、光泽县文化局文化馆：《福建省光泽县古遗址、古墓葬的调查和清理》，《考古》1985年第12期。

[2] 福建省博物馆、光泽县文化局文化馆：《福建省光泽县古遗址、古墓葬的调查和清理》，《考古》1985年第12期。

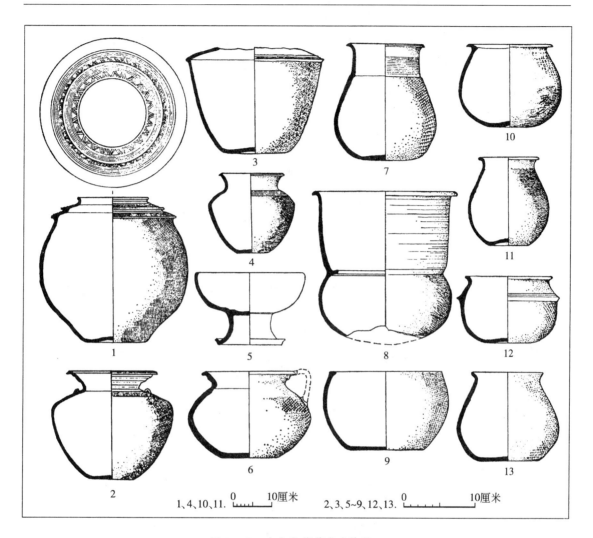

图 8-59 白主段墓葬出土陶器

1. 尊(M3:3) 2. 钵(M5:27) 3. 尊(M1:1) 4. 高领罐(M3:1) 5. 尊(M4:5) 6. 高领罐(M2:6) 7. 长腹罐(M4:1)
8. 瓢(M5:3) 9. 豆(M5:1) 10. 釜(M1:2) 11. 长腹罐(M5:4) 12. 釜(M4:2) 13. 长腹罐(M2:4)

代文化关系密切；而白主段类遗存年代略晚，与江西吴城文化关系密切，同时，白主段类遗存可能还受到闽江下游地区黄土仑文化的影响。限于目前资料，马岭和白主段两类遗存的来龙去脉以及彼此间的关系目前都还难以准确认定。

三　珠江三角洲

从遗址类型和文化内涵观察，珠江三角洲地区相当于夏商时期的考古遗存大致可分为两类：一类为沙丘遗址，暂以珠海淇澳岛东澳湾遗址为代表，主要分布在珠江三角洲的南部沿珠江口东西两岸及附近岛屿的沙滩、沙堤或沙洲之上；另一类为贝丘遗址，暂以东莞村头遗址为代表，主要分布在珠江三角洲的中北部。

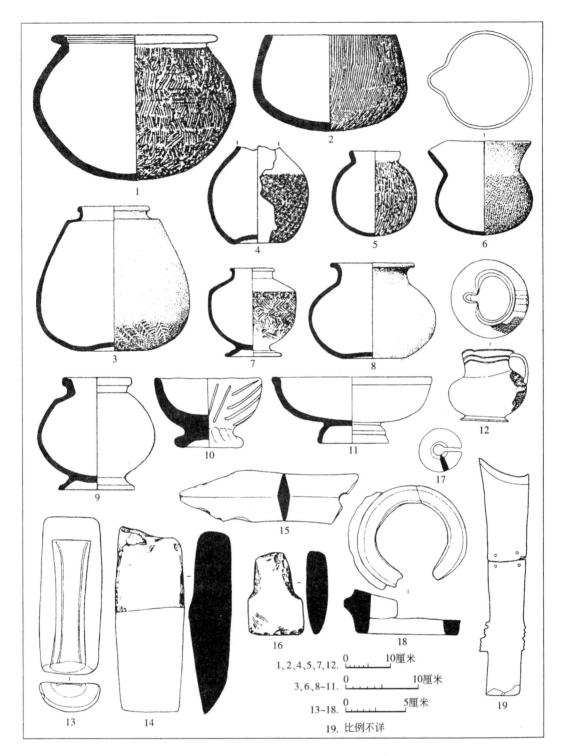

图 8-60 东澳湾类沙丘遗址出土器物

1. 陶釜（向南村 T9③:226） 2. 陶钵（棱角嘴 T301③:1） 3. 陶凹底罐（东湾仔 C1035:1） 4. 陶凹底罐（东澳湾 T3③:37） 5. 陶釜（亚婆湾采集:5） 6. 陶带流罐（东湾仔 C1087:1） 7. 陶矮圈足罐（亚婆湾采集:10） 8. 陶凹底罐（东湾仔 C1073） 9. 陶矮圈足罐（亚婆湾采集:11） 10. 陶豆（棠下环Ⅱ T14④B:81） 11. 陶圈足盘（向南村 T9③:139） 12. 陶带流壶（亚婆湾采集:13） 13. 石范（棠下环Ⅰ K8③:3） 14. 有段石锛（东澳湾 T8③:2） 15. 石戈（向南村 T9③:130） 16. 有肩石器（东澳湾 T1③:1） 17. 石玦（棠下环Ⅰ T24⑤:1） 18. 石环（棠下环 T26④:29） 19. 牙璋（大湾 DWM6:10）

（一）以东澳湾为代表的沙丘遗址

暂以珠海市淇澳岛东澳湾遗址为代表，主要遗址包括珠海草堂湾③层[1]，棱角嘴③、④层[2]，南沙湾②、③层[3]，东澳湾③、④层[4]，亚婆湾第Ⅰ组[5]及平沙棠下环晚期堆积[6]；深圳南山向南村遗址[7]；香港深湾Cb层[8]，大屿山白芒第一期[9]，南丫岛大湾遗址的10座墓葬[10]，下白泥吴家园中层[11]以及东湾仔北第二期遗存[12]等。

该类遗存的陶器有夹砂和泥质两类，而以夹粗砂灰黑、红褐陶为主，在陶器中的比例一般在85%以上，泥质陶数量较少。陶色有灰、黑皮、橙红、橙黄，还有一定数量的灰白色、灰色夹细砂陶。陶器造型流行圜底、凹圜底、圈足作风，部分器物有鋬或流，罕见平底器。器形有敞口或翻沿圆唇扁鼓腹圜底釜、各种凹底罐、矮圈足罐（或尊）、带流罐、圈足盘、豆、敞口或敛口钵、箅、器座、圆台形陶支脚、束腰筒形器座和纺轮等（图8-60）。陶器制法为手制、轮制兼用，圈足陶器多为器身、圈足分别成形，而后粘接成器。纹饰主要为交错绳纹，有的另压印橄榄状槽痕，此外还有曲折纹、复线方格纹、云雷纹、叶脉纹、弦纹、篮纹等。石器种类较多，包括斧、有肩斧、长身锛、梯形锛、有肩有段锛、有肩锛、网坠、锤、砧、砺石、铸范、牙璋[13]、戈、矛、镞、"T"形环、玦和坠饰

---

[1] 珠海市博物馆、广东省文物考古研究所、广东省博物馆：《三灶岛草堂湾遗址发掘》，《珠海考古发现与研究》，广东人民出版社，1991年。

[2] 珠海市博物馆、广东省文物考古研究所、广东省博物馆：《香洲区棱角咀遗址发掘》，《珠海考古发现与研究》，广东人民出版社，1991年。

[3] 珠海市博物馆、广东省文物考古研究所、广东省博物馆：《前山镇南沙湾遗址发掘》，《珠海考古发现与研究》，广东人民出版社，1991年。

[4] 广东省博物馆、珠海市博物馆：《广东珠海市淇澳岛东澳湾遗址发掘简报》，《考古》1990年第9期。

[5] 珠海市博物馆、广东省文物考古研究所、广东省博物馆：《淇澳岛亚婆湾、南芒湾遗址调查》，《珠海考古发现与研究》，广东人民出版社，1991年。

[6] 广东省文物考古研究所、珠海市平沙文化科：《珠海平沙棠下环遗址发掘简报》，《文物》1998年第7期。

[7] 深圳市文管会办公室、深圳市博物馆、南山区文管会办公室：《深圳市南山向南村遗址的发掘》，《考古》1997年第6期。

[8] 秦维廉主编：《南丫岛深湾——考古遗址调查报告》，香港考古学会专刊第三本，1978年。

[9] 邓聪、商志𩡂、黄韵璋：《香港大屿山白芒遗址发掘简报》，《考古》1997年第6期。

[10] 区家发、冯永驱、李果、邓聪、商志𩡂：《香港南丫岛大湾遗址发掘简报》，《南中国及邻近地区古文化研究》，香港中文大学出版社，1994年。

[11] 香港考古学会：《香港元朗下白泥吴家园沙丘遗址的发掘》，《考古》1999年第6期。

[12] 香港古物古迹办事处、中国社会科学院考古研究所：《香港马湾岛东湾仔北史前遗址发掘简报》，《考古》1999年第6期。

[13] 1990年，香港中文大学中国考古艺术研究中心与中山大学人类学系合作发掘南丫岛大湾遗址，在编号为M6的墓葬中发现高岭岩质牙璋1件，串饰1组18件，管珠10件，计29件玉石器（见区家发、冯永驱、李果、邓聪、商志𩡂：《香港南丫岛大湾遗址发掘简报》，《南中国及邻近地区古文化研究》，香港中文大学出版社，1994年）。资料发表后引起了学术界的广泛关注，并由此引出了一

等。棠下环遗址还发现了少量玉质和水晶质的玦（图8-60）。

目前在珠江三角洲地区的沙丘遗址中尚未发现青铜器，但是在棠下环遗址发现了1件铸铜石范，是广东首次发现的有明确层位关系的铜器铸范。石范由粉红色砂岩制成，顶端有浇铸口，为双面合范之一半，所铸之器应为长身斧，器长11.2厘米，刃宽3.7厘米。另外，在珠海的淇澳岛亚婆湾、东澳岛南沙湾[1]等遗址也都发现了石范。这些石范也为砂岩质，采用双面合范技术，与棠下环遗址出土的石范类同，其确切年代尚有待进一步确认。铸铜石范的发现表明，该时期珠江三角洲地区已经开始铸造并使用小件青铜器。

以东澳湾遗址为代表的沙丘遗址多数保存较差，面积较小，但是也不乏面积在1万平方米以上的遗址。如珠海平沙棠下环遗址、深圳南山向南村和下白泥吴家园等遗址，面积均超过1万平方米。尤其重要的是，1997年，香港考古学会在吴家园遗址发现了2座相毗连的夯土房基（F1、F2）。其中，F1为长方形，南北面宽12.5米，东西进深8.5米。建筑方法为先挖一个与房基大小相同的坑，并逐层铺土夯实，夯窝直径5~6厘米，深0.5厘米，夯层总厚度达38~40厘米，然后在夯土上挖柱洞。房基上共发现柱洞51个，其中外檐柱31个、廊柱11个、中立柱5个、门道柱4个。柱洞直径20~32厘米，深约38厘米，大部分柱洞底部垫以石块或陶片。根据柱洞的分布情况，发掘者认为，F1为一背山面海，

次以牙璋为主要研讨内容的国际学术讨论会（相关论文见《南中国及邻近地区古文化研究》，中文大学出版社，1994年，香港。以下凡引自该书各作者的论点，只注作者姓名）。作为中原地区发端于龙山时代，流行于二里头文化时期（见王永波：《耜形端刃器的分类与分期》，《考古学报》1996年第1期）的重要礼器，发现于遥远的南疆，其意义之重大自不待言。问题的关键在于大湾牙璋的年代。目前主要的观点包括：战国至西汉说（见区家发等的论文），夏代说（见杨伯达的论文），早商至西周中期说（分别见李伯谦、李学勤、彭适凡、林巳奈夫的论文）。大湾遗址发现的10座墓葬中，5座墓无陶器伴出，另外5座墓葬中出土的陶器，如M1的敞口折肩方格纹圜底罐与后山类遗存、河宕和石峡中层出土的同类物相同，M7的夹砂圜底釜与东湾仔遗址第二期的同类器相近等，表明这批墓葬的年代应与珠江三角洲地区相当于商代早期的贝丘和沙丘遗址的年代相当。同理，M6出土的牙璋其年代也应属商代早期。在福建漳浦眉力水库石路乙址发现墓葬4座，并采集牙璋1件（原简报称"石戈"，见曾凡：《福建漳浦新石器时代遗址调查》，《考古》1959年第6期）。墓葬出土陶器以夹砂和泥质灰陶为主，器形有圜凹底罐、豆等，石器主要是锛。石路乙址的内涵比较单纯，不见浮滨文化常见的釉陶器。从出土遗物推测，石路乙址应早于分布于粤东、闽南地区的浮滨文化，而与后山类遗存的年代相当。若此，漳浦牙璋也应与大湾牙璋基本同时。此外，在村头遗址出土了2件有明确层位关系的牙璋。其中1件骨质，为兽骨制成，呈灰黑色，旁出有牙。残长15.5厘米，刃宽6.2厘米，厚0.5厘米。另1件石质，为灰色板岩制成，长18.3厘米，宽2.5~3.5厘米，厚0.9厘米。与村头遗址相同或相近的遗物，在广东的曲江拱桥岭、平远寨顶山、乐昌岐岗岭等地（见杨式挺的论文）都有发现，其年代尚有待进一步确认。1975年，在揭阳仙桥镇前山村出土2件石质牙璋，与石戈、石矛、釉陶折腹豆、方格纹凹底罐等浮滨文化遗物共存（见曾骐等：《仙桥石璋——兼论先秦中原文化对岭南的影响》，《汕头史志》1996年第4期）。在越南的冯元和任村遗址共发现4件牙璋。上述资料表明，在华南地区，牙璋大致出现在相当中原商代早期的考古学文化，如后山、东澳湾和村头类遗存中，浮滨文化阶段仍有发现，其影响远及越南，表明了中原地区古代文化对华南及东南亚地区的强势影响。

[1] 梁振兴：《东澳岛南沙湾遗址调查》，《珠海考古发现与研究》，广东人民出版社，1991年。

坐东向西，面阔6间、进深2间的长方形悬山顶式房屋，前面出廊，有门道、门篷。此外，在棱角嘴遗址中发现了一些一面抹平、一面留有夹竹、木或芦苇印痕的烧土块；棠下环遗址发现了石砌的活动面等，这些遗迹现象都可能属房址一类的遗存。在吴家园、东澳湾和棠下环遗址还发现了可能是灶的遗迹。棠下环遗址的灶，灶壁由石块堆砌而成，灶坑平面呈椭圆形，长约140厘米，宽80厘米，深20厘米，坑底浅平，坑内堆积炭渣和经烧烤而板结的黑色砂土，可能属露天搭建的灶。上述情况表明，珠江三角洲及其邻近岛屿地区的部分沙丘遗址无疑已经形成了相对稳定、规模较大的聚落中心。

在香港大湾和东湾仔北遗址共发现29座墓葬，其中大湾10座，东湾仔北19座。受土质影响，难见明显的墓坑痕迹，仅能根据人骨架或随葬品位置来判定墓葬位置和规模。大湾10座墓葬均未见人骨架，葬式不明。东湾仔北19座墓葬中，15座保留有人骨残骸，可辨葬式的10座墓葬中，有一次葬7座、二次葬3座，包括仰身直肢和侧身屈肢葬。随葬品包括釜、罐、豆、壶等陶器，石锛、镞、矛等工具和武器，以及玦、环、管等装饰品。经鉴定，东湾仔北的人骨具有蒙古人种的一般特征，同时也呈现出一些热带地区种族的特征，与华南，特别是珠江流域同时代人骨的体质特征有明显的共性[1]。东湾仔北人骨上拔除上门齿的风俗，与佛山河宕遗址中普遍存在的拔牙风俗相似。说明两地区间不仅文化面貌趋同，而且体质特征和风俗习惯也基本相同。

目前发现的属早期青铜时代的沙丘遗址，主要分布于珠江三角洲南部沿珠江口东、西两岸及附近的岛屿之上，遗址一般背山面海，前面有广阔的浅海滩涂，有丰富的海洋动、植物可供人类生活之需。沙丘遗址发现的石器多小型的斧、锛等木作工具以及大量的网坠、镞等渔猎工具，所以，沙丘遗址居民的经济生活仍是以渔猎和采集为主。

以东澳湾为代表的珠江三角洲地区早期青铜时代遗存的年代，东澳湾③层几何印纹陶片的热释光测定年代为距今3750±5年[2]，该数据的年代范围幅度较大，大约相当于中原夏代至商代早期。从牙璋传播到岭南的途径和时间等因素考虑，东澳湾类遗存属商代可能性更大一些。

（二）以村头遗址为代表的贝丘遗址

东莞村头遗址[3]是珠江三角洲首次作大规模揭露的贝丘遗址，青铜时代文化层堆积厚，遗物丰富，遗迹现象多，地层清楚。故该阶段的贝丘遗址暂以村头遗址为代表，包括佛山河宕丙、丁类墓葬[4]，高要茅岗②、③层[5]及三水银洲晚期遗存[6]等。

---

[1] 韩康信、董新林：《香港马湾岛东湾仔北史前遗址出土人骨鉴定》，《考古》1999年第6期。
[2] 广东省博物馆、珠海市博物馆：《广东珠海市淇澳岛东澳湾遗址发掘简报》，《考古》1990年第9期。
[3] A. 广东省博物馆、东莞市博物馆：《广东东莞市三处贝丘遗址调查》，《考古》1991年第3期。
　　B. 邱立诚：《东莞村头遗址发掘的初步收获》，《广东省博物馆馆刊（2）》，1991年。
　　C. 邱立诚：《东莞虎门村头青铜时代及明代遗址》，《中国考古学年鉴（1990）》，文物出版社，1991年。
　　D. 朱非素：《珠江三角洲贝丘、沙丘遗址和聚落形态》，《南中国及邻近地区古文化研究》，香港中文大学出版社，1994年。
[4] 杨式挺、陈志杰：《谈谈佛山河宕遗址的重要发现》，《文物集刊》3，文物出版社，1981年。

该类遗存的陶器以泥质灰陶和褐陶为主，黑皮陶和橙红陶较少。夹砂陶数量不多，有灰色和红褐色等。流行圜底、圈足、凹底器，平底器罕见，主要器形有凹圜底罐、釜、矮圈足罐（或尊）、盘、豆、器座、纺轮、陶环等（图8-61）。手制和轮制兼用。纹饰多为拍印几何纹，以曲折纹与叶脉纹为主要特征，绳纹较少，另有网纹、复线网格、长方格、篮纹和云雷纹等。茅岗遗址还见有刻划符号。陶纺轮数量较多。石器包括有肩石器、有肩有段石器、锛、斧、铲、凿、戈、矛、镞、网坠、砺石、环、璜、牙璋和戚等。骨器有镖、梭、锥、牙璋等。蚌器有铲、环等。

贝丘遗址的遗迹现象比较丰富，发现有房址、灶、壕沟、灰坑、墓葬等遗迹。房址有地面式和干栏式两种。遗址内不同功能的遗迹的分区也比较明显。

村头遗址面积达1万平方米，发现了垃圾区、居住区及两区之间的空地。垃圾区位于南部靠近海边的低洼地（古海岸），还发现了大小长短不同的9条通海的排水沟，也不排除用作防御性壕沟的可能性。居住区位于遗址中部偏北，共清理房址10余座，均为平地起建，有圆形、方形和圆角方形。在已清理的300平方米范围内有大小深浅不等的柱洞，排列不甚整齐，房屋基址间距较小，房内用纯净黄色土铺垫地面，并经火烧烤，表面较坚硬。未发现墙体。在房屋附近发现有大型灶坑。居住区和垃圾区之间有1000多平方米的空间地带无贝壳堆积，仅见零星陶片、石器、贝壳和兽骨，应是倾倒垃圾时散落地面的，这里可能是古代居民的活动场所。婴儿死后埋在居住区，在居住面分布范围内共清理4座儿童墓，随葬纺轮和陶罐等。成人墓葬区可能位于遗址的东北部或北部，目前尚未发掘。在近1000平方米以螺壳堆积为主的垃圾区中未发现墓葬。而河宕、灶岗、鱿鱼岗等贝丘遗址中都在螺壳堆积中发现了大量的墓葬。

高要茅岗为水上建筑遗址，木构建筑遗迹分布在高出周围现代农田40~50米的山冈四周，长达千米，宽约百米，遗址面积约10万平方米。据地理学家研究，距今4000年前后，西、北三角洲滨线已推近至顺德县龙江、都宁、西海和番禺县紫泥、沙湾、市桥、石楼、莲花山、化龙以及广州东郊南岗一带[7]。当时茅岗周围尚是一片泽国，古代居民建干栏式木构建筑，作水上居住。茅岗遗址共清理了三组建筑遗存，平面布局均为长方形，保留有木柱、木桩、树皮板、木楔、木板块及草席残片等建筑构件。木柱是支撑建筑物的主体，其上凿有长方、正方或扁圆形横向榫孔，柱顶凿凹槽。其中甲组由东南—西北走向的两排木柱组成，一端依靠茅岗山脚，一端向外延伸，左行存6柱，右行存8柱，从柱的排列规律看，左行首端还应有两柱与右行相对应。木柱间距一般在1~1.2米之间。该组木柱平面分布总长约10米，宽约2.5米（以木柱外缘为准）。由此推测，甲组建筑面积约25平方米。上述情况表明，该时期珠江三角洲地区已经形成了较大规模的、相对稳定的聚落中心。

从堆积较厚的大量贝壳及多种动物骨骼、牙齿来看，当时居民仍然是以渔猎和采集经

---

[5] 杨豪、杨耀林：《广东高要县茅岗水上木构建筑遗址》，《文物》1983年第12期。
[6] 粤考文：《三水银洲贝丘遗址发掘获重要成果》，《中国文物报》1993年6月20日。
[7] 李平日：《珠江三角洲一万年来环境演变》，海洋出版社，1991年。

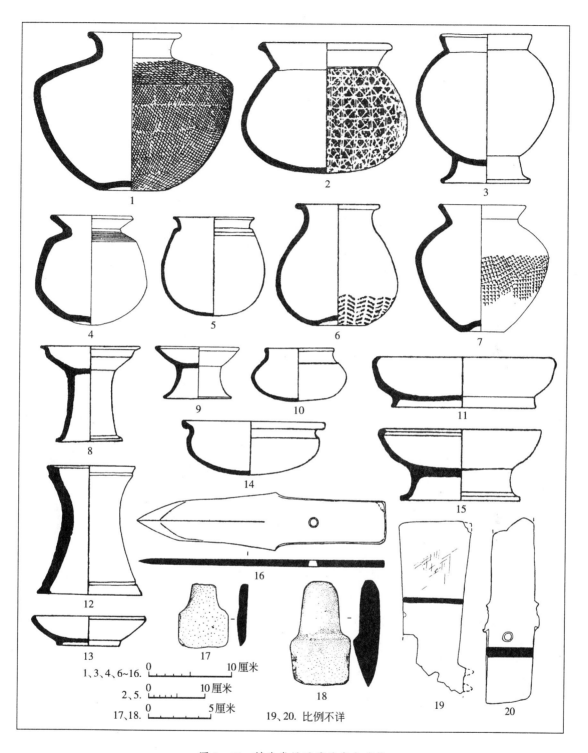

图 8-61 村头类贝丘遗址出土遗物

1. 陶罐（村头 H90） 2. 陶釜（茅岗 AT3） 3. 陶罐（茅岗 AT3②） 4. 陶罐（村头 T10093④） 5. 陶釜（茅岗 AT2） 6. 陶罐（茅岗 BT1） 7. 陶罐（河宕 M19） 8. 陶豆（茅岗 AT3②） 9. 陶豆（茅岗 AT2） 10. 陶盂（茅岗 AT4②） 11. 陶钵（茅岗 AT1③） 12. 陶器座（茅岗 AT3③） 13. 陶碟（茅岗 AT2②） 14. 陶盆（茅岗 AT2②） 15. 陶豆（茅岗 AT3②） 16. 石戈（茅岗采集） 17. 石锛（茅岗 BT1③） 18. 石锛（茅岗 BT1②） 19. 骨牙璋（村头 T2012④） 20. 石牙璋（村头 T0811③）

济为主，农业的痕迹尚不明显。至于遗址堆积中贝类、鱼类等水生动物及各种陆生动物的种类，目前尚没有较为详细的鉴定报告。据发掘者初步判断，东莞村头遗址的动物种类有猪、牛、鹿、麂、狗、鳄以及鱼类等。

高要茅岗所测的三个碳十四数据树轮校正（高精度表）的年代范围是公元前2910年至前2330年[1]。村头遗址有两个未经校正的碳十四数据，④层蚌壳距今3920±95年；③层木炭，距今3650±90年[2]。年代均偏早。而从遗物分析，其年代应大体在距今3500年前后，属商代早期。

上述珠江三角洲地区的沙丘遗址和贝丘遗址出土的陶器，器物形制、纹饰等方面表现出许多共性。如印纹陶较为发达，纹饰以绳纹、叶脉纹、曲折纹为主，并有少量云雷纹、方格纹，盛行凹、圜底器和圈足器，少见或不见平底器和三足器等。主要器形有圆唇卷沿或折沿矮颈釜、钵形釜、矮圈足罐（尊）、小口广肩或折肩凹底罐、素面橙红色或灰色圈足盘等；经济生活均以采集和渔猎为主，种植业的痕迹不明显；在年代上基本同时，大约距今3500年前后。但是，两者间也存在着一定的差异。就遗物方面来看，沙丘遗址以夹砂陶为主，而贝丘遗址则以泥质陶为主。沙丘遗址极少见骨、牙、蚌器，而贝丘遗址中则发现了大量的骨、牙、蚌器，等等。关于两者的关系，有学者认为，珠江三角洲地区的沙丘遗址和贝丘遗址应属于同一文化的两种不同形态的遗址[3]或同一文化的两种不同类型[4]。有学者认为沙丘遗址面积小，堆积薄，缺乏房屋和墓葬等定居遗迹以及夹砂陶数量较多等现象表明，沙丘遗址很可能是冬春季节性聚落遗留，每年台风季节过后，人们来到海湾生活，台风季节来临，人们又回到大陆的大本营（贝丘或岗地遗址）[5]。有学者则持完全相反的观点[6]。也有学者认为，沙丘遗址所在地就是当时人类聚落的基地，由于受食物资源及气候等多种因素的影响，其基地时常变化[7]。一些面积较大、周围自然环境较好的沙丘遗址，应该是沙丘居民较稳定的共同聚居点[8]。考虑到珠江三角洲地区特殊的自然地理环境，沙丘、贝丘遗址的堆积特征及文化内涵，第三种解释可能更接近实际。珠海平沙棠下环遗址、深圳南山向南村和下白泥吴家园等遗址面积均超过1万平方

---

[1] 中国社会科学院考古研究所：《中国考古学中碳十四年代数据集》第206页，文物出版社，1991年。

[2] 朱非素：《珠江三角洲贝丘、沙丘遗址和聚落形态》，《南中国及邻近地区古文化研究》，香港中文大学出版社，1994年。

[3] 瓯燕：《试论史前南海地区沙丘和贝丘遗址》，《深圳考古发现与研究》，文物出版社，1994年。

[4] 杨耀林：《深圳新石器时代沙丘遗址年代分期及相关问题的探讨》，《南中国及邻近地区古文化研究》，香港中文大学出版社，1994年。

[5] A. 严文明：《珠海考古散记》，《珠海考古发现与研究》，广东人民出版社，1991年。
B. 朱非素：《珠海考古研究新成果》，《珠海考古发现与研究》，广东人民出版社，1991年。

[6] 萧一亭：《海湾沙丘遗址不应只是季节性活动居址》，《东南亚考古论文集》，香港大学美术博物馆，1995年。

[7] 商志䪻、谌世龙：《环珠江口史前沙丘遗址的特点及有关问题》，《深圳考古发现与研究》，文物出版社，1994年。

[8] 李果：《环珠江口新石器时代沙丘遗址的聚落特色》，《考古》1997年第2期。

米，且堆积较厚，出土遗物丰富。尤其重要的是，在吴家园遗址发现了面积达160余平方米的夯土建筑基址。东湾仔北遗址发现的墓葬，男、女、老幼均有，其中未成年个体占较大比例，并且墓葬排列有一定规律，发现二次葬等。上述种种迹象表明，在珠江三角洲青铜时代早期，该地区的部分沙丘遗址已形成了较长期的、规模较大的、相对稳定的中心聚落。

珠江三角洲地区沙丘和贝丘遗址的文化遗物与分布在湖南沅水、资水上游地区的竿篷坡一类遗存关系密切。其中，竿篷坡遗址中期出土的凹圜底罐、圈足罐以及筒形支座等遗物与珠江三角洲地区上述沙丘和贝丘遗址出土的同类物，无论在器物造型，还是在器表装饰等方面都表现出极大的共性。有研究者认为，竿篷坡一类遗存是珠江三角洲古代文化向岭北地区扩展的结果[1]。据报道，竿篷坡遗址可分为早、中、晚三期，三期衔接紧密，其年代上限相当于屈家岭文化早中期之际（约距今5000年左右），下限在商代。拍印的方格纹、曲折纹、叶脉纹和粗放的云雷纹出现在早、中期之际，而明显与上述珠江三角洲地区沙丘、贝丘遗址相同的陶器也出现在该阶段；珠江三角洲贝丘和沙丘遗址出土石戈和牙璋，而竿篷坡遗址则不见同类遗物，或许表明竿篷坡遗址中期在年代上要早于上述珠江三角洲地区的沙丘和贝丘遗址。同时，竿篷坡遗址中期出土的陶器火候较低，或表明其制陶水平低于上述珠江三角洲沙丘和贝丘遗址。若上述推断不误，则极有可能是珠江三角洲地区接受了沅、资水上游地区的文化影响，而不是相反。

四 粤北

粤北地区相当于夏商时期的考古学文化遗存以石峡中层[2]为代表。年代相近的遗存在曲江马蹄坪、鲶鱼转、匍勺山遗址和韶关走马岗及始兴县南澄陂等遗址也有零星发现[3]。

陶器以泥质灰陶为主，另有橙黄陶、灰黄陶和红陶；夹砂陶次之，以褐色和灰色最多。普遍采用轮制技术。器物造型流行圜底、凹底和圈足器，敞口、高领、折肩或圆肩亦为器形特点。常见器物有夹砂陶釜、罐、器座，泥质陶罐、豆、矮圈足罐（尊）、带流壶等（图8-62）。罐有高领、广肩、鼓腹、圈足的，也有敞口、折肩、凹圜底的，或鼓腹、垂腹、凹圜底的。其中束腰筒形器座、浅盘细把豆、宽口沿折肩罐等为其代表性器物。器表装饰以几何印纹为主，计有曲尺纹、复线长方格纹、云雷纹、方格纹、斜方格纹、双线方格纹、双线方格凸点纹、重圈纹等，还有少数叶脉纹、席纹、网结纹、篮纹、弦纹。组合纹也较常见，以曲尺纹和复线长方格纹组合为主，另有曲尺纹与云雷纹、双线方格纹、重圈纹等组合纹样。

石器以石锛数量最多，包括长身锛、弓背锛、梯形锛、有段锛、有肩锛和有肩有段

---

[1] 贺刚：《南岭南北地区新石器时代中晚期文化的关系》，《中国考古学会第九次年会论文集》，文物出版社，1997年。

[2] 广东省博物馆、曲江县文化局石峡发掘小组：《广东曲江石峡墓葬发掘简报》，《文物》1978年第7期。

[3] A. 广东省博物馆：《广东北部山地区新石器时代遗存》，《考古》1961年第11期。

B. 广东省文物管理委员会、华南师范学院历史系：《广东曲江鲶鱼转、马蹄坪和韶关走马岗遗址》，《考古》1964年第7期。

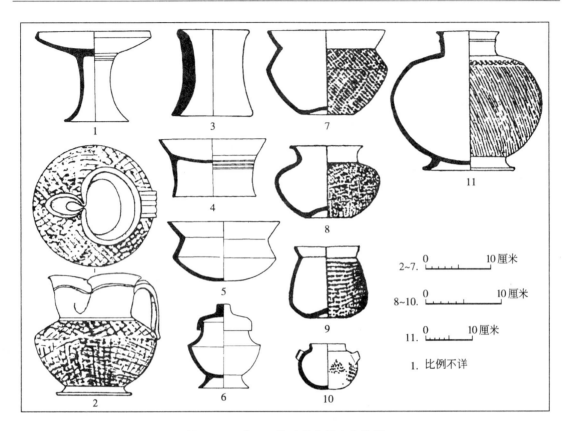

图 8-62 曲江石峡遗址中层出土陶器
1. 豆（示意图） 2. 带流壶（M110:2） 3. 器座（T64②:13） 4. 圈足盘（石峡 M82:1） 5. 釜（石峡 M82:5）
6. 带盖壶（石峡 M82:6） 7. 罐（狮头洞:H） 8. 罐（M125:5） 9. 罐（M128:2） 10. 罐（M66:1）
11. 矮圈足罐（T83②:13）

锛等。此外还有石斧、凿、镞、双孔石刀、石玦、"T"形石环和石戈等。石戈形制以无阑者居多，有穿，援部窄长并呈亚腰状。

石峡中层一类遗存的遗迹包括墓葬、房址和陶窑等。墓葬主要发现在石峡遗址中层（第四期墓葬），大多数为小型长方形竖穴土坑墓，少数墓坑经火烧过，多为仰身直肢葬。随葬器物有罐、壶、釜、豆和石器等。石峡中层还发现了 4 座陶窑以及红烧土居住面和柱洞等，但其结构尚未见详细报道。从发现红烧土居住面的情况推测，其建筑应以地面建筑为主。

粤北地区以石峡中层为代表的一类遗存中，如有流带把壶、圈足罐（尊）、折腹凹底罐、高柄豆以及石戈等，与广泛分布在珠江三角洲地区的同时代的沙丘和贝丘遗址具有一定的共性；而折肩凹底罐和垂腹罐等，也与粤东地区同时代的遗物相近，表明它们之间存在着一定的文化交流。石峡中层一类遗存的年代也应与东澳湾、村头和后山类遗存相近，相当于商代早期的可能性较大。

五 粤东闽南

粤东闽南地区夏商时期的考古学文化主要包括以普宁池尾后山为代表的一类遗存和浮滨文化。

（一）后山类遗存

主要分布在粤东和闽南地区，以普宁市池尾后山遗址[1]为代表，包括广东五华仰天狮山早期遗存[2]、龙川坑仔里遗址[3]和福建漳浦眉力水库乙址[4]。在广东和平子顶山遗址[5]和福建诏安[6]也有同类遗存发现。

陶器有夹砂和泥质陶两类，夹砂陶有红色、橙红色、黑色，泥质陶有灰色、橙黄色和红色等，陶器火候不高，均手制，部分器物经轮修，器类包括凹底罐、平底罐、釜、器座、钵、豆、杯、鸡形壶、口沿穿孔的陶盂等，而以泥质灰陶凹底罐数量最多，并流行用手压捏器胎，使器腹横截面呈椭圆形，口沿两侧出现流口的做法。器表除素面外，装饰有间断绳纹、梯格纹、细方格纹、方格纹、菱格纹和方格、菱格组合纹等。石器数量较少，有梯形石锛、石锤、砺石、挫磨器（又称石陶拍或树皮布打棒）。还有牙璋等（图8-63）。

后山类遗存目前在普宁池尾后山遗址、五华仰天狮山遗址和漳浦眉力水库乙址发现了17座墓葬，均为长方形竖穴土坑墓，墓坑较浅，人骨腐朽不存，葬式、头向及墓主性别均不详。随葬品多者4件，少者仅1件，包括石质生产工具和陶质生活用具。其中陶器组合多为罐、钵，罐、豆或罐、釜，少数为罐、釜、钵或鸡形壶，有7座墓葬随葬石器。

后山类遗存陶器流行凹圜底的风格与珠江三角洲地区的沙丘和贝丘遗址出土陶器的风格相同，折肩凹底罐和高柄豆也与曲江石峡中层、东莞村头和香港东湾仔遗址出土的同类器相近，表明它们年代相近并存在一定的文化联系。但是，后山类遗存的陶器与同时期的粤北地区，尤其与珠江三角洲地区的陶器，在器类及总体特征上差异较大。后山类遗存的典型器物——鸡形壶不见或少见于同时期的珠江三角洲和粤北地区，而珠江三角洲和粤北地区的矮圈足罐（尊）以及流行的曲折纹、云雷纹则不见于后山类遗存等现象，说明它们属于同时期不同的文化系统。

后山类遗存与同样分布在粤东、闽南地区的浮滨文化尤其是属浮滨文化早期的牛伯公山遗存[7]之间存在较多的联系，器物造型和主要器类基本相同，罐、钵类器都流行凹底

---

[1] 广东省文物考古研究所、普宁市博物馆：《广东普宁市池尾后山遗址发掘简报》，《考古》1998年第7期。

[2] 广东省文物考古研究所、五华县博物馆：《广东五华县仰天狮山遗址发掘简报》，《考古》1998年第7期。

[3] 广东省博物馆：《广东东部地区新石器时代遗存》，《考古》1961年第12期。

[4] 曾凡：《福建漳浦新石器时代遗址调查》，《考古》1959年第6期。

[5] 广东省博物馆、和平县博物馆：《广东省和平县古文化遗存调查》，《考古》1991年第3期。

[6] 福建省博物馆厦门大学人类学系：《福建诏安考古调查简报》，《福建文博》1987年第1期。

[7] 广东省文物考古研究所、普宁市博物馆：《广东普宁市牛伯公山遗址的发掘》，《考古》1998年第7期。

作风，纹饰都以方格纹为主，部分陶器口沿上对穿一二孔的风格与浮滨文化相同，折肩凹底罐与浮滨塔仔金山M9、揭阳油柑山出土的同类器相近。但是，浮滨文化的大量釉陶尊、折腹豆等不见于后山类遗存，而后山类遗存中极具特点的鸡形壶仅在香港东湾仔遗址发现1件，且形态已发生较大的变异。从出土遗物观察，后山类遗存的年代要早于浮滨文化，

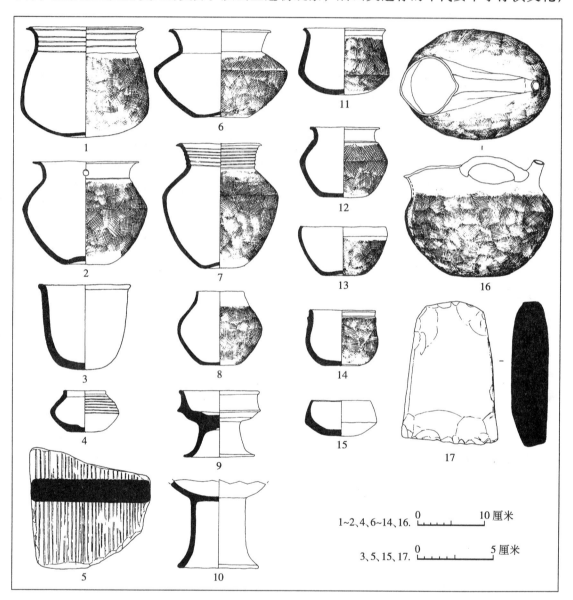

图8-63 后山遗址出土遗物

1. 陶凹底罐（M6:4） 2. 陶凹底罐（M3:1） 3. 陶杯（M6:2） 4. 陶盂（M6:1） 5. 陶树皮布打棒（T2③:1） 6. 陶凹底罐（M1:2） 7. 陶凹底罐（M4:1） 8. 陶平底罐（M9:1） 9. 陶豆（采:7） 10. 陶豆（M6:3） 11. 陶凹底罐（M2:1） 12. 陶平底罐（M10:2） 13. 陶钵（M4:2） 14. 陶钵（M10:1） 15. 陶钵（M9:2） 16. 陶鸡形壶（M1:1） 17. 石锛（M5:1）

而晚于普宁虎头埔新石器时代晚期窑址[1],其年代大体相当于夏商之际或商代早期,距今3500年前后。

(二) 浮滨文化

浮滨文化是指分布在粤东、闽南及闽西南地区的以长颈大口尊、圈足豆、带流壶、釉陶器和直内无阑石戈、凹刃石锛等组合为特征的文化遗存。浮滨文化的发现最早可追溯至20世纪30年代,当时,意大利神父麦兆良曾在海丰、蕉岭等地发现了含釉陶大口尊和石戈等的考古遗存,但因未弄清其文化内涵,而将它们划归新石器时代后期至青铜时代的"菝仔园文化"[2]。50~60年代在粤东地区的考古调查中也有零星发现,但因材料零碎,未将其分辨出来[3]。1974年在饶平县浮滨区桥头乡塔仔金山和联饶区深涂乡顶大埔山共发现了21座墓葬[4],其后,在粤东的普宁、潮安、潮阳、揭西、揭阳、丰顺、大埔,以及福建南部和西南部地区,如漳浦、诏安、南安、龙海、平和、华安、南靖以及香港等地都发现了浮滨文化遗存,其中较重要的遗存包括广东普宁牛伯公山、梅塘[5],大埔枫朗镇等5处地点[6],揭阳地都蚬蚜山、油柑山[7]、云路[8];福建诏安陂里后山[9],平和西山[10],南靖三凤岭[11]以及香港马湾岛东湾仔北等。上述发现极大地丰富了我们对这一文化遗存的了解和认识。

浮滨文化的陶器,以泥质陶为主,夹砂陶较少,泥质陶中并有较多的施釉陶器。器形包括瓶(原称大口尊)、尊、壶、豆、盆、钵、杯、罐等。前几种器形多为泥质陶,钵、杯、罐等则多为夹砂陶。陶器流行敞口、高颈、折肩或折腹,器底则有凹底、圜底、圈足和小平底,不见三足器。部分陶器口沿或足部对穿双孔,便于系绳提携。少量器口捏成小流口,并流行带状瓦纹錾。瓶、尊类是浮滨文化中最富特色的遗物,一般为小平沿外折,大敞口,长颈向下斜收,广圆肩或斜折肩,深腹或扁腹,圈足或小平底,底径一般是口颈的三分之一或不到二分之一。颈素面,器身拍印条纹或间断条纹,大部分肩部饰三枚乳

---

[1] 广东省博物馆、汕头地区文管站、普宁县博物馆:《普宁虎头埔古窑址发掘简报》,《文物》1984年第12期。

[2] Fr. Rafael Maglioni (1975), Archaeological Discovery in Eastern Kwangtung, *Journal Monograph II*, Hong Kong Archaeological Society.

[3] A. 广东省博物馆:《广东东部地区新石器时代遗存》,《考古》1961年第12期。
B. 黄玉质、杨式挺:《广东梅县大埔县考古调查》,《考古》1965年第4期。

[4] 广东省博物馆、饶平县文化局:《广东饶平县古墓发掘简报》,《文物资料丛刊》8,文物出版社,1983年。

[5] 邱立诚:《广东普宁县梅塘发现石、陶器》,《文物资料丛刊》8,文物出版社,1983年。

[6] 广东省博物馆、大埔县博物馆:《广东大埔县古墓葬清理简报》,《文物》1991年第11期。

[7] 广东省博物馆、揭阳县博物馆:《揭阳地都蚬蚜山遗址与油柑山墓葬的发掘》,《考古》1988年第5期。

[8] 吴诚:《广东揭阳云路出土一批石器、陶器》,《考古》1985年第8期。

[9] 福建省博物馆、厦门大学人类学系:《福建诏安考古调查简报》,《福建文博》1987年第1期。

[10] 郑辉、朱高见:《福建平和县发现一座西周墓》,《东南文化》1991年第1期。

[11] 福建省博物馆、南靖县文化馆:《福建南靖县三凤岭西周墓》,《东南文化》1990年第4期。

钉，有的则在口沿处饰对称镂孔。豆有浅腹高圈足和深腹矮圈足两种，素面，多施釉，部分口沿有对称的圆形小镂孔。壶的种类较多，带耳壶敞口有流，高颈、鼓腹、圈底。带流圈足壶，一般为深腹矮足，流对边及圈足处相望各有两孔，便于穿绳提用；另外还有各种或敞口或敛口，或圆腹或折腹的圈足壶。罐一般为敞口、圆腹、凹圜底。釉陶是浮滨文化的又一特色。釉色为酱黄或酱黑色，厚薄不匀，附着力不强，易脱落，较大器形如尊等只在器表施釉，不少壶、豆、钵等小型器通体内外施釉，有透明润泽之感。制陶普遍使用轮制技术，除圈足、鋬及部分小型陶器为手制外，大多数陶器均为轮制，瓶、尊颈上多有轮制时留下的排列均匀的平行纹。常见的纹饰为条纹或间断条纹，其次为方格纹、编织纹及绳纹，部分器物的肩部还常见小圆饼状铆钉装饰。浮滨文化的陶器上还发现了十余种刻划符号，有烧制前刻划和烧制后刻划，刻划部位多在陶器的腹部和肩部。这些刻划符号的含义尚有待进一步诠释。浮滨文化的石器有锛、斧、凿、砺石、纺轮、玦、环、璜。还有牙璋、戈、矛等。锛的数量较多，多为弧形刃口。戈的数量也较多，饶平发现的21座墓中，共出石戈33件。这些戈基本是直内无阑，大部分援部隆脊起棱，两侧出刃，向前收杀为锐锋，援部后段或直内部位有一穿或二穿，部分无穿（图8-64）。顶大埔山墓地还采集青铜戈一件，长17.5厘米，直内无胡有二穿，与石戈风格一致，当属浮滨文化遗物。这是目前广东发现的最早的青铜兵器。

浮滨文化的墓葬多分布在丘陵的低岗，墓坑为长方形竖穴土坑，部分设二层台和腰坑。依山势而掘，墓向无规律，排列不整齐，人骨多朽蚀无存，葬式不明。墓葬大小及随葬品数量的多寡和质量的优劣已有较大区别。大型墓如饶平M1，设二层台，长4.2米，宽2.9米，深3.6米，出土陶器和石器等共36件。而小型墓则一般长1.2米，宽0.6米，随葬1、2件器物。随葬品组合为石锛、夹砂釜、敞口折肩凹底几何印纹陶罐，或瓶、尊、壶、钵、豆、罐及石戈、大型长身石锛和釉陶器。

浮滨文化的居住址，目前仅在普宁市牛伯公山遗址发现了一些柱洞。柱洞一般直径在20~30厘米，深度在20~50厘米左右，个别可深达80厘米，无明显的排列规律。由于部分柱洞呈弧形走向，发掘者推测有的房屋可能是圆形的。遗址中还发现了16座灰坑，这些灰坑与水沟相连，发掘者认为可能属蓄水池之类的设施。

浮滨文化的来源和年代，过去一直有不同的认识。或认为相当于商代晚期至西周前期[1]，或认为与夔纹陶类型的文化相同，即上限为西周初期，下限到战国前期[2]。

从出土遗物分析，目前发现的浮滨文化遗存在年代上有早晚之别。揭阳油柑山、蜈蚣山②层和普宁牛伯公山遗址大体上属浮滨文化的早期，夹砂陶较多，釉陶器数量较少，圜、凹底的罐类器在器物群中占有较高的比例，瓶、尊和戈类器数量相对较少。饶平浮滨塔仔金山和联饶顶大埔山、大埔枫朗镇5处地点，以及福建平和西山、南靖三凤岭等遗存

---

[1] 广东省博物馆、饶平县文化局：《广东饶平县古墓发掘简报》，《文物资料丛刊》8，文物出版社，1983年。

[2] 徐恒彬：《广东青铜器时代概论》，《广东出土先秦文物》，广东省博物馆、香港中文大学文物馆编印，1984年。

第八章　夏、商王朝周边地区的考古学文化　657

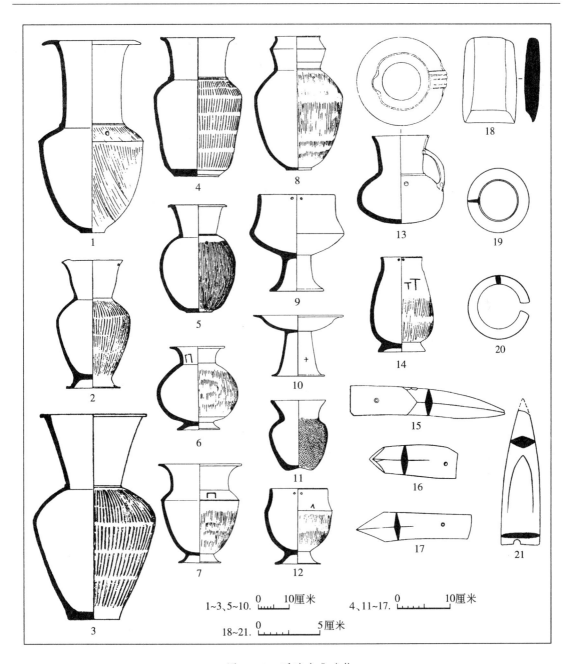

图 8-64　浮滨文化遗物
1. 陶大口尊（大埔 M1:2）　2. 陶壶（饶平）　3. 陶大口尊（饶平）　4. 陶大口尊（饶平）　5. 陶大口尊（饶平）
6. 陶圈足大口尊（大埔金采:2）　7. 陶圈足大口尊（大埔金采:1）　8. 陶葫芦形尊（大埔 M4:1）　9. 陶深腹豆
（大埔下采:7）10. 陶浅腹豆（大埔 M3:2）　11. 陶罐（饶平）　12. 陶圈足壶（大埔下采:2）　13. 陶带把壶（大
埔结采:5）　14. 陶圈足壶（大埔 M7:2）　15. 石戈（大埔金采:74）　16. 石戈（大埔 M20:8）　17. 石戈（大埔
M20:7）18. 石锛（大埔 M10:1）19. 石环（大埔 M20:19）　20. 玉玦（大埔 M12:7）　21. 石矛（大埔斜采:8）

属浮滨文化的晚期，泥质陶较多，釉陶器数量较多，瓶、尊和戈类器有大量发现。浮滨文化早期遗存与后山一类青铜时代早期遗存存在着较为密切的关系，二者又同分布在粤东闽南地区，所以，浮滨文化极有可能是在后山一类遗存的基础之上发展而来的。牛伯公山遗址的5个碳十四年代数据（未经校正）大致在距今3500～3000年之间[1]，基本代表了浮滨文化早期的年代。浮滨文化遗物，如凹刃锛、有阑戈与江西吴城遗址第二、三期出土的同类器相近；陶器中的瓶、尊类和凹底罐与湖北黄陂盘龙城楼子湾 M1:8 的施黄釉尊，M3:16 的敞口、斜肩、折腹、饰方格纹的凹底罐[2]接近。所以，我们推测，浮滨文化的上限大约相当于商代中期，下限相当于商代晚期或已进入西周初年。

六　广　西

迄今，广西地区相当于夏商时期的考古遗存只有一些零星的发现。

1997年广西壮族自治区文物工作队对那坡感驮岩遗址进行了发掘[3]，发现大量石器、骨器和陶片。石器均通体磨制，制作精美。主要器形有双肩石斧、石锛和凿、镞、戈等。骨器有铲、锥、匕、簪等。陶器以夹砂灰陶和黑陶为主，也有红陶，主要器形包括釜、罐、杯和众多的纺轮。陶器纹饰有绳纹、弦纹、水波纹、曲折纹、锯齿状附加堆纹、乳钉纹等，除了拍印、刻划之外，还有穿孔、镂空、堆贴等装饰手段。从出土石戈等器物观察，该遗址的晚期当已进入青铜时代，大体上相当于中原地区的商代早期。

商代青铜器在广西也有零星发现。1974年，武鸣全苏勉岭山一处窖藏中出土一件晚商兽面纹青铜卣，造型极精美、庄重。器盖内有一"天"字铭文。1976年，兴安又从收购站拣选出一件兽面纹铜卣，缺盖，器内底有"天父乙"三字铭文，亦应为商代晚期遗物[4]。武鸣敢猪岩发现的一件铜戈，器体扁薄，援前部残失，从残留部分看，原应是近三角形援，援中脊起棱，上下阑突出，长方形直内，内后部有斜向而相邻的二穿。援残长6厘米，内长4厘米[5]。此戈与河南安阳殷墟和灵宝等地出土的商代铜戈相近[6]，当为商代中、晚期之物。

广西地区相当于夏商时期的考古学文化遗存目前发现的较少，其总体特征及与中原地区的文化联系都有待今后更多的工作来说明。

---

[1] 广东省文物考古研究所、普宁市博物馆：《广东普宁市牛伯公山遗址的发掘》，《考古》1998年第7期。
[2] 湖北省博物馆：《1963年湖北黄陂盘龙城商代遗址的发掘》，《文物》1976年第1期。
[3] 蒋廷瑜：《广西考古四十年概述》，《考古》1998年第11期。
[4] 广西壮族自治区文物工作队：《广西出土的青铜器》，《文物》1978年第10期。
[5] 广西壮族自治区博物馆：《近年来广西出土的先秦青铜器》，《考古》1984年第9期。
[6] A. 陈梦家：《殷代铜器》，《考古学报》第7册，1954年。
　　B. 河南省博物馆、灵宝县博物馆：《河南灵宝出土一批商代青铜器》，《考古》1979年第1期。

附录 《夏商周断代工程》有关夏商年代的测定数据[1]

表1　　　　　　　　河南登封王城岗龙山文化遗存 AMS 测年数据

分期	单位	样品	实验室编号	碳十四年代（BP）	拟合后日历年代（BC）
一期	告西 T130H340	骨头	SA98100	3738 ± 43	2190~2110
	告西 T153H402	骨头	SA98101	3728 ± 44	2190~2105
二期	告西 T157 奠 6	木炭	SA98102	3635 ± 50	2132~2082
	告西 T179 奠 8	骨头	SA98104	3627 ± 36	2128~2084
三期	告西 T31H92	骨头	SA98108	3703 ± 55	2090~2030
	告西 T179H470	骨头	SA98110	3732 ± 43	2090~2030
四期	告西 T92H192	骨头	SA98116	3697 ± 42	2050~1985
	告西 T242H536	骨头	SA98117	3611 ± 41	2038~1998
	告西 T157H418	骨头	SA98120	3648 ± 35	2041~1994
五期	告西 T107H233	骨头	SA98122	3669 ± 34	2030~1965
	告西 T51②	骨头	SA98123	3657 ± 37	2030~1965

说明：本表据《夏商周断代工程 1996~2000 年阶段成果报告（简本）》表二十一。

表2　　　　　　　　　二里头遗址常规碳十四测年数据

分期	单位	样品	实验室编号	碳十四年代（BP）	拟合后日历年代（BC）
一期	97VT3H58	兽骨	XSZ104	3445 ± 37	1880~1840 (0.41) 1810~1800 (0.09) 1780~1730 (0.49)
	97VT2⑪	木炭	ZK5206	3406 ± 33	1740~1640
二期	97VT4H54	木炭	ZK5227	3327 ± 34	1680~1600
	97VT4⑦b	兽骨	XSZ098	3327 ± 32	1685~1650 (0.43) 1640~1600 (0.57)
	97VT4H46	木炭	ZK5226	3407 ± 36	1740~1640
	97VT1H48	兽骨	ZK5244	3348 ± 36	1685~1615
	97VT6H53	木炭	ZK5236	3294 ± 35	1680~1670 (0.18) 1660~1650 (0.06) 1635~1590 (0.75)

[1] 附录引自《夏商周断代工程 1996~2000 年阶段成果报告（简本）》（世界图书出版公司，2000 年）表十二至二十一，表的序号及名称略作变动。

续表 2

分期	单位	样品	实验室编号	碳十四年代（BP）	拟合后日历年代（BC）
二期	97VT4G6	兽骨	ZK5253	3341 ± 39	1685 ~ 1610
	97VT3⑦	兽骨	ZK5257	3313 ± 37	1685 ~ 1650（0.37） 1640 ~ 1600（0.63）
	97VT4⑥a	木炭	ZK5228	3318 ± 34	1685 ~ 1600
	97VT2⑨a	木炭	ZK5209	3374 ± 34	1740 ~ 1710（0.16） 1690 ~ 1620（0.84）
三期	97VT6⑰a	兽骨	ZK5249	3347 ± 36	1610 ~ 1555
	97VT1⑨	木炭	ZK5200	3343 ± 35	1610 ~ 1555
	97VT6⑫b	兽骨	ZK5247	3272 ± 39	1598 ~ 1564
四期	97VT3G4	兽骨	ZK5255	3355 ± 40	1560 ~ 1529
	97VT4⑤a	木炭	ZK5229	3304 ± 36	1561 ~ 1525
	97VT6	木炭	ZK5242A	3270 ± 32	1564 ~ 1521
	97VT6	木炭	ZK5242B	3350 ± 33	1560 ~ 1529

说明：本表据《夏商周断代工程 1996 ~ 2000 年阶段成果报告（简本）》表二十。二里头四期最后两个数据，原表未注探方的层位或单位。

表3　　　　　　　　　　　　　　　偃师商城常规碳十四测年数据

分期		单位	样品	实验室编号	碳十四年代（BP）	拟合后日历年代（BC）
第一期	一段	VIIT28⑩	兽骨	ZK5417	3220 ± 36	1600 ~ 1565（0.67） 1525 ~ 1506（0.33）
		VIIT28⑨	兽骨	ZK5416	3219 ± 34	1600 ~ 1560（0.69） 1525 ~ 1505（0.31）
	二段	VIIT28⑧	兽骨	ZK5424	3252 ± 34	1532 ~ 1487
		小城 T54G1	木炭	ZK5453	3258 ± 36	1532 ~ 1487
		VIIT0200H19	木炭	ZK5447	3150 ± 37	1516 ~ 1486
	三段	IVT32HG2	木炭	ZK5402	3237 ± 37	1500 ~ 1461
		T0301H94	木炭	ZK5442	3158 ± 48	1496 ~ 1464
		IIT11M27	人骨	ZK5412	3207 ± 31	1467 ~ 1429
		IIT11M31③	人骨	ZK5421	3206 ± 36	1466 ~ 1427
		IVT03H179	兽骨	ZK5403	3201 ± 31	1464 ~ 1428

续表 3

分期		单位	样品	实验室编号	碳十四年代（BP）	拟合后日历年代（BC）
第二期	四段	IVT31H120	木炭	ZK5400	3191 ± 48	1459 ~ 1412
		IIT11M27⑦a	兽骨	ZK5413	3183 ± 40	1456 ~ 1412
		VIIT28⑥	兽骨	ZK5415	3130 ± 35	1434 ~ 1388
		IIT11M25	人骨	ZK5411	3120 ± 32	1429 ~ 1387
第三期	五段	偃师商城路土①	木炭	ZK5452	3126 ± 37	1405 ~ 1370（0.37） 1355 ~ 1350（0.04） 1340 ~ 1315（0.59）
		偃师商城 G1	木炭	ZK5451	3053 ± 34	1380 ~ 1260

说明：本表据《夏商周断代工程 1996~2000 年阶段成果报告（简本）》表十六。

表 4　　　　　　　　　　　　　偃师商城 AMS 测年数据

分期		单位	样品	实验室编号	碳十四年代（BP）	拟合后日历年代（BC）
第一期	一段	VIIT28⑩	骨头	SA00052	3190 ± 55	1605 ~ 1540（0.94） 1525 ~ 1515（0.06）
		VIIT28⑨	骨头	SA00053	3290 ± 50	1605 ~ 1535
	二段	IVT53G2	骨头	SA99121	3220 ± 35	1525 ~ 1489
		VIIT28⑧	木炭	SA99117	3295 ± 45	1565 ~ 1500
		J1D2T1009④G3	木炭	SA99013	3300 ± 50	1565 ~ 1500
		VIIT0301H99G10 西段	木炭	SA99012	3260 ± 40	1555 ~ 1490
第二期	三段	VIIT28⑦	骨头	SA99118	3230 ± 45	1504 ~ 1460
		IVT54H180	木炭	SA99008	3210 ± 45	1503 ~ 1460
	四段	VIIT0502G9	木炭	SA99011	3245 ± 35	1470 ~ 1436
		IVT54⑧	木炭	SA99006	3230 ± 45	1469 ~ 1430
		VIIT27⑥a	骨头	SA99119	3110 ± 40	1440 ~ 1400
第三期	五段	J1T0419Ch③	骨头	SA99122	3105 ± 40	1425 ~ 1365（0.99） 1360 ~ 1350（0.01）
		IVT34④下	竹炭	SA99009	3100 ± 40	1425 ~ 1365（0.95） 1360 ~ 1350（0.05）
		J1D2T0412H61	竹炭	SA99002	3030 ± 60	1410 ~ 1350
		J1D2T0511H64	木炭	SA99005	3125 ± 60	1430 ~ 1365

说明：本表据《夏商周断代工程 1996~2000 年阶段成果报告（简本）》表十七。

表 5　　　　　　　　　　　郑州商城常规碳十四测年数据

分期		单位	样品	实验室编号	碳十四年代（BP）	拟合后日历年代（BC）
第一期	二里冈下层一期早	ⅡT166G2	兽骨	ZK5371	3261±35	1580~1490
	二里冈下层一期晚	ⅡT203H56	兽骨	ZK5373	3202±37	1518~1478
		ⅡT159	兽骨	ZK5370	3174±41	1515~1480
第二期	二里冈下层二期	ⅡT202H150	兽骨	ZK5369	3221±36	1474~1436
		ⅡT202H60	兽骨	XSZ144	3184±35	1485~1425
		ⅡT236H156	兽骨	XSZ147	3148±40	1485~1480（0.09） 1455~1415（0.91）
第三期	二里冈上层一期	ⅡT201H69	兽骨	ZK5368	3130±34	1427~1392
		ⅡT234H28	兽骨	XSZ145	3140±35	1429~1395
		ⅡT234G2	兽骨	XSZ146	3138±37	1429~1393
		ⅡT201G1	兽骨	XSZ141	3125±48	1429~1393
第四期	二里冈上层二期（中商一期）	98ZS②H12	木炭	ZK5353	3094±34	1390~1300（0.95） 1280~1260（0.05）
		98ZS②H12	兽骨	XSZ081	3061±37	1380~1260
		ⅡT157H17	兽骨	ZK5372	3030±38	1370~1210
		ⅡT201H2	兽骨	ZK5366	3136±34	1400~1370（0.33） 1340~1315（0.67）

说明：本表据《夏商周断代工程1996~2000年阶段成果报告（简本）》表十四，未载入原表中"洛达庙类型"数据。又，原表中第3个数据缺具体层位或单位号。

表 6　　　　　　　　　　　郑州商城 AMS 测年数据

分期		单位	样品	实验室编号	碳十四年代（BP）	拟合后日历年代（BC）
第一期	二里冈下层一期早	T232夯土Ⅶ下垫土	木炭	SA99066	3247±49	1600~1540（0.88） 1530~1515（0.12）
		T232夯土Ⅶ	木炭	SA99070	3285±39	1600~1525
		C1H9:25	卜骨	SA99057	3288±47	1600~1530
		C1H9:43	骨匕	SA99061	3292±42	1595~1530
		T166G2	骨头	SA99074	3281±42	1600~1540（0.92） 1535~1525（0.08）
		T207夯土墙	骨头	SA99078	3283±85	1600~1525
	二里冈下层一期晚	T232夯土Ⅵ	木炭	SA99069	3281±65	1533~1497
		T203H56	骨头	SA99077	3243±40	1526~1496
		97XNH69	卜骨	SA99073	3219±35	1522~1496

续表 6

分期		单位	样品	实验室编号	碳十四年代（BP）	拟合后日历年代（BC）
第二期	二里冈下层二期	T233F1	骨头	SA99065	3272±34	1508～1489（0.61） 1479～1465（0.39）
		T236H160	骨头	SA99071	3185±45	1504～1471
第三期	二里冈上层一期	T234H8	骨头	SA99123	3263±40	1476～1446
		T233H19	骨头	SA99114	3225±32	1476～1444
		T234G3	骨头	SA99124	3152±48	1473～1436
第四期	二里冈上层二期（中商一期）	T157H17	骨头	SA99111	3189±35	1446～1419
		T157G1	骨头	SA99125	3153±36	1441～1415

说明：本表据《夏商周断代工程1996～2000年阶段成果报告（简本）》表十五，未载入原表中"洛达庙类型"数据。

表 7　　小双桥、洹北花园庄和东先贤遗址 AMS 测年数据

分期	单位	样品	实验室编号	碳十四年代（BP）	拟合后日历年代（BC）
中商一期	小双桥 IVH116③	骨头	SA99108	3095±37	1435～1412
中商二期	花园庄 98AHDH11	骨头	SA99138	3189±42	1422～1397
	花园庄 98AHDH13	骨头	SA99140	3167±39	1421～1395
	花园庄 98AHDH12	骨头	SA99139	3061±34	1409～1381
	花园庄 99AHDM10	人骨	SA99141	3108±38	1395～1365（0.54） 1360～1325（0.46）
	花园庄 98AHDT4⑤	骨头	SA99105	3083±35	1390～1330
	花园庄 98AHDH10	骨头	SA99137	3053±41	1382～1338
	东先贤 98XDT3H15	骨头	SA99083	3098±37	1395～1365（0.48） 1360～1325（0.52）
中商三期	花园庄 98AHDH6	骨头	SA99134	3088±37	1340～1290（0.80） 1280～1260（0.20）
	花园庄 98AHDH9	骨头	SA99136	3101±39	1340～1290（0.82） 1280～1260（0.18）
	花园庄 98AHDH5	骨头	SA99133	3083±38	1340～1290（0.77） 1280～1260（0.23）
	花园庄 98AHDH7	骨头	SA99135	3057±35	1340～1250（0.97） 1230～1220（0.03）

说明：本表据《夏商周断代工程1996～2000年阶段成果报告（简本）》表十八。分期按本书序列。

表 8　　　　　　　　　　洹北花园庄遗存常规碳十四测年数据

分期	单位	样品	实验室编号	碳十四年代（BP）	拟合后日历年代（BC）
中商二期	花园庄 98AHDT4⑥	兽骨	ZK5598	3224±37	1520~1445
	花园庄 98AHDT4⑤	兽骨	ZK5597	3124±36	1435~1380
中商三期	三家庄东 80ASJM1	人骨	ZK5586	3030±35	1370~1340（0.24） 1320~1260（0.76）
	花园庄 98AHDT3③	兽骨	ZK5595	3039±42	1370~1260

说明：本表中商二期据《夏商周断代工程 1996~2000 年阶段成果报告（简本）》表十九，中商三期据《夏商周断代工程 1996~2000 年阶段成果报告（简本）》表十二的有关数据。按本书分期序列编排。

表 9　　　　　　　　　　殷墟文化分期及常规碳十四测年数据

分期	单位	样品	实验室编号	碳十四年代（BP）	拟合后日历年代（BC）
一期	白家坟东南 M199	人骨	ZK5501	2920±35	1261~1239
二期	白家坟东南 M272	人骨	ZK5511	2964±33	1255~1200
	白家坟东南 M451	人骨	ZK5523	2994±37	1252~1209
	白家坟东南 M82	人骨	ZK5521	2908±32	1255~1235（0.52） 1215~1195（0.48）
三期	王裕口南 M389	人骨	ZK5578	2937±33	1190~1090
	王裕口南 M396	人骨	ZK5579	2962±35	1205~1125
	王裕口南 M395	人骨	ZK5581	2960±37	1205~1125
	王裕口南 M398	人骨	ZK5582	2888±35	1190~1180（0.10） 1150~1080（0.90）
	大司空村南 M1278	人骨	ZK5587	2856±35	1190~1180（0.01） 1130~1080（0.99）
	大司空村南 M1281	人骨	ZK5588	2956±35	1205~1125
	刘家庄北 M875	人骨	ZK5590	2935±35	1190~1090
	刘家庄北 M878	人骨	ZK5592A	2946±35	1200~1110
	白家坟西 M3	人骨	ZK5525	2882±37	1190~1180（0.10） 1150~1080（0.90）
	白家坟东南 M156	人骨	ZK5543	2983±34	1205~1125
	白家坟东南 M441	人骨	ZK5538	2954±37	1205~1120
	白家坟东南 M60	人骨	ZK5529	2951±35	1205~1110
	白家坟东南 M296	人骨	ZK5534	2870±35	1190~1180（0.07） 1130~1070（0.93）

续表 9

分期	单位	样品	实验室编号	碳十四年代（BP）	拟合后日历年代（BC）
四期	白家坟东南 M693	人骨	ZK5572	2942±35	1087~1045
	白家坟东南 M23	人骨	ZK5551	2912±31	1083~1041
	白家坟东南 M477	人骨	ZK5559	2900±35	1083~1038
	白家坟东南 M432	人骨	ZK5558	2892±33	1080~1036
	小屯西北地 75F11①	木炭	ZK358	2932±34	1085~1046

说明：本表据《夏商周断代工程 1996~2000 年阶段成果报告（简本）》表十二。

表 10　　甲骨系列样品分期及 AMS 测年数据

分期			单位或著录	样品	实验室编号	碳十四年代（BP）	拟合后日历年代（BC）
早于武丁			小屯东北地 T1H1:164	无字卜骨	SA99101	3105±34	1338~1313
甲骨一期	武丁	武丁早	合集 20138	卜骨（自组）	SA98169-2	3063±34	1323~1287 (0.93) 1287~1273 (0.07)
			91 花南 M99③:1	卜骨（午组）	SA98187	3039±35	1319~1280
			屯南 H115	无字卜骨	SA98160	2977±42	1314~1278
			屯南 G1	无字卜骨	SA98161	2994±41	1315~1278
			花东 H3:707	无字卜骨	SA98162	2983±55	1316~1278
		武丁中	合集 2140	卜骨（自宾间类）	SA98173	3069±53	1285~1255 (0.75) 1240~1220 (0.25)
			合集 302	卜骨（宾组）	SA98175	3051±32	1285~1255 (0.79) 1235~1220 (0.21)
			合集 4122	卜骨（宾组）	SA98178	2991±38	1280~1231
			合集 3013	卜骨（宾组）	SA98177	2985±35	1285~1225
		武丁晚	合集 3089	卜骨（宾组）	SA98181	2989±42	1255~1195
			妇好墓	骨器	SA99040-2	2945±48	1260~1195
甲骨二期	祖庚		合集 1251	卜骨（宾三）	SA99094	3023±32	1235~1210 (0.51) 1205~1190 (0.26) 1180~1165 (0.23)
	祖甲		合集 27616	卜骨（无名组）	SA98218	2985±32	1235~1185 (0.76) 1180~1165 (0.24)
甲骨三期	廪辛康丁		合集 27364	卜骨（无名组）	SA98210	2996±44	1200~1185 (0.18) 1180~1125 (0.82)
			合集 28278	卜骨（无名组）	SA98219	3005±32	1220~1210 (0.04) 1200~1185 (0.18) 1180~1150 (0.53) 1145~1130 (0.25)

续表 10

分期		单位或著录	样品	实验室编号	碳十四年代（BP）	拟合后日历年代（BC）
甲骨四期	武乙文丁	屯南 2281（H57:39）	卜骨（无名组）	SA98227-2	2961±34	1170~1105（0.95） 1100~1090（0.05）
		屯南 H2	无字卜骨	SA98166	2913±45	1160~1085
		屯南 3564（M16:34）	卜骨（黄组）	SA98251	2921±35	1160~1140（0.22） 1135~1085（0.78）
甲骨五期	帝乙帝辛	花南 H1:6	无字卜骨	SA98159	2956±38	1100~1040（0.94） 1030~1020（0.06）
		合集 36512	卜骨（黄组）	SA99097P	2926±33	1100~1020
		合集 35641	卜骨（黄组）	SA98253	2887±39	1090~1000
		孝民屯南 M1713	羊肩胛骨	SA98167	2868±48	1080~970（0.88） 960~920（0.12）

说明：本表据《夏商周断代工程 1996~2000 年阶段成果报告（简本）》表十三。

后　记

我们在1995年1月接受主编《中国考古学·夏商卷》任务，并确定撰写人选。后经部分撰写者酝酿、讨论和两次修改，写作提纲于1996年5月获编委会通过，撰写工作正式启动。

这是一部集体劳动的成果。撰写者以中青年学者为主。具体分工如下（依篇目出现先后为序）：高炜撰写绪论；杜金鹏撰写第一章和第二章；张立东撰写第三章，第四章第一、二、四、五、六节，第七章第二、三节中涉及早商的内容，第八章第一、四、七节；王学荣撰写第四章第一节中涉及偃师商城的内容和第三节；唐际根撰写第五章第一、二节，第六章第一节至第五节，第七章第一、二、三、四、六节中属商代晚期的内容，第八章第三节；何毓灵撰写第五章第三、四节，第七章第二节改写稿中的大部分；韩康信撰写第六章第六节；刘一曼撰写第七章第二节中有关兵器和第三节中有关车马坑、马车的内容以及第五节；王巍撰写第八章第二、八、九节；牛世山撰写第八章第五节和第六节中四坝文化、卡约文化；谢端琚撰写第八章第六节中齐家文化；傅宪国撰写第八章第十节。

此外，曾邀龚国强撰写第八章天山南北一节，后调整移至其他有关卷中。

本卷撰写人员相互尊重，始终在和谐、愉快的气氛中共同努力工作。1996年冬至1998年5月，撰写者先后完成各章节初稿，又根据我们的意见进行修改，至1999年底大部分章节做过二次、个别章节做过三次修改。在此基础上经我们审校、加工，于2000年9月完成第一至八章送审稿。承张长寿先生审阅，又请许宏博士通读、提出意见。

2001年，根据审稿意见和编委会领导要求，我们对本书结构做了适当调整，并精简、改写了部分章节。鉴于《偃师二里头》、《晋中考古》、《三星堆祭祀坑》、《豫东杞县》、《朱开沟》、《盘龙城》、《郑州商城》等一批考古报告在1999年后陆续出版，在这次修改时，根据当时已见书的前五部报告，对有关内容做了相应的校订、补充。在编撰送审稿及其后修订过程中，何毓灵协助做了大量工作。

2003年初，本卷进入编辑出版程序。在编辑加工过程中，我们又做了一次通校、补充。

1996～1999年间，围绕着相关学术问题，我们曾组织十几次小型专题考察和讨论，还参加了《夏商周断代工程》举办的一些学术活动，结合田野工作实践，边看边议，在活跃的学术氛围中各抒己见，集思广益，使一些关键问题通过辩论形成一致认识。起初二三年，我们的侧重点在二里头遗址、偃师商城和郑州商城，并同河南省考古界多位学者反复坦诚切磋；待偃师商城始建年代、分期和夏商分界等问题有了初步答案，从1998年起，转向关注、支持对洹北商城的探索。由于多位撰写者先后参加或主持偃师、安阳几处都城遗址的发掘，田野工作的新收获促使我们的认识不断得到检验和深化，并保证相关的田野工作新成果及时在本卷中得到反映。

在考察和研讨活动中，曾得到河南、河北、山东、山西、陕西、湖北等省文物考古研究所，邢台、邯郸、郑州、洛阳、安阳、濮阳、焦作、淇县等地文物考古部门，北京大学考古文博学院、郑州大学文博学院、山东大学考古系的热情帮助和支持。本卷图版照片，承蒙国家博物馆、河南省文物考古研究所、湖北省文物考古研究所、江西省文物考古研究所、四川省文物考古研究所等科研机构慨允使用。谨向有关兄弟单位和师友致以诚挚谢意。

几年来，我们的工作始终得到了本所领导和本书编委会的大力支持和关心、指导。

书中引用材料，一般截至1998年底，少数到2001年。

"附录"收入《夏商周断代工程1996~2000年阶段成果报告（简本）》中发表的有关碳十四年代数据，以供参考。

在中国考古学中，夏商考古收获丰硕，争议也最多。本书代表了撰写者目前的阶段性认识。其中存在的错讹、不当之处，尚祈读者赐教。

杨锡璋　高　炜

2003年11月